DIREITO CONSTITUCIONAL

KILDARE GONÇALVES CARVALHO
Professor de Direito Constitucional na Faculdade de Direito Milton Campos.
Desembargador do Tribunal de Justiça de Minas Gerais.
Ex-Presidente do Tribunal Regional Eleitoral de Minas Gerais.
Atual 2º Vice-Presidente do TJMG e Superintendente da Escola Judicial – EJEF

DIREITO CONSTITUCIONAL

TEORIA DO ESTADO E DA CONSTITUIÇÃO

VOLUME 1

21ª edição

Belo Horizonte
2015

Copyright © 2015 Editora Del Rey Ltda.

Nenhuma parte deste livro poderá ser reproduzida, sejam quais forem os meios empregados, sem a permissão, por escrito, da Editora.
Impresso no Brasil | *Printed in Brazil*

EDITORA DEL REY LTDA.
www.livrariadelrey.com.br

Editor: Arnaldo Oliveira

Editor Adjunto: Ricardo A. Malheiros Fiuza

Editora Assistente: Waneska Diniz

Coordenação Editorial: Wendell Campos Borges

Projeto gráfico: Lucila Pangracio Azevedo

Diagramação: Lucila Pangracio Azevedo

Revisão: Responsabilidade do autor

Capa: João Bosco Mourão

Editora / MG
Editora / MG
Rua dos Goitacazes, 71 – Sala 709-C – Centro
Belo Horizonte – MG – CEP 30190-050
Tel: (31) 3284-5845
editora@delreyonline.com.br

Conselho Editorial:
Alice de Souza Birchal
Antônio Augusto Cançado Trindade
Antonio Augusto Junho Anastasia
Antônio Pereira Gaio Júnior
Aroldo Plínio Gonçalves
Carlos Alberto Penna R. de Carvalho
Celso de Magalhães Pinto
Dalmar Pimenta
Edelberto Augusto Gomes Lima
Edésio Fernandes
Felipe Martins Pinto
Fernando Gonzaga Jayme
Hermes Vilchez Guerrero
José Adércio Leite Sampaio
José Edgard Penna Amorim Pereira
Luiz Guilherme da Costa Wagner Junior
Misabel Abreu Machado Derzi
Plínio Salgado
Rénan Kfuri Lopes
Rodrigo da Cunha Pereira
Sérgio Lellis Santiago

C331d   Carvalho, Kildare Gonçalves
       Direito Constitucional: Teoria do Estado e da Constituição. / Kildare Gonçalves Carvalho. 21. ed. Belo Horizonte: Del Rey, 2015.
       v. 1, xxiv, 808 p.
       ISBN : 978-85-384-0397-5
       1. Brasil. [Constituição (1988)]. 2. Direito constitucional. 3. Direito constitucional, Brasil. 4. Controle da constitucionalidade, Brasil. 5. Interpretação da constituição, Brasil. I. Título.

CDU: 342

Nilcéia Lage de Medeiros
Bibliotecária
CRB6: 1545

SUMÁRIO

PREFÁCIO XIX

NOTA À 21ª EDIÇÃO XXIII

TEORIA DO ESTADO E DA CONSTITUIÇÃO

CAPÍTULO 1 – DIREITO CONSTITUCIONAL E TEORIA DA CONSTITUIÇÃO 3

1. DIREITO CONSTITUCIONAL – CONCEITO, OBJETO E CONTEÚDO CIENTÍFICO 3
2. DIREITO CONSTITUCIONAL – TEORIA GERAL DO ESTADO E CIÊNCIA POLÍTICA – SOCIOLOGIA POLÍTICA E CONSTITUCIONAL – HISTÓRIA CONSTITUCIONAL 13
3. RELAÇÕES DO DIREITO CONSTITUCIONAL COM OUTROS RAMOS DO DIREITO 22
3.1 Constitucionalização do direito infraconstitucional 25
4. METODOLOGIA DO DIREITO CONSTITUCIONAL 28
5. FONTES DO DIREITO CONSTITUCIONAL 29
6. SISTEMAS CONSTITUCIONAIS 31
6.1 O sistema constitucional inglês ou britânico 34
6.2 O sistema constitucional dos Estados Unidos 35
6.3 O direito constitucional na América Latina 37
6.3.1 O direito constitucional da Argentina 37
6.4 O sistema constitucional francês 39
6.5 O sistema constitucional soviético 41
6.6 O sistema constitucional suíço 42
6.7 Os sistemas constitucionais da Espanha e de Portugal 43
6.8 O sistema constitucional italiano 46
6.9 O sistema constitucional alemão 46
6.10 O sistema constitucional austríaco 48

6.11 Os sistemas constitucionais dos Estados asiáticos e africanos 48
6.11.1 O direito constitucional da Índia 50
6.12 O direito muçulmano 52
7. A TEORIA DA CONSTITUIÇÃO – SIGNIFICADO, GENEALOGIA E OBJETO 53
7.1 Algumas teorias da Constituição 59
7.1.1 Ferdinand Lassalle 60
7.1.2 Hans Kelsen 61
7.1.3 Ernst Forsthoff 61
7.1.4 Hermann Heller 62
7.1.5 Carl Schmitt 62
7.1.6 Rudolf Smend 63
7.1.7 Costantino Mortati 63
7.1.8 Maurice Hauriou 63
7.1.9 Karl Loewenstein 64
7.1.10 Georges Burdeau 64
7.1.11 Konrad Hesse 64
7.1.12 Franco Modugno 65
7.1.13 Hild Krüger 66
7.1.14 Peter Häberle 66
7.1.15 Gomes Canotilho 67
7.1.16 Jorge Miranda 67
7.2 A Teoria da Constituição no Brasil 67
7.2.1 Afonso Arinos de Melo Franco 67
7.2.2 José Alfredo de Oliveira Baracho 68
7.2.3 Paulo Bonavides 68
7.2.4 Carlos Ayres Britto 69
7.2.5 Novos paradigmas da teoria da constituição no Brasil 69
7.3 Teoria da constituição e teorias do direito, do discurso e da justiça: uma trilogia 70
7.3.1 Jürgen Habermas 70
7.3.2 John Rawls 71
7.3.3 Ronald Dworkin 73

CAPÍTULO 2 – ESTRUTURA DO ESTADO 75
1. SOCIEDADE E ESTADO 75
2. SOCIEDADES PRÉ-ESTATAIS, INFRAESTATAIS E SUPRAESTATAIS 80

3. CONCEITO DE ESTADO 80
4. NATUREZA DO ESTADO 83
4.1 Teorias sociológicas 84
4.2 Teorias deontológicas 86
4.3 Teorias jurídicas 87
4.4 Teorias políticas 87
5. EVOLUÇÃO HISTÓRICA DO ESTADO 88
6. ORIGEM E JUSTIFICAÇÃO DO ESTADO 96
7. PROCESSOS DE FORMAÇÃO E EXTINÇÃO DO ESTADO 108
8. ELEMENTOS DO ESTADO – CONSIDERAÇÕES INICIAIS 109
8.1 Povo 110
8.2 Território 116
8.2.1 Princípio da territorialidade das leis 117
8.2.2 Direito do Estado sobre o seu território 117
8.2.3 Composição e limites do território 118
8.2.4 Ocupação e anexação 123
8.3 Poder político 124
8.4 Poder político e soberania 128
9. PERSONALIDADE DO ESTADO 132
10. FORMAS DE ESTADO – CONCEITO 135
10.1 Estados simples e compostos 136
10.2 Estado unitário centralizado e descentralizado – O Estado Regional –
    O Estado Autonômico 136
10.3 Estado composto – União Real – União Pessoal – Confederação de
    Estados – Estado Federal 139
11. O ESTADO E A ORDEM INTERNACIONAL – AS ORGANIZAÇÕES
    INTERNACIONAIS 146
12. O ESTADO E A GLOBALIZAÇÃO 156
13. TERRORISMO E ESTADO 158
14. A CRISE DO ESTADO 160
15. SOCIEDADE CIVIL E ESTADO 164

CAPÍTULO 3 – FINS E FUNÇÕES DO ESTADO 169
1. FINS DO ESTADO – CONSIDERAÇÕES INICIAIS 169
2. CLASSIFICAÇÃO DOS FINS DO ESTADO 169
3. SÍNTESE CONCLUSIVA 171
4. FUNÇÕES DO ESTADO – NOÇÃO E CLASSIFICAÇÃO 172

CAPÍTULO 4 – ORGANIZAÇÃO DO PODER POLÍTICO 177
1. NOÇÃO DE ÓRGÃO DO ESTADO 177
2. SEPARAÇÃO DE PODERES – CONSIDERAÇÕES INICIAIS 178
3. A SEPARAÇÃO DE PODERES NO PENSAMENTO POLÍTICO 179
4. ORIGEM HISTÓRICA DA SEPARAÇÃO DE PODERES 182
5. A SEPARAÇÃO DE ÓRGÃOS E FUNÇÕES 182
6. O PRINCÍPIO DA SEPARAÇÃO DE PODERES: TRANSFORMAÇÕES ..184
7. O TEMPO NO DIREITO CONSTITUCIONAL 186

CAPÍTULO 5 – ESTADO E DIREITO 191
1. RELAÇÕES ENTRE O ESTADO E O DIREITO 191
2. TEORIA MONÍSTICA 193
3. TEORIA DUALÍSTICA 195
4. TEORIA DO PARALELISMO 196
5. TEORIA TRIDIMENSIONAL DO ESTADO E DO DIREITO 196
6. TEORIA DA AUTOLIMITAÇÃO DO ESTADO 197
7. JUSTIÇA POLÍTICA 197
8. JUSTIÇA DE TRANSIÇÃO 207
9. MULTICULTURALISMO 210

CAPÍTULO 6 – REGIMES POLÍTICOS E SISTEMAS DE GOVERNO 213
1. A DIFICULDADE TERMINOLÓGICA 213
2. FORMAS DE GOVERNO: MONARQUIA E REPÚBLICA 216
3. TIPOLOGIA DOS REGIMES POLÍTICOS 220
4. DEMOCRACIA – FUNDAMENTOS – CONDIÇÕES DA DEMOCRACIA 224
4.1 Tipos de democracia 229
4.1.1 Democracia representativa 232
4.1.2 Democracia participativa 237
4.1.2.1 O uso político do referendo, do plebiscito e da iniciativa popular no Brasil democrático 245
4.1.3 Democracia deliberativa 246
4.1.4 Democracia de legislação e democracia de execução 248
4.15 Democracia funcionante 248
5. AUTORITARISMO E REGIMES TOTALITÁRIOS 250
6. SISTEMAS DE GOVERNO – CONSIDERAÇÕES GERAIS 254
6.1 Parlamentarismo 254

6.2 Presidencialismo 257
6.3 Semipresidencialismo 260
6.4 Governo de assembleia 263
6.5 Apreciação crítica dos sistemas de governo 263

CAPÍTULO 7 – O CONSTITUCIONALISMO 265
1. CONCEITO 265
2. EVOLUÇÃO HISTÓRICA 267
3. O NEOCONSTITUCIONALISMO – O CONSTITUCIONALISMO DO FUTURO – O TRANSCONSTITUCIONALISMO 277
4. O CONSTITUCIONALISMO NO BRASIL 283

CAPÍTULO 8 – PODER CONSTITUINTE 287
1. CONCEITO, NATUREZA E TITULARIDADE 287
2. PODER CONSTITUINTE MATERIAL E PODER CONSTITUINTE FORMAL 293
3. PODER CONSTITUINTE ORIGINÁRIO 294
4. PODER CONSTITUINTE DERIVADO 297
4.1 Limitações ao poder constituinte derivado 298
5. PODER CONSTITUINTE DIFUSO 301
6. PODER CONSTITUINTE DECORRENTE: ESPÉCIES, CARACTERES E LIMITAÇÕES 301
7. PODER CONSTITUINTE SUPRANACIONAL 303
8. RECONSTRUÇÃO DA TEORIA DO PODER CONSTITUINTE 304

CAPÍTULO 9 – CONSTITUIÇÃO E NORMAS CONSTITUCIONAIS 305
1. CONSTITUIÇÃO – CONCEITO 305
2. CONCEPÇÕES DOUTRINÁRIAS SOBRE A CONSTITUIÇÃO 315
3. CLASSIFICAÇÃO DAS CONSTITUIÇÕES 317
4. ELEMENTOS DA CONSTITUIÇÃO 327
5. FUNÇÕES DA CONSTITUIÇÃO 329
6. BLOCO DE CONSTITUCIONALIDADE 333
7. NORMAS CONSTITUCIONAIS: NATUREZA, CLASSIFICAÇÃO E EFICÁCIA 333
7.1 Revisão da classificação tradicional 345
8. LACUNAS DA CONSTITUIÇÃO 347
9. APLICAÇÃO DAS NORMAS CONSTITUCIONAIS NO TEMPO 349
10. APLICAÇÃO DAS NORMAS CONSTITUCIONAIS NO ESPAÇO ... 353

CAPÍTULO 10 – PRINCÍPIOS CONSTITUCIONAIS 355
1. INTRODUÇÃO 355
2. ACEPÇÕES DO TERMO "PRINCÍPIO" 357
3. PRINCÍPIOS E REGRAS CONSTITUCIONAIS 359
4. CLASSIFICAÇÃO DOS PRINCÍPIOS CONSTITUCIONAIS 367
5. CONSIDERAÇÕES FINAIS 370

CAPÍTULO 11 – MUDANÇA E SUBSISTÊNCIA DA CONSTITUIÇÃO 373
1. MUDANÇA CONSTITUCIONAL: ÂMBITO DE ABRANGÊNCIA ... 373
2. FORMAS DE MUDANÇA CONSTITUCIONAL: REFORMA, REVISÃO E EMENDA 376
3. MUTAÇÃO CONSTITUCIONAL 378
4. MUDANÇA CONSTITUCIONAL E PODER CONSTITUINTE DERIVADO 379
5. MUDANÇA CONSTITUCIONAL E INCONSTITUCIONALIDADE ... 381

CAPÍTULO 12 – INTERPRETAÇÃO DA CONSTITUIÇÃO 383
1. O GIRO HERMENÊUTICO-PRAGMÁTICO 383
2. INTERPRETAÇÃO DAS LEIS E DA CONSTITUIÇÃO 388
3. MÉTODOS DE INTERPRETAÇÃO DA CONSTITUIÇÃO 400
4. PRINCÍPIOS E TÉCNICAS DE INTERPRETAÇÃO ESPECIFICAMENTE CONSTITUCIONAL 402
5. PONDERAÇÃO DE BENS OU VALORES – COLISÃO DE DIREITOS FUNDAMENTAIS 411
6. LIMITES DA INTERPRETAÇÃO DA CONSTITUIÇÃO 418

CAPÍTULO 13 – CONTROLE DE CONSTITUCIONALIDADE 419
1. CONTROLE DE CONSTITUCIONALIDADE, GARANTIA E SUPREMACIA DA CONSTITUIÇÃO 419
1.1 O princípio da constitucionalidade 420
1.2 Supremacia e rigidez da constituição 421
1.3 A supremacia da constituição no plano histórico 424
2. INCONSTITUCIONALIDADE 425
2.1 Tipos de inconstitucionalidade 426
2.1.1 Inconstitucionalidade formal ou nomodinâmica 426
2.1.2 Inconstitucionalidade material ou nomoestática 428

2.1.3 Inconstitucionalidade por ação..429
2.1.4 Inconstitucionalidade por omissão 429
2.1.5 Inconstitucionalidade originária 430
2.1.6 Inconstitucionalidade superveniente 430
2.1.7 Inconstitucionalidade pretérita 431
2.1.8 Inconstitucionalidade progressiva (a lei ainda constitucional)....................433
2.1.9 Inconstitucionalidade total..433
2.1.10 Inconstitucionalidade parcial 433
2.1.11 Inconstitucionalidade antecedente ou imediata.......................................433
2.1.12 Inconstitucionalidade consequente, derivada ou por arrastamento 433
2.1.13 Inconstitucionalidade causal 434
2.1.14 Inconstitucionalidade "chapada", "enlouquecida", "desvairada" 434
2.2 Inconstitucionalidade e ilegalidade 434
2.3 Inconstitucionalidade e relações jurídicas entre particulares 434
2.4 Inconstitucionalidade e responsabilidade civil do Estado............................435
3. CUSTÓDIA DA CONSTITUIÇÃO: A POLÊMICA ENTRE CARL SCHMITT E HANS KELSEN 437
3.1 O Chefe do Executivo e a defesa da Constituição no Direito Constitucional Comparado...439
3.2 A custódia da constituição no pensamento de Ely, Habermas e Dworkin 441
3.3 Os Tribunais Constitucionais e a custódia da Constituição – Os diálogos constitucionais 442
4. SISTEMAS E TIPOS DE CONTROLE DE CONSTITUCIONALIDADE .444
4.1 Quanto ao parâmetro de controle..444
4.2.1 Controle político..445
4.2.2 Controle jurisdicional..446
4.2.3 Controle misto 452
4.3 Quanto ao momento de exercício do controle 454
4.3.1 Controle preventivo 454
4.3.2.1 Controle repressivo pelo Legislativo 455
4.3.2.2 Controle de constitucionalidade pelo Executivo, e a possibilidade de descumprimento de lei inconstitucional...455
4.4 Quanto ao número de órgãos competentes para o controle 457
4.4.1 Controle difuso 457
4.4.2 Controle concentrado 458
4.5 Quanto ao modo de manifestação do controle 458
4.5.1 Controle por via incidental..458
4.5.2 Controle por via principal 458

4.6 Quanto à finalidade do controle 459
4.6.1 Controle subjetivo 459
4.6.2 Controle objetivo 459
4.7 Tipologia dos sistemas de controle de constitucionalidade: apreciação final 459
5. O CONTROLE DE CONSTITUCIONALIDADE NO DIREITO CONSTITUCIONAL COMPARADO 463
5.1 Itália 463
5.2 Alemanha 464
5.3 Espanha 464
5.4 Portugal 465
5.5 Argentina 466
5.6 Chile 467
5.7 Paraguai 468
5.8 Uruguai 468
5.9 Venezuela 469
5.10 Peru 469
6. EVOLUÇÃO DO CONTROLE DE CONSTITUCIONALIDADE NO BRASIL 470
6.1 A Constituição de 1824 470
6.2 A Constituição de 1891 470
6.3 A Constituição de 1934 471
6.4 A Constituição de 1937 472
6.5 A Constituição de 1946 473
6.6 A Constituição de 1967 e a Emenda Constitucional n. 1/69 473
6.7 A Constituição de 1988 473
7. CONTROLE PREVENTIVO E DEVIDO PROCESSO LEGISLATIVO 474
7.1 Controle preventivo e comissões parlamentares 474
7.2 Súmulas da Comissão de Constituição e Justiça e de Cidadania 476
7.3 Controle jurisdicional preventivo, devido processo legislativo e vícios regimentais 477
7.4 Controle preventivo e lei delegada 481
7.5 Controle preventivo e veto presidencial 481
7.6 Considerações finais sobre o controle preventivo 483
8. CONTROLE DIFUSO 483
8.1 Perfil do controle difuso-incidental 483
8.2 Controle difuso-incidental oficioso 486
8.3 Incidente de arguição de inconstitucionalidade 487

8.4 Controle difuso-incidental e recurso extraordinário 490
8.5 Ação civil pública e controle difuso-incidental 491
8.6 Efeitos da decisão de inconstitucionalidade no controle difuso-incidental 494
8.7 O papel do Senado no controle difuso-incidental de constitucionalidade 496
8.8 A suspensão da lei pelas Assembleias Legislativas 501
8.9 Apreciação crítica do controle difuso 502
9. CONTROLE CONCENTRADO OU ABSTRATO E AS AÇÕES DIRETAS 503
10. AÇÃO DIRETA DE INCONSTITUCIONALIDADE – A LEI N. 9.868, DE 10 DE NOVEMBRO DE 1999 504
10.1 Legitimidade ativa e passiva 507
10.2 Competência 510
10.3 Objeto 511
10.4 Procedimento 523
10.5 Quorum 528
10.6 Medida cautelar 528
10.7 Efeitos da declaração de inconstitucionalidade (objetivos, subjetivos e temporais) 530
10.7.1 Efeitos transcendentes 538
10.7.2 A inconstitucionalidade da norma revogadora 542
10.7.3 Declaração parcial de inconstitucionalidade sem redução de texto 545
10.7.4 Interpretação conforme a constituição 546
10.7.5 Declaração de inconstitucionalidade sem a pronúncia de nulidade e o apelo ao legislador 549
10.7.6 A inconstitucionalidade progressiva e a lei ainda constitucional 550
10.7.7 Decisões aditivas, redutoras e substitutivas e outras decisões intermediárias 553
10.7.8 Reclamação e controle abstrato de constitucionalidade 555
10.7.9 Ação rescisória e controle abstrato de constitucionalidade 556
11. AÇÃO DE INCONSTITUCIONALIDADE POR OMISSÃO – AS OMISSÕES INCONSTITUCIONAIS – LEI N. 9.868/99 (CAPÍTULO II-A ACRESCENTADO PELA LEI N. 12.063/09) 558
11.1 Legitimação 563
11.2 Competência 564
11.3 Procedimento 564
11.4 Medida cautelar 565
11.5 A decisão e seus efeitos 566
11.6 Diferenças entre a ação de inconstitucionalidade por omissão e o mandado de injunção 568

12. AÇÃO DIRETA DE INCONSTITUCIONALIDADE INTERVENTIVA – ORIGEM, CONCEITO E NATUREZA JURÍDICA 569

12.1 Legitimação 571

12.2 Competência 572

12.3 Procedimento 572

12.4 Medida cautelar 573

12.5 A decisão e seus efeitos 574

13. AÇÃO DECLARATÓRIA DE CONSTITUCIONALIDADE – ORIGEM, CONCEITO E FINALIDADE 575

13.1 Legitimação 577

13.2 Competência 578

13.3 Objeto 578

13.4 Procedimento 579

13.5 Medida cautelar 580

13.6 A decisão e seus efeitos 580

14. ARGUIÇÃO DE DESCUMPRIMENTO DE PRECEITO FUNDAMENTAL – CONSIDERAÇÕES GERAIS E PARAMETRICIDADE 581

14.1 Competência 584

14.2 Espécies 585

14.3 Objeto 586

14.3.1 Atos do Poder Público 586

14.3.2 Atos normativos 586

14.3.3 Atos administrativos 587

14.3.4 Atos judiciais 588

14.3.5 Atos municipais 589

14.3.6 Direito anterior à Constituição 589

14.3.7 Norma revogada 590

14.3.8 Medida provisória rejeitada e relações jurídicas constituídas durante sua vigência 590

14.3.9 As omissões do Poder Público 591

14.4 O princípio da subsidiariedade da arguição de descumprimento de preceito fundamental 591

14.5 Legitimidade 596

14.6 Procedimento 596

14.7 Medida liminar 597

14.8 A decisão e seus efeitos 597

15. CONTROLE ESTADUAL DE CONSTITUCIONALIDADE –
    CONSIDERAÇÕES GERAIS 598
15.1 Controle estadual de constitucionalidade da lei municipal 599
15.2 A ação direta de inconstitucionalidade no plano estadual 600
15.2.1 Parâmetro 601
15.2.1.1 Normas constitucionais federais repetidas 602
15.2.1.1.a Normas de observância obrigatória 603
15.2.1.1.b Normas federais não obrigatórias 603
15.2.1.1.c Normas constitucionais federais repetidas e recurso extraordinário 606
15.2.1.2 Normas constitucionais remissivas 607
15.2.1.3 A inconstitucionalidade do parâmetro de controle 609
15.2.1.4 Concorrência de parâmetros de controle 610
15.2.2 Objeto 611
15.2.3 Legitimação 612
15.2.4 Procedimento 614
15.2.5 Medida cautelar 616
15.2.6 A decisão e seus efeitos 616
15.3 Ação declaratória de constitucionalidade 617
15.4 Ação direta de inconstitucionalidade por omissão 618
15.5 Ação direta interventiva dos Estados-Membros nos Municípios 619
16. JURISDIÇÃO E TRIBUNAL CONSTITUCIONAL 620
16.1 Legitimidade do Tribunal Constitucional 621
16.2 Funções do Tribunal Constitucional 631
17. JURISDIÇÃO CONSTITUCIONAL E PROCESSO
    CONSTITUCIONAL OBJETIVO – FUNDAMENTOS 633
17.1 Princípios do processo constitucional objetivo 638
18. JURISDIÇÃO CONSTITUCIONAL E CONVERGÊNCIA DOS
    SISTEMAS DE CONTROLE DE CONSTITUCIONALIDADE
    AMERICANO E EUROPEU-KELSENIANO 641
19. CONTROLE DE CONVENCIONALIDADE 642
19.1. CONCEITO 642
19.2 Diferença entre controle de constitucionalidade e controle de
     convencionalidade 643
19.3 Parâmetro de controle 644
19.4 Controle de convencionalidade difuso e concentrado 646
19.5 Controle de convencionalidade no âmbito da Corte Interamericana de
     Direitos Humanos 646

19.6 O controle de convencionalidade da legislação brasileira pela corte interamericana de direitos humanos - a Guerrilha do Araguaia e a lei de anistia 649

CAPÍTULO 14 – CONSTITUIÇÕES BRASILEIRAS 651
1. ANTECEDENTES 651
2. A INDEPENDÊNCIA E A CONSTITUIÇÃO DE 1824 655
3. A CONSTITUIÇÃO DE 1891: REPÚBLICA E FEDERAÇÃO 662
4. A REVOLUÇÃO DE 1930 E A CONSTITUIÇÃO DE 1934: UMA CONSTITUIÇÃO DE TRANSIÇÃO 668
5. A CONSTITUIÇÃO DE 1937: ECLIPSE DO CONSTITUCIONALISMO 671
6. A REDEMOCRATIZAÇÃO NA CONSTITUIÇÃO DE 1946 674
7. O GOLPE MILITAR, OS ATOS INSTITUCIONAIS E A CONSTITUIÇÃO DE 1967/1969 677
8. A CONSTITUIÇÃO DE 1988: UMA CONSTITUIÇÃO DE PRINCÍPIOS, DE DIREITOS FUNDAMENTAIS E DE JUSTIÇA SOCIAL 679
9. REVISÃO E EMENDAS À CONSTITUIÇÃO DE 1988 686

CAPÍTULO 15 – TEORIA DOS DIREITOS FUNDAMENTAIS 693
1. HISTÓRICO E CONCEPÇÕES TEÓRICO-JURÍDICAS – AS GERAÇÕES DE DIREITOS FUNDAMENTAIS 693
2. VALOR JURÍDICO DAS DECLARAÇÕES DE DIREITOS 702
3. CLASSIFICAÇÃO 703
3.1 As dimensões subjetiva e objetiva dos direitos fundamentais 714
3.2 Direitos e garantias fundamentais 716
3.2.1 Entidades da sociedade civil de defesa dos direitos humanos fundamentais. 719
3.2.2 Política nacional de proteção dos direitos humanos 720
3.2.3 Direitos fundamentais e os animais 721
4. LIMITES E FUNÇÕES DOS DIREITOS FUNDAMENTAIS 722
5. DIREITOS FUNDAMENTAIS E RELAÇÕES JURÍDICAS ENTRE PARTICULARES 725
5.1 Considerações iniciais 725
5.2 Teorias explicativas da eficácia das normas constitucionais relativas às relações entre particulares 727
5.2.1 Teoria da eficácia indireta ou mediata 727
5.2.2 Teoria da eficácia direta ou imediata 728
5.3 Modelos teóricos 729
6. DIREITOS REPUBLICANOS 731

7. AS NECESSIDADES HUMANAS E OS NOVOS DIREITOS FUNDAMENTAIS 732
8. DIREITO DE RESISTÊNCIA – A DESOBEDIÊNCIA CIVIL 733
9. DIREITOS E GARANTIAS INDIVIDUAIS E OS DIREITOS SOCIAIS E ECONÔMICOS: INTENSIDADE NORMATIVA 735
9.1 OBJEÇÕES E DEFESA DOS DIREITOS SOCIAIS 735
10. DIREITOS FUNDAMENTAIS ATÍPICOS E ANÁLOGOS 738
11. TRATADOS INTERNACIONAIS DE DIREITOS HUMANOS E SUA EFICÁCIA NO DIREITO INTERNO 739
12. TRÊS DECLARAÇÕES: 1776, 1789, 1948 743
12.1 Declaração da Independência, 1776 743
12.2 Declaração dos Direitos do Homem e do Cidadão, 1789 747
12.3 Declaração Universal dos Direitos Humanos, 1948 749

BIBLIOGRAFIA 755

PREFÁCIO

Há diversos manuais de direito constitucional no mercado editorial brasileiro. Alguns de excelência; muitos de qualidade mediana e outros tantos sofríveis. Um sinal de que a cultura constitucional está em franco desenvolvimento no País. Há espaços para todos os gostos e intenções, cabendo aos leitores e, especialmente, aos professores da disciplina fazerem a distinção, de modo a orientarem seus alunos para as melhores leituras. Há bem pouco tempo, poucas eram as opções. O direito constitucional era um ramo marginal nos cursos e concursos jurídicos, pois o que é uma Constituição? Uma Carta de bons e maus propósitos a serviço do poder. Mais maus do que bons, pois se dispunha a conferir auras de legalidade a um regime de exceção. Ainda assim, trazia alguns frutos doces. Por mais semântico ou simbólico que seja um texto constitucional, ele traz em certa medida constrição ao poder e alimenta o imaginário de que, para ser legítimo ou propor-se a tanto, há de ser "constitucional". Nem que seja como rótulo.

É certo que a contradição entre a norma e a realidade também fornece combustível para o desprezo constitucional. Não propriamente desprezo com a ideia de Constituição, mas com a Constituição existente, criando, colateralmente, reivindicações de um regime mais legitimamente constitucional. Por isso mesmo, a Constituição de fachada acaba sendo, politicamente, uma janela para novos tempos. Para os estudos jurídicos, todavia, as más intenções – a mera legitimação do arbítrio – desestimulam investimentos teóricos. Ou porque o descompromisso constitucional não dá atrativos a pesquisas sérias e empreitadas sistêmicas (o voluntarismo produz aporias e contrafações conceituais); ou porque a análise crítica do joguete constitucional e das inconsistências dos "institutos" que os proporcionam pode dar muita dor de cabeça, quando não cadeia ou coisa pior, aos que se propõem fazê-la. Minguam os estudos, e os poucos que irrompem, se não forem "manuais chapas brancas", tendem ora a dedicar-se à perspectiva comparada (como a querer mostrar que há uma Constituição no exílio) ou ao uso de metáforas nem sempre inteligíveis; ora sucumbem a um positivismo cego e ascético.

Nos regimes constitucionais, por outro lado, as publicações se multiplicam em boas, más e regulares safras. Sinais do tempo de maturação das ideias e depuração dos conceitos e institutos. Alguns se dedicam ao tema pela ilusão de que escrever um manual de direito constitucional é uma espécie de resumo e resenhas de (poucos) livros e jurisprudência. Numa simplicidade enganosa, os manuais orelha de livro (do tempo em que os livros tinham orelhas que lhe abreviavam – e subtraíam – o conteúdo) são facilitadores da mediocridade intelectual e da persistência das más intenções (algumas vertidas no desejo economicamente lícito de ganhar fábulas de dinheiro com o projeto). Para eles, a Constituição permanece no exílio, e em seu texto são encontradas distorções teóricas e descolamento da retina jurídica para a realidade constitucional. Quando muito, permitem-nos identificar uma, ainda que rasteira, cultura constitucional. Cultura não é só qualidade, como sabemos.

Na verdade, elaborar um bom manual de direito constitucional é muito, muito custoso mesmo, pois requer, além do talento da escritura, um conhecimento aprofundado dessa matéria tão complexa e tão difícil. Uma visão de conjunto não apenas do documento escrito e de suas múltiplas interpretações, mas ainda de suas razões históricas (os institutos constitucionais não nasceram de jaqueiras como frutas a serem degustadas) e de suas propensões ideológicas (embora "reservas de justiças", as Constituições são impregnadas de intenções de seu tempo e contexto). O autor de um bom manual de direito constitucional há de ser capaz de reunir essa complexidade e de, sem perder conteúdo ou o encanto da floresta, poder mostrá-la em formas e linguagem simples e sóbria como árvores que, em sua beleza singular, estimulam os olhos e a reflexão, gerando conhecimento. É preciso mais do que a capacidade plástica da colagem de ideias e autores, mais do que a habilidade escolástica de composição de um repositório de decisões judiciais. Exige-se tempo de profunda leitura e vivência.

Se o tempo não for o senhor da verdade é, por certo, dono do comutador do conhecimento e da sabedoria. As horas dedicadas à pesquisa e à reflexão das (im)possibilidades das Constituições, de sua trajetória histórica e dos vínculos com os humores éticos e políticos dos povos e de um povo em particular, hão de ser acompanhadas da experiência particular, profissional e coletiva, vivida pelo estudioso. Não há um bom manual – de qualquer disciplina – que não reúna os dois atributos de conhecimento possibilitados pelo transcurso do tempo – teoria e prática. Atributos que sobram no autor do presente livro.

Kildare Gonçalves Carvalho tem um longo percurso que pavimenta a construção de sentidos de seu *Direito Constitucional,* cujo volume 1, *Teoria do Estado e da Constituição,* o qual tenho a honra de prefaciar. Trajetória de pesquisa e de vida docente, caminho de vida profissional que o levaram a desafiar a agudez de seu raciocínio e teoria com os embaraços que a prática impõe aos conceitos bem delineados e à solidez do sistema e dos institutos extraídos do direito dos livros. O direito em ação corrige, redefine e re-ratifica o "law in books", ao tempo em que se lança num plano diferenciado, pois o subtrai do empirismo para submetê-lo, pelo próprio material que altera, à condução adaptadora.

Quem escreve um bom manual consegue captar o resultado dessa interação dentro de sua *poiesis*, de sua *praxis*, de sua própria experiência de vida. Eis o Kildare Carvalho dedicado à advocacia militante; o Kildare procurador-geral do Estado de Minas Gerais; o Kildare juiz do Tribunal de Alçada e, depois, desembargador do Tribunal de Justiça de Minas Gerais; o Kildare presidente do Tribunal Regional Eleitoral de Minas Gerais. Eis o Kildare Gonçalves que não se contém nos lindes de uma carreira profissional exitosa, mas avança sobre o estudo de sua disciplina de predileção, como Professor responsável de Direito Constitucional da Fundação João Pinheiro já em 15.01.1986; professor de Direito Constitucional Positivo no 1º Curso de Aperfeiçoamento em Controle Externo, nível de pós-graduação *lato sensu*, promovido pelo Tribunal de Contas do Estado de Minas Gerais em 1995; e atualmente professor da Faculdade de Direito Milton Campos.

Foi esse mesmo inquieto pesquisador que já se propôs examinar, no distante 1979, *As Medidas de Emergência, o Estado de Sítio e o Estado de Emergência no Direito Constitucional Comparado*; o Kildare que se lança a examinar, dez anos depois, já sob os ares da nova Constituição, o *Processo Legislativo* (Revista do Tribunal de Contas do Estado de Minas Gerais, v. 38/39), um artigo que o estimularia a aprofundar o tema e publicar *Técnica Legislativa* em 1993, hoje na 6ª edição; o Kildare que enfrenta com ousadia o desafio de publicar em 1991 seu *Direito Constitucional Didático*, livro que, a cada edição, ampliaria suas reflexões e ofereceria aos leitores, especialmente ao público do direito, novas perspectivas de análise do que, naquele tempo, era ainda uma empreitada arriscada: confiar nas possibilidades da infanta Constituição brasileira e produzir sobre ela um bom manual de direito constitucional.

Diversos outros textos foram por ele publicados desde então, mas coube ao seu *Direito Constitucional* marcar-lhe o traço e o perfil como autor de excelência que, renovando-se constantemente, renova o livro a cada edição, chegando em 2012 à sua 19ª edição. Renova, sem perder os eixos de seu trabalho, definidos desde 1991; renova-se, sem deixar de atentar para as possibilidades do direito, dos livros e da ação; renova-se, ampliando o temário e a latitude da experiência e de seu inesgotável acervo. Renova-se, a ponto de ter que dividir, por apelo didático, o já tão conhecido livro em dois: *Teoria do Estado e da Constituição* (volume 1) e *Direito Constitucional Positivo* (volume 2), a partir da 20ª edição de 2013.

Neste volume primeiro, dedica-se a examinar, de início, o direito constitucional e os sistemas constitucionais em sua dimensão espaço-temporal, visitando as peculiaridades dos três centros irradiadores do constitucionalismo moderno (Inglaterra, Estados Unidos e França) e suas projeções em diversos outros países. Com o objetivo de fornecer a visão mais ampliada possível do fenômeno constitucional, põe-se a apresentar o sistema soviético, o sistema asiático, o sistema africano e mais especialmente muçulmano de direito da Constituição. Raros são os manuais brasileiros que têm tamanha discussão comparativa. Um passo adiante nos é dado pelo debate em torno das várias teorias de Constituição. Com a mesma pretensão de fornecer ao leitor o caleidoscópio das principais orientações doutrinais, segue das teorias clássicas de Constituição, como em Kelsen e Schmitt ou Afonso Arinos e Oliveira Baracho, às visões mais contemporâneas, de Häberle, de Canotilho, de Paulo Bonavides e de Jorge Miranda a Rawls, Dworkin e Habermas.

A teoria do Estado o interpela em seguida, exigindo um esforço de síntese e percuciência para desenvolver as explicações e justificativas do Estado como fenômeno humano, social e político; do Estado como instituição e estrutura de poder, notadamente após as revoluções da Modernidade, chegando ao tempo – esse em que vivemos – de desafios à sua conformação westfaliana com o processo transnacional de institucionalidades e do terrorismo. Ainda assim se põe a discutir os fins e funções do Estado, as relações entre eles e o direito, a diversidade de expressão da política como funcionalidade e organização de regimes e sistemas de governo até retornar ao que deixara em parênteses: o constitucionalismo. Seu olhar é agora do devir no horizonte de possibilidades: qual futuro? Qual constitucionalismo? Responde a essas inquietações com um olho mais voltado para a realidade brasileira, como o faz no terço final do livro.

Não sem antes formular as teorias sobre o poder constituinte e suas metamorfoses até chegar à Constituição como um texto jurídico positivo, formado por normas plurais em densidade semântica e de efetividade, que impõe à rediscussão, a essa altura, do que é, do que compõe e a que serve uma Constituição. Como corpo de normas jurídicas de organização da política, do Estado e de garantias fundamentais, ela há de ser dura o suficiente para suplantar os desvarios de maiorias ocasionais sem petrificar a dinâmica da vida de uma sociedade. Daí a importância do exame de suas vicissitudes e adaptações ao tempo e aos contextos de vida social. Daí a necessidade de se cuidar dos meios de interpretação constitucional que não soneguem o pluralismo nem a democracia com fórmulas decisionistas ou falsas técnicas de perfectibilidade hermenêutica. A exegese constitucional é antes um entender-se como sujeitos hermenêuticos ligados por um destino e um (con)texto comuns.

Uma Constituição suprema que exige uma fiscalização política e jurisdicional, preventiva e sucessiva do devido respeito que lhe devem as normas do sistema jurídico. Neste ponto se mostra a variedade de formas e, mais detidamente, a evolução do direito constitucional brasileiro. Assim, como essa atenção ao Brasil, como se estivesse a introduzir já o volume segundo, dedica-se o autor ao estudo das Constituições brasileiras como exemplo de que os institutos examinados não prescindem do teste da realidade, da prova dos nove de nossas peculiaridades como povo e como nação, como política e como direito, que se projetam na construção de uma sociedade tão pluralista, quanto digna, solidária e democrática.

Ao ver-se de relance o livro do Kildare Gonçalves Carvalho, fica a sensação de que deve ser fácil escrever um bom manual de direito constitucional. Ao relê-lo em suas nuances, na profundidade e na clareza de exposição de suas ideias, percebe-se quão difícil é, de fato, escrevê-lo. É preciso mais que talento e síntese. É imprescindível o dom (e o árduo trabalho) de unir com sucesso teoria e prática, estudo e experiência, magistério e vivência técnica, ética e poética, *phronésis*, enfim. Um paradoxo aristotélico, por se tratar de um manual, pura técnica ou simples tecnologia? De forma alguma, um saber teórico-prático de uma *scientia practica* sobre a Constituição. Que aproveitem todos os leitores.

José Adércio Leite Sampaio

NOTA À 21ª EDIÇÃO

Este trabalho, em sua 21ª edição, mantém a estrutura e a concepção teórica da anterior, no sentido de interligar a Teoria do Estado e da Constituição com as Teorias do Direito, da Justiça, e o Estado Democrático de Direito.

Alguns capítulos, nomeadamente os que tratam da Teoria da Constituição, foram ampliados, com a introdução de temas que vêm sendo debatidos nesta área do conhecimento, como a discussão envolvendo as concepções procedimentalista (cabe à Constituição o papel de definir as regras do jogo político e assegurar sua natureza democrática, bem como a defesa de determinados direitos tidos como pressupostos para o funcionamento da democracia), e substancialista (decisões substantivas adotadas pelas Constituições são legítimas, em especial no que se refere aos direitos fundamentais).

No capítulo que cuida das relações entre Estado e Direito, aprofundamos o estudo sobre as formulações de Kelsen, e do positivismo de Hart, com uma referência mais ampla sobre as regras secundárias, que, além das regras de reconhecimento, compreendem as regras de alteração e as regras de julgamento.

Anotações sobre a democracia e algumas de suas formas, como a democracia de legislação, a democracia de execução e a poliarquia, passam a constar do capítulo dedicado aos regimes políticos e sistemas de governo.

Considerações acerca da evolução histórica do constitucionalismo vêm formuladas, de forma mais abrangente, nesta edição, que aborda ainda as relações entre Estado, democracia e sociedade civil, com análise de algumas matrizes teóricas que contribuem para o debate acerca do tema, como a matriz neotocquevilliana, a matriz liberal e a matriz habermasiana. Apontando para uma superação do constitucionalismo moderno e da própria modernidade, o texto menciona um novo tipo de constitucionalismo, presente, em especial, nas Constituições do Equador e da Bolívia, embora com raízes nas Constituições da Colômbia de 1991 e da Venezuela de 1999. Trata-se de um constitucionalismo marcado pelas ideias de plurinacionalidade, pluriculturalidade, plurietnicidade e interculturalidade.

A inicialidade do poder constituinte originário é questionada na sua concepção mitológica, mesmo quando o constituinte assume um papel fundacional, posto que há limitações pragmáticas ou políticas, axiológicas e jurídicas à atuação desse poder.

Foram inseridas, no capítulo dedicado à interpretação da constituição, anotações acerca do Direito Constitucional Jurisprudencial, à consideração de que a jurisprudência, além de fonte de normas jurídicas gerais, é fonte subsidiária de informação, que atualiza o entendimento da norma constitucional, e, enquanto técnica para identificação de tendências, promove, gradativamente, modificações que se impõem, se consolidam ou entram em declínio.

No âmbito do controle de constitucionalidade, foram estudadas várias questões abrangidas pelos diálogos constitucionais, em que se situa aquela que trata da resolução dos problemas de legitimidade democrática de um órgão contramajoritário: invalidar leis aprovadas pela maioria dos representantes eleitos pelo povo, e das relações travadas, no Brasil, entre o Supremo Tribunal Federal e o Congresso Nacional na definição do sentido da Constituição. Acrescentou-se um tópico destinado ao controle de convencionalidade, entendido como a verificação da conformidade vertical das leis e atos normativos internos com os tratados internacionais de direitos humanos ratificados pelos Estados e em vigor no país.

Ainda no capítulo dedicado ao controle de constitucionalidade, anotamos dispositivos do novo Código de Processo Civil, que entra em vigor após decorrido um ano da data de sua publicação oficial, na versão do Projeto aprovado pelo Congresso Nacional, em dezembro de 2014.

Enfim, no setor dedicado à Teoria dos Direitos Fundamentais, há o registro da Política Nacional de Proteção dos Direitos Humanos, com destaque para o Programa Nacional de Direito Humanos – PNDH-3, aprovado pelo Decreto n. 7.037, de 21 de dezembro de 2009, que contempla 521 ações programáticas, distribuídas em vários eixos orientadores. Acrescentamos um estudo sobre a juridicidade e a densificação dos direitos sociais, no que diz respeito às objeções e defesa desses direitos.

São acréscimos que visam contribuir para uma compreensão inicial da Teoria da Constituição e do Estado, diante da complexidade e dos problemas que a envolvem nos dias de hoje.

Belo Horizonte, fevereiro de 2015.
Kildare Gonçalves Carvalho

TEORIA DO ESTADO E DA CONSTITUIÇÃO

CAPÍTULO 1

DIREITO CONSTITUCIONAL E TEORIA DA CONSTITUIÇÃO

SUMÁRIO

1. Direito Constitucional – Conceito, objeto e conteúdo científico – 2. Direito Constitucional – Teoria Geral do Estado e Ciência Política – Sociologia Política e Constitucional – História Constitucional – 3. Relações do Direito Constitucional com outros ramos do Direito – 4. Metodologia do Direito Constitucional – 5. Fontes do Direito Constitucional – 6. Sistemas Constitucionais – 7. A Teoria da Constituição – Significado, genealogia e objeto.

1. DIREITO CONSTITUCIONAL – CONCEITO, OBJETO E CONTEÚDO CIENTÍFICO

O Direito Constitucional refere-se à estruturação do poder político, seus contornos jurídicos, limites de sua atuação, e aos direitos humanos fundamentais.

O Direito Constitucional não existe sem o poder, pressuposto da existência do político. Trata-se, contudo, do poder juridicamente vinculado ao Direito o que dá sentido e constitui objeto do Direito Constitucional. Por isso é que o estudo do Direito Constitucional envolve o conhecimento do Estado Democrático de Direito, seus paradigmas e problemas.

Consoante Canotilho, o Direito Constitucional é um *intertexto aberto*, ou seja, deve muito a "experiências constitucionais, nacionais e estrangeiras; no seu 'espírito' transporta ideias de filósofos, pensadores e políticos; os seus 'mitos' pressupõem as profundidades dos arquétipos enraizados dos povos". O Direito Constitucional, no entanto, não se dissolve na história, é um direito vigente e vivo e como tal deve ser ensinado.[1]

São características do Direito Constitucional, ou traços distintivos que permitem singularizá-lo no contexto mais vasto do Direito em que se integra: *a) supremacia,*

---

[1] CANOTILHO. *Direito constitucional e teoria da constituição*, p. 15.

pois o Direito Constitucional se localiza no cume da hierarquia da ordem jurídica, supremacia que deve ser entendida como hierárquico-normativa, não se falando da problemática do Direito Suprapositivo, que se considera acima do próprio Direito Constitucional; *b) transversalidade*, no sentido de que o posicionamento do Direito Constitucional no ápice do ordenamento jurídico implica numa preocupação de traçar as grandes opções da comunidade política, relacionando-se com múltiplos temas relevantes à convivência coletiva; *c) politicidade,* já que tem por objeto o estatuto do poder político, e que impõe, muitas vezes, aceitar que algumas decisões possam ser livremente determinadas por critérios políticos, não controláveis juridicamente ao nível dos respectivos parâmetros próprios; *d) estadualidade*, porquanto o Direito Constitucional é, a um passo, sujeito e objeto do próprio Estado, embora não se desconheça que o Direito não tenha uma origem necessariamente estatal, valorizando-se, nos dias que correm, as preocupações pluralistas, seja no domínio das fontes, seja no das entidades que se submetem ao Direito; *e) legalismo,* pois, ao nível das fontes do Direito, o Direito Constitucional expressa uma específica tendência no modo como sublinha importância de uma delas na produção de normas e princípios constitucionais, influenciado por uma concepção legalista; *f) fragmentarismo,* eis que, em razão de sua função ordenadora, o Direito Constitucional se apresenta fragmentário, no sentido de que raramente lhe cabe efetuar uma normatização completa das matérias de que cuida, mas deixa muitos de seus elementos a outros níveis regulatórios; *g) juventude,* à consideração de que o Direito Constitucional, ao lado de alguns ramos do Direito Público, como o Direito Administrativo e o Direito Internacional Público, comunga de uma mesma juventude, pelo pouco tempo que medeia entre a sua criação e a atualidade; *h) abertura,* estando muito longe de ser um sistema normativo fechado, que decorre também do seu próprio caráter fragmentário. Por outras palavras, o Direito Constitucional aceita complementaridades e recepções de outros ordenamentos, internacionais e internos, mantendo com eles relações intersistemáticas, sobretudo no âmbito dos direitos fundamentais.[2]

O Direito Constitucional estuda a Constituição. Considerando a dicotomia do Direito em Público e Privado, o Direito Constitucional é o ramo por excelência do Direito Público.

A divisão do Direito em Público e Privado prende-se à utilidade e à necessidade, sobretudo didáticas, pois, do ponto de vista da ciência jurídica, têm sido falhos, insuficientes e obscuros os critérios distintivos. Não são poucos esses critérios. Analisando-os, destaca-se inicialmente o critério do interesse ou da utilidade contido no Direito Romano: o Direito Público versa sobre o modo de ser do Estado; o Privado, sobre o interesse dos particulares. Com efeito, algumas coisas são úteis publicamente, outras privadamente. É falho esse critério, porque não há como separar o interesse individual do público, já que ambos se interpenetram. Assim, a norma jurídica não visa apenas ao interesse do Estado ou do particular. Tome-se como exemplo o Direito de Família, cujas normas, notadamente as que se referem ao casamento, interessam tanto ao indivíduo quanto ao Estado, quando se trata da estabilidade familiar.

---

2 GOUVEIA. *Manual de direito constitucional*, v. 2, p. 39-45.

Também o ensino privado, que, não obstante situar-se no âmbito do Direito Privado, interessa igualmente ao Direito Público.

Buscou-se então o fundamento da distinção no interesse predominante. Se a norma objetiva garantir diretamente o interesse privado e indiretamente o da sociedade, trata-se de Direito Privado; na hipótese contrária, estaríamos diante de norma de Direito Público. A mesma dificuldade antes apontada, qual seja, a de assinalar o interesse predominante numa determinada norma jurídica, pela interpenetração do interesse público e individual, impede a aceitação desse critério.

Outros autores fundamentam a divisão na qualidade dos sujeitos (critério subjetivo) mostrando que, no Direito Público, o titular de direitos é o Estado, dotado de império ou poder de supremacia, e, no Privado, titulares são as pessoas físicas ou jurídicas (particulares). Não satisfaz também essa distinção, pois o Estado comparece, e até com frequência, em contratos de locação, compra e venda, situando-se no mesmo nível do particular, sem aquela posição de supremacia.

Finalmente, mencione-se o critério formal, baseado na forma externa das relações jurídicas, vale dizer, será privada a norma que tratar de relação jurídica de coordenação (contratos de compra e venda), com igualdade das partes na relação jurídica, e será pública a que versar relação jurídica de subordinação, protegendo interesses preponderantemente públicos. Tal critério é questionável, pois deixaria à margem o Direito Internacional Público, que regula relações de coordenação com igualdade jurídica dos Estados que têm interesses de igual valor no âmbito das relações internacionais.

Além desses critérios distintivos, Dimitri Dimoulis acrescenta: a) a politicidade, critério pelo qual o caráter político é decisivo para informar a relação jurídica, o que faz com que os assuntos de relevância política são regidos pelo Direito Público e os demais pelo Direito Privado; e, b) a imperatividade, que considera de direito público todas as normas que têm caráter imperativo, ou seja, são obrigatórias para todos, e constitui um *ius cogens*, e de direito privado as que têm feição de *ius dispositivum*, compondo um direito flexível, que se aplicará somente se os interessados não decidirem de forma diferente. Apesar de considerar este critério plausível, o autor esclarece que um exame mais cuidadoso do direito positivo indica que muitos assuntos de interesse particular são regulamentados por normas que não permitem exceção nem negociação, e de forma inversa, a aplicação de regras de Direito Público depende da vontade dos particulares, como a necessidade de ação penal privada, para a punição de delitos tipificados no direito penal.[3]

Para Tercio Sampaio as grandes dicotomias no direito, como direito público e direito privado, são *topoi*, pois não se pode classificar as normas segundo uma tipologia rigorosa. Segundo o autor, "a profusão de normas não permite sua organização teórica na forma de uma definição genérica que se especifica lógica e rigorosamente em seus tipos. As diversas classificações e seus critérios surgem ao sabor dos proble-

---

[3] DIMOULIS. *Manual de introdução ao estudo do direito*: definição e conceitos básicos; norma jurídica; fontes, interpretação e ramos do direito; sujeito de direito e fatos jurídicos; relações entre direito, justiça, moral e política; direito e linguagem, p. 275-276.

mas que a dogmática enfrenta na decidibilidade, os quais exigem distinções sobre as distinções. Os critérios mencionados são então *topoi*, isto é, lugares comuns, pontos de vista comumente aceitos que permitem classificações regionais e provisórias, sem alcançar uma sistematicidade abrangente."⁴

O campo das relações públicas, a esfera do público ou o público define-se a partir do conjunto das relações imperativas de mando e obediência, de cuja dialética resulta a ordem política. E em contraposição ao público, o conjunto de relações no seio de uma comunidade que refoge à esfera do mando e da obediência, compõe o campo das relações privadas. Desse modo, não há como definir, "senão por exclusão, a esfera do privado, pois as fronteiras entre ambos são extremamente variáveis: mudam conforme a época, o regime político e os condicionamentos da realidade social. Como tudo em política, os limites entre o público e o privado também sujeitam-se à divergência de opiniões e a conflitos, tratando-se de mais uma área alcançada pela sua natureza polêmica. A fixação dessas fronteiras depende, portanto, de um mando tornado efetivo pela obediência. Vale dizer: cabe ao público, ele próprio, definir a extensão de seu campo, o que importa *ipso facto* a delimitação da esfera privada. Essa é a razão pela qual a ciência do direito não conseguiu encontrar, até hoje, critérios jurídicos satisfatórios para distinguir o direito público do direito privado. É que a matriz dessa classificação não é jurídica, mas eminentemente política".⁵

Castoriadis distingue entre *oikos, agora* e *ecclesia*, propondo, a partir daí, a divisão dos ramos do Direito. Segundo o autor, há três esferas, que podem ser distinguidas na democracia: esfera privada; esfera privada/pública e esfera pública/pública. A "*oikos,* a casa-família, a esfera privada, é o campo no qual, formalmente e em princípio, o poder não pode ser nem deve interferir. Assim como as demais questões deste campo, mesmo isso não pode e não deve ser tomado em sentido absoluto: a lei penal proíbe atingir a vida ou a integridade corporal dos membros da família e a instrução das crianças é obrigatória até mesmo nos governos mais conservadores, etc. A *agora*: o mercado-lugar de reunião é o domínio no qual os indivíduos encontram-se livremente, discutem, contratam entre si, publicam e compram livros, etc. Ainda aqui, formalmente e em princípio, o poder não pode nem deve intervir – mas também aqui, de qualquer forma, a questão não pode ser tomada em sentido absoluto. A lei impõe o respeito aos contratos privados, proíbe o trabalho infantil, etc. De fato, não se terminaria nunca de enumerar os pontos nos quais as disposições pelas quais o poder, mesmo nos Estados mais 'liberais' (no sentido do liberalismo capitalista), intervém neste domínio (exemplo do orçamento). A *ecclesia*, termo utilizado aqui metaforicamente, é o lugar do poder, o domínio público/público. O poder compreende os poderes, e estes devem ser simultaneamente separados e articulados."⁶

Num outro aporte teórico, a "esfera pública não pode ser entendida como uma instituição, nem como uma organização, pois, ela não constitui uma estrutura nor-

---

4   FERRAZ JUNIOR. *Introdução ao estudo do direito*, p.132.
5   SOUZA JUNIOR. *Consenso e democracia constitucional*, p. 33-34.
6   CASTORIADIS. *A democracia como procedimento e como regime*. I*n*: Encruzilhadas do labirinto IV: a ascensão da insignificância, p. 265.

mativa capaz de diferenciar entre competências e papéis, nem regula o modo de pertença a uma organização, etc. A esfera pública pode ser descrita como uma rede adequada para a comunicação de conteúdos, tomadas de posição e opiniões; nela, os fluxos comunicacionais são filtrados e sintetizados, a ponto de se condensarem em opiniões públicas enfeixadas em temas específicos. Do mesmo modo que o mundo da vida tomado globalmente, a esfera pública se reproduz através do agir comunicativo, implicando apenas o domínio de uma linguagem natural; ela está em sintonia com a compreensibilidade geral da prática comunicativa cotidiana. A esfera pública constitui principalmente uma estrutura comunicacional do agir orientado pelo entendimento, a qual tem a ver com o espaço social gerado no agir comunicativo, não com as funções nem com os conteúdos da comunicação cotidiana".[7]

A distinção entre as esferas pública e privada, portanto, "ao contrário de ser algo natural, embora por vezes naturalizado, é construção histórico-social, podendo ser interpretada e compreendida através de diversos olhares paradigmáticos. O público tem de ser visto hoje como uma dimensão bem mais complexa do que simplesmente a de um lócus estatal, e sim como dimensão discursiva de mobilização e expressão dos diversos fluxos comunicativos, políticos, artísticos, científicos, enfim, culturais".[8]

Registre-se ainda que, em decorrência do fenômeno denominado de constitucionalização do Direito, que será examinado adiante, autores há que entendem superada a distinção entre Direito Público e Direito Privado, seja pelo fato de que "técnicas e institutos tradicionalmente pertencentes ao Direito Privado são aplicados ao Direito Público e vice-versa", seja porque a distinção só seria válida para a família jurídica romano-germânica, sendo desconhecida nos países da *common law*.[9] Ainda se sustenta que "a acolhida da tese de unidade do ordenamento jurídico, e bem assim da superioridade dos valores e princípios insculpidos na Constituição, cujo alcance se projeta no sistema jurídico como um todo, conduz à necessidade de abandonar a separação do direito em público e privado, posta pela doutrina tradicional".[10]

Não sendo satisfatórias as soluções para a distinção do Direito Público e Privado,[11] nem por isso há, no entanto, de se desprezar a dicotomia, por ser ela útil e necessária do ponto de vista didático, e por contribuir para a formação de uma mentalidade

---

[7] HABERMAS. *Direito e democracia*: entre facticidade e validade, v. II, p. 92.
[8] CATTONI DE OLIVEIRA. *Direito constitucional*, p. 29 e 31.
[9] LUDWIG. Direito público e direito privado: a superação da dicotomia. In: COSTA (Org.) *A reconstrução do direito privado*, p. 104, 87-88.
[10] MATTIETTO. O direito civil constitucional e a nova teoria dos contratos. In: TEPEDINO (Coord.). *Problemas de direito civil constitucional*, p. 166.
[11] Na impossibilidade de se encontrar solução satisfatória para explicar a dicotomia, criou-se um terceiro tipo de direito, o Direito Misto, que se situa na fronteira do Direito Privado com o Direito Público, e quando se tutelam interesses públicos e privados. No Direito Misto se incluem algumas partes do Direito Privado, como o Direito de Família, e outros direitos, como o do Trabalho e o Direito Internacional Privado. (cf. GUSMÃO. *Introdução ao estudo do direito*, p. 224). Esse novo direito não vem, contudo, definido, mas apenas serve para ofuscar aquilo que já é controvertido na dicotomia.

pública ou privada que tem sido responsável pela elaboração e aperfeiçoamento do Direito ao longo dos séculos.

Ronald Dworkin escreve que o "direito como integridade (teoria que busca unificar moral individual, justificação legal e legitimação política) tem uma atitude mais complexa com relação aos ramos do direito. Seu espírito geral os condena, pois o princípio adjucativo da integridade pede que os juízes tornem a lei coerente como um todo, até onde lhes seja possível fazê-lo, e isso poderia ser mais bem-sucedido se ignorassem os limites acadêmicos e submetessem alguns segmentos do direito a uma reforma radical, tornando-os mais compatíveis em princípio com outros. Contudo, o direito como integridade é interpretativo, e a compartimentalização é uma característica da prática jurídica que nenhuma interpretação competente pode ignorar".[12]

O Direito Constitucional constitui o principal ramo do Direito Público, pois trata da organização e atividade do Estado considerado em si mesmo.[13]

O Direito Constitucional, informado pelos princípios da liberdade e do individualismo levados para a Itália por Napoleão Bonaparte, foi ensinado sistematicamente em universidades italianas, como Ferrara, Pavia e Bologna.

Na França, sob a monarquia liberal de Luís Filipe, foi instalada, em 1834, por determinação de Guizot, ministro da Instrução Pública, a primeira cadeira de Direito Constitucional, na Faculdade de Direito de Paris, lecionada pelo Professor italiano Pelegrino Rossi. O Direito Constitucional do século XIX achava-se, no entanto, vinculado à filosofia política e a concepções ideológicas, e a um excessivo historicismo, é dizer, só havia Direito Constitucional nos Estados dotados de uma Constituição verdadeira, legítima, jurídica, de base individualista e liberal, que se opunha à Constituição de fato, reprovada pela consciência jurídica: nos países que adotavam este último tipo de Constituição não havia Direito Constitucional.

Na sequência, o Direito Constitucional adquire novo perfil, mais jurídico do que filosófico, libertando-se dos valores liberais e sua ideologia, para assumir feição e contornos jurídicos próprios, mas de qualquer modo, entendido como técnica do poder e técnica da liberdade, sem se posicionar, todavia, a favor ou contrariamente

---

[12] DWORKIN. *O império do direito*, p. 301.

[13] Carlos Ayres Britto dissente do posicionamento daqueles que consideram o Direito Constitucional como ramo jurídico do Direito Público, ao afirmar: "O que se divide em público e privado é o Direito pós-Constituição, que já é um Direito elaborado pelo legislador constituído: Direito Administrativo, Direito Tributário, Direito Penal, Direito Civil, Comercial e demais 'províncias' ou setores cientificamente autonomizados do Direito. Se o critério de classificação dos ramos jurídicos em públicos e privados é a nítida vertente que eles ostentam para compor relações, ora de tratamento paritário de interesses das partes (Direito Privado), ora de tratamento favorecido daquela parte que simboliza os imediatos interesses da sociedade (Direito Público), não há como dizer a que bloco pertence o Direito Constitucional. É que ele tanto contém segmentos normativos de favorecimento das pessoas privadas perante aquele que simboliza os imediatos interesses da sociedade (e essa contraparte é a pessoa jurídica do Estado, *lato sensu*) quanto o inverso. O que nos estimula a formular a proposição de que o Direito Constitucional é ramo jurídico, sim, porém nem rigorosamente público nem privado." (*Teoria da constituição*, p. 98-99).

às instituições que lhe servem de pano de fundo, como aquelas que informam o constitucionalismo, quer político, quer social.

Enfim, não se pode conceber um Direito Constitucional contrário à liberdade e ao Estado Democrático de Direito.

Como expressa Jorge Miranda, o Direito Constitucional "é a parcela da ordem jurídica que rege o próprio Estado, enquanto comunidade e enquanto poder. É o conjunto de normas (disposições e princípios) que recortam o contexto jurídico correspondente à comunidade política como um todo e aí situam os indivíduos e os grupos uns em face dos outros e em relação ao Estado-poder e que, ao mesmo tempo, definem a titularidade do poder, os modos de formação e manifestação da vontade política, os órgãos de que esta carece e os actos em que se traduz".[14]

Intimamente relacionado com o conceito de Constituição, o Direito Constitucional terá reduzida ou ampliada sua matéria, segundo se entenda a Constituição em sentido jurídico ou político.

Os conceitos, pois, de Direito Constitucional, formulados pelos mais autorizados constitucionalistas, refletem a visão de cada um deles sobre o significado de Constituição. Afonso Arinos de Melo Franco sustenta que "o Direito Constitucional é o estudo metódico da Constituição do Estado, da sua estrutura institucional político-jurídica".[15] Para Paulino Jacques, o "Direito Constitucional é o ramo do Direito Público que estuda os princípios e normas estruturadoras do Estado e garantidoras dos direitos e liberdades individuais".[16] Manoel Gonçalves Ferreira Filho diz que o Direito Constitucional como ciência "é o conhecimento sistematizado das regras jurídicas relativas à forma do Estado, à forma do governo, ao modo de aquisição e exercício do poder, ao estabelecimento de seus órgãos e aos limites de sua ação".[17] Pinto Ferreira o conceitua como "a ciência positiva das Constituições".[18] Já o consagrado constitucionalista José Afonso da Silva afirma que o Direito Constitucional é "o ramo do Direito Público que expõe, interpreta e sistematiza os princípios e normas fundamentais do Estado".[19] Rosah Russomano considera o Direito Constitucional "como o sistema de princípios e de normas positivas que estruturam o Estado de Direito".[20] Identificando o Direito Constitucional com o Direito Político, Marcelo Caetano o conceitua como "o conjunto de normas jurídicas que regula a estrutura do Estado, designa as suas funções e define as atribuições e os limites dos supremos órgãos do poder político".[21]

Verifica-se, dentre todos esses conceitos, que o Direito Constitucional cuida de matéria referente à estrutura, fins e funções do Estado, à titularidade e organização do

---

[14] MIRANDA. *Manual de direito constitucional*, t. 1, p. 15-16.
[15] FRANCO. *Direito constitucional*, p. 4.
[16] JACQUES. *Curso de direito constitucional*, p. 2.
[17] FERREIRA FILHO. *Curso de direito constitucional*, p. 4.
[18] PINTO FERREIRA. *Manual de direito constitucional*, p. 1.
[19] SILVA. *Curso de direito constitucional positivo*, p. 34.
[20] RUSSOMANO. *Curso de direito constitucional*, p. 17.
[21] CAETANO. *Direito constitucional*, v. 1, p. 62.

poder político e aos limites de sua atuação (direitos fundamentais e controle da constitucionalidade).

Fala-se na existência de um novo Direito Constitucional, que tem proporcionado a releitura de programas políticos (da esquerda, do centro e da direita) e a abordagem de novos desenhos de reconstrução das instituições políticas. Na visão de Canotilho, as novas formas de modernidade política e econômica "obrigam os cultores do direito constitucional a prestar mais atenção a certos problemas como os da crise de representação, da envolvência dos direitos constitucionais nacionais pelo emergente *direito constitucional global* ou *internacional* e pelo já vigente *direito constitucional comunitário*, e da erupção de *novos direitos* e *novos deveres* intimamente relacionados com a liberdade e dignidade da pessoa humana e com os outros seres da comunidade biótica ('direitos fundamentais dos seres vivos'). Acrescentem-se ainda os problemas da 'reinvenção do território' conducentes à releitura das obras sobre 'federalismo' e 'antifederalismo' e à sugestão de novos fenótipos organizatórios de comunidades supranacionais (União Europeia, Mercosul, NAFTA). Relevem-se, também, as profundas deslocações retóricas, discursivas e metodológicas operadas no direito público pelas várias *teorias da justiça* e do *agir comunicativo* que pretendem completar, quando não substituir, a clássica teoria da constituição".[22]

Ao escrever sobre as transformações do Direito Constitucional contemporâneo, Luís Roberto Barroso assinala a trajetória percorrida pelo Direito Constitucional nas últimas décadas, seja na Europa, seja no Brasil, e que leva em conta três marcos fundamentais para a compreensão das ideias e as mudanças de paradigma que mobilizaram doutrina e jurisprudência nesse período e a concepção de Constituição:

a) o marco histórico, caracterizado pelo constitucionalismo do 2º pós-guerra, especialmente na Alemanha e na Itália, em ambiente de democratização, e consequente surgimento de uma nova forma de organização política, qual seja, o Estado democrático de direito (ou Estado constitucional de direito ou Estado constitucional democrático). No Brasil, o renascimento do Direito Constitucional se dá no ambiente de reconstitucionalização do país, com a convocação da Assembleia Nacional Constituinte e promulgação da Constituição de 1988;

b) o marco filosófico do pós-positivismo, que se apresenta como uma terceira via entre as concepções positivista e jusnaturalista, e se inspira na teoria da justiça e na legitimação democrática. A doutrina pós-positivista vai além da legalidade estrita, sem, no entanto, desprezar o direito posto, e procura empreender uma leitura moral da Constituição e das leis, sem recorrer a categorias metafísicas. Há o reencontro da ciência jurídica e a filosofia do Direito. Além dos clássicos princípios como a democracia, a República e a separação dos poderes, isso sem mencionar a liberdade e a igualdade, dá-se ênfase aos princípios da dignidade da pessoa humana e da razoabilidade ou proporcionalidade;

---

[22] CANOTILHO. *Direito constitucional e teoria da constituição*, p. 22-23.

c) o marco teórico, com a ocorrência de três mudanças de paradigmas que subverteram o conhecimento convencional a envolver a aplicação do Direito Constitucional: 1. o reconhecimento de força normativa à Constituição; 2. a expansão da jurisdição constitucional; 3. o desenvolvimento de uma nova dogmática da interpretação constitucional.[23]

O Direito Constitucional abrange as seguintes disciplinas:

Direito Constitucional Positivo, Particular ou *Especial*, cujo objeto é a interpretação, crítica e sistematização das normas constitucionais vigentes em determinado Estado (Espanha, Portugal, Brasil, por exemplo). As peculiaridades da organização jurídica de cada Estado, no seu todo, são examinadas pelo Direito Constitucional Particular, falando-se em Direito Constitucional Positivo, quando se ressalta a vigência e a eficácia das normas que compõem o ordenamento jurídico de um determinado Estado.

O Direito Constitucional Particular, para Santi Romano, é "uma ciência prática, que consiste na verificação, na definição, no desenvolvimento, na coordenação e sistematização dos conceitos, dos princípios, das normas de todos os institutos, que, a despeito de abstratos, são sempre 'positivos', no sentido de que estão, efetivamente, contidos numa determinada constituição estatal, devendo, em última análise, servir à exata interpretação e aplicação das normas que dele derivam aos casos concretos através da qual a ordenação daquele Estado tem eficácia".[24]

Direito Constitucional Comparado, que "analisa não uma, mas diversas Constituições, ou tipos de Constituição, para obter da comparação dessas normas positivas dados sobre semelhanças ou diferenças que são igualmente úteis ao estudo jurídico",[25] numa perspectiva universalista, de modo a captar o que há de essencial na unidade e na diversidade entre elas, podendo a comparação abranger Constituições consideradas em sua dimensão espacial ou temporal, destacando-se, na atualidade, a comparação entre Constituições próximas no tempo, mas geograficamente distantes. O Direito Constitucional Comparado assenta-se em sistemas jurídicos positivos, embora não necessariamente vigentes. O trabalho comparativo pode consistir numa microcomparação como numa macrocomparação. A microcomparação tem por objeto o exame de fragmentos jurídicos elementares que formam as ordens jurídicas, e a macrocomparação o estudo das estruturas determinantes e das ordens jurídicas enquanto tais. Jorge Miranda explicita as múltiplas razões de ser do trabalho comparativo ligado ao Direito Constitucional de cada Estado: "1º) Mostrar a proveniência de qualquer instituto nele introduzido, identificando o sistema donde é oriundo, figurando o modo de recepção, enumerando as transformações sofridas na passagem de um sistema a outro, inclusivamente explicando as causas da recepção; 2º) Dissipar dúvidas quanto à origem de algum instituto explicando que, apesar de semelhante a um que se encontra noutro país, não pôde ter sido colhido neste, pois que, na realidade, se foi buscar a um terceiro país ou até nasceu no sistema em análise sem

---

[23] BARROSO. *Curso de direito constitucional contemporâneo*: os conceitos fundamentais e a construção do novo modelo, p. 243-266.

[24] ROMANO. *Princípios de direito constitucional geral*, p. 14.

[25] FRANCO. *Op. cit.*, p. 6.

influências estranhas; 3º) No caso de se tratar de instituto de que não se possa dizer ter sido importado de um Direito estrangeiro ou nacional de outra época, assinalar como procedem frente a idênticos problemas de regulamentação diferentes sistemas jurídico-constitucionais."[26] O Direito Constitucional Comparado revela a existência de duas principais vertentes: o Direito Constitucional democrático clássico e o Direito Constitucional do socialismo totalitário. O primeiro compreende diversas formas políticas, como parlamentar, presidencial, liberal e autoritária, capitalista, neocapitalista (Estado social) e socialista na modalidade social-democrata. O segundo abrange os regimes comunistas (marxistas, maoístas e outros) e formas de transição denominadas democracias populares. Com a extinção, no entanto, da União das Repúblicas Socialistas Soviéticas (URSS), a criação, em seu lugar, da Comunidade de Estados Independentes (CEI) e a transformação dos Estados do Leste Europeu, novas regras constitucionais estão a surgir, para a ordenação de uma forma política emergente, o que certamente enriquece o Direito Constitucional Comparado.

Direito Constitucional Geral, que "utiliza as determinações positivas, peculiares ao Direito Constitucional de diversos Estados, estabelecendo conceitos, formulando princípios e apontando tendências gerais".[27] Constituem objeto do Direito Constitucional Geral, segundo José Afonso da Silva, "o próprio conceito de Direito Constitucional, seu objeto genérico, seu conteúdo, suas relações com outras disciplinas, suas fontes, a evolução do constitucionalismo, as categorias gerais do Direito Constitucional, a teoria da Constituição (conceito, classificação, tipos, formação, mudanças, extinção, defesa, natureza de suas normas, estrutura normativa, etc.), hermenêutica, interpretação e aplicação das normas constitucionais, a teoria do poder constituinte, etc.)".[28]

O Direito Constitucional Geral trata da teoria geral do Direito Constitucional e unifica os princípios, indagações, conceitos e categoria fundamentais em matéria constitucional.

Considerando como critério a matéria, fala-se em *Direito Constitucional Material* e *Direito Constitucional Adjetivo* (note-se que este critério também é adotado relativamente à ideia de Constituição, de que trataremos adiante), conceituados a partir de seu conteúdo.

O *Direito Constitucional Material* cuida da organização do Estado, de seu modo de ser, de sua estrutura, e que variam de Estado para Estado.

O *Direito Constitucional Adjetivo* envolve regras pertinentes à aplicabilidade da Constituição, assim consideradas o preâmbulo, o ato de promulgação, de publicação, de aplicação material propriamente dita, e o processo de sua modificação.

Assinale-se também a existência do denominado *Direito Político* no quadro do conhecimento político.

---

[26] MIRANDA. Sobre o direito constitucional comparado. *In: Revista de Direito Constitucional e Internacional*, vol. 14, n. 55, p. 252-253.
[27] RUSSOMANO. *Op. cit.*, p. 20.
[28] SILVA. *Op. cit.*, p. 36.

Para alguns autores, como Marcelo Caetano, o Direito Político se equivale ao Direito Constitucional, enquanto para outros, como Pablo Lucas Verdú e Carlos S. Fayt, reveste-se de maior amplitude de significação, abrangendo matérias versadas na Teoria do Estado e na Sociologia Política. Nesse sentido, tem-se que o Direito Político constitui o ramo do Direito Público interno que estuda as normas e instituições reguladoras dos poderes estatais e das liberdades fundamentais, num contexto histórico sociopolítico, enquanto que o Direito Constitucional é o setor estritamente jurídico do Direito Político.[29] Para Carlos S. Fayt, o Direito Político estuda a estrutura da organização política e suas relações com a sociedade, a ordem e a atividade política. Seu método é sociológico e político, além de jurídico; apresenta-se como um sistema de conceitos, cuja unidade resulta do enlace de uma teoria da sociedade, uma teoria do Estado, uma teoria da constituição e uma teoria dos atos políticos.[30]

Deve-se considerar, a propósito, que o estudo da norma jurídica, em especial a norma constitucional, não se faz sem levar em consideração os fatores sociais, econômicos, entre outros, à luz de seus condicionamentos históricos, o que afastaria a concepção de ser o Direito Constitucional apenas o setor jurídico do Direito Político, como veremos adiante.

Lembre-se ainda, com Canotilho, de que o Direito Constitucional, como qualquer prática social humana, tem as suas modas. Há que estar atento a elas, porque andar aqui na "moda" pode representar um *modo* privilegiado de testar a constituição e as normas do direito constitucional na sua interação com outros subsistemas sociais, como o sistema econômico, o sistema social e o sistema cultural. Nessa perspectiva, relevam-se "as profundas deslocações teóricas, discursivas e metodológicas operadas no direito público pelas várias *teorias da justiça* e do *agir comunicativo* que pretendem completar, quando não substituir, a clássica teria da constituição. Neste contexto, 'estar in' no direito constitucional é acompanhar as novas leituras dos problemas político-constitucionais nos quadros do pluralismo político, econômico e social. Se incluirmos no direito constitucional outros modos de pensar poderemos fazer face ao 'desencanto' provocado pelo formalismo jurídico conducente, em certa medida, à procura de outros modos de compreender as regras jurídicas".[31]

2. DIREITO CONSTITUCIONAL – TEORIA GERAL DO ESTADO E CIÊNCIA POLÍTICA – SOCIOLOGIA POLÍTICA E CONSTITUCIONAL – HISTÓRIA CONSTITUCIONAL

São fronteiriças as zonas entre estas disciplinas que têm por fim último o estudo do fenômeno político e o próprio fenômeno político. As relações entre o Direito Constitucional e as outras ciências políticas se intensificaram a partir do momento em que o Estado deixou de ser considerado como instituição à parte da sociedade. É de Bidart Campos a observação de que "qualifica-se como política toda ciência

---

[29] VERDÚ. *Curso de derecho político*, t. I, p. 40-41.
[30] FAYT. *Derecho político*, t. I, p. 42.
[31] CANOTILHO. *Direito constitucional e teoria da constituição*, p. 21-23.

que tenha por objeto o Estado, sua natureza, sua estrutura, seu funcionamento, suas relações com outros grupos sociais coletivos, tanto no interior como no exterior, suas relações com os indivíduos, assim como também os fatores humanos, econômicos e sociais que condicionam ou determinam sua existência".[32]

Podemos, no entanto, demarcar as fronteiras de cada uma dessas disciplinas, sem perder de vista a observação de que todas elas se qualificam de políticas, e seus objetos se superpõem.

A *Teoria Geral do Estado* é ciência teórica, especulativa, que se propõe a estudar o Estado em si mesmo, no que tem de essencial e permanente no tempo. Carlos S. Fayt, contudo, defende a tese de que a Teoria Geral do Estado estuda o fenômeno estatal tanto em sua generalidade como em sua realidade concreta atual, assinalando que essas duas perspectivas de investigação científica do Estado não são excludentes – ou seja, o exame do que é comum a todos os Estados ao longo de seu desenvolvimento histórico-social, do que é válido para qualquer tempo e para todo tipo de Estado, não se opõe à investigação da realidade concreta da entidade estatal – mas se integram reciprocamente.[33]

Hermann Heller propõe uma Teoria do Estado que visa descrever e interpretar o conteúdo da realidade política. O objetivo, portanto, da Teoria do Estado é o de conceber o Estado como uma conexão real que atua no mundo histórico-social, investigando a sua função na realidade social concreta. Assim, as grandes questões políticas constitucionais e estatais surgem da política. A Teoria do Estado é a ciência que responde e entende as questões da vida política, e que justificam a sua própria existência.[34]

A Teoria Geral do Estado é ciência enciclopédica, pois se utiliza de conhecimentos da Sociologia, da História, da Economia, da Matemática (teoria dos jogos)[35], dentre outras ciências. Constitui ainda a Teoria Geral do Estado uma ciência de síntese, pois, como pensa Groppali, que prefere chamá-la de Doutrina do Estado (segundo ele, não há teoria que não seja senão geral), "enquanto resume e integra, em uma síntese superior, os princípios fundamentais de várias ciências sociais, jurídicas e políticas, as quais têm por objeto o Estado considerado em relação a determinados momentos históricos, estuda o Estado de um ponto de vista unitário na sua evolução, na sua organização, nas suas funções e nas suas formas mais típicas, com a intenção de determinar suas

---

[32] CAMPOS. *Derecho político*, p. 50.
[33] FAYT. *Derecho político*, t. I, p. 117.
[34] Cf. HELLER. *Teoria do Estado*. Trad. Lycurgo Gomes da Motta.
[35] A teoria dos jogos, formulada inicialmente por J. von Neumann, designa uma série de operações matemáticas destinadas a fornecer solução para uma situação em que determinado participante procura atingir para si um certo sucesso mínimo através de seu curso de ação, mesmo que suas ações possam somente influenciar o resultado de um evento, sem o determinar completamente. O termo jogo, aqui empregado, refere-se a um conjunto de regras e convenções para jogar, e não para o próprio jogo. Para as ciências sociais, o interesse da teoria dos jogos reside na similaridade existente entre jogos recreativos que envolvem estratégia, e muitas das situações da vida real estudadas pelos cientistas sociais. A teoria dos jogos envolve, em essência, um modelo de construção que visa esclarecer o resultado de situações de conflito.

leis formativas, seus fundamentos e seus fins".[36] Compreende, assim, a Teoria Geral do Estado, na visão do citado autor, três partes distintas: *a)* a teoria sociológica do Estado, que estuda a gênese e evolução do Estado; *b)* a teoria jurídica do Estado, que trata da organização e personificação do Estado; e *c)* a teoria justificativa do Estado, que cuida dos fundamentos e fins do Estado.

Também Miguel Reale entende que "a Teoria Geral do Estado recebe os dados das diferentes ciências particulares, e depois os reelabora, para chegar a uma síntese de elementos constantes e essenciais, com exclusão do acessório e secundário. O Estado aparece, então, como uma pirâmide de três faces, a cada uma delas correspondendo uma parte da ciência geral: uma é a *social*, objeto da 'Teoria Social do Estado', na qual se analisam a formação e o desenvolvimento da instituição estatal em razão de fatores socioeconômicos; a segunda é a *jurídica*, objeto da 'Teoria Jurídica do Estado', estudo normativo da instituição estatal, ou seja, de seu ordenamento jurídico; a terceira é a *política*, de que trata a 'Teoria Política do Estado', para explicar a finalidade do governo em razão dos diversos sistemas de cultura".[37]

Themístocles Brandão Cavalcanti, a propósito da pluralidade de abordagens a envolver a Teoria do Estado, salienta: "Nada mais difícil do que discriminar, na análise dos problemas do Estado, o conteúdo de cada um dos seus aspectos – o que é jurídico, o que é político, o que é econômico, etc. Por outro lado, difícil se torna usar em um único método na análise dos fenômenos, principalmente em relação às teorias do Estado que, geralmente, consideram o Estado em sua evolução histórica. Para nós, as Teorias do Estado compreendem o problema global, isto é, o Estado como fato histórico, político, social, ético em sua posição absoluta e na sua posição relativa como unidade ou na ordem internacional. Não chegaremos ao exagero de dar o primado à ordem total, conjunto das ordens parciais, mas não se deve esquecer nunca a posição relativa do Estado na comunhão dos Estados, já hoje com uma expressão política e jurídica bem definidas. Por vezes, quase que se confunde a Teoria do Estado com o direito público, outras vezes, mais se aproxima da ciência política, frequentemente tem um sentido histórico, como estudo da evolução da ideia de Estado, ou do pensamento político. Há certo equívoco, a nosso ver, no encarar unilateralmente, em qualquer desses sentidos, a concepção do Estado, no estudo da sua 'Teoria'. Mais acertado se nos afigura o emprego dos métodos modernos de investigação para um estudo global do fato político, social, jurídico, econômico. Daí poder se considerar uma Teoria geral ou uma Teoria política do Estado ou, ainda, uma Teoria jurídica do Estado."[38]

Para Jorge Miranda, a Teoria Geral do Estado "pode ser tomada ou como construção jurídica do Estado, das suas condições de existência e das suas manifestações vitais, ou (menos frequentemente) como enquadramento do Estado na dupla perspectiva de realidade jurídica e realidade social. Em qualquer dos casos,

---

[36] GROPPALI. *Doutrina do Estado*, p. 8-9.
[37] REALE. *Teoria do direito e do estado*, p. 123-124.
[38] CAVALCANTI. *Teoria do estado*, p. 15.

visa o Estado em si ou, melhor, certo tipo de Estado, não este ou aquele Estado localizado".[39]

Kriele, ao situar a Teoria do Estado no campo da ciência jurídica (a Teoria Geral do Estado), aduz ter ela dupla função: como ciência, é a contribuição que conduz o jurista às ciências interdisciplinares do Estado com seu conhecimento no manejo das normas e das instituições jurídicas. Por outro lado, como disciplina de ensino é a seleção dos conhecimentos das ciências interdisciplinares do Estado que interessam em especial aos juristas.[40]

A Teoria Geral do Estado (*Allgemeine Staatslehre*), com destaque para a obra de Jellinek, surgiu na Alemanha no final do século XIX, para justificar e não conceituar o Estado e reforçar a ideia de neutralidade e interesse geral do Estado. Observa-se que naquele momento se dava ênfase ao aspecto jurídico do Estado.

A Teoria Geral do Estado nasceu junto com o Direito do Estado, que se reporta ao Estado em si mesmo, objetiva captar o ser do Estado, sua essência, mas que resultará numa visão positivista pura do Estado, e que marcará a ciência alemã do direito público na última quadra do século XIX e início do século XX. O Direito do Estado é assim compreendido como o lado jurídico da vida do Estado.

No Brasil, a disciplina foi criada durante o Estado Novo, na década de 1930, pois o Presidente Getúlio Vargas, para não cassar os professores da antiga Faculdade Nacional de Direito, os manteve na cadeira de Teoria Geral do Estado, e nomeou novos professores com o objetivo de lecionar e justificar a Carta autoritária de 1937.

A TGE foi mantida no Curso de Direito até o ano de 1973, quando então desapareceu sob essa nomenclatura, por reforma curricular, passando a ser incluída na disciplina de Direito Constitucional I.

Com o advento da Constituição de 1988, por meio da Portaria MEC n. 1886/94, é implantado novo currículo jurídico no país, introduzindo a denominada Teoria do Estado (e não mais a Teoria Geral do Estado, de origem alemã), que terá de ser lecionada separadamente ou vinculada à Ciência Política, devendo compreender o Estado dentro de um perfil necessariamente multidisciplinar, independente de seu formato de disciplina.

A Teoria do Estado, como salienta Quintão Soares, "respaldada no caráter dialético da formação conceitual, deve ter como objeto a descrição e interpretação do conteúdo estrutural da realidade política do Estado, com seus fundamentos e suas contradições. Para tanto, a Teoria do Estado deve adotar a metodologia adequada: a perspectiva teorética do Estado, buscando compreender as mudanças de paradigmas, que demarcam as suas características, as suas rupturas e as suas diversificadas formas, ideias e fins mediante uma construção teórica à luz dos fundamentos históricos e filosóficos da legitimidade do Estado democrático de direito".[41]

---

[39] MIRANDA. *Manual de direito constitucional*, t. 1, p. 26.
[40] KRIELE. *Introducción a lateoríadel estado*: fundamentos históricos de la legitimidad del estado constitucional democrático, p. 1-2.
[41] SOARES. *Teoria do estado*: o substrato clássico e os novos paradigmas como pré-compreensão para o direito constitucional, p. 39.

Acentue-se, finalmente, que, nessa perspectiva, o Estado, forma de poder, deve ser entendido e legitimado como um processo democrático exercido pela cidadania, e não apenas na sua dimensão abstrata.

A *Ciência Política*, em sentido amplo, é concebida como o conglomerado de conhecimentos, da mais diversa natureza, destinados a explicar e a descrever, sistematizando, os fenômenos políticos. A Ciência Política "estuda os fenômenos relacionados com o fundamento, organização, exercício, objetivos e dinâmica do poder na sociedade" (Pablo Lucas Verdú). Engloba todos os conhecimentos, seja qual for o método empregado na sua obtenção, relativos à compreensão, explicação e fundamento racional dos fatos políticos, ordenados e sistematizados em função de seu objeto.

Para a compreensão da Ciência Política, em sentido lato, não se pode deixar de considerar a filosofia política, que busca refletir sobre o sentido da atividade política, e envolve questões práticas que remetem para questões mais fundamentais, num elo estreito com a ciência política, e que são, segundo resenha de A. Berten:

"– Qual é a necessidade e quais são os limites do poder?

– Qual é a tarefa que devem desempenhar os homens políticos?

– Os cidadãos devem se implicar nas decisões coletivas?

– Qual é o tipo de regime político que devemos defender?

– Quais são as exigências de justiça que devemos sustentar?

– Podemos justificar (legitimar) esta norma mais do que aquela outra?

– Quais são as concepções de vida boa, de bem comum que devemos defender?

– Como conciliar liberdade e igualdade?

– Qual atitude nós devemos adotar em relação ao 'retorno do religioso'?

– Existem guerras 'justas' ou 'justificáveis'?

– Devemos ser patriotas? O nacionalismo é um valor?

– O que significa ser tolerante?"[42]

Segundo Norberto Bobbio, "na filosofia política são compreendidos três tipos de investigação; a) da melhor forma de governo ou da ótima república; b) do fundamento do Estado, ou do poder político, com a consequente justificação (ou injustificação) da obrigação política; c) da essência da categoria do político ou da politicidade, com a prevalente disputa sobre a distinção entre ética e política". E por "ciência política entende-se hoje uma investigação no campo da vida política capaz de satisfazer a essas três condições: a) o princípio de verificação ou de falsificação como critério da aceitabilidade dos seus resultados; b) o uso de técnicas da razão que permitam dar uma explicação causal em sentido forte ou mesmo em sentido fraco do fenômeno investigado; c) a abstenção ou abstinência de juízos de valor, a assim chamada 'avaloratividade'".[43]

---

[42] BERTEN. *Filosofia política*, p. 10.
[43] BOBBIO. *Estado, governo, sociedade*, p. 55-56.

Em sentido estrito, na Ciência Política avulta a construção de sistemas e modelos teóricos relativos aos fenômenos políticos, como fenômenos ligados à estrutura, ao exercício e ao controle do poder político nas suas diversas formas. É a disciplina que "estuda as manifestações, as formas e as regularidades dos fatos políticos, em si mesmos ou através do comportamento dos indivíduos, mediante métodos de observação" (Marcelo Caetano).

O político não se identifica com o estatal, para as teorias sistêmicas, que recorrem à noção de sistema político e não à de Estado como centro das análises políticas. O político pode existir independentemente do Estado, como, a propósito, considera o sociologismo.

A Ciência Política tem por fim o estudo do poder político e por consequência as instituições políticas como instrumentos deste poder sob todos os seus aspectos.

Ela estuda a origem, os fundamentos e a natureza do poder político, depois sua organização e seu funcionamento.

Examina os fenômenos de competição inevitáveis entre as forças e os homens que desejam tomar o poder e depois conservá-lo, os meios e o comportamento daqueles que o detêm, a fim de conservar e de atender a certos fins, e as oposições que o combatem e de que alguns serão algum dia vitoriosos.

Examina os fenômenos de toda a natureza e notadamente os fenômenos sociais que tratam do poder e de sua natureza, sua extensão, sua orientação e sua organização (Jacques Cadart).

A etapa verdadeiramente positiva da Ciência Política alcança-se quando se transferem para a análise dos fenômenos políticos os requisitos do conhecimento científico (verificabilidade, sistema, generalidade).

Há o estabelecimento de um sistema, concebido como um conjunto de variáveis[44] ou de elementos interdependentes que permite estabelecer as relações ou conexões entre os fatos, e adotar um modelo ou paradigma teórico, é dizer, um conjunto coerente de conceitos claramente definidos e relacionáveis entre eles, na linguagem de Gomes Canotilho.

O político designa um campo social de interesses contraditórios (reais, imaginários ou simbólicos), mas também de convergências e agregações parciais, regulado por um Poder que dispõe do monopólio da coerção legítima.

---

[44] Variável é "um conceito que pode ter diversos valores como, por exemplo, o grau de democracia de um país ou a proporção do voto de legenda de um partido. Segundo esses exemplos, o grau de democracia seria variável em cada país, o que permitiria compará-los segundo esse padrão, o mesmo valendo para a quantidade de votos de legenda dos diferentes partidos, em cada eleição. Se encontrarmos um grupo de países com maior nível de educação, em que a democracia seja mais amplamente praticada, e outro grupo com menor nível de educação, em que não exista democracia ou seja mais restritamente praticada, teremos comprovado que a educação é uma variável condicionante e a democracia uma variável condicionada." Variável independente é a que representa o fenômeno que dá causa a uma teoria ou hipótese causal; variável dependente é a que representa o fenômeno causado por uma teoria ou hipótese causal (Nogueira. *Sistemas políticos e o modelo brasileiro*, p. 38).

Se na sociedade global não houvesse conflito de racionalidades entre patrões e operários, entre produtores e consumidores, entre jovens à procura de trabalho e adultos empregados, entre a cidade e o campo, entre militares e civis, e tantos outros, se apenas houvesse complementaridade e convergência, não haveria qualquer necessidade de um poder de coerção para obrigar quem quer que fosse.

A relação governantes-governados (mando e obediência) alcança globalmente a sociedade, de modo que nenhum indivíduo escapa ao seu domínio. Esta relação é imprescindível para a existência da realidade política. Se todos mandassem e ninguém obedecesse, ou vice-versa, não haveria política.

A seu turno, um poder se torna político, desde que disponha efetivamente do monopólio da coerção, da sua capacidade de ditar o Direito, seja exercendo-o diretamente, seja por delegação (Philippe Braud).

Em síntese, pode-se afirmar que, em sentido estrito, a Ciência Política é ciência do século XX (*Political Science* dos anglo-saxões), embora com raízes em Aristóteles, descritiva, neutral, e não normativa (estuda o ordenamento jurídico como um fato). Na Ciência Política dá-se ênfase ao poder, estruturas sociais e econômicas e ao processo político (grupos de pressão, partidos políticos), com vistas à construção de sistemas políticos.

Como esclarece Sanches Agesta, na lembrança de Ivo Dantas, há tendência, na Ciência Política, de se afastarem as considerações jurídicas do Estado, "uma realidade que está em crise ou transformação, para dar ênfase à ação política, ao poder, ou às tarefas concretas, ou objetivos que o Poder realiza, e se presta atenção, preferentemente, à realidade social que envolve, apoia ou condiciona essa ação política, ou esse poder, relegando a segundo plano o estudo jurídico do Estado e de sua Constituição".[45]

Pode-se demarcar, de resto, na Ciência Política, duas posições ou correntes de pensamento: a primeira, de base valorativa, filosófica, histórica, culturalista, e que tem na filosofia sua justificativa; a segunda, que faz da Ciência Política a ciência dos fatos e dos comportamentos, é empirista, quantitativista, matematicista, com destaque, muitas vezes, para o hiperfactualismo das estatísticas e o rigor metodológico.

A compreensão da Ciência Política e de seu universo pressupõe a necessidade de se conhecer e identificar alguns conceitos:
 a) fato político – todo o acontecimento ligado à instituição, existência e exercício do Poder Político;
 b) relação política – "aquela posição em que se encontram vários elementos relacionados com a organização, exercício e objetivos do Poder Político de que se deduzem determinados resultados" (Verdú). Exemplos de relações políticas: os partidos políticos, que se encontram na posição de governantes referentemente aos que estão na oposição, de maneira que suscitam a relação política governo-oposição. Os grupos sindicais, a igreja, as sociedades e associações de intelectuais influenciam, me-

---

[45] DANTAS. *Teoria do estado*, p. 417.

diante o voto, a imprensa, as discussões, críticas e advertências, pressões a favor ou contra determinadas políticas do governo, configuram a relação de participação política em grau diferente de intensidade, e com maior ou menor êxito, nas decisões governamentais;

c) estrutura política – conjunto de elementos interdependentes que configuram, organizam e direcionam, com relativa permanência, os diferentes processos políticos. O Estado é a máxima estrutura da convivência política enquanto a comunidade internacional não adquirir características morfológicas mais consolidadas e eficazes.

Para Carlos S. Fayt, toda organização política tem uma estrutura constituída por elementos essenciais e não essenciais ou secundários e uma forma, como configuração das relações que se dão no interior da estrutura. A forma política é a configuração lógica que resulta das relações entre os elementos de uma estrutura política. Como exteriorização ou contorno de uma realidade política, a compreende em sua unidade substancial, proporcionando-lhe sentido e singularidade;

d) processo político – é "a concreção periódica e formal do dinamismo político, dentro, entre e em torno das estruturas políticas" (Verdú).

São processos políticos a institucionalização, personalização do poder, orientação, participação, oposição política, integração das forças políticas, politização, despolitização e comunicação.

A comunicação consiste no processo que compreende a transmissão de ideias, que envolve dois sujeitos principais: *Ego* (sujeito cognoscente) e *Alter* (sujeito com quem se comunica). Segundo Habermas, há três interesses cognitivos comuns aos seres humanos: o interesse técnico em conhecer e controlar o mundo à nossa volta, o interesse em conseguirmos entender uns aos outros e em colaborarmos em atividades comuns e, finalmente, o interesse em eliminar distorções na compreensão de nós mesmos, sendo este o que dá origem às ciências críticas. A comunicação, "fundamento dos processos sociais, junge-se ao 'interesse emancipatório'. A comunicação é um processo dialógico, por meio do qual sujeitos interagem pela linguagem e pela ação, visando a um entendimento. No processo, distinguem-se a comunicação como integração, e a linguagem como canal do entendimento. Constituem funções da comunicação a apresentação, a interpretação e a expressão. A 'situação comunicativa' ideal é pressuposta no diálogo, fundamentada na força do melhor argumento. A reflexividade baseia-se na estrutura da linguagem e na racionalidade. Para caracterizar o que denomina de 'entendimentos coletivos', Habermas pondera que a comunicação só tem sentido se o objetivo for o entendimento. Qualquer outra finalidade deve ser entendida como patologia a ser corrigida (neste ponto, Habermas adota de Austin a concepção de ação performativa, é dizer, a ideia pela qual um ato de linguagem pode mais do que simplesmente comunicar uma ideia (ato locucionário), mas também realizar uma ação diferente da própria comunicação (ato ilocucionário)). Desse modo, o conteúdo perlocucionário do ato seria uma terceira dimensão, ou um terceiro sentido do ato da linguagem, que se refere às consequências ou aos resultados não convencionais desse ato. Niklas Luhmann contrapõe-se a Habermas, argumentando que a comunicação pode objetivar não exclusivamente o entendimento. Como unidade básica dos sistemas sociais, o processo de comunicação envolve três seleções: informação, participação e compreensão. Informação é a seleção que se efetua num conjunto de possibilidades. A participação consiste na transmissão codificada. A compreensão converte a informação em ideia e a participação, em possibilidade de nova transmissão. A não compreensão impede tanto a informação em ideia quanto uma nova participação. A comunicação, no entanto, concretiza-se tanto pelo consenso quanto pelo dissenso. Sob a óptica de Pierre Bourdieu, a comunicação consiste na disputa por bens simbólicos e por definições legítimas. As relações sociais compreendem troca de significados e de símbolos entre os homens. O 'poder simbólico' incorpora as contribuições linguísticas, a partir de uma postura crítica que considera as relações de comunicação como relações de força simbólica. A linguagem – desenvolvida adequadamente para ser falada e aceita – deve assumir os pressupostos gramaticais definidos e reconhecidos como legítimos";[46]

   e) instituição – noção vaga que designa realidades sociológicas muito variadas e vivas, mas cujos contornos permanecem fluidos. Etimologicamente, a palavra instituição significa aquilo que é estabelecido e por consequência o que é estabelecido por uma vontade humana. Uma instituição é uma criação da vontade do homem que se opõe a um dado natural, a uma criação natural. O governo de um país é uma instituição fruto da vontade humana, a vontade de um chefe com poder ou a vontade dos cidadãos. Entretanto, tudo o que o homem estabelece por sua vontade não é instituição. O homem estabelece quantidades de coisas efêmeras: uma palavra no ar, uma conversação, uma reunião de amigos, que não podem ser consideradas instituições. *Uma instituição é estabelecida de maneira durável, permanente, em virtude da união de vontades individuais visando uma empresa comum*: esta união de vontades cria uma organização social, órgãos sociais e notadamente uma autoridade dirigente dessa organização social, que são duráveis. Essa convergência de diversas vontades cria ademais os mecanismos de funcionamento desta organização social.

Há duas categorias de instituições:
   a) instituições-órgãos: são os organismos sociais criados pela vontade humana de maneira durável e unindo homens. São inumeráveis: a família, o governo, os partidos políticos, etc.;
   b) instituições-mecanismos: trata-se de mecanismos institucionais que regem esses mesmos órgãos. São as regras às quais os órgãos obedecem, suas regras de funcionamento, como, por exemplo, a responsabilidade política do governo diante do parlamento. Na família, instituição-órgão, o pátrio poder é instituição-mecanismo. Há uma estreita relação entre as duas categorias de instituição (Jacques Cadart). A respeito da teoria que considera o Estado como instituição, cf. o Capítulo 2, n. 4.1.

---

[46] CASTRO; FALCÃO. *Ciência política* – uma introdução, p. 31-32.

Note-se ainda que a Ciência Política e a política se distinguem. A primeira estuda objetivamente os dados de sua matéria, a fim de estender seu conhecimento e permitir aos atores da vida política melhor conduzir e melhorar as instituições e a sorte dos homens que devem ser dela beneficiários. A política é uma atividade e uma luta, e não uma ciência.

A *Sociologia Política e Constitucional* ocupa-se do estudo do fenômeno político considerado como manifestação social. Dedica-se a conhecer "as ações recíprocas entre o Estado e outras manifestações da vida social, pretende conhecer a ação e a reação que existe entre o fenômeno político e os demais fenômenos sociais".[47]

A *História Constitucional* visa, sob uma perspectiva histórica, estudar a origem, a evolução, o desenvolvimento e a influência das Constituições, valendo-se de elementos sociológicos, geográficos, políticos, entre outros. Preocupa-se, em geral, com os ordenamentos jurídicos já superados, não mais existentes, ou seja, que deixaram de ter validade formal.

O Direito Constitucional, a seu turno, tem por objeto uma realidade normativa, formada por normas jurídicas, e não uma realidade fatual, como ocorre com a Ciência Política.

Não se perca de vista, no entanto, que contemporaneamente o Direito Constitucional tem-se ocupado do exame dos aspectos políticos, socioeconômicos e históricos subjacentes ao ordenamento jurídico do Estado, sob uma perspectiva não normativa. Tende, portanto, o Direito Constitucional a ser cada vez menos o Direito da Constituição, para converter-se cada vez mais no Direito das instituições e dos regimes políticos (Segundo Linares Quintana), falando-se então em politização do Direito Constitucional.

Mas, como acentua Jorge Miranda, não se justifica "qualquer confusão ou sincretismo entre a Ciência do Direito Constitucional e as ciências sociais não normativas que tomam por objeto material, dos seus ângulos próprios, o fenômeno político: a Ciência Política, a Sociologia Política, a Sociologia do Direito Constitucional, a Ciência Política Comparada, a História Política Comparada. Apenas se justificam entreajuda e abertura de espírito a uma visão plural".[48]

3. RELAÇÕES DO DIREITO CONSTITUCIONAL COM OUTROS RAMOS DO DIREITO

O Direito Constitucional, por tratar da organização jurídica do Estado, fixando-lhe as normas fundamentais, e por validar todo o sistema jurídico, acaba por condicionar todos os demais ramos do Direito Público e do Direito Privado. Daí a necessidade do exame dessa relação, considerando em especial a Constituição brasileira de 1988.

1) Direito Constitucional e Direito Administrativo

---

[47] MIRANDA. *Manual de direito constitucional*, t. 1, p. 32.
[48] MIRANDA. *Op. cit.*, t. 1, p 31.

Há uma íntima relação entre estes dois ramos do Direito, de modo até mesmo a dificultar a fixação das linhas que os separam ou demarcam.

Enquanto o Direito Constitucional cuida da estrutura, da anatomia do Poder, o Direito Administrativo volta-se para o exame da fisiologia do Estado, estudando seus órgãos e funções. Ocorre, todavia, que a ampliação do intervencionismo estatal na ordem econômica, social e cultural, acabou por resultar numa certa indefinição das matérias que devem qualificar-se como constitucionais ou administrativas. O certo é que o Direito Administrativo regula a estrutura e a disciplina interna da Administração Pública e sua atuação com vistas ao cumprimento de seus deveres para com os administrados, sendo que a constitucionalidade da lei é pressuposto para a legalidade dos atos da administração.

A Constituição brasileira de 1988 contém inúmeras normas de Direito Administrativo, destacando-se aquelas constantes do Capítulo VII do Título III.

2) Direito Constitucional e Direito Financeiro e Tributário

O Direito Constitucional se relaciona com o Direito Financeiro e Tributário. Constam das Constituições normas de administração financeira e distribuição constitucional de rendas, bem como de princípios atinentes à política econômico-financeira (Constituição brasileira de 1988: Título VI e Capítulo IV do Título VII).

3) Direito Constitucional e Direito Processual

Pode-se identificar nas Constituições vários princípios aplicáveis ao processo civil e penal, especialmente na Constituição brasileira de 1988.

Quanto ao processo civil, mencione-se o art. 5º, LXIX, que trata do mandado de segurança; o art. 5º, LXXI, que institui a ação popular; o art. 5º, LXXIV, que assegura a assistência judiciária integral aos necessitados, o artigo 5º, XXXIV, que prevê o direito de petição aos Poderes Públicos contra ilegalidade ou abuso de poder de autoridade.

O Direito Processual Penal também se acha relacionado com o Direito Constitucional, ao instituir a Constituição, por exemplo, o *habeas corpus*, garantir a liberdade individual contra abuso de poder e assegurar aos acusados a ampla defesa e o contraditório no âmbito da instrução criminal (art. 5º, III, LXI, LXII, LXIII, LXIV, LXV, LXVI e LXVIII).

Dispõe ainda a Constituição sobre a organização básica do Poder Judiciário e prevê os recursos extraordinário para o Supremo Tribunal Federal e especial para o Superior Tribunal de Justiça.

4) Direito Constitucional e Direito Penal

As relações do Direito Constitucional com o Direito Penal vêm-se estreitando. Para uma melhor compreensão do tema, deve-se inicialmente considerar a existência, nos textos das Constituições, de valores constitucionais que exercem ampla influência no campo dessas relações.

Sendo o Direito Penal instrumento de política e de utilidade social, erige-se em tema político por excelência, a partir do conflito entre o indivíduo e a autoridade estatal, considerando ainda que o crime constitui, em regra geral, o mais grave ataque

que o indivíduo desfere contra bens sociais tutelados pelo Estado e a sanção criminal a mais penetrante intervenção do Estado na esfera individual.

As Constituições reforçam os limites constitucionais garantidores da liberdade, tanto no plano formal quanto no substancial, de modo a preservar a dignidade da pessoa humana. Assim, o Direito Penal é constitucionalmente valorizado, não só como limite à liberdade, mas como instrumento de liberdade individual. Chega-se até mesmo a falar, neste ponto, que o Direito Penal não apenas limita a liberdade, mas cria a liberdade.

As relações do Direito Constitucional com o Direito Penal são evidenciadas, na Constituição brasileira de 1988, nos preceitos que tratam das garantias penais (artigo 5º, XXXVII a LXVII).

5) Direito Constitucional e Direito do Trabalho

Há também relações estreitas entre o Direito Constitucional e o Direito do Trabalho, em virtude, principalmente, da constitucionalização dos direitos sociais dos trabalhadores constantes, na Constituição brasileira de 1988, do Título II, que é dedicado à declaração de direitos fundamentais. Assegura-se ainda a liberdade sindical, o direito de greve e o direito à Previdência Social.

6) Direito Constitucional e Direito Privado

As relações do Direito Constitucional com o Direito Privado decorreram fundamentalmente da circunstância de que interesses considerados exclusivamente privados passaram a ter repercussão social, sendo abrangidos pelas normas constitucionais, isso sem se esquecer de que o Direito Privado, da mesma forma que o Direito Público retira seu fundamento de validade da Constituição.

Desse modo, vê-se na Constituição brasileira de 1988 temas como família, propriedade, divórcio e filiação sendo minuciosamente regulamentados (arts. 5º, XXIII; 170, II e III; 226 a 230).

7) Direito Constitucional e Direito Internacional

A importância, no mundo contemporâneo, do Direito Internacional, especialmente no âmbito dos direitos humanos, implica na ocorrência de estreitas relações com o Direito Constitucional, que se internacionaliza através da adoção, pelas Constituições, de normas internacionais declaratórias desses direitos (verifique-se o § 2º do art. 5º da Constituição brasileira de 1988, ao mencionar que os direitos e garantias fundamentais nela expressos não excluem outros decorrentes do regime e dos princípios por ela adotados ou dos tratados internacionais em que a República Federativa do Brasil seja parte). Também se verifica a constitucionalização do Direito Internacional, pela tendência de implantação de uma comunidade mundial de Estados, segundo um modelo organizatório semelhante ao da estrutura das Constituições.

A matéria assume particular relevo em nosso país, uma vez que a Constituição de 1988 enuncia, no art. 4º, incisos I a X, os princípios que regem as relações internacionais da República Federativa do Brasil, e, no seu parágrafo único, traça regras acerca da formação de uma comunidade latino-americana de nações.

3.1 Constitucionalização do direito infraconstitucional

A Constituição de 1988 passou a ser o centro de toda a ordem jurídica. O fenômeno denominado "constitucionalização do Direito" não significa apenas que o texto constitucional tenha incluído normas específicas de cada domínio do direito, mas, sobretudo, que a reinterpretação do direito infraconstitucional se faz sob a óptica e o crivo da Constituição.[49] Salienta Luís Roberto Barroso que "toda interpretação jurídica é também interpretação constitucional. Qualquer operação de realização do direito envolve a aplicação direta ou indireta da Lei Maior. Aplica-se a Constituição: a) Diretamente, quando uma pretensão se fundar em uma norma do próprio texto constitucional. Por exemplo: o pedido de reconhecimento de uma imunidade tributária (CF, art. 150, VI) ou o pedido de nulidade de uma prova obtida por meio ilícito (CF, art. 5º, LVI); b) indiretamente, quando uma pretensão se fundar em uma norma infraconstitucional, por duas razões: (I) antes de aplicar a norma, o intérprete deverá verificar se ela é compatível com a Constituição, porque se não for, não deverá fazê-la incidir. Essa operação está sempre presente no raciocínio do operador do Direito, ainda que não seja por ele explicitada; e (II) ao aplicar a norma, o intérprete deverá orientar seu sentido e alcance à realização dos fins constitucionais. Em suma: a Constituição figura hoje no centro do sistema jurídico, de onde irradia sua força normativa, dotada de supremacia formal e material. Funciona, assim, não apenas como parâmetro de validade para a ordem infraconstitucional, mas também como vetor de interpretação de todas as normas do sistema".[50]

O advento do neoconstitucionalismo e a superação do positivismo trouxeram a constitucionalização do Direito, pela irradiação e expansão do conteúdo material e axiológico das normas constitucionais, que passaram a condicionar todo o direito infraconstitucional, que deve ser lido e reinterpretado à luz da Constituição. Nessa perspectiva, a força irradiante da Constituição, de seus princípios e valores se projeta para dentro de todo o sistema jurídico. A ideia não é, portanto, de Constituição apenas hierarquicamente superior, como um sistema em si mesmo dotado de ordem, unidade de harmonia, mas de Constituição transformadora do direito infraconstitucional, de modo a realizar os valores nela consagrados. No dizer de Canotilho, "nenhuma norma do direito ordinário é 'livre da Constituição', antes é informada

---

[49] A expressão "constitucionalização do Direito" tem sido utilizada em dois sentidos básicos: a primeira acepção refere-se à *constitucionalização-inclusão*, ou *constitucionalização-elevação*, que é a transferência, para a Constituição, de determinado assunto tratado pela legislação ordinária; a segunda acepção – *constitucionalização-releitura*, ou *constitucionalização-transformação* – traduz a eficácia irradiante dos princípios e valores constitucionais norteando a interpretação da totalidade da ordem jurídica, ou a impregnação dos diferentes ramos do Direito pela Constituição: é neste sentido que se estuda o tema neste tópico (Cf. FAVOREU. La constitutionnalization du droit. *In:* AUBY *et al. L'unité du droit*: mélange en hommage à Roland Drago, p. 37-38.

[50] BARROSO. Neoconstitucionalismo e constitucionalização do direito (o triunfo tardio do direito constitucional do Brasil). *In: A constitucionalização do direito*: fundamentos teóricos e aplicações específicas (SOUZA NETO; SARMENTO – Coords.), p. 227-228.

materialmente por ela".[51] Não há, por isso mesmo, falar em autonomia do direito infraconstitucional em relação ao Direito Constitucional, na medida em que seja concebido como parâmetro material de toda a ordem jurídica.

Nesse horizonte, o direito infraconstitucional deixa de ser legicêntrico, pois a regulação das relações sociais, que se encerrava nos Códigos, dado o déficit de normatividade das Constituições, que eram consideradas como simples proclamações políticas destituídas de aplicabilidade direta, desloca-se para os textos constitucionais que passam a ter como temário vários outros assuntos, além do setor organizacional dedicado à estrutura básica do Estado, e cuja força normativa é reconhecida, sobretudo pelo fortalecimento da jurisdição constitucional, com a criação, em países Europeus, de um modelo de controle concentrado de constitucionalidade no 2º pós-guerra.

A constitucionalização da ordem jurídica se acha presente, portanto, em vários ramos do Direito, cuja releitura se faz à luz da Constituição. O ordenamento jurídico, que não se restringe ao direito positivo, deve ser sistemático, orgânico, lógico, axiológico, uno, monolítico, centralizado, e a pluralidade de núcleos legislativos deve conviver harmonicamente com a ideia de unidade. Destarte, em razão da unidade que se tem como necessária à própria configuração do ordenamento, é que a interpretação desse processo deve ser feita à luz dos princípios constitucionais, com incidência direta das normas da Constituição sobre todo o sistema jurídico. No Brasil, a Constituição de 1988, que consagra valores materiais, como a dignidade da pessoa humana e a solidariedade social, dando-lhes forma jurídica, viabiliza a filtragem constitucional de todo o ordenamento jurídico infraconstitucional.

No Direito Civil, anote-se, a sua constitucionalização refere-se ao fim da supremacia do marido no casamento, a plena igualdade entre os filhos, a função social da propriedade, a despatrimonialização e a repersonalização desse ramo do direito, em decorrência da irradiação do princípio da dignidade da pessoa humana e do reconhecimento de valores e princípios constitucionais sobre os valores meramente patrimoniais nas relações jurídico-privadas, em âmbito, portanto, antes reservado à autonomia privada. Mencione-se ainda a aplicabilidade ou horizontalização dos direitos fundamentais nas relações privadas, tema que é examinado no Capítulo 16 deste texto, dedicado aos Direitos e Garantias Fundamentais.

No Direito Administrativo, são enunciados na Constituição inúmeros princípios setoriais, como os da legalidade, impessoalidade, moralidade, publicidade e eficiência. Há ainda a superação ou reformulação de paradigmas tradicionais, destacando-se: a) a redefinição da ideia de supremacia do interesse público sobre o interesse privado (o interesse público primário, que é interesse da sociedade e sintetiza valores como justiça, segurança e bem-estar social, distingue-se do interesse público secundário, que é o da pessoa jurídica estatal – União, Estados e Municípios, ou o da Fazenda Pública, sendo que a colisão entre ambos deverá ser resolvida com a aplicação do princípio da ponderação); b) a vinculação do administrador à Constituição e não apenas à lei ordinária (se as normas constitucionais, em regra, podem ser cumpridas independentemente de mediação legislativa, não faria sentido exigir

---

[51] CANOTILHO. *Direito constitucional*, p. 19-20.

que a Administração se abstivesse de agir para cumprir a Constituição, em virtude da inércia do legislador); c) a possibilidade de controle judicial do mérito do ato administrativo.

No Direito Penal, a Constituição, além de prever direitos e garantias fundamentais, impor ao legislador a criminalização de determinadas condutas e impedir a criminalização de outras, irradia seus princípios e regras sobre a validade e a interpretação de normas de Direito Penal. Vale acentuar, nesse ponto, que algumas tipificações penais acabaram por ser questionadas quanto à sua constitucionalidade, à luz de novos valores penais e do princípio da proporcionalidade. Parte da doutrina tem sustentado que algumas penas privativas de liberdade somente deveriam ser aplicadas e graduadas para a proteção de bens constitucionalmente relevantes. Desse modo, os crimes que devem ser punidos com maior rigor são aqueles que poderiam impedir a consecução dos objetivos fundamentais do Estado Social e Democrático (CF, art. 3º).

Considerando o perfil do Estado Democrático de Direito, há princípios penais limitadores decorrentes da dignidade da pessoa humana, quais sejam: a) insignificância ou bagatela; b) alteridade ou transcendentalidade; c) confiança; d) adequação social; e) intervenção mínima; f) proporcionalidade; g) humanidade; h) necessidade e idoneidade; i) ofensividade, princípio do fato e da exclusiva proteção do bem jurídico; j) princípio da auto-responsabilidade; k) princípio da responsabilidade pelo fato; l) princípio da imputação pessoal; m) princípio da personalidade; n) princípio da responsabilidade subjetiva; o) princípio da co-culpabilidade ou co-responsabilidade.[52]

No domínio do Direito Processual Civil, do Direito Processual Penal e do processo administrativo, a constitucionalização tem implicado a reinterpretação, a revogação ou a inconstitucionalidade de normas, bem como o estímulo à edição de outras. Destaque-se o princípio do devido processo legal, previsto no art. 5º, LIV e LV, da Constituição, que tem vivamente repercutido nessas searas do Direito.

Ainda no âmbito processual, anote-se que o novo Código de Processo Civil adota, em sua parte geral, estrutura normativa e estreito vínculo à Constituição de 1988, ao tratar, nessa parte, das normas fundamentais do processo civil e da aplicação das normas processuais, com ênfase na irradiação dos direitos fundamentais constantes da Constituição. Na perspectiva procedimental do Estado Democrático de Direito, o novo CPC reforça o princípio do contraditório e institui um modelo de ordenamento baseado na ideia de um processo justo e de legitimidade das decisões judiciais.

No Direito do Trabalho, a natureza alimentar do salário adquire nova dimensão, dando-se também ênfase para o dever de proteção e efetivação do direito fundamental ao salário do trabalhador, o questionamento acerca dos limites e possibilidades da prisão civil envolvendo o salário do trabalhador, dada a sua natureza alimentar.[53]

---

[52] Cf. CAPEZ. *Curso de direito penal,* vol. 1: parte geral, p. 10-25.

[53] Cf. SOUZA NETO; SARMENTO (Coords.). *A constitucionalização do direito*: fundamentos teóricos e aplicações específicas. ANDRADE (Org.). *A constitucionalização do direito*: a constituição como locus da hermenêutica jurídica.

4. METODOLOGIA DO DIREITO CONSTITUCIONAL

O Direito Constitucional, como ciência, implica na abordagem de um conjunto de métodos de trabalho adequados ao seu objeto. Método é palavra que, na sua etimologia (do grego: *meta* = através e *odos* = caminho), significa o caminho que conduz a alguma parte. Consoante esclarece André Ramos Tavares, "a metódica do Direito Constitucional é responsável por oferecer as ferramentas metodológicas por meio das quais será possível ao intérprete e aplicador da Constituição levar a efeito adequadamente suas atividades. Essa denominada metodologia do Direito Constitucional é responsável por identificar os procedimentos e rotinas de interpretação da Carta Constitucional, assim como por analisar suas normas, do ponto de vista de sua eficácia e cumprimento".[54]

Anote-se que o termo *metódica* dispõe de sentido próprio.

Para Canotilho, "através da *metódica constitucional* investigam-se os procedimentos de realização, concretização e cumprimento das normas constitucionais. Este desiderato metódico – realizar, concretizar, aplicar, cumprir as normas constitucionais – exige uma *metódica tridimensional*. Pretende-se: 1) saber como se estruturam as regras e princípios da constituição positivamente vigente – *teoria da norma constitucional*; 2) captar todo o ciclo de realização das normas constitucionais desde o estabelecimento do texto da norma (*teoria do poder constituinte*) até à sua concretização pelo legislador ordinário e pelos órgãos de aplicação do direito – administração e juízes – o que pressupõe uma *teoria da legislação*, uma *teoria da decisão administrativa* e uma *teoria da decisão judicial*; 3) oferecer princípios hermenêuticos e de argumentação de forma a possibilitar um procedimento concretizador racional e objetivamente controlável (teoria da interpretação, teoria da argumentação, hermenêutica).

A metódica constitucional, diferentemente da metodologia tradicional, não se concentra na realização judicial do direito. Assume-se como metódica estruturante. Essa metódica assenta, desde logo, na ideia de que o trabalho de aplicação das normas constitucionais implica, simultaneamente, o manejo de uma *teoria da norma*, de uma *teoria da constituição* e de uma *dogmática jurídica*".[55]

Friedrich Müller acentua que "metódicas jurídicas não fornecem à ciência jurídica e às suas disciplinas setoriais um catálogo de técnicas de trabalho inquestionavelmente confiáveis nem um sistema de hipóteses de trabalho que podem ser aplicadas genericamente e devem ser tratadas canonicamente. No âmbito da objetividade restrita que lhe é possível e, não obstante, com caráter de obrigatoriedade, a metódica jurídica deve empreender a tentativa de uma conscientização (*Selbstverständigung*) dos operadores jurídicos acerca da fundamentabilidade, da defensabilidade e da admissibilidade das suas formas de trabalho. Ocorre que uma norma jurídica é mais do que seu texto de norma. A concretização prática da norma é mais do que a interpretação do texto. Assim, a 'metódica', no sentido aqui apresentado abrange em princípio todas as modalidades de trabalho da concretização da norma e da realização do direito, mesmo à medida que elas

---

[54] TAVARES. *Curso de direito constitucional*, p. 18.
[55] CANOTILHO. *Direito constitucional e teoria da constituição*, p. 991.

transcendem – como a análise dos âmbitos das normas, como o papel dos argumentos de teoria do Estado e de teoria constitucional, como conteúdos dogmáticos, elementos de técnica de solução e elementos de política jurídica, bem como constitucional – os métodos de interpretação (*Auslegung*) ou interpretação (*Interpretation*) no sentido tradicionalmente restringido".[56]

5. FONTES DO DIREITO CONSTITUCIONAL

Por fontes do Direito entende-se, em sentido técnico-jurídico, os modos de formação e revelação das regras jurídicas. Fontes formais são os modos de manifestação do direito mediante os quais os juristas conhecem e descrevem o fenômeno jurídico, enquanto que as fontes materiais são "os elementos que emergem da própria realidade social e dos valores que inspiraram o ordenamento jurídico," como fatores naturais, demográficos, políticos, econômicos, morais, e outros.[57]

As fontes formais do Direito em geral, isto é, a lei, o costume e a jurisprudência se acham presentes no Direito Constitucional.

A *lei* constituiu fonte das Constituições formais do século XVIII, já que triunfou sobre os costumes, em decorrência, sobretudo, da centralização do poder e do jusracionalismo.

Na Inglaterra fala-se, por aplicação do sistema do *common law*, em *costume* como fonte da Constituição, único modelo de Constituição baseada nesta fonte do direito.

Considerando que a Constituição formal escrita resulta de um ato constituinte, verifica-se a primazia da normatividade constitucional. No entanto, os costumes podem vir a completar, integrar ou desenvolver as normas escritas da Constituição, formando com as normas constitucionais uma inseparável contextura sistemática. O exame, portanto, dos costumes, em se tratando de Constituição formal, não se situa no momento de sua elaboração originária, mas quando da criação superveniente das normas constitucionais, como o processo de revisão, emenda ou reforma da Constituição.

Os costumes, quanto à extensão ou às modalidades, podem ser *secundum legem*, *praeter legem* e *contra legem*.

Relativamente à Constituição formal, não há negar que o costume *secundum legem* seja fonte do Direito Constitucional, especialmente no que respeita a práticas anteriores à Constituição, ou, em outros casos, posteriores a ela, especialmente em períodos de crise ou de inauguração de uma nova era constitucional. Também o costume *praeter legem* pode constituir fonte do Direito Constitucional. Dado o seu caráter supletivo, preenchendo lacunas, esta modalidade de costume desempenha papel interpretativo e integrativo de preceitos constitucionais escritos, clarificando-os, desenvolvendo-os e adequando-os a necessidades da evolução social. Os costumes *contra legem* ou, no caso, *contra constitutionem*, contrários à Constituição, levam a uma primeira observação: a de que a Constituição escrita e formal o rejeitaria, porquanto é ela que regula

---

[56] MÜLLER. *Métodos de trabalho do direito constitucional*, p. 21-22.
[57] DINIZ. *Compêndio de introdução à ciência do direito*, p. 258.

todo o processo político, sendo desse modo inconstitucional esta modalidade de costume. Jorge Miranda pondera, no entanto, que pode haver condições que levem à sua aceitação como fonte do Direito Constitucional, mencionando, em primeiro lugar, aquelas situações em que os preceitos constitucionais "se prestem a dois ou mais sentidos e algum ou alguns dos seus destinatários lhes deem um entendimento discrepante do de outros ou do entendimento mais generalizado. Em segundo lugar, pode irromper naqueles sistemas em que não funciona uma fiscalização jurídica ou jurisdicional da constitucionalidade das leis e dos demais actos do poder ou em que, funcionando, não consegue cortar cerce práticas inconstitucionais, de tal sorte que, com o decurso do tempo, estas práticas se consolidem e adquiram grau suficiente de obrigatoriedade para prevalecerem. Em terceiro lugar pode brotar ainda costume constitucional quando, existindo sistema de fiscalização da constitucionalidade, este não cubra todos os actos jurídicos-políticos", e adverte para o fato de que, normalmente, o controle de constitucionalidade se manifesta em vista de leis e outros atos normativos do poder público, não alcançando atos políticos ou de governo, seara em que se têm criado os costumes *contra legem*.

Mas para que, em virtude do costume, uma norma constitucional caia em desuso, ou seja substituída por outra, necessário que haja consciência e aceitação do novo sentido de que ela se reveste, não só pelos detentores do poder, mas, sobretudo, pelos cidadãos a quem se dirige a Constituição.[58]

No tocante à integração ou não dos costumes à Constituição formal, há divergência doutrinária. Jorge Miranda posiciona-se pela possibilidade dessa integração, dizendo que as "normas criadas por costume constitucional tornam-se normas formalmente constitucionais pela sua específica referência às normas da Constituição formal. Há um só ordenamento constitucional, centrado na Constituição formal; não dois sistemas constitucionais, um de origem legal, outro de origem consuetudinária. Elas possuem, por conseguinte, valor supralegislativo, e só podem ser substituídas ou por lei constitucional ou por costume constitucional".[59] Em sentido contrário, Marcelo Rebelo de Sousa aduz que, cruzando a classificação das Constituições escritas e as Constituições consuetudinárias, ou nascidas de costume, com os "conceitos de Constituição em sentido material e em sentido formal, teríamos que a Constituição escrita tanto poderia ser uma Constituição em sentido material como em sentido formal, enquanto que a Constituição consuetudinária só poderia ser Constituição em sentido material".[60]

Os costumes se distinguem das praxes e dos precedentes constitucionais. As praxes são usos a que falta o elemento psicológico do costume, a convicção da obrigatoriedade. Os precedentes correspondem a decisões políticas (não jurisprudenciais), pelas quais os detentores do poder assumem as competências relativamente a outros órgãos ou entidades. Também não se consideram costumes as regras protocolares e de cerimonial do Estado, denominadas de regras de cortesia.

---

[58] MIRANDA. *Teoria do estado e da constituição*, p. 385-386.
[59] MIRANDA. *Op. cit.*, p. 386-387.
[60] SOUSA. *Direito constitucional*, p. 45-46.

A *jurisprudência*, a seu turno, pode ser fonte do Direito Constitucional, seja em Constituições costumeiras, seja em Constituições formais. Embora não haja nenhuma Constituição revelada exclusivamente pela prática jurisprudencial, relevante notar que certas decisões judiciais, como as declarações de inconstitucionalidade, com eficácia *erga omnes*, relativamente a leis ou atos normativos do Poder Público, constituem fonte de Direito Constitucional. De se considerar o significativo papel que a Corte Suprema dos Estados Unidos tem desempenhado para a compreensão da Constituição norte-americana.

6. SISTEMAS CONSTITUCIONAIS

O estudo dos sistemas e famílias constitucionais desenvolve-se com o auxílio da Teoria do Estado, da Ciência Política e do Direito Constitucional Comparado. Um de seus objetivos é agrupar o direito dos diversos Estados soberanos, atualmente em número aproximado de 200, em torno de sistemas jurídicos identificados por traços e pontos comuns de suas instituições políticas. Na concepção de Paulo Bonavides, o sistema constitucional surge "como expressão elástica e flexível, que nos permite perceber o sentido tomado pela Constituição em face da ambiência social, que ela reflete, e a cujos influxos está sujeita, numa escala de dependência cada vez mais avultante. A terminologia *sistema constitucional* não é, assim, gratuita, pois induz a globalidade de forças e formas políticas a que uma Constituição necessariamente se acha presa".[61]

René David, um dos primeiros a tratar do tema, identificou cinco sistemas jurídicos. Menciona o Sistema de Direito Ocidental, que abrange o grupo francês e o anglo-americano. No primeiro grupo introduziu o direito dos países latinos e dos países germânicos. No segundo grupo introduziu o direito inglês, o direito dos Estados Unidos da América, os direitos da Luisiana, de Quebec, da Escócia e da África do Sul. Menciona ainda o Sistema de Direito Soviético, o Sistema do Direito Muçulmano, o Sistema do Direito Hindu e o Sistema do Direito Chinês. Já em sua obra *Os grandes sistemas do direito contemporâneo*, adotou o critério do agrupamento em famílias jurídicas, distinguindo três grupos: a família romano-germânica, a família de *common law* e a família dos direitos socialistas.[62]

Para chegar a esta classificação, René David parte da existência de meios ou requisitos para atender ao agrupamento, e que podem ser assim enunciados: um Direito pertence à mesma família de outro, se o jurista é capaz de lidar sem dificuldade com conceitos, institutos e construções dogmáticas de qualquer deles; o segundo requisito refere-se à comunidade de princípios filosóficos, políticos e econômicos.

Léontin-Jean Constantinesco, lembrado por Raul Machado Horta, "partindo do entendimento de que as famílias jurídicas formam uma categoria intermediária entre o singular ordenamento jurídico estatal e o complexo sistema jurídico, que é o arquétipo superior, o coroamento das formas precedentes, preferiu a classificação

---

[61] BONAVIDES. *Curso de direito constitucional*, p. 77.
[62] DAVID. *Os grandes sistemas do direito contemporâneo.*

macrocomparativa dos Sistemas Jurídicos, integrando em cada estrutura global as famílias jurídicas que o formam. Segundo Constantinesco, o Sistema Jurídico Europeu-Continental contém quatro diferentes famílias jurídicas: a família dos direitos romanísticos (direito francês, italiano, espanhol, português, belga, luxemburguês e, parcialmente, o holandês), cuja denominação comum decorre da influência direta do direito romano; a família latino-americana, compreendendo os direitos da América do Sul e da América Central; a família nórdica, congregando os direitos dinamarquês, sueco, norueguês, finlandês e da Islândia; a família germânica, formada pelos direitos alemão, austríaco e suíço. A classificação de Constantinesco se desdobra no Sistema Anglo-Americano, que contém a família inglesa e a família norte-americana; no Sistema Soviético, no Sistema Islâmico, no Sistema Hindu, no Sistema Chinês e no Sistema Africano".[63]

Karl Loewenstein, ao classificar as Constituições, contrapõe Constituição *originária* e *derivada*. Originária é a Constituição que contém um princípio funcional novo, verdadeiramente criador, e, portanto, original, para o processo do poder político e para a formação da vontade estatal. Derivada designa um tipo de Constituição que segue fundamentalmente os modelos constitucionais nacionais ou estrangeiros.

Como tipos originários de Constituição, podem ser considerados o parlamentarismo britânico, o sistema constitucional americano do presidencialismo, o constitucionalismo francês de 1793, que produziu o tipo de governo de assembleia, as Constituições napoleônicas, que introduziram o cesarismo plebiscitário, a Constituição francesa de 1814, de monarquia limitada constitucionalmente com base legitimista, a Constituição belga de 1831, que reconciliou o princípio monárquico com a soberania popular, e as Constituições russas soviéticas de 1918 e 1824.

As famílias de Constituições, para Loewenstein, estão constituídas por todos aqueles documentos constitucionais que provêm de uma comum Constituição originária ou, eventualmente, de uma Constituição que, embora derivada, ela própria de outra, tenha exercido influência exterior.[64]

Jorge Miranda[65] reconhece a existência de "quatro grandes famílias de Direito constitucional no século XX: a inglesa, a norte-americana, a francesa e a soviética. Os principais institutos de Direito constitucional vigentes no mundo remontam ou remontaram aos sistemas jurídicos de Inglaterra, Estados Unidos, França e União Soviética. Daqui se difundiram com amplitude e fidelidade variáveis, segundo fenómenos históricos conhecidos, para numerosos outros países. E, ainda hoje, é às matrizes britânica, norte-americana e francesa que se reconduzem os sistemas constitucionais da maior parte dos países, e mesmo depois de 1989-1991 a influência do constitucionalismo soviético persiste em alguns países.

Verificam-se entretanto, interacções e aproximações de sistemas pertencentes a famílias diversas e, em alguns casos, dir-se-ia formarem-se sistemas mistos ou híbridos.

---

[63] HORTA. *Direito constitucional*, p. 544.

[64] LOEWENSTEIN. *Teoría de la constitución*, p. 209-211.

[65] No desenvolvimento deste tópico, adotamos as linhas gerais traçadas por Jorge Miranda em seu livro *Teoria do estado e da constituição*.

Na Europa continental, à margem das Constituições de matriz francesa somente ficam no século XIX, por um lado, a Rússia e a Turquia e, por outro lado, os países de língua alemã. Ali os regimes permanecem imobilizados. Aqui, não ocorrem ou não triunfam revoluções liberais. E quer tal circunstância, quer a adopção de fórmulas organizativas próprias, quer ainda o esforço de elaboração de conceitos por parte dos juristas permitem considerar os sistemas constitucionais e austríaco com autonomia em face do sistema constitucional francês.

O que se diz acerca da Alemanha e da Áustria deve dizer-se, com mais razão (e, em parte, razão inversa) acerca da Suíça. A história constitucional helvética, aliás, pode remontar-se à Idade Média e é largamente (embora não exclusivamente) assinalada pelo cunho democrático. Nos séculos XVIII e XIX a Suíça sofre o influxo do Direito revolucionário francês e em 1848 passa de confederação a federação, mas os institutos e prática de democracia directa, o federalismo cantonal e plurilinguístico e o sistema de governo directorial tornam o seu sistema constitucional irredutível a qualquer outro.

Por último, depois da descolonização, em alguns Estados da Ásia e da África ensaiaram-se vias novas ou diferentes, em nome das suas tradições e das suas necessidades de desenvolvimento. Mas debalde se procuraria um modelo único e, muito menos, uma específica família de Direito constitucional, tão divergentes foram essas vias e tão incipientes (ou falhadas) se revelariam. Situação mais clara vem a ser a criada pelo fundamentalismo islâmico, cuja expansão, a partir do Irão, poderá, eventualmente, conduzir à formação de uma família *sui generis*.

As influências recíprocas, sob muitos aspectos, entre os sistemas constitucionais do Ocidente e, por outro lado, entre eles e os sistemas constitucionais de matriz soviética poderiam levar a advogar a redução a duas famílias constitucionais, no período de 1945 a 1989-1990: a ocidental, correspondente sucessivamente ao Estado liberal e social de Direito, e a soviética, correspondente ao Estado marxista-leninista. E a essas famílias reconduzir-se-iam dois tipos fundamentais e antagônicos de Constituições que se encontrariam, segundo alguns, na nossa época: o capitalista e o socialista.

Apesar de tudo, entendemos indispensável destrinçar no Estado constitucional ocidental três grandes famílias, três grandes sistemas-tipos, não como tipos ideais, insista-se, mas como tipos históricos bem situados. Em vez de dualismo ou polarização, a pluralidade em razão da complexidade de factores de poder. O Direito tem de ser visto numa dimensão muito mais ampla que a da ideologia e a da afinidade de sistemas políticos e econômicos. O Direito faz parte da vida dos povos e o Direito constitucional ostenta, positiva ou negativamente, as particularidades da sua convivência política, da sua cultura, do seu ambiente humano. O fim dos regimes autoritários e totalitários, em primeiro lugar, e, em segundo lugar, os progressos da integração comunitária levaram a que por toda a Europa triunfasse uma concepção comum sobre o Estado e os direitos das pessoas. No entanto, ultrapassados os afrontamentos ideológicos, tornaram-se também mais patentes os contrastes de organização jurídica e política entre os diversos países, de modo a recortarem-se, com mais serenidade e clareza, os traços identificadores dos sistemas constitucionais".[66]

---

[66] MIRANDA. *Teoria do estado e da constituição*, p. 62-67.

6.1 O sistema constitucional inglês ou britânico

O *Direito Constitucional inglês* ou *britânico* (assim denominado porque assenta-se e vem em continuidade imediata do Direito da Inglaterra, embora, a rigor, deva referir-se ao Reino Unido da Grã-Bretanha e da Irlanda do Norte), tem no Parlamento, na Constituição consuetudinária e flexível e no *rule of law* as suas grandes instituições.

Até o século XVII prevalecia, no Parlamento, a autoridade do Rei (período monárquico); entre o século XVII e meados do século XIX, prevaleceu a Câmara dos Lordes (período aristocrático); a partir do século XIX, a sede principal do poder passa a ser exercida pela Câmara dos Comuns (período democrático).

Como fonte do Direito Constitucional inglês predomina o costume. A Constituição inglesa é uma Constituição não escrita (*unwritten Constitution*) e flexível. Não é ela, contudo, totalmente consuetudinária, já que contém numerosas regras escritas. A unidade fundamental da Constituição é que não se encontra em nenhum texto escrito, mas em princípios não escritos, que refletem a organização social e política dos britânicos. Além das regras constitucionais há as denominadas *Conventions of the Constitution*, que versam sobre o funcionamento do Parlamento, as relações entre as Câmaras e entre Governo e oposição ou o exercício dos poderes do Rei. Constituem ainda bases da Constituição inglesa as decisões judiciais de dois tipos: o *Common Law*, que compreende as decisões judiciais escritas que incorporam costumes vigentes à época, e os *Cases Law*, entendidas como as decisões judiciais que se traduzem por interpretações e reinterpretações, leituras e releituras das normas produzidas pelo Parlamento.

Mencione-se como leis constitucionais escritas, dentre outras, a *Magna Charta* (1215), a Petição de Direito (1218), a Lei de *Habeas Corpus* (1679), a Declaração de Direitos (1689), o Ato de União com a Escócia (1707), as Leis Eleitorais dos séculos XIX e XX, as Leis sobre o Parlamento, de 1911 e 1949, o Estatuto de Westminster (1931), a Lei sobre os Ministros da Coroa (1937).

O *rule of law* compreende os princípios, as instituições e os processos que a tradição e a experiência dos juristas e dos tribunais entendem ser indispensáveis para a garantia da dignidade da pessoa humana frente ao Estado, à consideração de que o Direito deve dar aos indivíduos proteção contra o exercício arbitrário do poder.

O sistema de governo parlamentar britânico assenta-se no princípio da soberania ou supremacia do Parlamento. Jorge Miranda adverte-nos que este sistema de governo, se por um lado não se caracteriza como de separação de poderes, por outro lado não é um sistema de concentração, pois se "a distinção entre Legislativo e Executivo se apresenta somente jurídica (dado o domínio pelo Governo da iniciativa da lei), politicamente sobressai a separação entre maioria e minoria, entre Governo e Oposição (que constitui o chamado 'Gabinete-sombra'). Além disso, a vitalidade da instituição parlamentar manifesta-se quer na circunstância de os dirigentes políticos serem Deputados (e Lordes) quer na de as grandes opções governativas serem assumidas através de debate parlamentar, com a presença de Ministros, quer nas perguntas orais ao Governo".[67]

---

[67] MIRANDA. *Teoria do estado e da constituição*, p. 79-80.

Considere-se, ainda, que a supremacia do Parlamento inglês foi mitigada com a aprovação, em 1998, e entrada em vigor, em 2000, do *Human Rights Act*, após o que o Parlamento não mais tudo pode, em razão do dever de respeitar as disposições deste Ato.

O sistema de governo parlamentar de gabinete pode ser sintetizado, ainda segundo Jorge Miranda, nos seguintes aspectos atuais: *a)* duração máxima da legislatura de cinco anos e possibilidade de dissolução da Câmara dos Comuns antes, a qualquer tempo, por iniciativa do Primeiro-Ministro; *b)* formação do Governo logo após as eleições, a cargo do chefe do partido majoritário; *c)* escolha dos Ministros entre os membros do Parlamento e sua presença nas reuniões das Câmaras; *d)* dependência dos Ministros ao Primeiro-ministro; *e)* responsabilidade solidária do Governo; *f)* existência de meios de ação do Governo sobre o Parlamento (fixação da ordem do dia, iniciativa legislativa, dissolução) e do Parlamento sobre o Governo (perguntas escritas e orais, moções, debates orçamentais, etc.); *g)* institucionalização da oposição; *h)* disciplina partidária; *i)* responsabilidade política efetivada não tanto pela demissão do Governo quanto pelos resultados das eleições parlamentares gerais; *j)* alternância de dois partidos no poder, em períodos mais ou menos longos (ao fim de uma, duas ou, mais raramente, três legislaturas).[68]

O sistema constitucional britânico irradiou-se, com maiores ou menores atenuações, para o Canadá (Constituição de 1867, alterada em 1981),[69] a Austrália (Constituição de 1901), a Nova Zelândia, a Índia (Constituição de 1950), a Malásia, a Jamaica, Trindade, Malta, Irlanda e Israel, em razão, sobretudo, da adesão ao *common law*, a importância que atribuem ao costume e à jurisprudência, a flexibilidade e algumas Constituições. O Japão (Constituição de 1946) pode também ser incluído parcialmente no sistema constitucional inglês.

6.2 O sistema constitucional dos Estados Unidos

O *Direito Constitucional dos Estados Unidos da América* assenta-se, basicamente, na Constituição de 1787, a primeira, a mais breve e a mais duradoura Constituição escrita no sentido que hoje possui, e que tem caráter rígido, pois não pode ser alterada segundo o procedimento previsto para a elaboração das leis ordinárias, demandando processo complexo, com a ratificação dos Estados. É uma Constituição de 7 artigos, encontrando-se atualmente com 27 Aditamentos (*Amendments*), o que significa algo em torno de 1 Emenda a cada 9 anos. Já as Constituições dos Estados são, em sua maioria, longas e regulamentárias.

---

[68] MIRANDA. *Teoria do estado e da constituição*, p. 80.
[69] A Constituição do Canadá traz partes escritas e partes não escritas. As partes não escritas consistem principalmente em costumes, incluindo o Gabinete (sistema de governo). Basicamente, toda a parte escrita da Constituição do Canadá se acha no *Ato da Constituição de 1982*, que pôs fim ao controle do Reino Unido sobre as emendas da Constituição do Canadá, e acabou com quaisquer poderes (a maioria virtuais, simbólicos) restantes que o Reino Unido tinha sobre o Canadá. Anteriormente competia ao parlamento britânico aprovar muitas das emendas à Constituição canadense.

A importância do Direito Constitucional norte-americano resulta de que sua base legal é modelada pela jurisprudência, relacionada com o controle de constitucionalidade (*judicial review*). Os Estados Unidos foram o primeiro Estado Federal, a primeira república instituída segundo o princípio democrático, e o primeiro sistema de governo presidencial a adotar a doutrina da separação de poderes.

O federalismo resultou da transformação da confederação de Estados independentes que sucederam às trezes colônias britânicas. Os Estados conservaram sua autonomia, mas atribuíram certos poderes de soberania aos órgãos da União ou Federação. Na realidade, o Estado Federal surgiu da necessidade de se conciliar os interesses, que eram muito opostos, dos Estados, fortalecendo-se a União, mas garantindo-lhes a autonomia. Note-se que, aos trezes Estados iniciais foram-se acrescentando outros, seja por compra, seja por conquista, ou expansão colonizadora, sendo, atualmente, em número de cinquenta.

No federalismo assim instituído, há uma estrutura de superposição (cada cidadão se sujeita a dois poderes políticos e a dois ordenamentos constitucionais, é dizer, à União e ao Estado-Membro), e uma estrutura de participação (assegura-se aos Estados-Membros participarem da formação da vontade nacional). Cada Estado-Membro dispõe de poder constituinte, cabendo-lhe editar e alterar a sua própria Constituição, nos limites da Constituição Federal. A sua participação na formação da vontade nacional se traduz: *a)* na existência de uma 2ª Câmara, o Senado Federal, com igual representação dos Estados (são 2 Senadores por Estado), sendo a 1ª Câmara, a dos Representantes, constituída em número proporcional à população de cada Estado; *b)* na composição e processo de votação do colégio eleitoral presidencial, que é formado por tantos eleitores por Estado quantos os Senadores e Representantes que lhe cabem; *c)* na necessidade de as emendas à Constituição Federal serem aprovadas por 2/3 dos membros das duas Casas Legislativas, e ratificadas por 3/4 dos Estados.

Há ainda, no sistema federal, uma repartição de competências, com a especialização das competências da União e reserva aos Estados das competências remanescentes.

A separação de poderes, no sistema constitucional norte-americano, derivou diretamente de Montesquieu. Pela organização política da União, ao Presidente da República é atribuída a função executiva; a função legislativa é atribuída às duas Câmaras do Congresso, sendo os Senadores eleitos para mandato de 6 anos, com renovação bienal de um terço, e os Representantes por 2 anos; aos tribunais é atribuída a função judicial, notando-se ser dual a organização judiciária dos Estados Unidos, isto é, há tribunais estaduais e federais, com predominância de uma Corte Suprema formada por 9 juízes vitalícios designados pelo Presidente dos Estados Unidos com o parecer e acordo do Senado.

O presidencialismo surgiu com a Constituição dos Estados Unidos. O Presidente é eleito por um colégio eleitoral, para mandato de 4 anos, por sufrágio indireto, e é reelegível por uma só vez (Emenda 22).

A eleição do Presidente dos Estados Unidos realiza-se na primeira 3ª feira de novembro do ano marcado. Os cidadãos com direito a voto (*voto popular*) elegem um número de *eleitores presidenciais* igual ao número de senadores e de deputados que esse Estado tem direito no Congresso. Estes eleitores são escolhidos em cada Estado, em que há uma lista de candidatos a eleitores. Num dia marcado (a terceira 2ª feira de dezembro seguinte) esses eleitores reúnem-se nas capitais dos seus Estados e votam nos candidatos à Presidência e à Vice-Presidência dos Estados Unidos (*votos eleitorais*). Os resultados da votação nos Estados são comunicados para a Capital Federal, onde se apura o nome que reuniu a maioria absoluta dos votos. Se a maioria absoluta não for conseguida, a eleição passa a ser da competência da Câmara dos Representantes, que votará por Estados.

O sistema indireto de eleição acaba por proporcionar aos Estados que têm maior peso a possibilidade de eleger Presidente um candidato com menos votos populares, bastando que disponha de maior número de eleitores presidenciais.

À semelhança do México e da Argentina, no Brasil a Constituição Republicana de 1891 adaptou, em suas linhas mestras, o sistema constitucional de modelo norte-americano, com a instituição da federação e do princípio do governo presidencial, aperfeiçoado ou atenuado pelas Constituições posteriores.

6.3 O direito constitucional na América Latina

A América Latina, que ao longo de sua História foi marcada por práticas políticas de centralização e concentração de poderes, fatores culturais e sociais, problemas econômicos e instabilidade política, incorporou institutos do sistema constitucional norte-americano, como o federalismo, o controle de constitucionalidade e o presidencialismo.

O direito constitucional da América Latina distanciou-se, no entanto, do sistema constitucional dos Estados Unidos, em decorrência, sobretudo, da prática do presidencialismo, que assume, em diversos países latino-americanos, contornos nitidamente autoritários e centralizadores, acompanhado de um sistema político-partidário que lhe dá adequada sustentação e que envolve multipartidarismo e representação proporcional.

No Brasil, a Constituição de 1988, que estudaremos adiante, teve como fontes não só o direito constitucional norte-americano, mas também os direitos português, espanhol, italiano e francês, entre outros.

6.3.1 O direito constitucional da Argentina

A Constituição da Argentina, promulgada em 1853, sofreu várias emendas, tendo sido amplamente reformada em 1994.

O preâmbulo da Constituição expressa o objetivo de se constituir união nacional, realizar-se a justiça, consolidar a paz interior, prover a defesa comum, promover-se o bem-estar geral e assegurar a todos os benefícios da liberdade, invocando-se Deus como fonte de toda razão e justiça.

A Constituição adota a forma representativa republicana e federal, sendo que o Governo federal apoia o culto católico apostólico romano.

Quanto à denominação do país, o texto constitucional informa que todos os nomes que identificam a Argentina desde a independência, em 1810, Províncias Unidas do Rio da Prata, República Argentina e Confederação Argentina, podem ser usados indistintamente para designar o governo e o território das províncias, utilizando-se, no entanto, a expressão Nação Argentina (*Nación Argentina*) na identificação e sanção das leis.

Cada província adota constituição própria (poder constituinte decorrente), mantido o sistema representativo republicano, de acordo com os princípios, declarações e garantias identificados na Constituição. O Governo federal intervém nas províncias, para garantir a forma republicana de governo, repelir invasões externas, bem como por requisição de autoridades provinciais, para defesa, em caso de sedição ou de invasão por outra província.

Pela Constituição, o povo não delibera e não governa, senão por meio de seus representantes e por autoridades plasmadas na Constituição. Há, contudo, previsão de iniciativa popular das leis e consulta popular sobre projetos de lei. Declara o texto constitucional que na Argentina não há escravos, não se admite prerrogativas de sangue ou de nascimento e não se reconhecem títulos de nobreza. Todos os habitantes da Argentina são iguais perante a lei, admissíveis a todos os empregos sem outra condição que não a idoneidade. A igualdade é a base dos impostos e demais ônus públicos. Ainda relativamente aos direitos e garantias, declara-se, dentre outros, a inviolabilidade do direito de propriedade, o da reserva legal, o da inviolabilidade do domicílio, o fim da pena de morte, por causa de delitos políticos. Há norma referente à proteção do meio ambiente, e sobre relações de consumo. Confere-se a toda pessoa o direito de propor ação expedita e rápida de amparo, na inexistência de outro meio judicial, contra ato de autoridade pública ou de particulares, na circunstância de lesão iminente ou real, que possa restringir, alterar ou ameaçar o titular do direito, como resultado de arbitrariedade ou de ilegalidade manifesta, e com referência direitos e garantias reconhecidos pela Constituição, por tratado ou por lei. A ação de amparo possibilita até que o juiz declare a inconstitucionalidade da norma impugnada.

A Constituição prevê que os tratados internacionais de direitos humanos, nela expressamente mencionados, têm hierarquia constitucional, não derrogam disposição da Constituição e devem entender-se como complementares dos direitos e garantias que ela reconhece. Os demais tratados e convenções sobre direitos humanos, desde que aprovados pelo Congresso, pelo voto de dois terços da totalidade dos membros de cada uma das Câmaras, gozam de hierarquia constitucional.

O Poder Legislativo é bicameral, composto pela Câmara dos Deputados da Nação e pela Câmara dos Senadores das províncias e da cidade de Buenos Aires. Os Deputados são eleitos diretamente pelo povo, para mandato de quatro anos, em número de parlamentares divididos entre as várias províncias do país, exigindo-se do deputado a idade mínima de 25 anos, o exercício da cidadania há pelo menos quatro anos, que sejam naturais das províncias que os elegerem ou que nelas residam há pelo menos dois anos. Cada província elege três Senadores, bem como a cidade de Buenos Aires. A idade mínima é de 30 anos, exigindo-se seis de cidadania e percepção censitária, ou seja, renda mínima.

O Poder Executivo da Nação é exercido pelo Presidente da Nação Argentina. Para ser eleito, exige-se que tenha nascido em território argentino, ou que detenha outra forma de nacionalidade originária, bem como o implemento das demais condições que se exigem dos Senadores. O mandato presidencial é de quatro anos, e pode serreeleito por um único período consecutivo. A Constituição prevê um Chefe de Gabinete de Ministros, com responsabilidade política perante o Congresso.

O Poder Judiciário compõe-se de uma Corte Suprema de Justiça e de tribunais inferiores que o Congresso estabelecer. Há ainda um Conselho da Magistratura, regulamentado por lei e aprovado pela maioria absoluta dos membros de cada uma das Casas Legislativas, que seleciona os magistrados e aponta os demais ocupantes de cargos na administração do Poder Judiciário. Exige-se que os juízes da Corte Suprema tenham exercido a advocacia por prazo mínimo de oito anos, e que detenham as qualidades exigidas dos Senadores, quanto à idade e demais requisitos. Os magistrados de primeiro grau serão selecionados mediante concurso público.

A Constituição pode ser reformada total ou parcialmente. A necessidade de reforma deve ser declarada pelo Congresso mediante o voto de um terço de seus membros. Exige-se, todavia, convenção especialmente convocada para a reforma constitucional.

6.4 O sistema constitucional francês

O *sistema constitucional francês*, formado a partir de 1789, tem origem revolucionária e é marcado pela vocação universalista de difusão das ideias a ele associadas. A Revolução Francesa rompeu com o Estado absoluto e se prolongou por vários anos. Mesmo na fase da Restauração, não houve retorno ao *Ancien Régime*. Na França não se institui, todavia, uma ordem constitucional homogênea e sem sobressaltos. Enquanto o povo norte-americano teve até hoje uma só Constituição, com um texto breve que aparece como repositório dos princípios fundamentais da soberania política, e que se adapta ao dia a dia da vida pública, a França experimentou mais de dez Constituições, tendo como pano de fundo a liberdade e a restrição à liberdade, a monarquia e a república, por mais de uma vez. Este fenômeno é explicado por Marcelo Caetano: "No final do século XVIII o movimento iluminista, cujo instrumento mais eficaz foi a Enciclopédia, espalhou a doutrina de que nos séculos anteriores o obscurantismo havia acumulado um acervo de erros grosseiros na forma de governar os povos, por efeito de uma prática rotineira. Ora, a essa época de ignorância sucedia desde então a era da Ciência, 'o século das luzes', e tornava-se mister fazer tábua rasa do passado para deixar que a razão humana, esclarecida pelos novos conhecimentos, traçasse as regras adequadas à sociedade política ideal onde os homens encontrariam a felicidade. Nasceu daqui a desconfiança pela tradição e a divinização da Razão-raciocinante, que levou os próceres da revolução francesa a redigir constituições segundo as teorias consideradas mais perfeitas. E quando uma constituição provava mal, procurava-se no arsenal filosófico nova doutrina para inspirar outra constituição. Daqui nasceram textos sucessivos, de vida fugaz, muitas constituições, nenhuma das quais conseguiu ser a Constituição da Nação francesa. E viu-se o paradoxo de o texto, que vigorou mais tempo – o de 1875 –, ter sido justamente aquele que, elaborado sem preocupações doutrinárias, foi redigido na ideia de servir de lei provisória, por poucos anos, até ser feita a Constituição definitiva."[70]

Além destes fatores, há outras causas que concorreram para a instabilidade constitucional francesa, sobretudo de ordem político-social.

Na França, portanto, foram editadas várias Constituições em diversos momentos políticos: a revolução, o consulado e o 1º império, a restauração, a 2ª república e o 2º império, a 3ª, a 4ª e a 5ª república, assim listadas: "1ª Constituição de 1791: tentativa de Monarquia parlamentar. 2ª Constituição de 1793: 1ª República (governo de assembleia) – Convenção. 3ª Constituição de 1795 (ano III): Diretório (separação rigorosa dos poderes com executivo colegiado). 4ª Constituição de 1799 (ano VIII): Consulado vitalício (poder pessoal). 5ª Constituição de 1802 (ano X): Consulado vitalício (poder pessoal). 6ª Constituição de 1804 (ano XII): Primeiro Império (Monarquia cesarista). 7ª Constituição senatorial de 1814: Restauração (Monarquia autolimitada ou constitucional). 9ª Ato Adicional às Constituições do Império de 1815: Primeiro Império liberal (tendência parlamentar). 10ª Carta Constitucional de 1830: Monarquia de julho (parlamentar). 11ª Constituição de 1848: 2ª República (presidencialista, depois de tentativa de república democrática e socialista). 12ª Constituição de 1852: janeiro: governo autoritário e poder pessoal; e logo a seguir (dezembro): Segundo Império (Monarquia cesarista). 13ª Constituição de 1870: Segundo Império liberal (tendência parlamentar). 14ª Constituição de 1875: 3ª República (parlamentar). 15ª Constituição de 1946: 4ª República (parlamentar com franco predomínio da Assembleia). 16ª Constituição de 1958: 5ª República (presidencialista com algumas instituições parlamentares),"[71] também conhecida como semipresidencialista.

Saliente-se que, embora o sistema constitucional francês reconheça a diferença entre poder constituinte e poderes constituídos, e se tenha a Constituição como lei escrita garantidora dos direitos fundamentais e da separação dos poderes, dessa ideia não derivam todos os efeitos próprios de uma Constituição formal e rígida, já que o controle de constitucionalidade das leis não é atribuído aos tribunais, que não podem apreciar a validade das leis em confronto com a Constituição, como reação à prática dos parlamentos judiciais do *Ancien Régime*. O controle de constitucionalidade, instituído na Constituição de 1958, é político e preventivo, e exercido pelo Conselho Constitucional.[72]

O sistema de governo, na França, de acordo com a Constituição de 1958, caracteriza-se como semipresidencial: o governo é livremente nomeado pelo Chefe de Estado, embora por ele não livremente demitido; o Governo é responsável

---

[70] CAETANO. *Direito constitucional*, vol. I, p. 126.

[71] CAETANO. *Direito constitucional*, vol. I, p. 155-156.

[72] A reforma constitucional de 23 de julho de 2008, ao acrescentar o art. 61-1 na Constituição Francesa, alterou, no entanto, o modelo de controle, que era essencialmente preventivo, para autorizar o controle sucessivo ou repressivo de constitucionalidade, ampliando a competência do Conselho Constitucional (cf. o capítulo dedicado ao controle de constitucionalidade, adiante).

politicamente perante o Parlamento; o Presidente da República tem o poder de submeter a referendo projetos de lei relativos à organização dos poderes públicos e à ratificação de determinados tratados, e o de assumir, embora com consulta prévia a outros órgãos, poderes excepcionais em estado de necessidade; o Presidente da República é eleito para um período de sete anos e pode ser reeleito indefinidamente.

O Parlamento é bicameral, constituído pela Assembleia Nacional e pelo Senado. Os deputados que compõem a Assembleia Nacional são eleitos pelo voto direto e a representação do Senado é escolhida indiretamente, de modo a assegurar a representação de coletividades territoriais da República. Os franceses residentes fora do país são representados no Senado. A iniciativa das leis é concorrente entre o Primeiro-Ministro e os membros do Parlamento.

A Constituição prevê uma Alta Corte de Justiça, composta por membros eleitos pela Assembleia Nacional e pelo Senado. A independência das autoridades judiciárias é garantida pelo Presidente da República. Há um Conselho Nacional de Justiça, presidido pelo Presidente da República, e tem como vice-presidente o Ministro da Justiça. Garante-se a inamovibilidade dos magistrados de carreira. O estatuto da magistratura consta de lei orgânica. A magistratura francesa divide-se em dois grupos: os juízes propriamente ditos e os magistrados ligados ao Ministério Público.

O modelo constitucional francês irradiou-se para a Bélgica, Holanda, Luxemburgo, Portugal, Espanha, Itália, Grécia e Romênia. O semipresidencialismo difundiu-se especialmente na Grécia, após 1975, em Portugal, após 1976, e na Polônia, na Romênia e na Ucrânia, após 1989.

6.5 O sistema constitucional soviético

O *sistema constitucional soviético* foi marcado pela Revolução Russa de outubro de 1917 e informado pela ideologia marxista-leninista. Vários países adotaram sistemas constitucionais idênticos ou semelhantes ao soviético: a Mongólia Exterior, a Lituânia, a Letônia, a Estônia, a Polônia, a Thecoslováquia, a Hungria, a Romênia, a Bulgária, a Iugoslávia, a Albânia, a Alemanha Oriental, a Coreia do Norte, a China, o Vietnã do Norte, o Laos, Cuba, Camboja, Etiópia, Iêmen do Sul, Angola e Moçambique.

O sistema constitucional soviético desvalorizava as normas constitucionais em face das leis que estivessem em conformidade com a sociedade socialista; o papel do juiz era reduzido; reconhecia-se importância à Procuradoria-Geral; inexistia controle judicial de constitucionalidade das leis; o Partido Comunista intervinha na interpretação e aplicação do Direito, mediante diretrizes e resoluções dirigidas aos juízes.

A família de Direito Constitucional de matriz soviética acha-se atualmente bastante reduzida, em razão da fase denominada de *Perestroika* (reestruturação) e de *Glasnost* (transparência), e da desagregação da União Soviética, de 1989 a 1991, com a aquisição ou reaquisição, pelas Repúblicas Federadas, da soberania internacional. Em 1991 foi constituída a Comunidade de Estados Independentes, cuja natureza jurídica se aproxima de uma confederação. Na Rússia foi aprovada, em 12 de dezembro de

1993, por referendo popular, a nova Constituição, que declara a Rússia como Estado Democrático de Direito, com governo republicano, proclama os direitos e liberdades do homem como valores supremos, os direitos humanos e as liberdades civis são reconhecidos e garantidos em conformidade com os princípios e normas do Direito Internacional, proteção à dignidade da pessoa humana pelo Estado, direito à liberdade, inviolabilidade da intimidade, da vida privada das pessoas e das suas famílias, da honra e imagem das pessoas, da liberdade de consciência e de crença, assegurado o acesso à informação e a sua livre divulgação e proibida qualquer forma de censura, direito à livre realização dos empreendimentos privados, proibidos os monopólios e a concorrência ilegal. O texto constitucional assegura a assistência social na terceira idade e em caso de doença e incapacidade, perda do arrimo de família e doença dos filhos, direito à assistência de saúde e educação. Declara-se ainda que os cidadãos da Rússia têm direito à naturalização em qualquer outro país, sem perder a cidadania russa, conforme a correspondente lei ou acordo assinado pela Rússia e cidadãos de outros países e pessoas sem cidadania, os quais têm as mesmas garantias, direitos e deveres assegurados aos cidadãos russos.

Atualmente, o marxismo-leninismo, com algumas adaptações, apenas subsiste na China, na Coreia do Norte, no Vietnã, no Laos e em Cuba.

6.6 O sistema constitucional suíço

Mencione-se, como um dos sistemas constitucionais não integrados em famílias, o da Suíça.

A Suíça, até o século XIX, era uma Confederação de Estados e tinha como órgão central uma Dieta, que se compunha de representantes de vários Cantões. Instituído em 1848 o Estado Federal, preservando o nome de Confederação Suíça, mas buscando manter, tanto quanto possível, as instituições confederadas, a Suíça se federalizou: os Cantões cederam sua soberania para um poder central e reservaram para si autonomia política e administrativa.

Em 1999, aprovou-se uma nova Constituição.

O sistema constitucional suíço compreende:

a) o federalismo cantonal, que se aproxima mais das Cidades-Estados da Grécia;

b) a democracia direta praticada em cinco dos menores Cantões, por Assembleias Populares (*Landesgemeinden*);

c) a iniciativa popular e o referendo, este obrigatório para a revisão constitucional e facultativo para as leis ordinárias, à exceção de alguns Cantões, onde é obrigatório;

d) o sistema de governo federal diretorial, tendo como órgãos políticos a Assembleia Federal e o Conselho Federal. A Assembleia Federal é um parlamento típico do federalismo: compõe-se do Conselho Nacional e do Conselho de Estados, que têm poderes iguais e devem reunir-se em sessão conjunta para a prática de certos atos. O Conselho Federal é o órgão executivo da Federação, integrado por 7 membros, eleitos por 4 anos para a Assembleia, mas que não dependem de sua confiança para a permanência nas funções. A Assembleia Federal elege, todos os anos, um dos membros do Conselho como Presidente da Confederação, que exerce as funções de chefe de Estado. Os Conselheiros Federais são chefes dos Departamentos do Executivo, que se equiparam aos Ministérios, no presidencialismo.

O sistema de governo suíço deve ser qualificado de diretorial, não se enquadrando como presidencial ou parlamentar, pois tem como características a colegialidade do Conselho Federal, a inexistência de responsabilidade política do Conselho perante a Assembleia, a impossibilidade de dissolução desta pelo Conselho e a inexistência do poder de veto.

O único exemplo de sistema de governo diretorial é a Suíça, que apresenta características singulares. O Uruguai, para onde foi o sistema de executivo colegial transplantado, retornou ao presidencialismo, após duas efêmeras experiências no século XX, em que o Executivo foi confiado a um diretório constituído por 9 membros eleitos pelo voto direto, 6 representando a maioria, ou seja, pelo partido vencedor nas eleições, e 3 a minoria.

6.7 Os sistemas constitucionais da Espanha e de Portugal

A Espanha conheceu vários reinados de diferentes tendências (liberal, radical, absolutista, orleanista), várias ditaduras e duas repúblicas.

Das Constituições espanholas, merece destaque a primeira, de 1812, conhecida como Constituição de Cádiz, e a de 1931. De 1936 a1975 a Espanha viveu sob o longo regime autoritário do General Franco. Do autoritarismo passou-se para a monarquia constitucional, já restaurada desde 1947, cujo conteúdo é um sistema democrático parlamentar.

A Constituição de 1978 foi referendada neste mesmo ano e sancionada pelo Rei D. Juan Carlos I, diante das Cortes Constituintes.

A Constituição de 1978 estabelece o Estado autonômico (as Comunidades autônomas dispõem de autogoverno, têm os três órgãos do poder: uma Assembleia Legislativa, um Conselho de Governo e um Tribunal de Justiça), sendo que as matérias não expressamente atribuídas ao Estado, pela Constituição, poderão corresponder às comunidades autônoma, na forma de seus Estatutos.

O Legislativo é bicameral, formado pelo Congresso de Deputados, com 350 membros, e pelo Senado, com 208 Senadores, aqueles representantes do povo e o Senado órgão de representação territorial.

Quanto à forma de governo, a Espanha é uma monarquia democrática, sendo a função executiva exercida pelo Primeiro-Ministro, que tem o título de Presidente do Governo, auxiliado pelos Ministros de Estado. A Constituição de 1978 prevê a moção de censura construtiva.

A justiça é exercida por juízes e tribunais "independentes, responsáveis e submetidos unicamente ao império da lei", tendo como órgão máximo o Tribunal Supremo, com jurisdição em toda a Espanha. Cabe, no entanto, ao Tribunal Constitucional, exercer o controle da constitucionalidade das leis e decretos, e ainda julgar o recurso de amparo pela violação dos direitos e liberdades individuais e conflitos de competência entre o Estado e as Comunidades Autônomas.

Constam da Constituição espanhola princípios diretivos de política social e econômica, sendo ainda constitucionalizados direitos dos partidos, dos sindicatos e das associações empresariais.

É de se destacar a super-rigidez da Constituição da Espanha, como descrito por Ricardo Fiuza, ao escrever: "A *Reforma Constitucional* se processará pelas *Cortes Generales*, como órgão representante do povo para o exercício do poder constituinte derivado, sendo que os projetos de emenda serão aprovados por maioria de três quintos de cada uma das Câmaras. Após a aprovação, a emenda terá que ser submetida diretamente ao povo através de um *referendum*, quando assim o solicite a décima parte dos membros de qualquer uma das Casas Legislativas. Processo interessante ocorre quando for proposta a revisão total da Constituição ou a revisão que afete o Título Preliminar ou os Títulos I e II: a aprovação será feita pela maioria de dois terços de cada Câmara e haverá a imediata dissolução das cortes. As novas câmaras eleitas pelo povo deverão reexaminar o novo texto e aprová-lo, se for o caso, pela maioria de dois terços. Após o que ainda haverá, necessariamente, o *referendum* popular. Trata-se, sem dúvida, de uma constituição das mais rígidas quanto ao seu processo de revisão, vendo-se, ainda, no art. 169, a proibição da reforma em tempo de guerra ou durante a vigência dos estados de alarme, de exceção e de sítio (limitações circunstanciais)."[73]

O *sistema constitucional de Portugal* se assemelha, em alguns pontos, com o da Espanha, sendo que o seu constitucionalismo compreende os períodos liberal, autoritário e democrático.

A Constituição de 1976 é resultado do Movimento de 25 de abril de 1974, que derrubou o regime autoritário e tem como fundamentos a democracia representativa e a liberdade política. Trata-se ainda de uma Constituição compromissória, revista em 1982, 1989, 1992, 1997, 2001, 2004 e 2005. A revisão de 2005 limitou-se a acrescentar um novo artigo (art. 295) legitimador do referendo sobre tratados europeus.[74]

Segundo Jorge Miranda, no "tratamento dos direitos fundamentais sobressaem: *a)* A prioridade dentro do sistema constitucional e o desenvolvimento da regulamentação, com princípios gerais comuns às grandes categorias de direitos previstos; *b)* A extensão do elenco, com cláusula aberta ou não tipicidade e interpretação e integração dos preceitos de harmonia com a declaração Universal dos Direitos do Homem; *c)* A preocupação tanto de enumerar os direitos quanto de definir o seu conteúdo e fixar as suas garantias e as suas condições de efectivação; *d)* A contraposição entre direitos, liberdades e garantias e direitos econômicos, sociais e culturais, com primado dos primeiros, mas não sem conexões; *e)* A fixação de um regime dos direitos, liberdades e ga-

---

[73] FIUZA. *Direito constitucional comparado*, p. 151.
[74] Para um conhecimento abrangente das revisões da Constituição Portuguesa, cf. MIRANDA. *Constituição e cidadania*, p. 15-235. GOUVEIA. *Manual de direito constitucional*, v. 1, p. 501-545.

rantias, donde resulta o carácter preceptivo, de aplicação imediata e de vinculação das respectivas normas; *f)* A constitucionalização do Provedor de Justiça (ou *Ombudsman*); *g)* A previsão entre direitos, liberdades e garantias não só dos direitos clássicos, mas também de direitos novos (como os respeitantes à informática, ao direito de antena e à objecção de consciência e de direitos institucionais a par de direitos individuais); *h)* A colocação da prioridade, não já a par das liberdades, mas sim dentre os direitos econômicos, sociais e culturais; *i)* O aparecimento como direitos fundamentais de direitos dos trabalhadores e das suas organizações".[75]

A Constituição define Portugal como um Estado unitário, que respeita os princípios da autonomia das autarquias locais e da descentralização democrática da administração pública, e erige os arquipélagos dos Açores e da Madeira em regiões autônomas, dotadas de estatutos político-administrativos próprios.

São órgãos de soberania o Presidente da República, a Assembleia da República, o Governo e os Tribunais.

O sistema de governo é semipresidencial.

O Presidente da República é eleito por sufrágio universal, voto direto e secreto, em data não coincidente com a da eleição parlamentar, exigindo-se maioria absoluta. Os poderes do Presidente da República, que não governa, são, dentre outros, o de dissolver o Parlamento dentro de condicionamentos temporais e circunstanciais previstos na Constituição, nomear o Primeiro-Ministro, após ouvir os partidos representados na Assembleia da República, demitir o governo quando o exija o regular funcionamento das instituições, decidir sobre a convocação de referendo, exercer o veto político e por inconstitucionalidade.

O Governo, órgão de condução da política geral do país e órgão superior da administração pública, é nomeado pelo Presidente da República, levando-se em conta o resultado das eleições, já que o partido vencedor, ou coligação vencedora, é que apontará os membros do Governo para nomeação pelo Presidente da República. O Governo é responsável politicamente perante o Parlamento.

A Assembleia da República é unicameral e se compõe de Deputados eleitos pelo sistema proporcional, e com candidaturas apenas dos partidos. Exerce competência legislativa, poderes de orientação política, de fiscalização, eletivos ou autorizativos respeitantes a outros órgãos.

O Judiciário é composto de Tribunais, definidos como órgãos de soberania, competentes para administrar a justiça em nome do povo português.

O controle de constitucionalidade, em Portugal, se caracteriza como misto, pois envolve a fiscalização concreta e abstrata. A fiscalização concreta é difusa e incidental, pois qualquer tribunal tem competência para apreciar a questão constitucional levantada pelas partes, pelo Ministério Público, ou de ofício. Verificados determinados pressupostos, cabe recurso para o Tribunal Constitucional. Se este julgar a mesma norma inconstitucional por três vezes, poderá desencadear o processo de fiscalização

---

[75] MIRANDA. *Teoria do estado e da constituição*, p. 141-142.

abstrata. A fiscalização abstrata, que pode ser preventiva e sucessiva, por ação ou omissão, cabe ao Tribunal Constitucional.

6.8   O sistema constitucional italiano

A Itália, depois da unificação, adotou a forma monárquica de governo. O Rei Carlos Alberto do Piemonte outorgou, em 1848, o denominado Estatuto Albertino, que passou a viger como constituição de toda a Itália.

O fascismo italiano foi implantado em 1922 e terminou em 1943.

Em 1946 foi proclamada a República, e, em 22 de dezembro de 1947, aprovada a nova Constituição (com vigência para 1º de janeiro de 1948), por Assembleia Constituinte.

A Constituição da República Italiana inicia-se com uma declaração de princípios fundamentais; na Parte I dedica-se aos direitos fundamentais, que engloba as relações civis, ético-sociais, econômicas e políticas; na parte II, dedicada ao Ordenamento da República, a Constituição traz inovações quanto ao exercício da função legislativa, dispondo sobre a iniciativa popular, o veto popular com referendo resolutivo ou revogatório, competências deliberativas das comissões parlamentares. O Parlamento italiano compõe-se da Câmara dos Deputados e do Senado Federal (bicameralismo conservador). O Presidente da República é Chefe de Estado, mas tem atribuições reforçadas, é eleito pelo Parlamento, participando da eleição três delegados de cada Região Italiana. A Constituição adota o sistema parlamentar, sendo o Governo exercido pelo presidente do Conselho de Ministros e pelos próprios Ministros. Prevê a Constituição a existência de uma Corte Constitucional.

A Constituição institui regiões autônomas, de estatuto comum ou de estatuto especial.

6.9   O sistema constitucional alemão

O constitucionalismo monárquico do século XIX irradiou-se para toda a Europa. Nos Estados alemães e na Áustria, este constitucionalismo não logrou êxito completo, pois os seus governos conseguiram resistir às concepções liberais e democráticas, mesmo com as revoluções de 1848. Mesmo aceitando limitar os seus poderes, o Monarca mantém íntegra sua autoridade; o Rei continua o titular do poder soberano, e não o povo; o Parlamento tem demarcada a sua área de atuação pela Constituição. O princípio monárquico se sobrepõe ao princípio democrático. É neste período que Ferdinand Lassalle denuncia o pseudoconstitucionalismo da Alemanha, na conferência proferida diante de um agrupamento de cidadãos de Berlim, em abril de 1862: *O que é uma Constituição?*

Com o fim da 1ª Guerra Mundial, desaparecem os denominados Impérios Centrais e surgem os sistemas republicanos.

É aprovada em 11 de agosto de 1919, na cidade de Weimar a nova Constituição do *Reich* alemão, tido como o mais significativo texto político da época.

A Constituição de Weimar busca instituir um Parlamento soberano, mantendo, no entanto, um Chefe de Estado forte. Limita ainda o princípio representativo, com a adoção de formas da democracia indireta.

No âmbito da organização dos poderes, a Constituição dispõe que o Presidente é eleito pelo sufrágio universal, por sete anos, podendo ser reeleito; são poderes do Presidente: nomear e demitir o Chanceler e, sob proposta deste, os Ministros; dissolver o Parlamento, embora uma só vez e pelo mesmo motivo; promulgar as leis votadas em conformidade com a Constituição, podendo submetê-las a referendo; decretar, em caso de emergência, as medidas necessárias ao restabelecimento da lei e da segurança, podendo, para esse fim, suspender alguns dos direitos fundamentais. Em contraponto, o Presidente pode ser destituído pelo voto popular, precedendo deliberação da Assembleia por maioria de dois terços.

No domínio dos direitos sociais, no entanto, é que se revela como a primeira das grandes Constituições europeias. A Constituição de Weimar regulamenta o casamento, a juventude, a educação, a vida econômica; atribui aos cidadãos direitos sociais; limita o princípio da liberdade contratual e a propriedade privada, em virtude de sua função social.

À Constituição de Weimar, que acabou por viabilizar a tomada do Poder, pelos nacionais-socialistas, sobreveio, com o término da 2ª Guerra Mundial, a Constituição de 23 de maio de 1949, a Lei Fundamental de Bonn.

A Lei Fundamental de Bonn adotou o Parlamentarismo. O Governo, composto pelo Chanceler e por Ministros da sua escolha, é responsável perante a Assembleia Federal, sendo que a esta cabe, por proposta do Presidente da República, eleger o Chanceler e, com a moção de desconfiança, terá ele de ser substituído; a censura ao Chanceler deverá ser acompanhada da indicação do seu sucessor. Relativamente aos direitos fundamentais, a Constituição de Bonn afirma a dignidade da pessoa humana, admite que o Direito natural limita o Direito-Poder do Estado; os direitos do homem, invioláveis e inalienáveis, têm como fundamento a ordem social; os Poderes Legislativo, Executivo e Judicial são limitados pelos direitos fundamentais enunciados na Constituição; qualquer restrição aos direitos fundamentais somente pode se efetuar por lei geral que não afete o seu conteúdo essencial; garante-se a tutela jurisdicional em caso de ofensa de qualquer dos direitos fundamentais.

Para a tutela e o reforço dos direitos fundamentais, é instituído o Tribunal Constitucional.

A Alemanha é um Estado Federal, com representação inigualitária dos Estados no Parlamento federal.

Após a queda do muro de Berlim, deu-se unificação das Alemanha. Celebraram-se tratados entre os dois Estados alemães – a República Federal (Alemanha Ocidental) e a República Democrática (Alemanha Oriental), bem como entre as quatro potências ex-ocupantes – os Estados Unidos, a França, a Grã-Bretanha e a União Soviética. A Constituição da Alemanha Ocidental, que tinha caráter provisório, porque cessaria com a unificação, foi, no entanto, modificada, passando a definitiva, substituindo o sistema constitucional do regime marxista-leninista da Alemanha Oriental.

6.10 O sistema constitucional austríaco

O Direito Constitucional austríaco tem sofrido, ao longo da história, transformações que se assemelham às do Direito Constitucional alemão.

A Áustria, de 1867 a 1918, constituía uma união real com a Hungria. Com o fim do Império, a Áustria passou pela república corporativa de Dolfuss, foi anexada por Hitler em 1938, ocupada pelas potências vencedoras da 2ª Guerra Mundial, de 1945 a 1955, ano em que foi declarada a neutralização.

Em 1920, já proclamada a república, foi aprovada a Constituição, cujo texto teve a intensa colaboração de Hans Kelsen. A Constituição austríaca, de 1920, foi revista em 1929, e reposta em vigor em 1945. A revisão da Constituição, operada em 1929, que visava o fortalecimento do Executivo, num quadro de instabilidade política, afetou substancialmente o texto constitucional anterior: dos 152 artigos da Constituição de 1920, 79 sofreram alterações radicais ou parciais.

A Constituição institui um Estado Federal e estabelece um sistema de governo semipresidencial.

O grande destaque da Constituição austríaca de 1920 é a criação de um modelo concentrado de controle de constitucionalidade, a cargo do Tribunal Constitucional, a ser tratado adiante.

6.11 Os sistemas constitucionais dos Estados asiáticos e africanos

Os Estados da Ásia e da África apresentam condicionantes socioculturais e circunstâncias de formação que determinam os fatores de uma problemática constitucional própria, nada obstante deixarem as suas constituições de apresentar caracteres homogêneos que possam ser considerados suficientes para as considerarmos como um tipo autônomo de constituições.

As primeiras constituições dos países afro-asiáticos "correspondem à fase do nacionalismo liberal da burguesia local (*constituições nacionais-liberais*). As constituições desta geração (Ex.: Constituição Persa de 1906, Constituição da Jordânia de 1926) consagram o princípio da soberania nacional, não questionam as instituições e hierarquias tradicionais, designadamente a monarquia, recolhem os princípios da forma de governo parlamentar e consagram os direitos fundamentais de figurino liberal. Após a descolonização, em 1945, os textos constitucionais reflectem a própria evolução constitucional das potências colonizadoras para um sistema social-democrata, o processo de massificação do nacionalismo e a decadência das instituições políticas tradicionais (constituições *sociais-democratas*, cujos exemplos mais frisantes são as constituições da Síria (1950), Índia (1950), Indonésia (1949), Laos (1947), Birmânia (1948). O *autoritarismo conservador* também tem expressão nos países ex-coloniais. É o caso da constituição presidencialista monárquica de Marrocos. A fase mais recente marca o triunfo dos movimentos nacionalistas sociais (Constituição da República Árabe Síria, de 1º de maio de 1969) e dos movimentos populares de libertação (é o caso das ex-colónias portuguesas de Guiné, Moçambique e Angola[76]). Os textos constitucionais avançam no sentido da socialidade e da democracia, consagram formas de exercício do poder político não adaptáveis aos esquemas liberais e aproximam-se, em alguns casos, do figurino das democracias populares. As constituições aderem, pois, a algumas dimensões fundamentais das *constituições socialistas*".[77]

De se registrar dois fatos políticos de relevância e que, a partir de 1989, repercutiram em alguns dos sistemas constitucionais estudados, seja para a redução do autoritarismo, seja para a transição para um multipartidarismo, com o fim do partido único, e a passagem pacífica para uma democracia pluralista multirracial: a desagregação da URSS e o fim do *apartheid* na África do Sul.

Em contrapartida, anote-se o surgimento do fundamentalismo islâmico.

Jorge Miranda traça um quadro atual dos regimes asiáticos e africanos, de modo a revelar: 1) Ainda algumas monarquias tradicionais, ora como monarquias absolutas (Arábia Saudita, Omã), ora como concessões ao pluralismo (Nepal, Kuait); 2) Regimes democráticos pluralistas bem radicados (Japão, Índia, Israel) ou mais frágeis (Filipinas, Coreia do Sul, e, sobretudo, os países muçulmanos e a maior parte dos países africanos) – integrados, como sabemos, nas famílias de matriz britânica, americana e francesa ou de uma ou de outra aparentados; 3) Regimes marxistas-leninistas (China, Coreia do Norte, Vietnã e Laos); 4) Regimes autoritários, ainda que com alguns elementos formal ou realmente democráticos (Malásia, Singapura, Formosa); 5) Regimes militares ou de base militar, mesmo se muito diferentes entre si (Birmânia, Líbia, Síria); 6) Regimes de fundamentalismo islâmico (Irã, Sudão).[78]

Destaque-se, no direito constitucional da Ásia, o Afeganistão, como um dos primeiros países diretamente afetados pela Doutrina Bush, após os atentados de 11 de setembro de 2001. O governo norte-americano considerou o Taliban um dos principais líderes do terrorismo internacional, mandante e organizador dos ataques terroristas ao *World Trade Center*, em Nova Iorque, tendo sido o Afeganistão acusado de homiziar os líderes mais virulentos do fundamentalismo islâmico. O regime Taliban foi alijado do poder, no Afeganistão, na virada de 2001 para 2002, pelos Estados Unidos e forças de coalizão. A Constituição do Afeganistão, cujo preâmbulo é antecedido por oração que remete o texto normativo à fundamentação divina, indica que o Afeganistão é país único e unido, pertence a todas as etnias que lá residem, observa a Carta das Nações Unidas, e respeita a Declaração Universal dos Direitos Humanos. A religião do Estado é a Sagrada Religião do Islã e nenhuma lei pode ser contrária às crenças e provisões da Sagrada Religião do Islã. Indica-se o desejo de se estabelecer um governo baseado na vontade do povo e na democracia. O Afeganistão, ainda nos termos constitucionais, se declara obrigado a prevenir todos os modos de atividades terroristas, além de lutar contra a produção e consumo de substâncias tóxicas (*muskirat*),

---

[76] A Constituição de Angola, de 1992, que não contém preâmbulo, se encerra com disposição transitória que exige a revisão de todos os tratados e alianças celebrados com Portugal, desde que contrários aos interesses do povo angolano.
[77] CANOTILHO. *Direito constitucional*, 2. ed., p. 124-125.
[78] MIRANDA. *Teoria do estado e da constituição*, p. 136-137.

bem como combater a produção e o tráfico de narcóticos. O chefe de Estado da República do Afeganistão é o Presidente, eleito para mandato de cinco anos, vedando-se a reeleição, auxiliado por Ministros, que devem ser aprovados pela Assembleia Nacional, e que não podem usar o cargo para proteger interesses étnicos, regionais, religiosos, linguísticos ou partidários. O Poder Legislativo é bicameral, exercido pelo Assembleia Nacional que se compõe da Casa dos Representantes (*Wolesi Jirga*) e do Senado (*Meshrao Jirga*). O povo afegão é ainda representado pelo Grande Conselho (*Loya Jirga*), instituição mais alta e venerada, formado pelos membros da Assembleia Nacional, pelos líderes dos distritos dos conselhos provinciais, pelos Ministros, pelo Presidente da Suprema Corte, pelos demais magistrados da Corte Suprema, estes três últimos sem direito a voto.

O Poder Judiciário tem como órgão de cúpula a Suprema Corte (*Stera Mahkma*), havendo ainda as Cortes Altas, Cortes de Apelação e de Justiça Comum.

6.11.1 O direito constitucional da Índia

O direito constitucional da Índia se formou a partir da complexa estrutura territorial, política e étnica da República da Índia, elementos que o singularizam. Observe-se que o direito hindu não se confunde com o direito indiano, pois enquanto aquele refere-se a uma comunidade fundada sobre a vinculação a uma religião (o hinduísmo), o direito da Índia é um direito nacional, aplicado independentemente da filiação religiosa dos interessados; trata-se de um direito laico e autônomo em relação à religião.

A Constituição da Índia, de 26 de janeiro de 1950, contém trezentos e noventa e três artigos e nove anexos, dentre eles o Anexo VII, que abrange exaustivas listas de competências da União, dos Estados e das matérias concorrentes.

Para René David, o "direito constitucional da Índia pode efetivamente parecer como essencialmente fundado sobre as concepções inglesas. Todavia, não deixa de apresentar traços que acusam uma marcada originalidade em relação ao direito constitucional inglês. Basta notar, além da existência duma constituição escrita, que comporta uma declaração dos direitos (*Bill of Rights*), a forma republicana do Estado, a sua estrutura federal, a admissão do controle da constitucionalidade das leis. O direito constitucional indiano, se por estes traços se aproxima do direito constitucional dos Estados Unidos da América, dele se separa profundamente noutros aspectos: a Constituição da Índia, de 1950, contém não somente a Constituição Federal, mas também as Constituições dos Estados Federados; o presidente da República da Índia é auxiliado por um primeiro ministro, que é o chefe do governo; a prisão dos cidadãos pode admitir-se pela lei, a título preventivo, antes de serem julgados culpados duma infração, se a ordem pública o exigir; o Conselho dos Estados (*Rajya Sabha*) é muito diferente, na Índia, do Senado dos Estados Unidos. Além destes textos, notar-se-á ainda a importância que reveste, na Índia, um partido político cuja preponderância é incontestada. Pelo seu direito constitucional a Índia pertence à família da *common law*, mas é um país independente no seio desta família".[79]

---

[79] DAVID. *Os grandes sistemas do direito contemporâneo*, p. 535.

O preâmbulo da Constituição da Índia proclama que o povo indiano solenemente resolveu constituir o país em uma República Democrática Soberana Socialista, de modo a assegurar a todos os cidadãos a justiça, a liberdade, a igualdade e a fraternidade.

A composição do território da Índia pode ser modificada mediante regulamentação do Parlamento.

Para K. C. Wheare, a Índia é uma quase federação, pois o governo da União tem o poder de dissolver um governo estadual eleito "em caso de falência da máquina constitucional nos Estados" (art. 356 da Constituição da Índia).

Os partidos políticos não são mencionados no texto da Constituição: assim, qualquer cidadão indiano, ou grupo deles, tem o direito de fundar um partido, circunstância que criou uma enorme quantidade de partidos, mas também proporcionou significativa representação para todos os segmentos da sociedade.

A Constituição consagra formalmente a isonomia, ao declarar que o Estado não poderá negar a nenhuma pessoa a igualdade perante a lei bem como a proteção de todos dentro do território da Índia. O Estado não pode discriminar ninguém com base na religião, raça, casta, gênero ou local de nascimento. Aboliu-se a casta dos intocáveis, determinando-se que a intocabilidade é abolida e sua prática sob qualquer forma é proibida. Consagra-se a liberdade de religião, a liberdade de expressão, o direito de reunião pacífica, de participação em sindicatos e associações, de movimentação no território indiano, de escolha do local de residência. Declara a Constituição o princípio da reserva legal e explicita que ninguém será obrigado a testemunhar contra si próprio. Fica vedado o tráfico de seres humanos e condena-se o trabalho forçado. A Constituição contém dispositivo que prescreve as obrigações fundamentais dos cidadãos indianos, destacando-se a de que todo indiano deve obedecer a Constituição e as leis, saudar e seguir os ideais nobres que inspiram a luta pela liberdade nacional, apoiar e proteger a soberania, a unidade e a integridade da Índia, defender o país e prestar serviços, quando determinado, promover a harmonia e o espírito de irmandade comum entre todos os povos da Índia, transcendendo barreiras de religião e de línguas, renunciar a todas as formas de negação da dignidade das mulheres, valorizar e preservar os valores de herança cultural, proteger o meio ambiente, ter compaixão para com as criaturas vivas, desenvolver o espírito científico, o humanismo e o espírito de pesquisa e de reforma, renunciar à violência.

Quanto à organização dos poderes, o Poder Executivo é chefiado pelo Presidente da República, eleito, para mandato de cinco anos, por um colégio eleitoral que é formado por membros escolhidos pelas duas Casas do Legislativo e pelas Assembleias Legislativas estaduais. Prevê-se ainda um Vice-Presidente, que chefia um Conselho de Estados indianos. Há o Conselho de Ministros que assessora o Presidente e é chefiado por um Primeiro-Ministro, indicado pelo Presidente. O Conselho de Ministros é formado ainda por Ministros apontados pelo Presidente, mas com aconselhamento do Primeiro-Ministro. O mandato do Primeiro-Ministro é de duração discricionária do Presidente.

O Parlamento é bicameral, constituído por um Conselho de Estado (*Rajya Sabha*) e por uma Casa do Povo (*Lok Sabha*).

A *Lok Sabha* é eleita para cinco anos diretamente pelos cidadãos com mais de 18 anos de idade, em 555 distritos que elegem um único representante, em um sistema de maioria simples. O *Rajya Sabha* é composto de 238 membros eleitos indiretamente (para mandato de seis anos) de Estados e Territórios da União (são sete administrados pelo Governo Central, dos quais dois – Puducherry e Delhi – possuem assembleias legislativas como os Estados) e doze pessoas eminentes designadas pelo Presidente da Índia (para mandato de seis anos) dos campos da arte, da cultura, da ciência, da vida pública e assim por diante. O *Rajya Sabha* é órgão permanente; dois terços de seus membros se retiram a cada dois anos e ocorrem eleições bienais para essas cadeiras.

O Poder Judiciário tem como órgão de cúpula a Suprema Corte, composta de um Juiz Presidente, nomeado pelo Presidente da República e mais sete magistrados, a menos que o Parlamento prescreva número maior de juízes. Dentre as competências da Suprema Corte está a de julgar conflitos entre o Governo Central e demais Estados e exercer o controle de constitucionalidade das leis.

6.12 O direito muçulmano

O direito muçulmano vincula-se intimamente com a religião; constitui uma das faces da religião do islã e se funda numa teologia que estabelece os dogmas e determina aquilo em que o muçulmano deve crer. A sociedade é essencialmente teocrática e o Estado servidor da religião revelada.

Os deveres do fiel do islã se resumem em cinco pilares: 1. *Shahada* ou testemunho – É a confissão que efetua a conversão. O crente afirma a unidade do Deus onipotente e aceita Maomé, repetindo inúmeras vezes: "Não há outro Deus e Maomé é seu Profeta." 2. *Salat* – Trata-se da reza que se faz cinco vezes por dia. Os muçulmanos são chamados para a recitação pelo *muezzin*, tradicionalmente do minarete, a torre da mesquita. A submissão é incondicional, e uma vez por semana, na sexta-feira, a comunidade se reúne na mesquita para a oração comunal. 3. *Zahat* ou esmola – Corresponde à *tzedaká* judaica ou ao dízimo cristão. Uma parcela da renda é entregue por todos para fins sociais, como assistência aos pobres e refeições comunais. É um símbolo de solidariedade mútua dos fiéis que constituem a coletividade islâmica, quase uma nação não territorial. 4. *Ramadan* – É o mês do jejum, no sentido de purificação e ascese para Deus. Durante todo o mês, que comemora o recebimento do Alcorão, os fiéis se abstêm, desde o nascer do dia até o pôr do sol, de relações sexuais, comida e bebida, incluindo água. O período é também de alegria, visitas familiares e confraternizações, que ocorrem desde o anoitecer e se prolongam pela madrugada. 5. *Hajj* – É a peregrinação a Meca e seus santuários, símbolos da supremacia divina. É uma obrigação que deve ser cumprida pelo menos uma vez na vida pelo muçulmano saudável e que disponha dos recursos necessários para esta finalidade. O *hajj*, nas condições atuais, pode reunir até dois milhões de peregrinos, e é de fundamental importância para a Arábia Saudita, que detém as cidades de Meca e Medina.[80]

---

[80] DEMANT. *O mundo muçulmano*, p. 27-28.

As fontes do Direito muçulmano são: o *Corão*, livro sagrado do islã; a *Suna*, ou tradição relativa ao enviado de Deus; o *Idjamâ*, ou acordo unânime da comunidade muçulmana, e o *Qiyâs*, ou raciocínio por analogia.

O povo – *Umma* – tem por finalidade traduzir a vontade divina, não desempenhando a função que lhe é própria nas democracias ocidentais, que é a de exprimir sua opinião. Assinala Raul Machado Horta, reportando-se a Maurice Flory e Robert Mantran, que, no sistema jurídico muçulmano a referência suprema "não é povo, mas a divindade islâmica. Os representantes que compõem as Assembleias não são escolhidos em função da vontade popular. O que importa para a investidura é o conhecimento da religião e a aproximação da vontade divina. As Assembleias árabes-islâmicas não possuem poder de decisão. São órgãos de consulta e não órgãos de legislação. A caracterização dominante da função consultiva das Assembleias como órgãos de consulta pode sofrer atenuações, que constituem exceções à regra geral. A Constituição da República Islâmica do Irã, de 15 de novembro de 1979, por exemplo, prevê a função legislativa da Assembleia Islâmica (art. 71), mas, ao mesmo tempo, subordina a Assembleia à religião oficial do País (art. 72) e à autoridade de um Conselho de Vigilância, encarregado de assegurar a prevalência dos preceitos islâmicos (arts. 91, 94, 96)".[81]

Anote-se, por último, que a convivência do Direito muçulmano com influências estrangeiras, especialmente quanto à recepção da legislação europeia, acabou por resultar em conflitos inconciliáveis, problematizando o choque de civilizações.[82]

7. A TEORIA DA CONSTITUIÇÃO – SIGNIFICADO, GENEALOGIA E OBJETO

A Teoria da Constituição, como conhecimento jurídico, político e filosófico, com perfis próprios, deve-se à doutrina alemã. Sua formação e autonomia, segundo José Alfredo de Oliveira Baracho, reportando-se a Verdú, decorreram da crise do formalismo jurídico, e da preocupação de se chegar a um conceito substantivo de Constituição; do aparecimento dos regimes autoritários e totalitários, que atacaram o conceito demoliberal de Constituição e as instituições aí consagradas; do ponto culminante da Teoria do Estado com a doutrina de Kelsen e o aparecimento da obra de H. Heller e do período entre as duas grandes guerras mundiais, caracterizado pela

---

[81] HORTA. *Direito constitucional*, p. 547.
[82] Entre o final de 2010 e o início de 2011, irrompeu um movimento de rebeldia popular em países árabes, em especial no norte da África e Oriente Médio (Tunísia, Líbia, Egito, Iêmen, Jordânia, Síria, Bahrein) denominado de Maghreb. O movimento surgido das ruas buscava promover a liberdade política e a participação popular, bem como criticar as condições sociais e a corrupção de governos fortes, repressivos e intolerantes. Nesse cenário, a construção de um sistema político baseado na liberdade, no império da lei, na igualdade, na democracia plural e na justiça social, aponta para uma conciliação entre democracia e islamismo, o que significa a redução da distância entre o espaço público (onde se pratica a política) e o espaço privado (onde o indivíduo administra suas opções religiosas, familiares e comportamentais).

quebra dos suportes sociopolíticos da democracia liberal e pelo ataque dos extremistas da esquerda e da direita à ideologia que a inspirava.[83]

Deve-se à obra de Carl Schmitt, intitulada de *Teoria da Constituição*, a origem dos estudos acerca do tema, em que propunha diferenciar a Teoria da Constituição e até mesmo opô-la, como disciplina autônoma, às teorias do Estado de Jellinek, Paul Laband, Kelsen, Heller, e dos enfoques das críticas marxistas e de outras correntes ideológico-jurídicas dos primeiros anos em que vigorou a Constituição de Weimar de 1919.

Ainda nas origens da Teoria da Constituição, como superação da Teoria do Estado, mencione-se o trabalho de Karl Loewenstein, também denominado de *Teoria da Constituição*, em que diverge das concepções teorético-políticas de Schmitt.

Ultrapassa a Teoria da Constituição o conhecimento normativo, a análise e a descrição do que é uma Constituição, para abranger o domínio de indagações pertinentes ao que deve ser a Constituição. A Teoria da Constituição incorpora, neste contexto, dimensões racional-normativas, que se situam na seara da filosofia constitucional. A Teoria da Constituição constitui a "chave interpretativa" do próprio Direito Constitucional,[84] ao favorecer a descoberta e a investigação das soluções jurídico-constitucionais em sede teorético-constitucional.[85]

A Teoria da Constituição, como conhecimento ordenado, sistematizado e especulativo, examina, identifica e critica os limites, as possibilidades e a força normativa do Direito Constitucional. Descreve e explica os seus fundamentos ideais e materiais, as condições de seu desenvolvimento, dando ênfase nas relações entre a Constituição e a realidade constitucional.

A Teoria da Constituição problematiza e discute as soluções constitucionais encontradas, quer no passado (história do Direito Constitucional), quer no presente (dogmática do Direito Constitucional), quer no futuro (política do Direito Constitucional). Como conceito racionalizador do conteúdo da Constituição, a Teoria da Constituição contribui para a construção de um Estado Democrático de Direito ao apontar para um conceito de Constituição constitucionalmente adequado, fazendo frente a um positivismo estrito, cego perante os valores. Na Teoria da Constituição são discutidos os problemas constitucionais sob um prisma teorético político, complementar do Direito Constitucional, mas que com ele não se confunde.[86]

A crise da Teoria Geral do Estado levou o centro do estudo do Direito Público para a Constituição e a Teoria da Constituição. A origem desta crise estava na discussão dos pressupostos, método e sentido das ciências humanas e do Direito em

---

[83] BARACHO. *Teoria da constituição*, p. 9.

Assinale-se que tanto a Teoria do Estado como a Teoria da Constituição não têm equivalente direto na tradição norte-americana: são criações europeias, inexistindo matéria expositiva com este tipo de interesse teórico-científico.

[84] CATTONI DE OLIVEIRA. *Direito constitucional*, p. 25.

[85] CANOTILHO. *Constituição dirigente e vinculação do legislador*, p. 80.

[86] QUEIROZ. *Direito constitucional*: as instituições do estado democrático e constitucional, p. 19.

particular, de vez que, relativamente à ciência do Direito, o positivismo jurídico não mais poderia explicar a realidade e o substrato social do Estado, cujo conhecimento se achava intrinsecamente ligado à política.

É preciso considerar, no entanto, que nada obstante a importância da Teoria da Constituição, neste contexto, Estado e Constituição revezam-se historicamente como conceitos-chave do Direito Público. É que, sem entender o Estado não há como entender a Constituição. E a Constituição deve ser entendida não apenas como norma, mas também como estatuto do político, para o que há de se reportar ao Estado, cuja existência concreta é pressuposto da sua existência.

Marcelo Cattoni expressa posicionamento no sentido de que a Teoria da Constituição supera a Teoria do Estado, ao buscar fundamento em teorias sociais mais sofisticadas que procuram refletir acerca da hiperdiferenciação das sociedades complexas atuais. As Teorias Políticas contemporâneas estão colocando em xeque as bases filosóficas da tradicional Teoria do Estado. Não há mais como recorrer à tradição republicana e compreender a sociedade como um todo societário que giraria em torno do Estado e não há mais como compreender a sociedade em bases meramente dualistas, ou seja, Estado, de um lado, sociedade civil, reduzida à esfera do mercado e da família, do outro. O Estado não é mais o núcleo da organização política da sociedade.[87]

Nessa perspectiva, deve-se levar em conta que, se a Teoria do Estado centra suas análises na institucionalização jurídico-social do poder político, é dizer, no Estado, e a ele reduz toda a esfera pública, a Teoria da Constituição problematiza essa questão, por não admitir que a esfera pública se confunda com a esfera estatal. Mencione-se ainda que a ocorrência de movimentos sociais que pugnam por mais direitos, como o movimento de mulheres, o movimento negro e o movimento dos homossexuais, mostra que o próprio Estado se acha privatizado, devendo-se então democratizar e pluralizar os espaços de discussão e construção do Direito.

Ocupa-se a Teoria da Constituição em estudar os diversos conceitos de Constituição, o Poder Constituinte[88] e legitimidade da Constituição; reforma constitucional; direitos fundamentais e separação de poderes, como elementos característicos do Estado de direito; o elemento político da Constituição moderna, na democracia, ou seja, povo, sistema parlamentar; e a teoria constitucional da federação.

---

[87] CATTONI DE OLIVEIRA. *Direito constitucional*, p. 28-35.
[88] Destaque-se, no estudo do Poder Constituinte, como objeto da Teoria da Constituição, a obra de Jorge Reinaldo Vanossi, *Teoría Constitucional*. No primeiro volume, cujo subtítulo é *Teoría Constituyente*, examina o Poder Constituinte fundacional, revolucionário e reformador. No domínio do Poder Constituinte, trata dos seus conceitos racional-ideal, fundacional-revolucionário, existencial-decisionista materialista, dialético-plenário, da revolução e da reforma da constituição, bem como dos limites, titularidade e exercício do Poder Constituinte. No segundo volume, dedica-se à análise da supremacia constitucional e do controle de constitucionalidade, temas decorrentes do poder constituinte. Levando em consideração a função das normas constitucionais, aduz que todas elas são normas de competência, mas fala ainda em normas de conduta, normas orgânicas, normas programáticas e normas interpretativas. Oferece-nos um esquema das declarações, direitos e garantias, no âmbito das relações da matéria constitucional (*Teoría constitucional*, 2 vols.).

A Teoria da Constituição pode ter em mira alcançar a compreensão de um conceito de Constituição, geral e teórico, como descobrir a natureza e função de uma Constituição numa situação histórica concreta em determinado país. Trata-se, portanto, de uma teoria da constituição constitucionalmente adequada, que tem na Constituição positiva elemento decisivo para seu desenvolvimento, e que fornece elementos para a metodologia do direito constitucional.

A Teoria da Constituição, neste horizonte, busca não só examinar as Constituições vigentes, como também incorporar uma dimensão filosófica (situa-se no campo da filosofia constitucional), ainda que não metafísica, o que se dá na teoria constitucional reconstrutiva, que recusa um conceito ideal de constituição.

Canotilho acentua que a Teoria da Constituição continua a girar em torno da problemática do Estado de direito democrático-constitucional, embora com novos atores sistêmicos, internacionais e nacionais; pressupõe a indispensabilidade do Direito e do Estado; assenta na indispensabilidade da democracia e, desta forma, tenta conceber-se como teoria da democracia. Quanto ao lugar teórico da Teoria da Constituição, o notável constitucionalista português refere-se a ela como: a) teoria política do direito constitucional, porque pretende compreender a ordenação constitucional do político, por meio da análise, discussão e crítica da força normativa, possibilidades e limites do Direito Constitucional; b) teoria científica, porque procura descrever, explicar e refutar os fundamentos, ideias, postulados, construção, estruturas e métodos (dogmática) do Direito Constitucional. Adverte, contudo, que a Teoria da Constituição é mais do que uma teoria política e uma teoria científica do Direito Constitucional, porque aspira a ser estatuto teórico da teoria crítica e normativa da Constituição, o que se dá num triplo sentido: "1) como instância crítica das soluções constituintes consagradas nas leis fundamentais e das propostas avançadas para a criação e revisão de uma constituição nos momentos constitucionais; 2) como fonte de descoberta das decisões, princípios, regras e alternativas, acolhidas pelos vários modelos constitucionais; 3) como filtro de racionalização das pré-compreensões do intérprete das normas constitucionais procurando evitar que os seus prejuízos e préconceitos jurídicos, filosóficos, ideológicos, religiosos e éticos afetem a racionalidade e razoabilidade indispensáveis à observação da rede de complexidade do estado de direito democrático-constitucional."[89]

A Teoria da Constituição rompe, portanto, com uma abordagem unilateral, quer num sentido – *Teoria Geral do Direito Público* –, quer noutro – *Instituições Políticas* – e supera os enfoques tradicionais da *Teoria do Estado* – Estado como centro da sociedade, sociedade holisticamente compreendida em termos da dialética do todo e de suas partes.[90]

Nessa linha de abordagem, Marcelo Cattoni examina a Teoria da Constituição na perspectiva *interna* ao Direito Constitucional, ao possibilitar uma "dogmática geral (adequada) do Direito Constitucional" (Lucas Verdú), e na perspectiva *externa* da relação entre facticidade e autocompreensão do Estado constitucional.

---

[89] CANOTILHO. *Direito constitucional e teoria da constituição*, p. 1188-1189.
90 CATTONI DE OLIVEIRA. *Direito constitucional*, p. 39-40.

Quanto à perspectiva interna, a "Teoria da Constituição deve assumir a perspectiva do sistema jurídico-constitucional e analisar a tensão interna entre facticidade e validade, entre positividade e legitimidade do Direito, reconstruindo os princípios, as regras, os procedimentos, a compreensão, a justificação e a aplicação desses, resgatando a normatividade constitucional e a função primordial do Direito moderno, presente no Direito Constitucional de modo ímpar: a função de integração social, numa sociedade em que tal problema só pode ser enfrentado e solucionado pelos seus próprios membros, na medida em que *instauram* um processo em que se *engajam* na busca cooperativa de condições recorrentemente mais justas de vida, no qual questões acerca de sua autocompreensão ético-política e de sua autodeterminação prático-moral, além de seus interesses pragmáticos, devem encontrar vazão, mediante, inclusive, a institucionalização de formas discursivas e de negociação no nível do Estado.

Da perspectiva externa da tensão entre facticidade social e autocompreensão do Estado Constitucional, a Teoria da Constituição deve *alterar* seu enfoque interno ao Direito e complementá-lo através do diálogo com as teorias da sociedade e com as teorias políticas, a fim de que possa ultrapassar as abordagens tradicionais acerca da efetividade do Direito Constitucional quer no sentido de uma *classificação ontológica da Constituição* (Karl Loewenstein), quer no sentido da *eficácia social das normas constitucionais* (José Afonso da Silva), algo de fundamental importância não somente em países como o nosso de pouca tradição democrática e constitucional".[91]

A Teoria Constitucional reconstrutiva, cujo aporte metodológico pode ser extraído, seja da ética do discurso de Habermas, seja da teoria da justiça de Rawls, visa promover a reconstrução da normatividade constitucional em vigor, dando-lhe coerência e integridade. Embora filosófica, não é metafísica, e supera os principais dualismos que a têm caracterizado, em especial os que opõem descrição e prescrição, normatividade e realidade.[92] Para a teoria reconstrutiva, a Constituição não pode ser concebida nem em termos unilaterais normativos, nem meramente político-sociológicos. O que ela visa é a integração dessas duas dimensões. As cláusulas constitucionais devem ser interpretadas não exclusivamente de acordo com a realidade constitucional, mas em conformidade com a normatividade que as legitima.

De mencionar ainda, na Teoria da Constituição, as concepções procedimentalista e substancialista. As teorias procedimentalistas aduzem caber à Constituição o papel de definir as regras do jogo político e assegurar sua natureza democrática, bem como a defesa de determinados direitos tidos como pressupostos para o funcionamento da democracia. Para o procedimentalismo, "as decisões substantivas sobre temas controvertidos no campo moral, econômico, político, etc., não devem estar contidas na Constituição, cabendo ao povo em cada momento deliberar sobre esses temas. O principal fundamento desta posição é o princípio democrático, pois se parte da premissa de que a constitucionalização de uma decisão, por importar

---

[91] CATTONI DE OLIVEIRA. *Direito constitucional*, p. 39-42.
[92] SOUZA NETO. A teoria constitucional e seus lugares específicos: notas sobre o aporte reconstrutivo. In: *Direito constitucional contemporâneo*: estudos em homenagem ao Professor Paulo Bonavides, p. 87-107.

na supressão do espaço de deliberação das maiorias políticas futuras, deve ser vista com muita cautela"[93] O substancialismo defende que decisões substantivas adotadas pelas Constituições são legítimas, em especial no que se refere aos direitos fundamentais. A denominada Constituição dirigente e o neoconstitucionalismo se situam no domínio do substancialismo. Também o comunitarismo e o liberalismo igualitário podem levar a teses substancialistas, embora divirjam sobre o conteúdo das constituições.[94]

Segundo Canotilho, não existe hoje uma situação clássica da teoria da Constituição, entendida como consenso duradouro de categorias teóricas, aparelhos conceituais e métodos de conhecimento, em razão de divergências profundas entre problemas constitucionais da contemporaneidade e as respostas dadas a esses problemas. A teoria da Constituição tem de lidar com problemas de complexidade dinâmica, adaptabilidade, auto-organização, emergência e evolução.

Se por um lado a substantivação excessiva da Constituição leva a sérios riscos, como o esvaziamento da sua força normativa perante a dinâmica social e política, por outro lado o conceito formal de Constituição significa o regresso ao estado de direito formal, com desprezo dos elementos democráticos, sociais e republicanos, encobrindo um falso positivismo que consiste em eliminar dos textos constitucionais a sua dimensão material, que é o seu conteúdo legitimador.

É de se notar que o Direito Constitucional já não é o que era, e, por isso ou também por isso, a Constituição já não é o que era, porquanto a sua autossuficiência normativa, que ainda se encontra de forma mais acabada nas Constituições dirigentes, não compreendeu a diferenciação funcional das sociedades complexas, daí surgindo uma série de problemas para a teoria da Constituição, que se encontra dissolvida noutras teorias, o que levou à desvalorização e à erosão da Constituição e das teorias nela centradas, a montante e a jusante. "A montante, as *teorias filosóficas da justiça* aproveitaram-se da ideia de constituição para recortar em termos moralmente contratualistas os traços da justiça numa sociedade bem ordenada. A jusante, as *teorias sociológicas* do direito descobrem na Constituição os últimos traços normativos da razão prática (Habermas) e procuram esquemas regulativos mais adequados à materialização do direito (Luhman, Teubner, Wilke). Comprimida entre a *factualidade* ('facticidade') e a *validade*, a constituição parece impotente para enfrentar a tensão entre o materialismo da ordem jurídica, sobretudo da sua *lex mercatoria*, e o idealismo do direito constitucional que não sabe como recuperar o contacto com a realidade social." O desaparecimento do Estado como ponto de arrimo da teoria da Constituição ("o Estado é agora vítima do seu sucesso"), a incorporação, no texto constitucional, dos princípios de direito natural, dos princípios da razão, a afirmação do princípio da igualdade, a positivação dos direitos e liberdades, fizeram com que as Constituições fossem reservando para si as ideias de justiça ou os princípios de justiça, o que levou a uma sobrecarga do próprio direito constitucional,

---

[93] SOUZA NETO; SARMENTO. *Direito constitucional:* teoria, história e métodos de trabalho, p. 221.
[94] SOUZA NETO; SARMENTO. *Op.* e *p. cit.*

dissolvendo-se a teoria da Constituição nas modernas teorias da justiça e teorias do discurso (John Rawls e Jürgen Habermas). Mas, a despeito disso, a teoria da Constituição não será consumida pelas teorias da justiça e da ação comunicativa, pois é a ela que conduz à reflexão, explicação e justificação das leis fundamentais e dos seus princípios materiais estruturantes.[95]

7.1 Algumas teorias da Constituição

A Teoria da Constituição, como teoria normativa, sociológica e política, foi abordada, de início, por Ferdinand Lassalle, e por grandes publicistas da década de 20-30: Hans Kelsen, Hermann Heller, Carl Schmitt e Rudolf Smend.

A partir da década de 50, a Teoria da Constituição, que girava em torno das concepções de unidade da ordem jurídica e da unidade do Estado, passa a captar as dimensões básicas do Estado de Direito Democrático e Constitucional, e à necessidade de compreender a realidade constitucional, nas suas condicionantes socioeconômicas, através da ciência política. Os estudos de Teoria da Constituição, nesta perspectiva, devem-se, sobretudo, a Loewenstein, Friederich e Krüger, entre outros.[96]

De se enfatizar ainda, para a formulação de uma teoria constitucional, que, se "na década de cinquenta, o *leit motiv* dos juristas foi a 'crise do direito', nos finais dos anos sessenta e na década de setenta o problema central passou a ser a 'crise interna' da 'autocompreensão do direito'. Mas se a problemática da 'crise do direito' conseguiu que se fundasse em torno dela uma espécie de 'religião acadêmica' – o antipositivismo – já as discussões filosófico-jurídicas, teorético-jurídicas, metodológicas e metódicas sobre a 'compreensão' do direito estão longe de ter chegado ao 'relativo consenso', próprio de uma 'doutrina' ou 'teoria' dominante. O fenômeno é particularmente visível no direito constitucional: constata-se a falta de uma 'teoria da constituição dominante' e procura-se com denodo o arrimo de uma 'teoria da interpretação constitucional' e de uma metódica jurídico-constitucional".[97]

Toda a reflexão, portanto, a envolver a Teoria da Constituição, como discurso metateórico, crítico e reflexivo do político, ou seja, da Teoria Geral do Direito Público, da Teoria do Estado, e das Instituições Políticas, passa a ser "um exercício filosófico de Teoria da Constituição acerca da própria Teoria da Constituição",[98] o que nos leva a compreendê-la como a "teoria da teoria," ou uma "Teoria da Constituição filosoficamente orientada" (Menelick de Carvalho Netto).

Nessa ordem de ideias, não há como compreender a Teoria da Constituição fora das teorias do direito, da justiça, do discurso (Jürgen Habermas, John Rawls, Klaus

---

[95] CANOTILHO. *Direito constitucional e teoria da constituição*, p. 1185-1212.
[96] CANOTILHO. *Direito constitucional e teoria da constituição*, p. 1189-1190.
[97] CANOTILHO. *Constituição dirigente e vinculação do legislador*, p. 7-8.
[98] CATTONI DE OLIVEIRA. *Direito constitucional*, p. 44.

Günther, Robert Alexy, Ronald Dworkin, e Friedrich Müller),[99] dos sistemas (Niklas Luhmann),[100] bem como dos paradigmas do Estado Democrático de Direito.[101]

7.1.1 Ferdinand Lassalle

Ferdinand Lassalle, na conferência pronunciada em abril de 1862, em Berlim, distingue entre Constituições reais e Constituições escritas. As primeiras residem nos fatores reais e efetivos de poder que vigoram na sociedade (estes fatores eram, na Prússia de seu tempo, a monarquia, com o Exército, a aristocracia, os grandes industriais, os banqueiros, e também a pequena burguesia e a classe operária, ou seja, o povo), que são a força ativa e eficaz que informa todas as leis e instituições políticas da sociedade. A Constituição escrita, a que dá o nome de folha de papel, é a que registra e incorpora aqueles fatores, que se convertem em fatores jurídicos.

---

[99] Cf. HABERMAS. *Direito e democracia*: entre facticidade e validade, 2 vols.; *Teoría de la acción comunicativa*. GÜNTHER. *Teoria da argumentação no direito e na moral*: justificação e aplicação. ALEXY. *Teoria da argumentação jurídica*: a teoria do discurso racional como teoria da fundamentação jurídica; *Teoría de los derechos fundamentales*. RAWLS. *Uma teoria da justiça*; DWORKIN. *Levando os direitos a sério*; *O império do direito*; *Uma questão de princípio*. MÜLLER. *Discours de la méthode juridique*; *Métodos de trabalho do direito constitucional*.

[100] LUHMANN. *Social systems*; *Introducción a la teoría de sistemas*; *A nova teoria dos sistemas*. Para Luhmann, a constituição é uma aquisição evolutiva, de origem determinada no tempo e no espaço, e que só se observou após um processo evolutivo de diferenciação interna da sociedade, em que o sistema político separou-se do jurídico. O modelo teórico construído por Luhmann é dicotômico, isto é, sistema/ambiente, sendo a sociedade sistema comunicacional. Neste contexto, é que desenvolve suas considerações a respeito da constituição. O que separa o sistema da sociedade de seu ambiente, no qual se encontram outros sistemas, como o psíquico e o biológico, é uma operação-base que apenas a sociedade tem: comunicação. A comunicação jurídica é orientada pelo código lícito/ilícito ou direito/não direito. Comunicação política é pautada pelo código governo-oposição. Cf. também: EASTON. *The political system*. MATURANA. Funções de representação e comunicação. In: *Autopoiese*: um novo paradigma em ciências humanas, físicas e biológicas (Org.: Célio Garcia). GUERRA FILHO. *Autopoiese do direito na sociedade pós-moderna*: introdução a uma teoria social sistêmica. Lembra Willis Santiago Guerra Filho que se deve a Humberto Maturana e Francisco Varela, biólogos chilenos, o conceito de autopoiese para caracterizar os seres vivos enquanto sistemas que produzem a si próprios (*to autón poiéin*), sendo que a extensão do conceito à teoria sociológica se deve a Niklas Luhmann (*Op. cit.*, p. 57).

[101] Outros autores que enfocam a Teoria da Constituição são por nós referidos, neste trabalho, nos Capítulos dedicados à Constituição e normas constitucionais, e à interpretação da constituição. Para um amplo panorama acerca dos grandes temas e dos grandes problemas da Teoria da Constituição, com a seleção de outras teorias, cf. MIRANDA. *Manual de direito constitucional*, vol. II, p. 44-59; CANOTILHO. *Op. cit.*, p. 77-109, e p. 113-158; *Direito constitucional e teoria da constituição*, p. 1187-1290; VERDÚ. *Curso de derecho político*, vol. II, p. 403-415; GARCIA-PELAYO. *Derecho constitucional comparado*, p. 29-121; SALDANHA. *Formação da teoria constitucional*; BARACHO. *Teoria da constituição*, p. 7-47; BONAVIDES. *Curso de direito constitucional*, p. 147-171; SILVA. *Aplicabilidade das normas constitucionais*; NEVES. *A constitucionalização simbólica*, p. 54-61; CUNHA. *Constituição, direito e utopia*; SOUZA NETO; BERCOVICI; MORAES FILHO; LIMA. *Teoria da constituição*: estudos sobre o lugar da política no direito constitucional; GUERRA FILHO. *Ensaios de teoria constitucional*; CATTONI DE OLIVEIRA. *Direito constitucional*, p. 25-45.

Quando a Constituição escrita não corresponder à Constituição real, estoura um conflito que não há como evitar e, nessas condições, ou será reformada, para se ajustar aos fatores reais de poder, ou a sociedade, com o seu poder inorgânico, acaba por deslocar os pilares que sustentam a Constituição. Trata-se de uma análise sociológica da Constituição, cujos problemas são primariamente de poder e não de direito.[102]

7.1.2 Hans Kelsen

Hans Kelsen concebe o Direito como estrutura normativa, cuja unidade se assenta numa norma fundamental, já que o fundamento de validade de qualquer norma jurídica é a validade de outra norma, ou seja, uma norma superior. Há uma estrutura hierárquica de diferentes graus do processo de criação do Direito, que desemboca numa norma fundamental, que, no sentido positivo é representada pela Constituição; já no sentido lógico-jurídico, a Constituição consiste na norma fundamental hipotética, pressuposta e não posta pela autoridade. De acordo com a Teoria Pura do Direito, Kelsen destaca vários significados de Constituição: 1. Constituição, no sentido material, compreende o conjunto de normas que regulam a criação dos preceitos jurídicos gerais e prescrevem o processo que deve ser seguido em sua elaboração; 2. Constituição, no sentido amplo, compreende as normas que estabelecem as relações dos súditos com o poder estatal; 3. Constituição, no sentido formal, consiste no conjunto de normas jurídicas que só podem ser modificadas mediante a observância de prescrições especiais, que têm por objetivo dificultar a modificação destas normas; 4) Constituição, em teoria política, refere-se às normas que regulam a criação e a competência dos órgãos legislativos, executivos e judiciários.[103]

7.1.3 Ernst Forsthoff

Ernst Forsthoff compreende a Constituição como garantia do *status quo* econômico e social. O Estado não é, na sua essência, uma ordem jurídico-estatal, ou um quadro normativo, mas uma instância de vontade política. A Teoria da Constituição de Forsthoff é ainda a de um Estado de Direito formal, cuja constituição é um sistema de artifícios técnico-jurídicos, e cuja garantia reside, portanto, na neutralidade da lei fundamental. Esta neutralidade, no entanto, não implica no desconhecimento ou na negativa da necessidade de complementação da lei constitucional através de conteúdos materiais. O Estado social assim delineado não tem, para Forsthoff, natureza normativa, programática ou institucional, mas é apenas uma realidade fática e jurídica, cabendo ao governo e à administração harmonizar a proteção do sistema de distribuição de bens com uma redistribuição do produto social. A unidade política do Estado (a então República Federal da Alemanha) tem o seu fundamento não apenas na Constituição e na ordem constitucional, mas na totalidade social da sociedade industrial e do seu Estado. Os pressupostos ideológico-políticos da Teoria

---

[102] LASSALLE. *Que é uma constituição?*
[103] KELSEN. *Teoria general del estado*, p. 325-333; *Teoria pura do direito*, vol. I, p. 64 *et seq.*

Constitucional de Forsthoff têm como base uma Teoria do Estado retrospectiva e não prospectiva, numa recordação nostálgica do Estado autoritário. O Estado Constitucional Democrático, na sua realização, não é problematizado, mesmo porque o próprio Parlamento é considerado sob o ponto de vista do legislador do Estado de Direito e não como órgão democrático.[104]

7.1.4 Hermann Heller

Em Hermann Heller, o problema da tensão entre Estado, constituição, e realidade constitucional foi enfrentado com a formulação de uma teoria democrática do Estado. Para Heller, não podem ser completamente separados o dinâmico e o estático, a normalidade e a normatividade, o ser e o dever ser no conceito de Constituição. Em toda Constituição estatal, e como conteúdos parciais da Constituição política total, cabe distinguir a Constituição não normada e a normada, e nesta a normada extrajuridicamente e a que é juridicamente. A Constituição normada pelo Direito é a Constituição organizada. A Constituição não é processo, mas produto; não é atividade, mas forma de atividade, forma aberta pela qual passa a vida, forma nascida da vida. A permanência da Constituição se dá através da mudança de tempo e pessoas, graças à probabilidade de se repetir no futuro o comportamento que com ela está de acordo. Uma continuidade constitucional somente poderá ser criada se o criador da norma se achar também vinculado por certas decisões normativamente objetivas dos seus predecessores. E somente através de uma norma o príncipe ou o povo podem adquirir a qualidade de sujeitos do poder constituinte. E para que uma Constituição seja Constituição, isto é, algo mais que uma relação fática e instável de domínio, necessita de uma justificação segundo princípios éticos de direito.[105]

7.1.5 Carl Schmitt

Carl Schmitt desenvolveu uma Teoria da Constituição centrada em categorias nominalistas, como ordem total, ordem concreta, direito-situação, constituição-decisão, constituição e lei constitucional, amigo-inimigo, que acabaram por servir de pilares e suporte dogmático para a teoria do direito e do estado nacional-socialista. Schmitt, ao sustentar que a essência da Constituição está no conjunto de decisões políticas fundamentais do poder constituinte, que refletem a realidade do povo, distingue quatro conceitos básicos de Constituição: o conceito absoluto (a Constituição como um todo unitário), o conceito relativo (a Constituição como uma pluralidade de leis particulares), o conceito positivo (a Constituição como decisão de conjunto sobre o modo e a forma da unidade política), e o conceito ideal (a Constituição assim chamada em sentido distintivo e com certo conteúdo).[106]

---

[104] FORSTHOFF, *apud* CANOTILHO. *Constituição dirigente e vinculação do legislador,* p. 82-87.
[105] HELLER. *Teoria do estado,* p. 295-327.
[106] SCHMITT. *Teoría de la constitución,* p. 3-47.

7.1.6 Rudolf Smend

Rudolf Smend formulou, ao enfrentar o problema da homogeneidade política da República de Weimar, a teoria da integração, como modo de compreensão do direito constitucional e da realidade constitucional. A substância da vida política, para Smend, consiste numa integração dialética de indivíduo, coletividade e Estado, sendo que a Constituição aparece como a ordem jurídica do processo – pessoal, funcional e real – de integração.[107]

7.1.7 Costantino Mortati

Costantino Mortati, com a publicação, em 1940, da obra *La costituzione in senso materiale*, considera a Constituição como a categoria central do direito público, cuja função é a de compor a unidade entre Estado e sociedade. Os elementos formais são insuficientes para determinar as características essenciais da Constituição, que deve ser qualificada pelo aspecto material. A Constituição emana de forças político-sociais dominantes, historicamente determinadas, que também garantem a observância de seus limites, mesmo com mudanças no texto constitucional. A Constituição material é o núcleo essencial de fins e de forças que regem qualquer ordenamento positivo. Ela engloba também a Constituição formal. A Constituição formal adquirirá tanto maior capacidade vinculativa quanto mais o seu conteúdo corresponder à realidade social e quanto mais esta se estabilizar num sistema harmônico de relações sociais. A essência da Constituição, portanto, não está na sua juridicidade, mas nas determinações das forças político-sociais dominantes, em especial, os partidos políticos, que compunham a Constituição material.[108]

7.1.8 Maurice Hauriou

Maurice Hauriou desenvolveu uma teoria institucionalista da Constituição. Para ele, o Estado distingue-se da sociedade e a função daquele é a de proteger a sociedade. Para tanto, desenvolvem-se várias instituições capazes de instrumentalizar esta função, sendo a constituição um desses meios.[109] São quatro os fatores cuja ação determina o regime constitucional: o poder, a ordem, o Estado e a liberdade. Uma organização social torna-se duradoura quando se acha instituída. A constituição de um país, cujo estudo é objeto do Direito Constitucional, segundo observações à obra de Hauriou feitas por Garcia-Pelayo, possui dupla dimensão: 1. a constituição política do Estado, que compreende a organização e o funcionamento do governo, e a organização da liberdade política, é dizer, a participação dos cidadãos no governo, expressando-se, pois, num conjunto de regras jurídicas e de instituições; 2. a constituição social, que sob vários pontos de vista, é mais importante que sua constituição política, e que, a seu turno, compreende: a) as liberdades individuais que formam a

---

[107] SMEND. *Verfassung und Verfassungsrecht*.
[108] MORTATI. *La costituzione in senso materiale*, p. 87 *et seq.*; 141 *et seq.*
[109] HAURIOU. *Principios de derecho publico y constitucional*.

base da estrutura da sociedade civil; b) as instituições sociais espontâneas que estão ao serviço e proteção das liberdades civis e de suas atividades. Ademais, o êxito de um sistema constitucional está na constante criação de instituições vivas.[110] Verifica-se, desse modo, a importância que, para Hauriou, têm as instituições na dinâmica social como fonte de equilíbrio do jogo do poder.

7.1.9 Karl Loewenstein

Karl Loewenstein examina temas relativos ao processo político e controles do poder político. Distingue constituições originárias, que são aquelas que apresentam um princípio político novo, verdadeiramente criador e, portanto, original para o processo do poder político e para a formação da vontade estatal (Constituição norte-americana, que instituiu o federalismo e o presidencialismo), e constituições derivadas, que não inovam, que seguem fundamentalmente os modelos constitucionais nacionais e estrangeiros, levando em conta somente uma adaptação às necessidades nacionais (Constituição francesa de 1946). Formula ainda classificação das constituições, denominada de ontológica, em constituições normativas, constituições nominais e constituições semânticas. As constituições normativas são aquelas que regulam a limitação do poder político e o respeito aos direitos individuais, sendo efetivamente observadas, pois são adequadas à realidade que regulam. Nominais são as constituições que, embora limitando o poder político e declarando os direitos individuais, não são cumpridas na prática por não se adaptarem à realidade social. Semânticas são as constituições que, embora sendo cumpridas, não regulam de modo adequado a atuação do poder político, nem garantem os direitos individuais.[111]

7.1.10 Georges Burdeau

Georges Burdeau tem a Constituição como ato determinante da ideia de Direito e regra de organização do exercício das funções estatais. No sentido institucional e jurídico, a Constituição estabelece no Estado a autoridade de um poder de Direito, tendo por referência uma ideia de Direito, origem exclusiva da sua autoridade. Os governantes, a partir da Constituição, somente poderão agir regularmente, utilizando, nas condições por ela estabelecidas, o poder, o qual, na sua substância, nas suas possibilidades e no seu limite, fica subordinado à ideia de Direito consagrada oficialmente na Constituição. O Estado, para Burdeau, é um poder a serviço de uma ideia, e a Constituição o seu fundamento jurídico. A Constituição não é um dado, mas uma criação, uma Constituição voluntária ou querida, jurídica e institucional, e não uma Constituição histórica ou natural.[112]

7.1.11 Konrad Hesse

Konrad Hesse teoriza a Constituição como a ordem jurídica fundamental e aberta da comunidade. A função da Constituição é buscar a unidade política do Estado e da

---

[110] GARCIA-PELAYO. *Derecho constitucional comparado*, p. 81-83.
[111] LOEWENSTEIN. *Teoría de la constitución*, p. 209-211; 216-216-222.
[112] BURDEAU. *Traité de science politique*, t. IV, p. 2-3, 45, 139-140.

ordem jurídica. Trata-se de uma unidade de atuação (e não preexistente), que se torna possível e se realiza mediante acordo e compromisso, a concordância tácita ou a simples aceitação. Somente por meio da cooperação planificada e, portanto, organizada, pode surgir a unidade política. A qualidade da Constituição é a de constituir, estabilizar, racionalizar e limitar o poder e, desse modo, assegurar a liberdade individual. A Constituição, se pretende tornar possível a resolução de múltiplas situações críticas historicamente, haverá de permanecer necessariamente aberta ao tempo. Embora aberta ao tempo, a Constituição não se dissolve em uma absoluta dinâmica, pois estabelece também aquilo que não deve ficar em aberto: os fundamentos da ordem da comunidade, a estrutura estatal e o procedimento pelo qual hão de se decidir as questões deixadas em aberto. A força e a eficácia da Constituição sobressaem da capacidade de atuar na vida política, das circunstâncias e da situação histórica e, em especial, da vontade da Constituição, que, por seu turno, procede de uma tríplice raiz: da consciência da necessidade e do valor específico de uma ordem objetiva e normativa que afaste o arbítrio; da convicção de que esta ordem estabelecida pela Constituição é não só legítima, mas que também necessita de contínua legitimação; da convicção de que se trata de uma ordem a realizar, mediante atos de vontade daqueles inseridos no processo constitucional.[113]

7.1.12 Franco Modugno

Franco Modugno promove uma reconstrução teórica, relativamente à ideia de Constituição, em que a concebe como um processo e não como um dado. Busca superar o sociologismo, mas evita regressar a um modelo formal de feição kelseniana. Distingue três momentos constitutivos, nesse processo: norma fundamental, formal real de governo e produção normativa. A norma fundamental, situada no terreno da Constituição material e valorada como primordial, é a Constituição enquanto absolutamente condicionante e constituinte, sem a qual qualquer Constituição determinada seria impensável. Não é, todavia, toda a Constituição, já que o Estado, enquanto ordenamento, vai-se constituindo, seja através da organização do poder, seja através da emanação das normas. A questão relativa ao conceito do Estado e da sua Constituição (isto é, da soberania ou do poder) surge como problema de reconhecimento da norma ou do seu princípio que atribui valor normativo ao ordenamento positivo ou do Estado e que transforma a força do Estado em autoridade. Para que tal valor possa aderir ao Estado, necessário que se apresente com força ordenada e regulada pelo Direito, ou seja, como poder e não como mera força. Sendo a organização do poder a realidade positiva da Constituição, a efetiva manifestação da sua existência objetiva é o seu conceito ou valor. E este conceito ou valor, em sentido material, configura-se como princípio da legislação ordinária primária e geral e como parâmetro da sua constitucionalidade: Modugno realça, portanto, função normativo-constitucional do momento da organização do poder.[114]

---

[113] HESSE. *Escritos de derecho constitucional*, p. 3-31; 61-84.
[114] MODUGNO. *Il concetto di costituzione*, p. 197 *et seq.*; *L'Invalidità della legge*, I, p. 109 *et seq.*

7.1.13 Hild Krüger

Krüger retoma e complementa a teoria integracionista de Smend. Concebe a Constituição como programa de integração nacional e como programa de representação nacional. Esta missão será cumprida se a Constituição entrar na consciência de todos os cidadãos. Para tanto, uma Constituição não deve orientar-se por um maximalismo constitucional, que levaria à ideia de que quanto maior constitucionalização de matérias houver, melhor será uma Constituição, mas deve conter aquilo que disser respeito à comunidade, à nação, à totalidade política. As ordens que se intitulam como constituições, como constituição econômica, constituição do trabalho, constituição social e que não podem considerar-se constituição do Estado, pois apenas devem respeito a certos grupos, ou não se referem à nação ou comunidade, devem considerar-se como constituições subconstitucionais, mesmo quando formalmente elevadas a nível constitucional. Atribuir dignidade constitucional às subconstituições significa uma perda de capacidade de ação do Estado.[115]

7.1.14 Peter Häberle

Peter Häberle vê a Constituição como processo público. A Constituição se insere no moderno estado constitucional de sociedade aberta de seus intérpretes, pois como lei fragmentária e indeterminada carece de interpretação. Para Häberle, a verdadeira Constituição é sempre o resultado de um processo de interpretação, conduzido à luz da publicidade. A abertura e a pluralidade do processo de interpretação caracterizam a Constituição como um processo, em vez de conteúdo. A teoria da sociedade é a teoria da sociedade aberta. A teoria da constituição, a ideia da possibilidade mantém aberta a Constituição viva, na sua realidade e publicidade em relação à legiferação, administração, jurisprudência, política, dogmática. Sendo a Constituição uma obra aberta, a interpretação não averigua o conteúdo objetivo das normas constitucionais e muito menos a vontade do legislador, mas é um processo desdogmatizado, que se situa no tempo, capta as experiências (abertura para o passado) e as mudanças (abertura para o futuro). Intérpretes ou participantes do processo público de atualização da norma constitucional não são apenas os tribunais, mas todos os que participam da comunidade política, todas as potências públicas, todos os cidadãos e grupos, pois quem vive a norma, interpreta-a também. A Constituição, embora permaneça como uma ordem jurídica do Estado e da sociedade, deve, com ordem-quadro ser reduzida ao mínimo, para que possa incluir estruturas fundamentais da sociedade plural, por ser uma Constituição plural, que vai além da lei fundamental escrita.[116]

---

[115] KRÜGER, *apud* CANOTILHO. *Constituição dirigente e vinculação do legislador*, p. 110-113.

[116] HÄBERLE. *Hermenêutica constitucional* – a sociedade aberta dos intérpretes da constituição: contribuição para a interpretação pluralista e procedimental da constituição. Cf. ainda: CANOTILHO. *Constituição dirigente e vinculação do legislador*, p. 90-100.

7.1.15 Gomes Canotilho

Gomes Canotilho buscou dar efetividade à Constituição, pela concepção da denominada "Constituição dirigente",[117] a serviço da ampliação das tarefas do Estado e da incorporação de fins econômico-sociais normativamente vinculantes das instâncias de regulação jurídica. Numa outra fase de seu pensamento, Canotilho abrandou o seu posicionamento, sem, contudo, abandonar a preocupação em otimizar as funções programática e de garantia da Constituição.[118]

7.1.16 Jorge Miranda

Jorge Miranda adota uma posição, no âmbito da teoria constitucional, que se poderia denominar de "jusnaturalismo temperado por um neoinstitucionalismo", ao considerar a Constituição como elemento conformado e conformador de relações sociais, bem como resultado e fator de integração política. A Constituição ainda é mais do que isso: é a expressão imediata dos valores jurídicos básicos acolhidos ou dominantes na comunidade política, a sede da ideia de Direito nela triunfante, o quadro de referência do poder político que se pretende ao serviço dessa ideia e o instrumento último de reivindicação de segurança dos cidadãos frente ao poder.[119]

7.2 *A Teoria da Constituição no Brasil*

No Brasil, a Teoria da Constituição tem despertado a atenção de vários constitucionalistas. Destacamos alguns deles que contribuíram para a formação do pensamento brasileiro, nesta área de conhecimento.

7.2.1 Afonso Arinos de Melo Franco

Afonso Arinos de Melo Franco abordou a Teoria da Constituição[120], em que a relacionou com o regime político democrático. Após considerar que o regime constitucional pode ser entendido em sentido lato, como qualquer tipo de organização constitucional do Estado, confundindo-se com a noção puramente material de Constituição, acentua que, "para os juristas de uma certa formação, a formação democrática, o regime constitucional, em sentido estrito, é aquele no qual a Constituição se reveste de certos atributos gerais e permanentes. O regime constitucional considerado juridicamente é, neste caso, e somente aquele, no qual o poder dos governantes é juridicamente legítimo, quanto à sua origem, e limitado, quanto à sua autoridade".[121]

---

[117] CANOTILHO. *Constituição dirigente e vinculação do legislador.*
[118] Ver adiante, no tópico dedicado à classificação das constituições, constante do Capítulo em que tratamos da Constituição e das normas constitucionais.
[119] MIRANDA. *Manual de direito constitucional*, t. 92, p. 56.
[120] FRANCO. *Direito constitucional*: teoria da constituição; as constituições do Brasil.
[121] FRANCO. *Op. cit.*, p. 80.

7.2.2 José Alfredo de Oliveira Baracho

José Alfredo de Oliveira Baracho escreveu trabalho inovador, antes referido, *Teoria da Constituição*, em que examina o problema conceitual e o objeto da Teoria da Constituição, dando destaque às relações desta disciplina com a Teoria do Estado, o Direito Político, a Ciência Política, as Instituições Políticas, a Dogmática Geral do Direito Constitucional, a Teoria Política e o Direito Constitucional Comparado, bem como aos elementos clássicos e aos elementos modernos na Teoria da Constituição. Termina por enfatizar que o Estado moderno deve ser um Estado de Justiça e que a Teoria da Constituição deve ter em conta as exigências do nosso tempo, assentando-se no sistema de valores fundamentais da Constituição, os quais, no entanto, não são imutáveis.[122]

7.2.3 Paulo Bonavides

Paulo Bonavides, examinando a teoria constitucional à luz da democracia participativa, que se traduz no povo organizado e soberano, na democracia e no poder, envolvendo um direito constitucional de luta e resistência, acentua: "Não há teoria constitucional de democracia participativa que não seja, ao mesmo passo, uma teoria material da Constituição. Uma teoria cuja materialidade tem os seus limites jurídicos de eficácia e aplicabilidade determinados grandemente por um controle que há de combinar, de uma parte, a autoridade e a judicatura dos tribunais constitucionais e, doutra parte, a autoridade da cidadania popular e soberana exercitada em termos decisórios de derradeira instância."[123]

A Teoria Material da Constituição é a que permite compreender, a partir do conjunto total de suas condições jurídicas, políticas e sociais, ou seja, a Constituição em conexão com a realidade social, o Estado Democrático de Direito. Considera o sentido, fins, princípios e ideologia que conformam a Constituição, a realidade social de que faz parte, sua dimensão histórica e sua pretensão de transformação. De certo modo, a Teoria Material da Constituição distingue-se da Constituição normativa, ou seja, aquela que distribui competências e limita o poder estatal, e que seria, nessa perspectiva, incapaz de se impor à realidade. De se notar, todavia, que a questão da normatividade da Constituição acabou por ser essencial à formulação de uma Teoria Material da Constituição, notadamente pelo papel cada vez mais acentuado dos Tribunais Constitucionais (em especial, na Itália e na Alemanha) e da jurisdição constitucional, que vêm valorizando a normatividade do texto constitucional, pela Teoria Material da Constituição. Nesse sentido, fundamental se mostra o pensamento de Konrad Hesse, no seu livro *A força normativa da Constituição*.

---

[122] BARACHO. *Teoria da constituição*.
[123] BONAVIDES. *Teoria constitucional da democracia participativa* – por um direito constitucional de luta e resistência – por uma nova hermenêutica – por uma repolitização da legitimidade, p. 23.

7.2.4 Carlos Ayres Britto

Carlos Ayres Britto, em sua *Teoria da Constituição*, esclarece que a teoria, como conhecimento ordenado, sistematizado, quando grafado de Teoria da Constituição, "é saber especulativo que opera no interior do próprio Direito, para separar o Direito Constitucional de qualquer outro setor ou província jurídica; melhor dizendo, para evidenciar em que a Constituição: a) é diploma jurídico-positivo diferente dos demais; b) é a parte central de um ramo jurídico também diferenciado das outras porções que se entroncam na grande árvore do Direito".[124] No estudo, dedica capítulos ao exame do poder constituinte e do poder constituído, das especificidades da Constituição, da hermenêutica da Constituição (expressão que prefere utilizar no lugar de hermenêutica constitucional), da dupla centralidade da Constituição e de seus princípios. Examina, em capítulo final, o conceito de Constituição fraternal, como característica do constitucionalismo contemporâneo vinculado ao Estado de Justiça ou Estado holístico, Estado de funcionalidade fraternal. O Constitucionalismo fraternal é a dimensão das ações estatais afirmativas, a dimensão da luta pela afirmação do valor do Desenvolvimento, do Meio Ambiente ecologicamente equilibrado, da Democracia e até de certos aspectos do urbanismo como direitos fundamentais, fazendo da interação humana uma verdadeira comunidade, ou seja, uma comunhão de vida.[125]

7.2.5 Novos paradigmas da teoria da constituição no Brasil

O pensamento jurídico brasileiro tem sido aberto, nesta quadra da história, ao denominado neoconstitucionalismo, de que tratamos no Capítulo 7 deste trabalho, valendo destacar a observação de Daniel Sarmento ao sintetizar as principais mudanças e os novos paradigmas que vêm ocorrendo no Direito Constitucional brasileiro, com inexorável repercussão na teoria da constituição: "a) reconhecimento da força normativa dos princípios jurídicos e valorização da sua importância no processo de aplicação do direito; b) rejeição ao formalismo e recurso mais frequente a métodos ou 'estilos' mais abertos de raciocínio jurídico: ponderação, tópica, teorias da argumentação; c) constitucionalização do direito, com a irradiação das normas e valores constitucionais, sobretudo os relacionados aos direitos fundamentais, para todos os ramos do ordenamento; d) reaproximação entre o direito e a moral, com a penetração cada vez maior da filosofia nos debates jurídicos; e e) judicialização da política e das relações sociais, com um significativo deslocamento de poder da esfera do Legislativo e do Executivo para o Judiciário."[126]

---

[124] BRITTO. *Teoria da constituição*, p. 1.
[125] BRITTO. *Teoria da constituição*, p. 207-218.
[126] SARMENTO. O neoconstitucionalismo no Brasil: riscos e possibilidades. *In: Direitos fundamentais e estado constitucional*: estudos em homenagem a J.J. Gomes Canotilho (LEITE; SARLET, (Coord.)), p. 9-10, com bibliografia.

7.3 Teoria da constituição e teorias do direito, do discurso e da justiça: uma trilogia

As teorias do direito, do discurso e da justiça são fundamentais para a compreensão da Teoria da Constituição. A seguir, referenciamos três dessas teorias.

7.3.1 Jürgen Habermas

As bases normativas da teoria social crítica de Habermas e que se encontram na compreensão adequada da ação comunicativa, acham-se nos imperativos categóricos de Kant, que são ampliados pelo principal representante da 2ª geração da Escola de Frankfurt. A teoria do agir comunicativo está no centro de seus trabalhos sobre teoria moral, teoria democrática, racionalidade e verdade. Habermas, em sua teoria da razão comunicativa, formula um novo conceito de razão, que supera a razão da consciência individual, o cogito individual. A ideia de verdade se transmuda em direção ao consenso intersubjetivo propiciado por meio da linguagem. Com a razão comunicativa, é aberta uma nova via de aprofundamento e aperfeiçoamento da democracia, pela prática do debate permanente em busca do entendimento intersubjetivo, o que se dá em condições de efetiva igualdade, com respeito ao outro institucionalizado, baseado em condições de completa igualdade entre os participantes.

Segundo a concepção teorética da comunicação, acerca da ação social, o que torna possível a ação coordenada é nossa capacidade de chegar a um entendimento mútuo sobre alguma coisa, a partir de uma razão que una sem apagar a separação, que ligue sem negar as diferenças, que indique o comum e o compartilhado entre estranhos, sem privar o outro da condição de outro. Assim, o potencial racionalizador da interação comunicativa só se realiza quando esta ocorre em condições adequadas à livre troca de argumentos e contra-argumentos. Em seu conjunto, configura uma situação ideal de diálogo, da qual a realidade pode consistir apenas uma aproximação, mas tampouco são estranhas às expectativas dos participantes de comunicações concretas. Aqueles que se envolvem em comunicações só o fazem buscando convencer, mas se dispondo também a serem convencidos, quando entendem que são tratados como dignos de igual respeito e ensejam a expectativa de serem tratados com liberdade e igualdade. As proposições argumentativas dos atores sociais estão vinculadas à teoria do discurso, por eles utilizada para suas interações no mundo da vida.[127]

Afasta-se, pois, Habermas, da epistemologia positivista. Para ele, afirmação verdadeira não é aquela que corresponde a um objeto ou a uma relação real, mas uma afirmação considerada válida num processo de argumentação discursiva. A verdade, neste horizonte, não se acha no conteúdo, mas no procedimento. Os argumentos de Habermas incorporam elementos pragmáticos e transcendentais e se relacionam de modo indissociável. A verdade é substituída pelo consenso, a moral verdadeira pela moral

---

[127] O mundo da vida é o lugar das relações sociais espontâneas, das certezas pré-reflexivas, dos vínculos que nunca foram postos em dúvida. Compõe-se de três elementos estruturais: cultura, sociedade e personalidade.

consensual. A verdade é algo definido pela maioria democrática, a despeito de haver maiorias doentes, como as que elegem déspotas ou em guerras. A razão humana não consegue entender o mundo como ele é na sua objetividade e totalidade: no máximo, podemos entender o que falamos. No ato da comunicação pela linguagem, cada ator possui o direito de falar e detém responsabilidade por aquilo que fala.

A teoria da ação comunicativa será posteriormente desenvolvida por Habermas, a partir de teorias diferenciadas: uma teoria sociológica do direito e uma teoria filosófica da justiça. Articula o tema do espaço público à discussão acerca do modelo procedimental de democracia e o papel desempenhado pela sociedade civil nas modernas democracias de massa do Ocidente. A organização das relações sociais, numa sociedade democrática, não pode mais ser pensada em termos da lógica da força coativa fundada no medo e na sanção, mas o seu ponto de partida é a teoria do discurso e do agir comunicativo. Para que a constituição das normas de direito e sua operacionalidade ocorram de forma democrática no mundo da vida é preciso que isso se dê como resultado de um compartilhamento intersubjetivo ativo dos sujeitos de direito, sob pena de gerar um esvaziamento de sua legitimidade, eficácia e identidade fática.[128]

Na Teoria da Constituição, o procedimentalismo de Habermas busca construir um sistema em que a autonomia pública e privada, concebidas como co-originárias, se complementem. Habermas não identifica a democracia com o governo das maiorias: a democracia é deliberativa, pois se baseia no diálogo social e nas interações travadas pelos cidadãos no espaço público. A Constituição, na visão habermasiana, não é uma ordem de valores (o que difere da concepção substancialista). Desse modo, a legitimidade do Direito não se funda em nenhuma concepção material, pois o contexto do pluralismo faz com que a fonte de toda legitimidade esteja "no processo democrático da produção normativa; e esta apela, por seu turno, para o princípio da soberania do povo",[129] em que os cidadãos são considerados destinatários e coautores das normas jurídicas.

7.3.2 John Rawls

Rawls, com a publicação de seu livro *Uma teoria da justiça*, fornece-nos uma fundamentação teórica coerente para o conceito de justiça, que se contrapõe ao utilitarismo predominante desde Bentham. Começando por descrever a justiça como a primeira virtude das instituições sociais, busca descobrir quais os princípios de justiça mais defensáveis, desenvolvendo uma teoria que reporta tanto à tradição do contrato social de Hobbes, Locke e Rousseau, quanto ao racionalismo de Kant. Rawls concebe a justiça como o fundamento da estrutura social e, por isso, todas as decisões políticas e legislativas devem sujeitar-se aos limites impostos pelos princípios de justiça.

Rawls parte da ideia de posição original, que consiste na situação hipotética na qual os negociadores dos princípios de justiça, que hão de prevalecer, possuem uma

---

[128] HABERMAS. *Direito e democracia*: entre facticidade e validade, 2 vols.; *Teoría de la acción comunicativa*.

[129] HABERMAS. *Direito e democracia:* entre facticidade e validade: vol. I, p. 122.

sabedoria geral e uma ignorância particular. Existe para este grupo de pessoas o constrangimento adicional do que Rawls chama de véu de ignorância, ou seja, os negociadores não têm conhecimento algum de fatos particulares referentes a eles próprios e aos outros. A finalidade do véu de ignorância é eliminar da negociação qualquer possibilidade dos participantes protegerem seus próprios interesses a custa dos interesses dos outros.

Na posição original, as partes contratantes têm a liberdade de levar em consideração qualquer um ou todos os princípios da justiça, como o de que justo é aquilo que é do interesse dos mais fortes (dos mais favorecidos) ou de que a justiça é a harmonia com a natureza. Os negociadores rejeitarão, no entanto, esses conceitos de justiça, porque cada um deles discrimina algum membro da sociedade e nenhum negociador se arriscaria a encontrar-se numa situação de opressão. Assim, as partes contratantes, na posição original, terão de alcançar finalmente o conceito de justiça a que chama de a justiça com honestidade e que se articula em torno de dois princípios fundamentais de justiça: a liberdade e a diferença. Cada pessoa deve ter uma liberdade máxima. O princípio da liberdade não pode razoavelmente exigir a oferta incondicional da liberdade total a todos, mas a liberdade de cada um deve ser contida pela necessidade de proteger a liberdade de cada um. Ao examinar o problema da distribuição de outros bens primários, num mundo de escassez, os negociadores rejeitarão sistemas de distribuição discriminatórios e consentirão estabelecer um princípio de distribuição absolutamente igual a todos, de modo que cada pessoa não tenha que se preocupar em receber menos bens materiais, ou outras coisas, do que qualquer outra. Como haverá a percepção de que as partes contratantes poderão se beneficiar com a introdução de determinadas desigualdades na distribuição de vantagens, emerge o princípio de que as desigualdades sociais e econômicas devem ser organizadas de modo a trazer os maiores benefícios aos menos favorecidos e propiciar posições acessíveis a todos em condições de uma justa igualdade de oportunidade para todos.

Após estabelecer os princípios de justiça, Rawls passa a examinar o estabelecimento da ordem social nos limites desses princípios, os quais definirão uma concepção política exequível. As partes contratantes, quando chegam ao conceito selecionado de justiça, o véu de ignorância se levanta parcialmente e agora têm de estruturar uma constituição especificando os poderes do governo e os direitos básicos dos cidadãos. A constituição escolhida é a que satisfaz os princípios de justiça de modo a gerar uma legislação justa e eficiente, bem como terá de proteger a liberdade de consciência e de pensamento, a liberdade da pessoa e a igualdade dos direitos políticos. Desse modo, o princípio de justiça que mais pesa ao nível constitucional é o princípio da liberdade.

Estabelecida uma constituição justa, os negociadores, em um novo estágio, tornam-se legisladores, em que o véu de ignorância se levanta mais um pouco. A paisagem completa dos fatos econômicos e sociais torna-se parte do conhecimento dos negociadores. Neste estágio, o princípio da diferença tem o papel central, sendo que a legislação preocupa-se, em grande parte, com a realização de metas econômicas e sociais a longo prazo. O princípio da diferença exige que as políticas sociais e econômicas visem maximizar as expectativas a longo prazo dos menos favorecidos em condições de uma justa igualdade de oportunidades, com a exclusão de leis que favoreçam os privilegiados, já que injustas, a não ser que resultem em benefícios em prol dos menos favorecidos. Rawls, portanto, apoia o privilégio, desde que seja para melhorar a situação dos menos privilegiados.[130]

Toda a obra de Rawls, em especial a sua trilogia *Uma teoria da justiça* (1971), *Liberalismo político* (1993) e *O direito dos povos* (1999), gira em torno de uma concepção procedimental do liberalismo, de maneira a conciliar os princípios liberais, como direitos fundamentais, liberdades individuais, com princípios igualitaristas, como igualdade política e suas implicações sociais, materiais e econômicas.[131]

7.3.3 Ronald Dworkin

Dworkin busca superar, em sua filosofia jurídica, a tradição do Direito Natural e o positivismo jurídico, em especial o positivismo de Hart, a quem sucedeu na cátedra em Oxford. Para Dworkin, a filosofia do direito tem uma função legitimadora, na medida em que reforça os direitos individuais, em especial a igualdade, como base do liberalismo. Reconhece a existência, em prol dos indivíduos, de outros direitos além daqueles criados explicitamente pela legislação, pelos costumes ou pelo precedente judicial: são direitos cuja fonte reside em outras pautas de regulação de conduta, ainda que se trate de um caso controverso (*a hard case*), e que podem decorrer dos princípios ou das políticas públicas. Os princípios constituem um tipo distinto de normas, diferente das regras jurídicas positivas, incluída aí a noção de política (*policy*), que se refere a um tipo de norma que visa o bem geral da comunidade. O Direito, para Dworkin, deve ser compreendido como integridade, que pressupõe um dinamismo e uma permanente transformação, sem deixar de ser coerente. Assim, o Direito não é concebido como um sistema fechado de regras, como postula o positivismo, já que regras e princípios, embora diferentes, são normas que vinculam. A diferença entre regras e princípios não é de importância, mas de qualidade. E para aplicá-las, o juiz não dispõe de discricionariedade, justamente porque o ordenamento jurídico é formado por regras jurídicas e por princípios. Observa Dworkin que, havendo conflito de regras, uma delas deve desaparecer da ordem jurídica, ou seja, as regras funcionam à maneira de um tudo ou nada, enquanto que os princípios, quando em colisão, não levam à revogação de um deles, mas o conflito é solucionado na esfera da aplicação de um princípio e o afastamento do outro, que não acarreta a revogação do princípio afastado, mas apenas a consideração de que não era adequado para regular a situação

---

[130] Cf. RAWLS. *Uma teoria da justiça*.

[131] Pedro Nicoletti Mizukami procura extrair do pensamento de John Rawls uma teoria da constituição. Para o Autor, Rawls adota a perspectiva do Estado-comunidade, e de forma radical; a constituição é um dos textos políticos básicos que compõem a cultura pública de uma determinada sociedade, e constitui um "sistema público de regras, que se manifesta por meio de normas jurídicas positivadas, escritas ou não escritas, integrante da cultura política e da estrutura básica de uma determinada sociedade, cujo conteúdo é determinado pelos princípios de uma concepção política de justiça, e que tem a função de orientar os cidadãos no exercício do poder político, distribuindo a estes mesmos cidadãos direitos e deveres, encargos e benefícios, tendo em vista a efetivação de uma sociedade bem-ordenada" (MIZUKAMI.*O conceito de constituição no pensamento de John Rawls*).

específica. Os princípios, ao contrário das regras, possuem uma dimensão de importância ou de peso.

A integridade, no domínio da legislação, é princípio político, que exige que as normas elaboradas pelos legisladores sejam, moralmente, coerentes, enquanto que, relativamente às decisões judiciais, exige dos juízes que o Direito seja moralmente coerente, pelo que devem construir seus argumentos de forma integrada ao conjunto do Direito existente.

Como é complexo o ordenamento jurídico, Dworkin imagina a figura de um juiz ideal, Hércules, para dar conta de interpretar e decidir os casos a ele submetidos, e que seria um super-homem, com conhecimento de todo o ordenamento jurídico, e que poderia achar sempre a solução correta para todos os casos. Dworkin ainda compara a interpretação jurídica a um romance em cadeia, consubstanciando a ideia da *chain of law* (cadeia de direito), em que cada momento histórico seria um capítulo do romance anterior; o juiz faz acréscimos na tradição que interpreta, escrevendo mais um capítulo de forma a criar, da melhor maneira, o romance em elaboração. Cada juiz funciona como um parceiro na cadeia, interpretando o que já fora escrito por meio das decisões dos juízes, e não descobrindo o que eles disseram. O argumento que o juiz constrói deverá mostrar que ele interpretou a prática jurídica, no seu melhor sentido.[132]

---

[132] Cf. DWORKIN. *Levando os direitos a sério*; *Uma questão de princípio*; *O império do direito*.

CAPÍTULO 2

ESTRUTURA DO ESTADO

SUMÁRIO

1. Sociedade e Estado – 2. Sociedades pré-estatais, infraestataise supraestatais – 3. Conceito de Estado – 4. Natureza do Estado – 5. Evolução histórica do Estado – 6. Origem e justificação do Estado – 7. Processos de formação e extinção do Estado – 8. Elementos do Estado – Considerações iniciais – 9. Personalidade do Estado – 10. Formas de Estado – Conceito – 11. O Estado e a ordem internacional – As organizações internacionais – 12. O Estado e a globalização – 13. Terrorismo e Estado – 14. A crise do Estado.

1. SOCIEDADE E ESTADO

O Estado, modo específico de organização política, é a base do Poder. Encarna o princípio da ordem e da coerência sobre o qual assenta a sociedade. É o Estado que possibilita a integração e a unificação social.

O Estado compõe a substância e a essência da Constituição. A realidade da Constituição é inseparável da realidade do Estado. Daí a necessidade de se considerar o Estado como matéria-objeto da Constituição.

Neste Capítulo são abrangidos temas referentes à Teoria do Estado e ao Direito Constitucional, mas também próprios de uma Teoria da Constituição, por revelar a Constituição a realidade do Estado, dando-lhe estrutura e conformação jurídicas.

O estudo do Estado pressupõe o conhecimento das formas de relações humanas.

O homem, como ser insuficiente, percebe a existência do outro que lhe proporciona abertura para a convivência e a coexistência, surgindo a sociedade.[1]

Não há, todavia, unanimidade de pensamento quanto ao conceito de sociedade. Em seu sentido mais amplo, a sociedade refere-se à totalidade das relações sociais entre os homens. Mas, a fim de evitar a ambiguidade deste conceito lato, que parece

---

[1] A existência humana, na perspectiva de seu dinamismo, projeta-se em seis dimensões básicas, isto é, seis modos próprios de existir do homem: o econômico, o religioso, o da ciência, o da arte, o moral e o político, sendo que nenhum deles se manifesta cronologicamente anterior aos demais, porém nascem imediatamente com o homem, desde a sua origem, e durarão enquanto existir a espécie humana (FREUND. *L'essencedu politique*, p. 5).

equiparar a sociedade a qualquer grupo social, tem-se entendido por sociedade o maior dos grupos a que um indivíduo pertence, ou o grupo dentro do qual os membros compartilham dos elementos e condições básicas de uma vida comum.

Examinando a formação da sociedade, Dalmo de Abreu Dallari aponta como elementos necessários para que um grupo humano possa ser reconhecido como sociedade, os seguintes: *a) finalidade ou valor social; b) manifestações de conjunto ordenadas; c) poder social.* Para aquele publicista, pode-se inicialmente dizer que, relativamente à finalidade ou valor social, há os que negam a possibilidade de sua escolha, que são os deterministas, e os que entendem ser possível a fixação da finalidade social, por um ato de vontade – os finalistas – sendo neste caso o homem sujeito de sua própria história, contribuindo ainda para as transformações sociais. E a finalidade social almejada e livremente escolhida pelo homem é o bem comum considerado pelo Papa João XXIII como "o conjunto de todas as condições de vida social que consintam e favoreçam o desenvolvimento integral da personalidade humana".

As manifestações de conjunto ordenadas, entendidas como ordem social e ordem jurídica, hão de ser harmônicas, para que se preserve a liberdade de todos. Para atender aos objetivos a que se acham ligadas, devem atender a três requisitos: *reiteração, ordem* e *adequação*.

Necessário que os membros da sociedade se manifestem em conjunto reiteradamente. Assim, os atos por eles praticados devem ser conjugados e integrados num todo harmônico, podendo ser simples, se praticados por um só indivíduo, ou complexos, se praticados por muitos indivíduos ou grupos sociais. Tais atos podem ainda resultar de um conjunto de atos concomitantes ou sucessivos.

É possível que se dê tratamento científico às ações humanas em sociedade, havendo leis que regem a vida social. Considera-se, no entanto, que há uma diferenciação entre as leis da natureza, ou do mundo físico, e as leis da ordem humana, ou do mundo ético. Consoante Kelsen, a ordem da natureza se submete ao princípio da causalidade, ou seja, se 'A' (condição) é – 'B' (consequência) é. Assim, verificada a mesma condição, ocorrerá a mesma consequência, não havendo possibilidade de qualquer interferência que altere a condição. Exemplo: o aquecimento de um metal (condição) acarreta sempre a sua dilatação (consequência). Já para a ordem humana aplica-se o princípio da imputação: se 'A' (condição) é – 'B' (consequência) deve ser. Neste caso, a condição deve gerar determinada consequência, mas pode não gerar. Este dever-ser não implica valor moral ou político. Exemplo: aquele que rouba deve ser preso. Interferindo, no entanto, fator humano ou natural, a consequência pode não se verificar.

A adequação, como terceiro requisito das manifestações de conjunto, significa que cada indivíduo, cada grupo humano ou a própria sociedade como um todo, devem orientar suas ações segundo as exigências e as possibilidades da realidade social, objetivando a realização do bem comum. Devem, ademais, ter em conta as características da realidade social, assim sintetizadas por Heller: a) não existe qualquer realidade social totalmente desligada da natureza, como não existe natureza onde existir sociedade humana não submetida a fatores histórico-culturais; b) a realidade social é um todo complexo, que resulta de fatores históricos, inerentes à natureza dos indivíduos, e de fatores ocasionados pela atividade voluntária do homem.

Finalmente, de considerar que o poder social sempre existiu em qualquer sociedade humana. Consiste na faculdade de alguém, ou um grupo social, de impor sua vontade a outrem ou a outro grupo social, limitando-lhes as alternativas de comportamento. O poder é fenômeno social e de bilateralidade.[2]

Os fundamentos da sociedade podem ser reduzidos a duas teorias: a teoria orgânica e a teoria mecânica.

Para os organicistas, o homem, como ser eminentemente social, não pode viver fora da sociedade. A sociedade é, assim, um organismo composto de várias partes, com funções distintas, mas que concorrem para a vida do todo. São organicistas, dentre outros, Aristóteles, Platão, Comte, Bluntschli, Savigny.

Os mecanicistas afirmam que a base da sociedade é o consentimento e não o princípio da autoridade. A vontade livre e autônoma do indivíduo constitui um valor que a sociedade deve legitimar. Os mecanicistas partem da existência de um estado de natureza (apenas lógico e não histórico) anterior ao estado de sociedade, para explicar o seu fundamento com base na vontade livre dos indivíduos (Locke e Rousseau).

Ao se relacionar com o outro, o homem trava relações sociais que podem revestir-se de várias modalidades.

Num primeiro grupo estão as relações sociais espontâneas e organizadas, que dão origem à comunidade e à sociedade.

Comunidade e sociedade são categorias sociológicas puras relacionadas com a convivência social. Foram formuladas pelo sociólogo alemão F. Tönnies (1855-1936).

A base de distinção entre comunidade e sociedade é psicológica e parte de uma oposição entre dois tipos de vontade – a vontade natural e a vontade reflexiva.

A distinção entre as duas vontades leva às duas maneiras pelas quais os homens formam grupos sociais: comunidade (*gemeinschaft*), baseada na vontade orgânica, e sociedade (*gesellschaft*), baseada na vontade reflexiva.

A comunidade atende às necessidades da vida orgânica e tem suas raízes no estado primitivo e natural do indivíduo, no agrupamento da sua vida elementar: as relações entre mãe e filho, homem e mulher, irmãos e irmãs.

Essas relações originárias se traduzem na vida comum, na convivência, na reciprocidade ou solidariedade pelo mútuo auxílio de vontades. No seio dessas relações orgânico-corporais há uma ternura instintiva e espontânea do forte para com o mais fraco, um prazer de ajudar e proteger intimamente relacionado com o prazer de possuir ou com a satisfação que causa o poder próprio. A comunidade de sangue, como unidade de essência, se desenvolve e especializa na comunidade de lugar, que tem sua imediata expressão na convivência local, que, a seu turno, passa para a do espírito.

A comunidade de lugar tem por vínculo a vida sedentária, enquanto que a de espírito é aquela propriamente humana, o tipo mais elevado de comunidade. Há,

---

[2] DALLARI. *Elementos de teoria geral do Estado*, p. 16-38. O poder social e o poder político serão examinados adiante, ao tratarmos dos elementos constitutivos do Estado.

portanto, três tipos de comunidade: *a)* de sangue; *b)* de lugar ou local de vizinhança; *c)* de espírito ou de amizade. Esta última surge de ações e concepções coincidentes. As relações de amizade e companheirismo se estendem em sua forma espiritual pelo fato de se pertencer a uma mesma localidade, cidade ou assembleia, e se fundam em relações de caráter orgânico e necessário.

A sociedade, ao contrário, é, por natureza, artificial. Nela, as relações sociais fundamentam-se no cálculo e na representação. É dominada pela razão abstrata.

O reflexivo prevalece sobre o espontâneo, o artificial sobre o orgânico e natural. Baseia-se quase sempre em convenções contratuais.

As formas de relações sociais não se esgotam na distinção entre comunidade e sociedade. Dão origem a outras classificações de sociedades:

a) sociedades necessárias, em que ocorrem vinculações que se impõem aos indivíduos, como fundamentais e imprescindíveis – sociedade familiar, sociedade religiosa e sociedade política;

b) sociedades contingentes, em que ocorrem relações meramente acidentais e circunstanciais que aprimoram e facilitam o convívio humano – sociedades esportivas, sociedades econômicas, sociedades filantrópicas, etc.;

c) sociedades de fins particulares, cuja finalidade é definida e voluntariamente escolhida por seus membros;

d) sociedades de fins gerais, cujo objetivo, indefinido e genérico, é o de criar as condições necessárias para que os indivíduos e os demais grupos sociais que nela se acham integrados, consigam atingir seus fins particulares. A participação nelas quase sempre independe de um ato de vontade.

Das várias formas de sociedade, a sociedade política é aquela que permite a realização da totalidade do ser humano e concilia os objetivos dos demais grupos sociais, ainda que conflitantes, em função de um fim comum a atingir.

Nesta ordem de ideias é que examinaremos o Estado como sociedade política.

O Estado é manifestação do político. Mas o que é o político? Todo o estatal é político e todo o político é estatal? Há organizações políticas não estatais?

A resposta a todas essas indagações leva necessariamente à redução do homem como ser constitutivamente social e político, porque individualmente incompleto. Mas o social não lhe basta, pois é parcial, setorial e conflitivo. Já o político lhe é imanente e essencial. A convivência e a coexistência não podem realizar-se sem forma política. Assim, o social não se mantém sem o político, modo de ser do homem, necessário para a convivência com seus semelhantes.

Existe, portanto, segundo expressa Julien Freund, uma essência do político. "Por esta afirmação é preciso entender que encontramos em toda coletividade política, qualquer que seja ela e sem nenhuma exceção, constâncias e realidades imutáveis que tendem à sua própria natureza e fazem com que ela seja política. Estas constâncias permanecem evidentes, independentes das variações históricas, das contingências espaciais e temporais, dos regimes e dos sistemas políticos."[3]

Cezar Saldanha Souza Junior escreve a respeito do político: "Três nos parecem ser as notas características essenciais do político e que estão imbricadas em todo o fenômeno desse gênero:

1. *Caráter associativo*. É a dimensão política do homem que confere unidade à vida social, construindo, conservando e garantindo a coesão da coletividade. Se o conflito vem a ser um fato onipresente nas relações sociais, é a profunda tendência à solidariedade, existente no ser humano, o que torna realizável a unidade social. Esse caráter associativo manifesta-se numa dialética peculiar da *amizade-inimizade*.

2. *Caráter imperativo*. É a dimensão política do homem que põe ordem – o elemento mais genérico do bem comum – na unidade e na coesão sociais. Sendo a vida social naturalmente conflituosa e carecendo ela de capacidade de autorregulação, espontânea e automática, a ordem é alcançada, conservada e garantida, em última instância, pela utilização atual ou virtual da força. Esse caráter imperativo do político manifesta-se na dialética do *mando-obediência*.

3. *Caráter instrumental*. É a dimensão política do homem que dá aos membros da sociedade os meios que lhes permitem buscar a realização de seus fins últimos. Tais meios compõem o bem comum, cuja primeira condição e mais genérica é a ordem. As relações presididas pela imperatividade do poder de mando (o público) ganham autonomia diante das demais relações que se estabelecem no nível da Comunidade (o privado). Esse caráter instrumental manifesta-se na dialética do *público-privado*, pelo qual o primeiro está a serviço do último."[4]

O político é o global. É equilíbrio, organização, plenitude. Equilíbrio porque o poder social que se torna político permite a harmonia total, dentro dos grupos sociais; organização porque preside a todos os grupos, encabeça-os, ordena-os e os planifica; plenitude porque esses poderes equilibrados e organizados permanecem enquadrados num âmbito total e geral, que exige lealdade de todos eles.[5]

O Estado aparece então como a organização política, a estrutura, a forma política que acompanha a convivência: o Estado é, assim, produto da essência política do homem.

A convivência e a coexistência reclamam direção, ordenação e governo, sob pena de se transformarem no caos, na anarquia e na desordem. Dessa forma, a convivência social não pode dispensar chefia e direção, encarnadas num governo que deverá naturalmente buscar o que é comum à totalidade da convivência social.

---

[3] FREUND. *L'essence du politique*, p. 10.
[4] SOUZA JÚNIOR. *Consenso e democracia constitucional*, p. 25-26.
[5] CAMPOS. *Derecho político*, p. 37.

Tal organização política é hoje o Estado. Mas ele sempre existiu? Para muitos a resposta é positiva: Estado e sociedade política identificam-se e aquele é tomado como fenômeno humano permanente e universal;[6] para outros, no entanto, a variedade com que se apresentam as sociedades políticas acarreta diferenciações e classificações que levarão a considerar o Estado como uma forma específica de organização política.[7]

Revela-se, assim, o Estado como fenômeno historicamente situado. O Estado que se estuda tem suas origens no Estado moderno de origem europeia, que surgiu no Renascimento (Hermann Heller sustenta que o Estado moderno é que corresponde aos estudos da Teoria do Estado),[8] havendo até mesmo quem determine a data de seu aparecimento: o ano de 1648, com a assinatura da paz de Westfália, pondo fim à guerra dos Trinta Anos (BalladorePalliere e, entre nós, Ataliba Nogueira).

Mencione-se, no entanto, que, já no século XIII, Frederico II organizou na Sicília um Estado com as características do Estado moderno: Corte centralizada, burocracia complexa, com superação da dispersão feudal.

Caracteriza-se o Estado moderno pela ocorrência de duas notas que o distinguem de outras organizações políticas: o poder político soberano e a territorialidade, os quais examinaremos adiante, ao cuidarmos dos elementos do Estado.

2. SOCIEDADES PRÉ-ESTATAIS, INFRAESTATAIS E SUPRAESTATAIS

Antes do aparecimento histórico do Estado, houve sociedades pré-estatais, como a família patriarcal; o clã ("divisão exógama de uma tribo, cujos membros são aparentados uns com os outros por meio de um laço qualquer comum, ou a posse comum de *totem*, ou a moradia em território comum"); a tribo, que, composta de clãs, é o grupo social de espécies simples, cujos membros têm um governo único e agem em conjunto para certos propósitos, como a guerra;[9] a *gens*romana; o senhorio feudal.

Há, ainda, as sociedades que contêm os elementos mais próximos do Estado, como os esquimós, os bosquímanos e os pigmeus.

Registre-se a existência das sociedades infraestatais, como as regiões ou as províncias autônomas, e das sociedades supraestatais, como a comunidade internacional e as associações de Estado.

3. CONCEITO DE ESTADO

Na Antiguidade romana, a palavra Estado denotava situação ou condição de uma coisa ou pessoa.

---

[6] CAMPOS. *Derecho político*, p. 191-216.
[7] MIRANDA. *Manual de direito constitucional*, t. 1, p. 46.
[8] HELLER. *Teoria do estado*.
[9] CARVALHO. *Resumos de teoria geral do estado*.

Assim, eram utilizados: *a) status civitatis*, para classificar os indivíduos em romanos e estrangeiros, segundo sua posição na sociedade política; *b) status libertatis*, para classificá-los em livres, libertos e escravos, atendendo o grau de autonomia pessoal; *c) status familiae*, para classificá-los em *sui juris* e *alieni juris*, capazes ou incapazes de exercer seus direitos.[10]

Na Idade Média, "Estado" eram os estamentos, corpos sociais segundo rígida hierarquia, que seriam posteriormente o clero, a nobreza e o povo.

O terceiro Estado (burguesia) foi mencionado na Revolução Francesa.

Mas foi Maquiavel quem empregou o termo Estado (*stato*) com o sentido de unidade política total, em sua obra *Il principe*, escrita em 1513: "Todos os Estados, todos os domínios que tiveram e têm império sobre os homens são Estados e são ou república ou principados."[11]

Bodin, em sua obra *Os seis livros da república* (1576), utilizou a expressão *República dos Latinos* para designar o Estado como unidade total.[12]

---

[10] SALVETTI NETTO. *Curso de teoria do estado*, p. 37.

[11] O título original da obra é *Dos Principados*, mas ficou conhecida sob o título *O Príncipe*, aliás, título representativo, porque nela Maquiavel fala do homem político e de seu poder. O livro é dedicado a Laurent de Medicis, na esperança de obter suas boas graças. É um dos livros mais conhecidos na história do pensamento político. Não contém nenhuma teoria política explícita, senão receitas de política prática. A primeira parte da obra descreve as diferentes maneiras segundo as quais qualquer um pode obter um principado. A segunda parte trata dos comportamentos e das qualidades necessárias para se obter um principado. Os fundamentos da obra são implícitos e apresentam três aspectos: 1.Objeto da política: trata-se do poder, do desejo de dominação que é a essência mesma da natureza humana. Assim, a guerra deve ser o instrumento quase principal da política. Os meios materiais importam mais que os intelectuais de impor ideias. É necessário para o príncipe se assegurar do suporte da opinião pública; as armas dos cidadãos são mais eficazes do que as armas dos mercenários. O príncipe tem, assim, interesse em dominar a opinião pública para se assegurar de seu suporte. Isso não fará senão com que seja reforçado seu poder intelectual. Mas pode também aumentar seu poder pelo medo. Importa para o príncipe, às vezes, fazer-se amar e fazer-se temer. Se for necessário em certos casos, é melhor escolher fazer-se temido do que amado. 2.Meios da política: no *Príncipe*, Maquiavel faz o elogio dos piores procedimentos políticos. Recomenda a si mesmo fazer o que atrai o reconhecimento e fazer pelos outros o que pode atrair o ressentimento. Para Maquiavel, existem duas formas de combater: uma, pelas leis, outra pela força. A primeira é própria do homem; a segunda, dos animais. Como, porém, muitas vezes a primeira não seja suficiente, é preciso recorrer à segunda. (O PRÍNCIPE, p. 101). Ainda segundo Maquiavel, os atos de bondade devem ser efetuados em pequenas doses, enquanto que os atos de maldade devem ser efetuados rapidamente. 3. O contexto da política: o homem é necessariamente mau, não pode então se comportar no meio dos homens maus como um homem bom. Anote-se que, com a denominada contrarreforma, quando ao cisma protestante opõe-se o retorno à ortodoxia, buscando-se revitalizar a influência espiritual da Igreja e seu poder temporal, a obra de Maquiavel torna-se extremamente vulnerável. O Papa Paulo IV, em 1559, o inclui no *index* dos livros proibidos, decisão confirmada pelo Concílio de Trento, em 1564.

[12] Em *Os seis livros da República*, Bodin defende a doutrina absolutista. Critica aqueles que causaram o massacre de São Bartolomeu, e também aqueles que utilizaram o massacre como pretexto para provocar revolta. É necessário, segundo ele, que haja na sociedade uma autoridade incontestável, cujo papel é o de resolver o debate de maneira absoluta para garantir a paz social. Trata-se, portanto, de uma monarquia absoluta, mas ainda limitada à sua própria

Para se chegar a um conceito de Estado (provisório, insistimos), deve-se considerar a existência de três elementos que o integram: povo, território e poder político, que serão adiante examinados.

Alexandre Groppali entende por Estado "a pessoa jurídica soberana, constituída de um povo organizado sobre um território sob o comando de um poder supremo, para fins de defesa, ordem, bem-estar e progresso social".[13]

Darcy Azambuja o conceitua como "a organização político-jurídica de uma sociedade para realizar o bem público, com governo próprio e território determinado".[14]

Já Dalmo de Abreu Dallari o vê como "a ordem jurídica soberana que tem por fim o bem comum de um povo situado em determinado território".[15]

Pablo Lucas Verdú entende por Estado "a sociedade territorial juridicamente organizada, com poder soberano que busca o bem-estar geral".[16]

Note-se que são vários os conceitos de Estado, segundo se procure dar ênfase ao elemento poder ou se atenda à sua natureza jurídica, sem ainda se desconhecer o substrato social para a sua formulação.

A soberania, que adiante examinaremos, constitui, a nosso juízo, apenas um dos traços do moderno Estado europeu: assim, a soberania não é conceito inerente à ideia de Estado, mas apenas uma qualidade do poder político (ver subitem 8.3).

Destaca-se, ainda, na compreensão teórica do Estado, que o fenômeno estatal revela-se no elemento pessoal (Estado-comunidade) assim como no elemento poder (Estado-aparelho ou Estado-poder).

Mesmo assim o Estado não se reduz a nenhum deles, que, antes, se interpenetram e são interdependentes.

Esclareça-se, que tanto o poder como a comunidade se submetem ao jurídico, fonte de segurança e justiça, condição necessária para a convivência social harmônica e sem violência, embora o Direito se refira sempre ao político, que o institucionaliza e legitima.

A sociedade se relaciona com o Estado e nele se integra ou a ele se contrapõe.

Na Antiguidade clássica, a sociedade se achava absorvida pela *polis* ou pela *civitas*. Inexistia distinção entre sociedade e Estado. Na Idade Média, todo fenômeno político residia e era expressão das instituições em que se dispersava o poder. No

---

esfera: o domínio público. Apesar de apoiar o absolutismo, Bodin não é favorável a um poder arbitrário, mesmo porque o Rei deve respeito a Deus e às leis da natureza, nesse ponto influenciado por Claude de Seyssel. No prefácio do livro, aparece claramente o que Bodin entende por República, *Res Publica*, a coisa pública. Ele é contrário às ideias de Maquiavel: impiedade e injustiça só levam à tirania. Opõe-se também à ideia de uma rebelião de sujeitos contra seu príncipe, teoria mais perigosa ainda que a teoria de Maquiavel, pois tais rebeliões levam à anarquia, o que é pior.

[13] GROPPALI. *Doutrina do estado*, p. 303.
[14] AZAMBUJA. *Teoria geral do estado*, p. 6.
[15] DALLARI. *Elementos de teoria geral do estado*, p. 100-101.
[16] VERDÚ. *Curso de derecho político*, v. II, p. 49.

absolutismo, o Estado passou a se identificar com o poder, a soberania com o Rei, e a sociedade aparece à margem do político, não se projetando sobre o poder. No liberalismo a sociedade, em virtude das concepções contratualistas, abrange tudo o que se acha subtraído ao poder, que lhe é alheio e exterior. No Estado marxista não existe a sociedade civil.

De qualquer modo, a sociedade civil é que serve de base de sustentação para o Estado-comunidade, embora com ele não se confunda, de um prisma jurídico e institucional, já que a sociedade é o domínio do privado, onde o privado se manifesta e se desenvolve, enquanto que o Estado é a esfera do público, do que é geral e comum. Mas, como adverte Jorge Miranda: "Não significa isto que não haja pontes ou veículos de passagem, que a sociedade seja indiferente, politicamente, sobretudo hoje, ou que ela possa captar-se sem o influxo do poder. Apenas se afirma a possibilidade de uma consideração da sociedade à margem da redução ao fenômeno estatal (ou ao político). Os grupos e todas as forças não podem, contudo, coexistir, prevaleçam estes ou aqueles interesses, sem a garantia prestada pelo Estado. Em contrapartida, também o Estado da sociedade plural, industrializada, urbana dos nossos dias e que se pretende em regime democrático não pode prescindir da regulação contratual dos conflitos."[17]

4. NATUREZA DO ESTADO

O que primeiro percebemos e pensamos relativamente ao Estado é no seu poder político aparelhado, no grupo minoritário que manda e no majoritário que obedece, no conjunto de indivíduos que o compõem, no território em que vivem e na coação do direito por ele formulado.

Esta realidade é, no entanto, insuficiente para revelar a natureza do Estado, que é explicada por várias teorias, algumas ressaltando apenas o seu aspecto sociológico, outras acrescentando o aspecto jurídico e mais outras reduzindo o Estado à sua ordem jurídica.

Portanto, o Estado, quanto a sua natureza, pode ser explicado segundo enfoques sociológico, deontológico, jurídico e político.[18]

Não se deve ainda esquecer das concepções filosóficas na justificação do Estado. Mencione-se, entre elas, a de Hegel (1770-1831), para quem o Estado expressa a realidade da ideia ética, consistente na síntese do espírito absoluto, a partir da dialética entre a família (tese ou síntese do espírito subjetivo) e a sociedade (antítese ou espírito objetivo). O Estado é uma realidade da vida ética, da vontade substancial, em que a consciência mesma do indivíduo se eleva à comunidade e, portanto, o racional em si e para si. Esta "unidade substancial é um fim próprio absoluto, imóvel, nele a liberdade obtém o seu valor supremo, e assim este último fim possui um direito soberano perante os indivíduos que em serem membros do Estado têm o seu mais elevado de-

---

[17] MIRANDA. *Teoria do estado e da constituição*, p. 172-173.
[18] No exame desse tema, observar-se-á o desenvolvimento teórico formulado por Bidart Campos (*Derecho político*, p. 163-190).

ver".[19] No Estado, a história atinge o seu apogeu e a sua perfeição divina: "O Estado é a vontade divina como espírito presente ou atual que se desenvolve na formação e organização de um mundo."[20]

4.1 Teorias sociológicas

Estas teorias consideram o Estado como construção social, que se qualifica pelas propriedades de seu poder.

Jellinek menciona que o Estado deve ser investigado como construção social e como instituição jurídica, formulando conceitos sociológico e jurídico do Estado. No primeiro sentido, considera o Estado como a unidade de associação dotada originariamente de poder de dominação e formada por homens fixados num território. Na ordem jurídica, concebe o Estado, que já se mostra como sujeito de direitos, ao qual atribui personalidade jurídica, como a corporação formada por um povo, dotada de poder de mando originário e fixada num determinado território, isto é, a corporação territorial dotada de um poder de mando originário.

Do ponto de vista sociológico, busca-se investigar a realidade social ou grupal do Estado, o fenômeno desta convivência organizada, que consiste no Estado, sob o domínio de um ou de alguns. Desse modo, as teorias sociológicas giram em torno do mando, poder ou dominação no agrupamento humano, que é o Estado, e que se revela como fenômeno de poder, um fato que se dá no âmbito objetivo do social.

As teorias sociológicas são objetivas, pois estudam o Estado como um fato real e objetivo, exterior aos homens, que se situa no mundo exterior independentemente dos indivíduos. São chamadas ainda de teorias realistas, porque dão pouca ou nenhuma importância aos aspectos da soberania e da personalidade jurídica, noções tidas até mesmo como metafísicas no confronto com elas. O conteúdo de investigação das teorias sociológicas é o fato, que tem um puro caráter objetivo, determinado por intermédio de suas próprias características, suas leis e sua lógica.

O Estado como fato de convivência – O Estado, enquanto fenômeno social, é um fato ou uma relação de fatos consistentes em que os homens estão sujeitos a um mesmo poder jurídico. É uma forma particular de submissão, a uma só vontade, de todas as vontades formadas por uma variedade de elementos sociais estabelecidos num território determinado (Bishop). É a mais alta gradação de relações naturais de serviço e de relações sociais.

O Estado como fato de dominação – Para Duguit, o Estado é um grupo humano fixado num território, onde os mais fortes impõem sua vontade aos mais fracos. O Estado é a força material, a dualidade de governantes e governados. Dá-se ênfase no simples fato da dominação. O Estado se revela na detenção do poder por um grupo mais forte, cujo limite é apenas a solidariedade social ou dependência recíproca entre os homens, que é a regra de direito ou o direito objetivo. O Estado desaparece nas noções de poder de fato de determinados homens, os governantes, e na regra de direito

---

[19] HEGEL. *Princípios da filosofia do direito*, §§ 257 e 258, p. 246 e 247.
[20] HEGEL. *Princípios da filosofia do direito*, § 270, p. 265.

que obriga aqueles a organizar e a fazer funcionar os serviços públicos. O Estado se reduz, desse modo, a uma cooperação de serviços públicos, cuja responsabilidade incumbe aos governantes.

O Estado detém o poder de dominação, de mando, e dominar significa ter a capacidade de poder executar incondicionalmente sua vontade relativamente a outras vontades.

Mencione-se também, a título de ilustração histórica, como integrante da teoria, o comunismo, que concebe o Estado como um fato de dominação, fundado no antagonismo de classes: é o órgão de dominação de uma classe, o órgão de opressão de uma classe sobre outra, o domínio do capitalismo sobre o proletariado.

O Estado como dualidade de governantes e governados – Em qualquer grupo social, seja menor, seja maior, primitivo ou mais evoluído, efêmero ou duradouro, surge a distinção entre governantes e governados. A teoria sociológica, segundo acentua Duverger, se ocupa de acentuar esse aspecto da realidade do Estado como grupo social. Mesmo a teoria da dominação, antes referida, pressupõe a dicotomia entre governantes e governados, entre o que manda e o que obedece. O Estado é, assim, fundamentalmente, uma dualidade. O grupo social se divide em dois grandes campos de ação: o dos que governam e o dos que são governados. O termo Estado perde, portanto, todo o significado, sem essa dualidade.

Já na Idade Média esse aspecto era ressaltado pela imagem da dualidade de rei (*rex*) e reino (*regnum*), de príncipe e povo, que não chegavam a fundir-se numa unidade superior.

O Estado como instituição – A instituição que concebe o Estado como um substrato social não constitui uma categoria elaborada pelo Direito, mas é um fenômeno social que se verifica à margem da ordem jurídica, apesar de posteriormente reconhecê-la.

Para que ocorra a institucionalização da realidade social, é necessário que ocorram manifestações de comunhão entre os membros do grupo, mediante um tríplice movimento de interiorização, incorporação e personificação, em torno da ideia de determinada obra. Para Hauriou, a instituição se define como a ideia de obra que se realiza e alcança duração jurídica num meio social, e que possui uma existência objetiva. Considerada como realidade social, a instituição, que consiste, segundo Georges Renard, numa ordenação de um estado de coisas com vistas a assegurar, de maneira durável, o cumprimento de certo fim com o auxílio de certos meios, é um fenômeno social em estado bruto e espontâneo, com uma personalidade moral, e não jurídica, que surge quando a instituição adquire uma existência objetiva e independente dos indivíduos que se sucedem no grupo. O Estado é uma instituição que se distingue das demais apenas por uma diferença de grau. Com efeito, enquanto as outras instituições se limitam a enquadrar e disciplinar um setor das relações humanas, o Estado ultrapassa o estreito limite dos interesses materiais e se direciona para o desenvolvimento da ideia social com vistas à realização do bem comum, mediante o exercício de uma vontade também comum.

O Estado confundido com alguns de seus elementos – Há teorias sociológicas que reduzem a realidade do Estado a algum de seus elementos, conferindo-lhe supremacia sobre os demais. As principais são as que consideram o Estado como povo, governo, território e poder.

O Estado como povo – Para esta teoria, o Estado se confunde com o povo, vindo então a ser a totalidade dos homens que o compõem. Na Antiguidade romana, o Estado se identificava com a comunidade de cidadãos, vale dizer, era considerado como *civitas* ou *res publica*, sem contudo deixar de ser entendido como associação. Expressiva nesse sentido é a afirmação de ser o Estado a forma vivente do povo, o povo mesmo. Para as doutrinas nazifascistas, o povo é o Estado e o Estado é o povo (Mussolini).

O Estado como governo – O poder político faz com que se observe inicialmente a figura da autoridade, traduzida na expressão física do poder, ou seja, na pessoa de quem manda, no governante. O Estado é considerado, nesta perspectiva, como o governo, o monarca: "O Estado sou eu", afirmava Luís XIV.

O Estado como território – Esta teoria considera o território como o fundamental do Estado, relegando os indivíduos a plano secundário. O Estado passa a ser concebido como um modo territorial de organização ou de convivência. Note-se que, para a teoria patrimonial da Idade Média, o poder político derivava da propriedade do solo.

O Estado como poder – Sustenta-se que o poder constitui o epicentro do Estado, o ponto de gravidade da política, sendo que as relações de poder se acham incorporadas em instituições políticas. Juvenel desenvolve toda uma obra em torno do poder e de seu crescimento, justificando-o na obediência, de que constitui sua essência. A obediência pode ser racional ou voluntária, e irracional ou reflexiva. Obedece-se por indolência, temor ou hábito. O homem encontra-se inserido numa sociedade doméstica, religiosa e política, que modela sua conduta e define sua situação na vida. Submete-se a um conjunto de regras que condicionam seu comportamento social, que o colocam em situação de subordinação em correspondência com o tipo de estrutura do grupo a que pertence, a divisão do trabalho, os hábitos de vida e os meios econômicos da qual dispõe. A obediência, em qualquer de suas formas, surge como a fonte da qual emana o poder.

Burdeau afirma que o Estado é a institucionalização do poder, ou seja, um poder que, fundado no direito e organizado segundo normas jurídicas, alcança uma espécie de objetividade e se despersonifica, o que o coloca acima de outros poderes.

4.2 Teorias deontológicas

Estas teorias propõem uma ideia da natureza do Estado segundo um fim, que constitui parte integrante da sua essência. Se a Escola do Direito Natural reclama um fim concreto para o Estado, a corrente aristotélico-tomista considera que a finalidade do Estado é o bem comum, assinalando-se a posição de Hauriou, para quem o Estado constitui o regime que adota uma nação, mediante a centralização jurídica e política, que se realiza pela ação de um poder político e de uma ideia da coisa pública como conjunto de meios que se propõem à realização do bem comum.

4.3 Teorias jurídicas

Tais teorias se caracterizam por conceber o Estado como um sistema de direito. A este grupo de teorias corresponde a segunda definição de Estado formulada por Jellinek, ou seja, a corporação territorial dotada originariamente de poder de dominação.

Como expressão dessas teorias, tem-se a teoria de Kelsen, que depura o Estado de todo o elemento sociológico, político e axiológico, concebendo-o como a personificação da ordem jurídica total, privado de existência real, e que se dissolve num sistema de normas jurídicas. O Estado equivale-se ao direito e constitui a unidade personificada da ordem jurídica. O direito, por sua vez, tem um âmbito espacial e pessoal de validade: a esfera espacial corresponde ao território, e a pessoal, ao elemento humano ou povo. O Estado, como pessoa jurídica, é a totalidade da ordem jurídica.

Compreende-se ainda o Estado como relação jurídica, tendo por base a teoria sociológica que o trata como dualidade de governantes e governados. Tal dualismo se acha presente no direito inglês, que concebe o Estado como relação entre os órgãos supremos (Coroa, Gabinete e Parlamento), sem chegar a unificá-los numa síntese superior.

Integrante da teoria jurídica do Estado é ainda aquela que o concebe como sujeito de direito ou pessoa jurídica, que, desprezando a sua realidade sociológica, acolhe a ideia de que a ela se superpõe a dimensão especial da personalidade de direito, independentemente da existência de um substrato que lhe dá suporte. Assim, a personalidade do Estado não é uma formação natural, que preexiste a toda organização constitucional, mas consequência da ordem jurídica.

4.4 Teorias políticas

Estas teorias consideram o Estado como uma forma da vida política, caracterizada por seu poder de dominação, destacando-se as teorias do Estado como soberania, regime, decisão e personificação da nação.

O Estado como soberania – Para esta teoria, o específico do Estado é o seu poder político supremo e soberano. O Estado constitui a comunidade, cujo poder não se acha limitado por nenhum outro poder, já que ela se situa acima de qualquer outro poder de natureza idêntica ao seu. O Estado é o poder por antonomásia. Chega-se ao conceito de soberania após uma oposição do poder político relativamente a outros poderes sociais – religiosos e econômicos, entre outros. O Estado é, assim, o poder de ordenar em última instância.

O Estado como empresa política – O Estado é considerado como empresa política, traduzida na cooperação planificada, num fazer comum que os homens se propõem empreender para alcançar um fim. A empresa é constituída pelas condutas dos governantes, que formulam o programa que irão seguir, pela conduta dos governados que a cumprem, pela luta pelo poder, entre outras. O Estado é, desse modo, a empresa política em ação, a sucessão de atos políticos, a dinâmica de uma operação coletiva na qual intervêm governantes e governados. Há privação de todo o substrato social e humano, diluindo-se o Estado em um processo de comportamentos: o Estado não é um ser, mas um fazer. Para Rudolf Smend, em sua teoria da integração, o Estado se manifesta numa série de atos particulares da vida externa (leis, atos diplomáticos, processos judiciais, atividade administrativa) e só existe nesses atos. A essência do Estado se esgota em sua dinâmica e inexiste uma real unidade política. O Estado só tem realidade porque se integra de modo duradouro nas vontades harmônicas de seus membros. Sua realidade nasce da união constantemente renovada de tais vontades.

O Estado como decisão – Formulada por Carl Schmitt, a teoria do decisionismo surgiu como reação ao racionalismo, que pretendia reduzir o Estado e seu dinamismo político em categorias fixas e antecipadas em um complexo normativo. Há uma vontade política preexistente, que decide acerca da forma e do modo da unidade política do Estado. Mediante a decisão política fundamental, que expressa uma vontade soberana, o povo adota uma atitude política unitária, essência do Estado. A decisão, entretanto, não se reduz ao momento de se constituir o Estado, mas sobrevive em qualquer etapa política da vida estatal, em cada ocasião em que se deva adotar uma decisão de conjunto. O Estado não é, pois, algo estático, mas dinâmico, um poder político que, mediante decisões, impõe uma ordem.

O Estado como personificação da nação – O que personifica o Estado é a nação organizada. A nação não tem existência jurídica distinta. O Estado é a nação juridicamente organizada. A nação é considerada sujeito de direitos. Desse modo, o Estado não pode adquirir existência, como pessoa, fora da nação. Nesse sentido, a nação não constitui apenas um dos elementos do Estado, mas é o elemento constitutivo do Estado enquanto com ele seidentifica.

5. EVOLUÇÃO HISTÓRICA DO ESTADO

Como fenômeno histórico, o Estado pode ser reduzido a tipos que se acham relacionados com as fases da História e com o Estado atual.

Jellinek dedica todo um Capítulo da sua *Teoria geral do estado* à análise do que ele chama de "tipos fundamentais de Estado", que são aqueles que mantêm uma continuidade histórica e o conhecimento de um influi sobre o de outros, tomando-se ainda em consideração os três elementos caracterizadores do Estado: povo, território e poder político.[21]

São, nesta linha, mencionados o Estado oriental, o Estado grego, o Estado romano, o período medieval e o Estado moderno.

Advirta-se, no entanto, com Aderson de Menezes que "os tipos estatais têm os seus cursos em certas ocasiões renovados, repercutindo e refletindo-se os seus característicos em diferentes épocas e em diferentes locais. Não há, ainda por esse motivo, uma regra de sucessão cronológica quanto aos tipos de Estado já aparecidos e existentes na superfície do nosso planeta. É que não se pode arrumar, cronologicamente, em ordem sucessiva, pela vez de aparecimento histórico, tais ou quais exemplares de Estado, capazes de simbolizar, em determinadas áreas e em certos momentos, tipos estatais que tenham realmente acontecido um após outro, assim como numa

---

[21] JELLINEK. *Teoría general del estado*, p. 215-248.

sequência de vocação hereditária, em série consecutiva. Porque, na verdade e os acontecimentos o comprovam fartamente, um tipo estatal contemporâneo ou a ser estruturado e posto em funcionamento pode ser semelhante a outro já conhecido na Antiguidade, da mesma forma que o tipo estatal do futuro poderá apresentar-se idêntico ou parecido com o então praticado na Idade Média, igualmente como o tipo estatal do passado pôde ressurgir na Era Moderna (monarquia teocrática designada de direito divino)".[22]

O *Estado oriental*, que corresponde à Idade Antiga (civilização egípcia, mesopotâmica, hebraica, persa, judia e outras), tem como traços básicos a teocracia (o poder político é uma expressão do poder religioso), forma monárquica absoluta que acarretava a redução dos direitos e garantias individuais e larga extensão territorial. Os monarcas eram adorados como deuses, considerados chefes do poder espiritual. Mencione-se ainda a ocorrência, no Estado oriental, de uma marcante estratificação social, com acentuada hierarquização da sociedade.

O *Estado grego* era representado pela *polis* ou cidade, originária do culto dos antepassados e fundada sobre uma religião (Fustel de Coulanges).[23]

O território era diminuto, prevalecendo na cidade-estado o elemento pessoal sobre o territorial. A *polis* grega era assim constituída de cidadãos livres, uma comunidade de cidadãos, não de homens. É que, além daqueles, habitavam a cidade os metecos (estrangeiros) e os escravos, aos quais não se reconhecia a condição de participantes do poder político.

A democracia grega baseava-se numa concepção de liberdade distinta da liberdade do pensamento constitucional do século XVIII. A liberdade para os gregos era a prerrogativa conferida aos cidadãos de participar das decisões políticas. Não significava liberdade-autonomia, entendida como a independência individual em face do Estado. O absolutismo da *polis* absorvia a liberdade individual. A cidade-estado era uma parte essencial da vida humana. O cidadão deliberava em praça pública sobre as questões políticas, tratados ou aliança com estrangeiros; votava as leis, examinava contas, enfim, participava do processo político.

As bases da democracia grega eram a *isonomia*, a *isotimia* e a *isogaria*.

Paulo Bonavides, reportando-se ao pensador Nitti, assinala que a *isonomia* manifestava a igualdade de todos perante a lei, sem distinção de grau, classe ou riqueza. A ordem jurídica dispensava o mesmo tratamento a todos os cidadãos, conferindo-lhes iguais direitos. A *isotimia* abolia da Grécia os títulos e funções hereditárias, possibilitando a todos os cidadãos o exercício das funções públicas, sem outros requisitos que não o merecimento, a honradez e a confiança depositada no administrador pelos cidadãos. Já a *isogaria* significava o direito de palavra, da igualdade reconhecida a todos de falar nas assembleias populares, de debater publicamente os negócios do governo.[24]

---

[22] MENEZES. *Teoria geral do estado*, p. 105-106.
[23] COULANGES. *A cidade antiga*.
[24] BONAVIDES. *Ciência política*, p. 326-327.

Mas, como acentua Benjamin Constant, lembrado por Jorge Miranda, "o indivíduo, como cidadão, decide da paz e da guerra; como particular, aparece circunscrito, observado, reprimido em todos os seus movimentos (...); pode ser privado do seu Estado, despojado das suas dignidades, banido, condenado à morte pela vontade discricionária do conjunto de que faz parte".[25]

Enfim, livre era o cidadão que participava da *polis*, integrado no todo político.

A democracia no período clássico da civilização grega não se aproxima da concepção de democracia inserida no liberalismo dos modernos: falta-lhe o princípio da igualdade; inexiste o conceito de sufrágio universal, pois, do exercício das decisões políticas e das assembleias, eram excluídos os metecos e os escravos, já que a liberdade-participação ficava restrita aos cidadãos livres.

O Estado romano assemelha-se ao grego. Sua base é o agrupamento da família e o culto dos antepassados.[26]

Mesmo depois de ter ocupado larga extensão territorial, o Estado romano não se desvinculou de sua base municipal e urbana, com a expansão, inclusive, da cidadania.

Destaca-se ainda no Estado romano a consciência da separação entre o poder público e o poder privado. Assim, quando surge o império, o poder político é visto como supremo e uno, compreendendo o *imperium* (poder de mandar), a *potestas* (poder modelador e organizador) e *majestas* (grandeza e dignidade do poder). A ideia de *auctoritas* está presente na concepção de poder para os romanos e significa autoridade, mando consentido pelo prestígio de quem exerce o poder e não apenas pela imposição da força.

À evolução social do Estado romano, que de Estado patrício chegou ao Estado plebeu, corresponderam mudanças em sua forma política, compreendendo a realeza, a república e o império.

O período medieval (falamos em período medieval porque realmente não teria havido Estado medieval pela desintegração da unidade do poder, que se fragmentou em várias instituições parciais e autônomas) vai desde a queda do Império Romano do Ocidente (395), ou a queda do Império Romano do Oriente (476), até a tomada de Constantinopla pelos turcos (1453), ou o descobrimento da América (1492), embora se advirta serem questionáveis os limites cronológicos da História.

Na Idade Média não havia coesão do poder estatal. Existiram, isso sim, comunidades parciais, como os grêmios, as corporações de ofício, enfim, as entidades intermediárias. O poder político residia nos suseranos feudais e, depois, nos Municípios, corporações e instituições eclesiásticas. A proliferação dessas entidades intraestatais dotadas de poder próprio impediu que se afirmasse, no medievo, o poder supraestatal do Papa e do Sacro Império Romano-Germânico, pois não havia um povo e um território determinados. Assim, o monarca não distribuía o exercício do poder,

---

[25] MIRANDA. *Op. cit.*, t. 1, p. 54.
[26] COULANGES. *Op. cit.*

fixando esta ou aquela função aos indivíduos. Não mantinha ele uma relação direta com os seus súditos, porque entre eles aparecia um grande número de senhores feudais: igrejas individuais, conventos, monastérios, condes, barões, etc., que gozavam de privilégios.[27]

Prevalece, dessa forma, na Idade Média uma concepção patrimonial e fragmentária do poder que se privatiza. Ao invés de *polis*, fala-se em *regnum* (domínio de um príncipe), com referência marcadamente territorial e patrimonial.

A cristandade afirma-se, no período medieval, como o poder espiritual que governa as consciências com independência do poder temporal, pois com este não se confunde, embora seja aquele invocado como limitação do poder, no plano político, eis que o governo deve ser exercitado para o bem comum.

Mas a recusa de submissão ao Papa, pelo Imperador, e a tentativa do Papa de imiscuir-se em assuntos do poder político iriam constituir fonte de inúmeros conflitos.[28]

O *Estado moderno* surge, então, e com ele a própria noção de Estado. O poder político passa a ser uno, concentrado no rei que tem imediata ligação com o indivíduo, o qual se sujeita ao seu poder: nasce a ideia de soberania.

O Estado passa a corresponder à nação; há referência territorial. No plano religioso, a autoridade do Papa é contestada pela Reforma; no econômico, verifica-se a ascensão da burguesia, com o desenvolvimento do capitalismo.

O Estado moderno pode, contudo, ser desdobrado em várias formas, devendo-se ainda considerar (dentro da cronologia histórica, sempre questionável) que a Idade Moderna se iniciou em 1453 ou 1492 e terminou em 1789 (Revolução Francesa) ou em 1815, com o Congresso de Viena, que determinou o fim do Império Napoleônico, de 1800 a 1815 ou, ainda, foi até a Primeira Guerra Mundial – 1914 a 1918 –, quando se inicia o Estado contemporâneo.

As formas do Estado moderno são: Estado estamental, Estado absoluto, a variante do Estado de polícia e Estado constitucional, ou Estado de direito, com o seguimento do Estado social de direito.

O Estado estamental é a fase de transição. Nele ocorre dualidade política entre o rei e os estamentos ou as ordens em que se acha distribuída a sociedade: nobreza, clero e povo (terceiro Estado). Acentue-se que, neste tipo de Estado, os direitos são dirigidos aos indivíduos não como tais, mas enquanto membros dos estamentos, representando, por isso mesmo, privilégios de grupos.

O Estado absoluto (sem vínculo) surge com o predomínio do monarca, cuja vontade passa a ser lei e as regras limitadoras do poder são vagas e imprecisas, apenas encontrando o poder limite distante no Direito Natural. A razão de Estado é invocada como principal critério da ação política. Historicamente, o Estado absoluto conduziu à unidade do Estado e à coesão nacional inexistentes no período medieval.

O Estado de polícia é o modelo mais significativo do Estado absoluto, ao qual corresponde o despotismo esclarecido do século XVIII. O Estado aqui é concebido como

---
[27] VERDÚ. *Op. cit.*, v. II, p. 76.
[28] DALLARI. *Op. cit.*, p. 56-57.

ente que visa ao interesse público e o monarca age com plena liberdade para atingi-lo. Mas é neste período que a lei prevalece sobre o costume como fonte de direito, organizam-se os exércitos nacionais e estrutura-se a função jurisdicional. O Estado intervém em alguns setores, como o econômico, o cultural e o de assistência social.

Com o advento do liberalismo econômico e político, nasce em fins do século XVIII o Estado Constitucional na França, designado Estado de Direito na Alemanha. O poder político passa a ser titularizado na nação ou no povo, surgindo a ideia de soberania nacional ou popular. Aparecem as Constituições escritas, como instrumentos de racionalização do poder e de renovação do pacto social dos contratualistas.

A lei é o limite da ação do poder, expressão da vontade geral. São reconhecidos os direitos fundamentais para todos os indivíduos. O princípio da separação de Poderes é também inerente à concepção de Estado Constitucional, como limitador do poder político que deixa de ser absoluto. No plano econômico, o Estado se caracteriza pelo absenteísmo, é capitalista e burguês: não há interferência do poder político no domínio econômico, pois o Estado é apenas árbitro do livre jogo econômico, onde se garante a propriedade privada e se valoriza a liberdade, que se torna absoluta.

Do Estado liberal passa-se ao Estado social de direito, reflexo das mutações socioeconômicas e políticas ocorridas no primeiro pós-guerra (1914-1918).

A intervenção do Estado nos domínios social e econômico, em ambiente político onde têm significação especial a doutrina social da Igreja e a radicalização da ideologia marxista como resposta às questões sociais do entreguerras, acarretou a crise do Estado liberal, que se revelou insuficiente para o atendimento das reivindicações sociais dos trabalhadores. O Estado absenteísta torna-se, então, atuante. De árbitro transforma-se em agente criador de serviços, mediante a prestação de inúmeras atividades sociais.

Disso são exemplos as Constituições do México de 1917 e da Alemanha de 1919, Polônia e Iugoslávia de 1921. Os textos constitucionais deixam de ser breves para se alongarem: são as Constituições analíticas, que se sucedem às Constituições breves.

O Estado social de direito vem, portanto, "superar a contradição entre a igualdade política e a desigualdade social".

Escreve Paulo Bonavides: "Quando o Estado, coagido pela pressão das massas, pelas reivindicações que a impaciência do quarto estado faz ao poder político, confere, no Estado constitucional ou fora deste, os direitos do trabalho, da previdência, da educação, intervém na economia como distribuidor, dita o salário, manipula a moeda, regula os preços, combate o desemprego, protege os enfermos, dá ao trabalhador e ao burocrata a casa própria, controla as profissões, compra a produção, financia as exportações, concede o crédito, institui comissões de abastecimento, provê necessidades individuais, enfrenta crises econômicas, coloca na sociedade todas as classes na mais estreita dependência do seu poderio econômico, político e social, em suma, estende sua influência a quase todos os domínios que dantes pertenciam, em grande parte, à área da iniciativa individual, nesse instante o Estado pode com justiça receber a denominação de Estado social."[29]

---

[29] BONAVIDES. *Do Estado liberal ao Estado social*, p. 182.

O Estado social de direito não deixa, todavia, de ser uma fase do Estado Constitucional, ou do Estado de Direito, pois há nele o respeito aos direitos fundamentais do homem, a preservação do princípio da separação de Poderes e o reconhecimento de que o poder político pertence a todo o povo.[30] Não se confunde, assim, com o Estado socialista, este, sim, baseado na coletividade dos meios de produção e, no domínio político, na chamada ditadura do proletariado e numa concepção transpersonalista dos direitos fundamentais, bem como no regime de partido único, apresentando-se, então, como Estado totalitário. Há ainda o chamado Estado fascista, que existiu na Itália de 1922 a 1943, o nazista, na Alemanha de Hitler, designadamente antiliberais.

Nas relações entre o pensamento político como construção autônoma e resposta aos problemas levantados pela época em que surgiram, são mencionados alguns tipos de Estado, como o Estado-sociedade, o Estado-partido, o Estado-força. Entre estes tipos, merece destaque o Estado-gerente e o Estado-cientificista. O Estado-gerente refere-se ao conjunto de "Estados líderes do bloco do oeste, chamados de democracias ocidentais, liberais ou avançadas. O Estado-gerente é um ser duplo, limitado pela obrigação de serviço para a qual foi instituído e levado a usar uma força que multiplica seu título de legitimidade. Essa duplicidade introduz disjunções significativas nos valores constitutivos da concepção política da gerência, citando-se as mais notáveis, o humanismo, o pluralismo e o reformismo". O Estado-cientificista é uma expressão que "corresponde a um dado característico das sociedades contemporâneas: a conivência entre o Estado e a Ciência, instituindo uma ordem singular e radicalmente nova. Por um lado as atividades científicas comandando as técnicas assumem uma importância crescente até se tornarem assunto de Estado. Saber e poder se ligam e sua união acarreta nova mentalidade, nova sacralidade. Por outro, as sociedades pós-industriais tornam-se tão complexas que são obrigadas a se pensar, a se compreender para se governar. É preciso inventar-lhes a sociologia e encontrar uma ciência da política que busque suas referências não mais na filosofia, mas sim em um saber positivo. O Estado-cientificista pressupõe a reconciliação da ciência com a indústria".

O Estado-cientificista sofreu contestação. "Duas críticas foram particularmente importantes. A de John Rawls consistiu em mostrar que o utilitarismo, ao estender os princípios do cálculo racional válidos para uma pessoa a toda a sociedade, não respeitava o caráter distinto dos indivíduos. É preciso respeitar a 'separação entre as pessoas', pois elas não são simples suportes de utilidades, mas sim seres separados com histórias e projetos distintos. A crítica de Bernard Williams sublinhou que uma perseguição sistemática dos objetivos definidos pelo utilitarismo (a valorização de atos e de práticas cuja consequência é a maximização da utilidade) é incom-

---

[30] Na concepção de Cezar Saldanha Souza Junior, o "Estado Social é o Estado democrático pluralista em que o Poder pode ser efetivamente assumido por partidos de orientação socialista e onde o sistema político e o sistema econômico-social não são autônomos e autorregulados, mas assumidamente interagem, influindo um sobre o outro. O Estado atua sobre a sociedade, reestruturando-a e condicionando seu existir, enquanto a sociedade, pelos seus diversos grupos, procura influir sobre a política estatal, em prol dos interesses de cada qual" (*Consenso e tipos de estado no ocidente*, p. 74-75).

patível com o respeito pela integridade dos indivíduos. A abordagem utilitarista é destruidora dos projetos fundamentais que constituem nossa identidade moral. A conivência do Saber e do Estado poderia realmente testemunhar a autodestruição da Racionalidade e de seus avatares irracionalistas. Tal intuição alimenta interpretações contraditórias da modernidade política. A Escola de Frankfurt (que recusa separar a pesquisa filosófica dos desafios políticos) denuncia a ideologia da ciência, mas seu último representante quer ainda fazer valer 'a aposta na razão'. No entanto, o que permite tratar pensadores tão diferentes como Max Horkheimer (1895-1973), Herbert Marcuse (1898-1979), Theodor Adorno (1903-1969) e Jürgen Habermas (1929), para citar apenas os mais conhecidos, é a tripla vontade de: não separar a teoria da prática e da História e, em consequência, de tomar como tema essencial de reflexão o totalitarismo das sociedades atuais, sob qualquer forma que ele seja exercido; interrogar-se constantemente sobre as relações existentes entre a influência cada vez maior da Razão (a dos filósofos, mas também a das ciências da natureza e das ciências sociais) sobre o pensamento, a ideologia e as técnicas governamentais; e as restrições cada vez mais importantes feitas, hoje em dia, às liberdades individuais e coletivas e ao recuo sofrido pela esperança de uma emancipação geral da humanidade, esperança com a qual se nutriu o racionalismo clássico; rejeitar firmemente as tentações sempre recorrentes do irracionalismo, de manter a exigência de verdade como indissociável da exigência de liberdade e de reativar a negatividade dialética, a fim de dar novamente à Razão sua força libertadora. Habermas recusa-se a perder a esperança em uma racionalidade prática que ele distingue da racionalidade técnica. A linguagem e a atividade comunicacional permitem buscar as condições da legitimidade política. Quando o homem toma a palavra e quando pretende a verdade, pressupõe 'idealmente' a possibilidade de uma argumentação razoável, ou seja, universalizável. Ele antecipa a possibilidade de um consenso, sem o qual seu discurso não teria mais sentido. O princípio do diálogo racional permanece o único princípio legítimo de produção das normas jurídicas e éticas. 'A democracia não é nem a salvaguarda das liberdades privadas, nem a instauração de mecanismos de compromissos baseados em princípios formais, nem a manutenção de um equilíbrio de poderes; a democracia é o Estado político governado por uma legitimidade cujo princípio consiste na formação discursiva da vontade'."[31]

Por isso mesmo é que quem comunica não deve enganar o receptor, nem pretender fazê-lo.

O conteúdo da comunicação deve ser verdadeiro e transmitido de modo inteligível de acordo com os padrões e as normas do idioma. A comunicação supõe consenso. A violência estrutural realiza sub-repticiamente o bloqueio dos processos de comunicação, em que se formam e se reproduzem as convicções por meio das quais os indivíduos se iludem sobre si mesmos e sobre sua situação. Por fim, as ideologias não passam de ilusões que têm o poder de gerar a convicção comum.

---

[31] PISIER, Evelyne, com colaboração de François Chatelet *et al. História das ideias políticas*, p. 145, 149, 473, 474, 510, 511, 512, 514.

O Estado que desponta no alvorecer do século XXI é sugestivo de transformações e instabilidade em sua realidade.

Desapareceram ou caminham para o desaparecimento os regimes totalitários e autoritários, como o marxismo-leninismo soviético em 1985-1991, os regimes autoritários português, grego e espanhol nos anos setenta, as ditaduras militares da América Latina nos anos oitenta, os regimes africanos de partido único nos anos noventa.

Surge, por outro lado, a partir de 1979, o regime de um novo tipo de Estado diferente do Estado europeu, consubstanciado no Estado de fundamentalismo islâmico, em que se mesclam lei religiosa, lei civil, poder espiritual e poder temporal.

O fator religioso intervém:

"– para conquistar o *status* estatal e acabar com a colonização;
– para afirmar a coesão da Nação-Estado (re)constituída. O religioso preenche várias funções e opera de diversas maneiras:
– *comunitário* por definição, ele se impõe às consciências individuais e reúne os fiéis em torno de uma fé comum (mas não necessariamente em uma instituição fortemente estruturada);
– traça *uma geografia e uma história sagradas*: ele enraíza a língua e a mentalidade em um solo originário e em um momento inicial com base nos quais tudo advém e aos quais tudo retorna;
– *inscreve-se materialmente*, pontua o calendário, portanto, a memória, o território, a existência social. Seu ritual ritma a vida, as lembranças ligam-se às suas cerimônias;
– mais profundamente, ele *rege as famílias*, as relações de parentesco, a educação das crianças, os sentimentos éticos que dele derivam; e
– *políticas*, as religiões e, particularmente, as religiões reveladas – a judaica, a cristã, a muçulmana – assim o são uma vez que ensinam os fiéis a se comportar diante dos poderes."

Relativamente à importância da religião, para se eliminar as confusões que com frequência se estabelecem entre muçulmanos e árabes, entre o Islã e o mundo árabe, considere-se que:

"– Os *árabes* eram, em sua origem, um conjunto de povos que viviam na Arábia, possuindo uma língua e uma cultura comuns. Nesse sentido, os árabes existem, pelo menos, desde nove séculos antes de Cristo, quinze séculos antes de Maomé; sempre nesse sentido estrito, estimam-se, hoje em dia, menos de 30 milhões de árabes ('puros'). Hoje, os árabes englobam um conjunto de homens que se reconhecem como tais (árabes 'puros', arabizados, arabófonos); consideram a língua árabe sua língua natural (com a particularidade de que o árabe clássico, a língua do Alcorão, não é falada por ninguém); e julgam pertencer a uma só nação, a 'nação-árabe'.
– Os *muçulmanos* são os adeptos da religião *islâmica*, da qual Maomé é o profeta. Muçulmano é uma tradução do árabe *moslen* que significa crente,

fiel. O termo é estritamente sinônimo de maometano, hoje em desuso. No sentido estrito, e com letra minúscula, *islã* é o nome dessa religião dos muçulmanos (palavra árabe que significa paz superior, piedade divina). Por extensão, e com letra maiúscula, o *Islã* designa a comunidade dos povos que professam a religião muçulmana (o islã) e a civilização com ela relacionada.

Portanto, é conveniente distinguir vários tipos de situações: 1. Indivíduos ou grupos *árabes mas não muçulmanos* sempre existiram; judeus, cristãos ou ateus (exemplos no Líbano ou em Israel). 2. Indivíduos *muçulmanos* nos países não muçulmanos (e não árabes). São numerosos na África, na Europa, com *status* diferentes: imigrados ou nacionais, árabes ou não, na França ou na Alemanha. Ou muçulmanos autóctones há gerações (na Bósnia, e em Kosovo). 3. *Países muçulmanos mas não árabes*: – cujo Estado é laico (a Turquia depois da proclamação da República por Mustafa Kemal, em 1923; o Senegal, Mali, as antigas repúblicas asiáticas da URSS que se tornaram independentes depois de 1991); – cujo Estado é *islâmico* (Somália, Paquistão a partir de 1978, Irã a partir da Revolução de 1979, Afeganistão a partir de 1991); 4. *Países árabes e muçulmanos*, sobretudo na África do Norte e, mais ainda, no Oriente Próximo: – cujo Estado é *laico*, embora, em alguns deles os dirigentes se refiram ao Islã (Egito, Sudão, Kuwait, Bahrein, Catar, Emirados Árabes Unidos, Tunísia, Argélia, Sudão), e, outros, pregam um laicismo mais radical (Iraque, Síria, Iêmen do Sul); – cujo Estado é *islâmico*, Arábia Saudita, Iêmen, Omã, Líbia, Marrocos e Mauritânia (com contestações sobre seu caráter árabe)."[32]

Verifica-se ainda a crise do Estado social de direito, decorrente de causas: *a)* ideológicas, em virtude da retração das ideias socialistas ou socializantes, pelas ideias neoliberais; *b)* financeiras e fiscais, dados os custos insuportáveis dos serviços públicos destinados a populações cada vez mais extensas; *c)* administrativas, se considerada, sobretudo, a corrupção e o custo elevado na burocracia estatal; *d)* comerciais, relacionadas com a ruptura da competitividade, numa sociedade de economia globalizante; *e)* degradação da natureza e do meio ambiente, desigualdades econômicas entre países industrializados e não industrializados, situações de exclusão social ainda que nos países mais ricos, manipulação comunicacional, cultura consumista de massas, erosão de certos valores éticos, familiares e políticos.[33]

A repercussão dessa problemática, no âmbito dos Estados, certamente resultará na necessidade de um rearranjo de suas instituições políticas e da própria sociedade civil para enfrentá-los. E no plano externo já começa a surgir a integração dos Estados soberanos em espaços regionais ou continentais, como o Mercosul e a União Europeia.

6. ORIGEM E JUSTIFICAÇÃO DO ESTADO

Neste tópico abordamos, sem pretender esgotar a matéria, as mais significativas e conhecidas correntes doutrinárias e filosóficas que procuram justificar a existência

---

[32] PISIER. *História das ideias políticas*, p. 440, 441, 446-448.
[33] MIRANDA. *Teoria do estado e da constituição*, p. 54-55.

do Estado como fenômeno necessário à convivência humana, bem como a legitimidade do poder estatal ou do domínio do homem pelo homem.

Não se tratará aqui da formação, modificação e extinção do Estado (as vicissitudes do Estado), que serão examinadas adiante, destacadamente, como tema referente à estrutura do Estado concreto e não ao Estado abstratamente considerado.

A propósito, acentua Darcy Azambuja que o interesse sobre os estudos da origem e justificação do Estado tem diminuído, da mesma forma que "vão rareando os grandes sistemas doutrinários e os grandes filósofos".[34]

Mas o elevado número, até hoje, de teorias explicativas da origem do Estado recomenda que se estabeleça uma síntese delas.

Bidart Campos divide-as em:

a) teorias religiosas;

b) teorias da força;

c) teorias jurídicas;

d) teorias éticas;

e) teorias psicológicas.

Menciona ainda as teorias que negam a existência do Estado, postulando sua abolição ou destruição.[35]

Orlando Magalhães Carvalho, em seus *Resumos de teoria geral do estado*, sintetiza as teorias da origem do Estado, segundo se baseiam no agregado familiar ou na reunião de indivíduos que não sejam parentes, em:

1) teorias que se baseiam no agregado familiar:

a) teoria da origem familiar do Estado;

---

[34] AZAMBUJA. *Op. cit.*, p. 97.

Assinala Marcelo Cattoni que as "razões para se duvidar dos grandes sistemas filosóficos da Modernidade são o fato de que eles não são mais capazes de lidar construtivamente com a complexidade social e cultural que se acentuou na Modernidade independentemente das reflexões empreendidas pelos filósofos, à margem da própria Filosofia, no terreno do mundo da vida. Assim como no campo da Física, a Teoria de Newton tornou-se limitada em face dos problemas colocados pela Teoria da Relatividade de Einstein e pela Física Quântica, a Filosofia da Consciência e a Filosofia da História foram *negadas*, em toda a sua radicalidade, pelo aumento cada vez maior de complexidade da sociedade moderna, funcionalmente diferenciada e sem centro, e submetidas à crítica, quer por uma sociologia de cunho pós-parsoniano, quer pela nova antropologia e pela psicanálise, quer em razão do caráter hermenêutico e, mais ainda, pragmático-linguístico, das formas de vida e da condição humanas no mundo, e que se desdobra numa acentuada autonomização da Arte, da Moralidade, do Direito e das estruturas de personalidade em face da pretensa 'nova solidez' iluminista que buscou dissolver os 'velhos sólidos', como diria Bauman, legados por uma Idade Média erigida idealisticamente como o 'Outro' da Modernidade. Nesse sentido, a Filosofia deve assumir, no máximo, o papel de um 'guardador de lugar' das ciências e o de intérprete mediador de uma produção cultural que se fez autônoma em face do mundo da vida" (*Direito constitucional*, p. 180-182).

[35] CAMPOS. *Op. cit.*, p. 221.

b) a tradição de um legislador primitivo;

2) teorias que se baseiam na reunião de indivíduos não aparentados:

a) teorias do pacto social (Hobbes, Locke e Rousseau, as mais conhecidas);

b) teorias da origem violenta do Estado.[36]

Aderson de Menezes apresenta-nos a seguinte síntese teórica, fundamentado em Adolfo Posada:

a) o Estado é obra de Deus e, assim, de origem divina (doutrinas teológicas);

b) o Estado é criação do homem e, portanto, de origem humana (doutrina do contrato e da violência);

c) o Estado é produto social e, conseguintemente, de origem histórica ou evolutiva (doutrina familiar e natural).[37]

Com base nessas classificações examinaremos, sucintamente, as teorias religiosas, contratuais, da violência, familiar e natural da origem do Estado, e consideraremos ainda as que o negam, objetivando sua destruição.

Para as *teorias religiosas*, o Estado foi fundado por Deus. Referem-se essas teorias mais à origem e à legitimidade do governo do que propriamente à justificação do Estado.

Costuma-se dividir as teorias teológicas em *teoria do direito divino sobrenatural* e *teoria do direito divino providencial*.

A primeira sustenta que o governante recebeu o poder diretamente de Deus. Assim, o *rei*, divinizado, irá exercer a autoridade do Estado. Anote-se que Santo Tomás de Aquino mitigou a rigidez dessa doutrina ao acrescentar que todo poder vem de Deus, mas por intermédio do povo (*per populum*).

O expoente maior da teoria do direito divino sobrenatural foi Bossuet (1627-1704), ao afirmar que o rei não presta contas senão a Deus, pois sua autoridade é absoluta e sagrada a monarquia.

A Igreja Católica resistiu a essa teoria que, além de recusar ao Papa qualquer autoridade sobre o rei, servia de argumento para que o monarca se opusesse à supremacia da Igreja.

A monarquia de origem divina tem em Luis XIV o seu principal personagem.

Pela *teoria do direito divino providencial*, exposta por De Maistre (1753-1821) e De Bonald (1754-1840) e que serviu para justificar a restauração da monarquia na França, do poder de Deus e do Papa contra o liberalismo da revolução de 1789, assevera-se que o Estado, obra de Deus, existe pela graça da providência divina. Todo o poder e toda a autoridade emanam de Deus, não por uma manifestação sobrenatural de sua vontade, mas pela direção providencial dos acontecimentos e

---

[36] CARVALHO. *Op. cit.*, p. 56-57.
[37] MENEZES. *Op. cit.*, p. 77.

da vontade dos homens aos quais cabe a organização dos governos e o estabelecimento das leis.

As *teorias contratuais* consideram que o Estado é uma organização nascida de um pacto inicial realizado, livre e espontaneamente, pelos indivíduos que abandonam o estado de natureza. O Estado é assim *construído* e não *dado*, inexistindo tendência da natureza do homem para a vida em sociedade. O Estado converte-se em pura sociedade; não é comunidade.

Diz o Professor Orlando Magalhães Carvalho que "foram os sofistas os primeiros contratualistas ou pactistas, pois, fazendo do homem a medida de todas as coisas, colocaram o indivíduo diante do Estado como um fator de vida coletiva, consciente e deliberado".[38]

É, contudo, em meados do século XVIII que ocorre uma mudança radical na maneira de pensar a sociedade (a vida comum dos homens aparece desprovida de ordem e dominada pelo caos e pelo conflito). Hobbes foi quem, anteriormente, inaugurou uma nova ciência baseada na tarefa da dedução de uma forma política que garantisse a paz e a ordem na vida social. Surge, desse modo, "a necessidade de uma nova forma de saber, que edifique a sociedade através de uma racionalidade que supere as diversas opiniões sobre a justiça e seja aceita por todos; no âmbito ético é preciso, então, desenvolver uma ciência que mostre os mesmos caracteres de certeza da geometria. É a temporada do jusnaturalismo moderno, que de meados do século XVII chega até o período da Revolução Francesa. Nesse contexto, nasce a *política* no sentido específico moderno de teoria do poder, e formam-se os principais conceitos políticos que chegam até os dias atuais.

O primeiro elemento dessa nova maneira de pensar é constituído pela noção do *estado de natureza*, que se tornará uma referência comum. Ela não desenvolve bem a função de descrever a verdadeira natureza do homem, mas, antes, a de liquidar tanto a experiência histórica – que nos apresenta guerras e conflitos – quanto a tradição do pensamento filosófico, que ainda não chegou a verdades certas (a filosofia estava baseada nos princípios da experiência por um lado e da virtude, especificamente da prudência, por outro). A noção de *estado de natureza*, de fato, aponta aquilo que seria a condição do homem fora da sociedade civil, condição essa que é considerada de forma mais ou menos pessimista, mas sempre de maneira a obrigar a razão a sair do estado de natureza dando lugar à sociedade. Se o problema é sair do estado de natureza para entrar numa situação melhor e mais racional constituída pela sociedade e pelo poder que a torna possível, esta passagem lógica não é possível senão introduzindo o conceito de conflito, entendendo com esse termo tanto a guerra de todos contra todos de Hobbes quanto o conflito possível que se cria pela falta da autoridade de um juiz único, como acontece em Locke e em Pufendorf.

O estado de natureza, de forma mais ou menos acentuada, é caracterizado pelo individualismo: essa é uma necessidade, se se quer apagar as espécies de sociedades diversas e caóticas que a experiência nos mostra para dar lugar a uma forma racional e ordenada. O que surge, então, é um mundo de indivíduos dotados de direitos

---

[38] CARVALHO. *Op. cit.*, p. 68-69.

iguais: o *indivíduo* desempenha, pela primeira vez, um papel fundamental, de fundação, para o conceito de sociedade. O cenário desta construção é o contrato social, em que os indivíduos exprimem a sua vontade racional de acordo, para dar lugar a uma forma de sociedade que evite o conflito. Um juiz único sobre o que deve ser feito pela utilidade de todos, e uma força comum, que possa impedir todas as injustiças que os indivíduos possam fazer-se reciprocamente para a sua própria vantagem pessoal, são considerados necessários para se viver em paz."[39]

Thomas Hobbes (1588-1679)[40] escreveu o *Leviatã*, no qual expôs suas ideias pactistas. Acentua, inicialmente, que os homens vivem em estado de natureza, antes de se organizar o Estado, chamando a este estado de natureza de estado de guerra, caracterizado pela ausência de poder capaz de aterrorizá-los; em que não há distinção entre o justo e injusto; a violência e o engano são virtudes essenciais; enfim, o homem é o lobo do homem (*homo homini lupus*). Surge, então, um momento lógico (não histórico) em que os homens passam a submeter-se ao Estado, geração do Leviatã ou Deus mortal, mediante a celebração de um pacto, instrumento de segurança que nasce do medo.

Pelo pacto social, os homens conferem toda a sua vontade, poder e força a um só homem ou assembleia, nascendo a república com poder soberano. A fórmula pactista é a seguinte: "Autorizo e transfiro a este homem ou assembleia de homens todo o meu direito de governar-me a mim mesmo, com a condição de que vós transferireis a ele vosso direito e autorizareis todos seus atos da mesma maneira."

Verifica-se, pois, que em Hobbes há alienação total dos direitos individuais, que se concentram no soberano, o qual, inclusive, não participa do pacto de formação do Estado, celebrado apenas entre os indivíduos, perante os quais não assume nenhuma obrigação. É o Estado absolutista e totalitário o que decorre das ideias de Hobbes.

Esclarecedor é o texto de Renato Janine Ribeiro: "Na tradição contratualista, às vezes se distingue o contrato de *associação* (pelo qual se forma a sociedade) do contrato de *submissão* (que institui um poder político, um governo, e é firmado entre 'a

---

[39] DUSO. *O poder*. História da filosofia política moderna, p. 113-114.

[40] Thomas Hobbes nasceu na aldeia de Westport, Inglaterra, em 1588. Em viagem pela França e Itália "entrou em contato com filósofos e cientistas, principalmente os do círculo de Mersenne e Galileu. Interessou-se pela física e matemática. Publicou *De cive* (1642) e o *Leviathan* (1651), sua principal obra, na qual expôs sua teoria do poder político. Hobbes professava um materialismo mecanicista rigoroso, ligando toda a realidade à ação e reação dos corpos em movimento. Para ele, o homem não escapa a essa lei universal e é movido pelo desejo e o temor, o que cria uma situação de conflito permanentemente ('a guerra de todos contra todos'), em que 'o homem é o lobo do homem'. A razão, ou a capacidade de calcular os efeitos favoráveis ou desfavoráveis das ações, impõe que cada indivíduo, por um contrato firmado com todos ou outros indivíduos, renuncie totalmente aos direitos que possui naturalmente sobre todas as coisas, em benefício de um homem cujos direitos ilimitados lhe permitem fazer reinar a ordem e a paz" (*Grande Enciclopédia Larousse Cultural*, p. 3000). Viveu num contexto histórico de medo, o que o teria levado a demonstrar que a única maneira de escapar da anarquia (Guerra Civil) era a instauração de um poder absoluto. Foi defensor de Carlos I, rei católico, que administrou a Inglaterra com perseguições religiosas à maioria dos ingleses, que professavam seitas protestantes, tendo fechado o Parlamento em 1629, mas posteriormente deposto e executado por Oliver Cromwell, que, a despeito de haver organizado uma república com o nome de *commonwealth*, acabou por instalar a ditadura, em que agiu como se fosse um monarca absoluto.

sociedade' e 'o príncipe'). A novidade de Hobbes está em fundir os dois num só. Não existe primeiro *a sociedade*, e depois *o poder* ('o Estado'). Porque, se há governo é justamente para que os homens possam conviver em paz: sem governo, já vimos, nós nos matamos uns aos outros. Por isso, o poder do governante tem que ser *ilimitado*. Pois, se ele sofrer alguma limitação, se o governante tiver de respeitar tal ou qual obrigação (por exemplo, tiver que ser justo – então quem irá julgar se ele está sendo ou não justo? Quem julgar terá também o poder de julgar se príncipe continua príncipe ou não – e portanto será, ele que julga, a autoridade suprema. Não há alternativa: ou o poder é *absoluto*, ou continuamos na condição de guerra, entre poderes que se enfrentam. Para montar o poder absoluto, Hobbes concebe um contrato diferente, *sui generis*. Observemos que o soberano *não* assina o contrato – este é firmado apenas pelos que vão se tornar súditos, não pelo beneficiário. Por uma razão simples: no momento não existe ainda soberano, que só surge *devido ao contrato*. Disso resulta que ele se conserva fora dos compromissos, e isento de qualquer obrigação. Este esquema mostra que, no Estado absoluto de Hobbes, o indivíduo conserva um *direito à vida* talvez sem paralelo em nenhuma outra teoria política moderna. Mas esse Estado hobbesiano continua marcado pelo medo. Devemos, porém, matizar o medo que há no Estado hobbesiano. Primeiro, o Leviatã não aterroriza. Terror existe no estado de natureza, quando vivo no pavor de que meu suposto amigo me mate. Já o poder soberano apenas mantém temerosos os súditos, que agora conhecem as linhas gerais do que devem seguir para não incorrer na ira do governante. Segundo, o indivíduo bem comportado dificilmente terá problemas com o soberano. E, terceiro, o Estado não se limita a deter a morte violenta. Não é produto apenas do *medo* à morte – se entramos no Estado é também com uma *esperança* (em filosofia, o medo e a esperança são um velho par) de ter vida melhor e mais confortável. O conforto, em grande parte, deve-se à propriedade. Hobbes reconhece o fim das velhas limitações feudais à propriedade – e nisso ele está de acordo com as classes burguesas, empenhadas em acabar com os direitos das classes populares à terra comunal ou privada – mas, ao mesmo tempo, estabelece um limite muito forte à pretensão burguesa de autonomia: as terras e bens estão controlados pelo soberano. E aqui podemos entender por que Hobbes é, com Maquiavel e em certa medida Rousseau, um dos pensadores mais 'malditos' da história da filosofia política – pois, no século XVII, o termo 'hobbista' é quase tão ofensivo quanto 'maquiavélico'. Não é só porque apresenta o Estado como monstruoso, e o homem como belicoso, rompendo com a confortadora imagem aristotélica do bom governante (comparada a um pai) e do indivíduo de boa natureza. Não é só porque subordina a religião ao poder político. Mas é, *também*, porque nega um direito natural ou sagrado do indivíduo à sua propriedade. No seu tempo e ainda hoje, a burguesia vai procurar fundar a propriedade privada num direito *anterior* e *superior* ao Estado: por isso ela endossará Locke, dizendo que a finalidade do poder público consiste em proteger a propriedade. Um direito aos bens que dependa do beneplácito do governante vai frontalmente contra a pretensão da burguesia a controlar, enquanto classe, o poder de Estado."[41]

---

[41] RIBEIRO. Hobbes: o medo e a esperança. *In*: *Os clássicos da política*, vol. 2 (Org. Francisco C. Weffort), p. 62, 63, 71, 72, 73, 75, 76.

Enfim, para Renato Janine Ribeiro, o contrato mencionado na obra de Hobbes "produz dois resultados importantes. Primeiro, o homem é o artífice de sua condição, de seu destino, e não Deus ou a natureza. Segundo, o homem pode *conhecer* tanto a sua presente condição miserável quanto os meios de alcançar a paz e a prosperidade. Esses dois efeitos, embora a via do contrato tenha sido abandonada na filosofia política posterior ao século XVIII, continuam inspirando o pensamento sobre o poder e as relações sociais".[42]

John Locke (1632-1704)[43] expôs sua doutrina contratualista no livro *Two treatises on government*, publicado em 1690, intitulando-se o último de *O segundo tratado do governo civil*. Para ele, o estado de natureza não é um estado de guerra, como queria Hobbes, mas um estado de paz, assistência mútua e conservação, em que os homens usufruem de ampla liberdade para agir. Neste passo, Locke considera o estado de natureza como necessário para preservar a propriedade, o trabalho, a vida, a saúde e a integridade.

---

[42] RIBEIRO. *Op. cit.*, p. 77.

[43] John Locke nasceu em 1632, em Wrington, no Somerset, pequena aldeia perto de Bristol, na Inglaterra. Para a compreensão das suas obras, é importante situá-lo no contexto histórico inglês. Vale observar que, enquanto Hobbes foi confrontado com a Guerra Civil (1642) em plena maturidade, Locke, na idade madura, já se encontrava longe desta guerra. "Depois da República, Carlos II (1630-1685), filho de Carlos I (1600-1649), restaurou a coroa inglesa para os Stuarts, mas pela Declaração de Breda, em 1660, reconheceu a autoridade do Parlamento e prometeu tolerância religiosa. Foi, entretanto, um monarca de ideias absolutistas, que acabou por fechar o Parlamento, em 1679, e perseguir os protestantes. Jaime II (1633-1701), seu sucessor, não conseguiu se consolidar no governo, devido à forte oposição parlamentar. A ameaça de perpetuação da dinastia católica levou esta à convocação de Guilherme de Orange (1650-1702) e sua esposa Maria (1664-1694), filha do rei, que foram declarados soberanos. A *Revolução Gloriosa* triunfara e o casal assinou o *Bill of Right*, que proibia formalmente aos soberanos suspender as leis, criar impostos, instituir jurisdições arbitrárias e manter exército permanente sem o consentimento do Parlamento, além de garantir a liberdade individual dos súditos e seu direito de peticionar. John Locke encontrava-se no mesmo navio que levou a Rainha Maria à Inglaterra. O pensador também participara do processo revolucionário. Estudara em Westminster School e em Oxford, de onde se tornaria *fellow*. O estudo na universidade o afastara do aristotelismo escolástico e permitira-lhe entrar em contato com a obra de Francis Bacon (1596-1650). Acabou optando pela medicina, mas escreveu como filósofo e viveu como político. Tornou-se médico do futuro conde de Shaftesbury (1621-1683), que também lhe atribuiu a função de assessor direto. O Conde representava os interesses do Parlamento, opondo-se ao absolutismo de Carlos II, que o obrigou a emigrar, em 1675, juntamente com Locke. Voltaram à Inglaterra em 1679, reaproximando de Carlos II, e recebendo novos cargos públicos, mas essas relações não durariam muito tempo, logo tiveram que se exilar na Holanda. A ascensão de Guilherme de Orange e Maria, em 1689, possibilitou a volta definitiva do autor. Ele tomou parte na conspiração contra Jaime II e, depois do sucesso do holandês, ele partiu para a Inglaterra. Locke passou a ocupar diversos cargos públicos, com os governantes amigos no poder. Ele foi comissário de apelação, em 1690, e comissário de comércio e plantações, de 1696 a 1700. Nessa época passou a morar em Oates Monos, Essex, com Sir Francis Masha e sua esposa. Ficou neste lugar melancólico até morrer, em 1704. O pensador inglês publicou obras principais como *A Carta sobre a Tolerância* (1689), os dois *Tratados sobre o Governo Civil* (1690) e o *Ensaio sobre o Entendimento Humano*" (COSTA. *Curso de ciências políticas*, p. 107-108).

Locke foi o principal representante do empirismo e materialismo inglês, tendo sido considerado um dos principais inspiradores de Rousseau. Combateu o racionalismo, em especial a doutrina da ideia inata, pois considera a experiência como a fonte de todo o conhecimento.

Nele, a execução das leis da natureza cabe ao que ele chama de poder executivo, que se acha difundido no grupo social.

A propriedade (*property*), em Locke, é entendida tanto no sentido estrito de bem, objeto de apropriação por meio do trabalho, quanto como vida, liberdade e posses. A propriedade, antes de ser um instituto jurídico, aparece como a forma do elemento constitutivo do sujeito humano. O poder que cada um possui por natureza de conservar a propriedade (vida, liberdade e riquezas) contra o ataque dos outros, bem como de julgar e punir, até com a morte, as infrações alheias, constitui a máxima expressão daquela perfeita liberdade natural de gozar de todos os direitos e privilégios da lei da natureza. Ele é, no entanto, extraordinariamente insuficiente, tal como o poder, fracionado e limitado no tempo e na extensão do chefe de família e das pequenas monarquias. No estado de natureza a vontade individual é discreta e dirigida ao bem geral, à paz e à conservação da humanidade. Então a distância entre o exercício da vontade e o seu objeto pode sempre desembocar no estado de guerra: quando o indivíduo exercita o seu poder executivo, entra em conflito com os outros porque cada um pretende ter uma jurisdição sobre o outro, de que resulta confusão e desordem.

Para evitar conflitos, os homens celebram um pacto, criador da sociedade política, mediante o consentimento mútuo e livre, em que alienam parte de seus direitos. Tal acordo gera um governo para agir como um *juiz sobre a terra*, para solucionar os conflitos que porventura venham a surgir e castigar os ofensores. Enfim, o Estado não pode fundamentar-se em nada que não seja o consentimento do povo.

Pelo pacto social, *trust* (crédito, confiança, encargo, cobrança), o povo concedia aos governantes um poder limitado e revogável. É que os cidadãos estavam obrigados ao governo enquanto não houvesse, pelos governantes, abuso nas prerrogativas individuais.

De maneira que até o momento em que a comunidade não colocou o poder legislativo nas mãos de um *trustee*, é dizer, de uma pessoa ou mais pessoas, na confiança de ser governada por leis declaradas, a existência dos indivíduos é incerta, como no estado de natureza. Destarte, uma forma de governo é perfeita quando a maioria confia todo o poder necessário (legislativo e executivo) a uma ou mais pessoas.

Caso o governo, de liberal e constitucional passasse a arbitrário e tirano, perdia o direito à obediência e os cidadãos podiam exercer o direito de resistência, fosse o abuso do poder legislativo, fosse do executivo. O direito de resistência era concebido por Locke como uma extensão do direito natural que cada um teria de punir o agressor. O direito de resistência implicava na retomada do poder pelo povo, seguida da eleição de um novo legislativo, conforme achasse conveniente para prover a segurança e garantia da sociedade política.

Portanto, o caráter fiduciário (*trusteeship*) do poder entregue ao legislativo se funda na convicção de que cabe ao povo o poder supremo para afastar ou alterar o legislativo, quando é levado a verificar que age contrariamente ao encargo que lhe confiaram. Importante, pois, a distinção entre poder absoluto e arbitrário, e será uma vez mais a capacidade de propriedade o critério decisivo. O poder legislativo, quanto a extensão, não pode dispor dos bens dos súditos arbitrariamente ou retirar-lhes uma parte a seu bel-prazer, como também não pode despojar um homem de parte de sua propriedade sem o seu consentimento, porquanto, nesse caso, os indivíduos não teriam nenhuma propriedade e cairia por terra a própria razão de existência do pacto.

Não se deve, então, esperar que o governo seja dissolvido (poder constituinte e resistência se acham fortemente entrelaçados) e que aconteça a dissolução da sociedade. O povo pode prover a si mesmo, instituindo um novo legislativo antes que seja tarde demais. O poder legislativo deve voltar nas mãos daqueles que o conferiram para a sua tranquilidade e segurança.

Jean-Jacques Rousseau (1712-1778),[44] cidadão suíço que se viu obrigado a trabalhar e viver na França, por ter sido expulso de sua terra natal em razão de suas ideias, é o mais alto pensador da teoria contratualista.

O contrato, para Rousseau, não é um acordo histórico ou real, mas uma construção racional e lógica que justifica e dá legitimidade ao Estado.

Afirma Rousseau, em seu *Contrato social*, que o homem nasce livre, mas em todas as partes está acorrentado.

Tributário da filosofia de Locke, Rousseau foi inspirador dos revolucionários franceses, no século XVIII.

Suas reflexões acerca da formação do Estado estão contidas também no livro intitulado *Discurso sobre as causas da desigualdade entre os homens*, considerado como a parte crítica, e no *Contrato social*, como a parte dogmática. Supõe-se que este foi escrito antes daquele.

Então, "achar uma forma de associação que defenda e proteja com toda a sua força comum a pessoa e os bens de cada associado e pela qual cada um, unindo-se a todos, não obedeça entretanto senão a si próprio, e que fique tão livre como antes" (Livro L, Capítulo VI), é o problema fundamental a que o contrato social dá a solução.

Este pacto é celebrado entre os homens e não entre o povo e o governante: trata-se, pois, de um pacto de união e não de sujeição. Consequentemente, a soberania reside no homem; ela é individual, indivisível e inalienável; é tão somente a soma das von-

---

[44] Jean-Jacques Rousseau nasceu em Genebra, tendo sido um dos pensadores de maior influência de seu tempo. Órfão de mãe e abandonado pelo pai aos 10 anos de idade, deixou sua cidade natal em 1728, em direção a Annecy, onde foi acolhido por Mme. De Warens. Instalou-se em Paris em 1741, ano em que teve início sua longa ligação amorosa com ThèrèseLavasseur, uma criada com quem teve 5 filhos. Em Paris conheceu Voltaire, Diderot e outros filósofos do Iluminismo, colaborou com a *Enciclopédia*, redigindo verbetes sobre música. Em 1750 é publicada a sua obra *Discurso sobre as ciências e as artes*, com a qual vence o concurso instituído pela Academia de Dijon, a qual, no entanto, posteriormente, não consagrou o seu *Discurso sobre a origem da desigualdade entre os homens*, tendo então Rousseau se afastado da vida social, rompendo com Diderot e seus amigos. Nesse período foi, contudo, intensa sua atividade intelectual. Em 1761 publicou *Júlia* ou a *Nova Heloísa*, romance epistolar que fez enorme sucesso na época. Em 1762 redigiu *Do Contrato Social*, seguido de *Emílio* ou *Da educação*, obras reveladoras das estreitas ligações que via entre política, moral e educação. Em *Emílio*, Rousseau opõe-se a toda a fé dogmática e defende uma religião natural. Em virtude de suas ideias, acabou por ser expulso da Suíça, tendo-se refugiado na Inglaterra onde recebeu a proteção de David Hume, com quem rompeu mais tarde. Retornou a Paris em 1770. Morreu em Ermoville, na França, em 1778.

tades individuais. Desta forma, se o Estado for composto de dez mil cidadãos, cada um deles terá a décima milésima parte da autoridade soberana.

Formula ainda Rousseau o conceito de vontade geral, que não se confunde com a simples soma das vontades individuais, mas é uma síntese delas: "... há, às vezes, diferença entre a vontade de todos e a vontade geral: esta atende só ao interesse comum, enquanto que a outra olha o interesse privado e não é senão uma soma das vontades particulares (Livro II, Capítulo III)."

Rousseau, diferentemente de Locke e Hobbes, descreve o estado de natureza como sendo aquele em que o homem natural não é nem sociável nem dotado de razão, nem impelido por um egoísmo ativo. Na primeira parte de seu *Discurso sobre a desigualdade*, Rousseau acentua a distância que há entre o estado de natureza e o estado social. Para ele, o homem natural é desprovido de todas as características do homem social, nada indicando nesse estado de natureza que dele deva sair, pois se trata de um estado de felicidade e de equilíbrio que se basta a si mesmo, imutável e sem história. O homem é solitário, independente, ocioso. Seus sentidos são proporcionais às suas necessidades, não tem consciência de sua condição humana. Desse modo, a linguagem, a razão, a família, o trabalho, a propriedade, a moral não são naturais ao homem, mas criações a ele posteriores. O homem, no estado de natureza, é um ser perfectível. A desigualdade entre os homens está sujeita então a uma série de progressos da própria sociedade, como a descoberta da metalurgia e o desenvolvimento da agricultura, com a divisão do trabalho, origem da propriedade e da desigualdade, fase em que o homem já se acha desfigurado. Surge a união entre homem e mulher, depois a união entre pais e filhos; surge a propriedade e com ela se inicia a desigualdade, por meio da riqueza. A propósito, escreve Rousseau: "O primeiro que, tendo cercado um terreno, arriscou-se a dizer: isso é meu, e encontrou pessoas bastante simples para acreditar nele, foi o verdadeiro fundador da sociedade civil."

Nessas condições, os ricos passaram a dominar e submeter os pobres e a se sentir inseguros relativamente a seus bens. É o período intermediário entre o estado de natureza, que não mais existe, e a sociedade civil, em que os homens vivem de maneira imperfeita. O resultado dessa situação será um estado de guerra, em que o homem já está desfigurado, o que torna necessária a instituição da sociedade e das leis por um pacto de associação. O instrumento que permite a efetivação do pacto é a vontade de todos, e o instrumento ou a faculdade que dele surge é a vontade geral, que deverá ser objetivada em um outro instrumento, a lei, que cria os meios necessários ao desiderato do pacto social – o Príncipe ou o Estado – e a todos vincula. Neste momento se dá a passagem do *eu* individual para o *eu* coletivo, de uma forma um tanto obscura: "No mesmo instante, em lugar da pessoa particular de cada contratante, este ato de associação produz um corpo moral e coletivo, composto de tantos membros quantos votos tiver a assembleia, o qual recebe deste mesmo ato sua unidade, seu EU recebe sua vida e sua vontade (*Contrato social*, Cap. IV, Livro I)."[45]

---

[45] O grande questionamento de Rousseau, neste ponto, é: Como conhecer a vontade geral? No que, segundo Rogério Gesta Leal, não convence com sua resposta, ao afirmar que os chefes sabem de

As *teorias da violência ou da força* encontram em Gumplowicz (1838-1909) e Oppenheimer (1864-1943) seus principais expoentes, mencionando-se ainda Léon Duguit, quando sustenta ser o Estado um grupo humano situado sobre um território, onde os mais fortes dominam os mais fracos, ou seja, força material, dualismo de governantes e governados; o grupo mais forte encontra apenas como limite a solidariedade social, regra de direito ou direito objetivo.

Gumplowicz fala que a horda foi a forma mais primitiva de associação. Considera-se horda o grupo humano em que predominam os instintos e onde não há condições de vida que resultem numa organização política.

A promiscuidade da horda, a evidência da maternidade e o direito materno (pois o pai é desconhecido) acarretam a ginecocracia. O rapto da mulher tem como consequência o aparecimento do casamento, e a mulher raptada se transforma em propriedade individual, passando a gozar de um privilégio em relação às outras mulheres da horda do raptor.

Em virtude do desejo de roubar, de raptar, surgem na horda outras relações, como o domínio de um grupo sobre o outro e a propriedade. O Estado aparece com a fixação da tribo sobre determinado território, nele dominando uma minoria sobre uma maioria. A maioria acaba renunciando a uma resistência inútil; surge a paz e a ordem social duradoura (teoria do fato consumado).

Oppenheimerdoutrina que o Estado é um Estado de classes, cuja origem se encontra na imposição de um grupo vencedor a um grupo vencido, a fim de se manter o domínio interno e proteger-se contra ataques externos.

Segundo ainda o médico e professor de Ciência Política, há duas forças que dirigem as ações humanas, constituídas pelo instinto de conservação: individual – a fome; especial – o amor.

Mas os dois meios pelos quais o homem satisfaz suas necessidades são o meio econômico e o meio político.

Chama-se meio econômico o trabalho pessoal ou a troca equitativa do próprio trabalho pelo de outrem, e meio político a apropriação, sem compensação, do trabalho alheio. O Estado é a organização do meio político, ou seja, o domínio da classe dominante sobre a classe oprimida. Escreve ele: "Um Estado não pode, pois, nascer senão quando o meio econômico ajuntou uma certa quantidade de objetos destinados à satisfação das necessidades, dos quais se possa apoderar o rapto a mão armada."[46]

Poder-se-ia mencionar ainda, no elenco das teorias da origem violenta do Estado, a teoria marxista.

O Estado seria, assim, o poder organizado de uma classe para oprimir a outra classe.

---

sobra que a vontade geral está sempre a favor do partido que melhor defende o interesse público, o mais equitativo, de modo que basta ser justo para ter a certeza de cumprir a vontade geral (LEAL, Rogério Gesta. *Teoria do estado*. Cidadania e poder político na modernidade, p. 102).

[46] CARVALHO. *Op. cit.*, p. 113.

Ocorre que, ao invés de justificar a legitimidade do Estado, o marxismo veio para considerar apenas sua origem histórica, pois o que postula é a extinção do Estado.

O Estado como produto da violência, dominação, coação, além de revelar a sua justificação filosófica, mostra também a sua origem concreta como fenômeno historicamente situado.

A *teoria familiar* ensina que o Estado tem origem na família. É a família ampliada. A família é, portanto, o primeiro agrupamento que fez as vezes do Estado (Fustel de Coulanges). São poucos os autores que defendem a teoria da origem familiar ou patriarcal do Estado. Um dos seus maiores expoentes, o inglês Robert Filmer (1589-1653), procurou utilizar-se da teoria para justificar o direito divino dos reis e o absolutismo monárquico, tendo sido combatido por Locke.

Relacionada com a teoria familiar, mencione-se a origem do Estado decorrente da tradição de um legislador primitivo, cuja personalidade teria dado as leis e criado as instituições do país e de quem o povo seria descendente. Seriam de tais legisladores os grandes nomes da História: Moisés, Minos, Sólon, Licurgo, considerados ainda representantes diretos de Deus na terra.

A *teoria natural* justifica o Estado pela sua própria existência. Esta teoria baseia-se na simples constatação empírica da existência do Estado. Sempre que haja uma associação de homens que não tenha nenhuma outra superior a ela, ou seja, associação que se basta a si mesma, que não derive de outra e que vise a fins gerais, aí existe o Estado que se legitima pela sua continuidade histórica e permanência do fenômeno em si mesmo.

É, contudo, a teoria natural insuficiente para justificar a existência do Estado, que deve ser buscada pela razão humana ao indagar o porquê do Estado na vida do homem, sendo então necessárias as teorias antes apontadas: da origem divina, contratual e da violência.

Teorias negatórias – Mencionamos aqui algumas teorias que, ao invés de justificar a existência do Estado, o negam e postulam sua extinção.

O *anarquismo* é uma delas. Fala-se em anarquismo como:

a) doutrina que supõe a vida comunitária liberada de qualquer regulação jurídica;

b) situação irregular e anormal dentro de uma comunidade desordenada: é que incomoda o homem moderno toda a forma de submissão; a rebeldia constitui uma posição inerente ao seu espírito. Daí o anarquismo contra a autoridade exterior.

Bidart Campos enumera as distintas variações do anarquismo. A primeira delas acarretaria a destruição do Estado por *evolução* como resultado de um processo natural de reforma social e política. Outra variação é a *revolucionária*, que visa destruir o Estado pela força e violência.

Há ainda o *anarquismo individualista*, que se dirige à liberdade individual do homem e se reveste de caráter predominantemente filosófico e literário. São seus expoentes, dentre outros: Godwin (1756-1836), Max Stirner (1806-1856) e Nietzsche (1844-1900), com sua doutrina do super-homem egoísta, dizendo que o homem começa somente onde termina o Estado.

Já o *anarquismo coletivista* se acha relacionado com os movimentos sociais que visam à extinção do Estado. São suas expressões: Proudhon (1809-1865), Bakunin (1814-1876), Kropotkin (1842-1919) e Tolstoi (1828-1910).[47]

7. PROCESSOS DE FORMAÇÃO E EXTINÇÃO DO ESTADO

Relacionado com a estrutura do Estado, o tema em exame se desvincula das indagações de ordem filosófica, acima estudadas, acerca da origem e justificação do Estado, para limitar-se apenas ao processo estrutural de formação, modificação e extinção do Estado em concreto.

Pode-se mencionar alguns modos de formação do Estado, propostos por consagrados autores.

Bluntschli, em sua *Teoria geral do Estado*, distingue três modos de nascimento dos Estados:

a) modos *originários*, em que a formação é inteiramente nova, partindo diretamente da nação ou do país;

b) modos *secundários*, em que a formação é produzida do interior, emanada do meio nacional, por meio da união de vários Estados, que passam a formar um todo, ou do desmembramento, da divisão ou desagregação das partes de um só Estado, que se fraciona para formar diversos Estados. Como união de Estados, mencione-se a Confederação, a Federação, a União Pessoal e a União Real;

c) modos *derivados*, em que o Estado forma-se de fora, do exterior, como pela colonização.

Alexandre Groppali menciona dois grandes ramos de formação do Estado:

a) formas *imediatas* ou *diretas*;

b) formas *indiretas* ou *derivadas*.

Entre nós, Queiroz Lima fala em três modos de formação do Estado:

a) pela cisão de um Estado em duas ou mais seções, passando cada uma delas a constituir um Estado distinto;

b) pela secessão de uma parte da população e território de um Estado, para a formação de um novo;

c) pela independência de colônias, que se desligam da metrópole.[48]

Já Dalmo de Abreu Dallari classifica os modos de formação do Estado em:

a) formação *originária*, partindo de agrupamentos humanos ainda não integrados em qualquer Estado;

---

[47] CAMPOS. *Op. cit.*, p. 244-245.
[48] LIMA. *Teoria do estado*, p. 138-139.

b) formação *derivada*, partindo de Estados preexistentes, compreendendo o fracionamento e a união de Estados;

c) formas *atípicas*, não usuais, em que a criação de novos Estados é absolutamente imprevisível, como ocorreu, por exemplo, com a formação do Estado do Vaticano e o Estado de Israel.[49]

Os vários tipos de formação e extinção dos Estados serão tratados detalhadamente em tópicos específicos, quando da análise do território, povo e formas de Estado. Note-se também que o assunto interessa igualmente ao Direito Internacional Público, sobretudo pelas transformações que venham a ocorrer na soberania do poder estatal, em virtude da formação ou da extinção dos Estados.

8. ELEMENTOS DO ESTADO – CONSIDERAÇÕES INICIAIS

São tradicionalmente três os elementos do Estado: povo, território e poder político.

Por elemento entende-se aquela substância que em composição com outra entra na constituição de alguma coisa.

Deve-se a Jellinek a formulação do conceito de Estado como um povo fixado num território para, mediante poder próprio, exercer o poder político, surgindo daí o acolhimento da tese dos três elementos do Estado.

São materiais os elementos território e povo, e formal, o poder político.

Tem-se questionado, todavia, a redução do Estado a seus elementos, considerados por alguns como condições de sua existência e não como definidores de sua essência. Assim pensa, por exemplo, Jorge Miranda, ao afirmar que "os elementos não podem ser tomados enquanto partes integrantes do Estado, pois que isso: 1. suporia reduzir o Estado a eles, à sua soma ou à sua aglutinação quase mecânica; 2. suporia ainda assimilar a natureza de cada um dos elementos à dos outros dois ou, porventura, colocar todos em pé de igualdade; 3. esqueceria outros aspectos ou fatores tão significativos como o sentido de obra comum ou dos fins; 4. não explicaria o papel da organização como base unificante do Estado".[50]

Georges Burdeau, ao mostrar que o Estado, como fenômeno jurídico é a institucionalização do Poder, que se despersonaliza, situa o território e a população como condição de formação de existência do Estado e não como sua substância. Para o eminente publicista francês, o Estado se forma quando o Poder tem a sua sede não em um homem, mas em uma instituição, mediante uma operação jurídica a que ele chama de institucionalização do Poder.[51]

Marcelo Rebelo de Sousa, embora admita que povo, território e poder político componham o conceito de Estado, procede a uma distinção entre conceito e estru-

---

[49] DALLARI. *Op. cit.*, p. 43-50.
[50] MIRANDA. *Manual de direito constitucional*, t. 3, p. 26-27.
[51] BURDEAU. *Traité de science politique*, t. 2.

tura do Estado. A estrutura é mais ampla, nela cabendo vários outros elementos que já não integram o conceito de Estado, como os direitos fundamentais, os partidos políticos, as Forças Armadas, os grupos de pressão política, as classes sociais, os sindicatos, as organizações patronais e os meios de comunicação social.[52]

Há quem sustente a ocorrência de um quarto elemento do Estado: assim pensa Groppali, que menciona a finalidade como este elemento a mais, em sua *Doutrina do Estado*.

Machado Paupério aponta como elementos do Estado contemporâneo o povo, o território e o *ordenamento jurídico*, esclarecendo ainda ser a soberania seu quarto elemento.[53]

Examinadas essas posições, deve-se aceitar a tese dos três elementos (povo, território e poder político), por ser a única que possibilita delimitar o Estado em relação a outras organizações sociais e políticas (Igreja, organizações internacionais, sindicatos, etc.), às quais falta pelo menos um daqueles elementos que compõem o conceito e a realidade do Estado como fenômeno histórico e institucional.

8.1 POVO

O elemento humano constitutivo do Estado, que consiste numa comunidade de pessoas, é o povo. O grupo humano ou a coletividade de pessoas obtém unidade, coesão e identidade com a formação do Estado, mediante vínculos étnicos, geográficos, religiosos, linguísticos ou simplesmente políticos que os unem. O povo é, assim, o sujeito e o destinatário do poder político que se institucionaliza. Ele só existe dentro da organização política. Uma vez eliminado o Estado, desaparece o povo como tal.

O conceito de povo não se confunde com o de população.[54] Como se viu, o povo consiste numa unidade que corresponde a conceito jurídico-político. População envolve um conceito econômico-demográfico, apenas. É o conjunto de residentes (nacionais e estrangeiros) no território do Estado.

Na esteira de autores alemães, Ivo Dantas entende que o termo população é que constitui o elemento pessoal constitutivo do Estado. E justifica sua posição pela circunstância de que, enquanto população tem um sentido demográfico-matemático,

---

[52] SOUSA. *Direito constitucional*, p. 155.

[53] PAUPÉRIO. *Anatomia do estado*, p. 37.

[54] Distinto dos conceitos de povo e de população é o da multidão. Para Michael Hardt e Antonio Negri, se povo é uno e população não é unificada, mantendo-se plural e múltipla, a multidão, embora se mantenha múltipla, não é fragmentada, anárquica ou incoerente. A "multidão designa um sujeito social ativo, que age com base naquilo que as singularidades têm em comum. A multidão é um sujeito social internamente diferente e múltiplo cuja constituição e ação não se baseiam na identidade ou na unidade (nem muito menos na indiferença), mas naquilo que tem em comum. A multidão, embora se mantenha múltipla e internamente diferente, é capaz de agir em comum, e portanto de se governar. A multidão é o único sujeito social capaz de realizar a democracia, ou seja, o governo de todos por todos. A multidão também é um conceito de raça, gênero e diferenças de sexualidade" (HARDT; NEGRI. *Multidão*, p. 139-141). A multidão, contudo, não pretende o poder.

as demais expressões (povo, nação e grupo social) traduzem um conceito psicossocioantropológico e jurídico-político-constitucional. Além do mais, para o referido autor, a própria Constituição brasileira, em seu artigo 5°, ao falar em "brasileiros e estrangeiros residentes no país" como destinatários da ordem jurídica e do poder do Estado brasileiro, dá guarida ao seu entendimento, por não distinguir entre nacionais e estrangeiros quanto a tutela das normas constitucionais declaratórias dos direitos individuais.[55]

Não se perca de vista, todavia, que o termo povo identifica-se com o conjunto de indivíduos que estão sujeitos à ordem jurídica do Estado, tendo um vínculo permanente com o poder político e não simplesmente transitório, o que ocorre com a população, motivo por que optamos por identificar no povo o elemento pessoal constitutivo do Estado.

Acentua-se ainda que o termo povo, nas democracias atuais, tem-se afastado da noção de cidadãos ativos e até mesmo de um conceito naturalista e étnico, caracterizado pela origem, língua ou cultura comum, para ser concebido como uma "grandeza pluralística", na expressão de P. Häberle, é dizer, uma pluralidade de forças culturais, sociais e políticas, tais como partidos, grupos, igrejas, associações, personalidades e instituições influenciadoras da formação de opiniões, correntes, vontades, ideias, crenças e valores, convergentes ou conflitantes.

Na perspectiva da teoria discursiva do direito e da democracia, o povo não é um sujeito dotado de vontade ou consciência; o povo só se apresenta no plural, não havendo uma vontade abstrata que sirva de legitimidade para a política.[56]

Do ponto de vista da participação no processo do poder, povo se distingue de sociedade civil. Enquanto povo denota o conjunto daqueles cidadãos dotados do poder de sufrágio, a sociedade civil é o mesmo povo no qual, porém, o poder de cada cidadão é ponderado pelo dinheiro, conhecimento e capacidade de organização que ele detém.[57]

Outra distinção a ser feita, quanto ao termo povo, é entre nacionalidade e cidadania.

---

[55] DANTAS. *Teoria do estado*, p. 106-107.

[56] Segundo Habermas, a soberania popular deve ser interpretada de maneira subjetivista: "Uma soberania popular, mesmo que se tenha tornado anônima, só se abriga no processo democrático e na implementação jurídica de seus pressupostos comunicacionais, bastante exigentes por sinal, caso tenha por finalidade conferir validação a si mesma como poder gerado por via comunicativa. Sendo mais exato, essa validação provém das interações entre a formação da vontade institucionalizada de maneira jurídico-estatal e as opiniões públicas culturalmente mobilizadas, que de sua parte encontram uma base nas associações de uma sociedade civil igualmente distante do Estado e da economia" (HABERMAS. *A inclusão do outro*: estudos de teoria política, p. 291-292.

[57] Se para Marx a sociedade civil compreende todo o conjunto das relações materiais entre os indivíduos, e todo o conjunto da vida comercial e industrial de um grau de desenvolvimento e, portanto, transcende o Estado e a nação, para Gramsci a sociedade civil compreende não mais todo o conjunto das relações materiais, mas sim todo o conjunto das relações ideológico-sociais, não mais todo o conjunto da vida comercial e industrial, mas todo o conjunto da vida espiritual e intelectual (BOBBIO. *O conceito de sociedade civil*, p. 31-33).

Nacionais são os indivíduos que se vinculam juridicamente a determinado Estado. Cidadãos são os nacionais que participam do poder político, votando, sendo votado e fiscalizando os atos dos detentores do poder.

Nacionais são todos os indivíduos que se sujeitam permanentemente às leis do Estado e ao seu poder político.

São modos de aquisição da nacionalidade o *jus soli* e o *jus sanguinis*. O primeiro refere-se ao lugar do nascimento e o segundo à descendência (nacionalidade dos pais).

É de Jorge Miranda a observação de que "nacionalidade têm as pessoas coletivas e nacionalidade pode ser atribuída a coisas (navios, aeronaves), mas cidadania só possuem as pessoas singulares".[58]

Os cidadãos constituem a parte do povo capaz de participar do processo democrático. Os alistáveis como eleitores são os cidadãos ativos. Os que podem ser votados os cidadãos passivos. Mas a noção de cidadania se expandiu, para alcançar não apenas os eleitores e os elegíveis como também todos aqueles que participam das decisões governamentais, seja como um dever, seja como uma faculdade, mediante técnicas e instrumentos colocados à sua disposição pelos textos constitucionais, o que pode ocorrer tanto pelos instrumentos jurídicos tradicionais, isto é, o plebiscito, o referendo, a iniciativa popular, quanto por meio da opinião pública ou de manifestações da sociedade civil organizada. Portanto, além dos instrumentos tradicionais, como o plebiscito, o referendo e a iniciativa popular, a cidadania passa a envolver outros meios de participação popular nas tomadas de decisão, como a opinião pública ou manifestações da sociedade civil organizada. Desse modo, o exercício pleno da cidadania implica na igualdade, não apenas jurídica, mas de oportunidades, liberdade física e de expressão, educação, saúde; trabalho, cultura, lazer, pleno emprego, meio ambiente saudável, entre outros direitos humanos fundamentais. Cidadão é, pois, não só aquele que possui direitos políticos, mas o que possui, também, direitos individuais, sociais e econômicos. Nesse sentido, parece-nos ter sido utilizado o termo povo no art. 1º, parágrafo único, da Constituição Federal brasileira de 1988: "Todo o poder emana do povo, que o exerce por meio de representantes eleitos ou diretamente, nos termos desta Constituição."[59]

---

[58] MIRANDA. *Op. cit.*, t. 3, p. 83-84.

[59] O povo, conceito plurívoco e não unívoco, e sua utilização, nas democracias, de modo a evitar usurpações da soberania, ou seja, o *povo* como povo ativo, o *povo* como instância global de atribuição de legitimidade, o *povo* como ícone, o *povo* como destinatário das prestações civilizatórias do Estado, é tratado por Friedrich Müller na obra *Quem é o povo?* Trad. Peter Naumann. São Paulo: 1998.

Relevante notar que, na apresentação desta obra, Fábio Konder Comparato aduz que é do povo, em sua função de titular da soberania, no regime democrático, que emanam todos os poderes. Mas importa assinalar que não existe soberania popular inocente. "Sabemos que a maioria do povo é capaz de esmagar 'democraticamente' a minoria, em nome do interesse nacional. Ou – o que é cem vezes pior – que a minoria, detentora do poder de controle social, pode se utilizar periodicamente do voto majoritário popular, para legitimar todas as exclusões sociais, em nome da democracia. Sabemos que uma febre fundamentalista habilmente instalada, pode levar a legião dos 'eleitos' a esmagar os infiéis, em nome da lei divina. Não, a soberania não pode ser absoluta. Voltamos assim à velha distinção aristotélica entre a demo-

Maior dificuldade apresenta a distinção entre povo e nação, pois frequentemente são identificados.

A nação é uma realidade socioantropológico-cultural, distinta do Estado, refere-se mais à comunidade do que à sociedade. Ninguém se considera nacional porque quer, mas por pertencer a uma comunidade (nação), que comporta um estilo de vida, atitudes mentais de que resultam certos modos de pensar e de querer.

A nação, segundo Mancini, é uma sociedade natural de homens em que a unidade de origem, raça, costumes, língua e comunidade de vida criaram uma consciência social. São, portanto, elementos da nação: *a)* elemento natural: raça, língua e território; *b)* elemento cultural: costumes, tradições, religião e leis; *c)* elemento psicológico: sentimentos nacionais.

Mancini e Renan (este em trabalho intitulado *O que é uma nação?*) ressaltaram o aspecto voluntarístico no conceito de nação. Mancini concebia a nação como uma sociedade natural de homens, com unidade de território, costumes e língua estruturados numa comunhão de vida e consciência social. Já Ernest Renan, em seu opúsculo antes mencionado, ressaltou: "O que constitui uma nação é haver feito grandes coisas no passado e querê-las fazer no porvir: a existência de uma nação é plebiscito de todos os dias, como a existência do indivíduo é uma afirmação perpétua de vida."

E acentua: "Uma nação é uma alma, um princípio espiritual (...). Ter glórias comuns no passado, uma vontade comum no presente; haver feito grandes coisas juntos; querer ainda fazê-las; eis aí as condições essenciais para ser um povo."

Vários elementos entram no conceito de nação: raça, religião e língua. Qual deles, contudo, predomina? Entendemos que não se deve considerar nenhum deles como de maior importância. Veja-se, por exemplo, a Suíça que, tendo três línguas (fala-se

---

cracia pura e simples – em que maioria do povo exerce o poder supremo no seu próprio interesse – e o regime político moderado, a democracia justa, em que o bem comum predomina sobre todos os interesses particulares. Ora, o bem comum, hoje, tem um nome: são os direitos humanos, cujo fundamento é, justamente, a igualdade absoluta de todos os homens, em sua comum condição de pessoas" (MÜLLER. *Op. cit.*, p. 9-28).

De se destacar, portanto, na concepção de Müller, o povo enquanto ícone induz a práticas extremadas, e a ilusões participativas, e é utilizado para bloquear a vontade popular, estando a serviço da posição dos detentores do poder, mesmo porque se refere a ninguém na prática da legitimação. O povo enquanto sujeito ativo diz respeito aos direitos políticos, identificando como membro integrante do povo o cidadão titular dos direitos de sufrágio, é dizer, de participar da democracia indireta, podendo votar, ser votado ou preencher cargos públicos, segundo os requisitos constitucionais. Neste grupo acham-se excluídos do conceito de povo aqueles que não estejam no exercício de direitos políticos. O povo como instância global de atribuição de legitimidade refere-se àqueles que possuem nacionalidade reconhecida, nata ou por naturalização, conforme previsão no texto constitucional. É tido como povo apenas o nacional reconhecido pelo Estado. O povo como destinatário das prestações civilizatórias do Estado não apresenta exclusão, pois se refere a todos os indivíduos integrantes da sociedade, conceito que compreende tanto aqueles dotados dos direitos civis, de nacionalidade ou políticos, quanto os incapazes, os menores, os que tenham seus direitos políticos suspensos, dentre outros. Neste grupo é o indivíduo que se coloca como destinatário de direitos e prestações a serem garantidos pelo Estado (MÜLLER. *Op. cit.*, p. 79-80).

ali o italiano, o francês e o alemão), três religiões e várias raças, é uma nação, enquanto que a Áustria é um Estado, mas não uma nação.

O princípio, pois, de uma nação se encontra no espiritual, no domínio da cultura e nas relações intersubjetivas.

Para Martin Kriele, o conceito de nação está ligado ao conceito empírico de povo, mas contém, ademais, um sentido político. A nação é, como se costuma dizer, o povo que adquiriu consciência de si mesmo. Mas além do parentesco de sangue, o que dá unidade à nação é a história vivida e sofrida em comum, assim como o objetivo de seguir vivendo em comum; em resumo: vontade e consciência de pertencer à mesma comunidade. O conceito de nação vai, portanto, para além do conceito de povo. À nação podem pertencer homens procedentes – do ponto de vista étnico – de povos muito diferentes, o que se torna especialmente claro no caso da nação norte-americana. À nação pertencem, com independência de sua origem étnica, aqueles homens que por razões históricas e políticas se consideram a si mesmos como formando uma unidade e que querem realizar ou manter politicamente esta unidade.[60]

Assunto de grande importância no mundo contemporâneo é saber se a uma nação deve corresponder um Estado, ou, por outras palavras, se é possível dar-se estrutura jurídica e personificação à nação. O Estado moderno do tipo europeu surgiu na História como Estado nacional, pois foi a nação (Revolução Francesa) que lhe conferiu unidade e coesão.

Mancini chegou até mesmo a formular a teoria do *princípio das nacionalidades*, segundo o qual a cada nação deve corresponder um Estado.

Há, no entanto, consistentes objeções a essa teoria e a sua aplicação prática.

Com efeito, a nação, por lhe faltar poder, organização formal e específica (é acéfala), não pode revestir-se de forma política e organizada, sendo equivocado dizer que o Estado é a nação organizada, pois a nação não pode ser suporte de estrutura jurídica ou política.

Do ponto de vista prático, a teoria que estatiza a nação é o caminho direto do totalitarismo nacionalista, como ocorreu com a Revolução Francesa de 1789 e o messianismo de Hitler e Mussolini. De fato, a ideia de nação se incorpora a qualquer programa, seja político, seja econômico ou cultural, degenerando-se, às vezes, em verdadeira fobia, como o antissemitismo hitleriano.

A propósito, escreve Bidart Campos, ao sustentar a tese contrária à personificação da nação: "Não estamos contra o nacional, a nacionalidade ou a nação, nem negamos sua realidade social, ou a incorporação do homem a ela. O que não aceitamos é sua desvinculação para inseri-la na ordem política, ou para imaginar sob forma de mitos a encarnação da nação no Estado, ou a unidade da nação no chamado Estado nacional."[61]

Em cada povo que compõe uma nação é natural ainda que surja, em determinados períodos históricos, conflito entre o nacional e o universal, já que a nação consiste

---

[60] KRIELE. *Introducción a la teoría del estado*, p. 134-135.
[61] CAMPOS. *Op. cit.*, p. 159.

também numa participação nos valores humanos universais que se cruzam com os particulares do grupo nacional exclusivo.[62]

Não se pode, finalmente, compreender o significado de nação, o momento em que ela é imaginada e, então, modelada, adaptada e transformada, sem conhecer o pensamento de Benedict Anderson, que, dentro de um espírito antropológico, concebe a nação como "uma comunidade política imaginada – e imaginada como sendo intrinsecamente limitada e, ao mesmo tempo soberana. Ela é imaginada porque mesmo os membros da mais minúscula das nações jamais conhecerão, encontrarão ou sequer ouvirão falar da maioria de seus companheiros, embora todos tenham em mente a imagem viva da comunidade entre eles. Imagina-se a nação limitada porque mesmo a maior delas, que agregue, digamos, um bilhão de habitantes, possui fronteiras finitas, ainda que elásticas, para além das quais existem outras nações. Nenhuma delas imagina ter a extensão da humanidade. Imagina-se a nação soberana porque o conceito nasceu na época em que o iluminismo e a Revolução estavam destruindo a legitimidade do reino dinástico hierárquico de ordem divina. E, por último, ela é imaginada como uma comunidade porque, independentemente da desigualdade e da exploração efetivas que possam existir dentro dela, a nação é sempre concebida como uma profunda camaradagem horizontal".[63]

---

[62] Acentuando que o universalismo democrático é a única chance dada ao "homem globalizado" de pensar e construir *novas linhas e amizade* entre os povos e as nações, sem mais esferas sacrificiais e nem pretensões de "cercas", ditadas pela lógica da força ou do mito de identidades étnico-culturais homogêneas, Michele Carducci pondera que a "tendência à 'etnicização' do conceito de nação, que alimenta a ilusão de reconquista de uma identidade 'própria' e mais profunda (a identidade da estirpe), desemboca, inevitavelmente, em uma ideia de comunidade fechada e homogênea, ou seja, em novas formas de totalitarismo. O universalismo democrático requer uma sociedade aberta e pluralística, incompatível com a concepção étnico-cultural da nação (o mito da comunidade orgânica), e com a superstição do Estado e da sua onipotência. Entre os dois extremos, de um Estado-Nação monoétnico e de um Estado centralizado e burocrático, de tipo imperial, que unifica, com coação, uma miríade de povos diversos, há todo o espaço para a *imaginação política*, para inventar federações, confederações, uniões econômicas, tratados políticos, instituições locais, descentralizadas, regidas por um centro democrático, associações de vários gêneros. O problema então não é aquele de negar o direito de novas nações, como também não, no oposto, aquele de encorajar a 'fibrilação' da 'Europa das regiões'. O universalismo democrático encontra-se diante da enorme tarefa de juntar a necessidade de enraizamento ou, que significa a mesma coisa, a necessidade de identidade histórica, declarada por aqueles povos que sofreram, de várias formas, a violência da desnacionalização e da desculturalização, com a questão da cidadania e dos direitos conexos. Em uma palavra, dar uma resposta adequada à necessidade de enraizamento não significa somente redesenhar as fronteiras saídas da paz de Versailles e da partilha de Yalta, mas, contemporaneamente, situar, também, essa arriscadíssima empresa de reordenar o espaço no contexto do universalismo da forma democrática, como lugar da exposição em comum da liberdade" (CARDUCCI. *Por um direito constitucional altruísta*, p. 21-23).

[63] ANDERSON. *Comunidades imaginadas*: reflexões sobre a origem e a difusão do nacionalismo, p. 32-34. No livro, o historiador acentua que nações, mais do que inventadas, são imaginadas, fazem sentido para a alma e constituem objetos de desejos e projeções. A denominada condição nacional (*nation-ness*) é o valor de maior legitimidade universal na vida política dos nossos tempos, não se divisando o fim do nacionalismo, como por tanto tempo foi profetizado. As nações, apesar de estarem inseridas no tempo secular e serial, com todas as implicações de continuidade,

8.2 Território

O território é considerado como o outro elemento material do Estado.

Quando se examina o surgimento histórico do Estado e suas características, observa-se que a sedentariedade constitui nota marcante da sociedade política estatal, e o território, o espaço geográfico indispensável para sediar o poder político.

Não há, assim, estado nômade, figurando o território como referencial indispensável à fixação dos contornos geográficos do Estado e como limite espacial de validade de sua ordem jurídica (Kelsen).

O território é a base material, geográfica do Estado, sobre a qual ele exerce a sua soberania, e que compreende o solo, ilhas que lhe pertencem, rios, lagos, mares interiores, águas adjacentes, golfos, baías, portos e a faixa do mar exterior que lhe banha a costa e constitui suas águas territoriais, além do espaço aéreo correspondente ao próprio território.

Para os que sustentam que o Estado surgiu com o Renascimento, a *territorialidade* constitui, ao lado da *soberania*, seu traço peculiar, quando então o esfacelamento e a desintegração, verificadas no período medieval, ganharam unidade política e delimitação territorial, onde o poder soberano passou a agir.

Nos "contextos históricos da Europa Ocidental, berço do Estado territorial como instituição moderna, a transferência do domínio sobre os recortes territoriais de ordem feudal para a nova ordem estatal centralizada não se fez sem lutas, disputas, acordos e guerras. Hoje, os recortes de base étnico-culturais continuam impondo novas questões e pressionando os mapas de alguns Estados para novas mudanças, no continente e fora dele, apoiados no argumento central do direito da nação ao seu território e à legitimidade do controle sobre o aparato institucional que lhe possibilite autonomia na escolha do seu destino. Este tem sido o argumento para grupos separatistas no Quebec e no País Basco, além da luta dos curdos, em sua maioria divididos entre a Turquia e o Iraque, pelo direito à soberania sobre o seu território".[64]

Questão complexa é a de fixar as relações jurídicas do Estado com o seu território, o que suscita um primeiro problema, qual seja, o de saber se o território constitui elemento do Estado ou apenas condição necessária de sua existência.

Groppali é partidário da primeira tese, enquanto que Donati, em seu *Estado e território*, sustenta a outra tese, também defendida por Burdeau, Kelsen e Smend, dentre outros autores.

Afirma Groppali que o território é elemento constitutivo do Estado, "da mesma forma que o corpo o é para a vida do homem".[65]

Para Donati, o território não deve ser entendido como elemento constitutivo do Estado. É que assim como não se concebe considerar parte integrante de um indi-

---

não possuem uma data de nascimento claramente identificável, e a morte delas, quando chega a ocorrer, nunca é natural.

[64] CASTRO. *Geografia e política*: território, escalas de ação e instituições, p. 46.
[65] GROPPALI. *Op. cit.*, p. 118.

víduo uma porção do solo porque esta lhe é necessária para seu apoio, também é absurdo dizer que o território representa para o Estado elemento constitutivo, ao invés de condição exterior.

Insiste ainda Donati na tese, quando mostra que historicamente está provada a existência de Estados que mudam de território, como a existência de Estados sem território verdadeiro e autêntico.

Apesar de tais ponderações, a tese mais aceita é a que considera o território como elemento constitutivo do Estado. Rebatendo o argumento histórico de Donati, pode-se afirmar com Groppali que só uma ocupação, temporária e de fato, explica a continuação da existência de um Estado sem território; não se trata, assim, de perda jurídica e definitiva.

8.2.1 Princípio da territorialidade das leis

Um dos princípios que evidenciam a relevância jurídico-política do território é o da territorialidade das leis, ou seja, as normas da ordem jurídica de um Estado só podem ser aplicadas no território desse mesmo Estado. Pode ocorrer, todavia, que o direito de certo Estado seja aplicável aos seus nacionais, mesmo fora do território do Estado, e, de outro lado, não seja aplicável aos estrangeiros ou apátridas, ainda que se encontrem no território do Estado onde vigora sua ordem jurídica. Nesses casos fala-se em *princípio da pessoalidade*.

Exceção ao princípio da territorialidade das leis consiste no privilégio de extraterritorialidade, mediante o qual aos chefes de Estado e agentes diplomáticos de um Estado, em território estrangeiro, é concedida a faculdade de se aplicar a lei do país que representam; fala-se então em imunidade perante o ordenamento jurídico local.

O privilégio de extraterritorialidade se estende ainda aos bens (navios, aviões, embaixadas, etc.) do domínio do Estado diverso daquele em que estão situados Esclareça-se que o privilégio de extraterritorialidade não induz a ideia de prolongamento do território do Estado, mas é apenas ficção de Direito Internacional Público, geradora da imunidade perante a ordem jurídica local.

8.2.2 Direito do Estado sobre o seu território

As relações jurídicas entre o Estado e seu território têm merecido dos autores vastas explicações, que resultaram na formulação de numerosas teorias.

Mencionamos aqui algumas dessas teorias, ainda que brevemente:

a) *teoria do território-sujeito*, também conhecida como *teoria da qualidade*, segundo a qual o território é elemento essencial do Estado, ou seja, seu elemento subjetivo. Faz parte do Estado na qualidade de sujeito. Partidário desta teoria, Carré de Malberg mostra que o território é elemento do ser do Estado e não do seu haver.[66]

---

[66] MALBERG. *Teoría general del estado*, p. 23-24.

Nesta concepção inclui-se a tese de Jellinek, para quem o direito do Estado sobre o seu território é um direito reflexo do Estado sobre as pessoas, expressão do denominado poder de império, sem relação de domínio, ou seja, é por meio das pessoas que o Estado exerce o poder sobre o território. Nesta linha, as invasões do território são consideradas como violações da própria personalidade do Estado;[67]

 b) *teoria do território-objeto*, para a qual o território é um objeto sobre o qual recai o poder do Estado. Sustentada sobretudo por Donati e Laband, a teoria do território-objeto sugere o exame da natureza do direito de domínio do Estado sobre o território.

Na Idade Média confundia-se o poder político com o direito de propriedade da terra. Assim, num primeiro momento, para a teoria patrimonial, o Estado exerce sobre o seu território um direito real de propriedade.

Não se deve, naturalmente, chegar a esse extremo, pois o domínio do Estado sobre o território é um domínio eminente ou direito real institucional, que coloca o território a serviço do Estado;

 c) *teoria do território-limite*. Para esta teoria, o território é o espaço de validade da ordem jurídica estatal (Kelsen). Assim, direito e Estado se confundem.

8.2.3 Composição e limites do território

O território pode ser real ou ficto. São elementos do território real: 1. solo; 2. subsolo; 3. águas (internas – rios, lagos); litorâneas (mar territorial); limítrofes, em que se considera que o território do Estado vai até a metade da superfície líquida; 4. espaço aéreo; 5. plataforma continental. Considera-se como elementos do território ficto: 1. embaixadas e legações diplomáticas; 2. navios e aviões (mercantes e militares). Observa-se, a propósito, que os navios e aviões militares em qualquer parte em que se encontrem são considerados parte integrante do Estado sob cuja bandeira transitem, o mesmo ocorrendo em relação aos navios e aviões de uso comercial. Entretanto, importante notar que, para fins de aplicação das leis brasileiras em matéria penal, enquanto aeronaves militares ou belonaves são consideradas sempre parte integrante do território do Estado, os navios e aviões de uso comercial e civil, em navegação ou sobrevoo, somente se submeterão à jurisdição brasileira caso os crimes não sejam julgados pelas normas do outro Estado em cujo território venham a ocorrer. É o que se extrai do disposto no artigo 7º do Código Penal, ao dispor que "ficam sujeitos à lei brasileira, embora cometidos no estrangeiro, os crimes praticados em aeronaves ou embarcações brasileiras mercantes ou de propriedade privada, quando em território estrangeiro e aí não sejam julgados".

O território terrestre pode ser contínuo ou descontínuo, metropolitano ou colonial.

Contínuo é o território constituído de uma só faixa geográfica e descontínuo o que possui porções separadas umas das outras, como ilhas ou regiões em outros continentes.

---

[67] JELLINEK. *Op. cit.*, p. 295-304.

Já o território metropolitano é aquele onde se situa a sede do governo e o Estado possui o seu núcleo político e demográfico caracterizado e consolidado. Colonial é o território que possui uma situação política inferior e os seus habitantes não gozam dos mesmos direitos e garantias dos metropolitanos (Silveira Neto).

A delimitação do território terrestre é estabelecida pelas fronteiras naturais do Estado. Fronteira tem o significado do que está em frente. É a fronteira que delimita e demarca a área de jurisdição do Estado. As fronteiras podem ser naturais, artificiais e esboçadas, falando-se ainda em fronteiras vivas ou mortas.

Naturais são as fronteiras constituídas por acidentes geográficos significativos, como rios, mares, montanhas ou lagos. Tal se verifica geralmente na Europa, em que a linha franco-italiana é traçada pelos mais altos cumes alpinos; a germano-francesa, que corre, em parte, ao longo do Reno; a franco-espanhola que acompanha as cumeadas dos Pirineus.

Artificiais são as fronteiras que não correspondem a qualquer relevo ou acidente geográfico. São mais frequentes na América, como, por exemplo, a linha divisória entre o Canadá e os Estados Unidos, que segue um paralelo no longo trecho que vai da Baía de Vancouver à margem ocidental do Lake of the Woods.

Esboçadas são as fronteiras ainda imprecisas, em lugares de pequena população e em que não há ainda manifestação dos interesses dos Estados.

Fala-se ainda em fronteiras vivas, cuja doutrina foi criada pelo geógrafo alemão Haushoffer, nos idos de 1925. Para ele, a fronteira não é um traço nos mapas, nem uma linha de separação entre os povos, mas uma área em que as culturas se entrosam, os dialetos se fundem e o folclore dos países se amalgama. As fronteiras vivas existem, portanto, em países e lugares de movimento, em zonas civilizadas e são bem caracterizadas.

Finalmente há as fronteiras mortas, entendidas como os limites antigos sobre os quais não há interesse nem controvérsia por parte dos Estados. Advirta-se, todavia, que, com o avanço de recursos técnicos (aerofotogrametria), perdeu sentido a classificação das fronteiras em naturais, artificiais e esboçadas, pois sua determinação obedece a critérios técnicos precisos.

O território terrestre não se limita ao solo. Abrange ainda o subsolo, numa faixa delimitada por dois raios, que, partindo do centro da Terra, venham atingir, na superfície, os pontos extremos de fronteira. A propriedade e o aproveitamento das riquezas do subsolo (minérios, hulha, lençóis petrolíferos), sua utilização para explosões atômicas constituem matéria de direito interno, como o Constitucional, o Civil, o Administrativo do Estado a quem se atribui o território.

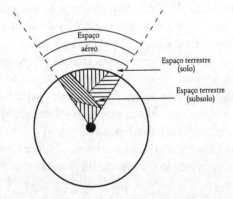

O território aéreo (espaço aéreo) é aquele compreendido entre as verticais traçadas a partir das linhas naturais ou artificiais de separação, envolvendo ainda o mar territorial, se existente. As questões relativas ao espaço aéreo têm sido reguladas por convenções internacionais. A Convenção de Chicago de 1944 instituiu a Organização da Aeronáutica Civil Internacional – OACI –, que esboçou as chamadas "cinco liberdades" referentes à utilização do espaço aéreo estrangeiro:

a) liberdade de sobrevoar território estrangeiro, sem aí aterrar;

b) liberdade de aterragem em território estrangeiro com fins não comerciais (abastecimento ou emergência);

c) liberdade de desembarcar passageiros, carga e correio provenientes do país de origem da aeronave;

d) liberdade de embarque com destino ao país de origem da aeronave;

e) liberdade de embarque de passageiros e mercadorias no território de um Estado para desembarque no território de outro Estado.

Já o espaço sideral foi objeto do Tratado do Espaço Exterior, 1966, pelo qual se entende que a jurisdição estatal não pode exceder a mais baixa altitude arbitral, permanecendo o espaço exterior ou sideral na situação de *res extra commercium*, inapropriável por qualquer Estado. Dispôs-se ainda que nenhum Estado pode apossar-se, no todo ou em parte, do espaço supra-aéreo, da Lua, qualquer satélite ou planeta.

Ressalte-se que, embora não haja o Tratado fixado explicitamente o ponto acima do qual os Estados deixariam de executar atos de soberania, pelo que se depreende de seus termos, pode-se entender que, dentre as várias teorias sobre o limite entre espaço aéreo e espaço sideral, aplicável se mostra aquela que leva em conta a mais baixa altitude arbitral, ou seja, o ponto mais baixo (perigeu) da órbita dos satélites então em órbita, o que significaria a fixação de uma linha divisória em torno de cem quilômetros de altura.

Note-se, contudo, que a ordem jurídica internacional ainda não adotou qualquer conceituação sobre a delimitação do espaço exterior, que, na realidade, somente é clara de um ponto de vista negativo, vale dizer, não é espaço exterior o denominado espaço aéreo, através do qual se verificaria o limite vertical da soberania do Estado. Diversas teorias, segundo Celso D. de Albuquerque Mello, "surgiram para formular esta delimitação: a) Kroell sustentou que a soberania do Estado se estende apenas até onde existir a gravidade da Terra. Esta concepção não pode ser aceita, porque o limite do campo de gravidade varia de um local a outro, uma vez que 'o Globo não é perfeitamente redondo e ele é afetado pela sua própria rotação e pela distribuição desigual das massas de água e de terra na sua superfície' (Kuhfeld-Mateesco). A atração da Terra em relação a um objeto vai depender da sua forma e da velocidade da sua locomoção (Jiménez de Aréchaga); b) Schacter, partindo de uma interpretação da expressão 'espaço aéreo' que figura nos textos internacionais, considera que ela se referiria apenas à região onde fosse possível o voo de aviões, o que ocorre até a altitude de 20 a 25 milhas. Acima deste limite não há uma densidade que permita o voo dos aviões. Tem-se criticado esta teoria da zona da atmosfera sob a alegação de que a expressão 'espaço aéreo', quando era utilizada, queria abranger todo o espaço, sem pretender qualquer diferenciação, vez que os conhecimentos da época não o permitiam (Aréchaga); c) os autores russos Kovalev e Cheprov sustentam que a soberania do Estado se estende até o limite do seu poder efetivo. Esta teoria é injusta, uma vez que os Estados mais avançados na exploração espacial teriam maior zona; d) outros afirmam que o Estado tem soberania até o infinito (Hingorami). Esta formulação é também inaceitável, porque 'pela rotação da Terra os Estados perderiam continuamente sua soberania sobre porções do espaço, conforme as diversas posições que nosso astro tomaria no tempo e na trajetória cósmica' (Mateesco); e) a teoria das zonas defendida por Cooper afirma que o Estado teria uma soberania até uma certa altura; posteriormente, haveria uma zona contígua onde o Estado teria direitos visando a sua segurança e seria dado um direito de passagem inocente aos engenhos não militares. Posteriormente, então, viria uma zona inteiramente livre. Não existe nenhuma convenção internacional que consagre esta divisão em zonas e os Estados entendem que a sua soberania não tem limites em altura, apenas admitindo a exploração espacial devido a suas finalidades científicas. Na verdade, a teoria de Cooper, como a de Schachter, podem ser reunidas em um único grupo: o que procura dividir o espaço em zonas; f) Brownlie fixa o limite do espaço aéreo em 10 a 100 milhas de altitude; g) o cientista Theodore Van Karman propôs a denominada linha Karman para dividir o espaço aéreo do espaço exterior. Esta tese foi adaptada por Andrew Haley. A linha estaria a 52 milhas de altitude do nível do mar. Teria levado em consideração a existência de ar para a aviação; h) alguns autores (M. Dauses, Alex Meyer) consideram que 'a fronteira entre espaço aéreo e espaço exterior não é científica, mas uma fronteira legal'; i) para La Pradelle o limite do espaço atmosférico é a altitude em que um satélite passando em contato com a atmosfera se volatiliza. Esta altitude é de cerca de 100Km (P. Huet): j) para Chaumont a fronteira é funcional e varia em função dos engenhos utilizados no espaço".[68]

A seguir, apresenta-nos alguns dados geográficos relativos à divisão das camadas do espaço:

    a) troposfera (do nível do mar a 10.000m, aproximadamente);

    b) estratosfera (de 10.000 a 40.000m, aproximadamente);

    c) ionosfera (de 40.000 a 375.000m, aproximadamente);

    d) exosfera (de 375.000 a 20.000km ou mais).

E a atmosfera iria, segundo uns, a 300km, outros, a 1.100km ou, ainda a 600km. Mas, se do ponto de vista jurídico considerarmos por espaço aéreo aquela região em que é possível o voo de aviões, devemos entender que ele vai até a altitude de 20 a 25 milhas mais ou menos.[69]

O mar territorial, como próprio da jurisdição do Estado, tinha sua extensão correspondente ao alcance do tiro de canhão disparado da costa, isto é, cerca de três milhas.

---

[68] MELLO. *Curso de direito internacional público*, vol. II, p. 1324.
[69] MELLO. *Curso de direito internacional público*, vol. II, p. 1325.

No século XX foram várias as convenções e conferências acerca do Direito do Mar e a extensão do mar territorial. De fato, a questão deve ser amplamente debatida depois que os motivos econômicos decorrentes da exploração da riqueza do mar passaram a absorver e importar mais do que os motivos de segurança para delimitação da extensão do mar territorial (é verdade que os modernos armamentos podem ir de um continente a outro, o que torna insustentável a fixação dos limites do mar territorial com base em razões de segurança).

O Professor José Alfredo de Oliveira Baracho, em estudo intitulado *Direito do mar*, sintetizou as posições das conferências sobre a matéria: "1. As grandes potências, em nome da tradicional liberdade de navegação, propõem a adoção de um mar territorial de apenas 12 milhas; 2. os países em desenvolvimento insistem nas 200 milhas e dentro desse limite o Estado costeiro teria ampla jurisdição sobre o mar, seu leito e subsolo; 3. conciliando as duas posições, surge a alternativa do mar patrimonial: o mar territorial seria fixado em 12 milhas, onde seria total a soberania do Estado costeiro, e após esse limite haveria um mar patrimonial de 188 milhas, onde o Estado teria jurisdição sobre o leito e o subsolo, mas sem poder impedir a navegação; 4. alheios a esse debate, os Estados sem mar ou de plataforma continental reduzida pedem um estabelecimento de um mar internacional, além das reivindicações nacionais, que seria administrado por um supercondomínio a quem caberia a exploração e a distribuição dos recursos marítimos por todos os países do mundo."[70]

O Brasil fixou, unilateralmente, em 200 milhas a extensão de seu mar territorial, por meio do Decreto-lei n. 1.098, de 25.3.1970, a partir da linha de baixa-mar do litoral continental e insular brasileiro.

Entretanto, o referido Decreto-lei foi revogado pela Lei n. 8.617, de 4.1.1993, que estabeleceu em 12 milhas marítimas de largura o mar territorial brasileiro, tal como indicada nas cartas náuticas de grande escala, reconhecidas oficialmente no Brasil.

Mas, além de fixar a extensão do mar territorial brasileiro em 12 milhas, a Lei n. 8.617/93 previu a existência de uma zona econômica exclusiva, compreendendo uma faixa que se estende das 12 às 200 milhas marítimas, contadas a partir das linhas de base que servem para medir a largura do mar territorial. Esclarece ainda a mencionada lei que, nessa zona econômica exclusiva, o Brasil tem direitos de soberania para fins de exploração e aproveitamento, conservação e gestão dos recursos naturais vivos ou não vivos, das águas sobrejacentes ao leito do mar, do leito do mar e seu subsolo, e no que se refere a outras atividades com vistas à exploração e ao aproveitamento da zona para fins econômicos. Também, nessa zona econômica exclusiva, o Brasil tem o direito de regulamentar a investigação científica marinha, a proteção e preservação do meio marinho, bem como a construção, operação e uso de todos os tipos de ilhas artificiais, instalações e estruturas. Ressalva, todavia, a lei em destaque, o direito de todos os Estados de gozo, na zona econômica exclusiva, das liberdades de navegação e sobrevoo, bem como de outros usos do mar interna-

---

[70] BARACHO. *Direito do mar*, p. 67.

cionalmente lícitos, relacionados com as referidas liberdades, tais como os ligados à operação de navios e aeronaves.

Finalmente, mencione-se a existência de um outro conceito relativo ao território marítimo: o de plataforma continental.

A plataforma continental do Brasil, segundo o disposto no artigo 11 da Lei n. 8.617/93, "compreende o leito e o subsolo das áreas submarinas que se estendem até o bordo exterior da margem continental, ou até uma distância de duzentas milhas marítimas das linhas de base, a partir das quais se mede a largura do mar territorial, nos casos em que o bordo exterior da margem continental não atinja essa distância". Já o limite exterior da plataforma continental "será fixado de conformidade com os critérios estabelecidos no art. 76 da Convenção das Nações Unidas sobre o Direito do Mar, celebrada em Montego Bay, em 10 de dezembro de 1982" (art. 11, parágrafo único, da Lei n. 8.617/93).

Tem-se entendido que a plataforma continental pertence ao território do Estado ribeirinho. No Brasil, a plataforma continental integra os bens da União (art. 20, V, da Constituição Federal), que sobre ela exerce soberania, para efeitos de exploração e aproveitamento de seus recursos naturais.

Finalmente, uma palavra acerca da denominada globalização e sua repercussão sobre o território dos Estados nacionais. Realmente, se a mercadoria hoje é sedenta de espaço, de uma perspectiva econômica o espaço também se globaliza, o que poderia até mesmo levar a uma crise dos Estados nacionais. Com efeito, em virtude da globalização, não apenas a regulamentação da vida econômica, como da vida social, política e cultural escapa de modo crescente ao controle exclusivo das políticas nacionais. A mercadoria, sedenta de espaço, passa pelas fronteiras nacionais a servirem de demarcação provisória do processo global. Há uma redefinição da territorialidade econômica, por força do fluxo transnacional do mercado, em torno de produtos, finanças e serviços, o que traz dificuldades para a identificação da concepção clássica de nação e sua referência ao território. Advirta-se, contudo, com Octavio Ianni, o fato de a sociedade global não se constituir de modo autônomo, independente e alheio à sociedade nacional: ela se planta na província, na nação, na região, ilhas, arquipélagos e continentes, compondo-se com eles em várias modalidades, em diferentes combinações. Desse modo, a globalização se enraíza na multiplicidade de lugares desterritorializados e atravessa regiões, o que nos leva à crença de que não são fenômenos excludentes, mas que se reforçam, pois do lugar é que fluem as diferenças e dele reflui simultaneamente a mundialização, tendo cada lugar forma e ritmo próprio de vida econômica, política e social.

8.2.4 Ocupação e anexação

Neste ponto, questiona-se sobre a possibilidade ou não de o Estado se apropriar de novos territórios, o que pode ocorrer por modo originário e por modo derivado. O primeiro permite ao Estado adquirir território que não pertencia a nenhum outro e o modo derivado é o que possibilita ao Estado a aquisição de território que pertencia a outro Estado.

A anexação, por meio de ocupação, ou seja, pela posse efetiva e duradoura, de terras de ninguém, era defendida na época do colonialismo, pelos Estados do século XVI.

A ocupação de territórios submetidos à competência de um Estado territorial existente, se feita por meio de uma intervenção armada, é inadmissível, porque proibida pela Carta das Nações Unidas. Tem-se, contudo, como juridicamente possível a anexação, quando efetivada no âmbito de um acordo, como, por exemplo, a conclusão de um tratado de paz. A IV Convenção de Genebra de 1949 aplica-se aos territórios ocupados por intervenções armadas e regula expressamente os direitos e as obrigações, tanto do ocupante, quanto da população civil atingida.

Inadmissível, embora, pela Carta das Nações Unidas, a incorporação de um território ao território nacional do Estado vencedor, por meio de ato unilateral, o que caracteriza a anexação, "diferentes guerras do passado mais recente mostram que se deve efetivamente contar com tais atos de guerra unilaterais. No entanto, é muito mais frequente os Estados recorrerem a um sistema de governo de marionetes, quer dizer, à instalação de um governo inteiramente dependente no país conquistado, que, entretanto, deve dar a ilusão de um governo independente, eleito pelos habitantes do país ocupado".[71]

8.3 Poder político

O poder é onipresente, o que faz com que sua circularidade o torne autoexplicativo. O poder existe e mantém as relações sociais.[72]

Na concepção de Foucault, o poder vem de baixo, adentra nas clivagens da vida cotidiana, encontra-se onipresente nos regimes cotidianos do saber e da verdade; o poder constitui os sujeitos. O poder não se refere a um sujeito criador originário, não tem uma origem e um portador, mas se mostra sobretudo como relação. Não há um lugar exclusivo e privilegiado do poder, pois o poder circula, não tem um sentido apenas, mas vários, incluindo o ascendente. O poder, denominado de disciplinar, é uma forma que se articula de um modo muito diverso do poder do Estado e do direito (poder soberano). As práticas disciplinares não só constituem o sujeito como também o sujeitam. Enquanto o sujeito, no modelo de poder que deriva do Estado, é a origem e o fundamento da política e do poder, no modelo que constituirá a sociedade disciplinar, o sujeito é um produto das tramas de poder (e do discurso) que atravessam a sociedade, pois sujeitado por elas e marcado por certa subjetividade (o poder disciplinar atribui a cada indivíduo um *status* de sua própria individualidade).[73]

---

[71] FLEINER-GERSTER. *Teoria geral do estado*, p. 213-214. Cf. ainda: MELLO. *Curso de direito internacional público*, vol. II, p. 1151-1168.

[72] A palavra poder advém do verbo latino *potere*, que significa "ser capaz de". Os substantivos que dele derivam são *potestas* (= autoridade, capacidade coletiva ou individual de agir), e *potentia* (= capacidade ou habilidade de uma pessoa ou coisa de afetar outra).

[73] Cf.: FOUCAULT. *Vigiar e punir*.

O poder, para Nietzsche, não significa dominação, mas criação. A força motivadora básica, na natureza e na sociedade, é a denominada "Vontade de Poder". O que o homem busca, não é a felicidade, não é o prazer, nem evita o desagradável, mas sua busca é por maior quantidade de Poder.[74]

Bertrand Russel afirma que o conceito fundamental da ciência social é o poder, como o da física é a energia. O poder, como substância, exprime a ideia de força, energia, capacidade. O poder físico é o que atua sobre a natureza e consiste em obter modificação do quadro físico, aplicando as leis da natureza e sendo por elas condicionado. Confunde-se com a força e implica sempre em dispêndio de energia, ainda que mínima. Mas não há poder sem relação: daí denotar o fenômeno conceito de relação. O poder é inerente à própria estrutura social, em cuja formação se acha implícita a disciplina.[75]

"A possibilidade de, eficazmente, impor aos outros o respeito da própria conduta ou de traçar a conduta alheia"[76] é o conceito de poder formulado por Marcelo Caetano.

O poder consiste, assim, na capacidade de que é dotado um indivíduo ou um grupo social de limitar as alternativas de comportamento de outro indivíduo ou grupo social, visando a objetivos próprios.

De qualquer modo, o poder implica preservar um objeto mediante um comando persistente. Daí porque um ato de destruição de um sujeito ou coisa não é um exercício de poder, mas apenas de força. O conceito de poder envolve dois aspectos: o que entende as relações de poder como relações hierárquicas, baseadas no predomínio e no conflito, e o que se refere ao poder como um conjunto de interações voltadas para a consecução de interesses coletivos.

O grupo social só se mantém e se conserva mediante o poder, definido por Max Weber como "a probabilidade de impor a própria vontade dentro de uma relação social, mesmo que contra toda resistência e qualquer que seja o fundamento dessa probabilidade".[77]

O poder de que estamos cogitando é o denominado poder social, existente em todo grupo social e que lhe permite, agindo em nome de toda a coletividade, estabelecer regras de conduta, aplicar sanções pelo seu descumprimento, determinar as relações com outros grupos ou entre os próprios membros, mas tendo em vista apenas interesses particulares ou exclusivos, restritos ao grupo.

---

[74] Cf. GUERRA FILHO. *Teoria política do direito:* uma introdução política ao direito, p. 16.

[75] O poder político, como elemento formal do Estado, não se identifica com o governo, que é, no entanto, apontado por alguns autores para designá-lo. Governo (do latim *gubernatio, onis* = direção, administração) traduz o poder já organizado e disciplinado. É palavra que tem vários significados, como o conjunto de pessoas ou órgãos encarregados de governar, de dirigir o Estado; a atividade de governar; uma situação de direção ordenada; a maneira, método ou sistema pelo qual a sociedade é governada. Confunde-se, ainda, em sentido estrito, com o Poder Executivo.

[76] CAETANO. *Direito constitucional*, v. 1, p. 17.

[77] WEBER. *Economia y sociedad*, p. 43.

Já o poder político é o que preside, integra e harmoniza todos os grupos sociais, possibilitando a convivência entre os membros dos grupos sociais, mediante um conjunto de regras que compõe o direito comum a todos eles.

Além do poder político e do poder social, há outros poderes de natureza fática e que se fundam numa lógica de persuasão, não num fenômeno de coação material: *a)* o poder religioso; *b)* o poder comunicacional;*c)* o poder econômico; *d)* o poder militar, não pela força física que detém, mas enquanto instituição social que força uma elite de pessoas e que é capaz de orientar as opiniões; *e)* o poder cultural; *f)* o poder desportivo; *g)* o poder científico.[78]

Examinando o conceito de poder político formulado por Francis J. Sorauf, para quem suas características são a universalidade, qualidade final de sua força e legitimidade, Silveira Neto explica que, "pela universalidade, esse poder se estende a todos os grupos menores que se acham no âmbito de determinada sociedade política; a qualidade final da força é o monopólio, em grau supremo, da coação organizada. A essas características acrescente-se a legitimidade, pela qual o poder conta com a aceitação por parte dos membros da sociedade".[79]

Distingue-se deste modo o poder político de qualquer outro poder: *a)* quantitativamente, pelo seu âmbito espacial e pessoal; *b)* qualitativamente, por ser irresistível e dominante; *c)* por sua finalidade, já que objetiva a realização da ordem social.

O poder admite três níveis de sanção, a que correspondem três níveis de poder: *a)* o poder-influência, que é sancionado pelo desagrado; *b)* o poder-autoridade, que é sancionado pela reprovação; *c)* o poder-comando, que é sancionado pela pena.

Considere-se ainda a distinção entre poder e influência.

Apesar de ambos denotarem ideia de relação entre pessoas e grupos, o poder é uma relação "na qual o indivíduo *A* afeta o comportamento do indivíduo *B*, porque este último deseja evitar as sanções que *A* aplicaria se *B* não cumprisse seus desejos, ao passo que na influência o comportamento de *B* é afetado sem necessidade de sanções".[80]

O poder político, como vimos, envolve as noções de capacidade e energia (força).

É preciso esclarecer, todavia, que a força que constitui o núcleo do poder deve ser acatada e consentida: daí o conceito de autoridade, que é a força acrescida do consentimento, o qual ampliará naturalmente a legitimidade do poder (examinaremos adiante) e concorrerá para a estabilidade das instituições estatais.

O poder político é uno e indivisível quanto a sua titularidade: a divisão só se faz quanto ao exercício do poder, quanto às formas básicas de atividade estatal.[81]

De fato, a titularidade do poder, como atributo do Estado Democrático, vem encarnada sempre num único titular, que é o conjunto de cidadãos dotados do poder de participação na vida pública. Assim, a titularidade do poder se refere à comunidade, organização e pessoa coletiva.

---

[78] GOUVEIA. *Manual de direito constitucional*, v. 1, p. 117-123.
[79] SILVEIRA NETO. *Teoria do estado*, p. 52-53.
[80] DANTAS. *Op. cit.*, p. 111.
[81] BONAVIDES. *Ciência política*, p. 111.

Já o exercício do poder político incumbe a órgãos estatais que atuarão como os meios de que é dotado o povo para influir nas funções do Estado (legislativa, administrativa e jurisdicional) e que exercitarão as suas competências básicas.

A história do poder revela as três fases por que tem passado a sua evolução: poder difuso, poder personalizado e poder institucionalizado e que refletem a questão relativa à sua legitimidade, ou seja, a justificação do direito de mandar e do dever de obediência. De verdadeiro é que o poder, como capacidade e energia, se dirige a um fim que lhe empresta legitimidade. Daí a expressão de Burdeau: "poder é uma força a serviço de uma ideia."

Inicialmente, surge o poder como pertinente ao grupo; impossível identificar-lhe o titular pessoal. O poder se dilui na massa social.

Em seguida, de difuso passa a se personalizar, isto é, o poder se concentra e se determina na pessoa do chefe, individualizando-se. Historicamente, tal poder se manifesta pela posse do *totem*.

No terceiro e último estágio, o poder é transferido da pessoa dos governantes para o Estado. Desvincula-se, assim, dos indivíduos e passa a ser exercido como uma função, sempre vinculado ao direito que lhe estabelece as condições e os limites de seu exercício: é o fenômeno da institucionalização do poder.

Pela conotação sociológico-histórica e ainda em razão da densidade de seu pensamento, mencione-se Max Weber na tipificação do poder legítimo. Para o sociólogo alemão, há três formas básicas de poder legítimo: a carismática, a tradicional e a legal ou racional.

A autoridade carismática, do dom da graça, extraordinária e pessoal, a dedicação absolutamente pessoal e a confiança pessoal na revelação, heroísmo ou outras qualidades de liderança individual, baseia-se no domínio carismático exercido pelo profeta ou – no campo da política – pelo senhor de guerra eleito, pelo governante plebiscitário ou o líder do partido político.

O domínio tradicional é aquele exercido pelo patriarca ou pelo príncipe patrimonial de outrora, compreendendo a autoridade dos *mores* santificados pelo reconhecimento antigo e da orientação habitual para o conformismo.

O domínio legal ou racional decorre da virtude da fé na validade do estatuto legal e da competência funcional baseada em regras racionalmente criadas. Trata-se do domínio exercido pelo moderno servidor do Estado, o tipo mais puro da autoridade burocrática.[82]

Mencione-se ainda, no campo da legitimidade, as noções de legitimidade de origem e legitimidade de exercício.

Diz-se da primeira quando o poder é adquirido segundo as normas próprias de escolha e investidura, indagando-se: quem governa?

A legitimidade de exercício refere-se à finalidade do poder, ou seja, quando o mesmo é exercido de forma justa e em atendimento ao bem comum.

---

[82] WEBER. *Ensaios de sociologia*, p. 99.

Ivo Dantas discorda da posição dos publicistas que admitem as mencionadas formas de legitimidade, por entender que a legitimidade de origem refere-se apenas ao conceito de legalidade, "enquanto que o seu exercício, casado com os ideais do grupo, nos oferece o correto sentido da legitimidade".[83]

Não se deve realmente esquecer de que o conceito de legitimidade do poder se acha atraído por um fim coincidente com o ideal de justiça e de bem comum.

O poder não pode viver à margem do Direito. Sua organização é jurídica e o poder está restrito ao próprio Direito Positivo criado pelo Estado, para que possa subsistir e preservar a segurança necessária à convivência social. Tal circunstância não impede, naturalmente, que o poder político revogue leis depois de obedecê-las. Observe-se, no entanto, que não é aceitável a eliminação, por exemplo, de direitos e garantias fundamentais que já se incorporaram à consciência humana e até mesmo se internacionalizaram.

Anote-se que o conceito de poder tem sido abordado contemporaneamente não só pelo direito e pela ciência política, como também pela psicanálise, estruturalismo, pós-estruturalismo, teoria literária, semiótica, antropologia e historiografia, de modo a levá-lo para além de seus objetos mais tradicionais, como Estado, cidadão, violência, coerção e lei. Nessa abordagem acadêmica, ilustrativos são os trabalhos de Hannah Arendt, Steven Lukes e Michel Foucault, três autores do século XX que dedicaram importante parte de sua obra ao tema.[84]

8.4 Poder político e soberania

Examinando o poder, resta uma observação final: a noção de soberania, que não se confunde com a de Estado, nem é essencial ao seu conceito, apesar de Machado Paupério situá-lo como o quarto elemento do Estado.

Consideram a soberania como qualidade essencial do Estado, Heller e Miguel Reale, sendo que Jellinek a qualifica como nota essencial do poder político.

Soberania, expressão que surgiu com Jean Bodin, em 1576, na sua obra *Os seis livros da república*, é apenas um dos traços do moderno Estado europeu: era desconhecida da realidade do Estado greco-romano, que se limitava ao conceito de autarquia, ou seja, a comunidade de cidadãos que se bastava a si mesma, pela ausência de qualquer outro poder coexistente ou acima da *polis* ou da *civitas*.

Na Idade Média, em razão sobretudo da existência de uma pluralidade de ordenações independentes, verificou-se inicialmente a ocorrência de duas soberanias simultâneas: a da suserania e a real. No século XIII, com a ampliação da esfera de competência dos monarcas, o conceito de soberania, de relativo passa a absoluto, com a afirmação do poder dos monarcas em relação aos senhores feudais e a outros poderes menores. Também a ideia de soberania se revelaria com maior densidade para que se afirmasse a independência dos reis em relação ao Imperador e ao Papa.

---

[83] DANTAS. *Op. cit.*, p. 115.
[84] ARENDT. *A condição humana*; LUKES. *Power:* a radical view; FOUCAULT. *Microfísica do poder*; *Vigiar e punir*; *História da sexualidade:* a vontade de saber, v. 1.

Trata-se do conflito entre os poderes do império (*regnum* ou *imperium*) e os do papado (*sacerdotium*).

As questões, portanto, que envolvem a disputa do poder, na origem da ideia de soberania, residem nos confrontos políticos que se dão entre: "1) o império e o papado; 2) o império e os poderes estatais nascentes; 3) o papado e esses poderes estatais: estes poderes e a nobreza. Também é relevante, naturalmente, o pano de fundo das mudanças econômicas e sociais. Há uma relação de mão dupla entre os fatos da 'base' – a urbanização, o crescimento do comércio, a formulação de corporações, as revoltas no campo e na cidade etc. – e a redefinição das forças políticas e das instituições. O 'povo' passa a ocupar, por exemplo, um lugar de crescente importância no discurso dos teólogos políticos, a ponto de, a partir do século XIV, haver espaço para noções democratizantes nas doutrinas sobre a organização eclesial – como, por exemplo, a teoria do poder ascendente. Torna-se cada vez mais difícil manter a teoria de um mundo social ordenado de cima para baixo."[85]

Com o Estado moderno dos séculos XV-XVIII, incrementou-se a vida internacional, surgindo a soberania reveladora da supremacia interna do Estado, que não está limitado por nenhum outro poder e independência externa em relação aos outros Estados, pela presença de vários poderes em oposição ao poder estatal.

Quanto ao problema de saber se a soberania é ou não uma nota essencial do Estado, observa Marcelo Caetano: "A soberania (*majestas, summum imperium*) significa, portanto, um *poder político supremo e independente*, entendendo-se por poder supremo aquele que não está limitado por nenhum outro na ordem interna e por poder supremo independente aquele que, na sociedade internacional, não tem de acatar regras que não sejam voluntariamente aceites e está em pé de igualdade com os poderes supremos dos outros povos.

Do que ficou exposto resulta que *poder político* e *soberania* não são a mesma coisa. A soberania é uma forma do poder político, correspondendo à sua plenitude: é um poder político *supremo* e *independente*. Se uma coletividade tem liberdade plena de escolher a sua Constituição e poder orientar-se no sentido que bem lhe parecer, elaborando as leis que julgue convenientes, essa coletividade forma um *Estado soberano*. Mas nem sempre os Estados são soberanos. Há casos em que a coletividade tem autoridade própria para exercer o poder político, constituindo um Estado, e, todavia, esse exercício do poder político está condicionado por um poder diferente e superior: é o que se passa com os Estados federados e com os Estados protegidos."[86]

É a soberania, pois, uma qualidade, a mais elevada, do poder estatal, e não o próprio poder do Estado, significando, no plano interno, supremacia ou superioridade do Estado sobre as demais organizações (o Estado é o detentor da competência das competências) e, no plano externo, independência do Estado em relação aos demais Estados.

Para Kriele, assim como todos os problemas da soberania interna giram em torno de um problema central, ou seja, guerra civil ou paz interna, todos os problemas da

---

[85] KRITSCH. *Soberania*: a construção de um conceito, p. 40.
[86] CAETANO. *Op. cit.*, p. 169-170.

soberania externa giram em torno de um problema central: guerra ou paz externa. Espera-se obter a paz interna mediante a centralização e o monopólio da força em mãos do Estado: espera-se obter a paz externa mediante o respeito mútuo de todos os Estados, considerados iguais e independentes. A solução do problema da paz é aqui mais complexa do que esperava a teoria clássica da soberania. Assim como a soberania interna não pode garantir a paz interna, tampouco pode fazê-lo a soberania externa, no que se refere à paz externa. No plano interno, a paz depende de que haja condições de legitimidade, em especial, do nível de consciência pública a respeito da liberdade e da justiça; no plano externo, a paz depende do fato de que os Estados respeitem as regras de direito internacional como legítimas.[87]

Relativamente às fontes e à titularidade da soberania, enumera-se as seguintes teorias: *a)* teorias teocráticas, as quais predominaram na Idade Média e que consideram que o poder soberano vem de Deus e se concentra na pessoa sagrada do monarca (teorias do direito divino sobrenatural e providencial), sendo o monarca o titular da soberania; *b)* teorias democráticas, que consideram o povo como origem de toda soberania (soberania popular), ou a nação (soberania nacional), por influência da Revolução Francesa, como seu titular. Mencione-se ainda, no elenco das teorias democráticas, aquela que atribui a titularidade da soberania ao Estado, formulada na segunda metade do século XIX, na Alemanha, em razão do reconhecimento da personalidade jurídica ao Estado e à consideração de que, sendo a soberania um direito, seu titular só pode ser uma pessoa jurídica, atributo que falta ao povo. Note-se, contudo, que essa teoria acarretou uma exacerbação do nacionalismo, com o surgimento dos Estados totalitários do pós-guerra, e por ela não se concede limitação alguma ao poder do Estado, que se revela ilimitado e absoluto. Entretanto, não se perca de vista que a soberania constitui poder jurídico utilizado para fins jurídicos, circunstância que viabiliza o seu enquadramento jurídico. A limitação da soberania encontra ainda fundamento nos preceitos do direito natural, bem como nas regras de convivência social e do Direito Internacional.

Quanto às características da soberania, fala-se em ser ela *una, indivisível, inalienável* e *imprescritível*.

A soberania é una pela circunstância de que não há, no mesmo Estado, mais de uma autoridade soberana.

A soberania é indivisível porque, além das razões que justificam a sua unidade, o poder soberano não se divide. Tal não impede, entretanto, que haja uma repartição de competências, segundo a clássica divisão do poder em Legislativo, Executivo e Judiciário. O poder soberano é uno e indivisível: o que se divide são suas tarefas.

A soberania é inalienável pelo fato de que não se transfere a outrem. O corpo social que a detém desapareceria no caso de sua alienação.

Finalmente, tem-se a soberania por imprescritível porque inexiste prazo certo para sua duração, já que o poder soberano é vocacionado para existir permanentemente (ainda sobre o tema, ver o Vol. 2, Capítulo 2, item 6).

---

[87] KRIELE. *Introducción a la teoría del estado*, p. 81.

Nas relações internacionais, tem-se verificado que, se do ponto de vista jurídico, deve-se buscar a igualdade dos Estados, nem sempre isso ocorre, por fatores vários.

Observe-se, ainda, que as modificações no convívio entre os Estados e as hegemonias internacionais, em decorrência da globalização, acarretaram transformações substanciais na noção de soberania, a comprometer o paradigma da sua indivisibilidade, já que, dentro deste contexto, deve ser analisada como repartida ou compartilhada (ver item 11 adiante).

De se notar que, como expressam Lenio Luiz Streck e José Luis Bolzan de Morais, o conceito de soberania tem sofrido "inexoráveis consequências com o processo de transnacionalização por que passa o mundo. Nesse sentido, Campilongo chama a atenção para a relevante circunstância de a soberania 'una, indivisível, inalienável e imprescritível' defendida por 'praticamente a totalidade dos estudiosos', ser incompatível com a realidade estatal contemporânea. Há quem diga que 'qualquer concepção de soberania que a tome como uma forma indivisível, ilimitada e perpétua do poder público, está morta'. Nesse sentido é a tese de David Held. Mais ainda, Antonio Tarantino explica que 'o conceito de soberania não pode ser reduzido ao conceito de soberania estatal'. Em razão disso, 'o discurso, no plano da teoria geral do direito, e não no plano da teoria geral do Estado, é o que especifica os elementos do conceito geral de soberania, sem resolver-se nos critérios da competência territorial e da competência pessoal, e o que reconhece que os cidadãos de cada Estado podem ser destinatários de normas de muitos ordenamentos soberanos não estatais, e admite, por isso, o reconhecimento de um pluralismo de ordenamentos soberanos, entre os quais se inclui o ordenamento estatal. É um problema apresentado pela crise atual do conceito de soberania do Estado, em virtude da proliferação de ordenamentos soberanos transnacionais, paralelamente ao do Estado".[88]

Do ponto de vista de sua capacidade internacional, os Estados classificam-se em:

1) Estados soberanos, os que têm plena capacidade de exercício de direitos de participação na vida internacional: o *jus tractuum*, o direito de celebrar tratados; o *jus legationis*, o direito de receber e enviar representantes diplomáticos; e o *jus belli*, o direito de fazer a guerra, notando-se que este último direito tem sido aceito como de legítima defesa, em virtude da proibição da guerra pela Carta das Nações Unidas (art. 2º, n. 4);

2) Estados semissoberanos, os que têm limitações quanto ao exercício dos três direitos mencionados.

São Estados semissoberanos:

a) Estados protegidos, em que a titularidade de direitos internacionais é exercida por meio de outros Estados (protetores), a cuja supremacia territorial se encontram sujeitos;

b) Estados vassalos, aqueles que, embora dotados da plenitude dos direitos internacionais, só podem exercer alguns deles sob autorização pré-

---

[88] STRECK; MORAIS. *Ciência política e teoria geral do estado*, p. 157.

via do Estado suserano do qual recebe tributo de vassalagem. Exemplo deles é o Estado egípcio do século XIX, em relação à Turquia;

c) Estados exíguos, aqueles que, pela exiguidade de seu território e de seu povo, não possuem capacidade plena internacional e se encontram numa situação especial em relação aos Estados limítrofes. Não preenchem ainda os requisitos mínimos para participarem de organizações internacionais, como a ONU. São exemplos: a República de San Marino, com 50 mil habitantes e 64 km^2, em relação à Itália; o Principado de Mônaco, com 20 mil habitantes e 22 km^2, em relação à França; e o Principado de Liechtenstein, com 15 mil habitantes e 259 km^2, em relação à Suíça;

d) Estados confederados, os que, por participarem de uma confederação, ficam com sua soberania limitada, embora esta limitação não signifique a perda de sua personalidade jurídica internacional. Mas sob a ótica constitucionalista, são soberanos os Estados confederados;

e) Estados neutralizados, os que, para alguns internacionalistas, são Estados semissoberanos, pois seu estatuto de Direito Internacional traz a proibição de participarem em qualquer conflito armado, salvo o direito de legítima defesa individual, bem como em alianças militares. É o caso da Suíça e da Áustria. Este fato parece-nos, contudo, não ser decisivo para classificá-los como semissoberanos.

3) Estados não soberanos, os que não possuem personalidade jurídica internacional. São os Estados-Membros das Uniões Reais e os Estados federados de um Estado Federal.

9. PERSONALIDADE DO ESTADO

O Estado, além de ordenamento jurídico, adquire direitos e contrai obrigações; age como pessoa.

Relativamente à personalidade jurídica do Estado, há posições teóricas, que podem ser assim resumidas: *a)* teoria que somente reconhece como pessoa o homem e nega ao Estado a personalidade jurídica; *b)* teoria que só admite para o Estado a personalidade jurídica, mas lhe nega o substrato de pessoa moral; *c)* teoria que reconhece o Estado como pessoa moral e jurídica; *d)* teoria que personifica também a nação (variante francesa) e define o Estado como a nação juridicamente organizada.[89]

Quanto à teoria negatória da personalidade jurídica do Estado, sustenta-se que a única pessoa existente para o mundo jurídico é o homem. Os grupos sociais, as coletividades e as instituições não se consideram uma pessoa diferente da soma dos membros que os compõem.

Partidários dessa teoria são Barthélemy, Duguit e Jèze, entre outros.

Para Barthélemy, que trata da matéria sob o prisma econômico, o Estado consiste numa copropriedade de bens: assim, quando se afirma que o Estado é uma pessoa,

---

[89] CAMPOS. *Op. cit.*, p. 261-268.

quer-se dizer que seus membros são coletivamente proprietários de bens e titulares de direitos. Tal propriedade indivisa ou patrimônio coletivo constitui uma unidade jurídica impropriamente qualificada como pessoa jurídica.

Duguit, por sua vez, entende o Estado como um fato de força ou dominação, uma imposição dos mais fortes sobre os mais fracos, que dá origem à dualidade de governantes e governados. O Estado é, pois, isso. Inexiste então personalidade jurídica: o Estado não é sujeito de direitos por natureza, não é uma pessoa. A Teoria do Estado deve, portanto, construir-se com base nos seguintes elementos: *a)* existência de uma determinada coletividade; *b)* diferenciação entre governantes e governados; *c)* obrigação dos governantes em assegurar o cumprimento do direito; *d)* obediência à regra geral formulada pelos governantes para a comprovação ou a realização da regra de direito; *e)* emprego legítimo da força para manter qualquer ato conforme ao direito; *f)* o serviço público é que dá o caráter próprio às instituições tendentes a assegurar a realização da missão obrigatória dos governantes. A finalidade, portanto, consubstanciada no serviço público, é que constitui o elemento preponderante da teoria de Duguit.

Ao se examinar as teorias negatórias da personalidade do Estado, lembre-se, com Dalmo de Abreu Dallari, a de Max Seydel, para quem o Estado "não é unidade, nem organismo, nem todo vivo, nem sujeito de direitos, mas, tão só, homens, ou, quando muito, terra e gente dominada por uma vontade superior. Não existe vontade do Estado, mas vontade sobre o Estado, sendo este apenas objeto de direito daquela vontade superior".[90]

Depois vêm as teorias que aceitam o Estado como personalidade jurídica, mas negam que preexista à jurídica um substrato social dotado de realidade.

Assim não há, segundo essa teoria, uma personalidade anterior à jurídica relativamente ao Estado, que constitui apenas uma abstração. A pluralidade de indivíduos adquire unidade em decorrência da personalidade dada pelo Direito. O Estado é um ser exclusivamente do mundo do Direito e não se confunde com os membros que o compõem.

Há duas vertentes dessa teoria: *a)* a teoria da *ficção*, formulada por Savigny, para quem o conceito de personalidade jurídica do Estado se aplica apenas por ficção legal, criação do legislador, e um produto do Direito Positivo, que atribui ao Estado direitos que não podem ser titularizados pelas pessoas físicas; *b)* a teoria do *interesse*, que, adotando a definição de Ihering, no sentido de que o direito subjetivo é um interesse juridicamente protegido, sustenta que a pessoa jurídica passa a existir quando se tutela o interesse de um grupo de indivíduos. Desse modo, o Estado é pessoa jurídica porque há um interesse coletivo, um centro de interesses comum a todos; *c)* a teoria *normativa*, formulada por Kelsen, para quem o Estado é pessoa porque é o centro de imputação de determinados atos. O Estado é a personificação da ordem jurídica total. Toda pessoa jurídica é a expressão unitária de um conjunto de normas. Quando esse complexo de normas passa a ser a totalidade de uma ordem jurídica, a pessoa jurídica à qual se imputa essa ordem é o Estado.

---

[90] Cf. DALLARI. *Elementos de teoria geral do estado*, p. 106.

O terceiro grupo de teorias é aquele que sustenta a ocorrência de uma personalidade do Estado anterior e preexistente à jurídica. Esta personalidade não é produto do direito, mas da realidade social. O Estado detém personalidade, não apenas jurídica, mas ainda decorrente de seu substrato social, em torno do qual se agrupam os indivíduos, formando uma superior unidade.

São vertentes dessa teoria: *a)* as teorias organicistas, que identificam nos entes coletivos uma pessoa comparável ao homem, um organismo real que deve ser reconhecido pelo Direito; *b)* a teoria da instituição, desenvolvida por Hauriou, segundo a qual há uma personalidade anterior à jurídica, mas que não é uma realidade substancial e sim fenômeno sociológico, que se verifica apenas nos grupos organizados de forma duradoura, para a realização de uma ideia de obra. Ocorre, nesse caso, o fenômeno de comunhão entre os homens, que dá sustentação à instituição. A personalidade jurídica, criação do Direito, reveste aquela realidade social prévia e infrajurídica da pessoa, de modo a permitir-lhe uma atuação no mundo jurídico, como sujeito de direito, e a facilitar-lhe a atividade externa no tráfico jurídico.

A aceitação da personalidade jurídica do Estado conduz a seu desdobramento em personalidade de direito público e personalidade de direito privado. Refere-se a primeira a atos do poder político, em que o Estado exerce império sobre os particulares, caso em que pratica os chamados atos de império. Já a personalidade de direito privado tem como referencial os chamados atos de gestão, em que o Estado se posiciona no mesmo nível dos particulares, sujeitando-se às regras do Direito Privado.

Advirta-se, contudo, que a dupla personalidade do Estado tem sido questionada. É que o Estado detém uma personalidade única, ainda quando sua atividade possa ser diversa. O Estado, como pessoa, é unívoco, seja ao atuar no exercício do poder de império, seja ao praticar atos de gestão privada. Assim, do exame da natureza das atividades estatais não se pode concluir pela dualidade de seres e pessoas, ainda quando sujeitos a regimes jurídicos também diferentes. Não existe, pois, no Estado, dualidade de pessoas, embora possa haver desdobramento de suas atividades.

Carlos Ari Sundfeld acentua: "Reconhecer ao Estado a condição de pessoa jurídica significa duas coisas. Inicialmente, que ele é pessoa, um centro de direitos e deveres (isto é, que ele tem direitos e deveres). Em segundo lugar, que, quando o Estado se envolver em relações jurídicas, titularizando direitos ou contraindo deveres, só saberemos quem é o ser humano cujo comportamento está sendo vinculado se consultarmos outras normas: as de organização deste centro unificador de direitos e deveres a que chamamos de Estado.

Nos países, como o Brasil, onde existe uma Constituição como norma jurídica suprema, a personalidade jurídica do Estado é conferida pela Constituição (...).

Ficaram superadas, com a implantação do Estado de Direito, as lições de juristas antigos no sentido de que o Estado jamais poderia ser pessoa jurídica, pois, sendo o criador do Direito (quer dizer, sendo incumbido de fazer as leis), não poderia ele próprio ser criatura do Direito, ou, em outras palavras, uma criatura de si próprio. No novo regime, o Estado não cria todo o Direito, mas apenas as leis e atos sublegais (sentenças, atos administrativos). A primeira norma jurídica, a Constituição, não é criada pelo Estado, mas sim pelo Poder Constituinte. É o Poder Constituinte quem cria o Estado e lhe dá a incumbência de produzir normas jurídicas (...)."[91]

A teoria da personalidade jurídica do Estado, de raiz germanista, que serviu para distinguir o conceito do Estado da pessoa física dos respectivos dirigentes, implica, segundo resenha de Cristina Queiroz: "*primeiro*, que os dirigentes não são proprietários das respectivas funções; são 'titulares' investidos nas funções do Estado, podendo as mesmas ser-lhes retirada; *segundo*, que as decisões tomadas pelas autoridades públicas são 'imputadas' ao Estado e não aos seus dirigentes ou titulares. O poder liga-se ao exercício de uma *função* e não é pessoa do seu titular. Num Estado de Direito, que é um 'governo de leis e não de homens', obedece-se à regra de Direito e não aquele ou aqueles que a editaram; *terceiro*, que o património dos governantes deve ser distinguido do património do Estado; *quarto*, que a personalidade do Estado, enquanto conceito jurídico, simboliza a existência do Estado para além da sucessão dos dirigentes e titulares que num dado momento o integram."[92]

Ao encerrarmos este tópico, é necessário que se mencione as teorias sobre a personalidade da nação e do Estado.

Para a teoria do Estado-nação, a personalidade reside essencialmente na nação, ou seja, o Estado é a personificação jurídica da nação (ver subitem 8.1 deste capítulo, em que se formula crítica a esta teoria). Já para a teoria do Estado-órgão, o Estado se revela como uma pessoa em si mesma, que manifesta sua vontade pelos órgãos compreendidos em seu ser real, integrantes do todo de que fazem parte.

10. FORMAS DE ESTADO – CONCEITO

Por forma de Estado entendemos a maneira pela qual o Estado organiza o povo e o território e estrutura o seu poder relativamente a outros poderes de igual natureza, que a ele ficarão coordenados ou subordinados.

A posição recíproca em que se encontram os elementos do Estado (povo, território e poder) caracteriza a forma de Estado.[93]

Não se confunde, assim, a forma de Estado com a forma de governo. Esta última indica a posição recíproca em que se encontram os diversos órgãos constitucionais do Estado, ou "a forma de uma comunidade política organizar seu governo ou estabelecer a diferenciação entre governantes e governados",[94] a partir da resposta a alguns problemas básicos – o da legitimidade, o da participação dos cidadãos, o da liberdade política e o da unidade ou divisão do poder.

---

[91] SUNDFELD. *Fundamentos de direito público*, p. 65-66.
[92] QUEIROZ. *Direito constitucional:* as instituições do estado democrático e constitucional, p. 30.
[93] RUFFIA. *Derecho constitucional*, p. 223.
[94] RUFFIA. *Derecho constitucional*, p. 223.

A forma de Estado leva em consideração a composição geral do Estado, a estrutura do poder, sua unidade, distribuição e competências no território do Estado.

Há autores que consideram, no entanto, como formas de Estado, entre outras:

  a) os Estados democráticos, autoritários e totalitários, segundo o fundamento do poder e as forças políticas sociais em que se baseia a autoridade dos governantes, ou até mesmo as relações entre o poder e o elemento humano constitutivo do Estado;[95]

  b) os Estados patrimonial, de polícia e de Direito social, segundo o processo histórico de formação do Estado.[96]

10.1 Estados simples e compostos

Consoante se atenda à ocorrência de um único poder político ou a uma pluralidade de poderes políticos, unidade ou pluralidade de ordenamentos jurídicos originários (Constituições), no âmbito territorial do Estado, os Estados classificam-se em Estados simples ou unitários e Estados compostos ou complexos.

Advirta-se, contudo, que, ao mencionarmos a existência, nos Estados compostos, de uma pluralidade de poderes políticos, não pretendemos com isso negar a indivisibilidade do poder quanto ao seu titular; ao contrário, deve-se entender que, nos Estados compostos, o que existe é uma divisão de competências e não do poder político, que permanece uno em relação ao seu titular. Assim, o que existe é "tão somente uma divisão de objeto, das tarefas, dos trabalhos e assuntos pertinentes à ação do Estado".[97]

10.2 Estado unitário centralizado e descentralizado – O Estado Regional – O Estado Autonômico

O Estado unitário compreende o Estado unitário centralizado e o Estado unitário descentralizado.

O *Estado unitário centralizado* caracteriza-se pela simplicidade de sua estrutura: nele há uma só ordem jurídica, política e administrativa.

Esta forma de Estado é impossível de ocorrer no mundo contemporâneo, que, em virtude da complexidade da própria sociedade política, reclama um mínimo de descentralização, ainda que apenas administrativa, nas modalidades institucional ou funcional.

O *Estado unitário descentralizado* manifesta-se no Estado Regional.

Para estabelecermos o perfil do *Estado Regional*, que se aproxima do Estado Federal, é preciso distinguir desconcentração, descentralização administrativa e descentralização política.

---

[95] CAMPOS. *Op. cit.*, p. 373.
[96] HERAS. *Formas y fuerzas políticas*, p. 133.
[97] BONAVIDES. *Ciência política*, p. 112.

Há desconcentração quando se transferem para diversos órgãos, dentro de uma mesma pessoa jurídica, competências decisórias e de serviços, mantendo tais órgãos relações hierárquicas e de subordinação.

A descentralização administrativa verifica-se "quando há transferência de atividade administrativa ou, simplesmente, do exercício dela para outra pessoa, isto é, desloca-se do Estado que a desempenharia através de sua Administração Central, para outra pessoa, normalmente pessoa jurídica".[98] Assim, a descentralização administrativa implica a criação, por lei, de novas pessoas jurídicas, para além do Estado, às quais são conferidas competências administrativas.

A descentralização política ocorre quando se confere a uma pluralidade de pessoas jurídicas de base territorial competências não só administrativas, mas também políticas (Estados-Membros, Distrito Federal e Municípios, no Direito Constitucional brasileiro).

O *Estado Regional*, como Estado unitário descentralizado, foi estruturado, pela primeira vez, na Constituição espanhola de 1931.

No Estado Regional ocorre uma descentralização, que pode ser administrativa como ainda política. Têm-se, assim, regiões que se aproximam dos Estados-Membros de uma federação, quando, por exemplo, dispõem da faculdade de auto-organização. Nesse caso, contudo, como veremos, as regiões não se confundem com os Estados-Membros, pois não dispõem do poder constituinte decorrente, já que o estatuto regional tem de ser aprovado pelo órgão central.

Estado Regional, na conceituação de Marcelo Rebelo de Sousa, "é um Estado unitário, que dispõe de uma só Constituição, elaborada por uma instância em que não participam as regiões enquanto tais, e em que se verifica uma descentralização política em regiões autônomas, nos termos da Constituição e de Estatutos orgânicos regionais, outorgados ou aprovados pelos órgãos legislativos centrais".[99]

A natureza jurídica do Estado Regional não é, todavia, pacífica.

Em Capítulo de sua *Teoria geral do federalismo*, destinado ao exame do Estado Regional, José Alfredo de Oliveira Baracho escreve:

"Tendo em vista a posição da doutrina, no que se refere à natureza jurídica do Estado Regional, Ferrando Badia aponta quatro tendências:

I – teoria que considera o Estado Federal e o Regional como formas mais ou menos avançadas de descentralização;

II – teoria que considera o Estado Regional como Estado unitário;

III – teoria que considera o Estado Regional como Estado Federal;

IV – teoria que considera o Estado Regional como realidade jurídica independente, posição de Ferrando Badia, para quem a cristalização de um regionalismo é incompatível com o Estado unitário, porém não o é

---

[98] BANDEIRA DE MELLO. *Prestação de serviços públicos e administração direta e indireta*, p. 6.
[99] SOUSA. *Op. cit.*, p. 146-147.

a superestrutura jurídico-estatal que se define como Estado Regional, tipo de Estado intermediário entre o unitário e o Estado Federal."[100]

São tipos conhecidos de Estado Regional:

a) Estado Regional integral, em que todo o território divide-se em regiões autônomas;

b) Estado Regional parcial, quando existem regiões politicamente autônomas e regiões com descentralização administrativa;

c) Estado Regional homogêneo, em que a organização de todas as regiões é uniforme, estabelecida por um estatuto comum;

d) Estado Regional heterogêneo, em que a referida organização é diferenciada, havendo regiões de estatuto comum e regiões de estatuto especial.

As diferenças entre o Estado Federal e o Estado Regional, relacionadas com a faculdade de autoconstituição e de participação na formação da vontade do Estado, são:

a) no Estado Federal, cada Estado federado elabora livremente a sua Constituição; no Estado Regional, as regiões autônomas elaboram o seu estatuto político-administrativo, mas este tem de ser aprovado pelos órgãos centrais do poder político;

b) no Estado Federal, os Estados federados participam, através de representantes seus, na elaboração e revisão da Constituição Federal; no Estado Regional, não está prevista nenhuma participação específica das regiões autônomas, através de representantes seus, na elaboração ou revisão da Constituição do Estado;

c) no Estado Federal, existe uma segunda Câmara Parlamentar, cuja composição é definida em função dos Estados federados; no Estado Regional, não existe qualquer segunda Câmara Parlamentar de representação das regiões autônomas ou cuja composição seja definida em função delas.[101]

José Luiz Quadros de Magalhães identifica, dentre as formas descentralizadas de Estado, como a mais criativa e recente a criada pela Constituição espanhola de 1978, o Estado autonômico, e que embora se assemelhe com o Estado regional, no que concerne ao grau de descentralização de competências administrativas e legislativas ordinárias, com ele não se confunde. O Estado autonômico leva a discussão por autonomia a um espaço democrático, evitando a exacerbação de ânimos em um debate extraconstitucional, especialmente se se considerar que na Espanha, mesmo presentes elementos de unidade nacional, há forte elemento desagregador, os movimentos separatistas, principalmente o basco. Mas a unidade espanhola se acha atualmente representada por dois elementos que se têm revelado eficientes: a monarquia e o

---

[100] BARACHO. *Teoria geral do federalismo*, p. 279.
[101] SOUSA. *Op. cit.*, p. 145.

Estado autonômico. Ainda segundo o mencionado constitucionalista, a maneira de constituição do Estado autonômico é diferente do Estado regional e pode ser assim enumerada:

1. A iniciativa de estabelecimento de regiões autônomas parte de baixo para cima, sendo que as províncias devem unir-se, formando uma região e, através de uma assembleia, elaborar seu estatuto de autonomia.

2. O estatuto de autonomia pode ou não incorporar todas as competências destinadas às regiões pela Constituição espanhola, o que significa que as competências que não forem assumidas pela região serão assumidas pelo Estado nacional.

3. Uma vez elaborado o estatuto, este deve ser aprovado pelas Cortes Gerais (parlamento espanhol), transformando-o em lei especial, que não pode ser mais modificada pelo próprio parlamento espanhol através de lei ordinária, voltando para ser aplicado nos limites do território da região autonômica.

4. De cinco em cinco anos, estes estatutos podem ser revistos, seguindo-se o mesmo procedimento, sendo que, nesse período, a região pode reduzir suas competências ou ampliá-las, admitindo a Constituição espanhola que a região possa inclusive reivindicar competências que na Constituição espanhola sejam destinadas ao Estado nacional espanhol.

5. A todo momento, o parlamento realiza o controle da autonomia das regiões, aprovando ou não as modificações nos estatutos.[102]

10.3 Estado composto – União Real – União Pessoal – Confederação de Estados – Estado Federal

Como modalidades de Estado composto, examinaremos a União Real e o Estado Federal. Já a União Pessoal e a Confederação de Estados serão aqui caracterizadas como associação de Estados (nada obstante a União Real e o Estado Federal serem também conhecidos como associação de Estados (item 7, *supra*), porquanto empregamos neste estudo a expressão "associação de Estados" tão só para designar fenômenos que, por serem menos intensos, não levam ao aparecimento de um novo Estado, abrangendo, nesta ótica, as organizações internacionais e outros tipos de relações bilaterais entre os Estados.

A União Real surge quando dois ou mais Estados, sem perderem a sua autonomia, adotam uma Constituição comum, permanecendo um ou mais órgãos também comuns, ao lado de outros órgãos particulares de cada um.

Há formação de uma única pessoa jurídica de direito internacional.

---

[102] MAGALHÃES. *Direito constitucional*, t. II, p. 74-76.

O Chefe de Estado é, normalmente, o órgão comum.

São exemplos de Uniões Reais a Inglaterra e a Escócia, a partir do início do século XVIII; a Áustria e a Hungria, de 1867 a 1918; a Suécia e a Noruega, de 1819 a 1905.

O nome de União Real justifica-se por ser uma estrutura tipicamente monárquica.

A União Pessoal, que consideramos como associação de Estados, ocorre quando, acidentalmente, em virtude de leis de sucessão, a mesma pessoa vem a ser Chefe de Estado de dois ou mais Estados. Cada Estado mantém sua autonomia interna e internacional.

Uniões Pessoais ocorreram entre Espanha e Portugal, sob Felipe da Áustria; Inglaterra e Hanover, sob Jorge I; Inglaterra e Escócia, sob Jaime I; Alemanha e Espanha, sob Carlos V.

Fala-se ainda em União Incorporada como sendo a que resulta da fusão de dois ou mais Estados independentes para formar um novo Estado, conservando aqueles apenas virtualmente a designação de Estados ou reinos. Os Estados incorporados desaparecem na constituição do novo Estado, guardando a antiga designação apenas na linguagem protocolar. Mencione-se a Grã-Bretanha como uma monarquia formada pela incorporação dos antigos reinos da Inglaterra, Escócia e Irlanda.

A Confederação de Estados constitui uma associação de Estados soberanos que se unem para determinados fins (defesa e paz externas).

Embora tenha a Confederação personalidade jurídica internacional, os Estados confederados não perdem o seu poder soberano interno e externo, pelo menos em tudo que não seja abrangido pelo tratado constitutivo da Confederação.

A Confederação é instituída por tratado; admite, em regra, o direito de secessão; os órgãos confederativos deliberam por maioria, podendo ela, à unanimidade, ser exigida para assuntos mais importantes, bem como o direito de nulificação, pelo qual cada Estado pode opor-se às decisões do órgão central.

São exemplos de Confederação a dos Estados Unidos, de 1781 a 1787, a helvética e a germânica de 1817.

O *Estado Federal*, como Estado composto, envolve técnica de descentralização do poder que se organiza com base territorial em competências que se repartem entre órgãos centrais e locais, criando-se, assim, vários centros de decisão política e uma pluralidade de ordenamentos jurídicos originários. O poder central soberano é exercido pela União, enquanto os poderes locais autônomos cabem aos Estados federados. No Brasil, a presença dos Municípios, como entes autônomos, na estrutura federal, é estudada no cap. 7, vol. 2, deste trabalho.

Relativamente à natureza jurídica do Estado Federal, há várias teorias que buscam explicá-la, todas envolvendo aspectos relativos à questão da soberania, no sentido de demonstrar onde ela se situa, se no poder central, nos Estados-Membros, ou em ambos.

A *teoria da soberania dividida ou da dupla soberania* surgiu nos Estados Unidos, através do *Federalista*, sob a influência de Tocqueville. Para essa teoria, a soberania, no Estado Federal, se acha dividida entre a Federação e os Estados-Membros e se baseia no conceito de Estado Federal como forma híbrida, ou seja, amálgama do Estado Unitário com a Confederação. Foram adeptos da teoria, na América, Marshall, Kent, Story e Cooley; na Europa Continental, Ahrens e Mohl; na Inglaterra, Oppenheim.

A *teoria dos direitos dos Estados-Membros*, também conhecida por *teoria da nulificação*, de que foram seus formuladores Calhoun e Seydel, postula que os Estados, reunindo-se e celebrando um tratado, não podem criar um Estado que lhes seja superior, o que significa não haver Estado Federal: todos os Estados são Confederações de Estados e não há realidade jurídica relativamente ao Estado Federal. O radicalismo dessa teoria implica em que os Estados podem retomar a qualquer tempo a soberania que parcialmente concederam, invalidando ainda as decisões que se afigurassem violadoras da Constituição. Não há, entre o Estado Federal e os Estados-Membros, superposição, mas apenas justaposição. Se a soberania pertence aos Estados-Membros, as leis federais obrigariam somente após a sua ratificação por eles.

A *teoria do Estado unitário qualificado* foi concebida e desenvolvida por Zorn, em seus livros *Direito Público da Alemanha* e *Constituição da Alemanha*. Por essa teoria, os Estados-Membros teriam renunciado à sua soberania em favor do Estado Federal. Se a soberania, na concepção de Zorn, é o elemento preponderante na definição do Estado, representando a autoridade superior, absoluta e sem fronteiras, segue-se que não há como cindi-la entre o Estado Federal e os Estados-Membros. O Estado Federal não se diferencia, portanto, do Estado Unitário, mas é um Estado Unitário qualificado, por participarem os Estados-Membros da formação da vontade nacional.

A teoria dos Estados-Membros não soberanos foi elaborada por Laband, em sua obra *O Direito Público do Império Alemão*. A ideia de soberania, para se conceber o Estado, é dispensável, mas os Estados desfrutam, por direito próprio, de autonomia. Há, por isso mesmo, duas ordens jurídicas que se superpõem na estrutura do Estado federal: a central, soberana, e as demais, autônomas. Firma-se, portanto, com essa teoria, o conceito de autonomia inerente aos Estados Federados. Jellinek também adota esta teoria, com pequenas variações, sustentando que o Estado Federal é um Estado soberano formado por um conjunto de Estados, cujo poder de mando nasceria deles próprios, configurando uma união de Direito Público. Os Estados-Membros, se por um lado são, em conjunto, cossoberanos, em razão do vínculo federativo, por outro lado, tomados particularmente, estão submetidos a certas obrigações, sendo não soberanos.

A *teoria da soberania da Constituição* é uma concepção doutrinária em torno da qual se unem os nomes de Kelsen, Gierke, Nawiask e Haenel. A essência dessa teoria, segundo Kelsen, está em que nem o Estado Federal nem os Estados-Membros são soberanos. A soberania reside na ordem conjunta a que se subordinam o poder central e os Estados-Membros. O Estado Federal se configura, desse modo, em três planos: o da Constituição, o da ordem jurídica federal e o da ordem jurídica federada. E a competência reside exclusivamente na ordem constitucional.

Expostas algumas teorias relativas à natureza jurídica do Estado Federal, passa-se a delinear os elementos que informam a sua estrutura, cuja análise, na lição de Raul Machado Horta, revela, desde logo, as suas singularidades e complexidade, pois o "Estado Federal é criação jurídico-política e pressupõe na sua origem a existência da Constituição Federal, para instituí-lo. Há uma relação de causalidade entre Constituição Federal e Estado Federal. A contemplação normativa do Estado Federal, para visualizar os mecanismos, as técnicas e as regras de sua anatomia na Constituição, revela imediatamente a complexidade de sua construção jurídico-política".[103]

O federalismo concilia duas necessidades: a da autonomia e a da liberdade. Também o princípio federal, por implicar uma descentralização de poder, equilibra a diversidade com a unidade, pois, ao mesmo tempo em que possibilita que os poderes locais se organizem segundo suas peculiaridades, mantém a unidade do Estado, necessária para a preservação da coesão estatal.

Autonomia e participação dos Estados federados na formação da vontade nacional são os princípios que informam a estrutura federal.

Por autonomia entende-se a capacidade de que é dotado cada Estado federado para estabelecer regras básicas de organização política, dentro, naturalmente, de princípios emanados da Constituição Federal.

É o poder de uma coletividade para organizar, sem intervenção estranha, o seu governo e fixar as regras jurídicas dentro de vínculo pré-traçado pelo órgão soberano (João Mangabeira).

A autonomia é a revelação da capacidade dos Estados-Membros para expedir as normas que organizam, preenchem e desenvolvem o seu ordenamento jurídico. Ressalve-se: por não esgotar a autonomia no conceito de federação, é que essas normas "variam na qualidade, na quantidade, na hierarquia e podem ser, materialmente, normas estatutárias, normas legislativas e normas constitucionais, segundo a estrutura e as peculiaridades da ordem jurídica".[104]

A participação dos Estados federados na formação da vontade nacional se manifesta usualmente através de representantes próprios (senadores) na elaboração e revisão da Constituição Federal e das leis nacionais.

A federação se organiza com base numa Constituição. Assim, não há tratado nem pacto que sirva de suporte jurídico para o Estado Federal, mas uma Constituição que dá validade e serve de fundamento para os ordenamentos jurídicos locais.

O Estado Federal baseia-se numa estrutura de sobreposição. Assim, cada cidadão fica sujeito simultaneamente a duas Constituições – a federal e a do Estado federado a que pertence o destinatário dos Poderes Legislativo, Executivo e Judiciário, nos planos federal e estadual.

A Constituição Federal estabelece ainda uma repartição de competências, ou seja, prevê as relações entre a federação e os Estados federados. As competências podem ser exclusivas de cada ente federativo ou concorrentes.

---

[103] HORTA. *Direito constitucional*, p. 305-306.
[104] HORTA. *Direito constitucional*, p. 364.

Os entes que compõem a estrutura federal são dotados de rendas próprias, a fim de que possam cumprir os encargos decorrentes de suas competências, sem o que ficaria irremediavelmente comprometida sua autonomia.

Não há direito de secessão na federação. Desde que os Estados federados passam a integrar a federação, sujeitam-se à observância de um conjunto de princípios e vedações previstos na Constituição Federal, não podendo desligar-se da estrutura federativa.

No Estado Federal há cláusulas constitucionais que estabelecem instrumentos e mecanismos de garantia ou de defesa da federação. Assim, por exemplo, a intervenção federal nos Estados.

Fala-se ainda, na estrutura federal, de um sistema judiciarista, pela existência de um Tribunal superior (no Brasil, o Supremo Tribunal Federal), no papel de guardião da Constituição Federal, cuja primazia é fator da garantia federal.

O Estado Federal surgiu nos Estados Unidos, com a Constituição norte-americana de 1787: portanto, condicionado por um regime político, democrático e econômico-capitalista, e um sistema de governo presidencial.

Nos regimes democráticos, a tendência é o fortalecimento da autonomia dos Estados federados.

Atualmente são 22 os Estados que adotam formalmente o sistema federativo, o que representa pouco mais de 10% daqueles que compõem a ordem internacional, conforme quadro a seguir:

PAÍS	ENTES FEDERATIVOS E TERRITÓRIOS VINCULADOS À UNIÃO
Argentina	22 províncias + território nacional +1 distrito federal
Austrália	6 estados + 1 território + 1 capital federal + 7 administrações territoriais
Áustria	9 Länder
Bélgica	3 regiões + 3 comunidades culturais
Brasil	26 estados + 1 distrito federal + 5.565 municípios
Canadá	10 províncias + 3 territórios + organizações aborígines
Ilhas Comoros	4 ilhas

Etiópia	9 estados + 1 área metropolitana
Alemanha	16 Länder
Índia	25 estados + 7 territórios da União + 260 mil governos locais
Malásia	13 estados
México	31 estados + 1 distrito federal
Micronésia	4 estados
Nigéria	36 estados + 1 território federal
Paquistão	4 províncias + 6 áreas tribais + 1 capital federal
Rússia	89 repúblicas e 22 regiões
Ilha de Saint Kitts e Nevis	2 ilhas
Suíça	26 cantões
EmiradosÁrabes	7 emirados
Estados Unidos	50 estados + 2 entes associados + 130 nações indígenas dependentes da União
Venezuela	20 estados + 2 territórios + 1 distrito federal + 2 dependências federais + 72 ilhas
Iusgolávia	2 repúblicas

Fonte: adaptado de Waltts (WALTTS, Ronald. *Models of federal power sharing*. Otawa. Mimeo, 1990, p. 10), *apud* ABRUCIO, Fernando Luiz. Reforma política e federalismo. *In*: *Reforma política e Cidadania*. São Paulo: Editora Fundação Perseu Abramo, 2003, p. 233.

Poderia o federalismo coexistir com o sistema parlamentar de governo?

Manoel de Oliveira Franco Sobrinho pensa que há razão histórica que permite sustentar que a federação é compatível com o presidencialismo, e a confederação é sinônimo de parlamentarismo.

Como acentua, "a sustentação das instituições é dada pelo Executivo no presidencialismo e pertence ao Legislativo no parlamentarismo. Se existir um parlamento só, tudo bem. Se existirem parlamentos federados, o que fazer?"

Então, "a federação, no Brasil, embora bem formada, historicamente perfeita, não ficaria imune aos riscos do parlamentarismo. Estados federados podem tomar rumos inesperados. Conflitos internos podem produzir efeitos divisionistas. Fronteiras nacionais podem transformar-se em fronteiras transnacionais".[105]

Isso porque a tendência do sistema parlamentar de governo é romper a União Federal, organizando-se os Estados federados à semelhança da nação, com a ruptura da coesão federal.

Mencione-se ainda, a respeito do assunto, no plano doutrinário, que a incompatibilidade entre sistema parlamentar e federação resultaria da posição secundária do Senado em relação à Câmara dos Deputados que, só ela, governaria o País, "só ela poderia instituir, destituir e reconstituir os Gabinetes",[106] na expressão de Sampaio Dória.

Também Rui Barbosa via incompatibilidades essenciais entre parlamentarismo e forma federal de Estado, pela predominância da Câmara dos Deputados, circunstância que contrariava a equiponderância do bicameralismo federal.[107]

Em conferência pronunciada no Instituto dos Advogados de Minas Gerais, o Professor Raul Machado Horta mostrou, todavia, que estão superadas as incompatibilidades entre regime parlamentar e federação. É que "a convivência entre regime parlamentar e forma federal de Estado, através de soluções adotadas nas Constituições Federais do Canadá, da Austrália, da Índia, da Áustria e da Alemanha, desfizeram a argumentação fundada na incompatibilidade teórica entre as duas formas políticas. As regras constitucionais concretas operaram a compatibilidade entre regime parlamentar e forma federal, preservando as peculiaridades nacionais na organização do Poder".[108]

A evolução do federalismo tem revelado algumas questões internas e externas que indicam a crise do Estado Federal clássico.

No plano interno, verifica-se crescente dependência econômico-financeira dos Estados federados relativamente à União. É que o incremento das atividades econô-

---

[105] FRANCO SOBRINHO. *Parlamentarismo/presidencialismo*, p. 126 e 131.
[106] DÓRIA. Parlamentarismo v. federação. *O Estado de S.Paulo* 13.10.1961.
[107] BARBOSA. *Escritos e discursos seletos*, p. 352.
[108] HORTA. Estado federal e regime parlamentar: a introdução do regime parlamentar nos Estados federados. In: *Conferência proferida no Ciclo de Estudos do Centenário da Faculdade de Direito da UFMG*, sobre revisão constitucional e parlamentarismo, promovido pelo Instituto dos Advogados de Minas Gerais, em 10.9.1992.

micas do Estado reclama abrangente atuação do poder central. Em virtude de seu caráter unitário, esse fenômeno, que não é exclusivo dos Estados federados, mas se verifica na totalidade do Estado Federal, exige a formulação de diretrizes uniformizadoras, acarretando, com isso, maior dependência econômico-financeira e até mesmo administrativa dos Estados federados.

Outro fator de ordem interna que concorre para a crise do Estado Federal clássico é a intensificação da presença, no quadro das instituições estatais, de organismos e entidades sem base federal, como os grupos de pressão, as associações profissionais, sindicatos e tantos outros, além dos partidos políticos, cuja atuação, em nível nacional, reforça a posição dos órgãos centrais, com a consequente redução da importância dos órgãos estaduais.

Observe-se que os partidos políticos acabam por transformar o Senado, de órgão de representação dos Estados Federados em órgão de representação partidária, já que os Senadores, eleitos pelo povo, mas por via dos partidos, estão obrigados a defender, no Senado, o programa partidário, que muitas vezes não coincide com as necessidades do Estado que representam.

No plano externo, a convivência internacional tem reduzido o papel dos Estados federados, os quais não dispõem de capacidade jurídica internacional, para assumir compromissos com potências estrangeiras em nome da federação, verificando-se, assim, o reconhecimento de um *jus contrahendi* dos Estados federados (o Estado Federal brasileiro será por nós examinado no Capítulo 7, Vol. 2).

Nada obstante, se esses fatores apontam para uma crise do Estado Federal clássico, é preciso lembrar que o federalismo, em especial na sua forma assimétrica, tem-se vitalizado com a criação das denominadas Comunidades de Estados, cujo exemplo mais expressivo é a União Europeia.

Nesse sentido observa Raul Machado Horta que os "Estados multinacionais e os grandes espaços territoriais reclamam a solução federal, para manter o convívio das nações culturalmente diversificadas e o exercício do poder nos territórios continentais. Já se disse que o federalismo não é exclusivamente um processo estrutural, um conjunto de normas de organização e de competências. É, também, um processo histórico e dinâmico. O processo de federalização tende a ultrapassar o Estado Nacional para projetar-se nas Comunidades. O federalismo do Estado está evoluindo na direção do federalismo continental das Comunidades de Estados. Não estamos contemplando o fim do Estado Federal. Ao contrário, somos testemunhas do renascimento do federalismo no Mundo."[109]

11. O ESTADO E A ORDEM INTERNACIONAL – AS ORGANIZAÇÕES INTERNACIONAIS

O Estado, como organização política soberana, constituído por um povo fixado num determinado território, com poder de mando originário, não só existe autono-

---

[109] HORTA. *Direito constitucional*, p. 499.

mamente, como coexiste com os demais Estados e as organizações internacionais na cena internacional.

Apenas os Estados é que dispõem de poder político soberano, que, no âmbito das relações internacionais, significa, como já visto, uma afirmação de independência, nada obstante a observação de que esta soberania, que se qualifica como externa, reveste-se de caráter relativo, mas, de qualquer modo, do ponto de vista jurídico, é necessária para que se evite o uso ilegítimo ou arbitrário da força na solução dos conflitos internacionais.

Note-se, portanto, que se entende inexistir no âmbito do Direito Internacional um órgão superior de poder, que obrigue a todos os Estados integrantes da sociedade internacional.

Para explicar as relações entre a ordem jurídica interna e externa, dada a convivência das soberanias, há aqueles que sustentam ou a prevalência do direito internacional ou a do direito interno.

As relações entre o direito internacional e o direito interno foram analisadas pelas correntes monista e dualista. Para a corrente monista não existem limites entre a ordem jurídica internacional e a ordem jurídica interna: celebrado o tratado internacional, ele obriga no plano interno. O monismo sustenta, em regra geral, a existência de uma única ordem jurídica, acarretando, no entanto, duas vertentes: uma, que defende a primazia do direito interno e outra, a primazia do direito internacional (Kelsen, Verdross, Kunz, dentre outros juristas que compõem a chamada Escola de Viena). Esta última vertente é de larga aceitação e vem consagrada no direito interno de muitos países, como Alemanha, Áustria, Bélgica, Espanha, Estados Unidos, Finlândia, França, Grécia, Holanda, Itália, Luxemburgo, Portugal, Suécia, Suíça, países africanos de idioma francês e diversos Estados latino-americanos. Para a corrente dualista existe uma dualidade de ordens jurídicas, uma interna e outra externa, tornando-se necessário um ato de recepção introduzindo as regras do tratado no plano do direito interno. Para os dualistas, o direito interno e o direito internacional são ordens jurídicas independentes entre si e mutuamente excludentes; regulam matérias diferentes: aquele versa sobre assuntos internos do Estado e regula as relações interindividuais, enquanto que este disciplina as relações interestatais. Para que o direito internacional seja aplicado aos Estados, necessária a incorporação de seus enunciados ao direito interno. Assim, a norma internacional só tem validade quando recebida, ou seja, for transformada em lei interna, não bastando a simples ratificação do tratado para operar esta transformação. No direito brasileiro, prevalece a corrente dualista, quanto aos tratados comuns, já que a Constituição não traz qualquer preceito tornando expressa a posição hierárquica do direito internacional que, portanto, não vincula internamente. Quanto aos tratados internacionais de direitos humanos, o tema será examinado adiante.

De qualquer modo, os Estados necessitam encontrar foros para a solução de problemas comuns, que são os da sociedade internacional, tendo neste ponto papel significativo as organizações internacionais. Assinale-se ainda a necessidade de valorização dessas organizações e de organizações não governamentais, para a defesa dos direitos humanos, já que são os próprios Estados soberanos os que mais têm violado esses direitos, por disporem do aparato do poder repressivo.

Quanto às organizações internacionais, que muitas vezes acabam por sofrer a influência dos Estados que as compõem, mas que são vocacionadas para a preservação da paz internacional, são, consoante Guido Fernando Silva Soares, lembrado por Marcelo Figueiredo, "pessoas jurídicas criadas diretamente pelos próprios Estados, que, no ato de sua criação, um tratado-fundação, conferem, em graus variáveis, seu poder normativo àquelas (às organizações internacionais). Na verdade, a presença das organizações internacionais, como fontes normativas do direito internacional, é o traço característico das relações internacionais".[110]

A identificação das espécies de organizações internacionais leva em conta, normalmente, o critério da extensão de suas funções, a extensão do campo de sua atuação ou critério funcional.

Consoante Francisco Rezek, as organizações internacionais são assim classificadas: 1) segundo o alcance universal e finalidade política: a SDN (Sociedade ou Liga das Nações – 1919-1939) e a ONU (1945); 2) alcance universal e finalidade técnica e específica: agências especializadas da ONU, dotadas de personalidade jurídica própria em direito das gentes, como a OIT – Organização Internacional do Trabalho – fundada em 1919 e sediada em Genebra; a UNESCO – Organização das Nações Unidas para a Educação, a Ciência e a Cultura, fundada em 1946 e sediada em Paris, e a FAO – Organização para a Alimentação e a Agricultura, fundada em 1945 e sediada em Roma). Outros exemplos: o Fundo Monetário Internacional – FMI – 1945; a Organização da Aviação Civil Internacional – OACI –1947; a Organização Mundial de Saúde – OMS – 1945; o Banco Internacional para a Reconstrução e o Desenvolvimento – BIRD – 1946; 3) alcance regional e finalidade política: *a* – organizações que retomam, em escala regional, os objetivos da ONU: a Organização dos Estados Americanos – OEA – 1951; a Organização da Unidade Africana – OUA – 1963; *b* – organizações regionais cuja finalidade política é também a paz e a segurança, e voltam-se para a ideia da defesa contra aquilo que lhes parece um risco exterior potencial: a Organização do Tratado do Atlântico Norte (OTAN ou NATO – 1949, e de sua réplica socialista, a Organização do Pacto de Varsóvia – 1955; 4) alcance regional e finalidade técnica específica: Comunidade Econômica Europeia – CEE – 1957; Associação Latino-Americana de Integração – ALADI – 1981; Comunidade Europeia do Carvão e do Aço – CECA – 1952; Comunidade Europeia da Energia Atômica – CEEA – 1957; Conselho de Assistência Econômica Mútua – COMECOM – 1949; Organização dos Países Exportadores de Petróleo – OPEP, criada em 1961 e sediada em Viena.[111]

Deve-se incluir ainda nesta categoria o MERCOSUL (Mercado Comum do Sul).

Examina-se algumas dessas organizações.

A *Sociedade das Nações* (SDN), também conhecida como *Liga das Nações* surgiu ao término da Primeira Guerra Mundial, por sugestão do Presidente dos Estados Unidos, Woodrow Wilson. A sua proposta era no sentido de que fosse pactuada uma organização permanente dos Estados capaz de prever, obviar ou reprimir a guerra

---

[110] FIGUEIREDO. *Teoria geral do estado*, p. 165.
[111] REZEK. *Direito internacional público*, p. 264-267.

ou seus perigos. O Pacto da SDN integrou os Tratados de Versailles, de Trianon, de Neuilly e de Sèvres (1919-1920) e gerou a entidade que se atribuía o direito de falar em nome da Comunidade Mundial. A SDN era constituída de uma Assembleia Geral, de um Conselho e de uma Secretaria Geral. O Conselho se reuniu pela primeira vez em Paris, em 16 de janeiro de 1920. A SDN não logrou êxito. A sua primeira derrota política antecedeu a sua instalação, com a recusa dos Estados Unidos dela participar: o Senado americano, onde dominava o "isolacionismo", rejeitou a proposta por 49 votos contra 35. A Sociedade das Nações, que alinhava entre os seus membros primitivos vinte e sete Estados independentes e mais cinco que tinham a política externa orientada pela Inglaterra, chegou a 55 membros em 1926. Alguns membros acabaram por se retirar da SDN, entre eles o Brasil. Em 1927 era grande o seu desprestígio. A sua extinção formal se deu em 1946, em Genebra.

A *Organização das Nações Unidas* (ONU), de vocação universal, foi criada na crença de que poderia atuar como defensora da paz e evitar os erros que resultaram no fracasso da Sociedade das Nações. Além da pretensão de assegurar a manutenção da paz através da segurança coletiva, ao entendimento de que a guerra deve ser evitada, a ONU visa criar uma rede de cooperação econômica, social, cultural e humanitária.

A 24 de outubro de 1945 reuniu-se em São Francisco da Califórnia a Assembleia geradora das Nações Unidas.

A ONU teve por base uma Carta e não um Tratado, como ocorreu com a Sociedade das Nações.

Os seus órgãos são: Assembleia Geral, Conselho de Segurança, Secretariado Geral e organizações especializadas acima referidas.

A Assembleia Geral é constituída por todos os membros integrantes da organização. Cada membro tem direito a um voto. As reuniões da Assembleia Geral ocorrem uma vez por ano, com duração de dois a três meses, e se iniciam sempre na terceira terça-feira de setembro.

O Conselho de Segurança tem composição restrita, mas age em nome de todos os membros da ONU. É formado por dez membros eletivos (até 1965, o número era de seis), com mandato de dois anos, e cinco membros permanentes que detêm o direito de veto, o que contraria o princípio da igualdade entre os Estados, já que a responsabilidade pela manutenção da paz e da segurança internacional fica restrita às cinco maiores potências vencedoras da Segunda Guerra Mundial.

O Secretariado Geral é formado por um Secretário-Geral e quase mil funcionários, que usufruem das vantagens e imunidades da ONU, tais como isenção de serviço militar no Estado de origem, mas devem voto de fidelidade à ONU, qualquer que seja o interesse de seu País.

A *Organização dos Estados Americanos* (OEA) é um organismo regional da ONU, nos termos da Carta firmada em Bogotá, em 30 de abril de 1948, e que entrou em vigor a 13 de dezembro de 1951, posteriormente reformada pelos Protocolos de Buenos Aires em 1967, de Cartagena das Índias em 1985, e de Washington de 1992.

A OEA tem como finalidade manter a paz e a segurança do continente, prevenir possíveis causas de conflitos entre as Repúblicas americanas, assegurar a solução pacífica das controvérsias que surjam, organizar a ação solidária das Repúblicas em caso de agressão contra qualquer delas e promover, por meio de ação cooperativa, seu desenvolvimento econômico, social e cultural.

Para o desempenho de suas finalidades, a OEA compõe-se dos seguintes órgãos: Assembleia Geral, Reunião de Consultas dos Ministros das Relações Exteriores, Conselho, Comissão Jurídica Interamericana, Comissão Interamericana dos Direitos Humanos, Secretaria Geral, Conferências Especializadas e Organismos Especializados.

A *Liga dos Estados Árabes* foi instituída pelo Pacto firmado no Cairo, em 22 de março de 1945, entre Arábia Saudita, República Árabe Unida, Iraque, Jordânia, Líbano, Síria e Iêmen, com adesão posterior da Líbia (1953), Sudão (1956), Marrocos e Tunísia (1958), Argélia (1962) e Kuwait. A Liga dos Estados Árabes tem como finalidade a promoção e cooperação política, econômica, cultural, social, sanitária e militar de seus membros, todos unidos por idênticos laços religiosos. Compõe-se do Conselho e Secretaria Geral.

A *Organização da Unidade Africana* (OUA) foi criada em 25 de maio de 1963, com a Carta da Unidade Africana, assinada em Adis-Abeba (Etiópia), por 32 Estados do continente africano. Após o término da 2ª Guerra Mundial, os Estados africanos passaram a conquistar a independência, com o desaparecimento, pouco a pouco, do colonialismo. Entretanto, a independência conquistada não os libertava plenamente do domínio europeu ou dos conflitos internos, em especial os raciais entre diversas tribos. Daí a necessidade de se unirem numa organização para a defesa de toda agressão, o que ocorreu com a instituição da OUA.

Constituem finalidades da OUA a consecução e formação de meios para que a unidade e a solidariedade de todos os Estados africanos seja real e eficaz para bem defender a soberania, a sua integridade territorial, e para erradicar todas as formas de colonialismo, bem como promover a cooperação de todos os povos africanos, nos mais diversos setores.

A Carta da Unidade Africana reconhece a igualdade de todos os Estados dela signatários, veda a interferência nos negócios internos de qualquer um deles, possibilitando que a guerra seja afastada, desde que os litígios sejam resolvidos por negociação, mediação, conciliação ou arbitramento.

A OUA tem a seguinte organização: Assembleia de Chefes de Estado e Governo, Conselho de Ministros, Secretaria Geral e Comissão de Mediação, Conciliação e Arbitramento.

No âmbito internacional deve ser ainda considerado o fenômeno da integração dos Estados em grandes espaços territoriais e políticos, e que envolve num primeiro momento o plano econômico, e num segundo o político, fazendo surgir novas relações entre os Estados soberanos e as organizações internacionais, com o desenvolvimento do chamado Direito Comunitário. Exemplo expressivo da integração de que estamos cuidando, é a *União Europeia*.

A *União Europeia* surgiu em 1º de janeiro de 1993, com a entrada em vigor das Resoluções contidas no Tratado de Maastricht, assinado nesta cidade da Holanda, em dezembro de 1991, pelos doze países que compunham a Comunidade Econômica

Europeia (CEE): Alemanha, França, Reino Unido, Bélgica, Países Baixos, Luxemburgo, Dinamarca, Itália, Grécia, Espanha, Portugal e Irlanda. Em 1995 aderiram ao Tratado a Áustria, a Finlândia e a Suécia. Em 2004, recebeu mais dez Estados de regime democrático: Chipre, Eslováquia, Eslovênia, Estônia, Hungria, Letônia, Lituânia, Malta, Polônia e República Checa. Em 2007, Bulgária e Romênia ingressaram na União Europeia, e, em 2013, a Croácia. A União Europeia passa a contar, portanto,. com 28 membros. Os antecedentes da União Europeia remontam-se a 1957, quando seis países da Europa Ocidental subscreveram o Tratado de Roma, criando o Mercado Comum Europeu. Os acordos que deram origem à União Europeia, que se fundamenta nas comunidades, visam promover um programa econômico e social e criar uma política exterior e de segurança comum, e uma moeda comum em 1999 (o euro). Para o desempenho de suas atividades, a União Europeia compõe-se dos seguintes órgãos:

a) Comissão Europeia – constituída por 20 comissários com mandato de 5 anos. Com sede em Bruxelas, cabe à Comissão apresentar propostas de legislação, fiscalizar o cumprimento das avenças e executar as políticas da entidade e as relações comerciais internacionais;

b) Conselho da União Europeia – localizado em Bruxelas, é o órgão legislativo e executivo da União Europeia. Compõe-se de um delegado de cada Estado-Membro a nível ministerial com poderes para obrigar os seus respectivos Estados, e um representante da Comissão. A presidência é exercida sucessivamente durante 6 meses por Estado-Parte.

A Comissão e o Conselho são assistidos por um Comitê Econômico e Social constituído por representantes dos setores econômico e social, grupos patronais, trabalhadores, profissionais liberais, e pelo Comitê das Regiões formado por autoridades locais ou regionais;

c) Parlamento Europeu – constituído por representantes eleitos por sufrágio universal dos cidadãos dos Estados-Membros, para mandato de 5 anos. É localizado em Estrasburgo, sendo sua principal atribuição a de discutir e aprovar o orçamento da União Europeia. Desempenha ainda funções consultivas, cabendo-lhe constituir Comissão de Inquérito transitória para analisar arrazoados de infrações ou de má-administração do Direito Comunitário;

d) Conselho Europeu – integrado pelos Chefes de Estado ou Governo dos Estados-Membros, pelo Presidente da Comissão, e auxiliado pelos Ministros das Relações Exteriores dos Estados-Partes, com a finalidade de estabelecer esforços necessários ao desenvolvimento da União Europeia e definir as orientações políticas gerais;

e) Tribunal de Contas – é composto por um delegado de cada Estado-Membro, nomeado para mandato de 6 anos pelo Conselho da União Europeia, após consulta ao Parlamento Europeu. Com sede em Luxemburgo, sua finalidade é averiguar a legalidade e regularidade da receita e despesa da União Europeia;

f) Tribunal de Justiça das Comunidades Europeias – com sede em Luxemburgo, compõe-se de 15 juízes, sendo um de cada Estado-Parte, nomeados para um período de 6 anos com o objetivo de assegurar a harmonia na aplicação e interpretação dos tratados constitutivos da União Europeia, conhecer dos recursos interpostos pelo Parlamento Europeu, pelo Tribunal de Contas e pelo Banco Central Europeu com a finalidade de acautelar as respectivas prerrogativas. O Tribunal tem competência para anular, a requerimento de uma Instituição comunitária, de um Estado ou de um particular prejudicado, os atos da Comissão ou do Conselho, quando incompatíveis com o Direito. Compete-lhe ainda decidir se o ordenamento jurídico de um Estado-Parte se acha em desacordo com os preceitos dos Tratados e compelir o Estado a modificá-lo, expedir pareceres, com efeito vinculante, sobre as avenças que a União Europeia concluir com Estados não membros, e julgar recursos interpostos contra as decisões do Tribunal de Primeira Instância em matéria de direito;

g) Tribunal de Primeira Instância – com sede em Luxemburgo, compõe-se de 15 juízes indicados pelos Estados-Membros, para mandato de 6 anos. Dispõe de competência para conhecer de ações e de recursos interpostos por particulares contra decisões dos órgãos comunitários que se referem a questões comerciais, medidas *antidumping*, controvérsias jurídicas no âmbito do carvão e aço, e questões de funcionários da União Europeia contra ela, caso em que atua como Tribunal Administrativo;

h) Banco Europeu de Investimento – localiza-se em Luxemburgo, e tem por objetivo financiar investimentos que contribuam para o desenvolvimento da União Europeia;

i) *Ombudsman* ou Provedor de Justiça – é nomeado pelo Parlamento Europeu. Localizado em Estrasburgo, cabe-lhe acolher as querelas oferecidas por qualquer cidadão da União Europeia, ou por pessoa física ou jurídica, com residência ou sede num Estado-Membro, relativas a irregularidades administrativas no âmbito das Instituições ou órgãos comunitários, com exclusão dos atos do Tribunal de Justiça e do Tribunal de Primeira Instância no exercício das funções jurisdicionais;

j) Instituto Monetário Europeu – sua finalidade é a de executar os atos preparatórios para a instituição do Sistema Europeu dos Bancos Centrais, com o prosseguimento de uma política monetária comum, e para o surgimento de uma moeda única (o euro) – posta em circulação pelo Banco Central Europeu sediado em Frankfurt. O Sistema Europeu dos Bancos Centrais constitui-se do Banco Central Europeu, como seu dirigente, e dos Bancos Centrais Nacionais.

No dia 13 de dezembro de 2007, no Mosteiro dos Jerônimos, foi assinado o Tratado de Lisboa ou Tratado Reformador, acordo ratificado pelo Conselho da União Europeia, em Lisboa, a 19 de outubro de 2007, e que substitui a Constituição europeia de 2004. Dar-se-á agora início ao processo de ratificação com o objetivo de que o texto entre em vigor em 1º de janeiro de 2009.

O Tratado de Lisboa confere à União Europeia, personalidade jurídica própria para assinar acordos internacionais a nível comunitário. O termo "Comunidade" será substituído por "União". O Tratado de Lisboa nomeia o Alto Representante para a Política Exterior e de Segurança Comum da União Europeia e estabelece a aplicação formal da dupla maioria a partir de 2014.

A emenda proposta pela Presidência alemã do Conselho da União Europeia (2007) a 19 de maio de 2007 incluiu a "essência da Constituição". A proposta foi apresentada após as reuniões de trabalho entre a presidência e os delegados dos 27 Estados-Membros durante o primeiro semestre de 2007. Decidiu-se abandonar o formato do "Tratado constitucional" e, em alternativa, dar impulso a um tratado clássico que introduza emendas nos dois tratados atualmente em vigor, o Tratado da União Europeia e o Tratado da Comunidade Europeia, que passaria a chamar-se Tratado sobre o Funcionamento da União.

O Tratado de Lisboa contém duas cláusulas essenciais: uma modifica o tratado da União Europeia (ou tratado da UE – originalmente, tratado de Maastricht); outra modifica o tratado que institui a Comunidade Europeia (ou Tratado da CE – originalmente, Tratado de Roma de 1957).

O Tratado da UE conservará o seu nome, e o tratado da CE tornar-se-á em Tratado sobre o Funcionamento da União Europeia, União que passa a ter personalidade jurídica própria.

O conceito constitucional que consiste em abranger todos os atuais tratados para os substituir num único texto (Tratado de Roma de 2004 ou Tratado que estabelece uma constituição para a União Europeia) é abandonado. O tratado de reforma institucional introduzirá nos tratados atualmente em vigor as inovações decorrentes dos trabalhos da Conferência Intergovernamental de 2004.

A partir de 2014 começará a aplicar-se formalmente a dupla maioria (de 55% dos Estados-Membros, com um mínimo de 15, que englobe 65% da população), sendo que a Polônia poderá invocar o Tratado de Nice para conseguir uma minoria de bloqueio. Por outro lado, passarão de 36 a 87 as matérias que se adotarão por maioria qualificada.[112]

A integração dos Estados em várias Comunidades, consoante lembra Marcelo Figueiredo, reportando-se a Guido Fernando Silva Soares:

"*a)* é um fenômeno marcada pela vontade de disciplinar os campos da economia regional e que visa a uma redistribuição territorial dos fatores de produção, a longo período, em função de aplicar-se, de maneira racional, os princípios das vantagens comparativas no comércio internacional;

b) tal vontade se manifesta por um tratado internacional, que é ao mesmo tempo um tratado-fundação de um organismo supranacional e um tratado-quadro, este, um tratado que, à semelhança de um estatuto de uma empresa privada, traça as grandes linhas de atuação daquele organismo, estabelece competências para os órgãos que institui e os procedimentos fundamentais para atingir seus objetivos;

c) é um fenômeno autocontido e autodisciplinado no tempo, que estabelece prazos de atingimento de determinadas metas, mecanismos de correção e eventuais providências, bem como procedimentos de encerramento dos prazos e balanços de atividades (sendo que, em alguns casos, há inclusive previsões para possível

---

[112] O Tratado de Lisboa, em sua íntegra, acha-se disponível em: <http://europa.eu/lisbon_treaty/full_text/index_pt.htm>. Acesso em: 8 jun. 2008.

transformação de todo mecanismo integrativo, em outro tipo mais integrador, ou de outra forma);

d) as regras elaboradas pelo organismo internacional regional de integração se dirigem aos Estados participantes do mesmo, aos indivíduos e empresas diretamente regidos pelas normas dos mesmos Estados e a indivíduos e empresas diretamente regidos pelas normas destes últimos."[113]

Muito se tem debatido acerca das correntes que buscam explicar o movimento que conduziu ao aparecimento e desenvolvimento das Comunidades de Estado, considerada especialmente a problemática da unificação da Europa (União Europeia). As principais são: o confederalismo, o funcionalismo e o federalismo. A primeira concebe a unificação como em termos de convergência entre as políticas exteriores dos Estados e da colaboração intergovernamental, com exclusão, no entanto, de toda a transferência de soberania dos Estados para a Comunidade europeia. As duas outras correntes sustentam o poder de iniciativa dos centros funcionalistas e federativos para levarem os Governos a tomarem decisões, em determinados momentos de crise, para o desenvolvimento do processo de unificação da Europa.

Destas correntes, a que mais demonstra sua superioridade teórica é a federalista, ainda que se trate de um federalismo sem Estado, mesmo porque o federalismo surgiu antes do aparecimento do próprio Estado, e pode ser utilizado sob diversas formas nas estruturas de numerosos agrupamentos, ainda que desligados, total ou parcialmente, de instituições políticas, como partidos políticos, sindicatos e associações esportivas. Ademais, os projetos elaborados sobre a responsabilidade do parlamento europeu têm como ponto comum a instituição de uma Constituição para a União Europeia sobre bases federais.[114]

---

[113] FIGUEIREDO. *Teoria geral do estado*, p. 170-171.

[114] O denominado *poder constituinte transnacional* foi objeto de análise, neste trabalho, no Capítulo dedicado ao Poder Constituinte. O denominado projeto de "Constituição europeia", é de inspiração federalista. Por um lado, pressupõe o esbatimento da origem internacional da organização política da União, preparando a ulterior transmutação em ato de direito interno, a ser gerado pelo poder constituinte assumido pelo povo europeu; por outro lado, até o termo 'Convenção', aplicado ao grupo de personalidades que debateu o problema (representantes dos Governos dos Estados, e membros do Parlamento Europeu, da Comissão e dos Parlamentos nacionais), implicava, por associação, à Convenção de Filadélfia, a pretensão federal. Nada obstante, há ponderáveis argumentos questionando o projeto de "Constituição europeia", como federal. Assim pensa Paulo de Pitta e Cunha, que prefere denominar a Constituição de 'Tratado Constitucional', ao dizer que, "diferentemente dos Estados Unidos da América, a União Europeia permanece bem mais longe da caracterização como Estado federal. Se bem que tenha desenvolvido, em número crescente de sectores, fórmulas supranacionais, a União continua a ter fundamento em Tratados internacionais (Roma – Acto Único – Maastricht – Amesterdão – Nice), e os Estados membros, embora tendo operado, em domínios cada vez mais extensos, a transferência de poderes soberanos para a realidade constituída por aqueles tratados, conservam o essencial da sua soberania no plano internacional. Os Tratados prosseguem a 'União cada vez mais estreita entre os povos da Europa', expressão que, por si só, denota a inexistência, pelo menos por agora, de um só povo europeu" (A perspectiva da constituição europeia. *In*: *Revista Brasileira de Estudos Políticos*, Belo Horizonte, n. 88, dezembro de 2003, p. 188). Também Ricardo Arnaldo Malheiros

As Comunidades de Estados são reguladas pelo Direito Comunitário, que se distingue do Direito Interno e do Direito Internacional. O Direito Comunitário edita, pelos seus órgãos institucionais, normas obrigatórias para os Estados-Partes e para os seus nacionais, posto que aqueles renunciaram ao exercício dessa competência. Já o Direito Internacional visa disciplinar, na cena internacional, os direitos e deveres das pessoas internacionais: Estado, indivíduos e organizações internacionais. O Direito Internacional é direito da coexistência ou cooperação, e o Direito Comunitário é direito da integração. Deve-se reconhecer a primazia do Direito Comunitário sobre o Direito Interno, pois se as normas comunitárias pudessem ser afastadas pela lei nacional, estaria excluída a aplicação uniforme daquele Direito nos vários Estados-Partes, com o comprometimento de sua eficácia. Nada obstante, se por um lado os Estados-Membros da União Europeia, em suas Constituições, incluíram preceitos que dispõem sobre a delegação do exercício de determinadas competências para a entidade, aceitando a primazia do Direito Comunitário, por outro lado, esta primazia não vem reconhecida no MERCOSUL (Mercado Comum do Sul), nem no NAFTA (Acordo de Livre Comércio da América do Norte).[115]

Fiuza, após analisar o projeto de "Constituição europeia", pondera: "1. Embora se fale em uma Constituição, o documento apresentado em Salônica (na Grécia) é muito mais um *tratado*, que, se espera, dará mais força e agilidade à União Europeia. 2. O 'projeto' de Salônica, se aprovado como apresentado, não criará uma 'federação europeia', eis que os 25 Estados componentes da UE de 2004 manterão suas próprias constituições, suas diversas formas de Estado, suas formas de governo, monárquicas ou republicanas. 3. E, principalmente, as formas de ingresso e de saída da União, previstas no texto, não condizem com uma federação, como já dito. 4. Elaborado, como projeto, por uma Convenção, o texto deverá ser discutido e aprovado (se o for) pelos Legislativos dos Estados-Membros, não se falando, em ponto algum do mesmo, numa Assembleia Constituinte, órgão eleito diretamente para exercer o poder constituinte originário, capaz de elaborar e promulgar, com legitimidade, uma verdadeira *constituição*" (*Direito constitucional comparado*, p. 392).

Anote-se que, como referido acima, foi assinado, no dia 13 de dezembro de 2007, o Tratado de Lisboa, ou Tratado Reformador, e que substituirá a Constituição europeia de 2004. O Tratado entrou em vigor no dia 1º de dezembro de 2009.

[115] Em 26 de março de 1991, foi assinado em Assunção (Paraguai), o tratado que constituiu o MERCOSUL (Mercado Comum do Sul), com a participação da Argentina, Brasil, Paraguai e Uruguai, e aberto à adesão, mediante negociação, dos demais membros da Associação Latino-Americana de Integração (ALADI). Em 7.12.2012, a Bolívia assinou protocolo de adesão ao MERCOSUL, para se tornar membro do bloco. O Paraguai foi temporariamente suspenso do Bloco, o que acarretou o ingresso da Venezuela como membro-pleno do Mercosul a partir do dia 31 de julho de 2012. Na categoria de Estados associados são membros do Mercosul a Bolívia e o Chile desde 1996, o Peru desde 2003, e a Colômbia e o Equador, desde 2004. O Pacto tem como objetivos a livre circulação de bens, serviços e fatores produtivos entre os países através, entre outros, da eliminação dos direitos alfandegários, restrições não tarifárias à circulação de mercado ou qualquer outra medida equivalente e o estabelecimento de uma tarifa externa comum e a adoção de uma política comercial comum em relação a terceiros Estados ou agrupamentos de Estados. O Protocolo de Ouro Preto, firmado em 17 de fevereiro de 1994, reconheceu personalidade jurídica internacional ao MERCOSUL, podendo praticar todos os atos inevitáveis à execução de suas finalidades, especialmente contratar, adquirir ou alienar bens móveis e imóveis, comparecer em juízo, concertar acordos. Definiu ainda a estrutura institucional da entidade. O Acordo de Livre Comércio da América do Norte (North

Destaque-se, a respeito desta questão, o princípio da subsidiariedade, segundo o qual a Comunidade age nos limites das competências que lhe são conferidas e dos objetivos que lhe são dados pelos Tratados. Desse modo, toda matéria que possa ser resolvida pelo Estado-Parte não é levada à Comunidade.

12. O ESTADO E A GLOBALIZAÇÃO

A globalização é fenômeno que se intensificou com o colapso do socialismo de Estado e da consolidação mundial do capitalismo, provocando uma rápida transformação do mundo num espaço social e econômico comum. Segundo David Held e Anthony Mcgrew, a globalização tem vários significados. Pode ser concebida como "ação à distância (quando os atos dos agentes sociais de um lugar podem ter consequências significativas para 'terceiros distantes'); como compressão espaço-temporal (numa referência ao modo como a comunicação eletrônica instantânea vem desgastando as limitações da distância e do tempo na organização e na interação sociais); como interdependência acelerada (entendida como a intensificação do entrelaçamento entre economias e sociedades nacionais, de tal modo que os acontecimentos de um país têm um impacto direto em outros); como um mundo em processo de encolhimento (erosão das fronteiras e das barreiras geográficas à atividade socioeconômica); e, entre outros conceitos, como integração global, reordenação das relações de poder inter-regionais, consciência da situação global e intensificação da interligação inter-regional".[116]

A economia globalizada, o capital volátil, com o seu viés de orgia financeira, gera uma sociedade de controle, com o desaparecimento da sociedade disciplinar. A globalização, segundo Michael Hardt, elimina as fronteiras nacionais, étnicas, culturais, ideológicas, privadas. Abomina o dentro e o fora, é inclusiva, à força da exclusão; elimina qualquer exterioridade. Nada fica de fora da mão invisível do mercado, que abocanha tudo. Nessa linha de pensamento, Robert Kurz assinala que o que hoje faz sofrer as massas do Terceiro Mundo não é mais a exploração capitalista de seu trabalho produtivo, mas a ausência dessa exploração. Ademais, como escreve Peter Pál Pelbart: "Consumimos hoje sobretudo fluxos, de imagem, de informação, de conhecimento, de serviços. Esses fluxos formatam nossa subjetividade, revolvendo nossa inteligência e conhecimentos, nossas condutas, gostos, opiniões, sonhos e

---

American Free Trade Agrement – NAFTA) foi assinado em 8 de outubro de 1992 (entrou em vigor em 1º de janeiro de 1994), por representantes dos Estados Unidos da América do Norte, Canadá e México. Sua finalidade é a criação de uma zona de livre comércio entre os Estados signatários, com a eliminação das barreiras comerciais sobre as trocas de bens e serviços, sem a arrecadação de tarifas alfandegárias. Coordenam as atividades do NAFTA a Comissão de Livre Comércio, composta por delegados dos Estados-Partes e que decidem por acordo e instituem grupos e comitês de trabalho, objetivando supervisionar possíveis conflitos de interpretação das avenças, e o Secretariado, constituído por 3 secretarias nacionais dos Estados-Partes, sob a responsabilidade destes. Diferentemente do MERCOSUL, o NAFTA envolve apenas uma agregação de mercados, sem integração, nem aponta para a unificação total das economias. Não é um projeto de mercado comum, mas visa tão só criar uma zona de livre comércio.

[116] HELD; MCGREW. *Prós e contras da globalização*, p. 11.

desejos, em suma, nossos afetos. Consumimos cada vez mais maneiras de ver e de sentir, de pensar e de perceber, de morar e de vestir, ou seja, *formas de vida* – e mesmo quando nos referimos apenas aos estratos mais carentes da população, ainda assim essa tendência é crescente."[117]

Relativamente aos Estados nacionais, o que se deve indagar é até que ponto a globalização transformará sua realidade, ou se até mesmo eles desaparecerão, pelo comprometimento de seu território, de sua soberania e da erosão da cultura e da identidade nacionais, com a expansão da cidadania, e o surgimento de uma ordem supranacional, diversa da nacional e da internacional, situada entre um sistema internacional e um embrião do sistema federal.

A esse propósito, tem-se observado o crescimento das organizações e coletividades internacionais e transnacionais, como a ONU, e regionais, como a União Europeia, seus organismos especializados até grupos de pressão internacionais, com destaque para as denominadas organizações não governamentais internacionais (ONGIs), que em 1990 já eram em número de aproximadamente 5.500. A ação dessas organizações acaba por fragmentar a formulação de uma política nacional autônoma, transformando a soberania num exercício compartilhado de poder, implicando no desenvolvimento de um conjunto de leis regionais e internacionais às quais os Estados ficam condicionados. Destaque-se, nesse campo, o recrudescimento de acordos e instituições multilaterais na área de segurança, defesa (combate ao terrorismo internacional e ao tráfico de drogas), administração econômica e saúde, o que desafia a soberania dos Estados, ainda mais quando eles não logram oferecer bens e serviços aos cidadãos, sem a cooperação internacional. Tal cooperação chega, até mesmo, em alguns casos, a ser insuficiente, diante de problemas globais, como o aquecimento da Terra e os movimentos voláteis dos mercados financeiros, o que desgasta a capacidade dos Estados de agirem com independência. Há desse modo uma reconfiguração do poder político estatal.

Quanto à influência da globalização no conceito de território, o assunto foi por nós tratado no item 8.2.3, deste Capítulo, para onde remetemos o leitor.

Ainda no plano da globalização, observa-se que a noção de cidadania se expandiu, com a transformação de projetos nacionalistas – que deixaram de se conter nos limites da jurisdição dos Estados – em projetos transnacionais.

É que a cidadania passou a ser universal, já que necessária para a proteção de valores inerentes a qualquer pessoa e em qualquer lugar, ou seja, os direitos humanos universais resumidos na ideia-chave de dignidade da pessoa humana. Tais direitos deixaram de ser questão interna nacional, para serem tratados como fenômeno internacional, como os relacionados com problemas ambientais ou o extermínio étnico. Mencione-se ainda que a identidade cultural e política dos povos se acha em constante revisão e reconstrução, em razão, sobretudo, da influência das comunidades nacionais por imagens, conceitos, estilos de vida e ideias provenientes de grupos fora das fronteiras nacionais.

---

[117] PELBART. *A vertigem por um fio*, p. 36.

Advirta-se, no entanto, que, no âmbito cultural e global dos povos, "não existe um conjunto global comum de lembranças, nem um modo de pensar global comum, nem tampouco uma 'história universal' na qual e através da qual as pessoas possam unir-se. Existe apenas um conjunto plural de sentidos e sistemas políticos através do qual qualquer nova consciência global tem de lutar para sobreviver".[118]

A despeito dessas vicissitudes, consideramos que a globalização não implica no fim do Estado como forma de organização política de convivência social, porquanto conceitos e realidades como território, nacionalidade e soberania não iriam simplesmente desaparecer, mas se integrar e complementar em instâncias diferentes de ação do poder político, que se reconfigura, relacionadas com a procura de novos interesses e a defesa de valores, ainda que de cunho transnacional. E o Estado, enquanto mando e organização, seria indispensável no controle dos cidadãos como suporte de infinitas identidades desencadeadas pela globalização.[119]

Christopher W. Morris, citando Charles Tilly, salienta que o "obituário do sistema de Estado será difícil de escrever. Por um lado, vemos a pacificação da vida civil europeia e a modernidade de instituições políticas mais ou menos representativas, ambas subprodutos de uma formação do Estado, impulsionadas pela busca de poder militar. Por outro lado, observamos a crescente capacidade destrutiva da guerra, a intervenção difusa dos Estados nas vidas individuais, a criação de instrumentos incomparáveis de controle de classe. Destrua o Estado, e crie o Líbano. Fortifique-o e crie a Coreia. Até que outras formas substituam o Estado nacional, nenhuma das alternativas servirá. A única solução real é desviar da guerra o imenso poder dos Estados nacionais e direcioná-lo para a criação da justiça, segurança pessoal e democracia".[120]

13. TERRORISMO E ESTADO

Terrorismo (do latim *terror* = que inspira pavor, seguido do sufixo *ismo*, que remete à doutrina ou ao sistema), constitui uma forma particular de violência utilizada com vistas a criar um clima de medo e insegurança, dele retirando efeitos desproporcionais aos meios empregados para sua realização.

Na caracterização do terrorismo, deve-se distinguir entre método de ação e lógica de ação. Como método de ação, o terrorismo "é um instrumento utilizado por um ator nos jogos políticos, ou geopolíticos, ele permanece um meio a serviço de objetivos, uma ferramenta a serviço de uma causa que, caso a conjuntura se transforme, pode perfeitamente ser abandonada pelo ator. Como lógica de ação, ele mantém apenas uma relação mítica, ou artificial, com a causa que assumiu, com o

---

[118] HELD *et al. Op. cit.*, p. 43.

[119] Observa o Prof. Arthur J. Almeida Diniz: "Toda a luta pela prevalência dos Direitos Humanos, somente poderá e deverá passar pelo Estado. Para não sermos esmagados por forças transnacionais como o dinheiro, os fundamentalismos desvairados, a máfia, o execrável clube dos traficantes de armas. Devemos lutar pelo fortalecimento do poder do Estado como proteção e meio legítimo de estabelecimento de um *modus vivendi* racional, apesar das forças desencadeadas neste final de século e de milênio" (DINIZ. *Revista de Direito Comparado*, p. 65).

[120] MORRIS. *Um ensaio sobre o estado moderno*, p. 21-22.

movimento social, nacional ou religioso, do qual tem a pretensão de ser a mais alta expressão, e com a população concreta por ele referida e que, caso exista, o ignora ou o rejeita".[121]

A prática terrorista pode atingir um ponto de não retorno, ficando o ator preso a uma engrenagem que o ultrapassa, tornando-se ilimitada sua violência, sem outro fim que não seja a morte, a prisão ou o exílio. Daí a necessidade de substituição do ato falho por um novo sentido, encontrar uma causa ou uma referência, uma necessidade de sustentação logística, santuários onde possa se abrigar, um Estado disposto a desempenhar o papel de *patrocinador*.[122]

O terrorismo político, como ação organizada e violenta, é utilizado pelos agentes que estão fora do poder para, mediante atentados contra seus representantes, atingir objetivos de natureza política, em especial a tomada do poder, e pelos agentes que estão no poder, para eliminar opositores e destruir resistência à dominação do Estado totalitário, utilizando meios de dissuasão ditados pela estratégia revolucionária, como as prisões e torturas em campos de concentração, a lavagem cerebral em "clínicas psiquiátricas" ou "centros de reeducação", julgamentos por tribunais de exceção. Exemplos desta modalidade de terrorismo foram o Terror implantado nos fins do século XVIII, após o triunfo da Revolução Francesa de 1789, o terrorismo dos Estados totalitários (comunismo na então URSS e o nazismo na Alemanha nos anos 30 a 40).

Acentue-se ainda que, como lógica de ação, o territorismo perde o sentido, desde que reelaborado por uma matriz política ou religiosa, e pelo estado do movimento a que se refere o grupo terrorista. É dizer: quando estas matrizes, por si sós, se tornam capazes de formular seus pedidos sociais e políticos, o espaço do territorismo se reduz, já que apenas desempenhava o papel de substituto de um movimento desestruturado ou de um grupo social incapaz de atuar como agente político transformador, e não se constituía numa expressão deles.

A rigorosa punição do terrorismo pelo Estado (lei penal) encontra justificativa no fato de que, mesmo quando pretende chamar a atenção para problemas sociais ou políticos aparentemente insolúveis, o componente da violência esvazia-se de todo o conteúdo moral.

Destaque-se contemporaneamente como um dos fatores de intensificação do terrorismo, em escala global, a crescente e rápida expansão do fundamentalismo islâmico. Embora não haja incompatibilidade entre islamismo e democracia (a Turquia, país islâmico, tem hoje um regime democrático relativamente estável), há a presença de redes terroristas globais predominantemente ligadas ao fundamentalismo islâmico que objetiva combater as sociedades democráticas ocidentais (em especial Israel e Estados Unidos), sendo delas exemplo o Al Qaeda, cuja escala de objetivos iniciou-se contra as forças armadas norte-americanas, depois contra o conjunto da população americana, e por último contra a civilização judaico-cristã.

---

[121] ARNAUD et al. *Dicionário enciclopédico de teoria e de sociologia do direito*, p. 788-789.
[122] ARNAUD et al. *Op. cit.*, p. 789.

Anote-se, por outro lado, que como consequência do terrorismo global, os direitos humanos estão sofrendo restrições em virtude da necessidade de se atender a questões de segurança. Exemplos de áreas de restrições a liberdades civis e políticas são a escuta telefônica, vigilância eletrônica, sigilo bancário, documentos de identificação, controle para ingresso em aviões e em locais com multidões. Estas restrições, que se relacionam com os direitos humanos e o conjunto da comunidade internacional no que diz respeito ao conceito de soberania, certamente acarretarão reações das democracias ocidentais, pois que podem levar ao surgimento de um "estado de exceção" incompatível com limites jurídico-constitucionais garantidores das instituições democráticas e dos direitos humanos fundamentais.[123]

14. A CRISE DO ESTADO

O Estado moderno, desde o seu surgimento, tem passado por transformações, e, nos dias de hoje, por várias crises interconectadas.[124] Segundo Lenio Streck e Bolzan de Morais, "para pensá-las, impõe-se propor para o debate duas grandes versões de caráter genérico, agregadas a uma terceira vertente crítica de caráter institucional. A primeira delas diria respeito à crise que atinge as suas características conceituais básicas, em particular a ideia de soberania. A outra atingiria não a ideia mesma de Estado, mas uma de suas materializações, o *Welfare State*, ou Estado do Bem-Estar Social. Já a terceira se projeta por sobre a fórmula moderna de racionalização do poder, ou seja, o Estado Constitucional, sem descurarmos de uma quarta vertente que atinge a tradição da separação funcional do poder estatal".[125]

Ao abordar o assunto, na perspectiva da refundação do Estado em face da globalização, Mário Lúcio Quintão Soares afirma que desde "o ocaso do século XX, novos paradigmas delineiam os esquemas de representação da pós-modernidade, caracterizados pela fragmentação, multipolarização, multiorganização e descentralização da organização política estatal, através de um conjunto de sistemas autônomos, auto-organizados e reciprocamente interferentes. Daí deduzir-se que as atividades típicas estatais retraíram-se de tal forma que ocorreu a perda do centro do Estado, concebido como organização unitária e centralizada, e a existência de um direito sem Estado".[126]

De qualquer modo, a realidade política, na sua complexidade e no pluralismo de suas forças, cabe cada vez menos nos aparatos tradicionais e nas dimensões do Estado, quadro este que vem acrescido de aporias internas dos conceitos políticos e da doutrina do poder, o que favorece uma série de reflexões que, antes de constituírem a apresentação de novas categorias, são expressões emblemáticas das dificuldades e das crises.

---

[123] Cf. DAL RI JÚNIOR. *O estado e seus inimigos: a repressão política na história do direito penal* (p. 296-352), em que o autor faz um elaborado estudo sobre as leis norte-americanas conhecidas como *USA Patriot Act* e *Homeland Security Act*, de combate ao terrorismo internacional.

[124] Para uma visão abrangente do tema, cf. Van CREVELD. *Ascensão e declínio do estado.*

[125] STRECK; MORAIS. *Ciência política e teoria geral do estado*, p. 128.

[126] SOARES. *Teoria do estado*, p. 530.

Por outro lado, processos que produzem fatos politicamente significativos já não podem mais ser captados através da reconstrução de itinerários normativos e de acordo com procedimentos constitucionalmente definidos. Nesta linha, a *constituição material,* que capta a realidade complexa dos processos políticos, escapa aos parâmetros da *constituição formal* (escrita), a revelar um entrelaçamento entre forças sociais e o seu movimento, entre institutos privados e a sua relevância política, entre instituições públicas e as suas funções (com frequência bem diferentes e mais complexas daquelas que lhes são conferidas na linguagem oficial) e os modos não lineares com que se produzem no seu interior, as decisões, e finalmente, entre órgãos do Estado e as múltiplas relações que produzem o seu funcionamento efetivo. As "articulações do *continuum* institucional entre sociedade-Estado são cada vez menos explicáveis – tanto no feixe de funções que desempenham concretamente quanto no seu funcionamento interno – a partir de uma definição de finalidades institucionais precisas e inconfundíveis. Nesse horizonte, adquire significado o surgimento de perspectivas de pesquisa explicitamente voltadas para o abandono do quadro de categorias e de metodologias da tradição filosófico-jurídica e voltadas, por um lado, para a adoção de novos paradigmas de interpretação dos fenômenos políticos – como o da teoria dos sistemas (NiklasLuhmann) e da comunicação social (Habermas) – e, por outro, para a reconsideração profunda da categoria e da modalidade de análise do poder à luz de suas formas particulares".[127]

As crises do Estado compreendem: 1. *crise conceitual*; 2. *crise estrutural*; 3. *crise constitucional*; 4. *crise funcional*.

A *crise conceitual* do Estado leva ao questionamento da inflexão por ele sofrida relativamente às suas características estruturais, notadamente quanto à concepção de soberania, já referida neste trabalho, e aos direitos humanos fundamentais.

Assinale-se que contemporaneamente se observa uma dispersão dos centros de poder, decorrência do aprofundamento democrático das sociedades, circunstância que leva ao enfraquecimento da ideia de soberania como qualidade do poder insubmisso, independente e superior. Nesta perspectiva, falar "em soberania, nos dias que correm, como um poder irrestrito, muito embora seus limites jurídicos, parece mais um saudosismo do que uma avaliação lúcida dos vínculos que a circunscrevem. Ora, se o Estado caracteriza-se por uma organização democrática, é evidente que a sua atuação fica vinculada inexoravelmente ao conteúdo mesmo da democracia e a tudo o mais que isto implica relativamente a controles públicos, limites procedimentais, garantias cidadãs, etc. No dizer de Gustavo Zagrebelsky, pode-se resumir esta corrosão da noção de soberania estatal a partir de quatro vertentes distintas, porém não excludentes: 1. O pluralismo político-social interno, que se opõe à própria ideia de soberania e de sujeição; 2. Formação de centros de poder alternativos e concorrentes com o Estado que operam no campo político, econômico, cultural e religioso, frequentemente em dimensões totalmente independentes do território estatal; 3. A progressiva institucionalização de 'contextos' que integram seus poderes em dimensões supraestatais, subtraindo-os à disponibilidade dos Estados particulares e; 4. A

---

[127] DUSO. *O poder. História da filosofia política moderna*, p. 465-467.

atribuição de direitos aos indivíduos, os quais podem fazê-los valer perante jurisdições internacionais em face dos Estados a que pertencem".[128]

Afinal, o conjunto de decisões que passam pelos órgãos do poder político não são um produto unitário de um sujeito, que se coloca acima de mediações, lutas, acordos entre os partidos, ou forças presentes na sociedade. Disso resulta que a noção de poder político soberano perde a nitidez, já que se torna cada vez mais difícil colocá-la num espaço determinado, qual seja, o dos poderes do Estado.

Quanto aos direitos humanos, de se considerar que muitos dos seus conteúdos básicos ainda não foram implementados pelo Estado, ou têm sido até mesmo sonegados. Por outro lado, dado o seu caráter universal, os direitos humanos se dirigem a todos que também têm o compromisso comum de concretizá-los. Ademais, os indivíduos podem fazer valer seus direitos perente jurisdições internacionais em face dos Estados a que pertencem.

A *crise estrutural* relaciona-se, sobretudo, com o Estado do Bem-Estar, que resultou da passagem do Estado mínimo, ocorrida no transcurso das primeiras décadas do século XX.

O *Welfare State*, que acompanha o desenvolvimento de um projeto liberal, vincula-se à luta dos movimentos operários por melhores condições de trabalho, envolvendo direitos relativos às relações de produção, e seus consectários, como a previdência e assistência sociais, o transporte, a moradia, dentre outros. Já o Estado mínimo, derivado de uma ordem espontânea, em que os homens se submetem a determinadas leis naturais, vinculado ao liberalismo, em que os direitos humanos são os direitos negativos, ou seja, direitos à não interferência nas escolhas individuais, valorizou a economia de mercado em detrimento da soberania popular.

A crise do Estado do Bem-Estar, marcada, entre outros fatores, pela crise financeira, em que receita e despesa se acham em descompasso, e pelo aprofundamento do desemprego, não implicaria no retorno ao Estado mínimo, já historicamente superado.

A tentativa de renovação do Estado poderia encontrar no comunitarismo a resposta à fraqueza e à falta de concretude do liberalismo. Segundo os pensadores comunitaristas – Sandel, Mac Intyre, Taylor – o que deve ser abandonado no liberalismo político é a insistência na neutralidade procedimental do Estado para com os cidadãos. O comunitarismo, todavia, não deixa de se fundar na subjetividade individual e na necessidade do poder político, que constituem os dois polos para a construção de uma moderna forma política.

A *crise constitucional* do Estado relaciona-se, como acima referido, à fragilização da Constituição formal, que tem sido vista como obstáculo ao funcionamento do mercado, como empecilho à competitividade dos agentes econômicos e à expansão da economia. Há, pois, critérios e forças externos que acabam por orientar e definir os procedimentos decisórios no âmbito do Executivo e do Legislativo, contaminando ainda todas as esferas da vida social. Por isso mesmo é que surge a necessidade, para

---

[128] STRECK; MORAIS. *Ciência política e teoria geral do estado*, p. 131, 135.

que não se esvaneça o 'padrão objetivo do justo' – expressão referida por Dalmo de Abreu Dallari – de uma jurisprudencialização ou tribunalização dos conteúdos constitucionais, ou seja, o texto constitucional passa a ser definido por intermédio da jurisdição constitucional.

A *crise funcional* é entendida na "esteira da perda de exclusividade sentida pelos órgãos incumbidos do desempenho de funções estatais, aos quais são atribuídas tarefas que lhes são inerentes".[129] A ocorrência da perda de centralidade, com a fragmentação da separação de poderes e, portanto, comprometimento da estrutura tripartite quanto às atividades do Estado, decorre, sobretudo, de fatores externos, e não internos. Nesta perspectiva, verifica-se a ação de outros setores, semipúblicos, privados, marginais, nacionais, locais, regionais, internacionais, supranacionais, que acabam por ocupar espaços próprios dos poderes estatais (legislativo, executivo e judiciário), acarretando-lhes a perda de legitimidade. Fala-se, por isso mesmo, em um pluralismo de ações e um pluralismo funcional.

De outra parte, mencione-se, na vertente interna, ou seja, na dialética da separação e harmonia dos poderes e suas funções, a crescente necessidade de cada um deles, como reflexo de sua perda de importância própria, projetar-se sobre aquilo que tradicionalmente seria atribuição ou característica da outra função. Com isso, cada poder do Estado busca autofagicamente sobrevir à custa do outro.[130]

Há ainda uma fragilização das fontes do direito, com o surgimento de um direito de textura aberta, deslocando-se essas fontes para os poderes privados econômicos, mediante uma maior participação dos atores privados, tomando ainda em consideração valores oriundos dos sistemas econômicos ou técnico-científicos, em decorrência do fenômeno da globalização.

Disso resulta o enfraquecimento do Estado, o que, todavia, não leva ao seu desaparecimento, posto que não há conceber a existência da sociedade civil sem o Estado.

Identifica-se a presença de um pluralismo jurídico entendido como a possibilidade de coexistência de diversas fontes do direito, destacando-se a ocorrência de um direito inoficial ou marginal, que, a despeito de não se encontrar positivado, é utilizado para solução de conflitos, especialmente aqueles que exigem uma resposta imediata, seja diante da ausência do Estado, seja pela dificuldade de aplicação do direito oficial dependente, muitas vezes, de um moroso procedimento legislativo. Além destes fatores, o pluralismo jurídico se traduz pela presença da denominada *lex mercatoria* criadora de novos direitos, e que consiste num conjunto de normas acordadas pelos grandes agentes econômicos, para disciplinar atividades e rotinas sem qualquer interferência do Estado. Perde o Estado, pois, o direito centralizado que possuía e sua exclusividade na criação e execução do direito, com redução da sua autonomia.

As crises do Estado implicarão na necessidade de sua refundação, segundo novos paradigmas, necessários para responder ao fenômeno da mundialização, orientados,

---

[129] STRECK; MORAIS. *Ciência política e teoria geral do estado*, p. 147.
[130] MORAIS. *As crises do estado e da constituição e a transformação espacial dos direitos humanos*, p. 51-52.

sempre, para a preservação da soberania estatal, proteção e fomento da solidariedade e dignidade do ser humano.

15. SOCIEDADE CIVIL E ESTADO

Por sociedade civil,[131] numa acepção *negativa*, entende-se a esfera das relações sociais não reguladas pelo Estado. Num contexto em que ainda não existia Estado, falava-se em sociedade civil, sempre polemicamente, como o conjunto dos aparatos que num sistema social organizado exercem o poder coativo. Na literatura alemã, distinguia-se entre sociedade civil sem império e sociedade civil com império, esta designada com o termo Estado, mas num contexto em que ainda não nascera a contraposição entre sociedade e Estado, bastando um único termo para designar uma e outra, embora com uma distinção interna em espécie.

Com o surgimento de uma noção restritiva de Estado, os direitos naturais passam a pertencer aos indivíduos e aos grupos sociais independentes do Estado, e que limitam e restringem a esfera do poder político. A descoberta de uma esfera de relações interindividuais, como as relações econômicas, fez com que não se necessitasse da existência de um poder coativo, posto que elas se autorregulam. Thomas Paine, em 1776, afirmou que a sociedade civil é criada por nossas necessidades e o Estado por nossa maldade. Em suma, pelo direito privado os indivíduos regulam suas relações recíprocas, guiados por seus próprios interesses, e pelo direito público ou político se exerce o *imperium*, ou seja, o comando superior de que dispõe o direito para exercer o poder coativo.

No oitocentos, a sociedade civil nasceu da contraposição entre uma esfera política e uma esfera não política, daí ser mais fácil encontrar uma definição negativa do que uma positiva. Assim, tem-se a sociedade civil como o conjunto de relações não reguladas pelo Estado, ou seja, tudo aquilo que sobra, remanesce, uma vez delimitado o âmbito no qual se exerce o poder estatal.

Ainda se pode distinguir, em sentido negativo, diversas acepções de sociedade civil, conforme prevaleça a identificação do não estatal com o pré-estatal, com o anti-estatal, ou com o pós-estatal.

Quanto ao não-estatal, quer-se dizer que antes do Estado existiram várias formas de associações formadas pelos indivíduos entre si para a satisfação de seus diversos interesses, às quais o Estado se superpõe para regulá-las. No sentido marxiano, pode-se falar neste caso de sociedade civil como uma infraestrutura, e o Estado como uma superestrutura.

Na acepção que leva em conta o antiestatal, a sociedade civil é tida como o lugar onde se manifestam todas as instâncias de modificação das relações de dominação; formam-se grupos que lutam pela emancipação do poder político, adquirem força os chamados contrapoderes. O aspecto negativo desta acepção é que ela traz uma

---

[131] No desenvolvimento deste tópico, tomamos como referência teórica as concepções de Norberto Bobbio, expressas em seus livros: *O conceito de sociedade civil*, e *Estado, governo, sociedade*: para uma teoria geral da política (p. 33-52).

conotação axiologicamente negativa, desde que, do ponto de vista do Estado, esses grupos ou alguns deles, trazem o germe e o fermento da desagregação.

Na acepção em que se considera o pós-estatal, a sociedade civil (que tem um significado cronológico como na primeira, e axiológico como na segunda) representa o ideal de uma sociedade sem Estado, destinada a surgir da dissolução do poder político. Essa acepção se acha pensamento de Gramsci, na passagem de todo pensamento marxista, voltado para o ideal de reabsorção da sociedade política pela sociedade civil, em que se exerce a hegemonia distinta da dominação, livre da sociedade política.

Enfim, nas três diversas acepções, o não-estatal assume três diversas figuras: na primeira, a figura da pré-condição do Estado, daquilo que ainda não é estatal; na segunda, a antítese do Estado, ou seja, figura daquilo que se põe como alternativa ao Estado, e na terceira, a figura da dissolução e do fim do Estado.

Mais difícil, segundo Norberto Bobbio, uma definição *positiva* de sociedade civil, por se tratar de um repertório de tudo o que foi desordenadamente empregado pela exigência de se circunscrever o âmbito do Estado.

Numa primeira aproximação a sociedade civil é o lugar onde surgem e desenvolvem os conflitos econômicos, sociais, ideológicos, religiosos, que as instituições têm o dever de resolver através da mediação ou através da repressão. Sujeitos desses conflitos, e, portanto, da sociedade civil, enquanto contraposta ao Estado, são as classes sociais, os grupos, os movimentos, as associações, as organizações que as representam ou se declaram seus representantes. Ainda: ao lado das organizações de classe, os grupos de interesse, as associações de vários gêneros com fins sociais, e indiretamente políticos, os movimentos de emancipação de grupos étnicos, de defesa dos direitos civis, de libertação da mulher, os movimentos de jovens.

Nas teorias sistêmicas, a sociedade civil ocupa o espaço reservado à formação de demandas (*input*) que se dirigem ao sistema político e às quais o sistema político tem o dever de responder (*output*).

Também o tema da governabilidade é debatido nos termos da dicotomia sociedade civil/Estado: uma sociedade torna-se tanto mais ingovernável quanto mais aumentam as demandas da sociedade civil e não se aumenta correspondentemente a capacidade das instituições de a elas responder, ou a capacidade de resposta do Estado alcança limites talvez não mais superáveis. (p. ex.: crise fiscal).

Ora, a sociedade civil é que representa o lugar onde se formam, em períodos de crise institucional, os poderes de fato que tendem a obter uma legitimação própria, inclusive em detrimento dos poderes legítimo. Em outras palavras, o lugar onde se desenvolvem os processos de deslegitimação e de relegitimação. Daí por que a solução para uma grave crise que ameaça a sobrevivência de um sistema político deve ser procurada, antes de tudo, na sociedade civil, na qual podem ser encontradas novas fontes de legitimação e de consenso. Nesse domínio, inclui-se a opinião pública, como a pública expressão do consenso e do dissenso com respeito às instituições, manifestada através da imprensa, rádio, televisão. Sem opinião pública, a sociedade civil está destinada a perder a própria função, e até mesmo a desaparecer.

A expressão sociedade civil, no seu uso atual, como termo ligado ao Estado, ou sistema político, é derivação marxiana, e através de Marx, hegeliana. Marx escreveu que, estudando Hegel, chegou à convicção de que as instituições jurídicas e políticas tinham suas raízes nas relações materiais de existência, cujo conjunto é incorporado por Hegel sob o termo "sociedade civil", disso resultando que a anatomia da sociedade civil deve ser buscada na economia política. Marx faz da sociedade civil o lugar das relações econômicas, isto é, das relações que constituem a base real sobre a qual se eleva uma superestrutura jurídica e política. Desse modo, a sociedade civil passa a significar o conjunto das relações interindividuais que estão fora ou antes do Estado. Essa é a mesma esfera pré-estatal dos escritores de direito natural, e nessa trilha, os primeiros economistas, a começar dos fisiocratas, chamaram de estado de natureza ou sociedade natural. A sociedade civil, em Marx, adquire o significado de sociedade burguesa, que tem como sujeito histórico a burguesia, e que completou a sua emancipação política, libertando-se dos vínculos do Estado absoluto, e contrapondo ao Estado liberal os direitos do homem e do cidadão, direitos que, de agora em diante, deverão proteger os próprios interesses de classe.

Gramsci agrega a dicotomia sociedade civil/Estado à dicotomia base/superestrutura. Apesar de considerar, como Marx, as ideologias como parte da superestrutura, Gramsci chama de sociedade civil a esfera na qual agem os aparatos ideológicos que exercem a hegemonia , e, através da hegemonia, obtém o consenso. A sociedade civil representa o momento da eticidade, através do qual uma classe dominante obtém o consenso, e adquire legitimidade. Já o Estado representa o momento político, através do qual é exercida a força para a conservação do poder, entendido como o poder de uma classe restrita e não pela classe universal, que o exercerá através de seu partido, o verdadeiro protagonista da hegemonia.

Para Hegel, a sociedade civil não é apenas a esfera das relações econômicas e a formação de classes, mas também a administração da justiça e o ordenamento administrativo e corporativo. Hegel chama de sociedade civil a sociedade pré-política. Ainda segundo Hegel, é o Estado, e não a sociedade civil, o sujeito da história universal, com o qual se conclui o movimento do espírito objetivo.

Na tradição jusnaturalista, a sociedade civil, segundo Aristóteles, é sinônimo de *koinonéia politiké,* ou seja, a *polis* ou a cidade, cujo caráter de comunidade é independente e autossuficiente, ordenado a partir de uma constituição, e que, ao longo do tempo, vem sendo considerada como a origem ou o precedente histórico do Estado. Ainda segundo Aristóteles, o Estado é o prosseguimento natural da sociedade familiar, de sociedade doméstica ou família. Já para o modelo hobbesiano, o Estado é a antítese do Estado de natureza, constituída por indivíduos livres e iguais. Na Idade Moderna, através da persistência do modelo jusnaturalista, de Hobbes a Kant, a contraposição de sociedade civil à sociedade natural de Aristóteles, fez com que prevalecesse, no uso da expressão "sociedade civil", o significado de sociedade artificial.

Rousseau atribui à sociedade civil um sentido axiologicamente negativo, pois representa um momento negativo do desenvolvimento histórico. O homem deve sair dela para instituir a república fundada sobre o contrato social, é dizer, sobre o acordo paritário de cada um com os demais.

No debate atual, permanece a contraposição sociedade civil/Estado. A ideia de que a sociedade civil é o anteato ou contrafação do Estado penetrou na prática cotidiana.

Anote-se que, para Maquiavel, considerado o fundador da ciência política moderna, o Estado não pode mais ser assemelhado a uma forma de sociedade. O Estado, para ele, é o máximo poder que se exerce sobre os habitantes de um território, é o aparato de que alguns homens ou grupos se servem para adquirir e conservar o poder.

Acentue-se que ao processo de emancipação da sociedade seguiu-se um processo inverso de reapropriação da sociedade pelo Estado, que, transformando-se de Estado de direito em Estado social, mal se distingue da sociedade subjacente que ele invade por inteiro através da regulação das atividades econômicas.

Observa-se, no entanto, que a este processo de estatalização da sociedade seguiu-se um processo inverso, qual seja, de socialização do Estado através do desenvolvimento de várias formas de participação nas opções políticas, do crescimento das organizações de massa que exercem direta ou indiretamente alguma parcela de poder político. Assim, o Estado permeia a sociedade, como a sociedade permeia o Estado. Essas observações revelam que a contraposição entre a sociedade e Estado reflete uma situação real. Enfim, "sociedade civil e Estado atuam como dois momentos necessários, separados mas contíguos, distintos mas interdependentes, do sistema social em sua complexidade e sem sua articulação interna." [132]

Reportando-se a vários autores que, no curso da História, contribuíram para a formulação do conceito de sociedade civil, e que continuam influenciando o pensamento de autores contemporâneos, pode-se identificar, nos dias que correm, algumas matrizes teóricas que contribuem para o debate acerca do tema, a seguir expostas.

A primeira delas é a *matriz neotocquevilliana*. Alexis de Tocquevillle, quando visitou a América, na década de 1830, observara o papel central que este país vinha desempenhando nos estudos acerca da relação existente entre democracia e sociedade civil. A formação de associações sempre foi uma constante na vida norte-americana, fator fundamental para o fundamento da democracia estadunidense, sendo até mesmo uma garantia necessária contra a tirania da maioria.[133]

Esse engajamento cívico constitui fator decisivo para a qualidade da vida pública e performance das instituições sociais. Fala-se então em capital social, conceito que, em analogia com as noções de capital físico e humano, se refere a aspectos da organização social, tais como redes, normas e confiança social, que facilitam a coordenação e a cooperação para o benefício mútuo. O "eu" se transforma em "nós", ampliando o gosto dos participantes por bens coletivos. Na concepção neotocquevilliana, a força e a estabilidade das democracias liberais dependem, sobretudo, de uma participação associacional ativa e pujante. A sociedade civil, nessa perspectiva, é vista numa dimensão espontânea, na qual grupos e associações voluntárias surgem e afloram com vistas a promover a estabilidade liberal. Anote-se, no entanto, que se tem observa-

---

[132] BOBBIO. *Estado, governo, sociedade*: para uma teoria geral da política, p. 52.
[133] Cf. TOCQUEVILLE. *A democracia na América*.

do, nas últimas décadas, um declínio da pujança da sociedade civil estadunidense, evidenciada, por exemplo, pelo declínio da participação nas eleições nacionais; pela queda do número de afiliações religiosas; pelo declínio das afiliações sindicais, entre outros fatores.

A *matriz neoliberal*, embora vinculada à neotocquevilliana, considera a sociedade civil de um modo mais passivo, menos como uma esfera contraposta ao Estado e ao capitalismo, e mais como um complemento ou mesmo um substituto do Estado do mercado. A sociedade civil não é o lugar da luta e da emancipação, mas o da estabilidade, da provisão e da responsabilidade social. Há, neste cenário, um vasto setor não-governamental, formado por associações comunitárias, movimentos sociais, ONGS, entidades beneficentes, associações profissionais, igrejas e fundações privadas. O governo se desobriga da responsabilidade pela implementação de programas sociais e políticas públicas, e acaba por delegar a essas organizações sociais tais responsabilidades. Há confusão entre o público e o privado, surgindo uma área de interseção abrangendo funções públicas a partir de espaços privados. Na matriz neoliberal, a ineficiência do Estado para gerir questões de cunho social é resolvida pela atuação da sociedade civil na promoção do desenvolvimento social.

Por sua vez, a *matriz habermasiana* introduziu uma nova concepção para se pensar e praticar a democracia, a partir da espontaneidade e da solidariedade. Diferentemente de Marx, que via o trabalho como a força motora da evolução social, Habermas acentua que essa ênfase no trabalho teria produzido uma visão estreita das dinâmicas sociais, que deixaria de fora o que ele denominou de mundo da vida, isto é, o pano de fundo de toda interação social; o lugar transcendental e fundante, mas não fundado, onde se desenvolve a intersubjetividade, constitutiva do ser social. O mundo da vida contém as interpretações acumuladas das gerações passadas e é feita de significados. É transmitida, alterada e reproduzida pela comunicação, sendo a linguagem e a cultura, e não o trabalho, seus aspectos fundamentais. Portanto, os homens transformam o mundo não só através do trabalho, mas também, geração após geração, através da interação simbólica ou da comunicação. Enfatize-se: a produção do novo não é o trabalho, mas a linguagem que, a seu turno, produz não mais valores de uso e sim consensos a partir do agir comunicativo. O mundo da vida não representa mais do que uma caixa de ressonância suficientemente complexa para que se tematizem e se tratem problemas que envolvem a sociedade como um todo.[134]

Na perspectiva da teoria do sistema e do mundo da vida, a sociedade civil passa a ser analisada a partir da força comunicativa e da solidariedade sociais, e suas instituições abrangem a família, as comunidades étnicas e culturais, juntamente com com as associações voluntárias, grupos sociais e formas de comunicação pública.[135]

---

[134] *Direito e democracia:* entre facticidade e validade, v. II, p. 75.
[135] COHEN; ARATO. *Civil society and political theory*, p. 9.

CAPÍTULO 3

FINS E FUNÇÕES DO ESTADO

SUMÁRIO

1. Fins do Estado – Considerações iniciais – 2. Classificação dos fins do Estado – 3. Síntese conclusiva – 4. Funções do Estado – Noção e classificação.

1. FINS DO ESTADO – CONSIDERAÇÕES INICIAIS

O Estado, como forma de organização política, existe para satisfazer necessidades humanas.

A despeito de alguns publicistas afastarem das considerações do Direito Constitucional e da Teoria Geral do Estado o estudo dos fins do Estado (Kelsen e Mortati, por exemplo) e outros considerarem própria a sua inclusão no exame do Estado (Groppali chega até mesmo a incluir a finalidade como elemento do Estado), não se pode negar que a investigação dos fins do Estado deve ser tratada não só no domínio dos valores e da realidade, como também no campo da normatividade jurídica. É que a finalidade constitui o princípio que orienta e especifica qualquer instituição, notadamente a estatal.

O estudo do Estado envolve, por isso mesmo, a consideração dos seus fins.

2. CLASSIFICAÇÃO DOS FINS DO ESTADO

Jellinek foi o grande sistematizador das teorias dos fins do Estado, que assim os classificou:

Fins objetivos – Nesta teoria, o fim do Estado surge da própria natureza das coisas; não é a vontade política que determina o fim do Estado. A natureza da ordem política é que dá objetivamente o fim do Estado, o qual surge de uma ordem natural, sendo, portanto, transcendente e independente da vontade humana. Investiga-se aqui o fim que cabe ao Estado em geral, abstrato e universal, e não a cada um em particular.

A concepção aristotélico-tomista do bem comum é exemplificadora de um fim objetivo e universal do Estado.

Pode-se falar também na existência de fins particulares objetivos. Para os autores que defendem esta teoria, "cada Estado tem seus fins particulares, que resultam das circunstâncias em que eles surgiram e se desenvolveram e que são condicionantes de sua história".[1] Confundem-se nesta teoria os fins do Estado com os interesses dos Estados e até de seus governos.

Fins subjetivos – O fim do Estado não é dado natural da ordem política, mas independente de toda objetividade. Não há, assim, nenhum dado, mas um artifício. Os indivíduos que vivem em comunidade política se propõem a um fim próprio, independente de toda objetividade.

Os fins do Estado resultam da influência da vontade humana que os criam e os transformam.

Fins particulares – São os que cabem a um Estado em um momento determinado, para os homens que o constituem. Com os fins particulares, os Estados se atribuem vocações históricas a cumprir no mundo. Assim, o fim de Roma era a sua grandeza; para o Estado judeu, a religião; para a Espanha, a unidade da fé; e para a Inglaterra, a liberdade.[2]

Fins absolutos – Consideram-se absolutos os fins do Estado que são determinados por uma valoração axiológica. O Estado não pode, de nenhum modo, desviar-se de seu fim, que é ideal e válido para todos os tempos e lugares.

Fins relativos – Esta teoria considera que o fim do Estado é limitado pela própria natureza. O peculiar e próprio do Estado são as manifestações sistemáticas da vida solidária do homem.

As três grandes categorias a que se reduz a vida do Estado são: conservação, ordenação e ajuda.

Fins universais – São os que correspondem ao Estado em abstrato, a qualquer Estado em todos os tempos. Neste sentido posicionam-se Platão (a justiça constitui o bem supremo do Estado), Aristóteles (o Estado objetiva alcançar o bem ético) e vários doutrinadores.

Fins exclusivos e concorrentes – Os fins exclusivos são aqueles privativos do Estado (segurança externa e interna), e os concorrentes admitem participação ou colaboração de outras sociedades, com as quais se identificam.

Paulo Bonavides propõe um critério metodológico para se chegar à consideração do problema dos fins do Estado, que "seria situá-lo historicamente, e daí submetê-lo às reflexões da filosofia, da história, da política e do direito, ou seja, tratá-lo no plano metafísico ou positivo que abranger, segundo as ideias dominantes em cada época. Teríamos assim por único ponto de partida o histórico, que, uma vez admitido, per-

---

[1] DALLARI. *Elementos de teoria geral do estado*, p. 88.
[2] CAMPOS. *Derecho político*, p. 276.

mitiria o subsequente exame da matéria debaixo de todos os possíveis ângulos de indagação".[3]

3. SÍNTESE CONCLUSIVA

Pode-se dizer que o Estado, como sociedade política, existe para realizar a segurança, a justiça e o bem-estar econômico e social, os quais constituem os seus fins.

A *segurança*, como fim do Estado, pode ser individual e coletiva.

A *justiça* possibilita que, nas relações entre os homens, seja substituído o arbítrio da violência individual por um complexo de regras capazes de satisfazer o instinto natural da própria justiça.

O conceito de justiça compreende:
   a) justiça *comutativa*, cuja regra é a igualdade, nas relações entre os indivíduos, da equivalência dos valores permutados (cada um deve receber, nas relações recíprocas, de acordo com a prestação que efetuou aos outros indivíduos);
   b) justiça *distributiva*, cuja regra é a desigualdade para remunerar cada qual segundo os seus méritos, de acordo com o tipo de atividade produtiva que permanentemente presta à coletividade, ou a situação social de carência em que se encontra. Projeta-se, assim, a justiça distributiva nas políticas econômicas e sociais do Estado.

O *bem-estar econômico e social* é outra finalidade do Estado. O que se objetiva é a promoção de condições de vida dos indivíduos, garantindo-lhes o acesso aos bens econômicos que permitam a elevação de camadas sociais mais pobres, contemplando-as com educação, saúde, habitação, entre outros serviços.

É preciso, contudo, não exagerar o papel desses serviços, para que não se agigante o Estado, e não haja o comprometimento das liberdades públicas. O intervencionismo estatal exacerbado está contemporaneamente dando lugar para o apoio à iniciativa privada, no aceleramento do desenvolvimento econômico e social.

Não se deve ainda esquecer de que o Estado é meio e não um fim em si mesmo. Existe para a realização individual e social do homem.[4]

O Estado, igualmente, não é uma instituição para governar ideias, muito menos para impô-las: existe para regular condutas.

A proteção das bases naturais da vida é necessária para que o Estado possa assegurar a existência digna. Ao Estado incumbe, nesta perspectiva, a proteção da água, do ar, do solo, e a preservação dos recursos naturais para as gerações futuras. Desse modo, "por meio de um planejamento do território que respeite a liberdade, o Estado pode promover uma política racional de ocupação do solo e velar para que o território disponível seja utilizado para atender às necessidades tais como a

---
[3] BONAVIDES. *Teoria do estado*, p. 66-67.
[4] A propósito, consulte-se a excelente monografia de Ataliba Nogueira: *O Estado é meio e não fim*, 1945.

habitação, a indústria, o comércio, a agricultura, as vias de comunicação, bem como as áreas de lazer. Segundo as concepções atuais, fazem igualmente parte da garantia da existência uma proteção diante das consequências financeiras decorrentes do desemprego, a proteção dos locatários, a ajuda à construção residencial, a garantia de um salário-mínimo e o direito a férias. Dentre as medidas destinadas a assegurar as bases da existência incluem-se igualmente uma política eficaz em matéria de saúde, que englobe a previdência e um sistema de saúde desenvolvido, bem como medidas de reintegração de grupos socialmente marginalizados (por exemplo, os drogados, os alcoólatras e os delinquentes).

No âmbito social, uma das tarefas essenciais do Estado consiste em salvaguardar a liberdade, a possibilidade de desenvolvimento pessoal e a esfera privada do ser humano, apesar da amplidão das intervenções sociais. O homem não pode ser sufocado pela burocracia da administração social ou aniquilado por funcionários públicos ávidos de poder, que o oprimem com formulários, questionamentos, interpelações e condições em matéria de renda e subvenções".[5]

Podemos então sintetizar dizendo que o bem comum constitui a finalidade que legitima o Estado.

Pio XII, em sua mensagem de Natal de 1942, dizia que o bem comum consiste naquelas condições externas que são necessárias ao conjunto dos cidadãos para o desenvolvimento de suas qualidades e de suas atividades profissionais, em sua vida material, intelectual e religiosa. É o bem comum que torna possível os bens individuais. Assim, o Estado, ao promovê-lo, coloca à disposição da pessoa os meios necessários para seu próprio fim pessoal.

4. FUNÇÕES DO ESTADO – NOÇÃO E CLASSIFICAÇÃO

Os fins do Estado são alcançados mediante atividades que lhe são constitucionalmente atribuídas. Tais funções são desenvolvidas por órgãos estatais, segundo a competência de que dispõem.

Além de atividade, a função do Estado tem o sentido de fim, tarefa ou incumbência, correspondente a certa necessidade, coletiva ou a certa zona da vida social. Neste sentido, "a função traduz um determinado enlace entre a sociedade e o Estado, assim como um princípio (ou uma tentativa) de legitimação do exercício do poder. A crescente complexidade das funções assumidas pelo Estado – da garantia da segurança perante o exterior, da justiça e da paz civil à promoção do bem-estar, da cultura e da defesa do ambiente – decorre do alargamento das necessidades humanas, das pretensões de intervenção dos governantes e dos meios de que se podem dotar; e é ainda uma maneira de o Estado ou os governantes em concreto justificarem a sua existência ou a sua permanência no poder". Ainda neste sentido, "a função não tem apenas que ver com o Estado enquanto poder; tem também que ver com o Estado enquanto comunidade. Tanto pode ser prosseguida só pelos seus órgãos constitucional ou legalmente competentes e por outras entidades públicas como ser realizada

---

[5] FLEINER-GERSTER. *Teoria geral do estado*, p. 600-601.

por grupos e entidades da sociedade civil, em formas variáveis de complementaridade e subsidiariedade (tudo dependendo das concepções dominantes e da intenção global do ordenamento)".[6]

Marcelo Rebelo de Sousa define a função do Estado "como a atividade desenvolvida, no todo ou em parte, por um ou vários órgãos do poder político, de modo duradouro, independente de outras atividades, em particular na sua forma, e que visa à prossecução dos fins do Estado".[7]

Para Marcelo Caetano, a determinação das funções do Estado resulta de três critérios: material, formal e orgânico.

O *critério material* parte da análise do conteúdo dos diversos tipos de atos ou dos resultados em que se traduz a atividade do Estado, para chegar ao conceito de função.

O *critério formal* atende às circunstâncias exteriores das atividades do Estado, distinguindo as funções segundo a forma externa revestida pelo exercício de cada uma delas.

O *critério orgânico* relaciona intimamente as funções com os órgãos que as exercitam, e das diversas características desses órgãos ou da sua posição na estrutura do poder político infere a especialidade das suas atividades.

O citado autor distingue ainda funções jurídicas de funções não jurídicas do Estado, dentro da concepção do que chama de teoria integral das funções do Estado.

As funções jurídicas são as de criação e execução do Direito e compreendem a função legislativa, cujo objeto direto e imediato é o de estatuir normas de caráter geral e impessoal inovadoras da ordem jurídica, e a executiva, exercitável por meio do processo jurisdicional, caracterizado pela imparcialidade e passividade, e pelo processo administrativo, com as características de parcialidade e iniciativa.

Já as funções não jurídicas compreendem:

a) a *função política*, cuja característica é a liberdade de opção entre várias soluções possíveis, com vistas à conservação da sociedade política e a definição e prossecução do interesse geral, por meio da livre escolha de rumos e soluções consideradas preferíveis;

b) a *função técnica*, "cujo objeto direto e imediato consiste na produção de bens ou na prestação de serviços destinados à satisfação de necessidades coletivas de caráter material ou cultural, de harmonia com preceitos práticos tendentes a obter a máxima eficiência dos meios empregados".[8]

Jellinek, considerado também um dos primeiros teorizadores das funções do Estado, definiu-as partindo dos dois objetivos prosseguidos pelo Estado: um de natureza jurídica, outro de natureza cultural.

O fim jurídico do Estado refere-se à criação e execução do direito.

---

[6] MIRANDA. *Manual de direito constitucional*, t. V, p. 8-9.
[7] SOUSA. *Direito constitucional*, p. 236.
[8] CAETANO. *Direito constitucional*, v. 1, p. 187-218.

O fim cultural do Estado corresponde ao desenvolvimento das condições materiais de vida dos cidadãos, consoante a ideologia do Estado considerado.

Para atingir tais fins, o Estado atuaria através de dois tipos de meios: a criação de normas jurídicas gerais e abstratas e a realização de atos concretos. No primeiro caso, a função do Estado seria legislativa, e, no segundo, a função seria administrativa quando visasse a um fim cultural, ou jurisdicional, quando objetivasse um fim jurídico.

Além dessas funções, Jellinek criou a categoria das atividades extraordinárias do Estado: guerra ou atos de política externa, que se situam fora do elenco das duas funções anteriormente referidas.[9]

No domínio das funções do Estado, menciona-se ainda Duguit, que, ao invés de se utilizar dos fins do Estado, preferiu o conceito de ato jurídico para formular sua classificação das funções do Estado.

Assim, o ato jurídico, considerado como a manifestação de vontade dirigida à modificação da ordem jurídica, presente ou próxima futura, toma uma das seguintes formas:

a) *ato-regra*, o que é realizado com a intenção de modificar as normas jurídicas abstratas constitutivas do direito objetivo;

b) *ato-condição*, o que torna aplicáveis a um sujeito determinadas regras abstratas, que, antes de sua prática, lhe eram inaplicáveis (por exemplo, a nomeação de um servidor público torna-lhe aplicáveis todas as regras gerais que regulam os direitos e deveres dos servidores);

c) *ato subjetivo*, o que cria para alguém uma obrigação especial, concreta, individual e momentânea, que nenhuma regra abstrata lhe impunha (um contrato, por exemplo).[10]

Definidos os atos jurídicos, passa Duguit à definição das funções do Estado:

– *a função legislativa* consiste na prática de atos-regra;

– *a função administrativa* consiste na prática de atos-condição, dos atos subjetivos e das denominadas operações materiais, sem caráter jurídico, realizadas pelos órgãos da Administração Pública, destinadas a assegurar o funcionamento dos seus serviços;

– *a função jurisdicional* consiste na prática dos atos jurisdicionais, que tanto podem ser atos-condição como atos subjetivos. O que os define não é o seu conteúdo, mas a circunstância de provirem de um órgão dotado de imparcialidade e independência (tribunal ou juiz singular).[11]

Verifica-se que a teoria de Duguit, relativa às funções do Estado, não corresponde à sua classificação de ato jurídico, pois para definir a função jurisdicional recorre ao

---

[9] JELLINEK. *Teoría general del estado*, p. 171-214.

[10] DUGUIT. *Traité de droit constitutionnel*, v. 1, p. 219.

[11] DUGUIT. *Op. cit.*, v. 2, p. 132.

conceito orgânico e não material. Além disso, a função administrativa realiza-se mediante atos de natureza essencialmente material, e não apenas jurídicos.

As funções do Estado foram ainda examinadas pelo neokantiano Hans Kelsen.

Para Kelsen, o Estado se reduz à unidade personificada de uma ordem jurídica e se confunde com a própria ordem jurídica. As funções do Estado consistem, desta forma, na criação e na aplicação do Direito.[12]

Georges Burdeau, ao seu turno, considera que as funções do Estado são definidas pela natureza e pelo objeto dos atos, falando em duas funções fundamentais, quais sejam, a governamental, que é incondicionada, criadora e a autônoma e a administrativa. A função governamental divide-se em legislativa e governamental e a função administrativa em administrativa propriamente dita, jurisdicional e regulamentar.[13]

Karl Loewenstein propõe uma classificação tripartite das funções do Estado: a) decisão política conformadora ou fundamental; b) execução da decisão política fundamental por meio de legislação, administração e jurisdição; c) fiscalização política, nas suas dimensões horizontal (fiscalização ou controles intra e interorgânicos), e vertical (federalismo, liberdades individuais, pluralismo social).[14]

A classificação das funções do Estado acarreta as seguintes ilações sumariadas por Jorge Miranda: a) aparecimento, em todas as classificações, de uma função legislativa, de uma função administrativa ou executiva *stricto sensu* e de uma função jurisdicional, ainda que com diferentes relacionamentos; b) correlação ou dependência das classificações das orientações teórica globais perfilhadas pelos autores; c) relatividade histórica ou dependência também da experiência histórica e da situação concreta do Estado; d) reconhecimento de que, a par das classificações de funções, se procede a classificações de atos (ou de tipos de atos) jurídico-públicos.[15]

Da análise de todas essas teorias, acreditamos resultar a observação de que não existem apenas funções jurídicas do Estado: é que há o Estado cultural, o Estado do bem-estar, o Estado ético e ainda o Estado social. Assim, além da criação e execução do direito, outras funções não jurídicas se processam mediante atos políticos e atos materiais, a despeito de serem cercados pela malha de uma regulamentação jurídica e influírem na esfera do Direito.

Sobre a função política, é bom lembrar que a ideia de que seja juridicamente livre vem sendo questionada, em razão, sobretudo, de que o Estado contemporâneo se configura como Estado programador ou dirigente. Define-se então a função política como uma conexão de funções legislativas, regulamentares, planificadoras e militares, de natureza econômica, social, financeira e cultural, dirigida à individualização e graduação de fins constitucionalmente estabelecidos.

---

[12] KELSEN. *Teoría general del estado*, 1979.

[13] BURDEAU. Remarques sur la classification des fonctions étatiques. In: *Revue du droit public*, 1945, p. 202 *et seq.*

[14] LOEWENSTEIN. *Teoría de la constitución*, p. 62 *et seq.*

[15] MIRANDA. *Manual de direito constitucional*, t. 5, p. 17.

Além disso, fica comprometida a ideia de ser a função política considerada juridicamente livre pelo fato de que todo o poder estatal, no Estado de Direito, se acha juridicamente vinculado à Constituição.

Nada obstante, pondere-se que a função política pode movimentar-se com relativa autodeterminação naqueles espaços abertos pelo texto constitucional.

Assinale-se que, embora sejam as funções do Estado abstratamente distintas umas das outras, os atos que manifestam podem ter caráter misto. Desta forma, pode haver atos que, embora tidos como legislativos, simultaneamente são manifestações do Poder Executivo, e mesmo certos atos jurisdicionais que contêm elementos do Poder Legislativo.[16]

Às funções clássicas do Estado, quais sejam, legislativa, executiva e jurisdicional, deve-se acrescer outras necessárias para a garantia do processo democrático,[17] e que são:

a) *função de fiscalização ou de controle*, a cargo do Ministério Público e dos Tribunais de Contas, com a ressalva de que a instituição ministerial e os Tribunais de Contas não constituem um quarto ou quinto poder do Estado, mas têm, no texto constitucional brasileiro, asseguradas sua independência e autonomia, a fim de que possam exercer sua função fiscalizadora;

b) *função legislativa constitucional* de emendar e revisar a Constituição;

c) *função simbólica*, típica do chefe de Estado (não se confunde com a função política, de governo), voltada para a representação do Estado e dos valores nacionais.

---

[16] ROMANO. *Princípios de direito constitucional geral*, p. 226.

[17] A Constituição da Venezuela menciona, em seu art. 136, cinco poderes do Estado, que são os poderes legislativo, executivo, judiciário, cidadão e eleitoral, cada um deles com função própria, sendo que os órgãos que as exercem colaboram entre si para a realização dos fins do Estado. A Defensoria Pública e o Ministério Público são transformados em órgãos do poder cidadão de fiscalização e garantia democrática, com vistas a proteger o respeito à Constituição e às leis (art. 273).

CAPÍTULO 4

ORGANIZAÇÃO DO PODER POLÍTICO

SUMÁRIO

1. Noção de órgão do Estado – 2. Separação de poderes – Considerações iniciais – 3. A separação de poderes no pensamento político – 4. Origem histórica da separação de Poderes – 5. A separação de órgãos e funções – 6. O princípio da separação de poderes: transformações – 7. O tempo no Direito Constitucional.

1. NOÇÃO DE ÓRGÃO DO ESTADO

Toda sociedade política é formada pela instituição de um poder político, cujo exercício se dá por uma vontade.

Ora, o Estado como pessoa jurídica não dispõe de vontade, nem de ação no sentido psicológico e anímico. Nem por isso deixa de possuir vontade e ação, do ponto de vista jurídico, as quais se manifestam pelos seres físicos na qualidade de seus agentes.

De fato, na pessoa jurídica não há coincidência entre a personalidade jurídica (portadora de direitos e deveres) com a realidade material subjacente a ela. Há, sim, um conjunto de indivíduos que se aglutinam em torno dela para a realização de determinados fins.

Assim, a vontade da pessoa jurídica é expressa pelos órgãos que a compõem: trata-se então de uma vontade funcional, vale dizer, a vontade que, por ficção jurídica, se considera imputável à pessoa coletiva e que, como tal, a vincula.[1]

Não há, por outro lado, que se confundir o órgão com o seu titular. O órgão "é distinto dos indivíduos que o servem: existe independentemente deles, deve durar para além da presença e até da vida do seu titular incidental como uma chama que sucessivas energias hão de alimentar com o mesmo brilho e a mesma luz".[2]

---

[1] SOUSA. *Direito constitucional*, p. 262.
[2] CAETANO. *Direito constitucional*, v. 1, p. 222.

A vontade individual da pessoa física, quando age como titular do órgão, não exprime uma vontade individual, mas, como se mostrou, revela uma vontade funcional.

A prática de determinado ato, pelo órgão, pressupõe autorização ou legitimação, e num limite para esta prática, que é a competência. A competência vem da norma e é definida pelo Direito positivo, pelo que nenhum órgão pode dispor de outra competência além da que a norma estabelece. Embora resulte da norma, é possível que o sentido da competência seja identificado através da interpretação, ou que sua competência surja em virtude de outra norma ou nela esteja contida.

Pode-se então conceituar os órgãos como "unidades abstratas que sintetizam os vários círculos de atribuições do Estado. Nada mais significam que círculos de atribuições, os feixes individuais de poderes funcionais repartidos no interior da personalidade estatal e expressados através dos agentes neles providos".[3]

Jorge Miranda esclarece que o conceito de órgão "implica quatro elementos inseparáveis, mas que cabe distinguir): *a)* A *instituição* ou, em certa acepção, o ofício – sendo instituição, na célebre definição de Hauriou, a ideia de obra ou de empreendimento que se realiza e perdura no meio social; *b)* A *competência* ou complexo de poderes funcionais cometidos ao órgão, parcela de poder público que lhe cabe; *c)* O *titular* ou pessoa física ou conjunto de pessoas físicas que, em dado momento, encarnam a instituição e formam a vontade que há de corresponder ao órgão; *d)* O *cargo* ou *mandato* (quando se trate de órgão electivo) – função do titular, papel institucionalizado que lhe é distribuído, relação específica dele com o Estado, traduzida em situações subjectivas, activas e passivas".[4]

O mecanismo jurídico de atribuição da vontade do agente à dos órgãos do Estado, ou do próprio Estado, é chamado de imputação.

A relação entre o Estado e seus agentes é uma relação orgânica, que se manifesta no interior de uma mesma pessoa jurídica, não sendo, pois, de se aceitar a teoria da representação para explicá-la. É que a representação pressupõe a existência de duas pessoas distintas, o representante e o representado, cujo vínculo é externo ao Estado, ou seja, a vontade do representante seria uma vontade distinta e estranha ao Estado.

2. SEPARAÇÃO DE PODERES – CONSIDERAÇÕES INICIAIS

A separação de Poderes é tema referido em toda disciplina jurídica de Direito Público, que o trata segundo sua evolução histórica e em nível de sistematização, com ênfase na distinção material das funções do Estado – cada uma delas cabe a um órgão ou grupo de órgãos específicos –, bem como na menção à separação orgânica fundada naquela distinção material.

---

[3] BANDEIRA DE MELLO. *Apontamentos sobre os agentese órgãos públicos*, p. 69.
[4] MIRANDA. *Manual de direito constitucional*, t. 5, p. 53.

Pela sua relevância no Direito Público e especialmente no Direito Constitucional, o princípio da separação de Poderes tem acarretado significativa controvérsia doutrinária, que vai da apologia à rejeição.

A apologia da separação de Poderes tem raízes históricas, e a sua rejeição baseia-se em argumentos de ordem jurídico-racionais relacionados, sobretudo, com o princípio da unidade do poder.

Assinala Canotilho que, em "termos jurídico-positivos, a compreensão material das estruturas organizatório-funcionais implica: (1) articulação necessária das *competências e funções* dos órgãos constitucionais com o cumprimento das *tarefas* atribuídas aos mesmos; (2) consideração das normas organizatórias não com meros *preceitos de limites* materialmente vazios (típicos de um Estado liberal tendencialmente abstencionista), mas como verdadeiras *normas de acção* (típicas de um Estado intencionalmente constitutivo), definidoras das tarefas de conformação econômica, social e cultural confiadas às várias constelações orgânico-constitucionais; (3) atribuição de um carácter de ação aos preceitos organizatórios o que implica, concomitantemente, a articulação das normas de competência com a ideia de *responsabilidade constitucional* dos órgãos constitucionais (sobretudo dos órgãos de soberania) aos quais é confiada a prossecução autónoma de tarefas; (4) apuramento de uma noção de *controlo constitucional* que não se limite a enfatizar unilateralmente o controlo jurídico das inconstitucionalidades e se preocupe também com as sanções políticas pelo não cumprimento das tarefas constitucionais distribuídas pelos órgãos de soberania".[5]

3. A SEPARAÇÃO DE PODERES NO PENSAMENTO POLÍTICO

Como princípio organizatório estrutural, uma constante do Estado de Direito, a separação de poderes de que cuidamos neste Capítulo tem em vista a denominada repartição horizontal (de órgãos e funções). Há ainda a denominada repartição vertical que visa delimitar as competências e as relações de controle segundo critérios fundamentais territoriais ou espaciais, envolvendo a competência, no Estado Federal, dos entes federados, e, no Estado Unitário e Autonômico, a competência das regiões e dos órgãos locais. Fala-se, finalmente, na repartição ou divisão social de funções, aludindo-se à distribuição de poder entre o Estado e outros titulares de poderes públicos não estatais, como os sindicatos.

Os "axiomas fundamentais da ideia ocidental de Estado" que se contrapõem ao despotismo oriental, e que se referem ao princípio da separação de poderes, são: "1º O poder político deve emanar de uma estrutura institucional objectiva e não imediatamente da vontade de homens. Entre estes e o poder deve interpor-se sempre a instituição. 2º Essa estrutura institucional deve ser diferenciada, compósita e não monolítica ou uniforme, tanto do ponto de vista orgânico como do ponto de vista funcional. 3º Essa estrutura institucional deve ser juridicamente conformada e a sua actuação deve fazer-se de acordo com a lei. 4º Essa estrutura institucional deve ser tanto quanto

---

[5] CANOTILHO. *Direito constitucional e teoria da constituição*, p. 487.

possível estável. Para isso tem que ser 'local de mistura' das várias classes sociais, portadoras de interesses conflituantes. Estas devem ter acesso equilibrado aos órgãos ou magistraturas de que aquela se compõe, de modo a poderem participar globalmente no exercício do poder político",[6] axioma este que se insere na teoria da constituição mista ou do governo misto que adiante se examinará.

O princípio da separação de Poderes encontrou em Montesquieu seu expoente máximo. Antes, porém, Aristóteles, na Antiguidade grega, havia tratado do tema, ao distinguir a assembleia geral, o corpo de magistrados e o corpo judiciário (deliberação, mando e julgamento).

Aristóteles construiu sua teoria política a partir do exame de inúmeras Constituições concretas. Disso resultou a aceitação, por parte do filósofo grego, da ideia de Constituição mista, ou seja, aquela em que os vários grupos ou classes sociais participam do exercício do poder político, ou aquela em que o exercício do governo, em vez de estar nas mãos de uma única parte constitutiva da sociedade, é comum a todos. Assim, a melhor Constituição é a mista, porque só ela tem em conta, ao mesmo tempo, os ricos e os pobres.[7]

Locke e Bolingbroke formularam a teoria da separação de Poderes, em função da realidade constitucional inglesa. É de Locke a afirmação de que há três Poderes: Legislativo, Executivo e Federativo. O Poder Federativo se refere ao direito de fazer a paz e a guerra, de celebrar tratados e alianças e de conduzir os negócios com pessoas e comunidades estrangeiras, e corresponde a uma faculdade de cada homem no estado natural, antes, pois, de entrar em sociedade. Relativamente ao Poder Legislativo, a comunidade delega à maioria parlamentar o exercício do poder de fazer as leis. Há assim uma supremacia do Poder Legislativo dentro do Estado. Há necessidade, contudo, de uma exigência de separação de Poderes (orgânico-pessoal) entre o Poder Legislativo e Poder Executivo: para que a lei seja imparcialmente aplicada é necessário que não a apliquem os mesmos homens que a fazem, pois não há nenhum titular do Poder que dele não possa abusar.

Locke menciona ainda um quarto Poder, a Prerrogativa, que compete ao monarca, para a promoção do bem comum, onde houver omissão ou lacuna da lei (*the power of doing public good without a rule*).

Montesquieu trata do princípio da separação dos Poderes, no Capítulo VI do Livro XI de *O Espírito das leis*. Referido Capítulo tem por epígrafe: "Da Constituição de Inglaterra", parecendo então que o tema da separação de Poderes se reduzia ao Capítulo sobre a Constituição de Inglaterra.

Até Montesquieu, falava-se em função legislativa e função executiva, às quais o autor de *O Espírito das leis* acrescenta a função judicial, embora não mencione o termo Poder Judiciário, como se verá.

Para Montesquieu, há três Poderes: o Poder Legislativo, que é o de fazer leis, por um certo tempo ou para sempre, de corrigir ou ab-rogar as existentes; o Poder

---

[6] PIÇARRA. *A separação dos poderes como doutrina e princípio constitucional*, p. 31-32.
[7] Cf. ARISTÓTELES. *A política*, 1991.

Executivo das coisas que dependem do direito das gentes, isto é, de fazer a paz ou a guerra, de enviar ou receber as embaixadas, de manter a segurança e de prevenir as invasões; o poder de julgar ou o Poder Executivo das coisas que dependem do Direito Civil, que se traduz no poder de punir os crimes ou de julgar os litígios entre os particulares.

Acrescenta Montesquieu ser essencial garantir a edição das leis e sua execução, de modo que fiquem orgânica e pessoalmente separadas, pois só assim será preservada a supremacia da lei ou um regime de legalidade, como condição de liberdade e de segurança do cidadão. É que tudo estaria perdido se os três Poderes antes mencionados estivessem reunidos num só homem ou associação de homens.

Montesquieu formulou ainda a técnica do equilíbrio dos três Poderes, distinguindo a faculdade de estatuir da faculdade de impedir, em razão da dinâmica dos Poderes, antecipando assim a noção da técnica dos freios e contrapesos (*checks and balances*): o veto utilizado pelo Executivo é um exemplo da faculdade de impedir ou frear proposta legislativa.

Para Hegel, o Estado político divide-se nas seguintes diferenças substanciais: a) o poder de definir e estabelecer o universal – poder legislativo; b) a subsunção dos domínios particulares e dos casos individuais sob o universal – poder de governo; c) a subjetividade como decisão suprema da vontade – poder do príncipe. No poder do príncipe, que é a suma e a base do todo, os diferentes poderes são reunidos em uma unidade individual. O Estado político, que se constrói sobre a Constituição racional, determina e distribui sua atividade entre vários poderes, porém de modo que cada um deles seja, em si mesmo, a totalidade, um todo individual único. Esclarece Hegel que o "princípio da divisão dos poderes contém, com efeito, o momento essencial da diferença, da racionalidade real. Ora, o entendimento abstrato apreende-o de um modo que implica, por um lado, a determinação errônea da autonomia absoluta dos poderes uns com relação aos outros, e, por outro lado, um procedimento unilateral que consiste em tomar seu relacionamento mútuo como algo negativo, como uma restrição recíproca. Esse modo de ver encerra uma hostilidade, um temor, de cada qual em face do outro; cada um aparece como um mal para o outro e o determina a opor-se a ele, o que certamente leva a um equilíbrio geral de contrapesos, mas de modo algum a uma unidade viva. É assim, é verdade, que devem ser distinguidos os poderes do Estado, mas cada um deles deve constituir um todo nele próprio, e conter nele os outros momentos. Quando se fala da diversidade de eficácia dos poderes, de sua ação e de sua eficiência, é necessário evitar incorrer no enorme erro de considerar as coisas como se cada poder estivesse supostamente lá abstratamente, por ele próprio, quando os diferentes poderes supostamente se diferenciam apenas enquanto momentos do conceito".[8]

Habermas concebe a divisão de poderes diferentemente da teoria clássica. As funções estatais são diferenciadas não com base numa separação estritamente funcional, mas na dimensão pragmática da argumentação. Com efeito, "na perspectiva da teoria do discurso, as funções da legislação, da justiça e da administração podem ser

---

[8] HEGEL. *Principes de la philosophie du droit ou droit naturel et science de l'etat em abrégé*, p. 280, 282, 283.

diferenciadas de acordo com as formas de comunicação e potenciais de argumentos correspondentes. Do ponto de vista da lógica da argumentação, a separação entre as competências de instâncias que fazem as leis, que as aplicam e que as executam, resulta da distribuição das possibilidades de lançar mão de diferentes tipos de argumentos e da subordinação de formas de comunicação correspondentes, que estabelecem o modo de tratar esses argumentos. No Estado Democrático de Direito, compete à legislação política a função central (generalização das normas). Dela participam, não somente partidos, eleitorado, corporações parlamentares e governo, mas também a prática de decisões dos tribunais e das administrações, na medida em que estes se autoprogramam. A função da aplicação de leis não é assumida apenas por instâncias da jurisdição no horizonte da dogmática jurídica e da esfera pública jurídica, mas também, implicitamente, por administrações".[9]

4. ORIGEM HISTÓRICA DA SEPARAÇÃO DE PODERES

O princípio da separação de Poderes, como se depreende desde Aristóteles, não é prévio à Constituição, mas se constrói a partir dela.

O princípio ganhou consistência no século XVIII, para enfraquecer o poder absoluto dos monarcas que deram unidade política ao Estado soberano do século XVII. De fato, a dispersão medieval desaparece com o nascimento do Estado moderno, quando o poder se concentra no monarca, cuja autoridade se amplia.

Entretanto, com o aparecimento da burguesia e da empresa capitalista, o absolutismo do monarca, que dizia com o intervencionismo estatal, deveria ceder lugar à liberdade na economia, na ordem social e na política.

Com o Estado liberal, a separação de Poderes passa a ser executada como um dogma. Mencione-se, na França, o artigo 16 da Declaração dos Direitos do Homem e do Cidadão: "Toda sociedade em que a garantia dos direitos não esteja assegurada, nem a separação dos poderes determinada, não tem Constituição."

5. A SEPARAÇÃO DE ÓRGÃOS E FUNÇÕES

O princípio da separação de Poderes, como se verificou, tem raízes históricas, pois foi elaborado e alcançou expansão numa época em que se buscava preservar os direitos individuais, mediante a limitação do poder político, que, ao se abster, concorria para o exercício da liberdade: a um mínimo de Estado corresponderia um máximo de liberdade.

Se, contudo, aceitarmos a tese de que o poder do Estado é uno, não podemos falar em separação de Poderes. Devemos aceitar o fenômeno, isto sim, da separação ou distribuição de funções desse Poder uno.

---

[9] HABERMAS. *Direito e democracia*: entre facticidade e validade, v. I, p. 238, 239 e 243.

É que, na realidade, a cada órgão ou complexo de órgão corresponde uma função estatal materialmente definida.[10] E tais funções são: função legislativa, função executiva e função jurisdicional.

A função legislativa cria e modifica o ordenamento jurídico, mediante a edição de normas gerais, abstratas, e que inovam esse ordenamento; a função executiva ou administrativa é aquela pela qual o Estado realiza os seus objetivos, atuando concretamente mediante decisões e atos materiais em respeito às normas jurídicas;[11] a função jurisdicional visa à conservação e à tutela do ordenamento jurídico mediante decisões individuais e concretas, extraídas das normas gerais, declarando a conformidade ou não dos fatos com as normas e determinando as eventuais consequências jurídicas.

A classificação material das funções do Estado foi complementada com uma classificação formal, resultante da constatação de que havia certas atividades do Estado, de igual natureza, provenientes de mais de um órgão estatal. Assim, toda a atividade realizada pelo Legislativo, mesmo que não consistisse na criação de normas jurídicas, seria considerada formalmente legislativa, o mesmo ocorrendo relativamente ao Executivo e Judiciário em relação a atividades não consideradas substancialmente executivas e jurisdicionais.

Essas considerações revelam que a especialização de funções estatais, relacionada com o princípio da separação de Poderes, é relativa, pois, na realidade, consiste numa predominância e não exclusividade desta ou daquela função desempenhada por um órgão ou complexo de órgãos do Estado. Deste modo, os Poderes Legislativo, Executivo e Judiciário exercitam as funções legislativa, executiva ou administrativa, e jurisdicional, em caráter predominante e não exclusivo, já que, como se deduziu, cada um desses Poderes poderá desempenhar, excepcionalmente, uma função material de outro Poder.

Fala-se por isso mesmo em interpenetração ou interdependência de Poderes, ao invés de separação ou independência de Poderes, pois o princípio da separação não nega a harmonia, coordenação e colaboração dos Poderes.

---

[10] São dois os sentidos possíveis de função do Estado, segundo Jorge Miranda: como fim, tarefa ou incumbência, corresponde a certa necessidade coletiva ou a certa zona da vida social; como atividade com características próprias, traduz a ideia de passagem a ação, modelo de comportamento. A função, no sentido de atividade, e que carece ser apreendida nas perspectivas material, formal e orgânica, oferece três características: 1) é específica ou diferenciada, pelos seus elementos materiais – as respectivas causas e os resultados que produz – formais – os trâmites e as formalidades que exige – e orgânicos – os órgãos ou agentes por onde corre; 2) é duradoura – no sentido de que se prolonga indefinidamente, ainda que se desdobre em atos localizados no tempo que envolvem pessoas e situações diversas (como a função legislativa ou a função jurisdicional que vêm a durar sem limites no tempo); 3) é, consequentemente, globalizada – tem de ser encarada como um conjunto, e não como uma série de atos avulsos (*Manual de direito constitucional*, t. 5, p. 7-11).

[11] Afirma José Afonso da Silva que a função executiva não se limita à simples execução das leis, mas comporta prerrogativas, e nela entram todos os atos e fatos jurídicos que não tenham caráter geral e impessoal. Distingue-se, pois, a função executiva em função de governo, com atribuições políticas, colegislativas e de decisão, e função administrativa, com suas três missões básicas: intervenção, fomento e de serviço público (*O constitucionalismo brasileiro*: evolução institucional, p. 357).

Quanto à crítica de que a separação e o controle recíprocos de poderes levaria ao enfraquecimento do Estado, que ficaria mais exposto às potências econômicas externas, pela possibilidade, em se tratando de divisão federativa, de explorar e controlar os entes federativos mais fracos, bem como os poderes legislativo e executivo, em seu próprio interesse, é preciso ponderar que este argumento não é de todo correto. De fato, é o contrário que ocorre, pois para que um grupo de pressão possa abusar do poder estatal, em seu próprio interesse, não basta que ele se volte para apenas uma autoridade, mas tenha que conquistar os diferentes poderes do Estado, o que dificulta a sua ação.

Mencione-se, no entanto, a existência, no âmbito da separação de poderes, do princípio da tipicidade de competências e do princípio da indisponibilidade de competências. O primeiro significa que as competências dos órgãos constitucionais são apenas aquelas expressamente enumeradas na Constituição, e o outro traduz a ideia de que as competências constitucionalmente fixadas não podem ser transferidas para órgãos diferentes daqueles a quem a Constituição as atribuiu.

Os Poderes do Estado não comportam hierarquia; é o que se depreende de Montesquieu. Para Locke e Rousseau haveria, contudo, supremacia do Poder Legislativo. Contemporaneamente, o Poder Executivo vem assumindo uma certa liderança entre os Poderes do Estado. Tal fenômeno decorre, sobretudo, de que, por ser um órgão minoritário, em relação ao corpo legislativo formado de numerosos membros, dispõe de liderança, comando e condução da orientação política geral.

Observe-se finalmente que um controle dos Poderes do Estado, por um órgão distinto e autônomo de cada um deles, é exigência para a preservação da democracia e manutenção da própria liberdade individual. Por isso mesmo é que Loewenstein formulou uma divisão tripartite das funções do Estado, que denomina de *policy determination*, *policy execution* (correspondentes às funções de governo e administrativa) e *policy control*, que, para ele, constitui o ponto principal do regime constitucional.

6. O PRINCÍPIO DA SEPARAÇÃO DE PODERES: TRANSFORMAÇÕES

O princípio da separação de poderes passa por uma revisão.

Inicialmente sustentado na necessidade de se garantir a liberdade e o império da lei, contemporaneamente há de ser entendido na perspectiva de garantia do Estado social, o que implica num processo de adaptação.

Com efeito, se no início a doutrina clássica da divisão de poderes exigia um Estado mínimo, pois o valor máximo era a liberdade, agora, no Estado social, a liberdade, embora valor de primeira categoria, só tem como se realizar à luz de outros valores, como a segurança econômica, que devem ser garantidos materialmente pela ação do Estado. Também se o princípio da separação de poderes significava que cada função deveria estar a cargo de órgãos distintos, hoje constata-se que boa parte da legislação material vem sendo implementada pelo governo via regulamentos. Não se deve desconhecer ainda o fato de que a maioria da legislação formal, aprovada pelo Parlamento, tem sua origem em projetos de lei de iniciativa do governo. Ademais, o fenômeno denominado de judicialização da política, pela crescente expansão da jurisdição constitucional, também limita os poderes do Parlamento, concedendo aos juízes uma função que ultrapassa em muito aquilo que pretendia Montesquieu. Nos tempos atuais, os juízes não são apenas *la bouche qui prononce les paroles de la loi*, pois vêm atuando onde o próprio Legislativo não atua, o que faz com que a função jurisdicional deixe de ser aquela de impedir, para adquirir um perfil voltado para a própria transformação do direito, compatível, portanto, com a função de agir.

Adverte García-Pelayo que "a divisão de poderes baseava-se originariamente em uma fundamentação sociológica, na medida em que cada um dos poderes do Estado se sustentava sobre uma realidade social autônoma, de modo que a independência de cada poder tinha como infraestrutura a autonomia dos seus portadores: o Executivo se sustentava sobre a instituição monárquica; o Legislativo, dividido em duas câmaras, sobre os estamentos da nobreza e do terceiro estado; e o Judiciário era integrado pelo estamento da toga. No entanto, há muito tempo, tanto a redução do poder do Estado a três potestades como as realidades sociais sobre as quais elas se sustentavam deixaram de ter vigência".[12] Basta ter presente que a Administração, concebida como órgão subordinado de execução, participa, com seus estudos, do próprio conteúdo das decisões de governo. Os partidos e as organizações de interesses também acabaram por alterar a estrutura real do sistema clássico dos três poderes, pois quando a maioria do parlamento ou do governo pertencem a um mesmo partido político ou coalizão de partidos, resta comprometida a independência entre ambos, pela relativização da sua organização comum em torno de um só centro, que orienta a ação do governo e do parlamento, ou pelo menos há uma interação ou um circuito entre os critérios do partido e a ação estatal.

Por isso mesmo, a trindade de poderes se tornou muito simples para explicar a divisão de poderes, numa sociedade acentuadamente complexa, é o que afirma García-Pelayo, ao mencionar uma nova formulação da teoria da separação de poderes, proposta por W. Stefani, e que não tem base normativa, mas se refere aos atores que intervêm na prática da tomada das decisões políticas: a) divisão horizontal, coincidente com a clássica – apesar de alguns a reduzirem a dois poderes; b) divisão temporal, que implica a duração limitada e a rotação no exercício do poder político; c) divisão vertical ou federativa, que se refere à distribuição do poder entre as instâncias central, regional e local, e que, como se sabe, pode expressar-se por meio de distintos graus de autonomia; d) divisão social de poderes entre as camadas e grupos da sociedade; e) divisão decisória.[13]

Para Canotilho a separação de poderes, atualmente, comporta "duas dimensões complementares: (1) a separação como divisão, controle e limite do poder – dimensão negativa; (2) a separação como constitucionalização, ordenação e organização do poder do Estado tendente a decisões funcionalmente eficazes e materialmente justas".[14]

---
[12] GARCÍA-PELAYO. *As transformações do estado contemporâneo*, p. 45.
[13] GARCÍA-PELAYO. *As transformações do estado contemporâneo*, p. 46-47.
[14] CANOTILHO. *Direito constitucional e teoria da constituição*, p. 244.

De qualquer modo, a relação entre os poderes deve ser entendida como ordenação controlante e cooperante de funções, pois essa relação não se reduz apenas "a conceitos como balanços de poderes ou limitação recíproca de poderes, nem postula uma rigorosa distinção entre funções formais e funções materiais. O que importa num estado constitucional de direito não será tanto saber se o que o legislador, o governo ou o juiz fazem são atos legislativos, executivos ou jurisdicionais, mas se o que eles fazem pode ser feito e é feito de forma legítima".[15]

É preciso, no entanto, considerar que uma transformação ou revisão da separação de poderes não implica na rejeição do princípio, que não perdeu sua razão de ser, mas em dar-lhe um novo sentido capaz de compatibilizá-lo com as exigências da modernidade.

7. O TEMPO NO DIREITO CONSTITUCIONAL

É relevante o papel que o tempo desempenha no Direito Constitucional.

O tempo se acha presente, por exemplo, na formação dos costumes, no desenvolvimento e na transformação das instituições políticas, na garantia de direitos humanos fundamentais, nos atos do processo legislativo e no conceito de urgência legislativa. Note-se que, no domínio do Direito Constitucional, a necessidade que pode caracterizar as situações de urgência somente se justificam se a abreviação dos prazos estabelecidos para os comportamentos estatais for voltada para o interesse público.[16]

Consoante acentua Jorge Miranda, "a aplicação das normas tem uma dimensão temporal, produzindo efeitos quer em relação a normas ordinárias posteriores quer em relação a normas anteriores (donde, a distinção entre inconstitucionalidade originária e inconstitucionalidade superveniente); e também a inconstitucionalidade por omissão só se verifica passado certo tempo após a emanação da norma constitucional (sempre se a norma é programática, quase sempre se é preceptiva não exequível por si mesma). Além disso, as Constituições outorgam uma relevância específica ao tempo em múltiplos domínios quer da estrutura da comunidade política quer da organização do poder".[17]

Canotilho também observa que "só mais recentemente o *tempo* foi considerado como um elemento positivo de uma teoria da constituição. A passagem de uma constituição 'destemporalizada' (*entzeiteten*) para uma constituição temporalmente caracterizada (*zeitgeprägten*), merece assim algumas considerações com valor meramente tópico: a) Em primeiro lugar, a introdução do factor tempo na compreensão constitucional não equivale a uma espécie de ontologização temporal ou à transformação do tempo num *movens* ou até mesmo em sujeito da história. O tempo é apenas uma *dimensão* de um problema conformado por forças e factores, interesses de classe ou de grupo, ideias e experiências que se agitam no processo histórico. b) Em segundo lugar, a compreensão temporal da constituição é uma superação positiva da ideia da

---

[15] CANOTILHO. *Direito constitucional e teoria da constituição*, p. 245.
[16] ROCHA. *Revista Trimestral de Direito Público*, p. 233-254.
[17] MIRANDA. *Manual de direito constitucional*, t. 5, p. 117.

compreensão de constituição como ordem a-histórica fundamental do Estado. A concepção de que o direito constitucional, e em geral, o direito público, é o protótipo de uma ordem a-histórica, inimiga da evolução, porque, no fundo, está alheia à realidade, deve ser afastada. Ela é o produto de uma compreensão errada, que, historicamente, se pode ligar a várias raízes político-filosóficas-jurídicas: (1) ao racionalismo iluminista que, como iremos ver ao abordarmos a história do constitucionalismo, considerava a constituição como um produto da razão intemporal; (2) ao positivismo jurídico estadual que, depois da 'domesticação da constituição' e da adopção de uma postura metodológica ancorada numa separação absoluta entre *Sein* e *Sollen*, na senda do neokantismo filosófico, acabou por reduzir a constituição ao texto constitucional, eliminando do direito constitucional as considerações históricas, políticas e filosóficas, ou seja, aquelas que implicariam uma dialéctica temporal do 'fenómeno' constituição; (3) ao conservantismo político, servido, de resto pelo positivismo jurídico, que, interessado numa ordem constitucional estática (consagradora dos interesses dominantes), apoiada numa *teoria de preferências políticas* relativamente homogénea, reduzia a constituição a uma cristalização organizatória de competências e relegava as mudanças constitucionais para o terreno dos fenómenos patológicos ou extrajurídicos; (4) ao dualismo Estado-sociedade que, no campo jurídico, se traduzia na oposição de uma estática estadual a uma dinâmica contratual (da sociedade civil); a lei do Estado cria um acto geral e abstracto com vocação de intemporalidade e o acto administrativo um instrumento funcionalmente ordenador (e daí que os actos do Estado fossem visualizados na sua função limitativa de garante da ordem), ao passo que o contrato privado (da sociedade civil) representava o pulsar activo de sujeitos activos na relação horizontal do mercado livre. c) Contra estas ideias defende-se hoje a concepção de uma 'constituição aberta ao tempo', demonstrando-se desde logo a correlativa ordenação de direito e realidade e o efeito dialéctico recíproco entre norma e realidade. Isto que já tinha sido acentuado na década de 20, recebe hoje novos impulsos metodológicos de que são exemplos frisantes a concepção da norma constitucional como um conjunto de um elemento normativo e um domínio de realidade preestruturada ao qual se refere o programa normativo (Müller) e, num âmbito mais vasto, a discussão hermenêutica que, pondo em relevo no acto de *compreensão* a essencialidade do momento *experiência* (*Erfahrung*) do texto e do sujeito (*Vorverständnis* – pré-compreensão), acentua a ininteligibilidade do direito como algo de fixo e fechado, e a necessidade de maior atenção ao momento de *concretização*, indissociavelmente ligado à própria historicidade da vida a ordenar. Não admira, assim, que a dimensão de temporalidade seja introduzida na constituição e que os autores se refiram à necessidade de conciliar um pensamento da realidade com o pensamento da possibilidade (no futuro) e a constituição seja considerada como 'imposição e tarefa para o tempo futuro".[18]

As disposições transitórias da Constituição, que se destinam a assegurar a transição de um regime constitucional para outro (direito intertemporal), também consideram o tempo como matéria relevante, mesmo porque muitas daquelas disposições

---

[18] CANOTILHO. *Direito constitucional*, p. 21-23.

deixam de ter eficácia com o implemento no tempo da situação jurídica por elas disciplinada.

A Constituição brasileira de 1988, na sua parte permanente e originária de 245 artigos, trouxe mais de trezentas referências temporais, às quais se acrescentam aquelas resultantes de emendas constitucionais.

A temporalidade constitucional brasileira, segundo resenha constante da obra *O tempo na Constituição da República Federativa do Brasil de 5 de outubro de 1988*, de Raymundo da Silva Vasconcellos, pode ser encontrada nos dispositivos constitucionais referentes a: aposentadoria: 5 anos (artigo 40, § 1º, III, artigo 73, § 3º, artigo 93, VI, artigo 129, § 4º, artigo 201, § 7º, II, § 8º; artigo 2º, II, artigo 6º, IV, da Emenda Constitucional n. 41/2003); d) 10 anos (artigo 40, § 1º, III, artigo 73, § 3º, artigo 93, VI, artigo 129, § 4º; artigo 6º, IV, da Emenda Constitucional n. 41/2003); 20 anos (artigo 6º, III, da Emenda Constitucional n. 41/2003); 25 anos (artigo 3º, § 1º, da Emenda Constitucional n. 41/2003); 30 anos (artigo 40, § 1º, III, *a*, artigo 73, § 3º, artigo 93, VI, artigo 129, § 4º; artigo 201, § 7º, I; artigo 3º, § 1º, artigo 6º, III, *b*, da Emenda Constitucional n. 41/2003); 35 anos (artigo 40, § 1º, III, *a*, artigo 73, § 3º, artigo 93, VI, artigo 129, § 4º, artigo 201, § 7º, I; artigo 6º, III, *b*, da Emenda Constitucional n. 41/2003); 48 anos (artigo 2º, I, da Emenda Constitucional n. 41/2003); 53 anos (artigo 2º, I, da Emenda Constitucional n. 41/2003); 55 anos (artigo 40, § 1º, III, *a*, artigo 73, § 3º, artigo 93, VI, artigo 129, § 4º); 60 anos (artigo 40, § 1º, III, *a*, *b*, artigo 73, § 3º, artigo 93, VI, artigo 129, § 4º, artigo 201, § 7º, II); 65 anos (artigo 40, § 1º, III, *b*, artigo 73, § 3º, artigo 93, VI, artigo 129, § 4º, artigo 201, § 7º, II); 70 anos (artigo 40, § 1º, II, artigo 73, § 3º, artigo 93, VI, artigo 129, § 4º); ausência do Presidente da República do país: 15 dias (artigo 49, III, artigo 83); aviso prévio: 30 dias (artigo 7º, XXI, artigo 7º, parágrafo único); benefícios da previdência: mensal (artigo 201, V); comissão especial mista: imediato (art. 7º da EC n. 45/2004); 180 dias (art. 7º da EC n. 45/2004); comunicação social: 10 anos (artigo 222, *caput*); 15 anos (artigo 223, § 5º); concurso público: 2 anos (artigo 37, III); 3 anos (artigo 93, I, artigo 129, § 3º, redação da Emenda Constitucional n. 45/2004); contas: 60 dias (artigo 31, § 3º, artigo 51, II, artigo 71, I, 84, XXIV); anualmente (artigo 31, § 2º, artigo 31, § 3º, artigo 49, IX, artigo 71, § 4º, artigo 71, I, artigo 84, XXIV, artigo 166, § 1º, I); prévio: (artigo 33, § 2º); conselho nacional de justiça: 2 anos (art. 103-B, acrescentado pela EC n. 45/2004); semestral (art. 103-B, § 4º, VI, acrescentados pela EC n. 45/2004); anual (art. 103-B, § 4º, VII, acrescentados pela EC n. 45/2004); 180 dias (art. 5º da EC n. 45/2004); 30 dias (art. 5º da EC n. 45/2004; conselho nacional do ministério público: 2 anos (art. 130-A, acrescentado pela EC n. 45/2004); anual (art. 130-A, § 2º, V, acrescentados pela EC n. 45/2004); 180 dias (art. 5º da EC n. 45/2004); 30 dias (art. 5º da EC n. 45/2004);conselho superior da justiça do trabalho: 180 dias (art. 6º da EC n. 45/2004); contribuições sociais: 90 dias (artigo 195, § 6º); creche e pré-escola: 0 a 6 anos (artigo 208, IV); 6 anos (artigo 7º, XXV); créditos especiais e extraordinários: 4 meses (artigo 167, § 2º); créditos trabalhistas relativos a prazos prescricionais decorrentes das relações de trabalho: 2 anos e 5 anos (artigo 7º, XXIX); criação de Município: prévio (artigo 18, § 4º); crime: 24 horas (artigo 53, 2º); 8 anos (artigo 52, parágrafo único); 18 anos (artigo 228); desapropriação: 10 anos (artigo 182, § 4º, III); prévia (artigo 5º, XXIV, artigo 182, § 3º, artigo 184, *caput*); direito de reunião: prévia (artigo 5°, XVI); distribuição de processos: imediata (art. 93, XV, art. 129, § 5°, com a redação da EC n. 45/2004); divórcio: 1 ano (artigo 226, § 6°); 2 anos (artigo 226, § 6°); elegibilidade: 10 anos (artigo 14, § 8°, I e II); 18 anos (artigo 14, § 3°, V, d); 21 anos (artigo 14, § 3°, VI, c); 30 anos (artigo 14, § 3°, VI, b); 35 anos (14, § 3°, VI, a); eleição: 20 dias (artigo 77, § 3°); 30 dias (artigo 81, § 1°); 1° e último domingo de outubro (artigo 77, *caput*, artigo 28, *caput*, artigo 29, II, artigo 32, § 2°); noventa dias (artigo 81, *caput*); 6 meses (artigo 14, §§ 6°e 7°); 15 meses (artigo 56, § 2°); 1 ano (artigo 8°, VIII, artigo 16); 2 anos (artigo 81, § 1°); 1° de fevereiro (artigo 57, § 4°); ano anterior (artigo 45, § 1°); estabilidade: 3 anos (artigo 41, *caput*); estado de defesa: 24 horas (artigo 136, § 4°); 5 dias (artigo 136, § 5°); 10 dias (artigo 136, § 3°, III, § 6°); 30 dias (artigo 136, § 2°); vigência (artigo 60, § 1°); imediatamente (artigo 136, § 7°); estado de sítio: 5 dias (artigo 138, § 2°); 30 dias (artigo 138, § 1°); indeterminado (artigo 138, §§ 1° e 3°); vigência (artigo 60, § 1°); férias: anuais (artigo 7°, XVII, parágrafo único, artigo 39, § 3°, artigo 142, VIII); gratificação natalina: dezembro (artigo 201, § 6°); gratuidade: 65 anos (artigo 230, § 2°); impedimento aos juízes e membros do Ministério Público: 3 anos (artigo 95, parágrafo único, V, artigo 128, § 6°, redação da Emenda Constitucional n. 45/2004); inconstitucionalidade: 30 dias (artigo 103, § 2°); previamente (artigo 103, §§ 1° e 3°); intervenção: 24 horas (artigo 36, §§ 1° e 2°); 2 anos (artigo 34, V, *a*, artigo 35, I); vigência (artigo 60, § 1°); jornada de trabalho: 6 horas (artigo 7°, XIV); 8 horas (artigo 7°, XIII, artigo 39, § 3°); 44 horas (artigo 7°, XIII, artigo 39, § 3°); semanal (artigo 7°, XV, parágrafo único, artigo 39, § 3°); justiça desportiva: 60 dias (artigo 217, § 2°); legislatura: 4 anos (artigo 44, parágrafo único); 1° de fevereiro (artigo 54, § 4°); subsequente (artigo 29, VI); licença: 120 dias (7°, XVIII, parágrafo único, artigo 39, § 3°, artigo 56, II, § 1°, artigo, 142, VIII); mandato: 15 dias (artigo 14, § 10); 1 ano (artigo 8°, VIII); 2 anos (artigo 57, § 4°, artigo 128, §§ 1° e 3°, artigo 121, § 2°); 3 anos (artigo 89, VII); 4 anos (artigo 82, artigo 27, § 1°, artigo 28, *caput*, artigo 29, I, artigo 32, § 2°, artigo 98, II, artigo 121, § 2°); 8 anos (artigo 46, § 1°); vigência (artigo 86, § 4°); 1° de janeiro (artigo 82); medidas provisórias: imediato (artigo 62, *caput*); exercício financeiro seguinte (artigo 62, § 2°); 60 dias (artigo 62, § 3°); 60 dias com prorrogação (artigo 62, §§ 3°, 7° e 11); 45 dias (artigo 62, § 6°); meio ambiente: (prévio (artigo 225, § 1°, IV); militar: 120 dias (7°, XVIII, artigo 142, VIII); 2 anos (artigo 142, III e VII); 10 anos (artigo 14, § 8°, I e II); anual (artigo 7°, XVII, artigo 142, VIII); nacionalidade: 1 ano (artigo 12, II, a); 15 anos (artigo 12, II, *b*); nomeação, escolha, exoneração, destituição: 20 dias (artigo 94, parágrafo único); 5 anos (artigo 107, II); 10 anos (artigo 73, § 1°, IV, artigo 94, *caput*, artigo 107, I, artigo 111, § 2°, artigo 115, parágrafo único, II, artigo 123, parágrafo único, I); 21 anos (artigo 87, *caput*); 30 anos (artigo 107, *caput*); 35 anos (artigo 73, § 1°, I, artigo 89, VII, artigo 101, *caput*, artigo 104, parágrafo único, artigo 111, § 1°, artigo 123, parágrafo único, artigo 128, § 1°, artigo 131, § 1°); 65 anos (73, § 1°, I, artigo 101, *caput*, artigo 104, parágrafo único, artigo 107, *caput*, artigo 111, § 1°); prévio (artigo 37, II, art. 52, III, IV e XI, artigo 128, § 2°); novo Estado-Membro: 10 anos (artigo 235, *caput*, *a*, *b*, VIII, *a*, *b*); orçamento: dia 20 de cada mês (artigo 168); anual (artigo 48, II, artigo 165, § 5°); anualmente (artigo 184, § 4°, artigo 166, § 1°, I); prévio (artigo 167, V, VI, IX, § 1°, artigo 169, § 1°, I); ordem do dia: 45 dias (artigo 64, § 2°); pena: 2 anos (artigo 142, § 3°, VII); perpétuo (artigo 5°, XLVII, b); PIS/PASEP: 5 de outubro de 1988 (artigo

239, *caput*); anual (artigo 239, § 3º); posse: 10 dias (artigo 78, parágrafo único); 1º de janeiro (artigo 28, *caput*, artigo 29, III); 1º de fevereiro (artigo 57, § 4º); precatórios judiciários: 1º de julho e 31 de dezembro (artigo 100, § 1º); prisão: imediatamente (artigo 5º, LXII e LXV, artigo 136, § 3º, I); 10 dias (artigo 136, § 3º, III); promoção: 2 anos (artigo 93, II, b, artigo 129, § 4º); promulgação: 48 horas (artigo 66, § 7º); recursos minerais: prévio (artigo 176, § 3º); reforma agrária: 10 anos (artigo 189, *caput*); 20 anos (artigo 184, *caput*); prévio (artigo 188, §§ 1º e 2º); relatórios, esclarecimentos, decisões, informações: 5 dias (artigo 72, *caput*); 30 dias (artigo 50, § 2º, artigo 72, § 1º, artigo 165, § 3º); 90 dias (artigo 71, § 2º); trimestralmente (artigo 71, § 4º); anual (artigo 87, parágrafo único, III); anualmente (artigo 71, § 4º); renovação do Senado: (artigo 46, § 2º); sessões legislativas: 15 de fevereiro, 30 de junho, 1º de agosto, 15 de dezembro, anualmente (artigo 57, *caput*); serventias: 6 meses (artigo 236, § 3º); salário-mínimo: periódico (artigo 7º, IV, parágrafo único, artigo 39, § 3º); suspensão de funções: 180 dias (artigo 86, § 2º); terras públicas: prévio (artigo 49, XVII); trabalho: 14 anos (artigo 7º, XXXIII, artigo 227, § 3º, I); 16 e 18 anos (artigo 7º, XXXIII); tributos: último dia do mês subsequente (artigo 162, *caput*); anualmente (artigo 212, *caput*); noventa dias (artigo 150, III, *c*); usucapião: 5 anos (artigo 183, *caput*, artigo 191, *caput*); veto e sanção: 48 horas e 15 dias (artigo 66, § 1º); 16 dias (artigo 66, § 3º); 30 dias (artigo 66, § 4º); 31 dias (artigo 66, § 6º); vitaliciedade: 2 anos (artigo 95, I, artigo 128, § 5º, I, *a*); votação: 10 dias (artigo 29, *caput*, artigo 32, *caput*, artigo 64, § 3º); 45 dias (artigo 64, § 2º, artigo 223, § 1º); voto e alistamento: 16 anos (artigo 14, § 1º, II, c); 18 anos (artigo 14, § 1º, I); 70 anos (artigo 14, § 1º, II, b); periódico (artigo 60, § 4º, II).

CAPÍTULO 5

ESTADO E DIREITO

SUMÁRIO

1. Relações entre o Estado e o Direito – 2. Teoria monística – 3. Teoria dualística – 4. Teoria do paralelismo – 5. Teoria tridimensional do Estado e do direito – 6. Teoria da autolimitação do Estado – 7. Justiça política – 8. Justiça de transição – 9. Multiculturalismo.

1. RELAÇÕES ENTRE O ESTADO E O DIREITO

Há uma ligação, à primeira vista, de forma bastante estreita, entre as noções de Estado e de Direito, de tal modo que elas parecem aderir uma à outra e pressupor-se reciprocamente. Se o Direito vincula-se ao Estado, porque todas as definições do fenômeno jurídico desembocam no Estado, este, por sua vez, chama o Direito, já que a institucionalização do Poder e suas mutações passam pelo vetor jurídico.

O Estado não pode subsistir sem o Direito, porque é uma organização jurídica. Se o Estado existisse sem regras jurídicas, não haveria como solucionar conflitos de competência entre os seus diversos órgãos. Por outro lado, cabe ao Direito regulamentar as tarefas do Estado. Sem o Direito, as funções do Estado não teriam conteúdo predeterminado, e não haveria como atingir seus fins. Nesta perspectiva, o Estado aparece como instrumento de realização do Direito. Por outro lado, o Direito se funda na coerção estatal. Sem Estado, seria absolutamente impossível a aplicação do Direito. O Estado influencia na criação do Direito, mesmo que não tenha a sua exclusividade. E, graças a seu poder coercitivo, o Estado assegura a aplicação do Direito quando ele é violado, ou ameaça utilizar a força para evitar a sua violação. O Estado contribui, assim, para a realização do Direito, de um ponto de vista ainda que técnico-organizacional. Exatamente porque o Estado é instrumento de realização do Direito é que este não pode existir sem aquele. Estado e Direito têm, desse modo, uma dupla relação. De um lado o Estado influencia o Direito, de outro lado o Direito atua sobre o Estado.

Tema dos mais importantes nas cogitações políticas diz respeito, portanto, às relações entre o Estado e o Direito.

Para alguns autores, Estado e Direito se confundem; para outros, são realidades autônomas e para outros tantos, embora distintas, são realidades necessariamente interdependentes.

A questão principal referente às relações entre o Estado e o Direito reside em justificar a submissão do Estado ao Direito, à justiça ou a um conjunto de normas, tendo em vista, sobretudo, a circunstância de que o Direito Positivo é elaborado pelo Estado, força e ordem de coação.

Assim, a sujeição do Estado ao Direito se daria, ou em virtude da preexistência de normas de Direito Natural, ditadas pela reta razão, ou pela autolimitação do próprio Estado, que voluntariamente passaria a se submeter ao Direito.

No que concerne às relações entre o Direito e a Moral (aquele caracterizado pela bilateralidade com o objetivo de assegurar a liberdade física da pessoa de modo que o dever jurídico é de foro externo, passível de cumprimento por intermédio da coerção, e esta unilateral, cujo objeto é amparar a liberdade psíquica da pessoa, de modo que o dever moral é de foro interno, não sendo suscetível de cumprimento por meio da coerção), destaque-se o papel da Hermenêutica, e o pós-positivismo que busca superar a antinomia entre o jusnaturalismo e o juspositivismo, considerando a Filosofia do Direito e a Filosofia Política como áreas de investigação que concorrem para a legitimação da ordem jurídica. Nessa perspectiva, significativos são os trabalhos de Ronald Dworkin e Robert Alexy. Dworkin postula a utilização dos princípios como razão de decidir, em especial nos casos difíceis (*hard cases*), pois concilia ativismo judicial e separação de poderes, com o propósito de reduzir a discrição judiciária, sem que a atividade jurisdicional configure atos de volição ativa ou de cognição passiva. Formula os conceitos de diretrizes políticas e princípios jurídicos em sentido estrito. Aquelas traduzem objetivos políticos, econômicos e sociais a serem alcançados na sociedade, e estes são *standards* que devem ser obedecidos, por corresponderem a exigências de alguma dimensão no âmbito moral. Havendo colisão entre diretrizes políticas e princípios jurídicos em sentido estrito, deve-se aplicar o método da ponderação, resolvendo-se o conflito pela predominância dos princípios jurídicos em sentido estrito, dada a prevalência dos direitos individuais, decorrente dos valores da dignidade da pessoa humana e da igualdade política. Robert Alexy formula uma teoria moral procedimental, de vez que o sistema jurídico seria formado por um complexo de princípios, regras e procedimentos, com a aplicação daqueles regulada por estes. Há regras procedimentais de razão prática, que assegurariam a racionalidade do processo argumentativo. São divididas em regras que regulam a estrutura do argumento (regra que exige a universalidade, regra que exige a não contradição, regra que exige a correção linguístico-conceitual e regra que exige a veracidade das premissas empíricas utilizadas), e o procedimento discursivo, entendido como forma de argumento que leva à completude dedutiva, forma de argumento que leva à consideração das consequências e forma de argumento da ponderação, orientadas por regras de prioridade para a resolução de conflitos entre princípios jurídicos.[1]

---

[1] Cf. MORAES. *Direito constitucional* – teoria da constituição, p. 1-3.

Assinale-se, no entanto, que, considerando as relações entre o direito e a moral, no âmbito do positivismo se por um lado, para o denominado positivismo exclusivista a moral não pode ser utilizada como critério de identificação do direito positivo, não havendo interferência na definição do direito, por outro lado, o positivismo inclusivista admite uma influência, ainda que eventual, de valores morais na definição e aplicação do Direito.[2]

2. TEORIA MONÍSTICA

Para os monistas (mencione-se Hobbes, Hegel, John Austin, Jellinek e Kelsen), Estado e Direito constituem uma só realidade. O Estado é a única fonte de direito, pois que somente ele detém a força da coação. E, segundo expressa Ihering, não havendo norma jurídica sem coação, o Direito emana exclusivamente do Estado, que com ele se confunde.

A teoria monística alcançou sua maior expressão em Kelsen,[3] que procurou depurar da noção de Direito todos os elementos a ele estranhos, como os filosóficos, sociológicos ou metajurídicos. Para o normativismo-kelseniano, nem o Direito é anterior ao Estado nem o Estado é anterior ao Direito. O Estado é a totalidade da ordem jurídica, a personificação do Direito Positivo. Não há, desta maneira, Direito Natural nem justiça transcendente ao Estado. O Direito é apenas positivo.

Para Kelsen, as normas não prescrevem conduta apenas, mas preveem sanções, ou sejam consequências juridicamente estabelecidas. O que caracteriza o Direito como ordem de conduta social que difere das demais ordens é o fato de ser dotado de coercitividade e de suas normas remeterem a sanções. O Direito, para Kelsen, não é moral: no máximo, o seu conteúdo reflete determinados padrões morais. O Direito não depende de um fundamento moral. Princípios morais ou políticos que informam a produção das normas não podem ser considerados como direito positivo, não têm caráter vinculativo para o legislador. Na formulação de uma ciência normativa do Direito, Kelsen separa os campos do ser e do dever ser. A norma pertence ao mundo do dever ser, já que estabelece uma conduta geral que deve ser observada, permite algum comportamento ou confere competência. Sua validade decorre do fato de estar conforme uma norma hierarquicamente superior. A norma jurídica distingue-se da lei natural. Nesta lei, há um nexo entre um acontecimento e uma consequência: se alguém diz aquecendo-se o metal, este se dilata (Se é A, então B é), trata-se de nexo de causalidade entre o fato do aquecimento e sua dilatação. A norma jurídica, ao seu turno (não descreve um fato), determina um nexo entre um fato e uma consequência de outro tipo, denominado por Kelsen de imputação (se é A, deve ser B), ou seja, a proposição jurídica é um juízo hipotético de tipo condicional. Afirma a ligação entre dois fatos, é um enlace hipotético entre um fato jurídico condicionante e uma consequência jurídica: o dever ser da sanção se acha condicionado pela hipótese. O ato coativo é específico do jurídico, a sanção foi tomada por Kelsen como conceito

---

[2] DIMOULIS. *Positivismo jurídico:* introdução a uma teoria do direito e defesa do pragmatismo jurídico-político, p. 135 e 137.
[3] KELSEN. *Teoria pura do direito*, 1962.

central, de modo que a verdadeira norma é a primária (a sanção), já que a secundária se refere à conduta ilícita. Na segunda fase de seu pensamento, Kelsen passou a distinguir a norma da proposição jurídica. É que, enquanto as normas jurídicas têm caráter imperativo (prescrevem, permitem, conferem poder), impondo obrigações e conferindo direitos, as proposições jurídicas são função da Ciência Jurídica, pois representam atos de conhecimento, tendo por objetivo conhecer as normas jurídicas e descrevê-las. A proposição jurídica é um juízo que contém uma enunciação sobre a norma jurídica.

Kelsen propugna por uma separação radical entre o Direito e as demais ciências afins, como a sociologia (fatos) e a filosofia moral (valores), em busca da transformação do Direito numa legítima ciência, nos moldes das ciências físico-matemáticas.

John Austin considera que o objeto da jurisprudência é a lei positiva, ou seja, a lei estabelecida por uma autoridade política para os indivíduos que se acham submetidos a essa autoridade. A despeito de Austin não negar a existência de leis naturais, o que ele nega é que as leis naturais constituam objeto da jurisprudência. Essas leis, diferentemente das leis positivistas, são objeto da ética. Também para Austin, as leis humanas são de dois tipos: leis positivas, estabelecidas por uma autoridade política, e leis da moralidade positiva, que, além de não serem estabelecidas pela autoridade política, referem-se à aprovação ou desaprovação de uma determinada comunidade com relação a certos tipos de comportamento. Falta-lhes uma instância superior com o poder de impor algum tipo de penalidade, no caso de sua violação. Se, no entanto, as leis da moralidade positiva forem endossadas e impostas pelo poder de coerção do Estado, tornam-se leis positivas. Quanto aos elementos constitutivos do conceito de lei, Austin postula que as leis são comandos *(commands)*. Próprio de um comando é um desejo *(wish)*, por parte de quem realiza o comando, que envolve também uma sanção *(sanction)* sobre aquele que não se comporta de acordo com o comando. Assim, o que distingue um comando de outros tipos de expressão não é o modo como o comando se expressa, mas o poder de sanção de quem estabelece o comando. Há comandos gerais, que são leis no sentido próprio, e comandos particulares (ou ocasionais).[4]

Para Hart, também positivista,[5] há basicamente dois tipos de regras *(rules)*, as primárias e as secundárias. Primárias são normas que concedem direitos e regulam a conduta humana, isto é, regras definidoras de obrigações. Já as regras secundárias são normas que estabelecem como e por quem as regras primárias podem ser fixadas, declaradas legais, alteradas ou abolidas. Menciona ainda a denominada regra de reconhecimento, subdivisão das regras secundárias, e que estabelecem critérios para a identificação da validade das normas primárias. As regras secundárias, além das regras de reconhecimento, compreendem as regras de alteração e as regras de julgamento. As regras de alteração permitem que determinadas pessoas modifi-

---

[4] AUSTIN. *The province of jurisprudence determined*.
[5] Katya Kozicki sustenta que Hart, embora positivista, "supera, em alguns pontos, o reducionismo da referida escola, introduzindo na análise jurídica, o chamado paradigma hermenêutico". Daí ser considerado um positivista moderado, ou *light* (cf. KOZICKI. *Levando a justiça a sério:* interpretação do direito e responsabilidade judicial, p. 5-26).

quem ou criem novas regras, em substituição às antigas. As regras de julgamento são aquelas que conferem poderes para os indivíduos dizerem se, em um caso concreto, uma regra primária foi violada. A regra de reconhecimento decorre da conduta dos agentes estatais, dos tribunais e dos particulares, pois são eles que determinam quais normas devem ser dotadas de caráter jurídico. Portanto, uma regra de reconhecimento tem uma dupla perspectiva: externa, traduzida na existência, isto é, constatação fática na prática efetiva do sistema; e interna, significando a validade, do ponto de vista da identificação do direito, de um padrão público comum de comportamento cooperativo. Desse modo, a validade de uma regra primária está vinculada à existência de uma regra de reconhecimento, que põe fim ao questionamento acerca da validade das regras. Diferentemente de Kelsen, Hart rejeita a ideia de que direito e moral não possam ter eventualmente o mesmo conteúdo.[6]

Para o juspositivismo (doutrina que traduziu os anseios de segurança e racionalização, típicos da mentalidade do século XIX), o Direito legítimo identifica-se com aquele comandado pelo Estado soberano, e não por alguma ideia transcendente, como a natureza, Deus ou a razão. Nessa linha, o positivismo revela-se como uma doutrina de fundo utilitário, técnico e racional, cujo maior objetivo é dar o critério para julgar a autoridade sobre o texto, esgotando o conflito de interpretações possíveis por meio da decisão. O critério de justiça reduz-se, portanto, à legitimidade dos meios (procedimentos de feitura das normas), e o poder pode ser entendido como legítimo ou ilegítimo, de acordo com o seu reconhecimento histórico. A legitimidade dos meios tende a garantir a justiça.

3. TEORIA DUALÍSTICA

Para esta teoria, Estado e Direito são duas realidades distintas, independentes e inconfundíveis.

O Estado não constitui a única fonte do direito, que pode emanar também do Direito Natural, das normas de direito costumeiro, entre outras fontes.

O direito criado pelo Estado é apenas o Direito Positivo, que dá juridicidade às regras constantes da consciência social, transformando-as em normas escritas. O Direito manifesta-se, assim, como um fato social em contínua transformação.

A teoria dualística iniciou-se com Gierke e Gurvitch, alcançando sua maior expressão em Léon Duguit, que defendeu a pluralidade das fontes de direito e mostrou a origem das normas jurídicas no corpo social. Também Santi Romano doutrinou sobre o tema.

A norma jurídica surge não do Estado, mas de um princípio, que lhe é anterior e superior: Deus, Natureza, Homem, Sociedade; ela se apoia em uma ordem preexistente, ora divina, ora natural, ora humana, ora social. Este sistema de regras naturais objetiva estabelecer o critério absoluto do justo, independentemente da História. Contemporaneamente, é na consciência social que o pensamento jurídico postula que se deve buscar o verdadeiro fundamento da obrigação jurídica. O Estado é con-

---

[6] HART. *The concept of law.*

cebido apenas como intérprete, mediador, e a norma jurídica é suposto existir independentemente de sua intervenção. Desse modo, o fato gerador do Direito se situa fora do Estado.

Em síntese, o dualismo admite a tese de que além do Direito Positivo criado pelo Estado existem outras fontes de produção jurídica não estatais, de onde decorre uma pluralidade de ordenamentos jurídicos. Os grupos têm, pois, aptidão para elaborar o seu direito independente do Estado.

4. TEORIA DO PARALELISMO

A teoria do paralelismo aceita a ideia de que Estado e Direito são realidades distintas. Entretanto, embora distintas, são realidades interdependentes.

O maior expoente desta teoria é Giorgio Del Vecchio, para quem há uma graduação da positividade jurídica, ou seja, embora ocorram vários centros de produção jurídica, sobre todos eles prepondera o Estado como centro de irradiação da positividade, pois o ordenamento jurídico do Estado é que representa aquela que se afirma como verdadeiramente positiva, por se conformar com a vontade social predominante.

O Estado surge fundamentalmente como uma variante de um modo de agregação que se encontra a vários níveis diferentes da realidade social. Esse modo de agregação passa necessariamente pela mediação do Direito. As ordens jurídicas não são equivalentes, pois, na medida em que o Estado é o único a dispor de um poder de coerção incondicionado e irresistível, a ordem jurídica estatal passa a ocupar uma posição privilegiada; encontra-se em posição de ditar suas condições às outras ordens jurídicas e agir sobre elas, quer se encontrem no nível infraestatal, em que se estabelece sua tutela, quer se situem no nível supraestatal, em que se impõe sua mediação.

5. TEORIA TRIDIMENSIONAL DO ESTADO E DO DIREITO

Formulada por Miguel Reale, a teoria tridimensional considera o Estado não apenas como sistema de normas ou como fenômeno exclusivamente sociológico, mas como "unidade integrante de seus três momentos ou valências", isto é, fato, valor e norma, apresentando-se então como realidade cultural tridimensional. Em todos os Estados há sempre esses três elementos conjugados ou coimplicados, nenhum deles podendo ser compreendido sem os outros dois:

a) o *fato* de existir uma relação permanente de Poder, com uma discriminação entre governantes e governados;

b) um *valor* ou um complexo de *valores*, em virtude do qual o poder se exerce;

c) um complexo de *normas* que expressa a mediação do Poder na atualização dos valores de convivência.[7]

---

[7] REALE. *Teoria do direito e do estado*, p. 368.

6. TEORIA DA AUTOLIMITAÇÃO DO ESTADO

Os que não aceitam a concepção da limitação do Estado pelo Direito Natural ou pela Justiça procuram determinar uma forma de limitação jurídica estatal, que consiste na autolimitação pelo Direito.

O Estado, assim, por sua própria vontade, sem nenhuma transcendência no Direito Natural, elabora sua ordem jurídica que o limita. O Estado não pode estar obrigado a nada, senão em virtude de sua própria vontade (Jellinek). É da essência do poder soberano determinar, por si só, por sua única vontade, as regras jurídicas que irão limitar o poder do Estado. O direito que vincula ou limita o Estado não é transcendente, mas por ele mesmo criado. O Estado não encontra nenhuma limitação fora de si mesmo. Inexiste, assim, qualquer instância objetiva fora do Estado.

A teoria da autolimitação leva à concepção de que não há Direito anterior e superior ao Estado. O Estado precede o Direito: é ele que estabelece a ordem jurídica. Se o Estado se submete ao Direito é sempre voluntariamente, de modo próprio. Essa concepção "começou a prevalecer na Europa por ocasião da construção do Estado absolutista; a teoria da soberania, que foi então elaborada, conferia ao Estado uma autoridade absoluta, ilimitada e na verdade sagrada, que o coloca acima da sociedade civil e acima de qualquer lei humana; se o Estado é assim mesmo submetido ao Direito, isto só poderá ocorrer por obra da autodeterminação (Hegel) ou através da submissão às leis da Razão (Spinoza). E é em torno dessa exaltação do poder estatal, que foi construído o Direito Público no século XIX e no início do século XX, na maioria dos países europeus, e notadamente na França e na Alemanha. Para essa concepção, o Direito não constitui um limite extrínseco, uma limitação heterônoma para o Estado: a limitação é tãosomente *intrínseca* e resulta apenas do *processo de objetivação de sua vontade em uma 'ordem' jurídica* caracterizada pela estabilidade, pela coerência e pela hierarquização. A preocupação em fundamentar o Estado de Direito sobre bases mais sólidas irá levar a fazer do Direito uma realidade independente e superior ao Estado".[8]

7. JUSTIÇA POLÍTICA

A justiça, termo polissêmico, em sentido lato significa harmonia, proporção, congruência. Neste sentido, a harmonia interior do homem, levando-o a observar a lei moral (Kant) e à prática da virtude, faz dele um homem justo. Em sentido estrito, tem-se por justiça, "a vontade constante e perpétua de dar a cada um o que é seu" (Ulpiano, século III): a justiça é considerada como virtude. A justiça consiste também na organização judiciária ou no serviço público que asseguram a sua realização.

O conceito de justiça não é, portanto, exclusivo do direito ou da política. Pode ser tomado em diversos sentidos: moral ou ético (a justiça nos comportamentos priva-

---

[8] *Dicionário enciclopédico de teoria e de sociologia do direito.* Verbete: Estado. Direção de André-Jean Arnaud (*et al.*). Trad. Patrice Charles, F. X. Willaume. Rio de Janeiro: Renovar, 1999, p. 315.

dos), metafísico-histórico (a justiça imanente), religioso (a justiça transcendente), e até mesmo estético (a justiça confundindo com a justeza de um tom, de uma palavra ou gesto). De qualquer modo, porém, tem havido, ao longo dos séculos, uma estreita mistura da dimensão política e da dimensão ética da justiça.[9]

Costuma-se dividir a justiça em geral e particular, compreendendo esta a comutativa e a distributiva. A justiça geral, ou legal, é a que vai do indivíduo para a sociedade, considerada a obrigação de todos de concorrerem para o bem comum, em que cabe à lei ordenar os atos humanos (ex.: pagamento de tributos e o serviço militar). A justiça comutativa é a que se dá nas relações interindividuais, consistindo num conjunto de princípios que devem ser cumpridos de modo rigoroso e igualitário; esta igualdade é aritmética, que está na própria coisa devida. A justiça distributiva é a que parte da sociedade para os indivíduos, relativamente à distribuição de encargos e de benefícios. O problema se acha no estabelecimento da justa distribuição dos benefícios e das obrigações: a situação em que todos recebem o que lhes é devido. Na justiça distributiva a igualdade é geométrica ou de proporção, não havendo rigor de igualdade quanto ao objeto.

A justiça social é outra modalidade de justiça, e que tem a igualdade como objetivo desejável. Ela opõe à ordem do direito o fato das desigualdades e das discriminações; diz respeito primordialmente aos grupos sociais; tem em vista a problemática social no que concerne às relações entre capital e trabalho; fornece diretrizes para a ordem econômica da sociedade.

Menciona-se também a justiça internacional, que se refere às relações entre os Estados, destacando-se a cooperação pela paz e o afastamento de tudo o que possa ameaçá-la ou perturbá-la. No âmbito da justiça internacional, de se mencionar a recente criação, pela comunidade internacional, do Tribunal Penal Internacional, para julgar os crimes de guerra e os crimes contra a humanidade.

A justiça pode ainda ser entendida como a maneira pela qual cada sociedade dá forma e conteúdo ao princípio segundo o qual se deve atribuir a alguém o que lhe é devido. Portanto, a ordem política e social corresponde a esse tipo de arranjo social.

A justiça é um dos fins do Estado e do próprio Direito.

O Direito tem como finalidade a instauração da justiça.

A justiça, como arqueologia do Estado, é uma de suas funções, e constitui, como sempre constituiu, o seu fundamento.

Do ponto de vista do Estado, a justiça é condição da existência coletiva, fundamento necessário do pacto social. Fala-se então em justiça política, conceito fundamental que legitima o poder de coação estatal, o poder do homem sobre o homem, e que permite distinguir formas legítimas de formas ilegítimas de dominação, com base numa ética do Direito e do Estado.[10]

Para Platão, na *República*, a cidade é comandada por uma elite dirigente; a justiça aparece tanto como a estrutura fundamental do Estado quanto da alma humana. Há

---

[9] DELACAMPAGNE. *A filosofia política hoje*, p. 22.
[10] Cf. cap. 2, item 6, deste volume, em que são examinadas a origem e a justificação do Estado.

isomorfismo estrutural entre a alma e a cidade. Se a justiça individual é essencial à obra do intelecto que contempla o Bem em si mesmo (uma relação da alma com a totalidade do ser), para imprimir a sua imagem no interior da alma, a justiça da comunidade será a obra dos sábios contemplativos que moldarão a Cidade de acordo com o arquétipo que eles terão contemplado. O ideal político é o governo pessoal do sábio divinamente inspirado e mantido pela contemplação da justiça e do Bem em sua essência.

Aristóteles, ao contrário de Platão, concebe a justiça política como aquela que dá suas normas à Cidade (*A política* e *Ética a Nicômaco*). Consoante acentua France Farago, "Aristóteles introduz a justiça jurídica (*todikaion*), assim como a justiça legal, na justiça política que envolve uma e outra, pois os cidadãos livres só são submetidos à lei (que é o símbolo de sua liberdade) e são todos iguais diante dela. Na justiça política, a lei não é uma servidão, mas uma libertação; a justiça legal não é mais o limite da liberdade individual, mas sua condição, já que ela é determinada por ela e que a protege das arbitrariedades dos governantes: 'nós não deixamos o homem nos governar, queremos que seja a lei, porque o homem só faz isso em seu próprio interesse e torna-se um tirano.' A primeira preocupação do legislador deve ser de decretar as leis constitucionais preocupando-se, em primeiro plano, com a virtude dos cidadãos para que eles se unam pela amizade, a amizade sendo o laço social por excelência. Toda cidade, toda relação social envolve algum grau de amizade. Todavia, se esse direito requer uma certa amizade, a amizade perfeita, aquela que coloca tudo em comum, esgota a necessidade desta mediação particular que é o direito: 'quando os homens são amigos, não há mais necessidade de justiça".[11]

A justiça política ocorre no âmbito das relações dos indivíduos na *polis*, e tem como referência o *status civitatis* do cidadão perante seus iguais. A justiça política existe no meio social, organiza um modo de vida que tende à autossuficiência da vida comunitária (*autárkeian*), vigente entre homens que partilham de um espaço comum. Desse modo, o justo político "se apresenta entre as pessoas que vivem juntas com o objetivo de assegurar a autossuficiência do grupo – pessoas livres e proporcionalmente ou aritmeticamente iguais. Logo, entre pessoas que não se enquadram nesta condição não há justiça política, e sim a justiça em um sentido especial e por analogia." [12] As pessoas tidas como cidadãs na *polis* constituíam um conjunto restrito e excludente (deste conjunto eram excluídos, v.g., os estrangeiros, mulheres, escravos, menores).

Santo Agostinho retoma a ideia de uma justiça imutável, eterna e soberana. Para ele, a missão do poder é fazer reinar a justiça, que lhe é anterior e superior. Para Agostinho, a justiça é humana e divina. A justiça humana integra as decisões do homem em sociedade e se baseia na *lex temporalem*, estando, por isso, permeada pela imperfeição e pela corruptibilidade dos juízos humanos (o livre-arbítrio, sede da deliberação autônoma do homem, é o motivo principal de queda espiritual). A justiça divina se baseia na *lex aeterna*, que é boa e justa, imutável, perfeita e infalível. A justiça humana só se aperfeiçoa se aproximar da lei divina. A justiça consiste em dar a cada

---

[11] FARAGO. *A justiça*, p. 79-80.
[12] ARISTÓTELES. *Ética a Nicômaco*, p. 205.

um o que é seu. Para a realização da justiça, pouco importa a forma de governo, pois o importante é respeitar a Deus e aos homens.

Santo Tomás de Aquino distingue quatro espécies de justiça: a) justiça comutativa; b) justiça distributiva; c) justiça legal; d) equidade ou *epicheia*, esta a forma mais elevada de justiça, pois atenta não apenas às leis, mas ao seu espírito na intenção do legislador, mais em conformidade com a sabedoria do que com a lei escrita. Para Santo Tomás, a justiça envolve as noções de dívida e de igualdade (o direito como coisa devida ao outro segundo uma relação de igualdade). Ser justo é devolver a alguém o que lhe é devido, de modo que o que se dá seja igual ao que se deve.

Para Kant, justo é o que está em conformidade com o direito, cuja função é regular as relações de liberdade entre os homens. O direito consiste, pois, no conjunto de condições sob as quais o arbítrio de um pode coexistir com o arbítrio de outro, segundo uma lei universal de liberdade. Toda ação é justa e conforme ao direito, se permite que a liberdade de cada um concorde com a liberdade de todos; toda ação é injusta e atenta contra o direito, se não pode conciliar-se com a liberdade geral. Kant observa, no entanto, que a justiça humana é limitada, já que o "tribunal humano" só pode julgar na conformidade exterior à lei, e a moralidade de nossas próprias ações permanece para nós oculta. Nossas imputações só podem relacionar-se com o caráter empírico. Assim, ninguém pode aprofundar ou julgar com uma integral justiça. Assinale-se que, para Kant, a conciliação das liberdades não passa de um princípio formal apriorístico. O Direito "consiste em leis compulsórias e conforme a razão, para as quais não importam os 'propósitos empíricos' (isto é, as representações da 'felicidade'), porque nenhuma lei universal pode ser derivada de tais representações empíricas. Nessa ordem de incompatibilidades individuais (esferas de liberdade), que foram tornadas compatíveis por meio de leis compulsórias, não há espaço para o conceito de desenvolvimento da liberdade por meio da liberdade de outros ou para a ideia de expandir e aumentar a liberdade individual por meio de uma combinação solidária de várias esferas de liberdade".[13] Portanto, apenas a coação física, a força, exercidas pelo Estado, é que constituem o único meio de realização da lei universal do direito.

Na modernidade, a justiça política é examinada, como conceito de legitimação crítica, por Otfried Höffe, para quem "o projeto político da modernidade se alimenta em duas experiências fundamentais: na crise radical da sociedade, no estremecimento do direito e do estado e na crítica radical das relações políticas e na experiência da exploração e da opressão. O auge da opressão é constituído pela recusa dos elementares direitos do homem. O auge da ameaça do estado é formado por aquelas guerras civispolítico-religiosas, que fazem parte das condições históricas nas quais surge a filosofia hobbesiana do estado e que, nas democracias pluralistas, são fortemente reduzidas, mas são perpetuadas na luta de interesses de grupos e associações. A experiência da guerra civil conduz ao direito positivo e ao poder do estado por ele responsável; a experiência da opressão política, ao contrário, conduz à ideia da

---

[13] DENNINGER. Segurança, diversidade e solidariedade, ao invés de liberdade, igualdade e fraternidade. *In: Revista Brasileira de Estudos Políticos*, n. 88, dezembro de 2003, p. 23-24.

liberdade de dominação como princípio social. A justiça (política), assim parece, não é um luxo moral, mas uma condição necessária da convivência humana: *opus iustitiae pax*, a paz é uma obra da justiça. A absolutização de uma experiência básica em detrimento da outra e o consequente isolamento dos conceitos-guias 'direito e estado' e 'justiça' que disso resulta, significam, tanto um erro científico-filosófico com consequências práticas, como um preconceito político com consequências teóricas. Uma filosofia política, que faça justiça a ambas as experiências políticas fundamentais, à crise radical da sociedade e à crítica radical de sua estrutura básica, deve por isso levar em consideração todos os três conceitos: direito, justiça e estado.Decisivo é um contexto sistemático que é formulado na seguinte hipótese tripartite: se a convivência humana deve assumir uma figura legítima, então deve ser, primeiro, o caráter do direito e deve, em segundo lugar, o direito atingir a realidade da justiça e, em terceiro lugar, deve assumir o direito justo à proteção de uma ordem jurídica pública, por conseguinte, a figura de um estado (justo). A tese-guia tripartite da filosofia política também pode ser lida numa outra sequência: (1) o estado está obrigado à justiça; (2) a justiça política forma a medida normativo-crítica do direito e (3) o direito justo é a forma legítima da convivência humana".[14]

Uma lista integral dos princípios de justiça, tendo por referência a ordem básica de uma sociedade, e não a postura básica de uma pessoa, e como foco a justiça política, é assim formulada por Otfried Höffe:

"I. *Justiça constitutiva de direito*

Princípio da protojustiça:

> Através de um autorreconhecimento original e um reconhecimento alheio original, todos os membros da espécie de seres imputáveis deverão reconhecer a si próprios e a seus iguais como membros do direito.

(1) Imperativo jurídico universal:

> Enquanto essência de regras com validade rigorosamente universal, o direito opõe-se à arbitrariedade pessoal e à violência pessoal, devendo, exatamente por esse motivo, dominar em todos os lugares entre os homens.

II. *Justiça normatizadora de direito*

(2) Princípio da maior liberdade igual negativa:

> Que, por meio de renúncias recíprocas à liberdade, cada membro do direito obtenha aquela medida máxima de liberdade de ação, a qual, de acordo com o primeiro princípio de justiça, é possível em regras universalmente válidas.

(3) Princípio da liberdade positiva comparativa:

a) Que, através de prestações positivas recíprocas, cada membro do direito possa obter uma liberdade de ação positiva elementar, encontrável em determinados direitos positivos de liberdade;

---

[14] HÖFFE. *Justiça política*: fundamentação de uma filosofia crítica do direito e do estado, p. 23-26.

b) Nesse processo, deve-se reconhecer o primeiro princípio de justiça, a forma jurídica: só são legítimos os direitos positivos de liberdade realizados conforme regras universalmente válidas;

c) O segundo princípio tem prioridade sobre o terceiro: só são legítimos os direitos positivos de liberdade compatíveis com a maior liberdade igual negativa;

d) As prestações dos direitos de liberdade dependem dos recursos existentes e de fatores culturais, possuindo, ainda, caráter comparativo;

e) Para o terceiro princípio de justiça, não há justificativa exclusiva, de cunho apenas teórico-comutativo, apenas teórico-corretivo ou apenas teórico-distributivo.

III. *Justiça realizadora de direito*

(4) Imperativo universal do Estado de direito

Para que seja realizada a justiça, exista, entre todos os indivíduos, a quinta-essência dos poderes públicos a serviço do direito, o Estado de direito.

(5) Princípio da divisão de poderes:

Devem-se dividir os poderes públicos.

(6) Imperativo universal de democracia:

Todo poder deverá ser executado em nome do povo e em prol do povo.

(7) Princípio da diferença:

Os Estados têm um direito à diferença.

(8) Princípio da subsidiariedade:

Competências estatais são legítimas apenas naqueles casos e apenas à proporção que indivíduos e unidades sociais pré-estatais carecem de ajuda. E no âmbito de um Estado hierarquizado, as competências devem ser abordadas tão mais na base quanto fizer bem à última instância legitimatória, os indivíduos."[15]

Na concepção de justiça política deve-se levar em conta dois posicionamentos teórico-filosóficos: o dos liberais e o dos comunitaristas. Este "debate é frequentemente descrito como a oposição entre os partidários do 'justo' e os partidários do 'bem'. Quando a aceitação dos princípios da economia de mercado tornou-se quase geral, o foco do debate foi dirigido sobre a concepção da identidade democrática. Todas as teorias liberais – de Kant a Rawls e Habermas – provêm de um postulado universalista e formalista que afirma a racionalidade possível da escolha de um certo número de princípios normativos concernentes ao justo. Mas, ao mesmo tempo, o liberalismo denuncia a ilusão de acreditar que as sociedades democráticas possam, em sua diversidade, ser governadas a partir de uma concepção do bem, já que todo

---

[15] HÖFFE. *A democracia no mundo de hoje*, p. 158-160.

consenso sobre a natureza da 'vida boa' depende mais frequentemente da coerção do que da razão. O etos adquirido e transmitido pela tradição, não sendo mais capaz de modelar a sociedade em seu conjunto, não pode mais servir de fundamento, de legitimação das questões levantadas sobre a justiça".[16] Os comunitaristas, cujos representantes mais importantes são Michael Sandel, Michael Walzer e Charles Taylor, propõem uma formulação daquilo que é a "vida boa", dentro de uma tradição intersubjetiva, e recusam a hipótese de que as coisas aconteçam segundo uma escolha racional e fora de qualquer contexto, de qualquer pertencimento a uma comunidade histórica e cultural.

Para Taylor, não pode haver uma prioridade do justo sobre o bem; é preciso que compreendamos nossa existência comunitária, porquanto a existência do problema do ser humano não é a questão da sobrevivência material, "desejo-satisfação e liberdade e dor", mas a luta por se tornar um ser humano desenvolvido em sua plenitude. Ainda para Taylor, a concepção liberal do sujeito é atomista, porque afiam a natureza autossuficiente do indivíduo. É por meio da participação numa comunidade de linguagem e discursos mútuos sobre o justo, o bem e mal, que se pode desenvolver a racionalidade coerente capaz de permitir que o homem atue como sujeito moral capaz de descobrir o bem.[17]

Os neoliberais, a seu turno, concebem a sociedade como um sistema de trocas, e, nessa perspectiva, afasta-se toda reivindicação de igualdade das condições materiais, pois, segundo Hayek, economista suíço (ver adiante), a justiça é um atributo da conduta humana, sendo inadequado aplicá-la, como um projeto decidido nas instituições políticas, no processo impessoal do mercado. O mercado confere aos indivíduos a indisponibilidade de bens e serviços; nele não há nada que possa ser justo ou injusto, porque se trata de resultados que não foram desejados e que dependem de múltiplas circunstâncias. Desse modo, a justiça social não tem sentido, a não ser em uma economia dirigida e burocratizada.

A tendência em se apresentar a igualdade como um substitutivo da justiça é examinada por Chaïm Perelman (*Egalité et justice*), para quem a igualdade de tratamento na justiça formal não é nada mais do que a aplicação correta de uma regra de justiça concreta que determina a forma pela qual devem ser tratados todos os membros de cada categoria essencial. Resulta daí que a igualdade é a adaptação da justiça legal ao caso concreto: necessita-se da igualdade não no momento de criar as normas jurídicas gerais, mas no momento de aplicá-las aos casos concretos, precisamente para atenuar o rigor dessas normas, caso o legislador não tenha levado em consideração aspectos considerados importantes pela opinião pública.

John Rawls, em sua obra *Uma teoria da justiça*, formula uma teoria liberal da justiça como equidade. Considera a sociedade como uma vasta rede de distribuição de bens: bens comerciáveis, tais como as remunerações, os patrimônios, os benefícios sociais; bens não comerciáveis, tais como cidadania, segurança, educação, postos de autoridade, dentre outros. A concepção central de justiça de Rawls está em que todos

---

[16] FARAGO. *A justiça*, p. 229-230.
[17] Cf. TAYLOR. *Argumentos filosóficos*.

os bens sociais fundamentais – a liberdade e a igualdade de oportunidades, a renda e a riqueza, as bases sociais do respeito de si mesmo – devem ser distribuídos de modo igualitário, a menos que uma distribuição desigual desses bens, ou de um entre eles, beneficiasse os mais favorecidos. A injustiça, para Rawls, é constituída pelas desigualdades que não beneficiam a todos. Nem todas as desigualdades, no entanto, devem ser abolidas, e a liberdade não deve ser sufocada pela igualdade, desde que se a desigualdade de rendas otimiza a porção de cada um, então a consideração de meus próprios interesses, bem como os dos outros, constitui a razão para a manutenção desta diferenciação. O conceito de justiça tem por objetivo atribuir a cada um o que lhe cabe (justiça distributiva), dentro do quadro do individualismo liberal moderno, associando o individualismo que funda o liberalismo político e a aceitação da autonomia do mercado (liberalismo econômico).

Os "princípios de justiça" formulados por Rawls são: primeiro princípio – cada pessoa deve ter um direito igual num sistema o mais extenso possível em liberdades básicas iguais para todos e que seja compatível com o mesmo sistema para os outros; segundo princípio – as desigualdades sociais e econômicas devem ser organizadas de modo que, ao mesmo tempo: *a)* possa-se, racionalmente, esperar que elas sejam em benefício de cada um; *b)* sejam ligadas a posições e a funções abertas a todos.[18]

Nozick é considerado o teórico do Estado mínimo, em que o mercado é o lugar da vida privada e não da vida pública. Nele prevalece a neutralidade, isto é, dispersão de informações através de preços e coordenação das atividades pessoais. Qualquer outro Estado mais amplo viola os direitos da pessoa. A justiça, no Estado mínimo, consiste em três tópicos principais: o primeiro é a aquisição inicial das propriedades, a apropriação de coisas não possuídas, o princípio de justiça na aquisição, de origem lockeana; o segundo tópico refere-se à transferência de propriedades de uma pessoa a outra, em que são abrangidas descrições gerais de troca voluntária, de doação, e, no outro extremo, de fraude, assinalando-se que os meios de troca é que preservam a justiça; o terceiro tópico diz respeito à reparação da injustiça na propriedade, decorrente do modo de aquisição originária ou derivada, sendo que o princípio completo de justiça distributiva ocorre com a distribuição justa segundo a forma de aquisição. O modelo de teoria da justiça do direito à propriedade na distribuição é histórico, situado e concreto, pois as coisas surgem no mundo já ligadas a pessoas que têm direito a elas. Surgem daí duas regras de justiça: a) de cada um como eles escolherem, a cada um, como foram escolhidos; b) a cada um de acordo com os direitos legítimos que legitimamente lhe foram transferidos.[19]

Hayek critica contundentemente a justiça distributiva ou social, que, além de pressupor uma relação entre superiores e inferiores, é imposta à sociedade, e não ao indivíduo. É no mercado que se manifesta o modelo de uma ordem social espontânea, o único lugar possível de convivência pacífica entre indivíduos diferentes com benefícios para todos. O conceito de liberdade, para Hayek, é uma norma de conduta justa individual, e que se reveste de duas características: a) as normas podem ser ob-

---

[18] Ver cap. 1, n. 7.3 deste volume.
[19] NOZICK. *Anarquia, estado e utopia*.

servadas sem serem verbalizadas; b) são seguidas porque reforçam a capacidade de ação e subsistência de um determinado grupo. Assim não é por meio de normas que se promove a justiça social, que, além de ser uma miragem, que tende a desestabilizar o mercado (entendido como um jogo em que os resultados possíveis não são justos nem injustos), exige um Estado interventor, que ameaça a liberdade conquistada pelo homem ao longo da História. As leis não devem controlar as ações dos indivíduos quando digam respeito apenas a eles. Além disso, qualquer setor de distribuição, ao buscar igualar as diferenças, decidirá por discricionariedade, e não por justiça, instituindo-se ainda a dependência das pessoas, o que agride a liberdade. E ainda: se inexistem padrões para definir a própria distribuição, quanto mais para defini-la como justa ou injusta.[20]

Michael Walzer propõe uma reflexão sobre a pluralidade das ordens de realidade que levam em conta a diversidade de bens e de formas de justiça correspondentes, partindo do pressuposto de que a sociedade humana é uma comunidade distributiva, e que os bens são distribuídos pelas pessoas às outras depois de os conceberem e criarem. Supõe que: a) existem vários centros de distribuição de bens sociais; b) a sociedade é de providência ou bem-estar; c) as comunidades políticas são estados sociais. Para Walzer, os bens sociais, que não são mercadorias, constituem objeto da justiça distributiva, e o seu significado é o próprio critério da distribuição, que, sendo histórico, muda com o tempo, sendo compartilhado por todos. Não sendo mercadorias, os bens devem atender ao interesse da sociedade, e não a grupos ou indivíduos. E, por serem históricos os bens, é que os sujeitos representativos não podem ser indivíduos abstratos, mas pessoas historicamente situadas em esferas distintas da sociedade, onde a justiça faz o seu itinerário. Desse modo, a distribuição de bens só pode ocorrer no âmbito de cada esfera (nenhum bem social X deverá ser distribuído a homens e mulheres que possuam um bem Y, só por possuírem este último e sem ter em atenção o significado daquele X). Decorrência desse princípio, três são os critérios de distribuição: a) livre troca: todos os bens são conversíveis em outros bens pelo dinheiro, como instrumento neutro, inexistindo predomínios ou monopólios; b) merecimento: não existe papel na distribuição social; c) necessidade: princípio de uma esfera distributiva especial, onde os bens distribuídos não são dominados por outros bens. Muitos bens, que não são mercadorias, não podem ser convertidos em dinheiro, numa relação de compra e venda, tais como: 1. o ser humano e a sua liberdade, ressalvado o seu trabalho; 2. o poder político e a influência, com a incriminação do suborno; 3. a justiça em matéria criminal; 4. a liberdade de expressão oral, de imprensa, religião e reunião; 5. os direitos ao matrimônio e à procriação; 6. o direito de abandonar a comunidade política; 7. os serviços militar, de júri e obrigatórios; 8. os cargos políticos e os cargos em geral, com a observação de que nem todo cargo pode ser colocado em disputa, como os que exigem capacidade especial de liderança, sendo pois necessário um sistema misto de seleção; 9. a profissão; 10. a polícia e as escolas primária e secundária; 11. as trocas desproporcionais de salário, de horas de trabalho, de saúde e de segurança; 12. os prêmios e honrarias; 13. a graça divina;

---

[20] HAYEK. *Direito, legislação e liberdade:* uma nova formulação dos princípios liberais de justiça e economia política (a miragem da justiça social), vol. II.

14. o amor e a amizade; 15. Os delitos, assassinatos, chantagem, drogas, etc.; 16. o poder de impor riscos aos outros; 17. a cidadania, pois o ato de pertença não pode ser comprado, sendo a partir dela, considerada um bem de primaz importância, que a distribuição dos bens tem início. Ainda segundo Walzer, para uma justiça distributiva é necessário que se reconheça a necessidade coletiva e a qualidade de membro.[21]

As relações entre a política e a justiça são ainda examinadas por Lévinas, havendo um elo entre a interioridade subjetiva e as instituições políticas. Para ele, como lembra France Farago, "liberdade apolítica é ilusória, uma ilusão, tendo em vista que 'seus partidários ou beneficiários estão em um estágio avançado da evolução política'; A verdadeira liberdade não saberia realizar-se fora das instituições sociais e políticas. É preciso 'fazer leis, criar instituições razoáveis que evitarão a infelicidade da abdicação'. É preciso lutar pela República. Neste sentido, as instituições políticas protegem o homem contra sua própria fraqueza moral".[22]

O que se extrai da teoria de justiça, a partir da obra de Rawls, e das que lhe seguiram, como as de R. Nozick, M. Walzer, Brian Barry, Thomas Scanlon, Habermas, David Miller e R. Dworkin, entre outros, é que se alteraram os seus paradigmas, ou seja, os paradigmas metafísico de Platão e Aristóteles, de uma justiça universal, absoluta, objetiva e obrigatória, fundada nos princípios da retribuição e do mérito, foram substituídos pelos paradigmas social, econômico e político. Trata-se de uma justiça distributiva atribuída ao Estado, considerando que o justo está em reduzir a distância entre ricos e pobres, mediante a redistribuição do produto social. Ademais, a justiça passa a ser concebida como contratual, havendo referência a instituições, com abrangência de toda a sociedade em suas estruturas sociais, políticas e econômicas.[23] A ideia de mérito é substituída pela de igualdade.

Considere-se, nessa linha de compreensão, que a justiça política, nos tempos atuais, conforme elucida Alfonso de Julios Campuzano, deve ser concebida não como algo abstrato, mas como uma exigência que se particulariza e se contextualiza, o que exige que se estabeleça uma vinculação entre o bom e o justo, uma interação circular entre a definição dos objetivos compartilhados da justiça e a concretização dos valores éticos da sociedade. Esta justiça não pode ser vazia de conteúdo, sendo necessário proporcionar-lhe critérios substantivos. A justiça política exige o diálogo com uma cultura e época determinadas, o que pressupõe que deva ser contextualizada, superando a justiça formal da razão abstrata. Ademais, é preciso que se reivindique um modelo de justiça compatível com a dignidade da pessoa humana, o que exige a recuperação do vínculo comunitário, a partir da definição ética do bom e do discurso público sobre a justiça. Ainda necessária se faz a recuperação do compromisso com a democracia, como projeto de identidade ética, mediante, sobretudo, a incorporação de valores positivos do pluralismo, da tolerância e da autonomia individual, e a

---

[21] WALZER. *Esferas da justiça*: uma defesa do pluralismo e da igualdade. Cf. ainda: JEVEAUX. *Direito constitucional*: teoria da constituição, p. 280-284.
[22] FARAGO. *A justiça*, p. 280-281.
[23] MACEDO. Mudança de paradigma da teoria da justiça. *In*: *Direito e poder nas instituições e nos valores do público e do privado contemporâneos*. TÔRRES, Heleno Taveira. (coordenador), p. 183-187.

proposição de modelos alternativos de democracia, para que ela não se reduza a uma forma de repartição de quotas de poder.

8. JUSTIÇA DE TRANSIÇÃO

Em tempos de reconstrução democrática e de um neoconstitucionalismo marcado pela verdade, solidariedade e participação, fala-se em *justiça de transição,* ou *justiça transicional* – uma conquista democrática – entendida como um conjunto de medidas, nem todas elas exclusivamente jurídicas, que a sociedade tem à disposição, na passagem ou retorno à democracia, para lidar, depois de períodos de conflito ou repressão, com legados de violência deixados por regimes autoritários. A justiça de transição incorpora as várias dimensões de justiça capazes de contribuir para a reconstrução social, fundamentada na ideia da universalidade dos direitos humanos e sustentada na legislação humanitária e internacional de direitos humanos. A justiça de transição inclui processos judiciais contra acusados de violações de direitos humanos, a revelação da verdade, a adoção de medidas de reparação (que não se limitam às financeiras), as reformas institucionais (que vão do expurgo no aparelho estatal a transformações profundas em instituições como as Forças Armadas e o Judiciário), a promoção de reconciliação entre as principais partes envolvidas no conflito e a preservação da memória do período, por meio da instalação, por exemplo, de museus ou monumentos. O processo de acerto de contas entre vítimas e Estado começou a partir do fim da Segunda Guerra Mundial em 1945, quando se pensou em maneiras de reparar os que sofreram e punir os responsáveis pelos crimes cometidos pelos nazistas. No Brasil, o processo começou em 1979 com a Lei da Anistia (Lei n. 6.683/1979),[24] e prosseguiu com a Constituição de 1988, seguida da edição da Lei n. 9.140, de 4 de dezembro de 1995, que reconhece como mortas pessoas desaparecidas em razão de participação, ou acusação de participação, em atividades políticas, no período de 2 de setembro de 1961 a 15 de agosto de 1979, e da Lei n. 10.559, de 13 de novembro de 2002, que regulamenta o art. 8º do Ato das Disposições Constitucionais Transitórias da Constituição de 1988. Foi ainda editada a Lei n. 12.528, de 18 de novembro de 2011, que cria a Comissão Nacional da Verdade no âmbito da Casa Civil da Presidência da República.[25] A justiça de transição ocorre em

---

[24] O Supremo Tribunal Federal, em 29.4.2010, julgou improcedente a ADPF 153-6/DF, Relator Min. Eros Grau, em que o Conselho Federal da OAB questionava a constitucionalidade do § 1º do art. 1º da Lei n. 6.683/79, que considera conexos, para efeito do artigo, os crimes de qualquer natureza relacionados com crimes políticos ou praticados por motivação política.

[25] Lei n. 12.528, de 18 de novembro de 2011: "Art. 1º É criada, no âmbito da Casa Civil da Presidência da República, a Comissão Nacional da Verdade, com a finalidade de examinar e esclarecer as graves violações de direitos humanos praticadas no período fixado no art. 8º do Ato das Disposições Constitucionais Transitórias, a fim de efetivar o direito à memória e à verdade histórica e promover a reconciliação nacional. Art. 2º A Comissão Nacional da Verdade, composta de forma pluralista, será integrada por 7 (sete) membros, designados pelo Presidente da República, dentre brasileiros, de reconhecida idoneidade e conduta ética, identificados com a defesa da democracia e da institucionalidade constitucional, bem como com o respeito aos direitos humanos. § 1º Não poderão participar da Comissão Nacional da Verdade aqueles que: I – exerçam cargos executivos em agremiação partidária, com exceção daqueles de natureza honorária; II – não tenham condições de atuar com imparcialidade no exercício das competências da Comissão; III – estejam no exercí-

cio de cargo em comissão ou função de confiança em quaisquer esferas do poder público. § 2º Os membros serão designados para mandato com duração até o término dos trabalhos da Comissão Nacional da Verdade, a qual será considerada extinta após a publicação do relatório mencionado no art. 11. § 3º A participação na Comissão Nacional da Verdade será considerada serviço público relevante. Art. 3º São objetivos da Comissão Nacional da Verdade: I – esclarecer os fatos e as circunstâncias dos casos de graves violações de direitos humanos mencionados no *caput* do art. 1º; II – promover o esclarecimento circunstanciado dos casos de torturas, mortes, desaparecimentos forçados, ocultação de cadáveres e sua autoria, ainda que ocorridos no exterior; III – identificar e tornar públicos as estruturas, os locais, as instituições e as circunstâncias relacionados à prática de violações de direitos humanos mencionadas no *caput* do art. 1º e suas eventuais ramificações nos diversos aparelhos estatais e na sociedade; IV – encaminhar aos órgãos públicos competentes toda e qualquer informação obtida que possa auxiliar na localização e identificação de corpos e restos mortais de desaparecidos políticos, nos termos do art. 1º da Lei nº 9.140, de 4 de dezembro de 1995; V – colaborar com todas as instâncias do poder público para apuração de violação de direitos humanos; VI – recomendar a adoção de medidas e políticas públicas para prevenir violação de direitos humanos, assegurar sua não repetição e promover a efetiva reconciliação nacional; e VII – promover, com base nos informes obtidos, a reconstrução da história dos casos de graves violações de direitos humanos, bem como colaborar para que seja prestada assistência às vítimas de tais violações. Art. 4º Para execução dos objetivos previstos no art. 3º, a Comissão Nacional da Verdade poderá: I – receber testemunhos, informações, dados e documentos que lhe forem encaminhados voluntariamente, assegurada a não identificação do detentor ou depoente, quando solicitada; II – requisitar informações, dados e documentos de órgãos e entidades do poder público, ainda que classificados em qualquer grau de sigilo; III – convocar, para entrevistas ou testemunho, pessoas que possam guardar qualquer relação com os fatos e circunstâncias examinados; IV – determinar a realização de perícias e diligências para coleta ou recuperação de informações, documentos e dados; V – promover audiências públicas; VI – requisitar proteção aos órgãos públicos para qualquer pessoa que se encontre em situação de ameaça em razão de sua colaboração com a Comissão Nacional da Verdade; VII – promover parcerias com órgãos e entidades, públicos ou privados, nacionais ou internacionais, para o intercâmbio de informações, dados e documentos; e VIII – requisitar o auxílio de entidades e órgãos públicos. § 1º As requisições previstas nos incisos II, VI e VIII serão realizadas diretamente aos órgãos e entidades do poder público. § 2º Os dados, documentos e informações sigilosos fornecidos à Comissão Nacional da Verdade não poderão ser divulgados ou disponibilizados a terceiros, cabendo a seus membros resguardar seu sigilo. § 3º É dever dos servidores públicos e dos militares colaborar com a Comissão Nacional da Verdade. § 4º As atividades da Comissão Nacional da Verdade não terão caráter jurisdicional ou persecutório. § 5º A Comissão Nacional da Verdade poderá requerer ao Poder Judiciário acesso a informações, dados e documentos públicos ou privados necessários para o desempenho de suas atividades. § 6º Qualquer cidadão que demonstre interesse em esclarecer situação de fato revelada ou declarada pela Comissão terá a prerrogativa de solicitar ou prestar informações para fins de estabelecimento da verdade. Art. 5º As atividades desenvolvidas pela Comissão Nacional da Verdade serão públicas, exceto nos casos em que, a seu critério, a manutenção de sigilo seja relevante para o alcance de seus objetivos ou para resguardar a intimidade, a vida privada, a honra ou a imagem de pessoas. Art. 6º Observadas as disposições da Lei nº 6.683, de 28 de agosto de 1979, a Comissão Nacional da Verdade poderá atuar de forma articulada e integrada com os demais órgãos públicos, especialmente com o Arquivo Nacional, a Comissão de Anistia, criada pela Lei nº 10.559, de 13 de novembro de 2002, e a Comissão Especial sobre mortos e desaparecidos políticos, criada pela Lei nº 9.140, de 4 de dezembro de 1995. Art. 7º Os membros da Comissão Nacional da Verdade perceberão o valor mensal de R$ 11.179,36 (onze mil, cento e setenta e nove reais e trinta e seis centavos) pelos serviços prestados. § 1º O servidor ocupante de cargo efetivo, o militar ou o empregado permanente de qualquer dos Poderes da União, dos Estados, dos Municípios ou do Distrito Federal, designados como membros da Comissão, manterão a remuneração que percebem no órgão ou entidade de origem acrescida da diferença entre esta, se de menor valor, e o montante previsto no *caput*. § 2º A

cada país em diferentes circunstâncias. Na Argentina e no Chile, a população não reivindicou uma anistia e pediu justiça. Nesses países, a eleição direta de volta à democracia foi realizada logo após a ruptura da ditadura. No Uruguai, houve anistia em 1986, um ano após o governo civil assumir o poder; na Guatemala, adotou-se anistia quatro dias após a derrubada da ditadura em 1986; na Nicarágua, foram anistiados os índios Miskitos aprisionados, e as tropas sandinistas que cometeram crimes contra esses índios. Reportando-se a Juan Méndez, acentua Glenda Mezarobba que, no âmbito da justiça de transição, são pelo menos quatro as obrigações do Estado: *a)* investigar, processar e punir os violadores de direitos humanos; *b)* revelar a verdade para as vítimas, seus familiares e toda a sociedade; *c)* oferecer reparação adequada; e *d)* afastar os criminosos de órgãos relacionados ao exercício da lei e de outras posições de autoridade. Esses direitos se acham relacionados a quatro direitos das vítimas e da sociedade: *a)* direito à justiça; *b)* direito à verdade; *c)* direito à compensação – e que compreende também formas não monetárias de restituição; *d)* direito a instituições reorganizadas e *accountable*.[26] Em regra geral, são três os modelos de justiça transicional praticados pelos Estados: os *legais* (leis de anistia geral e leis de purificação); os *judiciais* (tribunais domésticos e internacionais); os *quase judiciais* (comissões de verdade e reconciliação). Quanto aos meios legais, as leis de anistia, como se destacou acima, têm sido comuns na América Latina, e as leis de purificação uma típica opção dos países do Leste Europeu. A anistia geral pode implicar, todavia, na impossibilidade de a vítima e seus familiares verem seu sofrimento reconhecido e reprovado pela sociedade. Por outro lado, o receio de provocar setores em que o grupo dominante no regime anterior detém poder e prestígio, ou quando há muitos exilados políticos desejosos de retornar ao país, como foi no Brasil, faz com que a anistia possa ser a melhor alternativa. As leis de purificação e desqualificação das antigas elites, agentes da polícia secreta, seus informantes ou de servidores civis têm sido alternativa aos julgamentos criminais em alguns países, especialmente da Europa Central e Oriental. A purificação constitui forma de desqualificação, remoção de certos cargos e restrição de direitos de pessoas vinculadas ao antigo regime. A desqualificação pode também ocorrer por meio da perda de direitos civis e políticos. Nos modelos judiciais, caracterizados por tribunais domésticos e internacionais, prevalece um caráter adversativo e retributivo, já que neles há a presença de um autor que acusa,

---

designação de servidor público federal da administração direta ou indireta ou de militar das Forças Armadas implicará a dispensa das suas atribuições do cargo. § 3º Além da remuneração prevista neste artigo, os membros da Comissão receberão passagens e diárias para atender aos deslocamentos, em razão do serviço, que exijam viagem para fora do local de domicílio. Art. 8º A Comissão Nacional da Verdade poderá firmar parcerias com instituições de ensino superior ou organismos internacionais para o desenvolvimento de suas atividades. Art. 11. A Comissão Nacional da Verdade terá prazo de 2 (dois) anos, contado da data de sua instalação, para a conclusão dos trabalhos, devendo apresentar, ao final, relatório circunstanciado contendo as atividades realizadas, os fatos examinados, as conclusões e recomendações. Parágrafo único. Todo o acervo documental e de multimídia resultante da conclusão dos trabalhos da Comissão Nacional da Verdade deverá ser encaminhado ao Arquivo Nacional para integrar o Projeto Memórias Reveladas."

[26] MEZAROBBA. A lei da anistia e a justiça de transição, *in:* Juízes para a democracia, ano 12, n. 47 – dez. 2008/fev. 2009, p. 12. Cf. da mesma autora: *Um acerto de contas com o futuro*: a anistia e suas consequências – um estudo do caso brasileiro. *A lei de anistia foi a lei do esquecimento do regime militar*. Disponível em: <www.direitodoestado.com.br>. Acesso em: 20 abr. 2009.

de um réu que se defende, e de um juiz que decide de forma imparcial e neutra. Nesses julgamentos formais, em virtude do caráter rígido e neutro do processo, não há espaço adequado para que a vítima exponha seus sentimentos e indignação, a fim de promover um expurgo moral de suas feridas: advirta-se com Goldstone, na conferência realizada no ano de 1995, em comemoração aos cinquenta anos do processo de Nuremberg, que a justiça não consiste apenas em punir os crimes contra os direitos humanos, mas também em reconhecer o sofrimento das vítimas. Nos modelos judiciais, a vítima não é o personagem fundamental do processo, em busca de justiça, em que a versão mais ouvida e difundida é a do acusado, e o afloramento de emoções é interpretado pelos juízes como ameaça à racionalidade do processo. Os meios quase judiciais, ao seu turno, centrados no perdão e na reconciliação, por meio das chamadas Comissões de Verdade, que podem ser confidenciais ou públicas, passam a ter papel fundamental de reconciliação social, pois visam restaurar mais do que punir (as experiências pioneiras foram na África do Sul). Na América Latina, várias foram as investigações das comissões de verdade, que elaboraram relatórios sobre os períodos ditatoriais, e que foram denominados de *Nunca Mais*,[27] o que denota o sentimento de resistência ao retorno da repressão. Experiência recente extrai-se do art. 162 da Constituição da República Democrática de Timor-Leste de 22 de março de 2002, um modelo mais dialógico e informal de comissão de verdade, como *approach* de justiça de transição, ao prever a Comissão de Acolhimento, Verdade e Reconciliação, que busca julgar os envolvidos nos abusos aos direitos humanos ocorridos em 1999 e durante os 24 anos de ocupação indonésia. Aos membros da CAVR, no exercício das funções a eles conferidas pelo Regulamento da *United Nations Transitional Administration in East Timor* (UNTAET) n. 2001/10, cabe fazer recomendações para indiciamento de indivíduos que cometeram abusos mais graves aos direitos humanos, sendo certo que aqueles que não cometeram crimes mais sérios aos direitos humanos é que são candidatos ao acolhimento e reconciliação, podendo ainda requerer imunidade em relação aos futuros julgamentos, desde que presentes algumas condições.[28]

9. MULTICULTURALISMO

O multiculturalismo é a coexistência, em sociedades complexas, de uma gama de sistemas de valores, culturas que não podem ser reduzidas à unidade. Envolve o direito à diferença cultural e de direitos especiais para grupos distintos, e demandas por políticas públicas que promovam a igualdade de gêneros, a igualdade entre brancos e negros, os direitos dos povos indígenas, que coíbam a discriminação contra homossexuais. O multiculturalismo extrapola-se como dado meramente sociológico, pois

---

[27] No Brasil, foi publicado, pela Arquidiocese de São Paulo, em 1985, o livro *Brasil: nunca mais*, (Editora Vozes), um relato da quase totalidade dos processos políticos que tramitaram pela Justiça Militar brasileira entre abril de 1964 e março de 1979. E em 2007, foi editado o documento *Direito à Memória e à Verdade* elaborado pela Secretaria Especial dos Direitos Humanos, do qual constam os nomes de 357 pessoas mortas ou desaparecidas durante o regime militar.
[28] PINTO. Justiça transicional: perspectivas para a reconciliação social. In: *Timor-Leste por trás do palco:* cooperação internacional e a dialética da formação do Estado. SILVA; SIMIÃO (orgs.), p. 181-192.

a diversidade cultural postula a necessidade de se esclarecer polêmicas no campo da Filosofia, do Direito, da Ética, da Política, da Economia e da Antropologia, dentre outros domínios do conhecimento. Uma tipologia de grupos que demandam direitos multiculturais: 1. Grupos que rejeitam a ideia de uma cultura nacional comum: a) minorias nacionais, cujas demandas dizem respeito a questões de um Estado nacional mais abrangente, como os bascos e catalães na Espanha, os quebequenses no Canadá e os flamengos na Bélgica; b) grupos indígenas que buscam manter e proteger seu modo de vida por meio de garantias territoriais e de autogoverno. 2. Grupos que aceitam a integração nacional, mas com demandas especiais: a) os homossexuais que se sentem oprimidos devido a padrões culturais homofóbicos dominantes ou que, por esses padrões, se promove a universalização do tipo heterossexual, estigmatizando-os, assumindo, às vezes, formas institucionalizadas de discriminação; b) minorias religiosas estigmatizadas por serem suas práticas religiosas estranhas à cultura da maioria, como os muçulmanos. O embate cultural reflete o direito de expressão a partir do local de cada cultura, mediante vozes e história de grupos dissonantes e mesmo dissidentes.[29] A busca pelo outro, num espaço multicultural, tem o significado de lidar com minorias absorvidas pela mundialização hegemônica e excluídas do diálogo integracionista. A totalidade hegemônica é opressora, motivo por que necessário se faz a construção de um multiculturalismo emancipatório que exige políticas públicas e práticas sociais orientadas para o reconhecimento recíproco entre culturas e identidades diversificadas. O multiculturalismo, dentro de uma sociedade e Estado democráticos significa equacionar diversas culturas, estilos de vida, sistemas de valores e práticas, sem excluir minorias.

---

[29] Cf. KYMLICKA. *Liberalism, community and culture; Multicultural citizenship:* a liberal theory of minority rights. Bhabha. *The location of culture.* TAYLOR. The politics of recognition. In: *Multiculturalism: examining the politics of recognition.* TAYLOR, C.; GUTMANN, A.

CAPÍTULO 6

REGIMES POLÍTICOS E SISTEMAS DE GOVERNO

SUMÁRIO

1. A dificuldade terminológica – 2. Formas de governo: monarquia e república – 3. Tipologia dos regimes políticos – 4. Democracia – Fundamentos – Condições da democracia – 5. Autoritarismo e regimes totalitários – 6. Sistemas de governo – Considerações gerais.

1. A DIFICULDADE TERMINOLÓGICA

A terminologia que envolve o tema aqui versado ainda não foi definitivamente fixada.

Por isso mesmo é que o estudo dos regimes políticos e dos sistemas de governo nela encontra prévia dificuldade. Neste domínio grassa notável confusão terminológica, de modo a impossibilitar uma unidade de conteúdo relativamente às expressões de que estamos cuidando.

Além disso, ao se analisar os regimes políticos e os sistemas de governo, é fundamental conhecer e distinguir formas de Estado e de governo, apesar de serem, para alguns poucos autores, palavras que expressam a mesma realidade. Lembre-se ainda da existência de autores que identificam regimes políticos com formas de governo.

Assim, a dificuldade terminológica da matéria em exame reflete-se na própria formulação de uma tipologia dos regimes políticos.[1]

O termo regime, na expressão de Manoel Gonçalves Ferreira Filho, se refere sempre à realidade. "Toma em consideração todas, e tão somente as instituições que pesam na estruturação e no exercício do poder. Opõe-se o termo *regime*, portanto, a *sistema*. Este inspira, ou o mais das vezes, traduz, abstratamente, um regime. É, na

---

[1] A propósito do tema, consulte-se: BARACHO. *Regimes políticos*.

verdade, o sistema político um conjunto de princípios como *deve ser* estruturado o poder e, em consequência, exercido. Por essa razão, o sistema se vincula à ideologia, na medida em que desta recebe a justificação dos princípios que enuncia."[2]

Pondera o Professor Raul Machado Horta que "o regime político compreende, abrangentemente, o estudo do mecanismo governamental e o da estrutura social e política do grupo humano.

A classificação tradicional das formas de governo, não levando em consideração aquela correlação, trata o assunto dentro de perspectiva universal e intemporal, como se os dados da classificação fossem invariáveis e permanentes".[3]

Nesta linha de raciocínio, Marcelo Caetano elucida que o modo como em cada sociedade política se estrutura e exerce o poder político (forma política) pode ser concebido por duas maneiras:

a) ou atendendo apenas à titularidade e estruturação do poder político, de molde a determinar quem é considerado titular dele e quais os órgãos estabelecidos para o seu exercício, o que caracteriza o *sistema de governo*;

b) ou considerando as concepções fundamentais das relações entre o indivíduo e a sociedade política, cuja ideologia o político tem por missão verter na ordem jurídica, o que constitui o *regime político*.[4]

Maurice Duverger considera, no entanto, sistema político o que se definiu como regime político e denomina de regime político o sistema de governo acima referido. Para ele, no sistema político se insere o regime de governo. Abrange, assim, o sistema de governo as instituições políticas, as estruturas econômico-sociais, a ideologia e o sistema de valores, o contexto cultural e as tradições históricas.[5]

Forma de Estado diz respeito à estrutura básica do Estado, sua organização interna, vale dizer, o modo como está repartido o poder político. São formas de Estado: a unitária e a composta.

Forma de governo, segundo BiscarettidiRuffia, refere-se à posição recíproca em que se encontram os diversos órgãos constitucionais do Estado, distinguindo, assim, de forma de Estado que considera as relações recíprocas dos elementos constitutivos do Estado.[6]

Para Manoel Gonçalves Ferreira Filho, forma de governo "é a definição abstrata de um modo de atribuição do poder". Compreende a monarquia, a aristocracia, e a república ou democracia. Há formas legítimas e ilegítimas de governo.[7]

Aristóteles distingue formas legítimas e ilegítimas, segundo atendam ao interesse geral ou particular.

---

[2] FERREIRA FILHO. *Enciclopédia Saraiva do direito*. Verbete: regime político, p. 242-244.
[3] HORTA. *Revista Brasileira de Estudos Políticos* 3/49.
[4] CAETANO. *Direito constitucional*, v. 1, p. 409-410.
[5] DUVERGER. *Instituciones políticas y derecho constitucional*, p. 29-36.
[6] RUFFIA. *Derecho constitucional*, p. 223.
[7] FERREIRA FILHO. *Curso de direito constitucional*, p. 65.

Baseia-se Aristóteles (*A política*, Livro III) no número de pessoas, a quem se atribui o poder, para tipificar as formas legítimas de governo em monarquia (governo de um só em proveito de todos), aristocracia (governo da minoria – dos mais capazes – em proveito geral) e a república ou democracia (governo da maioria em benefício de todos).

As formas degeneradas de governo são: a tirania (governo de um só, mas em benefício do próprio tirano); oligarquia (governo da minoria, dos mais ricos, em benefício próprio) e demagogia (governo da maioria em benefício dos pobres).

Maquiavel (*O príncipe*) distingue monarquia ou principado de república, com base em que:

a) a monarquia supõe que o poder soberano seja exercido por um titular, enquanto que a república supõe o exercício daquele poder por um colégio de indivíduos;

b) a monarquia consiste no exercício do poder soberano por um indivíduo, por direito próprio, resultante de investidura derivada, de alienação inicial pela coletividade, ou de apropriação do poder pela violência; a república corresponde ao regime em que a soberania pertence ao povo ou à nação, e é exercida em nome e por delegação da coletividade, mediante titulares eleitos;

c) na monarquia, o Chefe de Estado é hereditário; na república não há Chefe de Estado ou, pelo menos, o chefe de Estado não é hereditário – critério mais aceito pela doutrina contemporânea.

O fato, no entanto, de o Chefe de Estado ser ou não hereditário constitui aspecto de menor importância no funcionamento dos regimes políticos contemporâneos que refletem a inspiração filosófica do poder político de um Estado.[8]

Ainda segundo Maquiavel, que rejeitou a distinção entre monarquia e república com base nas formas puras e corruptas, os governos dos Estados se sucedem em ciclos fatais, sendo inútil distingui-los em bons e maus, pois as formas corrompidas são apenas alterações de outras. Desse modo, se a forma de governo é monárquica, não tarda que os filhos dos grandes reis degenerem e surge a tirania. Os homens bons conspiram para derrubar o tirano. Após consegui-lo, mas por não aceitarem o governo de um só, criam a aristocracia. Os filhos dos aristocratas, todavia, que não experimentaram o sofrimento dos pais sob a tirania, consideram-se em breve supe-

---

[8] Para Guizot, a classificação dos governos não deve ser feita segundo a forma exterior, mas sim de acordo com a sua natureza essencial, vale dizer, os princípios da razão, da verdade e da justiça. Propõe Guizot uma classificação das formas de governo que não se baseia em quem exerce o poder, mas na fonte e limitações do poder soberano: "primeiro, há aqueles que consideram a soberania um direito que pertence exclusivamente a indivíduos, sejam eles apenas um, muitos, ou todos aqueles que compõem uma sociedade; esses são, em princípio, os fundadores do despotismo, embora os fatos sempre se oponham com maior ou menor força ao princípio. O segundo tipo de governo baseia-se na verdade de que, como direito, a soberania não pertence a nenhum indivíduo, já que o entendimento perfeito e contínuo e a aplicação estabelecida e inviolável da justiça e da razão não pertencem à nossa natureza específica" (*A história das origens do governo representativo na Europa,* p. 144).

riores ao povo, e se tornam uma oligarquia. Não demora, entretanto, que surja um vingador dentre a multidão revoltada, e desta vez se instala a república. Enquanto vive a geração que sofreu com a oligarquia, tudo corre bem. Uma vez desaparecida esta geração, injustiças se cometem, tanto contra o povo como contra os indivíduos, até o dia em que, aos conselhos de um homem de bem, o povo julgar escapar à desordem voltando ao governo de um só, e reaparece a monarquia.

Vale aqui lembrar a posição de Bidart Campos, que entende a democracia como forma de Estado, e não como forma de governo. Argumenta que a democracia é uma maneira de ser do Estado, um estilo político do Estado em seu contato com os homens, e pode realizar-se em qualquer forma de governo, compatível que é com a monarquia, a república, o sistema parlamentar, etc.[9] Na mesma linha de raciocínio de Posada, Bidart Campos conceitua a forma de Estado como o modo de funcionamento do Estado, que se concretiza numa organização e numa estrutura.

Assim, segundo o poder estatal se exerça em relação à base física, o Estado pode ser unitário e composto. Mas, segundo o poder estatal se exerça em relação ao elemento humano, a forma de Estado pode ser democrática, autoritária e totalitária. A forma de Estado, portanto, toma em consideração a totalidade dos elementos do Estado – território, povo e poder político –, e a forma de governo determina apenas a estrutura deste último.[10]

2. FORMAS DE GOVERNO: MONARQUIA E REPÚBLICA

A *monarquia* caracteriza-se, como anteriormente delineado, pela hereditariedade (a escolha do monarca se faz pela verificação da linha de sucessão) e pela vitaliciedade (o monarca não governa por tempo certo e limitado, podendo governar enquanto viver ou tiver condições para continuar governando), que conferem ao governo unidade, continuidade e estabilidade. A irresponsabilidade constitui outro traço da monarquia, ou seja, o monarca não tem responsabilidade política, não deve explicações ao povo ou a qualquer órgão sobre os motivos que o tenham levado a adotar determinada orientação política.

Pode-se dizer, com José Luiz Quadros de Magalhães, que, em uma classificação contemporânea, "encontramos na forma monárquica: a) monarquia absoluta – o rei governa e controla os poderes do Estado (exemplo: Arábia Saudita); b) monarquia constitucional – o rei divide o governo com o parlamento (exemplo: Brasil, na Constituição de 1824; Marrocos, hoje); c) monarquia parlamentar: o rei exerce a função simbólica de representação dos valores nacionais principalmente diante do povo nacional, uma nova versão da Chefia de Estado muito mais voltado para o público interno do que para o internacional (exemplo: Espanha, Holanda, Luxemburgo, Bélgica, Suécia, Dinamarca, Reino Unido).

A monarquia pode cumprir diversos papéis importantes em Estados com históricos e culturas diversos. Fator de equilíbrio e união em determinados Estados,

---

[9] CAMPOS. *Doctrina del estado democrático*, p. 206-207.
[10] CAMPOS. *Derecho político*, p. 373.

como a Espanha, a Bélgica e o Reino Unido, a monarquia pode ter, na figura do rei ou da rainha, um fator simbólico agregador de culturas diferentes, que encontram, na figura daquele chefe de Estado, um símbolo comum capaz de criar um elo entre culturas diferentes, mas que se identificam perante outras por meio de traços comuns que necessitam ser simbolizados por uma pessoa".[11]

A monarquia, no plano histórico, de absoluta passou a limitada e representativa, com a ampliação do poder parlamentar, enquanto poder democrático oriundo da representação nacional, com base na vontade popular.

A *república*, em contraponto à monarquia, tem como características: a) temporariedade (o chefe do governo recebe um mandato com prazo de duração determinado); b) eletividade (o chefe de governo é eleito pelo povo, não se admitindo sucessão hereditária); c) responsabilidade (o chefe de governo é politicamente responsável, devendo prestar contas de sua orientação política geral ao povo ou a um órgão de representação popular).

Para Canotilho, constituem traços constitutivos da República: "Em primeiro lugar, a *República* significa uma *comunidade política*, uma 'unidade colectiva' de indivíduos que se *autodetermina* politicamente através da criação e manutenção de instituições políticas próprias assentes na decisão e participação dos cidadãos no governo dos mesmos (*self-government*). Para haver um autogoverno (*self-government*) republicano impõe-se a observância de três regras: (1) uma representação territorial; (2) um *procedimento justo* de selecção dos representantes; (3) uma *deliberação* majoritária dos representantes limitada pelo reconhecimento prévio de direitos e liberdades dos cidadãos."[12]

Ainda acerca da forma republicana de governo, Canotilho nos adverte para a dificuldade de descobrir a sua densificação, que não vem revelada pelas Constituições que a adotam, mas, de qualquer modo, aponta-lhe os seguintes traços, com a observação de que a República se acha inserida em vários textos constitucionais como um dos limites materiais de revisão:[13] a) radical incompatibilidade de um governo republicano com o princípio monárquico (dimensão antimonárquica) e com os privilégios hereditários e títulos nobiliárquicos (dimensão antiaristocrática); b) exigência de uma estrutura político-organizatória garantidora das liberdades cívicas e políticas, o que aponta para a ideia de um arranjo de competências e funções dos órgãos políticos, em termos de balanceamento, de freios e contrapesos; c) pressuposição de um catálogo de liberdades, onde se articulem intersubjetivamente a liberdade dos antigos (direito de participação política) e a liberdade dos modernos (direitos de defesa individuais); d) existência de corpos territoriais autônomos (administração autônoma, *self-government*), que pode legitimar tanto um esquema territorial de natureza federativa (caso dos Estados Unidos e do Brasil) ou de autonomia regional (Itália), como de autarquias locais, de âmbito territorial mais restrito (Constituição da República

---

[11] MAGALHÃES. *Direito constitucional*, t. II, p. 87-88.
[12] CANOTILHO. *Direito constitucional e teoria da constituição*, p. 217-218.
[13] De se notar que, no Brasil, a Constituição Federal de 1988 não insere a República como limite material expresso ao Poder de Revisão, mas como foi a monarquia rejeitada por manifestação plebiscitária, houve petrificação do sistema de governo.

Portuguesa, art. 235°, e segs.); e) legitimação do poder político baseado no povo. A legitimidade das leis, num governo republicano, funda-se no princípio democrático, com a consequente articulação da autodeterminação do povo como 'governo de leis' e não 'governo de homens'; f) ideia de antiprivilégio no que respeita à definição dos princípios e critérios ordenadores do acesso à função pública e aos cargos públicos. A forma republicana, de modo geral, prefere os critérios da eletividade, colegialidade, temporariedade e pluralidade, aos critérios da designação, hierarquia e vitaliciedade. Subjacentes a estes critérios estão outros princípios pressupostos da forma republicana de governo, como os da liberdade, da igualdade e do consenso. A formulação mais moderna do princípio da igualdade de acesso a cargos públicos aponta para a ideia de oportunidade equitativa: este valor, seja quais forem as posições sociais e econômicas dos cidadãos, tem de ser aproximadamente igual, ou, no mínimo, suficientemente igual, para que todos tenham uma oportunidade equitativa de ocupar cargos públicos e de influenciar o resultado das decisões políticas. Assinale-se, ademais, que, segundo a teoria republicana, a política é uma dimensão constitutiva da vontade democrática, e por isso: a) assume a forma de um compromisso ético-político referente a uma identidade coletiva no seio da comunidade; b) não existe espaço social fora do espaço político traduzindo-se a política numa forma de reflexão do bem comum; c) a democracia é, deste modo, a auto-organização política da comunidade no seu conjunto.[14]

Há na República um núcleo axiológico expresso pelas virtudes cívicas, que alicerçam a construção de uma cidadania ativa, e que orientam a prática política através de valores ontológicos. As virtudes cívicas devem formar nos cidadãos um *ethos* comum, *sensus communis*, que reflita uma comunidade naturalmente integrada. O amor pela pátria, principal força para a concretização das virtudes civis, e que nasce do compartilhamento dos bens comuns oferecidos pelo Estado e do fato de que toda a população, em maior ou menor grau, compartilha do mesmo destino, "faz com que os cidadãos se sintam membros da coletividade, o que acarreta mitigação dos interesses pessoais, estimulando que valores inerentes ao governo republicano possam se sedimentar no imaginário coletivo".[15] O advento da globalização postula que os deveres republicanos devam se ampliar para além dos limites territoriais, abarcando todo o gênero humano, independentemente de cor, raça ou posição social: primeiro os deveres para com o gênero humano, depois os deveres para com o local de nascimento. Dentre a lista das virtudes cívicas, "podem ser exaltadas: a igualdade, a simplicidade, a prudência, a honestidade, a benevolência, a frugalidade, o patriotismo, a integridade, a sobriedade, a abnegação, o apego ao trabalho, o amor à justiça, a generosidade, a nobreza de caráter, a coragem, o ativismo político, a solidariedade etc. Em sentido contrário, há alguns valores que devem ser combatidos pelo Republicanismo, como: a ambição, o orgulho, a avareza, o egoísmo, a prodigalidade, a ostentação, o refinamento, a covardia, a extravagância, o luxo etc.".[16] As virtudes cívicas, para serem estimuladas, pois não têm uma existência de per si, dependem de

---

[14] CANOTILHO. *Direito constitucional e teoria da constituição*, p. 222, 223 e 1.261.
[15] AGRA. *Republicanismo*, p. 62.
[16] AGRA. *Republicanismo*, p. 66.

medidas estruturais, que interferem diretamente em seu conteúdo, como o regime democrático, as garantias do Estado Social de Direito, a separação de poderes, os mecanismos de fiscalização da coisa pública, o desenvolvimento dos institutos da democracia participativa, o princípio da igualdade substancial.

A República, como *res publica, res populi,* ou seja, o que pertence ao povo, o que se refere ao domínio público, o que é de interesse coletivo ou comum dos cidadãos, postula um espaço público, com instrumentos que asseguram o seu reconhecimento, o caráter coletivo de suas regulações. Daí a importância da participação coletiva, e sua relação com a democracia. A forma republicana não implica apenas que o poder seja contido pelas leis e se exerça para o povo, mas exige que seja exercido por todo o povo, ou em seu nome, quando se trata do princípio democrático representativo.

Ao examinar as relações entre democracia e república, Renato Janine Ribeiro observa que a "temática republicana se diferencia, no cerne de sua definição, da democrática. Se há um tema que aparece constantemente quer nos pensadores republicanos de Roma, quer na obra de Montesquieu quando reestuda aquele Estado, é o da renúncia às vantagens privadas em favor do bem comum e da coisa pública – renúncia esta a que Montesquieu dá o nome de *vertu*, e que me parece adequado traduzir por *abnegação*. Trata-se, para o autor do *Espírito das Leis*, de uma qualidade antinatural – dado que nossa natureza nos faria seguir as inclinações de nosso desejo para ter e ter mais –, construída por intensa educação. Assim, para resumirmos, enquanto a *democracia* tem no seu cerne o anseio da massa por ter mais, o seu desejo de igualar-se aos que possuem mais bens do que ela, e portanto é um *regime do desejo*, a *república* tem no seu âmago uma disposição ao *sacrifício*, proclamando a supremacia do bem comum sobre qualquer desejo particular. Mas nessa encruzilhada de duas tradições a nós simpáticas, república e democracia – pode ser que a república já tenha mais ou menos constituída a sua tecnologia, o seu *modus faciendi*; o que devemos é desenvolver a democracia. Desse regime ainda sabemos pouco. Insisti em que ele precisa da república – se não, fracassa. Mas a república deve ser o meio para ele expandir suas possibilidades, reformando não apenas o Estado, porém as relações sociais e mesmo microssociais. A novidade estará do lado da democracia – que tem, claro, de ser republicana".[17]

As críticas que se fazem ao Republicanismo têm como ponto central o de que os seus ideais se acham ultrapassados. Além do argumento de que há um hiato muito grande entre a realidade existente na Roma republicana, nas cidades italianas do renascimento e nos Estados Unidos do século XVIII, questiona-se a natureza subjetiva das virtudes cívicas, e como podem ser efetivadas na sociedade atual, em que o tecido social é fragmentado em decorrência da diversidade da infraestrutura econômica. Com efeito, diante da grande desigualdade social, em países como o Brasil, o estabelecimento das virtudes civis se mostra tarefa de difícil realização. Em contraponto, a atualidade dos ideais republicanos está em que seu conteúdo é principiológico. Os princípios do Republicanismo são dinâmicos e tanto podem se ajustar a uma

---

[17] RIBEIRO. Democracia *versus* república. A questão do desejo nas lutas sociais. In: *Pensar a República*. BIGNOTTO, Newton (org.), p. 17, 18, 24.

estrutura econômica capitalista quanto socialista. A recuperação de alguns valores republicanos, além de contribuir para a manutenção da estabilidade social, aprimoram o regime democrático e ajudam o Estado na realização de suas finalidades, em especial aquela que consiste em proporcionar à população uma vida digna, com a garantia de que não terão sua liberdade restringida por atos arbitrários. Os princípios republicanos ainda oferecem diretrizes para participação ativa dos cidadãosEnfim, o Republicanismo democratiza o poder.[18]

3. TIPOLOGIA DOS REGIMES POLÍTICOS

Os regimes políticos podem classificar-se em regimes liberais e regimes totalitários.

Esta classificação considera, como se viu, a ocorrência de três elementos: a relação do Estado com as concepções gerais da vida, os interesses que nas relações sociais são julgados predominantes e o grau de intervenção do Estado na conformação da vida coletiva.[19]

Nos *regimes liberais* prevalece uma concepção personalista entre o indivíduo e o Estado. O poder político subordina-se ao respeito dos direitos fundamentais, segundo o princípio da liberdade.

O liberalismo é visto então como o regime que preconiza a conformação da ordem política com o reconhecimento da liberdade política e a liberdade civil de um povo. Esta liberdade constitui seus valores básicos, os eixos em torno dos quais se modela o programa liberal do Estado e da sociedade, ao qual qualquer outro valor deve articular-se ou subordinar-se.

Nem sempre, no entanto, a ideia de democracia como sistema de governo (atribui a soberania ao povo e estabelece o governo como representativo do povo) conforma-se com o liberalismo, apesar de, conceitualmente, a democracia pressupor a liberdade política.

É que, logicamente, o liberalismo não está obrigado a ser democrático, já que, inclusive, pode o liberalismo ser assegurado pelos sistemas monárquicos e aristocráticos. Algumas vezes tem-se visto também a democracia opor-se ao liberalismo, que se distancia das condições reais de existência do povo: neste caso as liberdades podem ser ilusórias, precárias, impraticáveis e inúteis.

A propósito, acentua Norberto Bobbio: "Esquematicamente, a relação entre liberalismo e democracia pode ser representada segundo estas três combinações: a) liberalismo e democracia são compatíveis e, portanto, componíveis, no sentido de que pode existir um Estado liberal e democrático sem, porém, que se possa excluir um Estado liberal não democrático e um Estado democrático não liberal (o primeiro é o dos liberais conservadores, o segundo o dos democratas radicais); b) liberalismo e democracia são antitéticos, no sentido de que a democracia levada às suas

---

[18] AGRA. *Republicanismo*, p. 109-113.
[19] CAETANO. *Op. cit.*, p. 431.

extremas consequências termina por destruir o Estado liberal (como sustentam os liberais conservadores) ou pode se realizar plenamente apenas num Estado social que tenha abandonado o ideal do Estado mínimo (como sustentam os democratas radicais); c) liberalismo e democracia estão ligados necessariamente um ao outro, no sentido de que apenas a democracia está em condições de realizar plenamente os ideais liberais e apenas o Estado liberal pode ser a condição de realização da democracia."[20]

Sendo o liberalismo plural, tanto na concepção quanto no seu conteúdo, por isso mesmo é que não pode ser identificado com democracia, nem com capitalismo. Nessa linha, o liberalismo é vislumbrado, segundo Lenio Luiz Streck e José Luis Bolzan de Morais, reportando-se a Roy Macridis, a partir de núcleos distintos, quais sejam: moral, político e econômico.

O *núcleo moral* "contém uma afirmação de valores e direitos básicos atribuíveis à natureza do ser humano – liberdade, dignidade, vida – que subordina tudo o mais à sua implementação. Pode-se perceber no interior deste núcleo a ocorrência de liberdades: *pessoais*, consistentes nos direitos que garantem a proteção individual contra o governo. São as liberdades individuais de pensamento, expressão, crença, etc., *civis*, que indicam os canais e as áreas livres e positivas da atividade e da participação humanas; *sociais*, que correspondem ao que chamamos de oportunidades de mobilidade social, sendo que todos têm a possibilidade de alcançar uma posição na sociedade compatível com suas potencialidades. O *núcleo político* se apresenta sob quatro categorias eminentemente jurídicas, daí poder ser até mesmo denominado de núcleo político-jurídico. Nele se acham presentes os direitos políticos relacionados à representação, como sufrágio, eleições, opção política, etc. Segundo os referidos autores o mencionado núcleo político "apresenta-se sob quatro aspectos: a) *consentimento individual*: a teoria do consentimento, em especial a de matriz lockeana, é a fonte da autoridade política e dos poderes do Estado. O *status* dava lugar ao contrato; b) *representação*: quem deve tomar decisões é a legislatura (no sentido de casa legislativa) eleita pelo povo, restringida pela própria convenção que a estabeleceu originariamente; c) *constitucionalismo*: o estabelecimento de um documento fundamental acerca dos limites do poder político é crucial para a garantia dos direitos fundamentais dos indivíduos, bem como para traçar os marcos da atividade estatal, não só pela limitação de seus poderes como também pela divisão de suas funções. A *Constituição escrita* estatui limitações explícitas ao governo nacional e aos Estados individualmente e institucionaliza a separação dos poderes de tal maneira que um controla o outro (*checks and balances* dos americanos), e o Judiciário aparece como salvaguarda para eventuais rupturas, em particular através do *judicial review*; d) *soberania popular*: o ideal rousseauniano da participação popular direta se apresenta como limite. Há uma tensão constante entre a formação da 'vontade geral' e os riscos de sua absolutização e a participação através de representantes eleitos".

Relativamente ao *núcleo econômico*, tem-se que "o modelo econômico do liberalismo se relaciona com a ideia dos direitos econômicos e de propriedade, individualismo

---

[20] BOBBIO. *Liberalismo e democracia*, p. 53-54.

econômico ou sistema de livre empresa ou capitalismo. Seus pilares têm sido a propriedade privada e uma economia de mercado livre de controle estatais".[21]

Para Cezar Saldanha Souza Junior, o "Estado liberal compromete-se com uma ideologia bem definida. Ela corresponde, claramente, ao projeto de organização econômica e social alimentada pelas classes médias e pela burguesia. Essa ideologia está concentrada na liberdade individual de escolha, nos planos social e econômico, e na liberdade – autonomia diante do Estado, no plano político. Na lógica do liberalismo, a própria aceitação da ordem liberal enquanto tal deveria repousar sobre a liberdade dos indivíduos. A imposição forçada ou coercitiva de uma ordem liberal estaria em flagrante contradição com os dogmas do próprio liberalismo. Uma ordem presidida pelo valor liberdade não pode subsistir sem a sua aceitação espontânea pela comunidade como um todo, ou seja, sem uma concordância global de que a ordem é justa e correta".[22]

Observe-se finalmente que o liberalismo é a teoria do Estado mínimo, ou do antiestado. A concepção minimalista do Estado significa que deve ele atuar apenas com vistas à segurança individual, pois somente assim poderia garantir o cerne liberal, ou seja, a liberdade individual, no domínio da religião, da palavra, da imprensa, da iniciativa econômica para o indivíduo (Estado não intervencionista na ordem econômica e social).

No *regime político totalitário* prevalece uma concepção transpersonalista das relações entre o indivíduo e o Estado. Os direitos fundamentais do indivíduo subordinam-se ao Estado, segundo o princípio da autoridade.

Entre estes dois regimes, há o regime autoritário, que admite um limitado pluralismo político, em que o governante ou o grupo dominante exerce o poder dentro de "limites mal definidos, embora definidos, sem uma ideologia elaborada, sem extensa ou intensa mobilidade política".[23]

Maurice Duverger, a propósito da classificação dos regimes políticos, depois de distinguir regime político em sentido amplo e regime político em sentido estrito, diz que todo regime político constitui um conjunto de respostas dadas a cada uma das questões formuladas pela existência e organização dos órgãos de governo no interior de um grupo social. Como são escolhidos? Qual é a estrutura de cada um deles? Como se distribuem entre eles as funções governamentais? Existe um limite para seus poderes em relação aos governados?

A partir dessas indagações, Duverger oferece a seguinte classificação dos regimes políticos:

— *regimes democráticos*: 1. democracia direta; 2. democracia representativa;
— *regimes autocráticos*: 1. conquista do poder: revolução, golpe de Estado, pronunciamento; 2. herança; 3. cooptação; 4. sorteio;

---

[21] STRECK; MORAIS. *Ciência política e teoria geral do estado*, p. 52-56.
[22] SOUZA JUNIOR. *Consenso e tipos de estado no ocidente*, p. 49.
[23] FERREIRA FILHO. *Enciclopédia...*, cit. Verbete: regime político, p. 242-244.

- *regimes mistos ou em transição*: 1. por justaposição: *a)* de um executivo autocrático; *b)* no interior de um parlamento bicameral, uma câmara eleita e outra designada por processo autocrático; *c)* de elementos democráticos e autocráticos dentro de uma mesma assembleia; 2. por combinação: sufrágio de ratificação; 3. por fusão: sufrágio de representação.[24]

Georges Burdeau entende que o regime político é "um conjunto de regras, processos e práticas, segundo o qual, em determinado país, os homens são governados". Dizendo que os regimes políticos não podem ser estudados apenas sob o ponto de vista estático de exercício do poder, mas deve o estudo ser completado pelas forças criadoras do poder, variáveis de país para país, nele compreendendo, pois, o estudo do mecanismo governamental e o da estrutura social e política do grupo humano, propõe a seguinte classificação dos regimes políticos:

- *regimes democráticos*: 1. democracia governada; 2. democracia governante; *a)* tipo ocidental; *b)* tipo oriental;

- *regimes autoritários*: 1. cesarismo empírico; 2. ditadura ideológica.

A democracia governada, para Burdeau, é a nascida das concepções do século XVIII, dirigida para as liberdades individuais. Já a democracia governante resulta de um momento histórico e socioeconômico (século XX). Distingue-se em dois tipos ideológicos: o ocidental, herdeiro da democracia governada, e que, ao lado da limitação do poder pelas liberdades e garantias individuais, compreende uma pluralidade de opiniões por meio dos partidos políticos, e o tipo oriental, representativo da Revolução Russa, cuja base é a liberdade e igualdade econômicas.[25]

Mencione-se ainda Jimenez de Parga, para quem o regime político é a solução que se dá, de fato, aos problemas políticos de um povo, podendo o regime coincidir com o sistema de soluções estabelecido pela Constituição, ou valorizar-se, como solução política, com as normas jurídicas ou com critérios morais. Esclarece ainda Jimenez de Parga que qualquer classificação dos regimes políticos tem apenas uma validade temporal, circunscrita a um momento histórico concreto. Depois de estudar os regimes políticos clássicos, examina as tipologias contemporâneas, propondo o seguinte esquema na parte especial de seu livro:

1. democracias: *a)* regimes democráticos com tradição democrática; *b)* regimes democráticos sem imediata tradição democrática;

2. monocracias marxistas;

3. mundo hispano-luso-americano;

4. países recentemente descolonizados.[26]

---

[24] DUVERGER. *Les regimes politiques*, 1948.
[25] BURDEAU. *Traité de science politique*, t. 5.
[26] PARGA. *Los regímenes políticos contemporaneos*, 1974.

4. DEMOCRACIA – FUNDAMENTOS – CONDIÇÕES DA DEMOCRACIA

Como se verificou acima, a democracia[27] é concebida sobretudo como um regime político, pois, sendo o governo do povo, pelo povo e para o povo, que o exerce direta e indiretamente, expressa um estilo de vida política e se converte numa filosofia de vida que se institucionaliza politicamente no Estado, como forma de convivência social. Como lembra Bidart Campos, na expressão de John Dewey, "democracia é mais que uma forma de governo; é primariamente um modo de viver associados, de conjunta experiência comunicada", ou, na palavra de William Kerby: "A democracia é primariamente social, moral e espiritual e secundariamente política. É uma filosofia de vida, tanto como uma teoria de governo. É inspirada por um duplo conceito do indivíduo, da dignidade de sua pessoa, da santidade de seus direitos, da exigência de suas potencialidades em direção a um desenvolvimento normal."

Para Zorrilla de San Martin, a democracia não é uma forma ou acidente, um fenômeno, mas algo assim como uma substância, uma forma substancial, melhor dizendo, um espírito que, unido ao corpo social, o anima e o especifica. A democracia não é outra coisa que o respeito absoluto à pessoa humana, com todos os seus atributos essenciais: destino próprio inalienável, liberdade para realizá-lo, dignidade, igualdade perante a justiça e a lei.[28]

A democracia, pensada como exercício do poder político, remete a inúmeros significados adquiridos ao longo de milhares de anos e originados de várias fontes, desde Atenas, na Grécia antiga, até os dias de hoje.

As teorias democráticas, que designam um campo particular de investigação, análise, descrição empírica e formulação de teorias são, no entanto, recentes.

A democracia pode ser concebida tanto como um ideal, quanto um regime real, uma realidade viável, cujos indicadores podem ser construídos e explicados pela linguagem da ciência política contemporânea, com ênfase num discurso mais empírico, e pela teoria normativa, ambos combinados numa só perspectiva teórica: é o que salienta Robert A. Dahl.[29]

A democracia, ainda segundo Dahl, para que seja alcançada e vivenciada, acha-se relacionada com a existência dos elementos seguintes:

---

[27] O termo democracia foi utilizado, inicialmente, por Ésquilo, na peça *Suplicantes*, encenada por volta de 468 a.C. A população de Argos (*demo*) decide conceder asilo (*kratos*, poder de decidir) às Danaides, que haviam assassinado seus maridos. No final no século V a.C., é que o vocábulo passou a definir o regime político ateniense. Algumas visões explicativas e prescritivas da democracia, à luz das respectivas compreensões filosóficas e teóricas, no pensamento de Kelsen, Rudolph Laun, Joseph Schumpeter, Friedrich A. Hayer, Alf Ross, Robert A. Dahl, Karl Popper, Norberto Bobbio, Jürgen Habermas e Gustavo Zagrebelsky, são referenciadas por Jorge Miranda, em seu *Manual de direito constitucional*, t. 7, p. 92-95.

[28] CAMPOS. *Doctrina del estado democrático*, p. 203-204.

[29] DAHL. *A democracia e seus críticos*, p. 9.

a) liberdade para constituir e integrar-se em organizações;

b) liberdade de expressão;

c) direito de voto;

d) acesso a cargos públicos;

e) possibilidade de os líderes políticos competirem por meio da votação;

f) fontes alternativas de informação;

g) eleições livres e isentas;

h) existência de instituições capazes de viabilizar a política do governo e legitimadas pelo voto ou outras manifestações da vontade popular.[30]

A democracia, ao que se vê, não se resume à institucionalidade do governo, mas exige: *a)* um Estado Democrático de Direito responsável por sustentar as normas legais que correspondem à existência e permanência do regime democrático; *b)* a validade do sistema legal, é dizer, a possibilidade de que ele ordene, de fato, as relações sociais, tendo, por isso, reconhecida a sua utilidade por todos os que são afetados por ela.

A propósito da dimensão normativa do direito e suas relações com a teoria democrática, Habermas acentua que o fenômeno jurídico contemporâneo é um *medium* entre facticidade e validade. Propõe uma teoria do direito que, associada a uma teoria da sociedade, apoiada no princípio do discurso, torne possível introduzir um paradigma procedimentalista do direito, que permitiria ultrapassar a oposição entre o Estado burguês (preocupado com a manutenção dos direitos de liberdade) e o Estado social (o que se preocupa mais com a igualdade e a justiça social). Nesse sentido, as normas do direito positivo poderiam possibilitar comunidades extremamente artificiais, não mais baseadas em laços étnicos, religiosos ou raciais, mas em princípios universalizáveis que garantem associações de membros livres e iguais (Cf. *Direito e democracia – Entre facticidade e validade*). Trata-se da democracia discursiva, que, na concepção de Habermas, não se funda em direitos universais do homem, nem na moral social de uma comunidade determinada, como na democracia deliberativa. A democracia discursiva baseia-se em regras de discussão, forma de argumentar, institucionalização de processos (rede de discussão e negociação), com o fim de proporcionar uma solução nacional e universal a questões problemáticas, morais e éticas da sociedade. Canotilho bem resume as propostas mais relevantes da democracia discursiva, e que tem o conceito processual de política deliberativa como central da democracia: "(1) contra o privatismo burguês de um povo despolitizado e contra a redução legitimatória operada por partidos estatalizados é necessário regenerar a publicidade crítica através de formas deliberativas descentralizadas; (2) contra a compreensão da política centrada no estado procura-se dar vida a uma rede de comunicação e participação estruturante de uma sociedade democrática; (3) diferentemente da concepção ético-comunitária republicana, a democracia discursiva parte das condições actuais de pluralismo cultural e social incompatíveis com uma identidade ético-comunitária."[31]

---

[30] DAHL. *Sobre a democracia*, p. 97.

[31] CANOTILHO. *Direito constitucional e teoria da constituição*, p. 1263.

Alguns traços identificam a democracia, distinguindo-a de outras formas políticas: a democracia é o único regime político que considera legítimos os conflitos, busca institui-los como direitos, exigindo que sejam reconhecidos e respeitados; nas sociedades democráticas, indivíduos e grupos organizam-se em associações e sindicatos, criando um contrapoder social que acaba por limitar o poder do Estado; a democracia é a sociedade verdadeiramente aberta ao tempo, ao possível, às transformações e ao novo (Marilena Chauí).

Nessa perspectiva é que o poder democrático, além de limitado e dividido, é um poder *compartilhado*, porque funciona com base em interações dinâmicas e de responsabilizações recíprocas entre governantes e governados, e um poder *dialógico*, porque exige que todos procedam mediante o diálogo e de acordo com regras instituídas democraticamente. A democracia valoriza a participação e a representação, em que os representantes mantêm vínculos com os representados, os quais não apenas escolhem os seus representantes, mas atuam para interferir diretamente em todo o circuito de tomada de decisões.[32]

A democracia expressa valores, que são: a maioria, a igualdade e a liberdade.

A maioria democrática assenta-se no fato de que o povo é representado no poder pelos eleitos. Questiona-se, todavia, o conceito de maioria na composição das Casas Legislativas, pois os legisladores, eleitos, muitas vezes representam interesses setoriais, oligárquicos e de grupos, e não o interesse geral próprio da maioria popular.

Além do mais, observa-se que, no regime democrático, ocorre o fenômeno da concentração do poder nas elites ou grupos dirigentes, verdadeiras oligarquias: "quem diz organização, diz oligarquia" (Robert Michels).

Também outros dois famosos escritores, os italianos Mosca e Pareto, elaboraram teorias que partem do reconhecimento da ocorrência de uma elite dirigente responsável por um sistema de ideias que serve de base às instituições políticas e que exprime o ideal social correspondente.[33]

Joseph Schumpeter, outro teórico elitista, considera que o papel do povo, na democracia, é o de mero seletor de governantes. A democracia é reduzida a um método para selecionar políticos, sendo este método arranjos institucionais para chegar a decisões políticas nos quais indivíduos adquirem o poder de decidir por meio de disputa competitiva pelo voto das pessoas. A democracia direta, para ele, além de idealizada é inatingível e indesejável, pois incompatível com uma sociedade pluralista, em que existe mais de uma noção de bem comum. A participação popular na democracia limita-se a uma simples prerrogativa de escolher, entre os grupos dominantes em competição, aquele que ocupará os postos de governo. As pessoas não somente têm opiniões distintas sobre as melhores formas de se governar, como também diferem sobre os valores fundamentais que orientam suas vidas. A eleição de um líder irá, nessa perspectiva, permitir que se encontrem políticas conciliatórias entre as diversas

---

[32] NOGUEIRA. *Potência, limites e seduções do poder*, p. 116-117.
[33] MOSCA; BOUTHOUL. *História das doutrinas políticas*, 1980.

correntes da sociedade, sem que sejam vistas como irracionais ou marginais. Ademais, o consenso moderno resulta da manipulação da sociedade, o que se dá por intermédio dos meios de comunicação de massa, verificando-se uma exploração da irracionalidade do eleitor, do mesmo modo que a propaganda explora o consumidor, levando-o, muitas vezes, a adquirir coisas de que não tem a mínima necessidade. Ainda na concepção de Schumpeter, os partidos políticos são máquinas para ganhar o poder, e existem em função da incapacidade dos cidadãos de se auto-organizarem. Desse modo, o momento de participação cidadã resume-se à escolha eleitoral entre os candidatos preestabelecidos pelos partidos. Trata-se, portanto, de uma cidadania passiva, em que a função do eleitor é apenas aceitar ou rejeitar o "patrão" político. Contudo, para que a política não se torne ineficiente, Schumpeter traça as seguintes condições: alto calibre dos políticos; a competição entre rivais deve-se limitar a uma esfera restrita de questões; a burocracia deve ser estável e bem treinada; a participação não pode ser extrema, e deve haver uma cultura de tolerância em relação às opiniões distintas. Schumpeter expressa o ponto de vista de que, apesar do receio de que uma forma de socialismo que realizasse essas condições poderia se tornar um simulacro maior do que a democracia capitalista sempre foi, ao final uma sociedade social-democrata deteria a maior promessa de realizar a democracia, porquanto poderia providenciar uma burocracia mais habilidosa do que uma dominada de forma capitalista, sendo esta mais propensa a abrigar profundas fricções na população, tornando a confiança em líderes políticos e a tolerância difíceis de sustentar.[34]

O contraponto desta visão convencional estaria em que a democracia é uma disputa entre grupos poderosos, que manejam a opinião pública conforme seus interesses.

De outra parte, pondere-se que "a livre deliberação da maioria não é suficiente para determinar a natureza da democracia".[35]

A essência da democracia deve resultar de um compromisso constante entre maioria e minoria.[36]

A democracia, nessa perspectiva, é um regime político que formaliza, regula e legitima o poder político, protege as minorias e garante o direito de participação de todos os setores da sociedade.

A igualdade e a liberdade são os outros valores da democracia.

A propósito, são palavras de Pinto Ferreira: "Evidentemente, se a igualdade é da essência da democracia, deve ser uma igualdade substancial, realizada, não só

---

[34] Cf. SCHUMPETER. *Capitalism, socialism and democracy.*
[35] PINTO FERREIRA. *Princípios gerais do direito constitucional moderno,* t. 1, p.143.
[36] Às minorias, em regra geral, são garantidos, na democracia representativa, os direitos de: a) *informação*: implica o direito de serem informadas regular e diretamente, pelos órgãos executivos, sobre o andamento de assuntos de interesse público relacionados com a sua atividade; b) *consulta prévia*: faculta o direito de serem ouvidas antes da tomada de certas decisões relevantes; c) *participação*: envolve o direito de se pronunciar e intervir sobre questões de interesse público relevante, e de estarem presentes em atos e atividades que, pela sua natureza, o justifiquem; d) *participação legislativa*: cabe-lhes pronunciar no decurso dos trabalhos preparatórios de iniciativas legislativas do Governo.

formalmente no campo jurídico, porém estendendo a sua amplitude às demais dimensões da vida sociocultural, inclusive na zona vital da economia."[37]

Assim, os direitos econômicos e sociais são imprescindíveis para a realização dos próprios direitos individuais, e garanti-los é a tarefa de um governo democrático, já que, com isso, preserva-se a igualdade e a justiça social.

A liberdade, por sua vez, deve ser entendida como liberdade positiva e liberdade negativa. A primeira refere-se à liberdade dos antigos (gregos), ou seja, a liberdade que leva os cidadãos a participarem da atividade política e das decisões públicas. É concebida como liberdade *para*. A segunda é a liberdade-autonomia do homem, que impede que o poder político avance sobre os direitos individuais. É concebida como a liberdade *de*. Preserva assim os direitos individuais contra o poder político.

Já Pontes de Miranda afirma: "Liberdade (fundo), igualdade (fundo) e democracia (forma) são três caminhos distintos, precisos, claros. São como três caminhos, três dimensões pelas quais se anda: sobe-se uma; por outra, vai-se para os lados; pela terceira, marcha-se para a frente, ou para trás. Não se pode por uma só linha caminhar pelas três; nem avançar de um ponto, por uma delas, significa avançar pelas três. Cada uma existe independentemente das outras."

A evolução tem de se processar nas três. Em certos momentos a Grã-Bretanha realizou mais liberdade. Os Estados Unidos, mais democracia. A Rússia, mais igualdade.

Quem diz democracia, liberdade e maior igualdade refere-se, necessariamente, às três estradas. Estrada larga, subindo, é fusão das três. Mas, ainda aí, não se confundiram as dimensões, isto é, os três conceitos.[38]

Como se viu, se por um lado pode-se entender que democracia, liberdade e igualdade são conceitos distintos, por outro lado, é necessário que andem juntos, porquanto não se concebe um regime democrático sem liberdade e igualdade.

O grau de realização da democracia se vê, na prática, limitado:

 a) pelas condições sociais, econômicas e culturais de existência;
 b) pelas características do Estado existente;
 c) pelos modos efetivos do regime de governo e de seu funcionamento;
 d) pelas ações e estilos dos governantes.[39]

É preciso não se esquecer, todavia, de que basta a existência da sociedade para que a democracia exista.

Os condicionamentos da democracia, antes apontados, devem ser considerados então como objetivos do regime democrático, a serem no dia a dia superados pela ação popular.

Para se realizar como tal, a democracia reclama a ideia de participação.

---

[37] PINTO FERREIRA. *Op. cit.*, p. 133.
[38] PONTES DE MIRANDA. *Democracia, liberdade, igualdade*: os três caminhos, p. 183.
[39] STRASSER. *Teoría del estado*, p. 39.

Sustenta, a propósito, Diogo de Figueiredo Moreira Neto que a participação democrática "tem um *duplo* condicionamento, sem o qual ela ou não se dá ou se desfigura perigosamente: um, *subjetivo* e outro, *objetivo*. O condicionamento subjetivo é a *motivação* para participar. É um condicionante da ordem psicológica e social".

"Se o homem *não se interessa* pela política (atitude apática), se quer dela participar (atitude abúlica) ou se *não se sente com condições para poder fazê-lo* (atitude acrática), a democracia fica irremediavelmente sacrificada. De nada valem estarem admitidos e abertos os canais institucionais de participação, pois, nesses casos, como tão bem advertiu Harold D. Lasswell, 'a falta de interesse no poder abandona a sociedade aos exploradores egocêntricos da fragilidade humana'.

O condicionamento objetivo é a admissão à participação. Tem natureza política e jurídica.

Sem as instituições que admitam a participação, o interesse pela política não alcançará o Estado, terá pouca ou nenhuma influência. Se isso ocorrer, fechar-se-á um círculo vicioso a partir da constatação da inutilidade de qualquer esforço participativo, somente rompido por grandes movimentos reivindicatórios altamente concentrados de poder difuso."[40]

Outro aspecto a ser examinado quando se pensa e se fala em democracia diz respeito às suas qualificações. São mencionadas a democracia liberal, a social, a cristã, a social-democracia e o socialismo democrático.[41]

Na realidade, tais qualificações não se justificam, por ser a democracia o regime voltado para a realização do homem, origem e fim de todo o poder. Assim, o que as qualificações da democracia objetivam é a afirmação mais aberta ou mais discreta do poder do Estado.

4.1 Tipos de democracia

Conforme se apresenta a forma com que o povo participa do poder político, são três os tipos de democracia: direta, indireta e semidireta.

Servindo-se da diferenciação formulada por Dworkin entre conceito (proposição mais genérica e abstrata sobre um fenômeno) e concepção (refinamento mais concreto ou subinterpretação das proposições mais abstratas, os conceitos), Luis Fernando Barzotto parte do conceito de democracia como o "governo do povo, pelo povo e para o povo", para nos oferecer três concepções de democracia que explicitam aqueles elementos constitutivos do conceito: o sujeito da democracia (quem governa?/

---

[40] MOREIRA NETO. *Direito da participação política*, p. 11.
[41] "A democracia é *formal*, por definição; e por isto é também necessariamente *laica*, é constitutivamente *tolerante*. Mas isto implica por sua vez que a democracia como tal não pode ser nem *liberal*, nem *socialista*: pode sim receber alternativamente um e outro conteúdo de programas ideais (e outros mais), mas não se identifica com nenhum deles. Aliás, a democracia consiste na possibilidade da sua troca e alternância. Nem por isso a democracia é incompatível com predicados de valor: liberdade individual, equidade social, tolerância e *igualdade política* são a substância ética da democracia no seu conceito ideal." (BOVERO. *Contra o governo dos piores*. 2002, p. 51).

governo do povo), o funcionamento da democracia (como se governa?/governo pelo povo) e a finalidade da democracia (para quem se governa?/governo para o povo). As três concepções de democracia identificadas e analisadas pelo referido autor são: a concepção plebiscitária, ligada ao pensamento de Jean-Jacques Rousseau, a concepção procedimental, vinculada à obra de Hans Kelsen, e a concepção deliberativa, lastreada na filosofia de Aristóteles. A *democracia deliberativa* significa o "governo do povo entendido como uma totalidade orgânica, monolítica, dotada de uma vontade própria, a vontade geral. O ser humano é concebido como cidadão, como parte deste todo que é o povo. O poder do povo é incontrastável, ele é soberano e não está limitado pelo direito. A organização popular ideal é aquela que em que o povo decide as questões mais importantes diretamente. O povo não pode errar, ele quer sempre o bem comum, porque não pode desejar o mal a si mesmo. A lei é expressão da vontade do povo, e ela não pode ser injusta, porque ninguém é injusto consigo mesmo". A *democracia procedimental* (concepção de democracia como governo do povo) é entendida como governo da maioria. "O ser humano é entendido como um indivíduo autointeressado e antissocial, cujo desejo de liberdade só pode viabilizar-se na vida social na medida em que sua vontade colabora para formar a vontade do Estado. O ideal da legalidade é central neste modelo, porque ele protege a minoria da maioria, e a maioria de si mesma. A democracia materializa-se em um conjunto de regras que dispõe sobre o exercício do poder por parte da maioria. O direito positivo é produto da vontade da maioria, ou de um acordo de interesses entre maioria e minoria. Não se busca o bem comum, porque a ideia de bem, como qualquer noção valorativa, é uma ideia racional. Como é impossível conhecer o bem, o que deve valer na sociedade é aquilo que a maioria decidiu ser o bem." A *democracia deliberativa*, como governo do povo, "é entendida como o governo dos muitos. Ressalta-se a pluralidade dos pontos de vista sobre o bem comum que, comunicados no debate político, dão à democracia um caráter deliberativo, racional. O ser humano é concebido como um animal dotado de *logos* (palavra/razão), um ente cuja vida racional e política são coextensivas, unificadas que estão pela linguagem. A sociedade é vista como uma multiplicidade irredutível à uniformização. À democracia cabe canalizar os vários pontos de vista e argumentos para a atividade de deliberação coletiva. O direito é produto da razão prática, que determina o bem objetivo que se coloca como fim para a ação".[42] Fala-se ainda em *democracia consensual*, em que se procura evitar a concentração do poder político em mãos de uma pequena maioria, e muitas vezes de uma maioria simples, em virtude da aplicação do modelo majoritário, mas visa compartilhar, dispersar e limitar o poder de várias maneiras, mediante a negociação e a concessão. Na democracia consensual, também conhecida como democracia de negociação, questiona-se o governo pela maioria do povo. A afirmação de que, na democracia dita majoritária, a maioria deve governar, e a minoria fazer oposição, é questionada pelo modelo de democracia consensual. Nesta procura-se compartilhar, dispersar e limitar o poder de várias maneiras. Examinando o tema, Arend Lijphart aponta dez diferenças, que contrastam a democracia majoritária com a democracia consensual, após esclarecer que se trata de variáveis, nas quais cada país considerado pode localizar-se em um dos polos ou em qualquer ponto entre os

---

[42] BARZOTTO. *A democracia na constituição*, p. 13, 16, 17.

mesmos. A característica do sistema majoritário vem relacionada em primeiro lugar, em cada caso. "As cinco diferenças na dimensão executivo-partidária são as seguintes:

1. Concentração do Poder Executivo em gabinetes monopartidários de maioria *versus* distribuição do Poder Executivo em amplas coalizões multipartidárias.
2. Relações entre Executivo e Legislativo em que o Executivo é dominante *versus* relações equilibradas entre ambos os poderes.
3. Sistemas bipartidários *versus* sistemas multipartidários.
4. Sistemas eleitorais majoritários e desproporcionais *versus* representação proporcional.
5. Sistemas de grupos de interesses pluralistas, com livre concorrência entre grupos *versus* sistemas coordenados e 'corporativistas' visando ao compromisso e à concentração.

As cinco diferenças na dimensão federal-unitária são:

1. Governo unitário e centralizado *versus* governo federal e descentralizado.
2. Concentração do Poder Legislativo numa legislatura unicameral *versus* divisão do Poder Legislativo entre duas casas igualmente fortes, porém diferentemente constituídas.
3. Constituições flexíveis, que podem receber emendas por simples maiorias, *versus* constituições rígidas, que só podem ser modificadas por maiorias extraordinárias.
4. Sistemas em que as legislaturas têm a palavra final sobre a constitucionalidade da legislação *versus* sistemas nos quais as leis estão sujeitas à revisão judicial de sua constitucionalidade, por uma corte suprema ou constitucional.
5. Bancos centrais dependentes do Executivo *versus* bancos centrais independentes."[43]

A *democracia direta* supõe o exercício do poder político pelo povo, reunido em assembleia plenária da coletividade.

Ela existe apenas em alguns cantões da Suíça, com reduzida população: Glaris, Unterwalden e Appenzell.

Impraticável, embora, esta modalidade de democracia, pela impossibilidade material de sua realização, o voto no computador deverá viabilizá-la.

A *democracia indireta* ou representativa é aquela em que o povo se governa por meio de representantes eleitos por ele, que tomam em seu nome e no seu interesse as decisões políticas. Envolve, portanto, a democracia indireta o instituto da representação, de que cuidaremos adiante.

---

[43] LIJPHART. *Modelos de democracia*, p. 19.

A *democracia semidireta* caracteriza-se pela coexistência de mecanismos da democracia representativa (indireta) com outros da democracia direta: referendo, plebiscito, iniciativa popular, *recall*, etc. (ver adiante).

4.1.1 Democracia representativa

A democracia indireta, como vimos, é representativa. O exame da representação política, como instituto do Direito Constitucional, é imprescindível para o conhecimento da democracia.

A democracia representativa e o paradigma da representação podem ser abordados em duas vertentes.

Numa primeira vertente, são analisados dois tópicos: a) os problemas intrínsecos presentes nas diversas formas de conceitualizar normativamente a representação, dando-se conta das diferentes correntes que no âmbito das tentativas teóricas tratam do conceito de representação de forma analítica; b) as diferentes formas que, no âmbito de cada tentativa teórica, se acham voltadas para a conceitualização da relação entre representação e outras categorias políticas.

Numa outra vertente, a representação é olhada numa perspectiva prática, em que se identificam as qualidades intrinsecamente democráticas, suas potencialidades e seus perigos.[44]

Na passagem do modelo de democracia direta de Atenas para o modelo do governo representativo dos Estados Unidos, não há mais o correlato da natureza humana, que já não se afirma pelo seu papel mais ativo e participativo. Essa mudança traz uma alteração na forma como a liberdade política é concebida, por meio das categorias do consentimento, obrigação política e representação, categorias mais passivas, e que se opõem a categorias mais ativas e diretas.

A representação política constitui tema dos mais difíceis em Direito Constitucional.

Representar significa, em sentido técnico-jurídico, agir em nome de outrem, e na linguagem comum e na filosófica reproduzir, refletir, espelhar. Etimologicamente tem o sentido de tornar presente aquilo que está ausente.

Para a sociologia, representação significa uma forma de relação social que comunica a vários indivíduos o resultado da ação de alguns.

No Direito Constitucional, a representação política consiste numa relação de direito público pela qual certos agentes recebem de uma parcela da sociedade (corpo eleitoral) poderes específicos com as correspondentes responsabilidades. Assim, o fundamento jurídico da representação política é o procedimento eleitoral que vem definido na Constituição e nas leis.

A democracia representativa envolve, assim, um conjunto de mecanismos e procedimentos constitucionais para se efetivar, tais como eleições, sistema eleitoral, partidos políticos.[45]

---

[44] COSTA. *Modelos democráticos*, p. 17.

[45] Há vinculação entre Estado liberal de direito, democracia indireta e república. Mário Lúcio Quintão Soares, lembrando Duverger, menciona como traços característicos da democracia in-

A transferência do poder representativo que os eleitores propiciam aos eleitos configura o chamado mandato representativo: quem representa o quê, como e para que finalidade evidencia a delicada questão dos fundamentos e da natureza da representação política.

O mandato político representativo surgiu da impossibilidade material de fazer funcionar a democracia integral em países de elevada população. Mas há uma outra razão que pode ser invocada em seu favor: onde as questões políticas atingissem um considerável grau de complexidade, o corpo eleitoral de cidadãos não disporia de tempo suficiente nem da capacidade necessária para o exercício, por si próprio, do poder político. Assim, são designadas pessoas que, pela sua formação, estudos, cultura e experiência, se acham aptas a tomar decisões em nome da coletividade. Seria então um governo dos mais capazes que a massa popular.[46]

Neste aspecto, a democracia representativa faz parte de uma visão elitista da sociedade.

A democracia representativa tem cunho majoritário, pois a vontade da maioria parlamentar é que deve prevalecer na tomada de decisões. No entanto, deve-se considerar que a legitimidade do Parlamento se assenta também na garantia dos direitos da minoria, já que é ela um centro de resistência à vocação concentradora de todo poder. Mas para preservar este equilíbrio, é que o essencial numa democracia representativa consiste na presença de mecanismos no sentido de garantir a não tirania da maioria e impossibilidade de veto da minoria.

Nesse sentido, a representação é uma síntese disjuntiva, pois simultaneamente liga e aparta, associa e separa.

Max Weber distingue três tipos de representação, de acordo com o grau de separação entre os representantes e os representados: apropriada, livre e instruída.[47]

A representação apropriada (*appropriierte Repräsentation*) é a forma com ligação mais débil e mais forte separação entre os representantes e os representados. Os representantes não são escolhidos, designados ou controlados diretamente pelos representados, mas apenas interpretam o interesse e a vontade dos representados. Os representantes se apropriam de todos os poderes decisórios.

A representação livre (*freie Repräsentation*), de posição intermediária, é típica dos sistemas parlamentares, na qual os representados têm alguma ligação direta com os

---

direta, como substrato da república: "*a)* o império das leis, entronizado no Estado de direito em constituição escrita, geralmente rígida; *b)* a inserção constitucional de um catálogo de liberdades públicas, acoplado a um sistema de garantias constitucionais; *c)* a soberania popular como fonte legitimadora do poder, como reflexo da *volontégénérale*, manifesta nas leis; *d)* a soberania nacional como referência para o sistema representativo; *e)* o sufrágio universal e a pluralidade ideológica, refletida em partidos políticos; *f)* a observância constitucional do princípio da separação de poderes, segundo o figurino de Montesquieu; *g)* respeito à oposição política; *h)* a constitucionalização do princípio da isonomia; *i)* a limitação das prerrogativas dos governantes pelas liberdades públicas; *j)* a temporariedade dos mandatos eletivos; *k)* a alternância de partidos políticos no poder." (SOARES. *Teoria do estado*, p. 350-351).

[46] LA FERRIÈRE. *Manuel de droit constitutionnel*, p. 390.
[47] WEBER. *Economy and society*, p. 292-297.

representantes, mas seu controle é sujeitado ou limitado. Na maioria dos sistemas eleitorais, o grau de escolha e controle exercido pelos representados é limitado sobretudo em termos temporais, pois os representados exercem sua ligação somente a cada dois, quatro ou seis anos. Se a liberdade dos representantes é inversamente proporcional ao grau de escolha ou controle dos representados, o poder destes também é limitado, por exemplo, pela variedade limitada de representantes a serem escolhidos.

A representação instruída (*gebundene Repräsentation*) é aquela em que os representados controlam constantemente os representantes. Há diferentes mecanismos que criam ligações mais fortes e obrigam os representantes a obedecer constantemente às instruções dos representados, como eleições frequentes, a revogabilidade de mandatos, e alguns procedimentos participativos, que aumentam as oportunidades para que todos os cidadãos compartilhem das decisões governamentais, como, no Brasil, o orçamento participativo.

Ainda sobre o conceito de representação, mencione-se a classificação de Pitkin, que compreende a representação substantiva, simbólica, descritiva e formalista. A representação substantiva consiste em ações dos representantes eleitos para melhorar a vida dos eleitores, e abrange quatro subcategorias definidas por duas dimensões. A primeira contrasta a representação tipo *trustee*, que reflete a confiança depositada nos representantes eleitos, com a representação tipo *delegate*, em que o eleito acompanha de perto as preferências das bases e vota estritamente de acordo com elas, sem qualquer ação independente de sua parte. A outra dimensão da representação substantiva pode ser chamada de esforço *versus* entrega (*delivery* ou realização). A de esforço quer dizer que a representação é alcançada mediante tentativas adequadas dos representantes, independentemente de seus resultados na esfera das políticas públicas, e a *delivery* significa que a representação é somente atingida quando o resultado desejado se concretiza na prática, tornando-se realidade o desejo dos eleitores. A segunda forma de representação, a representação descritiva, é a medida em que as características sociodemográficas dos eleitos refletem aquelas dos eleitores, e que podem incluir raça, gênero, ocupação ou trajetória pessoal, p. ex., somente negros seriam capazes de representar negros. A terceira forma de representação, a simbólica, ocorre quando os eleitores aceitam um líder que diz defender os seus interesses, como porta-voz natural. Trata-se de representação abstrata e um pouco psicológica, pois se apoia em sentimentos subjetivos do eleitorado, raramente sem indicadores objetivos. A quarta forma de representação, a formalista, manifesta-se quando existem procedimentos apropriados e justos para eleger os representantes, e mecanismos para puni-los ou recompensá-los por seu comportamento como ocupantes de mandato eletivo.[48]

Com relação à natureza jurídica, o mandato político-representativo não se confunde com o direito privado nem com o chamado mandato imperativo.

Caracteriza-se o mandato de direito privado pela outorga, do outorgante ao outorgado, de poderes revogáveis a qualquer tempo, para representá-lo em negócio jurídico, praticando atos em nome do outorgante ou mandante, nos limites do instrumento do mandato. Responde ainda o outorgado ou mandatário pelo excesso de mandato. O

---

[48] Cf. PITKIN. *The concept of representation*.

mandato cria, assim, entre as partes uma relação jurídica mediante a qual se explica que os atos do mandatário produzem os mesmos efeitos como se eles emanassem diretamente do mandante.

Inspirado no mandato de direito privado, nasceu o mandato imperativo, pelo qual os seus titulares se vinculavam às instruções do mandante e ficavam obrigados a obter dele novas instruções para a prática de atos não constantes do mandato. Havia também a possibilidade de revogação da representação. O mandato imperativo ocorreu nos Estados-gerais da monarquia francesa.[49]

Já o mandato representativo não se identifica com o mandato de Direito Privado. Nele, o mandatário não está adstrito às determinações do mandante, não pode ser destituído; o mandato não comporta revogação, e o mandatário não está sujeito a prestação de contas, salvo as que sua consciência determinar. O mandatário não age em nome dos mandantes, dos que nele votaram, mas em nome do povo ou da nação. Diz-se então que o mandato representativo é geral, livre e irrevogável, salvo nos casos previstos na Constituição, como de perda do mandato (arts. 55 e 56 da Constituição brasileira), bem como nas hipóteses em que excepcionalmente é admitida a revogação, como a do *recall* no Direito norte-americano.

Para, contudo, propiciar que os eleitos para o parlamento representem os cidadãos eleitores de forma democrática – compreendida a representação como ato de espelhar, refletir, reproduzir fielmente – necessário que o parlamento, no seu todo, e em suas várias partes componentes, espelhe as diversas tendências e orientações políticas presentes no país globalmente considerado, sem exclusões, e nas respectivas proporções.

O mandato representativo não tem, contudo, conseguido alcançar a identidade entre o povo e o seu representante.[50]

---

[49] O mandato imperativo foi banido das práticas representativas. Há constituições que afastam qualquer possibilidade de ligação ou instruções passadas ao representante por determinado círculo de eleitores, como a Constituição da França, de 1958, cujo art. 27 dispõe ser nulo todo mandato imperativo. Do mesmo modo, a Constituição do Reino da Espanha, em seu art. 67. 2: "Os membros das Cortes Gerais não estão ligados por mandato imperativo", e a da Romênia, em seu art. 66: "(1) No exercício de seus mandatos, os deputados e senadores estão a serviço do povo. (2) Todo mandato imperativo é nulo."

[50] O paradoxo de Condorcet, também conhecido como paradoxo do voto ilustra bem a intransitividade das preferências da maioria: suponha que três eleitores (1, 2, 3) sejam incumbidos da tarefa de escolher três candidatos (A, B, C). Suponha que as preferências desses eleitores pelos candidatos sejam as seguintes, em ordem decrescente: 1: A, B, C; 2: B, C, A; 3: C, A, B. Nessa hipótese, é impossível definir quem deveria ser o candidato escolhido de acordo com a regra da maioria. Não se pode escolher C como vencedor, pois pelos menos dois eleitores preferem B a C. Também não se pode escolher B como vencedor, pois pelo menos dois eleitores preferem A a B. Por fim, não se pode escolher A como vencedor, pois pelo menos dois eleitores preferem C a A. Desse modo, a votação gera um ciclo infinito. Esses resultados circulares paradoxais são inevitáveis nas votações parlamentares, que têm número elevado de votantes e uma quantidade imensa de alternativas, representadas pelas inúmeras combinações possíveis entre os projetos existentes e as emendas apresentadas para alterá-los. Nessa perspectiva, sustenta-se que o resultado dos processos de votação parlamentar não guarda nenhuma relação com as opiniões dos parlamentares, muito menos com a vontade ou interesse dos eleitores, mesmo porque as deliberações parlamentares seriam processos aleatórios,

É que a fragmentação da vontade geral do povo, em vontades parciais, resultante da divisão do eleitorado, do pluralismo político, dos grupos e forças de pressão, vem concorrendo para a transformação do sistema representativo, deixando então os Parlamentos de atuarem como órgãos de representação de todo o povo ou de toda a nação, para expressar interesses parciais, pela redução da autonomia de parlamentares que passam a se vincular aos setores que influíram em sua eleição.

Outro fator que influencia na formulação da representação política é a presença, no quadro das instituições democráticas, dos partidos políticos, eis que a designação dos mandatários fica vinculada ao fenômeno partidário.

Em virtude das funções básicas que cabe aos partidos políticos exercerem, quais sejam, o estabelecimento de um programa de governo e a seleção de pessoas que se disponham a executar esse programa com a necessária eficiência, escreve Manoel Gonçalves Ferreira Filho: "Desempenhando os partidos adequadamente estas duas funções, as eleições perderiam o caráter de mera escolha de homens para governar, ganhando a dimensão de seleção entre programas de governo. Disso decorre que, em última análise, o titular do mandato é o partido, que o exerce por meio de homens que não passam de seus órgãos de expressão."[51]

Acentue-se ainda, como fator de crise da representação política as dificuldades técnicas trazidas pelo tipo e conteúdo dos temas discutidos no âmbito do Parlamento, o que transforma a política, muitas vezes, em refém das referências tecnológicas, das estatísticas, das probabilidades e das valorações macro e microeconômicas. Acresça-se ainda o quadro de enfraquecimento do espaço público da política e da sua economização, em decorrência do processo de globalização da economia, fazendo com que as candidaturas percam a sua representatividade, pela homogeneidade de respostas, afastando a diferença, a alternância e a incerteza de resultados, que são próprios do sistema representativo.[52]

José Luiz Quadros de Magalhães, ao abordar a crise da democracia representativa, acentua que "a democracia não é um lugar onde se chega. Não é algo que se possa alcançar e depois se acomodar, pois é caminho e não chegada. É processo, e não resultado. Dessa forma, a democracia existe em permanente tensão com forças que desejam manter interesses, os mais diversos, manter ou chegar ao poder para conquistar interesses de grupos específicos, sendo que muitas vezes essas forças se desequilibram, principalmente com a acomodação da participação popular dialógica, essência da democracia que defendemos, e o desinteresse de participação no processo da democracia representativa, pela percepção da ausência de representatividade e pelo desencanto com os resultados apresentados".[53]

---

dependentes em grande medida do comportamento estratégico do parlamento e da manipulação da agenda de votações (PINTO. *Constituição e democracia*, p. 30-33).

[51] FERREIRA FILHO. *Curso de direito constitucional*, p. 79.

[52] Cf. MORAIS. *As crises do Estado e da Constituição e a transformação espacial dos direitos humanos*, p. 53-57.

[53] MAGALHÃES. Direito constitucional, t. III, p. 27.

A democracia representativa justifica-se, porque apenas nela se distinguem: a) espaço público e espaço privado, a esfera do Estado e a esfera da sociedade; b) o cidadão e a pessoa na sua vida própria, não deixando esta ser absorvida pelo cidadão total, como ocorreu na Grécia antiga e nos regimes totalitários do século XX; c) apenas a democracia representativa assegura a separação de poderes e a responsabilidade política dos governantes perante os governados, e propicia o pluralismo e o contraditório no âmbito das assembleias representativas.[54]

4.1.2 Democracia participativa

A democracia participativa implica o exercício direto e pessoal da cidadania nos atos de governo. Os democratas participativos pretendem substituir a representação e a votação competitiva, quando possível, pela discussão moldada no consenso. A democracia participativa opõe-se a todas as versões da democracia liberal que veem a política ativa como o domínio do governo.

Para se alcançar a democracia participativa, entende Macpherson que se deve estimular procedimentos através de associações de bairros, liberdade de expressão, cogestão nas empresas, luta pelo direito das minorias, dentre outros, visando promover a mudança da consciência do povo e diminuir a atual desigualdade social e econômica.

A democracia participativa, na dimensão de uma específica relevância de grupos de interesses, de associações e de instituições existentes na sociedade civil, significa o particular, o setorial, o grupo que se manifesta, e obtém acesso e voz junto aos órgãos políticos. Equivale então a democracia plural de grupos, a democracia associativa,[55] um modelo de governar democrático que contrasta com um modelo competitivo ou situação *versus* oposição.

As práticas participativas que mais têm influenciado as políticas públicas no Brasil são efetivadas, em termos institucionais, mediante conselhos de política e de orçamentos participativos. Os conselhos de política envolvem os setores de saúde, assistência social, criança e adolescente, políticas urbanas e meio ambiente. Os conselhos de política são instituições híbridas nas quais têm participação representantes do Poder Executivo e da sociedade civil, incluindo ONGs. Já os orçamentos participativos têm sido articulados principalmente no âmbito municipal.

São enunciados constitucionais que garantem a democracia participativa no Brasil, e que configuram mecanismos constitucionais de participação e controle social, para além dos elementos tradicionais da representação e da democracia direta, segundo resenha de Paulo Sérgio Novais de Macedo:
- obrigação de os órgãos públicos prestarem informações de interesse particular, ou de interesse coletivo ou geral, no prazo da lei (art. 5º, XXXIII);

---

[54] MIRANDA. *Manual de direito constitucional,* t. 7, p. 97-98.
[55] MIRANDA. *Manual de direito constitucional,* t. 7, p. 33-34.

- direito de petição aos poderes públicos em defesa de direitos ou contra ilegalidade ou abuso de poder (art. 5º, XXXIV, *a*);

- reconhecimento da competência do Tribunal do Júri, de caráter eminentemente popular, de participação da sociedade no Poder Judiciário (art. 5º, XXXVIII);

- legitimidade de qualquer cidadão para propor ação popular, em defesa de direito difuso, objetivando anular ato lesivo ao patrimônio público ou de entidade de que o Estado participe, à moralidade administrativa, ao meio ambiente e ao patrimônio histórico e cultural (art. 5º, LXXIII);

- participação da comunidade nas ações de seguridade social (art. 194, VII);

- participação dos trabalhadores e empregadores nos órgãos colegiados dos órgãos públicos, para defesa de interesses profissionais ou previdenciários (art. 10);

- previsão de aprovação da população, por plebiscito, em caso de incorporação, subdivisão ou desmembramento de Estados (art. 18, § 3º);

- previsão de consulta prévia, mediante plebiscito, às populações dos Municípios envolvidos, para a criação, a incorporação, a fusão e o desmembramento de Municípios (art. 18, § 4º);

- previsão de lei sobre a iniciativa popular no processo legislativo estadual (art. 27, § 4º), o que levou os Estados a regulamentarem a iniciativa popular e a criarem, alguns deles, a Comissão de Legislação Participativa, facilitando a participação popular no processo legislativo;

- colaboração de associações representativas da coletividade no planejamento municipal (art. 29, XII), dando origem ao orçamento participativo, em âmbito municipal, em diversas cidades brasileiras;

- previsão de iniciativa popular de projetos de lei de interesse específico do Município, da cidade ou de bairros, mediante manifestação de, pelo menos, cinco por cento do eleitorado (art. 29, XIII);

- colocação das contas dos Municípios à disposição dos cidadãos, que poderão questionar-lhes a legitimidade e a legalidade (art. 31, § 3º);

- participação dos usuários na administração direta e indireta quando se tratar de prestação de serviços à comunidade (art. 37, § 3º);

- obrigatoriedade de a Administração direta e indireta criar mecanismos para receber reclamações relativas à prestação dos serviços públicos em geral (art. 37, § 3º). Esse dispositivo resultou na criação de ouvidorias e outras formas de atendimento aos usuários;

- acesso da sociedade a registros administrativos e a informações sobre atos de governo, observado o disposto no art. 5º, X e XXXIII (art. 37, § 3º, II);

- disciplina da representação contra o exercício negligente ou abusivo de cargo, emprego ou função na administração pública (art. 37, § 3º, III), o que inspirou, além das ouvidorias, a criação das corregedorias no serviço público;
- instituição de conselhos de política de administração e remuneração de pessoal, em todas as esferas da Federação, com a participação dos servidores (art. 39);
- realização de audiências públicas das comissões do Legislativo com entidades da sociedade civil (art. 58, II);
- viabilização de corregedorias e ouvidorias, no âmbito do Legislativo, para receber petições, reclamações, representações ou queixas de qualquer pessoa contra atos ou omissões das autoridades ou entidades públicas (art. 58, IV);
- legitimidade dos cidadãos para iniciativa de leis (art. 61, § 2º);
- legitimidade ao cidadão, partido político, associação ou sindicato, para denunciar irregularidades ou ilegalidades perante o Tribunal de Contas da União (art. 74, § 2º);
- participação de seis cidadãos brasileiros natos, no Conselho da República (art. 89, VII);
- participação de dois cidadãos no Conselho Nacional de Justiça (art. 103-B, XIII);
- previsão de corregedoria, no âmbito do Superior Tribunal de Justiça (art. art. 103-B, § 5º, I);
- previsão de ouvidorias de justiça, no âmbito da União, Distrito Federal e Territórios, para receber reclamações e denúncias (art. 103-B, § 7º);
- participação de dois cidadãos no Conselho Nacional do Ministério Público (art. 130-A, VI);
- criação de ouvidorias do Ministério Público, em âmbito federal e estadual, para receber reclamações e denúncias de qualquer interessado contra membros ou órgãos do Ministério Público (art. 130-A, § 5º);
- fiscalização pela sociedade quanto às atividades das empresas públicas, sociedades de economia mista e suas subsidiárias, que explorem atividade econômica de produção (art. 173, § 1º, I);
- participação do setor de produção, envolvendo produtores e trabalhadores rurais, bem como dos setores de comercialização, de armazenamento e de transportes na política agrícola (art. 187);
- participação da comunidade na gestão administrativa das ações de seguridade social (art. 194, parágrafo único, inciso VII), o que deu origem aos Conselhos de Assistência Social;

- participação da comunidade nas ações e serviços públicos de saúde (art. 198, III), o que deu origem aos Conselhos de Saúde;

- participação da população, por meio de organização representativa, na formulação das políticas e no controle das ações da Assistência Social (art. 204, II);

- colaboração da sociedade na promoção e incentivo da educação (art. 205) e gestão democrática da educação (art. 206, VI);

- colaboração da comunidade com o poder público, para a proteção do patrimônio cultural brasileiro (art. 216, § 1º);

- exercício, pela coletividade, do dever de preservar o meio ambiente para as presentes e futuras gerações (art. 225);

- participação das entidades não governamentais nos programas de assistência integral à saúde das crianças e adolescentes (art. 227, § 1º);

- participação da sociedade no amparo às pessoas idosas (art. 230);

- participação de representantes da sociedade civil, no Conselho Consultivo e de Acompanhamento do Fundo de Combate e Erradicação da Pobreza (art. 79 do Ato das Disposições Constitucionais Transitórias).[56]

A possibilidade da democracia participativa depende da justiça social. Afasta-se a democracia participativa do modelo da *democracia de equilíbrio*, ou *elitista-pluralista*, de que falava Joseph Schumpeter, nos anos quarenta do século XX, e que tinha como propósito registrar os desejos do povo tais como são e não contribuir para o que ele poderia ser ou desejaria ser, pelo que, de fato, o que esse modelo acarretou foi o equilíbrio da permanência da desigualdade social.[57]

---

[56] MACEDO. Democracia participativa na constituição brasileira. In: *Revista de Informação Legislativa*, n.178, abr./jun. 2008, p. 188-190.

Ademais desses enunciados constitucionais que asseguram a participação popular, mencione-se, em nível normativo infraconstitucional, a figura do denominado *amicus curiae* (amigo da corte), e das audiências públicas, previstas na Lei n. 9.868/99, que disciplina a ação direta de inconstitucionalidade, estas últimas também previstas na Lei n. 9.882/99, que dispõe sobre a arguição de descumprimento de preceito fundamental. São novidades relevantes que propiciam uma abertura do processo judicial para além de seus protagonistas e coadjuvantes oficiais.

Assim, o processo objetivo das ações diretas não se desenvolve mais num espaço fechado, reservado apenas às partes (autor e réu), ao juiz, ao escrivão, ao oficial de justiça, ao promotor de justiça, aos advogados, aos peritos e aos auxiliares do juízo, e às testemunhas. A abertura do processo e sua democratização, em especial no que se refere às audiências públicas, está a ocasionar o surgimento de um fato sóciojurídico novo, que é a participação dos cidadãos na solução de questões submetidas à decisão judicial. É a onda de democratização que passa a influir no exercício da função jurisdicional. De meros espectadores, os que participam dessas audiências passam a ser autênticos protagonistas do processo e do ato de interpretação da própria constituição.

[57] Cf. MACPHERSON. *A democracia liberal. Origens e evolução*.

Paulo Bonavides assevera que "a democracia participativa configura uma nova forma de Estado: o Estado democrático-participativo que, na essência, para os países da periferia é a versão mais acabada e insubstituível do Estado social, este que a globalização e o neoliberalismo tanto detestam e combatem, argumentando contra todos os elementos conceituais e sua teorização. O Estado democrático-participativo organizará, porém, a resistência constitucional dos países da periferia arvorando a bandeira da soberania, da igualdade e da justiça social. Com o Estado democrático-participativo o povo organizado e soberano é o próprio Estado, é a democracia no poder, é a legitimidade na lei, a cidadania no governo, a Constituição aberta no espaço das instituições concretizando os princípios superiores da ordem normativa e da obediência fundada no contrato social e no legítimo exercício da autoridade. Ao Estado liberal sucedeu o Estado social; ao Estado social há de suceder, porém, o Estado democrático-participativo que recolhe das duas formas antecedentes de ordenamento: o lastro positivo da liberdade e da igualdade. E o faz numa escala de aperfeiçoamento qualitativo da democracia jamais dantes alcançada em termos de concretização". E a propósito das relações da democracia participativa com a democracia representativa, afirma o Prof. Bonavides que "a chave constitucional do futuro entre nós reside, pois, na democracia participativa, que faz soberano o cidadão-povo, o cidadão-governante, o cidadão-nação, o cidadão titular efetivo de um poder invariavelmente superior e, não raro, supremo e decisivo. O cidadão, nesse sistema, é, portanto, o povo, a soberania, a nação, o governo; instância que há de romper a sequência histórica na evolução do regime representativo, promovendo a queda dos modelos anteriores e preparando a passagem a uma democracia direta, de natureza legitimamente soberana e popular".[58]

No estudo da democracia participativa vamos tratar de alguns institutos que compõem a democracia semidireta, por constituírem reminiscência da democracia direta e que são: o plebiscito, o referendo, a iniciativa popular e o *recall*.

O *plebiscito* é uma forma de consulta popular em que o cidadão é chamado a manifestar-se sobre um fato político ou institucional, quase sempre no sentido de dar-lhe ou não valoração jurídica. O plebiscito verifica-se antes da decisão a ser tomada.

A Constituição Federal de 1988 prevê o plebiscito em cinco artigos (art. 14, I; art. 18, § 3º; art. 18, § 4º; art. 49, XV; art. 2º do ADCT).

O *referendo* consiste também numa consulta popular em que o cidadão tem o direito de manifestar-se sobre decisões de órgãos legislativos, objetivando mantê-las ou desconstituí-las. Surgiu na Suíça do século XVI, existindo na França desde a Constituição de 1789, e, na América Latina, foi o Uruguai o país que mais o empregou.

O referendo é, normalmente, realizado depois da decisão legislativa. Fala-se, todavia, em referendo consultivo, a ser tomado antes da edição do ato legislativo, caso em que tem o valor de plebiscito.

---

[58] BONAVIDES. *Teoria constitucional da democracia participativa* – por um direito constitucional de luta e resistência – por uma nova hermenêutica – por uma repolitização da legitimidade, p. 19-20; 34-35.

Considerando as funções políticas adquiridas pelos instrumentos de participação popular direta nos sistemas políticos em que atuam, o referendo pode ser: a) *sob* ou *sem controle*; b) *pró* ou *anti-hegemônico* (Lijphart). Define-se como sob controle o referendo se as regras constitucionais que o preveem deixam a sua iniciativa, essencialmente, em mãos do governo ou da maioria parlamentar que, nesse caso, decidem ainda sobre a época de sua realização e o modo como a questão a ser submetida a voto popular será formulada. Se, ao contrário, o referendo se origina da iniciativa popular, a oportunidade de sua convocação bem como os termos em que será efetivado escapam ao controle do governo ou das forças políticas majoritárias. A seu turno, referendo pró-hegemônico é aquele cujos resultados tendem a reforçar ou ampliar as bases de apoio político do governo ou da maioria parlamentar, e anti-hegemônico aquele em que os resultados do voto popular ocorrem em detrimento da base de apoio que o governo ou a maioria parlamentar detêm.

Também o plebiscito, quando a sua iniciativa de fundo do sistema político for entregue ao controle exclusivo do Legislativo e do Executivo, poderá ser utilizado a favor ou contra um homem ou determinado esquema de poder, e não a favor ou contra uma proposta de interesse público, comprometendo, até mesmo, uma estratégia de construção democrática.[59]

A *iniciativa popular* é um direito de participação que se atribui aos cidadãos de, mediante *quorum* definido, propor uma medida legislativa.

---

[59] Lei n. 9.709, de 18 de novembro de 1998: "Art. 2º Plebiscito e referendo são consultas formuladas ao povo para que delibere sobre matéria de acentuada relevância, de natureza constitucional, legislativa ou administrativa. § 1º O plebiscito é convocado com anterioridade a ato legislativo ou administrativo, cabendo ao povo, pelo voto, aprovar ou denegar o que lhe tenha sido submetido. § 2º O referendo é convocado com posterioridade a ato legislativo ou administrativo, cumprindo ao povo a respectiva ratificação ou rejeição.

Art. 3º Nas questões de relevância nacional, de competência do Poder Legislativo ou do Poder Executivo, e no caso do § 3º do art. 18 da Constituição Federal, o plebiscito e o referendo são convocados mediante decreto legislativo, por proposta de um terço, no mínimo, dos membros que compõem qualquer das Casas do Congresso Nacional, de conformidade com esta Lei.

Art. 4º A incorporação de Estados entre si, subdivisão ou desmembramento para se anexarem a outros, ou formarem novos Estados ou Territórios Federais, dependem da aprovação da população diretamente interessada, por meio de plebiscito realizado na mesma data e horário em cada um dos Estados, e do Congresso Nacional, por lei complementar, ouvidas as respectivas Assembleias Legislativas. § 1º Proclamado o resultado da consulta plebiscitária, sendo favorável à alteração territorial prevista no *caput*, o projeto de lei complementar respectivo será proposto perante qualquer das Casas do Congresso Nacional. § 2º À Casa perante a qual tenha sido apresentado o projeto de lei complementar referido no parágrafo anterior compete proceder à audiência das respectivas Assembleias Legislativas. § 3º Na oportunidade prevista no parágrafo anterior, as respectivas Assembleias Legislativas opinarão, sem caráter vinculativo, sobre a matéria, e fornecerão ao Congresso Nacional os detalhamentos técnicos concernentes aos aspectos administrativos, financeiros, sociais e econômicos da área geopolítica afetada. § 4º O Congresso Nacional, ao aprovar a lei complementar, tomará em conta as informações técnicas a que se refere o parágrafo anterior.

Art. 5º O plebiscito destinado à criação, à incorporação, à fusão e ao desmembramento de Municípios, será convocado pela Assembleia Legislativa, de conformidade com a legislação federal e estadual.

São modalidades de iniciativa popular, segundo Biscaretti di Ruffia: constitucional e legislativa; simples (sem conteúdo específico); formulada (com texto elaborado pelos que o subscrevem).

Na Constituição Federal de 1988 (art. 61, § 2º), a iniciativa popular é legislativa (porque não foi prevista para matéria constitucional) e formulada (deve ser apresentada na forma de projeto de lei que deve ser subscrito por, no mínimo, 1% do eleitorado nacional, distribuído em, pelo menos, cinco Estados com não menos de 0,3% de eleitores em cada um deles).

A iniciativa popular estende-se aos Estados (art. 27, § 4º).

No âmbito dos Municípios, a iniciativa popular é específica (art. 29, XIII) e se manifesta mediante a apresentação, à Câmara de Vereadores, de projeto de lei subscrito por, no mínimo, 5% do eleitorado municipal.

Art. 6º Nas demais questões, de competência dos Estados, do Distrito Federal e dos Municípios, o plebiscito e o referendo serão convocados de conformidade, respectivamente, com a Constituição Estadual e com a Lei Orgânica.

Art. 7º Nas consultas plebiscitárias previstas nos arts. 4º e 5º entende-se por população diretamente interessada tanto a do território que se pretende desmembrar, quanto a do que sofrerá desmembramento; em caso de fusão ou anexação, tanto a população da área que se quer anexar quanto a da que receberá o acréscimo; e a vontade popular se aferirá pelo percentual que se manifestar em relação ao total da população consultada.

Art. 8º Aprovado o ato convocatório, o Presidente do Congresso Nacional dará ciência à Justiça Eleitoral, a quem incumbirá, nos limites de sua circunscrição: I – fixar a data da consulta popular; II – tornar pública a cédula respectiva; III – expedir instruções para a realização do plebiscito ou referendo; IV – assegurar a gratuidade nos meios de comunicação de massa concessionários de serviço público, aos partidos políticos e às frentes suprapartidárias organizadas pela sociedade civil em torno da matéria em questão, para a divulgação de seus postulados referentes ao tema sob consulta.

Art. 9º Convocado o plebiscito, o projeto legislativo ou medida administrativa não efetivada, cujas matérias constituam objeto da consulta popular, terá sustada sua tramitação, até que o resultado das urnas seja proclamado.

Art. 10. O plebiscito ou referendo, convocado nos termos da presente Lei, será considerado aprovado ou rejeitado por maioria simples, de acordo com o resultado homologado pelo Tribunal Superior Eleitoral.

Art. 11. O referendo pode ser convocado no prazo de trinta dias, a contar da promulgação de lei ou adoção de medida administrativa, que se relacione de maneira direta com a consulta popular.

Art. 12. A tramitação dos projetos de plebiscito e referendo obedecerá às normas do Regimento Comum do Congresso Nacional."

Após esclarecer que, com o advento da Lei n. 9.709/98, resguardou-se a legalidade, Paulo Bonavides ressalva que, do ponto de vista material, "a fragilidade e insuficiência dos conteúdos participativos da lei em tela certificam manifesta ofensa ao princípio da legitimidade, tendo-se em vista que o legislador sufocou e invalidou o desígnio constituinte de fazer do povo, no exercício da democracia direta, a peça chave do regime, qual se infere da interpretação da letra e do espírito principiológico que move o parágrafo único do artigo 1º da Constituição Federal" (BONAVIDES. *Teoria constitucional da democracia participativa* – por um direito constitucional de luta e resistência – por uma nova hermenêutica – por uma repolitização da legitimidade, p. 108).

Questão que deve ser examinada, para que se viabilize a iniciativa popular, diz respeito ao patamar ideal de assinaturas para a apresentação das propostas legislativas. Os que defendem um número mais elevado de assinaturas o fazem ao argumento de que preservaria o prestígio do Parlamento, por inibir o excesso de propostas, muitas vezes em prol de interesses particulares ou corporativos e não coletivos. Além do mais, um número muito excessivo de propostas acarretaria gastos supérfluos e paralisia nos centros de recepção, encaminhamento e processamento. Deve-se, no entanto, ponderar, utilizando-se do princípio democrático, que um número muito elevado de assinaturas poderia até mesmo inviabilizar o processo, que ainda seria acessível aos grandes grupos organizados, impedindo a atuação de grupos minoritários sem representação parlamentar. Desse modo, quanto ao número de assinaturas, deve-se optar pela adoção de uma medida equilibrada, em função do nível local ou federal da proposta, devendo-se, para tanto, levar em conta o aspecto pedagógico da participação popular no processo de formação das leis. Em termos ideais, a exigência do número mínimo de assinaturas deve ser maior no plano local do que no federal, já que neste é que são debatidos os grandes temas da política e do desenvolvimento nacional, com a expansão, portanto, da cidadania.

O *recall* é um direito político pelo qual o cidadão pode revogar o mandato outorgado a representantes eleitos.

O *recall* exige *quorum* mínimo para ser exercido, de forma a provocar eleições especiais, nas quais se decidirá, pela revogação, ou não, do mandato político.

Pode ainda o *recall* ser utilizado para a revogação de toda uma Casa Legislativa, como ocorre na Suíça. Mencione-se também o *recall* judicial, que tanto pode incidir sobre o magistrado como sobre certas sentenças, como é previsto no Estado do Colorado (USA).

O *recall*, originário dos Estados Unidos, existe na Suíça e na Argentina, não tendo sido, contudo, adotado ainda no Brasil.

A democracia direta, conforme advertência de Paulo Bonavides, não se confunde com os seus meios instrumentais ou suas técnicas. Para que se verifique o primado do controle popular sobre o Poder, necessário que "forças ou correntes políticas de intermediação, a serviço de interesses adversos ao bem comum, não descaracterizem o sistema; se tal vier a ocorrer, ainda que a consulta seja imediata (referência ao plebiscito, referendo, veto popular, etc.), não haverá, em verdade, democracia direta. O grau de intensidade e profundidade desse controle mede também o alcance da vontade popular e estabelece a possibilidade de recolhê-la diuturnamente sem a interposição distorciva de vontades estranhas".[60]

Há uma percepção, no mundo contemporâneo, de que os parlamentos estão sendo crescentemente colocados de lado no processo governamental, e de que seus membros, tanto individualmente quanto coletivamente, são tidos em baixa conta pela opinião pública. Trata-se, com efeito, de procurar estabelecer alguns critérios claros

---

[60] BONAVIDES. *Teoria do estado*, p. 439-440.

para os parlamentos democráticos, como uma contribuição para o aumento do conhecimento de sua importância no processo democrático.

A democracia direta, apesar de ser uma ideia sedutora, não deve substituir permanentemente as instituições representativas, é o que, em contraponto, enfatiza Wanderley Guilherme dos Santos, para quem o parlamento é o lugar em que são expostos argumentos contraditórios, em que se processa a persuasão de uns, a reconsideração de outros e a deliberação que raramente corresponde a alguma das opiniões originárias. O método mais indicado para aumentar a probabilidade de que se adote uma boa política é o confronto de opiniões e de argumentos. A opinião expressa em plebiscito escapa ao contraditório. Ademais, não há como recorrer de decisões plebiscitárias. Os perdedores, nessas decisões, são perdedores absolutos. Não se supõe legítimo submeter aos parlamentos propostas contrárias aos resultados dos plebiscitos, pois a vontade da maioria apurada em plebiscito adquire transcendência em relação às escolhas majoritárias das assembleias (fazem-se até mesmo plebiscitos para desautorizar constituições ou referendo para confirmar usurpações). Uma sucessão de escolhas plebiscitárias daria lugar à constituição de um contingente de cidadãos condenados ao silêncio por tempo indeterminado. Uma parcela da população seria capaz de impor, sem a mediação do confronto argumentativo parlamentar, o exílio interno dos dissidentes minoritários.[61]

4.1.2.1 O uso político do referendo, do plebiscito e da iniciativa popular no Brasil democrático

Observa-se que o referendo, o plebiscito e a iniciativa popular das leis, mecanismos da democracia direta, não vêm sendo utilizados no Brasil, de modo frequente.

Apenas dois plebiscitos foram realizados no Brasil pós-88: o primeiro, previsto no art.2º do ADCT da Constituição, e realizado no dia 21 de abril de 1993, envolvendo consulta popular acerca da forma de governo (república ou monarquia constitucional), e sistema de governo (parlamentarismo e presidencialismo); o segundo, de caráter regional, realizado no Estado do Pará, em 11 de dezembro de 2011, envolvendo o desmembramento do Pará, nos Estados de Tapajós e Carajás.

Um único referendo foi convocado para o dia 23 de outubro de 2005, sobre a comercialização de armas de fogo.

Já a iniciativa popular das leis tem sido mais utilizada no Brasil democrático: foram propostos quatro projetos de leis, todos eles aprovados, ainda que através de processos diferenciados na Câmara dos Deputados. Os quatro projetos apresentados foram: corrupção eleitoral, com um milhão de assinaturas, projeto apresentado pela CNBB; mudança na lei de crimes hediondos, com 1, 3 milhão de assinaturas; projeto sobre o fundo nacional da habitação popular, com um pouco mais de três milhões de assinaturas, e projeto da lei da ficha limpa, com mais de dois milhões de assinaturas. Entre esses projetos, apenas o primeiro se tornou lei a partir de uma rápida tramitação no Congresso Nacional, e os outros três se tornaram leis a partir de sua

---

[61] SANTOS. *O paradoxo de Rousseau*: uma interpretação democrática da vontade geral, p. 7-10, 146.

proposição por parlamentares. Quanto à iniciativa popular das leis nos legislativos estaduais, são poucos os casos de sua apresentação, citando-se Minas Gerais, onde o Movimento Nacional de Luta pela Moradia conseguiu aprovar um fundo estadual para moradia popular em Minas Gerais, não tendo, contudo, logrado sua aprovação no Estado de São Paulo.

O que o uso do plebiscito, referendo e iniciativa popular, como previstos no parágrafo único do art. 1º, no art. 14, I, II e III, e no art. 49, XV, da Constituição da República, tem revelado é que esses três instrumentos, combinados com o sistema representativo no Parlamento, permanecem muito vinculados ao funcionamento do Congresso Nacional. Não tem havido uma proporção correta entre participação e representação.

Com efeito, o plebiscito de 1993 surgiu a partir de polêmicas internas à Constituinte, e não de um debate mais expressivo da opinião pública, e o referendo de 2005 sobre o desarmamento teve sua origem em um impasse surgido durante a elaboração do estatuto do desarmamento no Congresso Nacional, onde a proposta de proibir a comercialização de armas para toda a população civil encontrou oposição de grupos conservadores. O referendo foi então convocado, não no sentido de ratificar uma lei, mas transferir para os eleitores uma decisão que causava impasse no Congresso.

Os casos de iniciativa popular, por sua vez, foram prejudicados por um procedimento pouco claro de tramitação no Congresso, o que não deu à iniciativa prioridade na tramitação legislativa, sendo apropriadas por parlamentares que encamparam os projetos, como, ademais, se acha previsto nos próprios regimentos internos das Casas Legislativas.

Necessário, portanto, um novo arranjo institucional e normativo, para que a participação popular, nesse contexto, adquira autonomia e independência perante o Congresso Nacional, tenha um nexo mais societário, pois, somente assim a participação e a representação poderão complementar déficits ou incompletudes uma da outra.

Tais arranjos complementariam, ainda, do ponto de vista institucional, o potencial da representação política na sociedade contemporânea, pois a eleição não é suficiente para tornar os governos representativos verdadeiramente democráticos, se se retirar dos cidadãos a possibilidade de obter informações suficientes para avaliar os governantes e ameaçar os parlamentares com a não reeleição.

4.1.3 Democracia deliberativa

A *democracia deliberativa* é outra forma de democracia, e que não se confunde com a democracia direta, apesar de valorizar mecanismos de participação direta e da própria democracia representativa.

A democracia deliberativa, que vai para além da prerrogativa majoritária na tomada de decisões políticas, é aquela que valoriza o "momento comunicativo e dialógico que se instaura quando governantes e cidadãos procuram justificar seus pontos de vista sobre as questões de interesse público".[62] Na democracia deliberativa, dá-se

---

[62] SOUZA NETO. *Teoria constitucional da democracia deliberativa*: um estudo sobre o papel do direito na garantia das condições para a cooperação na deliberação democrática, p. 80.

ênfase ao debate público no qual diversas posições sustentadas em diferentes concepções morais, filosóficas e religiosas se confrontam. A democracia deliberativa, embora valorize o sufrágio, não se restringe ao momento do resultado eleitoral, pois considera que a legitimidade das decisões políticas advém de processos de discussão que, orientados pelos princípios da inclusão, do pluralismo, da igualdade participativa, da autonomia e do bem comum, conferem um reordenamento na lógica do poder tradicional. Nela, acham-se presentes ideias como discussão, publicidade, prestação de contas, ou justificação moral, impondo-se que as decisões públicas, para serem aceitas, não dependem apenas daqueles que votaram nos representantes, mas de todos os que são por elas afetados, o que requer que todos os participantes justifiquem suas propostas frente aos demais com argumentos genuínos e válidos. Na democracia deliberativa, a justificação dos termos e das condições de associação procede por meio de argumento e raciocínio público entre cidadãos iguais, condição necessária para se obter legitimidade e racionalidade com relação à tomada de decisão coletiva. Habermas, tido por muitos como o pai filosófico da democracia deliberativa, enfatiza que as decisões e instituições legítimas são aquelas com as quais devem concordar os envolvidos em um procedimento democrático, se eles puderem participar como livres e iguais na formação discursiva da vontade.[63]

Em suma: a deliberação designa um ato intersubjetivo de comunicação e argumentação cujo objetivo é alcançar um consenso sobre a solução para determinado problema social. A deliberação, portanto, envolve: a) argumentação: o intercâmbio regulado de informações e de razões entre partes que introduzem e examinam criticamente propostas; b) publicidade: todos os que são possivelmente afetados pelas decisões devem ter chances iguais de tomarem parte de sua elaboração; c) ausência de coerção externa: os participantes são soberanos à medida que só se encontram vinculados aos pressupostos da comunicação e às regras procedimentais de argumentação; d) ausência de coerção interna: cada participante tem oportunidade igual de ser ouvido, de introduzir novos tópicos e contribuições, bem como de criticar aquilo que foi proposto, e tomar posição motivado pela força do melhor argumento; e) acordos racionalmente motivados: esses podem ser, a princípio, desenvolvidos sem restrições ou retomados em qualquer momento; f) regulação de todos os assuntos tendo em vista o interesse igual de todos; g) extensão das deliberações políticas à interpretação de necessidades e à transformação de preferências e enfoques pré-políticos.[64]

A análise do funcionamento das democracias, como um processo de progressiva ampliação da competição e da participação política, levou Robert Dahl a criar o termo poliarquia: a participação política envolve a inclusão da maioria da população no processo de escolha dos líderes e governantes, e a dimensão da competição política a

---

[63] HABERMAS. *Communication and the evolution of society*, p. 86. Os sujeitos humanos, na perspectiva habermasiana, são unidos uns aos outros pela compreensão e pela língua, e sua maneira de viver distingue-se por uma intersubjetividade que se enraíza nas estruturas da língua necessária à reprodução da vida social. A sociedade é um todo formado pela intersubjetividade em que se reconhecem valores, tradições e normas comuns (a reconstrução racional de condições universais da comunicação humana é chamada por Habermas de pragmática universal).

[64] HABERMAS. *Between facts and norms*, p. 305-306.

disputa pelo poder político que pode levar ao governo. O grau máximo de desenvolvimento de uma democracia é atingido quando o direito de voto abrange a maioria da população e quando a competição pelo poder político envolve grupos distintos, com as mesmas chances de chegar ao governo.[65]

4.1.4 Democracia de legislação e democracia de execução

Um sistema não pode ser considerado integral ou totalmente democrático ou totalmente autocrático, mas antes uma combinação de elementos democráticos e autocráticos. Pode-se chamar de democrático um sistema que o seja pelo menos no nível de produção das normas mais gerais e abstratas, em suma, em nível de legislação. Aí se situa o caráter racionalista da democracia, pois a Administração e a jurisdição, embora possam ser programadas democraticamente, no mais das vezes são organizadas autocraticamente.

Necessário, portanto, racionalizar o processo no qual o poder do Estado se manifesta. É por isso que a legislação é vista como a base das outras funções do Estado, e a legalidade desempenha papel decisivo: admite-se que os atos individuais do Estado possam ser justificados por sua conformidade com as normas gerais do Direito. Já a autocracia despreza essa racionalização do poder, evitando qualquer determinação dos atos do Estado, por normas gerais preestabelecidas que possam implicar uma restrição de seu poder discricionário.

Sendo as duas funções (legislação e administração), a primeira, a criação de normas gerais – a legislação – de formação relativamente livre de vontade; a outra – a execução – por essência, submetida à ideia de legalidade, em certo estágio da formação do Estado, pode esta última entrar em conflito com a ideia de democracia. E para corrigir a discricionariedade, própria a todos os órgãos autocráticos, introduz-se no sistema o princípio da legalidade. Nesse ponto é que a democracia, ideia ligada à liberdade, configura-se como forma, meio ou técnica específica de produção de normas jurídicas.[66]

4.15 Democracia funcionante

Na sequência da democracia deliberativa, é dizer, aquela em que os cidadãos trocam pontos de vista e debatem as razões relativas a questões públicas que lhes servem de apoio, considere-se a denominada democracia *funcionante*, termo cunhado por Amartya Sen, para designar a democracia que funciona devidamente, e, portanto, esteja dotada de eleições regulares, partidos de oposição, liberdade de expressão e meios de comunicação relativamente livres, em que há a liberdade de dissentir. O sucesso da democracia não depende apenas da perfeita estrutura institucional, mas de reais padrões de comportamento e do funcionamento das interações políticas e sociais.[67]

---

[65] DAHL. *Poliarquia*: participação e oposição.
[66] KELESEN. *A democracia*, p.80, 185.
[67] SEN. *A ideia de justiça*, p. 425-467.

4.2 A opinião pública

A democracia pressupõe que a vontade popular se manifeste nas suas diversas opiniões, de modo que possa predominar a vontade da maioria, preservando-se, contudo, a manifestação das minorias.

Na tradição filosófica, a palavra *opinio* ou *doxa* significava crença ou ponto de vista sem garantia de validade, uma concepção incerta e mutável, um juízo ou convicção não demonstrável, distinta, pois, da *scientia* ou *episteme*.

Não é fácil a conceituação de opinião pública, chegando-se até mesmo à consideração de que ela não é algo a ser definido, mas apenas descrito e estudado.

Nada obstante, alguns publicistas a definiram, como Jellinek, para quem ela consiste no "ponto de vista da sociedade sobre assuntos de natureza política e social", ou Marcelo Caetano, que, após conceituá-la como "um juízo formado a respeito de certa ideia, de certa pessoa ou de certo fato", esclarece que ela se torna pública "quando compartilhada por grande número de componentes de um grupo social de tal modo que qualquer deles, ao exprimir um juízo, tenha grande probabilidade de encontrar concordância entre os seus concidadãos".[68] A opinião pública sintetiza, pois, a opinião dos grupos sociais sobre pontos de coincidência unitários e gerais.

Identificam-se três modalidades de opinião: a pública; a estatal (considerada como a que se acha institucionalizada no Estado, sendo, portanto, opinião oficial, imposta, sem a espontaneidade da opinião pública) e a privada (considerada como a opinião interna abrigada no fundo da consciência).

Quanto à formação da opinião pública, da mesma maneira que a educação ou o meio social e profissional, por exemplo, em que se vive, concorre para influenciar as atitudes básicas do homem, não se pode desconhecer que a opinião pública não se reveste de caráter isolado e não se forma espontaneamente, mas se acha relacionada com as suas fontes geradoras consubstanciadas nos meios de comunicação de massa, como a imprensa, o rádio e a televisão, além de estar condicionada, muitas vezes, por fatores emocionais a influenciar o estado de espírito das pessoas.

As novas tecnologias de comunicação têm, no entanto, colocado sob suspeita a autenticidade das manifestações da opinião pública. Constata-se ainda o desaparecimento dos espaços públicos autônomos, pressupostos para a existência de uma opinião pública como livre expressão de uma sociedade articulada em torno de múltiplos interesses coletivos. O fenômeno decorre dos efeitos alienantes de uma indústria cultural neutralizadora do poder de criação intelectual, que se torna mercadoria, e concorre para a formação de um público de indivíduos atomizados e irrefletidos, que passam a ser objeto de manipulações sobretudo consumistas.

Desempenha a opinião pública funções políticas, traduzidas em funções motora, refreadora e sancionadora.[69]

A função motora ocorre quando reclama iniciativas ou exige reformas.

---

[68] CAETANO. *Direito constitucional*, v. 1, p. 436.
[69] CAETANO. *Op. cit.*, v. 1, p. 436.

A função refreadora se verifica quando fiscaliza a vida pública, mediante comentários dos atos políticos ou administrativos, fazendo com que os governantes e servidores passem a ponderar sobre os efeitos que seus atos possam ter na opinião pública, esclarecendo-a acerca da legitimidade das providências adotadas.

A função sancionadora caracteriza-se com a aprovação ou condenação, pela opinião pública, de atitudes, decisões e autoridades, sendo, portanto, a mais grave das suas funções políticas.

Considere-se, afinal, que a opinião pública, para se expressar, já que sua manifestação se faz mediante a publicidade e a propaganda, depende: *a)* da liberdade de informação, vale dizer, do livre acesso das pessoas e dos órgãos divulgadores de opinião, como os jornais, o rádio e a televisão, às fontes de informação (a liberdade de informação e o sigilo da fonte, quando necessário ao exercício profissional, acham-se previstos no artigo 5º, XIV, da Constituição brasileira); *b)* da liberdade de expressão, em forma ampla, mesmo porque a liberdade de imprensa não esgota os meios de expressão e de circulação de opiniões, que podem vir consubstanciados ainda nos partidos políticos, nas reuniões públicas e até no silêncio.

A opinião pública é instância crítica, termômetro do governo, modo de pensar expresso e uniforme de um povo.

5. AUTORITARISMO E REGIMES TOTALITÁRIOS

O *autoritarismo* caracteriza uma organização política em que um único detentor do poder, uma única pessoa ou ditador, uma assembleia, uma junta, um partido ou um comitê, monopoliza o poder político sem que seja possível aos destinatários do poder uma participação real na formação da vontade estatal.

O autoritarismo designa um modo de governar em que a autoridade pública, por feitio pessoal de quem a exerce ou por força do sistema político, concentra poderes de forma anormal e abusiva. O governante detém um poder amplo e total, não havendo limitação jurídica às suas decisões.

Segundo esclarece Sampaio Dória, as autocracias são constituídas e definidas por três princípios: "Primeiro, a imposição dos dirigentes. O poder, nas autocracias, não é mandato do povo; é imposto aos governados pelos que podem, como direito que tenham, por força de herança ou por força da força; segundo o absolutismo do poder. Fazem os governantes o que querem, como querem, e até onde querem. A liberdade dos súditos é o que eles houverem por bem admitir. Se direitos do indivíduo se proclamarem, estes serão outorga real, sem institutos que os garantam, concessão revogável, tolerância do chefe; terceiro, a irresponsabilidade do soberano por tudo o que ordene, ou de que se abstenha. Não presta ele contas a ninguém do que faz, ou deixe de fazer. Mesmo porque, se alguém houvesse perante quem respondesse, esse alguém é que seria o soberano."[70]

---

[70] DÓRIA. *Os direitos do homem*, p. 133-134.

Manifestações do autoritarismo se encontram em todas as épocas, embora nos tempos modernos haja ele assumido traços peculiares.

Classificam-se como regimes autoritários as ditaduras nas quais, embora haja Constituições, não são elas observadas, pois prevalece a vontade do grupo que está no poder, que age com violência e exclusão, como vários Estados latino-americanos da década de sessenta à de oitenta, e até há algum tempo o Iraque; os regimes constitucionais, em que, embora haja respeito à Constituição e às leis, estas autorizam a restrição de determinados direitos, sendo exemplo a China; as monarquias absolutas, dando-se como exemplo a Arábia Saudita; as monarquias constitucionais, em que o rei divide o poder com o parlamento, embora exista uma Constituição (exemplo: Marrocos); regimes religiosos violentos e excludentes, que suspendem o exercício de diversos direitos fundamentais, sendo exemplo o Afeganistão até 2001, e o Irã.

O *totalitarismo* é uma forma de opressão típica da modernidade revolucionária.

O regime totalitário, lembra Celso Lafer, almeja o domínio total dos indivíduos, o que é alcançado, de acordo com Hannah Harendt, em três passos: a morte da personalidade jurídica, a destruição da personalidade moral e a eliminação da singularidade da pessoa humana.[71]

Expressivo, a propósito do fenômeno totalitário, é o discurso de Mussolini, o Duce, no Scala de Milão, quando afirmou: *tutto nello Stato, niente contro lo Stato, nulla al di fuori dello Stato* (tudo no Estado, nada contra o Estado, nada fora do Estado). O Estado totalitário, portanto, abrange toda a vida social, e dirige até mesmo o pensamento das pessoas, formando-lhes a consciência. Três aspectos importantes devem ser considerados nos Estados totalitários: *a)* formação de uma casta dominante que tem nas mãos o aparelhamento do Estado (na ex-URSS foi a *Nomenklatura*); *b)* polícia política, servindo-se habitualmente de métodos de tortura; *c)* supressão total da liberdade de pensamento e monopólio estatal da cultura, do ensino e dos meios de comunicação de massa. Há a absorção total e absoluta do homem em uma classe, no Estado ou em uma raça. O Direito, a Moral, as Artes, a Ciência e a Religião são ditadas pelo Estado, que é o instrumento da classe ou da raça.

O totalitarismo "varia de Estado para Estado e, apesar de apresentar variações, como regime de governo e como ideologia, é caracterizado por sua finalidade precípua: o total controle do homem pelo Estado, não reconhecendo limites relativos aos meios ou objetivos, na consecução de suas metas. Em outras palavras, é o Estado detendo a totalidade dos poderes sobre tudo o que estiver em seu âmbito: daí o nome *totalitarismo*, termo inventado pelos fascistas italianos para descrever seu regime. Quanto aos meios, o totalitarismo não reconhece limites ou restrições. Na solução de problemas, se para o processo democrático é fundamental a discussão racional e livre, sob a égide da lei, no totalitarismo são aplicados quaisquer meios a fim de se atingir o objetivo indicado pelo regime vigente".[72]

São expressões do totalitarismo, o socialismo, o fascismo e o nazismo.

---

[71] LAFER. *A reconstrução dos direitos humanos*. p. 103-112.
[72] AZEVEDO. *Democracia, totalitarismo e autoritarismo*, p. 1 e 2.

O *socialismo* expressa uma ideologia que, privilegiando a sociedade sobre o homem, visa realizar uma igualdade absoluta entre os indivíduos, segundo uma visão materialista da vida, mediante o exercício pelo Estado de um poder total nas esferas política, econômica e social. O socialismo, partindo de uma concepção materialista, pretende que os problemas do homem derivem da desigualdade social e se resolvam pela supressão da propriedade privada dos meios de produção que, coletivizados, irão permitir a distribuição igualitária da riqueza, surgindo, desse modo, a sociedade ideal, onde não haverá exploradores nem explorados, pois, nada sendo de ninguém e todos trabalhando para todos, caberá a cada um, segundo suas necessidades, participação no produto.

No campo ideológico do socialismo vários são os meios utilizados para a construção da cidade igualitária.

Destaque-se, inicialmente, o socialismo utópico, que remonta a Platão (429-347 a.C.), em que, na *República*, concebe a construção da *Polis*, propondo que os guerreiros e guardiães tivessem vida estritamente comunista, a fim de que, separados de qualquer propriedade privada, pudessem cuidar exclusivamente dos interesses da coletividade. Thomas More, a seu turno (1478-1535) estabelece, em sua *Utopia*, uma organização sociopolítica integralmente comunista. Para ele, pertencem ao Estado todos os bens de produção, que devem ser depositados num armazém comum, de onde são retirados, em quantidade conveniente, pelos interessados. Também Tomaso Campanella (1568-1639), na *Cidade do Sol*, vislumbra uma sociedade em que não existe propriedade privada nem família, e em que todos trabalham para todos, sob a direção geral do Estado, que distribui a produção e educa as crianças nascidas dos acasalamentos regulados pelo próprio Estado.

Na esteira deste socialismo pré-marxista, surgiram várias figuras, como Robert Owen (1771-1858), na Inglaterra, François Marie Charles Fourier (1772-1837), Etienne Cabet (1788-1856), e Pierre-Joseph Proudhon (1809-1865), na França.

Esse tipo de socialismo, denominado de socialismo utópico pelos marxistas a partir de Friedrich Engels (1820-1895), fracassou totalmente na tentativa de implantação, surgindo então, com Karl Marx (1818-1883), o *socialismo científico*, com suas diversas correntes.

Juntamente com Friedrich Engels, Marx elaborou o *Manifesto Comunista*, em 1848, onde se resume a doutrina marxista, escrevendo depois *O Capital*, ápice de sua obra.

Marx, a propósito do materialismo histórico, que resulta da união do materialismo de Feuerbach e a dialética de Hegel, sustenta que o conjunto de relações de produção forma a estrutura econômica da sociedade, a base concreta sobre a qual se eleva uma superestrutura jurídica e política e à qual correspondem formas de consciência social determinadas. O fator econômico é, pois, primordial, constituindo a estrutura na qual se assentam as instituições sociais, os regimes políticos, as crenças religiosas, a filosofia, a moral e a arte como partes de uma superestrutura. Ainda segundo o marxismo, o capitalismo, o Estado e a religião ("o ópio do povo") são alienantes. O Estado nasce das classes e as classes decorrem do aparecimento da propriedade privada. Com o fim da propriedade, extinguir-se-ão as classes e o Estado, sendo o proletariado a classe eleita, cuja redenção, pela revolução comunista, levará à sociedade paradisíaca.

Ainda na teoria marxista, destaca-se a teoria da mais-valia, segundo a qual o capitalismo acarreta uma espoliação em benefício do patrão justamente em consequência da mais-valia, que é o suplemento do trabalho não remunerado, fonte do lucro capitalista.

Implantado na Rússia, com a Revolução de outubro de 1917, dirigida por Lênin, portanto, numa sociedade onde não existiam as condições apontadas por Marx como requisitos prévios para o desfecho da revolução proletária, que eram o da sociedade industrial, já que a economia russa era predominantemente agrária com uma estrutura ainda feudal, o marxismo, ainda assinalado por numerosos revisionismos ideológicos, acabou por não atingir os seus objetivos. Aponta-se como fatores deste fracasso o fortalecimento crescente do Estado, o totalitarismo, e não o seu desaparecimento, bem como a ausência de previsão, por Marx, do desenvolvimento da tecnologia, que modificou sensivelmente as relações de trabalho na sociedade industrial, e a legislação trabalhista, que veio melhorar a sorte do proletariado, com a redução de horas de trabalho, salário-mínimo e férias remuneradas, dentre outras medidas, o que concorreu para reduzir a exploração do homem pelo homem.

O *fascismo* italiano surgiu como um movimento de reação contra a desintegração socioeconômica do liberalismo e contra a infiltração do comunismo internacional. Originou-se dos grupos de ação ou *fasci*, organizados por Benito Mussolini (1883-1945), para promover a entrada da Itália na Guerra de 1914. O movimento revestiu-se de um cunho nacionalista, propunha reformas sociais, incluindo a distribuição de terras aos camponeses e a participação dos sindicatos na gestão de empresas. Com as camisas negras e a saudação de braços erguidos, os partidários do fascismo se espalharam por toda a Itália. O fascismo criou a figura o Estado Corporativo, em que as corporações e os grupos sociais eram órgãos do Estado e não agrupamentos autônomos, reconhecendo-se a existência de um partido único, o Partido Nacional Fascista, que não tem função representativa, mas encarna, ao mesmo tempo, o Estado, a nação (que não é elemento do Estado), o governo e a organização produtiva.

A *Carta del Lavoro* de 1927, organizada pelo Grande Conselho do Fascismo, constitui o documento fundamental do regime fascista, sendo que os conflitos entre capital e trabalho eram resolvidos com a utilização de contratos coletivos de trabalho e de uma completa organização corporativa das categorias profissionais.

O Estado fascista era constituído pela Coroa, Chefe do Governo, Grande Conselho do Fascismo, Senado, Câmara e Ministros. A independência dos corpos legislativos e judiciais não era, contudo, reconhecida, já que subordinados ao Duce. A Coroa foi mantida, mas apenas como um símbolo.

O *nazismo* alemão, da mesma forma que o fascismo italiano, surgiu para combater o liberalismo democrático e reagir contra a infiltração comunista.

Fortaleceu-se o nazismo sob a Constituição de Weimar, de 1919, que organizou uma república excessivamente liberal, propiciando a ascensão de Adolph Hitler ao poder (nomeado Chanceler do *Reich* pelo Presidente Hindenburg), após o Partido Nacional Socialista haver obtido expressiva vitória nas eleições convocadas em virtude da dissolução do Landtag (Câmara dos Deputados).

Com a morte do Presidente Hindenburg, Hitler investiu-se de poderes ditatoriais, extinguiu os partidos políticos e dissolveu todos os grupos nacionais tidos como perigosos, lançando as bases estruturais do Terceiro Reich.

Para o nazismo, o socialismo significa a integração de todos os alemães no *Volk* (povo), com o qual se identifica o Estado, donde a ideia de Estado totalitário. A raça prevalece sobre a classe, e a luta de classes deve ser substituída pela solidariedade nacional. A conjunção do nacionalismo e o socialismo é marcada pela valorização da raça ariana e pelo ideal de germanização. Nessa linha, chegou-se a decretar a esterilização dos tarados para preservar a pureza da raça, e promoveu-se o terror policial, bem como a repressão.

6. SISTEMAS DE GOVERNO – CONSIDERAÇÕES GERAIS

Examinamos neste tópico o parlamentarismo, o presidencialismo, o semipresidencialismo e o governo de assembleia, como sistemas de governo, embora sejam também tidos como formas de governo (Biscaretti di Ruffia) e como regimes de governo (Duverger).

O sistema de governo revela "a forma como se estruturam os órgãos do poder político soberano do Estado".[73]

Nesta concepção, o sistema de governo trata da organização dos Poderes Executivo e Legislativo e das relações entre um e outro Poder.

O conceito de sistema de governo, embora mais formal do que substancial, não pode deixar, todavia, de refletir um conteúdo relacionado com o do regime político correspondente, revelando-se, então, de feição democrática ou ditatorial.

Pode-se ainda classificar os sistemas de governo tomando por base o princípio da separação de Poderes. Ter-se-á então o sistema de confusão de Poderes (ditadura), o de colaboração de Poderes (parlamentarismo) e o de separação de Poderes (presidencialismo).

6.1 Parlamentarismo

O parlamentarismo decorre de um processo histórico ligado à Inglaterra, de que resultaram as características e o perfil jurídico-constitucional deste sistema de governo.

O sistema parlamentar é "o produto de afirmação do órgão da representação popular, o Parlamento, na fase do declínio do poder monárquico. A curva ascendente do poder parlamentar coincide com a curva declinante do poder monárquico".[74]

---

[73] SOUSA. *Direito constitucional*, p. 323.
[74] BURDEAU. *Droit constitutionnel et institutions politiques*, p. 162.

A análise da evolução histórica do parlamentarismo, ainda que sucinta, é esclarecedora para a fixação de seus elementos.

O parlamentarismo nasceu na Inglaterra. Com a Revolução de 1688, o monarca passou a exercer funções administrativas, de defesa e de política exterior, e o Parlamento cuidava da legislação e da tributação. Tal divisão de Poderes reclamava colaboração entre o monarca e o Parlamento. Surgiu então a necessidade de escolha, pelos monarcas ingleses, de Ministros, retirados das facções preponderantes nas Câmaras, para auxiliá-los. Com isso houve, já no século XVIII, a primeira nota do parlamentarismo: a identidade política entre o ministério e a maioria parlamentar.

Com a morte da rainha Ana, assumiram o trono britânico príncipes alemães da Casa de Hanôver, já que da sucessão hereditária foi excluído o ramo católico dos Stuarts.

Jorge I e Jorge II, dois dos príncipes alemães, não tinham conhecimento dos interesses nacionais britânicos, nem falavam a língua inglesa. Por tais motivos, entregaram a um de seus Ministros a condução geral do governo e a Presidência do Conselho de Estado, a cujas sessões não compareciam. Surge então a figura do Primeiro-Ministro. Mas ainda assim o governo era controlado pelo monarca, que podia destituí-lo a qualquer momento.

O Parlamento deu, contudo, um passo adiante. A aplicação do *impeachment* (procedimento de direito penal, de que decorria decisão condenatória insuscetível de graça pelo rei e de apreciação judicial) permanecia nas mãos do Parlamento. Desta forma, se o Parlamento discordava de um Ministro, forçava sua demissão ou até a de todo o ministério, pela ameaça do *impeachment*.

Surgiu assim mais um traço caracterizador do parlamentarismo: a responsabilidade política, isto é, o dever que tem o ministério de demitir-se, deixando o poder, no caso de perda de apoio da maioria parlamentar.

Assinale-se, ainda, no plano histórico, a resistência à submissão ao gabinete parlamentar, tentada por Jorge III com a nomeação de Lord North para sua Presidência. Lord North, após resistência do Parlamento, foi, no entanto, em 1782 demitido, e com ele todo o seu Gabinete, marcando tal fato o nascimento do sistema parlamentar de governo.

São elementos do parlamentarismo:

a) distinção entre Chefe de Estado e Chefe de governo. O Chefe de Estado exerce funções de representação do Estado, não lhe cabendo participar das decisões políticas. É por isso mesmo politicamente irresponsável. Sua figura é fundamental para a estabilidade e a unidade do Estado, especialmente em períodos de crise, em que se torna necessária a indicação de um Primeiro-Ministro, submetendo-a à aprovação do Parlamento. O Chefe de governo exerce o Poder Executivo. Cabe-lhe estabelecer a orientação política geral. Apontado pelo Chefe de Estado, somente assume a chefia de governo depois de obter a aprovação do Parlamento;

b) responsabilidade política do Chefe de governo. O Chefe de governo é politicamente responsável. Não tendo mandato determinado, permanece no cargo enquanto detiver a confiança do Parlamento. Os meios de que se utiliza o Parlamento para a demissão do Chefe de governo, do Conselho de Ministros ou do Gabinete, são a moção de censura, o voto de desconfiança, ou a perda da maioria parlamentar;

c) possibilidade de dissolução do Parlamento. O Chefe de Estado dispõe do direito de dissolução do Parlamento, ou pelo menos da Câmara eletiva, tratando-se de sistema bicameral. Com isso, o Chefe de Estado refreia os excessos do controle parlamentar exercido sobre o governo, ao submeter a eleições gerais a decisão sobre eventual conflito entre os Poderes Executivo e Legislativo. O direito de dissolução do Parlamento pelo Chefe de Estado é a chave de todo o sistema parlamentar, pois é nele que a responsabilidade política do governo perante o Parlamento encontra correspondência;

d) colaboração entre o Poder Executivo e o Poder Legislativo. Essa característica é evidenciada pela circunstância de que, se por um lado, o Chefe de governo, para se manter no cargo, depende da confiança do Parlamento, por outro, o Parlamento, ou pelo menos a Câmara eletiva, pode ser dissolvida pelo Chefe de Estado, que convoca eleição.

Esses traços fundamentais do parlamentarismo clássico são reveladores da contradição dos sistemas parlamentares nos governos republicanos, ora tendendo para a ascendência do Poder Legislativo, ora se inclinando para a afirmação do Poder Executivo.

São diversas as formas organizatórias dos sistemas parlamentares. Mencione-se:

a) o parlamentarismo dualista ou orleanista, em que, se o Gabinete, para manter-se, necessita do apoio parlamentar, para constituir-se depende da vontade do Chefe de Estado, e o Primeiro-Ministro é responsável simultaneamente perante o Chefe de Estado e o Parlamento;

b) o parlamentarismo monista, onde ocorre a predominância de um órgão de poder sobre outro. Na Terceira República da França houve predominância da Assembleia Nacional. Na Inglaterra atual a predominância é do Primeiro-Ministro;

c) o parlamentarismo misto ou intermediário, que resulta do papel mais ativo atribuído ao Presidente da República caracterizando modelo de organização política conhecido por semipresidencialismo. Veio o parlamentarismo misto fortalecer as atribuições executivas e políticas do Chefe de Estado, numa posição, portanto, inversa ao do parlamentarismo clássico, que surgiu para reduzir as atribuições do monarca. Conhecido também como neoparlamentarismo, parlamentarismo híbrido, sistema semiparlamentar ou semipresidencial, no parlamentarismo misto convivem regras típicas dos sistemas presidencial e parlamentar. Foi inaugurado com a Constituição de Weimar, de 11 de agosto de 1919, ingressando ainda nas Constituições da Áustria, de 1929, da França, de 1958 (que constitui, apesar das Constituições antecedentes, o marco do neoparlamentarismo, sob a inspiração das ideias políticas de Charles De Gaulle), e nas Constituições de Portugal, de 1976, e da Espanha, de 1978, que se aproximam do sistema parlamentarista semipresidencial.

É importante ainda fixar o papel que desempenham os partidos políticos no parlamentarismo.

De fato, caso coexistam com o bipartidarismo, há tendência de se acentuar a estabilidade do governo, em razão da disciplina partidária e da direção política da maioria parlamentar, que concorrem para a formação de um governo homogêneo, porque constituído, em princípio, por componentes do partido com maioria parlamentar.

Já nos sistemas multipartidários, a inexistência de um partido político com maioria parlamentar pode gerar crises frequentes, com a inação do governo que fica na dependência da maioria parlamentar que não controla.

Sendo o parlamentarismo um sistema de governo de colaboração entre as funções legislativa e executiva, e em que se verificam eventuais mudanças de governo, com a consequente alteração da orientação política geral, necessário que haja uma burocracia permanente, especializada e profissionalizada, para que se possa equacionar o problema da especialização de atribuições e preservar a continuidade da ação administrativa a cargo do Estado.

6.2 Presidencialismo

O sistema presidencial de governo nasceu nos Estados Unidos com a Constituição de 1787, na Convenção de Filadélfia.

Sua formação teórica foi precedida de fato histórico, não sendo, pois, obra de nenhum arranjo ou invenção teórica.

Sustenta-se que o presidencialismo é o poder monárquico na versão republicana.

É que, antes da independência, ou seja, durante o período colonial, o representante da Casa Inglesa na América do Norte tinha poderes quase absolutos. O rei era absoluto. Com a independência e proclamada a República dos Estados Unidos, o que se fez foi a substituição do representante do rei por um mandatário do povo, com os mesmos poderes.

O presidencialismo, ao contrário do parlamentarismo, é demarcado por uma rígida separação de Poderes, assentada na independência orgânica e na especialização funcional. Por isso mesmo é que não pode o Presidente destituir o Parlamento, nem ser por este destituído, se perder a sua confiança.[75]

---

[75] Kelsen, a propósito do presidencialismo norte-americano, ao confronto com o princípio da separação de poderes, segundo o modelo de Montesquieu, acentua: "É quase uma ironia da história que uma república como os Estados Unidos da América aceite fielmente o dogma

O presidencialismo americano traduz-se em mero desdobramento da experiência constitucional inglesa, "uma versão republicana da monarquia limitada, ou constitucional, instaurada na Grã-Bretanha pela revolução de 1688. O Parlamento inglês, ao chamar nessa ocasião Guilherme e Maria para o trono que declarara vago, instaurara a 'separação de poderes' que Locke iria instituir e Montesquieu consagrar. De fato, assegurada a independência da magistratura, reservava-se a elaboração da lei ao Parlamento, ainda que com a sanção real, e ao monarca se deixavam a administração, a defesa e a política estrangeira – poder executivo da doutrina clássica. Sistematizando essas instituições sob a influência visível de Locke e também de Montesquieu, não tendo príncipe ao qual conceder o trono, colocaram os constituintes em seu lugar um cidadão. Essa monarquia limitada sem rei e com um presidente é o regime presidencialista em suas linhas gerais".[76] Nada obstante caracterizar-se o presidencialismo por uma rígida e nítida separação de poderes, vale a observação de que, tendo surgido à época em que era rei da Inglaterra Jorge III, cujo governo se caracterizava por exercer amplo controle sobre o Parlamento, este procedimento acabou por influenciar os convencionais de Filadélfia que, ao elaborar a Constituição de 1787, entenderam que o presidente detivesse poderes bastantes para enfrentar expedientes paralisantes do Congresso e obviar a eventual tentativa de desligamento da federação por parte dos Estados inconformados com decisões do governo federal, o que chegou até mesmo a ocorrer com a Guerra da Secessão (1861-1865). E não foi por outro motivo que, na ocasião, se esboçou um movimento para coroar George Washington, que recorreu às armas para suplantar a pretensão monárquica dos comandados de Neuberg.[77]

Em *O Federalista*, ao ressaltar a ideia de responsabilidade do presidente, assinala Hamilton as suas diferenças com o monarca inglês: "O presidente dos Estados Unidos é um funcionário eleito pelo povo, por quatro anos: o rei da Inglaterra é um príncipe hereditário; um está sujeito a punições pessoais; o outro é inviolável e sagrado. O 'veto' do presidente sobre os atos da legislatura apenas é suspensivo; o de rei da Inglaterra é absoluto; o primeiro só tem o direito de comandar o exército e a marinha e de ter parte na formação dos tratados; o segundo conclui tratados sem concorrência de outra autoridade e tem, além do comando das tropas, o direito exclusivo de declarar a guerra, de levantar exércitos e de equipar frotas. Um apenas tem parte na nomeação dos empre-

---

da separação dos poderes e que o leve ao extremo justamente em nome da democracia. Aliás, a situação do Presidente dos Estados Unidos é conscientemente modelada sobre aquela do rei da Inglaterra. Quando, na chamada república presidencial, o Poder Executivo é confiado a um Presidente que não é nomeado pelo Parlamento, mas diretamente pelo povo, e quando a independência desse Presidente, investido da função executiva nos confrontos da representação nacional, é assegurada ainda de outra maneira, isso significa – por mais paradoxal que possa parecer – acima de tudo um enfraquecimento – contrariamente a tudo o que – provavelmente era proposto – em vez de um reforço da soberania popular" (KELSEN. Essência e valor da democracia, *in Arquivos do Ministério da Justiça*, n. 170, p. 29-43). É preciso ponderar, todavia, que esta concepção despreza a figura dos partidos políticos, em sua contribuição para a aproximação dos poderes. O conflito institucional acima delineado fica, por isso mesmo, afastado se os partidos políticos forem capazes de coordenar as ações do Executivo e do Legislativo com vistas à implementação de seu programa e de sua agenda política.

[76] FERREIRA FILHO. *Curso de direito constitucional*, p. 123-124.
[77] SOUZA; GARCIA; CARVALHO. *Dicionário de política*. Verbete: Presidencialismo, p. 432.

gados e não pode conceder privilégio algum; do outro dependem todas as nomeações, podendo, além disso, naturalizar estrangeiros, conceder títulos de nobreza e formar corporações, concedendo-lhes todos os direitos correspondentes."[78]

A eletividade e a periodicidade do mandato, esta reforçada pela ideia de alternância no poder, do Presidente dos Estados Unidos, contrapõem-se à hereditariedade do rei inglês, o que traduz a vinculação do presidencialismo à República.

A fonte do presidencialismo é o art. 2º da Constituição dos Estados Unidos, de 17 de setembro de 1787, que, de forma breve, dispõe sobre o processo eleitoral, as atribuições do Presidente, a informação ao Congresso sobre o estado da União, a convocação das Câmaras do Congresso, em circunstâncias extraordinárias, e a previsão da remoção do Presidente, do Vice-Presidente e de todos os funcionários civis dos Estados Unidos, quando acusados de traição, outros delitos e faltas graves.

Apontam-se como elementos do sistema presidencial de governo:

a) o Chefe de Estado é simultaneamente Chefe de governo. Não existe dualidade orgânica no Poder Executivo, pois o Presidente da República acumula as funções de Chefe de Estado e de governo. Cabe-lhe não só a representação do Estado, como o estabelecimento da orientação política geral;

b) a chefia do Poder Executivo é unipessoal. O Presidente escolhe e exonera os seus auxiliares como bem entender, pois é o responsável pela fixação das diretrizes de governo;

c) o Presidente da República é eleito por sufrágio universal. Assume, desta forma, posição de predominância no equilíbrio dos Poderes do Estado.

Nos Estados Unidos, o Presidente é eleito pelo voto indireto. Mas, apesar de alguma controvérsia, segundo o costume, os chamados "grandes eleitores", que formam o colégio eleitoral, votam em determinado candidato. Assim, conhecendo-se a composição do colégio eleitoral, já se conhece o nome do Presidente eleito dos Estados Unidos;[79]

---

[78] HAMILTON; MADISON; JAY. *O federalista*. Trad. Hiltomar Martins Oliveira, p. 417.

[79] Consoante explicita José Luiz Quadros de Magalhães, a eleição indireta do presidente norte-americano dá-se da seguinte forma: "ele é escolhido por um colégio eleitoral. Cada Estado-Membro da federação escolhe os seus delegados por meio de eleições diretas, sendo que o número de delegados é proporcional à população (número de deputados mais número de senadores do Estado). O candidato que vencer a eleição popular nos Estados-Membros leva todos os delegados daquele Estado. Pode-se supor, portanto, que o candidato que conseguir eleger os delegados nos principais colégios eleitorais (nos Estados que tenham mais delegados) vence a eleição. Entretanto, isto não é assim tranquilo. A Suprema Corte pronunciou-se sobre a não vinculação do voto do delegado, ou seja, nada impede que o delegado pelo candidato democrata vote no candidato republicano, e isto já ocorreu por três vezes, em 1956, 1960, 1968. Logo, a pressão que pode ser exercida sobre este colégio eleitoral é efetivamente muito grande. Já ocorreu também por duas vezes o fato de o candidato que teve maior número de votos populares (ou seja, o povo votou majoritariamente nos seus delegados) perder a eleição no colégio eleitoral, pois o outro candidato venceu nos colégios eleitorais mais importantes (nos Estados mais populosos)." Trata-se da eleição de Lincoln, em 1861 e de Wilson, em 1921 (MAGALHÃES. *Direito constitucional*, t. 2, p. 103). O fenômeno ocorreu também em 2002, com a eleição de Bush.

d) o Presidente da República é eleito por um período determinado. Dispõe, assim, o Presidente de um mandato por prazo certo, findo o qual se escolhe novo governante. No sistema constitucional norte-americano, admite-se, em razão de emenda à Constituição de 1787, um máximo de dois períodos consecutivos.

A Constituição brasileira vedava expressamente a reeleição para um período imediato ao do término do mandato. A reeleição do Presidente da República, entretanto, foi introduzida em nosso país pela Emenda Constitucional n. 16/97;

e) o Presidente da República dispõe do poder de veto suspensivo em relação a projetos de lei aprovados pelo Poder Legislativo. O veto pode ser por inconstitucionalidade do projeto de lei ou por ser o mesmo contrário ao interesse público. Neste caso, razões políticas podem levar o Presidente a recusar sanção a projeto de lei.

Menciona-se como um dos graves defeitos do presidencialismo a exacerbação personalista da figura do Presidente.

De fato, do Presidente da República são esperadas missões acima das forças humanas, classificadas, segundo João Camilo de Oliveira Torres, em número de dez: "(...) chief of State, chief Executive, leader of foreign police, comander-in-chief of the armed forces, chief legislator, chief of party, voice of the people, protector of the peace, manager of prosperity e leader of the world's free nations."[80]

A nação tudo espera do Presidente. Há comentário de um vienense, dirigido ao Presidente de seu país, em período de exacerbação presidencial na Constituição da Áustria de 1934, que bem evidencia os poderes presidenciais: "o Presidente da República nomeia o povo."[81]

Não resta dúvida então de que o fortalecimento dos mecanismos de controle, pelo Poder Legislativo, dos atos do Poder Executivo, é necessário para evitar os excessos da atuação presidencial.

6.3 Semipresidencialismo

O papel mais ativo do Presidente da República levou ao surgimento de uma forma organizatória de parlamentarismo, também conhecida como parlamentarismo misto, híbrido ou intermediário, neoparlamentarimo ou semipresidencialismo.

O semipresidencialismo fortaleceu as atribuições executivas e políticas do Presidente da República, numa posição inversa ao parlamentarismo clássico, que surgiu para reduzir os poderes do monarca.

No semipresidencialismo convivem regras típicas dos sistemas presidencial e parlamentar de governo. Foi inaugurado com a Constituição de Weimar, de 11 de agosto

---

[80] TORRES. *Harmonia política*, p. 113.
[81] HORTA. *Revista de Informação Legislativa*, p. 95/139.

de 1919, ingressando ainda nas Constituições da Áustria, de 1929, da França, de 1958 (que constitui, apesar das Constituições antecedentes, o marco do semipresidencialismo, sob inspiração das ideias de Charles De Gaulle), e nas Constituições de Portugal, de 1976, e da Espanha, de 1978, que se aproximam do modelo.

Observa Maurice Duverger que o semipresidencialismo, no plano prático, mostrou sua adaptação à transição dos regimes ditatoriais em direção à democracia, mas, ao estabelecer uma tipologia dos sistemas semipresidenciais fundada na existência ou ausência do poder majoritário (força detida pelo chefe do partido ou da coalizão que forma uma maioria parlamentar estável) e sobre a posição do Presidente em relação a ele, quando existe, adverte: "Nos regimes parlamentares, o poder majoritário está sempre nas mãos do primeiro-ministro que dele retira a sua força principal. Nos regimes semipresidencialistas, a situação se complica. Se o poder majoritário existe, ele pode cair nas mãos do presidente ou nas do primeiro-ministro. Se ele não existe, as prerrogativas presidenciais podem temperar a anarquia engendrada pela ausência de governo."[82]

Enfim, os sistemas semipresidenciais ou semiparlamentares, como assinala Raul Machado Horta, aos quais denomina de regime, "retiraram o Presidente da República da penumbra em que exerce a magistratura de influência e a presidência das cerimônias nacionais, como se dava no parlamentarismo da Terceira República francesa, para conferir-lhe atribuições efetivas no funcionamento do regime. O Presidente passou a personificar a unidade da nação. Projetou-se como o depositário da confiança popular pela eleição direta. Tornou-se o árbitro que assegura o funcionamento regular dos Poderes do Estado, o responsável por decisões extraordinárias nos períodos de crise institucional, o titular com poder de nomear e de exonerar o Primeiro-Ministro, o centro da responsabilidade política, o órgão das relações internacionais e das mensagens diretas à nação, o deflagrador de consulta ao povo via do referendo e do plebiscito".[83]

Tome-se como exemplo, nessa linha de semipresidencialismo, a Constituição portuguesa, em que o Presidente da República, que – ressalte-se – não é chefe de governo, pode demitir livremente o Primeiro-Ministro, decretar o estado de sítio ou estado de urgência para um período de trinta dias, fixar a ordem do dia das reuniões plenárias da Assembleia, segundo a prioridade das matérias definidas no regimento, o que dá ao Presidente grande influência sobre o trabalho parlamentar. Cabe ainda ao Presidente exercer o poder de veto sobre os projetos de leis, os quais devem, neste caso, ser votados novamente pela maioria absoluta dos deputados que compõem a Assembleia e também pela maioria de dois terços dos presentes para os textos referentes às relações exteriores, à defesa nacional, à legislação eleitoral ou aos limites entre os setores da propriedade pública, cooperativa e privada. O exercício dos poderes presidenciais, em geral, não estão sujeitos ao referendo do Primeiro-Ministro, a não ser aqueles que a Constituição torna obrigatórios.

O semipresidencialismo deve reunir, segundo Giovanni Sartori, as seguintes características:

---

[82] DUVERGER. *O regime semipresidencialista*, p. 11 (prefácio da edição brasileira).
[83] HORTA. *O plebiscito*, p. 86.

"a) o chefe de Estado (presidente) é eleito por votação popular – de forma direta ou indireta –, com um mandato determinado;

b) o chefe de Estado compartilha o poder executivo com um primeiro-ministro, em uma estrutura dupla de autoridade com os três seguintes critérios de definição:

b.1) embora independente do parlamento, o presidente não tem o direito de governar sozinho ou diretamente, e, portanto, sua vontade deve ser canalizada e processada pelo seu governo;

b.2) inversamente, o primeiro-ministro e seu gabinete independem do presidente, na medida em que dependem do parlamento; estão sujeitos à confiança e/ou à não confiança parlamentar, pelo que precisam do apoio da maioria do parlamento;

b.3) a estrutura dupla de autoridade do semipresidencialismo permite diferentes equilíbrios e a oscilação de prevalências do poder dentro do Executivo, estritamente sob a condição de que subsista a 'autonomia potencial' de cada componente do Executivo."[84]

Ao examinar as regras de funcionamento do sistema de governo, em Portugal, Jorge Miranda acentua que não se trata: a) nem de sistema de governo parlamentar (dado o estatuto do Presidente da República); nem de sistema presidencial clássico (porque o Governo é órgão autônomo, é responsável perante o Parlamento e este pode ser dissolvido pelo Presidente da República); nem de sistema de "tipo gaullista" (pois, por um lado, o Presidente da República não pode presidir, por sua iniciativa, ao Conselho de Ministros, não tem iniciativa de referendo e não pode assumir poderes extraordinários e, por outro lado, a Constituição francesa – não a prática – só prevê responsabilidade do Governo perante o Parlamento); nem de sistema de governo representativo simples como o de 1933 (porque a ação do Presidente está coordenada com a do Conselho da Revolução e a Assembleia da República tem uma posição constitucional incomparavelmente mais forte do que a da antiga Assembleia Nacional). Tampouco se justifica falar em parlamentarismo racionalizado, em face do Conselho da Revolução e, mais do que isso, da liberdade de decisão do Presidente frente ao Governo. A qualificação mais adequada parece ser a de sistema de governo semipresidencial, embora seja necessário advertir ou lembrar que esta categoria – contestada por alguns – se oferece bastante heterogênea.[85]

Outro modelo de sistema semipresidencial de governo é o da Constituição Francesa de 1958, que ampliou os poderes do Presidente da República, cabendo-lhe zelar pelo respeito à Constituição e assegurar, por sua arbitragem, o funcionamento regular dos poderes públicos e a continuidade do Estado (art. 5º). Compete-lhe nomear o Primeiro-Ministro e os demais membros do Governo (art. 8º). Preside o Conselho de Ministros (art. 9º). Pode submeter ao *referendum* projetos de leis relativos à organização dos Poderes Públicos, à aprovação de acordo da Comunidade e à ratificação de Tratado (art. 11). Cabe-lhe promover a dissolução da Assembleia Nacional (art. 12) e adotar medidas extraordinárias, ouvidos o Primeiro-Ministro, os Presidentes da Assembleia

---

[84] SARTORI. *Engenharia constitucional*, p. 147.
[85] MIRANDA. *Manual de direito constitucional*, t. 1, p. 323.

Nacional, do Senado e do Conselho Constitucional (art. 16), quando as instituições da República, a independência da Nação, a integridade de seu território ou a execução dos compromissos internacionais estiverem ameaçados de maneira grave ou imediata e interrompido o funcionamento regular dos poderes públicos constitucionais. É ainda o Presidente da República, mediante proposta do Primeiro-Ministro, titular da iniciativa concorrente de revisão da Constituição (art. 69). A Constituição Francesa exclui vários atos relevantes do Presidente da República da referenda do Primeiro-Ministro, quais sejam, os da iniciativa do *referendum*, a dissolução da Assembleia Nacional, o exercício de poderes extraordinários, as mensagens às Casas do Parlamento, a nomeação de membros do Conselho Constitucional e a promulgação de Leis Orgânicas (art. 19).

Além das Constituições da França e de Portugal, adotam ou adotaram o regime semipresidencial as Constituições da Alemanha, de 1919; da Finlândia, de 1919; da Áustria, de 1920, revista em 1925 e 1929, e restabelecida na sua vigência em 1945; da Irlanda, de 1937; da Islândia, de 1944.[86]

6.4 GOVERNO DE ASSEMBLEIA

No governo de assembleia, ou de convenção, a assembleia é soberana, institui e derruba gabinetes subservientes, de acordo com a conjuntura. A origem remota deste sistema de governo encontra-se no período da Revolução Francesa (1792 a 1795), em que a assembleia – Convenção Nacional Francesa – governava o país. O Poder Executivo cabia a uma comissão própria da Convenção (*Comité de Salut Publique*).

As características do governo de assembleia são:

a) o gabinete não lidera o parlamento;

b) o poder não é unificado, mas, ao contrário, disperso e atomizado;

c) a responsabilidade desaparece inteiramente;

d) a disciplina partidária passa de medíocre a inexistente;

e) o primeiro-ministro e o gabinete não têm condições de atuar de forma rápida e decisiva;

f) as coalizões raramente resolvem seus desacordos e nunca têm garantia de apoio legislativo;

g) os governos nunca podem agir e falar com uma só voz, claramente.[87]

6.5 Apreciação crítica dos sistemas de governo

Parlamentarismo e presidencialismo têm vantagens e desvantagens.

Apontam-se como vantagens do parlamentarismo a flexibilidade do sistema e a alternância política, o que concorre para maior estabilidade e liberdade políticas.

---

[86] Cf. HORTA. A constituição da república portuguesa de 1976 e o regime semipresidencial, *in Revista do Instituto dos Advogados de Minas Gerais*, n. 10, 2004, p. 1-26.

[87] SARTORI. *Engenharia constitucional*, p. 127.

Já o presidencialismo traz como vantagens a coerência e a rapidez na adoção de decisões políticas.

A principal desvantagem do parlamentarismo, em razão da dispersão do Poder Executivo entre o Primeiro-Ministro e o Presidente, talvez seja a inoperância, pela possibilidade de trocas frequentes de Gabinetes, frustrando-se a realização de programas políticos duradouros.

O presidencialismo, por sua vez, pode resultar em autoritarismo, dada a excessiva concentração de poder nas mãos do Presidente da República.

Advirta-se, contudo, que um terço dos países parlamentaristas tiveram experiências de golpes militares.

A adoção, por outro lado, do modelo parlamentar de governo, em países de tradição presidencialista, depende de algumas condições de ordem sociológica e política, além de outras, como a ocorrência de vocação ou aptidão da classe política e dos partidos políticos para assumirem os novos papéis que lhes impõe o parlamentarismo. Daí a dificuldade para um Congresso presidencialista transformar-se em Parlamento sem que surjam instabilidades políticas.

Finalmente, o funcionamento do sistema parlamentar e presidencial de governo subordina-se a mecanismos complementares adequados a cada um deles, como o sistema partidário, o regime eleitoral e o modo de se dividir o Poder Legislativo.

No Brasil, por formação histórica, o Poder Executivo tem revelado uma vocação recorrente para o autoritarismo. Além disso, a maioria das instituições políticas funciona distanciada, muitas vezes, das normas formais, notadamente pela utilização de relações não universalistas, como o nepotismo e os favores políticos. Este quadro acaba por dificultar ainda mais a capacidade de o sistema de governo processar a diversidade do país e de expressar a pluralidade de interesses e valores socialmente subjacentes.[88]

---

[88] MORAES. Separação de Poderes no Brasil, pós-88: Princípio Constitucional e Práxis Política. *In: Teoria da Constituição*, p. 189-190.

Capítulo 7

O CONSTITUCIONALISMO

SUMÁRIO

1. Conceito – 2. Evolução histórica – 3. O neoconstitucionalismo – O constitucionalismo do futuro – O transconstitucionalismo – 4. O constitucionalismo no Brasil.

1. CONCEITO

O termo *constitucionalismo* apresenta vários significados.[1] Embora se enquadre numa perspectiva jurídica, tem alcance sociológico. Em termos jurídicos, reporta-se a um sistema normativo, enfeixado na Constituição, e que se encontra acima dos detentores do poder; sociologicamente, representa um movimento social que dá sustentação à limitação do poder, inviabilizando que os governantes possam fazer prevalecer seus interesses e regras na condução do Estado. De qualquer modo, o constituciona-

---

[1] Lembra Adhemar Ferreira Maciel que *constitucionalismo* "é termo recente, embora sua ideia seja praticamente tão velha quanto a civilização ocidental. Ainda que Platão pudesse ter a cabeça no céu, tinha seguramente os pés bem plantados na terra. Foi observando os governos de sua época que idealizou um Estado constitucional, factível de implantação. Díon, amigo e discípulo do filósofo, ficou entusiasmado com as lições do mestre, mais tarde externadas na *República*. Sonhou em ver seu cunhado, Dionísio I – o tirano de Siracusa –, transformado em rei-filósofo. Prático, o soberano não cedeu, pois sabia que seu reino se esfacelaria em diversas Cidades-Estados, ensejando a invasão da horda cartaginesa. Contrariado, acabou por entregar Platão ao embaixador de Esparta, que o vendeu como escravo. Com a morte de Dionísio, subiu ao trono Dionísio II, que contava 30 anos de idade. Díon viu a oportunidade única para que Platão pusesse em prática sua paideia, moldando o caráter do jovem monarca. Ainda que com certa hesitação, Platão aceitou a empreitada, empreendendo nova viagem à Sicília. Já era velho, pois beirava os setenta. Como se sabe, a experiência político-pedagógica, que está narrada na Carta n. VII, foi um fracasso, ou, como rotula o próprio Platão, 'uma tragédia'. Mais tarde, ao escrever as Leis, Platão se penitenciou. Passou a ver na 'lei', não nos homens, a garantia do governado. A essa busca político-jurídica pelo primado da lei, sobretudo de uma *lex fundamentalis*, é que se chama Constitucionalismo" (MACIEL. *Revista de Informação Legislativa*, v. 39, p. 13-14).

lismo não pode ser entendido senão integrado com as correntes filosóficas, ideológicas, políticas e sociais dos séculos XVIII e XIX. André Ramos Tavares identifica quatro sentidos para o constitucionalismo: "Numa primeira acepção, emprega-se a referência ao movimento político-social com origens históricas bastante remotas que pretende, em especial, limitar o poder arbitrário. Numa segunda acepção, é identificado com a imposição de que haja cartas constitucionais escritas. Tem-se utilizado, numa terceira concepção possível, para indicar os propósitos mais latentes e atuais da função e posição das constituições nas diversas sociedades. Numa vertente mais restrita, o constitucionalismo é reduzido à evolução histórico-constitucional de um determinado Estado."[2]

Canotilho, embora reconheça a existência de vários constitucionalismos (o constitucionalismo inglês, o constitucionalismo americano, o constitucionalismo francês), prefere falar em movimentos constitucionais porque isso permite recortar desde já uma noção básica de constitucionalismo. Para ele, constitucionalismo é a teoria (ou ideologia) que ergue o princípio do governo limitado indispensável à garantia dos direitos em dimensão estruturante da organização político-social de uma comunidade. Neste sentido o constitucionalismo moderno representará uma técnica específica de limitação do poder com fins garantísticos. É no fundo uma teoria normativa da política, tal como a teoria da democracia ou a teoria do liberalismo. Numa outra acepção – histórico-descritiva – fala-se em constitucionalismo moderno (que pretende opor ao constitucionalismo antigo) para designar o movimento político, social e cultural que, sobretudo a partir do século XVIII, questiona nos planos político, filosófico e jurídico os esquemas tradicionais de domínio político, sugerindo, ao mesmo tempo, a invenção de uma nova forma de ordenação e fundamentação do poder político.[3]

Consoante Uadi Lammêgo Bulos, o termo constitucionalismo tem dois significados diferentes: em sentido amplo, significa o fenômeno relacionado ao fato de todo Estado possuir uma Constituição em qualquer época da humanidade, independentemente do regime político adotado ou do perfil jurídico que se lhe pretenda atribuir; em sentido estrito, significa a técnica jurídica de tutela das liberdades, surgida nos fins do século XVIII, que possibilitou aos cidadãos o exercício, com base em Constituições escritas, dos seus direitos e garantias fundamentais, sem que o Estado lhes pudesse oprimir pelo uso da força e do arbítrio.[4]

Assinale-se que, como movimento político-social objetivando limitar o poder político arbitrário, o constitucionalismo nem sempre se identifica com a existência de uma Constituição escrita, bastando lembrar o constitucionalismo não escrito da Inglaterra, como antecedente imediato das Constituições escritas do século XVIII. Note-se ainda que, como assinala Karl Loewenstein, organizações políticas anteriores viveram sob governos constitucionais sem a necessidade de articular limites estabelecidos para o exercício do poder político: tais limitações se achavam tão

---

[2] TAVARES. *Curso de direito constitucional*, p. 1.
[3] CANOTILHO. *Direito constitucional e teoria da constituição*, p. 45/46.
[4] BULOS. *Constituição federal anotada*, p. 7.

enraizadas nas convicções da comunidade política e nos costumes nacionais que eram respeitadas por governantes e governados.[5]

O constitucionalismo, todavia, como doutrina, envolve a necessidade de uma Constituição escrita para limitar o poder e garantir a liberdade, seja porque esta Constituição deve proclamar os direitos fundamentais do homem e apresentar-se como uma norma imposta aos detentores do poder estatal, seja porque ela obterá o equilíbrio necessário a que nenhum deles possa acumular poderes e eliminar a liberdade. Neste sentido, o constitucionalismo é dotado de um conjunto de princípios básicos destinados à limitação do poder político em geral e do domínio sobre os cidadãos em particular. O constitucionalismo é um arranjo institucional que assegura a diversificação da autoridade, para a defesa de certos valores fundamentais, como a liberdade, a igualdade e outros direitos individuais. Como ideologia, pode-se dizer que o constitucionalismo compreende os vários domínios da vida política, social e econômica: neste sentido o liberalismo é constitucionalismo.

O constitucionalismo consiste na divisão do poder, para que se evite o arbítrio e a prepotência, e representa o governo das leis e não dos homens, da racionalidade do direito e não do mero poder.

Nicola Matteucci adverte que "a hodierna definição de Constituição é demasiado ampla, a de constitucional demasiado restrita, para nelas basearmos o significado que hoje possui o termo Constitucionalismo no pensamento e na ciência política, ou, melhor, naquela parte da ciência política que se preocupa com os problemas da técnica constitucional. Constitucionalismo não é hoje termo neutro de uso meramente descritivo, dado que engloba em seu significado o valor que antes estava implícito nas palavras Constituição e constitucional (um complexo de concepções políticas e de valores morais), procurando separar as soluções contingentes (por exemplo, a monarquia constitucional) daquelas que foram sempre suas características permanentes.

Foi dito, usando uma expressão bastante abrangente, que o Constitucionalismo é a técnica da liberdade, isto é, a técnica jurídica pela qual é assegurado aos cidadãos o exercício dos seus direitos individuais e, ao mesmo tempo, coloca o Estado em condições de não os poder violar". E ao examinar o Constitucionalismo no âmbito da democracia política, conclui que ele hoje "não é outra coisa senão o modo concreto como se aplica e realiza o sistema democrático representativo".[6]

2. EVOLUÇÃO HISTÓRICA

A história do constitucionalismo, segundo Karl Loewenstein, revela a busca do homem político das limitações ao poder absoluto exercido pelos detentores do poder, assim como o esforço de estabelecer uma justificação espiritual, moral e ética da autoridade, no lugar da submissão cega à facilidade da autoridade existente. Estas aspirações se concretizaram na necessária aprovação, por parte dos destinatários do

---

[5] LOEWENSTEIN. *Teoría de la constitución*, p. 154.
[6] BOBBIO; MATTEUCCI; PASQUINO. *Dicionário de política*, p. 247 e 257.

poder, dos controles sociais exercidos pelos dominadores e, consequentemente, na participação ativa dos dominados no processo político.[7]

Os hebreus já divisavam a existência do constitucionalismo como movimento de organização do Estado, que criaram limites, pela chamada "lei do Senhor" ao poder político. Cabia aos profetas, legitimados pela vontade popular, fiscalizar e punir os atos dos governantes que ultrapassassem os limites bíblicos.

Na Antiguidade clássica, surgem com os gregos, no século V, as Cidades-Estados em que se pratica a democracia direta, havendo identidade entre governantes e governados, sendo os cargos públicos exercidos por cidadãos escolhidos em sorteio, e limitados no tempo. Note-se, no entanto, que, posteriormente, a democracia grega deu lugar para os regimes despóticos ou ditatoriais. Na república romana, os denominados *interditos* objetivavam garantir os direitos individuais contra o arbítrio e a prepotência, mas o constitucionalismo acabou por se esvaecer com as guerras civis dos primeiros séculos antes de Cristo, acabando com o domínio de César.

Maurizio Fioravanti dissente daqueles que buscam as raízes do constitucionalismo moderno no antigo. Após analisar o ambiente histórico, econômico e político do mundo antigo, assevera que a constituição dos antigos não tem relação alguma com a constituição dos modernos. A ideia de soberania era ausente do mundo antigo, sobretudo porque não havia poder a limitar, e não se pensava em constituição como norma, a norma que nos tempos modernos seria chamada para separar os poderes e garantir os direitos. Eles, os antigos, pensavam mais na constituição como uma exigência a satisfazer, como um ideal, ao mesmo tempo ético e político, a perseguir, nas fases de crise mais intensa, de maior separação política e social. A constituição dos antigos foi-se delineando, primeiro no mundo grego, depois no romano, com caracteres cada vez mais definidos, nos termos de um grande projeto de conciliação social e política. A constituição nunca foi a constituição dos vencedores, nunca foi unilateralmente instaurada. A constituição se apresenta como um grande projeto de disciplina social e política, das aspirações de todas as forças ativas, que têm continuamente de recorrer à imagem e à prática da virtude: dos monarcas, para que não se convertam em tiranos; da aristocracia, para que não se transforme em oligarquia, e do povo, para que não ouça a voz dos demagogos.[8]

Na Idade Média, consoante Matteucci "o princípio da primazia da lei, a afirmação de que todo poder político tem de ser legalmente limitado, é a maior contribuição para a história do Constitucionalismo. Contudo, na Idade Média, ele foi um simples princípio, muitas vezes pouco eficaz, porque faltava um instituto legítimo que controlasse, baseando-se no direito, o exercício do poder político e garantisse aos cidadãos o respeito à lei por parte dos órgãos do Governo.

---

[7] LOEWENSTEIN. *Teoría de la constitución*, p. 150.

[8] FIORAVANTI. *Constitución. De la antigüedad a nuestros días*, p. 29-31. Nesta obra, o historiador italiano faz um amplo mapeamento dos mentores intelectuais dos movimentos políticos ligados ao constitucionalismo.

A descoberta e aplicação concreta desses meios é própria, pelo contrário, do Constitucionalismo moderno: deve-se particularmente aos ingleses, em um século de transição como foi o século XVII, quando as Cortes judiciárias proclamaram a superioridade das leis fundamentais sobre as do Parlamento, e aos americanos, em fins do século XVIII, quando iniciaram a codificação do direito constitucional e instituíram aquela moderna forma de Governo democrático, sob o qual ainda vivem".[9]

No Renascimento, em que ocorreu a reforma religiosa, houve proliferação de obras políticas significativas para a afirmação de um governo livre da influência da Igreja. Foi ainda no Renascimento que se pensou num governo limitado e se verificou um pacto político, graças às obras políticas que defenderam a instituição de uma monarquia temperada, embora acabassem por ser superadas, no final do século XVI, por ideias absolutistas.

Sob o Renascimento, há desprezo pela Idade Média, qualificada de bárbara ou gótica. No século XV, descobre-se os textos originais dos antigos. Esse retorno aos textos antigos é também uma redescoberta de Platão e de seu espírito de livre discussão, criticando-se Aristóteles, por ser um filósofo muito sistemático, incompatível com o pensamento inventivo do Renascimento. Esse espírito novo toma consistência naquilo que se chama de Humanismo: é a fé no homem, no futuro, no progresso, a avidez por novos conhecimentos, experiências de toda sorte, a sede de realização do homem (sobre a terra e não mais no céu). O Humanismo é também o espírito do livre arbítrio individual. Se na Idade Média considerava-se os textos antigos como de autoridade indiscutível, no Renascimento, com o aparecimento do nominalismo, considera-se que tudo é passível de críticas pela razão individual.[10]

No plano metodológico, os humanistas deslancharam uma ofensiva contra a escolástica, concentrando-se especialmente na sua interpretação do direito romano, repúdio esse que desempenhou papel-chave na constituição de uma jurisprudência genuinamente histórica. Outra objeção dos humanistas aos escolásticos é que, relativamente aos problemas sociais e políticos, o máximo que fazem é mostrar como são incapazes de lidar com eles.

A perspectiva humanista significa cultura laica: o homem e sua realização na vida terrestre torna-se o centro das preocupações dos pensadores da época.

No período renascentista, destaca-se Maquiavel (1.469-1527). A obra de Maquiavel é variada: política, história e literatura, permanecendo, no entanto, desconhecida durante toda sua vida.[11] Maquiavel afirma a concreta separação da política e da religião,

---

[9] BOBBIO; MATTEUCCI; PASQUINO. *Op. cit.*, p. 255.

[10] (Nominalismo = pertencente a um nome; posição que sustenta que todas as coisas denominadas pelo mesmo termo nada têm em comum exceto isso; o que todas as cadeiras têm em comum é serem chamadas de cadeiras. Tudo que existe é são individuais particulares, não havendo "universais". As classificações comuns que usamos resumem-se a *flactus vocis*, o sopro da voz. Sugerido por Boécio, o nominalismo é um dos elementos mais importantes na filosofia de Ockham. O nominalismo é uma versão extrema da noção de que as características comuns das coisas são uma espécie de criação das ideias e reações humanas).

[11] Entre suas obras históricas, Maquiavel escreveu uma história de Florença, e, entre suas obras políticas, *O Príncipe*, escrito com a finalidade de seduzir os Médicis. A obra não foi publicada

chegando até a subordinar a segunda à primeira. Mostra-se hostil ao catolicismo, sobretudo às orientações religiosas fundamentais, notadamente o universalismo e o idealismo. Para Maquiavel, a moral não se refere senão à vida privada. Na perspectiva de ação pública, não há moral, e os fins justificam os meios. É completo, portanto, o seu amoralismo quanto às questões políticas.

O florentino considera, no entanto, que o governo justo e honesto é muito mais eficaz, na medida em que uma atitude moral aumenta o seu poder. Mas pode ocorrer que os vícios e a má-fé sejam necessários e eficazes.

As mudanças religiosas repercutirão nas ideias políticas em dois momentos.

Num primeiro momento, as mudanças religiosas levarão ao desenvolvimento de ideias absolutistas. Essas são as ideias dos grandes reformadores protestantes (Lutero e Calvino), e também dos políticos que pensam ser necessário desenvolver o absolutismo do poder para restabelecer a ordem. Para os políticos da época, sua principal preocupação é manter o poder. Por isso, eles destacam o absolutismo da sua autoridade que lhes provém de Deus. Essas ideias absolutistas triunfaram graças ao cansaço da opinião pública que desejava o retorno da ordem, da autoridade real. Os políticos não são favoráveis à liberdade de consciência, à exceção de um único autor: Sébastien Castellion. Mas é necessário encontrar um compromisso político. Assim, como tapa-buraco, admite-se a liberdade religiosa como o motivo oculto para pôr fim nela o mais rápido possível. A ideia fundamental desses autores é a de restabelecer a autoridade do Estado para restabelecer a ordem material. Nessa perspectiva, impõe-se o princípio da religião do Estado. Cada príncipe é mestre da religião de seu Estado. Pode aceitar, com mais ou menos tolerância, os outros cultos, mas cada príncipe é o senhor desta tolerância.

Num segundo momento, as reformas religiosas levam ao desenvolvimento de ideias democráticas. São os autores ditos monarcômacos (=os que combatem a monarquia não em si mesma, mas na medida em que põe em perigo a verdadeira fé). No início, esses são autores são protestantes, depois suas ideias são tomadas por autores católicos. Essas ideias constituem uma reação à Noite de São Bartolomeu.

Nessa perspectiva, destacam-se os seguintes autores:

François Hautman. Em seu livro *Franco gallia* (1573) faz um estudo histórico da tradição constitucional franca e demonstra que a monarquia eletiva pode ser deposta e portanto que o rei pode ser deposto pelos estados gerais.

De mencionar que uma obra anônima, *O despertar da manhã francesa*, insiste na ideia de que existem obrigações recíprocas entre o rei e o povo. Em caso de falha, esse último pode apelar aos estados gerais para depor o rei.

Théodore de Beze Em *O Direito dos reis sobre seus súditos* (1575), explica que todo poder vem de Deus, mas esse poder deve ser exercido conforme a vontade divina. Se por um lado os reis devem punir as pessoas, por outro lado as pessoas também

---

senão depois da morte de Maquiavel. Outra obra política é *A Arte da Guerra* (1520). Cf. o Cap. 2 deste volume, em que são examinadas as ideias de Maquiavel relativamente ao conceito de Estado.

podem punir o rei do mal. Entretanto, neste caso, cabe aos magistrados subalternos, representantes do povo, a revolta contra o rei tirânico. Se este não é o caso, a mais saudável para as pessoas apelarem para um príncipe estrangeiro.

Longuet et Duplessis-Mornay Em *De vindiciae contra tyrannos* (1579) explicam que é preciso obedecer a Deus antes de obedecer ao rei, porque os reis são apenas vassalos sobre a terra de Deus, seu suzerano. Há um contrato entre o rei e o povo. O povo que confiou ao rei um poder hereditário não confia em que esse possa ser exercido. O povo pode rescindir esse contrato por intermédio de seus magistrados, apelando a um príncipe estrangeiro.

As ideias políticas, nesse contexto, vão evoluir e certas obras encorajam a resistência face a um príncipe tirânico. Este direito de resistência é igualmente expresso por autores católicos, e será retomado no início do século XVII por autores jesuítas, citando-se dois deles:

Juan de Mariana, que publica *De rege et regis institium* (1579), em que retoma a ideia de estado de natureza dos homens que em seguida se colocam em sociedade por um contrato social. O rei não é estabelecido senão por este contrato e o povo pode então depô-lo e até mesmo assassiná-lo. Assim, se justifica o tiranicídio.

Francisco Suares, que retoma a ideia segundo a qual todo poder vem de Deus. Segundo ele, esse poder reside na própria sociedade, que delega livremente o poder. Aquele que reconhece o poder deve exercê-lo para o bem da sociedade. Caso contrário, Suares prevê duas hipóteses: a) o tirano originário, que usurpou o poder tiranicamente: pode ser assassinado não importa por quem; b) o tirano que herdou o poder legitimamente, mas que o exerce de modo tirânico, deve ser deposto de modo legal e constitucional. Se isso não for possível, só se pode proceder à eliminação depois que o Papa haja suspendido o dever de obediência a ele.

Essas ideias democráticas não vão triunfar, todavia, no primeiro tempo, que é marcado pelo absolutismo.

Muito mais tardiamente, as reformas religiosas deram nascimento a certas ideias liberais.

A reforma religiosa não é acompanhada inicialmente pela liberdade de consciência, mas pela vontade de impor ideias novas aos outros. Por longo tempo, a tolerância não será concebida como um compromisso necessário para manter a paz civil. Jamais a liberdade de consciência será concebida como um valor positivo.

Um exemplo: os puritanos, uma seita proveniente do calvinismo, foram inicialmente perseguidos antes de obter o direito de realizar seu culto, nos Estados Unidos, onde fundaram a colônia de Massachusetts. No navio, celebraram um contrato de associação voluntária entre todos os membros para fundar uma nova colônia, mas que nem sequer previa a liberdade de consciência (ver adiante).

As coisas, no entanto, vão mudar nas colônias americanas, especialmente a partir do século XVII. Dois autores são importantes a este respeito:

Roger Willians (1603-1683). Viveu inicialmente em Massachusetts, mas foi banido da colônia. Funda então a colônia de *Rhodes Island*, onde estabelece uma completa liberdade de consciência e um regime político laico sem base religiosa.

William Penn (1644-1678). É um *Quaker*, outra seita dissidente perseguida na Inglaterra, tendo fundado a Pensilvânia em 1681. Ali será estabelecida desde a origem uma completa liberdade religiosa.

A instituição de Estados independentes é uma aquisição e uma experiência desde a Idade Média, sendo certo que a ideia de uma monarquia universal é abandonada no Renascimento. Há então Estados independentes, mas no seio dos quais um monarca que não tem poderes absolutos. Estabelece-se assim monarquias temperadas frequentemente tratadas na doutrina no início do século XVI. Essas doutrinas assumem diferentes formas. Em seguida, elas vão perder sua influência e serão suplantadas na prática por regimes absolutistas no final do século XVI. É a consequência das guerras religiosas. Bodin será o precursor da doutrina absolutista.

Na construção de uma doutrina das monarquias temperadas, o humanismo cristão toma uma forma tradicional em Claude de Seyssel (1450-1520). É um jurista que se tornou bispo de Marseille, depois arcebispo de Turin. Antes disso, era o conselheiro do rei de França, Luis XII. Na sua obra *A grande monarquia da França*, Claude de Seyssel faz o elogio da monarquia temperada que assegura um equilíbrio entre autoridade e liberdade, liberdade que, certamente, limita o poder do Rei, mas para evitar fazer o mal. Considera que a monarquia é freada por três elementos: a) a religião: o rei cristão tem deveres de consciência, enquanto cristão no exercício de seu poder; b) a existência de uma justiça independente exercida pelo parlamento, e cujos juízes são inamovíveis; c) as leis fundamentais do reino, que são de dois tipos: 1. conselhos externos para os quais o rei não pode tomar decisões; 2. privilégios que beneficiam certos corpos sociais e difíceis para o rei modificar.

Heras (1469-1536) é outro autor que contribuiu para essa doutrina. Originário dos Países Baixos, estudou em Oxford onde se tornou amigo de Thomas More, futuro chanceler da Inglaterra. Viajou muito. Foi apelidado de "O príncipe dos humanistas". Ficou famoso em sua vida, por sua obra assaz abundante. Em sua obra *As Instituições do Príncipe Cristão* (1516), Heras nos diz que o príncipe deve se comportar como bom cristão. Para isso, deve receber uma boa educação e, uma vez príncipe, deve ser bem aconselhado. Para Heras, o poder é legítimo quando exercido para o bem comum. Heras tem, aparentemente, um ponto de vista moralista da política: trata-se de governar segundo o evangelho.

Mas no final do século XVI, as teorias da monarquia temperada tendem a declinar.

De fato, com as guerras religiosas se faz sentir cada vez mais a preocupação de restaurar a ordem, a vontade de colocar o rei acima dos partidos.

O ponto de vista dos políticos que pretendem garantir o poder absoluto será expresso por Bodin em *Os seis livros da república*. Essa visão é apoiada pela opinião pública e triunfa com a ascensão de Henrique IV. A virada que causaram essas novas tendências ideológicas é o massacre de São Bartolomeu. Certamente Bodin desaprova o evento, embora conteste aqueles que retiram do massacre o direito de revolta. Para Bodin, justificar a insubmissão e o tiranicídio com base no massacre não é um argumento válido.

Bodin define a república como um governo de várias famílias (lares) naquilo que lhe é comum, com poder soberano, é dizer: a)"Um governo", em que o bem da República é da mesma natureza que o bem dos indivíduos e a moral pública é a mesma que a moral privada. b)"De várias famílias naquilo que lhes é comum": o governo não tem nenhuma autoridade sobre aquilo que é próprio a cada família, o que é interno à família. Não interessa ao governo aquilo que é comum às famílias; o governo é dos negócios públicos e não dos negócios privados. c)"Com poder soberano": o poder é absoluto e perpétuo.. O poder é dado à vida e seu titular não tem contas a prestar. Bodin apresenta uma exceção ao poder real ilimitado: o monarca deve respeitar as leis de Deus e da natureza.

No Segundo Livro da República, Bodin diz que há três tipos de república, segundo o titular da soberania. Necessário ainda fazer uma distinção entre formas de Estado e de governo. Os Estados se distinguem de acordo com o titular da soberania, mas qualquer que seja ele, o governo pode ser organizado de diferentes maneiras, dependendo de como os poderes são atribuídos.

Bodin distingue dois tipos de monarquias: a) a monarquia real legítima, aquela em que o poder soberano respeita as leis de Deus e da natureza, a liberdade natural dos sujeitos, seu direito de governar sua família com toda independência; b) a monarquia tirânica, aquela em que o monarca exerce o poder sem limite, totalmente injustificada, e governa segundo seu benefício pessoal. Os súditos podem desobedecer ou esquivar-se de cumprir as ordens do monarca, mas não matá-lo, senão haveria sempre alguém para dizer que o rei é tirânico e assassiná-lo.

Nos quatro últimos livros, Bodin constrói seu pensamento sobre o lugar do príncipe soberano em relação aos partidos e à questão de saber qual é a melhor forma de governo.

O príncipe soberano deve ser sempre superior aos partidos em oposição. Não somente deve recusar participar de querelas religiosas, mas também recusar que elas se desenvolvam no Estado. Deve sustentar e apoiar a religião do Estado, que constitui fundamento necessário da república. Mas Bodin recusa a ideia de recorrer à força para estabelecer a unidade religiosa no Estado.

A república não deve ser popular nem aristocrática, em que o poder é mal atribuído.

Na república popular, as decisões são tomadas pela maioria em detrimento da minoria mais saudável. Além disso, a república popular pretende estabelecer a igualdade extrema, o que é ruim para a sociedade. Ela impede a amizade entre os indivíduos: eles são ciumentos e trancam-se em seu individualismo. Em vez disso, a desigualdade provoca a complementaridade: aquele que tem mais, suporta aquele que tem menos, e desenvolve laços sociais. Por outro lado, a igualdade tende a se degenerar em comunismo, o que é contrário à lei de Deus e à natureza.

A melhor forma de Estado, para Bodin é a monarquia, porque ela é natural. Em sendo hereditária, assegurara a estabilidade. Ademais, o Rei não governa unicamente em função de seu interesse pelo presente, mas também para seu filho, que o sucederá. Bodin diz que a monarquia deve ser temperada pela organização de um governo aristocrático e popular. Devem ser criados corpos intermediários entre o monarca e a massa de indivíduos. Certamente, esses podem abusar de seu poder. Necessário então regulamentá-los estreitamente, mas sem suprimi-los, pois eles têm um papel necessário no Estado. Eles impedem a tirania do monarca, e, em segundo lugar, o informam e o aconselham, permitindo fazer chegar as *doléances* (queixas) até o monarca.[12]

Na transição da monarquia absoluta para o Estado Liberal de Direito (final do século XVIII), os Estados passam a adotar leis fundamentais ou cartas constitucionais, reunindo, em documento escrito, sua organização política, bem como de declaração de direitos dos indivíduos, surgindo o constitucionalismo moderno.

Destacam-se como elementos que influíram na formação do constitucionalismo os seguintes: a doutrina do *pactum subjectionis*, pela qual, no medievo, o povo confiava no governante, na crença de que o governo seria exercido com equidade, legitimando-se o direito de rebelião popular, caso o soberano violasse essas regras; a invocação das leis fundamentais do reino, especialmente as referentes à sucessão e indisponibilidade do domínio real; celebração de pactos e escritos, subscritos pelo monarca e pelos súditos (Carta Magna de 1215, *Petition of Rights*, de 1628, *Instrument of Government*, de 1654, e *Bill of Rights* de 1689). Nos Estados Unidos da América do Norte, surgem os primeiros indícios do constitucionalismo com os chamados contratos de colonização (*Compact*, celebrado a bordo do navio Mayflower, em 1620, e as *Fundamental Orders of Connecticut*, de 1639). Situa-se no *Declaration of Rights* do Estado de Virgínia, de 1776, o marco do constitucionalismo, seguido pelas Constituições das ex-colônias britânicas da América do Norte, Constituição da Confederação dos Estados Americanos, de 1781, e, finalmente, pela Constituição da Federação de 1787.

Na França, cita-se a Declaração dos Direitos do Homem e do Cidadão, de 1789, seguida pela Constituição de 3.9.1791.[13]

Caracteriza-se, assim, o constitucionalismo de fins do século XVIII pela ocorrência da ideia de separação de Poderes, garantia dos direitos dos cidadãos, crença na democracia representativa, demarcação entre a sociedade civil e o Estado, e ausência do Estado no domínio econômico (Estado absenteísta).

Já se observou que o modelo da Revolução Francesa de 1789 foi o mesmo da Revolução Inglesa do século XVII. Anota Marcello Cerqueira que "a violenta ruptura entre o Antigo Regime e a Revolução caracteriza a história constitucional francesa. Mas não é correta a afirmação de que o constitucionalismo inglês é unicamente obra de lenta e gradual evolução. A transição da monarquia absoluta para um regime constitucional foi consequência, também na Inglaterra, de uma violenta crise de natureza revolucionária. A revolução inglesa não foi menos sangrenta e rica em incidentes do que a revolução francesa, sobre a qual iria exercer enorme influência. As diferenças têm origem na específica idiossincrasia destes povos e de sua distinta circunstância histórica e geográfica".[14]

---

[12] BODIN. *Os seis livros da república*: livro primeiro. Trad. MOREL, José Carlos Orsi; livro segundo; livro terceiro; livro quarto; livro quinto; livro sexto. Trad. NETO, Mendes; COELHO, José Ignacio.

[13] SOUSA. *Direito constitucional*, p. 18.

[14] CERQUEIRA. *A constituição na história* – origem e reforma, p. 18-19.

No jusnaturalismo dos séculos XVII e XVIII, notadamente no pensamento de Vattel, filósofo suíço, segundo assinala Raul Machado Horta, é que se encontram as ideias que, "desenvolvidas e enriquecidas posteriormente, vieram afirmar e construir a doutrina constitucional moderna. Constituem, de certo modo, o ponto de partida de um movimento de profunda irradiação, cujas fases culminantes assinalam as noções mais caras ao constitucionalismo moderno, tais como: poder constituinte, leis constitucionais e leis ordinárias, Constituição escrita e rígida, Constituição formal e Constituição material, reforma e intangibilidade constitucionais. Noções convergentes para uma direção comum: a supremacia da Constituição".[15]

O constitucionalismo do Estado Liberal de Direito acarretou o nascimento do abstracionismo constitucional, é dizer, o direito abstrato tomou o lugar do direito histórico. Com os influxos doutrinários do Iluminismo, chegou-se à racionalização do poder, cujo formalismo propiciou a expansão do constitucionalismo formal. Em um primeiro momento, este constitucionalismo visava propiciar a segurança das relações jurídicas e a proteção do indivíduo.

O constitucionalismo liberal tem, desse modo, na sua essência, a construção do individualismo fundada na inação do poder estatal e na propriedade privada. Anote-se, no entanto, que, embora apresentem pontos em comum, o liberalismo não se confunde com o constitucionalismo. A propósito, assinala Carlos Ayres Britto que "o liberalismo triunfou sobre o absolutismo porque limitar o poder político era (e é) a própria condição de defesa da liberdade e da cidadania. A razão e a consciência humana assim o proclamavam (e proclamam). Porém, era preciso fazer avançar o movimento racional e consciencial do constitucionalismo, levando-o também a limitar o poder econômico, pois que, sem essa limitação, numa economia típica de mercado, não havia (e não há), como impedir os fenômenos correlatos da concentração de renda e da exclusão social. A luta jurídico-política foi sem tréguas e o constitucionalismo social veio a significar: a) por um lado, preservação das conquistas liberais dos indivíduos e dos cidadãos contra o Estado; b) por outro, *desmanietação* desse mesmo Estado frente aos proprietários dos bens de produção, autóctones e alóctones, para que ele, mediante lei, assumisse postura intervencionista e dirigente em favor dos trabalhadores em particular e dos consumidores em geral. Ali, inação do Estado como condição de império do valor da liberdade e da cidadania. Aqui, ação estatal para a realização do valor da igualdade. Valores de cujo *indissolúvel casamento* nasce a fraternidade, esse terceiro *leit motiv* da burguesia ascendente do final do século VIII".[16]

O advento do primeiro pós-guerra marca uma profunda alteração na concepção do constitucionalismo liberal: as Constituições de sintéticas passam a analíticas, consagrando nos seus textos os chamados direitos econômicos e sociais; a democracia liberal-econômica dá lugar à democracia social, mediante a intervenção do Estado na ordem econômica e social, sendo exemplos desse fenômeno as Constituições do México, de 1917, a de Weimar de 1919 e, no Brasil, a Constituição de 1934.

---

[15] HORTA. *Direito constitucional*, p. 123.
[16] BRITTO. *Teoria da constituição*, p. 81-82.

As Constituições do segundo pós-guerra (1939-1945) prosseguiram na linha das anteriores, notando-se como significativo o surgimento de uma chamada terceira geração de direitos, no âmbito dos direitos fundamentais do homem, caracterizada pela previsão, nas declarações internacionais e até mesmo nos textos constitucionais, do direito à paz, ao meio ambiente, à copropriedade do patrimônio comum do gênero humano. Lembra Francisco Rezek que "o problema inerente a esses direitos de terceira geração é, como pondera Pierre Dupuy, o de identificar seus credores e devedores. Com efeito, quase todos os direitos individuais de ordem civil, política, econômica, social e cultural são operacionalmente reclamáveis, por parte do indivíduo, à administração e aos demais poderes constituídos em seu Estado patrial, ou em seu Estado de residência ou trânsito. As coisas se tornam menos simples quando se cuida de saber de quem exigiremos que garanta nosso direito ao desenvolvimento, à paz ou ao meio ambiente".[17]

O constitucionalismo contemporâneo tem sido marcado por um totalitarismo constitucional, no sentido da existência de textos constitucionais amplos, extensos e analíticos, que encarceram temas próprios da legislação ordinária. Há um acentuado conteúdo social, a caracterizar a denominada constituição dirigente, repositório de promessas e programas a serem cumpridos pelos Poderes Legislativo, Executivo e Judiciário, o que muitas vezes acarreta o desprestígio e a desvalorização da própria Constituição, pelas falsas expectativas criadas. Examinando o tema, Uadi Lammêgo Bulos enuncia os traços gerais do constitucionalismo contemporâneo: "I) Fase marcada pela existência de documentos constitucionais amplos, analíticos, extensos; II) alargamento dos textos constitucionais, isentando os indivíduos das coações autoritárias em nome da democracia política, dos direitos econômicos, dos direitos dos trabalhadores; III) disseminação da ideia de constituição-dirigente, que diverge daquela visão tradicional de constituição, que a concebe como lei processual definidora de competências e reguladora de processos; IV) um setor significativo da constitucionalística contemporânea propõe a implantação de textos constitucionais pormenorizados, criticando a ideia da constituição como mero instrumento de governo; V) advento de novos arquétipos de compreensão constitucional, que vieram a enriquecer a Teoria Geral das Constituições (constituição como ordem jurídica fundamental, material e aberta da comunidade; constituição-dirigente; constituição como instrumento de realização da atividade estatal; constituição como programa de integração e de representação nacional; constituição como documento regulador do sistema político; constituição como processo público. Constituição como meio de resolução de conflitos; constituição do porvir); e VI) nas constituições contemporâneas, os direitos fundamentais apresentam-se na *vertente axiológica* (espelham a tábua de valores presentes no meio social) e na vertente *praxeológica* (dimensão operativa do constitucionalismo contemporâneo)."[18]

Consoante Paulo Bonavides, distingue-se no constitucionalismo dos países ocidentais três modelos sucessivos de Direito Constitucional. O primeiro deles é um

---

[17] REZEK. *Direito internacional público* (curso elementar), p. 224.

[18] BULOS. *Constituição federal anotada*, p. 21.

Direito Constitucional de geração originária, isto é, o Direito Constitucional do Estado Liberal, que se ocupava da salvaguarda das liberdades humanas, e nasceu em sua rigidez formal na Europa, depois de "banhar-se de sangue no decurso das grandes tempestades e comoções revolucionárias do continente, sobretudo durante a Revolução Francesa".

Sobreveio então o Direito Constitucional de segunda geração, ou seja, o Direito Constitucional do Estado Social, nascido depois dos abalos não menos traumáticos dos movimentos revolucionários e sociais ocorridos no México, na União Soviética e na República de Weimar.

Adverte, no entanto, Paulo Bonavides, que este Direito Constitucional só vingou em países do denominado Primeiro Mundo, porquanto foi neles que se introduziu de maneira mais efetiva e programática o princípio igualitário. Nada obstante, naqueles países "tem-se observado a ocorrência de um Estado social regressivo, já na esfera teórica, já no patamar programático. Tudo em consequência das formulações neoliberais da globalização", envolvendo fatores econômicos, financeiros e de mercado, que implicaram na destruição dos modelos sociais e na perda de expansão de seus valores. Assim "trata-se, em verdade, de um Direito Constitucional avariado, decadente, estagnado, que perde densidade institucional, normativa e jurisprudencial à medida que a fusão federativa se acelera no Velho Continente". Busca-se então, segundo o eminente constitucionalista, fundar "o Direito Constitucional da democracia participativa. Com esse Direito, poder-se-á salvar, preservar e consolidar o conceito de soberania que a onda reacionária do neoliberalismo contemporâneo faz submergir nas inconstitucionalidades do Poder".[19]

De qualquer modo, ressalte-se que, mesmo com os questionamentos relativos à denominada globalização nos planos econômico, social ou político, não há como negar a universalidade do constitucionalismo, por envolver a ideia de limitação do poder, de governo democrático e de proclamação e garantia dos direitos humanos.

Apontando para uma superação do constitucionalismo moderno e da própria modernidade, tem-se mencionado um novo tipo de constitucionalismo, presente, em especial, nas Constituições do Equador e da Bolívia, embora com raízes nas Constituições da Colômbia de 1991 e da Venezuela de 1999. Trata-se de um constitucionalismo marcado pelas ideias de plurinacionalidade, pluriculturalidade, plurietnicidade e interculturalidade.[20]

3. O NEOCONSTITUCIONALISMO – O CONSTITUCIONALISMO DO FUTURO – O TRANSCONSTITUCIONALISMO

Se o constitucionalismo tem sido marcado pela limitação do poder, opondo-se ao governo arbitrário, o seu conteúdo mostra-se variável, desde as suas origens.

---

[19] BONAVIDES. *Teoria constitucional da democracia participativa* – por um direito constitucional de luta e resistência – por uma nova hermenêutica – por uma repolitização da legitimidade, p. 32-33.

[20] Para uma compreensão deste tipo de constitucionalismo, cf.: SANTOS. *La reinvención del estado y el estado plurinacional,* p. 5-35; MAGALHÃES. *Estado plurinacional e direito internacional.*

Uma nova era histórico-constitucional surge no alvorecer do século XXI, com a perspectiva de que ao constitucionalismo social seja incorporado o constitucionalismo fraternal e de solidariedade.

Os elementos para a compreensão do constitucionalismo pós-moderno, neoconstitucionalismo ou pós-positivista são: +"a) a compreensão do papel de supremacia atribuído à Constituição como elemento integrador da comunidade política; b) a superação da dicotomia, criada pela filosofia política clássica, entre soberania popular (vontade geral) e direitos humanos, como fatores de legitimação da ordem jurídica; c) a superação da dicotomia direito natural e direito positivo, através da percepção que a Constituição positiva preceitos morais e, portanto, traz em seu bojo elementos valorativos capazes de servir de parâmetros materiais para a aferição da legitimidade do direito infraconstitucional; d) a compreensão de que os conteúdos materiais dos princípios constitucionais que positivam normas éticas não poderão ser deduzidos ou pressupostos a partir de uma racionalidade centrada no paradigma da consciência, portanto a partir de uma racionalidade subjetiva e proponente de verdades absolutas, mas, sim, construídos através de uma racionalidade comunicativa, capaz de produzir consensos intersubjetivos em torno de proposições cuja validez é criticável; e) em função da necessidade de legitimação e fundamentação do direito através de procedimentos democráticos, a percepção da pertinência da 'abertura constitucional', como fator de alargamento do consenso produzido pelo debate constitucional; f) a percepção do valor da suplantação da hermenêutica tradicional (os quatro critérios interpretativos de Savigny), para uma técnica de interpretação capaz de dar conta da dupla necessidade de fundamentação racional das decisões constitucionais, bem como de adequada resolução sistemática dos conflitos de valores oferecidos pela positivação de pretensões normativas díspares de uma sociedade complexa e pós-tradicional."[21]

De qualquer modo, o direito pós-moderno sai do universo das certezas para a apreensão da complexidade do real. O novo paradigma do direito tem como pilares: "complexidade (dos mecanismos de produção do direito e das modalidades de articulação das normas jurídicas) e flexibilidade (do conteúdo das normas e de seus processos de adaptação local). Essas duas dimensões explicam os pontos de ruptura do direito pós-moderno com o direito da modernidade: à unidade opõe-se o pluralismo; à hierarquia, a diversidade; à coação, a regulação e a emancipação; à estabilidade, a adaptabilidade."[22]

A ideia de centralidade da Constituição no sistema jurídico, a supremacia material das normas constitucionais, a força normativa dos princípios, a ênfase nos direitos humanos fundamentais, em especial, na dignidade da pessoa humana, dentro de um contexto pós-positivista, levaram ao surgimento, a partir de meados do século XX, do neoconstitucionalismo, na busca da construção de um modelo constitucional-democrático, com mudança da natureza do direito positivo, e de todo um instrumental

---

[21] CAPELLARI. *A crise da modernidade e a constituição*: elementos para a compreensão do constitucionalismo contemporâneo, p. 77-78.

[22] DIAS. *Direito administrativo pós-moderno*: novos paradigmas do direito administrativo a partir do estudo da relação entre o Estado e a sociedade, p. 35.

teórico juspositivista. Daí se pensar o neoconstitucionalismo como um modo antijuspositivista de aproximação do direito.

Como propriedades do neoconstitucionalismo, podem ser indicadas, segundo Écio Oto Ramos Duarte, as seguintes: *a) pragmatismo*, no sentido de que o conceito de direito depende da compreensão particular que se tenha da teoria constitucional, e se evidencia quando a determinação do conceito de direito é tomada como ponto útil, e, portanto, orientado à prática; *b) ecletismo (sincretismo) metodológico*, indicando que o paradigma neoconstitucionalista exige uma via que se situe entre a orientação analítica e a hermenêutica, fazendo com que a exegese e aplicação jusfundamental dependa de um conjunto de metodologias que se interconectam; *c) principialismo*, em que o argumento dos princípios junta-se a dois outros argumentos, quais sejam, o argumento da correção e o argumento da injustiça, consolidando-se, com isso, a tese que aceita a conexão do direito com a moral; *d) estatalismo garantista*, que consiste no fato de que, para a consecução da segurança jurídica no meio social, torna-se necessário que os conflitos sejam resolvidos por intermédio de instituições estatais, à consideração de ser o Estado a instância comum que garante a realização dos direitos humanos e unidade institucional para a garantia da paz e justiça social; *e) judicialismo ético-jurídico*, em que o neoconstitucionalismo exige dos operadores do direito cada vez mais a elaboração de juízos de adequação e juízos de justificação com natureza ética, a par de técnicas estritamente subsuntivo-jurídicas; *f) interpretativismo moral-constitucional*, significando que a perspectiva interpretativa da moralidade da Constituição tem como um de seus pressupostos os valores morais da pessoa humana, que deve ser levado a efeito no exercício da discricionariedade judicial, é dizer, a Constituição, numa perspectiva construtiva dos valores democráticos, deve ser interpretada também como um conjunto de princípios morais; *g) pós-positivismo*: o paradigma neoconstitucionalista constitui um modelo ideal (axiológico-normativo do direito), ao qual o direito positivo deve atender, não tendo o seu foco na mera descrição da organização do poder ou de como funciona o direito positivo nesse cenário; *h) juízo de ponderação*: o neoconstitucionalismo propugna que o juiz, na resolução dos denominados casos difíceis (*hard cases*), tem o dever de descobrir quais são os direitos das partes, e não de inventar novos direitos retroativamente, devendo agir como se fosse delegado do poder legislativo, promulgando leis que, em sua opinião, os legisladores promulgariam caso se vissem diante do problema (Dworkin). Nessa tarefa, são levados em consideração argumentos de princípios, os quais, detendo uma dimensão de peso, são sopesados e ponderados; *i) especificidade interpretativa*, tese segundo a qual a interpretação constitucional apresenta hoje algumas peculiaridades em relação à interpretação da lei, o que significa que a linguagem constitucional não é interpretável com os instrumentos comumente utilizados para a interpretação do direito infraconstitucional; *j) ampliação do conteúdo da Grundnorm*: o neoconstitucionalismo, ultrapassando o esquema positivista kelseniano de que a validez de todo o ordenamento jurídico depende de uma norma fundamental completamente neutra, defende que a obrigatoriedade jurídica assumida em função da Constituição se deve à inclusão, no conceito de *grundnorm*, de conteúdos morais. Nesse ponto, normas extremamente injustas não podem ter o caráter de normas jurídicas, o que leva à introdução, na formulação da norma fundamental, de uma cláusula que considera o argumento da injustiça a refletir uma pretensão de correção de todo o sistema normativo; *k) conceito não positivista de direito*: o neoconstitucionalismo atribui às Constituições atuais, além de uma força formal de validez, uma densidade material normativa, o que leva o conceito de direito a uma dimensão de fundamentação que qualifica aquela validez a partir de um mínimo de justificação ética.[23]

No pós-positivismo, que leva ao neoconstitucionalismo, pode-se então identificar: a) o valor no lugar da norma; b) a ponderação em vez da subsunção; c) a onipresença da Constituição em vez da independência do legislador ordinário, o que resulta na centralidade da Constituição, que irradia seus princípios e é invasivo de todo o direito infraconstitucional, cuja interpretação ou aplicação se dará segundo uma filtragem constitucional; d) a lei já não é a única fonte do direito, surgindo a Constituição como autoaplicativa; e) altera-se a teoria da norma, com o aparecimento dos princípios jurídicos; f) o direito, que valorizava a concepção de norma/sanção (Kelsen) passa a dar ênfase ao binômio norma/suporte administrativo, em que assume relevância a busca da eficácia normativa da Constituição; g) desenvolve-se uma nova dogmática da interpretação constitucional.[24]

Assinala Dromi, o futuro do constitucionalismo deve "estar influenciado até identificar-se com a verdade, a solidariedade, o consenso, a continuidade, a participação, a integração e a universalização", alcançando um ponto de equilíbrio as concepções extraídas do constitucionalismo moderno e os excessos do constitucionalismo contemporâneo.

Os valores acima apontados, e que marcarão, certamente, o constitucionalismo do futuro, podem ser assim resenhados: I) verdade – as constituições não mais conterão promessas impossíveis de serem realizadas, nem consagrarão mentiras. Para tanto, o referido publicista argentino analisa as normas que, de natureza programática, encerram projetos inalcançáveis pela maioria dos Estados, defendendo a necessidade de sua erradicação dos textos constitucionais. Por isso é que o constitucionalismo será verdadeiro, transparente e eficaz; II) solidariedade – as constituições do futuro aproximar-se-ão de uma nova ideia de igualdade, baseada na solidariedade dos povos, na dignidade da pessoa humana e na justiça social, com a eliminação das discriminações; III) continuidade – é muito perigoso em nosso tempo conceber constituições que produzam uma ruptura da denominada lógica dos antecedentes, pelo que as reformas constitucionais, embora objetivando adaptar os textos constitucionais às exigências da realidade, ocorrerão com ponderação e equilíbrio, dando continuidade ao caminho traçado; IV) participação – o povo e os corpos intermediários da sociedade participarão de forma

---

[23] DUARTE; POZZOLO. *Neoconstitucionalismo e positivismo jurídico*: as faces da teoria do direito em tempos de interpretação moral da constituição, p. 64-72. Ainda sobre o neoconstitucionalismo, cf., POZZOLO, *op. cit.*, p. 77-183.

[24] Cf. STRECK. Ontem, os códigos; hoje, as constituições: o papel da hermenêutica na superação do positivismo pelo neoconstitucionalismo. *In: Direito constitucional contemporâneo*: homenagem ao Professor Paulo Bonavides. ROCHA; MORAES (Orgs.), p. 521-561. AGRA. Pós-modernidade, crise do estado social de direito e crise na legitimação da jurisdição constitucional. *In: Constitucionalismo e estado*. ALMEIDA FILHO; PINTO FILHO (Orgs.), p. 229-254. BARROSO. Neoconstitucionalismo e constitucionalização do direito (O triunfo tardio do direito constitucional no Brasil). *In: Constituição e crise política*. SAMPAIO (Org.), p. 97-148.

ativa, integral e equilibrada no processo político (democracia participativa) eliminando-se, com isso, a indiferença social; V) integração – haverá integração, prevista nas constituições, mediante cláusulas que prevejam órgãos supranacionais, dos planos interno e externo do Estado, refletindo a integração espiritual, moral, ética e institucional dos povos; VI) universalização – os direitos fundamentais internacionais serão previstos nas constituições do futuro, com a prevalência universal da dignidade do homem, e serão eliminadas quaisquer formas de desumanização.[25]

Insere-se ainda no novo constitucionalismo o conceito-ideia de *good governance* (boa governação, bom governo), ou seja, o *princípio da condução responsável* dos assuntos do Estado. O conceito, originário no âmbito da economia, se juridicizou, e é tido hoje como necessário para a compreensão das próprias instituições políticas estatais. Canotilho, reportando-se ao art. 9º da Convenção de Cotonu, e à Constituição Europeia, esquematiza os tópicos principais do *princípio da condução responsável* dos assuntos do Estado: 1. aprofundamento do contexto político, institucional e constitucional através da avaliação permanente do respeito pelos direitos humanos, dos princípios democráticos e do Estado de Direito; 2. centralidade do princípio do desenvolvimento sustentável e equitativo que pressupõe uma gestão transparente e responsável dos recursos humanos, naturais, econômicos e financeiros (boa governação); 3. recorte rigoroso dos esquemas procedimentais e organizativos da boa governação, designadamente: *a)* processos de decisão claros a nível das autoridades públicas; *b)* instituições transparentes e responsáveis; *c)* primado do direito na gestão dos recursos; *d)* reforço das capacidades no que diz respeito à elaboração e aplicação de medidas especificamente destinadas a prevenir e a combater a corrupção.[26]

O neoconstitucionalismo se acha associado à modernidade, com sua visão antropocêntrica e a defesa de valores, como a liberdade, a igualdade, a dignidade humana e a democracia. Fala-se, hoje, no entanto, em crise da modernidade, que não logrou resolver problemas de uma sociedade complexa, globalizada e fragmentada. O advento de uma era pós-moderna e de uma sociedade de riscos seria o novo cenário para a solução dos problemas da modernidade, que se exauriu no século XX. Há, todavia, "grande incerteza em torno do conceito de pós-modernismo, existindo diversas correntes no movimento, que vão do pós-estruturalismo de Michel Foucault ao pragmatismo de Richard Rorty, o que torna difícil qualquer tentativa de síntese. Sem embargo, pode-se afirmar que o pós-modernismo é desconfiado em relação à razão, na qual vislumbra um movimento de repressão, e tem a pretensão de desconstruir as principais categorias conceituais da Modernidade, como as ideias de sujeito, de progresso, de verdade e de justiça. Prefere-se o particular ao universal, o micro ao macro, o efêmero ao definitivo, o sentimento à razão (*omissis*)." A pós-modernidade "representaria o 'momento de ruptura', que 'desafia o sistema, suspeita de todo pensamento totalizador e da homogeneidade e abre espaço para o marginal, o diferente, o outro', sendo assim uma 'celebração do fluxo, da dispersão, da pluralidade e do

---

[25] DROMI. *El derecho público de finales de siglo*: una perspectiva iberoamericana.
[26] CANOTILHO. *"Brancosos" e interconstitucionalidade*. Itinerários dos discursos sobre a historicidade constitucional, p. 329.

localismo'. François Lyotard, expoente do pensamento pós-moderno, cunhou conhecida definição do pós-modernismo como expressão da 'incredulidade em relação às metanarrativas.' "[27] Em relação ao constitucionalismo, o conceito de pós-modernidade vai de encontro à ideia de Constituição dirigente, cujo projeto é o de fixar rumos para o desenvolvimento econômico, social e político da sociedade, desconhecendo os limites da regulação jurídica, bem como rejeita as dimensões substantivas e axiológicas da Constituição.

Menção deve ser feita ao transconstitucionalismo, fenômeno assim denominado por Marcelo Neves, e que consiste no entrelaçamento de ordens jurídicas diversas, quais sejam estatais, transnacionais, internacionais, supranacionais e locais, em torno dos mesmos problemas de natureza constitucional. Os problemas constitucionais, com a maior integração da sociedade mundial, tornaram-se insuscetíveis de serem tratados por uma única ordem jurídica estatal no âmbito do correspondente território. Problemas de direitos humanos fundamentais e de controle e limitação do poder tornam-se concomitantemente relevantes para mais de uma ordem jurídica, até mesmo não estatais, que passam a oferecer respostas para a sua solução. Desse modo surge uma relação transversal permanente entre ordens jurídicas em torno de problemas constitucionais comuns. O transconstitucionalismo não se identifica com o constitucionalismo internacional, transacional, supranacional, estatal ou local, pois seu conceito aponta para o desenvolvimento de problemas jurídicos que perpassam os diversos tipos de ordens jurídicas. O transconstitucionalismo não é considerado apenas como uma exigência funcional e pretensão normativa de racionalidade transversal entre ordens jurídicas, mas leva em conta, empiricamente, aspectos negativos dos entrelaçamentos constitucionais, inclusive práticas contrárias à proteção dos direitos humanos e ao controle e limitação do poder. O transconstitucionalismo "não toma uma única ordem jurídica ou um tipo determinado de ordem como ponto de partida ou *ultima ratio*. Rejeita tanto o estatalismo quanto o internacionalismo, o supranacionalismo, o transnacionalismo e o localismo como espaço de solução privilegiado dos problemas constitucionais. Aponta, antes, para a necessidade de construção de 'pontes de transição', da promoção de 'conversações constitucionais', do fortalecimento de entrelaçamentos constitucionais entre as diversas ordens jurídicas: estatais, internacionais, transnacionais, supranacionais e locais. O modelo transconstitucional rompe com o dilema 'monismo/pluralismo'. A pluralidade de ordens jurídicas implica, na perspectiva do transconstitucionalismo, a relação complementar entre identidade e alteridade. As ordens envolvidas na solução do problema constitucional específico, no plano de sua própria autofundamentação, reconstroem continuamente sua identidade mediante o entrelaçamento transconstitucional com a(s) outra(s): a identidade é rearticulada a partir da alteridade. Daí por que, em vez da busca de uma *Constituição hercúlea*, o transconstitucionalismo aponta para a necessidade de enfrentamento dos problemas *hidraconstitucionais* mediante a articulação de observações recíprocas entre as diversas ordens jurídicas da sociedade mundial".[28] Anote-se que, na conversação constitucional mediante referências recíprocas, a decisão de tribunais de outros Estados, em que as ideias constitucionais migram mediante legislação e doutrina de uma ordem jurídica

---

[27] SOUZA NETO; SARMENTO. *Direito constitucional:* teoria, história e métodos de trabalho, p. 234.

[28] NEVES. *Transconstitucionalismo*, p. XIX–XXV.

para outra, importa no entrecruzamento de problemas em que as decisões das cortes constitucionais são elementos construtores da *ratio decidendi*, e não apenas *obter dicta*, o que implica uma releitura dos autofundamentos da própria ordem jurídica que se toma como ponto de partida.[29]

4. O CONSTITUCIONALISMO NO BRASIL

O nascimento do Brasil se deu sob o signo do constitucionalismo. A evolução histórica do constitucionalismo no Brasil coincide com as transformações substanciais do próprio Estado. A prática do nosso constitucionalismo se esboçou, sem sucesso, com o movimento revolucionário ocorrido em Pernambuco, em 1817, de inspiração republicana. Foi elaborado um Projeto de Lei Orgânica, de autoria de Antônio Carlos Ribeiro de Andrada, para ser a Constituição da novel República.

A primeira Constituição brasileira, de 1824, surgiu de um ato de violência política, pela dissolução, por D. Pedro I, da Assembleia Constituinte. A Constituição monárquica durou, no entanto, 67 anos, a mais longa de todas as Constituições brasileiras. Foi substituída pela Carta de 1891 que, com pequena reforma ocorrida em 1926, é interrompida pela Revolução de 1930. Após uma sangrenta guerra civil, surgida exatamente da ausência de uma constituição, vem o texto de 1934, que introduz no constitucionalismo brasileiro a ideia social, já que as duas Constituições anteriores refletiam uma concepção marcadamente liberal de Estado. Em 1937 é desferido um golpe de Estado, por Getúlio Vargas, que outorga a Constituição de 1937, que não chegou a entrar em vigor, governando o ditador por decretos-leis na ausência de órgãos legislativos. Derrubada a ditadura, em 1945, reimplanta-se a normalidade constitucional democrática, com a Constituição de 1946, que duraria até o golpe de 1964, quando é votada pelo Congresso Nacional a Constituição de 1967, de curta duração, sucedida por uma Emenda outorgada em 1969, que perduraria até a votação da Constituição democrática de 1988. De se mencionar ainda que o constitucionalismo brasileiro conheceu duas *Constituições provisórias*: o Decreto n. 1, de 15 de novembro de 1889, e o Decreto n. 19.398, de 11 de novembro de 1930, que, emanados de governos revolucionários, foram documentos de expressiva força constitucional.

Pode-se assim dizer que o constitucionalismo e o pensamento constitucional brasileiros seguem as Constituições e desdobram-se em quatro fases.[30]

A primeira é a fase liberal-centralizadora, que corresponde ao Império, destacando-se o pensamento do constitucionalista Pimenta Bueno, Marquês de São Vicente, com a sua obra *Direito Público Brasileiro e Análise da Constituição do Império*, publicada em 1857, obrigatória para a interpretação da Constituição de 1824. O liberalismo centralizador do Império, refletido, sobretudo, na existência do Poder Moderador tal como instituído pela Constituição de 1824, deve-se a Aureliano Tavares Bastos, em suas

---

[29] NEVES. *Transconstitucionalismo*, p. 167-168.

[30] A análise das Constituições brasileiras é feita adiante. Cf. ainda o verbete Constitucionalismo no Brasil. *In*: *Dicionário Enciclopédico de Teoria e de Sociologia do Direito*, p. 147/149, em que nos baseamos para o desenvolvimento deste tema.

Cartas do Solitário (1863), e *A Província* (1870), em que aponta os vícios político-administrativos da centralização e a necessidade da sua extinção para o desenvolvimento, com a República nos moldes das instituições norte-americanas.

A segunda fase do constitucionalismo brasileiro, a republicana, é dominada pelo pensamento de Rui Barbosa, autor principal do projeto da Constituição de 1891, e na oposição após o governo provisório de que resultou aquela Constituição liberal. Rui foi o defensor do *habeas corpus* e do controle de constitucionalidade pelo Poder Judiciário. Destaque-se também no período republicano a obra de João Barbalho, referência para a interpretação da Carta de 1891, bem como os *Comentários* de Carlos Maximiliano. O período é marcado ainda por um nacionalismo realista e autoritário inaugurado por Alberto Torres, e no plano constitucional pela obra de Oliveira Vianna, que, no *Idealismo da Constituição* (1927) enfraquece o trabalho de Rui Barbosa, em prol das liberdades públicas, em nome de um realismo e da eficiência. Surgem novos e jovens pensadores que procuram substituir o direito pela sociologia e economia, vendo com maus olhos o constitucionalismo.

Expressivo é o surgimento, nesse período histórico, no âmbito das forças armadas, do *tenentismo*, como instituição visando ampliar e fortalecer a posição dos militares dentro da máquina estatal e da sociedade. O tenentismo se formou em torno dos seguintes pontos, segundo José Murilo de Carvalho: 1. Nacionalização da política. Todos os tenentes, da esquerda e da direita, lutavam contra o domínio que, desde o governo de Campos Sales, as oligarquias estaduais exerciam sobre a política nacional. Todos eles eram favoráveis a um retorno à centralização política, entendendo-se por isto maior poder ao governo central em detrimento dos Estados. 2. Antiliberalismo. Dentro do espírito dos anos 1930, os tenentes de todos os matizes de opinião eram também antiliberais, no sentido de defenderem papel preponderante para o Estado em detrimento do mercado. 3. Antirrepresentativismo. A oposição ao sistema democrático-representativo era outra unanimidade tenentista. O povo era visto como "massa imbele", incapaz de reagir por si mesmo ao arbítrio do poder. 4. Reformismo. Todas as correntes tenentistas propunham reformas políticas, sociais e econômicas. Nenhuma delas era conservadora no sentido de defender a ordem político-social vigente. O que variava era a profundidade das reformas propostas.[31]

A terceira fase, a autoritária (Constituição de 1937), é marcada pelo período em que se desenvolvem as ideias contrárias a um constitucionalismo liberal e um nascente decisionismo autoritário. A Constituição de 1934, inspirada na de Weimar, de 1919, tornou-se mais uma esperança liberal do que uma realidade. A Constituição de 1937, elaborada por Francisco Campos, sob inspiração da polonesa de 1935, é marcada pelo autoritarismo. Como previa um plebiscito, jamais realizado, para sua entrada em vigor, desnecessário que se escrevessem comentários a seu texto, ficando tudo ao arbítrio do ditador que enfeixava em suas mãos todos os poderes do Estado. Nada obstante, há o *Comentário* de Pontes de Miranda, junto com o livro de Azevedo Amaral – *Estado Autoritário e a Realidade Nacional* –, o livro de Araújo Castro – *A*

---

[31] CARVALHO. *Forças armadas e política no Brasil*, p. 128-129.

Constituição de 1937 – e o de Augusto E. Estelita Lins – *A Nova Constituição dos Estados Unidos do Brasil*.

A quarta fase é a do período liberal-social, abrangendo as Constituições de 1946, e a de 1988, com o hiato das de 1967/1969, em que houve retorno ao modelo estatizante e centralizador. Houve expressiva produção teórica, sob o influxo da Constituição de 1946. Mencione-se, entre outras, as obras de Sampaio Doria – *Curso de Direito Constitucional* – com forte acento federalista e liberal, em oposição ao Estado Novo; o *Direito Constitucional* de Pedro Calmon, com valiosas informações históricas; o *Curso de Direito Constitucional*, em dois volumes, de Afonso Arinos de Melo Franco; os *Comentários* de Pontes de Miranda; *Princípios Gerais do Direito Constitucional Moderno* de Pinto Ferreira, que constitui uma interpretação socialista da Constituição de 1946. Durante a Constituição de 1967 e a Emenda Constitucional n. 1/69, surgem as adaptações dos trabalhos de Pinto Ferreira, Pontes de Miranda e Paulino Jacques, o *Curso de Direito Constitucional* e os *Comentários à Constituição de 1967*, de Manoel Gonçalves Ferreira Filho, o *Curso de Direito Constitucional Positivo*, de José Afonso da Silva, o *Curso de Direito Constitucional* de Rosah Russomano, o *Curso de Direito Constitucional* de Celso Ribeiro Bastos, o *Direito Constitucional* de Paulo Bonavides, havendo ainda o jurista português Marcelo Caetano, exilado no Brasil, publicado o seu *Direito Constitucional*.

No que se refere à Constituição de 1988, destaque-se a influência direta no seu texto, do jurista português Gomes Canotilho, e do jusfilósofo socialista espanhol Elias Diaz. No transcorrer deste trabalho, são mencionadas algumas obras de juristas brasileiros, que analisaram a Constituição de 1988, à luz do constitucionalismo atual.

CAPÍTULO 8

PODER CONSTITUINTE

SUMÁRIO

1. Conceito, natureza e titularidade – 2. Poder constituinte material e Poder constituinte formal – 3. Poder constituinte originário – 4. Poder constituinte derivado – 5. Poder constituinte difuso – 6. Poder constituinte decorrente: espécies, caracteres e limitações – 7. Poder constituinte supranacional – 8. Reconstrução da teoria do poder constituinte.

1. CONCEITO, NATUREZA E TITULARIDADE

O poder constituinte é o instituidor do Estado, criador de uma estrutura jurídica que possibilita a convivência do homem em sociedade.

O poder constituinte é a fonte de produção das normas constitucionais, o poder de fazer uma Constituição e ditar as normas fundamentais que organizam os poderes do Estado. O poder constituinte é poder onipotente e expansivo, extraordinário no tempo e no espaço.[1]

O estudo do poder constituinte envolve não só o direito constitucional e a teoria da constituição, como também aspectos da filosofia e da teoria geral do direito.

---

[1] Elucidativo é o pensamento de Antonio Negri, ao escrever sobre o conceito jurídico de poder constituinte e sua crise: "O poder constituinte tem sempre uma relação singular com o tempo. Com efeito, o poder constituinte é, por um lado, uma vontade absoluta que determina o seu próprio tempo. Em outros termos, o poder constituinte representa um momento essencial na secularização do poder e na laicização da política. O poder torna-se uma dimensão imanente à história, um horizonte temporal em sentido próprio: a ruptura com a tradição teológica é completa. Mas isto não basta: o poder constituinte representa igualmente uma extraordinária aceleração do tempo. A história concentra-se num presente que se desenvolve com ímpeto, as possibilidades são comprimidas num fortíssimo núcleo de produção imediata. Sob este ponto de vista, o poder constituinte está estreitamente ligado ao conceito de revolução" (*O poder constituinte*: ensaio sobre as alternativas da modernidade, p. 22).

Canotilho anota que através de "quatro perguntas fundamentais é possível intuir que a problemática do poder constituinte envolve outras questões complexas e controvertidas da teoria política, da filosofia, da ciência política, da teoria da constituição e do direito constitucional. Qual é então o 'catálogo de perguntas'? Resumidamente este: 1. O que é o poder constituinte? 2. Quem é o titular desse poder? 3. Qual o procedimento e forma do seu exercício? 4. Existem ou não limites jurídicos e políticos quanto ao exercício desse poder?".[2]

Como função da soberania nacional, o poder constituinte é "o poder de constituir, reconstituir ou reformular a ordem jurídica estatal. Tanto pode ser exercido para a organização originária de um agrupamento nacional ou popular, quanto para constituir, reconstituir ou reformular a ordem jurídica de um Estado já formado".[3] Nessa perspectiva, o poder constituinte se revela bifronte, pois há um momento negativo de imprevisibilidade e destruição, e um momento positivo de construção, em que se apresenta como formal.

É, assim, poder político que antecede ao poder do Estado, e que não encontra justificativa em si mesmo, senão que depende de considerações extras e pré-jurídicas para se legitimar, ou de outro meio que possam expressar a força constituinte.

Sua titularidade tem sido atribuída por alguns à nação (Sieyès), e por outros ao povo. Mas, num caso ou noutro, a titularidade do poder constituinte não se confunde com o seu exercício, que se manifesta por meio de um grupo revolucionário de uma assembleia constituinte, ou de outro meio que possa expressar a força constituinte.

A revolução, como força constituinte, consiste em mudança rápida e profunda da estrutura de uma sociedade e do seu sistema de poder, com a destruição da Constituição. Mas "a revolução não é o triunfo da violência, é o triunfo de um Direito diferente ou de um diferente fundamento de validade do ordenamento jurídico positivo".[4]

Poder constituinte sempre existiu em toda sociedade política, por ser o que estabelece as regras jurídicas relativas à organização do Estado e de sua Constituição.

Diferente da revolução é o golpe de Estado, que se caracteriza quando, por meios inconstitucionais (usurpação), um grupo ou movimento derruba e assume o Poder, sem reflexos profundos na estrutura da sociedade.

É o poder constituinte um poder superior e distinto dos demais poderes.

Existente, embora, o poder constituinte em toda sociedade política, sua teorização somente se iniciou no século XVIII, sendo expressivo o opúsculo do Abade Sieyès, intitulado *Qu'est-ce que le tiers État*, onde ele expôs suas ideias racionalizadoras.

Para Sieyès, era necessário igualar o Terceiro Estado (povo) aos dois outros (clero e nobreza), privilegiados, relativamente a direitos e obrigações.[5] A fim de se pro-

---

[2] CANOTILHO. *Direito constitucional e teoria da constituição*, p. 59.
[3] MALUF. *Teoria geral do estado*, p. 199.
[4] MIRANDA. *Manual de direito constitucional*, t. II, p. 68.
[5] Os Estados Gerais, estrutura de representação das três ordens sociais, reunia-se, cada um deles, em salas separadas. O voto era tomado não por cabeça, como nos modernos parlamentos,

mover esta igualdade, concebeu a tese da existência de um Poder Constituinte que institucionaliza o Estado, e que pertence ao povo ou à nação. Mediante um pacto social, de que resultava a criação da sociedade, para sua garantia necessária a existência de um Poder, denominado de Constituinte, para elaborar a Constituição. Para tanto, ou seja, para o exercício da função constituinte, seriam eleitos representantes extraordinários, distintos dos representantes ordinários que, a seu turno, exercem o Poder instituído.

Ressalte-se, todavia, que a Assembleia Constituinte poderia manifestar-se de qualquer modo ou forma que entendesse.

Em crítica a esta teoria, o Prof. Manoel Gonçalves Ferreira Filho, lembrando Claude Klein, diz que, embora sedutora, a tese é absolutamente irrealista. Acentua: "É preciso enxergar muito além da realidade para vernos que elaboram uma Constituição, depois de uma revolução – e este é o caso que mais se aproxima do modelo – representantes do povo investidos de um poder extraordinário, diferente dos que, mais tarde, recebem do mesmo povo os que este elege para que governem de acordo com a Constituição que for estabelecida. Existe, nas duas situações, uma atribuição de decidir dada pelo povo-eleitor, não mais, nem menos, ou seja, uma relação de representação-imputação – o representante 'quer' pelo representado, a quem se imputa a vontade enunciada. Tanto a Constituição como sua eventual alteração procedem de um mesmo Poder representativo, conforme se apontou anteriormente.

É verdade que, quando os eleitos o são exclusivamente para estabelecer uma Constituição, ainda se pode dizer que foram escolhidos para uma missão diversa da ordinária, qual seja, a de estabelecer a Lei Fundamental. Mas isto é raro na História. E a diferença encontrada situa-se na finalidade, não na natureza da relação com o povo. Sem dúvida, mais perto da teoria se chega quando o povo ratifica num referendo a Constituição. Ainda assim ele não a elabora, salvo em ficção."[6]

Ressalta, contudo, o eminente constitucionalista, que, embora não científica, por configurar um mito, há mérito na doutrina clássica, que reside em "dar uma explicação atraente e lógica para a supremacia da Constituição. Especialmente para justificar sejam os governantes sujeitos à Constituição e, desse modo, obrigados nos seus atos a obedecer a uma condição de constitucionalidade. E sob pena de invalidade de tais atos".[7]

Anote-se ainda que a concepção de poder constituinte (*pouvoir constituant*) de Sieyès acha-se estreitamente ligada à luta contra a monarquia absoluta. Por isso mesmo é que lembra Canotilho que "os autores modernos salientam que, no fundo, a teoria do poder constituinte de Sieyès é, simultaneamente, *desconstituinte* e *reconstituinte*. O poder constituinte, antes de ser constituinte é desconstituinte porque dirigido contra a

---

mas por Estado, o que caracterizava enorme desigualdade. O Terceiro Estado, que representava os interesses da maior parcela da população francesa (mais de dois milhões de franceses, enquanto que os outros dois Estados não chegavam a representar dois mil franceses), dispunha de apenas um voto. Ademais, o Rei, que não participava das votações, detinha o voto de desempate, quase sempre em favor do Segundo Estado.

[6] FERREIRA FILHO. *Aspectos do direito constitucional contemporâneo*, p. 81-82.
[7] FERREIRA FILHO. *Op. cit.*, p. 82.

'forma monárquica' ou poder constituído pela monarquia. Uma vez abolido o poder monárquico, impõe-se uma 'reorganização', um dar 'forma', uma reconstrução da ordem jurídico-política".[8]

Carl Schmitt diz que toda Constituição, como decisão de conjunto sobre o modo e forma da unidade política, surge de um ato do Poder Constituinte entendido como a vontade política cuja força ou autoridade é capaz de adotar aquela forma concreta de decisão.

E Burdeau tem que cada manifestação do Poder Constituinte revela uma ideia de direito, no sentido de que a decisão constituinte expressa a opção por uma concepção do que a comunidade entende por justo nos planos político e social.

No que se refere à titularidade do Poder Constituinte, considere-se a teoria que vê o povo como seu titular, e aquela que confunde a sua titularidade com a pessoa ou o grupo que detém o poder de dizer o direito.

A propósito do assunto, relevante anotar a observação de Canotilho, para quem "o problema do titular do poder constituinte só pode ter hoje uma resposta democrática. Só o povo entendido como um sujeito constituído por pessoas – mulheres e homens – pode decidir ou deliberar sobre a conformação da sua ordem político-social. Poder constituinte significa assim poder do povo". E o povo, nas democracias atuais, concebe-se como uma grandeza pluralística (P. Häberle), ou seja, como uma pluralidade de forças culturais, sociais e políticas tais como partidos, grupos, igrejas, associações, personalidades, decisivamente influenciadoras da formação de opiniões, vontades, correntes ou sensibilidades políticas nos momentos pré-constituintes e nos procedimentos constituintes".

Desse modo, o povo como grandeza pluralística, "está muito longe do povo no sentido de cidadãos ativos quer no sentido jacobino quer no sentido liberal-conservador. Ao falar-se de povo político como titular do poder constituinte e de povo como grandeza pluralística pretende-se também insinuar o abandono de um mito que acompanhou quase sempre a teoria da titularidade do poder constituinte: o mito da subjetividade originária (povo, nação, Estado). Se se quiser encontrar um sujeito para este poder teremos de o localizar naquele complexo de forças políticas plurais – daí a plurisubjetividade do poder constituinte – capazes de definir, propor e defender ideias, padrões de conduta e modelos organizativos, suscetíveis de servir de base à constituição jurídico-formal".

Portanto, só povo real, entendido como comunidade aberta de sujeitos constituintes que pactuam e consentem no modo de governo para a cidade, e que não se confunde com o corpo eleitoral ou o povo participante nos sufrágios, é que tem o poder de disposição e conformação da ordem político-social.[9]

Afasta-se, com esse entendimento, sobretudo a titularidade do poder constituinte no governante ou grupo constituinte que outorga a Constituição, pois se aquele poder guarda relação de intimidade com a força, ele é depositário do consenso, da

---

[8] CANOTILHO. *Direito constitucional e teoria da constituição*, p. 67.
[9] CANOTILHO. *Op. cit.*, p. 69-70.

vontade comum e das expectativas da comunidade, o que só se obtém partindo da premissa de que a Constituição será democrática e, portanto, o próprio poder constituinte.

A necessidade de revisão da teoria clássica do poder constituinte, à luz de um projeto constituinte do Estado Democrático de Direito, foi amplamente considerada por Marcelo Cattoni, em sua obra intitulada *Poder Constituinte e Patriotismo Constitucional*. Lembra o autor que poder constituinte é um tema que, entre os constitucionalistas e os cientistas políticos, tem pouco avançado, em relação à formulação que lhe deu Emmanuel Sieyès. Destaca Habermas, que, na análise crítica da concepção republicana de Michelman, afirma que a "relação pretensamente paradoxal entre Estado de Direito e democracia, direitos humanos e soberania popular, resolve-se na dimensão do tempo histórico, como um processo de aprendizado social capaz de se corrigir a si mesmo, se compreendermos a Constituição do Estado Democrático de Direito como um projeto que transforma o ato fundador em um processo constituinte que tem continuidade e prosseguimento por meio de sucessivas gerações".[10]

A distinção entre poder constituinte e poderes constituídos tem maior relevância nas Constituições rígidas, onde resulta clara a ocorrência de um poder inicial e criador da Constituição, destacado de um outro poder encarregado de alterá-la, circunstância que não se verifica nas Constituições flexíveis pela confusão existente entre poder constituinte e poderes constituídos (o mesmo poder ordinário que estabelece as regras jurídicas originárias promove as alterações na Constituição).[11]

Há os que veem no poder constituinte mero poder de fato, e outros que o concebem como um poder de direito.

Para os positivistas, como poder de fato, o poder constituinte se funda em si mesmo, não se baseia em regra de direito anterior, pois se entende por Direito apenas o Positivo, isto é, aquele posto pelo Estado. Desse modo, se o poder constituinte é quem cria o Estado e se é o Estado quem cria o Direito, segue que o poder constituinte não tem natureza jurídica. Não integra o mundo do direito. Trata-se de um poder social, tendo que submeter seus atos à sociedade. O positivismo vê na Consti-

---

[10] CATTONI DE OLIVEIRA. *Poder constituinte e patriotismo constitucional*, p. 33 e 35. O autor, na perspectiva do processo constituinte como prática comunicativa, que possui um significado performativo, enfatiza que a Constituição brasileira de 1988, que não surgiu nem se esgotou em 1988, "é um marco importantíssimo – o mais importante na nossa História – de um projeto que transcende ao próprio momento de promulgação da Constituição e que lhe dá sentido de um projeto muito anterior que vem se desenvolvendo, ainda a tropeços e a atropelos, há bastante tempo. Em uma leitura reconstrutiva, a Constituição brasileira reafirma, mais uma vez, porque os reinterpreta, os grandes ideais de autonomia e de emancipação presentes nas grandes revoluções, francesa e norte-americana, do final do século XVIII. Porque nós também somos herdeiros de um processo constitucional que se desenvolve há pelo menos 200 anos, que deve ser relido permanentemente no sentido de que só se garantem condições para o exercício da liberdade, em liberdade" (*Op. cit.*, p. 56-57).

[11] Como poder de fato, o poder constituinte "no puede localizarse por el legislador, ni formularse por el filósofo: porque no cabe en los libros y rompe el cuadro de las Constituciones; si aparece alguna vez, aparece como el rayo que rasga el seno de la nube, inflama la atmósfera, hiere la víctima y se extingue" (Donoso Cortes).

tuição um fato e no poder constituinte uma força social afeta às ciências sociais. São partidários da corrente positivista Carré de Malberg e, entre nós, Celso Ribeiro Bastos e Celso Antônio Bandeira de Mello. Expoente máximo do positivismo, Kelsen foi, no entanto, buscar numa norma fundamental hipotética (*grundnorm*) a base para todo o ordenamento jurídico. Embora a ele não pertença, é o pressuposto lógico da Constituição, que se alicerça, desse modo, num fundamento lógico-transcendental. Essa norma fundamental hipotética seria então de natureza política e exterior ao Direito Positivo.

Os teóricos do poder constituinte, como poder de direito, admitem a existência de um poder natural, de que resultam regras de Direito Natural, anteriores ao Direito Positivo, decorrentes da natureza humana e da própria ideia de justiça.

São os jusnaturalistas, para os quais o direito não se resume à sua vertente estatal, positivado pelos órgãos oficiais do Estado. É que antes dele existe o direito natural, que o informa e condiciona. Além de Santo Tomás de Aquino que, na Idade Média, concebeu a existência de uma lei eterna, derivada da razão de Deus, de que o homem passa a ter conhecimento e obedecer a seus postulados por influência da Igreja e por obra da razão (o direito natural), de se mencionar Hugo Grócio (1625), que mudou a concepção de direito natural atemporal. Defendeu a inclinação do homem para a sociedade conduzida por uma ordem jurídica justa. No povo residiria o poder de auto-organização. Já Kant sistematizou a teoria do direito natural, tomando como pressuposto a racionalidade e a lógica. Para ele, o homem tem, na liberdade e no fato de ser bom, características inatas, e a razão indica a necessidade para a vida em sociedade, a fim de que melhor possa defender os seus direitos, em especial, a liberdade. Filiam-se ainda à corrente jusnaturalista Sieyès, Georges Burdeau e, entre nós, Afonso Arinos de Melo Franco.

Anote-se, por fim, a posição de Paulo Bonavides, que reconhece no poder constituinte uma faculdade meramente política. Esclarece o eminente constitucionalista que o poder constituinte, embora de natureza extrajurídica, deve adequar-se ao plano essencialmente político. Enquanto poder de elaborar a Constituição seria poder extrajurídico, que teria legitimidade em si mesmo, conferindo-se, às vezes, um teor de poder revolucionário. Como poder de fato, deve-se, no entanto, ressaltar a questão de sua legitimidade, da titularidade, em que se considerariam os valores e a soberania encarnados na nação: "Foi precisamente uma profunda análise racional da legitimidade do poder, contida nas reflexões do contrato social, que fez brotar a teoria do poder constituinte. Quem diz poder constituinte está a dizer já legitimidade desse poder, segundo esta ou aquela ideia básica perfilhada, numa opção de crenças ou princípios."[12]

O poder constituinte é essencialmente soberano, pela capacidade de estabelecer originária e livremente a configuração jurídico-política do Estado e de sua Constituição, adotando determinadas opções políticas fundamentais.

Soberano que seja, o poder constituinte não é, todavia, absoluto; acha-se vinculado à ideia de legitimidade revelada pelas estruturas políticas, econômicas e sociais, dentre outras, dominantes na sociedade, bem como pelos valores e princípios histori-

---

[12] BONAVIDES. *Curso de direito constitucional*, p. 126.

camente localizados, os quais deverão infletir na sua obra originária, a Constituição, e que portanto constituem os seus limites materiais.

Daí falar-se em poder constituinte material e poder constituinte formal.

2. PODER CONSTITUINTE MATERIAL E PODER CONSTITUINTE FORMAL

O Poder constituinte material, de autoconformação do Estado, consoante determinada ideia de direito, que se identifica com a força política geradora da mudança institucional, se inspira em ideias políticas e modela novo regime político, devendo harmonizar-se com os anseios dos diferentes grupos sociais.

O poder constituinte material, antecedente do formal, determina o conteúdo da Constituição. Traduz-se na força política ou social, na ideia de direito inauguradora da nova ordem constitucional.

O poder constituinte formal revela-se na entidade (grupo constituinte) que formaliza em normas jurídicas a ideia de direito consentida num determinado momento histórico, conferindo estabilidade e permanência à nova situação.

O poder constituinte formal pode estruturar-se sob várias formas, segundo esquema de Jorge Miranda: por ato constituinte unilateral singular, ato constituinte unilateral plural, e ato constituinte bilateral ou plurilateral. Reportando-se a este esquema organizatório, Marcus Vinicius Martins Antunes anota:

"Sob a forma de ato constituinte unilateral – um único ato, um único órgão:

a) outorga: é forma não democrática, como ocorreu com frequência nos albores do liberalismo monárquico do século XIX, como meio de reforma, a conter a revolução antiaristocrática. Por exemplo: França, 1814; Brasil em 1824; Portugal, 1826; Piemonte, em 1848. Também ocorreu no século XX, especialmente quando dos pronunciamentos militares dos países subordinados da América Latina, da África e da Ásia (nestes últimos casos, teríamos os decretos presidenciais ou de outro órgão do poder executivo – por exemplo, Vargas em 1937; ou, depois, dos generais argentinos, chilenos e brasileiros). Não há manifestação por representantes do povo, nesse processo;

b) atos de autoridade constitutiva de um novo Estado, como em Angola e Moçambique, em 1975. Pode ocorrer que no novo Estado criado se produza outorga;

c) aprovação por assembleia representativa ordinária, como sucedeu na União Soviética, em 1936 e 1977. Nestes casos, há continuidade do poder constituinte material;

d) aprovação por assembleia formada especificamente – mas não só para isso, necessariamente – chamada Assembleia Constituinte ou Convenção, como ocorreu na França, em 1791; em Portugal, 1822, ou 1976; na Espanha em 1979 e no Brasil, por diversas vezes.

A fórmula clássica, a de Sieyès, é a da exclusividade da Assembleia Nacional Constituinte, caso de Portugal – 1976.

Sob a forma de atos unilaterais plurais – ato de representação mais ato de manifestação direta – podemos apontar:

a) aprovação por referendo, prévio ou simultâneo da eleição da Assembleia Constituinte, de um ou vários grandes princípios ou opções constitucionais e, a seguir, a elaboração da Constituição, de acordo com o sentido da votação – como na Itália, em 1946, e na Grécia, em 1974;

b) definição, por assembleia representativa ordinária, dos grandes princípios, elaboração do projeto de Constituição pelo Governo, e aprovação por referendo final caso da França, em 1958;

c) promulgação da Constituição por assembleia constituinte, seguida de referendo, a exemplo da França, 1946, ou da Espanha, 1978;

d) promulgação por órgão provindo da Constituição anterior, em subsequente aprovação popular, como na França em 1799, 1801 e 1804;

e) promulgação, por autoridade revolucionária ou órgão legitimado pela revolução seguida de referendo – Portugal, em 1933; Cuba, 1976, ou Chile, 1980.

Também as presentes hipóteses assentam-se na legitimidade democrática (com mais ou menos pluralismo), combinando institutos representativos e democracia direta ou semidireta.

Finalmente, os atos constituintes bilaterais ou plurilaterais, ou seja, participação de instâncias distintas do poder representativo:

a) elaboração e aprovação de Constituição por assembleia representativa, com sanção do monarca – como na Noruega, 1814; França, 1830; Portugal, 1838, ou Prússia, 1850;

b) aprovação da Constituição por assembleia federal, seguida de ratificação pelos Estados componentes da União, como nos Estados Unidos em 1787."[13]

3. PODER CONSTITUINTE ORIGINÁRIO

O *poder constituinte originário* se reveste das seguintes características: é inicial, pois não se funda em nenhum poder e porque não deriva de uma ordem jurídica que lhe seja anterior. É ele que inaugura uma ordem jurídica inédita, cuja energia geradora encontra fundamento em si mesmo. A respeito, acentua Manoel Gonçalves Ferreira Filho: "o poder constituinte edita atos juridicamente iniciais, porque dão origem, dão início, à ordem jurídica, e não estão fundados nessa ordem, salvo o direito

---

[13] ANTUNES. *Mudança constitucional* – o Brasil pós-88, p. 56-58.

natural";[14] é autônomo, porque igualmente não se subordina a nenhum outro; e é incondicionado, porquanto não se sujeita a condições nem a fórmulas jurídicas para sua manifestação. O poder constituinte, no entanto, como vimos, não é absoluto. Mencione-se, a propósito, Luis Carlos Sáchica, para quem todo poder é limitado. Não há poderes absolutos. Têm todos as próprias limitações de seus meios e das circunstâncias em que atuam. Daí, embora o constituinte tenha poder supremo, por ser superior, excludente, originário, fático, ordenador e dominante de todos os demais poderes, é poder limitado, condicionado. O fático, o critério do justo, o tempo em que se vive, a interdependência dos povos, o sentido comum e o pragmático, os costumes, os ideais e as crenças, as forças resistentes que cumprem função de contrapoderes, moderam e neutralizam o mais entusiasmado ímpeto revolucionário.[15]

A inicialidade, como característica do poder constituinte originário, não se deve apoiar numa concepção mitológica desse poder: "em primeiro lugar, porque quase nunca o poder constituinte é deflagrado num cenário de ruptura tão radical como o da Revolução Francesa. Algumas vezes, ele é o coroamento de uma transição pacífica, como ocorreu no Brasil de 87/88, e não produto de uma revolução vitoriosa. E, mesmo quando o constituinte assume um papel 'fundacional', é insustentável definir sua decisão como uma *creatio ex nihilo*; como uma decisão que 'nasce do nada.'"[16]

Para Manoel Gonçalves Ferreira Filho há limitações tanto de fato quanto de direito ao poder constituinte originário. As limitações de fato "estão em que, quem estabelece uma Constituição não pode chocar-se frontalmente com as concepções mais arraigadas – a cosmovisão – da comunidade, porque, do contrário, não obterá a adesão dessa comunidade para as novas instituições, que permanecerão letra morta, senão ineficazes".[17]

Quanto aos limites de direito, reportando-se a Paul Bastid, menciona que o poder constituinte originário é limitado pelo direito internacional e suas regras fundamentais, especialmente aquelas que tutelam os direitos do homem.[18]

Por ser incondicionado é que o poder constituinte não se submete a regras de forma, pois é ele que as cria, a seu próprio modo. Não tem que seguir qualquer procedimento determinado para realizar a sua obra. O Poder Constituinte pode, no entanto, editar regras prévias à elaboração da nova Constituição, com definição do procedimento a ser observado durante os trabalhos constituintes, como ocorreu no Brasil, em que a Assembleia Constituinte, convocada pela EC n. 26/85, estabeleceu seu funcionamento unicameral, previu que a sua sessão de instalação deveria ser presidida pelo Presidente do Supremo Tribunal Federal, e que o texto final da Constituição teria de ser aprovado em dois turnos de votação, pela maioria absoluta dos membros da Assembleia.

---

[14] FERREIRA FILHO. *Direito constitucional comparado*, p. 17.
[15] SÁCHICA. *Esquema para una teoría del poder constituyente*, p. 49.
[16] SOUZA NETO; SARMENTO. *Direito constitucional:* teoria, história e métodos de trabalho, p. 251.
[17] FERREIRA FILHO. *Direito constitucional comparado*, p. 93.
[18] FERREIRA FILHO. *Op. cit.*, p. 94.

Há casos históricos, em que assembleias convocadas com base em determinadas regras, insurgem-se contra elas e deliberam de modo diferente, dando-se como exemplo a elaboração da Constituição norte-americana de 1787. Os convencionais tinham sido convocados para a Convenção de Filadélfia para deliberarem sobre a reforma dos Artigos de Confederação, que disciplinavam a Confederação norte-americana formada por 13 Estados soberanos. Os convencionais norte-americanos acabaram por alterar as regras dos Artigos de Confederação, que previam ser necessária a aceitação unânime pelos Estados de qualquer mudança em seu texto, por meio de seus poderes legislativos. Ao invés de reformar aqueles Artigos, elaboraram uma Constituição, bem como estabeleceram que seria necessária a aprovação de apenas 9 dentre os 13 Estados para que a Constituição norte-americana entrasse em vigor, por decisão do próprio povo, convocado por convenções estaduais, e não pelos correspondentes poderes legislativos.

Jorge Miranda distingue três categorias de limites ao poder constituinte: a) limites transcendentes, que provêm de imperativos de direito natural, de valores éticos superiores, e de uma consciência coletiva, como os que prendem aos direitos fundamentais conexos com a dignidade da pessoa humana; b) limites imanentes, que se ligam à configuração do Estado, à sua soberania e, de alguma maneira, à forma de Estado e à legitimidade política em concreto; c) limites heterônomos, provenientes da conjugação de outros ordenamentos jurídicos, e podem referir-se tanto a regras de Direito Internacional, de que resultem obrigações para todos ou determinado Estado, quanto a regras de Direito Interno, quando o Estado seja composto ou complexo e complexo o seu ordenamento jurídico: neste caso há dupla valência dos limites imanentes e heterônomos.[19]

Uadi Lammêgo Bulos vislumbra três espécies de vedações do poder constituinte originário. Para ele, o poder constituinte originário não poderia abrir mão de certos valores arraigados no âmago da sociedade a espelhar "exigências do bem comum" (limites ideológicos). Não poderia ainda romper "ideias regulativas de situações sociais" (limites institucionais), e, finalmente, não poderia decretar normas constitucionais violadoras dos direitos fundamentais, como, por exemplo, o devido processo legal (limitações substanciais, transcendentes), não poderia distorcer a identidade do Estado (limitações substanciais imanentes) e também não poderia olvidar prescrições de direito internacional (limites substanciais heterônomos).[20] Em síntese: há limitações pragmáticas ou políticas, axiológicas e jurídicas.

Anote-se uma outra característica do poder constituinte originário, que é ser ele extraordinário ou invulgar, pois a inauguração de uma ordem jurídica nova constitui fato incomum, embora o poder constituinte material permaneça latente em toda a existência do Estado, apto a emergir e a atualizar-se a qualquer instante.

Quanto às regras capazes de promover a razão e o interesse geral, evitando-se a prevalência do autointeresse no processo constituinte, Jon Elster defende que a assembleia constituinte ideal tenha curta duração, que desenvolva seus trabalhos numa cidade

---

[19] MIRANDA. *Teoria do estado e da constituição*, p. 376-378.
[20] Cf. BULOS. *Mutação constitucional*.

pequena e distante da capital do país, que os representantes (nem muitos, nem poucos) exerçam mandato livre, que as decisões se deem por votação secreta e maioria qualificada.[21] Ao seu turno, Andrew Arato propõe que a convenção seja pública, que seu arranjo institucional seja de tipo consensual e que o processo de *constitution-making* esteja aberto à reflexão e à crítica.[22]

4. PODER CONSTITUINTE DERIVADO

O *poder constituinte derivado*, ou de reforma da Constituição, é derivado, pois provém de outro poder, que é o originário; é subordinado, por se vincular ao poder constituinte originário, e é condicionado, já que o seu exercício se verifica dentro de limites e condições estabelecidos na própria Constituição.

Cabe ao poder constituinte derivado a função de alterar a Constituição, mediante acréscimos e reforma, ou seja, agregar algo novo ao já existente, bem como substituir um texto por outro, ou suprimi-lo. Não é próprio, no entanto, deste poder elaborar uma nova Constituição, em substituição à ideia de direito que deu origem ao ato constituinte originário, pois não outorga faculdades a si mesmo, mas as recebe do constituinte.

O poder constituinte derivado exerce também a atividade de institucionalizar os Estados federados, que provenham da obra do poder constituinte originário: trata-se do poder constituinte dos Estados-Membros, denominado de poder constituinte decorrente (ver adiante).

Note-se, todavia, que, para alguns autores, não há tais limitações ao poder constituinte derivado por ser ele a manifestação do próprio poder constituinte. Trata-se, porém, de posição minoritária.

Não são pacíficas as posições doutrinárias quanto ao seu enquadramento no âmbito do poder constituinte. Se André Hauriou, Jacques Cadart, Vanossi, Afonso Arinos de Mello Franco, Manoel Gonçalves Ferreira Filho, José Afonso da Silva, Paulo Bonavides, Pinto Ferreira e José Alfredo de Oliveira Baracho, dentre outros juristas, admitem o chamado poder constituinte derivado ou instituído, outros já não aceitam essa terminologia, pois reduzem o conceito de poder constituinte ao originário: assim pensam, por exemplo, Georges Burdeau, Vergottini, Carl Schmitt, Canotilho, Raymundo Faoro, Aderson de Menezes, Nelson de Sousa Sampaio, Ivo Dantas e Carlos Ayres Britto.

A função do constituinte derivado, para o primeiro grupo de juristas, é constituinte. Trata-se de um órgão que sobrevive ao autor da Constituição, e que não se confunde com os poderes constituídos, como o Legislativo, o Executivo e o Judiciário, em razão, sobretudo, do princípio da separação de poderes. Os órgãos do Poder Legislativo, quando exercem a função de emendar ou rever a Constituição, compõem um órgão novo, que não tem atividade de poder constituído, mas de cons-

---

[21] ELSTER. *The Optimal Design of a Constituent Assembly.* Trabalho apresentado na conferência sobre *Comparative Constitutional Design*, University of Chicago, 16-17 de outubro/2009.
[22] ARATO. Construção Constitucional e Teorias da Democracia. *In: Lua Nova*, n. 42, p. 5-51.

tituinte, falando-se até mesmo em poder constituinte permanente, como parcela do poder constituinte geral. Ao terminar sua função primeira, que é a criação da Constituição, o poder constituinte não desaparece, mas permanece para que possa renovar a sua criação. Não haveria, enfim, como admitir a possibilidade de um poder secundário, inferior ao constituinte, aditar a obra do poder superior, modificando-a, ou suprimindo-a, ainda que parcialmente.

Na concepção do segundo grupo de juristas, são inerentes ao poder de reforma limitações jurídicas materiais e formais, circunstância que viria desqualificá-lo como poder constituinte. Por sua vez, o poder constituinte que elabora a Constituição não sofre limitações jurídicas desde a origem. As limitações que porventura condicionam sua atuação no espaço e no tempo são limitações filosófico-sociológicas, e não jurídicas, estas ocorrentes apenas em relação ao poder de reforma da Constituição.

Nessa linha de pensamento, Carlos Ayres Britto aduz não existir "Poder Constituinte Derivado, pela consideração elementar de que, se é um poder derivado, é porque não é constituinte. Se o poder é exercitado por órgãos do Estado, ainda que para o fim de reformar a Constituição, é porque sua ontologia é igualmente estatal. E sendo estatal, o máximo que lhe cabe é retocar o Estado, nesse ou naquele aspecto, mas não criar um Estado *zero quilômetro*. E sem esse poder de plasmar *ex novo* e *ab ovo* o Estado (que é o correlato poder de desmontar, desconstituir por inteiro o Estado preexistente), então de poder constituinte já não se trata. Como tantas vezes dissemos, o verdadeiro e único Poder Constituinte é um poder de construção e ao mesmo tempo de demolição normativa, mas sempre com a virtualidade de operar *no atacado*, no global, de *ponta a ponta*".[23]

Um argumento final serviria para descaracterizar o poder de reforma como constituinte: como admitir sua natureza constituinte se o poder de reforma é controlado por um poder constituído, o Judiciário, a quem cabe, segundo determinados sistemas constitucionais, controlar a constitucionalidade de reforma da Constituição?

4.1 Limitações ao poder constituinte derivado

Como poder de reforma da Constituição, o poder constituinte derivado é limitado desde o seu nascimento. Trata-se de limitações jurídicas endereçadas à sua atuação. Pode-se identificar, em geral, quatro tipos de limitações: a) limitações circunstanciais; b) limitações formais; c) limitações temporais; e d) limitações materiais:

  a) *Limitações circunstanciais*. Estas limitações vêm expressas no artigo 60, § 1º, da Constituição brasileira de 1988, e impedem mudança válida no texto constitucional durante intervenção federal, estado de sítio e estado de defesa. É que, pela importância e dignidade da Constituição, as alterações ao seu texto não devem ser decididas durante eventos que não propiciariam um clima de ampla liberdade e isento de paixões decorrentes de acontecimentos extraordinários de ordem política. Ademais, no caso de intervenção federal, a federação restaria fragilizada, e

---

[23] BRITTO. *Teoria da constituição*, p. 96.

o estado de sítio e de defesa poderiam ser o momento ideal para retaliações políticas.

b) *Limitações formais*. Estão previstas no artigo 60, I, II e III, c/c os §§ 2º e 5º. Vinculam o poder de reforma constitucional à observância de determinado procedimento, próprio das Constituições rígidas, cuja supremacia formal reside justamente na maior dificuldade para sua alteração. As regras procedimentais relativas à modificação da Constituição não poderiam ser alteradas (inalterabilidade das normas autorreferentes), por contradizer uma das premissas do silogismo, redundando num absurdo. A alteração das regras de modificação não seria possível, por se enquadrar estas últimas como limitação implícita ao poder de reforma.

c) *Limitações temporais*. São aquelas que vedam a reforma constitucional por um prazo determinado. Justificam-se pela necessidade de assegurar certa estabilidade às instituições constitucionais. A Constituição do Império, de 1824, em seu artigo 174, vedava nos quatro anos de vigência mudanças no seu texto. A Constituição de Portugal de 1976 preceitua espaço temporal de cinco anos que deve mediar entre as revisões ordinárias da Constituição, aceitando-se, todavia, que a revisão extraordinária em qualquer tempo, desde que satisfeitos determinados requisitos.

d) *Limitações materiais*. Constituem o chamado *cerne imodificável* da Constituição, suas cláusulas pétreas. Expressam as opções que o constituinte originário elegeu, traduzidas nas regras estruturadoras do edifício constitucional, que tratam do conteúdo, do teor do texto constitucional. Na Constituição brasileira de 1988 constam do artigo 60, § 4º. A inviabilidade de se reformar a Constituição, violando as limitações materiais, ao confronto com a necessidade de adaptá-la à realidade, muitas vezes marcada pela volubilidade das circunstâncias e pela vontade dos detentores do poder, faz com que as limitações materiais sejam fatores de tensão política.

A primeira limitação material, na Constituição de 1988, impede a mudança da forma federativa. Não se pode, portanto, transformar o Estado brasileiro em unitário, mesmo descentralizado.[24]

---

[24] José Luiz Quadros de Magalhães assevera que "se uma emenda centralizadora, logo, tendente a abolir a forma federal, é inconstitucional, inconstitucional também será qualquer outra medida nesse sentido. Desta forma, o reflexo desta compreensão ocorre, por exemplo, na leitura correta das limitações materiais previstas no artigo 60, § 4º, quando dispõe que é vedada emenda tendente a abolir a forma federal. Alguns autores referem-se a esse dispositivo como cláusula pétrea. Não acreditamos que essa terminologia seja a mais adequada para nomear as limitações materiais do poder de reforma na atual Constituição, uma vez que não estamos nos referindo a cláusulas imutáveis, mas sim a cláusulas não modificáveis em certo sentido. No caso específico da vedação de emendas tendentes a abolir a forma federal, esta limitação só pode ser compreendida a partir do sentido do nosso federalismo, no caso um federalismo centrífugo. Ao vedar emendas tendentes a centralizar, em um modelo federal, no nosso caso específico, em um federalismo centrífugo, que tem de tender constitucionalmente à descentralização, só serão permitidas emendas

Em seguida, a Constituição coloca a salvo o voto direto, secreto, universal e periódico, expressão do princípio democrático.

Constitui ainda óbice ao poder de reforma a separação de poderes. Trata-se de proibir a supressão de qualquer dos poderes do Estado – Legislativo, Executivo e Judiciário, bem como de resguardar as atribuições básicas de cada um deles.

Finalmente, os direitos e garantias individuais são imodificáveis por via de emenda à Constituição. Entendemos que se acham abrangidos, pela cláusula de irreformabilidade, quaisquer direitos fundamentais, como, por exemplo, os direitos sociais, bem como outros direitos fundamentais além daqueles declarados no Título II da Constituição. Também os direitos fundamentais decorrentes de tratados internacionais de que o Brasil seja parte, apesar da controvérsia doutrinária e jurisprudencial, têm, em nosso entender, eminência constitucional.[25]

Além das limitações materiais explícitas, outras há que se impõem no silêncio do texto constitucional, pois servem de fundamento de validade da Constituição, traduzindo valores e princípios que a modelam à luz do princípio democrático. As limitações implícitas podem ser agrupadas da seguinte forma, segundo Nelson de Sousa Sampaio: *a)* as que dizem respeito aos direitos fundamentais, devendo-se observar que tais limitações se tornaram expressas na Constituição de 1988; *b)* as concernentes ao titular do poder constituinte, já que o reformador não pode dispor do que não lhe pertence, devendo-se ainda considerar a inalienabilidade da soberania popular, princípio que nega ao próprio povo o direito de renunciar ao seu poder constituinte; *c)* as relativas ao titular do poder reformador, porque este não pode renunciar a sua competência em favor de nenhum outro órgão, nem delegar suas atribuições, pois estas lhe foram conferidas para que ele próprio as exercite; *d)* as referentes ao processo da própria emenda ou revisão constitucional, de vez que o reformador não pode simplificar as normas que a Constituição estabelece para a elaboração legislativa.[26]

Há juristas, contudo, que defendem a possibilidade de se alterar o processo de emenda, o que é conhecido como *dupla revisão*.[27]

---

    que venham a aperfeiçoar o nosso federalismo, ou, em outras palavras, que venham a acentuar a descentralização. Emendas que venham a centralizar, em um modelo federal historicamente originário de um Estado unitário e altamente centralizado, são vedadas pela Constituição, pois tenderiam à extinção do Estado federal brasileiro. Centralizar mais o nosso modelo significa transformá-lo de fato em um Estado unitário descentralizado. Logo, qualquer emenda que centralize mais competência na União é inconstitucional e deve sofrer o controle de constitucionalidade" (MAGALHÃES. *Direito constitucional*, t. 2, p. 83).

[25] Cf. o Capítulo 15, item 11, deste trabalho, em que o tema é examinado, em especial, à luz da Emenda Constitucional n. 45/2004.

[26] SAMPAIO. *O poder de reforma constitucional*, p. 92-107.

[27] Cf. o Capítulo 11, adiante, sobre Mudança e Subsistência da Constituição. Ao examinar o tema no Direito Constitucional brasileiro, posiciona-se o Prof. Raul Machado Horta no sentido de que "a substituição da emenda pela maioria qualificada de *três quintos*, para, por exemplo, restabelecer a maioria absoluta, em ambas as Casas do Congresso Nacional, é procedimento viável, desde que não transforme a Constituição rígida, que pressupõe a existência do poder constituinte de reforma ou derivado, em Constituição flexível, que desconhece a distinção entre lei constitucional e lei ordinária, ambas sujeitas ao processo legislativo comum. É a

Assinale-se, por último, conforme expressa Canotilho, que as Constituições procuram garantir a sua identidade através de cláusulas de intangibilidade, ou cláusulas pétreas, notando-se que: *a)* as cláusulas de irrevisibilidade, ou cláusulas pétreas, garantem apenas a intocabilidade dos regimes materiais, mas não preceitos constitucionais concretos respeitantes a determinadas matérias; *b)* as cláusulas materiais expressas de irrevisibilidade só devem considerar-se como respeitantes ao núcleo de identidade quando tiverem correspondência no próprio texto da constituição e disserem inequivocamente respeito à própria essência da constituição.[28]

5. PODER CONSTITUINTE DIFUSO

O *poder constituinte difuso*, na expressão de Burdeau, é uma terceira modalidade de poder constituinte, uma espécie inorganizada do poder constituinte, que se exerce em caráter permanente, o qual, embora tendo o povo como titular, é exercido pelos órgãos do poder constituído, em sintonia com os sentimentos sociais, ou em casos de necessidade de afirmação de direitos fundamentais. Sem o *poder constituinte difuso*, a constituição oficial e visível não teria outro sabor que o dos registros de arquivo.[29] O poder constituinte difuso, espontâneo e informal, manifesta-se por via das denominadas mutações constitucionais, e que decorrem de fatores sociais, políticos e econômicos, a acarretar alterações informais na Constituição, sem que haja mudança no seu texto.[30]

6. PODER CONSTITUINTE DECORRENTE: ESPÉCIES, CARACTERES E LIMITAÇÕES

Fala-se ainda em *poder constituinte dos Estados-Membros*, denominado *poder constituinte decorrente*, ou seja, o poder de organizar o Estado Federado dotado de autonomia. É poder derivado, subordinado e condicionado, sendo que o seu condicionamento aos princípios ou diretrizes a que está sujeito a observar, traduzido nas normas constitucionais federais de preordenação, revela a predominância de forças centrípetas ou centrífugas no âmbito do Estado Federal. Os limites ao poder constituinte decorrente são de duas ordens: I – limitações de ordem formal, que se referem ao modo de elaboração das Constitui-

---

adoção da chamada *dupla revisão*. Emenda-se o texto, observada a deliberação agravada, para introduzir a regra de maioria menos agravada, que será adotada na tramitação das Emendas propostas ulteriormente. A *dupla revisão*, no caso, caracterizaria conduta dentro do processo constitucional. Não se estaria abolindo a exigência da proposta de Emenda, para modificar a Constituição, que é da índole da rigidez, nem sua adoção atingiria cláusula constitucional protegida pela irreformabilidade. A dupla revisão é tema para reflexão e sua justificativa residiria na necessidade de oferecer remédio eficaz ao absenteísmo parlamentar. Não recomendaria o seu exame se nele identificasse qualquer indício de *fraude à Constituição*" (HORTA. *Direito constitucional*, p. 116).

[28] CANOTILHO. *"Brancosos" e interconstitucionalidade*. Itinerários dos discursos sobre a historicidade constitucional, p. 122-123.

[29] BURDEAU. *Traité de science politique*, t. 4, p. 246-247.

[30] Cf. o Capítulo 11, adiante, sobre Mudança e Subsistência da Constituição.

ções estaduais, indicando o prazo para elaboração, o poder competente para fazê-lo e ao *quorum* observado nas votações. Anote-se que a Assembleia Legislativa é o órgão competente para a elaboração da Constituição Estadual, cujos membros devem ser aqueles no exercício do mandato quando da elaboração da Constituição Federal, estando excluído o Chefe do Poder Executivo Estadual. Para Anna Cândida da Cunha Ferraz, o agente do Poder Constituinte Decorrente é a Assembleia Legislativa eleita com poderes especiais para a elaboração da Constituição Estadual, pois na base da convocação desse órgão constituinte está um ato constituinte de uma autoridade estadual, de caráter genuinamente democrático, para a elaboração de uma Constituição Estadual.[31] Já o *quorum* para a elaboração da Constituição Estadual deve ser maior do que a prevista para a lei ordinária, por ter a Constituição do Estado maior hierarquia, e caberá à Assembleia Legislativa, durante os trabalhos pré-constituintes, estabelecer este *quorum*, que não pode ser menor do que o da maioria absoluta; II – limitações de ordem material, que se referem a disposições constantes da Constituição Federal, que devem ser incorporadas pelas Constituições Estaduais, seja em sentido positivo, seja em sentido negativo: "as limitações negativas consistem nas vedações, expressas ou implícitas, que circunscrevem a atuação do Poder Constituinte Decorrente Inicial. As vedações expressas podem ser diferenciadas, quanto ao objeto da limitação, em vedações de fundo (materiais, circunstanciais e temporais) e limitações de forma. As limitações positivas concernem: *a)* à assimilação obrigatória, pelo Constituinte Estadual, de preceitos ou princípios, expressa ou implicitamente estabelecidos na Constituição Federal, e que retratam o sistema constitucional do país; *b)* à observância de princípios federais, genéricos ou específicos, estabelecidos na Constituição Federal e que se estendem aos Estados, expressa ou implicitamente; e *c)* à absorção obrigatória de princípios consagrados pela Constituição Federal, cujo destinatário é, específica e exclusivamente o Estado-Membro, e que, para facilitar, serão rotulados como princípios enumerados. Nos dois últimos casos (letras *b* e *c*), as limitações podem ser distinguidas em limitações de fundo (materiais, circunstanciais e temporais) e de forma, exceção feita às limitações genéricas implícitas, que só podem ser limitações de fundo."[32]

Além desses princípios, a doutrina tem identificado outros princípios constitucionais aplicáveis ao Poder Constituinte Decorrente, como os princípios constitucionais sensíveis, enumerados no art. 34, VII, da Constituição Federal, os quais, se desrespeitados, ensejam a intervenção federal, e os princípios constitucionais estabelecidos, que delimitam a autonomia organizatória dos Estados-Membros.[33]

O poder constituinte decorrente pode ser:

a) inicial, também denominado instituidor ou institucionalizador. Segundo Manoel Gonçalves Ferreira Filho, esse poder "é uma derivação do poder constituinte originário, na medida em que este, ao estabelecer

---

[31] FERRAZ. *Poder constituinte do estado-membro*, p. 76.

[32] FERRAZ. *Poder constituinte do estado-membro*, p. 134.

[33] A terminologia é de José Afonso da Silva (*Curso de direito constitucional positivo*, p. 514-515). Cf. o Capítulo 7 do Vol. 2 deste trabalho, que trata do Estado Federal.

a organização política fundamental do Estado prevê que esse Estado tenha forma federativa, e, em consequência disso, prevê também, implícita ou explicitamente, que tais unidades federadas, os Estados Federados, os Estados-Membros da federação, se auto-organizem".[34] Destina-se o poder constituinte decorrente inicial a estabelecer a Constituição do Estado-Membro, notadamente quando não há ou quando não há mais Constituição em vigor no Estado-Membro. A atuação do poder constituinte decorrente inicial, com vistas à reorganização da política fundamental dos Estados Federados, foi provocada pelo art. 11 do Ato das Disposições Constitucionais Transitórias, ao prever a sua convocação, no prazo de um ano, contado da promulgação da Constituição Federal de 1988;

b) de revisão estadual, também denominado de poder constituinte decorrente de segundo grau, que se destina a rever e modificar a Constituição do Estado-Membro da federação.

7. PODER CONSTITUINTE SUPRANACIONAL

Não poderíamos encerrar este estudo sem mencionar uma nova configuração do poder constituinte, o denominado *poder constituinte supranacional*. É que a globalização das trocas econômicas tem sido acompanhada de uma globalização dos valores constitucionais, passando o direito internacional a se interessar cada vez mais pela matéria constitucional, acarretando, com isso, a formulação de regras jurídicas cada vez mais uniformes. Assim, se o "poder constituinte tradicionalmente acatado está a serviço da nação, ou do povo-nação limitado ao Estado dentro no qual exerce ele a sua função soberana, o poder constituinte supranacional gira sob fundamentos mais amplos, como a cidadania, a integração, o pluralismo e a soberania, desta vez remodelada".[35] Agindo de fora para dentro das fronteiras estatais, o poder constituinte supranacional destina-se à formação de uma Constituição supranacional legítima, apta a vincular a comunidade de Estados sujeitas à sua incidência. "Faz as vezes do poder constituinte porque cria uma ordem jurídica de cunho constitucional, na medida em que reorganiza a estrutura de cada um dos Estados que adere ao direito comunitário de viés supranacional por excelência, com capacidade, inclusive, para submeter as diversas constituições nacionais ao seu poder supremo. Da mesma forma, e em segundo lugar, é supranacional, porque se distingue do ordenamento positivo interno assim como do direito internacional".[36] Poder existente mais no plano abstrato que concreto, encontra sua fonte na cidadania universal, no pluralismo de ordenamentos jurídicos, na vontade de integração, e na própria soberania remodelada.

---

[34] FERREIRA FILHO. *Direito constitucional comparado*, p. 178.
[35] RODRIGUES. *Poder constituinte supranacional*, p. 99-100.
[36] RODRIGUES. *Op. cit.*, p. 96.

8. RECONSTRUÇÃO DA TEORIA DO PODER CONSTITUINTE

Na concepção clássica da teoria do poder constituinte, considera-se o povo e a nação como seus titulares. A partir das concepções de Habermas, em sua Teoria Discursiva do Direito e da Democracia, a noção de povo passa a ser compreendida para além da perspectiva comunitarista, e se sustenta na relação entre autonomia pública e privada.

A teoria do poder constituinte não mais se constrói e nem terá como fundamento a noção de povo nacional, nem será limitada por valores, tradições ou crenças, mas sua única limitação será o discurso, orientado pela situação ideal de fala, e será exercido no plano da fundamentação. O poder constituinte originário não é limitado aprioristicamente pela cultura; sua compreensão se faz à luz de um processo crítico de aprendizagem, mesmo porque o homem não é escravo de valores sob os quais nasce e é educado, mas supera preconceitos velados por essas tradições. Como prática discursiva de aprendizagem, o poder constituinte faz com que os direitos fundamentais assumam diferentes noções ao longo do tempo, e variem de conteúdo a cada paradigma jurídico. O discurso é sempre aberto, incompleto, e permanentemente renovado.[37]

O poder constituinte de revisão também será exercido no plano da fundamentação e exercido discursivamente.

Por isso mesmo é que o poder constituinte será visto como um poder de permanente atuação e a Constituição, como seu produto, um projeto em constante construção.

---

[37] Cf. FERNANDES. *Curso de direito constitucional*, p.123-129; SOUZA CRUZ. Poder constituinte e patriotismo constitucional. *In*: GALUPPO (Org.). *O Brasil que queremos*: reflexões sobre o estado democrático de direito.

CAPÍTULO 9

CONSTITUIÇÃO E NORMAS CONSTITUCIONAIS

SUMÁRIO

1. Constituição – Conceito – 2. Concepções doutrinárias sobre a Constituição – 3. Classificação das Constituições – 4. Elementos da Constituição – 5. Funções da Constituição – 6. Bloco de constitucionalidade – 7. Normas constitucionais: Natureza, classificação e eficácia – 8. Lacunas da Constituição – 9. Aplicação das normas constitucionais no tempo – 10. Aplicação das normas constitucionais no espaço.

1. CONSTITUIÇÃO – CONCEITO

A palavra Constituição vem do verbo latino *constituere*, significando: estabelecer definitivamente. Embora não apresente na sua origem a ideia de lei fundamental, o publicista Pablo Lucas Verdú adverte que a expressão latina *rem publicam constituere* denota ideia semelhante à divulgada nos Estados Unidos e na Europa do século XVIII, qual seja, ato de instituir um Estado, que se apoia num estatuto jurídico fundamental.[1]

A Constituição, para Aristóteles, tinha o sentido de princípio último da unidade e do ordenamento social do Estado. Deste modo, toda sociedade política é *constituída* de uma forma ou de outra, ela tem a sua maneira de ser, isto é, a sua constituição.

Com o sentido de lei fundamental do Estado, o termo constituição começou a ser empregado depois da independência das colônias inglesas na América (1776) – que, em 1787 formaram os Estados Unidos – e da Revolução Francesa de 1789. Adotava-se até então a expressão leis fundamentais que, no entanto, estabeleciam a ideia de uma superlegalidade, fixavam os princípios básicos da estruturação do

---

[1] VERDÚ. *Curso de derecho político*, v. 2, p. 417.

poder e asseguravam alguns direitos fundamentais dos indivíduos e dos agrupamentos sociais.

Com o advento do regime constitucional moderno, que tem origem na revolução francesa e no direito anglo-saxônico, o conceito de constituição transpõe a ideia de *imperium* para se fixar no plano de organização democrática da sociedade. A constituição passa a ser o resultado da vontade criadora do povo.

Interessa-nos, pois, analisar o termo Constituição não no seu sentido geral, ou institucional, qual seja, estrutura essencial de um ente ou de um organismo, conceito acolhido também pelas ciências naturais, com o significado de *status*, ordem, conformação, estrutura essencial de um ente ou de um organismo em geral (constituição do corpo humano, por exemplo), mas no seu sentido político e jurídico, relacionado com a organização fundamental do Estado.

José Afonso da Silva formula o seguinte conceito de Constituição: "A Constituição do Estado, considerada sua lei fundamental, seria, então, a organização dos seus elementos essenciais: um sistema de normas jurídicas, escritas ou costumeiras, que regula a forma do Estado, a forma de seu governo, o modo de aquisição e o exercício do poder, o estabelecimento de seus órgãos e os limites de sua ação."[2]

Carl Schmitt, para quem a essência da Constituição está no conjunto de decisões políticas fundamentais do poder constituinte, que refletem a realidade do povo, como mencionamos neste trabalho, no tópico dedicado à Teoria da Constituição, distingue quatro conceitos básicos de Constituição: "o conceito absoluto (a Constituição como um todo unitário), o conceito relativo (a Constituição como uma pluralidade de leis particulares), o conceito positivo (a Constituição como decisão de conjunto sobre o modo e a forma da unidade política), e o conceito ideal (a Constituição assim chamada em sentido distintivo e com certo conteúdo)."[3]

O termo "Constituição", como lei fundamental do Estado, consoante resenha feita por José Pedro Galvão de Sousa, reportando-se a Carl Schmitt, tem vários sentidos: 1) norma absolutamente inviolável e não suscetível de reforma; 2) norma relativamente invulnerável, que pode ser reformada mediante processo extraordinário; 3) princípio último da unidade política e do ordenamento social do Estado. Toda sociedade tem sua maneira de ser, isto é, a sua constituição; 4) alguns princípios particulares da organização do Estado, por exemplo, os direitos fundamentais, a divisão de poderes, o princípio representativo; 5) a mais alta norma num sistema de imputações normativas – a lei das leis. As demais leis devem ser referidas a esta norma, que estabelece a unidade da ordem jurídica; 6) certa regulamentação orgânica de competência e procedimento para as atividades estatais de maior importância. No Estado Federal, a discriminação das competências da União em relação aos Estados-Membros; 7) toda delimitação das faculdades ou atividades estatais; 8) constituição em sentido positivo: ato do poder constituinte, originário de uma decisão política unilateral do detentor do poder, ou resultante de acordo de alguns de seus detentores.[4]

---

[2] SILVA. *Curso de direito constitucional positivo*, p. 37.
[3] SCHMITT. *Teoría de la constitución*, p. 3-47.
[4] SOUSA; GARCIA; CARVALHO. *Dicionário de política*, p. 125.

Não são, contudo, unânimes os autores ao conceituarem Constituição, eis que alguns dão ênfase ao elemento político, outros ao jurídico, não faltando nem mesmo o componente filosófico ou valorativo na formulação da ideia.

Jose Korzeniak reduz os diversos sentidos de Constituição aos seguintes conceitos: *a)* valorativo; *b)* sociológico; *c)* jurídico.[5]

O *conceito valorativo* tem base ideológica ou política. Assim, para os autores que utilizam esse critério, só há Constituição nos Estados que consagram determinados valores políticos, ideológicos ou institucionais, sendo expressivo, neste aspecto, o artigo 16 da Declaração dos Direitos do Homem e do Cidadão, proclamada na França em 1789, no sentido de que "toda sociedade em que a garantia dos direitos não esteja assegurada, nem a separação dos poderes determinada, não tem Constituição".

Para o *comunitarismo*, a Constituição é concebida como uma estrutura normativa que envolve um conjunto de valores. Há uma conexão de sentido entre os valores compartilhados por uma determinada sociedade política e a ordenação fundamental e suprema representada pela Constituição, cujo sentido só pode ser apreciado em relação à totalidade da vida coletiva. Nessa linha de pensamento, entende-se que a tarefa da Constituição não é a defesa da autonomia dos indivíduos contra o poder público, através de um sistema fechado de garantias da vida privada, mas a defesa e a realização de valores inseridos num ambiente sociocultural da comunidade, por meio da abertura constitucional. O constitucionalismo comunitário funda-se, portanto, no binômio dignidade humana e solidariedade social, e ultrapassa a concepção de direitos subjetivos, para dar lugar às liberdades positivas. Os comunitaristas "rejeitam o Estado Liberal neutro, mínimo, garantidor de liberdades e limitador negativo do arbítrio estatal. A contrário, enfocam prioritariamente uma noção de 'soberania pública' que, ao garantir direitos positivos do *Welfare State*, ponderariam os direitos individuais em face das responsabilidades sociais. Afastam a visão contratualista da sociedade, numa visão neoaristotélica de uma associação natural dos homens. Assim, cobram do Estado não apenas a tutela dos direitos individuais, mas especialmente um conjunto de ações afirmativas de todos os poderes estatais, em favor da proteção de valores familiares, econômicos e culturais de uma dada comunidade".[6]

Já o *conceito sociológico ou realista* situa a Constituição não como conjunto de normas ou estatuto jurídico, mas como a maneira real de se combinarem os distintos fatores que compõem o Estado, sendo expressiva a concepção de Ferdinand Lassalle, para quem a Constituição é a soma dos fatores reais do poder, que podem variar segundo as épocas. Esse conceito se contrapõe ao conceito jurídico de Constituição escrita, que corresponde a uma simples "folha de papel", expressão da verdadeira Constituição, que consiste na soma dos fatores reais do poder.

O fundo sociológico do conceito de Constituição também é destacado por Maurice Hauriou, que a concebe como o conjunto de regras relativas ao Governo e à

---

[5] KORZENIAK. *Derecho constitucional*, p. 20.
[6] CRUZ. *Jurisdição constitucional*, p. 155.

vida da comunidade estatal, encaradas sob o ponto de vista fundamental de sua existência.[7]

Do ponto de vista jurídico, a Constituição é concebida como um conjunto de normas, um estatuto onde se acham reunidas as normas de organização do Estado.

O conceito jurídico de Constituição, para Kelsen, designa a organização jurídica fundamental. A Constituição é o conjunto de normas positivas que regem a produção do Direito, o qual é configurado como ordem normativa, cuja unidade se assenta numa norma fundamental, já que o fundamento de validade de uma norma apenas pode ser a validade de outra norma, de uma norma superior. Portanto, no sentido jurídico-positivo, a Constituição representa o escalão de Direito positivo mais elevado. Kelsen atribui ainda à Constituição um sentido lógico-jurídico, em que a norma fundamental é hipotética, pois como norma mais elevada, tem de ser pressuposta, não pode ser posta por uma autoridade, cuja competência teria de se fundar numa norma ainda mais elevada.

José Adércio Leite Sampaio acentua a polissemia da palavra Constituição. Após mencionar aquilo que denomina de macroconceitos de Constituição de Carl Schmitt, de que cuidamos acima, passa a recolher alguns estudos do significado do termo, aduzindo: "Agesta, por volta de 1943, diferenciava, ao lado do sentido moderno clássico de Constituição formal, um outro material e daquele complementar, apresentado em três diferentes concepções: a) normativista – consiste na Constituição-norma que confere unidade ao ordenamento jurídico, a partir de um pressuposto de validade de qualquer conteúdo que venha a conter essa Constituição e a ordem por ela instituída. Resgata-se a ideia de *Grundnorm* kelseniana; b) outra decisionista – a Constituição não vale porque vale ou porque uma norma hipotética diz que vale, mas porque, como dizia Schmitt, é produto de uma decisão constituinte; e c) a de ordem concreta – a fonte da ordem constitucional não se encontra numa norma fundamental hipotética, nem na decisão fundamental, mas nos dados últimos de um 'equilíbrio social em que essa decisão e essas normas se apoiam'. É uma visão institucionalista da Constituição. Já García Pelayo, mais ou menos pela mesma época, enxergava três distinções semânticas para a palavra: a) uma racional-normativa – a Constituição é um sistema de normas escritas, oriundo de uma vontade constituinte, que estabelece de maneira total e exaustiva as funções fundamentais do Estado, a regulamentação de seus órgãos, competências e relações, sendo o ponto de Arquimedes de toda validade jurídica; b) uma histórico-tradicional – a Constituição é resultado de uma lenta transformação histórica, em que às vezes intervêm até motivos irracionais e fortuitos irredutíveis a esquemas racionais aprioristicos; e c) outra sociológica – a Constituição é primordialmente forma de ser e não de dever ser, não sendo resultado do passado e sim imanência das situações e estruturas sociais do presente. Tampouco se sustenta numa norma transcendente, pois a sociedade tem sua própria legalidade rebelde à pura normatividade e impossível de ser domesticada por ela. Em síntese, é a maneira concreta de ser de uma nação. Mais recentemente ainda, Vergottini dava-se conta de quatro diferentes noções da palavra: a) uma noção deontológica – que retrata um modelo ideal de organização do Estado; b) uma noção sociológica-fenomenológica – do modo de ser do Estado; c) uma noção

---

[7] HAURIOU. *Précis de droit constitutionnel*, p. 268.

política – enquanto organização baseada sobre determinados princípios de orientação política; e d) uma noção jurídica – que se identifica com o ordenamento estatal ou como norma primária de validade de todo ordenamento. E Comanducci vislumbrava três distintos modelos: a) como ordem axiológica – trata-se de uma estrutura, da sociedade ou do Estado, que reúne um conjunto de fenômenos sociais que portam valores intrínsecos nos domínios jurídico e político, sendo, por isso mesmo, fonte de normas. Dois exemplos desses modelos podem ser encontrados nas doutrinas historicistas de Burke e Maistre, bem como em Schmitt com sua *'positive Verfassung'*; b) como ordem artificial – designa também um conjunto de fenômenos sociais cristalizadores de relações de poder em um dado instante, que não portam valor intrínseco nem são fontes de normas, podendo, em razão disso, ser descritos pelas ciências sociais. Está assim incluído nesse desenho o realismo constitucional sociológico; e c) como norma – cuida-se de um conjunto de normas jurídicas positivas, expressas ou não em um documento, consideradas fundamentais em face de outras normas do sistema jurídico. Kelsen e as teorias da Constituição formal são as referências desse modelo."[8]

Há ainda as chamadas Constituições materiais, que tratam das normas estruturadoras do Estado (forma de Estado, forma de governo, órgão do poder, limites de sua ação, dentre outras), independentemente de seu lugar na hierarquia, isto é, estejam ou não tais normas no texto orgânico constitucional, sendo assim possível aparecerem em leis, decretos, usos e costumes; e as Constituições formais, que se caracterizam por encerrarem quaisquer preceitos, sejam eles materialmente constitucionais ou não, justificando-se sua inserção no texto constitucional apenas pela circunstância de requererem um processo mais difícil ou solene para sua modificação. Fala-se então que o conceito de Constituição formal se acha relacionado com o de Constituição rígida.

Na doutrina, encontra-se referência à *Constituição material* como sendo o "conjunto de forças políticas, econômicas, ideológicas, etc. que conforma a realidade social de um determinado Estado, configurando a sua particular maneira de ser. Embora mantenha relações com o ordenamento jurídico a ela aplicável, esta realidade com ele não se confunde. Ela é do universo do *ser*, e não do *dever ser*, do qual o direito faz parte. Ela se desvenda através de ciências próprias, tais como a sociologia, a economia, a política, que formulam regras ou princípios acerca do que existe, e não acerca do que deve existir como se dá com o direito".[9] Ainda segundo este autor, a *Constituição substancial* é que se define pelo conteúdo de suas normas. Ela "é o conjunto de regras ou princípios que têm por objeto a estruturação do Estado, a organização de seus órgãos supremos e a definição de suas competências. Vê-se, em consequência, que em sentido substancial, Constituição é um complexo de normas jurídicas fundamentais, escritas ou não, capaz de traçar linhas mestras de um dado ordenamento jurídico. Constituição, nesta acepção, é definida a partir do objeto de suas normas, vale dizer, a partir do assunto tratado em suas disposições normativas objeto".[10] Segundo concepção de Biscaretti di Ruffia, entende-se por constituição substancial – sentido

---

[8] SAMPAIO. *Crise e desafios da constituição*, p. 5-7.
[9] BASTOS. *Curso de direito constitucional*, p. 40.
[10] BASTOS. *Op. cit.*, p. 40.

obtido quando se considera o ordenamento jurídico somente do ponto de vista de seu conteúdo normativo – o complexo de normas jurídicas fundamentais, escritas ou não escritas, capaz de traçar as linhas mestras deste mesmo ordenamento. Neste sentido, todo Estado tem sempre uma Constituição. Um *Estado não constituído* seria algo sem sentido, uma contradição nos próprios termos. Já a Constituição material é expressão que tem significado diferente do de constituição substancial. Refere-se Biscaretti di Ruffia à concepção de Mortati, para quem a Constituição em sentido material serviria, na realidade, para indicar o conjunto dos elementos organizadores necessários para que o Estado subsista, isto é, força política e fim político, o primeiro instrumental e o segundo material. Cita Barile, para definir a Constituição, em sentido material, como o complexo de instituições jurídicas, positivamente válidas e operantes, que realizam um fim político como resultado dos diversos fins buscados pelas diferentes forças políticas ativas em luta entre si, em um país determinado e em um dado momento histórico. Este entendimento leva à identificação da Constituição, em sentido material, com o termo "regime", entendido como o complexo de instituições jurídicas coordenadas para o fim de atuar uma determinada concepção política do Estado e da sociedade, um programa de atuação para o próprio Estado.[11] Para Jorge Miranda fala-se em "Constituição material por causa do objeto, da matéria, do conteúdo que se realçam com a intensidade e a extensão da regulamentação. Se ela abrange aquilo que sempre tinha cabido na Constituição em sentido institucional, vai muito para além disso: é o conjunto de regras que encerram o estatuto do Estado e o da sociedade perante o Estado, cingindo o poder político a normas tão precisas e tão minuciosas como aquelas que versam sobre quaisquer outras instituições ou entidades; e o que avulta agora é adequação de meios com vista a um fim – a disciplina jurídica do poder – meios esses que, por seu turno, vêm a ser eles próprios fins em relação a outros meios que a ordem jurídica tem de prever".[12]

A Constituição instrumental (*instrument of government*) é aquela lei fundamental compreendida, essencialmente, como lei processual, e não como lei material. Estabelece competências, regula processos e define os limites da ação política. Como instrumento de governo, contém as regulamentações necessárias para a vida política de uma comunidade.

Há uma concepção de Constituição que é a de *Constituição-moldura*, ou Constituição-quadro. Este tipo de Constituição serve apenas de limite para a atividade legislativa. Nesse sentido, a Constituição é apenas uma moldura, sem tela, sem preenchimento; como moldura, o processo político-legislativo é que a preenche e completa o quadro, e à jurisdição constitucional cabe tão somente a tarefa de controlar se o legislador age dentro da moldura. A Constituição-moldura se opõe à Constituição total, entendida como aquela que pretende dirigir toda a atividade estatal e moldar e definir a organização social como um todo.

A tendência das atuais Constituições é no sentido do alargamento do campo constitucional, vale dizer, da expansão da sua força normativa para abranger domínios em que

---

[11] RUFFIA. *Derecho constitucional*, p. 149, 152, 153.
[12] MIRANDA. *Manual de direito constitucional*, t. 2, p. 16-17.

anteriormente o texto constitucional não penetrava (organização econômica e relações sociais).

Assim, o campo constitucional não se restringe à organização do poder político e ao estabelecimento de direitos e garantias fundamentais, na concepção clássica da Constituição política, mas se expande para além dessas matérias. Tal fenômeno acarreta, inevitavelmente, a extensão normativa dos textos constitucionais, como é o caso da Constituição brasileira de 1988.

A Constituição é concebida, por isso mesmo, como ordem fundamental, material e aberta de uma comunidade. Como ordem fundamental revela sua posição de supremacia, e como ordem material contém, além de normas, uma ordem de valores, que se expressa no conteúdo de direito que não pode ser desatendido pelas normas infraconstitucionais. Considere-se ainda que a Constituição traduz uma ordem aberta, porquanto mantém uma permanente interação com a realidade. Há, desse modo, uma conexão de sentido entre os valores compartilhados e aceitos pela comunidade política e a ordenação fundamental e suprema representada pela Constituição, cujo sentido jurídico somente pode ser apreciado em relação à totalidade da vida coletiva.[13]

A ideia de Constituição aberta, com uma estrutura normativa que envolve um conjunto de valores, dada a extensão de seu texto e a diversidade de matérias nele tratadas, põe fim ao debate sobre a adoção de Constituições ideais ou reais, já que não há por que discutir acerca da extensão do texto constitucional. Portanto, passou a ser irrelevante que seja ele sintético ou analítico, pois o que importa é a noção de relevância constitucional, ou seja, ter o sistema normativo assimilado suficientemente as questões consideradas relevantes pela comunidade ao tempo do processo constituinte.[14] Advirta-se, no entanto, que se por um lado a Constituição conforma a realidade, por outro lado, é por ela conformada. Mas a tensão normatividade e realidade, não infirma a força normativa da Constituição, a que se refere Konrad Hesse, ao acentuar que "a Constituição jurídica tem significado próprio. Sua pretensão de eficácia apresenta-se como elemento autônomo de forças do qual resulta a realidade do Estado. A Constituição adquire força normativa na medida em que logra realizar essa pretensão de eficácia". Considera ainda o publicista alemão que "a força normativa da Constituição não reside, tãosomente, na adaptação inteligente a uma dada realidade. A Constituição jurídica logra converter-se, ela mesma, em força ativa, que

---

[13] José Adércio Leite Sampaio, examinando as diferentes concepções de Constituição, aborda a teoria da Constituição pluridimensional, como aquela que se "ajusta às exigências tanto do Estado-nação quanto do pós-nacional e à supraestatalidade", acentuando que "esta pluridimensionalidade tem a ver com as suas quatro aberturas: a) *ao espaço* – abrindo ao interior (ordenamentos sub ou infraconstitucionais) e ao exterior (ordenamentos supraconstitucionais); b) *ao tempo* – pois é resultado de operações pretéritas mas se nutre da esperança dos homens ainda sem rosto que ocupam o futuro. É, em outras palavras, um pacto intergeracional ou ecológico; c) *ao mundo dos sentidos* – pois é aberta a concretizações pela ação patriótica; e d) *aos projetos de vida boa* – porque define pouco da substância axiológica (núcleo constitucional duro), disponibilizando-se a contextualizações e procura do bem comum e individual" (SAMPAIO. *In*: *Crise e desafios da Constituição*, p. 54).

[14] SIQUEIRA CASTRO. *O devido processo legal e a razoabilidade das leis na nova Constituição do Brasil*, p. 80.

se assenta na natureza singular do presente. Para tanto, necessário se torna que haja na consciência dos principais responsáveis pela ordem constitucional, não só a vontade de poder, mas também a vontade de Constituição, o que implica muitas vezes a necessidade de renúncia ou de sacrifício de um interesse em favor da preservação de um princípio constitucional. Além desse pressuposto, a força que constitui a essência e a eficácia da Constituição depende de alguns outros pressupostos, como a maior correspondência do seu conteúdo à natureza singular do presente, incorporando, além dos elementos sociais, políticos e econômicos dominantes, o estado espiritual de seu tempo. A Constituição não deve fundar-se numa estrutura unilateral, mas incorporar, de maneira ponderada, parte da estrutura contrária. Deve-se ainda evitar a frequência das reformas constitucionais, que abalam a confiança na estabilidade da Constituição, debilitando sua força normativa, já que cada alteração no texto constitucional expressa a ideia de que se atribui maior valor às exigências de ordem fática do que à ordem normativa vigente. Finalmente, a interpretação constitucional tem significado decisivo para a preservação da força normativa da Constituição, considerando como ideal aquela interpretação que consiga concretizar, de forma excelente, o sentido (*Sinn*) da proposição normativa dentro das condições dominantes numa determinada situação".[15]

Ainda no âmbito da dimensão normativa, mas sem desconhecer o seu encontro com a realidade, destaque-se a perspectiva deliberativista, que revela a preocupação em atrair consensos em torno de normas procedimentais que reúnam condições factíveis. O pensamento de Habermas, nesse domínio, é expressivo. Para ele, a Constituição deve centrar-se em normas que confiram legitimidade democrática ao sistema político. Estas normas hão de transportar uma reserva de participação cidadã informada, fazendo-se uma distinção entre a legitimidade, com o atendimento de pressupostos contrafactuais de uma democracia comunicacional (que reproduz toda assunção normativa dos atos de fala, verdade, sinceridade e autencidade em bases igualitárias e inclusivas), e legitimação (cumprimento aproximado destes pressupostos, à consideração dos contextos em que são tomadas as decisões). O princípio de que "todo poder do Estado vem do povo" deve realizar-se mediante os pressupostos comunicativos e processuais de uma formação institucionalmente diferenciada de opinião e de vontade. Nessa perspectiva é que a soberania popular não deve concentrar num poder legislativo intitucionalizado, mas compreender a "circularidade processual de consultas e deliberações razoavelmente estruturada", mediante o reforço de uma esfera pública não estatal, de modo a interferir na ordem do dia e na pauta parlamentares.[16]

Por outro lado, o conceito de Constituição só é completo, quando, à sua intelecção teorética, une-se sua compreensão emocional, através do sentimento que adere ao conceito. Trata-se do *sentimento constitucional*, que, conforme Pablo Lucas Verdú, ao contrário do ressentimento constitucional, "consiste na adesão interna às normas e instituições fundamentais de um país, experimentada com intensidade mais ou menos consciente porque estima-se (sem que seja necessário um conhecimento exato de

---

[15] HESSE. *A força normativa da Constituição*, p. 15-23.
[16] SAMPAIO. In: *Crise e desafios da constituição*, p. 24-25.

suas peculiaridades e funcionamento) que são boas e convenientes para a integração, manutenção e desenvolvimento de uma justa convivência".[17]

Correlato ao sentimento constitucional é o *patriotismo constitucional*, conceito que, segundo esclarece Marcelo Cattoni, foi originalmente cunhado por Dolf Sternberger, quando do trigésimo aniversário da Lei Fundamental de Bonn, procurando sintetizar o que representava a construção de uma nova identidade alemã, em razão da derrota na Segunda Guerra Mundial, que não mais poderia ser construída com base numa identidade étnico-cultural particularista ou no ufanismo nacionalista. Ainda de acordo com Marcelo Cattoni, foi Habermas quem empregou, pouco antes da queda do muro de Berlim, a expressão *patriotismo constitucional*, para defender a construção, ao longo do tempo, de uma identidade coletiva advinda de um processo democrático autônomo e deliberativamente constituído por princípios universalistas, com pretensões de validade que vão além de contextos culturais concretos. O conceito é construído, portanto, com a adesão da cidadania racionalmente justificável, e não somente emotiva, às instituições político-constitucionais, o que implica uma lealdade política ativa e consciente. O *patriotismo constitucional* refere-se à construção de uma cultura ético-política, pluralista e aberta, com base numa Constituição democrática: constitui, portanto, uma forma de integração social, que pode ser sustentada por formas de vida e identidades ético-culturais diversas, e até divergentes, que convivem entre si, desde que adotem uma postura não fundamentalista de respeito recíproco umas com as outras.[18]

A Constituição, "como expressão do pacto social nada mais é – e por isso mesmo é muito – do que aquele acordo de vontades políticas desenvolvido em um espaço democrático que permite a consolidação temporária – porém longeva – das pretensões sociais de um grupo, consolidando, hoje em dia, não apenas aquilo que diga respeito única e exclusivamente aos seres humanos individual, coletiva e difusamente, mas também os diversos fatores que influem na construção de um espaço e de um ser-estar digno no mundo – *e.g.* meio ambiente, espaço urbano, ecossistemas, etc. –, bem como as preocupações futuras para com aqueles que estão por vir, para além de funcionar como uma estratégia de estabilização de conquistas e de forjar instrumentos que dêem condições para a prática dos conteúdos nela expressos".[19]

Já a constituição culturalista é aquela que encerra "um conjunto de normas fundamentais, condicionadas pela Cultura total, e ao mesmo tempo condicionante desta, emanadas da vontade existencial da unidade política, e reguladora da existência, estrutura e fins do Estado e do modo de exercício e de limites do poder político".[20]

A constituição cultural leva à *interculturalidade constitucional*, em que se realça a ideia de partilha de cultura, e de ideias ou formas de encarar o mundo e os outros, verificando-se que: a) a cultura *interconstitucional*, reconduzível a ideias, valores, ações de

---

[17] VERDÚ. *O sentimento constitucional*, p. 75.
[18] CATTONI DE OLIVEIRA. *Poder constituinte e patriotismo constitucional*, p. 65-71.
[19] MORAIS. Direitos humanos, direitos sociais e justiça: uma visão contemporânea. In: *Direitos sociais e políticas públicas*: desafios contemporâneos, p. 181.
[20] TEIXEIRA. *Curso de direito constitucional*, p. 78.

indivíduos e de grupos, entra nos processos de troca entre as várias constituições; b) a interculturalidade começa por ser uma partilha comunicativa de experiências, valores e ideias não necessariamente plasmadas em vasos normativos; c) a *interculturalidade constitucional* nos quadros da interconstitucionalidade significa a existência de redes comunitárias em que, *on-line*, se observam e cruzam formas de *comunitarismo conservador* (com os indivíduos, a sua forma de vida, a sua moral, os seus comportamentos, as suas compreensões de bem comum, as suas formas de integração com o indivíduo fortemente enraizado na comunidade) e formas de *comunitarismo liberal* aberto a formas de vida plurais; d) a interculturalidade constitucional é dinamizada pelos textos interorganizativos (sobretudo pelo texto da *organização interorganizativa*) no sentido de um comunitarismo igualitário e universalista marcado por pertenças simbólicas como a pertença a comunidade de indivíduos autônomos, livres e iguais.[21]

Ainda a esse propósito, esclarece Canotilho, que, nos dias de hoje a Constituição não é o que era, ou seja, um complexo normativo hierarquicamente superior no conjunto do sistema jurídico capaz de regular e decidir os problemas jurídicos surgidos em uma comunidade constitucionalmente organizada. É que os problemas do Estado e da sociedade foram consideravelmente ampliados. Desse modo, "se ontem a conquista territorial, 'a colonização', o 'espaço vital', o 'interesse nacional', a 'razão de Estado' surgiam sempre como categorias quase ontológicas, hoje os fins dos Estados podem e devem ser da construção de Estados de direito democráticos, sociais e ambientais, no plano interno, e Estados abertos e intencionalmente 'amigos'e cooperantes', no plano externo", o que leva a considerar, a partir desse novo paradigma, a existência de um constitucionalismo global, sem, contudo, neutralizar a importância da Constituição nacional.[22]

Considere-se, por fim, que a constituição, como pensaCanotilho: "*a)* determina os princípios diretores (*leitprinzipien*) segundo os quais se deve formar a unidade política e prosseguir a atividade estadual; *b)* regula o processo de solução de conflitos dentro da comunidade; *c)* ordena a organização e o processo de formação da unidade política e da atuação estadual; *d)* cria os fundamentos e normativiza os princípios da ordem jurídica global".[23]

Para que a Constituição se torne efetiva, necessário que tenha cunho jurídico. O fundamento político, no entanto, da Constituição, deve ser abordado pela Teoria da Constituição, a fim de que se dimensione os limites e possibilidades de seu cumprimento. Neste ponto, ao indagar por que a Constituição se cumpre ou haverá de ser cumprida, pela comunidade política, deve ser ressaltado o elemento psicossocial como seu fundamento, que reside na legitimidade, que é alcançada espontaneamente, em razão de expressar a ideia de direito prevalecente num determinado momento histórico, ou por um processo mais longo de sua aceitação.

---

[21] CANOTILHO. *"Brancosos" e interconstitucionalidade*. Itinerários dos discursos sobre a historicidade constitucional, p. 273-274.

[22] CANOTILHO. *Direito constitucional e teoria da constituição*, p. 1197-1198, 1217.

[23] CANOTILHO. *Constituição dirigente e vinculação do legislador*, p. 115.

A Constituição, portanto, não serve apenas para emitir juízos de constitucionalidade ou de inconstitucionalidade, para perquirir o vínculo de conformidade ou de inconformidade das leis com o seu texto.[24] Vai para além, ou seja, a Constituição é instrumento funcional que serve para reduzir a complexidade do sistema político, seu documento regulador, e propicia a reflexão da funcionalidade do direito (Niklas Luhmann).

2. CONCEPÇÕES DOUTRINÁRIAS SOBRE A CONSTITUIÇÃO

No âmbito da Teoria da Constituição, indispensável o exame de algumas concepções doutrinárias que visam explicar a natureza, significado, função e características da Constituição, elaboradas nos séculos XIX e XX. São elas, segundo resenha de Jorge Miranda:

"1) concepções *jusnaturalistas* – a Constituição é expressão e reconhecimento, no plano de cada sistema jurídico, de princípios e regras do Direito Natural, especialmente dos que exigem respeito dos direitos fundamentais do homem; a Constituição é meio de subordinação do Estado a um Direito superior, de tal modo que o Poder Político, juridicamente, não existe senão em virtude da Constituição;

2) concepções *positivistas* – a Constituição como lei, é definida pela forma independentemente de qualquer conteúdo axiológico. Há entre a lei constitucional e a lei ordinária apenas uma relação lógica de supraordenação. A Constituição é concebida como um conjunto de normas expedidas pelo poder do Estado e definidoras de seu estatuto (Laband, Jellinek, Carré de Malberg, Hans Kelsen);

3) concepções *historicistas* – a Constituição é expressão da estrutura histórica de cada povo e traduz a legitimidade da sua organização política. A Constituição é concebida como lei que rege a cada povo, tendo em vista as suas qualidades e tradições, a sua religião, a sua geografia, as suas relações políticas e econômicas (Burke, De Maistre, Gierke);

4) concepções *sociológicas* – a Constituição expressa um conjunto de variados e mutáveis fatores sociais que condicionam o exercício do poder (Lassalle, Sismondi);

5) concepções *marxistas* – a Constituição é concebida como superestrutura jurídica da organização econômica prevalecente em determinado país, é um dos instrumentos da ideologia da classe dominante;

---

[24] Neste horizonte, a Constituição tem sempre o acompanhamento de qualificativos: nunca está só, pois a "Constituição em si não diz nada. Precisa de um arrimo qualificativo. Vejamos: 'constituição potável', 'constituição culinária', 'constituição programa', 'constituição-carta', 'constituição fechada', 'constituição-código', 'constituição dirigente', 'constituição compromissória', 'constituição-cidadã', 'constituição-processo'" (CANOTILHO. *"Brancosos" e interconstitucionalidade*. Itinerários dos discursos sobre a historicidade constitucional, p. 132-133).

6) concepções *institucionalistas* – a Constituição expressa a organização social, seja como reflexo das ideias duradouras na comunidade política, seja como ordenamento resultante das instituições, forças e fins políticos (Hauriou, Renard, Burdeau, Santi Romano, Mortati);

7) concepção *decisionista* – a Constituição expressa uma decisão política fundamental válida apenas por força do poder constituinte, e a ordem jurídica essencialmente um sistema de atos preceptivos de vontade, um sistema de decisões (Carl Schmitt). Para Schmitt, há quatro conceitos básicos de Constituição: conceito *absoluto* – a Constituição como um todo unitário; conceito *relativo* – a Constituição como uma pluralidade de leis particulares; conceito *positivo* – a Constituição como decisão de conjunto sobre o modo e a forma da unidade política; conceito *ideal* – a Constituição com certo conteúdo;

8) concepções decorrentes da *filosofia dos valores* – a Constituição expressa a ordem de valores que lhe é anterior, por ela criada, e, por isso mesmo, vincula diretamente todos os poderes do Estado (Maunz, Bachof):

9) concepções *estruturalistas* – a Constituição é expressão das estruturas sociais historicamente situadas, ou estrutura global do equilíbrio das relações políticas e da sua transformação (Spagna, Musso, José Afonso da Silva)."[25]

Destaque-se no posicionamento doutrinário de Jorge Miranda: "A Constituição é elemento conformado e elemento conformador de relações sociais, bem como resultado e factor de integração política. Ela reflecte a formação, as crenças, as atitudes mentais, a geografia e as condições econômicas de uma sociedade e, simultaneamente, imprime-lhe carácter, funciona como princípio de organização, dispõe sobre os direitos e deveres de indivíduos e dos grupos, rege os seus comportamentos, racionaliza as suas posições recíprocas e perante a vida colectiva como um todo, pode ser agente ora de conservação, ora de transformação.

Porém, por ser a Constituição, Lei Fundamental, Lei das Leis, revela-se mais do que isso. Vem a ser a expressão imediata dos valores jurídicos básicos acolhidos ou dominantes na comunidade política, a sede da ideia de Direito nela triunfante, o quadro de referência do poder político que se pretende ao serviço desta ideia, o instrumento último de reivindicação de segurança dos cidadãos frente ao poder. E, radicada na soberania do Estado, torna-se ponte ente a sua ordem interna e a ordem internacional."[26]

Também deve ser mencionada a concepção de Canotilho, que, em determinada fase de seu pensamento, buscando a efetividade da Constituição *dirigente*, assinala estar ela a serviço do alargamento das tarefas do Estado. Incorpora os fins econômico-sociais do Estado, que vinculam os órgãos competentes para a produção e a aplicação do Direito. A política se acha, por isso, vinculada não só do ponto de vista

---

[25] MIRANDA. *Teoria do estado e da constituição*, p. 341-342.
[26] MIRANDA. *Teoria do estado e da constituição*, p. 352.

jurídico-constitucional, como também do ponto de vista material ao texto da Constituição. Ressalte-se, no entanto, que numa outra fase de seu pensamento, o Prof. Canotilho abrandou esta sua concepção, sem abandoná-la de todo, consoante por nós assinalado neste trabalho.

3. CLASSIFICAÇÃO DAS CONSTITUIÇÕES

São inúmeras as classificações das Constituições. Procuramos estabelecer algumas que se caracterizam pela sua maior abrangência, destacando-se:

1. *quanto ao conteúdo*: Constituições materiais e Constituições formais. As Constituições materiais são as que versam sobre temas materialmente constitucionais, independentemente de serem produzidos por uma fonte constitucional. Formais são as Constituições escritas, estabelecidas pelo poder constituinte originário, que não só contêm temas materialmente constitucionais, como também sem conteúdo constitucional, de modo a não poderem ser alteradas senão de acordo com um processo mais difícil e complexo do que o previsto para a elaboração da legislação de nível inferior(este tema foi por nós examinado, em sua maior extensão no item 1 deste Capítulo).

   Uma Constituição apenas institucionalizadora do Estado, para Jorge Miranda, careceria de força jurídica irredutível. Desse modo, necessário distinguir suas normas das demais do ordenamento jurídico, o que se verifica mediante uma forma adequada, pois a Constituição em sentido material não poderia desempenhar, desde logo, a sua função organizatória da comunidade política. E segundo aquele constitucionalista, "três notas assinalam a Constituição em sentido formal: a) Intencionalidade na formação; b) Consideração sistemática *a se*; c) Força jurídica própria. As normas constitucionais são decretadas por um poder que se define com vista a esse fim; o que vale dizer que, na origem, são normas de fonte legal, não consuetudinárias ou jurisprudencial (mesmo se, depois, acompanhadas de normas destas origens) e são normas que exigem um processo específico de formação (conquanto não necessariamente um processo especial de modificação). Há um Direito constitucional – formalmente constitucional – a par de um Direito não constitucional; uma legislação constitucional a par (e acima) de uma legislação ordinária. As normas formalmente constitucionais inserem-se num conjunto sistemático com uma unidade e uma coerência próprias, dentro da unidade e da coerência gerais do ordenamento jurídico positivo do Estado. As normas formalmente constitucionais gozam, por isso mesmo, de um estatuto ou de um regime imposto por tais características e pela função material, genética ou conformadora que servem. Condicionado embora pelo legislador constituinte, tal regime exibe-se na sua aplicação e na sua garantia. Na grande maioria dos casos, a Constituição formal resulta de um só acto constituinte, de um só exercício do poder constituinte. Seja unilateral ou plurilateral, todas as normas formalmente constitucionais decorrem daí. Em algumas ocasiões, no entanto, não acontece assim. Em vez de uma Constituição formal *unitária*, emanam-se várias leis constitucionais, quer num lapso de tempo relativamente curto e homogêneo, quer num período prolongado ou breve, embora heterogêneo. A Constituição formal decompõe-se então em complexos normativos dispersos por mais de um texto ou documento, todos com a mesma ligação ao poder constituinte a mesma força jurídica";[27]

2. *quanto à origem*: Constituições democráticas e Constituições outorgadas. Aquelas resultam da vontade popular, expressa por uma Assembleia Constituinte, eleita para a elaboração da Constituição, no exercício do poder constituinte. Outorgada é a Constituição em que não há colaboração do povo na sua elaboração: o governo a concede graciosamente. A Constituição não resulta de um pacto livre e consentido, não foi o povo quem a fez. É exemplo desse tipo de Constituição a Carta de 1824, outorgada por D. Pedro I ao povo brasileiro. As Constituições outorgadas são frequentemente designadas por *cartas constitucionais*. Na França, Luiz XVIII, em 1814, usando de poderes de monarca absoluto, outorgou ao país uma Constituição a que denominou de Carta Constitucional. Há um outro tipo de Constituição, que não é tão marcada pela ilegitimidade, em sua origem, mas tal como a Constituição outorgada é dissimulada, na medida em que muitas de suas normas, pela sua inexequibilidade ou pela falta de intenção de cumpri-las, têm função apenas retórica: é a Constituição-vitrine ou Constituição-disfarce;[28]

3. *quanto à forma:* Constituições costumeiras ou históricas e Constituições escritas. Costumeiras ou históricas são as Constituições formadas por usos e costumes válidos como fontes de direito, como, por exemplo, as Convenções da Constituição, que se referem à reunião anual do Parlamento, à demissão do Gabinete, à dissolução da Câmara dos Comuns, na Inglaterra. Acentue-se, contudo, que há na Constituição inglesa normas escritas que compõem a Constituição histórica. Embora se faça referência à Constituição inglesa, trata-se da Constituição do Reino Unido, que vige na Inglaterra, País de Gales, Escócia e Irlanda do Norte. Com efeito, através dos Atos da União (*Acts of Union*), de 1706 e 1800, respectivamente, foram abolidos os parlamentos escocês e irlandês, surgindo o Reino Unido, sendo que o Parlamento em Westminster é composto de membros que representam os eleitorados de todos esses países, com competência para elaborar as leis para toda e qualquer parte do Reino Unido.

---

[27] MIRANDA. *Teoria do estado e da constituição*, p. 334-335.
[28] CUNHA. *Fundamentos de direito constitucional*, v. 1, p. 12.

Escritas são as Constituições cujas normas se acham expressas em um ou vários documentos escritos;[29]

4. *quanto à unidade documental*: Constituições orgânicas e Constituições inorgânicas. As primeiras contêm escrita, num texto único, toda a matéria constitucional sistematizada, e as inorgânicas apresentam suas normas dispersas em vários documentos (Israel e Nova Zelândia);

Consoante Pinto Ferreira, esta classificação é denominada de *sistemática*, sendo que as Constituições orgânicas se equivalem às reduzidas, e as inorgânicas às esparsas;[30]

5. *quanto ao processo de reforma*: Constituições fixas, Constituições imutáveis, Constituições rígidas, Constituições flexíveis e Constituições semirrígidas.

Constituições fixas são aquelas que somente podem ser alteradas por um poder de competência igual àquele que as criou, isto é, o poder constituinte originário. São ainda conhecidas por Constituições silenciosas, porque não estabelecem, expressamente, o procedimento para sua reforma. Têm valor apenas histórico, sendo exemplos destas Constituições o Estatuto do Reino da Sardenha, de 1848, e a Carta Espanhola de 1876.

Constituições imutáveis são as que se pretendem eternas, pois se fundam na crença de que não haveria órgão competente para proceder à sua reforma. São denominadas também de Constituições graníticas, ou intocáveis. Tal como as Constituições fixas, têm valor meramente histórico, sendo delas exemplo as Cartas acima exemplificadas como fixas.

Rígidas são as que demandam um processo especial, mais solene e difícil para sua alteração do que o da formação das leis ordinárias.

Exemplo de rigidez constitucional encontra-se na Constituição dos Estados Unidos. Para modificá-la, a proposta deve ser aprovada por 2/3 dos componentes das duas Casas do Congresso (Câmara de Representantes e Senado), e, depois disso, deve ser ratificada por três quartos dos Estados da Federação nas Assembleias Legislativas ou em Convenções estaduais. Lembre-se de que, em 220 anos de vigência, foram aprovadas apenas 27 emendas, sendo que a XXVIIª emenda foi proposta em 25 de setembro de 1789 e ratificada em 7 de maio de 1992, mais de dois séculos depois. No Brasil, a aprovação das emendas constitucionais exige maioria de três quintos (60%) dos votos dos membros de cada Casa Legislativa, sem a necessidade, contudo, de ratificação pelos Estados-Membros (art. 60, § 2º).

---

[29] Para a maioria dos autores, a primeira Constituição escrita foi a dos Estados Unidos da América, de 1787, seguindo-se-lhe a da França, de 1791. Afirma, no entanto, Carlos Roberto Ramos, reportando-se a Anna Mucci Pelúzio, que a primeira Constituição escrita foi a da Suécia, de 1722 – Constituição do Rei Gustavo (RAMOS. Origem, conceito, tipos de constituição, poder constituinte e história das constituições brasileiras. *Revista de Informação Legislativa* (Separata), ano 24, n. 93, jan./mar. 1987, p. 66).

[30] PINTO FERREIRA. *Curso de direito constitucional*, p. 14.

Flexíveis são as que podem ser alteradas pelo mesmo processo pelo qual se elaboram as leis ordinárias, dando-se como exemplo a Constituição inglesa. Não obstante se dizer que na Inglaterra "o Parlamento pode fazer tudo, menos de um homem uma mulher", Afonso Arinos de Melo Franco ressalta que "a Constituição costumeira (no caso a inglesa) tem indiscutíveis setores de rigidez. Teoricamente, seus documentos escritos básicos, como a lei de garantias individuais ou o tratado de união com a Escócia, ou seus costumes, como a escolha do Primeiro-Ministro, ou a dissolução da Câmara dos Comuns poderiam ser alterados por uma lei do Parlamento. Mas seria rematada insensatez sustentar que essa hipótese poderia concretizar-se com a facilidade com que se aprova uma lei qualquer. A rigidez existe, e muito maior do que na maioria dos países de Constituição escrita; apenas não é uma rigidez formal, mas um obstáculo político-constitucional intransponível. Nos pontos em que a Constituição inglesa é rígida (e são os mais importantes), ela é mais rígida do que na maioria dos países de Constituição rígida".[31]

A supremacia do Parlamento inglês foi ainda mitigada com a aprovação, em 1998, e entrada em vigor, em 2000, do *Human Rights Act*, que tornou a Convenção Europeia de Direitos Humanos diretamente aplicável. Esta Declaração de Direitos acabou por comprometer a própria ideia de constituição flexível, já que o Parlamento não mais tudo pode, em razão do dever de respeitar as disposições do *Human Rights Act*. Desse modo, o parlamentar que propuser uma lei deve fazer uma declaração sobre a sua compatibilidade com a Convenção (as Convenções são acordos políticos, não escritos, de conteúdo constitucional, efetuados no Parlamento). Caso seja impossível a compatibilização, esta deve ser declarada pelo tribunal.

Relacionadas com as ideias de flexibilidade e rigidez constitucional, menciona-se as Constituições transitoriamente flexíveis, que são "textos constitucionais suscetíveis de reforma, apenas por determinado período, com base no mesmo rito das leis comuns. Ultrapassado aquele período, o documento constitucional passa a ser rígido. Nessa hipótese, o binômio rigidez-flexibilidade não coexiste simultaneamente. Apresenta-se de modo alternado. Exemplo: Constituição de Baden de 1947, que previa em seu art. 128: 'A lei pode estabelecer normas jurídicas especiais até 31 de dezembro de 1948, no mais tardar, para libertação do povo alemão do nacional socialismo e do militarismo, e para remoção de suas consequências'. A Carta irlandesa de 1937, durante os primeiros três anos de sua vigência, também demonstrou uma flexibilidade provisória".[32]

Constituições semirrígidas são aquelas que têm uma parte rígida, cuja mudança depende de processo mais difícil e solene do que o da lei

---

[31] FRANCO. *Direito constitucional*, p. 94.
[32] BULOS. *Constituição federal anotada*, p. 35.

ordinária, e outra flexível, em que o órgão encarregado de reformá-la o faz de modo idêntico às leis ordinárias. São ainda conhecidas por Constituições mistas.

No Brasil, a Constituição do Império de 1824 caracterizava-se pela semirrigidez. É que o seu artigo 178 dispunha que se consideravam como constitucionais apenas as matérias que se referissem aos limites e atribuições do poder político e aos direitos políticos e individuais dos cidadãos. Tudo o mais, embora figurasse na Constituição por não ser constitucional, podia ser alterado por lei ordinária. A Constituição brasileira de 1988 é rígida, pois sua alteração depende de um processo especial previsto no artigo 60, I a III, e §§ 2º e 3º.

Alguns autores, como Alexandre de Moraes[33], identificam, na tipologia das Constituições quanto ao processo de reforma, graus de rigidez, para então conceberem as Constituições super-rígidas, por apresentarem uma rigidez que excede o comum. Neste sentido, a Constituição brasileira de 1988, cujo art. 60, § 4º, prevê cláusulas imodificáveis, conhecidas como cláusulas pétreas, tendo, pois, um cerne fixo, seria super-rígida. Para André Ramos Tavares, a "super-rigidez caracteriza-se pela pretensão de eternidade, pela impossibilidade de alteração. A norma super-rígida é imutável, perene. A super-rigidez, contudo, pode ser absoluta (super-rigidez verdadeira) ou temporária (falsa super-rigidez)";[34]

6. *quanto à dogmática*: Constituições ortodoxas e Constituições ecléticas. Essa classificação foi proposta por Paulino Jacques, conforme adotem uma só ideologia política informadora ou procurem conciliar ideologias opostas. José Afonso da Silva opõe a Constituição dogmática à histórica, segundo critério voltado para o modo de elaboração, parecendo a este autor que a Constituição dogmática é conexa com a escrita, e a histórica o é com a não escrita, sendo que a primeira reflete os dogmas ou ideias fundamentais da teoria política, e a outra (histórica) resulta do lento evolver dos fatos sociopolíticos, ponto de vista também acolhido por Manoel Gonçalves Ferreira Filho;

7. *quanto à extensão*: Constituições sintéticas e Constituições analíticas. As Constituições sintéticas, ou breves, estabelecem apenas os princípios e as normas gerais de organização e limitação do poder do Estado. São Constituições sumárias, básicas, concisas, principiológicas, que se restringem aos elementos substancialmente constitucionais, dando-se como exemplo a Constituição norte-americana de 1787, aprovada originariamente com 7 artigos e 4.400 palavras.[35] A virtude destas Cons-

---

[33] MORAES. *Direito constitucional*, 17. ed., p. 5.
[34] TAVARES. *Curso de direito constitucional*, p. 65.
[35] Em número de palavras, a Constituição brasileira de 1988, na sua parte permanente (redação originária), com 245 artigos, contém 41.529 palavras; as Constituições portuguesa (41.000), austríaca (36.000), indiana (137.000), e os documentos constitucionais suecos (36.000). A ex-

tituições está na sua maior duração ao longo do tempo, por serem mais facilmente adaptáveis à mudança da realidade, dado o seu caráter principiológico, sem que haja necessidade de constante alteração formal do seu texto. As Constituições analíticas, ou extensas, são as que contemplam todos os temas que têm por relevantes, através de elevado número de regras jurídicas. A maioria das Constituições em vigor são analíticas. Giovanni Sartori cunhou a expressão *grafomania constitucional* para designar a tendência das Constituições promulgadas após a 2ª Guerra Mundial.[36] Esclarece André Ramos Tavares que as razões apontadas para o surgimento das Constituições analíticas são: "a indiferença, que se tem transformado em desconfiança, quanto ao legislador ordinário; a estatura de certos direitos subjetivos, que estão a merecer proteção juridicamente diferenciada; a imposição de certos deveres, especialmente aos governantes, evitando-se o desvio de poder e a arbitrariedade; a necessidade de que certos institutos sejam perenes, garantindo, assim, um sentimento de segurança jurídica decorrente da rigidez constitucional";[37]

8. *quanto ao sistema*: Constituições principiológicas e Constituições preceituais. As primeiras, tidas também como Constituições abertas, são aquelas em que predominam os princípios, é dizer, normas constitucionais dotadas de elevado grau de abstração, consubstanciadores de valores a demandar legislação concretizadora, dando-se como exemplo a Constituição brasileira de 1988. As segundas são aquelas em que prevalecem as regras, individualizadas como normas revestidas de pouco

---

tensão média das Constituições dos Estados americanos é de 28.000 palavras. A Constituição do México contém 54.000 palavras e a da Colômbia 49.000.

[36] SARTORI. *Engenharia constitucional*, p. 211.

[37] TAVARES. *Curso de direito constitucional*, p. 67.

Numa visão antropológica e sociológica, pode-se falar que a Constituição brasileira de 1988, se por um lado destoa das Constituições breves e enxutas, como a norte-americana de 1787, por outro lado a extensão e prolixidade de nossa Constituição refletem exatamente "as virtudes e os defeitos do povo brasileiro. E se ela é extensa, é porque não somos sutis a ponto de termos regras claras e objetivas com paralela economia de palavras. Não, não somos dados às sutilezas; nós somos explícitos, minudentes e repetitivos, e bem por isso precisamos inserir e repetir no texto constitucional regras que pareceriam óbvias em outras culturas. Se a Constituição é 'exagerada', é porque nós brasileiros, somos exatamente assim: exagerados, expansivos, largos nos sorrisos e nas maneiras. Somos abundantes nas cores, nos decotes, nas mesas postas, na voluptuosidade da exibição dos corpos masculinos e femininos. Somos fartos na exposição de nossas vaidades, mas também na admiração do que vem de fora. Falamos alto, furamos filas, mas também somos exuberantemente solidários, acolhedores, hospitaleiros, sensíveis, emotivos. Um sem-número de outros defeitos e qualidades poderiam ser descritos, mas os listados já nos bastam para provarmos uma tese irrefutável: a tese de que a Constituição é o nosso retrato. A Constituição modelo, dos Estados Unidos, enxuta na forma, breve, objetiva, talvez não nos sirva porque somos de uma exuberante extroversão, daí que para nós só poderia ser mesmo uma Constituição do tipo generosa." (Gisela Maria Bester. *Direito constitucional* – fundamentos teóricos, p. 115-116).

grau de abstração, e que concretizam princípios, sendo possível a sua aplicação coercitiva, como a Constituição mexicana de 1917.

Numa classificação multidimensional das Constituições, Paulo Ferreira da Cunha oferece-nos este ensaio classificatório: 1. Quanto à forma-manifestação: Constituição escrita, Constituição escrita esparsa, Constituição escrita codificada e Constituição não escrita. 2. Quanto à relação forma/conteúdo: Constituição material, Constituição formal e Constituição instrumental (que não se confunde com meramente instrumental). 3. Quanto à relação forma/realidade constitucional: Constituição normativa, Constituição nominal e Constituição semântica. 4. Quanto à relação forma/projeto: Constituição analítica e Constituição sintética. 5. Quanto ao procedimento constituinte (e ao tempo e estilo geral de Constituição: Constituição natural, tradicional, histórica ou consuetudinária (costumeira) e Constituição voluntária (ou voluntarista, para alguns), moderna, ou dogmática. 6. Quanto ao princípio constituinte: Constituição democrática (ou popular), Constituição outorgada e Constituição dualista ou pactuada; 7. Quanto à estabilidade: Constituição imutável, Constituição rígida, Constituição semirrígida e Constituição flexível.[38]

Além das classificações tradicionais, há uma outra proposta por Karl Loewenstein,[39] a que ele chama de classificação ontológica, pois, em lugar de analisar a essência e o conteúdo das Constituições, o critério ontológico se baseia na concordância das normas constitucionais com a realidade do processo do poder, ou seja, uma Constituição escrita não vale por si mesma, mas é o que os detentores do poder fazem dela na prática. Dentro dessa classificação, denomina-se Constituição normativa aquela cujas normas dominam o processo político ou, inversamente, o processo do poder se adapta às normas da Constituição e se submete a elas. Qualifica-se de nominal a Constituição que carece de realidade existencial, pois, apesar de juridicamente válida, a dinâmica do processo político não se adapta às suas normas. Finalmente, ainda na classificação de Loewenstein, aparece a Constituição semântica, que, em lugar de servir de limitação do poder, figura como o instrumento para estabilizar e eternizar a intervenção dos dominadores fáticos do poder político, sendo exemplo desse tipo de Constituição a Carta de 1937 (Constituição do Estado Novo).[40]

---

[38] CUNHA. *Direito constitucional geral:* uma perspectiva luso-brasileira, p. 45-54.

[39] LOEWENSTEIN. *Teoría de la constitución,* p. 216-222.

[40] Essa classificação não tem como subsistir a críticas, quando se analisa o fenômeno jurídico numa visão mais abrangente, é o que afirma José Emílio Medauar Ommati. Segundo ele, não há como contemporaneamente separar o mundo do ser do mundo do dever ser. Se o Direito está permeado por uma tensão entre facticidade e validade, ou seja, apresenta uma pretensão de coercibilidade e de legitimidade, não seria possível dizer que há um mundo real, das relações de poder, e um mundo ideal ou jurídico, que tenta controlar aquele. Relativamente à Constituição normativa, questiona sobre se há em algum lugar do mundo uma Constituição que regule completamente as relações de poder, para concluir pela resposta negativa, pois, mesmo a Constituição norte-americana, classificada como normativa, possibilitou à Corte Suprema dos Estados Unidos interpretá-la permitindo que a segregação entre pretos e brancos continuasse por longo tempo, somente sendo abolida em 1954, quando do julgamento do caso *Brown versus Board of Eucation.* Relativamente à Constituição nominal, não há falar em caráter pedagógico de seu texto, que não tem como ensinar a alguém o exercício da cidada-

Manoel Gonçalves Ferreira Filho noticia como tipos de Constituição, a Constituição-garantia, que visa garantir a liberdade, limitando o poder, e a Constituição-balanço, que reflete um estágio de compromisso socialista, ou seja, a cada novo degrau da evolução socialista, haveria um novo texto constitucional, dando-se como exemplos as Constituições soviéticas de 1924, 1936 e 1977.[41]

Fala-se ainda em Constituição dirigente, terminologia usada pelo autor português Gomes Canotilho, referindo-se à Constituição de Portugal de 1976, que, marcada pela existência de inúmeros preceitos de caráter programático, dirige ou orienta a ação dos Poderes do Estado para a realização do programa nela contido, voltado para a implantação de um Estado socialista. Observe-se, contudo, que a segunda revisão da Constituição de Portugal, promulgada em 7 de julho de 1989, eliminou do seu texto inúmeros preceitos de caráter socialista e promoveu uma flexibilização da "Constituição econômica".[42]

---

nia, cuja prática decorre, isto sim, de vivências e de processos, muitas vezes dolorosos, de aprendizagem social. Finalmente, é equivocada a denominação de Constituição semântica, pois a Constituição deve ser necessariamente democrática, reconhecendo a todos o direito de participação, certo ainda que os instrumentos de controle da população, em regimes autoritários, não são jurídicos, porque desprovidos de legitimidade. Além disso, para que o Direito se configure como ordem de coerção e liberdade, necessário que haja uma ligação entre Direito e Democracia, institucionalizando-se procedimentos de formação da opinião e da vontade coletivas (OMMATI. *Teoria da constituição*, p. 52-55).

[41] FERREIRA FILHO. *Curso de direito constitucional*, p. 12 e 13.

[42] A propósito da Constituição dirigente, tratada na sua obra *Constituição dirigente e vinculação do legislador*, Canotilho nos traz alguns esclarecimentos, em virtude do prefácio da segunda edição do livro, em que, segundo o entendimento de alguns juristas, teria declarado a morte da Constituição dirigente. Explicitando o tema, afirma o ilustre constitucionalista português que a Constituição dirigente estaria morta se o dirigismo constitucional fosse entendido como normativismo constitucional revolucionário capaz de, por si só, operar transformações emancipatórias. Nesse ponto, acentua que "a Constituição era um projecto da modernidade, um projecto de transformação, um projecto com sujeitos históricos (até em termos hegelianos), sujeitos que, no caso da Constituição portuguesa, eram os trabalhadores, as classes trabalhadoras, o Movimento das Forças Armadas. Esses sujeitos históricos desapareceram do texto e passaram a ter, digamos, uma influência menos nítida no processo de transformação inicial. Quer queiramos ou não, quanto a essa Constituição dirigente temos de ser humildes e dizer que ela acabou. Mas isto não pode significar que não sobrevivam algumas dimensões importantes da programaticidade constitucional e do dirigismo constitucional. Em primeiro lugar, em termos jurídico-programáticos, uma Constituição dirigente – já explicitei isso várias vezes – representa um projecto histórico pragmático de limitação dos poderes de questionar do legislador, da liberdade de conformação do legislador, de vinculação deste aos fins que integram o programa constitucional. Nesta medida, penso que continuamos a ter algumas dimensões de programaticidade: o legislador não tem absoluta liberdade de conformação, antes tem de mover-se dentro do enquadramento constitucional. Esta a primeira sobrevivência da Constituição dirigente em termos jurídico-programático". E em segundo lugar porque "as Constituições nacionais, agrade-nos ou não esta ideia, estão hoje em rede. Em termos de inter-organizatividade, elas vêm 'conversando' com outras Constituições e com esquemas organizativos supranacionais, vão desbancando algumas normas, alguns princípios das próprias Constituições nacionais: quem passa a mandar, quem passa a ter poder são os textos internacionais. Mas a directividade programática permanece, transferindo para estes" (COUTINHO (Org.). *Canotilho e a constituição dirigente*, p. 14-15).

Jorge Miranda classifica as Constituições, quanto à finalidade, em Constituições definitivas que, como a generalidade das leis, se afirmam com vocação de duração indefinida, e Constituições provisórias, com duração limitada, destinadas a organizar transitoriamente o poder, ou quando se trate de preparar especificamente Constituições definitivas, as pré-constituições.[43]

As Constituições, em regra geral, sejam outorgadas, sejam populares, são elaboradas por agentes do próprio Estado a que se destinam. Há, em contraponto, como exceção, as denominadas Constituições heterônomas, ou heteroconstituições, que são impostas por agentes de fora. Exemplo de Constituição heterônoma foi a Constituições do Japão, após o término da 2ª Guerra Mundial, cujo projeto foi escrito, em 1946, pelo General Mac Arthur, que instituiu uma monarquia parlamentarista e vedou ao Japão possuir forças armadas, tendo o Parlamento aprovado o texto. São ainda exemplos de Constituições heterônomas a do Canadá, de 1867, cujo texto, que trata da organização do poder político, foi editado pela Inglaterra; as Constituições da Austrália, de 1901, da África do Sul, de 1909, da Nigéria, de 1946, da Jamaica, de 1962, das Bermudas, de 1962, de Malta, de 1964, das Ilhas Maurício, de 1968, e de Fiji, de 1970, cujos textos foram impostos, quando do processo de colonização, pela antiga metrópole.

Em crítica ao *judicial review*, Mark Tusnet propõe os conceitos de Constituição fina e Constituição grossa, tendo em vista o modelo norte-americano. Constituição fina consiste nos princípios da Declaração de Independência e no Preâmbulo da Constituição de 1787. A primeira é uma Constituição que traduz o elemento constitutivo do conceito de povo norte-americano, que se qualifica por sua aderência aos princípios nela contidos, sendo então desnecessário e inconveniente o *judicial review*. A Constituição grossa consiste no conjunto de normas que tratam da organização do governo e na jurisprudência da Suprema Corte: é uma Constituição essencialmente contingente.[44] São apresentadas classificações das Constituições com base no fator econômico, isto é, os sistemas econômicos acarretariam tipos diferenciados de Constituições. Haveria assim Constituições de Estados capitalistas, socialistas e do Terceiro Mundo, subdividindo-se as Constituições dos Estados capitalistas em Constituições liberais, sociais-democratas (ou do Estado social) autoritário-fascistas e compromissórias.

As Constituições em branco são aquelas que não preveem limitações explícitas ao poder constituinte de revisão, subordinando-se o processo de sua mudança à discricionariedade dos órgãos competentes para a revisão tidos como encarregados de estabelecer as regras para a propositura de emendas ou revisões constitucionais. Exemplos de Constituições em branco foram as primeiras constituições dos Estados da união norte-americana, as Constituições da França de 1799, 1814 e 1830, do Estatuto da Sardenha de 1848, e da Carta Espanhola de 1876. As Constituições fixas, de que tratamos acima, são exemplos de Constituições em branco.

---

[43] MIRANDA. Manual de direito constitucional, t. II, p. 25.
[44] TUSHNET, Mark. *Taking the constitution away from the courts*, p. 185 e 192, referido por Rodrigo Brandão, *in: Supremacia judicial versus diálogos constitucionais:* a quem cabe a última palavra sobre o sentido da constituição?, p.174, 195-196.

As Constituições pactuadas ou dualistas são as que resultam de um acordo entre o rei e o parlamento e buscam realizar um equilíbrio, embora instável e precário, entre o princípio monárquico e o princípio democrático. Segundo Paulo Bonavides, são exemplos de Constituições pactuadas o *Bill of Rights*, de 1689, e *o Act of Settlement*, de 1701, bem como as Constituições da Espanha de 1845 e 1876, a da Grécia de 1844 e a da Bulgária de 1879.[45]

As Constituições compromissórias são as que refletem a pluralidade de forças políticas e sociais; são típicas da sociedade plural e complexa de nossos dias, resultado de conflitos profundos, da barganha, do jogo de interesses e do tom persuasivo do discurso político. O cenário constituinte de elaboração dessas Constituições é de tumulto e discórdia entre correntes divergentes de pensamento, mas que, ao fim e ao cabo encontram o consenso. As Constituições portuguesa de 1976 e brasileira de 1988 são Constituições compromissórias.

As Constituições plásticas são aquelas dotadas de mobilidade, e projetam sua força normativa na realidade social, política, econômica e cultural do Estado. Estas Constituições possibilitam uma releitura de seu texto, à luz de uma nova realidade social. Podem ser rígidas ou flexíveis, nada obstante alguns constitucionalistas, como Pinto Ferreira, conceberam-nas como flexíveis.

As Constituições suaves ou dúcteis são aquelas que não contêm exageros, não consagram preceitos irrealizáveis ou impossíveis de ser vividos na prática. Trazem o propósito de ser realizadas.

As Constituições orais são aquelas proclamadas, de viva voz, pelo chefe supremo de um povo, tendo por objeto um conjunto de normas que deverão reger a vida em comunidade. Dá-se como exemplo a Carta da Islândia do século IX, quando os vikings instituíram, solenemente, o primeiro parlamento livre da Europa.[46]

As Constituições biomédicas são as que derivam da consciência ético-jurídica da comunidade e consagram normas que asseguram a identidade genética do ser humano, visando disciplinar o processo de criação, desenvolvimento e utilização de novas tecnologias científicas, sendo delas exemplo a quarta revisão (1997) da Constituição da República Portuguesa de 1976.

Virgílio Afonso da Silva, considerando o papel da Constituição na ordem jurídica de um país, segundo a maior capacidade de conformação desse ordenamento para o legislador ordinário e para os cidadãos, isto é, a maior liberdade do legislador ordinário em relação à Constituição, concebe as Constituições como: a) Constituição-lei, que se distingue em muito pouco da lei ordinária, estando no mesmo nível das outras normas do ordenamento. Inexiste supremacia formal da Constituição, sendo a Constituição uma lei como qualquer outra. As normas constitucionais, especialmente os direitos fundamentais, teriam uma função meramente indicativa, apenas indicariam ao legislador um possível caminho, que ele não precisaria necessariamente seguir;

---

[45] BONAVIDES. *Curso de direito constitucional*, p. 72.
[46] ZAGREBELSKY. *El derecho dúctil*: ley, derechos, justicia. Sobre as Constituições em branco, pactuadas, compromissórias, plásticas, suaves, orais e biomédicas, cf. BULOS. *Curso de direito constitucional*, p. 31-35.

b) Constituição fundamento, muitas vezes também chamada de Constituição total. Tem-se a Constituição como lei fundamental não somente de toda a atividade estatal e das atividades relacionadas ao Estado, mas também a lei fundamental de toda a vida social. Praticamente todas as ações humanas seriam reguladas pela Constituição, nenhuma área da vida teria independência das normas constitucionais. O legislador seria um mero intérprete da Constituição, tudo seria definido pela Constituição, e a liberdade de conformação dos outros ramos do direito tenderiam a ser mitigados, já que todo o direito e toda a atividade legislativa seriam encarados como meros instrumentos de realização da Constituição; c) Constituição-moldura: designa uma Constituição que apenas serve de limite para a atividade legislativa. A Constituição é apenas uma moldura, sem tela, sem preenchimento. Cabe à jurisdição constitucional apenas a tarefa de controlar se o legislador age dentro da moldura (como o legislador age no interior desses limites é uma questão de oportunidade política).Este conceito de Constituição é apresentado como uma alternativa aos dois conceitos extremos de Constituição, acima referidos.[47]

Bruce Ackerman, ao analisar as concepções de constituição enunciadas pela teoria constitucional norte-americana ao longo da História, utiliza as metáforas de Constituição-Máquina, Constituição-Organismo e Constituição-Processo ou Constituição-Viva.

A Constituição-Máquina é aquela que traz como preceito fundamental a afirmação da existência de princípios fundamentais inseridos no texto constitucional como partes do funcionamento de uma engrenagem bem azeitada e, como as leis naturais, funcionariam sempre da mesma forma ao longo do tempo. Esta concepção triunfou no pensamento constitucional norte-americano desde o final do século XVIII, até, pelo menos, o fim da Guerra Civil já na segunda metade do século XIX. A Constituição-Organismo surge com a mudança de paradigma, ao final do século XIX e início do século XX, em que a teoria constitucional sofre as influências da evolução e do progresso com a teoria darwinista que substitui as leis imutáveis da física newtoniana: os princípios fundamentais do passado não bastavam para interpretar a mecânica constitucional, pois a Constituição como um organismo, deveria se adaptar à evolução da era moderna e aos desafios do presente. A Constituição-Processo ou Constituição-Viva (*The Living Constitution*) é uma metáfora em que Ackerman dá relevância à soberania popular e às preocupações históricas. A Constituição-Viva ultrapassa a dicotomia anterior, sendo o texto constitucional um processo de viva participação popular que se expressa em determinados momentos históricos.[48]

4. ELEMENTOS DA CONSTITUIÇÃO

Sendo a Constituição um conjunto sistemático e orgânico de normas, e embora se apresente como um todo unitário, uma codificação de normas, possui, no entanto,

---

[47] SILVA. *A constitucionalização do direito:* os direitos fundamentais nas relações entre particulares, p. 109-122.
[48] STERN. História e teoria constitucional norte-americana: as interpretações de Edward White e Bruce Ackerman. *In:* VIEIRA (Org.). *Teoria constitucional norte-americana contemporânea)*, p. 1-18.

caráter polifacético em razão de nela estarem reunidas normas de conteúdo, origem e finalidade substancialmente diversas, que visam concretizar os mais diferentes valores que correspondem a determinado período histórico, a cada tipo de estrutura sociocultural.

O tema foi examinado com profundidade e abrangência por José Afonso da Silva, que definiu os elementos constantes da estrutura normativa das Constituições contemporâneas da seguinte forma, tendo em vista a sua natureza, função e finalidade:

I – *elementos orgânicos*, aqueles que regulam os poderes do Estado, com definição de sua estrutura. Exemplos: Títulos III – Da Organização do Estado, e IV – Da Organização dos Poderes e do Sistema de Governo, da Constituição brasileira de 1988;

II – *elementos limitativos*, aqueles que, basicamente, definem os direitos e garantias fundamentais. São considerados limitativos porque objetivam restringir a atividade do Estado, traçando linhas divisórias entre o seu âmbito de atuação e a esfera do indivíduo. Exemplo: artigo 5º da Constituição brasileira de 1988;

III – *elementos socioideológicos* – aqueles que revelam o compromisso entre o Estado individual e o Estado social, esboçando o seu perfil ideológico. Exemplos: arts. 6º e 7º – Direitos sociais – e 170 e seguintes, da Constituição brasileira de 1988;

IV – *elementos de estabilização constitucional* – aqueles que se destinam a garantir a solução de conflitos constitucionais e a defesa da Constituição. Exemplos: arts. 34 a 36 – intervenção federal; 102, I, – controle abstrato de constitucionalidade; 136 e 137 – estado de defesa e estado de sítio, da Constituição brasileira de 1988;

V – *elementos formais de aplicabilidade* – aqueles que traçam regras relativas ao modo de aplicação das Constituições. Exemplo: preâmbulo, artigo 5º, § 1º, e ato das disposições transitórias da Constituição brasileira de 1988.[49]

Ao conceituar Constituição como o ato do poder público dotado de supremacia máxima na ordem jurídica estatal, regulando a organização dos respectivos sistemas social, econômico e político, Jorge Bacelar Gouveia dissocia no conceito de Constituição alguns elementos que lhe são necessariamente congênitos e que facilitam a sua distinção de outras realidades:

a) *elemento subjetivo* – ato intencional do Estado, que não tem natureza costumeira, e integra a categoria de fontes voluntárias;

b) *elemento formal* – localiza-se num lugar cimeiro do ordenamento jurídico estatal;

c) *elemento material* – regula as opções principais do Estado ao nível dos sistemas social, econômico e político.[50]

---

[49] SILVA. *Curso de direito constitucional positivo*, p. 43 e 44.
[50] GOUVEIA. *Manual de direito constitucional*, v. 1, p. 581.

Concebida a Constituição como um sistema, ou seja, um corpo lógico cujos elementos (as disposições de natureza constitucional) são a matéria, o corpo físico da Constituição, que se integram à sua estrutura, agrupando-se e operando-se numa ordem abstrata de relações, Sérgio Sérvulo da Cunha classifica os elementos da Constituição em:

a) disposições identificatórias, aquelas que identificam o país, o Estado ou o território a que correspondem, como o art. 1º, o art. 13;

b) disposições performativas, enunciados que criam realidades, os quais, embora não possam ser considerados como metaconstitucionais ou autorreferentes, porque neles a Constituição não fala de si mesma, podem ser considerados como reflexivos ou autodependentes, dado que sua vigência depende de outras disposições constitucionais (a partir das palavras seminais de que o Brasil é uma República Federativa – art. 1º – cujo presidente exerce o poder executivo – art. 76 – é que brota a floração republicana);

c) disposições prescritivas, as que abrigam prescrições (diretivas imperativas de comportamento), e que podem ser de dois tipos: as que estabelecem os fundamentos da ação do governo (diretivas fundamentais), e as que, dados esses fundamentos, balizam a ação do governo, dizendo o que ele deve ou não fazer, e como fazer (diretivas instrumentais). As diretivas fundamentais compreendem diretivas finalísticas e princípios; as instrumentais compreendem determinações (= prescrições específicas, que mandam para o presente o que, tendo em vista o que é preciso fazer agora), adjudicações (= disposições que outorgam, conferem poder, geralmente designadas como permissivas, e podem ser negativas ou positivas, *v.g.*, arts. 14, 18, 21, 22, 23, 24, 25, 29 a 32, 44, 76 *et seq.*, 92 *et seq.*), e normas (= prescrições hipotéticas de dever-ser – "se x logo y" –, que obrigam, permitem ou proíbem).[51]

Sérgio Sérvulo da Cunha ainda classifica as disposições constitucionais, do ponto de vista de seu conteúdo, em: 1. disposições preliminares, que estabelecem condições de existência e eficácia da Constituição; 2. disposições de direito fundamental, que definem direitos fundamentais; 3. disposições orgânicas, que criam e organizam agências do governo; 4. disposições de garantia, que prestam garantia ao exercício dos direitos fundamentais e ao funcionamento das agências do governo; 5. disposições de salvaguarda, para utilização em situações de emergência.[52]

5. FUNÇÕES DA CONSTITUIÇÃO

Falar em função da Constituição é identificar o que ela faz ou pretende fazer, determinar para que ela serve. Como ordem jurídica fundamental (estatuto jurídico do

---

[51] CUNHA. *Fundamentos de direito constitucional*, v. 2, p. 12-38.
[52] CUNHA. *Fundamentos de direito constitucional*, v. 2, p. 153-154.

político), a Constituição é vocacionada para a estabilidade e para a dinamicidade, dando abertura para captar as mudanças da vida política e social. Há assim uma relação de continuidade-mudança garantida pela Constituição, o que faz com que seja ela concebida como garantia do existente e programa ou linha de direção para o futuro. Assinale-se que, como ordem aberta, a Constituição não é apenas a lei fundamental do Estado, mas a lei fundamental da sociedade, devendo estabelecer não só a conformação jurídica do Estado, como também princípios relevantes para uma sociedade aberta, como os princípios fundamentais da família e os estruturantes da ordem econômica e social.

Deve-se ainda distinguir a função estritamente jurídica e as funções político-jurídicas da Constituição.

A primeira se acha intimamente relacionada com a ideia de lei fundamental, norma positiva, que estrutura e organiza o Estado.

Já as funções político-jurídicas da Constituição foram examinadas por Canotilho, que explicita as propostas de Hans-Peter Schneider e Klaus Stern: "o primeiro refere quatro funções: função de unidade, função de justificação, função de proteção e função de ordenação. O segundo individualiza nada menos que oito: função de ordenação, função de estabilização, função de unidade, função de controlo e limite do poder, função de garantia de liberdade e da autodeterminação e da proteção jurídica do indivíduo, função de fixação de estrutura organizatória fundamental do Estado, função de determinação dos fins materiais do Estado, função definidora da posição jurídica do cidadão no e perante o Estado".[53]

Canotilho, por sua vez, identifica cinco funções básicas da Constituição: *revelação de consenso fundamental; legitimidade e legitimação da ordem jurídico-constitucional; garantia e proteção; ordem e ordenação, e de organização do poder político.*

A *função de revelação normativa do consenso fundamental* de uma comunidade política refere-se a princípios, valores e ideias diretrizes que servem de padrões de conduta política e jurídica nessa comunidade, expressos, por exemplo, no princípio do Estado de Direito, no princípio democrático, no princípio da socialidade, no princípio republicano, no princípio da dignidade da pessoa humana, no princípio pluralista, no princípio da separação e interdependência dos poderes, no princípio majoritário, no princípio da fiscalização judicial dos atos do poder político. Estes princípios formam, no seu conjunto, padrões de conduta política e jurídica em torno dos quais se forma um consenso fundamental entre os integrantes da comunidade política.

A *legitimidade e legitimação da ordem jurídico-constitucional* faz com que a Constituição dê legitimidade a uma ordem política e legitimação aos detentores do poder político, justificando-lhes o poder de mando, de governo e a autoridade. A legitimidade da Constituição, ou validade material, vai além da simples legalidade. Desse modo, não é o fato de ser ela, como norma superior, formalmente suprema que pode e deve ser considerada legítima, mas a legitimidade da Constituição pressupõe sua conformidade com a ideia de direito, valores, interesses e anseios de um povo, prevalecentes num determi-

---

[53] CANOTILHO. *Direito constitucional e teoria da constituição*, p. 1274.

nado momento histórico. Ao ser acatada e aceita, como ordem justa, pela coletividade, a Constituição reveste-se de legitimidade. E a função de legitimidade é que concorre para a aceitação real da Constituição fundada no princípio de justiça. Assinale-se ainda que, na função de legitimação do poder, é a Constituição que funda o poder, regula o seu exercício e limita o poder. Não há espaço, portanto, no âmbito desta função legitimatória, para qualquer poder, mas somente aquele constituído pela Constituição, por ela juridicamente limitado e a ela vinculado.

Na *função de garantia e proteção*, a Constituição serve para garantir os direitos e liberdades entendidos como inerentes ao indivíduo e preexistentes ao Estado. Os detentores do poder ficam subordinados aos titulares do poder, cumprindo ainda aí a Constituição o seu papel de limitação do poder.

Mencione-se também como *função da Constituição a de ordem e ordenação*. Ela conforma e modela juridicamente o Estado, composto por uma multiplicidade de órgãos diferenciados. A função organizatória faz com que a Constituição constitua a pirâmide de um sistema normativo (lei das leis), fixando o valor, a força e a eficácia das demais normas que compõem o ordenamento jurídico do Estado.

Finalmente, segundo Canotilho, à Constituição cabe a *função de organização do poder político*, pela qual cria os órgãos constitucionais, define as competências e atribuições desses órgãos, pertencendo-lhe ainda definir os princípios estruturantes da organização do poder político, como o da separação e interdependência, e dispor sobre a repartição de competências. A Constituição, desse modo, dá forma ao Estado, constitucionalizando a forma e o sistema de governo (parlamentar, presidencial ou semipresidencial).[54]

Costantino Mortati fala em funções de unificação, garantia e identificação.

Pela *função de unificação*, a Constituição se destina a fundamentar a validade das normas legais que integram a ordem jurídica do Estado, sendo, portanto, tal função correlativa à unidade da Constituição.

A *função de garantia* tem o significado de que a Constituição se dirige a assegurar a estabilidade das relações na sociedade, relacionando-se ainda com a ideia de rigidez da Constituição, eis que as suas normas só podem ser alteradas por um processo qualificado de reforma.

A *função de identificação* é a de garantir a manutenção do fim essencial que serve para identificar um tipo de Estado frente às mudanças da sociedade.[55]

Ao examinar o tema de que estamos tratando, Manoel Gonçalves Ferreira Filho adverte que a importância das funções das Constituições é variável conforme o momento histórico. Assinala que "para mais fácil análise, pode-se indicar que as Constituições se desincumbem de, ao menos, dez funções diferentes: a *função de garantia*, a *função organizativa ou estruturante*, a *função limitativa*, a *função procedimental*, a *função instrumental*, a *função conformadora* da ordem sociopolítica, a *função legitima-*

---

[54] CANOTILHO. *Direito constitucional e teoria da constituição*, p. 1274-1277.
[55] MORTATI. *La constitución em sentido material*, p. 127, 143, 199, 200, 219.

dora (às vezes, legitimante), a *função legalizadora*, a *função simbólica* e, enfim, a *função prospectiva*".

Mencione-se, nesta tipologia, a *função prospectiva* da Constituição. Se o texto constitucional é voltado para o futuro, a sua finalidade é dirigir a ação política e de toda a sociedade, segundo um modelo proposto, e para a realização de determinados objetivos, gerais ou específicos, informados pela ideia de direito nela consignada. A função prospectiva da Constituição se acha consubstanciada, de modo exacerbado, na denominada *constituição dirigente*, na expressão de Canotilho (de que tratamos anteriormente), por preordenar a atuação governamental num determinado sentido, no caso, com vistas à transição para o socialismo.[56]

De se destacar a *função simbólica* da Constituição, considerando o aspecto normativo-político e a realidade social em que se insere o ordenamento constitucional. De fato, a função simbólica pode ser extraída em especial das normas constitucionais que, no contexto da Constituição, ao lado daquelas que carregam uma enérgica força normativa, revelam-se puramente instrumentais, apontando para a ineficácia da Constituição. A propósito, assinala Regina Maria Macedo Nery Ferrari, lembrando Arnold W. Thurman, que "quando se fala em função ou constitucionalização simbólica, deve-se admitir que o símbolo é, por sua vez, uma representação complexa de 'significado afetivo ou intelectual, produto de processos culturais'. Conforme afirma Arnold, que pode ser considerado como o pioneiro no reconhecimento da função simbólica do direito, essa é tida como uma forma de referir-se às instituições governamentais em 'termos ideais', em vez de considerá-las realisticamente, o que evidenciaria o direito como símbolo para confortar a sociedade e não só como instrumento para guiá-la".[57]

Consoante Marcelo Neves, há três tipos principais de legislação simbólica: a confirmação de valores sociais pelo legislador, a legislação-álibi, que produz confiança no sistema jurídico-político, no governo e no Estado ao satisfazer expectativas imediatas, legislando sem concretizar as medidas tomadas, e a fórmula de compromisso dilatório, que adia a solução de conflitos.[58]

A função simbólica da Constituição, se por um lado pode apontar para a inefetividade de alguns dispositivos constitucionais, como o que se refere à esperança da realização de uma sociedade socialmente justa, ligada à justiça social e à erradicação da pobreza (artigo 3º da Constituição brasileira de 1988), por outro lado, não deve ser usada como fator de desoneração da responsabilidade do Legislativo e do Executivo para com seus deveres constitucionais, sob pena de, por obra do silêncio e da omissão tornarem inanimados e programáticos as instituições democráticas e os direitos fundamentais. Para obviar a esta situação, a própria Constituição de 1988 prevê mecanismos jurídicos como a inconstitucionalidade por omissão e o mandado de injunção. Não há falar, portanto, que a função simbólica da Constituição possa significar comprometimento da ideia de supremacia da Lei Maior, que deve ser asse-

---

[56] FERREIRA FILHO. *Aspectos do direito constitucional contemporâneo*, p. 64, 70-73.
[57] FERRARI. *Normas constitucionais programáticas*, p. 63.
[58] Cf. NEVES. *A constitucionalização simbólica*.

gurada sobretudo pelo Poder Judiciário, a fim de evitar que o texto constitucional e os seus princípios se reduzam a simples fachada teórica.

6. BLOCO DE CONSTITUCIONALIDADE

Entende-se por bloco de constitucionalidade, conceito desenvolvido no constitucionalismo francês por Louis Favoreu, na década de 1970, tudo o que compõe o ordenamento jurídico com *status* constitucional. O bloco de constitucionalidade traduz a ideia de unidade e solidez, e se refere ao conjunto de princípios e regras não inscritos na Constituição, situados no mesmo nível da Constituição, portanto, de valor constitucional, cujo respeito se impõe à lei, e que não podem ser divididos.

Na França, o bloco de constitucionalidade é integrado pela Constituição de 1958, pelo Preâmbulo da Constituição de 1946 (que declara os direitos econômicos e sociais em complemento à declaração de direitos individuais, de 1ª geração, de 1789), pela Declaração de Direitos do Homem e do Cidadão de 1789 e pelos princípios fundamentais constantes das "leis da República", como a liberdade de associação, de ensino, de consciência, de independência da jurisdição administrativa, entre outras.

Para Canotilho, o "programa normativo-constitucional não pode se reduzir, de forma positivística, ao 'texto' da Constituição. Há que densificar, em profundidade, as normas e princípios da constituição, alargando o 'bloco da constitucionalidade' a princípios não escritos, mais ainda reconduzíveis ao programa normativo-constitucional, como formas de densificação ou revelação específicas de princípios ou regras constitucionais positivamente plasmadas".[59]

Nessa perspectiva, os direitos humanos reconhecidos em tratados internacionais de que o Brasil seja parte, consoante o § 2º do art. 5º da Constituição de 1988, caracterizado como cláusula constitucional aberta, integrariam o bloco da constitucionalidade, mesmo diante do que dispõe o § 3º, acrescentado ao art. 5º pela EC n. 45/2004, ao prever que apenas os tratados e convenções sobre direitos humanos que forem aprovados, em cada Casa do Congresso Nacional, em dois turnos, por três quintos dos respectivos membros, é que seriam equivalentes às emendas constitucionais. E isto porque a Emenda apenas acrescentou o lastro formal aos tratados de direitos humanos, não retirando a sua característica material, ou seja, pelo § 2º do art. 5º, aqueles tratados são materialmente constitucionais, integrando, portanto, o bloco de constitucionalidade.

7. NORMAS CONSTITUCIONAIS: NATUREZA, CLASSIFICAÇÃO E EFICÁCIA

Todas as normas constitucionais são dotadas de juridicidade. A Constituição não contém conselhos, exortações, regras morais, ou seja, normas de caráter não jurídico. Deveras, por serem jurídicas, todas as normas da Constituição surtem efeitos jurídicos; o que varia é o seu grau de eficácia.

---

[59] CANOTILHO. *Direito constitucional*, 6. ed., p. 982.

As normas constitucionais são normas primárias do ordenamento jurídico, ou seja, constituem a fonte primária, o alicerce, a base de qualquer ordenamento jurídico.

Guilherme Peña de Moraes conceitua normas constitucionais como "significações extraídas de enunciados jurídicos, caracterizadas pela superioridade hierárquica, natureza da linguagem, conteúdo específico e caráter político, com diferentes tipologias. A superioridade hierárquica designa que as normas constitucionais configuram o fundamento de validade, imediato ou mediato, de todas as normas legais que integram o mesmo ordenamento jurídico, por causa da potência da qual são emanadas (poder constituinte originário), com efeito no controle de constitucionalidade (jurisdição constitucional orgânica). A natureza da linguagem denota a maior abertura e menor densidade das normas constitucionais com a necessidade de uma operação de concretização, na qual é conferida ao intérprete a liberdade de conformação. O conteúdo específico denomina que as normas constitucionais prescrevem a divisão territorial e funcional do exercício do poder político, assim como a afirmação e asseguramento dos direitos fundamentais, inclusive os fins a serem alcançados na ordem econômica e social, as técnicas de aplicação e os meios de proteção das próprias normas constitucionais. O caráter político demonstra a legitimação e limitação do poder político, porquanto a Constituição legitima o poder transferido pela sociedade ao Estado, bem como limita o poder do Estado perante a sociedade".[60]

Ainda por serem jurídicas, é que as normas constitucionais se inserem na classificação geral das normas jurídicas (como, *v.g.*, normas primárias e normas secundárias; normas imperativas e normas facultativas; normas gerais e normas especiais).

Nesse contexto, destacam-se, quanto à imperatividade, as normas constitucionais mandatórias, cujo caráter imperativo revela-se em determinar uma conduta positiva ou uma omissão, um agir ou um não agir, pelo que se distinguem em normas preceptivas ou imperativas (as que impõem uma conduta positiva) e em proibitivas (as que impõem uma omissão, uma conduta omissiva, um não fazer). Em contraponto, há as normas constitucionais diretivas consideradas apenas como uma espécie de orientação ao legislador futuro, mas que não são desprovidas de juridicidade, caso em que estaríamos diante de norma vazia, sem eficácia normativa, como adiante se verá.

Para Raul Machado Horta, a "fixação das características da norma jurídica é tema introdutório ao conhecimento da norma constitucional. A norma jurídica distingue-se por duas propriedades fundamentais: a validez e a vigência. A validez, ensinaLegaz y Lacambra, pertence à essência do Direito, e a vigência é qualidade extraída da experiência. Validez é a exigibilidade da norma. A vigência exprime a obediência dispensada à norma jurídica. Hans Kelsen, substituindo a vigência pela eficácia, torna mais nítida a distinção entre as duas categorias. Validez do Direito, diz Kelsen, significa dizer que as normas jurídicas são vinculantes e todos devem comportar-se de acordo com as prescrições da norma, obedecendo e aplicando as normas jurídicas. Eficácia do direito envolve outro plano da norma jurídica. É o do comportamento efetivo em face da norma jurídica aplicada e do correlato acatamento que ela impõe. A validez é uma qualidade do Direito e a eficácia decorre do comportamento efetivo

---

[60] MORAES. *Direito constitucional* – teoria da constituição, p. 79-80.

em relação à norma jurídica. A coincidência entre a vigência e a obediência às normas caracteriza a efetividade do ordenamento jurídico. Na perspectiva abrangente da teoria tridimensional do direito, Miguel Reale demonstrou que não é possível separar vigência e eficácia. Não há problema de vigência que não se refira à eficácia, nem desta que possa abstrair totalmente daquela. A vigência, diz Miguel Reale, é problema complexo e profundo, que não se restringe ao seu aspecto técnico-jurídico. A vigência põe e exige a certeza do Direito, enquanto a eficácia projeta a norma no grupo humano a que ela se destina. Na exaustiva classificação de Garcia Maynes, as normas jurídicas se diferenciam pelo âmbito material e pessoal de validez, a hierarquia, a forma, as relações de complementação, a vontade das partes e as sanções. A norma constitucional é a norma primária do ordenamento jurídico, ocupando o lugar mais elevado na pirâmide do sistema jurídico. A norma constitucional é a norma fundamental que ocupa o vértice do ordenamento jurídico".[61]

De qualquer modo, nada obstante a diversidade de posicionamentos, necessário que se considere as expressões validade, vigência, positividade, eficácia, como tendo sentido próprio, sem confundi-las, ainda que ligadas por íntima conexão.

Validade significa a qualidade da norma produzida em consonância com o ordenamento constitucional. Considera-se, pois, como válida aquela norma que existe e que foi produzida pelo órgão competente, mediante procedimento adequado previsto em outra norma superior. Admitindo-se o escalonamento da ordem jurídica, e que a sua unidade reside na existência de uma norma de grau superior, que é o fundamento do sistema como um todo, a norma inferior, para ser válida, deve retirar esta validade de uma norma imediatamente superior. Se a norma paradigma é a constitucional, a invalidade quer dizer inconstitucionalidade; se a norma paradigma corresponde a norma infraconstitucional, a invalidade quer dizer ilegalidade.

Considere-se ainda que se "existe uma razão fundamental, que outorga validade às normas supremas ou constitucionais do sistema jurídico, razão essa que representa os valores essenciais de um povo, o problema da validade normativa é o problema da determinação de uma norma jurídica como tal, de modo que se uma proposição normativa não vale, não pode ser considerada como norma de direito".[62]

Vigência consiste na existência jurídica da norma. É a qualidade da norma que a faz existir juridicamente, tornando-a de observância obrigatória. A vigência decorre da presença de todos os elementos constitutivos da norma, de modo que o defeito ou a ausência de um dos pressupostos materiais de incidência normativa impede o seu vigor. Em regra geral, as leis trazem cláusula de vigência, que determina o momento em que entrarão em vigor.

Positividade é termo que pode ter diversos significados. Dentre eles, ressalte-se o que se identifica com eficácia, ou seja, positividade nada mais é do que o fato da observância da norma, e o que significa a individualização do direito, vale dizer, só é direito positivo aquele que se vai concretizando progressivamente, entendido como positivo o direito posto pelo Estado, que se opõe ao direito natural.

---

[61] HORTA. *Direito constitucional*. 3. ed., p. 193-194.
[62] FERRARI. *Normas constitucionais programáticas*, p. 86.

Eficácia consiste na aptidão da norma para produzir os efeitos próprios das normas jurídicas, é dizer, a qualidade de a norma vigente produzir efeitos jurídicos em relação à sua observância pelos seus destinatários. José Afonso da Silva toma a expressão eficácia do direito em dois sentidos: a eficácia social e a eficácia jurídica. A eficácia social "designa uma efetiva conduta acorde com a prevista pela norma; refere-se ao fato de que a norma é realmente obedecida e aplicada; nesse sentido, a eficácia da norma diz respeito, como diz Kelsen, 'ao fato real de que ela é efetivamente aplicada e seguida, da circunstância de uma conduta humana conforme à norma se verificar na ordem dos fatos'. A eficácia jurídica da norma designa a qualidade de produzir, em maior ou menor grau, efeitos jurídicos, ao regular, desde logo, as situações, relações e comportamentos nela indicados; nesse sentido, a eficácia diz respeito à aplicabilidade, exigibilidade ou executoriedade da norma, como possibilidade de sua aplicação jurídica. Possibilidade e não efetividade. Os dois sentidos da palavra *eficácia*, acima apontados, são diversos. Uma norma pode ter eficácia jurídica sem ser socialmente eficaz, isto é, pode gerar certos efeitos jurídicos, como, por exemplo, o de revogar normas anteriores, e não ser efetivamente cumprida no plano social".[63]

Nessa linha, a aplicabilidade diferencia-se da eficácia, pois aquela é a qualidade da norma jurídica hábil a ser feita incidir sobre o conceito de um fato, enquanto que a eficácia é a qualidade da norma jurídica hábil a produzir efeitos jurídicos.

Como expressa Maria Helena Diniz, a eficácia da norma constitucional pode ser analisada sob enfoque sintático e semântico. Quando alusivo à relação sintática, entre a norma constitucional e outros preceitos normativos que compõem o sistema, a eficácia da norma constitucional vigente seria a sua aptidão técnica de irradiar efeitos jurídicos. As relações sintáticas ou internormativas envolvem questões de infra e supra-ordenação, que conduzem à hierarquização e ao controle de constitucionalidade. Terá, desse modo, eficácia jurídica a norma que tiver condições de aplicabilidade, podendo produzir concretamente seus próprios efeitos jurídicos. A seu turno, o fenômeno eficacial relativo à relação semântica liga-se à eficácia social, entre a norma constitucional e a realidade fático-social a que se refere. Sob este enfoque, eficaz seria a norma constitucional de fato obedecida, por ser aplicada concretamente, adequada à realidade social e aos valores positivos.[64]

Luís Roberto Barroso distingue efetividade de eficácia, pois enquanto esta é a aptidão formal da norma jurídica para produzir efeitos próprios, aquela é a aptidão da norma jurídica cumprida por grande parte da coletividade, com a identidade entre a conduta prescrita e o comportamento social.[65]

Canotilho observa que a Constituição, em virtude de sua força normativa, é uma lei vinculativa, dotada de aplicabilidade e efetividade, devendo ser afastada a tese que atribui à Constituição caráter meramente declaratório, ou uma natureza de simples direção política, um caráter programático despido da força jurídica atual caracterizadora das verdadeiras leis. Como lei, a Constituição distingue-se pelo caráter aberto

---

[63] SILVA. *Aplicabilidade das normas constitucionais*, p. 55-56.
[64] Cf. DINIZ. *Constituição de 1988*: legitimidade, vigência e eficácia, supremacia.
[65] BARROSO. *O direito constitucional e a efetividade de suas normas*, p. 76-77.

e pela estrutura de muitas de suas normas que obrigam à mediação criativa e concretizadora dos seus intérpretes, começando pelo legislador e pelos juízes, sem se esquecer do papel concretizador desempenhado pelo governo. Mas há na Constituição normas densas, que apontam para a maior proximidade da norma constitucional relativamente aos seus efeitos e condições de aplicação. Adverte, contudo, que saber identificar quais as normas constitucionais abertas e quais as normas densas, não é tarefa que possa ser reconduzida a esquemas fixos e totalizantes, em virtude de sua grandeza variável, pois quando a norma estabelece um pressuposto de fato, os concretizadores da Constituição, isto é, o legislador, o juiz e o administrador público têm de adotar certos e determinados comportamentos.[66]

Não obstante, interessa-nos examinar a classificação das normas constitucionais segundo critérios próprios do Direito Constitucional, levando-se em conta, principalmente, a sua eficácia.

Vezio Crisafulli, um dos primeiros autores a reconhecer caráter imperativo nas normas constitucionais, considera, quanto à aplicabilidade, que algumas são dotadas de eficácia plena e com imediata aplicação, e outras dependentes de complementação, ou de eficácia limitada, que podem ser de legislação e programáticas. As normas de eficácia limitada de legislação são insuscetíveis de aplicação imediata por razões técnicas e aludem a uma normação futura que determinará os seus limites, e as normas programáticas, que se dirigem aos órgãos estatais, em especial ao legislativo, são normas jurídicas eficazes, em virtude de sua eficácia negativa, isto é, paralisante dos efeitos de toda e qualquer norma jurídica contrária a seus comandos.[67]

Meirelles Teixeira também entende que toda e qualquer norma tem eficácia ou algum tipo desta, podendo variar entre um mínimo e um máximo, e apresenta-nos a seguinte classificação: normas constitucionais de eficácia plena e de eficácia limitada ou reduzida. As normas constitucionais de eficácia plena "produzem desde o momento de sua promulgação, todos os seus efeitos essenciais, isto é, todos os objetivos especialmente visados pelo legislador constituinte, porque este criou, desde logo, uma normatividade para isso suficiente, incidindo direta e imediatamente sobre a matéria que lhes constitui objeto". As normas constitucionais de eficácia limitada ou reduzida são "aquelas normas que não produzem, logo ao serem promulgadas, todos os efeitos essenciais, porque não se estabeleceu sobre a matéria uma normatividade para isso suficiente, deixando total ou parcialmente essa tarefa ao legislador ordinário". Vê-se que, para Meirelles Teixeira, as normas constitucionais de eficácia plena são assim classificadas, não porque implicam numa completa exaustão de seus efeitos, mas porque revelam capacidade de gerarem, desde logo, seus efeitos essenciais. Já as normas de eficácia limitada ou reduzida são divididas em normas programáticas e de legislação. As primeiras versam sobre matéria de natureza ética e social, representam verdadeiros programas de ação destinados ao legislador ordinário, e as de legislação dependem, para alcançar sua eficácia plena (capacidade para produzir todos os seus efeitos essenciais), de legislação concreti-

---

[66] Cf. CANOTILHO. *Direito constitucional e teoria da constituição*, p. 1024-1025.
[67] CRISAFULLI. *La costituzione e le sue disposizionidi principio*.

zadora, pois, regulando diretamente a matéria que constitui seu objeto, são insuscetíveis de aplicação imediata, por estarem condicionadas à existência de legislação ulterior instrumental.[68]

Marcelo Rebelo de Sousa distingue as normas constitucionais, quanto ao *objeto*, em normas substantivas e normas adjetivas de garantia.

As *normas substantivas* configuram o esqueleto jurídico e político do modelo de sociedade ínsito na Constituição, enquanto que as *normas adjetivas* ou *de garantia* surgem como acessórios daquelas e visam promover o seu cumprimento, através de meios preventivos ou repressivos.

As *normas substantivas* compreendem as *normas materiais de fundo* (regulam matéria constitucional relativa aos fins do Estado e à sua estrutura, com particular relevo para a estrutura econômica e os direitos fundamentais dos cidadãos), as *normas orgânicas ou de competência* (tratam da organização do poder político e estabelecem a competência dos órgãos que o compõem), e as *normas processuais* ou *de forma*, que dispõem sobre o processo de formação e expressão da vontade política (normas referentes ao processo de revisão constitucional e normas relativas aos processos de atuação dos órgãos constituídos).[69]

Quanto à *eficácia*, o mencionado autor as distingue em *normas constitucionais preceptivas* (as que têm aplicação imediata, vinculando todos os sujeitos de direito, quer públicos, quer privados, inclusive o legislador ordinário), e as *normas constitucionais programáticas* (as que são de aplicação diferida e mediata, e se dirigem ao legislador ordinário, de cuja intervenção depende sua exequibilidade).[70]

Jorge Miranda, ao classificar as normas constitucionais segundo vários critérios, menciona aquele que considera *normas constitucionais preceptivas* e *normas constitucionais programáticas*, sendo as preceptivas de eficácia imediata ou, pelo menos, de eficácia não dependente de condições institucionais ou de fato, e as programáticas aquelas que, dirigidas a certos fins e a transformações não só da ordem jurídica mas também das estruturas sociais ou da realidade constitucional, implicam a verificação, pelo legislador, no exercício de um verdadeiro poder discricionário, da possibilidade de as concretizar. Alude também o constitucionalista português às *normas constitucionais exequíveis* e *não exequíveis por si mesmas*: as primeiras aplicáveis só por si, sem necessidade de lei que as complemente, e as segundas carecidas de normas legislativas que as tornem plenamente aplicáveis às situações da vida.[71]

No Direito norte-americano formulou-se distinção entre *disposições* ou *mandamentos autoexecutáveis* (*self enforcing, self executing, self-acting*), e *disposições* ou *mandamentos não autoexecutáveis* (*not self-enforcing provisions*).

---

[68] TEIXEIRA. *Curso de direito constitucional*, p. 315-322.
[69] SOUSA. *Op. cit.*, p. 94-96.
[70] *Idem*, p. 96.
[71] MIRANDA. *Manual de direito constitucional*, t. 2, p. 216.

Rui Barbosa,[72] ao divulgar a doutrina constitucional norte-americana entre nós, afirma que as Constituições não têm o cunho analítico das codificações legislativas; "são largas sínteses, sumas de princípios gerais, onde, por via de regra, só se encontra o *substractum* de cada instituição, nas suas normas dominantes, a estrutura de cada uma, reduzida, as mais das vezes, a uma característica, a uma indicação, a um traço". Enfatiza que as cláusulas constitucionais são regras imperativas e não meros conselhos, avisos ou lições, e classifica as normas constitucionais em normas autoexecutáveis e normas não autoexecutáveis. Autoexecutáveis ou autoaplicáveis são "as determinações para executar para as quais não se haja mister de constituir ou designar uma autoridade, nem criar ou indicar um processo especial, e aquelas onde o direito instituído se ache armado, por si mesmo, pela sua própria natureza, dos seus meios de execução e preservação". As normas não autoexecutáveis "não revestem dos meios de ação essenciais ao seu exercício os direitos, que outorgam, ou os encargos, que impõem: estabelecem competências, atribuições, poderes, cujo uso tem de aguardar que a Legislatura, segundo o seu critério, os habilite a se exercerem".

Em nosso Direito, o tema da eficácia e aplicabilidade das normas constitucionais foi objeto da monumental e conhecida monografia de José Afonso da Silva,[73] que estabelece a seguinte classificação:

I – *normas constitucionais de eficácia plena*: "aquelas que, desde a entrada em vigor da Constituição, produzem, ou têm possibilidade de produzir, todos os efeitos essenciais, relativamente aos interesses, comportamento e situações, que o legislador constituinte, direta e normativamente, quis regular" (ex.: art. 2º);

II – *normas constitucionais de eficácia contida*: "aquelas em que o legislador constituinte regulou suficientemente os interesses relativos a determinada matéria, mas deixou margem à atuação restritiva por parte da competência discricionária do poder público, nos termos em que a lei estabelecer ou nos termos de conceitos gerais nelas enunciados" – sendo exemplo o artigo 5º, LVIII, segundo o qual "o civilmente identificado não será submetido a identificação criminal, salvo nas hipóteses previstas em lei", ou seja, a disposição é de aplicabilidade imediata, produzindo todos os efeitos imediatamente, mas podendo sua eficácia ser restringida por lei ordinária. Enquanto não sobrevier legislação posterior que a restrinja, sua eficácia é plena;

III – *normas constitucionais de eficácia limitada*, compreendendo: as *normas constitucionais de princípio institutivo*, como "aquelas através das quais o legislador constituinte traça esquemas gerais de estruturação e atribuições de órgãos, entidades ou institutos, para que o legislador ordinário os estruture em definitivo, mediante lei", sendo exemplo o artigo 18, § 3º, da Constituição: "Os Estados podem incorporar-se entre si, subdividir-se ou des-

---

[72] BARBOSA. *Comentários à constituição federal brasileira*, coligidos e ordenados por Homero Pires, p. 477 *et seq.*
[73] SILVA. *Aplicabilidade das normas constitucionais*, p. 89, 105, 116, 129.

membrar-se para se anexarem a outros, ou formarem novos Estados ou Territórios Federais, mediante aprovação da população diretamente interessada, através de plebiscito, e do Congresso Nacional, na forma da lei", e as *normas constitucionais de princípio programático*, como "aquelas normas constitucionais, através das quais o constituinte, em vez de regular, direta e indiretamente, determinados interesses, limitou-se a traçar-lhes os princípios para serem cumpridos pelos seus órgãos (legislativos, executivos, jurisdicionais e administrativos), como programas das respectivas atividades, visando à realização dos fins sociais do Estado", dando-se como exemplo o artigo 196, ao estabelecer que "a saúde é direito de todos e dever do Estado, garantido mediante políticas sociais e econômicas que visem à redução do risco de doença e outros agravos e ao acesso universal e igualitário às ações e serviços para sua promoção, proteção e recuperação".[74]

---

[74] José Afonso da Silva, para chegar a esta classificação, acentuou a importância que o tema alcançou na Itália, após a entrada em vigor, a 1º de janeiro de 1948, da Constituição italiana, sobretudo em decorrência da doutrina de Gaetano Azzariti e Vezio Crisafulli, que salientaram o significado das normas programáticas na ordenação constitucional em que se inseriram. Nada obstante, o constitucionalista brasileiro questiona a classificação daqueles autores italianos: o primeiro porque fundamenta a sua classificação na distinção entre normas constitucionais jurídicas e não jurídicas, ressaltando que normas puramente diretivas não existem nas Constituições contemporâneas; o segundo, em virtude da insuficiência da sua classificação. Como expõe José Afonso da Silva, para Azzariti (*Problemi attuali di diritto costituzionale*), as normas constitucionais se classificam, de acordo com a eficácia e aplicabilidade, em "a) normas *diretivas*, ou *programáticas*, dirigidas essencialmente ao legislador; b) normas *preceptivas, obrigatórias*, de aplicabilidade imediata; c) normas *preceptivas, obrigatórias*, mas não de aplicabilidade imediata. As *normas diretivas* não contêm qualquer preceito concreto, mas dão somente diretivas ao legislador futuro, e não excluem, de modo absoluto, a possibilidade de que sejam emanadas leis não conformes com elas, e menos ainda atingem, de qualquer maneira, as leis preexistentes. As *normas preceptivas* de aplicabilidade imediata contêm comandos jurídicos de aplicação *direta* e *imediata*, invalidam qualquer lei nova discordante, e modificam ou ab-rogam as anteriores que, com elas, contrastem. As normas *preceptivas* de aplicabilidade *direta*, mas *não imediata*, porque requerem outras normas jurídicas integrativas, invalidam também novas leis infringentes, mas, enquanto a sua aplicação permanecer suspensa, não atingirão a eficácia das leis anteriores" (*Op. cit.*, p. 70). Ainda segundo José Afonso da Silva, Vezio Crisafulli (*La costituzione e le sue disposizionidi principio*) separa as normas constitucionais em dois grupos: "a) *normas constitucionais de eficácia plena*, que seriam aquelas de imediata aplicação; b) *normas constitucionais de eficácia limitada*, distinguindo-se estas, ainda, em: 1) *normas de legislação*, e 2) *normas programáticas*" (*Op. cit.*, p. 72).

Elucidativo, no entanto, é o pensamento de Virgílio Afonso da Silva, para quem, no caso dos direitos fundamentais, toda norma que garante direitos fundamentais pode ser restringida e pode (às vezes, deve) ser regulamentada, o que, no entanto, não significa diminuição no grau de proteção do direito, já que toda norma, para produzir efeitos, depende de condições intrínsecas e extrínsecas a ela. Desse modo, ao contrário do que afirma José Afonso da Silva, não há norma constitucional que não dependa de algum tipo de regulamentação e que não seja suscetível de algum tipo de restrição: todas as normas são de eficácia limitada. Nas palavras do autor: "se tudo é restringível, perde sentido qualquer distinção que dependa da aceitação ou rejeição de restrições a direitos; logo, não se pode distinguir entre normas de eficácia plena e normas de eficácia contida ou restringível. Além disso, se tudo é regulamentável e, mais que isso, depende de regulamentação para produzir todos os seus efeitos, perde sentido qualquer

Verifica-se da sobredita classificação que, se as normas programáticas não são autoaplicáveis, pois que dependem de legislação integradora, nem todas as normas não operativas são programáticas. Observe-se, no entanto, que as normas programáticas determinam um princípio, uma tarefa, um fim ou um objetivo a atingir, cuja realização depende da liberdade de escolha dos meios convenientes e razoavelmente adequados. As normas programáticas, portanto, possuem condições gerais, mas não totais de aplicabilidade. Além disso, o conteúdo de tais normas vincula-se, geralmente, ao plano dos direitos econômicos e sociais, mas que não constitui seu domínio exclusivo.[75]

Ao considerar as normas programáticas no âmbito dos direitos fundamentais, Norberto Bobbio acentua: "O campo dos direitos do homem – ou, mais precisamente, das normas que declaram, reconhecem, definem, atribuem direitos ao homem – aparece, certamente, como aquele onde é maior a defasagem entre a posição da norma e sua efetiva aplicação. E essa defasagem é ainda mais intensa precisamente no campo dos direitos sociais. Tanto é assim que, na Constituição italiana, as normas que se referem a direitos sociais foram chamadas pudicamente de normas 'programáticas'. Será que já nos perguntamos alguma vez que gênero de normas são essas que não ordenam, proíbem ou permitem *hic et nunc*, mas ordenam, proíbem e permitem num futuro indefinido e sem um prazo de carência claramente delimitado? E, sobretudo, já nos perguntamos alguma vez que gênero de direitos são esses que tais normas definem? Um direito cujo reconhecimento e cuja efetiva proteção são adiados *sine die*, além de confiados à vontade de sujeitos cuja obrigação de executar o 'programa' é apenas uma obrigação moral ou, no máximo, política, pode ainda ser chamado corretamente de 'direito?'."[76]

Manoel Gonçalves Ferreira Filho, na linha da doutrina clássica, distingue duas espécies de normas constitucionais, quanto à aplicabilidade: 1ª) *normas imediatamente exequíveis*; e 2ª) *normas não exequíveis por si mesmas*. As primeiras são evidentemente as normas completas, bastantes em si mesmas, portanto, autoexecutáveis; as segundas, as que dependem de instância complementar. Estas últimas se apresentam em quatro tipos: 1º) *normas incompletas*, regras que não prescindem de outras que as desdobrem, "regulamentem"; 2º) *normas condicionadas*, regras que, embora completas, foram condicionadas pelo constituinte à futura edição de lei que propicie o início de sua execução; 3º) *normas programáticas*, cuja execução reclama não só uma complementação normativa, mas igualmente, uma "terceira instância política, administrativa e material", sem a qual elas não terão condições de efetivação no mundo real; e, enfim, 4º) *normas de estruturação*, que preveem a instituição de órgãos ou entes estatais, ou o tratamento sistemático e global de um setor de atividade, mormente econômico.[77] Em crítica ao trabalho de José Afonso da Silva, aduz que a trilogia por este apresentada,

---

distinção que dependa da aceitação ou rejeição de regulamentações a direitos; logo, não se pode distinguir entre normas de eficácia plena e normas de eficácia limitada" (SILVA. *Direitos fundamentais:* conteúdo essencial, restrições e eficácia, p. 246-247).

[75] A Constituição Brasileira de 1988, em sua redação original, previa a elaboração de 269 leis.
[76] BOBBIO. *A era dos direitos*, p. 77-78.
[77] FERREIRA FILHO. *Comentários à constituição brasileira de 1988*, I, p. 7.

no que respeita à aplicabilidade, se reduz ao dualismo clássico. É que as normas de eficácia plena e as normas de eficácia contida são normas exequíveis por si mesmas, enquanto as normas de eficácia limitada correspondem às normas não exequíveis por si mesmas. Então, se duas espécies são iguais, não há como separá-las. Portanto, a "diferença entre normas de eficácia plena e normas de eficácia contida não está na aplicabilidade, e sim na possibilidade ou não de ser restringido o seu alcance pelo legislador infraconstitucional, o que nada tem que ver com a aplicabilidade das normas enquanto constitucionais".[78]

Celso Ribeiro Bastos e Carlos Ayres Britto classificam as normas constitucionais a partir da sua vocação para atuarem com ou sem o concurso de outra vontade modeladora de seus comandos, ou seja, da vontade do constituinte que deseja o regime de convivência da norma constitucional com outra que lhe integre o sentido, ou da vontade que se quer aplicada com exclusividade, no que respeita ao núcleo mandamental por ele plasmado, em *normas constitucionais de mera aplicação, e de integração* que, a seu turno, podem ser *completáveis ou restringíveis*. Na expressão daqueles constitucionalistas, "é a partir da vocação das regras constitucionais para atuarem *com ou sem o concurso de outra vontade modeladora dos seus comandos*, que podemos classificá-las em normas de mera aplicação e normas de integração. 'Aplicação' atinentemente à atuação pura e simples daquela vontade constitucional que, sobre ser de plenaeficacidade, não se acasala com nenhum outro querer legislativo de menor hierarquia. 'Integração', no sentido de íntima composição de duas vontades legislativas vocacionadas para a coalescência, uma de escalão constitucional e outra de graduação ordinária, ainda que a primeira seja de eficácia plena. Com o que a palavra 'integração' assume um significado ambivalente, mais amplo que o consagrado pela Teoria Geral do Direito (a propósito das lacunas jurídicas), pois ora toma o sentido de complemento, colmatação ou preenchimento de um vazio regratório preexistente, ora tem a acepção de um encurtamento, redução ou contração de um campo regulatório de maior abrangência. Daí as espécies 'completáveis' e 'restringíveis', em que o gênero das normas de integração se desdobra". À luz, portanto, do critério definidor adotado, ou seja, da vontade constituinte que se deseja retomada, e não da produção de efeitos jurídicos, as *normas constitucionais restringíveis* só podem ser configuradas por expressa dicção constitucional, enquanto que as *normas constitucionais completáveis* podem existir tanto no silêncio quanto na explícita avocação do texto constitucional".[79]

Pinto Ferreira acrescenta uma quarta categoria à classificação de José Afonso da Silva, denominada de "normas constitucionais de eficácia absoluta", aquelas contra as quais não nem mesmo há o poder de emendar e com força paralisante total sobre as normas que lhes conflitam, propõe esta classificação: a) normas constitucionais de eficácia absoluta, não emendáveis; b) normas constitucionais de eficácia plena, constitucionalmente emendáveis; c) normas constitucionais de eficácia contida; d) normas constitucionais de eficácia limitada (como as programáticas).[80]

---

[78] FERREIRA FILHO. *Curso de direito constitucional*, 31. ed., p. 389.
[79] BASTOS; BRITTO. *Interpretação e aplicabilidade das normas constitucionais*, p. 62-63.
[80] PINTO FERREIRA. Eficácia (Direito constitucional). *In: Enciclopédia Saraiva do Direito*, v. 30, p. 162.

Maria Helena Diniz, adotando a proposta de Pinto Ferreira, classifica as normas constitucionais, com base na intangibilidade e produção de efeitos concretos, em:

1. *normas com eficácia absoluta*, as que são insuscetíveis de emenda, com força paralisante de toda a legislação que vier a contrariá-las, sendo exemplos o artigo 1º, que trata da federação, o artigo 14, que estabelece o voto direto, secreto, universal e periódico, e o artigo 2º, que menciona a separação de Poderes como um dos princípios fundamentais do Estado brasileiro;

2. *normas com eficácia plena*, as que, apesar de suscetíveis de emenda, "não requerem normaçãosubconstitucional subsequente. Podem ser imediatamente aplicadas. O constituinte emitiu essas normas suficientemente, pois incidem diretamente sobre os interesses, objeto de sua regulamentação jurídica, criando direitos subjetivos, desde logo exigíveis". Exemplos dessas normas são os artigos 21; 22; 37, III; 44, parágrafo único;

3. *normas com eficácia relativa restringível*, que correspondem às normas de eficácia contida de José Afonso da Silva, acima referidas;

4. *normas com eficácia relativa complementável ou dependentes de complementação*, abrangendo as normas de princípio institutivo e as programáticas de José Afonso da Silva. Tais normas dependem, como se viu, de legislação subconstitucional que lhes dê operatividade, ampliando ou acrescendo a matéria de que cuidam, citando-se como exemplos os artigos 127, § 2º; 165, § 9º; 205; 211; 215 e 218.[81]

Uadi Lammêgo Bulos[82] classifica as normas constitucionais em: normas de eficácia absoluta ou total e aplicabilidade imediata (correspondem às normas de eficácia absoluta de Maria Helena Diniz); normas de eficácia plena e aplicabilidade imediata (correspondem às de eficácias plena de José Afonso da Silva e de Maria Helena Diniz); normas de eficácia contida e aplicabilidade imediata (são as de eficácia contida na classificação de José Afonso da Silva e as de eficácia restringível para Maria Helena Diniz); normas de eficácia limitada e aplicabilidade diferida (correspondem às de eficácia limitada de José Afonso da Silva e às de eficácia relativa dependentes de complementação de Maria Helena Diniz); normas de eficácia exaurida e aplicabilidade esgotada ou esvaída, que constituem a inovação classificatória do autor, e que são aquelas que já extinguiram a produção de seus efeitos e, por isso, "encontram-se dissipadas ou desvanecidas, esgotando, assim, sua aplicabilidade".[83] Exemplos dessas normas são encontradas no Ato das Disposições Constitucionais Transitórias, como o seu art. 3º, que previa a revisão constitucional, cujo expediente já se esgotou.

A seu turno, Luís Roberto Barroso apresenta uma classificação das normas constitucionais partindo da constatação de que os valores a serem protegidos e os fins a serem buscados pela ordem jurídica não se resumem a uma questão jurídica, e sim política,

---

[81] DINIZ. *Norma constitucional e seus efeitos*, p. 97-104.
[82] BULOS. *Curso de direito constitucional*, p. 358-365.
[83] BULOS. *Curso de direito constitucional*, p. 364.

que uma vez consumada pelo órgão próprio, ela se exterioriza e se formaliza pela via do Direito. Reconhece aquele constitucionalista a necessidade de distinguir as normas constitucionais quanto à eficácia jurídica e à eficácia social, é dizer, de diferenciar a sua capacidade de produção de efeitos, da sua força operativa no mundo dos fatos, do fato real de ser ela efetivamente aplicada e observada, da circunstância de uma conduta humana conforme se verificar na ordem dos fatos. A efetividade normativa, como eficácia social, depende, porém, da eficácia jurídica, isto é, da aptidão para incidir e reger as situações da vida. Desse modo, as normas constitucionais seguem a seguinte classificação: I – *normas constitucionais de organização*, que se dirigem aos poderes do Estado e seus agentes, podendo, no entanto, repercutir na esfera dos indivíduos, e podem veicular as decisões políticas fundamentais, definir as competências dos órgãos constitucionais, criar órgãos públicos e estabelecer processos e procedimentos de revisão da própria Constituição; II – *normas constitucionais definidoras de direito*, que gravitam em torno do que se denomina de direito subjetivo, as quais, considerando a posição dos jurisdicionados frente a elas, se distribuem em três grupos: *a)* as que geram situações prontamente desfrutáveis, dependentes apenas de uma abstenção; *b)* as que ensejam a exigibilidade de prestações positivas do Estado; *c)* as que contemplam interesses cuja realização depende da edição de norma infraconstitucional integradora: III – *normas constitucionais programáticas*, que, ao indicar fins a serem alcançados, estabelecem determinados princípios ou programas de ação para o Poder Público.[84]

Celso Antônio Bandeira de Mello, que adota o critério da consistência e amplitude dos direitos imediatamente resultantes da norma constitucional para os administrados, classifica as normas constitucionais em: *a) normas concessivas de poderes jurídicos*, que, desde logo e sem o concurso de outras vontades, conferem a um sujeito o poder de fruir do bem deferido criando para os administrados uma posição jurídica imediata (uma utilidade concreta e a possibilidade de exigi-la em caso de embaraço ou perturbação por parte de terceiros), que não depende de normação ulterior; *b) normas concessivas de direitos que, por indicarem quem é o obrigado e caracterizarem de forma suficiente a conduta devida, geram uma utilidade concreta e imediata para o administrado*, suscetível de fruição mediante desfrute positivo e que consiste em um direito propriamente dito, isto é, num bem jurídico que depende de uma prestação alheia; *c) normas meramente indicadoras de uma finalidade a ser atingida,* normas que, por não indicarem as condutas específicas necessárias para a satisfação do bem jurídico reconhecido, geram para os administrados posições jurídicas menos consistentes, na medida em que não conferem nenhum tipo de fruição imediata, não permitindo, além disso, que se exija o desfrute de algo, limitando-se a oferecer a possibilidade de oposição judicial aos comportamentos contrários aos fins previstos na norma, bem como ensejando a necessidade de uma interpretação que se paute pelo sentido e direção nela preconizados. Ainda segundo Celso Antônio Bandeira de Mello, as normas concessivas de poderes jurídicos e de direitos podem ser de natureza restringível ou irrestringível pelo legislador infraconstitucional.[85]

---

[84] Cf. BARROSO. *O direito constitucional e a efetividade de suas normas*, p. 84-106.
[85] BANDEIRA DE MELLO. Eficácia das normas constitucionais sobre justiça social. *In: Revista de Direito Público*, n.57-58, p. 233 e ss.

Do que se acabou de expor, conclui-se que, embora jurídicas, nem todas as normas da Constituição têm o mesmo nível de eficácia, algumas produzindo, desde a sua vigência, efeitos jurídicos imediatos, incidindo sobre os comportamentos ou interesses, objeto de sua regulamentação (as absolutas não podendo ser emendadas e paralisando toda a legislação com elas conflitante, e as plenas admitindo emenda), e outras reclamando intervenção legislativa para que sejam plenamente eficazes ou operativas.

Qualquer que seja o grau de efetividade das normas constitucionais, e qualquer que seja a sua classificação, lembre-se de que têm elas uma força normativa a representar um mínimo eficacial. Como acentua Jorge Miranda, as normas constitucionais:

a) devem ser tidas em conta na interpretação das demais normas do sistema, as quais sem elas, poderiam ter alcance diverso;

b) contribuem para a integração de lacunas;

c) proíbem a emissão de normas legais contrárias e a prática de comportamentos que tendam a impedir a produção de atos por elas impostos, donde a possibilidade de existir uma inconstitucionalidade material em caso de violação;

d) fixam critérios ou diretivas para o legislador ordinário nos domínios sobre os quais versam, donde a possibilidade de haver inconstitucionalidade material por desvio de poder;

e) determinam a inconstitucionalidade superveniente (para os que a admitem, o que não é o caso da jurisprudência do Supremo Tribunal Federal) das normas legais anteriores discrepantes, mas apenas a partir do momento em que seja possível receberem exequibilidade, o mesmo ocorrendo em relação à inconstitucionalidade por omissão.[86]

A Constituição Federal prevê mecanismos para que as normas constitucionais, dependentes de regulamentação, tornem-se operativas: o mandado de injunção (art. 5º, LXXI) e a inconstitucionalidade por omissão (art. 103, § 2º).

A Teoria da Constituição, neste horizonte, oferece os meios para que se possa ultrapassar as abordagens clássicas acerca da efetividade do próprio Direito Constitucional, no sentido da eficácia social das normas constitucionais.

7.1 Revisão da classificação tradicional

A classificação tradicional das normas constitucionais, segundo a aplicabilidade, envolve uma linguagem que pode ser denominada de *semântica* (define-se *a priori* o sentido linguístico da norma, a expressão verbal da norma), o que, de certo modo, acaba por dificultar a concretização da Constituição. Relativamente às normas constitucionais classificadas como de "aplicabilidade mediata", segundo a doutrina tradicional, a sindicabilidade judicial é vedada, ou seja, o caso concreto não pode ser decidido, por faltar a necessária regulação legislativa, aplicando-se o dogma da vedação

---

[86] MIRANDA. *Teoria do estado e da constituição*, p. 446-447.

da atuação judicial como legislador positivo. Invoca-se ainda, em abono da tese da concretização das normas constitucionais a dependerem de interposição legislativa, o argumento de que o Judiciário, ao reconhecer direito subjetivo imediato, estaria violando o princípio da separação de poderes, e o da chamada "reserva do possível", que visa chamar a atenção para as limitações orçamentárias quando da apuração das necessidades sociais a serem satisfeitas.

É preciso considerar, no entanto, que, consoante Dworkin, "o objetivo da decisão judicial constitucional não é meramente nomear direitos, mas assegurá-los, e fazer isso no interesse daqueles que têm direitos".[87] Desse modo, tanto a lei quanto a sentença judicial desenvolvem a Constituição. Para que isso ocorra, ao Judiciário não cabe dividir com o Legislativo a função de concretizar as normas constitucionais, mas sim verificar o que estas exigem para ser concretizadas, o que se dá mediante a interpretação. Portanto, a simples abordagem semântica das classificações relativas à aplicabilidade das normas constitucionais poderia comprometer e perturbar a concretização judicial da Constituição. O controle judicial da Constituição depende, portanto, da questão interpretativa, mesmo porque, segundo a teoria mais avançada, o reconhecimento de inconstitucionalidade não acarreta necessariamente a invalidação da lei, como se verifica, por exemplo, na inconstitucionalidade parcial sem redução de texto.

Falta, nessa linha de entendimento, base racional para o dogma de que o Judiciário atua como legislador positivo ao concretizar normas constitucionais dependentes de intermediação legislativa.

Já no âmbito dos direitos fundamentais, nem mesmo as normas constitucionais, que vinculam direitos a prestações materiais e se relacionam com a liberdade orçamentária do legislador, poderiam escapar do controle judicial, pois a liberdade orçamentária do legislador não constitui obstáculo para o reconhecimento de direitos humanos fundamentais.

Ressalve-se, no entanto, aquelas normas constitucionais programáticas que apontam para a adoção de políticas públicas de cunho genérico e complexo, para cuja concretização o Judiciário não dispõe de instrumentos técnicos nem de capacitação. Porém, mesmo neste caso, se não há a correspondência de um direito subjetivo à prestação que constitui objeto de um direito fundamental, há a possibilidade de o indivíduo exigir do Estado que se abstenha de atuar de forma contrária ao conteúdo da norma, e que ainda invalide a revogação de norma infraconstitucional que regulamentava norma programática, sem a determinação de política substitutiva ou equivalente, dos Poderes Executivo e Legislativo, com a consequente vedação do retrocesso, impedindo-se ao legislador abolir posições jurídicas por ele anteriormente criadas (eficácia negativa da norma constitucional programática).

Considere-se, ademais, que a classificação tradicional das normas constitucionais levaria a uma subversão do ordenamento normativo, pois as normas infraconstitucionais passariam a ser mais valorizadas do que as constitucionais, com o comprometimento do princípio da supremacia e da força normativa da Constituição.

---

[87] DWORKIN. *O império do direito*, p. 465.

A necessidade de uma revisão da teoria da aplicabilidade das normas constitucionais foi objeto de posicionamento doutrinário de Sergio Fernando Moro, que, além de abordar alguns dos aspectos acima expostos, concluiu: "O problema da concretização da Constituição não pode ser reduzido à questão semântica da classificação abstrata das normas constitucionais. A concretização demanda respostas interpretativas, ou seja, a respeito do significado do texto constitucional. Se ao resolver a 'questão interpretativa', o juiz reconhecer a existência de determinado direito em nossa Constituição, cumprirá concretizá-lo ou, mais propriamente, torná-lo realidade. É o que se exige da autoridade judiciária. A liberdade do legislador só se coloca caso a questão interpretativa seja resolvida negativamente, ou seja, caso o juiz conclua pela não existência do direito reclamado na Constituição. Os limites à concretização judicial são aqueles inerentes à atividade judicial, ou seja, através de argumentação jurídica, sendo esta limitada por princípios, tem o juiz o ônus de demonstrar o acerto de sua interpretação da Constituição. Superada com consistência essa barreira, a liberdade do legislador não tem lugar."[88]

Também André Ramos Tavares aduz que se deve realizar o necessário contraponto à doutrina tradicional das normas constitucionais não dotadas de exigibilidade imediata: "Há uma tomada de consciência no sentido de que as normas programáticas não são implementadas por força de decisões essencialmente políticas. Se é certo que se reconhece o direito à discricionariedade administrativa, bem como à conveniência e oportunidade de praticar determinados atos, não se pode tolerar o abuso de direito que se tem instalado na atividade desempenhada pelos responsáveis por implementar as chamadas normas programáticas. Após diversos anos de vigência da Constituição, fica-se estarrecido com o desprezo com que foram premiados determinados comandos constitucionais, com toda uma doutrina formalista a serviço da desconsideração de sua normatividade plena. Cegamente repetitivos de teorias formuladas de há muito, em contexto completamente diverso do atual, os responsáveis pela implementação concreta da Constituição têm-lhe podado as vontades reais sob o argumento, já desbotado pelo uso recorrente, da mera programaticidade."[89]

8. LACUNAS DA CONSTITUIÇÃO

Com relação às lacunas no Direito,[90] mencione-se a existência de: a) correntes que as negam em razão, sobretudo, da ideia de completude do ordenamento jurídico que,

---

[88] MORO. *Revista de Direito Constitucional e Internacional*, n. 37, p. 101-107.
[89] TAVARES, André Ramos. *Curso de direito constitucional*, p. 85.
[90] A problemática das lacunas relaciona-se, no âmbito do político, com o conceito de silêncio. Nessa perspectiva, escreve Eni Puccinelli Orlandi: "o silêncio não fala, ele significa. É pois inútil traduzir o silêncio em palavras; é possível, no entanto, compreender o sentido do silêncio por métodos de observação discursivos. Considero pelo menos duas grandes divisões nas formas do silêncio: a) o silêncio fundador; b) a política do silêncio. O fundador é aquele que torna toda significação possível, e a política do silêncio dispõe as cisões entre o dizer e o não dizer. A política do silêncio distingue por sua vez duas subdivisões: a) o constitutivo (todo dizer cala algum sentido necessariamente); b) local (a censura)" (ORLANDI. *As formas do silêncio*, p. 105).

por formar um todo orgânico, seria suficiente para disciplinar todos os comportamentos humanos; b) correntes que admitem a sua existência no sistema jurídico, que não pode, dado o seu caráter dinâmico, prever todas as situações de fato que visa regular.

São três, tradicionalmente, as espécies de lacunas: as lacunas *intralegem*, *praeter* ou *contra legem*. A lacuna *intralegem* é uma lacuna resultante de uma omissão do legislador, quando, por exemplo, a lei prescreve a elaboração de dispositivos complementares que não foram promulgados. A lacuna *praeterlegem* é uma lacuna axiológica, criada pelos intérpretes, que pretendem que certa área deveria ser regida por uma disposição normativa, quando não o é expressamente. A lacuna *contra legem*, que vai de encontro às disposições expressas da lei, é também criada pelos intérpretes que, desejando evitar a aplicação da lei, em dada espécie, restringem-lhe o alcance introduzindo um princípio geral que a limita.[91]

No campo do Direito Constitucional, há autores que sustentam: a) inexistência de lacunas na Constituição formal, eis que o constituinte teria pretendido atribuir natureza excepcional às normas formalmente constitucionais, imunes, portanto, a lacunas; b) existência, no texto constitucional, de lacunas, já que a Constituição não prevê tudo o que dela possa ser objeto, e não é um sistema acabado e sem deficiências, podendo então apresentar lacunas.

Tem-se entendido ainda que as lacunas constitucionais não se confundem com as omissões legislativas (a Constituição deixa o preenchimento de normas constitucionais não autoexecutáveis para o legislador infraconstitucional), nem com a chamada matéria não regulada, que caracteriza uma omissão desejada pelo constituinte, dentro de sua liberdade de conformação do texto constitucional.

Jorge Miranda esclarece que "nem sequer lei constitucional, costume constitucional, outras regras de Direito interno e de Direito internacional no seu conjunto se dotam de plenitude de regulamentação. Não há plenitude da ordem constitucional, como não há uma plenitude da ordem jurídica em geral. Há lacunas – intencionais e não intencionais, técnicas e teleológicas, originárias e supervenientes – e há mesmo situações extrajurídicas (ou extraconstitucionais), por vezes chamadas lacunas absolutas – correspondentes, no âmbito constitucional, a situações deixadas à decisão política ou à discricionariedade do legislador ordinário. Não serão sempre as mesmas, poderão reduzir-se ou ser transitórias e depender de circunstâncias em evolução, mas parecem inevitáveis".[92]

---

[91] PERELMAN. *Lógica jurídica*, p. 66-67.

[92] MIRANDA. *Teoria do estado e da constituição*, p. 456.

O Supremo Tribunal Federal, ao examinar a possibilidade de se submeter a lei municipal ao juízo de inconstitucionalidade abstrato, diante da *lacuna* da alínea *a* do inciso I do art. 102, da Constituição Federal, que confere competência ao Supremo para processar e julgar, originariamente, a ação direta de inconstitucionalidade de lei ou ato normativo federal ou estadual, não se referindo à lei municipal, interpretou a lacuna como omissão proposital do constituinte, entendendo que a ausência de previsão no texto constitucional caracterizava um *silêncio eloquente*, a inviabilizar o cabimento da ação direta. Parte da doutrina e posições minoritárias no próprio Supremo Tribunal, ao examinarem o tema à luz da Constituição anterior à de

As lacunas constitucionais ocorrem, portanto, quando certas matérias que deveriam ter solução na própria Constituição não vêm nela explicitadas, valendo-se então o intérprete de regras de integração, tais como a analogia e os princípios gerais de direito.

É preciso notar, contudo, que quando se trata de omissões legislativas, somente se deve reconhecê-las quando não se puder extrair da norma constitucional o máximo de eficácia que a sua formulação linguística, a sua logicidade, a sua história e a sua teleologia permitirem, dando-se, deste modo, à Constituição maior operatividade, à consideração ainda de que o Direito subconstitucional é que apanha as sobras do que a Lei maior não quis, ou não pôde reservar para si mesma com exclusividade.[93]

9. APLICAÇÃO DAS NORMAS CONSTITUCIONAIS NO TEMPO

A vigência de uma nova Constituição acarreta a cessação da vigência das normas constitucionais anteriores. De fato, não pode haver senão uma Constituição que, num determinado momento histórico, expressa a ideia de direito consentida pela comunidade política. A Constituição superveniente, portanto, substitui a anterior, pouco importando se há ou não compatibilidade do texto caduco com a nova Constituição.

Pode ocorrer, no entanto, que a nova Constituição declare que determinadas regras da Constituição anterior continuem a vigorar transitoriamente, ou passem da categoria de normas constitucionais para normas de direito ordinário: neste último caso ocorre o fenômeno da desconstitucionalização.

Pela desconstitucionalização, as normas formalmente constitucionais do regime anterior perdem o caráter hierárquico superior, continuando a vigorar como legislação infraconstitucional. Necessário, para tanto, que haja disposição expressa neste sentido, da nova Constituição, pois se assim não proceder, tem-se que nada da Constituição pretérita sobrevive.

Segundo Jorge Miranda, a "desconstitucionalização (tal como a recepção material) tem de ser prevista por uma norma. Não pode estribar-se em mera concepção teórica ou doutrinal; não é por certo preceitos formalmente constitucionais não o serem materialmente ou pertencerem a outro ramo de Direito que ela se verifica ou pode verificar-se – até porque, como dissemos na altura própria, toda a Constituição formal é Constituição material, qualquer preceito formalmente constitucional é, desde logo, materialmente constitucional. O que pode aventar-se é o objecto da desconstitucionalização: normas cujo sentido de regulamentação se encontre sedimentado e seja independente deste ou daquele regime; normas construtivas ou técnicas; normas ligadas a

---

1988, consideravam que se tratava de uma lacuna de formulação, e, por isso, a referência à lei estadual deveria contemplar também as leis municipais. Algumas vozes na doutrina chegaram a sustentar que os Estados poderiam, com base na sua autonomia, instituir o modelo de ação direta com o objetivo de aferir a constitucionalidade da lei municipal (Cf. MENDES. *Jurisdição constitucional*, p. 158, e ainda o Capítulo 13, adiante, sobre Controle de Constitucionalidade).

[93] BRITTO. *Teoria da constituição*, p. 198-199.

uma extensão de tratamento constitucional a matérias antes não abrangidas e que não se conserve na nova Constituição, sem que haja, depois, lei ordinária sobre elas".[94]

As disposições constitucionais passíveis de desconstitucionalização são as de natureza formal, sem disporem de natureza material, pois sempre foram disposições de lei ordinária pela sua matéria. Admite-se, no entanto, que mesmo alguns dispositivos materialmente constitucionais possam ser desconstitucionalizados, desde que não acobertados pelos limites do poder de reforma.

Outra questão que surge da sucessão de normas constitucionais no tempo é a situação da legislação ordinária anterior em face da nova Constituição. A regra geral é que as leis ordinárias anteriores continuem em vigor, desde que compatíveis com a Constituição superveniente, havendo, no caso, *recepção* do direito ordinário pelas normas constitucionais.[95] Recebidas pela Constituição, as leis ordinárias anteriores submetem-se aos princípios e valores da Constituição superveniente, que também lhes serve de fundamento de validade, devendo ainda ser interpretadas segundo os novos princípios constitucionais. Ocorrendo incompatibilidade entre o direito ordinário e as normas constitucionais novas, ainda que programáticas, não poderá o mesmo sobreviver, deixando assim de vigorar.[96]

A adoção, segundo a nova ordem constitucional, das velhas normas se dá por uma questão de necessidade e até mesmo de praticidade. É que a entrada em vigor da nova Constituição acarretaria um vazio legislativo, com a mudança de todos os atos normativos infraconstitucionais de uma só vez, motivo por que se consideram revigoradas aquelas normas, ou seja, são recebidas ou novadas, imediatamente, com o surgimento da nova Constituição, desde que compatíveis com o conteúdo das anteriores e atendam às exigências desta Constituição.

O princípio da recepção não ocorre na hipótese de revisão ou emenda à Constituição, que pressupõe, sempre, a existência da Constituição que, inclusive, estabelece

---

[94] MIRANDA. *Teoria do estado e da constituição*, p. 460.

[95] A propósito da chamada recepção ou novação das normas infraconstitucionais pretéritas com a nova ordem constitucional, Kelsen observa que "apenas o conteúdo dessas normas permanece o mesmo, não o fundamento de sua validade. Elas não são mais válidas em virtude de terem sido criadas da maneira prescrita pela velha constituição. Essa constituição não está mais em vigor; ela foi substituída por uma nova constituição que não é o resultado de uma alteração constitucional da primeira. Se as leis introduzidas sob a velha constituição 'continuam válidas' sob a nova constituição, isso é possível apenas porque a validade lhes foi conferida, expressa ou tacitamente, pela nova constituição. O fenômeno é um caso de recepção (semelhante à recepção do Direito romano). A nova ordem recebe, i.e., adota, normas da velha ordem; isso quer dizer que a nova ordem dá validade (coloca em vigor) a normas que possuem o mesmo conteúdo que normas da velha ordem. A 'recepção' é um procedimento abreviado de criação de Direito. As leis que, na linguagem comum, inexata, continuam sendo válidas são, a partir de uma perspectiva jurídica, leis novas cuja significação coincide com a das velhas leis. Elas não são idênticas às velhas leis, porque seu fundamento de validade é diferente" (KELSEN. *Teoria geral do direito e do estado*, p. 122).

[96] O denominado *efeito repristinatório* decorrente da inconstitucionalidade da norma revogadora é estudado adiante, no Capítulo dedicado ao Controle de Constitucionalidade.

os limites para o exercício do Poder de Reforma. Sendo assim, o direito ordinário anterior à revisão ou emenda ao texto constitucional continuará válido se compatível com a Constituição, ou inválido se com ela desconforme.

Não se admite ainda convalidação ou repristinação da legislação ordinária que, incompatível com a Constituição anterior, tenha adquirido conformidade com o texto constitucional atual. É que a norma revogada não renasce com a revogação da que a havia revogado, a não ser que haja expressa previsão normativa.

Outra questão refere-se às leis que, apesar de existentes, ainda não entraram em vigor quando sobrevém o novo texto constitucional, distinguindo-se duas hipóteses: ou a lei ainda não foi promulgada nem publicada, ou, embora já publicada, tem seu início de vigência postergado, por força da *vacatio legis*. A solução, conforme esclarece André Ramos Tavares, é no sentido de que no "primeiro caso, deverá o órgão competente avaliar o ato pendente de promulgação e publicação, de acordo com a nova ordem estabelecida. Segundo Jorge Miranda '(...) ou os consideram compatíveis com as normas da Constituição e conforme com os interesses do país e publicam-nos; ou não os consideram compatíveis com essas normas e conformes com tais interesses e então, exercendo um verdadeiro veto absoluto, não os publicam'. No segundo caso, de acordo com Elival da Silva Ramos, fica o ato '(...) obstado de entrar em vigor, se o advento da Constituição ocorre durante a *vacatio legis*'".[97]

Na hipótese de colisão entre o direito anterior (normas anteriores à entrada em vigor de uma Constituição) e a Constituição posterior, não haverá recepção. Como, no entanto, resolver a incompatibilidade? Há autores que consideram tratar de inconstitucionalidade, que denominam de *inconstitucionalidade superveniente*, e outros a sustentar que o conflito deve ser resolvido com a aplicação do direito intertemporal, ou seja, do princípio de que *lex posterior derogat priori*, posição que vem sendo adotada pela jurisprudência do Supremo Tribunal Federal (RTJ, n. 95, p. 991).

No primeiro grupo encontram-se, entre outros, Jorge Miranda e Gilmar Ferreira Mendes.

Jorge Miranda escreve: "Recusamos, pois, contrapor inconstitucionalidade e caducidade (ou, para quem assim entendesse, revogação); a distinção é, sim, entre inconstitucionalidade originária e superveniente com ou sem regime específico. E isto aplica-se tanto às situações advenientes de Constituição nova como às advenientes de revisão constitucional. Para cada situação e para cada momento um juízo de inconstitucionalidade; e para várias e sucessivas épocas, vários e sucessivos juízos. Não cabe, pois, apelar para um critério de ordem cronológica (*lex posterior*...) com autonomia em relação a um critério dito hierárquico (*lex superior*...). *Prima facie*, a in-

---

[97] TAVARES. *Curso de direito constitucional*, p. 158. De acordo com o art. 66, § 7º, da Constituição de 1988, se a lei não for promulgada dentro de quarenta e oito horas pelo Presidente da República, nos casos dos §§ 3º e 5º, o Presidente do Senado a promulgará e, se este não fizer em igual prazo, caberá ao Vice-Presidente do Senado fazê-lo, sendo certo que aquele que promulga a lei é quem deve publicá-la. A indagação que se coloca, todavia, quanto a este ponto, é saber se alguma destas autoridades poderia recusar a promulgação ou a publicação da lei, nas circunstâncias acima descritas. O certo é que há controvérsia em nosso direito sobre o tema, conforme se examinará, neste trabalho, no capítulo destinado ao processo legislativo.

constitucionalidade não é primitiva ou subsequente, originária ou derivada, inicial ou ulterior. A sua abstrata realidade jurídico-formal não depende do tempo de produção dos preceitos."[98]

Gilmar Ferreira Mendes acentua que "a aplicação do princípio *lex posterior derogat priori* na relação Lei-Constituição não é isenta de problemas, uma vez que esse postulado pressupõe idêntica *densidade normativa*. Até porque, como expressamente contemplado no artigo 2º da Lei de Introdução ao Código Civil brasileiro, a derrogação do direito antigo não se verifica se a nova lei contiver apenas disposições gerais ou especiais sobre o assunto (*lex generalis ou lex specialis*).

Portanto, pode-se afirmar que o princípio da *lex posterior derogat priori* pressupõe, fundamentalmente, a existência de *densidade normativa* idêntica ou semelhante, estando, primordialmente, orientado para a substituição do direito antigo pelo direito novo. A Constituição não se destina, todavia, a substituir normas do direito ordinário: há de se partir do princípio de que, em caso de colisão de normas de diferentes hierarquias, o postulado *lex superior* afasta outras regras de colisão. Do contrário, chegar-se-ia ao absurdo, destacado por Ipsen, de que a lei ordinária, enquanto lei especial ou *lex posterior*, pudesse afastar a norma constitucional enquanto *lex generalis* ou *lex prior*".[99]

Propugnando pela aplicação ao caso dos princípios do direito intertemporal, afirma Elival da Silva Ramos, que ao se "admitir a inconstitucionalidade sucessiva, está-se pretendendo, na verdade, que a superveniência de uma Constituição vicia a legislação ordinária anterior com ela incompatível: portanto, nessa concepção, o vício nasce na Constituição e imediatamente se transfere para o ato legislativo. Se um ato normativo tem o poder de revogar outro de igual nível, consoante ocorre até mesmo em se tratando de Constituições rígidas sucessivas, não vemos como lhe negar o poder de revogar atos inferiores com ele incompatíveis".[100]

Anote-se a posição de André Ramos Tavares, para quem "aceitar que leis pré-constitucionais possam ser inconstitucionais é admitir a estapafúrdia situação de que o mesmo sistema considere uma lei constitucional e inconstitucional dependendo do parâmetro utilizado (Constituição atual ou anterior). Ora, o parâmetro admissível para o juízo da constitucionalidade é um só: a atual Constituição. Todo o resto é superado. Além disso, a solução resulta na adoção de dois regimes distintos de inconstitucionalidade, um para as normas anteriores e outro para as normas posteriores à Constituição-parâmetro. Isso está a demonstrar que não se trata, em absoluto, de inconstitucionalidade.

Por outro lado, tampouco se trata de simples sucessão intertemporal de leis, resolúvel pelo princípio da revogação da lei anterior no tempo. O motivo é claro: a lei anterior simplesmente não existe à luz da Constituição posterior, se for com esta incompatível. É só o que ocorre. E, se a lei não existe, como já se ressaltou, não se pode aquilatar sua validade, ou seja, sua constitucionalidade ou não. Não se fala em

---

[98] MIRANDA. *Manual de direito constitucional*, t. 2, p. 250.
[99] MENDES. *Jurisdição constitucional*, p. 168-170.
[100] RAMOS. *A inconstitucionalidade das leis*, p. 69.

inconstitucionalidade (nem em revogação). Trata-se de um fenômeno de extinção de normas jurídicas".[101]

A despeito de todas essas colocações doutrinárias, a Lei n. 9.882, de 3 de dezembro de 1999, que disciplina a arguição de preceito fundamental, estabeleceu expressamente, em seu artigo 1º, parágrafo único, inciso I, a possibilidade de exame da compatibilidade do direito pré-constitucional com norma da Constituição Federal. Desse modo, toda vez que ocorrer controvérsia relevante sobre a legitimidade do direito federal, estadual ou municipal anteriores à Constituição em face de preceito fundamental, admissível será a propositura da arguição de descumprimento, por qualquer dos legitimados para a ação direta de inconstitucionalidade.

Finalmente, são considerados válidos os atos normativos que, ao serem recebidos pela Constituição superveniente, têm o seu figurino alterado, passando a matéria de que cuidam a ser objeto de nova espécie normativa. Assim, matéria que anteriormente era tratada por lei ordinária pode passar à categoria de lei complementar; decreto que tinha força de lei pode vir a ser objeto de lei, não se invalidando, por esse fato, as normas anteriores que são recebidas pela nova Constituição.

10. APLICAÇÃO DAS NORMAS CONSTITUCIONAIS NO ESPAÇO

A cada Estado corresponde uma Constituição, que se aplica em todo o seu território, pouco importando a forma com que se apresenta: unitário, regional, autonômico ou federal.[102]

Nada obstante, na hipótese das regiões autônomas, prevê a Constituição a ocorrência de estatutos regionais, em que são aplicadas normas infraconstitucionais, e, em se tratando de federação, cada Estado-Membro se rege por Constituição própria, mas se submete também à incidência da Constituição total.

É possível ao Estado, em virtude do princípio da territorialidade da ordem jurídica, que diz respeito somente à execução das leis, considerar e regular fatos ocorridos e situações constituídas no estrangeiro. Ademais, no território do Estado o seu Direito não é o único, pois outros Direitos podem nele valer e ser aplicados, como, por exemplo, no âmbito do Direito Constitucional, em que sobrelevam as normas declaratórias de direitos fundamentais, e as relativas às imunidades do Presidente da República.

Outro ponto a ser examinado diz respeito à conexão das normas constitucionais com as normas de conflito, entendidas como aquelas que, diante das relações jurídicas com elementos de conexão ou contato com mais de um ordenamento, determinam o ordenamento a que elas hão de submeter-se. As regras materiais, nesse domínio, terão sempre de ser mediatizadas pelas regras de conflito.

A matéria suscita dois questionamentos: a) se, diante das leis de outro país, pode ou deve o juiz deixar de aplicá-las quando colidirem com os preceitos e os princípios

---

[101] TAVARES. *Curso de direito constitucional*, p. 156-157.
[102] Cf. MIRANDA. *Teoria do estado e da constituição*, p. 469-471.

constitucionais no domínio jurídico do foro, e; b) se o juiz poderá não aplicar uma regra material estrangeira contrária à Constituição do respectivo Estado estrangeiro.

Quanto ao primeiro aspecto, a questão será resolvida de acordo com a perspectiva do ordenamento jurídico a que pertence o juiz, de modo que não se pode aplicar normas estrangeiras contrárias à Constituição de seu Estado (dispõe o art. 17 da Lei de Introdução ao Código Civil que as leis, atos e sentenças de outro país, bem como quaisquer declarações de vontade, não terão eficácia no Brasil, quando ofenderem a soberania nacional, a ordem pública e os bons costumes).

O segundo aspecto, que, por óbvio, precederia ao primeiro, diz respeito à possibilidade ou não de o juiz, quando da aplicação da lei estrangeira, aplicá-la como o fariam os órgãos judiciários do país do qual promana a norma. Trata-se, por outras palavras, de negar eficácia e não validade à norma estrangeira, com o reconhecimento, por juiz ou tribunal, da sua inconstitucionalidade, nos limites e com os efeitos que o juiz estrangeiro poderia fazê-lo. Sobre o tema, esclarece Jorge Miranda: "Quando se trata de aplicar uma norma estrangeira em consequência de regra de conflitos nacional, há, antes de mais, que indagar da sua efectividade, bem como da sua validade dentro do sistema donde provém e de harmonia com os critérios próprios deste (portanto, também de harmonia com a sua Constituição, se aí houver garantia – política ou jurisdicional – da constitucionalidade). E só depois, determinada a norma estrangeira aplicável, cabe inseri-la no sistema jurídico do foro e averiguar da sua conformidade com a Constituição (ou com a 'ordem pública' nacional, que, em parte, coincide com a Constituição). Julgamos que nenhum tribunal poderá aplicar normas estrangeiras contrárias à Constituição de seu Estado (desde que também não possa aplicar normas nacionais em idênticas circunstâncias) nem se vê por que cingirmos a fiscalização da constitucionalidade a normas de Direito interno. Pode apenas supor-se plausível a fiscalização quando à sombra desta exista um sistema de fiscalização jurisdicional, não na hipótese contrária – mas sempre com a máxima prudência e exigindo, porventura, que se trate de uma inconstitucionalidade evidente."[103]

Também Luís Roberto Barroso acentua que na jurisdição de que promana a norma "se admitir a pronúncia de inconstitucionalidade de uma lei, poderá o juiz ou tribunal proceder da mesma forma, deixando de aplicar, ao caso concreto, preceito estrangeiro incompatível com o ordenamento de origem. Com muito mais razão, deverão os juízes e tribunais brasileiros negar aplicação à norma estrangeira que esteja em confronto com a Constituição brasileira. Com efeito, as normas constitucionais são tidas como de ordem pública internacional, impedindo a eficácia de leis, decisões judiciais e atos estrangeiros com elas incompatíveis".[104]

---

[103] MIRANDA. *Op. cit.*, p. 471.
[104] BARROSO. *Interpretação e aplicação da constituição*, p. 49.

CAPÍTULO 10

PRINCÍPIOS CONSTITUCIONAIS

SUMÁRIO

1. Introdução – 2. Acepções do termo "princípio" – 3. Princípios e regras constitucionais – 4. Classificação dos princípios constitucionais – 5. Considerações finais.

1. INTRODUÇÃO

Os princípios constitucionais expressam valores fundamentais adotados pela sociedade política (função axiológica), vertidos no ordenamento jurídico, e informam materialmente as demais normas, determinando integralmente qual deve ser a substância e o limite do ato que os executam.

A indispensabilidade dos princípios constitucionais na sua função ordenadora deve ser ressaltada, não só porque harmonizam e unificam o sistema constitucional, como também porque revelam a nova ideia de Direito (noção do justo no plano de vida e no plano político), por expressarem o conjunto de valores que inspirou o constituinte na elaboração da Constituição, orientando ainda as suas decisões políticas fundamentais.[1]

Os princípios são indicativos de um valor, uma direção, um fim.

São ainda os princípios constitucionais que viabilizam uma leitura moral da Constituição. É o que expressa Dworkin: "A leitura moral propõe que todos nós – juízes, advogados e cidadãos – interpretemos e apliquemos esses dispositivos abstratos (da Constituição) considerando que eles fazem referência a princípios morais de decência e justiça."[2]

E, em decorrência da sua "referência a valores ou da sua relevância ou proximidade axiológica (da justiça, da ideia de direito, dos fins de uma comunidade), os princípios

---

[1] MIRANDA. *Manual de direito constitucional*, t. 2, p. 197-206.
[2] DWORKIN. *O direito da liberdade:* a leitura moral da constituição norte-americana, p. 2.

têm uma função *normogenética* e uma função *sistêmica*: são os fundamentos de regras jurídicas e têm uma *idoneidade irradiante* que lhes permite ligar ou cimentar objetivamente todo o sistema constitucional".[3]

Note-se, contudo, que antes de aflorar a função normogenética (que surge da necessidade de densificação dos princípios constitucionais), e ainda ligados à sua função axiológica, têm os princípios *função fundamentadora*, por ocuparem a mais elevada posição hierárquica no sistema de fontes do direito, e serem o fundamento de toda a ordem jurídica.

Jorge Miranda enuncia as seguintes características dos princípios, assinaladas pela doutrina:

"a) A sua maior aproximação da ideia de Direito ou dos valores do ordenamento;

b) A sua amplitude, o seu grau de maior generalidade ou indeterminação frente às normas-regras;

c) A sua irradiação ou projecção para um número vasto de regras ou preceitos, correspondentes a hipóteses de sensível heterogeneidade;

d) A sua versatilidade, a sua susceptibilidade de conteúdos algo variáveis ao longo dos tempos e das circunstâncias, com densificações variáveis;

e) A sua abertura, sem pretensão de regulamentação exaustiva, ou em plenitude, de todos os casos;

f) A sua expansibilidade perante situações ou factos novos, sem os absorver ou neles se esgotar;

g) A sua virtualidade de harmonização, sem revogação ou invalidação recíproca."[4]

Os princípios fundamentais desempenham relevante função no texto Constitucional (função teleológica ou diretiva), por orientar a ação dos Poderes do Estado (Legislativo, Executivo e Judiciário), demarcando seus limites e sua atuação. Fala-se, neste ponto, em *Constituição dirigente* (Gomes Canotilho),[5] uma vez que, da criação da lei até a sua aplicação e integração, deve-se observar o conteúdo dos princípios fundamentais emanados da Constituição que condicionam e determinam o processo legislativo e a aplicação da lei. Daí, inclusive, colocar-se a questão da inconstitucionalidade por violação dos princípios fundamentais, circunstância que acentua ainda mais a sua força jurídica, e não apenas ética ou valorativa.

A função hermenêutica dos princípios permite aos juízes extrair a essência de uma determinada disposição legal, servindo ainda de limite protetivo contra a arbitrariedade. A propósito, Edilsom Pereira de Farias, lembrado por Walter Claudius Rothenburg, assinala que "os princípios são úteis em primeiro lugar para dirimir dúvidas

---

[3] CANOTILHO. *Direito constitucional e teoria da constituição*, p. 1037.
[4] MIRANDA. *Teoria do estado e da constituição*, p. 433.
[5] CANOTILHO. *Constituição dirigente e vinculação do legislador*, 1983.

interpretativas ao ajudar a esclarecer o sentido de determinada disposição de norma (...) contudo, a singularidade dos princípios no campo da interpretação é que eles servem de guia para a sua própria aplicação. Isso acontece porque os próprios princípios carecem de interpretação, e o agente jurídico terá que primeiramente interpretar os princípios retores de sua interpretação.

Os princípios cumprem ainda a função de limitação da interpretação ao restringir a discricionariedade judicial. A referência obrigatória aos mesmos nos casos difíceis e duvidosos torna o processo de interpretação-aplicação do direito mais controlável e racional, porquanto evita que o operador jurídico invoque valores subjetivos não amparados de forma explícita ou implícita no ordenamento jurídico".[6]

Outra função desempenhada pelos princípios constitucionais é a *integrativa* ou *supletiva*, por preencherem lacunas deixadas pelas normas constitucionais, tendo em vista a textura aberta das Constituições contemporâneas.

Mencione-se, finalmente, a função *limitativa*, pela qual os princípios constitucionais atuam no sentido de impedir a produção de normas jurídicas que visem reduzir a sua eficácia, uma vez que tais normas se voltam para a efetivação dos princípios, como mandamentos nucleares do sistema constitucional.

Depois de destacar que aos princípios corresponde uma função específica (por exemplo, a função do princípio da moralidade é moralizadora, a do princípio da isonomia é igualizadora), Sérgio Sérvulo da Cunha, considerando a operação (em sentido lato) do sistema, identifica seis funções dos princípios: "a) gerar normas (função nomogenética); b) orientar a interpretação (função hermenêutica); c) inibir a eficácia de norma que os contrarie (função inibitória); d) suprir a falta de norma (função supletiva); e) regular o sistema (função de regulação do sistema); f) projetar o texto sobre a sociedade (função de projeção)."[7]

2. ACEPÇÕES DO TERMO "PRINCÍPIO"

A palavra *princípio* vem do latim *principium* e significa início, começo, ponto de partida. Na linguagem filosófica, o termo foi introduzido por Anaximandro com o significado de fundamento, causa.[8] Não indica a coisa, mas a razão de ser da coisa, ensina José Cretella Júnior, pois, "no âmbito da filosofia, princípio é o fundamento ou a razão para justificar por que é que as coisas são o que são".[9]

Sérgio Sérvulo da Cunha, reportando-se a Gilles-Gaston Granger, Martin Heidegger, Émile Littré e André Lalande, lista onze acepções para o termo princípio: 1. Começo, início, aquilo que está no começo ou no início. 2. Termo final de toda regressão. 3. Proposição que basta para suportar a verdade do juízo. 4. Causa natural, em razão das quais os corpos se movem, agem, vivem. 5. Elemento ativo

---

[6] ROTHENBURG. *Princípios constitucionais*, p. 43-44.
[7] CUNHA. *Princípios constitucionais*, p. 191.
[8] MACEDO. *Enciclopédia Saraiva do direito*. Verbete: princípio, p. 504-505.
[9] CRETELLA JÚNIOR. *Comentários à constituição brasileira de 1988*, v. 1, p. 129.

de uma fórmula, substância ou composto. 6. Aquilo que constitui, compõe as coisas materiais. 7. Aquilo que, pertencendo à própria coisa, contém suas determinações como fenômeno. 8. Matriz dos fenômenos pertencentes a um determinado campo da realidade. 9. Fator de existência, organização e funcionamento do sistema, que se irradia da sua estrutura para seus elementos, relações e funções. 10. Fonte ou finalidade de uma instituição, aquilo que corresponde à sua natureza, essência ou espírito. 11. Os primeiros preceitos de uma arte ou ciência.[10]

Mas como origem, ponto de partida, "princípios de uma ciência são as proposições básicas, fundamentais, típicas, que condicionam todas as estruturas subsequentes", sendo os alicerces, os fundamentos da ciência.[11] Classificam-se em:

    a) onivalentes ou universais, os que se encontram em qualquer ciência (por exemplo, princípio da identidade e da não contradição);

    b) plurivalentes ou regionais, os que "são comuns a um determinado grupo de ciência que guarda certa semelhança entre si" (por exemplo, princípios éticos, que interessam à moral, mas não são desprezados pela ciência jurídica);

    c) monovalentes, os que fundamentam um só campo de conhecimento (por exemplo, princípio da legalidade, que informa a ciência do direito);

    d) setoriais, os que informam um setor de determinada ciência.[12]

No âmbito das ciências em geral, princípios são "verdades ou juízos fundamentais, que servem de alicerce ou de garantia de certeza a um conjunto de juízos, ordenados em um sistema de conceitos relativos a dada porção da realidade. Às vezes também se denominam princípios certas proposições que, apesar de não serem evidentes ou resultantes de evidências, são assumidas como fundantes da validez de um sistema particular de conhecimentos, como seus pressupostos necessários".[13]

Princípio jurídico, na concepção de Celso Antônio Bandeira de Mello, é "mandamento nuclear de um sistema, verdadeiro alicerce dele, disposição fundamental que se irradia sobre diferentes normas compondo-lhes o espírito e servindo de critério para sua exata compreensão e inteligência, exatamente por definir a lógica e a racionalidade do sistema normativo, no que lhe confere a tônica e lhe dá sentido harmônico".[14]

Enfim, embora a palavra *princípio* apareça com sentidos diversos,[15] é ela indispensável à Ciência e à Filosofia e, no Direito, seu significado não difere dos acima mencionados, nomeadamente em Direito Constitucional, por envolver a ideia da Constituição como norma suprema e condicionante de todo o ordenamento jurídico, que dela retira seu fundamento de validade.

---

[10] CUNHA. *Princípios constitucionais*, p. 5-6.
[11] CRETELLA JÚNIOR. *Op. cit.*
[12] CRETELLA JÚNIOR. *Curso de direito administrativo*, p. 14-15.
[13] REALE. *Filosofia do direito*, p. 60.
14 MELLO. *Curso de direito administrativo*. 5. ed., p. 450.
[15] SILVA. *Curso de direito constitucional positivo*, p. 81.

3. PRINCÍPIOS E REGRAS CONSTITUCIONAIS

Consoante Guilherme Peña, os "princípios constitucionais são extraídos de enunciados normativos, com elevado grau de abstração e generalidade, que prevêem os valores que informam a ordem jurídica, com a finalidade de informar as atividades produtiva, interpretativa e aplicativa das regras, de sorte que eventual colisão é removida na dimensão do peso, ao teor do critério da ponderação, com a prevalência de algum princípio concorrente.

As regras constitucionais são extraídas de enunciados normativos, com reduzido grau de abstração e generalidade, que descrevem situações fáticas e prescrevem condutas intersubjetivas, com a fenomenologia de incidência dirigida pelos princípios, de modo que eventual conflito é resolvido na dimensão da validade, à luz dos critérios cronológico, hierárquico ou especialidade, com o sistema de Direito Constitucional".[16]

Os princípios e as regras são espécies de normas jurídicas, porque ambos dizem o que deve ser. A distinção entre os dois é uma distinção entre dois tipos de normas. Jorge Miranda esclarece que os princípios "não se colocam além ou acima do direito (ou do próprio direito positivo); também eles – numa visão ampla, superadora de concepções positivistas, literalistas e absolutizantes das fontes legais – fazem parte do complexo ordenamental. Não se contrapõem às normas, contrapõem-se tão somente aos preceitos; as normas jurídicas é que se dividem em normas-princípios e normas disposições".[17]

Gomes Canotilho apresenta os seguintes critérios distintivos:

a) *Grau de abstração*: os princípios são normas com um grau de abstração relativamente elevado; as regras possuem uma abstração relativamente reduzida.

b) *Grau de determinabilidade* na aplicação do caso concreto: os princípios, por serem vagos e indeterminados, carecem de mediações concretizadoras (do legislador? do juiz?), enquanto as regras são suscetíveis de aplicação direta.

Quanto a esse ponto, note-se que, realmente, os princípios são dotados de elevado grau de abstração e generalidade, bem como de vagueza, capaz de abrigar as grandes linhas na direção das quais deve orientar-se todo o ordenamento jurídico. "Não quer isso dizer, todavia, que os princípios são inteiramente ou sempre genéricos, e imprecisos: ao contrário, possuem um significado determinado, passível de um satisfatório grau de concretização por intermédio das operações de aplicação desses preceitos jurídicos nucleares às situações de fato, assim que os princípios sejam determináveis em concreto."[18] Assim, os princípios não permitem opções livres aos órgãos concretizadores da Constituição, salvo operarem eles com um certo grau de discricionariedade, mas sempre limitada pela juridicidade objetiva dos princípios.

---

[16] MORAES. *Direito constitucional* – teoria da constituição.
[17] MIRANDA. *Manual de direito constitucional*, p. 198.
[18] ROTHENBURG. *Princípios constitucionais*, p. 18.

Relativamente à concretização dos princípios, dado o seu caráter vago e genérico, não é tarefa fácil o reconhecimento de direito subjetivo por aplicação direta deles. Mas, como ponderam Celso Bastos e Ives Gandra Martins, o que certas normas "perdem, pois, em carga normativa, ganham como força valorativa a espraiar-se por cima de um sem-número de outras normas".[19] A imprecisão dos princípios, portanto, antes de ser um elemento desvalioso, constitui uma enorme vantagem para as soluções que a prática exige, posto que são eles que viabilizam as mudanças normativas, sem que seja necessária uma contínua modificação do texto constitucional.

Se por um lado as regras aplicam os princípios, por outro, é impossível que o faça integralmente, já que não conseguem expressar e pormenorizar os princípios, desenvolvendo-os. Tem-se então que a possibilidade dos princípios é infinita, pelo que continuam a inspirar novas e antigas regras.

c) *Grau de fundamentalidade* no sistema das fontes de direito: os princípios são normas de natureza ou com um papel fundamental no ordenamento jurídico devido à sua posição hierárquica no sistema das fontes, como os princípios constitucionais, ou à sua importância estruturante dentro do sistema jurídico, como o princípio do Estado de Direito.

d) *"Proximidade" da ideia de direito*: os princípios são *standards* juridicamente vinculantes radicados nas exigências de justiça ou na ideia de direito; as regras podem ser normas vinculativas com um conteúdo meramente funcional.

e) *Natureza normogenética*: os princípios são fundamentos de regras, isto é, são normas que estão na base ou constituem a *ratio* de regras jurídicas, desempenhando, por isso, função normogenéticafundamentante.[20] Na sua natureza normogenética, os princípios constitucionais, a partir do momento em que necessitam de densificação, terminam por se reproduzir em subprincípios e em preceitos que visam permitir a sua efetivação, possuindo, portanto, capacidade reprodutora, já que, ao contrário das regras jurídicas, não se esgotam em si mesmos. Constituem-se, desse modo, em origem da própria ordem jurídica, nela irrradiando seus valores e exercendo influência nos atos estatais (legislativos, executivos, judiciários).

Carlos Ayres Britto, escrevendo sobre a dualidade entre princípios e preceitos, pensa avultar a ontologia dos princípios constitucionais materiais como normas:

a) axiológicas ou consubstanciadoras de valores;

b) inter-referentes, seja por contraposição (os que, tendo a mesma dignidade, se definem por oposição a outro e por isso nenhum deles pode ser considerado um subprincípio do outro, *v.g.*, o princípio da liberdade de informação frente à intimidade e à vida privada das pessoas humanas), seja por complementação (um deles será o principal e o outro

---

[19] BASTOS; MARTINS. *Comentários à Constituição do Brasil*, p. 340.
[20] CANOTILHO. *Direito constitucional e teoria da constituição*, p. 1034-1035.

secundário, *v.g.*, o princípio republicano e o princípio da moralidade administrativa);

c) autoconceituáveis, no sentido de que seus conteúdos ou elementos de definição já constam da própria Constituição;

d) autoaplicáveis, exatamente porque prescindentes da lei quanto às suas expressões ou manifestações conteudísticas:

e) onivalentes, pela clara razão de que operam de ponta a ponta do Ordenamento, e não apenas no interior de um determinado ramo jurídico.[21]

Anote-se que a Constituição, concebida como um sistema aberto de regras e princípios, não pode ser estruturada exclusivamente em torno de cada um deles. Com efeito, um modelo constituído exclusivamente por regras conduziria a um sistema legislativo de limitada racionalidade prática, com uma disciplina legal exaustiva e completa. Embora dotado de segurança jurídica, o sistema constitucional assim concebido não proporcionaria espaço livre para a sua complementação e desenvolvimento do sistema, já que é ele necessariamente aberto. A seu turno, o sistema baseado exclusivamente em princípios, pela indeterminação e inexistência de regras precisas, e a coexistência de princípios conflitantes, conduziria a um modelo falho de segurança e incapaz de reduzir a complexidade do próprio sistema.[22]

A distinção entre princípios e regras, segundo Dworkin, em ataque ao positivismo, reside nos seguintes critérios: 1. os princípios não exigem um comportamento específico, isto é, estabelecem ou pontos de partida ou metas genéricas; as regras, ao contrário, são específicas ou em pautas; 2. os princípios não são aplicáveis à maneira de um "tudo ou nada" (*all-or-nothing*), pois enunciam uma ou algumas razões para decidir em determinado sentido, sem obrigar a uma decisão particular; já as regras enunciam pautas dicotômicas, isto é, estabelecem condições que tornam necessária sua aplicação e consequências que se seguem necessariamente; 3. os princípios têm um peso ou importância relativa (*dimension of weight*), ao passo que as regras têm uma imponibilidade mais estrita; assim, os princípios comportam avaliação, sem que a substituição de um por outro de maior peso signifique a exclusão do primeiro; já as regras, embora admitam exceções, quando contraditadas provocam a exclusão do dispositivo colidente; 4. o conceito de *validade* cabe bem para as regras (que ou são válidas ou não o são), mas não para os princípios, que, por serem submetidos à avaliação de importância, mais bem se encaixam no conceito de *legitimidade*.[23]

O conflito entre regras, por ser antinômico, será solucionado com a declaração de invalidade de uma delas, e sua eliminação do mundo jurídico. Por outras palavras: ou a regra é aplicável ou não é. Desse modo, o conflito de regras deve ser resolvido através da aplicação de critérios que levem à eliminação de uma das duas regras aplicáveis ao caso concreto e à aplicação integral da outra, ou seja, critérios hierárquico,

---

[21] BRITTO. *Teoria da constituição*, p. 167-177.
[22] CANOTILHO. *Op. cit.*, p. 1037.
[23] DWORKIN. *Levando os direitos a sério*, p. 23-72; O império do direito, p. 224, 477 *et seq.* Cf. ainda FERRAZ JÚNIOR. *Interpretação e estudos da constituição de 1988*, p. 88.

cronológico ou da especialidade. Nessa linha, deve-se aplicar a regra de hierarquia superior em detrimento da inferior; a posterior em detrimento da anterior, ou a especial em detrimento da geral. O conflito se resolve fundado na ideia de validez da regra a ser aplicada.

Já o conflito entre princípios leva à solução distinta das regras. É que os princípios coexistem, e não se excluem como as regras. Assim, os princípios, por encerrarem mandados de otimização, permitem o balanceamento de valores e interesses, conforme seu peso e a ponderação de outros princípios eventualmente conflitantes.

Os princípios não obedecem, portanto, à lógica do tudo ou nada. Destarte, se em determinado caso concreto, algo é permitido por um princípio mas negado por outro, um deles deve recuar, sem que se declare inválido o outro, resolvendo o conflito na dimensão do valor e não da validade.

Desse modo é possível, em um determinado caso, não se aplicar certo princípio, mas sim outro conflitante, o que não significa que o primeiro perdeu a validade, já que os princípios, mesmo quando em conflito, podem coexistir. Outro modo de solucionar conflitos entre princípios se dá pela ponderação de interesses, priorizando-se, em um determinado caso, um princípio em detrimento do outro.

Dworkin, em livro recente, abandonou a distinção entre princípios e regras: "Nunca tive a intenção de dizer que o 'direito' contém um número fixo de padrões, alguns dos quais são regras, e outros princípios. Na verdade, quero contrapor-me à ideia de que o 'direito' seja um conjunto fixo de padrões de qualquer espécie. Em vez disso, pretendi afirmar que uma síntese acurada das ponderações que os juristas devem levar em conta ao decidirem uma questão específica de direitos e deveres legais incluiria proposições dotadas da forma e da força de princípios, e que os próprios juízes e juristas, ao justificarem suas conclusões, empreendam frequentemente proposições que devem ser entendidas dessa maneira. Em outras palavras, meu alvo era o positivismo doutrinário, não o taxonômico."[24]

Para Alexy, as regras são mandados definitivos: se uma regra é válida, há de fazer-se exatamente o que ela exige, nem mais nem menos. Portanto, as regras contêm determinações no âmbito do fático e juridicamente possíveis. Em caso de conflito normativo, são regularmente empregados os métodos *"lex posterior derogat priori, lex superior derogat inferiori e lex specialis derogat generali"*. Um conflito entre duas regras só pode ser solucionado introduzindo em uma delas uma cláusula de exceção que elimina o conflito, ou declarando inválida, pelo menos, uma das regras. Como exemplo de conflito de regras que pode ser eliminado através da introdução de uma cláusula é o que se dá entre a proibição de abandonar uma sala de aula antes do toque da campainha e a ordem de abandoná-la em caso de alarme de incêndio. Se todavia, aquela não tocou mas este foi dado, as regras conduzem a juízos concretos de dever contraditórios entre si. Este conflito se soluciona introduzindo na primeira regra uma cláusula de exceção para o caso de alarme de incêndio.[25] Ainda segundo Alexy, os princípios são mandados de otimização: podem ser cumpridos em diversas medidas

---

[24] DWORKIN. *A justiça de toga*, p. 330-331.
[25] ALEXY. *Teoria de los derechos fundamentales*, p. 87-88.

em função das possibilidades fáticas e jurídicas. Não exigem aplicação integral como as regras, porquanto podem incidir em intensidades diferentes na correspondência do peso relativo que tenham diante das circunstâncias específicas do caso. A relação é de preponderância e não de validade. No caso de colisão entre princípios, um deles tem que ceder ante o outro. Porém isto não significa que aquele que cede em benefício da concreta prevalência do outro seja nulificado (eliminado do ordenamento), nem que nele tenha que se introduzir uma cláusula de exceção, até mesmo porque é possível que, frente a uma diversa situação, os mesmos princípios podem ter a polaridade invertida: aquele que antes cedeu é possível que agora prepondere: a técnica a ser utilizada é a da ponderação de bens. O que sucede é que, nos casos concretos, os princípios têm diferente peso e que prevalece o princípio de maior peso. Os conflitos de regras resolve-se na dimensão da validade; a colisão de princípios – a que só podem entrar princípios válidos – resolve-se na dimensão do peso.

Haverá assim o reconhecimento de um peso maior a determinado princípio constitucional em confronto com outro, se não for possível antes harmonizá-los, considerando o princípio da unidade da Constituição, que constitui um sistema orgânico, em virtude do qual cada parte tem de ser compreendida à luz das demais.[26]

Para tanto a atividade do intérprete da Constituição terá por finalidade delinear o que se denomina de "topografia do conflito". Acentua Canotilho que a análise da topografia do conflito exige "que se esclareçam dois pontos: 1) se e em que medida a área ou esfera de um direito (âmbito normativo) se sobrepõe à esfera de um outro direito também normativamente protegido; 2) qual o espaço que resta aos dois bens conflitantes para além da zona de sobreposição".[27] E na realização da ponderação de bens ou valores constitucionais, assinale-se ser essencial a utilização do princípio da razoabilidade ou proporcionalidade, por ser ele que possibilitará a identificação do desvalor de alguns interesses invocados como dignos de proteção em conflito com outros.

Anote-se ainda que a diferenciação entre regras jurídicas e princípios pode ser feita utilizando-se duas concepções básicas, chamadas de concepção débil e concepção forte. Na primeira, a distinção se dá apenas em nível de grau, ou seja, os princípios seriam normas de um grau de generalidade relativamente alto, enquanto que as re-

---

[26] Em crítica à formulação de Alexy, de que somente os princípios é que possuem uma dimensão de peso, Humberto Ávila aduz que a aplicação das regras também "exige o sopesamento das razões, cuja importância será atribuída (ou coerentemente intensificada) pelo aplicador. A dimensão axiológica não é privativa dos princípios, mas elemento integrante de qualquer norma jurídica, como comprovam os métodos de aplicação que relacionam, ampliam ou restringem o sentido das regras em função dos valores e fins que elas visam a resguardar. A dimensão do peso não é algo que já esteja incorporado a um tipo de norma. As normas não regulam sua própria aplicação. É a decisão que atribui aos princípios um peso em função das circunstâncias do caso concreto. A citada dimensão de peso (*dimensionofweight*) não é, então, atributo abstrato dos princípios mas qualidade das razões e dos fins a que eles fazem referência, cuja importância concreta é atribuída pelo aplicador. Vale dizer, a dimensão de peso não é um atributo empírico dos princípios, justificador de uma diferença lógica relativamente às regras, mas resultado de juízo valorativo do aplicador" (ÁVILA. *Teoria dos princípios*: da definição à aplicação dos princípios jurídicos, p. 50-51).

[27] CANOTILHO. *Direito Constitucional e teoria da constituição*, p. 1111.

gras teriam um nível relativamente baixo. Para a concepção forte dos princípios há uma diferença de qualidade, que se revela clara nas colisões de princípios e no conflito de regras, acima examinado. Partidários dessa teoria são Robert Alexy e Ronald Dworkin.[28]

Humberto Ávila, com base em outros elementos, propõe os seguintes critérios de distinção entre regras e princípios: a) dissociação justificante: os princípios são os alicerces do ordenamento jurídico, e remetem o intérprete a valores e a diferentes modos de promover resultados; b) dissociação abstrata: este critério se dá no plano preliminar de análise abstrata das normas, anterior ao plano conclusivo de análise concreta, e tem a utilidade de facilitar o processo de interpretação e aplicação do Direito; c) dissociação em alternativas inclusivas: admite a coexistência das espécies normativas em razão de um mesmo dispositivo, é dizer, um mesmo texto permite a construção de regras e princípios; d) natureza do comportamento prescrito: as regras são normas imediatamente descritivas, na medida em que estabelecem obrigações, permissões e proibições, mediante a descrição de uma conduta, enquanto que os princípios são normas imediatamente finalísticas, pois se limitam a estabelecer um estado de coisas a ser buscado, ou seja, um fim que se aspira conseguir, gozar ou possuir em uma dada situação; e) natureza da justificação exigida: "a interpretação e a aplicação das regras exigem uma avaliação da correspondência entre a construção conceitual dos fatos e a construção conceitual da norma e da finalidade que lhe dá suporte, ao passo que a interpretação e a aplicação dos princípios demandam uma avaliação da correlação entre o estado de coisas posto como fim e os efeitos decorrentes da conduta havida como necessária"; f) medida de contribuição para a decisão: os princípios não têm a pretensão de gerar uma situação específica; as regras, normas preliminarmente decisivas e abarcantes, têm aspiração de gerar uma solução específica para o conflito entre as razões.[29]

---

[28] Cf. ALEXY. *Teoria de los Derechos Fundamentales*; DWORKIN. *Levando os direitos a sério*. A evolução doutrinária, "além de indicar que há distinções fracas e fortes entre princípios e regras, demonstra que os critérios usualmente empregados para a distinção são os seguintes: Em primeiro lugar, há o critério do caráter hipotético-condicional, que se fundamenta no fato de as regras possuírem uma hipótese e uma consequência que predeterminam a decisão, sendo aplicadas ao modo *se, então,* enquanto os princípios apenas indicam o fundamento a ser utilizado pelo aplicador para futuramente encontrar a regra para o caso concreto. Dworkin afirma: 'Se os fatos estipulados por uma regra ocorrem, então ou a regra é válida, em cujo caso a resposta que ela fornece deve ser aceita, ou ela não é, em cujo caso ela em nada contribui para a decisão. Caminho não muito diverso também é seguido por Alexy quando define as regras como normas cujas premissas são, ou não, diretamente preenchidas. Em segundo lugar, há o critério do *modo final de aplicação*, que se sustenta no fato de as regras serem aplicadas de modo absoluto *tudo ou nada*, ao passo que os princípios são aplicados de modo gradual *mais ou menos*. Em terceiro lugar, o critério do *relacionamento normativo*, que se fundamenta na ideia de a antinomia entre as regras consubstanciar verdadeiro conflito, solucionável com a declaração de invalidade de uma das regras ou com a criação de uma exceção, ao passo que o relacionamento entre os princípios consiste num imbricamento, solucionável mediante ponderação que atribua uma dimensão de peso a cada um deles" (ÁVILA. *Teoria dos princípios* – da definição à aplicação dos princípios jurídicos, p. 30-31).

[29] ÁVILA. *Op. cit.*, p. 55-69. Crítica a esses critérios é formulada por Álvaro Ricardo de Souza Cruz (cf. CRUZ. *Hermenêutica jurídica e(m) debate:* o constitucionalismo brasileiro entre a teoria do discurso e a ontologia existencial, p. 304-310).

A distinção entre princípios e regras jurídicas não resulta na negação dos princípios como espécies normativas: uma vez positivados no texto constitucional, ascendem os princípios à categoria normativa, pelo que devem ser tidos como normas jurídicas, alguns autoexecutáveis "enquanto diretamente aplicáveis ou diretamente capazes de conformarem as relações político-constitucionais"[30] (como, por exemplo, a afirmação do art. 1º da Constituição de que o Brasil constitui-se em Estado Democrático de Direito), e outros dependendo de legislação integrativa.

Guilherme Peña, considerando a estrutura, divide as normas constitucionais em regras e princípios, com base em cinco critérios (*conteúdo, origem, efeitos, forma de aplicação* e *função no ordenamento jurídico*).

Quanto ao *conteúdo*, os princípios contêm a previsão de um valor fundamental da ordem jurídica, enquanto que as regras contêm a descrição de uma situação de fato (antecedente) e a prescrição de uma conduta entre sujeitos, afetada por três modais deônticos, traduzidos em obrigação, permissão ou proibição (consequente). Os princípios, por conseguinte, em comparação às regras, são identificados pelo maior grau de abstração e generalidade, posto que as normas jurídicas são diferenciadas de acordo com a medida de concretização do Direito Constitucional.

Quanto à *origem*, a validade dos princípios decorre de seu próprio conteúdo, enquanto que a validade das regras deflui de outras regras, em virtude de sua produção em conformidade com o ordenamento constitucional. Disso resulta que os conflitos de princípios são solucionados na dimensão do peso, utilizando-se o critério da ponderação, e os conflitos de regras na dimensão da validade, utilizando-se os critérios cronológico (*lex posterior derogat priori*), hierárquico (*lex superior derogat lex inferior*) ou especialidade (*lex specialis derogat general*).

Quanto aos *efeitos*, a eficácia das regras é delimitada pelo enunciado, ao passo que a eficácia dos princípios é relativamente indeterminada na ordem jurídica. Assim, os princípios são dotados de efeitos indeterminados a partir do núcleo essencial, como também, ainda que possam ser delimitados os efeitos pretendidos pela norma jurídica, os meios para alcançá-los são múltiplos. Em resumo: para que seja utilizado como argumento de um órgão de aplicação, todo princípio exige uma concretização, isto é, deve ser transformado em uma regra precisa ou relativamente precisa. Portanto, concretizar um princípio significa determinar as regras implícitas (em sentido amplo) que possam ser obtidas do mesmo, e, portanto, em primeiro lugar, determinar seu âmbito de aplicação, decidir a que classes de hipóteses concretas é aplicável, e, em segundo lugar, determinar ao mesmo tempo as exceções, ou seja, as subclasses de hipóteses às quais não é aplicável. Por isso mesmo é que se poderia dizer que os princípios não consentem uma interpretação literal.

Quanto à forma de *aplicação*, as regras incidem sobre o conceito dos fatos descritos nos seus antecedentes normativos, e os princípios não comportam a subsunção. Portanto, é possível que as regras sejam aplicadas coercitivamente a hipóteses determinadas, enquanto que há a necessidade de mediação concretizadora para os princípios

---

[30] MIRANDA. *Op. cit.*, p. 199.

tornarem-se aplicáveis a hipóteses determináveis. Os princípios não são idôneos para funcionar como premissa maior (normativa) do silogismo mediante o qual os órgãos competentes aplicam as regras. Os princípios não pertencem à justificação interna, ao silogismo, propriamente, das decisões judiciais ou administrativas, senão à sua justificação externa, ou seja, são utilizados como argumentos para justificar a eleição de certas premissas (em particular, da premissa normativa) do silogismo.

Quanto à *função no ordenamento jurídico*, os princípios são multifuncionais, e as regras são unifuncionais. Os princípios são destinados especialmente às atividades produtiva (função normogenética), interpretativa (função exética), e aplicativa (função integrativa), de forma a sistematizar o Direito Constitucional (função sistêmica). Portanto, os princípios dirigem toda a fenomenologia da incidência das regras que formam o sistema constitucional.[31]

Para Álvaro Ricardo de Souza Cruz, "o modelo de princípios é um modelo hermenêutico e não uma forma de classificação de espécies normativas em que se distinguem princípios das regras. A nosso ver, seria mais consentâneo reconhecer que todo o ordenamento jurídico contém tão somente normas *prima facie* vinculantes e, como tais, sempre dependentes do caso concreto para se tornarem norma jurídica definitiva".[32]

Depois de explicitar os critérios de distinção entre princípios e regras (grau de abstração, aplicabilidade e separação radical), Celso Ribeiro Bastos conclui que, "no fundo, tanto são normas as que encerram princípios quanto as que encerram preceitos".[33]

Embora se deva destacar a diferença dos princípios relativamente às regras jurídicas, essa desigualdade, apesar de ontológica e teleológica, natural, formal e funcional, não infirma a ideia de que ambos integram, em sua juridicidade, o gênero comum das normas jurídicas. Merece, contudo, referência especial o fato de que os princípios têm uma posição privilegiada na pirâmide normativa, supremacia que, do ponto de vista material, faz deles a expressão mais alta da normatividade que fundamenta a organização do poder (Paulo Bonavides).

A distinção entre regras e princípios é examinada, sob uma perspectiva crítica, por Álvaro Ricardo de Souza Cruz, que sustenta não haver para a dicotomia uma teoria normoteorética que convença de sua racionalidade. Segundo ele, a permanência da dicotomia nos dias atuais se deve essencialmente à força da autoridade de alguns

---

[31] MORAES. *Direito constitucional* – teoria da constituição, p. 94-97.
[32] CRUZ. *Op. cit.*, p. 242.
[33] BASTOS. *Curso de direito constitucional*, p. 138.

Como modo de expansão da capacidade normativa dos princípios, ligada à sua eficácia (positiva e negativa), que se se traduz no atributo inerente às normas, cuja consequência jurídica é a sua observância, merece destaque, como eficácia negativa, o princípio do não retrocesso, que se traduz na possibilidade de invalidação, pelo Judiciário, por inconstitucionalidade, de normas que, ao regulamentar determinado princípio, concedam ou ampliam direitos fundamentais, sem que a revogação seja acompanhada de uma política substitutiva ou equivalente. Não se substitui, contudo, a norma revogada por outra, mas apenas há a revogação da norma infraconstitucional que esvazia o comando constitucional.

autores, como Dworkin, Habermas e Alexy, dentre tantos outros. Aduz ainda que negar uma distinção ontológica entre as espécies normativas não implicaria um retrocesso do pensamento jurídico ao positivismo. É que "o essencial é construir uma 'argumentação de princípios', ou seja, calcada na filosofia da linguagem, concretista e aberta, livre, pois, dos padrões formalistas e subsuntivos do positivismo e da filosofia da consciência".[34]

4. CLASSIFICAÇÃO DOS PRINCÍPIOS CONSTITUCIONAIS

São várias as classificações dos princípios constitucionais propostas. Tais classificações orientam-se, de modo geral, pelo critério de generalidade e positividade, partindo dos princípios gerais de Direito, depois os que se referem a uma determinada concepção político-social, e finalmente os mais específicos, dotados de uma maior precisão.

Entre os autores portugueses, destaca-se Gomes Canotilho e Jorge Miranda, na formulação de uma tipologia dos princípios constitucionais.

Gomes Canotilho apresenta a seguinte classificação:

a) *princípios jurídicos fundamentais*: tais princípios, antes mesmo de serem apreciados como princípios específicos do Direito Constitucional, são princípios gerais de Direito, com determinação histórica e multifuncionalidade, dando como exemplos os princípios da publicidade dos atos jurídicos, da proibição de excesso (proporcionalidade ou justa medida), do acesso ao direito e aos tribunais, da imparcialidade da administração;

b) *princípios políticos constitucionalmente conformadores*: são princípios constitucionais que explicitam as valorações políticas fundamentais, nucleares, do legislador constituinte, e refletem a ideologia inspiradora da Constituição, sendo, por isso, reconhecidos como limites do poder de revisão. Cita como exemplos: os definidores da forma de Estado, incluída a organização econômico-social, como, por exemplo, o princípio da subordinação do poder econômico ao poder político-democrático, o princípio da coexistência dos diversos setores da propriedade – público, privado e cooperativo; os princípios estruturantes do regime político (princípio do Estado de Direito, princípio democrático, princípio republicano, princípio pluralista) e os princípios caracterizadores da forma de governo e da organização política em geral, como o princípio da separação e interdependência de poderes e os princípios eleitorais;

c) *princípios constitucionais impositivos*: são os que, sobretudo no âmbito da constituição dirigente, impõem aos órgãos do Estado, sobretudo ao legislador, a realização de fins e a execução de tarefas, como o princípio da independência nacional, da correção das desigualdades na distribuição da riqueza e do rendimento;

---
[34] CRUZ. *Op. cit.*, p. 269-323.

d) *princípios-garantia*: a eles é atribuída uma maior densidade normativa e menor grau de vagueza, pelo que se aproximam das regras (princípios em forma de norma jurídica), permitindo o estabelecimento direto de garantias para os cidadãos, como o da legalidade estrita em matéria criminal, o da inocência e o do juiz natural.

Jorge Miranda prefere classificar os princípios constitucionais em:

1. *princípios constitucionais substantivos*, que são válidos em si mesmos e expressam os valores básicos a que adere a Constituição material, subdividindo-se em *princípios axiológicos fundamentais*, "correspondentes aos limites transcendentes do poder constituinte, ponte de passagem do Direito Natural para o Direito Positivo", e *princípios político-constitucionais*, "correspondentes aos limites imanentes do poder constituinte", que refletem as opções e princípios de cada regime, como o princípio democrático, o princípio representativo, o da separação de Poderes, o da constitucionalidade, etc.;

2. *princípios constitucionais instrumentais*, que correspondem à estruturação do sistema constitucional, em termos de racionalidade e operacionalidade, dando como exemplos, o princípio da publicidade das normas jurídicas, o da competência, etc.[35]

Entre nós, em seu clássico *Curso de direito constitucional positivo*, José Afonso da Silva propõe uma classificação dos princípios constitucionais em *princípios políticos constitucionais* e *princípios jurídicos constitucionais*. Os primeiros se referem às decisões políticas fundamentais conformadoras do sistema constitucional positivo, constituindo todo o Título I da Constituição (arts. 1º a 4º). São princípios relativos: 1. existência, forma, estrutura e tipo de Estado: República Federativa do Brasil, soberania, Estado Democrático de Direito; 2. forma de governo e à organização dos poderes: República e separação dos poderes (arts. 1º e 2º); 3. organização da sociedade: livre organização social, princípio da convivência justa e princípio da solidariedade (art. 3º, I); 4. regime político: princípios da cidadania, da dignidade da pessoa, do pluralismo, da soberania popular, da representação política, da participação popular direta (art. 1º, parágrafo único); 5. prestação positiva do Estado: princípios da independência e do desenvolvimento nacional (art. 3º, II), da justiça social (art. 3º, III), e princípio da não discriminação (art. 3º, IV); 6. da comunidade internacional: princípios da independência nacional, da responsabilidade, da soberania, da prevalência dos direitos humanos, da autodeterminação dos povos, da não intervenção, da igualdade entre os Estados, da solução pacífica das controvérsias, da defesa da paz, do repúdio ao terrorismo e ao racismo, da cooperação entre os povos para o progresso da humanidade, da concessão de asilo e da integração da América Latina. *Os princípios jurídicos constitucionais* são informadores da ordem jurídica nacional e decorrem de certas normas constitucionais; não raro constituem desdobramentos dos fundamentais, como o princípio da supremacia da constituição e o da constitucionalidade, o princípio da

---

[35] MIRANDA. *Op. cit.*, p. 200-203.

legalidade, o princípio da isonomia, o princípio da autonomia individual, decorrente da declaração dos direitos, o da proteção dos trabalhadores, fluinte de declaração dos direitos sociais, o da proteção da família, do ensino e da cultura, o da independência da magistratura, o da autonomia municipal, os da organização e representação partidária, e os chamados princípios-garantias (o do *nullun crimen sine lege* e da *nulla poena sine lege*, o do devido processo legal, o do juiz natural, o do contraditório.[36]

Edilsom Pereira de Farias, referindo-se à origem, classifica os princípios constitucionais em:

a) *princípios estruturantes ou fundamentais*: "aqueles que expressam as decisões políticas fundamentais do constituinte no que pertine a estrutura básica do Estado e as ideias e os valores fundamentais triunfantes na Assembleia Constituinte, e cuja modificação implica a destruição da Constituição";

b) *princípios constitucionais impositivos ou diretivos*: os que "dizem respeito às tarefas que a Constituição incumbe ao Estado geralmente para o atendimento de necessidades coletivas de natureza econômica, social e política";

c) *princípios-garantia*: "compostos por aquelas normas constitucionais que propõem diretamente uma garantia individual", sendo diretamente aplicáveis.[37]

Luís Roberto Barroso formula a seguinte classificação, considerando a Constituição de 1988 e o grau de importância e abrangência dos princípios:

a) *princípios fundamentais* ("que contêm as decisões políticas estruturais do estado"): o republicano (Constituição brasileira, artigo 1º, *caput*), o federativo (artigo 1º, *caput*), o do Estado democrático de direito (artigo 1º, *caput*), o da separação de poderes (artigo 2º), o presidencialista (artigo 76), e o da livre iniciativa (artigo 1º, IV);

b) *princípios constitucionais gerais* (desdobramentos menos abstratos dos princípios fundamentais, equivalendo aos "princípios-garantia" de Canotilho): o da legalidade (artigo 5º, II), o da isonomia (artigo 5º, *caput*, e I), o da autonomia estadual e municipal (artigo 18), o do acesso ao Judiciário (artigo 5º, XXXV), o da irretroatividade das leis (artigo 5º, XXXVI), o do juiz natural (artigo 5º, XXXVII e LIII) e o do devido processo legal (artigo 5º, LIV);

c) *princípios setoriais* ou *especiais* ("presidem um específico conjunto de normas afetas a um determinado tema, capítulo ou título da Constituição. Por vezes são mero detalhamento dos princípios gerais, como os princípios da legalidade tributária ou da legalidade penal. Outras vezes são autônomos como o princípio da anterioridade em matéria tributária ou

---

[36] SILVA. *Op. cit.*, p. 82-84.
[37] FARIAS. *Colisão de direitos*: a honra, a intimidade, a vida privada e a imagem *versus* a liberdade de expressão e informação, p. 33-34, 36-37.

do concurso público em matéria de administração pública"): relativos à Administração pública (o da legalidade administrativa, o da impessoalidade, o da moralidade e o da publicidade – artigo 37, *caput*; o do concurso público – artigo 37; II; o da prestação de contas – artigos 70, parágrafo único; 34; VII, "d", e 35); relativos à organização dos Poderes (o majoritário, o proporcional, o da publicidade e da motivação das decisões judiciais e administrativas – artigo 93, IX e X; o da independência e da imparcialidade dos juízes – artigos 95 e 96; o da subordinação das Forças Armadas ao poder civil – artigo 142); relativos à tributação e ao orçamento (o da capacidade contributiva – artigo 145, III; o da legalidade tributária – artigo 150, I; o da isonomia tributária – artigo 150, II; o da anterioridade da lei tributária – artigo 150, III; o da imunidade recíproca das pessoas jurídicas de direito público – artigo 150, VI, "a"; o da anualidade orçamentária – artigo 165, III; o da universalidade do orçamento – artigo 165, § 5º; o da exclusividade da matéria orçamentária – artigo 165, § 8º), os relativos à ordem econômica (o da garantia da propriedade privada – artigo 170, II; o da função social da propriedade – artigo 170, III; o da livre concorrência – artigo 170, VI; o da defesa do consumidor – artigo 170, V; o da defesa do meio ambiente – artigo 170, VI) e os relativos à ordem social (o da gratuidade do ensino público – artigo 206, VI; o da autonomia universitária – artigo 207; o da autonomia desportiva – artigo 217, I).[38]

5. CONSIDERAÇÕES FINAIS

Pode-se finalizar, destacando que, segundo o entendimento de Paulo Bonavides, a juridicidade dos princípios, que encabeçam o sistema, guiam e fundamentam as demais normas jurídicas, atravessou três fases distintas, quais sejam, a jusnaturalista (os princípios se alojam numa esfera abstrata e sua normatividade é considerada nula ou duvidosa); a positivista (os princípios ingressam nos códigos, e atuam como fonte normativa subsidiária), e a pós-positivista, que corresponde às duas últimas décadas do século XX, em que os princípios se convertem no fundamento de toda a ordem jurídica como princípios constitucionais. Nessa perspectiva deve-se enfatizar: 1) a passagem dos princípios da especulação metafísica e abstrata para o campo concreto e positivo do Direito; 2) a transição crucial da ordem jusprivatista para a órbita juspublicística; 3) a suspensão da clássica distinção entre princípios e normas; 4) o deslocamento dos princípios da esfera da jusfilosofia para o domínio da Ciência Jurídica; 5) a proclamação da sua normatividade; 6) a perda de seu caráter de normas programáticas; 7) o reconhecimento definitivo de sua positividade e concretitude por obra sobretudo das Constituições atuais; 8) a distinção entre regras e princípios, como espécies diversificadas do gênero norma; 9) a total hegemonia e preeminência dos princípios.[39]

---

[38] BARROSO. *Revista Jurídica* n. 7, p. 17-39.
[39] BONAVIDES. *Curso de Direito Constitucional*, p. 265.

Os princípios constitucionais exercem, como se verificou, uma função ordenadora, conferindo unidade e consistência à Constituição. Não se deve, todavia, conceber a Constituição como algo eterno ou imutável, mas, por expressar as aspirações populares e a ideia de Direito presentes num dado momento histórico, é que a Constituição, para ser estável, deve adaptar-se à realidade social cambiante. Os princípios fundamentais, além da função ordenadora, exercem, assim, função dinamizadora e transformadora da Constituição, possibilitando uma interpretação renovadora do seu texto, de modo a preservar o Estado Democrático de Direito.

CAPÍTULO 11

MUDANÇA E SUBSISTÊNCIA DA CONSTITUIÇÃO

SUMÁRIO

1. Mudança constitucional: âmbito de abrangência – 2. Formas de mudança constitucional: reforma, revisão e emenda – 3. Mutação constitucional – 4. Mudança constitucional e poder constituinte derivado – 5. Mudança constitucional e inconstitucionalidade.

1. MUDANÇA CONSTITUCIONAL: ÂMBITO DE ABRANGÊNCIA

As Constituições, embora vocacionadas para a estabilidade e a permanência, não são documentos eternos, pois devem adaptar-se à realidade e aos novos tempos. As Constituições não se esgotam no momento de sua criação, mas se inserem num processo que envolve sua aplicação, e de que participam não só os detentores do poder como os destinatários de suas normas.

O Direito Constitucional, portanto, se por um lado reflete estabilidade, sendo estático, por outro lado se insere no processo histórico, sendo dinâmico, na medida em que se concebe a Constituição como estrutura jurídica através da qual flui a vida e se configura o Direito Constitucional.

A propósito, escreve Konrad Hesse: "A questão sobre a 'rigidez' ou sobre a 'mobilidade' da Constituição não é, por conseguinte, questão de uma alternativa, senão uma questão de coordenação 'exata' desses elementos. Ambos são, por causa da tarefa da Constituição, necessários, a abertura e amplitude porque somente elas possibilitam satisfazer a transformação histórica e a diferenciabilidade das condições de vida, as determinações obrigatórias, porque elas, em seu efeito estabilizador, criam aquela constância relativa, que somente é capaz de preservar a vida da coletividade de uma dissolução em mudanças permanentes, imensas e que não mais podem ser vencidas. É necessária a coordenação desses elementos para que ambos possam cumprir sua tarefa. O persistente não deve converter-se em impedimento onde movimento e progresso estão dados; senão o desenvolvimento passa por cima da normatização jurídica. O movente não deve abolir o efeito estabilizador das fixações obrigatórias; senão a tarefa da ordem fundamental jurídica da coletividade permanece invencível."[1]

Diga-se, pois, que a estabilidade das Constituições decorre de sua capacidade de se adaptar à realidade, informada pelas novas exigências políticas, sociais, econômicas, culturais, dentre outras. Inexistindo no texto constitucional mecanismos ou procedimentos capazes de viabilizar sua mudança, a Constituição certamente será substituída por outra brotada de práticas políticas e pressões político-sociais sintonizadas com as novas exigências acima nomeadas.

É preciso considerar, no entanto, que, consoante expressa Jorge Miranda, não é apenas uma maior plasticidade da Constituição a condição de sua maior-perdurabilidade, "mas o fator decisivo não é esse: é a estabilidade ou a instabilidade política e social dominante no país, é o grau de institucionalização da vida colectiva que nele se verifica, é a cultura político-constitucional, é a capacidade de evolução do regime político".[2]

Anote-se, ademais, que a mudança constitucional é tema que se reveste de maior amplitude, devendo ser concebida no seu aspecto unitário, ou seja, abrangendo as ideias de continuidade e descontinuidade formal, material e sociológica. Nessa linha, Raul Machado Horta, lembrando Carl Schmitt, fala em mudança *na* Constituição e mudança *da* Constituição, escrevendo: "Na perspectiva histórica, a mudança da Constituição é que se encarrega do processo mais radical de mudança, seja mediante a substituição de uma Constituição por outra, a destruição da Constituição ou a supressão da Constituição abrindo caminho ao Poder Constituinte originário. A destruição e a supressão da Constituição são formas radicais da mudança constitucional, enquanto a reforma constitucional, a quebra da Constituição e a suspensão da Constituição significam mudanças parciais, atingindo 'prescrição legal-constitucional'."[3]

E ao examinar a mudança na Constituição, que se exterioriza na reforma constitucional (revisão e emenda), e na mutação constitucional (sem alteração do texto, *v.g.*, os costumes e a interpretação da Constituição), como comportamento que repercute na sua permanência, assinala: "A mudança na Constituição não se identifica, necessariamente, com a desestima da Constituição. Ela se propõe, via de regra, a introduzir aperfeiçoamentos e correções no texto constitucional. Opera no rumo da evolução. Não obstante tais inspirações, a mudança na Constituição reflete, com maior ou menor profundidade, uma insatisfação com o texto constitucional, cuja matéria se propõe alterar ou substituir."[4]

Jorge Miranda, numa concepção unitária, trata das mudanças constitucionais, falando em *vicissitudes constitucionais* como "quaisquer eventos que se projectem sobre

---

[1] HESSE. *Elementos de direito constitucional da República Federal da Alemanha*, p. 46.
[2] MIRANDA. *Teoria do estado e da constituição*, p. 389.
[3] HORTA. *Direito constitucional*, p. 106.
[4] HORTA. *Op. cit.*, p. 104.

a subsistência da Constituição ou de algumas das suas normas", dando como seus tipos a revisão constitucional, a derrogação constitucional, o costume constitucional, a interpretação evolutiva da Constituição, a revisão indireta, a revolução, a ruptura não revolucionária, a transição constitucional e a suspensão (parcial) da Constituição.

A *revisão constitucional* é a modificação da Constituição com uma finalidade de autorregeneração e autoconservação; a *derrogação é a violação*, a título excepcional, de uma prescrição legal-constitucional para um ou vários casos concretos; o *costume constitucional* e a *interpretação evolutiva da Constituição* são modificações tácitas da Constituição; a *revisão indireta* é uma forma particular de interpretação sistemática; a *revolução* e a *ruptura não revolucionária* são vicissitudes constitucionais com ruptura na continuidade da ordem jurídica ou mediante alterações totais ou parciais; a *transição constitucional* é a passagem de uma Constituição material a outra com observância das formas constitucionais: muda a Constituição material, mas permanece a Constituição instrumental e, eventualmente, a Constituição formal; a *suspensão constitucional* é somente a não vigência durante certo tempo, decretada por causa de certas circunstâncias, de algumas normas constitucionais, por imperativos de *salus publica*, com a declaração do estado de sítio, do estado de emergência ou de outras situações de exceção.

As vicissitudes podem ser classificadas segundo os seguintes critérios: *a)* quanto ao modo: expressas ou tácitas, sendo que no primeiro caso, fica alterado o texto, e no segundo, permanecendo o texto, modifica-se o conteúdo da norma; *b)* quanto ao objeto: totais e parciais. As primeiras atingem a Constituição como um todo, e as segundas atingem parte da Constituição, e nunca os princípios definidores da ideia de Direito que a informa; *c)* quanto ao alcance: as de alcance geral e abstrato, e as de alcance concreto ou excepcional: as primeiras têm em vista todas e quaisquer situações ou contextura semelhante e quaisquer destinatários que nelas se encontrem, e as segundas situações concretas ou alguns dos destinatários abrangidos pela norma; *d)* quanto às consequências sobre a ordem constitucional: as que não colidem com a sua integridade ou continuidade, e as que equivalem a uma ruptura; *e)* quanto à duração dos efeitos: as de efeitos temporários e as de efeitos definitivos, correspondendo as primeiras à suspensão da Constituição *lato sensu*.[5]

A mudança constitucional, no constitucionalismo norte-americano contemporâneo, é examinada por Bruce Ackerman e Stephen Griffin.

Para Ackerman, foram três os momentos fundamentais (*momentos constitucionais*) de mudança constitucional na história dos Estados Unidos: o momento original de adoção da Constituição e do *Bill of Rights*; a reconstrução que sobreveio à Guerra da Secessão; o *New Deal*. Estes momentos, que ocorreram fora do processo formal de mudança constitucional de que trata o art. V da Constituição norte-americana de 1787, caracterizam-se pelo fato de que um extraordinário número de cidadãos se acha convencido do assunto que se debate, e de que todos os cidadãos tiveram a oportunidade de se organizar para expressar sua forma de ver o problema, havendo ainda uma maioria que concorda com uma forma específica de solucionar o problema. A teoria de Ackerman é denominada de democracia dualista (há duas classes de decisões po-

---

[5] MIRANDA. *Teoria do estado e da constituição*, p. 389-396.

líticas: aquelas tomadas pelo povo, designadas como *momentos constitucionais*, e aquelas tomadas pelo governo, diárias e ligadas a *momentos correntes*. Nos Estados Unidos, diferentemente da Alemanha, cuja Constituição pós-nazista expressamente declarou que uma extensa lista de direitos fundamentais não poderia ser constitucionalmente revisada, é o povo a fonte dos direitos: a Constituição não determina os direitos que o povo deve estabelecer ou exercer (na concepção de Ackerman, inexistiria cláusula pétrea na Constituição).[6]

Griffin sustenta que a Constituição norte-americana tem sofrido alterações de um modo não plenamente alcançado por emendas ou por interpretações judiciais. A Suprema Corte não deve servir de guardião da mudança constitucional. As principais mudanças constitucionais que ocorreram ao longo do século XX foram iniciadas e conduzidas pelo Presidente e pelo Congresso, tendo sido o papel da Corte nitidamente secundário, como as medidas adotadas pelo Presidente Roosevelt no período do *New Deal* de intervenção estatal na economia, e que foram num primeiro momento declaradas inconstitucionais pela Corte.[7]

2. FORMAS DE MUDANÇA CONSTITUCIONAL: REFORMA, REVISÃO E EMENDA

As alterações formais do texto constitucional são feitas de modo variado, segundo os diversos sistemas constitucionais. Para tanto, são utilizados os termos reforma, revisão e emenda. Se por um lado, segundo ensina Meirelles Teixeira, com apoio em Pinto Ferreira, esta terminologia não passa de "meras doutrinas produzidas pela fantasia do malabarismo jurídico, a engendrar diferenças técnicas de minguado valor, podendo-se usar indistintamente os termos de reforma, revisão ou emenda, que se nivelam na mesma sinonímia",[8] por outro lado, autores há que dão a esta terminologia rigor científico preciso.

Alertando para o fato de que a prática na doutrina não segue uma imposição dogmática quanto ao significado dos termos em análise, Manoel Gonçalves Ferreira Filho escreve: "Reforma seria sempre uma alteração que abranja o texto todo. Revisão seria sinônimo de reforma, mas principalmente quando periodicamente programada. Já a emenda, seria apenas a alteração pontual do texto constitucional."[9]

Jair Eduardo Santana, ao examinar o tema, posiciona-se no sentido de que "reforma, termo genérico, deveria expressar toda e qualquer modificação formal ocorrida nas Constituições, seja pela via da revisão, seja pelo caminho das emendas constitucionais".[10] A reforma, portanto, é o gênero, de que são espécies a revisão e a emenda.

---

[6] ACKERMAN. *Nós, o povo soberano:* fundamentos do direito constitucional.

[7] OLIVEIRA. Stephen Griffin e a teoria constitucional americana: quem detém legitimidade para dizer o que a constituição significa e qual é a constituição dos Estados Unidos hoje? *In:* VIEIRA (Org.). *Teoria constitucional norte-americana contemporânea*, p. 19-79.

[8] TEIXEIRA. *Curso de direito constitucional.*

[9] FERREIRA FILHO. *Aspectos do direito constitucional contemporâneo*, p. 77.

[10] SANTANA. *Revisão constitucional* – reforma e emendas.

Considerando a etimologia da palavra "revisão" (*revisio, revisere*, ver de novo, voltar a ver), posiciona-se Ricardo Arnaldo Malheiros Fiuza sustentando que "revisão constitucional é a releitura da Lei Maior, em busca da necessidade e da possibilidade de mudanças no seu texto. A revisão pode ser localizada ou pode ser total. Encontradas a necessidade e a possibilidade de modificações, essas far-se-ão por *emendas* (sempre por emendas), menores ou maiores na sua extensão e no seu conteúdo. Entendo, pois, que antes de qualquer emenda terá havido uma revisão, localizada ou geral. A aprovação da *emenda*, se houver, constituirá a *reforma*".[11]

De qualquer modo, a questão terminológica deve ser analisada à luz dos sistemas constitucionais, que oferecem soluções diversas a cada um dos termos considerados (na França, não se usa emenda, mas sempre revisão, ao contrário dos Estados Unidos da América, onde se utiliza emenda).

Assinala Raul Machado Horta: "Reforma, Emenda e Revisão são manifestações do poder constituinte instituído, que podem receber tratamento diferenciado, atribuindo a cada uma dessas formas objeto próprio de atividade, bem como tratamento indiferenciado, sem distinguir uma da outra manifestação pela forma ou matéria de sua atividade. No Direito Constitucional Positivo, reforma, emenda e revisão ora se apresentam individualizadas, recebendo matérias distintas e enquadradas em procedimentos destacados, ora se apresentam individualizadas, ora aparecem unificadas, em regulação comum e igual, que extingue a pluralidade das formas do poder constituinte derivado."[12]

Ressalte-se que no Direito Constitucional brasileiro não há uma precisão de linguagem quanto à adoção da terminologia em exame.

A Constituição do Império, de 1824, mencionava, em seu artigo 174, a palavra reforma, e estabelecia um processo mais lento e difícil para a reforma do que se considerava constitucional, isto é, tudo que dissesse respeito aos limites e atribuições respectivas dos poderes públicos e aos direitos políticos e individuais somente poderiam ser alterados por "assembleia de revista", depois que três legislaturas consecutivas, pelo voto de dois terços de cada câmara, tivessem aprovado a proposta. Os demais dispositivos poderiam ser alterados pelas legislaturas ordinárias.

A Constituição de 1934 distinguia revisão de emenda, e previa procedimento diferente para cada uma destas espécies. Emenda era a alteração que não modificasse a estrutura do Estado, a organização ou a competência dos poderes da soberania e a própria norma, o artigo 178, que prescrevia distinção entre emenda e revisão. Por sua vez, a revisão ocorreria sempre que aquela matéria tivesse de ser modificada. A distinção entre as referidas espécies também dizia respeito ao procedimento: a emenda poderia ser implementada na mesma legislatura, e incorporada, de pronto, ao texto, enquanto que a revisão seria anexada ao texto e elaborada em três discussões, por duas sessões legislativas, mas na legislatura seguinte.

Na Carta de 1937, achava-se previsto, no artigo 174, que a Constituição podia ser emendada, modificada ou reformada por iniciativa do Presidente da República ou da Câmara dos Deputados.

---

[11] FIUZA. *Direito constitucional comparado*, p. 325.
[12] HORTA. *Direito constitucional*, p. 107-108.

As Constituições de 1946 (artigo 217), a de 1967 (artigo 49, I), e a Emenda Constitucional n. 1/69 (artigo 46, I), mencionavam apenas a emenda.

Finalmente, a Constituição de 1988 dispõe, na sua parte permanente (artigo 60), sobre as emendas, atribuindo-lhes regime jurídico próprio, caracterizador das Constituições rígidas, de modo a promover alterações no seu texto, e no artigo 3º do Ato das Disposições Constitucionais Transitórias cuida do processo de revisão, que, já realizada, esgotou-se, notando-se, no entanto, que a revisão se fez com a promulgação, entre 14 de setembro de 1993 e 7 de junho de 1994, de *emendas constitucionais de revisão*.

3. MUTAÇÃO CONSTITUCIONAL

Além das alterações formais da Constituição, a doutrina tem identificado alterações não formais, que atingem o significado, o sentido ou o alcance do texto constitucional, de modo progressivo, lento e pouco perceptível. Este fenômeno é conhecido como mutação constitucional, apesar de receber denominações discrepantes da publicística, como vicissitudes tácitas, poder constituinte difuso, mudança material, meios difusos, modificações constitucionais tácitas, mudança informal da Constituição.

Consoante o chinês Hsü Dau-Lin, um dos pioneiros a escrever sobre o tema, em 1932, na Alemanha, a mutação da Constituição significa uma separação entre o preceito constitucional e a realidade, que é mais ampla que a normatividade constitucional. São por ele identificadas quatro classes de mutação constitucional: 1) mutação constitucional mediante prática que não vulnera formalmente a Constituição escrita; 2) mutação constitucional por impossibilidade do exercício de determinada atribuição constitucional; 3) mutação constitucional em razão da prática que contradiz a Constituição; 4) mutação constitucional mediante interpretação.[13]

Pode-se dizer que as mutações constitucionais abrigam dois tipos: as que não violentam a Constituição e que, portanto, não se revelam inconstitucionais, e as que contrariam o texto constitucional – mutações inconstitucionais.

Exemplos das primeiras são a interpretação jurisdicional que renova o sentido do texto da Constituição, sem violá-lo, a ação do Poder Legislativo, pela edição de lei integrativa da Constituição, e a do Poder Executivo na aplicação das normas ou execução das normas e de sua execução, e os costumes capazes de operar mudanças na esfera constitucional, sem alteração do texto.

Já as mutações inconstitucionais que, portanto, importam em violação da Constituição, assumem variada forma, dando-se como exemplos, segundo Anna Cândida da Cunha Ferraz: "as leis, os atos administrativos de finalidade administrativa ou política e a interpretação judicial contrários à Constituição, o costume e as práticas inconstitucionais, inclusive os chamados golpes de Estado."[14] A mutação inconstitucional é conhecida como dissintonia ou desestima constitucional, que acarreta um sentimento de falta de constituição, de anomia jurídica.

---

[13] Cf. HSÜ DAU-LIN. *Mutación de constitución*.
[14] FERRAZ. *Processos informais de mudança da constituição*, p. 245-246.

A mutação constitucional no Brasil em face da Constituição de 1988 ocorreu por meio de atos normativos infraconstitucionais, como a possibilidade reconhecida até mesmo pelo Judiciário, de reedição de medidas provisórias pelo Presidente da República, o que foi, no entanto, contido pela Emenda Constitucional n. 32/2001. Mencione-se ainda os usos e costumes parlamentares, quanto ao apoiamento a projetos de lei, permitindo a sua tramitação. José Afonso da Silva situa, como mutação inconstitucional, o denominado voto de liderança, consequência do esvaziamento do Congresso Nacional durante o regime militar. Não havendo *quorum* para votar, já que os congressistas se encontravam fora do Plenário, normalmente intermediando recursos regionais, os líderes das bancadas votavam como se elas tivessem deliberado. A prática ia de encontro à regra constitucional, que estabelecia que as deliberações parlamentares seriam tomadas por maioria de votos, presente a maioria absoluta (artigo 47 da Constituição de 1988). Aponta ainda o mencionado constitucionalista a prática de bancadas corporativistas, como a evangélica, a ruralista, etc., o que contrasta com o princípio da representação popular e partidária.[15]

A jurisprudência brasileira também tem sido elemento de mutação constitucional. Expressiva, a este propósito, é a denominada interpretação conforme a constituição, pela qual, havendo mais de uma interpretação plausível do texto de norma infraconstitucional, adota-se aquela que seja compatível com a Constituição. Ao promover a interpretação conforme a Constituição, o Supremo Tribunal Federal acaba por operar mudança na Constituição, pois não se limita apenas a pronunciar ou não a inconstitucionalidade, mas até mesmo diz o que o texto constitucional não diz. O tema é por nós examinado com mais profundidade no Capítulo destinado ao controle de constitucionalidade.[16]

4. MUDANÇA CONSTITUCIONAL E PODER CONSTITUINTE DERIVADO

A reforma da Constituição é realizada pelo poder constituinte derivado, de reforma ou de revisão. Trata-se de um poder limitado, material, formal e instrumentalmente.

A doutrina identifica, a par das materiais, expressas no § 4º do artigo 60 da Constituição brasileira de 1988, várias modalidades de limitações, como as circunstanciais, as temporais e as processuais. Fala-se também em limitações expressas e implícitas.[17]

Anote-se que Edvaldo Brito, adotando o esboço feito por Horst Ehme, acrescenta a estes limites os chamados limites heterônomos, assim considerados os que

---

[15] SILVA. *Poder constituinte e poder popular* (Estudos sobre a constituição), p. 296.
[16] Exemplo de mutação constitucional por via interpretativa é o entendimento do STF de que o efeito da comunicação, pelo Supremo Tribunal, ao Senado Federal (art. 52, X, da Constituição da República) de decisão que declara a inconstitucionalidade de lei é apenas o de dar publicidade da decisão, pois a eficácia geral (*erga omnes*) da decisão já decorre do próprio sistema constitucional e da natureza da decisão do STF em sede de controle de constitucionalidade, ainda mais em razão das alterações introduzidas no sistema de controle pela EC n. 45/2004 e da legislação sobre ADI, ADC e ADPF. Não há, portanto, qualquer efeito adicional decorrente da comunicação ao Senado.
[17] Cf. o Capítulo 8, sobre Poder Constituinte, em que tratamos do tema.

transcendem a ordem constitucional positivada, situando-se, portanto, fora do texto constitucional, e que são os objetivos da sociedade civil e os direitos e as garantias fundamentais do homem, preservados pelo direito internacional.

O valor dos limites materiais de revisão, reforma ou emenda da Constituição, tem sido muito discutido. Três teses principais procuram explicá-los.

A primeira os considera imprescindíveis. Argumentam os seus partidários que o poder de revisão é um poder constituído, e deve sempre respeitar a regra de competência, portanto, a limitação. O poder de revisão deve compreender-se dentro de seus parâmetros, não lhe cabendo dispor em sentido contrário às opções do poder constituinte originário. Com efeito, a função do poder constituinte derivado não é elaborar uma nova Constituição, mas defendê-la, garantindo-lhe a identidade e a continuidade como um todo.

A segunda tese impugna a legitimidade ou a eficácia jurídica dos limites materiais, aduzindo inexistir diferença de natureza entre poder constituinte e poder de revisão, já que ambos constituem expressão da soberania do Estado e, no Estado democrático representativo, exercidos por representantes eleitos. A limitação imposta ao poder de revisão acaba por usurpar das gerações futuras a liberdade, pois como proclama o artigo 28 da Constituição francesa de 1793, um povo tem sempre o direito de rever, de reformar ou de modificar a sua Constituição e nenhuma geração pode sujeitar as gerações futuras às suas leis. Contemporaneamente, mencione-se a Constituição da Índia, que em seu artigo 368, n. 5, declara expressamente não existir qualquer limite ao poder de revisão constitucional.

A terceira tese afirma a validade dos limites materiais explícitos, mas admite que as normas que os preveem podem ser modificadas ou suprimidas pelo poder de revisão, de modo a abrir caminho para que mudanças a ela contrárias possam ser feitas. Trata-se da denominada *dupla revisão*. Enquanto em vigor, as cláusulas de limites materiais devem ser cumpridas, mas como são normas constitucionais como quaisquer outras, podem ser objeto de revisão, já que as funções constituinte e de revisão se acham no mesmo plano. Os que se posicionam contrariamente a esta tese falam que a sua adoção significaria fraude à Constituição. Carlos Ayres Britto afirma ser a técnica da *dupla revisão* o que há de mais atécnico, à luz de uma depurada Teoria da Constituição: "Ainda que sob o color de mitigar o efeito 'conservador' das cláusulas pétreas, o fato é que o mecanismo da dupla revisão baralha inteiramente os campos de lídima expressão do Poder Constituído e do Poder Constituinte, caindo, por isso mesmo, em contradições incontornáveis, a começar por esta: se é possível reformar as próprias cláusulas constitucionais de reforma, então a Constituição pode vir a perder até mesmo o seu caráter rígido, pela total supressão da norma ou das normas constitucionais instituidoras da rigidez formal! E sem a rigidez formal, como preservar a superioridade hierárquica da Constituição sobre os demais espécimes legislativos? E sem tal superioridade, como prosseguir chamando a Constituição de Carta 'Magna', Código 'Supremo', Lei 'Fundamental', *Norma 'Normarum'* e outras qualificações que somente se justificam por aquela supremacia no plano hierárquico? Ora, aquele contra o qual existe a rigidez formal da Constituição está positivamente autorizado a *medir o tamanho* dessa rigidez? A avaliar o teor de razoabilidade, ou de proporcionalidade da contenção legislativa que lhe é imposta? A todas as luzes, não! Esse tipo de juízo é exclusivo da nação, e a forma jurídica de a nação avaliar tão global quanto radicalmente as coisas é a Constituição originária."[18] Jorge Miranda tem, a propósito do tema, posição mitigada, pois, embora reconheça que os limites materiais não podem ser violados ou removidos, uma coisa é remover os princípios que definem a Constituição em sentido material e que se traduzem em limites de revisão, e outra coisa é remover ou alterar as disposições específicas do articulado constitucional que explicitam, num contexto histórico determinado, alguns desses limites. Não há, portanto, limites absolutos.[19]

Examinamos o valor dos limites materiais ao poder de revisão constitucional, por ser o mais significativo, já que impede a mudança da Constituição. Fica, no entanto, a observação de que as teses acima referidas são aplicáveis às outras modalidades de limitações, que retardam a mudança da Constituição, também acima enunciadas.

5. MUDANÇA CONSTITUCIONAL E INCONSTITUCIONALIDADE

A mudança na Constituição, operada através dos processos formais de reforma, revisão ou emenda, pode revelar-se inconstitucional. Sujeitam-se eles ao controle de constitucionalidade, desde que se tenha como imodificáveis as cláusulas constitucionais que integram o cerne fixo da Constituição (as limitações materiais ao poder de revisão acima referidas). Admite-se ainda o controle formal de constitucionalidade relativamente às outras limitações ao poder de revisão. O controle não seria cabível para aqueles que negam a possibilidade de inconstitucionalidade material da revisão, uma vez que, estando as normas emanadas do poder de revisão no mesmo nível hierárquico das normas constitucionais, não seria cabível questionar a sua conformidade com a Constituição.

Jorge Miranda acentua ser materialmente inconstitucional a revisão que:

"*a)* estabeleça normas contrárias a princípios constitucionais que devam reputar-se limites materiais da revisão, embora implícitos (por exemplo, uma lei de revisão que estabeleça discriminação em razão de raça, infringindo, assim, o princípio da igualdade);

b) estabeleça normas contrárias a princípios constitucionais elevados a limites materiais expressos (por exemplo, uma lei de revisão que estabeleça censura à imprensa, afectando, assim, o conteúdo essencial de um direito fundamental de liberdade);

c) estabeleça normas contrárias a princípios constitucionais elevados a limites materiais expressos, com concomitante eliminação ou alteração da respectiva referência ou cláusula;

---

[18] BRITTO. *Teoria da constituição*, p. 76-77.
[19] MIRANDA. *Teoria do estado e da constituição*, p. 418.

d) estipule como limites materiais expressos princípios contrários a princípios fundamentais da Constituição."[20]

No sistema de controle judicial de constitucionalidade é do Poder Judiciário a competência para apreciar as arguições de inconstitucionalidade da reforma, revisão ou emenda da Constituição. Saliente-se, com Nelson de Sousa Sampaio, que nega natureza constituinte ao poder de revisão, mas o tem como constituído, que, nesta ótica, o problema maior reside na análise da dimensão do controle jurisdicional: "Em relação ao controle da constitucionalidade formal, entretanto, nenhuma dúvida é legítima. Toda reforma constitucional que desrespeite o processo prescrito para sua tramitação, por exemplo, os requisitos para a iniciativa da proposta, número de discussões, maioria exigida para aprovação, necessidade de *referendum* popular, etc., está sujeita a ser declarada inválida pelo órgão encarregado de apreciar a sua constitucionalidade. Quanto à apreciação da constitucionalidade material da reforma, convém distinguir se a Constituição estabelece ou não proibições expressas quanto ao objeto da revisão constitucional. Em face de interdições explícitas de certas propostas de reforma, também não há justificativas para vacilar quanto ao cabimento do controle de constitucionalidade. A questão é mais complexa quando a Constituição não proíbe expressamente nenhuma espécie de proposta de reforma. O controle de constitucionalidade, nessa hipótese, somente poderia ser invocado com base na doutrina dos limites inerentes ao poder reformador, como tem feito muitos juristas estrangeiros."[21]

---

[20] MIRANDA. *Teoria do estado e da constituição*, p. 426.
[21] SAMPAIO. *O poder de reforma constitucional*, p. 109-110.

CAPÍTULO 12

INTERPRETAÇÃO DA CONSTITUIÇÃO

SUMÁRIO

1. O giro hermenêutico-pragmático – 2. Interpretação das leis e da Constituição – 3. Métodos de interpretação da Constituição – 4. Princípios e técnicas de interpretação especificamente constitucional – 5. Ponderação de bens ou valores – Colisão de direitos fundamentais – 6. Limites da interpretação da Constituição.

1. O GIRO HERMENÊUTICO-PRAGMÁTICO

Ao iniciarmos o estudo da interpretação da Constituição, necessário que se faça uma reconstrução, ainda que breve, das origens da hermenêutica,[1] até se chegar a alguns autores que provocaram uma revolução copernicana, um giro hermenêuti-

---

[1] Hermenêutica reporta-se a Hermes, personagem da mitologia grega que transmitia a mensagem dos deuses aos homens, posto que estes, por não comunicarem diretamente com aqueles, submetiam-se à intermediação de Hermes, que detinha a capacidade de compreender e revelar. Etimologicamente, hermenêutica é termo que deriva do grego *hermeneuein* e do substantivo *hermeneia,* que se traduzem, em geral, por interpretação, mas que significava, em toda sua extensão semântica, declarar, interpretar e traduzir, diversidade de acepções que tinha o sentido de que algo era compreensível, conduzido à compreensão. A hermenêutica, portanto, envolve uma relação de circularidade entre compreensão, interpretação e aplicação, e de envolvimento entre o texto e o leitor (PEREIRA. *Hermenêutica filosófica e constitucional,* p. 8-9). A hermenêutica, segundo Paul Ricoeur, "é a teoria das operações da compreensão em sua relação com a interpretação dos textos". Explicar e compreender são atitudes complementares, o que exige uma superação deste nefasto dualismo epistemológico, a partir de uma elaboração da noção de texto, pois é ela que produz o distanciamento necessário à noção de objetividade que ocorre no interior da historicidade e da experiência humana. Ricoeur, desse modo, passa a organizar essa problemática em torno de cinco temas, como critérios da textualidade: a efetuação da linguagem como discurso; a efetuação do discurso como obra estruturada; a relação da fala com a escrita no discurso e nas obras de discurso; a obra de discurso como projeção de um mundo; o discurso e a obra de discurso como mediação da compreensão de si (*Hermenêutica e ideologias,* p.23 e 52).

co-pragmático[2] na filosofia, com repercussões na própria hermenêutica constitucional e no direito em geral. Se recuarmos no tempo, encontraremos em Platão a ideia acerca do significado de alguma coisa. Segundo ele, as coisas carregam em si sua ideia. Desse modo, ao se indagar "o que é x", poderíamos nos entender, pois todo "x" possui uma essência, que é apreendida pela razão humana. Mesmo que haja vários deles, esses objetos compartilham das mesmas características, isto é, da mesma essência. O mundo real não passa de uma aparência do mundo das ideias, e se as ideias somente podem ser pensadas, para Platão o pensamento independe da linguagem.

Até o surgimento da obra máxima de Martin Heidegger, *Ser e tempo*, prevaleciam, no campo da hermenêutica, as ideias de Schleiermacher, para quem a interpretação deveria buscar a intenção do autor, mas não da maneira por ele pensada, porém atualizando-o, pelo que deveríamos entendê-lo melhor do que ele próprio se entendeu. Álvaro Ricardo de Souza Cruz afirma que a "condição de 'pai da hermenêutica moderna' cabe bem em Schleiermacher, posto que, até sua contribuição, entendia-se que a interpretação era setorizada em termos científicos ou não e em termos religiosos o debate sobre a possibilidade de uma interpretação autêntica e autorizada pela Bíblia dividia os católicos".[3] O trabalho de Schleiermacher foi aprofundado por Dilthey, que, baseado na distinção entre Ciências do Espírito (humanas) e Ciências Naturais, distingue a compreensão e a explicação, sendo que a hermenêutica passa a ser considerada como uma disciplina que se caracteriza como expressão de vida num contexto histórico. Nessa perspectiva, "a grande contribuição de Dilthey foi situar a possibilidade de compreensão, ainda que limitada ao âmbito das Humanidades, dentro da História e não fora dela, divergindo daqueles que achavam ser possível importar os métodos das Ciências Naturais – então considerados explicativos/descritivos, portanto a-históricos – para a interpretação objetiva dos fenômenos vivenciais, imersos no mundo histórico".[4]

---

[2] Pragmática, em sentido geral, quer dizer concreto, aplicado, prático, opondo-se a teórico, especulativo, abstrato. O pragmatismo é entendido ainda como uma concepção filosófica, que defende o empirismo no campo da teoria do conhecimento e o utilitarismo no campo da moral. Rejeita a metafísica e o determinismo, acha-se continuamente aberto à revisão do conhecimento. Valora mais a prática do que a teoria e postula que se deve dar mais importância às consequências e efeitos da ação do que a seus princípios e pressupostos. O critério de verdade deve ser encontrado nos efeitos e consequências de uma ideia. Nessa visão, as características essenciais do pragmatismo jurídico são o consequencialismo e o contextualismo. Na dimensão do estudo da linguagem e do processo de significação, a pragmática diz respeito à linguagem em diferentes contextos. A pragmática vem ocupando os espaços vazios entre as análises semânticas e sintáticas da comunicação verbal, mediante a contribuição cruzada de diversos ramos do saber, como as teorias filosóficas da linguagem e da comunicação, da lógica formal, da psicologia, da sociologia, da retórica, da cibernética, da teoria da organização, e da teoria dos sistemas (FERRAZ JR. *Teoria da norma jurídica*: ensaio de pragmática da comunicação normativa, p. 1). Charles Sanders Peirce, William James e John Dewey são alguns dos pensadores ligados ao pragmatismo.

[3] CRUZ. *Hermenêutica jurídica e(m) debate:* o constitucionalismo brasileiro entre a teoria do discurso e a ontologia existencial, p. 37.

[4] PEREIRA. *Hermenêutica filosófica e Constitucional*, p. 16.

Foi Heidegger quem iniciou o movimento do giro hermenêutico. Discípulo de Edmund Husserl, a quem sucedeu na cátedra da Faculdade de Marburgo, buscou, no entanto, demonstrar os equívocos de Husserl no tocante à fenomenologia. Com efeito, para Husserl, o método fenomenológico possibilita que as coisas sejam apreendidas como elas realmente são e não em sua aparência. A esse método denominou de redução eidética, ou seja, o estudioso deve direcionar sua consciência para determinado objeto e dele retirar tudo o que não é não essencial, reduzindo-o então à sua essência. A fenomenologia de Husserl se enquadra na tradição da filosofia da consciência e da subjetividade, embora com interpretação própria, pois sua fenomenologia não é uma descrição do modo de operar da consciência, mas se volta para a análise das essências como unidades ideais de significação.

Heidegger não aplica o método fenomenológico ao homem, pois percebe que, se o fizesse, "encontraria uma resposta paradoxal: a essência do homem, vale dizer, aquilo no homem que não muda, é o próprio fato da mudança. E não era só isso: Heidegger encontrou três coisas no homem que são imutáveis: a mudança, a relação do homem com o tempo e a linguagem".[5]

Até a filosofia de Heidegger, a tradição filosófica confundia ser e ente, o que resultava na divisão do ser em substância e acidente, na sua classificação e categorização, objetivando-o. Heidegger passa então a pesquisar o ser enquanto desvelamento, manifestação. Assim, a questão do sentido do ser é que será retomada. E nessa pesquisa, o ser é entendido como desvelamento, descobrimento, retirada do véu (*alétheia*[6]), manifestação, tornando-se imprescindível uma análise ontológica e hermenêutica, que revele o ente que nós somos, o ser-aí, o *Dasein*. E o homem, segundo Heidegger, é o único ente que busca o ser. Com efeito, "por meio da *a-letheia* torna-se possível resgatar as coisas ao esquecimento trazido pela metafísica, presente tanto na filosofia do ser quanto do sujeito, esforçando-se para abri-las ao diálogo, à alteridade, de modo a permitir-lhes uma refundação de sentidos, eis que transformados pela linguagem, único caminho de acesso para o ente: a linguagem, muito mais do que um instrumento de designação do mundo, torna-se agora a 'morada do próprio ser', eis que não se pode chegar ao ente sem atribuição de sentido, ou seja, sem pensar sobre o que o mesmo significa/sua essência. Pensar pertence ao *Dasein* e lhe define sua existência".[7] O homem é, pois, linguagem, tempo, e mudança. A verdade, que se acha no *Dasein*, é, no entanto, precária e mutável, pois baseada na linguagem e na percepção. A temporalidade é a estrutura fundamental do Ser. Não há apenas um tempo externo a nós, eis que a linguagem e o mundo se acham interligados, ou seja, o mundo se nos apresenta enquanto linguagem. Ainda para Heidegger, nada pode ser compreendido fora das relações sociais e naturais, e quando indaga, já o faz dentro de uma tradição cultural específica: "a interpretação de algo como algo funda-se, essencialmente, numa posição prévia, visão prévia e concepção prévia. A interpretação nunca é apreensão de um dado preliminar, isenta de pressuposições. Se a concreção da interpretação,

---

[5] OMMATI. *Teoria da constituição*, p. 79.
[6] *Alétheia* é palavra formada pelo alpha privativo grego (= negação), e serve de prefixo ao termo *lethe* (= véu, encobrimento), significando, portanto, desvelamento, retirada do véu, descobrimento.
[7] CRUZ. *Op. cit.*, p. 40.

no sentido da interpretação textual exata, se compraz em se basear nisso que 'está no texto', aquilo que, de imediato, apresenta como estando no texto nada mais é do que a opinião prévia, indiscutida e supostamente evidente, do intérprete."[8]

Ludwig Wittgenstein concebeu uma obra que penetrou no centro da filosofia analítica[9]. A obra pode ser dividida em duas fases: a primeira é representada pelo *Tractatus logico-philosophicus*, em que tenta reconstruir uma teoria em que fosse possível dominar a linguagem, tornando-a algo objetivo e científico. A proposta do *Tractatus*[10] é defundamentar o conhecimento da realidade, as teorias científicas, na lógica e não na epistemologia: a forma gramatical e a forma lógica da linguagem não coincidem. Diz ele: "A linguagem disfarça (*verkleidet*) o pensamento. A tal ponto que da forma exterior da roupagem não é possível inferir a forma do pensamento subjacente, já que a forma exterior da roupagem não foi feita para revelar a forma do corpo, mas com uma finalidade inteiramente diferente" (Proposição 4.002, *Tractatus*)[11]. Na segunda obra, *Investigações filosóficas*, Wittgenstein nos apresenta uma concepção pragmática de linguagem, promove o giro pragmático na filosofia, ao descobrir que a linguagem é fluida e não pode ser aprisionada, mesmo porque evolve com a história humana. A linguagem dissolve-se, fragmenta-se e em seu lugar surgem os jogos de linguagem, múltiplos, multifacetados. A linguagem não é instrumento de comunicação de um conhecimento já realizado, mas condição de possibilidade para a própria constituição do conhecimento enquanto tal. Portanto, não há consciência sem linguagem. A linguagem funciona em seus usos, não cabendo indagar sobre o significado das palavras, porém sobre suas funções práticas, que são múltiplas e variadas. Com a linguagem, podemos fazer muito mais coisas do que designar o mundo, como se depreende do § 23 das *Investigações filosóficas*:

"Quantas espécies de frases existem? Afirmação, pergunta e comando, talvez? – Há inúmeras de tais espécies: inúmeras espécies diferentes de emprego daquilo que chamamos de 'signo', 'palavras', 'frases'. E essa pluralidade não é nada fixo, um dado para sempre; mas novos tipos de linguagem, novos jogos de linguagem, como poderíamos dizer, nascem e outros envelhecem e são esquecidos. (Uma imagem aproximada disto pode nos dar as modificações da matemática.)

O termo 'jogo de linguagem' deve aqui salientar que o falar da linguagem é uma parte de uma atividade ou de uma forma de vida.

---

[8] HEIDEGGER. *Ser e tempo*, vol. I, p. 207.
[9] "A filosofia analítica, que se desenvolveu, principalmente, em países de língua inglesa, embora com vertentes na Alemanha, Áustria e Polônia, com raízes na filosofia de Leibniz, e no desenvolvimento da lógica matemática e nas discussões acerca da fundamentação da matemática e das ciências naturais, no século XIX, considera que o tratamento e a solução de problemas filosóficos devem se dar por meio da análise lógica da linguagem como estrutura lógica subjacente a todas as formas de representação, linguísticas e mentais. O juízo passa a ser interpretado não como ato mental: seu conteúdo é uma proposição dotada de forma lógica. No século XIX, a filosofia analítica surgiu, em grande parte, como uma reação ao subjetivismo, à filosofia da consciência, ao idealismo hegeliano e ao idealismo empirista" (MARCONDES. *Iniciação à história da filosofia:* dos pré-socráticos a Wittgenstein, p. 265-266).
[10] A respeito do *Tractatus,* cf.: OLIVEIRA. *Reviravolta linguística-pragmática na filosofia contemporânea.*
[11] WITTGENSTEIN. *Tractatus logico-philosophicus.*

Imagine a multiplicidade dos jogos de linguagem por meio destes exemplose outros:

– Comandar, e agir segundo comandos

– Descrever um objeto conforme a aparência ou conforme medidas

– Produzir um objeto segundo uma descrição (desenho)

– Conjeturar sobre o acontecimento

– Expor uma hipótese e prová-la

– Apresentar os resultados de um experimento por meio de tabelas e diagramas

– Inventar uma história; ler

– Representar teatro

– Cantar uma cantiga de roda

– Resolver enigmas

– Fazer uma anedota; contar

– Resolver um exemplo de cálculo aplicado

– Traduzir de uma língua para outra

– Pedir, agradecer, maldizer, saudar, orar.

É interessante comparar a multiplicidade das ferramentas da linguagem e seus modos de emprego, a multiplicidade das espécies de palavras e frases com aquilo que os lógicos disseram sobre a estrutura da linguagem. (E também o autor do *Tractatus logico-philosophicus*)."[12] A tese, portanto, do *Tractatus* é rompida, pois não prevalece mais a ideia de um isomorfismo entre a linguagem e o real, e a verdade não é mais entendida como correspondência entre linguagem e realidade. O mesmo tipo de sentença poderá ter significados diferentes, em diferentes contextos: lê-se no § 43 das *Investigações* que "a significação de uma palavra é seu uso na linguagem".

Hans-Georg Gadamer é considerado como o principal representante contemporâneo da hermenêutica; aprofundou os estudos realizados por Heidegger. Demonstra a importância do preconceito, e que a ciência dele não pode abdicar, posto ser inerente ao homem. Segundo ele, "não existe seguramente nenhuma compreensão totalmente livre de preconceitos, embora a vontade do nosso conhecimento deva sempre buscar escapar de todos os nossos preconceitos. No conjunto da nossa investigação mostrou-se que a certeza proporcionada pelo uso dos métodos científicos não é suficiente para garantir a verdade. Isso vale, sobretudo, para as ciências do espírito, mas de modo algum significa uma diminuição de sua cientificidade. Significa, antes, a legitimação da pretensão de um significado humano especial, que elas vêm reivindicando desde antigamente. O fato de que o ser próprio daquele que conhece também entre em jogo no ato de conhecer marca certamente o limite do 'método' mas não o da ciência. O que o instrumental do 'método' não consegue alcançar deve e pode realmente ser alcançado por uma disciplina do perguntar e do investigar que garante a verdade".[13]

---

[12] WITTGENSTEIN. *Investigações filosóficas*, p. 35-36.
[13] GADAMER. *Verdade e método*, vol. I, p. 631.

O fundamento do fenômeno hermenêutico "é para Gadamer a finitude de nossa experiência histórica. A linguagem é o indício da finitude não simplesmente porque há uma multiplicidade de linguagens, mas porque ela se forma permanentemente enquanto traz à fala sua experiência de mundo. A linguagem é, assim, o evento da finitude do homem. Esse evento de finitude constitui o 'centro da linguagem' a partir de onde se desenvolve a totalidade de nossa experiência de mundo. Esse centro de linguagem é aberto à totalidade dos entes, e medeia o homem histórico-finito consigo mesmo e com o mundo. Só aqui encontra chão e fundamento o enigma dialético do uno e do múltiplo, trabalhado pela tradição".[14]

Para Gadamer, que busca superar a filosofia da subjetividade, somos seres históricos e que interpretam todos os eventos do mundo, que é de textos e das interpretações que deles fazemos. Como se pode, então, "garantir a verdade e a cientificidade da ciência? Certamente, não é mais apenas através de um método preconcebido e rígido, mas levando em consideração o peso da história e da tradição, em outras palavras, do pano de fundo de concepções e preconceitos que marcam a nossa vida".[15] Ainda segundo Gadamer, "a estreita pertença que unia na sua origem a hermenêutica filológica com a jurídica apoiava-se no reconhecimento da aplicação como momento integrante de toda compreensão. Tanto para a hermenêutica jurídica quanto para a teleológica, é constitutiva a tensão que existe entre o texto proposto – da lei ou do anúncio – e o sentido que alcança sua aplicação ao instante concreto da interpretação, no juízo ou na pregação. Uma lei não quer ser entendida historicamente. A interpretação deve concretizá-la em sua validez jurídica"[16] (ver adiante).

Gadamer formulou a *teoria da resposta do leitor,* segundo a qual o significado de um texto nunca é determinado apenas por fatos acerca do autor e de seu público original, mas é, de igual modo, determinado pela situação histórica do intérprete. A metáfora utilizada para tanto, é a da fusão de horizontes, que surge quando o autor e o leitor, ambos historicamente situados, conseguem partilhar um significado. A interpretação se move, pois, num processo circular, da linguagem e da hermenêutica, que se entrelaçam.

Essa reviravolta hermenêutico-pragmática na filosofia acabou por ser incorporada à hermenêutica constitucional, nomeadamente quanto à necessidade de se unir atos de interpretação e compreensão a atos de aplicação, e de que o sentido do texto constitucional seja passível de permanente atualização, tendo em vista modificações sociais e jurídicas relevantes, o que é examinado nos tópicos seguintes.

2. INTERPRETAÇÃO DAS LEIS E DA CONSTITUIÇÃO

A interpretação das normas jurídicas é necessária para a sua aplicação.[17]

---

[14] OLIVEIRA. *Reviravolta linguística-pragmática na filosofia contemporânea,* p. 240.
[15] OMMATI. *Teoria da constituição,* p. 83, 84.
[16] GADAMER. *Verdade e método,* vol. I, p. 407-408.
[17] A palavra "interpretação" deriva de *interpres,* isto é, aquele que descobria o futuro nas entranhas das vítimas.

Maria Helena Diniz fala que "interpretar é descobrir o sentido e alcance da norma, procurando a significação dos conceitos jurídicos".[18]

José Alfredo de Oliveira Baracho acentua que "a determinação do sentido e alcance das expressões do Direito, processo que visa extrair da norma todo o seu conteúdo, realiza-se por meio da interpretação, que possui técnica e meios peculiares para ser atingidos os objetivos da Hermenêutica".[19] Uma técnica de interpretação consiste num procedimento que parte de um enunciado normativo – uma disposição ou um fragmento de disposição – para chegar a um significado, ou seja, a uma norma ou a uma pluralidade de normas. Trata-se de um procedimento que pode ser considerado como intelectual (que tem lugar na mente do intérprete), ou como discurso, é dizer, o discurso público mediante o qual o intérprete oferece argumentos para sustentar a interpretação que elegeu.

Analisando o significado do termo *interpretar*, salienta Norberto Bobbio: "Este termo, com efeito, não é exclusivo da linguagem jurídica, sendo usado em muitos outros campos: assim se fala de interpretação das Escrituras Sagradas, de interpretação das inscrições arqueológicas, de interpretação literária, de interpretação musical... Pois bem, interpretar significa remontar do signo (*signum*) à coisa significada (*designatum*), isto é, compreender o significado do signo, individualizando a coisa por este indicada. Ora, a linguagem humana (falada ou escrita) é um complexo de signos, é uma *species* do *genus* signo (tanto é verdade que é substituível por outros signos, por exemplo os gestos da mão, embora seja mais perfeito porque mais rico e maleável). Assim, por exemplo, quando digo 'cavalo', me limito a produzir um som vocal, mas com isto indico uma coisa diferente de tal som. Como complexo de signos, a linguagem exige a interpretação: esta é exigida pelo fato de que a relação existente entre o signo e a coisa significada (neste caso, entre a palavra e a ideia) não é uma relação necessária, mas puramente convencional, tanto que a mesma ideia pode ser expressa de modos diversos (o mesmo objeto, aliás, é indicado em cada língua com um som diverso). Ademais há sempre certo desajuste entre a ideia e a palavra, porque a primeira é mais rica, mais complexa, mais articulada do que a segunda, que serve para exprimi-la; além disto, nós não usamos nunca as palavras isoladamente (exceto o menino que aprende a falar ou quem se encontra num país estrangeiro de cuja língua só conhece alguns termos), mas formamos complexos de palavras, ou proposições. Ora, dependendo do contexto em que esteja inserida, a mesma palavra assume significados diferentes (e podemos até dizer que um termo tem tantos significados quantos são os contextos em que pode ser usado)."[20]

A interpretação da norma jurídica consiste na atividade intelectual que tem por finalidade preeminente tornar possível a aplicação de enunciados normativos, abstratos e gerais, a situações da vida, particulares e concretas. Envolve um conjunto de métodos desenvolvidos pela doutrina e pela jurisprudência[21] com base em critérios

---

[18] DINIZ. *Norma constitucional e seus efeitos*, p. 97-104.
[19] BARACHO. *Teoria da constituição*, p. 49.
[20] BOBBIO. *O positivismo jurídico*: lições de filosofia do direito, p. 212-213.
[21] Para que se estude o direito posto de um Estado, necessário que se estude sua legislação, doutrina e jurisprudência. A jurisprudência se destaca neste cenário, pois é ela que revelará o

ou premissas (filosóficas, metodológicas, epistemológicas) diferentes, mas, em geral, reciprocamente, complementares.[22]

Interpretar é, portanto, reconstruir o conteúdo da lei, elucidá-lo de modo a operar-se uma restituição de sentido ao texto; é a operação pela qual se atribui um sentido ao texto.

Lembre-se de que não só os textos obscuros, pouco claros ou contraditórios demandam interpretação, mas, em princípio, todos os textos jurídicos são suscetíveis do ato interpretativo considerado como um ato da realidade, enquanto as leis não forem redigidas em linguagem codificada ou simbolizada. Desse modo, todas as leis precisam ser interpretadas, sejam claras ou obscuras, pois não há de confundir interpretação com dificuldade de interpretação. Para se afirmar que o texto é claro e que não depende de interpretação, é preciso inicialmente saber qual é a sua significação, ou seja, que ele tenha sido interpretado.

Na concepção de Gadamer: a) compreender é sempre, também, aplicar; b) a tarefa da interpretação consiste em concretizar a norma em cada caso, isto é, na sua aplicação; c) compreender é, desde logo, concretizar; d) a aplicação não é uma etapa derradeira e eventual do fenômeno da compreensão, mas um elemento que a determina desde o princípio e no seu conjunto.[23]

Para Ricardo Guastini, na linguagem jurídica o vocábulo interpretação é duplamente ambíguo. Uma primeira ambiguidade se acha na referência que se costuma fazer à atribuição de significado de um texto normativo, devendo distinguir entre: *a)* a interpretação em abstrato, que consiste em identificar o conteúdo do significado, ou seja, o conteúdo normativo expresso por, ou logicamente implícito em um texto normativo; e *b)* a interpretação em concreto, que consiste em subsumir uma hipótese de fato concreto no domínio da aplicação de uma norma previamente identificada em abstrato. Uma segunda ambiguidade do vocábulo interpretação está na referência que se faz em algumas ocasiões a um ato de conhecimento, em outras a um ato de decisão e em outras mais a um ato de criação normativa. Para tanto, deve-se distinguir:

---

direito tal como os destinatários da norma geral abstrata o perceberão individualmente, bem como indicará sua tendência quando observada ao longo de um determinado lapso temporal. A jurisprudência toma em consideração a linha do tempo histórico. O vocábulo jurisprudência, de que se trata neste tópico, não é aquele que designa a ciência do direito, mas o "conjunto de sentenças dos tribunais uniformes de um ou vários tribunais, sobre o mesmo caso em dada matéria: o mesmo que *usus fori*." A jurisprudência, de um modo ou de outro, acaba impondo ao legislador uma nova visão dos institutos jurídicos, alterando-os, às vezes integralmente, forçando a expedição de leis que consagrem sua orientação. É indubitável que constitui, além de uma importantíssima fonte de normas jurídicas gerais, uma fonte subsidiária de informação, no sentido de que atualiza o entendimento da lei, dando-lhe uma interpretação atual que atenda aos reclamos das necessidades do momento do julgamento e de preenchimento de lacunas" (DINIZ. *Compêndio de introdução à ciência do direito*, p. 266, 269). Enquanto técnica para identificação de tendências, a jurisprudência promove, gradativamente, modificações que se impõem, consolidam-se ou entram em declínio.

[22] CANOTILHO. *Direito constitucional*.
[23] GADAMER. *Verdade e método*, 2 volumes. As proposições acima foram extraídas da obra de Gadamer por Inocêncio Mártires Coelho. *In*: Temas e problemas da interpretação constitucional. *Revista da Faculdade de Direito da Universidade de Brasília*, nova série, n. 2, p. 177/187.

a) a interpretação *cognitiva*, que consiste na identificação dos diversos significados possíveis de um texto normativo (sobre a base das regras de linguagem, das diversas técnicas interpretativas, das teses dogmáticas difundidas pela doutrina, etc.), sem esgotar algum deles; *b)* a interpretação *decisória*, que consiste em eleger um significado determinado no âmbito dos significados identificados (ou identificáveis) por meio da interpretação cognitiva, excluindo as demais; *c)* a interpretação *criativa*, que consiste em atribuir a um texto um significado *novo* – não compreendido entre os identificáveis por meio da interpretação cognitiva – ou em receber do texto das normas chamadas implícitas, mediante meios pseudológicos, ou seja, argumentos não dedutivos e, portanto, não concludentes. A interpretação cognitiva é uma operação puramente científica, que carece de qualquer efeito prático, enquanto que a interpretação decisória e a interpretação criativa são operações políticas (em sentido amplo), que podem ser realizadas tanto por um jurista como por um órgão de aplicação.[24]

No domínio da interpretação, especialmente da interpretação constitucional, há um outro conceito relevante que é o de construção.

Como salienta Luís Roberto Barroso, por sua natureza, "uma Constituição se utiliza de termos vagos e de cláusulas gerais, como igualdade, justiça, segurança, interesse público, devido processo legal, moralidade ou dignidade humana. Isso se deve ao fato de que ela se destina a alcançar situações que não foram expressamente contempladas ou detalhadas no texto. A interpretação consiste na atribuição de sentido a textos ou a outros signos existentes, ao passo que a construção significa tirar conclusões que estão fora e além das expressões contidas no texto e dos fatores nele considerados. São conclusões que se colhem no espírito, embora não na letra da norma. A interpretação é limitada à exploração do texto, ao passo que a construção vai além e pode recorrer a considerações extrínsecas".[25]

Ainda é Luís Roberto Barroso quem acentua: a interpretação da Constituição, que é uma particularização da interpretação jurídica em geral, é um fenômeno complexo que pode ser analisado a partir de diferentes prismas, os quais, embora conectados, apresentam relativa autonomia, destacando-se três deles: 1) o plano jurídico ou dogmático, que envolve categorias operacionais do Direito e da interpretação jurídica, estando dentre elas: a) as regras de hermenêutica, previstas, no Brasil, na Lei de Introdução ao Código Civil, ou em certas proposições axiomáticas desenvolvidas pela doutrina e pela jurisprudência; b) os elementos de interpretação, que incluem o gramatical, o histórico, o sistemático e o teleológico; c) os princípios específicos de interpretação constitucional, como os da supremacia da Constituição, da presunção de constitucionalidade, da interpretação conforme a Constituição, da unidade, da razoabilidade e da efetividade; 2) o plano teórico ou metodológico, que envolve a construção racional da decisão, o itinerário lógico percorrido entre a apresentação do problema e a formulação da solução, contendo a definição do papel desempenhado pelo sistema normativo, pelos fatos e pelo intérprete no raciocínio empreendido. São aí examinadas as escolas de pensamento jurídico, como o formalismo, a reação antiformalista, o positivismo e a volta

---

[24] GUASTINI. *Teoría e ideología de la interpretación constitucional*, p. 29-37.
[25] BARROSO. *Curso de direito constitucional contemporâneo:* os conceitos fundamentais e a construção do novo modelo, p. 270-271.

aos valores. São também abordadas as teorias da interpretação constitucional, com ênfase nos debates desenvolvidos na doutrina alemã e norte-americana. Na primeira, o método clássico de interpretação constitucional, o método tópico-problemático e o método hermenêutico-concretizador. Na doutrina norte-americana as principais teorias da interpretação constitucional são apresentadas sob dois grandes rótulos: o interpretativismo e o não interpretativismo; 3) o plano da justificação política, que abrange questões como a separação de poderes, os limites funcionais de cada um e legitimidade democrática das decisões judiciais.[26]

De considerar que as técnicas de interpretação em geral das leis e da interpretação da Constituição em particular podem ser abordadas a partir de dois pontos de vista diferentes: o descritivo ou cognitivo, e o prescritivo ou normativo. O ponto de vista descritivo (a teoria da interpretação constitucional) consiste em descrever e analisar as técnicas efetivamente utilizadas por juízes e juristas enquanto interpretam a Constituição. O ponto de vista prescritivo (a ideologia da interpretação constitucional) é aquele que, sem interessar em saber como é que a Constituição, de fato, se interpreta, recomenda aos intérpretes da Constituição, em especial aos juízes constitucionais, que adotem uma técnica particular, desprezando as outras.

A interpretação constitucional pressupõe a ocorrência, no texto da Constituição, de preceito (disposição, formulação, forma linguística) e de norma (regra jurídica contida no preceito).[27]

Desse modo, a interpretação é um processo ou discurso jurídico que incide sobre um enunciado linguístico (preceito) e tem como objeto uma disposição que resulta em norma.

A disposição, preceito ou enunciado constitui o objeto da interpretação, e a norma é o seu produto.

As regras gerais de interpretação das leis em geral são aplicáveis ao Direito Constitucional.

Nesse sentido, fala-se em interpretação declarativa, restritiva e extensiva; interpretação gramatical, lógica ou racional, histórica, sistemática (Savigny) e teleológica (Ihering). A interpretação declarativa é implementada quando há concordância entre o signo de linguagem e o significado a ele atribuído. A interpretação restritiva ocorre quando o legislador, a despeito de haver exprimido em forma genérica e ampla, quis referir-se a uma classe de relações. São exemplos de interpretação restritiva, segun-

---

[26] BARROSO. *Op. cit.*, p. 273-305.
[27] Numa perspectiva voltada para o pós-positivismo, como doutrina que resgata as potencialidades do Direito, e que não esvazia o Estado Social, fincada, portanto, na teoria material principialista da Constituição, comprometida com a efetividade das normas constitucionais e com o desenvolvimento de uma dogmática de interpretação da Constituição, Fábio Corrêa Souza de Oliveira assinala a diferença entre texto e norma: "A norma é o produto da interpretação do texto. O sentido da norma é adstrito ao âmbito normativo que é composto pelas circunstâncias fáticas e legais. Um mesmo texto pode dar oportunidade a diferentes normas, tal como diferentes textos podem ensejar uma mesma norma. Em todo caso, com razão Müller ao afirmar que 'una norma jurídica es algo más que su texto literal'" (OLIVEIRA. *Por uma teoria dos princípios* – o princípio constitucional da razoabilidade, p. 64 e 69).

do Ferrara: "1º se o texto, entendido no modo tão geral como está redigido, viria a contradizer outro texto de lei; 2º se a lei contém em si uma contradição íntima (é o chamado argumento *ad absurdum*); 3º se o princípio, aplicado sem restrições, ultrapassa o fim para que foi ordenado."[28] Cabe ao intérprete reduzir o sentido do enunciado normativo. A interpretação extensiva visa corrigir uma formulação estreita em demasia. Ocorre, por exemplo, quando o legislador faz constar da lei "um elemento que designa espécie, quando queria aludir ao gênero, ou formula para um caso singular um conceito que deve valer para toda uma categoria".[29] Ao intérprete cabe elastecer o sentido do enunciado normativo. No âmbito do Direito Constitucional, a denominada interpretação autêntica (a que é feita pelo próprio órgão de que emanou o ato normativo) só é viável quando uma nova lei constitucional, mediante o processo de revisão ou emenda, vier a fixar ou esclarecer o sentido de preceito constitucional. Não se aceita a interpretação autêntica se feita pelo legislador ordinário, pois não lhe cabe fixar o sentido de uma norma constitucional, mesmo porque uma lei interpretativa da Constituição poderia conter uma interpretação inconstitucional. Consoante assinala Moacyr Parra Motta, reportando-se a Márcia Haydée Porto de Carvalho, a interpretação gramatical "conta com auxílio das seguintes técnicas: a) só se reconhece por legislado e pretendido o que se disse no texto da lei de modo direto e expresso; b) as palavras podem ter um significado comum e um técnico, devendo-se dar prevalência ao sentido técnico. Segundo os constitucionalistas, essa regra não vale para a interpretação da Constituição, na qual se deve dar enlevo ao sentido usual dos vocábulos; c) deve-se considerar a colocação da norma em capítulos e títulos da lei para se verificar a que se referem; d) havendo palavras com sentidos diversos, ao intérprete cabe fixar-lhes o verdadeiro significado; e) os termos de um dispositivo devem ser interpretados em conexão com os demais que constituem o texto; f) o sentido da palavra deve ser tomado em conexão com o sentido da lei; g) a interpretação filológica deve perseguir o conteúdo ideológico dos vocábulos; h) deve-se observar o uso da palavra no local em que a lei ou a matéria a ser interpretada foi redigida". A interpretação lógica ou racional "conta com as seguintes técnicas: a) mediante raciocínios lógicos, estuda-se a norma, analisando os vários termos da lei, combinando-os entre si, com o objetivo de atingir uma perfeita compatibilidade; b) a *ratio legis* consagra, necessariamente, os valores jurídicos dominantes e deve prevalecer sobre o sentido literal da lei, quando em oposição a este". A interpretação histórica oferece "as seguintes técnicas para a sua utilização: a) pesquisa de documentos históricos como os projetos e anteprojetos de lei, mensagens e exposições de motivos, debates parlamentares, pareceres, relatórios, votos, emendas e justificações; b) pesquisa dos fatos e circunstâncias que deram origem à lei, motivos econômicos e razões políticas; c) pesquisa a história do Direito anterior; especialmente, a evolução dos institutos jurídicos; d) essas pesquisas são consideradas como subsídios para se descobrir as razões históricas da lei". A interpretação sistemática utiliza "as seguintes técnicas: a) examina a norma na íntegra e também todo o Direito; b) é preciso comparar o dispositivo legal com outros afins, que compõem o mesmo instituto jurídico, e com outros

---

[28] FERRARA. *Interpretação e aplicação do direito*, p. 149.
[29] FERRARA. *Op. cit.*, p. 150.

referentes a institutos análogos; c) deve-se confrontar a norma com outras normas de igual ou superior hierarquia, com os Princípios Gerais do Direito, com o Direito Comparado, enfim, com o conjunto do sistema; d) resumindo, deve-se descobrir o espírito do sistema e captar o sentido da norma adaptada a esse espírito; e) chama a atenção para a supremacia constitucional como também para a hierarquia existente entre as leis quando se vai solucionar problemas de conflitos e antinomias; f) deve-se observar sempre a coerência e a harmonia do sistema legal".[30]

O Direito Constitucional possui, no entanto, princípios específicos de interpretação, em virtude da singularidade das normas constitucionais, traduzida, principalmente, pelo poder constituinte, criador da Constituição, e pelo processo de sua revisão (as Constituições rígidas demandam um processo especial e mais difícil para sua alteração do que o previsto para a elaboração das leis ordinárias), destacando Baracho que "os problemas da interpretação constitucional são mais amplos do que aqueles da lei comum, pois repercutem em todo o ordenamento jurídico".[31]

O ato de interpretação da Constituição[32] suscita, desse modo, a abordagem de dois pontos: a especificidade dessa interpretação e o caráter político das normas constitu-

---

[30] MOTTA. *Interpretação constitucional sob princípios*, p. 183-186.
[31] BARACHO. *Op. cit.*, p. 54.

Rodolfo Viana Pereira acentua, no entanto, que a nova concepção quanto ao relacionamento Lei/Constituição levou a uma inquietação teórica que é a de saber se a natureza da Constituição é idêntica à da norma infraconstitucional, radicalmente diferente, ou equiparável, porém com algumas particularidades. E dependendo da resposta a essa indagação, haverá consequências diferenciadas para a fixação dos contornos da Teoria hermenêutica, o que tem impulsionado autores da Teoria da Constituição rumo à busca "frenética" por um fundamento crítico à disciplina Hermenêutica Constitucional. Dessas colocações, resultaram três correntes doutrinárias que buscaram afirmar o status epistemológico da Hermenêutica Constitucional em uma relação analítico-comparativa com a Hermenêutica Jurídica Clássica, e que são: a) tese da diferença intrínseca, para a qual há duas disciplinas hermenêuticas, pois a hermenêutica constitucional possui problemas interpretativos que a diferenciam da hermenêutica jurídica clássica; b) tese da igualdade total, em que há apenas uma hermenêutica, pois a interpretação da Constituição não se diferencia da interpretação das demais leis; c) tese da igualdade com particularidades, a merecer o maio número de adeptos, em que há apenas uma hermenêutica Jurídica geral, muito embora possa-se justificar a existência de uma hermenêutica constitucional específica, apta ao estudo de princípios interpretativos próprios, em função das características peculiares da Constituição, tese a que também nos filiamos e que estamos a desenvolver neste escrito (PEREIRA. *Hermenêutica filosófica e constitucional,* p. 97-108).

[32] Para Carlos Ayres Britto, o termo 'Interpretação Constitucional' é inadequado, devendo ser utilizado o título de 'Interpretação da Constituição'. No seu entender, o tema da interpretação da Constituição não significa a formulação de uma teoria que encerre ou contenha diretrizes para a concreta interpretação de toda e qualquer norma constitucional positiva, mas somente as normas da Constituição é que se tornam objeto de uma centrada teoria da interpretação, e não as normas de reforma da Constituição. Estas são destituídas de peculiaridades que as excluem, por inteiro, do âmbito de uma genérica teoria da interpretação; se em normas constitucionais se traduzem, deixam de se apresentar à Ciência do Direito como produzidas por um poder de fato ou supra-estatal ou suprapositivo, que é a natureza do verdadeiro Poder Constituinte; os atos de reforma da Constituição não se enquadram num esquema de interpretação em tudo e por tudo igual ao da própria Constituição, pois Constituição em tudo e por tudo eles não são. A Constituição inicial, esta, sim, é que não tem molde ou fôrma a precedê-la,

cionais. Note-se, portanto, que a interpretação da Constituição não é tarefa apenas do jurista o qual haverá de atuar com o descortino do cientista político, notadamente na interpretação daquelas normas atributivas de certa discrição constitucional, mesmo porque o Direito Constitucional é aquele que trata das normas fundamentais, da soberania do Poder Político, do Estado Democrático de Direito, normas de natureza precipuamente políticas.

Todo constitucionalista, segundo observa Pablo Lucas Verdú, "deve ser sempre historiador e jurista, porque as instituições e as formulações legais não pertencem a uma teoria abstrata, senão a um mundo concreto de fatos. Sua profundidade não é simplesmente lógica, senão prática; as instituições e regras devem representar e ajustar-se aos fenômenos particulares de um país determinado. Mediante a história, chegamos a conhecer esses fenômenos. Nesse sentido, a interpretação constitucional é a expressão concreta da funcionalidade viva da dogmática constitucional".[33]

Destaque-se que, segundo Peter Häberle, a teoria da interpretação constitucional tem colocado duas questões essenciais: a indagação sobre as tarefas e os objetivos daquela interpretação, e sobre os métodos (processo da interpretação constitucional e regras da interpretação). O objeto da interpretação constitucional, segundo acentua Luís Roberto Barroso, é a determinação dos significados das normas que integram a Constituição formal e material do Estado. Essa interpretação pode assumir duas modalidades:

  a) a da aplicação direta da norma constitucional, para reger uma situação jurídica – por exemplo: a aposentadoria de um funcionário, o reconhecimento de uma imunidade tributária, a realização de um plebiscito sobre a fusão de dois Estados;

  b) ou a de uma operação de controle de constitucionalidade de uma norma infraconstitucional com a Constituição, notando-se que, nesse último caso, a norma não vai ser aplicada a qualquer caso concreto, mas funciona como paradigma em face do qual se vai aferir a validade formal ou material de uma lei inferior.[34]

De outra parte, se as normas constitucionais reclamam concretização, deve-se conferir maior liberdade ao intérprete para concretizar os princípios nela contidos, de forma que se possa até mesmo determinar, nessas circunstâncias, o conteúdo material da Constituição, sem que isso signifique operar alterações radicais no seu texto, mesmo porque a atividade interpretativa somente adquirirá legitimidade se compatível com os parâmetros do Estado Democrático de Direito. Esta linha de pensamento

---

porque sua qualificação como norma jurídica é uma necessária e definitiva autoqualificação, e, por igual, uma necessária e definitiva auto-hierarquização. Nasce de dentro da Constituição para fora e se impõe a todo o Ordenamento. Portanto, sob o título de 'Interpretação da Constituição' formulam-se os cânones presidentes de todo e qualquer dispositivo constitucional, desde que figurante da originária redação de um Magno Texto (BRITTO. *Teoria da constituição*, p. 139-141).

[33] VERDÚ. *O sentimento constitucional*, p. 78 e 121.
[34] BARROSO. *Interpretação e aplicação da constituição*, p. 106.

encontra raízes na "tópica", ou seja, corrente hermenêutica que teve em Theodor Viehweg o seu principal formulador, ao caracterizá-la como técnica de pensar o problema, ou seja, a técnica material que se orienta para o problema.[35] Incluem-se no caminho traçado pela tópica, construindo uma teoria material da Constituição, na seara de sua interpretação, os juristas Martin Kriele, Peter Häberle, Friedrich Müller e Konrad Hesse.

A metódica estruturante de Müller se constrói em torno do conceito-chave de *concretização*, ou seja, o procedimento pelo qual se parte do texto da Constituição para se chegar à regulação concreta da realidade. Consoante ele, a tarefa da prática do direito constitucional consiste na concretização da Constituição através do estabelecimento de textos de normas e da atualização de normas jurídicas pela atuação legislativa, administrativa e governamental, bem como da atividade jurisdicional, onde se devem determinar os conteúdos possíveis das normas dentro dos limites postos pelo texto constitucional. Assim, uma decisão jurídica consiste na aplicação de uma norma jurídica concretizada.[36] A concretização da norma ocorre em dois momentos: no primeiro, através da interpretação do texto da norma é demarcado o "programa da norma", cuja função é fixar os limites nos quais a decisão pode ser licitamente proferida. Uma vez delimitado o programa da norma, a atividade de concretização prossegue, no segundo momento, através da "identificação do âmbito da norma". O âmbito da norma deve ser identificado empiricamente, pois nele é que estão compreendidos os fatos relevantes para a questão de direito, ou seja, a estrutura fundamental do setor da realidade selecionado pela norma.[37] Para Alexy, uma decisão jurídica consiste no resultado de um processo argumentativo regulado pelas regras da razão prática. O jurista deve respeitar o denominado "código da razão prática", isto é, um conjunto de regras procedimentais sobre a construção de discursos de justificação de decisões e pautas normativas que garante um mínimo de racionalidade nas conclusões obtidas.[38] Apesar da existência de pontos inconciliáveis em seus pensamentos, ambos os autores rejeitam a tese de que a aplicação do direito pode ser descrita em termos exclusivamente lógicos, porquanto os enunciados jurídicos não possuem um significado dado de antemão, mas assumem uma perspectiva construtivista. Como a tópica, estão em que a atividade do juiz, no momento em que decide um caso concreto com fundamento no direito positivo, não é meramente cognitiva, já que possui uma certa porção de criatividade ao realizar uma valoração com vistas a solucionar um problema concreto. Desse modo, o intérprete também cria direito ao decidir como vai ser resolvido um problema jurídico.

A propósito deste tema, Inocêncio Mártires Coelho constata que se operaram radicais mudanças nos domínios da hermenêutica jurídica, com o abandono dos tradicionais métodos e critérios interpretativos, para a adoção de pautas axiológicas mais amplas e flexíveis do que a literalidade da lei, "não raro indeterminadas, que

---

[35] Cf. VIEHWEG. *Tópica e jurisprudência*, 1979.
[36] MÜLLER. *Discours de la méthode juridique*.
[37] MÜLLER *Métodos de trabalho do direito constitucional*.
[38] ALEXY. *Teoria dos direitos fundamentais*.

permitissem levar a cabo os ajustamentos interpretativos exigidos por um mundo que foi-se tornando cada vez mais complexo e, por isso, insuscetível de arrumação. Na esteira dessa viragem hermenêutica – mesmo sob o risco de comprometer os valores fundamentais da estabilidade e da segurança jurídica – vem crescendo o número dos juristas que já admitem substituir a interpretação da lei pela concretização do direito, trocando a invocação do passado pela antecipação do futuro": são as denominadas posições não interpretativistas, que se opõem às interpretativistas, estas considerando que os juízes, ao interpretarem a Constituição, devem limitar-se a captar o sentido dos preceitos nela expressos, ou tidos como claramente implícitos. Nessa perspectiva, em nome do sentido material da Constituição torna-se "legítima a invocação de outros valores substantivos, como justiça, igualdade e liberdade, e não, apenas ou preferencialmente, o valor democracia, para atribuir à magistratura uma competência interpretativa em sentido forte. De mais a mais, tendo em conta a historicidade e a estrutura do texto constitucional – essencialmente conformado por princípios jurídicos abertos e indeterminados, que só adquirem efetividade com a mediação dos seus aplicadores – parece lícito concluir que, ou se confere liberdade ao intérprete para concretizar aqueles princípios, ou se renuncia à pretensão de vivenciar a Constituição".[39]

Trata-se, por outras palavras, da interpretação evolutiva, considerada como processo informal de mudança da Constituição, e que possibilita a atribuição de novos conteúdos às normas constitucionais, sem alterar o seu teor literal, em decorrência de mudanças históricas ou fatores sociais e políticos posteriores ao momento histórico em que o texto constitucional foi elaborado. A interpretação evolutiva se materializa também mediante a aplicação de normas constitucionais que utilizam conceitos jurídicos indeterminados, como o da função social da propriedade, redução das desigualdades, dentre outros, que podem assumir diversos significados ao longo do tempo.[40]

Nesta ordem de ideias, o Tribunal Constitucional, na sua competência de interpretar e aplicar, em caráter definitivo a Constituição, estaria situado acima da tradicional repartição dos poderes estatais, mesmo porque sua atividade interpretativa se desenvolveria em torno de enunciados abertos, indeterminados e polissêmicos, como são as normas constitucionais.

Nessa linha, juristas norte-americanos procuraram superar a tese de que as normas legais é que garantiriam a certeza do Direito, pela procura de cânones capazes de devolver a certeza às Cortes, mas em âmbitos estranhos ao Direito, voltando-se para outras disciplinas para nelas encontrar fundamentos sólidos às decisões judiciais, como a Fi-

---

[39] COELHO. *Interpretação constitucional*, p. 64 e 69.
[40] Vários são os critérios para o controle jurisdicional dos conceitos legais indeterminados. António Francisco de Sousa aponta os seguintes: 1. a sustentabilidade da decisão; 2. o erro manifesto de apreciação; 3. princípio da proporcionalidade; 4. direitos fundamentais, em geral; 5. princípios gerais de direito e princípios gerais de valoração; 6. princípios da igualdade e da imparcialidade; 7. autovinculação da Administração; 8. "opinião média" da sociedade (senso comum, aceitação geral); 9. juízos de experiência comum; 10. juízos da experiência ou do conhecimento técnico; 11. prognose e discricionariedade de planificação (SOUSA. *"Conceitos indeterminados" no direito administrativo*, p. 226-234).

losofia moral e a Economia. Busca-se, desse modo, a interpretação da norma fora dos confins do Direito, até mesmo em termos de políticas concretamente perseguidas. As características estruturais do Direito não podem prevalecer sobre as exigências sociais que se deseja satisfazer.

O relacionamento do Direito com a moral foi redimensionado pela hermenêutica, especialmente com o advento do neopositivismo, que consiste na proposta teórica de superação da clássica antinomia entre jusnaturalismo e juspositivismo, a partir da interface entre a Filosofia do Direito e da Filosofia Política, como áreas de investigação de questões pertinentes à ordem jurídica legítima. Outro elemento que tem contribuído para a crítica da concepção estritamente jurídica da Teoria do Direito, assim entendido no positivismo analítico de Herbert Hart e no positivismo normativo de Hans Kelsen, é a teoria dos sistemas de Niklas Luhmann, por meio dos trabalhos de Ronald Dworkin, Chaïm Perelman e Robert Alexy, com o objetivo de enfatizar a importância dos princípios gerais de direito, refletir sobre o papel desempenhado pela hermenêutica jurídica e a relevância da perspectiva argumentativa na compreensão do funcionamento do direito nas sociedades democráticas contemporâneas.

A "Teoria da integridade do Direito, como *integridade*, elaborada por Dworkin, parte implicitamente do tema da incerteza e procura delinear uma solução neutra e apolítica (no sentido de não determinada por específicas *policies*). Vai à procura de critérios e de uma metodologia para resolver controvérsia jurídica sem remeter a decisão à personalidade ou à ideologia de cada juiz. Dworkin, como é notório, parte de uma cerrada crítica ao formalismo de Hart e a afirma que os ordenamentos jurídicos não podem ser reduzidos a meras estruturas normativas. Uma vez completado este movimento alinhado com a posição realista, Dworkin fecha o leque de elementos relevantes que os juízes podem levar em conta na decisão de controvérsias, afirmando que os elementos compõem, juntamente com as normas, o ordenamento jurídico são os *principles* e as *policies*. Esses três elementos, norma, princípios e *policies*, são heterogêneos entre eles, mas também complementares. As normas, como na impostação formalista kelseniana, são válidas enquanto postas segundo um procedimento legal e devem sua autoridade somente à deliberação que as coloca. Os princípios são válidos na medida em que correspondem a exigências morais sentidas num dado período, e seu peso relativo pode mudar no curso do tempo. As *policies* 'indicam um objetivo a ser alcançado, em geral uma melhoria em algum aspecto – econômico, político ou social – da vida da comunidade'. Empurrado pela repulsa à politização do Direito, vista como o elemento que comprometeria sua cientificidade que caracteriza toda a tradição jurídica ocidental, Dworkin afirma que as Cortes não devem basear suas decisões nas *policies*. Podem, ou melhor, devem remeter-se exclusivamente a normas e princípios. Estes últimos são fundamentais, porque permitem aos juízes individuar os casos difíceis (*hard cases*), isto é, aqueles casos impossíveis de resolver com base em uma norma sem cometer uma injustiça, e dão indicações de como resolvê-los. Na teoria do Direito como integridade, apresentada por Dworkin em *Law's Empire*, o Direito é concebido como uma complexa atividade de interpretação, todavia não deixada à discricionariedade dos juízes, mas firmemente ancorada em princípios, fruto de um preciso desenvolvimento histórico que garantiria a possibilidade para o 'juiz hercúleo', isto é, para o juiz capaz de tomar a única decisão justa".[41]

Dworkin concebe a figura de Hércules, um super-juiz imaginário portador de uma supercapacidade e paciência, e que tem conhecimento de todo o ordenamento jurídico e que pode sempre achar a solução correta para todos os casos. Em seu ofício de interpretação, o juiz Hércules encontrará duas dimensões que deverá superar: a dimensão da adequação interpretativa e a dimensão do ajustado.

Para Dworkin, a interpretação jurídica assemelharia à interpretação de um romance em cadeia. Abandonando a distinção entre regras e princípios, pois com a ideia de integridade uma norma jurídica poderá ser tratada como regra ou como princípio, Dworkin chega a comparar a interpretação jurídica a um romance em cadeia, segundo o qual cada momento histórico seria um capítulo do romance maior, cabendo ao juiz dar um nexo lógico aos capítulos, pois se o Direito é visto como integridade (a interpretação deve buscar compatibilizar os princípios adequados ao caso concreto, a história institucional e o direito vigente) deve ser considerado como uma cadeia lógica de peças.

Dworkin concebe ainda a interpretação como um fenômeno social, pois relacionada com práticas e tradições que envolvem cada ato interpretativo. Nessa perspectiva, há um vínculo entre valor e padrões de interpretação; se há mudança no pano de fundo de valores de um intérprete, ocorre também mudança das interpretações concretas. Menciona Dworkin, nessa linha de pensamento, distinções presentes em diversos gêneros interpretativos: *a)* interpretação colaborativa, que parte do princípio de que o objeto é um projeto elaborado pelo autor e que deve ser levado adiante pelo intérprete; *b)* interpretação explicativa, em que se parte do princípio de que um evento tem um significado particular para a audiência que ouve o intérprete; *c)* interpretação conceitual, em que o intérprete busca o significado de um conceito criado e recriado pela comunidade jurídica de que faz parte. Há uma distinção entre autor e intérprete, no sentido de que a interpretação tida como correta irá alterar aquela que futuros intérpretes enfrentarão.[42]

Situando a hermenêutica constitucional na sociedade pluralista de nosso tempo, mostra Peter Häberle que a interpretação constitucional é uma atividade que, potencialmente, diz respeito a todos, e não a um evento exclusivamente estatal. O cidadão que formula um recurso constitucional é intérprete da Constituição tal como o partido político que propõe um conflito entre órgãos, incluindo-se ainda, os grupos de pressão organizados, a opinião pública democrática, e, no processo político, como grandes estimuladores, a imprensa, o rádio e a televisão, a expectativa dos leitores, as iniciativas dos cidadãos, as associações, igrejas, teatros, editoras, escolas da comunidade, os pedagogos, as associações de pais. Assim, esses grupos e o próprio indivíduo podem ser considerados intérpretes constitucionais indiretos ou a longo

---

[41] SANTORO. *Estado de direito e interpretação*: por uma concepção jusrealista e antiformalista do estado de direito. Trad. Maria Carmela Juan Buonfiglio, Giuseppe Tosi, p. 51-52.
[42] DWORKIN. *Justice for hedgehops*, p. 140-141.

prazo.⁴³ Essa problemática hermenêutica decorreu da constitucionalização dos direitos fundamentais, positivados nos textos constitucionais como verdadeiras "Cartas de Cidadania" e não apenas catálogos de normas organizatórias do Estado e de suas competências, vertidos em estruturas normativas abertas e indeterminadas a reclamarem interpretação e aplicação dos princípios constantes da parte dogmática das Constituições.

Habermas, que reintroduziu a noção de sociedade aberta dos intérpretes da Constituição de Peter Häberle, afirma que o processo democrático de criação do direito, nele incluída a interpretação, seria o único modo de conceder-lhe legitimidade. O cidadão não seria mero destinatário de bens, mas deve ser visto como autor de seu direito. Considera que os dois modelos de direito, o formal burguês, que busca alcançar a igualdade jurídica, e o paradigma do direito do bem-estar, que procura assegurar a igualdade de fato estariam equivocados, porque acreditam que a justiça se encontra diretamente associada à ideia de bem-estar que poderia ser garantida em face da igualdade, quer fática, quer jurídica. Entende que é no momento em que o cidadão passa a se ver não só como destinatário, mas como autor de seu direito que passa a se reconhecer como membro em liberdade e em igualdade com os demais membros de uma sociedade, interagindo e influenciando as decisões políticas. Desse modo, o que deve ser buscado não seria o bem-estar, mas a autonomia. Habermas propõe que o cidadão tome parte na interpretação da Constituição, em que o sentido da norma somente poderia ser fixado por meio de uma discussão envolvendo os seus destinatários.

Tem-se que, do mesmo modo que Häberle, Habermas acentua a importância das Cortes Constitucionais, mas destaca o papel relevante que elas devem exercer, ou seja, entender a si mesmas como guardiãs de um processo de criação democrática do direito, e não como protetoras de uma pseudo-ordem suprapositiva de valores substanciais. A função das Cortes Constitucionais é cuidar para que se respeitem os procedimentos democráticos para uma formação da opinião e da vontade política de tipo inclusivo, em que todos possam intervir, sem assumir elas mesmas o papel de legislador político.⁴⁴

A corrente não interpretativista deixa de consagrar o subjetivismo, e não traz insegurança ou incerteza quanto ao Direito Constitucional, suas formas, institutos, técnicas e conceitos, mesmo porque a atividade de interpretação da Constituição encontra limites na opinião pública e no devido processo legal. A propósito, já escrevia Afonso Arinos: "A técnica de interpretação constitucional é predominantemente finalística, isto é, tem em vista extrair do texto aquela aplicação que mais se coadune com a eficácia social da lei constitucional. Esta interpretação construtiva permite, em determinadas circunstâncias, verdadeiras revisões do texto, sem que seja alterada a sua forma."⁴⁵

3. MÉTODOS DE INTERPRETAÇÃO DA CONSTITUIÇÃO

A interpretação da Constituição, segundo Canotilho, é um conjunto de métodos, desenvolvidos pela doutrina e pela jurisprudência, com base em critérios ou premis-

---

⁴³ HÄBERLE. *Op. cit.*, p. 19-28.
⁴⁴ HABERMAS. *Más allá del estado nacional*, p. 99-100.
⁴⁵ FRANCO. *Direito constitucional, teoria constitucional, as constituições do Brasil*, p. 116.

sas (filosóficas, metodológicas, epistemológicas) diferentes, mas, em geral, reciprocamente complementares. Esses métodos são:

1. método jurídico, que parte da consideração de ser a Constituição uma lei, que pode e deve ser interpretada utilizando-se os cânones ou regras tradicionais da hermenêutica. O sentido, portanto, das normas constitucionais extrai-se pela utilização, como elementos interpretativos, do elemento filológico (literal, gramatical, textual); do elemento lógico (elemento sistemático); do elemento histórico; do elemento teleológico (elemento racional), do elemento genético;

2. método tópico-problemático, que parte das premissas seguintes: caráter prático da interpretação constitucional, pois procura resolver os problemas concretos; caráter aberto, fragmentário ou indeterminado da norma constitucional; preferência pela discussão do problema em virtude da abertura daquela norma. Assim, esse método privilegia a discussão de problemas e não o sistema jurídico;

3. método hermenêutico-concretizador, teorizado por Konrad Hesse, pelo qual a leitura de um texto constitucional inicia-se pela pré-compreensão do seu sentido através do intérprete, a quem cabe concretizar a norma para e a partir de uma situação histórica concreta. Este método procura realçar os aspectos subjetivos e objetivos da atividade interpretativa, isto é, a atividade criadora do intérprete e as circunstâncias em que se desenvolve essa atividade, promovendo uma relação entre o texto e o contexto, transformando a interpretação em "movimento de ir e vir" (círculo hermenêutico). Acentua Canotilho que o método concretizador afasta-se do método tópico-problemático, porque enquanto este pressupõe ou admite o primado do problema perante a norma, aquele assenta no pressuposto do primado do texto constitucional em face do problema;

4. método científico-espiritual, em que a interpretação da Constituição deve levar em conta a ordem ou o sistema de valores subjacentes ao texto constitucional, bem como o sentido e a realidade que ela possui como elemento do processo de integração. Esse método, que ultrapassa o positivismo, foi concebido inicialmente por Rudolf Smend, na Alemanha, com a sua teoria integrativa da Constituição, um conjunto de fatores de integração com diferentes graus de legitimidade. A Constituição encarna todos os valores primários e superiores do Estado, como direitos fundamentais, preâmbulo, território, forma de Estado, é dizer, a totalidade espiritual de que tudo mais decorre, em especial sua força integrativa, com os seus valores e a realidade existencial do Estado. O método científico-espiritual se inicia com uma visão de conjunto, que orienta a interpretação da Constituição como um todo, já que nenhum instituto do Direito Constitucional poderá ser compreendido autonomamente, fora da conexidade que guarda com o sentido de conjunto e universalidade expresso pela Constituição, que se torna, por isso

mesmo, mais política do que jurídica. Trata-se, portanto, de um método integrativo, valorativo e sociológico;[46]

5. método normativo-estruturante, pelo qual o intérprete-aplicador deve considerar e trabalhar com dois tipos de elementos de concretização: um formado pelos elementos resultantes da interpretação do texto da norma, e o outro resultante da investigação do referente normativo. Por outras palavras, o texto e a realidade social que o mesmo visa conformar.[47]

4. PRINCÍPIOS E TÉCNICAS DE INTERPRETAÇÃO ESPECIFICAMENTE CONSTITUCIONAL

Os princípios gerais de interpretação das leis (interpretação declarativa, restritiva e extensiva; interpretação gramatical, histórica, sistemática e teleológica) são aplicáveis à Constituição. O Direito Constitucional possui, no entanto, como vimos, princípios específicos de interpretação, considerando a superior categoria hierárquica das normas constitucionais, quando se trata de Constituição rígida, e a natureza política dessas normas, que dispõem sobre a estrutura do Estado, atribuem competência aos poderes, declaram direitos humanos fundamentais, e servem de pauta para a ação dos detentores do poder político.

Ao escrever sobre os princípios fundamentais da interpretação constitucional, Pablo Lucas Verdú afirma que o caráter vinculatório das regras que presidem essa interpretação é um postulado de certeza e segurança jurídica, apontando três razões que corroboram essa afirmação. Em primeiro lugar, se não houvesse regras, o intérprete ficaria sem vínculo ou limitação, podendo alterar sub-repticiamente a Constituição; em segundo lugar, uma interpretação desprovida de critérios não chegaria, provavelmente, a resultados positivos ou conseguiria o resultado com mais trabalho, o que iria contrariar o princípio de economia de esforço; por último, a submissão às regras de interpretação constitucional reafirma o princípio da supremacia da Constituição.[48]

Carlos Maximiliano formulou algumas regras de interpretação da Constituição extraídas, sobretudo, de constitucionalistas norte-americanos: I – o Código fundamental tanto prevê no presente como prepara o futuro. Por isso ao invés de se ater a uma técnica interpretativa exigente e estreita, procura-se atingir um sentido que torna efetivos e eficientes os grandes princípios de governo, e não o que os contrarie ou reduza a inocuidade (Black); II – forte é a presunção da constitucionalidade de um ato ou de uma interpretação, quando datam de grande número de anos, sobretudo se foram contemporâneos da época em que a lei fundamental foi votada (Sutherland); III – todas as presunções militam a favor da validade de um ato, legislativo ou executivo, até que a violação da Constituição seja provada de maneira que não reste a menor dúvida razoável (Bryce, Black); IV – sempre que for possível sem fazer dema-

---

[46] BONAVIDES. *Curso de direito constitucional*, p. 435-438.
[47] CANOTILHO. *Direito constitucional e teoria da constituição*, p. 1084-1087.
[48] VERDÚ. *Curso de derecho político*, vol. II, p. 552.

siada violência às palavras, interprete-se a linguagem da lei com reservas tais que se torne constitucional a medida que ela institui, ou disciplina (Willoughby); V – quando a nova Constituição mantém, em alguns dos seus artigos, a mesma linguagem da antiga, presume-se que se pretendeu não mudar a lei nesse particular, e a outra continua em vigor, isto é, aplica-se à atual a interpretação aceita para a anterior (Cooley); VI – quando a Constituição confere poder geral ou prescreve dever franqueia também, implicitamente, todos os poderes particulares, necessários para o exercício de um, ou cumprimento do outro (Cooley); VII – quando o estatuto fundamental define as circunstâncias em que um direito pode ser exercido, ou uma pena aplicada, esta especificação importa proibir implicitamente qualquer interferência legislativa para sujeitar o exercício do direito a condições novas ou estender a outros casos a penalidade (Cooley); VIII – a prática constitucional longa e uniformemente aceita pelo Poder Legislativo, ou pelo Executivo, tem mais valor para o intérprete do que as especulações engenhosas dos espíritos concentrados (Story); IX – interpretam-se estritamente os dispositivos que instituem exceções às regras gerais firmadas pela Constituição (Black); X – a Constituição é a lei suprema do país; contra a sua letra, ou espírito, não prevalecem resoluções dos poderes federais, constituições, decretos ou sentenças federais, nem tratados, ou quaisquer outros atos diplomáticos (Tucker).[49]

Constituem ainda elementos diferenciadores das respectivas interpretações os princípios constitucionais, marcados ontologicamente pela falta de precisão e dotados de generalização e abstração lógica que os extremam das regras de direito, e que serão examinados adiante.

Celso Ribeiro Bastos e Carlos Ayres Britto, em obra dedicada ao tema,[50] fixam os traços típicos ou notas caracterizadoras de uma técnica de interpretação das normas constitucionais:

a) inicialidade pertinentemente à formação originária do ordenamento jurídico, em grau de superioridade hierárquica. A Constituição é emanação do Poder Constituinte originário, matriz de todo o ordenamento jurídico do Estado, com superioridade hierárquica sobre todas as normas que a compõem e que dela retiram seu fundamento de validade. Assim, o intérprete da Constituição não deve buscar diretrizes ou parâmetros na legislação infraconstitucional, mas no próprio texto constitucional;

b) conteúdo marcantemente político, visto ser a Constituição o "estatuto jurídico do fenômeno político", na feliz síntese conceitual de Canotilho. A interpretação do texto constitucional deve valer-se de elementos colhidos na dinâmica da realidade político-social, embora não se descuide o intérprete dos conceitos jurídicos;

c) estrutura de linguagem, caracterizada pela síntese e coloquialidade. A Constituição contém inúmeras expressões comuns, destituídas de significado técnico, e assim deve ser, pois que sua linguagem coloquial, clara,

---

[49] MAXIMILIANO. *Hermenêutica e aplicação do direito*, p. 306-315.
[50] BASTOS; BRITTO. *Interpretação e aplicabilidade das normas constitucionais*, p. 12.

precisa, acessível ao cidadão comum, é o passaporte para a liberdade. Como acentua Bryce, "vinda a Constituição do povo, voltando-se ela para o povo como propósito de vida, sua linguagem não é técnica, necessariamente";

d) predominância das chamadas "normas de estrutura", tendo por destinatário habitual o próprio legislador ordinário. Ao contrário das normas infraconstitucionais que, como o Código Civil, impõem determinadas condutas, as normas constitucionais cuidam, sobretudo, de estruturar o poder ou fixar as competências dos seus órgãos, não se devendo esquecer, contudo, de que as Constituições contemporâneas estão impregnadas de normas programáticas, dirigidas ao legislador ordinário, ao juiz e ao administrador público.

Outras regras de interpretação constitucional, a seguir enunciadas, e que foram extraídas de eminentes autores, segundo sistematização feita por José Alfredo de Oliveira Baracho,[51] revelam técnica própria de interpretação da Constituição:

I – na interpretação constitucional deve sempre prevalecer o conteúdo teleológico da Constituição, que é instrumento de governo, além de ser instrumento de restrição de poderes de amparo à liberdade individual;

II – a finalidade suprema e última da norma constitucional é a proteção e a garantia da liberdade e dignidade do homem;

III – a interpretação da lei fundamental deve orientar-se, sempre, para esta meta suprema;

IV – em caso de aparente conflito entre a liberdade e o interesse do governo, aquela deve prevalecer sempre sobre este último, pois a ação estatal, manifestada por meio de normas constitucionais, não pode ser incompatível com a liberdade (*in dubio pro libertate*);

V – o fim último do Estado é exercer o mandato dentro de seus limites;

VI – deve-se dar ênfase ao método histórico, que acentua a importância em recorrer àsatas e outros documentos contemporâneos para a formulação da Constituição, a fim de descobrir qual deve ser o significado dos termos técnicos usados pelo texto;

VII – quando a Constituição confere um poder em termos gerais, prescreve um dever, outorga, implicitamente, todos os poderes particulares (*implied powers*) necessários ao exercício desse poder e ao cumprimento dessa obrigação;

VIII – os tribunais só podem declarar inconstitucionais os atos de outros poderes, quando o vício é manifesto e não dá lugar a dúvidas.

---

[51] BARACHO. *Op. cit.*, p. 60-61.

Inocêncio Mártires Coelho arrola os princípios de interpretação constitucional, que devem ser aplicados conjuntamente, como condição indispensável a que o ato de interpretação constitucional se revele em toda a sua extensão e complexidade:

   a) princípio da *unidade da Constituição*: as normas constitucionais devem ser consideradas não como normas isoladas, mas sim como preceitos integrados num sistema interno unitário de regras e princípios;[52]

   b) princípio do *efeito integrador*: na resolução dos problemas jurídico-constitucionais, deve-se dar primazia aos critérios ou pontos de vista que favoreçam a integração política e social e o reforço da unidade política, posto que essa é uma das finalidades primordiais da Constituição;

   c) princípio da *máxima efetividade*: na interpretação das normas constitucionais devemos atribuir-lhes o sentido que lhes empreste maior eficácia ou efetividade;

   d) princípio da *conformidade* ou *da exatidão funcional*: o órgão encarregado da interpretação constitucional não pode chegar a resultados que subvertam ou perturbem o esquema organizatório-funcional constitucionalmente estabelecido, como o da separação de poderes e funções do Estado;

   e) princípio da *concordância prática* ou da *harmonização*: os bens constitucionalmente protegidos, em caso de conflito ou concorrência, devem ser tratados de maneira que a afirmação de um não implique o sacrifício do outro, o que só se alcança na aplicação ou na prática do texto. Devem eles ser coordenados de tal modo que cada um deles ganhe realidade, como assinala Hesse;

   f) princípio da força *normativa* da Constituição: na interpretação constitucional devemos dar primazia às soluções que, densificando as suas normas, as tornem eficazes e permanentes;

---

[52] O princípio da *unidade da Constituição* afasta a tese das normas constitucionais inconstitucionais, já que significa, no sentido hierárquico-normativo, que todas as normas constantes de uma Constituição têm igual hierarquia. Ainda no cenário da unidade da Constituição, devem ser solucionadas as denominadas antinomias normativas, definidas por Norberto Bobbio "como aquela situação na qual são colocadas em existência duas normas, das quais uma obriga e a outra proíbe, ou uma obriga e a outra permite, ou uma proíbe e a outra permite o mesmo comportamento. Para que possa ocorrer antinomia são necessárias duas condições, que, embora óbvias, devem ser explicitadas: 1) As duas normas devem pertencer ao mesmo ordenamento; 2) As duas normas devem ter o mesmo âmbito de validade" (*Teoria do ordenamento jurídico*, p. 86-87). Para resolver as antinomias, Bobbio as distingue em aparentes e reais, sendo que, relativamente a estas últimas não há possibilidade de serem aplicados os critérios cronológico, hierárquico e da especialidade, pois são antinomias "em que o intérprete é abandonado a si mesmo ou pela falta de um critério ou por conflito entre os critérios dados". E, diante da antinomia real, o intérprete terá à sua frente três possibilidades para solucionar o conflito entre normas: 1) eliminar uma; 2) eliminar as duas; 3) conservar as duas (BOBBIO. *Op. cit.*, p. 92, 100).

g) princípio da interpretação *conforme* a Constituição: em face de normas infraconstitucionais polissêmicas ou plurissignificativas, deve-se dar prevalência à interpretação que lhes confira sentido compatível e não conflitante com a Constituição, não sendo permitido ao intérprete, no entanto – a pretexto de conseguir essa conformidade – contrariar o sentido literal da lei e o objetivo que o legislador, inequivocamente, pretendeu alcançar com a regulamentação.[53]

A esses princípios de interpretação especificamente constitucional, acrescente-se os princípios das razões públicas e do cosmopolitismo, mencionados por Cláudio Pereira de Souza Neto e Daniel Sarmento.

O princípio das *razões públicas*, que tem raízes kantianas, com posterior desenvolvimento em Rawls, leva em consideração que as sociedades democráticas e pluralistas contemporâneas, se constroem com base na diversidade de doutrinas religiosas, filosóficas e morais. Na esfera pública, ao tratar de temas essenciais, como os que se referem a direitos humanos, somente seriam admissíveis argumentos independentes de doutrinas religiosas ou metafísicas controvertidas. Os juízes, em especial, só estariam autorizados a fazer um uso público da razão, não lhes cabendo invocar nas suas decisões as orientações axiológicas presentes no interior das doutrinas metafísicas que aceitam. Desse modo, "só as razões motivadas pela pretensão de entendimento – as que levam em conta o ponto de vista do outro – superam o teste do debate público. Como resultado, excluem-se da argumentação (Habermas) 'todos os conteúdos não passíveis de universalização, todas as orientações axiológicas concretas, entrelaçadas ao todo de uma forma particular de vida ou da história de uma vida individual.' "[54]

Pelo princípio das *razões públicas*, "as decisões adotadas pelo Poder Público não podem se lastrear em razões que não sejam públicas. Não se pode, por exemplo, restringir a liberdade de um indivíduo com base em motivações religiosas ou metafísicas que ele não aceita, ainda que se trate de crença majoritária na população. Imposições que não se baseiam em razões públicas, mas em compreensões cosmovisivas particulares de um grupo social, ainda que hegemônico, não logram conquistar a necessária legitimidade numa sociedade pluralista, pois aqueles que são submetidos a elas, e que não comungam do credo predominante, se sentem não apenas vencidos no embate político, mas, pior que isso, violentados em sua liberdade e em sua consciência."[55] Necessário destacar, no entanto, que nem sempre é possível obter a necessária neutralidade do juiz quando, na formação do processo de decisão, entram elementos que compõem sua cosmovisão ou suas crenças particulares.

O princípio do cosmopolitismo é o que permite o diálogo internacional na interpretação constitucional, de modo a viabilizar uma troca de experiências, conceitos e teorias entre cortes nacionais e internacionais. De fato, no âmbito internacional, a

---

[53] COELHO. *Interpretação constitucional*, p. 91-92.
[54] SOUZA NETO; SARMENTO. *Direito constitucional:* teoria, história e métodos de trabalho, p. 448.
[55] SOUZA NETO; SARMENTO. *Op. cit.*, p. 448.

integração entre países e organizações internacionais não se limita a aspectos econômicos ou políticos, mas alcança também a integração discursiva, possibilitando, no domínio da interpretação constitucional, que se identifiquem fragilidades e inconsistências de posicionamentos adotados por tribunais nacionais, fazendo prevalecer "consensos globais que se consolidam em torno da democracia e dos direitos humanos." [56]

São pautas de uma nova hermenêutica, isto é, criativa, participativa e construtiva, em harmonia e adequada com os direitos fundamentais e realidade social, as seguintes: concretização, princípio da proporcionalidade, teoria estruturante do direito, princípios gerais do direito convertidos em princípios constitucionais e colocados no vértice da pirâmide normativa, dimensão objetiva dos direitos fundamentais, a acolher novas gerações de direitos, e expansão horizontal do Direito Constitucional, abarcando todos os ramos da Ciência Jurídica.

Não se pode deixar de mencionar, no domínio da interpretação constitucional, o princípio da *proporcionalidade ou da razoabilidade*.[57]

O princípio objetiva conter o arbítrio e viabilizar a moderação no exercício do poder, tendo em vista a proteção dos indivíduos. Assim, os atos do Poder Público devem ser adequados e proporcionais relativamente às situações que visem atender.

Ressalvando que o postulado da proporcionalidade não se confunde com a ideia de proporção, Humberto Ávila, ao examinar a aplicação do princípio, lembra que esta última "é recorrente na Ciência do Direito. Na Teoria Geral do Direito fala-se em proporção como elemento da própria concepção imemorial de Direito, que tem a função de atribuir a cada um a sua proporção. No direito penal faz-se referência à necessidade de proporção entre culpa e pena na fixação dos limites da pena. No direito eleitoral fala-se em proporção entre o número de candidatos e o número de vagas como condição para a avaliação da representatividade. No direito tributário menciona-se a obrigatoriedade de proporção entre o valor da taxa e serviço público prestado e a necessidade de proporção entre a carga tributária e os serviços públicos que o Estado coloca à disposição da sociedade. No direito processual manipula-se a ideia de proporção entre o gravame ocasionado e a finalidade a que se destina o ato processual. No direito constitucional e administrativo faz-se uso da ideia de proporção entre o gravame criado por um ato do Poder Público e o fim por ele perseguido.

---

[56] SOUZA NETO; SARMENTO. *Op. cit.*, p. 451. Cf. Cap. 3, vol. 2, deste trabalho, em que analisamos a eficácia no direito interno dos tratados internacionais de direitos humanos.

[57] Anote-se que há divergência em torno dos termos proporcionalidade e razoabilidade. Para alguns autores, os princípios se distinguem, enquanto que para outros há sinonímia entre eles (Cf. OLIVEIRA. *Por uma teoria dos princípios* – o princípio constitucional da razoabilidade, p. 81-88). Nada obstante, entendemos haver uma relação de fungibilidade entre os termos, neles não vislumbrando diferença, pois, como acentua Fábio Corrêa Souza de Oliveira, se alguma distinção subsiste é apenas em função da acepção dos vocábulos: razoabilidade (razão) tem uma abrangência maior do que proporcionalidade (proporção), pois o razoável "é conforme a razão, racionável. Apresenta moderação, lógica, aceitação, sensatez. A razão enseja conhecer e julgar. Expõe o bom senso, a justiça, o equilíbrio. Promove a explicação, isto é, a conexão entre um efeito e uma causa. É contraposto ao capricho, à arbitrariedade. Tem a ver com a prudência, com as virtudes morais, com o senso comum, com valores superiores propugnados em dada comunidade" (*Op. cit.*, p. 92).

E na avaliação da intensidade do gravame provocado fala-se em proporção entre vantagens e desvantagens, entre ganhos e perdas, entre restrição de um direito e promoção de um fim – e assim por diante. A ideia de proporção perpassa todo o Direito, sem limites ou critérios".[58]

Vinculado ao princípio do devido processo legal, o princípio da proporcionalidade passou, de uma dimensão instrumental, para uma dimensão substantiva, quando a Suprema Corte norte-americana, no final do século XIX, decidindo questões relacionadas com a interferência das leis na economia, invalidou leis que interferiam na liberdade de contratar. Já a partir do final da década de 30, do século passado, o vetor do devido processo legal substantivo se transferiu das liberdades econômicas para a proteção dos direitos fundamentais.

De qualquer modo, o princípio da proporcionalidade visa coibir, como se disse, o arbítrio do Poder Público, invalidando leis e atos administrativos abusivos, contrários aos valores abrigados pela Constituição.

Se no domínio da atividade administrativa, o princípio da proporcionalidade visa controlar a compatibilidade dos atos da administração com os interesses coletivos tutelados, e a sua proporcionalidade, diante das restrições aos direitos dos administrados, no âmbito da atividade legislativa, o princípio, também conhecido como princípio da proibição do excesso, deve ser usado como parâmetro do controle da constitucionalidade, para impedir que o legislador estabeleça restrições desproporcionais, editando leis caprichosas, desarrazoadas e lesivas aos cidadãos. O poder de legislar não pode, desse modo, ir até o abuso, o excesso, o desvio.

Conforme Luís Roberto Barroso, o princípio da proporcionalidade "permite ao Judiciário invalidar atos legislativos ou atos administrativos quando: a) não haja relação de adequação entre o fim visado e o meio empregado; b) a medida não seja exigível ou necessária, havendo meio alternativo para chegar ao mesmo resultado com menor ônus a um direito individual; c) não haja proporcionalidade em sentido estrito, ou seja, o que se perde com a medida é de maior relevo do que aquilo que se ganha.[59]

Por tudo isso é que, no âmbito da interpretação constitucional, o Poder Judiciário deve verificar, quando da aplicação do princípio da proporcionalidade ou da razoabilidade, se a norma, para se conformar ao princípio:

1) revela-se apta para os fins a que se destina, ou seja, mostre-se adequada;
2) seja menos gravosa possível para que se atinjam tais fins;
3) cause benefícios superiores às desvantagens que proporciona. Destas características do princípio da proporcionalidade decorrem os subprincípios denominados pela doutrina alemã de *adequação*, *necessidade* ou *exigibilidade* e *proporcionalidade em sentido estrito*.

A adequação, conhecida também como subprincípio da idoneidade, pertinência, conformidade ou aptidão, significa que a medida deve ser adequada aos motivos que

---

[58] ÁVILA. *Teoria dos princípios* – da definição à aplicação dos princípios jurídicos, p. 104.
[59] BARROSO. *Interpretação e aplicação da constituição*, p. 234.

a impulsionaram e às finalidades que persegue. Há exigência de que a medida deva ser apta para a consecução do desiderato social eleito, e averigua-se a utilidade e a idoneidade do meio para atingir o resultado pretendido.

A necessidade, também denominada de subprincípio da exigibilidade, proibição do excesso, intervenção mínima, indispensabilidade, quer dizer que a conduta estatal não deve exceder ao imprescindível para a realização do fim jurídico a que se propõe. Desse modo, o meio empregado há de ser o mais leve, o menos gravoso para os direitos fundamentais. Não deve existir meio menos oneroso do que aquele escolhido para o atingimento da mesma ou semelhante finalidade.

A proporcionalidade em sentido estrito implica no sopesamento dos interesses em jogo, isto é, a ponderação das tensões entre os princípios em concorrência: pesa-se as desvantagens dos meios em relação às vantagens do fim. A providência adotada deve ser proporcional ao conjunto de interesses jurídicos em exame. O que se ganha com a medida deve ser mais lucrativo do que aquilo que se perde. Pondera-se o prejuízo relativamente ao benefício trazido, sendo que a vantagem do ato deve superar as eventuais desvantagens que dele resultam.[60] Em síntese: a adequação consiste na correlação lógica entre motivos, meios e fins; a necessidade ou exigibilidade é intervenção máxima, ou seja, a inexistência de meio menos gravoso para a obtenção dos fins; a proporcionalidade é o equilíbrio entre encargo imposto e benefício trazido.

Constitui ainda princípio específico de interpretação constitucional o da *presunção de constitucionalidade das leis e dos atos do Poder Público*, que, segundo Luís Roberto Barroso, se traduz em duas regras de observância necessária pelo intérprete e aplicador do direito:

---

[60] A despeito da indiscutível penetração do princípio da proporcionalidade em todos os setores do Direito, especialmente no âmbito do Direito Constitucional e no da interpretação da Constituição, ele tem sido, como anota Paulo Bonavides, "alvo de pesadas críticas; algumas descabidas, outras dignas de reflexão, mas todas importantes para embargar a difusão, o uso, bem como o prestígio do novo princípio, sobretudo no campo do Direito Constitucional, em matéria de contenção dos poderes do Estado, já na via executiva, já na legislativa propriamente dita, tocante, em primeiro lugar, à legitimidade de limites que possam ser traçados ao exercício dos direitos fundamentais. Em verdade, foi talvez Forsthoff a primeira voz que se levantou contra aquele princípio. De conformidade com a crítica de Forsthoff, a adoção do princípio na ordem constitucional significava um considerável estreitamento da liberdade do legislador para formular leis e exercer assim um poder que lhe é peculiar na organização do Estado. O princípio da proporcionalidade faz a 'degradação da legislação – um dos mais importantes fenômenos da vida constitucional – ao situá-la debaixo das categorias do Direito Administrativo'. Outra crítica veemente ao princípio da proporcionalidade partiu do jurista Hans Huber. Em verdade, chega Huber a antever com a irrupção na ordem jurídica de um princípio tão 'global' e ilimitado a ruína dessa ordem, derivada, segundo ele, da dissolução do círculo normativo das regras do direito vigente, ocorrendo igual tendência com respeito à legalidade administrativa. Disso resulta que juízes, mediante apelos a princípios tão vastos, se sintam desobrigados de guardar fidelidade aos mandamentos do direito vigente. Gentz assinala que o frequente uso do princípio tende todavia a transformá-lo num chavão rígido ou num mero apelo geral à justiça, tão indeterminado que de nada serve para a decisão de um problema jurídico, abrindo assim a porta, acrescenta, a um sentimento incontrolável e descontrolado de justiça que substitui as valorações objetivas da Constituição e da lei por aquelas subjetivas do juiz" (BONAVIDES. *Curso de direito constitucional*, p. 389, 390, 391, 394).

a) não sendo evidente a inconstitucionalidade, havendo dúvida ou a possibilidade de razoavelmente se considerar a norma como válida, deve o órgão competente abster-se da declaração de inconstitucionalidade;

b) havendo alguma interpretação possível que permita afirmar-se a compatibilidade da norma com a Constituição, em meio a outras que carreavam para ela um juízo de invalidade, deve o intérprete optar pela interpretação legitimadora, mantendo o preceito em vigor",[61] diluindo-se então o princípio da interpretação conforme a Constituição, acima mencionado.

No âmbito da interpretação da Constituição, José Afonso da Silva fala numa hermenêutica contextual, aduzindo que "não se tem levado em consideração a importância do *contexto* na interpretação constitucional. A *hermenêutica contextual* refere-se à exploração do contexto sobre o sentido da Constituição e, reciprocamente, desta sobre o contexto em que ela se situa. É pela hermenêutica contextual que se descobre que duas passagens semelhantes, dentro da mesma Constituição, podem ter sentidos diversos, consoante o lugar que ocupam relativamente ao texto como um todo. Aqui se tem que o contexto intrínseco (ou contexto interno) é que indica ao intérprete o sentido de uma norma dentro de uma estrutura normativa específica dentro da totalidade normativa da Constituição. O *contexto intratexto* consiste na relação entre as partes e o todo, entre as normas e o conjunto de normas e entre estes e a Constituição como um todo unitário. É esse contexto que dá fundamento e operatividade à interpretação sistemática, porque é dele que decorrem os dois grandes princípios de hermenêutica constitucional, o *princípio da unidade da Constituição* e o *princípio da coerência das normas da Constituição*. Mas não basta o contexto interno ou intrínseco para o desvendamento do sentido das normas constitucionais, porque a hermenêutica do sentido também busca definir o objeto da interpretação – a Constituição – no mundo, assim como a tensão do mundo sobre ela. Aqui, a interpretação envolve a busca de um fator externo, que se acha no contexto extratexto, para designar o sentido da Constituição e de suas normas. Só na presença deste fator é que os textos constitucionais se tornam significativos. O *contexto intratexto* (não é inteiramente externo ao objeto a interpretar, pois este também o integra) consiste na relação entre as partes e o todo, entre as normas e o conjunto de normas e entre estes e a Constituição como um todo unitário. O *contexto extratexto* refere-se a toda a realidade linguística e não linguística, normativa e não normativa, em que se insere a Constituição. Refere-se, em síntese, a todos os eventos e acontecimentos que se movem em torno da Constituição".[62]

Destaca-se, também, na interpretação da Constituição, o *princípio da autorreferência*: à falta de definição constitucional ou pré-jurídica, os conceitos são extraídos das fórmulas operacionais, tal como postas no sistema da Constituição. Por outras palavras: o sentido das disposições constitucionais não se encontra na lei, mas na Constituição. Deve-se esgotar as possibilidades de interpretação autônoma dos conceitos constitucionais antes de se passar para o auxílio legal. Escrevendo sobre interpretação e es-

---

[61] BARROSO. *Interpretação e aplicação da constituição*, p. 171.
[62] SILVA. *Comentário contextual à constituição*, p. 14, 16, 17, 18.

paço semântico dos conceitos constitucionais, Canotilho e Vital Moreira esclarecem que na aplicação da Constituição devem ser levados em consideração conceitos constitucionais autônomos, isto é: a) conceitos que a Constituição define; b) conceitos tipicamente constitucionais; c) conceitos que ganham na lei fundamental uma primeira e decisiva caracterização; d) conceitos que, embora sendo objeto de regulamentação legal, têm que ser caracterizados a partir da Constituição. Em todos os casos, a autonomia dos conceitos impede a usurpação do sentido constitucional pelos aplicadores da Constituição. Apontam ainda a existência de conceitos pré-constitucionais, que conduzem a duas hipóteses: a) a Constituição recebeu os conceitos com o sentido que lhe era dado na ordem jurídica interna anterior ou em convenções internacionais; b) a Constituição transformou o espaço semântico (significado, sentido) dos conceitos pré-constitucionais. E quando a Constituição recebe um determinado conceito legal com certo sentido, este fica, por assim dizer, constitucionalizado, deixando de estar à disposição do legislador.[63]

5. PONDERAÇÃO DE BENS OU VALORES – COLISÃO DE DIREITOS FUNDAMENTAIS

Destaque-se, no domínio da interpretação da Constituição, o mecanismo denominado de ponderação de bens ou valores,[64] utilizado para a solução de tensões ou conflitos entre normas.[65] Busca-se com isso identificar, na hipótese de colisão entre pelo menos dois princípios constitucionais, qual bem jurídico deverá ser tutelado. Delimita-se, com isso, o âmbito de proteção de uma norma constitucional estabelecendo uma linha de demarcação entre o que ingressa nesse âmbito e o que fica de fora. Haverá assim o reconhecimento de um peso maior a determinado princípio constitucional em confronto com outro, se não for possível antes harmonizá-los, considerando o princípio da unidade da Constituição, que constitui um sistema orgânico, em virtude do qual cada parte tem de ser compreendida à luz das demais.

---

[63] CANOTILHO; VITAL MOREIRA. *Fundamentos da constituição*, p. 54-55. Cf. ainda: CUNHA. *Fundamentos de direito constitucional*, v. 2, p. 364-366.
[64] Sobre o tema, cf. SARMENTO. *A ponderação de interesses na constituição federal*.
[65] Um conflito normativo – uma antinomia – é a situação na qual duas normas oferecem duas soluções diferentes e incompatíveis para a mesma controvérsia concreta ou a mesma classe de controvérsias. Uma primeira norma N1 liga a hipótese F à consequência jurídica G ("Se F, então G"), enquanto que uma segunda norma N2 liga a mesma hipótese F à consequência jurídica no-G ("Se F, então não-G"). Na presença de um conflito normativo, o mesmo litígio pode resolver-se de dois modos diferentes, com violação do princípio da certeza do direito, que exige a previsibilidade das decisões judiciais. Ademais, dois litígios similares podem decidir-se de duas formas distintas, com violação do princípio da igualdade, que exige que dois similares recebam o mesmo tratamento. Em síntese: cada antinomia exige solução. Diz-se consistente um conjunto de normas que não apresenta nenhum conflito. Relativamente à tipologia, os conflitos normativos podem ser: 1) conflitos em abstrato; 2) conflitos em concreto. Por outra parte, as categorias de hipóteses reguladas por duas normas em conflito podem sobrepor-se total ou parcialmente, devendo-se então distinguir entre: 1) conflito total; e 2) conflito parcial, que, ao seu turno, pode ser de dois tipos diferentes: 2.a) conflito parcial unilateral; e 2.b) conflito parcial bilateral (GUASTINI. *Teoría e ideología de da interpretación constitucional*, p. 81-85).

Para tanto a atividade do intérprete terá por finalidade delinear o que se denomina de "topografia do conflito". Acentua Canotilho que a análise da topografia do conflito exige "que se esclareçam dois pontos:

1) se e em que medida a área ou esfera de um direito (âmbito normativo) se sobrepõe à esfera de um outro direito também normativamente protegido;

2) qual o espaço que resta aos dois bens conflitantes para além da zona de sobreposição".[66] E na realização da ponderação de bens ou valores constitucionais, essencial é a utilização do princípio da razoabilidade ou proporcionalidade, por ser ele que possibilitará a identificação do desvalor de alguns interesses invocados como dignos de proteção em conflito com outros.

No domínio dos direitos fundamentais, quando um direito fundamental afeta diretamente o âmbito de proteção de outro, dá-se a colisão de direitos. O conflito decorre do exercício de direitos individuais por diferentes titulares.

Após distinguir colisão em sentido estrito e colisão em sentido amplo, a primeira referindo-se apenas aos conflitos entre direitos fundamentais (que se podem referir a direitos fundamentais idênticos ou a direitos fundamentais diversos), e a outra entre direitos fundamentais e outros princípios ou valores que tenham por escopo a proteção de interesses da comunidade, Gilmar Ferreira Mendes identifica:

1. Nas colisões de direitos fundamentais idênticos: "a Colisão de direito fundamental enquanto caráter liberal de defesa: *v.g.*, a decisão de dois grupos adversos de realizar uma demonstração numa mesma praça pública. b) Colisão de direito de defesa de caráter liberal e o direito de proteção: como exemplo, mencione-se a decisão de atirar no sequestrador para proteger a vida do refém ou da vítima. c) Colisão do caráter negativo de um direito com o caráter positivo desse mesmo direito: é o que se verifica com a liberdade religiosa, que tanto pressupõe a prática de uma religião como o direito de não desenvolver ou participar de qualquer prática religiosa. d) Colisão entre o aspecto jurídico de um direito fundamental e o seu aspecto fático: tem-se aqui um debate que é comum ao direito de igualdade. Se o legislador prevê a concessão de auxílio aos hipossuficientes, indaga-se sobre a dimensão fática ou jurídica do princípio da igualdade."

2. Nas colisões entre direitos fundamentais diversos: a colisão, que assume particular relevo, "entre a liberdade de opinião, de imprensa ou liberdade artística, de um lado, e o direito à honra, à privacidade e à intimidade, de outro".

3. Nas colisões em sentido amplo: "a colisão entre o direito de propriedade e interesses coletivos associados, *v.g.*, à utilização da água ou à defesa de um meio ambiente equilibrado. Da mesma forma, não raro, surgem conflitos entre as liberdades individuais e a segurança interna como valor constitucional."[67]

---

[66] CANOTILHO. *Direito constitucional e teoria da constituição*, p. 1111.
[67] MENDES. *Direitos fundamentais e controle de constitucionalidade*: estudos de direito constitucional, p. 78-79.

A solução dos conflitos entre direitos fundamentais, que aponta para a prevalência do direito ou bem que deva prevalecer, é complexa, e está a indicar algumas possibilidades, como o estabelecimento de uma hierarquia entre os direitos individuais, identificando-se a norma de maior peso; o balizamento de todas as normas constitucionais pelo postulado do princípio da dignidade da pessoa humana; a regra geral de que valores relativos às pessoas têm precedência sobre valores de índole material.[68] Adverte, contudo, Paulo Gustavo Gonet Branco, que "não basta invocar princípio de grande peso, para justificar a preterição de um princípio concorrente, se a importância direta desse princípio de grande peso para a causa é de reduzido impacto. Invocar o princípio de grande peso, em caso assim, pode conduzir a enganos no momento de se montar a equação do sopesamento. É o que ocorreria – valha a ilustração extrema – se se invocasse o princípio da liberdade de ir e vir para desafiar uma lei que proíbe o indivíduo alcoolizado de dirigir veículo automotor. É evidente que o direito de ir e vir não sofre interferência particularmente detrimentosa numa situação como essa, dada a gama de opções de meios de locomoção existente. Não basta, portanto, invocar um princípio de grande peso abstrato para se formar uma equação aceitável em tema de ponderação; é preciso que se atente, como ensinado por Alexy, para a importância sobre o princípio da restrição exercida pela outra pretensão. No exemplo figurado, a importância para a liberdade de ir e vir da restrição operada em nome da segurança pública é irrisória, não obstante a magnitude que o direito de ir e vir ostenta no contexto dos direitos fundamentais".[69]

O Supremo Tribunal Federal, em hipótese envolvendo a ponderação de valores entre a incolumidade do patrimônio jurídico da vítima e a privacidade do ofensor, decidiu no sentido da prevalência deste último, com o seguinte entendimento: "*Habeas corpus*. Prova. Licitude. Gravação de telefonema por interlocutor. É lícita a gravação de conversa telefônica feita por um dos interlocutores, ou com sua autorização, sem ciência do outro, quando há investida criminosa deste último. É inconsistente e fere o senso comum falar-se em violação do direito à privacidade quando interlocutor grava diálogo com sequestradores, estelionatários ou qualquer tipo de chantagista. Ordem indeferida."[70]

Ainda decidiu o Supremo Tribunal Federal, ao examinar o princípio da liberdade de iniciativa econômica, previsto no art. 170 da Constituição da República, que deve ele ser ponderado com outros existentes na ordem constitucional, como o da proteção ao consumidor e o da justiça social, que ficariam comprometidos no caso de aumentos abusivos de mensalidades escolares: "Em face da atual Constituição, para conciliar o fundamento da livre iniciativa e do princípio da livre concorrência com os da defesa do consumidor e da redução das desigualdades sociais, em conformidade com os ditames da justiça social, pode o Estado, por via legislativa, regular a política de preços de bens e serviços, abusivo que é o poder econômico que visa o aumento

---

[68] MENDES. *Direitos fundamentais e controle de constitucionalidade*: estudos de direito constitucional, p. 79-106.
Cf. ainda: DWORKIN. *Levando os direitos a sério*. ALEXY. *Teoria de los derechos fundamentales*.
[69] BRANCO. *Juízo de ponderação na jurisdição constitucional,* p. 250.
[70] *HC* 75.338-RJ, *DJU*, 25.9.1998, p. 11, Rel. Min. Nelson Jobim.

arbitrário de lucros. Logo, determinada lei não é inconstitucional pelo só fato de dispor sobre critérios de reajuste de mensalidades das escolas particulares."[71]

Note-se também que o direito ao sigilo bancário – expressão do direito à privacidade ou intimidade – deve ser, como qualquer direito fundamental, considerado relativo, e envolve, por isso mesmo, um juízo de ponderação quanto à sua quebra, à luz do princípio da proporcionalidade, desde que confrontado com o interesse público e o interesse da justiça, notadamente em questões relacionadas com a investigação de crimes denominados do "colarinho branco", ou com a repressão e apuração de atos ilícitos: nessa linha é que vem decidindo o Supremo Tribunal Federal.

A garantia do indivíduo, no que respeita à sua dignidade pessoal, vem sendo resguardada pela aplicação da proporcionalidade, consoante se extrai desta decisão do Supremo Tribunal Federal: "DNA. Submissão compulsória ao fornecimento de sangue para a pesquisa do DNA. Estado da questão no direito comparado. Precedente do STF que libera do constrangimento o réu em ação de investigação de paternidade (HC 71.373) e o dissenso dos votos vencidos. Deferimento, não obstante, do HC na espécie, em que se cuida de situação atípica na qual se pretende – de resto, apenas para obter a prova de reforço – submeter ao exame o pai presumido, em processo que tem por objeto a pretensão de terceiro de ver-se declarado o pai biológico da criança nascida na constância do casamento do paciente. Hipótese na qual, à luz do princípio da proporcionalidade ou da razoabilidade, se impõe evitar afronta à dignidade pessoal que, nas circunstâncias, a participação na perícia substantivaria."[72]

Em conflito envolvendo a proteção e o incentivo de práticas culturais (art. 215, 1º) e a defesa dos animais contra práticas cruéis (art. 225, VII), a denominada "farra do boi", decidiu o Supremo Tribunal, com o voto do Ministro Marco Aurélio, que: "Se, de um lado, a Constituição Federal revela competir ao Estado garantir a todos o pleno exercício de direitos culturais e acesso às fontes da cultura nacional, apoiando, incentivando a valorização e a difusão das manifestações culturais – e a Constituição Federal é um grande todo –, de outro lado, no Capítulo VI, sob o título 'Do Meio Ambiente', inciso VII do artigo 225, temos uma proibição, um dever atribuído ao Estado: 'Art. 225. (...) VII – proteger a fauna e a flora, vedadas, na forma da lei, as práticas que coloquem em risco sua função ecológica, provoquem a extinção de espécies ou submetam os animais a crueldade' (...) é justamente a crueldade o que constatamos ano a ano, ao acontecer o que se aponta como folguedo sazonal. A manifestação cultural deve ser estimulada, mas não a prática cruel. Admitida a chamada 'farra do boi', em que a turba ensandecida vai atrás do animal para procedimentos que estarrecem, como vimos, não há poder de polícia que consiga coibir esse procedimento. Não vejo como chegar-se à posição intermediária. A distorção alcançou tal ponto que somente uma medida que obstaculize terminantemente a prática pode evitar o que verificamos neste ano de 1997. O Jornal da Globo mostrou um animal ensanguentado e cortado invadindo uma residência provocando ferimento em quem se encontrava no

---

[71] RTJ 149/666.
[72] STF, *Habeas Corpus*, DJ de 15.5.1998, Rel. Min. Sepúlveda Pertence.

interior. Entendo que a prática chegou a um ponto a atrair, realmente, a incidência do disposto no inciso VII do art. 225 da Constituição Federal. Não se trata, no caso, de uma manifestação cultural que mereça o agasalho da Carta da República. Como disse no início de meu voto, cuida-se de uma prática cuja crueldade é ímpar e decorre das circunstâncias de pessoas envolvidas por paixões condenáveis buscarem, a todo custo, o próprio sacrifício do animal."[73]

No que diz respeito às rinhas ou brigas de galo, é dizer, a realização de atividades em recintos próprios e fechados, onde aves das raças combatentes são colocadas para se enfrentar, o Supremo Tribunal entendeu que não se trata de atividade cultural, mas de violação do art. 225, § 1º, VII, por submeter os animais a crueldade.[74]

Para além dos princípios acima estudados, denominados de específicos ou instrumentais (constituem premissas conceituais, metodológicas ou finalísticas a anteceder, no processo intelectual do intérprete, a solução concreta por ela almejada), pode-se identificar os princípios constitucionais materiais que informam a interpretação da Constituição (expressam valores ou indicam fins a serem alcançados pelo Estado). Compreende-se, nesta categoria, os fundamentais declarados no Título I da Constituição, os gerais, cuja maior parte se encontra no artigo 5º do texto constitucional, e os setoriais que se alojam em determinado título ou capítulo da Constituição, como os princípios da legalidade e da anterioridade tributária, da reserva legal em matéria penal, do concurso público para provimento de cargos na administração pública.

De se destacar, dentre os princípios constitucionais materiais o princípio da dignidade da pessoa humana (artigo 3º, inciso III), considerado como o núcleo axiológico do Estado Democrático de Direito pautado pelos direitos fundamentais. A dignidade humana refere-se não só à liberdade e valores do espírito, quanto às condições mínimas materiais de subsistência, aí considerados os direitos à renda mínima, saúde, educação fundamental e acesso à justiça.

Nessa linha, o julgamento, pelo Supremo Tribunal Federal, de *habeas corpus*,[75] em que se discutiu o conflito entre liberdade de expressão e dignidade da pessoa humana, assim ementado: "*Habeas corpus* – Publicação de livros: antissemitismo – Racismo – crime imprescritível – Conceituação – Abrangência constitucional – Liberdade de expressão – Limites – Ordem denegada – 1. Escrever, editar, divulgar e comerciar livros 'fazendo apologia de ideias preconceituosas e discriminatórias' contra a comunidade judaica (Lei n. 7.716/1989, art. 20, na redação dada pela Lei n. 8.081/1990)

---

[73] STF, RE 153.531, *Lex-STF*, p. 192 e 208.
[74] STF, ADI 3.776, Rel. Min. Cezar Peluso, j. 14.6.2007, DJ, 29.6.2007: "Inconstitucionalidade. Ação Direta. Lei n. 7.380/98, do Estado do Rio Grande do Sul. Atividades esportivas com aves das raças combatentes. 'Rinhas' ou 'Brigas de galo'. Regulamentação. Inadmissibilidade. Meio Ambiente. Animais Submissão a tratamento cruel. Ofensa ao art. 225, § 1º, VII, da CF. Ação julgada procedente. Precedentes. É inconstitucional a lei estadual que autorize e regulamente, sob título de práticas ou atividades esportivas com aves de raças ditas combatentes, as chamadas 'rinhas' ou 'brigas de galo '"). Cf. ainda: ADI 153531/SC (DJU de 13.3.98); ADI 2514/SC (DJU de 3.8.2005); ADI 3776/RN (DJe de 29.6.2007, ADI 1856/RJ, rel. Min. Celso de Mello, 26.5.2011 (Informativo 628/ STF).
[75] STF, *Habeas Corpus* n. 82.424-2-RS – Rel. para o acórdão Min. Maurício Corrêa.

constitui crime de racismo sujeito às cláusulas de inafiançabilidade e imprescritibilidade (CF, art. 5º, XLII). 2. Aplicação do princípio da prescritibilidade geral dos crimes: se os judeus não são uma raça, segue-se que contra eles não pode haver discriminação capaz de ensejar a exceção constitucional de imprescritibilidade – Inconsistência da premissa. 3. Raça humana – Subdivisão – Inexistência – Com a definição e o mapeamento do genoma humano, cientificamente não existem distinções entre os homens, seja pela segmentação da pele, formato dos olhos, altura, pelos ou por quaisquer outras características físicas, visto que todos se qualificam como espécie humana – Não há diferenças biológicas entre os seres humanos – Na essência são todos iguais. 4. Raça e racismo – A divisão dos seres humanos em raças resulta de um processo de conteúdo meramente político-social – Desse pressuposto origina-se o racismo, que, por sua vez, gera a discriminação e o preconceito segregacionista. 5. Fundamento do núcleo do pensamento do Nacional-Socialismo de que os judeus e os arianos formam raças distintas – Os primeiros seriam *raça inferior, nefasta* e *infecta*, características suficientes para justificar a segregação e o extermínio: inconciliabilidade com os padrões éticos e morais definidos na Carta Política do Brasil e do mundo contemporâneo, sob os quais se ergue e se harmoniza o Estado Democrático – Estigmas que por si só evidenciam crime de racismo – Concepção atentatória dos princípios nos quais se erige e se organiza a sociedade humana, baseada na respeitabilidade e dignidade do ser humano e de sua pacífica convivência no meio social – Condutas e evocações aéticas e imorais que implicam repulsiva ação estatal por se revestirem de densa intolerabilidade, de sorte a afrontar o ordenamento infraconstitucional e constitucional do país. 6. Adesão do Brasil a tratados e acordos multilaterais que energicamente repudiam quaisquer discriminações raciais, aí compreendidas as distinções entre os homens por restrições ou preferências oriundas de raça, cor, credo, descendência ou origem nacional ou étnica, inspiradas na pretensa superioridade de um povo sobre outro, de que são exemplos a xenofobia, 'negrofobia', 'islamafobia' e o 'antissemitismo'. 7. A Constituição Federal de 1988 impôs aos agentes de delitos dessa natureza, pela gravidade e repulsividade da ofensa, a cláusula de imprescritibilidade, para que fique, *ad perpetuam rei memoriam*, verberado o repúdio e a abjeção da sociedade nacional à sua prática. 8. Racismo – Abrangência – Compatibilização dos conceitos etimológicos, etnológicos, sociológicos, antropológicos ou biológicos, de modo a construir a definição jurídico-constitucional do termo – Interpretação teleológica e sistêmica da Constituição Federal, conjugando fatores e circunstâncias históricas, políticas e sociais que regeram sua formação e aplicação, a fim de obter-se o real sentido e alcance da norma. 9. Direito comparado – A exemplo do Brasil, as legislações de países organizados sob a égide do Estado Moderno de Direito Democrático igualmente adotam em seu ordenamento legal punições para delitos que estimulem e propaguem segregação racial – Manifestações da Suprema Corte Norte-Americana, da Câmara dos Lordes da Inglaterra e da Corte de Apelação da Califórnia, nos Estados Unidos que consagraram entendimento que aplicam sanções àqueles que transgridem as regras de boa convivência social com grupos humanos que simbolizem a prática de racismo. 10. A edição e publicação de obras escritas veiculando ideias antissemitas, que buscam resgatar e dar credibilidade à concepção racial definidas pelo regime nazista, negadoras e subversoras de fatos históricos incontroversos como o holocausto, consubstanciadas na pretensa inferioridade e desqualificação do povo judeu, equivalem à incitação ao discrímen com acentuado conteúdo racista, reforçadas pelas consequências históricas dos atos em que se baseiam. 11. Explícita conduta do agente responsável pelo agravo revelador de manifesto dolo, baseada na equivocada premissa de que os judeus não só são uma raça, mas, mais que isso, um segmento racial atávica e geneticamente menor e pernicioso. 12. Discriminação que, no caso, se evidencia como deliberada e dirigida especificamente aos judeus, que configura ato ilícito de prática de racismo, com as consequências gravosas que o acompanham. 13. Liberdade de expressão – Garantia constitucional que não se tem como absoluta – Limites morais e jurídicos – O direito à livre expressão não pode abrigar, em sua abrangência, manifestações de conteúdo imoral que implicam ilicitude penal. 14. As liberdades públicas não são incondicionais, por isso devem ser exercidas de maneira harmônica, observados os limites definidos na própria Constituição Federal (CF, art. 5º, § 2º, primeira parte) – O preceito fundamental de liberdade de expressão não consagra o 'direito à incitação ao racismo', dado que um direito individual não pode constituir-se em salvaguarda de condutas ilícitas, como sucede com os delitos contra a honra – Prevalência dos princípios da dignidade da pessoa humana e da igualdade jurídica. 15. 'Existe um nexo estreito entre a imprescritibilidade, este tempo jurídico que se escoa sem encontrar termo, e a memória, apelo do passado à disposição dos vivos, triunfo da lembrança sobre o esquecimento.' No Estado de Direito Democrático devem ser intransigentemente respeitados os princípios que garantem a prevalência dos direitos humanos. Jamais podem se apagar da memória dos povos que se pretendam justos os atos repulsivos do passado que permitiram e incentivaram o ódio entre iguais por motivos raciais de torpeza inominável. 16. A ausência de prescrição nos crimes de racismo justifica-se como alerta grave para as gerações de hoje e de amanhã, para que se impeça a reinstauração de velhos e ultrapassados conceitos que a consciência jurídica e histórica não mais admitem. Ordem denegada." Em análise dessa decisão, Samantha Ribeiro Meyer-Pflug salienta que o Supremo Tribunal Federal se filiou, relativamente ao discurso do ódio, ao sistema europeu, que o proíbe pura e simplesmente, para proteger a dignidade e a própria honra das suas vítimas, diferentemente do sistema norte-americano que o evita por meio da sua permissão pura e simples, pois se acredita que desta forma, exposto ao debate público, perde a sua eficácia. Defende a autora que, na hipótese, deveria prevalecer a liberdade de expressão, e que o combate ao racismo deveria ocorrer por meio do confronto de ideias. Salienta que "a mera condenação a um paciente ou a proibição da edição de um livro não parece ser, *a priori*, a melhor solução. A própria história da humanidade demonstra que a proibição da divulgação de ideias nunca foi óbice suficientemente eficaz para que elas desaparecessem, pelo contrário, elas teimam em subsistir. De igual modo deve-se assegurar o direito de manifestação das maiorias e das minorias nesse discurso político. Há que se considerar que a proteção da liberdade é uma conquista diária e como tal exige 'uma certa tensão existencial e um forte compromisso' para que não se ceda em face da intolerância. Há que se considerar que essa decisão do STF *(omissis)* pode não ser uma medida eficaz no combate à proliferação do discurso do ódio".[76]

---

[76] MEYER-PFLUG. *Liberdade de expressão e discurso do ódio*, p. 216. O discurso do ódio, que envolve a garantia à liberdade de expressão, e se situa, portanto, no mundo das ideias, "consiste na manifes-

6. LIMITES DA INTERPRETAÇÃO DA CONSTITUIÇÃO

Necessária a consideração de que a atividade do intérprete não é absoluta.[77] Inadmite-se que ele, ao mudar o sentido da norma constitucional, possa vir a mudar o texto. Assim, embora, em princípio, a interpretação constitucional caracterize um processo informal de mudança do sentido da Constituição, essa atividade encontra limites no programa da norma constitucional, insuscetível de alteração, pois se devem preservar os princípios estruturais (políticos e jurídicos) da Constituição.

As tensões entre a Constituição e a realidade constitucional, com a interpretação da Constituição de acordo com as leis, ou seja, de baixo para cima, o que é explicado como maneira de salvar a Constituição em face da pressão sobre ela exercida pelas complexas mudanças na realidade econômica e social, levam muitas vezes, na expressão de Canotilho, a mutações constitucionais *quase imperceptíveis*, o que pode resultar na formação de uma Constituição legal paralela, obtida por via interpretativa de desenvolvimento do Direito Constitucional e uma mutação constitucional inconstitucional.[78]

Mencione-se ainda, como limites da interpretação constitucional, a impossibilidade da interpretação autêntica feita pelo legislador ordinário, e a inadmissão de normas constitucionais inconstitucionais como decorrência do princípio da unidade da Constituição.

---

tação de ideias que incitam à discriminação racial, social ou religiosa em relação a determinados grupos, na maioria das vezes, as minorias (*Op. cit.*, p. 97). O princípio da proporcionalidade é que deverá solucionar o conflito entre o discurso do ódio (protegido pela liberdade de expressão) e a ação concreta, no caso, de racismo dele resultante (vedado pela legislação brasileira).

[77] O próprio discurso jurídico é limitado. Para Alexy, são condições limitadoras, entre outras, do discurso jurídico, os precedentes judiciais e a dogmática jurídica. Segundo ele, "discursos são séries de ações interligadas devotadas a testar a verdade ou a correção das coisas que dizemos. Os discursos que se preocupam com a correção de afirmações normativas são discursos práticos. Resta ser demonstrado que o discurso jurídico pode ser entendido como um caso especial do discurso prático geral sob condições limitadoras tais como estatutos, dogmática jurídica e precedentes" (*Teoria da argumentação jurídica,* p. 181).

[78] CANOTILHO. *Direito constitucional e teoria da constituição*, p. 1101-1103.

CAPÍTULO 13

CONTROLE DE CONSTITUCIONALIDADE

SUMÁRIO

1. Controle de constitucionalidade, garantia e supremacia da Constituição – 2. Inconstitucionalidade – 3. Custódia da Constituição: a polêmica entre Carl Schmitt e Hans Kelsen – 4. Sistemas e tipos de controle de constitucionalidade – 5. O controle de constitucionalidade no direito constitucional comparado – 6. Evolução do controle de constitucionalidade no Brasil – 7. Controle preventivo e devido processo legislativo – 8. Controle difuso – 9. Controle concentrado ou abstrato e as ações diretas. 10. Ação direta de inconstitucionalidade – a Lei n. 9.868, de 10 de novembro de 1999 – 11. Ação de inconstitucionalidade por omissão – as omissões inconstitucionais – Lei n. 9.868/99 (Capítulo II-A – acrescentado pela Lei n. 12.063/09) – 12. Ação direta de inconstitucionalidade interventiva – origem, conceito e natureza jurídica – 13. Ação declaratória de constitucionalidade – origem, conceito e finalidade – 14. Arguição de descumprimento de preceito fundamental – considerações gerais e parametricidade – 15. Controle estadual de constitucionalidade – considerações gerais – 16. Jurisdição e tribunal constitucional – 17. Jurisdição constitucional e processo constitucional objetivo – fundamentos – 18. Jurisdição constitucional e convergência dos sistemas de controle de constitucionalidade americano e europeu-kelseniano. 19. Controle de convencionalidade.

1. CONTROLE DE CONSTITUCIONALIDADE, GARANTIA E SUPREMACIA DA CONSTITUIÇÃO

Constituição e constitucionalidade são conceitos inseparáveis, e o controle de constitucionalidade, técnica de limitação do poder, através da submissão dos poderes instituídos, visa garantir, por vários mecanismos, a supremacia material e formal da Constituição sobre as leis e os atos do governo e da administração.[1]

---

[1] A ideia de controle não é exclusiva da teoria do direito, mas tem a ver com a noção de monitoração, de fiscalização, que pode ocorrer quando existe limite à realização de alguma conduta humana. Pode-se identificar, em qualquer setor da atividade humana, a presença de uma situação de controle, em que se acham presentes os seguintes elementos: a) um sujeito controlador;

1.1 O princípio da constitucionalidade

A Constituição é garantia, mas que, ao seu turno, tem de ser garantida, o que se dá pela efetivação do princípio da constitucionalidade.[2] Sendo a Constituição norma jurídica, sua garantia deve ser jurídica, é dizer, prevista por norma jurídica. O controle de constitucionalidade, nesse horizonte, passa a ser tido como autônomo em relação à Constituição, título de segurança e justiça. Porém, como salienta Jorge Miranda, "a garantia da constitucionalidade reverte em garantia da Constituição como um todo. Do cumprimento ou incumprimento das normas constitucionais – em qualquer caso, avulso – depende a integridade ou não da Lei Fundamental. Não há garantia da constitucionalidade desprendida da respectiva Constituição – formal e material – ou incongruente com os seus princípios".[3]

Controlar a constitucionalidade é verificar a adequação de uma lei ou de um ato normativo com a Constituição, nos seus aspectos formais e materiais; o controle de constitucionalidade é um "juízo de adequação da norma infraconstitucional (objeto) à norma constitucional (parâmetro), por meio da verticalização da relação imediata de conformidade vertical entre aquela e esta, com o fim de impor a sanção de invalidade à norma que seja revestida de incompatibilidade material ou formal com a Constituição".[4]

O controle de constitucionalidade alcança também a garantia dos direitos fundamentais constitucionalmente protegidos, os quais, além de legitimar o Estado, viabilizam o processo democrático, preservando o Estado de Direito.

Clèmerson Merlin Clève acentua que a "compreensão da Constituição como Lei Fundamental implica não apenas o reconhecimento de sua supremacia na ordem jurídica, mas, igualmente, a existência de mecanismos suficientes para garantir juridicamente (eis um ponto importante) apontada qualidade. A supremacia, diga-se logo, não exige apenas a compatibilidade formal do direito infraconstitucional com os comandos maiores definidores do modo de produção das normas jurídicas, mas também a observância de sua dimensão material. A Constituição, afinal, como quer Hesse, é uma 'ordem fundamental, material e aberta de uma comunidade'. É ordem fundamental, eis que reside em posição de supremacia. É, ademais, ordem material, porque, além de normas, contém uma ordem de valores: o conteúdo do direito, que não pode ser desatendido pela regulação infraconstitucional".[5]

---

b) uma conduta controlada; c) um parâmetro de controle (PIMENTA. *O controle difuso de constitucionalidade das leis no ordenamento brasileiro:* aspectos constitucionais e processuais, p. 31-32).

[2] Canotilho e Vital Moreira lembram que "existe também uma conexão material entre a fiscalização da constitucionalidade e a revisão constitucional. Ambos são modos de garantia e de preservação da Constituição. A fiscalização da constitucionalidade garante-a e preserva-a contra os actos ou omissões do Estado; os limites de revisão da Constituição garantem a sua estabilidade e resguardam-na contra alterações desfiguradoras das suas características essenciais" (*Fundamentos da constituição*, p. 235).

[3] MIRANDA. *Manual de direito constitucional*, t. 6, p. 47.

[4] MORAES. *Direito constitucional*: teoria da constituição, p. 145.

[5] CLÈVE. *A fiscalização abstrata da constitucionalidade no direito brasileiro*, p. 25-26.

1.2 Supremacia e rigidez da constituição

Compreende-se que a ideia de rigidez revela a chamada supremacia ou superlegalidade constitucional, devendo todo o ordenamento jurídico conformar-se com os preceitos da Constituição, quer sob o ponto de vista formal (competência para a edição de ato normativo e observância do processo legislativo previsto para a elaboração da norma jurídica), quer sob o ponto de vista material (adequação do conteúdo da norma aos princípios e regras constitucionais): a Constituição é lei superior, *norma normarum, higher law* ou *paramount law*.

O controle da constitucionalidade das leis, como garantia da Constituição, está intimamente relacionado com a concepção de Constituição rígida (a que demanda processo especial para sua emenda, diverso do processo legislativo de elaboração das leis ordinárias), embora a concepção de supremacia da Constituição seja inerente também à de Constituição flexível, mas, nesse caso, trata-se de superioridade material, já que a superioridade formal é revelada pelo caráter rígido das Constituições.

Grande parte da doutrina tem na rigidez constitucional um dos pressupostos do controle de constitucionalidade. Manoel Gonçalves Ferreira Filho escreve, por todos, que o critério real da distinção entre rigidez e flexibilidade constitucionais, bem como entre Poder Constituinte originário e Poder Constituinte derivado, implica a existência de um controle de constitucionalidade, e "onde este não foi previsto pelo constituinte, não pode haver realmente rigidez constitucional ou diferença entre o Poder Constituinte originário e o derivado. Em todo Estado onde faltar controle de constitucionalidade, a Constituição é flexível; por mais que a Constituição se queira rígida, o Poder Constituinte perdura ilimitado em mãos do legislador. Este, na verdade, poderá modificar a seu talante as regras constitucionais, se não houver órgão destinado a resguardar a superioridade desta sobre as ordinárias. Mais ainda, órgão bastante para fazê-lo".[6] E, por estarem no mesmo plano normativo, à míngua de um processo de elaboração diferenciado, é que, havendo contrariedade entre as normas constitucionais e as leis, o fenômeno seria o da revogação da lei e não da inconstitucionalidade.

Exemplo de país de Constituição flexível é a Inglaterra, onde supremo é o Parlamento. E essa supremacia é caracterizada pelos seguintes elementos: *a)* poder do legislador de modificar livremente qualquer lei, fundamental ou não; *b)* ausência de distinção jurídica entre leis constitucionais e ordinárias; *c)* inexistência de autoridade judiciária ou qualquer outra com o poder de anular um ato do Parlamento ou considerá-lo nulo ou inconstitucional.[7] Ainda na Inglaterra, embora formalmente, o mais alto tribunal britânico seja a Câmara dos Lordes, "efetivamente quem julga é seus *Appellate Committee*, do qual participam o Lorde Chancellor (Presidente da Câmara),

---

[6] FERREIRA FILHO. *Curso de direito constitucional*, p. 29-30.
[7] Como referido no Capítulo 9, item 3, deste trabalho, a supremacia do Parlamento inglês foi mitigada, após a aprovação, em 1998, e entrada em vigor, em 2000, do *Human Rights Act*, que tornou a Convenção Europeia de Direitos Humanos diretamente aplicável, o que implica o dever de observância, pelo Parlamento, das disposições constantes desse Ato.

11 Lordes Judiciais nomeados e os Lordes que já exerceram funções judiciárias previstas em lei".[8]

Jorge Miranda, em contraponto, depois de mostrar que, seja qual for o seu tipo, a Constituição, rígida ou flexível, pode ser atacada por normas e atos material e formalmente viciados, pelo que a inconstitucionalidade existe, quer em Constituição rígida, quer em Constituição flexível, esclarece: "Na verdade, o critério desta distinção – para o seu grande autor, James Bryce, a distinção principal a fazer entre todas as Constituições – está na posição ocupada pela Constituição perante as chamadas leis ordinárias. Se ela se coloca acima destas, num plano hierárquico superior, e encerra características próprias, considera-se rígida; ao invés, se se encontra ao nível das restantes leis, sem um poder ou uma forma que a suportem em especial, é flexível. Apenas as Constituições rígidas, e não também as Constituições flexíveis, são limitativas, porque ultrapassam as leis e prevalecem sobre as suas estatuições."[9]

Por isso é que a distinção entre Constituições rígidas e flexíveis não se põe no contexto da teoria da inconstitucionalidade, mas no da teoria da revisão constitucional, como qualificação de dois processos próprios, o que leva à compreensão de que a garantia da Constituição tenha nascido naqueles países em que é rígida.[10]

A supremacia da Constituição, de qualquer modo, é a expressão de uma intenção fundacional, configuradora de um sistema inteiro que nela se baseia; tem uma pretensão de permanência ou duração, o que parece assegurar-lhe uma superioridade sobre as normas ordinárias. A ideia de supremacia da Constituição determinou, em primeiro lugar, a distinção entre um poder constituinte, do qual surge a Constituição, e os poderes constituídos, de que emanam todas as normas ordinárias. Daí se deduz a chamada rigidez da norma constitucional, que lhe assegura uma superlegalidade formal impositiva de formas reforçadas de mudança constitucional frente aos procedimentos ordinários. A ideia de supremacia da Constituição leva também ao reconhecimento de uma superlegalidade material, que assegura uma preeminência hierárquica sobre todas as demais normas do ordenamento, obra do poder constituinte. Essas normas somente serão válidas se não contradizerem não apenas o sistema formal de sua produção, como ainda o quadro de valores e de limitações do poder, que se expressa na Constituição.[11]

Segundo Raul Machado Horta, a "aderência da rigidez ao conceito de Constituição formal acentua e robustece a distinção entre lei ordinária e lei constitucional, mediante disposição hierárquica, sob a égide suprema da Lei Magna. Para manter

---

[8] PALU. *Controle de constitucionalidade*: conceitos, sistemas e efeitos, p. 96.

Em virtude da participação do Reino Unido na União Europeia, houve mudanças no Poder Judiciário inglês, com a aprovação do *Constitutional Reform Act*, de 2005, que nele introduziu duas transformações: criou uma Corte Constitucional fora do Parlamento e independente em relação a ele, e esvaziou as funções judiciais da Câmara dos Lordes e do Lorde Chanceler. A nova Corte Constitucional instala-se em outubro de 2008 e os 12 *Law Lordes* são os primeiros membros do Tribunal.

[9] MIRANDA. *Contributo para uma teoria da inconstitucionalidade*, p. 37.

[10] MIRANDA. *Op. cit.*, p. 41.

[11] GARCIA DE ENTERRÍA. *La constitución como norma y el tribunal constitucional*, p. 49-50.

inalterável essa hierarquia, a Constituição rígida e formal reclama, doutrinária e praticamente, instrumento eficaz que a defenda. Não basta o simples reconhecimento teórico da supremacia constitucional. É preciso reconhecer as consequências que defluem da rigidez constitucional: permanência jurídica da Constituição e superioridade jurídica das leis constitucionais sobre as ordinárias, acarretando repulsa a toda lei contrária à Constituição. A rigidez sugere o problema da constitucionalidade das leis. Não se põe em dúvida, entretanto, que uma das consequências da rigidez é a de reforçar, elevando-a ao máximo, a ideia de supremacia constitucional. Ao conteúdo político das Constituições escritas, a rigidez acrescenta conteúdo jurídico".[12]

A Constituição é a fonte inicial, fundamento das demais normas, fundamento de existência e validade de todas as normas jurídicas que compõem o sistema normativo. Vale, no entanto, a observação de Jorge Miranda, no sentido de que a "hierarquia não tem valor por si, exprime coerência intra e intersistemática, liga-se a ordenação explícita ou implícita de instituições, funções, órgãos e formas no sistema. Por isso, deve ser vista basicamente como 'regra construtiva' e postulado de lógica formal mais ou menos arquitectado sobre o Direito positivo e dependente de dados variáveis em cada país e momento".[13]

Para Maria Helena Diniz, a "supremacia da Constituição se justificaria para manter a estabilidade social, bem como a imutabilidade relativa a seus preceitos, daí haver uma entidade encarregada da 'guarda da constituição', para preservar sua essência e os princípios jurídicos".[14]

Desse modo, o controle de constitucionalidade das leis e dos atos normativos pressupõe a satisfação de alguns pressupostos: I – existência de uma Constituição formal; II – compreensão da Constituição como lei fundamental (rigidez e supremacia constitucionais); distinção entre leis ordinárias e leis constitucionais; e III – previsão de pelo menos um órgão dotado de competência para o exercício dessa atividade de fiscalização.[15]

Pode-se dizer, em síntese, que da supremacia da Constituição decorrem os seguintes princípios, que se têm como referentes ao controle de constitucionalidade: "1. o princípio da unidade, em que as normas inferiores devem-se adequar às normas superiores na Constituição: 2. o princípio da constitucionalidade, isto é, de verificação da compatibilidade das normas infraconstitucionais com as normas superiores; 3. o princípio da razoabilidade, segundo o qual as normas infraconstitucionais devem ser instrumentos ou meios adequados (razoáveis), aos fins estabelecidos na Constituição; 4. princípio da rigidez para reforma da Constituição, que não pode ser feita pelo mesmo procedimento de elaboração da norma legislativa comum; 5. distinção entre poder constituinte e poder constituído, que é a atribuição da competência funcional a determinar quem pode criar os diversos níveis jurídicos; 6. graduação do ordenamento jurídico em diversos níveis, desde a norma fundamental abstrata até o ato de

---

[12] HORTA. *Direito constitucional*, p. 126-127.
[13] MIRANDA. *Manual de direito constitucional*, t. 2, p. 284.
[14] DINIZ. *Norma constitucional e seus efeitos*, p. 13.
[15] CLÈVE. *A fiscalização abstrata da constitucionalidade no direito brasileiro*, p. 28-29.

execução pelo órgão público; 7. garantia do Estado de Direito, pois os órgãos públicos se encontram limitados por determinações do poder constituinte."[16]

1.3 A supremacia da constituição no plano histórico

No plano histórico, a existência de normas de posição hierárquica diversa, umas servindo de validade das demais, já era aceita nas cidades gregas da antiguidade clássica, em que, além do instituto denominado *graphè paranomon*, pelo qual se possibilitava a qualquer cidadão denunciar, com efeito retroativo, lei ou ato tidos como inconstitucionais, ou contrários ao interesse público, se registrava diferença entre *nomos* (lei) e *psèfisma* (decreto), em que o primeiro prevalecia sobre o segundo. Manoel Gonçalves Ferreira Filho lembra que em Atenas, quando, "estabelecido o poder da Assembleia popular, reconheceu-se-lhe a faculdade de editar leis, a resistência a qualquer mudança do direito não desapareceu. Na verdade, se a todo cidadão era dada a iniciativa legislativa, as instituições atenienses cuidavam de moderar os eventuais arroubos da Assembleia, seja durante o procedimento legislativo, seja possibilitando a anulação judicial das leis que ela aprovasse. Se todo cidadão tinha, em Atenas, o direito de iniciativa, este poder envolvia a responsabilidade do proponente pelo mérito da proposta. Tal responsabilidade era apurada por meio da ação de ilegalidade, que podia ser movida por qualquer cidadão, contra quem a propusera e contra o presidente da Assembleia que a votara, no prazo de um ano depois de sua aprovação. Julgando o tribunal popular ser a lei contrária aos interesses do povo ateniense, ou as leis anteriores, ou, ainda, viciada pelo desrespeito às formas do procedimento legislativo, aquele que a propusera e os responsáveis por sua discussão e votação, particularmente o presidente da Assembleia popular, eram condenados a penas que iam desde a multa (a mais frequente) até a morte. Por outro lado, em consequência desse julgamento, a lei impugnada era anulada. Aliás, se a responsabilidade pessoal pela proposta e aprovação da lei se extinguia no prazo de um ano, a possibilidade de anulação subsistia sem limitação de tempo. Enfim, qualquer cidadão podia igualmente, por ação especial, pedir reparação aos responsáveis pela lei anulada pelos danos causados por ela à República.

Observe-se, outrossim, que o direito ateniense estabelecia a distinção entre a lei escrita e o decreto, por seu conteúdo. A primeira conteria disposições de caráter geral enquanto o decreto não poderia comportá-las. Igualmente, o direito de Atenas já impunha o princípio da legalidade, pois dispunha não poder o decreto prevalecer sobre a lei. Na verdade, a ilegalidade do decreto dava ensejo também à *graphè paranomon*".[17]

Na Idade Média, Santo Tomás de Aquino mencionava a presença da lei eterna, da lei natural e da lei humana, para sustentar que a obediência desta última somente estaria legitimada caso não contrariasse as duas primeiras.

---

[16] SLAIBI FILHO. *Ação declaratória de constitucionalidade*, p. 40.
[17] FERREIRA FILHO. *Do processo legislativo*, p. 25-27.

A doutrina medieval identificou, pois, a dicotomia entre duas classes de normas, isto é, o *jus naturale*, superior e incontrastável, e o *jus positum*, insuscetível de se atritar com aquele.

É, no entanto, no jusnaturalismo iniciado a partir da segunda metade do século XVI, e amplamente divulgado no século XVII, que surge, com maior nitidez, a noção de Constituição, de modo a levar ao prestígio a ideia de sua supremacia, quando se distinguiam duas espécies de leis, as ordenanças dos reis, que podiam alterar-se conforme a diversidade dos tempos e dos negócios, e as ordenanças do reino, que eram invioláveis.

Inocorrente, todavia, na Inglaterra a distinção prática entre leis constitucionais e leis ordinárias, dada a flexibilidade do seu sistema constitucional, não se considera, contudo, lei, sendo desaplicada, aquela norma que contrarie o costume ou o direito natural.

No sistema norte-americano, a Constituição escrita e rígida posiciona-se com superioridade diante das demais normas positivas. Assim, ou a Constituição anula os atos legislativos contrários a ela ou as leis, podendo modificá-la, tornam incontrolável o Poder Legislativo. Cabe ao Judiciário a competência para deixar de aplicar as normas inconstitucionais. Os fundamentos do controle de constitucionalidade, por órgãos judiciários, foram lançados pelo *Chief Justice* John Marshall, em 1803, no julgamento do caso Marbury *v.* Madison. Nesse julgamento ficou expresso que uma lei do Congresso, quando contrária à Constituição, carece de validade.

A invalidade, portanto, de uma lei violadora da Constituição é decorrência da posição superior em que esta se encontra. Oswaldo Aranha Bandeira de Mello, a propósito, acentua que "a Constituição é a autoridade mais alta, e derivante de um poder superior à legislatura, o qual é o único poder competente para alterá-la. O poder legislativo, como os outros poderes, lhe são subalternos, tendo as suas fronteiras demarcadas por ele, e, por isso, não podem agir senão dentro dessas normas".[18]

2. INCONSTITUCIONALIDADE

Designando conceito de relação, entende-se por inconstitucionalidade a desconformidade de um ato normativo do poder político referentemente à Constituição. A inconstitucionalidade "é um corolário do princípio da hierarquia das normas jurídicas e também da necessidade de garantia da própria Constituição", afirma Marcelo Rebelo de Sousa.

A relação de constitucionalidade e inconstitucionalidade "se estabelece entre uma coisa – a Constituição – e outra coisa – um comportamento – que lhe está ou não conforme, que com ela é ou não compatível, que cabe ou não no seu sentido, que tem nela ou não a sua base".[19] São conceitos que resultam do confronto de um comportamento, de uma norma ou de um ato com a Constituição e correspondem a atributos que tal comportamento se arroga em face de cada norma constitucional.

---

[18] BANDEIRA DE MELLO. *A teoria das constituições rígidas*, p. 48.
[19] MIRANDA. *Contributo para uma teoria da inconstitucionalidade*, p. 11.

Desse modo, não só o legislador comete ofensas à Constituição, já que a relação de inconstitucionalidade pode também derivar do comportamento de vários agentes e ser praticada por diversos modos, como o ato do administrador público que deixa de observar as determinações e princípios gerais da administração, ou não atende aos direitos públicos subjetivos previstos no texto constitucional, bem como o ato do juiz que desrespeite, no processo, as garantias e prerrogativas dos litigantes.

A inconstitucionalidade reside no antagonismo e contrariedade do ato normativo inferior (legislativo ou administrativo) com os vetores da Constituição, estabelecidos em suas regras e princípios. Traduzindo a mácula da norma, a inconstitucionalidade, na definição de Marcelo Caetano, consiste "no vício das leis que provenham de órgão que a Constituição não considere competente, ou que não tenham sido elaboradas de acordo com o processo prescrito na Constituição ou contenham normas opostas às constitucionalmente consagradas".[20]

Pela inconstitucionalidade, "transgride-se uma norma constitucional uma a uma, seja qual for a sua expressão verbal (texto de preâmbulo, artigo, número ou alínea de artigo), não se transgridem todas ao mesmo tempo e de igual modo. Pode assim ficar afectado todo um instituto ou capítulo que nem por isso – subsistindo a Constituição e dispondo ela de meios de garantia da sua integridade – deixa de ser através de qualquer das suas normas (ou de segmentos de normas) que a inconstitucionalidade se manifesta. Um comportamento enquanto tal contrário a toda a Constituição, juridicamente significativo, só poderia ser uma revolução".[21]

2.1 Tipos de inconstitucionalidade

Os tipos de inconstitucionalidade, identificados na doutrina, se baseiam em critérios como o momento, a atuação estatal, o procedimento ou o conteúdo da norma.

2.1.1 Inconstitucionalidade formal ou nomodinâmica

O vício que afeta o ato inconstitucional traduz defeito de sua formação, ou desrespeito da competência constitucional prevista para a sua prática. A inconstitucionalidade formal abrange, portanto, a inconstitucionalidade orgânica e a inconstitucionalidade formal propriamente dita.

A inconstitucionalidade orgânica decorre da inobservância da regra de competência para a edição do ato, ou do vício de competência do órgão de que promana o ato normativo, como, por exemplo, a edição, pelo Estado-Membro, de lei em matéria penal, que viola a regra de competência privativa da União (art. 22, I, da Constituição Federal), ou a apresentação de projeto de lei de iniciativa reservada, por outro proponente, que acarreta a usurpação de iniciativa, no âmbito do processo legislativo (exemplo: parlamentar apresenta projeto de lei de iniciativa reservada do Presidente da República, nos termos do art. 61, § 1º, da Constituição Federal).

---

[20] CAETANO. *Direito constitucional*, v. 1, p. 401.
[21] MIRANDA. *Manual de direito constitucional*, t. 6, p. 9.

A inconstitucionalidade formal propriamente dita decorre da inobservância do procedimento legislativo fixado na Constituição. Um dos exemplos de inconstitucionalidade formal, nesse caso, ocorre quando matérias que são reservadas pela Constituição para serem tratadas por via de uma espécie normativa, são veiculadas por outra.

No âmbito do processo legislativo, o vício formal de inconstitucionalidade é também conhecido como vício subjetivo se ocorrer na fase de iniciativa, e como vício objetivo se ocorrer nas demais fases do processo legislativo.

Tem-se então que o controle de constitucionalidade, no processo legislativo, envolve apenas aspectos formais de constitucionalidade das leis em gestação, e examina a regularidade ou não de cada ato autonomamente isolado, que compõe o processo legislativo, na maioria das vezes qualificado como ato interno das Casas Legislativas. Podem, portanto, ser impugnados a iniciativa, a discussão, a emenda, a votação, a sanção, o veto, a promulgação e a publicação das leis.[22]

Segundo Canotilho, "na hipótese de inconstitucionalidade formal, viciado é o acto, nos pressupostos, no seu procedimento de formação, na sua forma final".[23]

A inconstitucionalidade formal, portanto, caracteriza-se como vício do ato e não das normas constantes do ato.

A Lei Complementar n. 95, de 26 de fevereiro de 1998, que dispõe sobre a elaboração, a redação, a alteração e a consolidação das leis, conforme determina o parágrafo único do art. 59 da Constituição Federal, estabelece em seu art. 18, que eventual inexatidão formal de norma elaborada mediante processo legislativo regular não constitui escusa válida para o seu descumprimento. O Supremo Tribunal Federal já vinha decidindo que a lei cujo objeto veicule matéria estranha ao enunciado constante de sua ementa, por só esse motivo não ofende qualquer postulado constitucional, pelo que se acha excluída da possibilidade de declaração de inconstitucionalidade.[24]

A inconstitucionalidade formal pode interferir no equilíbrio entre os poderes, ao violar a reserva de lei ou de regimento.

A Constituição Federal, ao prever a reserva da lei, direciona-se não somente ao legislador federal, mas ao legislador estadual e até mesmo ao municipal, cometendo-lhes a edição de lei complementar, ordinária ou orgânica, como se vê do disposto no § 4º do art. 18, no § 3º do art. 25, e no art. 29 da Constituição Federal.

Em rigor, a inconstitucionalidade formal afeta todo o texto normativo na sua integralidade, pois o ato é considerado formalmente como uma unidade.[25]

Clèmerson Merlin Clève sustenta, no entanto, haver "situações em que a inobservância de disposição constitucional dá lugar a uma inconstitucionalidade parcial. É o caso, por exemplo, de lei ordinária, regularmente votada e sancionada, envolvendo

---

[22] O controle preventivo de constitucionalidade, em especial dos vícios regimentais, à luz do devido processo legislativo, será examinado adiante.
[23] CANOTILHO. *Direito constitucional e teoria da constituição*, p. 844.
[24] STF, ADI 1096-4 – medida liminar – Rel. Min. Celso de Mello, Diário da Justiça, Seção I, 2.9.1995, p. 30.589.
[25] CANOTILHO. *Direito constitucional e teoria da constituição*, p. 844.

matéria de lei ordinária, salvo em relação a um dispositivo (artigo, parágrafo, por exemplo) que esteja a invalidar campo reservado à lei complementar".[26] Nessa hipótese, a inconstitucionalidade formal será apenas do dispositivo que usurpa a reserva prevista na Constituição. Jorge Miranda também aduz que a inconstitucionalidade orgânica e a formal podem ser total ou parcial: "Se é certo que estas se referem ao acto em si mesmo, não menos seguro que é que vão projectar-se no seu resultado, designadamente na norma que seja seu conteúdo (por exemplo, há inconstitucionalidade orgânica parcial se um acto provém de um órgão que não poderia decretar algumas das normas nele contidas)."[27]

Finalmente, como acentua Clèmerson Merlin Clève, "no que tange à inconstitucionalidade parcial, não é possível esquecer que haverá 'casos em que a nulidade parcial implicará a nulidade total. A nulidade parcial implicará a nulidade total quando, em consequência da declaração de inconstitucionalidade de uma norma, se reconheça que as normas restantes, conformes à Constituição, deixam de ter qualquer significado autônomo (critério da dependência); além disso, haverá uma nulidade total quando o preceito inconstitucional fizer parte de uma regulamentação global à qual emprestava sentido e justificação (critério da interdependência)'".[28]

2.1.2 Inconstitucionalidade material ou nomoestática

Cuida-se de inconstitucionalidade em que o conteúdo do ato se acha em desacordo com o conteúdo da Constituição.

Espécie de inconstitucionalidade material consiste na inconstitucionalidade por excesso de Poder Legislativo, traduzida na incompatibilidade da lei com os fins constitucionalmente previstos, ou na inobservância do princípio da proporcionalidade. Deve ser pronunciada a inconstitucionalidade das leis que contenham limitações inadequadas, desnecessárias ou desproporcionais (não razoáveis), é o que lembra Gilmar Ferreira Mendes, para quem tal procedimento empresta maior intensidade e rigor ao controle da constitucionalidade e preserva o próprio Estado Democrático de Direito.[29]

Ao órgão responsável pelo controle de constitucionalidade cabe, nos limites da verificação do excesso de poder legislativo, ou desvio de finalidade, sindicar acerca da inserção ou não da norma nos critérios constitucionais, a correspondência ou não de fins, a harmonização ou a desarmonização de valores, a violação de princípios constitucionais, como o da igualdade e proporcionalidade, a violação de normas programáticas, o uso das autorizações constitucionais de restrições e de suspensão de direitos, liberdades e garantias, o respeito, pelo Parlamento, da obrigação de definir bases gerais, regimes gerais ou enquadramento de certas matérias, ou a obrigação de definir o sentido de autorizações legislativas.[30]

---

[26] CLÈVE. *A fiscalização abstrata da constitucionalidade no direito brasileiro*, p. 49.
[27] MIRANDA. *Manual de direito constitucional*, t. 6, p. 35.
[28] CLÈVE. *A fiscalização abstrata da constitucionalidade no direito brasileiro*, p. 49-50.
[29] MENDES. *Controle de constitucionalidade*: aspectos jurídicos e políticos, p. 48.
[30] MIRANDA. *Manual de direito constitucional*, t. 6, p. 42-44.

Assinale-se, no entanto, que a imprecisão e a vagueza dos parâmetros constitucionais, que não primam pelo rigor de conteúdo, podem ser circunstâncias que dificultam a efetivação do controle, não obstante venha o Supremo Tribunal Federal identificando esse vício no juízo de constitucionalidade.[31]

De outra parte, argumenta-se que o controle material de constitucionalidade poderia transformar o Judiciário em um superpoder, eis que a interpretação constitucional, nesse caso, levaria a vontade do Juiz a substituir a vontade do legislador, com violação do princípio da separação de Poderes. Nada obstante, o apontado excesso da função jurisdicional é contrabalançado pela ideia de que a jurisdição constitucional, como poder contramajoritário, é protetora das minorias e dos direitos fundamentais, contra os excessos da maioria parlamentar, observando-se, ademais, que o órgão judicial controlador da constitucionalidade não expressa a sua vontade, mas a vontade do próprio povo (este tema é desenvolvido e aprofundado adiante, no tópico referente ao controle jurisdicional de constitucionalidade).

2.1.3 Inconstitucionalidade por ação

Este tipo de inconstitucionalidade pressupõe uma conduta positiva do legislador, que se não compatibiliza com os princípios constitucionalmente consagrados. Envolve um *facere* do Estado, e compreende os atos legislativos incompatíveis com a Constituição. A inconstitucionalidade por ação acarreta a invalidação de um ato que existe, que foi praticado.

2.1.4 Inconstitucionalidade por omissão

Decorre da inércia ou do silêncio do legislador, descumprindo obrigação constitucional de legislar. Trata-se de uma inércia (*non facere*) ilegítima do Estado. A Constituição, com efeito, prevê, em vários de seus dispositivos, a necessidade de se editar atos normativos para dar eficácia a seus comandos que, na linguagem de José Afonso da Silva, são as normas constitucionais de eficácia limitada, compreendendo as declaratórias de princípio institutivo e as programáticas[32]. A inconstitucionalidade por omissão resultará, portanto, de um comportamento incompatível com a obrigação jurídica de conteúdo positivo. Apesar de haver uma liberdade de conformação, fundada em que o legislador dispõe de ampla discricionariedade para criar a lei, configura-se ilegítima a abstenção legislativa quando a Constituição impõe ao órgão legislativo o dever de editar norma reguladora do texto constitucional, que não a produz em tempo razoável.

Não é, portanto, qualquer lacuna constitucional que acarretará a inconstitucionalidade por omissão. Lembra-nos Clèmerson Merlin Clève que "na obra do Constituinte certamente pode-se encontrar: (I) lacunas não ofensivas ao plano de ordenação constitucional, desejadas pelo Constituinte (normas de eficácia limitada, basicamente) e que, sendo, em princípio, colmatáveis exclusivamente pelo Legislador, implicam

---
[31] *RT* 145/146; *RTJ* 110/967.
[32] Cf. SILVA. *Aplicabilidade das normas constitucionais.*

um dever de legislar; (II) lacunas não ofensivas ao plano de ordenação constitucional que, embora desejadas pelo Constituinte, não podem sofrer processo de integração nem por obra do Legislador (trata-se do que a doutrina convencionou chamar de 'silêncio eloquente'); e, ao fim, (III) lacunas ofensivas ao plano de integração por meio dos mecanismos convencionais de colmatação conhecidos pela doutrina (no Brasil: art. 4º da Lei de Introdução às normas do Direito Brasileirol). Pois bem, apenas o primeiro tipo de lacuna é capaz de dar lugar, caso não cumprido pelo Legislador o dever constitucional de legislar, à inconstitucionalidade por omissão".[33]

A omissão inconstitucional do legislador pode ser total ou parcial. Na omissão total, a inércia é integral, há uma absoluta falta de ação. A omissão é parcial, quando a abstenção do legislador ocorre apenas em parte, ou seja, apesar de o poder público atuar, o faz de forma incompleta ou deficiente, sem atender ao que a Constituição exige. A omissão parcial pode ainda ser relativa e parcial propriamente dita. Naquela, a lei exclui do seu âmbito de incidência determinada categoria ou grupo de pessoas que nele deveriam estar contemplados, privando-os de determinado benefício, com violação ao princípio da igualdade. Na omissão parcial propriamente dita, o legislador, sem comprometer o princípio da isonomia, atua, mas de modo insuficiente ou deficiente relativamente à obrigação que lhe era imposta[34].

O exame mais abrangente das questões que envolvem a inconstitucionalidade por omissão, inclusive quanto ao conteúdo e efeitos da decisão judicial, será realizado adiante, no item destinado à ação direta de inconstitucionalidade por omissão. Assim, ao versarmos, neste tópico, a omissão inconstitucional, destacamos apenas os aspectos elementares do tema.

2.1.5 Inconstitucionalidade originária

Decorre da emissão de um ato violador da Constituição, na vigência da norma constitucional.

2.1.6 Inconstitucionalidade superveniente

Verifica-se quando nova norma constitucional surge e dispõe em contrário de uma lei ou de outro ato precedente.

Para a maioria dos autores,[35] não se trata de inconstitucionalidade, mas de derrogação do direito anterior, incompatível com a norma constitucional posterior, devendo, pois, a questão ser resolvida no âmbito do direito intertemporal. Desse modo, a ação direta de inconstitucionalidade não deve sequer ser conhecida, por se revelar incabível quando se trata de declaração de inconstitucionalidade de lei anterior à Constituição.

---

[33] CLÈVE. *A fiscalização abstrata da constitucionalidade no direito brasileiro*, p. 53.
[34] BARROSO. *O controle de constitucionalidade no direito brasileiro*, p. 37-38.
[35] Cf. Capítulo 9, item 9 deste trabalho.

Nesse sentido decidiu o Supremo Tribunal Federal: "O vício da inconstitucionalidade é congênito à lei e há de ser apurado em face da Constituição vigente ao tempo de sua elaboração. Lei anterior não pode ser inconstitucional em relação à Constituição superveniente; nem o legislador poderia infringir Constituição futura. A Constituição sobrevinda não torna inconstitucional leis anteriores com ela conflitantes: revoga-as. Pelo fato de ser superior, a Constituição não deixa de produzir efeitos revogatórios. Seria ilógico que a lei fundamental, por ser suprema, não revogasse, ao ser promulgada, leis ordinárias. A Lei maior valeria menos que a ordinária."[36]

Quando se verifica incompatibilidade formal entre a lei anterior e a norma constitucional nova, ou seja, quando a inovação constante do texto constitucional posterior à lei muda a regra de competência ou a espécie normativa idônea para tratar da matéria, não se tem admitido a inconstitucionalidade superveniente. A norma anterior, nada obstante formalmente incompatível com a nova Constituição, é aceita como válida, desde que seja materialmente compatível com o texto constitucional. Não há falar, portanto, nessa circunstância, em inconstitucionalidade formal superveniente,[37] mas em recepção da norma anterior, que, no entanto, passa a se sujeitar, sob a incidência da nova Constituição, à sua disciplina.

A inconstitucionalidade superveniente não é admitida no controle concentrado, mas no difuso tem sido reconhecida a possibilidade de sua arguição. Tratando-se de inconstitucionalidade material, possível que se reconheça a incompatibilidade do conteúdo da norma criada sob a vigência da Constituição anterior e a nova Constituição.

De remarcar que, em se tratando de inconstitucionalidade superveniente formal, tem-se, no controle difuso, como válida a norma que fora produzida em conformidade com o processo legislativo vigente à época de sua elaboração.

2.1.7 Inconstitucionalidade pretérita

Trata-se de inconstitucionalidade que afeta normas criadas sob a vigência de uma Constituição que deu lugar a outra, mas que se configura pelo fato de as normas infraconstitucionais serem incompatíveis com a Constituição não mais existente, e não com a atual. A questão é verificar se essa inconstitucionalidade pode ser reconhecida pelo Poder Judiciário, na vigência da atual Constituição, à consideração de que o parâmetro de controle é o da Constituição vigente e não a Constituição pretérita.

No âmbito do controle concentrado, tem-se como incabível ação direta com o objetivo de obter a declaração de inconstitucionalidade de lei em abstrato em face de Constituição já revogada ao tempo da propositura da ação. Com efeito, ao Supremo Tribunal Federal cabe a guarda da Constituição atual (de 1988), e não de toda e qualquer Constituição.

---

[36] STF, ADI 521, Rel. Min. Paulo Brossard.
Anote-se que a Lei n. 9.882/99, em seu art. 1º, parágrafo único, inciso I, permite expressamente que o ato infraconstitucional anterior seja objeto de arguição de descumprimento de preceito fundamental, como examinaremos adiante.
[37] O Código Tributário Nacional, apesar de editado, na ordem constitucional anterior, como lei ordinária, é considerado pela Constituição de 1988 como lei complementar.

Nesse sentido, a jurisprudência do Supremo Tribunal Federal: "Ao STF, na ação direta de inconstitucionalidade, incumbe a guarda da Constituição em vigor, e não da que a precedeu."[38]

O mesmo Supremo Tribunal ainda decidiu que, em se tratando de Arguição de Descumprimento de Preceito Fundamental, disciplinada pela Lei n. 9.882, de 3.12.1999, a discussão sobre a legitimidade de lei pré-constitucional em face de ordem constitucional superveniente pode ser precedida de indagação sobre a constitucionalidade da lei em face da ordem constitucional anterior – embora não declarada a inconstitucionalidade – questão que foi suscitada pelo Ministro Sepúlveda Pertence.[39]

Observa, contudo, Zeno Veloso que, no ponto, duas hipóteses podem ocorrer: "ou a lei inconstitucional, diante da Constituição anterior, conflita, também, com a Constituição presente e, então, perdeu a eficácia, foi revogada, ou fulminada pela inconstitucionalidade superveniente, como querem alguns (*omissis*); ou, ao contrário, a norma inconstitucional que, apesar disto, continuava vigendo, conforma-se e se harmoniza com a nova Constituição, e não haveria motivo ou razão para que fosse declarada a sua inconstitucionalidade em face da Constituição pretérita. Seria prestigiar o direito caduco, a velha ordem, enaltecer o *ancien régime* em detrimento do novo sistema estabelecido. Poder-se-ia chegar ao absurdo de, na era de uma Constituição democrática, declarar a inconstitucionalidade de uma lei que com esta se harmoniza, para exaltar uma Constituição passada, outorgada pela ditadura."[40]

A inconstitucionalidade pretérita tem sido, entretanto, admitida no âmbito do controle difuso-incidental, retroagindo os efeitos para nulificar os atos praticados em violação à anterior Constituição.[41]

As questões a serem resolvidas, no controle difuso, pertinentes à inconstitucionalidade pretérita, envolvem o direito intertemporal, devendo-se observar a data do julgamento, conforme escólio de Pontes de Miranda: "se uma lei *feita* sob a Constituição de 1891, ou sob a Constituição de 1934, ou sob a de 1937, ou sob a de 1946, era inconstitucional, pergunta-se à Constituição, vigente quando ela se fez, se *valia*; se, feita sob a Constituição de 1891 e constitucionalmente válida, atravessou o período de 16 de julho de 1934 a 9 de novembro de 1937, responde a Constituição de 1934; se não o atravessou, foi revogada, ou derrogada, e não revive com a Constituição de 1937; se o atravessou, tem-se de saber se, com a de 10 de novembro de 1937, ficou revogada, ou não; se veio até 17 de setembro de 1946, indaga-se se poderia ser feita (fundo) e se podia incidir depois de 18 de setembro; se veio até 15 de março de 1967, é de inquirir-se se poderia ser feita e se poderia incidir a partir de 15 de março. Se se trata de lei feita sob a Constituição de 1967, essa Constituição é que decide sobre ser, ou não, *válida*. Quando a incidência é sob a Constituição nova, essa é que responde se vale, quanto ao *fundo*, a regra jurídica."[42]

---

[38] RTJ 135/515.
[39] STF, ADPF 33-PA, Rel. Min. Gilmar Mendes, j. 7.12.2005.
[40] VELOSO. *Controle jurisdicional de constitucionalidade*, p. 122.
[41] STF, ADI 1.556, RTJ 128/1.063.
[42] PONTES DE MIRANDA. *Comentários à constituição de 1967 com a emenda n. 1, de 1969*, t. III, p. 596.

2.1.8 Inconstitucionalidade progressiva (a lei ainda constitucional)

Ocorre nos casos em que a lei, que nasceu constitucional, vai transitando para a esfera da inconstitucionalidade, até tornar-se írrita. A implementação de uma nova ordem constitucional não é um fato instantâneo, mas um processo em que a possibilidade de realização da norma da Constituição subordina-se muitas vezes a alterações da realidade fática que a viabiliza.[43]

2.1.9 Inconstitucionalidade total

Verifica-se na hipótese de abrangência de todo o ato normativo; o vício o contamina em toda a sua inteireza.

2.1.10 Inconstitucionalidade parcial

Alcança apenas parte do ato normativo, por exemplo, um ou vários dispositivos, ou fração deles, como expressões ou palavras. Diferentemente do veto parcial, a inconstitucionalidade parcial, em virtude do caráter de parcelaridade da norma, não se limita a texto integral de artigo, parágrafo, inciso ou alínea. Há casos em que é admissível que a inconstitucionalidade de uma norma alcance outras, desde que haja relação de dependência entre elas, deixando o dispositivo de ter significado autônomo, o que leva à presunção de que "o legislador não adotaria um desacompanhado do outro".[44]

A inconstitucionalidade parcial pode ainda implicar na inconstitucionalidade total, "quando, em consequência da declaração de inconstitucionalidade de uma norma, se reconheça que as normas restantes, conformes à Constituição, deixam de ter qualquer significado autônomo (critério da dependência); além disso, haverá uma nulidade total quando o preceito inconstitucional fizer parte de uma regulamentação global à qual emprestava sentido e justificação (critério da interdependência)".[45]

2.1.11 Inconstitucionalidade antecedente ou imediata

Decorre de um juízo da violação direta e imediata, da norma constitucional, por uma lei ou ato normativo inferior.

2.1.12 Inconstitucionalidade consequente, derivada ou por arrastamento

Decorre de um efeito reflexo da inconstitucionalidade antecedente ou imediata. Será, desse modo, inconstitucional a norma dependente de outra declarada inconsti-

---

[43] STF, RE 147.776, *DJ*, 19.6.1998.
[44] STF – ADI 722, Rel. Min. Moreira Alves, *DJ*, 19.6.1992.
[45] CLÈVE. *A fiscalização abstrata da constitucionalidade no direito brasileiro*, p. 49-50. Não havendo, entretanto, relação de dependência entre as normas impugnadas, não se pode declarar, em sede de ação direta, a constitucionalidade da norma não impugnada, sob pena de se converter o Supremo Tribunal Federal em legislador positivo.

tucional, ou seja, se uma lei é inconstitucional, o decreto que a regulamentou também o será, já que com aquela mantém relação de dependência.

2.1.13 Inconstitucionalidade causal

Quando o ato praticado não atende à situação fática que a Constituição instituiu como pressuposto de sua existência.

2.1.14 Inconstitucionalidade "chapada", "enlouquecida", "desvairada"[46]

É a inconstitucionalidade mais do que evidente, clara, flagrante, não restando qualquer dúvida acerca do defeito ou vício da norma, seja formal, seja material.

2.2 Inconstitucionalidade e ilegalidade

Inconstitucionalidade não se confunde com *ilegalidade*, embora ambos os conceitos tenham relação com a contrariedade a normas. Se a inadequação entre a norma ou o ato normativo do Poder Público se der frente aos postulados da Constituição, trata-se de inconstitucionalidade, mas se essa inadequação referir-se à lei, o ato será ilegal. Portanto, "o princípio da constitucionalidade exige a conformidade de todas as normas e atos inferiores, leis, decretos, regulamentos, atos administrativos e atos judiciais, às disposições substanciais ou formais da Constituição; o princípio da legalidade reclama a subordinação dos atos executivos e judiciais às leis e, também, a subordinação, nos termos acima indicados, das leis estaduais às federais e das municipais a umas e outras".[47]

A relação de desconformidade entre a Constituição e o comportamento estatal há de ser necessariamente direta, que se traduza numa violação direta e imediata da norma constitucional. Nesse diapasão, somente as relações imediatas entre normas constitucionais e normas legais, ou atos normativos do poder público é que configuram aquelas relações intrassistemáticas, de modo a caracterizar a inconstitucionalidade. Assim, só há inconstitucionalidade quando houver uma relação imediata de incompatibilidade vertical entre um ato e as normas constitucionais. Se a desconformidade do ato do poder público for em relação à lei, haverá ilegalidade, ainda que mediatamente ocorra violação da Constituição.

2.3 Inconstitucionalidade e relações jurídicas entre particulares

Em princípio, a inconstitucionalidade refere-se a comportamentos do poder público, e não a atos dos particulares, ainda que de caráter normativo.

---

[46] A expressão foi usada pelo Min. Sepúlveda Pertence (ADI 2.527, ADI 3.715), havendo o Min. Ayres Britto caracterizado esta inconstitucionalidade como "enlouquecida", "desvairada" (ADI 3.232). Cf. ainda LENZA: *Direito constitucional esquematizado*, p. 295.

[47] RÁO. *O direito e a vida dos direitos*, p. 263.

Oswaldo Luiz Palu é incisivo ao afirmar: "Somente em atos dos agentes dos poderes políticos pode-se falar em inconstitucionalidade; aos particulares em suas relações privadas ou mesmo em suas relações jurídico-públicas não se dirá que praticam atos inconstitucionais passíveis de censura pela corte ou tribunal constitucional onde houver. Nesse caso, as sanções serão, evidentemente, de outra ordem."[48]

Nagib Slaibi Filho considera que "a preocupação do legislador constituinte em explicitar que somente atos estatais podem ser objeto do controle concentrado de constitucionalidade indica, de um lado, a tentativa de preservar ao Poder Público o monopólio da legislação, e, de outro, o desconhecimento dos evidentes efeitos normativos de decisões de grupos econômicos ou de categorias sociais e profissionais".[49]

Também Jorge Miranda observa: "Não é inconstitucionalidade toda e qualquer desconformidade com a Constituição, visto que também os particulares ao agirem na sua vida quotidiana podem contradizer ou infringir a Constituição ou os valores nela inseridos. Não é inconstitucionalidade a violação de direitos, liberdades e garantias por entidades privadas, a eles também vinculados, e nem sequer a ofensa de normas constitucionais por cidadãos em relações jurídico-públicas. Estas violações podem ser relevantes no plano do Direito constitucional; o seu regime é, no entanto, naturalmente diverso dos regimes específicos a que estão sujeitas as leis e outros actos do Estado. Por inconstitucionalidade deve entender-se, pois, o não cumprimento da Constituição, por acção ou omissão, por parte dos órgãos do poder político."[50]

Há casos, todavia, em que a Constituição estabelece padrões de comportamento que vinculam o particular, de modo que, por exemplo, se houver reunião armada (art. 5º, XVI), e criação de associações de caráter paramilitar (art. 5º, XVII), os particulares praticarão atos inconstitucionais.[51]

A análise da denominada *eficácia horizontal dos direitos fundamentais* é por nós desenvolvida no Capítulo 15, item 5, adiante.

2.4 Inconstitucionalidade e responsabilidade civil do Estado

O Estado é responsável pelos atos que pratica. Também é responsável pela ordem jurídica, e, sendo a inconstitucionalidade um vício da norma, cabível a indenização pelos danos dela decorrentes. O ato inconstitucional pode, então, gerar a responsabilidade civil do Estado, é dizer, "a inconstitucionalidade pode não apenas atingir o acto enquanto tal mas também constituir uma relação jurídica obrigacional entre o Estado e um particular que, por causa desse acto, tenha o seu direito ou interesses ofendido e sofre um prejuízo, passível (mesmo se não patrimonial) de avaliação pecuniária".[52]

---

[48] PALU. *Controle de constitucionalidade*: conceitos, sistemas e efeitos, p. 65.
[49] SLAIBI FILHO. *Direito constitucional*, p. 147.
[50] MIRANDA. *Manual de direito constitucional*, t. 2, p. 274-275.
[51] CANOTILHO. *Direito constitucional e teoria da constituição*, 831-832. Cf. ainda MIRANDA. *Manual de direito constitucional*, t. VI, p. 162-164.
[52] MIRANDA. *Manual de direito constitucional*, t. 6, p. 98.

A lei inconstitucional legitima, assim, a pretensão indenizatória.[53]

O Supremo Tribunal Federal, em julgamento de recurso extraordinário, da relatoria do Ministro Celso de Mello, decidiu: "A elaboração teórica em torno da responsabilidade civil do Estado por atos inconstitucionais tem reconhecido o direito de o indivíduo, prejudicado pela ação normativa danosa do poder Público, pleitear, em processo próprio, a devida indenização patrimonial. A orientação da doutrina, desse modo, tem-se fixado, na análise desse particular aspecto do tema, no sentido de proclamar a plena submissão do Poder Público ao dever jurídico de reconstituir o patrimônio dos indivíduos cuja situação pessoal tenha sofrido agravos motivados pelo desempenho inconstitucional da função de legislar. Nesse sentido, impõe-se registrar, no plano da doutrina nacional, o magistério, dentre outros, de Guimarães Menegale (*Direito Administrativo e Ciência da Administração*, v. 2/350, 2. ed., 1950); Pedro Lessa (*Do Poder Judiciário*, p. 164, 1915); José de Aguiar Dias (*Da Responsabilidade Civil*, v. II/318, 6. ed., 1979); Yussef Said Cahali (*Responsabilidade Civil do Estado*, p. 226, 1982) e, ainda, de Amaro Cavalcanti (*Responsabilidade Civil do Estado*, p. 623, n. 88, 1957), cuja autorizada lição enfatiza que, 'declarada uma lei inválida ou inconstitucional por decisão judiciária, um dos efeitos da decisão deve ser logicamente o de obrigar a União, o Estado ou Município a reparar o dano causado ao indivíduo cujo direito fora lesado – quer restituindo-se-lhe aquilo que indevidamente foi exigido do mesmo, como sucede nos casos de impostos, taxas ou multas inconstitucionais, quer satisfazendo-se os prejuízos provadamente sofridos pelo indivíduo com a execução da lei suposta'. Em trabalho jurídico mais recente, José Cretella Júnior, ao tratar da responsabilidade civil do Estado por ato legislativo – especialmente em face da lei inconstitucional danosa –, destaca (RDA 153/15-26), *verbis*: 'Se da lei inconstitucional resulta algum dano aos particulares, caberá a responsabilidade do Estado, desde que a inconstitucionalidade tenha sido declarada pelo Poder Judiciário. Sendo a lei, em regra, comando genérico e abstrato, o dano aos particulares emergirá de atos praticados em decorrência de lei inconstitucional, exceto no caso excepcional de leis que determinam situações jurídicas individuais, de sorte que o dano será diretamente imputável à lei inconstitucional. Isso, entretanto, não altera, em absoluto, os termos da questão. O que é imprescindível é que se verifique o nexo causal entre a lei inconstitucional e o dano ocorrido'. De outro lado, é de referir que a jurisprudência dos Tribunais (RDA 8/133) – desta Suprema Corte, inclusive – não se tem revelado insensível à orientação fixada pela doutrina, notadamente porque a responsabilidade civil do Estado por ato do Poder Público declarado incompatível com a Carta Política traduz, em nosso sistema jurídico, um princípio de extração constitucional. O STF consagrou esse entendimento e prestigiou essa orientação em pronunciamentos nos quais deixou consignado que: 'O Estado responde civilmente pelo dano causado em virtude de ato praticado com fundamento em lei declarada inconstitucional' (RDA 20/42, Min. Castro Nunes). 'Uma vez praticado pelo Poder Público um ato prejudicial que se baseou em lei que não é lei, responde ele por suas consequências' (RTJ 2/121, Rel. Cândido Mota Filho). A resenha doutrinária e jurisprudencial que vem de ser feita acentua, a meu juízo pessoal, o extremo relevo que assume a questão

---

[53] Cf., no direito brasileiro, CAHALI. *Responsabilidade civil do estado*, p. 652-659.

referente à indenização patrimonial dos prejuízos causados por ato inconstitucional emanado do Poder Público."[54]

3. CUSTÓDIA DA CONSTITUIÇÃO: A POLÊMICA ENTRE CARL SCHMITT E HANS KELSEN

No século XIX, com o surgimento das monarquias constitucionais no lugar das monarquias absolutas, ao se firmar o entendimento de que poderia ser o monarca o defensor da Constituição, buscava-se justamente impedir sua violação por quem ainda se achava em condições de colocá-la em risco, o monarca, e não recuperar o poder que fora subtraído do Chefe do Estado com a mudança da monarquia absoluta para a constitucional.

Em seguimento a esse período histórico, tornou-se célebre a polêmica travada entre Carl Schmitt e Hans Kelsen, na primeira metade do século XX, sobre quem deveria ser o defensor da Constituição.[55]

Para Schmitt, a defesa da Constituição, como se depreende do art. 48 da Constituição de Weimar, de 1919, cabe ao Presidente do *Reich*, uma espécie de poder neutro concebido por Benjamin Constant, e que influenciou Schmitt, para o desenvolvimento de uma teoria própria. Segundo Schmitt, não compete aos tribunais exercer o controle de constitucionalidade, como queria Kelsen, porquanto a justiça constitucional tem uma feição nitidamente de caráter político, o que faz com que se politize a jurisdição constitucional, levando ao comprometimento do equilíbrio constitucional do Estado de Direito (a política não tem nada a ganhar e a justiça tudo a perder). Os poderes do Presidente do *Reich* o tornam independente dos órgãos legislativos, embora esteja vinculado, simultaneamente, à referenda dos ministros dependentes do Parlamento. A decisão sobre o conteúdo da Constituição é uma manifestação completamente distinta da decisão de uma pretensão conflitiva com fundamento na lei. Para que haja uma decisão judicial, condição necessária é que exista uma norma legal sob a qual os fatos possam ser subsumidos, o que não ocorre quanto à justi-

---

[54] STF, Pleno, 26.8.92, *apud* CAHALI. *Responsabilidade civil do estado*, p. 655.

[55] André Ramos Tavares (*Teoria da justiça constitucional*, p. 71-72) prefere utilizar a expressão *curador da Constituição*, ao invés de *defensor* ou *defesa da Constituição*. Para o constitucionalista, *curador da Constituição* "é a expressão designativa da entidade à qual se atribua a função de proteger a Constituição contra suas eventuais violações, aplicando-a. E a Constituição só pode ser violada por aqueles que têm a obrigação (espaço-temporal definida) de cumpri-la. O 'ataque' às normas constitucionais pode provir de diferentes pessoas. Tanto o particular quanto qualquer dos 'poderes' do Estado, ou mesmo qualquer cidadão pode se transformar em violador da Constituição. Considere-se ainda, na perspectiva oposta, que qualquer um é partícipe na vida constitucional de seu Estado, e, nessa medida, pode transformar-se em curador da Constituição. O que se pode concluir é que na defesa e aplicação da Constituição todos os órgãos são conclamados a assumir parcela dessa responsabilidade. Isso não impede nem desautoriza a atribuição dessa responsabilidade de defesa e cumprimento (curadoria) da Constituição a um órgão (já existente no modelo clássico ou a ser criado para desempenhar essa tarefa)".

A expressão *defensor da Constituição*, aqui utilizada, tem sentido mais estrito, porque relacionada apenas com o órgão estatal encarregado de custodiar o texto constitucional.

ça constitucional, que tem como fundamento o conteúdo da própria Constituição: esta matéria não é judicial, mas de decisão política do legislador. O Presidente do *Reich*, ainda segundo Schmitt, é o protetor da Constituição, por ser independente dos partidos políticos e do Parlamento, embora vinculado à referenda dos Ministros dependentes da confiança do Parlamento; é escolhido pela totalidade do povo alemão, expressa, portanto, a vontade da maioria; é o autêntico poder neutro, mediador, regulador e tutelar. O Parlamento, cuja composição é plural, não se mostra capaz de obter a imprescindível unidade: "a corporação legislativa tornou-se o reflexo da pluralidade de complexos sociais de poder organizados. Mas se o Estado não fosse nada mais do que esse sistema pluralista, ele seria, então, de fato, apenas um acordo contínuo, sua Constituição seria um contrato entre os complexos sociais de poder que formam o sistema pluralista e repousaria na expressão *pacta sunt servanda*, e assim as partes vinculadas pelo contrato conservariam em suas mãos a sua obra, a Constituição, permanecendo senhores do pacto constitucional, que poderiam alterar por intermédio de novos acordos da mesma forma como o fecharam, e se defrontariam como grandezas políticas autônomas. O que ainda existe de unidade estatal seria, então, o resultado de uma aliança (como todas as alianças e contratos) fechada com ressalvas existenciais."[56]

Kelsen, ao sustentar a necessidade de um controle concentrado de constitucionalidade, a cargo de um Tribunal Constitucional, reafirma que a defesa da Constituição visa justamente evitar sua violação pelo seu defensor proposto por Schmitt, isto é, o Presidente do *Reich*, cuja legitimidade advém apenas de uma maioria no momento da votação, nada mais garantindo. O exemplo histórico é expressivo: em 1933, na Alemanha, ocorreram mutações constitucionais justamente em razão da deformação das concepções originais do texto constitucional de 1919, levadas a efeito por Hitler, então Presidente do *Reich*, como se fosse um poder neutro. Só a justiça constitucional, porque associada ao regime democrático, é capaz de oferecer garantias eficazes contra o risco de esmagamento das minorias e da violação dos direitos fundamentais. Ainda para Kelsen, o Tribunal Constitucional não exerce pura função jurisdicional, mas legislativa negativa, com a invalidação das leis, pelo que partilha da função legislativa.

A atribuição ao Tribunal Constitucional do controle concentrado de constitucionalidade é explicada por Kelsen: "Uma vez que a Constituição divide o poder essencialmente entre dois polos, Parlamento e governo (onde por 'governo' deve-se entender especialmente o órgão composto pelo chefe de Estado e os ministros que assinam seus atos), já apenas por isso deve existir necessariamente um antagonismo contínuo entre Parlamento e governo. E o perigo de uma violação constitucional deve nascer sobretudo da possibilidade de um dos dois polos ultrapassar os limites que a Constituição lhe designou. Uma vez que justamente nos casos mais importantes de violação constitucional Parlamento e governo são partes litigantes, é recomendável convocar para a decisão da controvérsia uma terceira instância que esteja fora desse antagonismo e que não participe do exercício do poder que a Constituição

---

[56] SCHMITT. *O guardião da constituição*, p. 207-208.

divide essencialmente entre Parlamento e governo. Que essa mesma instância tenha, com isso, um certo poder, é inevitável. Porém, há uma diferença gigantesca entre, de um lado, conceder a um órgão apenas esse poder que deriva da função de controle constitucional e, de outro, tornar ainda mais fortes os dois principais detentores do poder, confiando-lhes ademais o controle da Constituição. A vantagem fundamental de um tribunal constitucional permanece, sendo que, desde o princípio, este não participa do exercício do poder, e não se coloca antagonicamente em relação ao Parlamento ou ao governo."[57]

3.1 O Chefe do Executivo e a defesa da Constituição no Direito Constitucional Comparado

Na maioria das Constituições há referência ao Chefe do Executivo em sua obrigação de manter, cumprir e defender a Constituição. Essa atividade deve ser entendida, no entanto, como competência do Presidente da República voltada para a atuação da Constituição e desempenho de suas funções dentro dos limites traçados pelo texto constitucional, o que envolve o poder de veto, fundado em inconstitucionalidade, ou a recusa de cumprimento da lei inconstitucional, fundada igualmente em sua inconstitucionalidade: é o que afirma André Ramos Tavares, que nos oferece extenso mapeamento dessas Constituições, a seguir registrado, por sua abrangência e inegável significado para o Direito Constitucional Comparado: "A Constituição da República Socialista da Albânia, de 29 de dezembro de 1976, falava em um dever de cumprimento (arts. 82 e 84); já a Constituição de 21 de outubro de 1998 determina o juramento de obediência à Constituição (art. 88, 3). A Constituição da República Federal da Alemanha, de 23 de maio de 1949, fala na obrigação de *guardar e defender* a Lei Fundamental (art. 56). A Constituição de Angola, de 11 de novembro de 1975, falava em velar pelo cumprimento da Lei Constitucional (art. 53); a Constituição angolana, de 25 de agosto de 1992, fala em dar cumprimento à Constituição (art. 56, n. 1). A Constituição da Argélia, de 22 de novembro de 1976, considerava o Chefe do Executivo *garante* da Constituição (art. 111, 3). A Constituição da Argentina, de 22 de agosto de 1994, impõe o dever de *observar e fazer observar* fielmente a Constituição (art. 93). A Constituição da Áustria, promulgada em 1º de outubro de 1920, com última emenda de 21 de dezembro de 1994, fala do dever de *observar* a Constituição (art. 62). A Constituição da Bélgica, de 17 de fevereiro de 1994 (que em rigor é modificação do texto da Constituição originária, de 1831), estipula para o rei, ao ocupar o trono, o juramento de observar a Constituição (art. 91). A Constituição da Bolívia, de 6 de fevereiro de 1995, fala no dever de fidelidade à República e à Constituição (art. 92). A Constituição da Bulgária, de 12 de julho de 1991, determina que o Presidente fará juramento no sentido de observar a Constituição (art. 96). A Constituição de Cabo Verde, de 5 de setembro de 1980, revista em 12 de fevereiro de 1981, falava em *defender* a Constituição da República (art. 68); e a Constituição de Cabo Verde, de 23 de novembro de 1999, define o Presidente da República como vigia e *garante* da Constituição (art. 124, n. 1). A Constituição do Chile, de 21 de outubro de 1980,

---

[57] KELSEN. *Jurisdição constitucional*, p. 275-276.

utiliza a expressão *guardar e fazer guardar* a Constituição (art. 27). A Constituição do Chipre, de 6 de abril de 1960, menciona o dever de respeitar a Constituição (art. 42). A Constituição da Colômbia, de 6 de julho de 1991, refere-se ao juramento de *cumprir* a Constituição (art. 188). A Constituição da Dinamarca, de 5 de junho de 1953, estipula que o Rei, ao assumir o exercício de seus poderes, declarará solenemente observar *inviolavelmente* a Constituição (art. 8º). A Constituição do Egito, de 22 de maio de 1980, menciona o dever de respeitar a Constituição (arts. 73 e 79). A Constituição de El Salvador, de 1983, com as reformas inseridas em 31 de outubro de 1991 e em 30 de janeiro de 1992, fala em *cumprir e fazer cumprir* a Constituição (art. 168, I). A Constituição do Equador, de 10 de agosto de 1979, com texto modificado em 1983, menciona o dever de *cumprir e fazer cumprir* a Constituição (art. 78, *a*), mantendo-se na Constituição equatoriana de 1998 o dever (art. 171, n. 1). A Constituição dos Estados Unidos, de 17 de setembro de 1787, menciona como juramento o dever de *preservar, proteger e defender* a Constituição (art. II, seção I, n. 8). A Constituição da Finlândia, de 11 de junho de 1999, impõe o juramento no sentido de que *observará com honestidade e lealdade* a Constituição (art. 56). A Constituição da França, de 4 de outubro de 1958, com modificações resultantes das leis constitucionais de 4 de junho de 1960, 6 de novembro de 1962, 30 de novembro de 1963, 29 de outubro de 1974 e 18 de junho de 1976, impõe ao Presidente da República a *vigilância* do cumprimento da Constituição (art. 5º). A Constituição da Grécia, de 9 de junho de 1975, impõe ao Presidente o dever de *observar* a Constituição (art. 33). A Constituição da Holanda, com texto revisado em 19 de janeiro de 1983, estipula que o Rei 'jurará fidelidade à Lei Fundamental' (art. 32). A Constituição da Irlanda, de 1º de julho de 1937, impõe o juramento para *manter* a Constituição (art. 12, n. 8). A Constituição da Islândia, de 17 de julho de 1944, estabelece que o Presidente prestará o juramento de *manter* a Constituição (art. 10). A Constituição da Itália, de 22 de dezembro de 1947, estipula o dever de *observar* a Constituição (art. 91). A Constituição japonesa, de 3 de novembro de 1946, impôs ao Presidente respeitar e observar a Constituição (art. 99). A Constituição do México, de 31 de janeiro de 1917, falava em *guardar e fazer guardar* a Constituição (art. 87). A Constituição de Moçambique, de 25 de junho de 1975, com as alterações de 13 de agosto de 1978, impôs o dever de *fazer respeitar* a Constituição (art. 54, *a*); a Constituição moçambicana, de novembro de 1990 prescreve que o Chefe de Estado será o garantidor da Constituição (art. 117, n. 1). A Constituição da Nicarágua, de 9 de janeiro de 1987, fala em *cumprir e fazer cumprir* a Constituição política (art. 150, I). A Constituição da Noruega, de 17 de maio de 1814, com a emenda de 23 de julho de 1995, exige que o Rei jure que governará o reino da Noruega *de conformidade* com a Constituição (art. 9º). A Constituição do Paraguai, de 25 de agosto de 1967, com a emenda aprovada pela Assembleia Constituinte de 10 de março de 1977, alocou entre as atribuições do Presidente a de *observar e fazer observar* a Constituição (art. 176), e a Constituição do Paraguai, de 20 de junho de 1992, determina como atribuição do Presidente *cumprir e fazer cumprir* a Constituição (art. 238, n. 1). A Constituição do Peru, de 31 de outubro de 1993, fala em cumprir e fazer cumprir a Constituição (art. 118, 1). A Constituição de Portugal, com texto resultante da terceira revisão constitucional aprovada pela Lei Constitucional n. 1, de 25 de novembro de 1992, menciona o dever de *defender, cumprir e fazer cumprir* a Constituição(art. 130). A Constituição da República Dominicana, de 20 de julho de 2002, fala em *cumprir e fazer cumprir* a Constituição (art. 54). A Constituição da Romênia, de 1974, com as emendas resultantes da Lei n. 2, de 18 de março de 1975, estipulou que o Presidente da República prestará juramento no sentido de *respeitar e defender* a Constituição (art. 73), e a Constituição romena, de 8 de dezembro de 1991, determina que o Presidente *vigie o respeito* à Constituição (art. 80, n. 2). A Constituição da Turquia, de 7 de novembro de 1982, fala em juramento do Presidente no sentido de *manter* a Constituição (art. 103). A Constituição do Uruguai, de 17, de novembro de 1966, e emendas plebiscitárias de 1989, 1994 e 1996, fala em *guardar e defender* a Constituição da república (art. 158). A Constituição da Venezuela, de 24 de março de 2000, aloca como atribuição do Presidente da República *cumprir e fazer cumprir* a Constituição (art. 236, n. 1)."[58]

A Constituição brasileira, de 5 de outubro de 1988, em seu art. 78, impõe ao Presidente da República, no ato da posse, prestar o compromisso de manter, defender e cumprir a Constituição.

3.2 A custódia da constituição no pensamento de Ely, Habermas e Dworkin

Para John Hart Ely a função dos juízes de anular normas inconstitucionais pode ser vista como um corolário ou como um inimigo da democracia. Combate o ativismo judicial, ao entender que juízes e tribunais, ao declarar a inconstitucionalidade de uma lei, devem agir com automoderação e autorrestrição, em respeito ao princípio democrático. Aduz que os juízes só podem declarar a inconstitucionalidade de uma norma quando ferirem as condições procedimentais do próprio debate democrático, pois são eles árbitros das disputas políticas. O controle judicial é cabível apenas quanto aos procedimentos de discussão para a criação da lei, não podendo os juízes tomar decisões substantivas, invadindo o espaço de decisão do legislador ou do próprio povo. Assim, é tarefa dos tribunais o controle das restrições às liberdades de expressão, de imprensa e de associação política, declarando inconstitucionais as leis que impeçam o exercício dessas liberdades, uma vez que, nesses casos, o debate democrático não seria desenvolvido de maneira adequada.[59]

Habermas retoma a discussão entre Schmitt e Kelsen, no capítulo de sua obra *Direito e democracia*: entre factidade e validade, dedicado à análise do papel e da legitimidade da jurisdição constitucional.[60] Habermas, que se opõe ao positivismo, como Schmitt, e adota concepções filosóficas iluministas, com raízes em Kant, após dizer que a concretização do direito constitucional através de um controle judicial

---

[58] TAVARES. *Teoria da justiça constitucional*, p. 81-84.
[59] Cf. ELY. *Democracia e desconfiança*: uma teoria do controle judicial de constitucionalidade. Ely critica algumas decisões substantivas da Suprema Corte, que, levadas pela sedução do interpretacionismo, invadiram o espaço do legislador ou do povo, como a decisão *Roe vs. Wade*, de 1973, que declarou a inconstitucionalidade das leis antiaborto, de todos os cinquenta Estados da federação, pois essas leis não impediam o livre desenvolvimento do debate democrático, não impedindo que as mulheres se reorganizassem e lutassem publicamente pelo fim da proibição.
[60] HABERMAS. *Direito e democracia*: entre facticidade e validade, vol. I, p. 297 *et seq*.

de constitucionalidade serve, em última instância, para a clareza do direito e para a manutenção de uma ordem jurídica coerente, concebe a justiça constitucional como necessária à defesa dos direitos fundamentais contra as maiorias legislativas. Em sua teoria procedimentalista da democracia, Habermas observa que "o tribunal constitucional deve proteger o sistema de direitos que possibilita a autonomia privada e pública dos cidadãos. Por isso, o tribunal constitucional precisa examinar os conteúdos de normas controvertidas especialmente no contexto dos pressupostos comunicativos e condições procedimentais do processo de legislação democrático. Tal compreensão procedimentalista da constituição imprime uma virada teórico-democrática ao problema de legitimidade do controle jurisdicional da constituição".[61]

Há, portanto, estreita vinculação entre controle de constitucionalidade e democracia, cabendo à jurisdição constitucional papel relevante na solução dos conflitos e na busca de garantia do pluralismo político e da estabilidade do regime democrático.

O pensamento de Dworkin, quanto à conciliação de uma jurisdição constitucional com a democracia, é nítido: a partir da distinção entre democracia majoritária, fundada no princípio da maioria, e de democracia constitucional, aduz que a justiça constitucional deve tomar decisões de princípio e não de política, é dizer, decisões acerca dos direitos das pessoas e não sobre como promover melhor o bem-estar geral. A democracia verdadeira é aquela em que todas as pessoas são tratadas com igual respeito e consideração. A jurisdição constitucional é a que assegura que as questões mais importantes de moralidade pública serão finalmente expostas e debatidas como questões de princípio e não de poder político.[62]

A justiça constitucional, a cargo dos Tribunais Constitucionais, afirma-se como uma condição de possibilidade do próprio Estado Democrático de Direito, que tem como pilares o regime democrático e a garantia dos direitos fundamentais. A soberania do Parlamento é substituída pela soberania e supremacia da Constituição. Quando a vontade da maioria parlamentar não corresponde à vontade popular, abre-se maior espaço para a atuação da justiça constitucional.

3.3 Os Tribunais Constitucionais e a custódia da Constituição – Os diálogos constitucionais

A previsão de um Tribunal Constitucional como defensor da Constituição é hoje uma exigência democrática. Como acentua Enterría, uma Constituição sem um Tribunal Constitucional é uma Constituição ferida de morte, pois é no Tribunal Constitucional que a Constituição deposita suas possibilidades e seu futuro.[63] A necessidade de uma justiça constitucional, a cargo de Tribunais Constitucionais, corresponde ao declínio da ideia de lei, a partir da constatação de que também o legislador comete erros e abusos (o legislador expressa a vontade popular livremente, mas ele próprio não é soberano, pois soberano é o poder político estatal) que devem ser corrigidos

---

[61] HABERMAS. *Direito e democracia*: entre facticidade e validade, vol. I, p. 326.
[62] DWORKIN. *Uma questão de princípio*, p. 42.
[63] GARCÍA DE ENTERRÍA. *La constitución como norma y el tribunal constitucional*, p. 121, 186.

por um órgão autônomo em relação a ele, e que não esteja comprometido com as opções políticas dos legisladores. Há, portanto, limites constitucionais à atividade legiferante. A extensão do Direito para um campo antes ocupado exclusivamente pela política e a complexidade dos sistemas jurídicos a demandar um órgão especial apto a realizar o reconhecimento das fontes do Direito são considerados os outros fatores que vieram a justificar a importância dos Tribunais Constitucionais no seu papel de promover a justiça constitucional.

Quando se trata de indagar a quem cabe a última palavra sobre o sentido da Constituição, há, na Teoria da Constituição, a figura dos denominados diálogos constitucionais, ou diálogos interinstitucionais. Entre as várias questões abrangidas pelos diálogos constitucionais, situa-se aquela que trata da resolução dos problemas de legitimidade democrática de um órgão contramajoritário invalidar leis aprovadas pela maioria dos representantes eleitos pelo povo (verificar item 16, adiante), e das relações travadas, no Brasil, entre o Supremo Tribunal Federal e o Congresso Nacional na definição do sentido da Constituição, o que levaria à possibilidade de aprovação, pelo Poder Legislativo, de normas que superem os entendimentos constitucionais do Supremo Tribunal.

Nesta última abordagem, costuma-se mencionar a *override clause,* ou *notwithstanding clause,* prevista na Seção 33 da Carta Canadense de Direitos de 1982, que permite às legislaturas nacional e provincianas do Canadá deliberarem, por maioria ordinária e pelo prazo renovável de cinco anos, pela prevalência das suas leis sobre os direitos da liberdade e da igualdade arrolados nas seções 2, 7 e 15 da Carta. Ao abordar o tema, Rodrigo Brandão acentua que a cláusula caiu em desuso, diante de seu altíssimo custo político e do seu emprego.[64]

No Brasil, há formas de reação legítimas e ilegítimas contra as decisões do Supremo Tribunal Federal, destacadas por Cláudio Pereira de Souza Neto e Daniel Sarmento, que não compartilham da visão de ser monopólio da Corte Suprema a última palavra sobre interpretação constitucional, seja sob o ângulo descritivo, seja sobre o prescritivo. Quanto ao primeiro ângulo, aduzem que "as decisões do STF podem, por exemplo, provocar reações contrárias da sociedade e nos outros poderes, levando a própria Corte a rever a sua posição inicial sobre um determinado assunto. Há diversos mecanismos de reação contra decisões dos Tribunais Constitucionais, que vão da aprovação de emenda constitucional em sentido contrário, à mobilização em favor de novos ministros com visão diferente sobre o tema", como ainda cortes no orçamento do Judiciário, e não implementação de decisões judiciais.[65]

---

[64] BRANDÃO. *Supremacia judicial versus diálogos constitucionais*: a quem cabe a última palavra sobre o sentido da Constituição?, p. 241, 242. A possibilidade de diálogo constitucional na interpretação constitucional foi destacada pelo Min. Gilmar Mendes, quando afirmou: "Não é possível presumir, portanto, a inconstitucionalidade dos dispositivos atacados simplesmente porque eles contrariam a 'última palavra' conferida pelo Supremo Tribunal Federal sobre o tema. O que pretendo ressaltar, pelo contrário, é o fato de que se o legislador federal (re) incide, cria ou regula essa matéria constitucional de modo inteiramente diverso, o 'diálogo', o debate institucional deve continuar" (STF, ADI 2.797, Rel. Min. Sepúlveda Pertence, j. 15.9.2005).

[65] SOUZA NETO; SARMENTO. *Direito constitucional*: teoria, história e métodos de trabalho, p. 402.

Quanto ao ângulo prescritivo, "é preferível adotar-se um modelo que não atribua a nenhuma instituição – nem do Judiciário, nem do Legislativo – o direito de errar por último, abrindo-se a permanente possibilidade de correções recíprocas no campo da hermenêutica constitucional, com base na ideia de diálogo, em lugar da visão mais tradicional, que concede a última palavra nessa área ao STF."[66]

Ao longo deste capítulo são examinados, nessa perspectiva, temas relativos aos Tribunais Constitucionais e à jurisdição constitucional, como a legitimidade, organização, composição, e limites de atuação dos Tribunais Constitucionais.

4. SISTEMAS E TIPOS DE CONTROLE DE CONSTITUCIONALIDADE

O controle de constitucionalidade é a garantia institucionalizada da Constituição, um sistema, um processo criado a título mais ou menos específico para tal fim. A garantia é um fim mais que um meio, o controle um meio e nunca um fim em si mesmo; a garantia é um resultado hipotético ou que se almeja, o controle consiste, sobretudo, numa atividade.[67]

Examinamos, a seguir, alguns sistemas e tipos de controle de constitucionalidade,[68] segundo critérios relacionados com a sua origem histórica (matrizes norte-americana, austríaca e francesa), bem como aspectos processuais subjetivos e objetivos.

4.1 Quanto ao parâmetro de controle

Quanto ao parâmetro, o controle de constitucionalidade pode referir-se a: *a)* toda a Constituição formal, nela incluídos os princípios e regras implícitos; *b)* apenas alguns dispositivos da Constituição; *c)* um bloco formado pela Constituição formal e ainda os princípios superiores definidos como direito supralegal, tais como os princípios implícitos positivados ou não na Constituição.

A regra geral tem sido a do parâmetro de toda a Constituição formal, como se verifica no Direito norte-americano e no brasileiro. Há, no entanto, Estados, como a Bélgica, que adotam o parâmetro limitado, em que somente as normas contrastantes com alguns poucos dispositivos da Constituição podem ser objeto de controle. E há países, como a Alemanha, que tomam como parâmetro não só a Constituição, como também as normas derivadas de um direito supralegal reconhecido pelo Tribunal Constitucional, assumindo o parâmetro a natureza de bloco de constitucionalidade.

---

[66] SOUZA NETO; SARMENTO. *Op.* e p. *cit.*
[67] MIRANDA. *Manual de direito constitucional*, t. 6, p. 49.
[68] O sistema de controle de constitucionalidade expressa "o conjunto de instrumentos decorrentes da própria Constituição para a salvaguarda de sua supremacia, fundando-se na necessidade de preservar a soberania do poder constituinte em face de qualquer outro poder" (SLAIBI FILHO. *Direito constitucional*, p. 142).

Nesse caso, cabível a tese da inconstitucionalidade de normas constitucionais, por violação do direito supralegal.[69]

4.2 Quanto à natureza do órgão de controle

Considerando o órgão encarregado de exercer o controle de constitucionalidade, pode ser ele: a) *político;* b) *jurisdicional;* c) *misto.*

4.2.1 Controle político

O sistema de controle *político,* originário dos países da Europa, notadamente a França, onde havia um mau conceito e uma desconfiança nos juízes, já que no *ancien régime* a jurisdição era exercida como um direito patrimonial, de igual maneira como os bens objeto de propriedade imóvel com todos os seus atributos, o que levou ainda à criação de um contencioso administrativo, é aquele em que a constitucionalidade é verificada por um órgão político, distinto do Judiciário, ou pelo próprio Legislativo ou pelo Chefe de Estado, ou ainda por um órgão especial (*Conseil Constitutionnel,* da Constituição da França).

O controle político é atualmente praticado na França, sendo encarregado de exercê-lo o Conselho Constitucional, previsto na Constituição de 4 de outubro de 1958.

Segundo informa Ronaldo Poletti, o Conselho Constitucional "compõe-se de nove membros, renovando-se por terças partes em cada triênio. Além daqueles nove, integram o Conselho os ex-Presidentes da República. O Presidente da República nomeia três membros e designa o Presidente do Conselho. Os outros Conselheiros são nomeados pelo Presidente da Assembleia e pelo Presidente do Senado, três cada um. Além de funções relativas às eleições, o Conselho Constitucional exerce um controle preventivo de constitucionalidade das leis. Quando um texto legislativo ou um tratado internacional, embora aprovados, porém não promulgados, suscitarem dúvidas, quanto à sua constitucionalidade, no espírito dos Presidentes da República, da Assembleia, do Senado, ou no do Primeiro-ministro, poderão essas autoridades submetê-los ao Conselho Constitucional para que este se pronuncie sobre a constitucionalidade. Tratando-se de lei orgânica, quase sempre atinente aos poderes públicos, a audiência do Conselho é obrigatória. O Conselho deve manifestar-se no prazo de um mês, salvo se o Governo considerar urgente a matéria, quando o prazo será reduzido a oito dias. Nesse ínterim, a promulgação da lei é suspensa. O Conselho decide em sessão secreta, sem contraditório ou audiências orais, embora, na prática, se venha admitindo a apresentação de memoriais pelos órgãos interessados. Se a manifestação

---

[69] CLÈVE. *A fiscalização abstrata da constitucionalidade no direito brasileiro,* p. 71-72. Cf. ainda: BACHOF. *Normas constitucionais inconstitucionais?* No Brasil, a tese da inconstitucionalidade das normas constitucionais originárias foi afastada pelo Supremo Tribunal Federal, no julgamento da ADI 815-3-DF, Rel. Min. Moreira Alves, j. 28.3.1996.

A respeito do bloco de constitucionalidade, cf. o Capítulo 9, item 6, deste trabalho.

do Conselho for no sentido da inconstitucionalidade, a lei não será promulgada, nem entrará em vigor, sem que haja revisão constitucional".[70]

Além das leis orgânicas, o controle preventivo é obrigatório para os regulamentos das Casas do Parlamento, e facultativo quanto às demais leis, hipótese em que somente atuará se provocado por iniciativa do Presidente da República, do Primeiro-Ministro, do Presidente da Assembleia Nacional ou do Presidente do Senado, ou por iniciativa de 60 Deputados ou 60 Senadores.

O controle de constitucionalidade realizado pelo Conselho Constitucional, segundo o texto original da Constituição Francesa de 1958, era de natureza essencialmente preventiva: após a promulgação do ato normativo não havia mais lugar para o controle de constitucionalidade na França. A reforma constitucional de 23 de julho de 2008, ao acrescentar o art. 61-1 na Constituição Francesa, alterou, no entanto, o modelo de controle, que era essencialmente preventivo, para autorizar o controle sucessivo ou repressivo de constitucionalidade, ampliando a competência do Conselho Constitucional. Com efeito, pela reforma constitucional de 2008, passou a ser possível a qualquer pessoa, que figure como parte em processo judicial ou administrativo, alegar que determinada disposição legislativa viola os direitos e liberdades garantidos pela Constituição, caso em que a questão será submetida, por encaminhamento do Conselho de Estado ou do Tribunal de Cassação, ao Conselho Constitucional, para decisão em prazo específico. Trata-se da "Questão Prioritária de Constitucionalidade", incidente regulamentado pela Lei Orgânica n. 2009-1523, de 10 de dezembro de 2009. Ao decidir sobre a questão prioritária de constitucionalidade, o Conselho Constitucional, se declarar que a disposição legal é compatível com a Constituição, a norma terá sua validade confirmada, permanecendo no sistema jurídico. Se, no entanto, o Conselho Constitucional declarar que a disposição legislativa é incompatível com a Constituição, será revogada a partir da publicação da decisão ou de uma data posterior especificada na decisão do Conselho Constitucional, que ainda fixará as condições e os limites em que os efeitos produzidos pela norma impugnada podem ser questionados (art. 62 da Constituição Francesa). As decisões do Conselho Constitucional são irrecorríveis e obrigatórias para todos os poderes públicos e autoridades administrativas e judiciais.

Além da França, em que o controle político é realizado por um órgão político especial, encontram-se outras modalidades desse controle, no Direito Constitucional Comparado, como aquele exercido pelos cidadãos, pelo próprio Legislativo ou pelo Poder Executivo.

No controle político nada existe, em princípio, de jurisdicional: nem o sujeito, nem o processo, nem os efeitos do controle.

4.2.2 Controle jurisdicional

O sistema *jurisdicional* consiste no controle da constitucionalidade efetivado pelo Poder Judiciário.

---

[70] POLETTI. *Controle da constitucionalidade das leis*, p. 57-58.

Esse sistema tem sua origem nos Estados Unidos da América, onde não havia previsão constitucional expressa relativamente ao controle de constitucionalidade, e teve ampla repercussão após a decisão da Corte Suprema acerca do caso *Marbury vs. Madison*, em que o Juiz Marshall (achava-se no lugar certo, na hora exata)[71] demonstrou que o ato legislativo ou executivo incompatível com a Constituição é nulo, írrito, sem valor algum, desprovido de força vinculativa, desobrigando de seu cumprimento os indivíduos e o Poder Público.

O episódio histórico que deu origem ao julgamento, pela Suprema Corte dos Estados Unidos, de que participou o *Chief Justice* Marshall é conhecido: o Presidente da República, John Adams, que pertencia ao Partido Federalista, contrariado com a derrota nas urnas para Thomas Jefferson, e o seu Secretário de Estado, o próprio Marshall (antes de assumir a Suprema Corte, por indicação de Adams), passou a nomear correligionários para cargos no Judiciário. Um dos nomeados foi William Marbury para o cargo de Juiz de Paz no condado de Washington, Distrito de Columbia. Os atos de nomeação desses concidadãos foram realizados às pressas, é dizer, entre a eleição e a data da posse de Jefferson, Presidente eleito. Não houve, por isso mesmo, tempo para que muitos dos nomeados fossem notificados da nomeação. Jefferson, uma vez empossado, resolveu não reconhecer todas as nomeações efetivadas por seu antecessor, ordenando que se expedissem apenas 25 atos, inutilizando os demais. Determinou então a seu novo Secretário de Estado, James Madison, que não entregasse a alguns dos beneficiados, entre eles William Marbury, o título da comissão, o que lhes impossibilitou de tomar posse do cargo. Marbury e mais três companheiros (Dennis Ramsay, Robert Townsend Hooe e William Harper) ingressaram na Suprema Corte com um *writ of mandamus* com base numa lei federal que lhes dava poderes para ordenar a providência impetrada. Após dois anos em que o processo teve curso, e num clima de grande expectativa da opinião pública, mediante até mesmo ameaça de *impeachment* dos seus juízes, a Suprema Corte julgou o caso em 1803, indeferindo, com o voto de Marshall, a ordem impetrada. Marshall decidira inicialmente o mérito da causa, dando razão a Marbury. Entretanto, não concedia o *mandamus* por entender que havia uma preliminar intransponível, qual seja, a inconstitucionalidade da lei federal que conferia poderes à Suprema Corte para determinar a ordem impetrada. É que a competência do Tribunal, por ter sido fixada pela Constituição, somente por ela poderia ser ampliada, e não por lei infraconstitucional.

Marshall decidiu: "A vontade originária e suprema organiza o governo e assina aos diversos departamentos seus respectivos poderes. E pode contentar-se com isso ou fixar certos limites para que não sejam ultrapassados por esses departamentos.

Pertence à última classe o governo dos Estados Unidos. Os poderes da legislatura são definidos e limitados; e, para que esses limites não se possam tornar confusos ou apagados, a Constituição é escrita. Para que fins os poderes são limitados e com que intuito se confia à escrita essa delimitação, se a todo tempo esses limites podem ser ultrapassados por aqueles a quem se quis refrear? A distinção entre um governo de

---

[71] Cf. MACIEL. O acaso, John Marshall e o controle de constitucionalidade. *In: Revista de Informação Legislativa*, ano 43, n. 172, out./dez. 2006, p. 37-44.

limitados ou de ilimitados poderes se extingue desde que tais limites não confinem as pessoas contra quem são postos e desde que atos proibidos e atos permitidos sejam de igual obrigatoriedade. É uma proposição por demais clara para ser contestada, que a Constituição veta qualquer deliberação legislativa incompatível com ela; ou que a legislatura possa alterar a Constituição por meios ordinários.

Não há meio termo entre estas alternativas. A Constituição ou é uma lei superior e predominante, e lei imutável pelas formas ordinárias; ou está no mesmo nível juntamente com as resoluções ordinárias da legislatura e, como as outras resoluções, é mutável quando a legislatura houver por bem modificá-la.

Se é verdadeira a primeira parte do dilema, então não é lei a resolução legislativa incompatível com a Constituição; se a segunda parte é verdadeira, então as Constituições escritas são absurdas tentativas do povo para delimitar um poder por sua natureza ilimitável.

Certamente, todos quantos fabricaram Constituições escritas consideraram tais instrumentos como lei fundamental e predominante da nação e, conseguintemente, a teoria de todo o governo, organizado por uma Constituição escrita, deve ser que é nula toda resolução legislativa com ela incompatível.

Se nula é a resolução da legislatura inconciliável com a Constituição, deverá, a despeito de sua nulidade, vincular os tribunais e obrigá-los a dar-lhe efeitos?

Enfaticamente, é a província e o dever do Poder Judiciário dizer o que é a lei. Aqueles que aplicam a regra aos casos particulares devem necessariamente expor e interpretar essa regra. Se duas leis colidem uma com a outra, os tribunais devem julgar acerca da eficácia de cada uma delas.

Assim, se uma lei está em oposição com a Constituição; se aplicadas ambas a um caso particular, o tribunal se vê na contingência de decidir a questão em conformidade da lei, desrespeitando a Constituição, ou consoante a Constituição, desrespeitando a lei; o tribunal deverá determinar qual destas regras em conflito regerá o caso. Essa é a verdadeira essência do Poder Judiciário.

Se, pois, os tribunais têm por missão atender à Constituição e observá-la, e se a Constituição é superior a qualquer resolução ordinária da legislatura, a Constituição, e nunca essa resolução ordinária, governará o caso a que ambas se aplicam."[72]

Como salienta Raul Machado Horta, a decisão, obra de arte política, "reconhecia o princípio do controle judiciário da constitucionalidade das leis, sem conferir efeitos práticos imediatos à declaração de inconstitucionalidade. O que interessava fundamentalmente a Marshall era aquele reconhecimento, que servia a dois objetivos de longo alcance: o de neutralizar possível reação desfavorável do Governo Federal e firmar valioso precedente jurisprudencial para impedir, se necessário, as transformações esperadas em virtude dos resultados do pleito de 1801".[73]

A doutrina de Marshall, da *judicial review*, segundo relata Lúcio Bittencourt, antes de se consolidar no constitucionalismo democrático de outros países, conheceu algu-

---

[72] MARSHALL. *Decisões constitucionais*, p. 24-27.
[73] HORTA. *Direito constitucional*, p. 139-140.

mas dificuldades iniciais, passando pelo menos por três vezes, até meados do século em que foi enunciada, por dificuldades que quase a levaram a perder a eficácia.

A primeira dificuldade ocorreu quando o próprio Marshall tentou negociá-la em troca de maiores prerrogativas para a função judicante, que se viu ameaçada, em face do *impeachment* intentado contra o *Justice* Samuel Chase, que julgava sem nenhuma isenção, provocando, com seu exacerbado partidarismo, reação da opinião pública. Propôs então Marshall a criação de um Tribunal Constitucional dentro do próprio Congresso, fora e acima das Cortes regulares, abdicando da supremacia do Judiciário. Tendo sido, no entanto, rejeitado o *impeachment*, diga-se, por pequena maioria, a doutrina da *judicial review* permaneceu íntegra.

A segunda dificuldade foi causada pela ameaça, por parte do Presidente Andrew Jackson, à doutrina do controle judicial, ao vetar o ato de reorganização do Banco dos Estados Unidos, cuja constitucionalidade fora sustentada por Marshall e seus pares, em decisão proferida em 1819, no caso *Mc Culloch vs. Maryland*. O fundamento do veto foi, precisamente, a inconstitucionalidade da criação do Banco, salientando o Presidente Jackson que as decisões da Corte Suprema tinham caráter meramente opinativo, valendo apenas pelo seu raciocínio, sem dispor de força compulsória: "A opinião dos juízes não tem maior autoridade sobre o Congresso do que este possui sobre aqueles e, nesse particular, o Presidente é independente de ambos. Não se pode, por consequência, permitir à Corte Suprema exercer autoridade sobre o Congresso ou o Executivo quando estes agem em sua capacidade legislativa, limitando-se os juízes à influência que o seu raciocínio possa merecer."

A terceira dificuldade verificou-se com a recusa, pelo Presidente Lincoln, em aceitar a decisão da Corte Suprema, então presidida pelo *Chief Justice* Taney, que declarou a inconstitucionalidade do chamado *Missouri Compromise*, invalidando a emancipação do escravo negro Dred Scott. Além disso, Lincoln recusou obediência à Corte, suspendendo, durante a Guerra de Secessão, a garantia do *habeas corpus*, suspensão que manteve, mesmo com a decisão em contrário proferida por Taney.[74]

Cenário histórico à parte, o certo é que as dificuldades iniciais foram superadas, e a evolução do sistema jurisdicional de controle de constitucionalidade acabou por conhecer, além do difuso, em que o controle cabe a todo e qualquer juiz ou tribunal, o concentrado, que é exercido por um único órgão do Poder Judiciário, normalmente seu órgão de cúpula (no Brasil, o Supremo Tribunal Federal), ou por um tribunal criado exclusivamente para esse fim.

Considera-se o Poder Judiciário competente para o exercício do controle de constitucionalidade, quando não há na Constituição previsão para a sua efetivação, como ocorreu nos Estados Unidos, salientando ser inerente a esse Poder a competência para a aplicação do direito, o que implica naquela de desaplicar as normas jurídicas, quando contrárias à Constituição.

Nesse sentido, a observação de Manoel Gonçalves Ferreira Filho, para quem o controle jurisdicional tem por si a naturalidade, pois a verificação da constituciona-

---

[74] BITTENCOURT. *O controle jurisdicional da constitucionalidade das leis*, p. 14-17.

lidade de uma norma não é senão um caso particular de verificação de legalidade, atribuição que frequentemente é desempenhada pelo Poder Judiciário.[75]

Sustenta-se, por outro lado, que o sistema judicial, embora tenha a virtude de impedir a confusão entre controlados e controladores, como ocorre no sistema político, poderia transformar o Judiciário em um superpoder, já que a ele caberia interpretar, final e conclusivamente, a Constituição, comprometendo o princípio da separação de poderes. Essa questão, que faz com que o Tribunal Constitucional seja o único juiz da sua própria autoridade, no dizer de Rui Barbosa, foi identificada por Lúcio Bittencourt, ao afirmar: "Argui-se, todavia que a doutrina americana, acarretando a supremacia do Judiciário, opõe-se aos princípios democráticos, pois, enquanto em relação ao Congresso, de eleição em eleição, o povo pode escolher os seus representantes de acordo com a filosofia política dominante, no caso do Judiciário a estabilidade dos juízes impede que se reflita nos julgados a variação da vontade popular."[76]

O controle de constitucionalidade pelo Poder Judiciário, de matriz norte-americana, traz, nessa perspectiva, outra peculiaridade, a integração da jurisdição constitucional à jurisdição ordinária, desde que o juízo de constitucionalidade é exercido, de regra, por qualquer autoridade judicial no âmbito de um processo de jurisdição ordinária. E essa integração não ocorreria, na concepção de alguns juristas, isenta de riscos: o primeiro deles estaria em que o padrão do magistrado de carreira, que tem como especialidade a aplicação da lei e não a sua crítica, apresentaria incompatibilidade com o exercício da jurisdição constitucional;[77] o segundo risco estaria em que a atividade de julgar as leis é mais complexa e delicada, o que exige de seus titulares expressiva sensibilidade político-institucional, motivo por que a jurisdição constitucional não guardaria perfeita adequação com o ápice de uma carreira de perfil técnico-legal, cujos meios de acesso (concurso público) não avaliam aquela sensibilidade político-institucional, mas apenas o conhecimento jurídico apresentado por seus titulares.[78]

Não se deve esquecer, no entanto, o Judiciário, pela natureza de suas funções, é o Poder que menor perigo causa aos direitos fundamentais previstos na Constituição, conforme já dizia Hamilton, e que contrabalança a autoridade do Legislativo e do Executivo. Ao escrever sobre as limitações judiciais de usurpação às usurpações do poder legislativo, Thomas Cooley enfatiza: "O fim dos tribunais é aplicar a lei local às contendas que, uma vez suscitadas, são levadas à decisão deles. Sua autoridade é coordenada à do poder legislativo. Não lhe é superior nem inferior, mas cada uma dessas autoridades deve agir com igual dignidade dentro da esfera que lhe é assinalada. Porém o poder judiciário tendo de decidir qual a lei que deve ser aplicada em determinada controvérsia, pode encontrar a vontade do poder legislativo, conforme

---

[75] FERREIRA FILHO. *Curso de direito constitucional*, p. 32.
[76] BITTENCOURT. *O controle jurisdicional da constitucionalidade das leis*, p. 21.
[77] CAPPELLETTI. Necesidad y legitimidad de la justicia constitucional. *Tribunales constitucionales Europeos y derechos fundamentales*, p. 603.
[78] Cf. SEGADO. La justicia constitucional ante elsiglo XXI: laprogresivaconvergencia de los sistemas americano y europeo-kelseniano. *In: Revista Latino-Americana de Estudos Constitucionais*, n. 2, jul./dez. 2003, p. 211-277.

é expresso em lei, em conflito com a vontade do povo em conformidade do expresso na Constituição, e as duas se não poderem conciliar. Neste caso, como o poder legislativo é o conferido pela Constituição, é claro que o poder delegado foi o que se excedeu; que o mandatário não se manteve dentro da órbita do mandato. O excesso, por conseguinte, é nulo e é dever do tribunal reconhecer e fazer efetiva a Constituição como o direito primordial, e recusar-se a dar execução ao ato legislativo, e assim o anular na prática."[79]

Cezar Saldanha Souza Junior acentua: Nos "Estados Unidos da América, a adoção da tripartição dos poderes não foi obstáculo ao surgimento de uma jurisdição constitucional, assumida pelo poder judiciário, por meio de uma inteligente construção jurisprudencial. Duas ordens de fatores operaram aí. A primeira e principal, o casamento perfeito da tradição de *common law* com a Constituição escrita. No *common law*, a legislação formal é fonte secundária, e não primária, do direito. Direito é, antes de tudo, produto do costume e do precedente judicial. O direito legislado formal (o *statute law*), mesmo quando crescente, funciona como um instrumento para ajudar o Judiciário a resolver conflitos; ele é 'sociodigerido' pelo *common law*, costumeiro e judicial. O Judiciário não é um órgão (burocrático) do Estado, mas um braço (em muitos lugares ainda eletivo) da sociedade. É o poder mais importante em matéria de direito. Cria direito, com a força vinculante do precedente, *erga omnes*. E a Constituição – aí o segredo – funde-se ao núcleo desse sistema sociodigestor, o *common law*, e, incrustada nele, torna-se critério a ser legitimamente usado pelo Judiciário no julgamento das aplicações concretas do direito legislado. Portanto, o Judiciário assume, naturalmente, o controle da constitucionalidade, na medida em que a Constituição une-se ao coração principiológico do *common law*, como mais um instrumento – e entre todos o mais forte – para o processamento do *statute law*".[80]

Ademais, o controle de constitucionalidade, pelo Judiciário, consoante o mesmo Hamilton, em *O Federalista*, tem a finalidade de evitar que os representantes do povo acabem por confundir sua vontade com a da Constituição, que é superior a eles e a qualquer outro poder constituído. Desse modo, os juízes, ao declararem nula uma lei, porque contrária à Constituição, não estão afirmando sua superioridade sobre o Poder Legislativo, mas atuando como instrumentos da Constituição, que deles se serve para reafirmar a superioridade da Lei Fundamental sobre as leis ordinárias, do poder constituinte originário do povo sobre o poder do legislador, das Casas Legislativas e da própria maioria parlamentar. O controle de constitucionalidade é essencial, por se configurar, não só como instrumento de proteção dos direitos fundamentais e das minorias, relativamente aos atos arbitrários dos legisladores e das maiorias políticas, como também para impedir que um dos poderes, o mais forte – na concepção de Madison, o Legislativo, porque reúne as prerrogativas de fazer a lei e impor os tributos – acabe por envolver e representar todo o espaço da Constituição.

---

[79] COOLEY. *Princípios gerais de direito constitucional dos Estados Unidos da América do Norte*, p. 142.
[80] SOUZA JUNIOR. *O Tribunal constitucional como poder* – uma nova teoria da divisão dos poderes, p. 138-139.

4.2.3 Controle misto

O sistema *misto* é aquele em que o controle da constitucionalidade é entregue a um órgão especial constituído por membros do Poder Judiciário e outros estranhos a esse Poder. Tal sistema foi adotado a partir da primeira guerra, em que um conjunto de Constituições deixou de atribuir, seja ao Poder Legislativo, seja ao Poder Judiciário, a função de fiscalizar a constitucionalidade das leis, atribuindo-a a um órgão especial, de caráter constitucional e de natureza jurídico-política.

O Tribunal Constitucional, nos países europeus, "é, essencialmente, um poder político distinto dos demais poderes. Sua adoção, numa ordem constitucional, implicaria *ipso facto* o fim do executivismo, com a tripartição sendo substituída, pelo menos, por uma tetrapartição de poderes caracterizando novo sistema de governo". O Tribunal Constitucional, por isso mesmo, cria direito; sua função material é de natureza legislativa, e instrumental de natureza jurisdicional.[81]

O fracasso do "implante" do modelo estado-unidense na Europa é explicado por Louis Favoreu: *a) a sacralização da lei*: há uma identificação do Direito com as leis do Parlamento; o reino do Direito é o reino da lei; o conceito de legalidade coincide com o de legitimidade; nos Estados Unidos a Constituição é sagrada, na Europa é a lei que é sagrada; *b) a incapacidade do juiz ordinário de exercer a justiça constitucional*, o que é apontado por M. Cappelletti: os juízes da Europa continental são em geral magistrados de carreira, pouco afeitos ao exercício de funções voltadas para o controle da constitucionalidade, que reclama criatividade e vai muito além das funções tradicionais de simples intérpretes e fiéis servidores das leis; a interpretação da Constituição e de seu núcleo central, que são os direitos fundamentais, é normalmente bem diferente da interpretação das leis ordinárias, e não se coaduna com a tradicional fraqueza e tibieza do juiz de modelo continental; *c) a ausência de unidade de jurisdição*, pois o sistema de tipo estado-unidense só funciona bem onde há unidade de jurisdição. Nos Estados Unidos e nos países com *common law* não há separação entre os contenciosos e a dimensão constitucional pode estar presente em todos os processos, sem necessitar de um tratamento à parte e sem risco de chegar a divergências de opinião sobre a constitucionalidade de textos fundamentais; a justiça constitucional não se divide: ora é difusa, mas no centro de um aparelho jurisdicional único, encabeçado por uma Corte Suprema, ora é concentrada nas mãos de uma jurisdição constitucional única; *d) a insuficiente rigidez da Constituição* em alguns países europeus de entreguerras. Consoante Carré de Malberg, ao considerar a realidade da França da 3ª República, nos Estados Unidos, a decisão judicial que declara a inconstitucionalidade da lei tem como efeito erguer, contra a vontade do legislativo, uma barreira que se torna intransponível para ele, considerando que o legislativo é impotente para modificar sozinho a Constituição; na França da 3ª República, se o Parlamento chocar-se com uma declaração jurisdicional de inconstitucionalidade, poderá, sem grande dificuldade,

---

[81] SOUZA JUNIOR. *O Tribunal constitucional como poder* – uma nova teoria da divisão dos poderes, p. 126-127.

vencer essa resistência, o que significa ser provável que a autoridade judiciária hesite muito em recusar aplicação das leis por causa da inconstitucionalidade.[82]

É o sistema das Cortes Constitucionais, destacando-se a Constituição da Áustria de 1920, elaborada sob inspiração de Hans Kelsen; a da Tchecoslováquia de 1920; a da Espanha de 1978; a da Itália de 1947; a da Alemanha Federal de 1949; a de Chipre de 1960; a da Turquia de 1961. Relativamente a Portugal, destaca Ricardo Arnaldo Malheiros Fiuza que este país, após a revisão constitucional de 1982, pode também ser enquadrado nesse sistema, embora os parlamentares revisores tenham inserido novo órgão fiscalizador, na parte da Constituição portuguesa que trata dos Tribunais em geral.[83]

Como exemplo da composição da Corte Constitucional, mencione-se a da Itália, que, segundo o artigo 135 da Constituição de 1947, é composta de 15 juízes escolhidos pelo Presidente da República, pelo Parlamento e pela magistratura ordinária e administrativa. Os juízes são nomeados por 12 anos e escolhidos entre magistrados das jurisdições superiores ordinárias e administrativas, os professores ordinários de Direito das universidades e advogados com 25 anos de exercício. Compete à Corte Constitucional julgar as controvérsias relativas à legitimidade das leis, e dos atos com força de lei, do Estado e das regiões.

Destaca-se, quanto às Cortes Constitucionais, o modelo austríaco, em que, como se verá adiante, e segundo a concepção de Kelsen, considera-se, nesse sistema de controle, anulável e não nulo o ato inconstitucional, pelo que o reconhecimento, pelo Tribunal Constitucional, de uma lei incompatível com a Constituição tem efeito *ex nunc* ou *pro futuro*, e não *ex tunc*, como no sistema judicial norte-americano. E, uma vez assim declarada, a anulação da lei entra em vigor na data de sua publicação pelo Chanceler Federal ou pelo Chefe do Executivo, salvo se o Tribunal fixar outro prazo, que não pode exceder de um ano (art. 140, § 5º, da Constituição da Áustria). Ainda nesse sistema, a declaração de inconstitucionalidade é ato de natureza legislativa (negativa). Sendo atividade legislativa, a decisão do Tribunal Constitucional tem eficácia *erga omnes*, sendo ainda constitutiva e não declaratória como no sistema norte-americano. A revisão constitucional de 1929 modificou parcialmente o sistema de controle concentrado, na Áustria, de modo a ampliar o rol dos legitimados para provocar a jurisdição constitucional concentrada, neles inserindo, além dos órgãos políticos legitimados, quais sejam, o Governo Federal, tratando-se de inconstitucionalidade das leis dos *Länder*, e os Governos dos *Länder*, cuidando-se de controle das leis federais, dois outros órgãos integrantes da justiça ordinária: o *Oberster Gerichtshof* (a Corte Suprema para as causas cíveis e penais) e o *Verwaltungsgerichtshof* (a Corte Suprema para as causas administrativas). A partir da revisão de 1975, atribui-se também a um terço dos membros do Parlamento a legitimação para a propositura da ação especial visando a declaração de inconstitucionalidade. Desse modo, o controle concentrado de constitucionalidade na Áustria compreende, atualmente, a via principal, por meio da ação especial, e a via incidental, por meio de exceção ou defesa. No primeiro caso,

---

[82] FAVOREU. *As cortes constitucionais*, p. 20-22.
[83] FIUZA. *Direito constitucional comparado*, p. 348.

são titulares do controle o Governo Federal e os Governos dos *Länder*, e na segunda via os órgãos judiciários acima nominados, que devem provocar a instauração do controle de constitucionalidade perante o Tribunal Constitucional, sempre que necessário ao julgamento de uma demanda concreta, e que envolva a lei impugnada. O alargamento da legitimidade aos órgãos de cúpula da justiça ordinária, de modo a possibilitar que tais órgãos suscitem, pela via incidental, a inconstitucionalidade das leis aplicáveis aos casos concretos submetidos a seu julgamento, por obra da reforma constitucional de 1929, não logrou, segundo esclarece Dirley da Cunha Júnior, "evitar integralmente o defeito adveniente do sistema de 1920, qual seja: os juízes de outras instâncias da justiça ordinária continuaram não podendo instaurar a jurisdição concentrada do Tribunal Constitucional, de maneira que permaneceram passivamente constrangidos, por absurdo, a aplicar uma lei flagrantemente inconstitucional aos casos concretos postos a seu julgamento".[84]

Tem-se ainda como misto o sistema de controle em que algumas leis são submetidas ao controle do Poder Judiciário, outras ao controle político, como na Suíça, em que as leis federais ficam sob o controle político e as leis locais sofrem o controle jurisdicional. Para Ronaldo Poletti, "pode-se também falar em sistema misto para explicar o do Brasil, em que, a par do sistema difuso, há a jurisdição concentrada exercida pela provocação da ação direta de inconstitucionalidade".[85]

4.3 Quanto ao momento de exercício do controle

Quanto ao momento de exercício do controle, são identificados dois tipos de controle de constitucionalidade: *preventivo* e *repressivo*.

4.3.1 Controle preventivo

O controle preventivo se efetiva antes da lei promulgada e é praticado especialmente na França, onde cabe ao Conselho Constitucional, como se viu acima, pronunciar-se sobre a constitucionalidade de texto legislativo, o qual, sendo inconstitucional, inviabiliza a promulgação da lei sem que haja revisão constitucional.

Nessa perspectiva, o controle preventivo é mais abrangente, por alcançar a adequação das leis em vias de promulgação aos preceitos constitucionais, quer sob o ponto de vista material, quer sob o ponto de vista formal. No controle preventivo, a Constituição, portanto, define o órgão competente para apreciar a constitucionalidade da lei preventivamente, indica os titulares da iniciativa de deflagrar o processo de controle, estabelece os prazos da ação e delimita seus efeitos.

4.3.2 Controle repressivo

O controle *repressivo*, ou *sucessivo*, incide sobre a lei promulgada e outros atos normativos do Poder Público.

---

[84] CUNHA JÚNIOR. *Controle de constitucionalidade*: teoria e prática, p. 78.
[85] POLETTI. *Op. cit.*, p. 56.

No Brasil, o controle repressivo é exercido pelo Poder Judiciário, podendo ser *difuso* ou *concentrado*.

Difuso é aquele exercido por uma pluralidade de órgãos, como nos Estados Unidos da América, e concentrado quando reservado a um ou a poucos órgãos, como se verifica na Alemanha e demais países da Europa continental.

4.3.2.1 Controle repressivo pelo Legislativo

No Brasil, a despeito de o controle repressivo ser sobretudo jurisdicional, a Constituição de 1988 prevê, em seu artigo 49, V, que esse controle pode ser também político – exercido pelo Congresso Nacional – ao atribuir-lhe a competência para sustar os efeitos dos atos normativos do Poder Executivo, que exorbitem do poder regulamentar ou dos limites da delegação legislativa, o que se efetiva mediante decreto legislativo promulgado pela Mesa do Congresso. Anote-se, contudo, que o decreto legislativo se sujeita ao controle jurisdicional de constitucionalidade. Outra hipótese de exercício do controle repressivo de constitucionalidade, pelo Congresso Nacional, se dá quando rejeita medida provisória inconstitucional.

4.3.2.2 Controle de constitucionalidade pelo Executivo, e a possibilidade de descumprimento de lei inconstitucional

O Chefe do Executivo detém o poder de veto que, como vimos, é instrumento de controle preventivo de constitucionalidade.

Cabe perquirir se os órgãos do Poder Executivo podem negar cumprimento a leis que se lhes afigurem inconstitucionais.

O tema, anteriormente à Constituição de 1988, era tido como pacífico, pois o descumprimento de lei inconstitucional configura corolário da supremacia da Constituição e da nulidade da lei inconstitucional. Com efeito, a interpretação da Constituição não é monopólio do Poder Judiciário, já que o Poder Executivo, no exercício de sua função administrativa, também interpreta e aplica a Constituição.

A partir da Constituição de 1988, alguns juristas passaram, todavia, a questionar essa possibilidade, tendo em vista que, com o novo perfil da ação direta de inconstitucionalidade, o Presidente da República e os Governadores passaram a ter legitimidade para deflagrar o controle concentrado de constitucionalidade perante o Poder Judiciário, não mais se justificando o descumprimento autoexecutório da lei tida por inconstitucional. A Constituição de 1988, tendo eliminado o monopólio da iniciativa do controle concentrado, retirando-o do Procurador-Geral da República, resultou em que o Presidente da República e Governadores não poderiam recusar cumprimento a leis inconstitucionais, sem antes tomar a iniciativa de impugnar sua validade, por meio de ação direta de inconstitucionalidade, com pedido de cautelar, a fim de que se suspendesse sua eficácia (art. 102, I, *p*, da Constituição).

Na doutrina, cite-se, por todos, Zeno Veloso, que acrescenta a esses argumentos: "Permitir que este Poder (o Executivo), *ex propria auctoritate*, cancele a eficácia de norma jurídica, porque a reputa contrária à Constituição, é consagrar tese perigosíssima, que pode pôr em risco a Democracia, num País em desenvolvimento, como o nosso, com tantas e tão graves limitações e carências, com uma vocação histórica – e até o momento incontrolável – para o autoritarismo, com um Executivo verdadeiramente formidável e imperial, significando o princípio da divisão de poderes quase uma letra morta no Texto Magno."[86]

A despeito desses argumentos, tem-se que prevalece a tese da possibilidade de o Executivo descumprir lei que considere inconstitucional.

O entendimento doutrinário, a que aderimos, aponta a supremacia da Constituição como fator que não pode ser desconhecido para legitimar o não cumprimento de lei inconstitucional. Além disso, há um reforço ao argumento: "é que até mesmo o particular pode recusar o cumprimento à lei que considere inconstitucional, sujeitando-se a defender sua convicção caso venha a ser demandado. Com mais razão deverá poder fazê-lo o chefe de um Poder."[87]

Considere-se também que a extensão da propositura de ação direta de inconstitucionalidade ao Chefe do Executivo Federal e aos Chefes dos Executivos Estaduais não constituiria óbice a que deixassem de recusar cumprimento a leis inconstitucionais. Clèmerson Merlin Clève destaca: "Eventual resposta negativa poderia ter fundamento em relação ao Presidente da República ou aos Governadores de Estado. Não o teria, porém, diante de outros órgãos, como os Tribunais de Contas, por exemplo. E não o teria, finalmente, quanto aos Prefeitos Municipais, que não dispõem de legitimidade para a impugnação, por via de ação direta, de leis federais e, em geral, das leis estaduais. Alcançar-se-ia com esse raciocínio evidente paradoxo: em relação a algumas leis federais ou estaduais, os Prefeitos Municipais gozariam de posição mais vantajosa que o Presidente da República e Governadores de Estado. Imagine-se a hipótese de lei federal dispondo sobre norma geral em determinada matéria (tributária ou urbanística, por exemplo). Ostentando o ato legislativo norma viciada, o Presidente da República somente poderia recusar-se a cumpri-lo caso antes tivesse obtido liminar. No caso do Prefeito, porque não pode obter liminar em sede de ação direta, ficaria autorizado a recusar, desde logo, seu cumprimento."[88] Quer-se com isso dizer que o Prefeito Municipal, paradoxalmente, teria mais poder que o Presidente da República ou o Governador de Estado.

Na jurisprudência, o Supremo Tribunal Federal, anteriormente à vigência da Constituição de 1988, consagrava a tese da possibilidade de o Chefe do Executivo negar cumprimento a lei inconstitucional, mencionando-se voto do Min. Moreira Alves: "Não tenho dúvida em filiar-me à corrente que sustenta que pode o Chefe do Poder Executivo deixar de cumprir – assumindo os riscos daí decorrentes – lei que se lhe afigure inconstitucional. A opção entre cumprir a Constituição ou desrespeitá-la para dar cumprimento a lei inconstitucional é concedida ao particular para a defesa, não do seu interesse privado. Não o será ao Chefe de um dos Poderes do Estado para a defesa, não do seu interesse particular, mas da supremacia da Constituição que

---

[86] VELOSO. *O controle jurisdicional de constitucionalidade*, p. 322.
[87] BARROSO. *O controle de constitucionalidade no direito brasileiro*, p. 71.
[88] CLÈVE. *A fiscalização abstrata da constitucionalidade no direito brasileiro*, p. 247-248.

estrutura o próprio Estado? Acolho, pois, a fundamentação – que, em largos traços expus – dos que têm entendimento igual."[89]

Depois da promulgação da Constituição de 1988, o Supremo Tribunal Federal tende a manter o seu entendimento anterior, pois, ao julgar a ADI 221-DF, assim se manifestou: "O controle de constitucionalidade da lei ou dos atos normativos é da competência exclusiva do Poder Judiciário. Os Poderes Executivo e Legislativo, por sua Chefia – e isso mesmo tem sido questionado com o alargamento da legitimação ativa na ação direta de inconstitucionalidade – podem, tãosó, determinar aos seus órgãos subordinados que deixem de aplicar administrativamente as leis ou atos com força de lei que considerem inconstitucionais."[90]

Enfim, a reforçar a tese doutrinária do poder-dever do Executivo de negar aplicação a lei considerada inconstitucional, o nosso direito constitucional positivo registra a edição da Emenda Constitucional n. 3/1993, que, ao acrescentar o § 2º ao art. 102 da Constituição, segundo o qual a decisão proferida na ação declaratória de constitucionalidade é vinculante em relação aos demais órgãos do Poder Judiciário e ao Poder Executivo, indicou que, até que ocorra a declaração de constitucionalidade, pode o Executivo negar cumprimento a norma que considere inconstitucional. E a redação que a Emenda Constitucional n. 45/2004 deu àquela cláusula constitucional acabou por reforçar ainda mais essa possibilidade.[91] No plano da legislação infraconstitucional, referência deve ser feita ao art. 28, parágrafo único, da Lei n. 9.868/1999.[92]

4.4 Quanto ao número de órgãos competentes para o controle

Quanto ao número ou à quantidade de órgãos competentes para o exercício do controle de constitucionalidade, este pode ser: *a)* difuso; *b)* concentrado.

4.4.1 Controle difuso

O controle difuso, que teve origem nos Estados Unidos, com o julgamento do caso *Marbury v. Madison*, pela Suprema Corte, em 1803, é aquele exercido por uma pluralidade de órgãos. Permite-se a qualquer juiz (ainda que não vitaliciado) ou tribunal o reconhecimento da inconstitucionalidade de uma norma e, por via de consequência, a sua desaplicação ao caso concreto. Por isso mesmo é que todos os órgãos judiciários têm o poder-dever de não aplicar as leis inconstitucionais levadas a seu

---

[89] STF, Rep. 980-SP, RTJ 96:508, 1981, Rel. Min. Moreira Alves.
[90] RTJ 151/331.
[91] Constituição Federal: "Art. 102 (*omissis*). § 2º As decisões definitivas de mérito, proferidas pelo Supremo Tribunal Federal, nas ações diretas de inconstitucionalidade e nas ações declaratórias de constitucionalidade produzirão eficácia contra todos e efeito vinculante, relativamente aos demais órgãos do Poder Judiciário e à administração pública direta e indireta, nas esferas federal, estadual e municipal."
[92] Lei n. 9.868/1999: "Art. 28 (*omissis*). Parágrafo único. A declaração de constitucionalidade ou de inconstitucionalidade, inclusive a interpretação conforme a Constituição e a declaração parcial de inconstitucionalidade sem redução de texto, têm eficácia contra todos e efeito vinculante em relação aos órgãos do Poder Judiciário e à Administração Pública federal, estadual e municipal."

julgamento. O controle difuso, no Brasil, surgiu na primeira Constituição republicana e persiste até os dias de hoje.

4.4.2 Controle concentrado

O controle concentrado é aquele exercido ou reservado a um ou a poucos órgãos criados especificamente para esse fim, ou que têm nessa atividade sua função principal, como se verifica na Alemanha e demais países da Europa continental. Denominado de sistema austríaco, o controle concentrado foi instituído pela primeira vez na Constituição da Áustria de 1920, e aperfeiçoado, por emenda constitucional, em 1929.

No Brasil, o controle judicial é difuso e concentrado (ver adiante).

4.5 Quanto ao modo de manifestação do controle

Quanto ao modo de manifestação, o controle pode ser: *a) por via incidental; b) por via principal ou ação direta.*

4.5.1 Controle por via incidental

O controle se diz por via incidental quando desempenhado por juízes e tribunais na apreciação de casos concretos. A inconstitucionalidade é arguida incidentalmente no curso de uma demanda, e tem caráter prejudicial, pois se afigura como matéria a ser decidida antes pelo juiz, como condição e antecedente lógico para a solução da pretensão deduzida em juízo, na ação judicial proposta. É premissa para a resolução do conflito. A inconstitucionalidade não é o pedido ou o objeto principal da demanda, mas sua causa de pedir, seu fundamento jurídico. A inconstitucionalidade pode ser arguida, não só como tese de defesa, mas também como fundamento da pretensão do autor. Vale a advertência de que "não se confundem, conceitualmente, o controle por via incidental – realizado na apreciação de um caso concreto – e o controle difuso – desempenhado por qualquer juiz ou tribunal no exercício regular da jurisdição. No Brasil, no entanto, como regra, eles se superpõem, sendo que desde o início da República o controle incidental é exercido de modo difuso. Somente com a arguição de descumprimento de preceito fundamental, criada pela Lei n. 9.982, de 3 de dezembro de 1999, cujas potencialidades ainda não foram integralmente exploradas, passou-se a admitir uma hipótese de controle incidental concentrado".[93]

4.5.2 Controle por via principal

O controle de constitucionalidade por via principal é aquele em que a inconstitucionalidade figura como o próprio pedido ou objeto da ação. Por meio das chamadas ações diretas, leva-se ao exame do tribunal constitucional a discussão acerca da validade ou não da lei em si. Há um processo objetivo, em que a legitimidade para suscitar o controle é restrita a determinados órgãos ou entidades. Nele não há a defe-

---

[93] BARROSO. *O controle de constitucionalidade no direito brasileiro*, p. 50.

sa de interesses de partes, porque exercido fora de um caso concreto; há, isso sim, a defesa da constituição. O controle por via principal é originário do modelo austríaco, por sugestão de Kelsen.

No Brasil, o controle por via principal se efetiva através de ação direta. Ressalte-se, no entanto, que apesar de haver uma correspondência, em nosso direito, entre controle concentrado e controle por via principal, em países europeus há exemplos em que o controle concentrado é exercido pelo tribunal constitucional, mas por via incidental.

4.6 Quanto à finalidade do controle

O controle pode também ser tipificado quanto à finalidade em: *a)* controle subjetivo; *b)* controle objetivo.

4.6.1 Controle subjetivo

O controle subjetivo visa a defesa de direito ou interesse subjetivo juridicamente protegido da parte e não propriamente a da Constituição.

4.6.2 Controle objetivo

O controle objetivo destina-se tãosomente à defesa objetiva da Constituição.

Em nosso Direito, o controle difuso-incidental será sempre subjetivo, enquanto que o controle por via principal (por via de ação direta) é, em princípio, objetivo.

Vale assinalar, conforme Jorge Miranda, que o controle subjetivo não equivale à existência de qualquer direito subjetivo à constitucionalidade (tal como não há qualquer direito subjetivo à legalidade). Em si mesmo, este é, por definição, objetivo. De que se trata é tãosó de uma particular relevância dos direitos e interesses dos cidadãos e de, por meio dele, se abrir caminho à garantia da constitucionalidade. E finaliza: "De resto, deve frisar-se que há sempre uma face subjectivista e uma face objectivista em toda a fiscalização. Acontece é que cada sistema propende para certo sentido, realça mais uma face sem realçar a outra, estrutura-se com o centro ou nos direitos ou posições constitucionais dos sujeitos ou na constitucionalidade como valor em si."[94]

4.7 Tipologia dos sistemas de controle de constitucionalidade: apreciação final

É relevante constatar que os mecanismos de controle de constitucionalidade variam de país para país, inexistindo até mesmo em alguns sistemas jurídicos, o que é explicado por diversos fatores. Segundo José Luiz Quadros de Magalhães, esses fatores "envolvem a tradição constitucional, a participação política, a estabilidade

---

[94] MIRANDA. *Manual de direito constitucional*, t. 6, p. 53.

democrática, o grau de organização e de participação da sociedade civil organizada na vida política de cada país. O fato de encontrarmos apenas mecanismos de autocontrole político da constitucionalidade sem a existência de um controle judicial ou mesmo concentrado por parte de uma corte constitucional em países como a Holanda e Luxemburgo pode ser explicado pela estabilização da democracia, pelo alto grau de instrução, organização e participação política, e pela inexistência, por parte do parlamento, da prática de descumprimento da Constituição. No caso inglês, a explicação é outra. A Inglaterra não tem uma Constituição escrita, codificada, rígida, produto de um poder constituinte originário, como a maioria dos países do mundo. Dessa forma, é claro o papel do parlamento na construção diária da Constituição, em um sistema em que não há diferença formal entre lei ordinária e constitucional. Por fim, outro aspecto importante a ressaltar é a falta da tradição do Judiciário europeu em dizer a Constituição diariamente. Em países como a França, a tradição do Judiciário é de dizer as leis infraconstitucionais, deixando para a Corte Constitucional (no caso francês, o Conselho Constitucional) não só efetuar o controle de constitucionalidade mas também dizer a Constituição, ou seja, além de um controle concentrado de constitucionalidade, a maioria dos países europeus tem também uma jurisdição constitucional concentrada".[95]

A partir da distinção que faz entre controle de constitucionalidade e jurisdição constitucional, José Luiz Quadros de Magalhães oferece-nos algumas combinações de sistemas constitucionais: "a) um sistema constitucional onde, embora o controle seja concentrado, a jurisdição poderá ser difusa; *b)* outros em que a jurisdição e o controle são difusos (Brasil e Estados Unidos da América); *c)* a jurisdição pode ser difusa, não existindo controle (Inglaterra); *d)* o controle e a jurisdição são concentrados, sendo a jurisdição constitucional muito limitada (França); *e)* inexistência de jurisdição constitucional, com autocontrole do parlamento (Holanda e Luxemburgo)."[96]

Para Gustavo Binenbojm, os sistemas de controle de constitucionalidade compreendem:

> "*a)* o modelo inglês de ausência de fiscalização da constitucionalidade, no qual vigora a supremacia do Parlamento, e não a da Constituição; juízes e tribunais são incompetentes para conhecer e decidir qualquer questão de inconstitucionalidade;
>
> *b)* o modelo francês de controle político e preventivo da constitucionalidade, exercido pelo Conselho Constitucional anteriormente à promulgação da lei; juízes e tribunais são também incompetentes para conhecer e decidir qualquer questão de inconstitucionalidade;
>
> *c)* o modelo de jurisdição constitucional difusa, de origem norte-americana, no qual os juízes e tribunais são competentes para conhecer e decidir a questão constitucional, deixando de aplicar a lei ao caso submetido a seu crivo, quando considerada inconstitucional, com possibilidade de recurso para a superior instância, inclusive para a Suprema Corte;

---

[95] MAGALHÃES. *Direito constitucional*, t. III, p. 185-187.
[96] MAGALHÃES. *Direito constitucional*, t. III, p. 187-189.

d) o modelo de jurisdição constitucional concentrada, desenvolvido a partir da matriz austríaca, no qual os juízes e tribunais são competentes para conhecer, mas incompetentes para decidir a questão de constitucionalidade, cabendo exclusivamente ao Tribunal Constitucional deliberar sobre a validade da lei em face da Constituição."[97]

Numa perspectiva histórico-comparativista, Jorge Miranda identifica os seguintes modelos de fiscalização de constitucionalidade:

"1º O modelo de fiscalização *política*, dito habitualmente de tipo francês (por ligado aos dogmas do constitucionalismo francês – e, portanto, europeu continental – dos séculos XVIII e XIX);

2º O modelo de *fiscalização judicial (judicial review)* desenvolvido nos Estados Unidos desde 1803;

3º O modelo de *fiscalização jurisdicional concentrada* em Tribunal Constitucional ou austríaco (por ter por paradigma o tribunal instituído pela Constituição austríaca de 1920) ou europeu (por hoje se ter estendido a toda a Europa).

No modelo político deve subdistinguir-se:

a) Fiscalização pelo próprio Parlamento, pelo órgão legislativo *qua tale* – é o que se encontra, primeiro, em quase todos os países europeus no século XIX e, depois, no constitucionalismo marxista-leninista do século XX e em alguns Estados da Ásia e da África sob influência deste ou com constitucionalismo embrionário. Foi este sistema o adoptado nos países africanos de língua portuguesa após a independência; e ele ainda subsiste em São Tomé e Príncipe (Constituição de 1990), embora mitigado por em tribunal poder ser levantada a questão de inconstitucionalidade, subindo então o incidente ao Parlamento.

b) Fiscalização por órgão político especialmente constituído para o efeito, seja ligado ao Parlamento (Comité Constitucional francês de 1946 a 1958, Comissão Constitucional romena de 1965 a 1989, Comité de Supervisão Constitucional criado na União Soviética, em 1989), seja dele independente ou órgão *a se* (juria constitucional de Sieyès, Senado Conservador napoleónico, Conselho Constitucional de 1958).

O modelo judicialista baseia-se no poder normal do juiz de recusar a aplicação de leis inconstitucionais aos litígios que tenha de dirimir.

O modelo de Tribunal Constitucional dir-se-ia *prima facie* agregar elementos do modelo político e elementos do modelo judicialista, por o Tribunal ostentar características de órgão jurisdicional, mas não ser um tribunal como os outros – antes de mais, pela sua composição de pelo modo de recrutamento dos juízes.

---

[97] BINENBOJM. *A nova jurisdição constitucional brasileira*: legitimidade democrática e instrumentos de realização, p. 42-43.

Como Tribunais Constitucionais mais significativos e com papel mais activo na conformação e na realização das próprias Constituições, mencionem-se também os da Itália (Constituição de 1947) e da República Federal da Alemanha (Constituição de 1949).

Mas o retorno a regimes democráticos pluralistas ou a sua conquista seriam acompanhados, no final do século XX, por toda a parte, pelo aparecimento de Tribunais Constitucionais ou de órgãos homólogos:

– em Portugal (1976 e 1982) e na Espanha (1978);

– no Equador (1979), no Peru (1979 e 1983), na Guatemala (1986), na Colômbia (1991), mesmo no Chile (com a Constituição de 1981 e a redemocratização iniciada em 1989) e na Bolívia (revisão constitucional de 1994);

– na Hungria (revisão constitucional de 1989), na Croácia (Constituição de 1990), na Bulgária, na Eslovénia, na Roménia, na Lituânia, na Albânia e na Macedónia (Constituições de 1991), na República Checa e na Eslováquia (Constituições de 1992), na Rússia (Constituição de 1993), na Moldova (Constituição de 1994), na Ucrânia (Constituição de 1996) e na Polónia (Constituição de 1997);

– e, entre países de outros continentes, na Coreia do Sul (desde 1987), em Cabo Verde e em Angola (Constituições de 1992) e na África do Sul (Constituição de 1996)."[98]

Advertindo que a dicotomia clássica dos sistemas europeu-kelseniano e norte-americano de justiça constitucional persiste, e se mantém íntegra e indispensável, Roger Stiefelmann Leal aponta, contudo, algumas razões de ordem técnico-processual que tem justificado uma aparente similitude entre os modelos:

"*a)* a introdução do procedimento de reenvio ou incidente de inconstitucionalidade como mecanismo processual assemelhado ao controle incidental, pois admite, em países de sistema europeu-kelseniano, a participação dos órgãos judiciais no controle de constitucionalidade das leis a partir das controvérsias instauradas em processos ordinários;

b) a similitude entre o *stare decisis* e a eficácia *erga omnes*, conferindo às decisões proferidas no sistema estado-unidense efeito impositivo contra todos, a exemplo do que ocorre no modelo europeu;

c) a flexibilidade no arbitramento das eficácias *ex tunc* e *ex nunc*, preponderando, nos países de sistema europeu-kelseniano, a eficácia retroativa dos julgados da justiça constitucional, vinculada à concepção declaratória adotada entre os norte-americanos e contrária à prevalência da eficácia *ex nunc* sustentada por Kelsen;

d) a configuração da Suprema Corte, mediante o uso do *writ of certiorari*, como órgão de justiça constitucional, assemelhado, portanto, às Cortes Constitucionais, pois limita-se a examinar apenas os casos de maior relevância, geralmente questões de índole constitucional;

---

[98] MIRANDA. *Manual de direito constitucional*, t. 6, p. 105-111.

e) a superação, nos países de sistema europeu-kelseniano, do perfil de legislador negativo, uma vez que as Cortes Constitucionais passaram a emitir provimentos de natureza positiva, mediante a adoção, dentre outras soluções, de sentenças aditivas ou substitutivas, de instrumentos de modulação da eficácia temporal de suas decisões e de variadas técnicas interpretativas;

f) a instituição, em vários países, de modelos híbridos, que combinam características e instrumentos de ambos os modelos clássicos."[99]

5. O CONTROLE DE CONSTITUCIONALIDADE NO DIREITO CONSTITUCIONAL COMPARADO

Além dos modelos e sistemas de controle de constitucionalidade, denominados de clássicos, quais sejam, o norte-americano e o austríaco, que deram origem aos controles difuso e concentrado, bem como o francês, nomeadamente preventivo, já considerados neste trabalho, passa-se a indicar alguns modelos de controle, no domínio do Direito Constitucional Comparado.

5.1 Itália

Na Itália,[100] a Constituição de 1947 criou a Corte Constitucional, competente para julgar controvérsias relativas à legitimidade das leis, e dos atos com força de lei, do Estado e das regiões; os conflitos de atribuições entre os diversos poderes do Estado, entre os Estados e as regiões; as acusações contra o Presidente da República e os Ministros (art. 134). A Corte Constitucional, órgão colegiado, especial, autônomo e independente dos Poderes Executivo, Legislativo e Judiciário, possui autonomia normativa, administrativa, financeira e contábil, além de auto-organização, de acordo com a *Legge* n. 87, de 11.3.1953. A Corte Constitucional compõe-se de 15 juízes, sendo um terço nomeado pelo Presidente da República, um terço pelo Parlamento e um terço pelas Supremas Magistraturas ordinária e administrativa, ou seja, 3 escolhidos pela Corte de Cassação, 1 pelo Conselho de Estado e 1 pela Corte de Contas. Os juízes são nomeados por 12 anos. O controle pela via concentrada é exercido por meio de ação proposta diretamente à Corte Constitucional, independentemente da existência de processo judicial ou administrativo. São competentes para a propositu-

---

[99] LEAL. A convergência dos sistemas de controle de constitucionalidade: aspectos processuais e institucionais. *In: Revista de Direito Constitucional e Internacional*, v. 14, n. 57, out./dez. 2006, p. 64.

[100] A reconstrução da democracia italiana, acentua Oscar Vilhena Vieira, "diferentemente dos casos alemão e japonês, não se deu sob marcada influência dos aliados. A falta de sucesso do fascismo e a força do movimento de resistência no processo de reorganização política, dispensaram a necessidade de uma democracia 'importada'. A Corte italiana, como o Tribunal alemão, teve de lidar com um modelo constitucional pós-liberal, do qual a Constituição de 1947 tornou-se uma representante típica. A adoção desse modelo pós-liberal de Constituição terá consequências diretas sobre a atuação do Tribunal Constitucional italiano, que só entrou em funcionamento oito anos após a sua instituição pela Constituição" (*Supremo Tribunal Federal*: jurisprudência política, p. 56-57).

ra da ação o governo central, após deliberação do Conselho de Ministros; as Regiões, após autorização da Junta Regional; as Províncias de Trentino e Trento; Grupos linguísticos. A Constituição da Itália aperfeiçoou, no entanto, o sistema austríaco, mesmo após a reforma de 1929, ao possibilitar que todos os juízes e tribunais ordinários, independentemente do grau de jurisdição, podem suscitar junto ao Tribunal Constitucional o controle de constitucionalidade das leis questionadas nos casos concretos que perante eles tramitam. Cabe também ao Ministério Público e às partes suscitar a questão da inconstitucionalidade. O juiz do caso pode, entretanto, rejeitar a exceção por manifesta irrelevância e falta de fundamentação. Na hipótese de entender relevante e fundado o pedido, deve encaminhar a questão por meio de autos próprios, ficando suspenso o processo até que haja o pronunciamento da Corte Constitucional sobre a matéria, que tem caráter prejudicial.

5.2 Alemanha

A Constituição da Alemanha, de 1949, prevê o Tribunal Constitucional Federal (*Bundesverfassungsgericht*), a que cabe interpretar a Lei Fundamental, quando das causas sobre a extensão dos direitos e obrigações de um órgão federal superior ou de outros interessados investidos de direitos próprios, seja pela Constituição, seja pela lei.

A Corte Constitucional Federal é composta de juízes federais e de outros membros, todos eleitos, sendo metade pelo Conselho Federal (*Bundesrat*), e metade pela Câmara de Representantes (*Bundestag*). Cabe à lei federal regular a estrutura e as normas procedimentais do Tribunal Constitucional, além de determinar os casos em que suas decisões têm força de lei.

O Tribunal Constitucional examina também as divergências ou as dúvidas sobre a compatibilidade formal e material do Direito Federal ou Estadual com a Constituição, bem como do Direito Estadual com o Direito Federal. A competência para provocar esse exame cabe aos Governos federal ou estadual e, ainda, a um terço da Câmara de representantes (*Bundestag*). As leis estaduais podem atribuir ao Tribunal Constitucional Federal o julgamento de litígios constitucionais interiores de um Estado. Se um tribunal entender inconstitucional uma lei, cuja validade é condicionante de sua decisão, deverá suspender o processo e solicitar manifestação sobre a inconstitucionalidade. Se a eventual violação for da Constituição estadual, a solicitação será dirigida ao tribunal estadual competente para julgar questões constitucionais. E se a incompatibilidade referir-se à Lei Fundamental Federal, a solicitação será endereçada à Corte Constitucional Federal.

5.3 Espanha

A Constituição espanhola, de 1978, que também adota o modelo concentrado de controle, declara, em seu art. 164, ser o Tribunal Constitucional intérprete supremo da Constituição e órgão jurisdicional superior, em todo o território espanhol, em matéria de garantias constitucionais. O Tribunal Constitucional, que não integra formalmente o Poder Judiciário, é composto de doze magistrados, nomeados pelo Rei da Espanha, sendo que quatro deles são indicados pelo Congresso, quatro pelo Senado, dois pelo Governo e dois pelo Conselho Geral do Poder Judiciário. Exige-se para o cargo formação jurídica, reconhecida competência e quinze anos de exercício profissional. O mandato é de nove anos, renovando-se em um terço, a cada três anos. É vedada a recondução, salvo se o juiz tiver exercido menos de três anos de mandato. O Tribunal divide-se em duas Salas: a Primeira pelo Presidente do Tribunal com cinco juízes, e a segunda com o Vice-Presidente do Tribunal, também com cinco juízes. Compete ao Tribunal Constitucional conhecer do recurso de inconstitucionalidade contra leis e disposições normativas com força de lei. A declaração de inconstitucionalidade de uma norma jurídica com hierarquia de lei, interpretada pela Jurisprudência, afetará a esta, embora as sentenças dela decorrentes não percam o valor de coisa julgada. São competentes para a interposição do recurso de inconstitucionalidade: o Presidente do Governo; o Defensor do Povo (alto comissariado das Cortes Gerais); 50 Deputados; 50 Senadores; órgãos colegiados executivos das Comunidades Autônomas e, conforme o caso, suas Assembleias. Dispõe ainda a Constituição espanhola que, quando um juiz ou tribunal considerar, em algum processo, que uma norma, ao nível de lei, aplicável ao caso concreto e de cuja validade dependa a sentença, possa ser contrária à Constituição, colocará a *cuestión* perante o Tribunal Constitucional, de acordo com os pressupostos, a forma e os efeitos estabelecidos pela lei, que em nenhum caso serão suspensivos.

As sentenças proferidas pelo Tribunal Constitucional, que declaram a inconstitucionalidade, produzem efeitos contra todos (devem ser seguidas por todos os órgãos públicos, pelos Poderes Executivo, Legislativo e Judiciário).

5.4 Portugal

O controle de constitucionalidade, em Portugal, pode denominar-se de misto. A Constituição portuguesa de 1976, com as suas revisões, em setor dedicado à garantia da Constituição, trata da fiscalização da constitucionalidade, que se exerce pela jurisdição difusa e concentrada, por meio da ação e da exceção, na via preventiva e *a posteriori* ou sucessiva, em abstrato e concretamente. Dispõe ainda o texto constitucional português sobre os efeitos da decisão e prevê a inconstitucionalidade por omissão.

O Tribunal Constitucional português é composto de treze juízes, sendo dez designados pela Assembleia da República e três cooptados por esses. Seis dos juízes designados pela Assembleia ou cooptados são obrigatoriamente escolhidos entre juízes dos tribunais judiciais e os demais entre juristas. O mandato é de seis anos. A fiscalização preventiva ocorre na hipótese de o Presidente da República solicitar ao Tribunal Constitucional a apreciação da constitucionalidade de qualquer norma constante de ato legislativo que lhe tenha sido enviado para promulgação. O resultado da consulta será o veto, se o Tribunal Constitucional manifestar-se pela inconstitucionalidade, podendo o veto, no entanto, ser rejeitado pela Assembleia da República, pelo *quorum* de dois terços. Na fiscalização sucessiva abstrata, o Tribunal Constitucional aprecia e declara, com força obrigatória geral, a inconstitucionalidade de quaisquer normas, a requerimento do Presidente da República, do Presidente da Assembleia da República, do Primeiro-Ministro, do Provedor de Justiça, do Procurador-Geral da República ou de um décimo dos Deputados à Assembleia da República. Os efeitos da declaração de inconstitucionalidade, em abstrato, são *ex tunc*, isto é, desde a entrada em vigor da norma declarada inconstitucional, e repristinatório das normas que a norma inconstitucional haja revogado. Em casos excepcionais, vale dizer, quando a segurança jurídica, razões de equidade ou interesse público de excepcional relevo o exigirem, poderá o Tribunal Constitucional fixar efeitos diferentes daqueles. Nos casos submetidos a julgamento, os juízes e tribunais judiciais não podem aplicar normas que infrinjam o disposto na Constituição ou os princípios nela contidos (fiscalização sucessiva concreta). Ao Tribunal Constitucional compete julgar os recursos das decisões em que se recusou a aplicação de qualquer norma com fundamento na sua inconstitucionalidade ou se aplicou norma cuja inconstitucionalidade haja sido suscitada durante o processo. A inconstitucionalidade por omissão se acha prevista na Constituição portuguesa, ao estabelecer o seu art. 283 que, a requerimento do Presidente da República ou do Provedor de Justiça, o Tribunal Constitucional aprecia e verifica o não cumprimento da Constituição por omissão das medidas legislativas necessárias para tornar exequíveis as normas constitucionais e, no caso de verificar a alegada omissão, dará disso conhecimento ao órgão legislativo competente.

5.5 Argentina

O controle de constitucionalidade, no sistema constitucional argentino, é jurisdicional difuso ou aberto, por interpretação sistemática dos arts. 33, 36, 43, 86, 108, da Constituição da Argentina, cabendo a todos os juízes exercitá-lo, a despeito de o art. 116 dizer que cabe à Suprema Corte e aos tribunais inferiores o conhecimento e a decisão de todas as causas que versarem matéria constitucional ou de legislação federal. A previsão do controle de constitucionalidade, no texto constitucional argentino, é apenas indireta, e não direta ou específica. Segundo observa Zeno Veloso, a Constituição da Argentina "não prevê, em texto explícito, o controle jurisdicional da constitucionalidade das leis. Como ocorreu nos Estados Unidos, foi a jurisprudência que consagrou esse controle. O caso 'Sojo', em 1887, teve as mesmas características e produziu efeitos idênticos aos de seu equivalente norte-americano, o caso Marbury *vs.* Madison".[101]

Não existe na Argentina o controle concentrado, como o existente no Brasil, por meio da ação direta de inconstitucionalidade.

Anote-se que a reforma constitucional de 1994 deu nova redação ao art. 43 da Constituição da Nação Argentina, permitindo que na ação de amparo o juiz pode declarar a inconstitucionalidade da norma em que se funda o ato ou omissão lesiva de autoridades públicas ou de particulares que lesionem, restrinjam ou ameacem direitos e garantias reconhecidos pela Constituição, por um tratado ou por uma lei. A via direta de controle, no entanto, não se acha prevista no texto constitucional, e não é

---

[101] VELOSO. *Controle jurisdicional de constitucionalidade*, p. 40.

aplicada na prática da Corte Suprema. Enfim: não há, na Argentina, as ações diretas de inconstitucionalidade. O controle é feito apenas no âmbito de um processo judicial, e se expressa por meio da sentença. Sem uma causa judicial ou à margem dela, não há falar em controle de constitucionalidade.

5.6 Chile

No Chile (Constituição de 1980), predomina o sistema de controle de constitucionalidade misto, ou seja, concreto e abstrato, com a presença de um Tribunal Constitucional e de uma Suprema Corte. Os processos para a inaplicabilidade das normas inconstitucionais e atuações em casos individuais correspondem à Suprema Corte (art. 80 da Constituição de 1980). As decisões dessa Corte têm efeitos *inter partes* e não levam à nulidade da norma impugnada, mas simplesmente à sua inaplicabilidade ao caso concreto. Pela reforma constitucional de 2005 (Ley 20.050, de 26.8.2005), o dispositivo declarado inconstitucional em controle difuso será considerado derrogado com a publicação da sentença que acolha o pedido, mas sem efeito retroativo. Já as decisões do Tribunal Constitucional, que exerce, sobretudo, um controle preventivo sobre os projetos de reformas constitucionais, cuja iniciativa se restringe a alguns órgãos políticos (Presidente da República, qualquer das Câmaras, ou minorias parlamentares mais significativas), têm efeitos *erga omnes*. Esse controle preventivo incide também sobre os tratados ou convenções internacionais submetidos à aprovação do Congresso, embora de modo facultativo e por meio de petição de qualquer das Câmaras ou ao menos de uma quarta parte dos Deputados ou Senadores em exercício. O controle preventivo é obrigatório de todos os projetos de leis interpretativos da Constituição e de leis orgânicas constitucionais (art. 82, n. 1, da Constituição do Chile). O controle preventivo da constitucionalidade é facultativo dos projetos de lei durante sua tramitação legislativa e das reclamações, no caso de o Presidente da República não promulgar uma lei quando deva fazê-lo (art. 82, n. 12, da Constituição do Chile). Havia tendência de se concentrar tanto o controle preventivo como o repressivo, abstrato ou concreto, no Tribunal Constitucional, pois eram muitas as críticas a esse sistema de controle. Como observa Gisela Maria Bester, reportando-se a Norbert Lösing (*La jurisdiccionalidade constitucional em latinoamérica*), "a composição e a conformação das competências do Tribunal Constitucional são insatisfatórias, pois a participação do Conselho de Segurança Nacional na seleção dos juízes constitucionais e a dupla carga de alguns juízes (Corte Suprema e Tribunal Constitucional) evidenciam deficiências democráticas e estruturais no Tribunal Constitucional. Com efeito, dos sete membros, se considerarmos que três emergem da Suprema Corte, 50% dos quatro restantes (dois), e que são os que efetivamente partem de indicações políticas, ficam por conta do Conselho de Segurança Nacional (quanto aos outros dois, um é indicado pelo Presidente da República e o outro, pelo Senado, cf. art. 81, *a*, *b*, *c*, e *d*, da Constituição). Considerando também que tal órgão é um similar do antigo SNI brasileiro, isto configura uma ingerência pior do que aquela provinda do Poder Executivo".[102] Com a reforma constitucional de 2005

---

[102] BESTER. *Direito constitucional*: fundamentos teóricos, vol. 1, p. 391.

(Ley 20.050, de 26.8.2005), já não há mais indicação pelo Conselho de Segurança (art. 92 do texto refundido da Constituição), e se estabeleceu a competência do Tribunal Constitucional para apreciar a questão da inconstitucionalidade com efeitos *inter partes*.

5.7 Paraguai

O controle de constitucionalidade no sistema constitucional do Paraguai, pelo que se depreende da Constituição de 1992, caracteriza-se como judicial concentrado na Suprema Corte de Justiça e na sua Sala Constitucional. Não se trata de sistema difuso-incidental propriamente dito, pois cabe apenas à Sala Constitucional da Suprema Corte exercer esse controle, em sistema direto-concentrado, ressaltando-se que eventualmente um membro de outra Sala pode requerer que um julgamento se faça não só pela Sala Constitucional, mas pelo Plenário da Corte. Em qualquer desses casos, prevê o art. 260, § 2º, segunda parte, da Constituição do Paraguai, ser possível ao litigante em processo arguir a inconstitucionalidade, mas sempre por via de exceção, hipótese em que a questão constitucional será remetida à Sala Constitucional da Suprema Corte, que a apreciará.[103]

Pela dicção do art. 260, § 1º, da Constituição do Paraguai, as resoluções da Corte Suprema de Justiça do Paraguai não têm efeitos *erga omnes*, nada obstante ser concentrado o sistema de controle, ponto em que o modelo paraguaio se distancia do alemão.

5.8 Uruguai

Pelo art. 239, 1º, da Constituição do Uruguai, de 1967, cabe à Suprema Corte de Justiça julgar originariamente os delitos contra a Constituição e contra o Direito das Gentes, podendo a lei dispor sobre instâncias a serem percorridas nos diversos Juízos, conforme cada caso. O sistema de controle de constitucionalidade adotado no Uruguai é o concentrado. Ainda de acordo com os arts. 256 a 261 da Constituição, quaisquer leis nacionais ou decretos dos Governos Departamentais poderão ser declarados inconstitucionais, com inaplicabilidade de disposições consequentes. As arguições de inconstitucionalidade deverão ser feitas por via de ação por "todo aquele que se considere lesionado no seu interesse direto, pessoal e legítimo", perante a Suprema Corte, ou ainda pelos litigantes em qualquer processo judicial. O modelo uruguaio, como se vê, amplia a legitimação para agir, no caso de ação direta, diferenciando-se do sistema brasileiro, que restringe essa legitimação a alguns entes ou órgãos públicos. Na hipótese de arguição de inconstitucionalidade em qualquer processo, suspende-se o procedimento nas instâncias ordinárias, com remessa dos autos à Suprema Corte para que se pronuncie sobre a questão. Em qualquer caso, a sentença da Suprema Corte de Justiça apenas tem efeito nos procedimentos em que se haja pronunciado, e se referirá exclusivamente ao caso concreto (art. 259 da Constituição), ou seja, efeitos *inter partes* e não *erga omnes*.

---

[103] SILVA. *Direito constitucional do Mercosul*, p. 246-247.

5.9 Venezuela

O controle de constitucionalidade, na Venezuela, é misto, pois todos os juízes podem manifestar-se sobre a constitucionalidade (controle difuso), sendo ainda de competência da Sala Constitucional do Supremo Tribunal de Justiça exercer o controle concentrado (arts. 333 a 336 da Constituição da República Bolivariana da Venezuela, de 2000).

A Constituição da Venezuela também prevê um controle preventivo, em que o Presidente da República, ao receber um projeto de lei, tem o prazo de dez dias para promulgação. Pode, no entanto, nesse prazo, com a aquiescência do Conselho de Ministros, solicitar que a Assembleia Nacional modifique parte do projeto de lei, justificando as razões do pedido. Se não ocorrer a modificação, o Presidente dispõe do poder de vetar o projeto parcial ou totalmente. E se o Presidente da República entender ser o projeto de lei inconstitucional, deverá solicitar um pronunciamento da Sala Constitucional do Tribunal Supremo de Justiça, que decidirá no prazo de quinze dias. Negando o Tribunal a inconstitucionalidade ou não decidindo no prazo de quinze dias, o Presidente deve promulgar a lei em cinco dias da decisão ou do término do prazo que o Tribunal dispunha para decidir.

5.10 Peru

No Peru, o controle de constitucionalidade é denominado de dual ou duplo, pois compreende um sistema difuso, a cargo de juízes e tribunais, e um sistema abstrato e concentrado em um Tribunal Constitucional, criado pela Constituição de 1993, que não integra o Judiciário. Pela Constituição de 1980, o controle concentrado era exercido pelo Tribunal de Garantias Institucionais, extinto pelo golpe do então Presidente Fujimori, em abril de 1992. No sistema de controle difuso, as decisões têm eficácia *inter partes*, e, no concentrado, efeitos *erga omnes*. Pelo art. 138 da Constituição de 1993, havendo incompatibilidade entre uma norma constitucional e uma legal, os juízes devem preferir a primeira, e, do mesmo modo, devem preferir a norma legal em detrimento de outra de escalão inferior.

No sistema dual, duplo ou paralelo, não há contato do Tribunal Constitucional com o modelo difuso, pois o Tribunal Constitucional não detém competência para rever os julgamentos proferidos no controle de constitucionalidade difuso-incidental, os quais terminam na Corte Suprema, órgão máximo da Justiça Comum.

O Tribunal Constitucional detém competência originária para conhecer das ações de inconstitucionalidade bem como resolver conflitos de competência, e competência recursal para as ações constitucionais.

A Constituição do Peru, de 1993, estabelece, em seu art. 204, que a decisão do Tribunal Constitucional, que reconhece a inconstitucionalidade total ou parcial de uma norma em ação de inconstitucionalidade, não terá efeitos retroativos, somente para o futuro. A lei será considerada sem efeitos no dia seguinte à publicação da decisão de inconstitucionalidade.

No Peru, foi publicada a Lei n. 28.237, de 31.5.2004, que aprovou o Código de Processo Constitucional peruano, o primeiro diploma normativo de um país latino-americano que trata de forma sistemática o processo constitucional. O Código regula a ação de inconstitucionalidade e os processos de garantia constitucional, quais sejam, o *habeas corpus*, o amparo, o *habeas data*, a ação popular e a ação de cumprimento, previstos no art. 200 da Constituição. De destacar o art. 81 do Código, que admite, como exceção ao art. 204 da Constituição, a possibilidade de o Tribunal Constitucional modular os efeitos no tempo da decisão que declara a inconstitucionalidade de normas tributárias, por infringência do art. 74 da Constituição, que indica as garantias dos contribuintes. O Código Processual, em seu art. 105, veda expressamente a concessão de liminar em ações diretas.

6. EVOLUÇÃO DO CONTROLE DE CONSTITUCIONALIDADE NO BRASIL

Examina-se, neste tópico, por sua importância, a evolução histórica do controle da constitucionalidade no Brasil.

6.1 A Constituição de 1824

A Constituição de 1824 (Constituição Política do Império do Brasil), sob a influência do jacobinismo francês e dos doutrinadores políticos da Inglaterra, não previu o controle de constitucionalidade pelo Poder Judiciário. Conferia, no entanto, em seu artigo 15, n. 8º e 9º, ao Poder Legislativo a competência de velar na guarda da Constituição e promover o bem geral da Nação, além de fazer leis, interpretá-las, suspendê-las e revogá-las. Apesar da existência, ao tempo do Império, do Supremo Tribunal de Justiça, não podia ele tornar efetiva a supremacia constitucional, porque dependente do Poder Moderador por meio do qual o Imperador poderia intervir em todos os Poderes, estando, portanto, acima de todos eles, com muito mais intensidade sobre o Poder Legislativo, o que inviabilizava o controle da constitucionalidade pelo Poder Judiciário.

6.2 A Constituição de 1891

Com a Proclamação da República, o nosso Direito passou a sofrer a influência do Direito norte-americano, para o que contribuíram decisivamente as ideias de Rui Barbosa, inaugurando-se o controle jurisdicional de constitucionalidade das leis. Já a Constituição Provisória de 1890 previa, em seu artigo 58, § 1º, que: "Das sentenças da justiça dos Estados em última instância, haverá recurso para o Supremo Tribunal Federal: a) quando se questionar a validade ou a aplicabilidade de tratados e leis federais e a decisão do tribunal do Estado for contra ela; b) quando se contestar a validade das leis ou atos dos governos dos Estados em face da Constituição, ou das leis federais e a decisão do tribunal do Estado considerar válidos os atos, ou leis impugnadas." No âmbito da legislação ordinária, o Decreto n. 848, de 11 de outubro de 1890, que organizou a Justiça Federal, dispunha, em seu artigo 3º, que: "Na guarda e aplicação da Constituição e das leis nacionais, a magistratura federal só intervirá em espécie e por provocação da parte," o que significava a instituição do controle por via de exceção. Previa ainda o artigo 9º, parágrafo único, letra *b*, daquele Decreto, que haveria também recurso para o Supremo Tribunal Federal das sentenças definitivas proferidas pelos Tribunais e juízes dos Estados, quando a validade de uma lei ou ato de qualquer Estado fosse posta em questão como contrário à Constituição, aos tratados e às leis federais e a decisão tivesse sido em favor da validade da lei ou ato.

A seu turno, a Constituição de 1891 previa, na parte dedicada ao Poder Judiciário (art. 59, § 1º), que das sentenças das Justiças dos Estados em última instância haverá recurso para o Supremo Tribunal Federal: *a)* quando se questionar sobre a validade ou a interpretação de tratados e leis federais, e a decisão do tribunal do Estado for contra ela; *b)* quando se contestar a validade de leis ou de atos dos governos dos Estados em face da Constituição, ou das leis federais, e a decisão do tribunal do Estado considerar válidos esses atos, ou essas leis impugnadas.

O controle difuso, no Brasil, foi incluído formalmente no texto da Constituição de 1891, diferentemente do Direito norte-americano, que o instituiu por decisão do *Chief Justice* John Marshall. Como as ideias republicanas não empolgavam tanto quanto a federação, o controle difuso surge, como o próprio Supremo Tribunal Federal, mais para garantir a República contra eventuais maiorias parlamentares que apoiassem o retorno à Monarquia, de que foram exemplos várias decisões antimonarquistas daquela Corte.

Por fim, a Lei n. 221, de 20 de novembro de 1894, que completou a organização da Justiça Federal, dispôs, em seu artigo 13, § 10, que: "Os juízes e tribunais apreciarão a validade das leis e regulamentos e deixarão de aplicar aos casos ocorrentes as leis manifestamente inconstitucionais e os regulamentos manifestamente incompatíveis com as leis ou com a Constituição." Adotou ainda a Lei n. 221/94 expressamente o controle difuso, ao prever que qualquer juiz ou tribunal poderia desaplicar as leis inconstitucionais.

6.3 A Constituição de 1934

A Constituição de 1934, embora mantendo o controle difuso, trouxe significativas inovações. No artigo 179, foi estabelecido o *quorum* especial da maioria absoluta dos membros dos tribunais para as decisões sobre inconstitucionalidade de lei ou ato do Poder Público, o que permanece até hoje.

No seu artigo 68, dispunha a Constituição ser vedado ao Poder Judiciário conhecer de questões exclusivamente políticas, o que revela influência da jurisprudência norte-americana.

Instituiu ainda a Constituição de 1934 a representação interventiva, germe da ação direta de inconstitucionalidade. O artigo 12, V, daquela Constituição, previu a intervenção da União em negócios peculiares dos Estados, para assegurar a observância dos princípios constitucionais sensíveis que especificava em seu artigo 7º, n. 1, alíneas *a* a *h*. A intervenção, nessa hipótese, somente se efetivaria depois que a Corte Suprema, mediante representação do Procurador-Geral da República, tomasse conhecimento da lei federal que a tivesse decretado e lhe declarasse a constitucionalidade, notando-se que a iniciativa exclusiva da lei sobre intervenção federal era do Senado (art. 41, § 3º). Verifica-se, pois, que objeto da apreciação pela Corte Suprema era a lei federal que havia decretado a intervenção, e não a lei estadual, pois os Estados poderiam violar a Constituição sem lei (Gilmar Ferreira Mendes).

Outra inovação foi a competência atribuída no artigo 91, IV, da Constituição de 1934, ao Senado Federal para suspender a execução, no todo ou em parte, de qualquer lei ou ato, deliberação ou regulamento, quando hajam sido declarados inconstitucionais pelo Poder Judiciário. Essa matéria era complementada pelo artigo 96, ao estabelecer: "Quando a Corte Suprema declarar inconstitucional qualquer dispositivo de lei ou ato governamental, o Procurador-Geral da República comunicará a decisão ao Senado Federal, para os fins do art. 91, IV, e bem assim à autoridade legislativa ou executiva de que tenha emanado a lei ou o ato." Por esse mecanismo, a decisão da Corte Suprema, tomada num caso concreto, adquiria eficácia *erga omnes*, mediante a edição, pelo Senado Federal, de resolução suspensiva da norma declarada inconstitucional, devendo-se ainda notar que, no texto constitucional de 1934, o Senado Federal tinha o *status* de órgão de coordenação dos poderes.

Registre-se ainda que o mandado de segurança foi previsto na Constituição de 1934, para defesa de direito certo e incontrastável do impetrante, ameaçado ou violado por ato manifestamente inconstitucional, ou ilegal, de qualquer autoridade (art. 113, n. 33). Desse modo, tornava-se possível a discussão de atos do Poder Público fundados em lei inconstitucional.

6.4 A Constituição de 1937

A grande novidade trazida pela Constituição autoritária e centralizadora de 1937, no âmbito do controle de constitucionalidade, constava do parágrafo único do artigo 96: "No caso de ser declarada a inconstitucionalidade de uma lei que, a juízo do Presidente da República, seja necessária ao bem-estar do povo, à promoção ou defesa de interesse nacional de alta monta, poderá o Presidente da República submetê-la novamente ao exame do Parlamento: se este a confirmar por dois terços de votos em cada uma das Câmaras, ficará sem efeito a decisão do Tribunal."

A Constituição de 1937 restou, no entanto, na sua maior parte, inaplicada, como veremos adiante.

Por isso, a prerrogativa conferida ao Parlamento, de examinar as leis declaradas inconstitucionais pelo Judiciário, teve efeito, sobretudo, simbólico, pois, como o Parlamento, a partir de 1937, foi dissolvido, o Presidente Vargas passou a governar por decreto, o que significava que a ele próprio cabia confirmar dispositivo de decreto-lei declarado inconstitucional pelo Judiciário, nomeadamente pelo Supremo Tribunal Federal.

Em 1939, o Presidente Getúlio Vargas editou o Decreto-Lei n. 1.564, que confirmava textos de lei declarados inconstitucionais pelo Supremo Tribunal Federal, "ficando sem efeito as decisões do Supremo Tribunal Federal e de quaisquer outros tribunais e juízes que tenham declarado a inconstitucionalidade desses mesmos textos", o que provocou intensa reação nos meios judiciários brasileiros.

6.5 A Constituição de 1946

A Constituição de 1946 manteve o controle difuso de constitucionalidade e o *quorum* da maioria absoluta para a declaração de inconstitucionalidade por órgãos judiciários colegiados (art. 200). Foi preservada a competência do Senado, reintroduzido como órgão do Poder Legislativo, para suspender a execução, no todo ou em parte, de lei ou decreto declarados inconstitucionais por decisão definitiva do Supremo Tribunal Federal. Note-se que a Constituição de 1946 restringiu a amplitude da resolução suspensiva do Senado, porquanto passou a mencionar como objeto dessa atividade "lei e decretos declarados inconstitucionais", e não mais "lei, ato, deliberação ou regulamento", expressão que constava do texto constitucional de 1934. Também foi eliminada a intermediação do Procurador-Geral da República em comunicar ao Senado a decisão da então Corte Suprema, passando o próprio Supremo Tribunal Federal a exercer esse papel.

Destaque-se ainda como inovação da Constituição de 1946 o que foi previsto relativamente à representação interventiva, ou seja, o Supremo Tribunal não mais examinava a lei federal que houvesse decretado a intervenção no Estado-Membro, mas a própria lei ou o ato estadual arguidos de inconstitucionalidade, por violação de princípio constitucional sensível (art. 7º, VII, alíneas *a* a *g*).

A Emenda Constitucional n. 16, de 26 de novembro de 1965, introduziu em nosso sistema o controle abstrato de normas perante o Supremo Tribunal Federal. Ao dar nova redação à alínea *k* do artigo 101, inciso I, da Constituição de 1946, a Emenda determinou que cabia ao Supremo Tribunal Federal processar e julgar, originariamente, "a representação contra inconstitucionalidade de lei ou ato de natureza normativa, federal ou estadual, encaminhada pelo Procurador-Geral da República", que detinha iniciativa privativa. Instituía-se, portanto, sem prejuízo do controle incidental, e ao lado da representação interventiva, o controle concentrado ou abstrato de constitucionalidade, com o objetivo de defesa da ordem constitucional, garantindo a supremacia da Constituição. Adotava-se então o modelo austríaco, de controle concentrado, sem eliminação do controle difuso do sistema jurisdicional norte-americano.

6.6 A Constituição de 1967 e a Emenda Constitucional n. 1/69

A Constituição de 1967 e a Emenda Constitucional n. 1/69 mantiveram, em suas linhas básicas, o sistema de controle da Constituição de 1946, com as modificações da EC n. 16/65. Houve, no entanto, a disciplina, pelo texto de 1969, do controle da constitucionalidade estadual para fins de intervenção em Município. A Emenda n. 7/77 possibilitou a concessão de medida cautelar nos processos objetivos.

6.7 A Constituição de 1988

A Constituição de 1988, mantendo o controle difuso e concentrado de constitucionalidade, ampliou a lista dos entes e órgãos legitimados para a propositura de ação direta de inconstitucionalidade, anteriormente privativa do Procurador-Geral da República, o que significa o avanço da jurisdição concentrada. A Emenda Constitucional n. 45/2004 passou a considerar como legitimados para a ação declaratória de constitucionalidade os mesmos sujeitos que detêm legitimação para a ação direta de inconstitucionalidade. A Constituição introduziu ainda a figura da inconstitucionalidade por omissão (art. 103), o mandado de injunção (art. 5º, LXXI), a arguição de descumprimento de preceitofundamental decorrente da Constituição (art. 102, § 1º). Previu ainda o texto constitucional a instituição, no âmbito dos Estados-Membros, da representação de inconstitucionalidade de leis ou atos normativos estaduais ou municipais em face da Constituição estadual (art. 125). A seu turno, a Emenda Constitucional n. 3/93 introduziu a ação declaratória de constitucionalidade de lei ou ato normativo federal.

E por força da Emenda Constitucional n. 45/2004, as decisões definitivas de mérito, proferidas pelo Supremo Tribunal Federal, nas ações diretas de inconstitucionalidade e nas ações declaratórias de constitucionalidade, produzirão eficácia contra todos e efeito vinculante, relativamente aos demais órgãos do Poder Judiciário e à administração pública direta e indireta, nas esferas federal, estadual e municipal.

7. CONTROLE PREVENTIVO E DEVIDO PROCESSO LEGISLATIVO

O controle preventivo, ou *a priori*, como referenciado acima, no tópico relativo aos sistemas e tipos de controle, ocorre antes da existência ou aperfeiçoamento do ato.

No âmbito do processo legislativo, o controle preventivo tem como cenário a tramitação legislativa, e por finalidade eliminar eventual inconstitucionalidade da proposta legislativa.

Apesar de se caracterizar como predominantemente político, o controle preventivo pode ser ainda exercido pelo Poder Judiciário, o que suscita algumas questões, entre elas a da relação desse tipo de controle com os vícios regimentais e com o devido processo legislativo, de forma a garantir o Estado Democrático de Direito.

7.1 Controle preventivo e comissões parlamentares

No Brasil, o controle preventivo, de caráter político, inicia-se no âmbito do próprio Poder Legislativo.

Cabe ao Presidente da Casa Legislativa e às Comissões Parlamentares, em especial as denominadas de "Constituição e Justiça", que examinam e emitem parecer sobre a constitucionalidade ou não do projeto. A Comissão encarregada de apreciar os aspectos constitucionais de projetos, propostas de emendas à Constituição, entre outras matérias, na Câmara dos Deputados, tem o nome de *Comissão de Constituição e Justiça e de Cidadania* (art. 32, IV, do Regimento Interno da Câmara), e, no Senado Federal, de *Comissão de Constituição, Justiça e Cidadania* (art. 72, III, do Regimento Interno do Senado).

Efetivamente, no âmbito da Câmara dos Deputados, o controle preventivo de constitucionalidade inicia-se por um juízo unipessoal de seu Presidente, que pode considerar que a matéria apresentada contém vício de inconstitucionalidade e devolvê-la ao Autor, podendo, para tanto, basear-se em Súmula de entendimentos da Comissão de Constituição e Justiça e de Cidadania – CCJC. Dispõe, com efeito, o art. 137 do Regimento Interno da Câmara dos Deputados: "Art. 137. Toda proposição recebida pela Mesa será numerada, datada, despachada às Comissões competentes e publicada no Diário do Congresso Nacional e em avulsos, para serem distribuídos aos Deputados, às Lideranças e Comissões. § 1º Além do que estabelece o art. 125, a Presidência devolverá ao Autor qualquer proposição que: I – não estiver devidamente formalizada e em termos; II – versar matéria: a) alheia à competência da Câmara; b) evidentemente inconstitucional; c) antirregimental. § 2º Na hipótese do parágrafo anterior, poderá o Autor da proposição recorrer ao Plenário, no prazo de cinco sessões da publicação do despacho, ouvindo-se a Comissão de Constituição e Justiça e de Cidadania, em igual prazo. Caso seja provido o recurso, a proposição voltará à Presidência para o devido trâmite."

Note-se ainda que, de acordo com o seu conteúdo, determinadas proposições não serão examinadas pelo Plenário, mas por Comissões técnicas da Câmara dos Deputados, em caráter conclusivo, por inspiração no Direito espanhol e italiano. Segundo o Regimento Interno: "Art. 24. Às Comissões Permanentes, em razão da matéria de sua competência, e às demais Comissões, no que lhes for aplicável, cabe: I – discutir e votar as proposições sujeitas à deliberação do Plenário que lhes forem distribuídas; II – discutir e votar projetos de lei, dispensada a competência do Plenário, salvo o disposto no § 2º do art. 132 e excetuados os projetos: *a)* de lei complementar; *b)* de código; *c)* de iniciativa popular; *d)* de Comissão; *e)* relativos a matéria que não possa ser objeto de delegação, consoante o § 1º do art. 68 da Constituição Federal; *f)* oriundos do Senado, ou por ele emendados, que tenham sido aprovados pelo Plenário de qualquer das Casas; *g)* que tenham recebido pareceres divergentes; *h)* em regime de urgência."

A competência da Comissão de Constituição e Justiça e de Cidadania vem elencada no art. 32, inciso IV, do Regimento Interno da Câmara dos Deputados, e envolve as seguintes matérias: "*a)* aspectos constitucional, legal, jurídico, regimental e de técnica legislativa de projetos, emendas ou substitutivos sujeitos à apreciação da Câmara ou de suas Comissões; *b)* admissibilidade de proposta de emenda à Constituição; *c)* assunto de natureza jurídica ou constitucional que lhe seja submetido, em consulta, pelo Presidente da Câmara, pelo Plenário ou por outra Comissão, ou em razão de recurso previsto neste regimento; *d)* assuntos atinentes aos direitos e garantias fundamentais, à organização Estado, à organização dos Poderes e às funções essenciais da Justiça; *e)* matérias relativas a direito constitucional, eleitoral, civil, penal, penitenciário, processual, notarial; *f)* partidos políticos, mandato e representação política, sistemas eleitorais e eleições; *g)* registros públicos; *h)* desapropriações; *i)* nacionalidade, cidadania, naturalização, regime jurídico dos estrangeiros, emigração e imigração; *j)* intervenção federal; *l)* uso dos símbolos nacionais; *m)* criação de novos Estados e Territórios; incorporação, subdivisão ou desmembramento de áreas de Estados ou de Territórios; *n)* transferência temporária da sede do Governo; *o)* anistia; *p)* direitos e deveres do mandato; perda de mandato de Deputado, nas hipóteses dos incisos I,

II e VI do art. 55 da Constituição Federal; pedidos de licença para incorporação de Deputados às Forças Armadas; *q)* redação do vencido em Plenário e redação final das proposições em geral."

O parecer da Comissão, na Câmara dos Deputados, é terminativo quanto à constitucionalidade ou juridicidade da matéria, podendo, no entanto, haver recurso, para o plenário, dessa deliberação (arts. 54, I, 132, § 2º, e 137, II, *b*, do Regimento Interno).

Com a Resolução n. 10, de 1991, houve inversão do fluxo de tramitação das proposições, passando a Comissão de Constituição e Justiça e de Cidadania a ser ouvida em último lugar. Antes da alteração regimental, a proposição era encaminhada, inicialmente, para a CCJC, mas, como frequentemente as Comissões subsequentes incluíam dispositivos inconstitucionais, caso em que a matéria não mais era levada à apreciação da CCJC, salvo quando havia questão de ordem levantada em Plenário, cuidou-se de inverter a tramitação, de modo a propiciar um controle final de constitucionalidade e juridicidade da proposta. É o que dispõe o art. 139, II, do Regimento Interno da Câmara dos Deputados: "Art. 139. A distribuição de matérias às Comissões será feita por despacho do Presidente, dentro em duas sessões depois de recebida na Mesa, observadas as seguintes normas: II – excetuadas as hipóteses contidas no art. 34, a proposição será distribuída: a) às Comissões a cuja competência estiver relacionado o mérito da proposição; b) quando envolver aspectos financeiro ou orçamentário públicos, à Comissão de Finanças e Tributação, para o exame da compatibilidade ou adequação orçamentária; c) obrigatoriamente à Comissão de Constituição e Justiça e de Cidadania, para o exame dos aspectos de constitucionalidade, legalidade, juridicidade, regimentalidade e de técnica legislativa, e, juntamente com as Comissões técnicas, para pronunciar-se sobre o seu mérito, quando for o caso."

No Senado, segundo o disposto no § 1º do art. 101, do Regimento Interno, quando a Comissão emitir parecer pela inconstitucionalidade e injuridicidade de qualquer proposição, será esta considerada rejeitada e arquivada definitivamente, por despacho do Presidente do Senado, salvo, não sendo unânime o parecer, recurso interposto nos termos do art. 254.

7.2 Súmulas da Comissão de Constituição e Justiça e de Cidadania

Com base no art. 54, IX, do Regimento Interno da Câmara dos Deputados, que prevê a inclusão, nos serviços de secretarias de apoio administrativo, a organização de súmula da jurisprudência dominante da Comissão, quanto aos assuntos mais relevantes, a Comissão de Constituição e Justiça e de Cidadania elaborou os seguintes enunciados:

– Verbete n. 1, de 1º de dezembro de 1994: a) Projeto de lei, de autoria de Deputado ou Senador, que autoriza o Poder Executivo a tomar determinada providência, que é de sua competência exclusiva, é inconstitucional; b) Projeto de lei, de autoria de Deputado ou Senador, que dispõe sobre a criação de estabelecimento de ensino é inconstitucional.

– Verbete n. 2, de 1º de dezembro de 1994: Projeto de lei que declara utilidade pública de associação, sociedade, entidade, fundação ou instituição é inconstitucional e injurídico.

– Verbete n. 3: Projeto de lei que dá denominação a rodovia ou logradouro público é inconstitucional e injurídico.

– Verbete n. 4: Projeto de lei que institui dia nacional de determinada classe profissional é injurídico.

7.3 Controle jurisdicional preventivo, devido processo legislativo e vícios regimentais

Pode haver controle de constitucionalidade, pelo Poder Judiciário, no âmbito do *processo legislativo*, incidente sobre o projeto de lei, uma vez que as normas que disciplinam a tramitação legislativa vinculam a atividade do legislador e devem, portanto, ser respeitadas. Trata-se de controle difuso ou pela via de exceção, já que incabível o controle concentrado ou pela via de ação direta de inconstitucionalidade, uma vez que esta última pressupõe a existência da lei promulgada, o que não ocorre no processo legislativo, cujo cenário é o da tramitação legislativa visando a elaboração das diversas espécies normativas, nelas incluídas as emendas à Constituição (art. 59 da Constituição).

Assim, os atos praticados pelo seu Presidente ou pela Mesa Diretora da Casa Legislativa ensejam correção por meio do ajuizamento de mandado de segurança, cuja legitimação ativa, segundo jurisprudência do Supremo Tribunal Federal, vem sendo reconhecida apenas aos parlamentares que se sentirem prejudicados durante o processo legislativo. [104]

---

[104] O STF, ao julgar mandado de segurança preventivo em que Senador alegava ofensa ao devido processo legislativo na tramitação do Projeto de Lei - PL 4.470/2012 (Câmara dos Deputados), convertido no Senado no Projeto de Lei da Câmara - PLC 14/2013, que estabelece novas regras para a distribuição de recursos do fundo partidário e de horário de propaganda eleitoral no rádio e na televisão, nas hipóteses de migração partidária, denegou a ordem, por maioria. O Min. Gilmar Mendes, relator, concedeu, em parte, a segurança para declarar a inconstitucionalidade da deliberação legislativa sobre o PLC 14/2013, nos termos atuais, isto é, se aprovado para reger a legislatura e, portanto, as eleições que ocorrerão em 2014. De início, assentou a possibilidade de mandado de segurança ser impetrado para suspender a tramitação não apenas de proposta de emenda à Constituição, mas, também, de projeto de lei alegadamente violador de cláusula pétrea. Assinalou ser percebível a inconstitucionalidade do PLC 14/2013 ao se verificar o seu conteúdo e a circunstância a envolver a sua deliberação, a revelar ser ofensivo a direitos fundamentais como a isonomia, a igualdade de chances, a proporcionalidade, a segurança jurídica e a liberdade de criação de legendas, cláusulas pétreas da Constituição. Rememorou que o projeto de lei em exame pretenderia impor interpretação constitucional diametralmente oposta à exarada pelo STF no julgamento da ADI 4430/DF, por se tratar de coisa julgada dotada de eficácia *erga omnes*. Asseverou que a sua não observância afrontaria a segurança jurídica em sua expressão concernente à proteção da confiança legítima, uma vez que todo o sistema político confiaria que, nas próximas eleições gerais, a regra seria aquela fixada naquele julgado. Observou que, caso aprovado, o mencionado projeto transgrediria o princípio da igualdade de chances e, por consequência, o direito das minorias políticas de

Note-se que os vícios regimentais, por si sós, não invalidam a lei, dada a facilidade com que podem ser alteradas as disposições regimentais, para as quais não se exige *quorum* qualificado, a não ser que resultem em inobservância das normas da Constituição acerca do processo legislativo. A posição majoritária do Supremo Tribunal, a propósito deste tema, é no sentido de que "matéria relativa à interpretação, pelo Congresso Nacional, de normas do regimento legislativo, é imune à crítica judiciária, circunscrevendo-se no domínio *interna corporis*".[105]

---

livremente mobilizarem-se para a criação de novas legendas. Aduziu que, no processo democrático eleitoral, as regras deveriam ser previsíveis e justas, sob pena de minarem as condições de legitimidade do regime democrático. Apontou que os direitos políticos, neles contidos a livre criação de partidos em situação isonômica à dos demais, o pluripartidarismo e o direito à participação política, também seriam cláusulas pétreas da Constituição. Enfatizou não se tratar de "judicialização da política", quando as questões políticas estiverem configuradas como verdadeiras questões de direitos. Já o Min. Teori Zavascki, em seu voto, que abriu a divergência, reputou evidente que o direito líquido e certo afirmado na impetração, de o parlamentar não ser obrigado a participar do processo legislativo em comento, não traduziria a verdadeira questão debatida, pois ele teria o direito de, espontaneamente, abster-se de votar. Buscar-se-ia, a pretexto de tutelar direito individual, provimento no sentido de inibir a própria tramitação do projeto de lei. Considerou que as eventuais inconstitucionalidades do texto impugnado poderiam ser resolvidas se e quando o projeto se transformasse em lei. Ademais, a discussão sobre a legitimidade do controle constitucional preventivo de proposta legislativa teria consequências transcendentais, com reflexos para além do caso em pauta, pois tocaria o cerne da autonomia dos poderes. Reputou que o sistema constitucional pátrio não autorizaria o controle de constitucionalidade prévio de atos normativos, e que a jurisprudência da Corte estaria consolidada no sentido de deverem ser, em regra, rechaçadas as demandas judiciais com essa finalidade. Delimitou haver duas exceções a essa regra: a) proposta de emenda à Constituição manifestamente ofensiva a cláusula pétrea; e b) projeto de lei ou de emenda em cuja tramitação se verificasse manifesta ofensa a cláusula constitucional que disciplinasse o correspondente processo legislativo. Aduziu que, em ambas as hipóteses, a justificativa para excepcionar a regra estaria claramente definida na jurisprudência do STF. O vício de inconstitucionalidade estaria diretamente relacionado aos aspectos formais e procedimentais da atuação legislativa. Nessas hipóteses, a impetração de segurança seria admissível porque buscaria corrigir vício efetivamente concretizado, antes e independentemente da final aprovação da norma. Ressaltou que a mais notória consequência de eventual concessão da ordem seria a universalização do controle preventivo de constitucionalidade, em descompasso com a Constituição e com a jurisprudência já consolidada. Esse modelo de controle prévio não teria similar no direito comparado e ultrapassaria os limites constitucionais da intervenção do Judiciário no processo de formação das leis. Asseverou que as discussões políticas, nesse âmbito, pertenceriam ao Legislativo e não ao Judiciário, cujas decisões somente seriam consideradas políticas quando tivessem por substrato interpretação e aplicação de leis de conteúdo político. Sublinhou o distanciamento que as Cortes constitucionais deveriam ter dos processos políticos, inclusive pela sua inaptidão para resolver, por via de ação, os conflitos carregados de paixões dessa natureza. Salientou não fazer sentido, ademais, atribuir a parlamentar, a quem a Constituição não habilitaria para provocar o controle abstrato de constitucionalidade normativa, prerrogativa muito mais abrangente e eficiente de provocar esse controle sobre os próprios projetos legislativos. Além disso, subtrair-se-ia dos outros Poderes a prerrogativa de exercerem o controle constitucional preventivo de leis. (STF, MS 32033/DF, Rel. Min. Gilmar Mendes, j. 12 e 13.6.2013.); *Informativos* 709 e 710/STF.

[105] *RTJ* 112/1023.

É preciso considerar, no entanto, que o controle jurisdicional preventivo de constitucionalidade se acha relacionado com a concepção de devido processo legislativo, a reclamar que o tema seja examinado numa perspectiva *reconstrutiva*, é dizer, que permita romper tanto com abordagens excessivamente normativas, tanto quanto cépticas, evitando, portanto, que a norma não perca seu contato com a realidade, nem que se exclua qualquer aspecto normativo. Marcelo Cattoni examina, nesse ângulo, o controle da constitucionalidade do processo legislativo, para questionar o posicionamento do Supremo Tribunal quanto à inviabilidade do controle das normas regimentais. Acentua que esse entendimento jurisprudencial se revela inadequado ao paradigma do Estado Democrático de Direito, levando ao surgimento de ilhas corporativas de discricionariedade. Afirma que colocada, nesses termos, a questão acerca da irregularidade e da inconstitucionalidade da tramitação de um projeto de lei ou de uma proposta de emenda constitucional, ela "acabaria sendo reduzida a um interesse particular e exclusivo dos deputados e senadores, e jamais referida à produção da lei como afeta à cidadania em geral". Assim, o que está "em questão é a própria cidadania em geral e não o direito de minorias parlamentares ou as devidas condições para a atividade legislativa de um parlamentar 'X' ou 'Y'. Não se deve, inclusive, tratar o exercício de um mandato representativo como questão privada, ainda que sob o rótulo de 'direito público subjetivo' do parlamentar individualmente considerado, já que os parlamentares, na verdade, exercem função pública de representação política; e é precisamente o exercício necessariamente público, no mínimo coletivo ou partidário, dessa função que se encontra em risco. Trata-se da defesa da garantia do pluralismo no processo de produção legislativa, da defesa da própria democracia enquanto respeito às regras do jogo, da possibilidade de que a minoria de hoje possa vir a se tornar a maioria de amanhã".[106]

Por isso mesmo é que o Regimento Interno e sua matéria *interna corporis*, regras apenas subsidiárias das normas constitucionais de elaboração legislativa, não são invulneráveis, sendo passíveis de irrestrito controle de constitucionalidade, para que se conformem com o devido processo legislativo, e se dê cumprimento aos princípios constitucionais que fundamentam e legitimam o processo constitucional. A abertura do processo constitucional irá ainda permitir a participação do próprio povo nas correições dos projetos de lei, por ser ele agente procedimental legitimado para desencadear o controle difuso de constitucionalidade, que não pode ser reservado aos parlamentares.

Nessa linha, acentua Menelick de Carvalho Netto que "apenas a institucionalização de espaços públicos, mediatizados pelo reconhecimento da igualdade e da liberdade de todos os partícipes, pode contribuir para a formação dessa identidade constitucional, a um só tempo, abstrata e solidária. Abstrata posto que universal, aberta, pois ela deve ser capaz de permanentemente incorporar as diferenças existentes e que venham a se tornar visíveis a partir das lutas por reconhecimento dos mais distintos grupos, reconhecendo-as como expressões constitucionalmente garantidas de liberdade na igualdade solidária da cidadania". E para o resgate de nossas melho-

---

[106] CATTONI DE OLIVEIRA. *Devido processo legislativo*, p. 16, 25-26.

res tradições constitucionais, um "Supremo Tribunal Federal que não continue a permitir, por exemplo, a privatização do processo legislativo tomado como prerrogativa pessoal do parlamentar e não como garantia do próprio regime democrático. Imagine, qual o significado do seu voto nessa eleição que acabou de passar (...) se as normas regimentais não impedem a ditadura da maioria, se são apenas normas *interna corporis*, ou seja, da eventual maioria? O preço é o da redução da constituição a uma simples fachada, o da sua incapacidade de produzir legitimidade, gerando, ao contrário, descrédito institucional e anomia".[107]

De remarcar que atos *interna corporis* são aqueles praticados por quem detém competência, nos limites definidos pela Constituição ou pelas leis, e se referem à economia interna do órgão ou Poder de onde emanam, sem violarem direito subjetivo individual de terceiro ou de seus próprios membros. No domínio do Poder Legislativo, atos *interna corporis* são aqueles relacionados com o mérito das deliberações ou decisões da Mesa, das Comissões Parlamentares ou do Plenário, que envolvem a sua organização e o seu funcionamento, a eleição dos membros das Mesas e Comissões, a elaboração do Regimento Interno, a organização das atividades parlamentares e dos serviços auxiliares, o exame de prerrogativas, poderes, direitos e incompatibilidades dos congressistas.

José Adércio Leite Sampaio faz amplo estudo sobre o que denomina de "espaços jurisdicionais vazios", indenes à apreciação judicial, neles incluídos os atos *interna corporis*. Após enfatizar que a definição dos espaços jurisdicionais vazios não é tarefa das mais fáceis, sobretudo se se levar em consideração a crescente tendência de controle judicial em todo o mundo e em campo antes reservado apenas aos atores políticos, nomeadamente ao Executivo e ao Legislativo, o eminente constitucionalista, ressalvando que a baliza da constitucionalidade e da legalidade não pode ser relegada no exame de tais atos, pelo Poder Judiciário, apresenta-nos uma tipologia dos atos *interna corporis*, em sede legislativa, no sistema brasileiro, a partir de decisões do Supremo Tribunal Federal: "atos legislativos *interna corporis* podem dizer respeito, por exemplo, à continuidade e disciplina dos trabalhos parlamentares, como as deliberações do Presidente da Câmara dos Deputados, relativas à composição de comissões e à distribuição de tempo para comunicações em plenário, atendendo a parlamentares fundadores de partido político ainda não registrado; ou à organização e funcionamento de comissão parlamentar de inquérito, à nomeação, afastamento ou substituição de seus membros; ao arquivamento de requerimento e sua instauração, sob alegação de ter descumprido ato regimental que exigia indicação do limite das despesas a serem realizadas pela comissão; pode ser visto no processo de perda de mandato, normalmente regido por normas *interna corporis*, contanto que não firam as garantias e direitos constitucionalmente consagrados; reiterando-se posição de que o Judiciário não pode substituir a deliberação do plenário, a ponderação dos fatos e a valoração das provas ali apresentadas; assim como se referir à atividade legislativa, notadamente à tramitação de projeto de lei, *e.g.*, deliberação do Presidente da Casa, em torno do instante em que um projeto de lei deva ser submetido à votação, colocada sob seu

---

[107] CARVALHO NETTO. *In*: SAMPAIO (Coord.). *Crise e desafios da constituição*, p. 288-289.

juízo de oportunidade ou segundo acordo de lideranças, nos termos regimentais, não podendo, por isso, ser compelido a colher requerimento de urgência-urgentíssima ou a submetê-lo incontinenti a discussão e votação; ato do Presidente do Congresso que indefere requerimento de anexação de projeto de emenda constitucional por entender inexistir, no caso, analogia ou conexão entre o que seria submetido a plenário e o objeto do requerimento; ato do Presidente da Câmara dos Deputados que submete à discussão e votação emenda aglutinativa, impugnado por ofender o Regimento Interno da Casa em sua exigência de expressa indicação das emendas que foram fundidas, da distinção entre autoria e relatoria do projeto, supostamente lesivo ao direito de terem os Deputados assegurados os princípios da legalidade e moralidade durante o processo de elaboração legislativa, se as informações do Presidente da Casa apresentarem a interpretação dada ao Regimento para cada ponto questionado e negarem a coincidência o autor e o relator do projeto; ou interpretação do Presidente da Câmara de que para obtenção do *quorum*, exigido para determinada votação, poderiam também somar-se as presenças notórias em plenários, que não haviam acionado o mecanismo de registro eletrônico, em que pesem os protestos no sentido de que teria de ser verificado exclusivamente pelo painel eletrônico da Câmara; descumprimento de norma regimental que impunha, durante a tramitação de certos projetos de lei, a passagem obrigatória por uma comissão temática. Enfim, examinar a interpretação dispensada pelo Regimento Interno pela respectiva Casa, especialmente por seu Presidente."[108]

7.4 Controle preventivo e lei delegada

O controle preventivo é exercido ainda pelo Poder Legislativo, na hipótese de que trata o § 3º do art. 68 da Constituição, relativamente à lei delegada, quando a resolução que autoriza o Presidente da República a editar lei delegada determinar a apreciação do projeto do Executivo, pelo Congresso Nacional. Nesse caso, o Congresso poderá impedir a entrada em vigor da lei delegada, ao rejeitar o projeto por inconstitucionalidade. Nessa modalidade de delegação, evidencia-se uma inversão do processo de elaboração da lei ordinária, pois é o Congresso que "ratifica" o projeto estabelecido pelo Executivo, em votação única, vedada qualquer emenda.

7.5 Controle preventivo e veto presidencial

Ao Presidente da República cabe, pelo veto que se qualifica de jurídico (art. 66, § 1º, da Constituição), exercer o controle preventivo de constitucionalidade, impedindo o ingresso de lei inconstitucional no ordenamento jurídico. A concepção de que o controle preventivo se realiza à luz do devido processo legislativo tem levado à indagação se caberia o controle jurisdicional do veto oposto pelo Presidente da República, fundado em inconstitucionalidade do projeto de lei, para que se aferisse do acerto das razões do veto. A considerar o veto como ato de competência política discricionária do Presidente da República, inviável seria o seu controle pelo Judiciário, que não poderia adentrar o mérito do ato, mesmo em se tratando de veto jurídico, em

---

[108] SAMPAIO. *A constituição reinventada pela jurisdição constitucional*, p. 247- 339.

que a sua motivação seria a inconstitucionalidade da lei projetada. De outro norte, a ideia de que o Presidente da República estaria vinculado à Constituição e à realidade, quando da prática de qualquer ato, as razões do veto poderiam ser impugnadas por meio de mandado de segurança, cuja impetração seria garantida, pelo menos, aos parlamentares representantes da maioria que aprovou o projeto.[109]

Na doutrina, a insindicabilidade do veto, paralelamente à sua apreciação pelo Congresso Nacional, é destacada por José Alfredo de Oliveira Baracho.[110]

Posição contrária é sustentada por Gustavo Binenbojm: ao ressalvar que o veto oposto pelo Presidente da República, por contrariedade do projeto de lei ao interesse público, reveste-se de caráter político, dado o seu conceito vago, sendo, pois, insuscetível de controle judicial, entende que o mesmo não se verifica quanto ao veto motivado pela desconformidade entre o projeto de lei e a Constituição. Nesse caso, a sindicabilidade é possível, sobretudo porque o Chefe do Executivo, ao explicitar as razões do veto, vincula o seu ato a determinados motivos, que devem ser verdadeiros e consistentes. Cabe, pois, à maioria parlamentar, que aprovou o projeto de lei e que entenda que o veto por inconstitucionalidade não é fundado, o direito de instaurar a controvérsia perante o Poder Judiciário.[111]

O Supremo Tribunal Federal, no julgamento da ADFF n. 1, Rel. Min. Moreira Alves, decidiu ser o veto ato político, que não se enquadra no conceito de ato do Poder Público, para fins de arguição. No julgamento da ADPF n. 45, a despeito de ser dada por prejudicada, o STF admitiu o controle judicial de constitucionalidade do veto, como se extrai da decisão do Relator, Min. Celso de Mello: "Trata-se de arguição de descumprimento de preceito fundamental promovida contra veto, que, emanado do Senhor Presidente da República, incidiu sobre o § 2º do art. 55 (posteriormente renumerado para art. 59), de proposição legislativa que se converteu na Lei n. 10.707/2003 (LDO), destinada a fixar as diretrizes pertinentes à elaboração da lei orçamentária anual de 2004 (*omissis*). Não obstante a superveniência desse fato juridicamente relevante, capaz de fazer instaurar situação de prejudicialidade da presente arguição de descumprimento de preceito fundamental, não posso deixar de reconhecer que a ação constitucional em referência, considerado o contexto em exame, qualifica-se como instrumento idôneo e apto a viabilizar a concretização de políticas públicas, quando, previstas no texto da Carta Política, tal como sucede no caso (EC 29/2000), venham a ser descumpridas, total ou parcialmente, pelas instâncias governamentais destinatárias do comando inscrito na própria Constituição da República (*omissis*). Essa eminente atribuição conferida ao Supremo Tribunal Federal põe em evidência, de modo particularmente expressivo, a dimensão política da jurisdição constitucional conferida a esta Corte, que não pode demitir-se do gravíssimo encargo de tornar

---

[109] Sobre o veto, cf. CASASANTA. *O poder de veto*; BARACHO. Teoria geral do veto, *in Revista de Informação Legislativa*, n. 83, jul./set. 1984; RODRIGUES. *O veto no direito comparado*. CARVALHO NETTO. *A sanção no procedimento legislativo*.

[110] BARACHO. As atribuições constitucionais do poder executivo, *in Revista de Direito Administrativo*, n. 31, p. 3-4.

[111] BINENBOJM. *A nova jurisdição constitucional brasileira*: legitimidade democrática e instrumentos de realização, p. 225-232.

efetivos os direitos econômicos, sociais e culturais – que se identificam, enquanto direitos de segunda geração, com as liberdades positivas, reais ou concretas.[112] (*RTJ* 164/158-161, Rel. Min. Celso de Mello) –, sob pena de o Poder Público, por violação positiva ou negativa da Constituição, comprometer, de modo inaceitável, a integridade da própria ordem constitucional."

7.6 Considerações finais sobre o controle preventivo

Note-se que o controle político-preventivo tem-se revelado frágil e ineficaz, porquanto nele os controlados se confundem com os controladores, e a apreciação da matéria constitucional se faz à luz de aspectos concernentes a conveniência ou oportunidade.

Apesar da fragilidade do controle político-preventivo de constitucionalidade, não se deve perder de vista que o legislador deve estar atento à adequação constitucional das proposições parlamentares, em razão da vinculação de seus atos à Constituição.

Desse modo, o controle legislativo de constitucionalidade acaba por se transformar em mecanismo que se soma ao controle judicial preventivo, orientado pelo devido processo legislativo, e pelo controle judicial sucessivo ou repressivo, passando a ter importância fora do espaço congressual e, mesmo que não expressamente vinculante, deve ser visto como mais um instrumento na busca do aperfeiçoamento dos atos legislativos.[113]

Sobre o tema, expressivo é o pensamento de Canotilho: "A liberdade de conformação política do legislador e o âmbito de previsão não são incompatíveis com uma vinculação jurídico-constitucional, a apurar através de princípios constitucionais constitutivos (ex.: princípio democrático) e de direitos fundamentais; por outro lado, se as previsões ou prognoses são actos políticos, também isso não significa que esses actos não possam ser medidos pela constituição. O problema não reside aqui em, através do controlo constitucional se fazer política, mas em apreciar a constitucionalidade da política."[114]

8. CONTROLE DIFUSO

O controle difuso, que foi introduzido no Brasil com o advento da República, possibilita que qualquer juiz ou Tribunal aprecie a inconstitucionalidade das leis ou atos normativos.

8.1 Perfil do controle difuso-incidental

Segundo expressa Mauro Cappelletti, o controle difuso é aquele em que "o poder de controle pertence a todos os órgãos judiciários de um dado ordenamento jurídico, que o exercitam incidentalmente, na ocasião da decisão das causas de sua competên-

---

[112] ADPF n. 45 MC/DF, Informativo 345/STF.
[113] AZEVEDO. *O controle legislativo de constitucionalidade*, p. 123.
[114] CANOTILHO. *Constituição dirigente e vinculação do legislador*, p. 275.

cia", e o concentrado é aquele em que "o poder de controle se concentra, ao contrário, em um único órgão judiciário".[115]

O controle difuso é também conhecido como controle aberto, por via incidental, de exceção ou de defesa. O controle por via de exceção, embora associado ao difuso, com este não se identifica, assinalando, a propósito, Canotilho que, em Portugal, o controle difuso pode conduzir a um controle concentrado por meio do Tribunal Constitucional, e noutros sistemas (alemão e italiano), o controle concentrado pressupõe também o incidente de inconstitucionalidade, embora o juiz se limite a suspender a ação, fazendo subir a questão da inconstitucionalidade para o Tribunal Constitucional.[116]

O controle difuso-incidental, realizado por todos os órgãos do Poder Judiciário, é originário dos Estados Unidos, tendo alcançado seu ponto alto quando do julgamento do caso Marbury *versus* Madison, no ano de 1803, em que o Juiz Marshall, da Corte Suprema, assentou ser próprio da atividade jurisdicional interpretar e aplicar a lei, afirmando ainda que, em caso de contradição entre a lei e a Constituição, o tribunal deve aplicar esta última, por ser superior à lei ordinária.

A arguição de inconstitucionalidade, pela via incidental, é efetivada não só como defesa, mas também por meio das ações constitucionais de *habeas corpus*, mandado de segurança ou ações de procedimento ordinário.

O controle difuso "pode ser dividido ainda em *difuso-clássico* e *difuso-coletivo*. O clássico ou comum é aquele que se dá nas causas comuns, nos feitos com restrições de partes, isto é, nos processos tradicionais, geralmente de duas partes, em que os efeitos se dão efetivamente *inter partes*. Já o controle difuso-coletivo é aquele que se verifica nas ações coletivas e ações civis públicas".[117]

A inconstitucionalidade, portanto, pode ser arguida nas ações de rito ordinário, sumário, ação especial ou ação constitucional.

A arguição de inconstitucionalidade cabe a qualquer parte do processo (autor ou réu), ao Ministério Público, como parte ou *custos legis*, ao terceiro que intervier no processo (assistente, litisconsorte, opoente).

Não há um procedimento específico de inconstitucionalidade, pois esta é decidida em processo determinado. A solução é *ad casum*, pois o juiz soluciona o litígio que lhe é posto à decisão.[118]

Como salienta Dirley da Cunha Júnior, "no direito brasileiro, a fiscalização incidental da constitucionalidade pode ser provocada e suscitada (a) pelo autor, na inicial de qualquer ação, seja de que natureza for (civil, penal, trabalhista, eleitoral e, principalmente, nas ações constitucionais de garantia, como mandado de segurança, *habeas corpus, habeas data*, mandado de injunção, ação popular e ação civil pública), qualquer que seja o tipo de processo e procedimento (processo de conhecimento, processo de

---

[115] CAPPELLETTI. *O controle judicial de constitucionalidade das leis no direito comparado*, p. 67.
[116] CANOTILHO. *Direito constitucional e teoria da constituição*, p. 792.
[117] BESTER. *Direito constitucional*: fundamentos teóricos, v. 1, p. 428.
[118] DANTAS. *O valor da constituição*: do controle de constitucionalidade como garantia da supralegalidade constitucional, p. 63.

execução e processo cautelar)[119] ou (b) pelo réu, nos atos de resposta (contestação, reconvenção e exceção) ou nas ações incidentais de contra-ataque (embargos à execução, embargos de terceiros, etc.)".[120]

As técnicas de decisão que se verificam no controle abstrato de constitucionalidade, quais sejam, declaração de inconstitucionalidade sem redução de texto e interpretação conforme a Constituição,[121] são aplicáveis ao controle difuso. Relativamente à declaração de inconstitucionalidade sem redução de texto, nada impede que o juiz reconheça a invalidade da norma preservando o documento jurídico, pois nesta situação o juiz reconhece a procedência da pretensão, declarando que naquele caso concreto a norma não pode ser aplicada. Na interpretação conforme a Constituição, mesmo diante do que estabelece o art. 128 do CPC[122], que limita a tutela jurisdicional ao pedido da parte, é possível ao juiz aplicá-la, por que: a) a limitação da tutela é ao pedido e não ao seu fundamento (no controle difuso a inconstitucionalidade é arguida como questão incidental e não como questão principal); b) a questão constitucional é de ordem pública, sendo desnecessária a provocação da parte.[123]

A arguição de inconstitucionalidade se verifica em primeiro ou segundo grau de jurisdição.

Pode ainda a parte arguir a inconstitucionalidade, como salienta José Carlos Barbosa Moreira, "em razões de recorrente ou de recorrido, em petição avulsa que junte aos autos durante a tramitação da causa ou do recurso perante o órgão, ou até, se for o caso, em sustentação oral, na sessão de julgamento. A arguição será admissível desde o início do julgamento até o encerramento da votação, enquanto não anunciada pelo presidente o resultado desta. Não há preclusão em se tratando de *quaestio iuris*".[124]

Em se tratando de recurso extraordinário, "à falta de prequestionamento na instância ordinária, e de arguição pelo recorrente de inconstitucionalidade do diploma local que assim dispunha, o tema não pode ser enfrentado".[125]

---

[119] O novo CPC (versão do Projeto aprovado pelo CN), não trata do processo cautelar, mencionando, no entanto, na Parte Geral, Livro V (arts. 292 a 309), a tutela provisória, que pode fundamentar-se em urgência ou evidência.

[120] CUNHA JÚNIOR. *Controle de constitucionalidade*: teoria e prática, p. 101.

[121] Cf. ns. 10.7.3 e 10.7.4 deste Capítulo.

[122] Novo CPC (versão do Projeto aprovado pelo CN), art. 141.

[123] O *amicus curiae*, previsto na Lei n. 9.868/1999, para a ação direta de inconstitucionalidade, passa a ser cabível no âmbito do controle difuso-incidental, a partir da vigência do CPC (versão do Projeto aprovado pelo CN), cumpridos os requisitos do art. 138 do novo Código: "Art. 138. O juiz ou o relator, considerando a relevância da matéria, a especificidade do tema objeto da demanda ou a repercussão social da controvérsia, poderá, por decisão irrecorrível, de ofício ou a requerimento das partes ou de quem pretenda manifestar-se, solicitar ou admitir a manifestação de pessoa natural ou jurídica, órgão ou entidade especializada, com representatividade adequada, no prazo de quinze dias da sua intimação. § 1º A intervenção de que trata o *caput* não implica alteração de competência nem autoriza a interposição de recursos, ressalvadas a oposição de embargos de declaração e a hipótese do § 3º. § 2º Caberá ao juiz ou relator, na decisão que solicitar ou admitir a intervenção, definir os poderes do *amicus curiae*.§ 3º O a*micus curiae* pode recorrer da decisão que julgar o incidente de resolução de demandas repetitivas."

[124] MOREIRA. *Comentários ao código de processo civil*, v. V, p. 45-46.

[125] STF, AgRg no AI 145.589-RJ, Rel. Min. Sepúlveda Pertence, *DJU*, 24.6.1994.

A declaração de inconstitucionalidade não é objeto da lide, mas questão prejudicial, premissa lógica da conclusão da solução do problema principal. O que a parte pede no processo é o reconhecimento do seu direito, afetado, no entanto, pela norma cuja validade se questiona. O juiz, nessa ótica, não decide sobre a questão constitucional, como objeto principal do processo. Por isso mesmo é que a inconstitucionalidade não figura no dispositivo da sentença.

Qualquer lei ou ato normativo emanado dos três níveis de Poder, seja federal, estadual ou municipal, pode ser objeto do controle difuso. O controle difuso compreende, portanto, os atos legislativos em geral, emendas à Constituição, lei ordinária, lei complementar, medida provisória, decreto legislativo e resolução das Casas Legislativas, bem como atos normativos secundários, como o decreto regulamentar, e regimentos internos dos tribunais. A inconstitucionalidade pode ser formal ou material.

As normas anteriores à Constituição também podem ser objeto do controle difuso-incidental. É que, se a inconstitucionalidade superveniente, ou seja, a verificação da compatibilidade ou não de uma norma anterior, com o sistema constitucional em vigor, não pode ser aferida no controle concentrado ou abstrato, pois a norma paradigma já fora revogada, resolvendo-se a questão, por isso mesmo, no âmbito do direito intertemporal, tal não se verifica no controle difuso-incidental, que não visa retirar do ordenamento jurídico a norma inconstitucional, mas apenas desaplicá-la ao caso concreto.

O controle difuso-incidental é cabível, ainda que o tribunal estadual não tenha competência para declarar a inconstitucionalidade de lei federal em via abstrata, que o Supremo Tribunal Federal não possa, em ação direta, invalidar lei municipal, ou que a impugnação da lei ou do ato normativo federal, estadual ou municipal se faça em face da Constituição Federal ou Estadual.

8.2 Controle difuso-incidental oficioso

A inconstitucionalidade, no controle difuso-incidental, pode ainda vir a ser reconhecida de ofício pelo juiz ou tribunal.

O controle de ofício não é cabível em ação direta de inconstitucionalidade, por se tratar de processo objetivo, em que, pelo princípio da congruência ou da adequação, o Tribunal só pode apreciar os atos normativos impugnadas na inicial da ação.

Nada obstante, a arguição de ofício é admitida no controle abstrato estadual de normas locais, se verificar o órgão julgador, no caso, o Tribunal de Justiça, a ocorrência de inconstitucionalidade do próprio preceito da Constituição do Estado-Membro – parâmetro do controle estadual – por ofensivo à Constituição Federal.

O controle de ofício judicial parte da ideia de que as decisões ou despachos do juiz, no âmbito de qualquer processo, trazem conteúdo fiscalizador da constitucionalidade e da legalidade, por ser o magistrado o intérprete e aplicador da lei, tendo como parâmetro a Constituição.

A apreciação oficiosa, pelo juiz, de acordo com Jorge Miranda, implica o seguinte: "a) O juiz, dado que não está sujeito à invocação da inconstitucionalidade por uma das partes, não tem de aplicar normas que repute inconstitucionais; b) A inconstitucionalidade não fica à mercê das partes, porquanto, embora com pretensões opostas, ambas as partes se podem amparar numa lei inconstitucional, dando-lhe ou não interpretações diferentes; c) O juiz não fica na situação de, no decorrer de um processo, até certa altura estar a aplicar uma lei, porque nenhuma das partes a arguiu de inconstitucionalidade, e, a partir de certa altura, e porque a uma ocorreu argui-la, deixar de a aplicar; d) O juiz não fica na situação de, em certo processo, aplicar uma lei e noutro não, reconhecendo-se sempre inconstitucional, e apenas porque, no primeiro, nenhuma das partes a impugnou e, no segundo, houve uma que o fez; e) Na hipótese de uma das partes invocar a inconstitucionalidade, sem especificar qualquer norma, o juiz não tem de rejeitar a pretensão e declarar-se incompetente, pois está habilitado a averiguar qual a norma que possa ter sido violada; f) O juiz não tem de se confinar à norma constitucional invocada como parâmetro; bem pode julgar à luz de outra norma constitucional que tenha por mais adequada ao caso; g) Tão pouco tem de se confinar ao vício alegado, pode conhecer de qualquer vício ou tipo de inconstitucionalidade."[126]

Nos Tribunais, a decisão que declara a inconstitucionalidade depende do voto da maioria absoluta de seus membros, ou do respectivo órgão especial, como previsto no artigo 97 da Constituição (maioria que se aplica também ao controle concentrado), independentemente da alegação da parte.

8.3 Incidente de arguição de inconstitucionalidade

Os órgãos fracionários dos Tribunais, como Câmaras, Turmas, Grupo de Câmaras, Seções, não dispõem de competência para declarar a inconstitucionalidade de lei, cabendo apenas ao Plenário ou ao correspondente órgão especial fazê-lo, na forma regimental.

Prevê a Constituição brasileira de 1988, em seu artigo 97, que somente pelo voto da maioria absoluta dos seus membros ou dos membros do respectivo órgão especial poderão os Tribunais declarar a inconstitucionalidade de lei ou ato normativo do Poder Público.

Trata-se do *full bench*, ou da reserva de plenário, e que tem origem no Direito norte-americano. A reserva de plenário expressa a prudência com que os Tribunais enfrentam as questões constitucionais, e é importante instrumento de autorrestrição dos Tribunais em respeito à opinião do Poder Legislativo de onde, normalmente, emanam os atos inconstitucionais. Ademais, o *full bench* é corolário do princípio da constitucionalidade das leis e visa precipuamente evitar que seja esse princípio afetado por decisões que não traduzem a convicção do Tribunal, tomada pela maioria dos seus membros.

A reserva de plenário não constitui regra de competência, mas apenas de *quorum*, como condição de eficácia do julgamento.

Ao examinar a matéria, à luz do art. 200 da Constituição de 1946, que estabelecia a mesma regra do art. 97 da Constituição de 1988, Lúcio Bittencourt esclarece-nos

---
[126] MIRANDA. *Manual de direito constitucional*, t. 6, p. 195.

que a maioria absoluta para os tribunais declararem a inconstitucionalidade de lei ou ato normativo do Poder Público "não tem outro efeito senão o de condicionar a eficácia jurídica da decisão declaratória da inconstitucionalidade ao voto – nem mesmo à presença, mas ao voto, pronunciado pela forma que a lei ordinária estabelecer – da maioria dos membros do tribunal. O referido preceito não é, em si mesmo, nem uma regra de funcionamento, nem uma norma de competência: estabelece apenas uma condição de eficácia".[127]

Fosse a reserva de plenário regra de competência, e os Tribunais de Justiça dos Estados, pelo seu Pleno ou órgão especial, somente seriam competentes para processar e julgar os incidentes de inconstitucionalidade, no âmbito do controle difuso ou incidental, que versassem a inconstitucionalidade de lei estadual ou municipal limitada ao texto da Constituição estadual, o que desnaturaria o controle difuso. Não importa, portanto, que o Tribunal de Justiça estadual não possa declarar a inconstitucionalidade de lei estadual ou municipal, em via principal, ou seja, em ação direta, para viabilizar a aplicação da cláusula da reserva de plenário, no controle incidental.

Há autores, todavia, como Pontes de Miranda, que sustentam que a reserva de plenário guarda íntima relação com a competência, já que a norma constitucional prevê seja a declaração de inconstitucionalidade proferida pela maioria absoluta dos membros do tribunal reunidos em plenário ou órgão especial.[128] No mesmo sentido manifestou-se o Min. Celso de Mello, ao decidir: "Órgãos fracionários dos Tribunais (Câmaras, Grupos de Câmaras, Turmas ou Seções), muito embora possam confirmar a legitimidade constitucional dos atos estatais, não dispõem do poder de declaração da inconstitucionalidade das leis e demais espécies jurídicas editadas pelo Poder Público. Essa especial *competência* dos Tribunais pertence, com exclusividade, ao respectivo Plenário ou, onde houver, ao correspondente órgão especial."[129]

Há entendimento doutrinário e jurisprudencial no sentido de diferenciar a negativa da aplicação da lei ou do ato normativo impugnado, e a declaração de sua inconstitucionalidade, de modo a dispensar, no primeiro caso, a remessa, pelo órgão fracionário, da questão constitucional para o Plenário ou órgão especial. É que, para decidir a causa, o órgão julgador não declara a inconstitucionalidade da lei, mas simplesmente deixa de aplicá-la, em face do caso concreto, por considerá-la inconstitucional. Pondere-se, no entanto, que se o órgão fracionário, no caso concreto, deixa de aplicar a lei, por inconstitucional, proferiu juízo de desvalor, que, de acordo com artigo 97 da Constituição de 1988, se insere na reserva de plenário. Nesse sentido, o Supremo Tribunal Federal editou a Súmula Vinculante n. 10: "Viola a cláusula de reserva de plenário (CF, artigo 97) a decisão de órgão fracionário de tribunal que, embora não declare expressamente a inconstitucionalidade de lei ou ato normativo do Poder Público, afasta sua incidência, no todo ou em parte."

No controle difuso, a questão da inconstitucionalidade deverá ser suscitada por meio de incidente, cuja iniciativa cabe a qualquer das partes, ao Ministério Público ou aos

---

[127] BITTENCOURT. *O controle jurisdicional da constitucionalidade das leis*, p. 45-46.
[128] MIRANDA. *Comentários ao código de processo civil*, p. 81-82.
[129] RT 554/253.

membros do órgão fracionário até mesmo de ofício, em feitos de competência originária ou recursal. Suscitado e admitido o incidente de inconstitucionalidade, segundo se extrai dos arts. 480 e 481 do Código de Processo Civil, com a redação que lhes foi dada pela Lei n. 9.756/98, o órgão fracionário poderá: *a)* declarar a constitucionalidade da lei ou do ato normativo impugnado, caso em que deverá prosseguir no julgamento do caso concreto; *b)* reconhecer a plausibilidade jurídica do vício assinalado, devendo ser lavrado acórdão, com remessa da questão constitucional para o Tribunal pleno ou órgão especial. O órgão fracionário não submeterá, todavia, ao Pleno ou órgão especial o incidente de arguição de inconstitucionalidade quando já houver pronunciamento deles ou do Plenário do Supremo Tribunal Federal sobre a questão, o que se justifica não só pela aplicação do princípio da economia processual, como também com o da segurança jurídica. O órgão fracionário "pode rejeitar a arguição, por entendê-la inadmissível ou por entendê-la improcedente. É inadmissível, *v.g.*, a arguição referente a ato que não tenha natureza normativa ou que não seja do poder público, ou em relação ao qual o exame da constitucionalidade esteja excepcionalmente subtraído ao Poder Judiciário; também é inadmissível a arguição impertinente, relativa a lei ou a outro ato normativo de que não dependa a decisão sobre o recurso ou a causa; não haverá ainda a instauração do incidente quando a questão constitucional puder ser resolvida pelo órgão fracionário por via da interpretação conforme a constituição, pois esta técnica de decisão envolve um juízo afirmativo de constitucionalidade da lei e afasta as demais que induzam à inconstitucionalidade: foi o que decidiu o Supremo Tribunal Federal.[130] Em casos tais, é lícito ao próprio relator deixar de observar o disposto no art. 480; mas cumpre-lhe, ao fazer a 'exposição da causa' na sessão de julgamento (art. 554), mencionar o ponto, porque a maioria dos membros do órgão fracionário pode ter entendimento diverso – caso em que obrigatoriamente se observará o procedimento previsto no Código, inclusive com abertura de vista para ao Ministério Público, para pronunciar-se antes da deliberação. Improcedente será a arguição quando o órgão fracionário, pela maioria dos seus membros, não reconhecer a alegada incompatibilidade entre a lei ou o outro ato normativo e a Constituição."[131]

No Pleno ou no órgão especial, a questão constitucional é julgada em abstrato, sem considerar o caso concreto de que resultou a arguição, mesmo porque o Tribunal Pleno decide apenas a questão pertinente à constitucionalidade, cabendo ao órgão fracionário o julgamento das demais questões da causa.

Durante o processamento do incidente no Pleno ou no órgão especial, permite-se a manifestação do Ministério Público e das pessoas jurídicas de direito público responsáveis pela edição do ato impugnado, se assim o requererem, admitindo-se também a manifestação dos legitimados ativos da ação direta de inconstitucionalidade (artigo 103 da Constituição). É facultado ao relator do feito, considerando a relevância da matéria e a representatividade dos postulantes, admitir a manifestação de outros órgãos ou entidades (CPC, artigo 482, §§ 1º a 3º, com a redação da Lei n. 9.756/98).[132]

---

[130] STF, RE 460.971, Rel. Min. SepúlvedaPertence, *DJ*, 30.3.2007.
[131] MOREIRA. *Comentários ao código de processo civil*, v. 5, p. 48.
[132] O novo CPC (versão do Projeto aprovado pelo CN), trata do incidente de arguição de inconstitucionalidade nos arts. 945 a 947: "Art. 945. Arguida, em controle difuso, a inconstitucionalidade de lei ou de ato normativo do poder público, o relator, após ouvir o Ministério Público

Decidida a questão da constitucionalidade no Pleno ou no órgão especial, o processo retorna ao órgão fracionário, em que foi suscitado o incidente de arguição de inconstitucionalidade, para o julgamento do caso concreto à luz do entendimento firmado pelo Pleno relativamente à questão constitucional, à qual o órgão fracionário fica vinculado, e se incorpora ao julgamento do recurso ou da causa. Essa vinculação estende-se a todos os órgãos fracionários do Tribunal, extravasando os autos em que foi proferida, e passa a valer para todos os feitos subsequentes em tramitação no Tribunal, que envolvam a mesma questão constitucional. Trata-se de uma vinculação horizontal, já que, a despeito de a decisão do Pleno transcender o caso concreto, ela não vincula outros Tribunais, mas somente o Tribunal julgador.

Nada obstante, pode o órgão fracionário provocar novamente o Pleno para se manifestar sobre entendimento anteriormente firmado, caso se verifique alteração na realidade normativa ou modificação de orientação jurídica sobre a matéria.

A reserva de plenário estende-se também ao Supremo Tribunal Federal. O incidente de inconstitucionalidade, no âmbito do Supremo Tribunal, não segue, todavia, o procedimento, antes examinado, do Código de Processo Civil, mas o do Regimento Interno do STF (arts. 176 a 178). Cabe a qualquer das duas Turmas do Supremo Tribunal submeter a arguição de inconstitucionalidade ao Plenário, independentemente de acórdão, devendo apenas ser previamente ouvido o Procurador-Geral da República. Decidida a prejudicial de inconstitucionalidade, o Plenário julgará diretamente a causa, sem devolvê-la ao órgão fracionário, como se passa nos demais tribunais.

Note-se, finalmente, que os órgãos recursais de 2º grau dos juizados especiais (as turmas recursais), que não se equiparam aos tribunais, não estão sujeitos à cláusula de reserva de plenário para o reconhecimento da inconstitucionalidade de lei pelo sistema difuso.

8.4 Controle difuso-incidental e recurso extraordinário

Cabe ao Supremo Tribunal Federal, em sua competência recursal extraordinária (art. 102, III), examinar matéria constitucional, já que o contencioso da lei federal,

---

e as partes, submeterá a questão à turma ou à câmara à qual competir o conhecimento do processo. Art. 946. Se a alegação for rejeitada, prosseguirá o julgamento; se acolhida, a questão será submetida ao plenário do tribunal ou ao seu órgão especial, onde houver. Parágrafo único. Os órgãos fracionários dos tribunais não submeterão ao plenário ou ao órgão especial a arguição de inconstitucionalidade, quando já houver pronunciamento destes ou do plenário do Supremo Tribunal Federal sobre a questão. Art. 947. Remetida cópia do acórdão a todos os juízes, o presidente do tribunal designará a sessão de julgamento.§ 1º As pessoas jurídicas de direito público responsáveis pela edição do ato questionado poderão manifestar-se no incidente de inconstitucionalidade, se assim o requererem, observados os prazos e as condições previstos no regimento interno do tribunal. § 2º A parte legitimada à propositura das ações previstas no art. 103 da Constituição Federal poderá manifestar-se, por escrito, sobre a questão constitucional objeto de apreciação, no prazo previsto pelo regimento interno, sendo-lhe assegurado o direito de apresentar memoriais ou de requerer a juntada de documentos.§ 3º Considerando a relevância da matéria e a representatividade dos postulantes, o relator poderá admitir, por despacho irrecorrível, a manifestação de outros órgãos ou entidades."

que antes era tratado no recurso extraordinário, passou para a competência do Superior Tribunal de Justiça (art. 105, III, *a*, *b* e *c*).

O Supremo Tribunal Federal julga, mediante recurso extraordinário, as causas decididas em única ou última instância, quando a decisão recorrida: *a)* contrariar dispositivo da Constituição federal; *b)* declarar a inconstitucionalidade de tratado ou lei federal; *c)* julgar válida lei ou ato de governo local contestado em face da Constituição Federal; *d)* julgar válida lei local contestada em face de lei federal (EC n. 45/2004).

Segundo o disposto no § 3º do art. 102 (acrescentado pela EC n. 45/2004), o recorrente deverá demonstrar a *repercussão geral das questões constitucionais discutidas no caso*, nos termos da lei, a fim de que o Tribunal examine a admissão do recurso extraordinário, somente podendo recusá-lo pela manifestação de dois terços de seus membros, ou seja, oito Ministros deverão votar pelo não conhecimento do recurso extraordinário. Este tema é por nós desenvolvido no Capítulo 13, vol. 2, dedicado ao Poder Judiciário.

8.5 Ação civil pública e controle difuso-incidental

A ação civil pública presta-se à proteção do patrimônio público e social, meio ambiente e outros interesses coletivos, difusos ou individuais homogêneos.

O interesse difuso, transindividual, traduz-se na indefinição subjetiva e na indivisibilidade objetiva: trata-se de direito que a muitos cabe, impassível de fruição individualizada excludente. Sem polo de concentração, manifesta-se na indisponibilidade e na inexistência de titularidade identificável (interesse que é de todos e ao mesmo tempo de ninguém, nem mesmo de grupo definido). São difusos, entre outros, o direito ao meio ambiente, ao patrimônio artístico, estético, paisagístico e turístico, e o direito do consumidor.

O interesse coletivo, transindividual, é aquele de natureza indivisível, de que seja titular grupo, categoria ou classe de pessoas ligadas entre si ou com a parte contrária por uma relação jurídica base (Código de Defesa do Consumidor, art. 81, parágrafo único, inciso II), dando-se como exemplo o direito ao não aumento abusivo de mensalidades de consórcio ou de escolas.

Os interesses individuais homogêneos são os decorrentes de origem comum, como o direito dos contribuintes relativamente a determinado tributo.

Por construção jurisprudencial, tinha-se como inviável o controle de constitucionalidade difuso, em sede daquela ação, relativamente a lei federal, estadual ou municipal, quando a decisão judicial gerasse efeitos *erga omnes*, já que, nesse caso, o juiz ou tribunal estaria subtraindo do Supremo Tribunal Federal a competência de guardião da Constituição, pelo método concentrado.

Nessa hipótese, não se permitia a utilização da ação civil pública como sucedâneo de ação direta de inconstitucionalidade de lei ou ato normativo.

É que se, por força da Lei n. 7.347/85, as decisões judiciais, em sede de ação civil pública, acarretam efeitos *erga omnes*, então elas se equivaleriam aos efeitos de uma ação direta de inconstitucionalidade, pois alcançariam a todos, partes ou não, na relação processual: "Não se admite ação que se intitula ação civil pública, mas, como decorre do pedido, é, em realidade, verdadeira ação de inconstitucionalidade de atos normativos municipais, em face da Constituição Federal, ação essa não admitida pela Carta Magna."[133]

Em outro julgamento, o Supremo Tribunal Federal acolheu reclamação, para determinar o arquivamento de ações ajuizadas em 1ª instância, por considerar caracterizada usurpação de competência do Tribunal: "A leitura do acervo aqui produzido faz ver que o objeto precípuo das ações em curso na 2ª e 3ª Varas da Fazenda Pública da Comarca de São Paulo é, ainda que de forma dissimulada, a declaração de inconstitucionalidade da lei estadual em face da Carta da República. As requerentes, ao proporem a providência cautelar, preparatória da ação principal, deixam claro que esta visa a (*omissis*) decretar a ilegalidade da medida (*omissis*), fls. 34. Ocorre que a 'medida' tida por ilegal é a própria lei. E o juízo de inconstitucionalidade da lei só se produz como *incidente* no processo comum – controle difuso – ou como escopo precípuo do processo declaratório de inconstitucionalidade da lei em tese – controle concentrado."[134]

A doutrina de Gilmar Ferreira Mendes, nessa linha, é expressiva: "Nessas condições, para que se não chegue a um resultado que subverta todo o sistema de controle de constitucionalidade adotado no Brasil, tem-se de admitir a completa inidoneidade da ação civil pública como instrumento de controle de constitucionalidade, seja porque ela acabaria por instaurar um controle direto e abstrato no plano da jurisdição de primeiro grau, seja porque a decisão haveria de ter, necessariamente, eficácia transcendente das partes formais.

De qualquer sorte, não se pode negar que a abrangência que se empresta – e que se há emprestar à decisão proferida em ação civil pública – permite que com uma simples decisão de caráter prejudicial se retire qualquer efeito útil da lei, o que acaba por se constituir, indiretamente, numa absorção de funções que a Constituição quis deferir ao Supremo Tribunal Federal.

As especificidades desse modelo de controle, o seu caráter excepcional, o restrito deferimento dessa prerrogativa, no que se refere à aferição de constitucionalidade de lei ou ato normativo estadual ou federal em face da Constituição Federal apenas ao Supremo, a legitimação restrita para provocação do Supremo – somente os órgãos e entes referidos no art. 103 da Constituição estão autorizados a instaurar o processo de controle –, a dimensão política inegável dessa modalidade, tudo leva a se não recomendar o controle de legitimidade de lei ou ato normativo federal ou estadual em face da Constituição no âmbito da ação civil pública."[135]

Evoluiu a jurisprudência do Supremo Tribunal Federal para admitir o cabimento do controle difuso-incidental de constitucionalidade em ação civil pública, desde que o objeto da demanda seja a tutela de uma pretensão concreta e não a declaração em

---

[133] STF, *DJ*, 3.10.1997, p. 49231, Ag Regem Ag 189601-GO, Rel. Min. Moreira Alves.
[134] STF, RCL 434, Rel. Min. Francisco Rezek, *DJ*, 9.12.1994.
[135] MENDES. *Direitos fundamentais e controle de constitucionalidade*: estudos de direito constitucional, p. 288, 291 e 292.

tese da inconstitucionalidade da lei, uma vez que, nesse caso, o controle de constitucionalidade é passível de ser corrigido pelo Supremo Tribunal Federal pela interposição de recurso extraordinário, já que as ações civis públicas estão sujeitas a toda uma cadeia recursal, em que se inclui o recurso extraordinário. Nesse horizonte, a controvérsia constitucional é suscitada como simples questão prejudicial, indispensável à resolução do litígio principal. O que não se concebe, como visto, é a utilização do controle difuso-incidental em ação civil pública com o propósito de burlar o sistema, como se de controle concentrado se tratasse: "Ação Civil Pública. Controle Incidental de Constitucionalidade. Questão Prejudicial. Possibilidade. Inocorrência de usurpação da competência do Supremo Tribunal Federal – O Supremo Tribunal Federal tem reconhecido a legitimidade da utilização da ação civil pública como instrumento idôneo de fiscalização incidental de constitucionalidade, pela via difusa, de quaisquer leis ou atos do Poder Público, mesmo quando contestados em face da Constituição da República, desde que, nesse processo coletivo, a controvérsia constitucional, longe de identificar-se como objeto único da demanda, qualifique-se como simples questão prejudicial, indispensável à resolução do litígio principal. Precedentes. Doutrina."[136]

Advirta-se ainda ser cabível a ação civil pública para provocar o controle difuso-incidental de constitucionalidade, quando se trata de defesa de interesses individuais homogêneos a que se refere a Lei n. 8.078/90, pois nesses casos a decisão judicial somente alcançará um grupo de pessoas, inocorrendo usurpação da competência do Supremo Tribunal quanto à ação direta de inconstitucionalidade.

Há, na doutrina, entendimento mais abrangente, no sentido de que "independentemente de o interesse ou direito tutelado ser difuso, coletivo ou individual homogêneo, sempre é possível o controle de constitucionalidade em sede de ação civil pública, desde que, evidentemente, a questão constitucional seja suscitada como mero incidente ou questão prejudicial do objeto principal da demanda. Se assim o é, a controvérsia da constitucionalidade dos atos ou omissões do poder público a ser solucionada na ação civil pública, uma vez suscitada como um mero incidente ou questão prejudicial, *não faz coisa julgada*, a teor do art. 469, III, do Código de Processo Civil.[137] Ora, se o desate da questão constitucional não faz coisa julgada, não há falar, em consequência, de coisa julgada *erga omnes* da declaração incidental da inconstitucionalidade de um ato ou de uma omissão do poder público, pois esse fenômeno – coisa julgada *erga omnes* – se limita tão somente à parte dispositiva da sentença. Destarte, não procede o argumento habitualmente invocado de que a ação civil pública, como instrumento de controle de constitucionalidade, é empregada como um substituto da ação direta de inconstitucionalidade, em face dos efeitos *erga omnes* da sentença nela proferida".[138]

---

[136] STF, RCL 1733-SP (Medida Cautelar), Rel. Min. Celso de Mello; Cf. ainda: RCL 2.224, Rel. Min. Sepúlveda Pertence, *DJ* 10.2.2006.

[137] O art. 500, § 1º, I, do novo CPC (versão do Projeto aprovado pelo CN), estabelece que a resolução de questão prejudicial, decidida expressa e incidentalmente no processo, tem força de lei nos limites da questão decidida, se dessa resolução depender o julgamento do mérito.

[138] CUNHA JÚNIOR. *Controle de constitucionalidade*: teoria e prática, p. 108-110.

8.6 Efeitos da decisão de inconstitucionalidade no controle difuso-incidental

Declarada a inconstitucionalidade da lei, o pronunciamento jurisdicional, que tem o condão, apenas, de afastar a incidência da norma viciada, vale tão só em relação às partes (*inter partes*) do processo que provocou a declaração, pelo que a lei continua válida em relação a terceiros.

Por isso é que o sistema abalaria a exigência da certeza do Direito e mesmo as relações sociais disciplinadas pelo Direito. Tal defeito, contudo, vem sendo mitigado nos países de sistema anglo-saxão, até mesmo desaparecendo se se considerar a regra do *stare decisis (mantenha-se a decisão)* consubstanciada na obrigação, pela jurisdição inferior, de seguir a decisão da jurisdição constitucional superior, o que significa a presença de efeitos vinculantes às decisões das Cortes Superiores.

No Brasil, ocorreu uma especificidade no sistema, pela possibilidade de o Senado Federal suspender a execução de lei declarada inconstitucional por decisão definitiva do Supremo Tribunal Federal, emprestando eficácia *erga omnes* àquelas decisões proferidas na via incidental, isso sem considerar que o controle difuso foi atenuado, pela relevância que assumiu, na Constituição de 1988, o controle concentrado de constitucionalidade, mediante a nova disciplina conferida à denominada ação direta de inconstitucionalidade (ADI).

Há ainda a possibilidade de se atribuir efeitos ampliados à decisão de inconstitucionalidade proferida pelo Supremo Tribunal Federal, em sede de controle difuso de constitucionalidade, desde que a decisão tenha caráter transcendente (ver adiante). O Código de Processo Civil, em seu art. 557, § 1º-A, autoriza o Relator a dar provimento ao recurso se a decisão recorrida estiver em manifesto confronto com a súmula ou jurisprudência dominante do respectivo tribunal, do Supremo Tribunal Federal, ou de Tribunal Superior.[139] Anote-se ainda que o Supremo Tribunal Federal, nas hipóteses de declaração de inconstitucionalidade de leis municipais, portanto, apreciadas em sede de recurso extraordinário, tem conferido efeito vinculante não apenas à parte dispositiva da decisão de inconstitucionalidade, mas também aos próprios fundamentos determinantes, de cunho transcendente.[140]

Quanto aos efeitos temporais, a decisão de inconstitucionalidade, no controle difuso, opera *ex tunc*, ou seja, retroage para retirar a validade da norma desde sua origem, porque tida como nula.[141]

---

[139] O novo CPC (versão do Projeto aprovado pelo CN), prevê, em seu art. 930, V, incumbir ao Relator, depois de facultada a apresentação de contrarrazões, dar provimento ao recurso se a decisão recorrida for contrária a: a) súmula do Supremo Tribunal Federal, do Superior Tribunal de Justiça ou do próprio tribunal; b) acórdão proferido pelo Supremo Tribunal Federal ou pelo Superior Tribunal de Justiça em julgamento de recursos repetitivos; c) entendimento firmado em incidente de resolução de demandas repetitivas ou de assunção de competência.

[140] STF – RE 228.844/SP, Rel. Min. Maurício Corrêa, *DJ*, 16.6.1999; RE 364.160, Rel. Min. Ellen Gracie, *DJ* 7.2.2003; RE 345.048, Rel. Min. Sepúlveda Pertence, *DJ* 8.4.2003.

[141] Cf. o item 4.2.2 deste Capítulo.

Esses efeitos têm sido, no entanto, modulados pelo Supremo Tribunal Federal, quando eventual declaração de inconstitucionalidade, com eficácia *ex tunc*, resultaria em grave ameaça ao sistema legislativo, comprometendo o princípio da segurança jurídica, pela declaração de nulidade da norma. A prevalência do interesse público, nessa hipótese, asseguraria, em caráter de exceção, efeitos *pro futuro* à declaração incidental de inconstitucionalidade.

No julgamento do RE 197.917, que envolvia a constitucionalidade do parágrafo único do art. 6º da Lei Orgânica n. 222, de 1990, do Município de Mira Estrela, que estabelecia o número de vereadores em desacordo com o art. 29, IV, da Constituição Federal, o Supremo Tribunal Federal, acolhendo proposta constante do voto-vista do Min. Gilmar Mendes, consagrou a tese de que a decisão de inconstitucionalidade seria dotada de efeitos *pro futuro*.[142]

Em outro julgamento, o Supremo Tribunal Federal declarou, por maioria, em sede de *habeas corpus*, portanto, em caráter incidental, a inconstitucionalidade do § 1º do art. 2º da Lei n. 8.072/90, que veda a possibilidade de progressão do regime de cumprimento da pena em crimes hediondos definidos no art. 1º daquela Lei, por entender que a vedação da progressão de regime afronta o direito à individualização da pena (art. 5º, LXVI, da Constituição Federal), pois, ao não permitir que se considerem as particularidades de cada pessoa, a sua capacidade de reintegração social e os esforços aplicados com vistas à ressocialização, acaba por tornar inócua a garantia constitucional. No julgamento, o Supremo Tribunal conferiu efeitos restritivos à declaração de inconstitucionalidade, ao explicitar que a decisão não acarretará consequências jurídicas com relação às penas já extintas na data do julgamento, e envolve unicamente o afastamento do óbice representado pela norma declarada inconstitucional, sem prejuízo da apreciação, caso a caso, pelo magistrado competente, dos demais requisitos pertinentes ao reconhecimento da possibilidade de progressão.[143]

A modulação dos efeitos temporais da decisão de inconstitucionalidade, no sistema difuso, é amplamente estudada por Gilmar Ferreira Mendes. Após mencionar as dificuldades da limitação desses efeitos, no sistema norte-americano, em que o caráter difuso ou incidental do sistema caracteriza um modelo voltado para a defesa de posições subjetivas, ressalta que, mesmo naquele direito, não tem sido rara a pronúncia de inconstitucionalidade sem atribuição de eficácia retroativa, especialmente nas decisões judiciais que introduzem alterações da jurisprudência (*prospective overruling*), havendo casos em que a nova regra afirmada para a decisão aplica-se aos casos pendentes (*limited prospectivity*), e em outros a eficácia *ex tunc* exclui-se de forma absoluta (*pure prospectivity*). Considera ainda que, "tendo em vista a autonomia dos processos de controle incidental ou concreto e de controle abstrato, entre nós, mostra-se possível um distanciamento temporal entre as decisões proferidas nos dois sistemas (decisões anteriores, no sistema incidental, com eficácia *ex tunc*, decisão posterior, no sistema abstrato, com eficácia *ex nunc*). Esse fato poderá ensejar uma grande insegurança jurídica. Daí parecer razoável que o próprio STF declare, nesses casos, a inconstitucio-

---

[142] STF, RE 197.917, Rel. Min. Maurício Corrêa, *DJ*, 7.5.2004.
[143] STF, *HC* 82.959, Rel. Min. Marco Aurélio, *DJ*, 13.3.2006.

nalidade com eficácia *ex nunc* na ação direta, ressalvando, porém, os casos concretos já julgados ou, em determinadas situações, até mesmo os casos *sub judice*, até a data do ajuizamento da ação direta de inconstitucionalidade. Essa ressalva assenta-se em razões de índole constitucional, especialmente no princípio da segurança jurídica. Ressalte-se aqui que, além da ponderação central entre o princípio da nulidade e outro princípio constitucional, com a finalidade de definir a dimensão básica da limitação, deverá a Corte fazer outras ponderações, tendo em vista a repercussão da decisão tomada no processo de controle *in abstracto* nos diversos processos de controle concreto".[144] Nessa linha de abordagem, caberia ao Supremo Tribunal Federal, ao apreciar recurso extraordinário, declarar a inconstitucionalidade com efeitos limitados.

8.7 O papel do Senado no controle difuso-incidental de constitucionalidade

De acordo com o disposto no artigo 52, X, da Constituição, compete privativamente ao Senado Federal suspender a execução, no todo ou em parte, de lei declarada inconstitucional por decisão definitiva do Supremo Tribunal Federal, o que se faz por meio de resolução.

A matéria comporta algumas considerações.

De início, assinale-se que a participação do Senado Federal no controle de constitucionalidade somente se dará em se tratando de decisão do STF proferida em caso concreto (controle difuso ou incidental), pois a finalidade da suspensão da lei declarada inconstitucional visa conferir efeitos *erga omnes* a uma decisão que vale apenas para as partes litigantes, como se viu acima. Registre-se ainda que este entendimento já se acha consolidado no Regimento Interno do Supremo (art. 178), e se reforça diante do disposto no artigo 28, parágrafo único, da Lei n. 9.868, de 10 de novembro de 1999, ao prever que a decisão do Supremo Tribunal Federal, no exercício do controle abstrato, declarando a inconstitucionalidade da lei ou do ato normativo impugnado, tem eficácia contra todos.

Acentue-se que por definitiva deve-se entender uma série de decisões tomadas no mesmo sentido, embora não haja um número de acórdãos que tornem definitiva a decisão. Em regra geral, o Presidente do Supremo Tribunal Federal não encaminha uma decisão para o Senado, a não ser que seja firme, isto é, que a jurisprudência da Corte seja pacífica em relação à inconstitucionalidade da norma.

Outra questão que se coloca é quanto ao caráter vinculado ou discricionário do ato praticado pelo Senado. A propósito, dividiu-se a doutrina. Lúcio Bittencourt se posiciona pela atividade vinculada, afirmando que o ato do Senado não é optativo, mas deve ser baixado sempre que se verificar a hipótese prevista na Constituição Federal, ou seja, decisão definitiva do Supremo, já que o objetivo do disposto na aduzida cláusula constitucional é apenas tornar público o julgado.[145] Alfredo Buzaid, a seu turno, acentua que, embora não se trate de operação de ofício puramente mecâ-

---

[144] MENDES. *Arguição de descumprimento de preceito fundamental*: comentários à Lei n. 9.882, de 3.12.1999, p. 281, 283, 284.
[145] BITTENCOURT. *O Controle jurisdicional de constitucionalidade das leis*, p. 145.

nica, que reduz o Senado a simples cartório de registro ou decreto, cabe-lhe o dever de suspender a lei, concorrendo os requisitos legais.[146] Celso Ribeiro Bastos sustenta que cabe ao Senado examinar se ocorreram os pressupostos constitucionais da declaração de inconstitucionalidade, não podendo, contudo, se furtar à suspensão da lei declarada inconstitucional pelo Supremo, desde que verificados os requisitos para tanto.[147] Defendendo o caráter discricionário da atividade do Senado, posiciona-se Paulo Brossard, para quem "atribuir ao Senado papel mecânico, fazê-lo autômato, transformá-lo em carimbo, meirinho, cartório ou porteiro de auditórios, não significa apenas atribuir-lhe uma função absolutamente subalterna, mas, e especialmente, sem qualquer significação e utilidade, tarefa que poderia ser desempenhada, com proficiência e vantagem, por qualquer funcionário da secretaria do Supremo Tribunal".[148] Também Paulo Napoleão Nogueira da Silva acentua que "é de natureza decisória a competência privativa do Senado Federal para suspender a execução de lei ou decreto declarados inconstitucionais pelo Supremo Tribunal Federal, pela via incidental; ao Senado Federal compete aplicar os critérios de conveniência e oportunidade em relação à suspensão da execução da lei, além de cercar seu exame de cautelas necessárias para constatar a reiteração dos julgados da Alta Corte, no mesmo sentido, prevenindo com essas cautelas uma eventual mudança de entendimento do Tribunal. O Senado, portanto, não está obrigado a suspender a execução de lei ou ato normativo declarado inconstitucional pelo Supremo Tribunal Federal: trata-se de juízo de conveniência e oportunidade, que lhe foi deferido pelo constituinte".[149]

Exemplo da atuação discricionária e política do Senado na apreciação da resolução suspensiva, pode ser extraído de sua recusa em suspender a eficácia da legislação do *FINSOCIAL*, declarada inconstitucional pelo Supremo Tribunal Federal, no julgamento do RE 150.764-1. Entendeu o Senado, ao acolher parecer do Senador Amir Lando, que a suspensão acarretaria profunda repercussão na vida econômica do país, notadamente "em momento de acentuada crise do Tesouro Nacional e da congregação de esforços no sentido da recuperação da economia nacional".

Indaga-se ainda se a resolução do Senado terá efeitos *ex tunc* ou *ex nunc*. A despeito de ponderáveis argumentos em contrário, no sentido de que a suspensão da execução de lei declarada inconstitucional significa a retirada do ordenamento jurídico da norma já natimorta, que não teve vida, entendemos que devam ser *ex nunc* tais efeitos, para que não prejudique situações jurídicas constituídas anteriormente, com base na lei julgada inconstitucional. O tema, contudo, é polêmico. No sentido do texto, e vinculando os efeitos *ex nunc* ao conceito de suspensão da execução, que remete ao plano de eficácia da lei, e não de sua revogação, que remete ao plano da validade, Elival da Silva Ramos aduz que o Senado Federal "não revoga a lei, pois, em nosso ordenamento, a revogação compete ao órgão legislativo que editou a norma a ser revogada. Logo, não se trata de fator resolutivo da eficácia das leis, como seria o caso da revogação, mas de fator suspensivo. Indiscutivelmente, os efeitos das resoluções

---

[146] BUZAID. *Da ação direta de declaração de inconstitucionalidade no direito brasileiro*, p. 89.
[147] BASTOS. *Revista de Direito Público* n. 22/78 *et seq.*
[148] BROSSARD. *Revista de Informação Legislativa* 50/55-64, Brasília, 1976.
[149] SILVA. *A evolução do controle da constitucionalidade e a competência do Senado Federal*, p. 127.

suspensivas operam *ex nunc*, posto que não se cuida de declarar a inconstitucionalidade e sim de uniformização do controle incidental".[150] Vislumbrando a questão sob a ótica do caráter discricionário da resolução do Senado Federal, cuja edição ficaria, portanto, dependente do critério de conveniência e oportunidade do Senado Federal, Araújo e Neves Júnior argumentam: "Sustentar a retroeficácia dessa deliberação implica afirmar que o Senado pode postergar o momento de edição da Resolução, para, em seguida, atribuir invalidade a todos os atos jurídicos praticados sob a égide dos atos normativos impugnados anteriores à edição desta, inclusive aqueles que vieram a lume no período em que o ato normativo submeteu-se ao juízo discricionário do Senado, que, dessa feita, prorrogaria a eficácia de uma norma, legitimando um sem-número de atos jurídicos, que preconcebia inválidos e, portanto, predestinados ao desfazimento. Onde a estabilidade das relações jurídicas?"[151]

Finalmente, é de se examinar o porquê da participação do Senado no controle da constitucionalidade das leis, considerando dois aspectos: o de ser discricionária sua atividade quanto à suspensão da lei inconstitucional, e a sua posição residual e dependente, como órgão político, do Poder Judiciário, no sistema jurisdicional de controle. Paulo Napoleão Nogueira da Silva justifica a participação do Senado na atividade controladora da constitucionalidade das leis, afirmando que a Constituição cometeu ao Supremo Tribunal e ao Senado Federal "uma competência específica, a ser exercida livremente em etapa distinta no curso de um procedimento que integra a atuação de ambos, e objetiva reprimir a eficácia de leis ou atos normativos contrários ao seu texto. Precisamente nisto reside a aludida conjugação de competências através da qual se forma uma *inexpressa* mas efetiva *Corte Constitucional*. O Supremo forma livremente o seu convencimento para declarar ou não a inconstitucionalidade, nada o obrigando a fazê-lo ou deixar de fazê-lo, senão motivos do seu próprio convencimento; e, nesse mister, se exaure a sua participação no procedimento. O Senado, na etapa em que lhe compete atuar, forma livremente o seu convencimento político sobre a conveniência e oportunidade de estender ou não a todos e para o futuro, aquilo que o Supremo declarou com eficácia restrita às partes". E conclui: "para efeito da consecução dos fins do Estado e de sua ordem jurídica – retirar efetividade e eficácia à lei declarada inconstitucional – o Supremo Tribunal Federal e o Senado Federal formam uma corte constitucional inexpressa, mas revelada na Constituição."[152]

Em contraponto, há os que sustentam a tese dos efeitos *ex tunc* da resolução suspensiva do Senado, como Gilmar Ferreira Mendes, que estuda amplamente a matéria nas suas origens históricas, com destaque para o ponto em que, ao considerar a expressão *suspender* a execução de lei ou decreto, afirma que a "*ratio* do dispositivo não autoriza a equiparação do ato do Senado a uma declaração de ineficácia de caráter

---

[150] RAMOS. *A inconstitucionalidade das leis*: vício e sanção, p. 123-124.
[151] ARAÚJO; NUNES JÚNIOR. *Curso de direito constitucional*, p. 30. São partidários da tese dos efeitos *ex nunc*, ou meramente prospectivos da resolução suspensiva do Senado, Themístocles Cavalcanti, Oswaldo Aranha Bandeira de Mello, José Afonso da Silva, Nagib Slaibi Filho, Anna Cândida da Cunha Ferraz, Regina Macedo Ney Ferrari, segundo informa Clèmerson Merlin Clève (*A fiscalização abstrata da constitucionalidade no direito brasileiro*, p. 122), e ainda Alexandre de Moraes.
[152] SILVA. *Op. cit.*, p. 110 e 129.

prospectivo (*omissis*). A suspensão constituía ato político que retira a lei do ordenamento jurídico, de forma definitiva e com efeitos retroativos. É o que ressaltava igualmente, o Supremo Tribunal Federal, ao enfatizar que 'a suspensão da vigência da lei por inconstitucionalidade torna sem efeito todos os atos praticados sob o império da lei inconstitucional".[153]

Saliente-se que se tem entendido que a flutuação e a instabilidade jurisprudencial constituem um dos substratos que permitem ao Senado Federal fazer uma apreciação crítica sobre o julgado do Supremo Tribunal Federal, suspendendo-o ou não.

Pondere-se, todavia, que, admitindo ser discricionária a suspensão, pelo Senado, de lei declarada inconstitucional por decisão definitiva do Supremo Tribunal Federal, estaria o Senado fazendo um novo juízo sobre a inconstitucionalidade, o que significa que considerações políticas sobreporiam a uma verificação jurídica e também política, comprometendo, com isso, o papel do Supremo Tribunal como guardião da Constituição. A propósito, não se deve esquecer de que os critérios utilizados pelo Supremo Tribunal Federal nos julgamentos de matéria constitucional não são apenas técnicos, neutros ou imunes a valores, mesmo porque os seus membros não são necessariamente egressos da magistratura de carreira, mas escolhidos segundo os critérios fixados no artigo 101 da Constituição.

Anote-se ainda que, se por um lado a resolução do Senado impede que o Supremo Tribunal altere sua posição, variando a jurisprudência, pois, se o fizer, a eficácia será apenas para o caso concreto, por outro lado, a estabilidade da jurisprudência, no sistema difuso, poderia ser resolvida com a edição de súmula constitucional pelo próprio Supremo.

De lembrar que a competência do Senado Federal para suspender as leis declaradas inconstitucionais pelo Poder Judiciário foi introduzida em nosso sistema constitucional pela primeira vez, na Constituição de 1934 (art. 91, IV), em que o Senado não integrava o Poder Legislativo, mas exercia a função de coordenação entre os Poderes, havendo, pois, nesse período, uma adequação daquela competência com a atividade de suspensão da lei. Com a reintrodução, no entanto, do Senado no Poder Legislativo, pela Constituição de 1946 e seguintes, a competência em análise foi mantida, circunstância que também leva ao questionamento da permanência do papel do Senado relativamente à atividade suspensiva da lei declarada inconstitucional.

Deve-se observar que a competência do Senado abrange não só a lei no sentido formal, cabendo-lhe a função de suspender a execução, no todo ou em parte, de qualquer modalidade normativa (*v.g.*, decreto, tratado internacional), sendo ainda abrangente de atos normativos federais, estaduais, distritais e municipais, à consideração de ser o Senado órgão da federação.

---

[153] MENDES. *Direitos fundamentais e controle de constitucionalidade*: estudos de direito constitucional, p. 259, 260, 263). Alinham-se com a tese dos efeitos *ex tunc*, Clèmerson Merlin Clève (*Op. cit.*, p. 122-124), e Luís Roberto Barroso (*O controle de constitucionalidade no direito brasileiro*, p. 111).

Ao admitir a competência discricionária e ampla do Senado, não estaria ele impedido de suspender a execução de parte da lei declarada totalmente inconstitucional, à semelhança do que ocorre com o poder de veto do Presidente da República, a quem cabe dimensionar a sua extensão, ou seja, total ou parcial. Na hipótese de se entender como vinculada aquela competência, ao Senado caberia suspender a execução da lei apontada como inconstitucional nos exatos limites da decisão do Supremo Tribunal Federal. Nessa hipótese, não cabe ao Senado suspender parte da lei se toda ela é que foi declarada inconstitucional.

A Constituição não estabelece prazo para a deliberação do Senado Federal.

Promulgada, contudo, a resolução suspensiva da lei declarada inconstitucional, o Senado exaure sua competência, não podendo depois, a pretexto de melhor interpretar a decisão judicial proferida pelo Supremo Tribunal Federal, modificar-lhe o sentido ou restringir-lhe os efeitos. A resolução suspensiva é irrevogável, salvo se o Supremo Tribunal julgar procedente ação declaratória de constitucionalidade da lei cuja execução fora suspensa pelo Senado Federal.

A EC n. 45/2004 acrescentou o art. 103-A à Constituição Federal para possibilitar a edição, pelo Supremo Tribunal, de súmula vinculante. E, após a edição da Lei n. 11.417, de 19 de dezembro de 2006, com vigência prevista para três meses após a sua publicação, que se deu em 20 de dezembro de 2006, disciplinando a edição, a revisão e o cancelamento de enunciado de súmula vinculante pelo Supremo Tribunal Federal, tornou-se irrelevante a participação do Senado no controle de constitucionalidade. É que a súmula vinculante viabiliza que decisões reiteradas do Supremo Tribunal Federal, sobre matéria constitucional, terão efeito vinculante em relação aos demais órgãos do Poder Judiciário e à administração pública direta e indireta, nas esferas federal, estadual e municipal, o que torna desnecessária a aplicação do art. 52, inciso X, da Constituição Federal.

Gilmar Ferreira Mendes, antes mesmo da introdução da súmula vinculante, em nosso Direito, considerava obsoleto e arcaico o mecanismo constitucional de participação do Senado no controle de constitucionalidade das leis, cujo papel, segundo ele, é apenas o de dar publicidade às decisões do Supremo Tribunal. Argumentava que a execução da lei inconstitucional pelo Senado não alcança as decisões do Supremo Tribunal que não declaram a inconstitucionalidade da lei, como nas hipóteses em que se limita a orientação constitucionalmente adequada, adota uma interpretação conforme a Constituição, para restringir o significado de expressão literal ou colmatar lacuna contida em lei ordinária, ou quando declara a inconstitucionalidade sem redução de texto.[154] Aduzia ainda que o atual modelo de suspensão, pelo Senado, da lei inconstitucional, se mostra inútil, seja pela faculdade que a Lei n. 8.038/1990 concede ao Relator, nos recursos extraordinário e especial, de negar seguimento ao recurso que contrarie súmula do Supremo Tribunal Federal ou do Superior Tribunal de Justiça, seja porque o Supremo Tribunal Federal, em reiteradas decisões, envolvendo a inconstitucionalidade de leis municipais, tem conferido efeito vincu-

---

[154] MENDES. O controle incidental de normas no direito brasileiro. *In: Cadernos de Direito Constitucional e Ciência Política*, n. 23, abr./jun. 1998, p. 30-58.

lante não só à parte dispositiva da decisão de inconstitucionalidade, mas também aos próprios fundamentos determinantes, atribuindo-lhe eficácia transcendente, seja finalmente pela existência de ações cujas decisões já contam com efeitos *erga omnes*, ainda que importando controle incidental de constitucionalidade (ex.: ação civil pública).[155]

Também Zeno Veloso diz não haver razão "para manter em nosso Direito Constitucional legislado a norma do art. 52, X, da Constituição Federal, originária da Carta de 1934, quando só havia o controle incidental, e o princípio da separação dos poderes se baseava em critérios e valores absolutamente ultrapassados, ancorados numa velha e rígida concepção oitocentista".[156]

Enfim, para se ter ideia da demora na implementação da providência constante do art. 52, X, da Constituição, basta verificar que a última Resolução do Senado, suspendendo a execução de lei declarada inconstitucional pelo Supremo Tribunal Federal, no controle aberto, foi a Resolução n. 81, de 1996, que suspendeu a execução do art. 2º, §§ 1º, 2º e 3º, da Lei n. 7.588, de 1989, e dos arts. 10 e 12, da Lei n. 7.802, de 1989, do Estado de Santa Catarina.

8.8 A suspensão da lei pelas Assembleias Legislativas

No âmbito dos Estados-Membros, as decisões definitivas proferidas pelo Tribunal de Justiça, no controle difuso, que afastam a aplicação de leis ou atos normativos estaduais e municipais, ao confronto com o texto da Constituição estadual, podem acarretar a suspensão desses atos pela Assembleia Legislativa.

A Constituição do Estado de Minas Gerais, em seu art. 62, XXIX, inclui, na competência privativa da Assembleia Legislativa, suspender, no todo ou em parte, a execução de ato normativo estadual declarado, incidentalmente, inconstitucional por decisão definitiva do Tribunal de Justiça, quando a decisão de inconstitucionalidade for limitada ao texto da Constituição do Estado.

Em se tratando, porém, de lei ou ato normativo municipal, cabe a tarefa de sua suspensão a órgão legislativo municipal.

Alguns Estados-Membros incluíram, no entanto, na competência da Assembleia Legislativa, leis ou atos normativos municipais.

O tema é controvertido. Clèmerson Merlin Clève sustenta ser de melhor técnica a competência conferida ao órgão legislativo estadual e ao municipal, conforme seja o ato inválido estadual ou municipal. E explica: "à medida que o Senado é o órgão de representação dos Estados-Membros no Congresso Nacional, dispõe de inequívoca legitimidade para sustar a execução dos atos normativos inválidos (e assim declarados por decisão do STF) de todos os níveis governamentais da federação. Não é o que ocorre com a Assembleia Legislativa. Sendo mero órgão estadual, não parece dis-

---

[155] MENDES. *Direitos fundamentais e controle de constitucionalidade*: estudos de direito constitucional, p. 270-280.
[156] VELOSO. *Controle jurisdicional de constitucionalidade*, p. 58.

por de legitimidade para sustar a execução de ato municipal."[157] Já Carlos Roberto de Alckmin Dutra defende posição contrária, argumentando: "Não seria com suporte na representatividade dos entes federativos que o Senado exerce, com fundamento no inciso X do art. 52 da Carta Magna, a sua competência de suspender a execução de atos normativos. Não poderia agir assim, pois: (I) O Senado não representa os Municípios, mas tão somente os Estados e o Distrito Federal (CF, art. 46), o que o privaria da suspensão dos atos municipais, o que não ocorre na prática; e (II) as matérias dos atos normativos suspensos pelo Senado Federal não são de sua competência legislativa enquanto órgão federal, mas sim da competência dos Estados-Membros e Municípios: a representatividade do Senado é destinada a assegurar os interesses dos Estados-Membros na esfera da União, pois a ele cabe 'estruturalmente, o papel de representar na gestão do interesse nacional os Estados-Membros da Federação'. Portanto, o Senado é partícipe da preservação da supremacia constitucional. Transpondo o raciocínio para o âmbito estadual, cabe às Assembleias Legislativas zelar pela supremacia das Cartas Estaduais. Se determinada lei municipal é declarada inconstitucional por decisão definitiva do Tribunal de Justiça, o interesse em sua suspensão não é, obviamente, da Câmara Municipal, que, diga-se, dificilmente o fará, mas sim do parlamento estadual, em sua tarefa de preservação do texto constitucional. É a eficácia da Constituição estadual que está em risco, daí a competência da Assembleia Legislativa para a suspensão da execução do ato."[158]

Vale assinalar, em contraponto, que o Município passou a ser ente integrante da federação (arts. 1º e 18 da Constituição Federal), cabendo-lhe, no exercício da competência comum (art. 23, I, da Constituição Federal), zelar pela guarda da Constituição, das leis e das instituições democráticas, o que, em linha de princípio, justificaria o reconhecimento à Câmara Municipal da competência privativa para suspender leis e atos normativos municipais declarados inválidos em decisão definitiva do Tribunal de Justiça, com vistas à defesa da supremacia da Constituição estadual.

8.9 Apreciação crítica do controle difuso

Em favor do controle difuso, diz-se que só ele confere aos tribunais a sua plena dignidade de órgãos de soberania; que só ele os implica e responsabiliza no cumprimento da Constituição; que, com ele, a questão da inconstitucionalidade se põe naturalmente como questão jurídica, e não política; que ele permite a maior eficácia possível da garantia da Constituição, já que, sem haver que aguardar pela decisão de qualquer órgão central, o tribunal que julga o caso concreto deixa de aplicar a lei inconstitucional. Contra o controle difuso, invocam-se a possibilidade de desarmonia de julgados, com o consequente risco de desvalorização dos julgamentos de inconstitucionalidade e da própria Constituição; e a diluição do poder de controle pelas centenas de tribunais existentes, com o consequente risco de não acatamento das decisões pelos órgãos políticos, legislativos e administrativos.[159]

---

[157] CLÈVE. *A fiscalização abstrata da constitucionalidade no direito brasileiro*, p. 388.
[158] DUTRA. *O controle estadual de constitucionalidade de leis e atos normativos*, p. 72-73.
[159] MIRANDA. *Manual de direito constitucional*, t. 6, p. 115-116.

Nada obstante alguns defeitos do controle difuso, é preciso considerar que ele envolve mais de cem anos de experiência constitucional brasileira, em que se vem colocando à disposição de qualquer interessado a possibilidade de provocar difusamente o controle de uma lei que entende inconstitucional. O controle difuso valoriza, portanto, o sujeito constitucional, a soberania popular, a cidadania e a democracia, já que cumpre o papel de inclusão no espaço constitucional de todos os destinatários de seus princípios e regras, e impede que o constitucionalismo se torne algo privado, que possa ser apropriado autoritariamente por uns poucos detentores do poder.

Desse modo, o controle difuso, transformando cada um do povo em fiscal da Constituição e da constitucionalidade das leis, constitui fator de afirmação do direito à liberdade e à igualdade, e concorre para a construção de uma sociedade pluralista e complexa, de inclusão e não de exclusão política e social.

9. CONTROLE CONCENTRADO OU ABSTRATO E AS AÇÕES DIRETAS

O controle *concentrado, abstrato,* ou por *via de ação* objetiva retirar do sistema jurídico a lei ou o ato normativo em tese, ou em abstrato, tidos por inconstitucionais. De fato, enquanto a via de exceção apenas subtrai alguém dos efeitos de uma lei eivada de inconstitucionalidade, a via de ação expunge do ordenamento jurídico a lei inconstitucional.

A propósito, elucida Gomes Canotilho que "o controle abstrato de normas não é um processo contraditório de partes; é sim, um processo que visa sobretudo a defesa da Constituição e da legalidade democrática através da eliminação de atos normativos contrários à Constituição. Dado que se trata de um processo objetivo, a legitimidade para solicitar este controle é geralmente reservada a um número restrito de entidades".[160]

E segundo Zeno Veloso, "o controle concentrado se realiza através de um processo 'objetivo', para usar a expressão da doutrina alemã. Só o fato de estar vigorando uma lei que contraria a Constituição, afrontando o postulado da hierarquia constitucional, representa uma anomalia alarmante, um fator de insegurança que fere, profundamente, a ordem jurídica, desestabilizando o sistema normativo, reclamando providência expedita e drástica para a eliminação do preceito violador. E isto se faz independentemente de qualquer ofensa ou lesão a direito individual".[161]

A competência para apreciar a questão atinente à constitucionalidade se concentra em um único órgão do Poder Judiciário, no Brasil, o Supremo Tribunal Federal, ou os Tribunais de Justiça dos Estados quando se tratar de lei ou ato normativo estadual ou municipal, cuja inconstitucionalidade se limite a texto da Constituição estadual. O objeto da lide é a inconstitucionalidade, sem considerar a sua aplicação ao caso concreto, e os efeitos da declaração de inconstituciona-

---

[160] CANOTILHO. *Direito constitucional e teoria da constituição*, p. 793.
[161] VELOSO. *Controle jurisdicional de constitucionalidade*, p. 61-62.

lidade são *erga omnes*, para todos, e não *inter partes*, com o desfazimento do ato inconstitucional.

Daí por que, ao contrário do que ocorre na via de exceção, uma vez declarada a inconstitucionalidade da lei, não há a comunicação ao Senado, porquanto a própria decisão do Supremo Tribunal tem efeito para todos.

Há argumentos conhecidos e quase clássicos favoráveis e contrários ao controle concentrado. Em favor do controle concentrado, "apontam-se a certeza do direito, mormente quando haja eficácia geral das decisões sobre inconstitucionalidade; o aprofundamento das questões, ligado às especificidades da interpretação constitucional, com a consequente formação de uma jurisprudência enriquecedora do conteúdo da Constituição; a sensibilidade às implicações políticas ou comunitárias globais dos problemas; o realçar da autoridade do órgão fiscalizador a par dos órgãos legislativos e de governo (o que significa que, se a concentração diminui a posição de cada um dos restantes tribunais, em contrapartida reforça a dos tribunais no seu conjunto, do Poder Judicial ou do tribunal de concentração no confronto dos demais órgãos de soberania). Contra a fiscalização concentrada alegam-se o perigo de um exagerado poder do órgão fiscalizador ou a sua vulnerabilidade às pressões vindas dos órgãos com poder real no Estado; a rigidez do funcionamento do sistema, os riscos de cristalização jurisprudencial e, muitas vezes, a sua desproporção frente às necessidades de decisão jurídica a satisfazer; o acabar por se subtrair, na prática, a Constituição, a sua interpretação e os seus valores aos tribunais judiciais".[162]

O controle concentrado compreende, de acordo com a Constituição de 1988, as seguintes ações diretas: *a)* a ação direta de inconstitucionalidade; *b)* a ação declaratória de constitucionalidade; *c)* a ação direta de inconstitucionalidade interventiva, tida como ação direta especial, pois se reveste de contornos próprios, que implicam, sobretudo, na ocorrência de um *processo subjetivo*; *d)* a ação de inconstitucionalidade por omissão; *e)* a arguição de descumprimento de preceito fundamental, também considerada como uma ação direta especial, por ter caráter subsidiário e se limitar à defesa das normas constitucionais que se qualificam como preceitos fundamentais.

10. AÇÃO DIRETA DE INCONSTITUCIONALIDADE – A LEI N. 9.868, DE 10 DE NOVEMBRO DE 1999

Examina-se neste tópico a ação direta de inconstitucionalidade, em seu perfil traçado pela Constituição de 1988, com as alterações da EC n. 45/2004, e pela Lei n. 9.868, de 10 de novembro de 1999.[163]

---

[162] MIRANDA. *Manual de direito constitucional*, t. 6, p. 115-116.
[163] LEI N. 9.868, DE 10 DE NOVEMBRO DE 1999: Dispõe sobre o processo e julgamento da ação direta de inconstitucionalidade e da ação declaratória de constitucionalidade perante o Supremo Tribunal Federal.

"Art. 1º Esta Lei dispõe sobre o processo e julgamento da ação direta de inconstitucionalidade e da ação declaratória de constitucionalidade perante o Supremo Tribunal Federal. Art. 2º Podem propor a ação direta de inconstitucionalidade: I – o Presidente da República; II – a

Mesa do Senado Federal; III – a Mesa da Câmara dos Deputados; IV – a Mesa de Assembleia Legislativa ou a Mesa da Câmara Legislativa do Distrito Federal; V – o Governador de Estado ou o Governador do Distrito Federal; VI – o Procurador-Geral da República; VII – o Conselho Federal da Ordem dos Advogados do Brasil; VIII – partido político com representação no Congresso Nacional; IX – confederação sindical ou entidade de classe de âmbito nacional. Parágrafo único. (VETADO) Art. 3º A petição indicará: I – o dispositivo da lei ou do ato normativo impugnado e os fundamentos jurídicos do pedido em relação a cada uma das impugnações; II – o pedido, com suas especificações. Parágrafo único. A petição inicial, acompanhada de instrumento de procuração, quando subscrita por advogado, será apresentada em duas vias, devendo conter cópias da lei ou do ato normativo impugnado e dos documentos necessários para comprovar a impugnação. Art. 4º A petição inicial inepta, não fundamentada e a manifestamente improcedente serão liminarmente indeferidas pelo relator. Parágrafo único. Cabe agravo da decisão que indeferir a petição inicial. Art. 5º Proposta a ação direta, não se admitirá desistência. Parágrafo único. (VETADO) Art. 6º O relator pedirá informações aos órgãos ou às autoridades das quais emanou a lei ou o ato normativo impugnado. Parágrafo único. As informações serão prestadas no prazo de trinta dias contado do recebimento do pedido. Art. 7º Não se admitirá intervenção de terceiros no processo de ação direta de inconstitucionalidade. § 1º (VETADO) § 2º O relator, considerando a relevância da matéria e a representatividade dos postulantes, poderá, por despacho irrecorrível, admitir, observado o prazo fixado no parágrafo anterior, a manifestação de outros órgãos ou entidades. Art. 8º Decorrido o prazo das informações, serão ouvidos, sucessivamente, o Advogado-Geral da União e o Procurador-Geral da República, que deverão manifestar-se, cada qual, no prazo de quinze dias. Art. 9º Vencidos os prazos do artigo anterior, o relator lançará o relatório, com cópia a todos os Ministros, e pedirá dia para julgamento. § 1º Em caso de necessidade de esclarecimento de matéria ou circunstância de fato ou de notória insuficiência das informações existentes nos autos, poderá o relator requisitar informações adicionais, designar perito ou comissão de peritos para que emita parecer sobre a questão, ou fixar data para, em audiência pública, ouvir depoimentos de pessoas com experiência e autoridade na matéria. § 2º O relator poderá, ainda, solicitar informações aos Tribunais Superiores, aos Tribunais federais e aos Tribunais estaduais acerca da aplicação da norma impugnada no âmbito de sua jurisdição. § 3º As informações, perícias e audiências a que se referem os parágrafos anteriores serão realizadas no prazo de trinta dias, contado da solicitação do relator. Art. 10. Salvo no período de recesso, a medida cautelar na ação direta será concedida por decisão da maioria absoluta dos membros do Tribunal, observado o disposto no art. 22, após a audiência dos órgãos ou autoridades dos quais emanou a lei ou ato normativo impugnado, que deverão pronunciar-se no prazo de cinco dias. § 1º O relator, julgando indispensável, ouvirá o Advogado-Geral da União e o Procurador-Geral da República, no prazo de três dias. § 2º No julgamento do pedido de medida cautelar, será facultada sustentação oral aos representantes judiciais do requerente e das autoridades ou órgãos responsáveis pela expedição do ato, na forma estabelecida no Regimento do Tribunal. § 3º Em caso de excepcional urgência, o Tribunal poderá deferir a medida cautelar sem a audiência dos órgãos ou das autoridades das quais emanou a lei ou o ato normativo impugnado. Art. 11. Concedida a medida cautelar, o Supremo Tribunal Federal fará publicar em seção especial do Diário Oficial da União e do Diário da Justiça da União a parte dispositiva da decisão, no prazo de dez dias, devendo solicitar as informações à autoridade da qual tiver emanado o ato, observando-se, no que couber, o procedimento estabelecido na Seção I deste Capítulo. § 1º A medida cautelar, dotada de eficácia contra todos, será concedida com efeito *ex nunc*, salvo se o Tribunal entender que deva conceder-lhe eficácia retroativa. § 2º A concessão da medida cautelar torna aplicável a legislação anterior acaso existente, salvo expressa manifestação em sentido contrário. Art. 12. Havendo pedido de medida cautelar, o relator, em face da relevância da matéria e de seu especial significado para a ordem social e a segurança jurídica, poderá, após a prestação das informações, no prazo de dez dias, e a manifestação do Advogado-Geral da União e do Procurador-Geral da República, sucessivamente, no prazo de cinco dias, submeter o processo diretamente ao Tribunal, que terá a faculdade de julgar definitivamente a ação. Art. 22. A decisão sobre a constitucionalidade ou a inconstitucionalidade da lei ou do ato normativo somente será tomada se presentes na sessão pelo menos oito Ministros. Art. 23. Efetuado o julgamento, proclamar-se-á a constitucionalidade ou a inconstitucionalidade da disposição ou da norma impugnada se num ou noutro sentido se tiverem manifestado pelo menos seis Ministros, quer se trate de ação direta de inconstitucionalidade ou de ação declaratória de constitucionalidade. Parágrafo único. Se não for alcançada a maioria necessária à declaração de constitucionalidade ou de inconstitucionalidade, estando ausentes Ministros em número que possa influir no julgamento, este será suspenso a fim de aguardar-se o comparecimento dos Ministros ausentes, até que se atinja o número necessário para prolação da decisão num ou noutro sentido. Art. 24. Proclamada a constitucionalidade, julgar-se-á improcedente a ação direta ou procedente eventual ação declaratória; e, proclamada a inconstitucionalidade, julgar-se-á procedente a ação direta ou improcedente eventual ação declaratória. Art. 25. Julgada a ação, far-se-á a comunicação à autoridade ou ao órgão responsável pela expedição do ato. Art. 26. A decisão que declara a constitucionalidade ou a inconstitucionalidade da lei ou do ato normativo em ação direta ou em ação declaratória é irrecorrível, ressalvada a interposição de embargos declaratórios, não podendo, igualmente, ser objeto de ação rescisória. Art. 27. Ao declarar a inconstitucionalidade de lei ou ato normativo, e tendo em vista razões de segurança jurídica ou de excepcional interesse social, poderá o Supremo Tribunal Federal, por maioria de dois terços de seus membros, restringir os efeitos daquela declaração ou decidir que ela só tenha eficácia a partir de seu trânsito em julgado ou de outro momento que venha a ser fixado. Art. 28. Dentro do prazo de dez dias após o trânsito em julgado da decisão, o Supremo Tribunal Federal fará publicar em seção especial do Diário da Justiça e do Diário Oficial da União a parte dispositiva do acórdão. Parágrafo único. A declaração de constitucionalidade ou de inconstitucionalidade, inclusive a interpretação conforme a Constituição e a declaração parcial de inconstitucionalidade sem redução de texto, têm eficácia contra todos e efeito vinculante em relação aos órgãos do Poder Judiciário e à Administração Pública federal, estadual e municipal. Art. 29. O art. 482 do Código de Processo Civil fica acrescido dos seguintes parágrafos: "Art. 482. § 1º O Ministério Público e as pessoas jurídicas de direito público responsáveis pela edição do ato questionado, se assim o requererem, poderão manifestar-se no incidente de inconstitucionalidade, observados os prazos e condições fixados no Regimento Interno do Tribunal. § 2º Os titulares do direito de propositura referidos no art. 103 da Constituição poderão manifestar-se, por escrito, sobre a questão constitucional objeto de apreciação pelo órgão especial ou pelo Pleno do Tribunal, no prazo fixado em Regimento, sendo-lhes assegurado o direito de apresentar memoriais ou de pedir a juntada de documentos. § 3º O relator, considerando a relevância da matéria e a representatividade dos postulantes, poderá admitir, por despacho irrecorrível, a manifestação de outros órgãos ou entidades." Art. 30. O art. 8º da Lei n.8.185, de 14 de maio de 1991, passa a vigorar acrescido dos seguintes dispositivos: "Art. 8º (...) I – (...) n) a ação direta de inconstitucionalidade de lei ou ato normativo do Distrito Federal em face da sua Lei Orgânica; § 3º São partes legítimas para propor a ação direta de inconstitucionalidade: I – o Governador do Distrito Federal; II – a Mesa da Câmara Legislativa; III – o Procurador-Geral de Justiça; IV – a Ordem dos Advogados do Brasil, seção do Distrito Federal; V – as entidades sindicais ou de classe, de atuação no Distrito Federal, demonstrando que a pretensão por elas deduzida guarda relação de pertinência direta com os seus objetivos institucionais; VI – os partidos políticos com representação na Câmara Legislativa. § 4º Aplicam-se ao processo e julgamento da ação direta de Inconstitucionalidade perante o Tribunal de Justiça do Distrito Federal e Territórios as seguintes disposições: I – o Procurador-Geral de Justiça será sempre ouvido nas ações diretas de constitucionalidade ou de inconstitucionalidade; II – declarada a inconstitucionalidade por omissão de medida para tornar efetiva norma da Lei Orgânica do Distrito Federal, a decisão será comunicada ao Poder competente para adoção das providên-

10.1 Legitimidade ativa e passiva

Na ação direta de inconstitucionalidade não há partes, pois inexiste processo contraditório em que as partes litigam com vistas à defesa de direitos subjetivos. A ação direta não é proposta contra alguém, mas determinado órgão. De qualquer modo, fala-se em partes no sentido apenas formal, dada a natureza do processo objetivo.

A Constituição de 1988 ampliou o elenco das autoridades, órgãos e entidades legitimados para a propositura da ação direta de inconstitucionalidade, já que nas Constituições anteriores de 1946 e 1967, com a Emenda n. 1/69, que tratavam do tema, o poder de iniciativa para a então denominada representação de inconstitucionalidade era privativo do Procurador-Geral da República. Gilmar Ferreira Mendes constata que, com a ampliação da legitimação para agir, o que em termos práticos acaba por reconhecer a legitimidade a mais de cem entes ou órgãos, "pretendeu o constituinte reforçar o controle abstrato de normas no ordenamento jurídico brasileiro como peculiar instrumento de correção do sistema geral incidente. Não é menos certo, por outro lado, de que a ampla legitimação conferida ao controle abstrato, com a inevitável possibilidade de se submeter qualquer questão constitucional ao Supremo Tribunal Federal, operou uma mudança substancial – ainda que não desejada – no modelo de controle de constitucionalidade até então vigente no Brasil. A Constituição de 1988 reduziu o significado do controle de constitucionalidade incidental ou difuso, ao ampliar, de forma marcante, a legitimação para a propositura da ação direta de inconstitucionalidade (CF, art. 103), permitindo que, praticamente, todas as controvérsias constitucionais relevantes sejam submetidas ao Supremo Tribunal Federal mediante processo de controle abstrato de normas".[164]

Detêm *legitimidade ativa* para a ação direta, nos termos do artigo 103 da Constituição: o Presidente da República, a Mesa do Senado Federal, a Mesa da Câmara dos Deputados, a Mesa de Assembleia Legislativa, o Governador de Estado, o Procurador-Geral da República, o Conselho Federal da Ordem dos Advogados do Brasil, partido político com representação no Congresso Nacional, confederação sindical ou entidade de classe de âmbito nacional. O Supremo Tribunal Federal, no julgamento da ADI 645, de que foi Relator o Ministro Ilmar Galvão, estendeu o direito de propositura da ação direta de inconstitucionalidade à Mesa da Câmara Legislativa e ao Governador do Distrito Federal, o que restou contemplado pelos incisos IV e V do artigo 2º da Lei n. 9.868/99.

Nessa linha, a EC n. 45/2004 constitucionalizou o tema, ao dar nova redação aos incisos IV e V do art. 103 da Constituição, para incluir no rol dos legitimados ativos

---

cias necessárias, e, tratando-se de órgão administrativo, para fazê-lo em trinta dias; III – somente pelo voto da maioria absoluta de seus membros ou de seu órgão especial, poderá o Tribunal de Justiça declarar a inconstitucionalidade de lei ou de ato normativo do Distrito Federal ou suspender a sua vigência em decisão de medida cautelar. § 5º Aplicam-se, no que couber, ao processo de julgamento da ação direta de inconstitucionalidade de lei ou ato normativo do Distrito Federal em face da sua Lei Orgânica as normas sobre o processo e o julgamento da ação direta de inconstitucionalidade perante o Supremo Tribunal Federal."

[164] MENDES. *Jurisdição constitucional*, p. 78.

para a propositura da ação direta de inconstitucionalidade e da ação declaratória de constitucionalidade, a Mesa da Câmara Legislativa do Distrito Federal, e o Governador do Distrito Federal.

A legitimidade ativa conferida a confederações sindicais e organizações de classe de âmbito nacional tem levado o Supremo Tribunal Federal, especialmente em relação a estas últimas, a verificar a sua qualificação para efeito de propositura da ação direta, e, nessa tarefa, vem o Supremo atenuando a prodigalidade da Constituição, mediante uma interpretação restritiva.

Assinale-se que o conceito de confederações sindicais e entidades de classe de âmbito nacional deve ser entendido não no sentido de simples segmento social, mas de categoria profissional, e, quanto a esta última, que seja uma associação de pessoas que, em essência, represente o interesse comum de uma determinada categoria.[165]

No âmbito da jurisprudência do Supremo Tribunal Federal, são relevantes as seguintes decisões:

1. Ilegitimidade, por não ter âmbito nacional, de sindicato de bancos que, tendo base territorial em alguns Estados-Membros, só congrega, como associados, os bancos em funcionamento nesses Estados que satisfaçam as exigências da legislação sindical (ADI 39-0-RJ, Rel. Min. Moreira Alves).

2. Não tem legitimidade a simples associação de empregados de determinada empresa, por não congregar uma categoria de pessoas intrinsecamente distinta das demais, mas somente agrupadas pelo interesse contingente de estarem a serviço de determinado empregador (ADI 34-9-DF, Rel. Min. Octávio Gallotti).

3. No conceito de entidade de classe não se inclui a associação que reúne, como associados, órgãos públicos que não têm personalidade jurídica, e diferentes categorias de servidores públicos (ADI 67-5-DF, Rel. Min. Moreira Alves).

4. Não se reconhecia natureza de entidade de classe às organizações que, congregando pessoas jurídicas, apresentam-se como verdadeiras associações de associações, por lhes faltar a qualidade de entidade de classe (ADI 79, Rel. Min. Celso de Mello). O Supremo Tribunal Federal, no entanto, alterou sua jurisprudência, e passou a admitir ajuizamento de Ação Direta de Inconstitucionalidade por "associação de associação". Em seu voto, o Relator, Min. Sepúlveda Pertence, deixou consignado: "Chegou-se a falar que uma 'associação de associações' só poderia defender os

---

[165] Observa Guilherme Peña: "No que tangencia o *conceito*, as entidades de classe de âmbito nacional, pela aplicação analógica da norma jurídica veiculada pelo artigo 7º, § 1º, da Lei n. 9.096/95 (Lei Orgânica dos Partidos Políticos), é sujeita a dois requisitos: I) o da homogeneidade, ou seja, o ente deve congregar membros de uma mesma categoria econômica ou profissional (entidade de classe) e II) o da especialidade, isto é, o ente deve reunir componentes em, no mínimo, 9 (nove) entidades federativas e que integrem as cinco 5 regiões geográficas do país (âmbito nacional)" (MORAES. *Direito constitucional* – teoria da constituição, p. 221).

interesses das suas associadas, vale dizer, das associações que congrega. Mas, *data venia*, o paralogismo é patente. A entidade é de classe, da classe reunida nas associações estaduais que lhe são filiadas. O seu objetivo é a defesa da mesma categoria social. E o fato de uma determinada categoria se reunir, por mimetismo com a organização federativa do País, em associações correspondentes a cada Estado, e essas associações se reunirem para, por meio de uma entidade nacional, perseguir o mesmo objetivo institucional de defesa de classe, a meu ver, não descaracteriza a entidade de grau superior como o que ela realmente é: uma entidade de classe. No âmbito sindical, isso é indiscutível. As entidades legitimadas à ação direta são as confederações, que, por definição, não têm como associados pessoas físicas, mas, sim, associações delas. Não vejo, então, no âmbito das associações civis comuns não sindicais, como fazer a distinção" (STF – AgR/DF – ADI 3153 – *Informativo* STF, n. 361).

5. Não detém legitimidade ativa a entidade sindical de composição heterogênea, em cujo âmbito podem congregar-se tanto entes civis quanto pessoas jurídicas de direito público (ADI 1.437-PR, Rel. Min. Celso de Mello); as entidades internacionais, que possuam seção brasileira, domiciliada no território nacional e incumbida de representá-los no Brasil, não configuram entidade de classe de âmbito nacional para os fins de controle de constitucionalidade concentrado (ADI 79, Rel. Min. Celso de Mello).

Segundo orientação do Supremo Tribunal Federal, impõe-se que haja *pertinência temática*, ou seja, o objeto da ação direta de inconstitucionalidade deve guardar relação de pertinência com a atividade de representação da confederação ou da entidade de classe de âmbito nacional, e com as funções exercidas pelos demais legitimados especiais, é dizer, Governador de Estado e do Distrito Federal, Mesa de Assembleia Legislativa e Mesa da Câmara Legislativa do Distrito Federal,[166] inexigindo-se tal relação quando se trata dos legitimados universais, ou seja, Presidente da República, Mesas do Senado Federal e da Câmara dos Deputados, Procurador-Geral da República, Conselho Federal da OAB e partidos políticos com representação no Congresso Nacional.[167]

A legitimação para a propositura da ação direta, pelos partidos políticos, refere-se à sua representação nacional, devendo ser realizada pelo Diretório Nacional ou pela Executiva do Partido, e não pelos Diretórios ou Executivas Regionais.

A exigência constitucional da representação partidária, no Congresso Nacional, como requisito para a postulação da ação direta pelos partidos políticos, concretiza

---

[166] A pertinência temática, como sucedâneo do interesse de agir do processo subjetivo, é "extremamente prejudicial à clara compreensão do processo de índole objetiva. Significa, em última análise, que o Supremo Tribunal acaba por aplicar regras processuais impróprias ao processo objetivo" (TAVARES. *Curso de direito constitucional*, p. 264).

[167] Confira-se, a propósito dos partidos políticos, o julgamento da ADI 1.096-4-RS, Rel. Min. Celso de Mello, e da ADI 1.396-SC, Rel. Min. Marco Aurélio.

"a ideia de defesa das minorias, uma vez que se assegura até às frações parlamentares menos representativas a possibilidade de arguir a inconstitucionalidade de lei", assevera Gilmar Ferreira Mendes, concluindo que, apesar de não serem numericamente significativas as ações diretas de inconstitucionalidade ajuizadas pelos partidos, muitos dos temas mais polêmicos foram levados ao Supremo Tribunal Federal mediante iniciativa deles.[168]

O Supremo Tribunal Federal vinha decidindo que a perda superveniente de representação parlamentar no Congresso Nacional tinha "efeito desqualificador da legitimidade ativa do partido político para o processo de controle normativo abstrato, não obstante a agremiação partidária, quando do ajuizamento da ação direta de inconstitucionalidade, atendesse, plenamente, ao que determina o artigo 103, inc. VIII, da CRFB".[169]

O próprio Supremo Tribunal Federal, no entanto, alterou esse posicionamento para admitir que a perda de representação do partido político, no Congresso Nacional, após o ajuizamento da ação direta, não descaracteriza a legitimidade ativa para prosseguimento na ação. É que "a aferição da legitimidade deve ser feita no momento da propositura da ação".[170]

Relativamente às Mesas da Câmara dos Deputados e do Senado Federal, observe-se que a legitimação para agir não se estende à Mesa do Congresso Nacional, mas de cada uma de suas Casas.

A *legitimidade passiva* recai sobre os órgãos ou autoridades responsáveis pela lei ou pelo ato normativo objeto da ação, os quais deverão prestar informações ao relator do processo. Na ação direta não poderão figurar como parte passiva pessoas jurídicas de direito privado, seja como requeridas, seja como litisconsortes, pois o controle abstrato tem como objeto a impugnação de atos normativos emanados do poder público.[171]

10.2 Competência

A competência para o controle concentrado das normas em face da Constituição da República é do Supremo Tribunal Federal, competindo-lhe processar e julgar, originariamente, a ação direta de inconstitucionalidade de lei ou ato normativo federal ou estadual (art. 102, I, *a*).

Já a competência para o exercício da jurisdição constitucional concentrada, em decorrência do modelo federativo brasileiro, de leis estaduais ou municipais, tendo como parâmetro a Constituição do Estado-Membro, é do Tribunal de Justiça, ou do Tribunal de Justiça do Distrito Federal. Note-se que a Constituição da República, no art. 125, § 2º, autoriza os Estados a instituição de representação de inconstituciona-

---

[168] MENDES. *Jurisdição constitucional*, p. 80.
[169] STF, ADI 2.060, Rel. Min. Celso de Mello, j. 14.4.2000, *DJU* 26.4.2000.
[170] STF – ADI 2159 AgR/DF, Rel. originário Min. Carlos Velloso, rel. p/ acórdão Min. Gilmar Mendes, *Inf./STF* 356.
[171] STF, RTJ 164/506, 1998, ADI 1.434-SP, Rel. Min. Celso de Mello.

lidade de leis ou atos normativos estaduais ou municipais em face da Constituição Estadual. Duas observações a respeito da dicção constitucional: a primeira é a utilização imprópria do termo *representação*, quando se trata de verdadeira ação direta de inconstitucionalidade, e a segunda é a de não caber aos Tribunais de Justiça o julgamento, em controle concentrado, da constitucionalidade de lei federal contestada em face da Constituição Estadual, ou de lei estadual ou municipal em face da Constituição Federal.

Relativamente ao *Distrito Federal*, que exerce competências legislativas próprias dos Estados-Membros e dos Municípios (art. 32, § 1º, da Constituição), o Supremo Tribunal Federal decidiu ser possível o cabimento de ação direta de inconstitucionalidade em face de lei ou ato normativo distritais, desde que no exercício de competência estadual, que afrontar a Constituição Federal. Em se tratando, porém, de lei ou ato normativo distrital, no exercício de competência municipal, será incabível o controle concentrado, pois equivaleria à inconstitucionalidade de lei municipal em face da Constituição Federal, como acima examinado.[172] Anote-se, finalmente, que o artigo 30 da Lei n. 9.868, de 10 de novembro de 1999, acrescentou o § 5º ao artigo 8º da Lei n. 8.185/91, dispondo que se aplicam, no que couber, ao processo e julgamento da ação direta de inconstitucionalidade de lei ou ato normativo do Distrito Federal, em face de sua lei orgânica, as normas sobre o processo e o julgamento da ação direta de inconstitucionalidade perante o Supremo Tribunal Federal. Vê-se, portanto, que a lei equiparou, para os fins de ação direta, a Lei Orgânica do Distrito Federal à Constituição estadual com vistas à aferição de sua inconstitucionalidade.

Se forem ajuizadas simultaneamente ação direta de inconstitucionalidade no âmbito federal e estadual, é dizer, perante o Supremo Tribunal Federal e perante o Tribunal de Justiça, cujo objeto seja lei ou ato normativo estadual, diferenciando-se apenas o paradigma – no primeiro caso a Constituição Federal, e no outro a Constituição Estadual – a decisão que vier a ser proferida pelo Supremo Tribunal vinculará o Tribunal de Justiça, o qual, entretanto, não vinculará o Supremo. Desse modo, tramitando ao mesmo tempo duas ações, e sendo a norma constitucional impugnada mera reprodução da Constituição Federal, entende-se que deva ser suspenso o processo no âmbito estadual.

Questões outras atinentes à competência para o exercício da jurisdição constitucional dos Tribunais de Justiça e do próprio Supremo Tribunal Federal, quando se tratar de norma da Constituição Federal reproduzida na Constituição Estadual, serão examinadas adiante, no tópico destinado ao controle estadual de constitucionalidade.

10.3 Objeto

O controle abstrato tem por objeto a lei ou ato normativo federal, estadual ou distrital revestidos de generalidade e abstração, excluindo-se as leis de efeitos individuais e

---

[172] Supremo Tribunal Federal: Súmula n. 642 – Não cabe ação direta de inconstitucionalidade de lei do Distrito Federal derivada da sua competência legislativa municipal.

concretos. Somente as normas e os atos dos poderes públicos podem ser submetidos ao controle de constitucionalidade. Já as normas ou os atos jurídicos privados, como os acordos, contratos, compromissos fundados na autonomia da vontade, os estatutos de associações, fundações, entre outros, não se sujeitam a esse controle, devendo a sua inadequação frente ao texto constitucional ser resolvida pelas vias ordinárias, no âmbito da invalidação. Ressalte-se, no entanto, como examinado acima, que há controvérsia sobre a inconstitucionalidade de atos pertinentes a relações privadas, em especial no âmbito dos direitos humanos fundamentais.

O Supremo Tribunal Federal tem considerado inadmissível a propositura de ação direta de inconstitucionalidade contra lei ou ato normativo já revogado. No entanto, se a revogação ocorrer no curso do processo, torna-se possível que se proceda à aferição de sua constitucionalidade. No julgamento da ADI 709, de que foi Relator o Ministro Paulo Brossard, o STF passou a admitir que a revogação superveniente de norma impugnada prejudica o andamento da ação direta. A propósito, deve-se observar que, se a declaração de inconstitucionalidade tem eficácia *ex tunc*, cabível seria o prosseguimento da ação direta, pois a revogação da lei não elimina os efeitos por ela determinados quando esteve em vigor. Desse modo, a cessação superveniente da norma, inclusive por autorevogação, ou seja, pelo exaurimento de seus efeitos jurídicos, faz com que a ação perca o objeto, ou leva à perda do interesse processual, já que a medida não é mais útil e necessária. Nessa linha decidiu o Supremo Tribunal Federal: "Objeto do controle concentrado de constitucionalidade somente pode ser o ato estatal de conteúdo normativo, em regime de plena vigência.

A cessação superveniente da vigência da norma estatal impugnada em sede de ação direta de inconstitucionalidade, enquanto fato jurídico que se revela apto a gerar a extinção do processo de fiscalização abstrata, tanto pode decorrer da sua revogação pura e simples como do exaurimento de sua eficácia, tal como sucede nas hipóteses de normas legais de caráter temporário."[173]

Incabível é a ação direta de inconstitucionalidade contra leis e atos de efeitos concretos, pois são atos legislativos meramente formais, que consubstanciam medidas materialmente administrativas, sem densidade normativa e sem generalidade, o que os desqualificam para o controle abstrato. Decidiu o Supremo Tribunal Federal, "a ação direta de inconstitucionalidade é meio pelo qual se procede, por intermédio do Poder Judiciário, ao controle da constitucionalidade das normas jurídicas *in abstracto*. Não se presta ela, portanto, ao controle da constitucionalidade de atos administrativos que têm por objeto determinado e destinatários certos, ainda que esses atos sejam editados sob forma de lei – as leis meramente formais, porque têm forma de lei, mas seu conteúdo não encerra normas que disciplinem relações jurídicas em abstrato".[174]

Mencione-se, como exemplos de atos de efeitos concretos, dispositivo de lei orçamentária que fixa determinada dotação, lei que declara de utilidade pública ou de interesse social, para desapropriação, um determinado imóvel, que cria um Municí-

---

[173] STF – ADI 612, QO, Rel. Min. Celso de Mello, RTJ 154/397.
[174] RTJ 140/36.

pio,[175] uma autarquia ou uma fundação pública, o ato legislativo que veicule a doação de bem público a entidade privada, ou que suspenda uma licitação.

Relativamente a essa construção jurisprudencial, Dirley da Cunha Júnior lembra a censura de alguns juristas, como Gilmar Ferreira Mendes[176] e Clèmerson Merlin Clève,[177] para os quais, "se é certo que a Constituição exigiu a normatividade dos atos do poder público, para, só então, sujeitá-los ao crivo do controle abstrato da constitucionalidade, não menos certo é que a Carta Magna não distinguiu entre leis formais de efeitos abstratos e de efeitos concretos, de modo que, cuidando-se de leis formais, todas elas expõem-se à fiscalização abstrata. Defendem os citados autores, portanto, que toda e qualquer norma sob a forma de lei – seja de efeitos abstratos ou de efeitos concretos – possa desafiar o controle abstrato através da ADI ou de outra ação direta. Compartilhamos com a posição destes autores. De feito, dispõe o art. 102, I, *a*, da Constituição Federal, que a ação direta de inconstitucionalidade e a ação declaratória de constitucionalidade serão propostas contra 'lei' ou 'ato normativo'. Não há, aí – e isto salta aos olhos – qualquer referência à lei de efeitos abstratos. Logo, por um conhecido princípio de hermenêutica, não cabe ao intérprete distinguir onde o legislador (e constituinte!) não distinguiu e tampouco autorizou a distinção. Além disso, restringir o controle abstrato, é deixar um sem-número de leis de efeitos concretos ao largo de qualquer controle concentrado no STF e nos Tribunais de Justiça, interditando as vias de acesso para se alcançar, a respeito delas, uma decisão *erga omnes* sobre a sua constitucionalidade. E não se alegue que a lei deve ser necessariamente de efeitos abstratos porque o controle é abstrato. Ora, como bem frisou Gilmar Ferreira Mendes, o que é abstrato é o processo de controle, ou seja, desvinculado a qualquer lide ou a qualquer controvérsia concreta, e não à lei submetida ao controle".[178]

As *emendas constitucionais* são passíveis de exame em ação direta de inconstitucionalidade, já que devem observar as exigências formais do artigo 60, I, II e III, §§ 1º a 3º, da Constituição, como também as denominadas cláusulas pétreas, de que trata o § 4º do mesmo artigo. Se não houvesse, com efeito, quem controlasse a produção de emendas constitucionais, o legislador poderia usurpar as cláusulas pétreas. A ausência, portanto, de um órgão controlador externo equivale à ausência de limites ao poder de revisão constitucional.

O Supremo Tribunal Federal e o Tribunal Constitucional indiano são os únicos tribunais do mundo a terem declarado a inconstitucionalidade de uma emenda constitucional, é o que constata Conrado Hübner Mendes, em estudo no qual busca

---

[175] O Supremo Tribunal Federal tem admitido que lei ordinária de criação de Município, embora de conteúdo administrativo, pode ser impugnada em sede de ação direta de inconstitucionalidade: "Ainda que não seja em si mesma uma norma jurídica, mas ato com forma de lei, que outorga *status* municipal a uma comunidade territorial, a criação de Município, pela generalidade dos efeitos que irradia, é um dado inovador, com força prospectiva, do complexo normativo em que se insere a nova unidade política: por isso a validade da lei criadora, em face da Lei Fundamental, pode ser questionada por ação direta de inconstitucionalidade" (ADI 733-MG, Rel. Min. Sepúlveda Pertence, RTJ 158/35; *Informativo STF* 144).
[176] MENDES. *Jurisdição constitucional*, p. 162-163.
[177] CLÈVE. *A fiscalização abstrata da constitucionalidade no direito brasileiro*, p. 193-195.
[178] CUNHA JÚNIOR. *Controle de constitucionalidade*: teoria e prática, p. 174-175.

"desidealizar" a revisão judicial, própria dos Tribunais constitucionais, e a desmistificar o controle de constitucionalidade, que, segundo ele, fragiliza o papel que as Constituições podem desempenhar no sistema político, mesmo porque a interpretação constitucional legislativa não é descartável. A teoria constitucional, segundo salienta, não pode eximir o legislador de firmar entendimentos consistentes sobre o significado da Constituição, já que o Judiciário pode ser mais vulnerável aos reveses da democracia e da política em geral do que uma instituição de maior densidade democrática, o Legislativo. Apesar de o Poder Judiciário, de fato, ser peça fundamental em qualquer democracia (no Brasil, em especial, o Supremo Tribunal Federal), quando a ele se dá a possibilidade de controlar a constitucionalidade de emendas constitucionais, em especial a título de proteção de cláusulas pétreas, por ser a autoridade última sobre a qual não há nenhuma revisão – a Corte Constitucional seria a extensão, a *longa manus* do poder constituinte originário –, nessa circunstância, ao contrário de contribuir para a democracia, sufoca a decisão tomada na principal arena deste regime, findando-se os caminhos de manifestação legislativa, e a medida desejada não encontra mais vias institucionais para ser aprovada. Diferente é o controle, pelo Supremo Tribunal Federal, da constitucionalidade de leis ordinárias, ainda que violadoras de cláusulas pétreas, pois, nesse caso, o controle se acha relacionado com decisões políticas que compõem o cotidiano político, mais sujeito aos humores cambiantes de maiorias políticas ocasionais, que eventualmente podem ceder a "algum impulso comum, de paixão ou de interesse, adverso aos direitos dos demais cidadãos", segundo expressa Hamilton em *O federalista*. Ademais, no sistema constitucional brasileiro, se as leis ordinárias são aprovadas por maioria simples, e as emendas constitucionais são exigentes da maioria de três quintos nas duas Casas do Congresso Nacional, em dois turnos de votação, resta afastada a consideração de que as emendas sejam o reflexo de maiorias ocasionais.

De qualquer modo, o Supremo Tribunal Federal é, segundo a Constituição de 1988, detentor do direito de errar por último, como intérprete constitucional. Conrado Hübner Mendes não propõe que haja absoluta flexibilidade constitucional, nem que qualquer tipo de revisão judicial seja indesejável para temperar as turbulências da política, mas o que questiona é a inconsistência dos fundamentos que a teoria constitucional insiste em anexar à revisão judicial, examinando, nesse cenário, as teorias de Ronald Dworkin, que aceita a existência da revisão judicial, e de Jeremy Waldron, que chega a propugnar a supressão da instituição, referindo-se também, no terreno intermediário, a dois autores indispensáveis, Alexander Bickel e John Hart Ely.[179]

Anote-se ainda a existência do chamado *override*, pelo qual a única possibilidade de controle do Supremo Tribunal é a aprovação, pelo Congresso Nacional, de emenda constitucional em sentido contrário capaz de superar a decisão judicial. O instituto tem sido criticado por constitucionalistas brasileiros, ao aduzirem: "Sustentar o *override* como única forma de controle e de escape da ação do Poder Judiciário tem como efeito colateral um problema apontado por J. J. Gomes Canotilho que é a ideia da lealdade constitucional. No seu entender, é preciso haver uma percep-

---

[179] Cf. MENDES. *Controle de constitucionalidade e democracia*.

ção do *self restraint* para todos os poderes do Estado, no sentido de um não tentar usurpar funções e atribuições que são tipicamente dos outros, sob pena de desorganização e de desarmonia do Estado e de seus poderes. Sustentamos que a noção de guardiões da Constituição não são apenas os Ministros do Supremo Tribunal Federal, mas sim todos nós no exercício de nossa cidadania. O controle da ação do Judiciário se faz necessário, e as críticas endereçadas ao Tribunal fazem com que determinados posicionamentos sejam alterados. Uma Corte Constitucional ou um Supremo Tribunal Federal não tem a última palavra como seria possível pensar. Eles se abrem permanentemente à revisão. Como todo poder estatal, a Corte Constitucional precisa ser controlada de modo a reforçar externamente aquilo que sugere Canotilho como *self restraint*."[180]

A legitimidade do Supremo Tribunal Federal para declarar a inconstitucionalidade de emenda constitucional foi examinada na ADI 926 e na ADI 939, no voto do Min. Celso de Mello (*RTJ* 151).[181]

O nosso sistema constitucional, que tem a Constituição Federal como norma suprema, não admite sejam objeto de declaração de inconstitucionalidade normas constitucionais originárias, pela inexistência de hierarquia entre elas.

As *leis complementares e as leis ordinárias* submetem-se ao controle abstrato de constitucionalidade. As leis complementares tipificam-se pela matéria reservada e pelo *quorum* de aprovação (art. 69 da Constituição). Com efeito, o texto constitucional reserva-lhes a disciplina de certas matérias, como, *v.g.*, normas gerais de direito tributário, inelegibilidades e finanças públicas. Destarte, à lei complementar cabe dispor apenas sobre matéria expressamente prevista como sendo de sua competência no texto constitucional.[182] Haverá inconstitucionalidade, acentuamos, se a lei ordinária

---

[180] CRUZ; MEYER; RODRIGUES. *Desafios contemporâneos do controle de constitucionalidade no Brasil*, p. 124-125.

[181] Ainda sobre a inconstitucionalidade de emenda constitucional, cf. ALMEIDA MELO. *Direito Constitucional do Brasil*, p. 127-136. No mesmo sentido: "É juridicamente possível o controle abstrato de constitucionalidade que tenha por objeto emenda à Constituição Federal quando se alega a violação das cláusulas pétreas inscritas no art. 60, § 4º, da CF" (STF – ADI n. 1.946-5/DF, Medida Cautelar, Rel. Min. Sydney Sanches, decisão: 7.4.1999).

[182] Para Hugo de Brito Machado a lei complementar pode disciplinar qualquer matéria, e não somente aquelas que o texto constitucional lhe reserva: "É certo que a Constituição estabelece que certas matérias só podem ser tratadas por lei complementar, mas isto não significa de nenhum modo que a lei complementar não possa regular outras matérias, e, em se tratando de norma cuja aprovação exige *quorum* qualificado, não é razoável entender-se que pode ser alterada, ou revogada, por lei ordinária" (*Curso de direito tributário*, p. 73).

Aliás, há divergência doutrinária quanto à hierarquia da lei complementar em relação à lei ordinária.

No sentido da hierarquia: Manoel Gonçalves Ferreira Filho (*Curso de direito constitucional*, p. 183-185). Contra, dentre outros: Michel Temer (*Elementos de direito constitucional*, p. 148-150); José Souto Maior Borges (Eficácia e hierarquia da lei complementar, *in*: *Revista de Direito Público*, n. 25/93); José Afonso da Silva, que alterou entendimento anterior (*Comentário contextual à constituição*, p. 460-462).

Acentue-se que, nada obstante o entendimento que sustenta a hierarquia entre lei complementar e lei ordinária, pensamos que as leis complementares não são superiores às leis ordinárias,

invadir campo próprio da lei complementar, e dispuser sobre matéria a ela reservada, e não porque a lei complementar seja hierarquicamente superior à lei ordinária. O *quorum* de aprovação das leis complementares é o da maioria absoluta dos membros das casas legislativas.

As *leis ordinárias* constituem a vala comum da legislação brasileira, cabendo-lhes dispor sobre todas as matérias não reservadas à lei complementar. O seu *quorum* de aprovação é o da maioria simples ou relativa (art. 47 da Constituição).

Ponto que merece exame, por interferir na verificação da constitucionalidade da lei ordinária, diz respeito ao caráter autorizativo da norma. Com efeito, há leis de origem legislativa, que autorizam o Poder Executivo, *v.g.*, a realizar obras ou serviços, firmar convênio, ou praticar qualquer outro ato que tenha por conteúdo matéria cuja lei seja de iniciativa reservada do Poder Executivo. Com isso, o autor do projeto de lei acaba por ser visto como coautor da política pública, da própria obra ou do serviço autorizado, o que reforça sua imagem perante a opinião pública e o eleitorado. Há controvérsia quanto à constitucionalidade dessas leis.

A inconstitucionalidade das leis meramente autorizativas, embora sem cunho impositivo, é destacada por Sérgio Resende de Barros, que escreve: "Como ocorre na federação para os entes federativos, igualmente na separação de Poderes a competência básica de cada Poder é fixada pela ordem constitucional, integrada pelas constituições federal, estadual e leis orgânicas municipais. Aos Poderes Legislativo, Executivo e Judiciário, compete o que a ordem constitucional lhes determina ou autoriza. Fixar competência dos Poderes constituídos, determinando-os ou autorizando-os, cabe ao Poder Constituinte no texto da constituição por ele elaborada. Vale dizer, a natureza teleológica da lei – o fim; seja determinar, seja autorizar – não inibe o vício de iniciativa. A inocuidade da lei não lhe retira a inconstitucionalidade. A iniciativa da lei, mesmo sendo só para autorizar, invade competência constitucional privativa."[183]

Ademais, aquele que não detém o poder de proibir ou restringir, não detém o de autorizar, e a autorização dada pela lei implica em ordenar, posto que eventual desatendimento à lei, mesmo que autorizativa, ensejaria o reconhecimento de conduta omissiva do administrador, que ficaria sujeito às injunções constitucionais ou legais, em razão de sua inércia.

A tese que afasta a inconstitucionalidade baseia-se em que lei que autoriza não é lei que se impõe. Assim, o descumprimento da providência normativa, pelo agente político ou administrativo, teria como consequência apenas a sua sujeição ao ônus político decorrente do ato omissivo.

Não se deve perder de vista, em abono dos argumentos utilizados para se ter como inconstitucional a lei autorizativa, que a iniciativa reservada tem como fundamento

---

posto que ambas as espécies normativas têm idêntica fonte de fundamento, que é a Constituição, de modo que não há falar em controle de constitucionalidade de lei ordinária em face de lei complementar, mas em contraste com a Constituição. A lei complementar, se dispuser sobre matéria que não lhe é reservada, incorre em invasão de competência, deve ser considerada como lei ordinária, podendo, por isso mesmo, ser por esta alterada ou revogada.

[183] BARROS. Leis autorizativas. *In*: *Revista do Instituto de Pesquisas e Estudos*, n. 29, p. 261-264.

resguardar o seu titular de propor direito novo em matérias confiadas à sua especial atenção, ou de seu interesse preponderante.[184]

As *leis delegadas*, que se acham previstas no art. 68 da Constituição, sujeitam-se ao controle abstrato de constitucionalidade, que poderá incidir tanto sobre a lei delegante, ou seja, a resolução do Congresso Nacional que autoriza a delegação, quanto a lei delegada elaborada pelo Presidente da República. A Constituição prevê, no art. 49, V, o controle político da lei delegada, a ser exercido pelo Congresso Nacional, que poderá sustar os atos normativos do Presidente da República, que exorbitem dos limites da delegação legislativa.

Os *tratados internacionais* são incorporados ao ordenamento jurídico brasileiro mediante a edição de decreto legislativo (art. 49, I, da Constituição), que contém a aprovação do Congresso Nacional e a autorização para que o Presidente da República, mediante decreto, os ratifiquem em nome da República Federativa do Brasil, promulgando-os e publicando-os. Depois de incorporados os tratados, tais atos normativos podem ter sua constitucionalidade aferida por ação direta. Os tratados internacionais, uma vez incorporados à ordem jurídica brasileira, situam-se no mesmo plano da legislação ordinária (cf. art. 102, III, *b*, da Constituição).

Já os tratados internacionais de direitos humanos devem ser considerados de hierarquia materialmente constitucional, por terem *status* supralegal. Formalmente, equivalem-se às emendas constitucionais, desde que aprovados, em cada Casa do Congresso Nacional, em dois turnos, por três quintos dos votos dos respectivos membros: é o que prevê o § 3º do art. 5º, da Constituição da República, acrescentado pela EC n. 45/2004.[185]

Os *atos normativos editados por pessoas jurídicas de direito público criadas pela União, e outros atos do Poder Executivo com força normativa*, como os pareceres da Consultoria Geral da República aprovados pelo Presidente da República, podem ser objeto do controle abstrato de constitucionalidade.

Os *decretos* editados pelo Presidente da República, para regulamentar as leis, se extravasarem os limites do artigo 84, IV, da Constituição, poderão ser invalidados no domínio da ilegalidade, não cabendo ação direta de inconstitucionalidade. Admite-se, contudo, segundo jurisprudência do Supremo Tribunal Federal, que os regulamentos autônomos quando invadem esfera reservada à lei são passíveis de controle, por haver ofensa direta à Constituição (cf. ADI 360-DF, *DJU* de 26.2.1993; ADI 519, *DJU* de 11.10.1991, Rel. Min. Moreira Alves; ADI 1590-SP, Rel. Min.Sepúlveda Pertence, *DJU* de 15.8.1997). Esse posicionamento restritivo do Supremo Tribunal Federal tem levado alguns juristas, como Gilmar Ferreira Mendes e Clèmerson Merlin Clève, a propor a criação de um controle judicial expedito, consubstanciada em processo objetivo de controle abstrato da legalidade da norma regulamentar, a que se poderia denominar de ação direta de ilegalidade, considerando ainda que o controle concreto e subjetivo não se afigura capaz de coibir, em todas as circunstâncias, os excessos da Administração Pública brasileira, o que compromete a preservação do

---

[184] SILVA. *Princípios do processo de formação das leis no direito constitucional*, p. 142.
[185] Cf. o Capítulo 15, item 11, deste trabalho, em que discutimos amplamente a questão.

próprio Estado Democrático de Direito, os princípios da supremacia da Constituição e da reserva legal.[186]

As *medidas provisórias* sujeitam-se ao controle abstrato.

Indaga-se inicialmente se o controle jurisdicional incide sobre os pressupostos de admissibilidade das medidas provisórias, vale dizer, a relevância e a urgência de que trata o artigo 62 da Constituição. Apesar de se apresentarem como conceitos jurídicos indeterminados, é possível precisar conceitualmente relevância e urgência, como pressupostos para a edição de medidas provisórias. Tem-se por relevante o que é importante, essencial, proeminente, exigível ou fundamental, devendo, contudo, vincular-se sempre e unicamente ao interesse público.

Já a urgência se caracteriza quando inadiável a providência legislativa com vistas ao alcance de determinado fim. O critério objetivo, que leva a uma maior precisão conceitual de urgência, diz respeito, no Direito Constitucional brasileiro, ao lapso temporal envolvendo a tramitação de urgência do processo legislativo, é dizer, não será disciplinada por medida provisória matéria que possa ser aprovada dentro dos prazos legislativos de urgência previstos na Constituição (artigo 64, §§ 1º a 3º).

O Supremo Tribunal Federal, na esteira de entendimento jurisprudencial no regime constitucional anterior, em que se examinavam os pressupostos do decreto-lei, posicionava-se no sentido de que a verificação da urgência e da relevância, como requisitos das medidas provisórias, cabe inicialmente ao Presidente da República, no momento da edição da medida provisória e depois ao Congresso Nacional, que pode não convertê-la em lei, por ausência desses requisitos. Assim, não caberia ao Poder Judiciário, em razão do princípio da separação de poderes, questionar aqueles pressupostos, salvo na hipótese de flagrante desvio de poder ou abuso do poder de legislar. Este entendimento jurisprudencial do Supremo Tribunal foi, no entanto, alterado com o julgamento da liminar na ADI 162.[187] Relata Gilmar Mendes que "em 1989, a jurisprudência do STF sofreu alteração para admitir que esses pressupostos não eram totalmente alheios à crítica judiciária. Sem que se desmentisse o caráter discricionário da avaliação política desses pressupostos, reservou-se ao Judiciário a verificação, em cada caso, de eventual 'abuso manifesto'. Em precedentes diversos, o STF afirmou a possibilidade de censurar a medida provisória por falta dos requisitos da urgência e da relevância, sem contudo encontrar nas hipóteses que analisava caso para tanto. Em 1998, porém, ocorreu a desaprovação pela falta de pressuposto formal".[188] Nesse sentido, o Supremo Tribunal Federal deixou consignado:

"Medida provisória: excepcionalidade da censura jurisdicional da ausência dos pressupostos de relevância e urgência à sua edição: raia, no entanto, pela irrisão a afirmação de urgência para as alterações questionadas à disciplina legal da ação rescisória, quando, segundo a doutrina e a jurisprudência, sua aplicação à rescisão de sentenças já transitadas em julgado, quanto a uma delas – a criação de novo caso de

---

[186] CLÈVE. *A fiscalização abstrata da constitucionalidade no direito brasileiro*, p. 211-214.
[187] STF, ADI-MC 162, j. 14.12.1989, *DJ*, 19.9.1997, Rel. Min. Moreira Alves.
[188] MENDES; COELHO; BRANCO. *Curso de direito constitucional*, p. 839.

rescindibilidade – é pacificamente inadmissível e quanto à outra – a ampliação do prazo de decadência – é pelo menos duvidosa."[189]

Em outro julgado, o Supremo Tribunal decidiu:

"Os pressupostos da urgência e da relevância, embora conceitos jurídicos relativamente indeterminados e fluidos, mesmo expondo-se, inicialmente, à avaliação discricionária do Presidente da República, estão sujeitos, ainda que excepcionalmente, ao controle do Poder Judiciário, porque compõem a própria estrutura constitucional que disciplina as medidas provisórias, qualificando-se como requisitos legitimadores e juridicamente condicionantes do exercício, pelo Chefe do Poder Executivo, da competência normativa primária que lhe foi outorgada, extraordinariamente, pela Constituição da República."[190]

De registrar que o STF, no julgamento da medida cautelar na ADI 4048, ocorrido em 14.5.2008, decidiu que não se achavam presentes a urgência e a relevância na Medida Provisória (MP) 405/07, convertida na Lei 11.658/08, pela qual o Presidente da República abriu crédito extraordinário para a Justiça Eleitoral e diversos órgãos do Poder Executivo. Entendeu-se haver um patente desvirtuamento dos parâmetros constitucionais que permitiriam a edição de medidas provisórias para a abertura de créditos extraordinários. Salientou-se, inicialmente, que a abertura de crédito extraordinário por meio de medida provisória não seria vedada, em princípio, pela Constituição Federal (art. 62, § 1º, I, d). Afirmou-se, entretanto, que a Constituição, além dos requisitos de relevância e urgência (art. 62), imporia que a abertura do crédito extraordinário fosse feita apenas para atender a despesas imprevisíveis e urgentes, sendo exemplos dessa imprevisibilidade e urgência as despesas decorrentes de guerra, comoção interna ou calamidade pública (CF, art. 167, § 3º). Considerou-se que, pela leitura da exposição de motivos da Medida Provisória 405/2007, os créditos abertos seriam destinados a prover despesas correntes que não estariam qualificadas pela imprevisibilidade ou pela urgência. Asseverou-se que, não obstante fosse possível identificar situações específicas caracterizadas pela relevância dos temas, como créditos destinados à redução dos riscos de introdução da gripe aviária, às operações de policiamento nas rodovias federais e de investigação, repressão e combate ao crime organizado e para evitar a invasão de terras indígenas, fatos que necessitariam, impreterivelmente, de recursos suficientes para evitar o desencadeamento de uma situação de crise, seriam aportes financeiros destinados à adoção de mecanismo de prevenção em relação a situações de risco previsíveis, ou seja, situações de crise ainda não configurada. O Ministro Celso de Mello, em seu voto, ressaltou que, na prática, em razão do notório abuso de créditos ditos extraordinários, tem-se um verdadeiro orçamento paralelo. "Não podemos ignorar que a crescente apropriação institucional do poder de legislar por parte dos sucessivos presidentes da República tem despertado gravíssimas preocupações de ordem jurídica em razão do fato de a utilização excessiva das medidas provisórias causar profundas distorções que se projetam no plano das relações políticas entre os poderes Executivo e Legislativo," salientou o

---

[189] STF, ADI-MC 1.753-1/DF, Rel. Min. SepúlvedaPertence, *DJ*, 12.6.1998.
[190] STF, ADI-MC 2.213, Rel. Min. Celso de Mello, *DJ*, 23.4.2004.

ministro. Valendo-se da MP, os diversos presidentes da República, no período de 5 de outubro de 1988, data da promulgação da Constituição, até hoje, legislaram duas vezes mais que o próprio Congresso Nacional no mesmo período. Conforme Celso de Mello, "esse comportamento dos vários chefes do Poder Executivo da União, além de concentrar indevidamente na Presidência da República o foco e o eixo das decisões legislativas, tornou instável o ordenamento normativo do estado brasileiro que passou, em consequência, a viver sob o signo do efêmero". Por fim, afirmou que a utilização excessiva das MPs "minimiza perigosamente a importância político-institucional do poder legislativo, pois suprime a possibilidade de prévia discussão parlamentar de matérias que ordinariamente estão sujeitas ao poder decisório do Congresso Nacional".[191]

Abrir ao Judiciário a possibilidade de verificar a ocorrência ou não da relevância e urgência, para além do juízo discricionário de oportunidade do Presidente da República, contribui para evitar a proliferação de medidas provisórias adotadas pelo Chefe do Executivo. Ademais, a discricionariedade que marca os requisitos da relevância e urgência não se confunde com ilegalidade nem com arbítrio, elementos incompatíveis com o Estado Democrático de Direito, que deve ser preservado pela ação do Poder Judiciário, mediante os mecanismos de controle a seu cargo, entre eles os da constitucionalidade e da legalidade dos atos do Poder Executivo.[192]

Já a matéria ou o conteúdo das medidas provisórias pode ser objeto de verificação judicial, examinando-se, nesse caso, a pertinência do tema nelas versado, e a sua consonância com o texto constitucional.

De notar, ademais, que medida provisória convertida em lei após o ajuizamento da ação direta de inconstitucionalidade não implica em sanação dos vícios acaso existentes. É preciso, contudo, que se façam algumas distinções. Com efeito, se a medida provisória não foi alterada pelo Poder Legislativo, não se considera prejudicada a ação direta, podendo ser aditada a inicial para incluir eventual nova numeração de dispositivos e o Presidente do Congresso Nacional no polo passivo, julgando-se inconstitucional a medida provisória quanto aos efeitos pretéritos e ainda inconstitucional a lei de conversão. Se, no entanto, a medida provisória for alterada materialmente no projeto de lei de conversão, indo à sanção presidencial, somente em nova ação direta poder-se-á pedir a declaração de sua inconstitucionalidade, perdendo o objeto a anterior ação (ADI 393, Rel. Min. Aldir Passarinho; ADI 691, Rel. Min. Sepúlveda Pertence). O Supremo Tribunal Federal tem ainda decidido que a ação direta fica prejudicada, com a perda de seu objeto, se a medida provisória teve a sua vigência extinta pelo decurso do prazo de deliberação do Congresso Nacional (*RTJ* 155/102).

---

[191] STF, ADI-MC 4048/DF, Rel. Min. Gilmar Mendes, j. 14.5.2008. *Notícias STF*, 14.5.2008. *Informativo* 506/STF.

[192] Exemplos de medidas provisórias sem a nota da relevância e da urgência, e que contribuíram para a banalização do instituto: a de n. 105, que determinou a inscrição do Marechal Deodoro da Fonseca e de Tiradentes no Livro dos Heróis da Pátria; a de n. 623, que vinculou a Fundação Osório ao Ministério do Exército; e a de n. 672, que tratou da iodação do sal destinado ao consumo humano.

As leis orçamentárias, cujos comandos normativos destinam determinadas receitas a uma certa finalidade (fixação ou autorização de despesas), têm a natureza de ato concreto, não se submetendo ao controle concentrado: esse vem sendo o entendimento jurisprudencial do Supremo Tribunal Federal.[193] Há casos, no entanto, em que demonstrado certo grau de abstração e generalidade da lei orçamentária, o Supremo Tribunal Federal tem admitido o controle abstrato de constitucionalidade da norma financeira.[194] Há, no entanto, possibilidade de a arguição de descumprimento de preceito fundamental vir a ser utilizada como meio de controle de constitucionalidade das leis orçamentárias.

Regimentos internos das Casas Legislativas. Os decretos legislativos e as resoluções são espécies normativas que traduzem atos privativos do Congresso Nacional ou de cada uma de suas Casas.

Essas espécies normativas sujeitam-se ao controle concentrado de constitucionalidade, seja formal, seja material. Expressivo é o voto do Min. Celso de Mello, a respeito do tema: "O decreto legislativo, editado com fundamento no art. 49, V, da Constituição Federal, não se desveste dos atributos tipificadores da normatividade pelo fato de limitar-se, materialmente, à suspensão de eficácia de ato oriundo do Poder Executivo. Também realiza função normativa o ato estatal que exclui, extingue ou suspende a validade ou a eficácia de uma outra norma jurídica. A eficácia derrogatória ou inibitória das consequências jurídicas dos atos estatais constitui um dos momentos concretizadores do processo normativo. A supressão da eficácia de uma regra de direito possui força normativa equiparável à dos preceitos jurídicos que inovam, de forma positiva, o ordenamento estatal, eis que a deliberação parlamentar de suspensão dos efeitos de um preceito jurídico incorpora, ainda que em sentido inverso, a carga de normatividade inerente ao ato que lhe constitui o objeto. O exame de constitucionalidade do decreto legislativo que suspende a eficácia de ato do Poder Executivo impõe a análise, pelo Supremo Tribunal Federal, dos pressupostos legitimadores do exercício dessa excepcional competência deferida à instituição parlamentar. Cabe à Corte Suprema, em consequência, verificar se os atos normativos emanados do Executivo ajustam-se, ou não, aos limites do poder regulamentar ou aos da delegação legislativa."[195]

Os atos *interna corporis*, a seu turno, "seriam aqueles que dizem respeito à aplicação de normas regimentais meramente ordinatórias, ou seja, que não dizem respeito a direitos subjetivos individuais. Mas a exclusividade decisória da casa legislativa com respeito a tais matérias não a torna imune ao respeito às regras gerais estabelecidas para o Estado, ou livre de qualquer tipo de controle ou crítica por parte dos demais poderes, principalmente o Judiciário. Evidentemente, também o legislador sujeita-se aos princípios e normas firmados na Constituição. Não teria sentido, ademais, do ponto de vista lógico-racional, imaginar que as regras do processo legislativo, ou as normas regimentais, não precisassem conformar-se a princípios gerais como por exemplo o da moralidade, o da proporcionalidade ou razoabilidade que, de resto,

---

[193] STF, ADI 1640; ADI 2057; ADI 2484.
[194] STF, *Informativo STF* ns. 255 e 333; ADI 2925.
[195] ADI 748, *DJU*, 12.6.1998, p. 20105 – Rel. Min. Celso de Mello.

adstringem todos os poderes do Estado".[196] Portanto, há que estabelecer uma divisão relativamente a matéria *interna corporis*: a primeira categoria seria composta daqueles temas em que se alega violação da Constituição; a segunda teria como fundamento jurídico desrespeito a matéria regimental.

Os *regimentos internos dos tribunais*, caso ofendam diretamente a Constituição, e não a legislação processual, podem ser objeto de controle concentrado, por via de ação direta de inconstitucionalidade, não se devendo esquecer que a Constituição Federal confere aos tribunais em geral competência para elaborar seus regimentos internos, dispondo sobre a competência e o funcionamento dos órgãos jurisdicionais e administrativos correspondentes.

Sentenças normativas e convenções coletivas de trabalho. A Justiça do Trabalho, embora tenha competência normativa para expedir, no âmbito de dissídio coletivo, normas e condições de trabalho, respeitadas as disposições convencionais mínimas de proteção ao trabalho, suas sentenças, por estarem, como atos judiciais, sujeitas aos mecanismos próprios de controle, que são os recursos para os tribunais superiores, não podem constituir objeto de controle abstrato de constitucionalidade. As convenções coletivas de trabalho, nada obstante configurarem atos que veiculam normas jurídicas, não são editadas pelo poder público, daí por que não ensejam a ação direta de inconstitucionalidade.

As *súmulas vinculantes* introduzidas pela EC n. 45/2004, e disciplinadas pela Lei n. 11.417, de 19 de dezembro de 2006, se consideradas atos normativos, estariam sujeitas ao controle concentrado de constitucionalidade: é o que pensa Dirley da Cunha Júnior, ao afirmar que, "em razão da vinculação e obrigatoriedade, ao lado da generalidade e abstração, entendemos que a súmula vinculante pode ser objeto de controle abstrato de constitucionalidade através da ação direta de inconstitucionalidade, por equiparar-se a uma verdadeira lei em sentido material".[197] Para Fernando Dias Menezes de Almeida, "um enunciado de Súmula contém dois aspectos: *a)* em essência, é um enunciado propositivo-descritivo, expressando o fato de o Tribunal haver consolidado entendimento jurisprudencial sobre determinado assunto; *b)* circunstancialmente, pode ter um sentido normativo geral, dirigido aos aplicadores do direito encarregados da produção de normas jurídicas".[198] Há, contudo, os que pensam em sentido contrário, como Luís Roberto Barroso, ao considerar que "a súmula é uma proposição jurídica que consolida a jurisprudência de determinado tribunal acerca de um tema controvertido. Não tem ela caráter normativo e, como consequência, não é passível de controle de constitucionalidade".[199] Também Alexandre de Moraes, ao dizer que "a Súmula, porque não apresenta as características de ato normativo, também está excluída da jurisdição constitucional concentrada".[200]

---

[196] CARVALHO. *Controle judicial e processo legislativo*: a observância dos regimentos internos das casas legislativas como garantia do estado democrático de direito, p. 105-106.
[197] CUNHA JÚNIOR. *Controle de constitucionalidade*: teoria e prática, p. 182.
[198] ALMEIDA. Súmula do Supremo Tribunal Federal: natureza e interpretação. *In*: *Revista de Direito Constitucional e Internacional*, vol. 14, n. 57, out./dez. 2006, p. 230.
[199] BARROSO. *O controle de constitucionalidade no direito brasileiro*, p. 160.
[200] MORAES. *Direito constitucional*, 21. ed., p. 709.

De notar que o Supremo Tribunal Federal, anteriormente à introdução da súmula vinculante, inadmitia o controle concentrado de súmula de jurisprudência predominante, por não lhe reconhecer as características de ato normativo.[201]

De qualquer forma, ainda que não se venha a reconhecer a natureza de ato normativo primário às súmulas de efeitos vinculantes, poderão elas se submeter ao controle de constitucionalidade por meio de Arguição de Descumprimento de Preceito Fundamental, de vez que esta modalidade de ação de jurisdição constitucional admite o confronto não apenas de leis, mas de qualquer ato emanado do poder público em desacordo com a Constituição Federal, quando evidente o descumprimento de preceito fundamental.

10.4 Procedimento

O procedimento da ação direta de inconstitucionalidade, que se achava regulado apenas pelo Regimento Interno do Supremo Tribunal Federal, vem agora disciplinado pela Lei n. 9.868, de 10 de novembro de 1999.

Não há falar em decadência nem em prazo prescricional para o ajuizamento da ação direta de inconstitucionalidade, porquanto os atos inconstitucionais não podem ser sanados nem convalidados pelo decurso do tempo.

O art. 2º, da Lei mencionada, e o art. 103, da Constituição Federal, com a redação da EC n. 45/2004, enunciam os entes legitimados para a propositura da ação.

A petição inicial (art. 3º) indicará o dispositivo da lei ou do ato normativo impugnado e os fundamentos jurídicos do pedido em relação a cada uma das impugnações, bem como o pedido e suas especificações.

Questão a ser examinada diz respeito à possibilidade, ou não, de o Supremo Tribunal declarar a inconstitucionalidade de preceitos não impugnados pelo requerente da ação direta, ainda que guardem relação com os que foram apontados. Nessa linha, se o requerente indica a inconstitucionalidade de certas normas, deixando, no entanto, de questionar outras, tem-se entendido que o Supremo Tribunal não poderia verificar a constitucionalidade das regras não combatidas, porquanto não foram objeto do pedido. Nada obstante o princípio *jura novitcuria*, como se trata de um processo sem partes formais, de cunho objetivo, admitir que pudesse o Supremo Tribunal complementar os pedidos formulados em ação direta de inconstitucionalidade, seria incluí-lo entre os legitimados para a propositura do procedimento abstrato de controle de constitucionalidade, o que implicaria na cumulação em um único.

Nesse sentido: "O STF está jungido à análise do texto impugnado como inconstitucional, não podendo, pois, estender a declaração de inconstitucionalidade a outros dispositivos vinculados àquele, mas não atacados, ainda que o fundamento da inconstitucionalidade seja o mesmo."[202]

Situação diversa refere-se à *causa petendi* no controle concentrado ou em abstrato da constitucionalidade, a qual é *aberta*, ou seja, argumentos outros que não os invocados

---

[201] *RTJ*, 151/20. ADI 594/DF, Rel. Min. Carlos Velloso.
[202] *RTJ* 137/1001.

pelas partes podem e devem ser enfrentados pelos julgadores, mesmo porque se admite a possibilidade de declaração *ex officio* de inconstitucionalidade, pelos juízes de 1º grau de jurisdição, isto é, ainda que não alegada pelas partes.[203]

A petição inicial, quando acompanhada do instrumento do mandato (o parágrafo único do art. 3º menciona erroneamente a expressão "instrumento de procuração", pois a procuração, segundo o Código Civil, é o instrumento do mandato), será apresentada em duas vias, devendo conter cópias da lei ou do ato normativo impugnado e dos documentos necessários para comprovar a impugnação. Note-se que as autoridades, órgãos e entidades enumerados nos incisos I a VII do artigo 103 da Constituição, e em iguais incisos do artigo 2º da Lei n. 9.868/1999, isto é, o Presidente da República, as Mesas do Senado Federal, da Câmara dos Deputados, das Assembleias Legislativas e da Câmara Legislativa, os Governadores de Estado e do Distrito Federal, o Procurador-Geral da República e o Conselho Federal da Ordem dos Advogados do Brasil, têm capacidade postulatória para ajuizarem a ação direta, subscrevendo pessoalmente a inicial, pois, nesse caso, não há que se exigir o rigorismo formal do estatuto da OAB. A propósito, decidiu o Supremo Tribunal Federal, no julgamento da ADI 127-AL – Questão de Ordem – Medida Cautelar – Relator MinistroCelso de Mello (R*TJ* 144/3), cujo acórdão ficou assim ementado: "O Governador do Estado e as demais autoridades e entidades referidas no art. 103, incisos I a VII, da Constituição Federal, além de ativamente legitimados à instauração do controle concentrado de constitucionalidade das leis e atos normativos, federais, e estaduais, mediante ajuizamento da ação direta perante o Supremo Tribunal Federal, possuem capacidade processual plena e dispõem,*ex vi* da própria norma constitucional, de capacidade postulatória." Desse modo, os partidos políticos com representação no Congresso Nacional, as confederações sindicais e as entidades de classe de âmbito nacional, é que são representados em juízo por advogado regularmente habilitado, por intermédio de procuração com outorga de poderes especiais, não dispondo de capacidade postulatória.

A petição inicial inepta, não fundamentada, e a manifestamente improcedente serão liminarmente indeferidas pelo relator (art. 4º), em decisão motivada atendendo aos pressupostos legais, e desafia agravo.

Apesar de se tratar de processo objetivo, havendo reprodução, na petição inicial de ação direta de inconstitucionalidade, anteriormente ajuizada pelo mesmo autor, configura-se litispendência (*eadem personae, eadem res, eadem causa petendi*), devendo o processo ser extinto sem resolução de mérito, pelo Relator, ao despachar a inicial, nos termos do art. 21, § 1º, do Regimento Interno do Supremo Tribunal Federal, art. 38 da Lei n. 8.038/90, e art. 267, V e § 3º, do CPC)."[204]

---

[203] STF – ADI MC 1.756-1/MA, Rel. Min. Moreira Alves, *DJ* 6.11.1998.
[204] STF, ADI 2853-7/DF, Rel. Min. Ellen Gracie, *DJ*, 7.3.2003, p.51; ADI 3064-7/GO, Rel. Min. Sepúlveda Pertence, *DJ*, 11.12.2003, p.12; ADI 3457-0/DF, Rel. Min. Cezar Peluso, *DJ*, 2.5.2005, p. 7. O art. 38 da Lei n. 8.038/90 foi revogado pelo CPC (versão do Projeto aprovado pelo CN), que ainda dispõe, em seus arts. 351 e 482, sobre a extinção do processo, quando o juiz não resolve o mérito.

Por ter a ação direta natureza jurídico-política, envolvendo direito indisponível e interesse público preponderante, é que, uma vez proposta, não se admitirá desistência (art. 5º).

O relator pedirá, estando a petição inicial regular e bem fundamentada, informações aos órgãos ou às autoridades das quais emanou a lei ou o ato normativo impugnado, que serão prestadas no prazo de 30 dias contado do recebimento do pedido (art. 6º, parágrafo único). Assim, a autoridade de que emanou o ato, bem como o Congresso Nacional ou a Assembleia Legislativa, se for o caso, poderão manifestar-se defendendo a lei ou o ato normativo objeto da ação. De se observar que a ação direta é um processo objetivo sem partes, cuja natureza não se transmuda pela manifestação dos órgãos ou das autoridades de que promanou a lei ou o ato normativo.

Não se admitirá intervenção de terceiros, como o litisconsórcio e a assistência na ação direta de inconstitucionalidade. O relator, contudo, considerando a relevância da matéria e a representatividade dos postulantes, poderá, por despacho irrecorrível, admitir, observado o prazo de 30 dias, a manifestação de outros órgãos ou entidades.

Trata-se da figura do *amicus curiae*, originária do direito norte-americano, significando o terceiro que comparece ao processo, mais com a intenção de ajudar uma das partes do que mesmo trazer esclarecimentos ao tribunal. É um instituto de caráter democrático, porque terceiro comparece ao processo para discutir objetivamente teses jurídicas que vão afetar toda a sociedade. No âmbito do controle abstrato de constitucionalidade, a figura do *amicus curiae*, consagrada no § 2º do art. 7º da Lei n. 9.868/99, não se confunde com a intervenção de terceiros (subjetiva), que não é admitida, mas envolve a intervenção de interessados num processo de natureza objetiva de controle de constitucionalidade, e que consigam demonstrar interesse objetivo, e eventual pertinência temática relativamente à questão constitucional controvertida. Os poderes processuais do *amicus curiae* admitido nos processos de ação direta vão além da mera apresentação de peças por escrito, para alcançar o direito à sustentação oral, o que confere um caráter pluralista e aberto ao processo constitucional: foi o que decidiu, por maioria, o Supremo Tribunal Federal, ao resolver questão de ordem no julgamento da ADI 2.675[205] e 2.777[206]. Relativamente ao direito de recorrer do *amicus curiae*, a doutrina acentua que "não há razão para que possa apresentar seus argumentos, por escrito e oralmente, perante o Tribunal e, como desdobramento lógico, não possa se insurgir contra a decisão, por meio dos recursos cabíveis. Pode, assim, o *amicus curiae* utilizar-se do agravo regimental contra decisões interlocutórias do relator, bem como dos embargos de declaração contra os acórdãos cautelares e de mérito. Ademais, no plano do controle abstrato estadual, poderá o *amicus curiae* valer-se dos recursos especial e extraordinário, conforme seja o caso de cabimento de um ou outro".[207] O Supremo Tribunal Federal decidiu, todavia, que entidades que participam na qualidade de *amicus curiae* dos processos objetivos de controle de constitucionalidade, não possuem legitimidade para recorrer, ainda que aportem aos

---

[205] ADI 2.675/PE, Rel. Min. Carlos Velloso, *DJ*, 9.12.2003.
[206] ADI 2.777/SP, Rel. Min. Cezar Peluso, *DJ*, 9.12.2003.
[207] BINENBOJM. *A nova jurisdição constitucional brasileira*: legitimidade democrática e instrumentos de realização, p. 164.

autos informações relevantes ou dados técnicos, salvo da decisão que os não admitam como tal.[208]

Relevante medida de abertura do processo de ação direta são as inovações constantes do artigo 9º e §§ 1º e 2º da Lei n. 9.868/99, que permitem ao relator, em caso de necessidade de esclarecimento de matéria ou circunstância de fato ou de notória insuficiência das informações existentes nos autos, requisitar informações adicionais, designar perito ou comissão de peritos para que emita parecer sobre a questão, ou fixar data, para, em audiência pública, ouvir depoimentos de pessoas com experiência e autoridade na matéria.[209] Poderá ainda o relator solicitar informações aos Tribunais Superiores, aos Tribunais federais e aos Tribunais estaduais acerca da aplicação da norma impugnada no âmbito de sua jurisdição. Tais medidas serão realizadas no prazo de 30 dias, contado da solicitação do relator, e permitirão "uma significativa modernização de nosso processo constitucional, conferindo-lhe maior abertura procedimental e, ao mesmo tempo, dotando o Supremo Tribunal Federal de instrumentos adequados para uma aferição mais precisa dos fatos e prognoses estabelecidos ou pressupostos pelo legislador".[210]

Vencidos os prazos das informações, serão ouvidos, sucessivamente, o Advogado-Geral da União e o Procurador-Geral da República, que deverão manifestar-se, cada qual, no prazo de 15 dias. A participação do Procurador-Geral da República no processo se acha também prevista no artigo 103, § 1º, da Constituição, que determina sua audiência prévia nas ações de inconstitucionalidade e em todos os processos de competência do Supremo Tribunal Federal. Quando figurar como autor da ação direta, nem a Constituição nem a Lei n. 9.868/99 deixam claro a obrigatoriedade de sua participação no processo. Há, contudo, uma manifestação do Ministro Moreira

---

[208] ADI 2591 ED, Rel. Min. Eros Grau, j. 14.12.2006, DJ 13.4.2007; ADI 3105 ED/DF, Rel. Min. Cezar Peluso, j. 2.2.2007, DJ 23.2.2007.

[209] Previstas nas Leis ns. 9.868/99, e 9.882/99, ainda são poucos os casos de convocação, pelo STF, de audiências públicas: em 24 de abril de 2007, referente à ADI 3.510, que tinha por objeto a Lei da Biossegurança; em 27 de junho de 2008, decorrente da ADPF n. 101, em que se discutia a admissibilidade de importação de pneus usados; em 26 de agosto de 2008, concluída nos dias 14 e 16 de setembro desse mesmo ano, na ADPF n. 54, em que se discutia a interrupção da gravidez, no caso de fetos anencéfalos; nos dias 3, 4, e 5 de março de 2010, realizou-se a audiência pública relacionada com a ADPF n. 186, sobre políticas de ação afirmativa de reserva de vagas no ensino superior. Uma audiência pública se realizou recentemente, no dia 21 de novembro de 2013, na ADI 415, em que se pretende a inconstitucionalidade dos arts. 20 e 21 da Lei n. 10.406/2002 (Código Civil), nos quais se conteria disposição que proíbe biografias não autorizadas pelos biografados, e uma outra audiência pública foi também convocada e realizada nos dias 25 e 26 de novembro de 2013, nas ADIs ns. 5.037 e 5.038, para subsidiar o julgamento das ADIs que impugnam a Medida Provisória 621, de 8 de julho de 2013, que instituiu o denominado «Programa Mais Médicos. Fora de processos relativos a ações diretas de inconstitucionalidade, o STF realizou uma audiência pública relativa à implementação de política pública pelo Judiciário, a denominada audiência pública da saúde, em que se discutia a legitimidade de determinações judiciais quanto ao fornecimento de remédios e internação hospitalar. Tratava-se de Agravo Regimental referente a suspensão de liminares, de tutela antecipada e de mandados de segurança relativos ao tema. A audiência iniciou-se no dia 27 de abril e terminou no dia 7 de maio de 2009.

[210] MENDES. Op. cit., p. 358.

Alves, quando do julgamento da ADI 97-RO, em que decidiu: "E – note-se – essa posição de imparcialidade do fiscal da aplicação da lei, que é o Procurador-Geral da República, está preservada ainda quando é ele o autor da ação direta, certo como é que, mesmo ocupando essa posição nesse processo objetivo, pode ele, afinal, manifestar-se contra a inconstitucionalidade que arguiu na inicial."[211]

Já no que concerne ao Advogado-Geral da União, dispõe o artigo 103, § 3º, da Constituição, que, quando o Supremo Tribunal Federal apreciar a inconstitucionalidade, em tese, de norma legal ou ato normativo, citará, previamente, o Advogado-Geral da União, que defenderá o texto impugnado. A propósito, o Supremo Tribunal Federal decidiu que o Advogado-Geral da União é curador especial em face do princípio da presunção de constitucionalidade da lei ou ato normativo, sendo impossível que admita a invalidade da norma ou do ato impugnado, independentemente de sua natureza federal ou estadual, somente cabível ao Ministério Público Federal, que desempenha papel próprio na defesa de interesse público (*RTJ* 131/958). O Supremo Tribunal Federal, no entanto, de maneira inovadora, decidiu que o Advogado-Geral da União não está obrigado a defender a constitucionalidade do ato impugnado na ADI, tendo liberdade para se manifestar, inclusive pela inconstitucionalidade do ato. Desse modo, o art. 103, § 3º, da Constituição Federal deve ser entendido como mera faculdade conferida ao Advogado-Geral da União, a exemplo do que ocorre com o Procurador-Geral da República.[212]

Entendeu-se ainda ser desnecessária a audiência do Advogado-Geral da União em ação de inconstitucionalidade por omissão, já que inexistente o texto legal, e inativo o Poder Público (*RT* 659/205).

Vencidos os prazos das informações e para as manifestações do Advogado-Geral da União e do Procurador-Geral da República, o relator lançará o relatório, com cópia a todos os Ministros e pedirá dia para julgamento (art. 9º).

A sessão de julgamento, no Brasil, é pública e aberta, sendo publicados os votos vencedores e os votos vencidos. Nos Estados Unidos, a sessão de julgamento é secreta, mas a decisão é publicada na íntegra, com todos os votos vencedores e vencidos. Na maioria das Cortes europeias, como Espanha, Portugal, Alemanha e França, a decisão do órgão responsável pelo controle de constitucionalidade é publicada de forma sucinta, sem alusão à posição dos juízes, mas somente o resultado que traduz a uniformidade do posicionamento da Corte.

No processo relativo à ação direta de inconstitucionalidade, de caráter objetivo e sem partes, não há falar em impedimento de Ministro. Sustenta-se, contudo, que se acha impedido o Ministro que, na condição anterior de Procurador-Geral da República, promovera a ação direta.

De acordo com o artigo 24, a proclamação da constitucionalidade, na ação direta de inconstitucionalidade, implica improcedência do pedido e a proclamação da inconstitucionalidade resulta em sua procedência. A proclamação da constitucionalidade, em ação declaratória de constitucionalidade (que examinaremos adiante), tem

---

[211] *RTJ* 131/472.
[212] ADI 3916/DF, Rel. Min. Eros Grau, j. 7.10.2009, *Informativo* 562/STF.

como resultado a procedência do pedido e a proclamação da inconstitucionalidade resulta na sua improcedência.

Julgada a ação, o resultado será comunicado à autoridade ou ao órgão responsável pela expedição da lei ou do ato (art. 25). O pronunciamento do Supremo Tribunal, em ação direta de inconstitucionalidade, tem efeitos *erga omnes*. Não haverá comunicação ao Senado Federal, como já examinado.

Segundo o disposto no artigo 26 da Lei n. 9.868/99, é irrecorrível a decisão que declara a constitucionalidade ou a inconstitucionalidade, em ação direta ou em ação declaratória, ressalvada a oposição de embargos declaratórios. A irrecorribilidade, tal como prevista, compatibiliza-se com os princípios da economia processual, da celeridade e presteza da jurisdição constitucional, e da segurança jurídica, evitando ainda a interposição de recursos de caráter protelatório.

10.5 Quorum

Relativamente ao *quorum*, a decisão sobre a constitucionalidade ou a inconstitucionalidade da lei ou do ato normativo, no âmbito da ação direta de inconstitucionalidade e da ação declaratória de constitucionalidade, somente será tomada se presentes na sessão pelo menos oito Ministros, e proclamar-se-á a constitucionalidade ou a inconstitucionalidade se num ou noutro sentido tiverem manifestado pelo menos seis Ministros, que é a maioria absoluta do Supremo Tribunal, composto de 11 Ministros. Anote-se que o *quorum* especial para a declaração de inconstitucionalidade de lei ou ato normativo se acha previsto no artigo 97 da Constituição, norma que consagra a denominada reserva de Plenário. Se não for alcançada a maioria necessária à declaração de inconstitucionalidade, estando ausentes Ministros em número que possa influir no julgamento, este será suspenso a fim de se aguardar o comparecimento dos Ministros ausentes, até que se atinja o número necessário para a prolação de decisão num ou noutro sentido (art. 23, parágrafo único).

10.6 Medida cautelar

A *medida cautelar* nas ações diretas de inconstitucionalidade, a ser concedida pelo Supremo Tribunal Federal, se acha prevista no artigo 102, I, *p*, da Constituição.

Uma vez concedida a medida cautelar, resta suspensa a vigência da lei ou a eficácia do ato normativo tidos por inconstitucionais, até decisão final. A decisão concessiva da cautelar tem efeitos *ex nunc*, salvo se o Supremo Tribunal entender que deve atribuir-lhe eficácia retroativa (art. 11, § 1º, da Lei n. 9.868/99).

Os pressupostos legais para a medida cautelar são o *fumus boni juris* e o *periculum in mora*. Necessária também a ocorrência de pressupostos especiais, que são a relevância da matéria e especial significado para a ordem social e a segurança jurídica. Pela Lei n. 9.868/99 (art. 12), compete à maioria absoluta dos membros do Supremo Tribunal Federal a concessão de medida cautelar. O relator não pode conceder a cautelar, *ad referendum* do Pleno do STF, a não ser durante o recesso do Tribunal (art. 10).

O relator, julgando indispensável, ouvirá o Advogado-Geral da União e o Procurador-Geral da República, no prazo comum de três dias (art. 10, § 1º). Ao decidir sobre o pedido de liminar, o Supremo Tribunal não está obrigado a ouvir essas autoridades. No julgamento do pedido de medida cautelar, será facultada sustentação oral aos representantes judiciais do requerente e das autoridades ou órgãos responsáveis pela expedição do ato, na forma prevista no regimento interno do Tribunal (art. 10, § 2º). Prevê o § 3º desse mesmo artigo 10 que, em caso de excepcional urgência, o Tribunal poderá deferir a medida cautelar sem a audiência dos órgãos ou das autoridades das quais emanou a lei ou o ato normativo impugnado.

O *quorum* para deliberação da medida cautelar é o mesmo para o julgamento do mérito, exigindo-se a presença de dois terços da totalidade dos membros do Supremo Tribunal, ou seja, oito Ministros, e a decisão deverá ser tomada por maioria absoluta, ou seja, seis Ministros.

Com a concessão da medida cautelar, o Supremo Tribunal fará publicar em seção especial do Diário Oficial da União a parte dispositiva da decisão, no prazo de dez dias, mesmo porque tem ela eficácia *erga omnes*, daí a necessidade da publicidade da decisão. Serão ainda solicitadas informações à autoridade da qual tiver emanado o ato.

Relativamente à eficácia pessoal, a medida liminar gera efeitos *erga omnes* e é vinculadora, sendo, pois, cabível reclamação nas hipóteses de seu descumprimento, para salvaguarda da autoridade da decisão do Supremo Tribunal Federal, quando o mesmo órgão de que emanou a norma impugnada persiste na prática de atos concretos que lhe pressuporiam a validade.[213]

Com o propósito de evitar o atraso no julgamento da ação direta, e a eternização da vigência das liminares, dispõe o artigo 12 da lei em comento que, havendo pedido de medida cautelar, o relator, em face da relevância da matéria e de seu especial significado para a ordem social e a segurança jurídica, poderá, após a prestação das informações, no prazo de dez dias, e a manifestação do Advogado-Geral da União e do Procurador-Geral da República, sucessivamente, no prazo de cinco dias, submeter o processo diretamente ao Tribunal, que terá a faculdade de julgar definitivamente a ação.

As relações jurídicas de direito relacionadas com o preceito normativo cuja eficácia tenha sido suspensa são alcançadas pela marca da provisoriedade. Desse modo, direitos, deveres, faculdades, pretensões, ônus, nascidos sob a influência da liminar, terão natureza também precária, ficando submetidos aos efeitos decorrentes da confirmação da liminar pela decisão final de procedência da ação direta de inconstitucionalidade, ou da revogação da liminar, pela improcedência da ação. No primeiro caso, haverá a consolidação definitiva das situações jurídicas precariamente nascidas sob a vigência da liminar; no segundo caso, a revogação da liminar acarretará o retorno ao *status quo ante*, com o ajustamento das situações jurídicas resultantes do cumprimento da medida revogada.

A decisão que revoga a liminar concedida no âmbito da medida cautelar opera efeitos *ex tunc*. É que a decisão revogatória não pode resultar em prejuízo a quem se submeteu compulsoriamente aos seus efeitos, assegurando-se-lhe, por isso mesmo,

---

[213] STF, Rcl. 399, Rel. Min. Sepúlveda Pertence, j. 7.10.1993, *DJU* 24.3.1995.

a restauração do *status* jurídico que detinha quando o provimento provisório passou a viger.

Se a revogação da liminar tiver como causa, no controle concentrado, a extinção do processo, sem julgamento do mérito, não haverá impedimento a que a constitucionalidade ou a inconstitucionalidade do preceito normativo que lhe serviu de objeto seja questionada por meio do controle difuso, para que se promova o ajustamento de situações pretéritas. Se aquela revogação se deu por decisão de improcedência, portanto, com apreciação do mérito da ação direta, haverá coisa julgada *erga omnes* e efeito vinculante.

10.7 Efeitos da declaração de inconstitucionalidade (objetivos, subjetivos e temporais)

No que diz respeito aos efeitos da decisão judicial proferida em ação direta de inconstitucionalidade,[214] o tema tem merecido permanente atenção dos juristas, pois, na realidade, ele se acha relacionado com a própria natureza do vício da norma inconstitucional. Assim, os atos alcançados pela declaração de inconstitucionalidade apresentam-se inválidos, havendo, contudo, controvérsia doutrinária sobre se são inexistentes, nulos, anuláveis ou irregulares. Jorge Miranda distingue conceitualmente os quatro tipos de atos, dizendo:

1. *inexistência*: o ato não produz nenhum dos efeitos jurídicos desde a origem, independentemente da declaração por qualquer órgão, e os cidadãos podem opor-se à sua execução por desobediência ou mesmo resistência defensiva;
2. *nulidade*: o ato não produz efeitos desde a origem, mas é necessária declaração de inconstitucionalidade ou decisão de não aplicação;
3. *anulabilidade*: o ato só deixa de produzir efeitos depois de ser declarado inconstitucional;
4. *irregularidade*: a inconstitucionalidade não prejudica a produção de efeitos jurídicos.[215]

Para os que sustentam a nulidade da norma inconstitucional (controle difuso ou incidental do sistema norte-americano), os efeitos da decisão judicial operam *ex tunc*, são retroativos, alcançando a lei inconstitucional desde a sua origem: lei inconstitucional não é lei, não chega a viver, não confere direitos nem impõe obrigações.

Anote-se, contudo, que a Suprema Corte norte-americana vem atenuando esse posicionamento, devendo-se mencionar alguns julgados da Corte Warren (1953-1969), como aquele em que rejeitou a tese do desfazimento *ex tunc* do ato inconstitucional

---

[214] "Desnecessário que transite em julgado a decisão de inconstitucionalidade ou constitucionalidade para que surta efeitos, os quais, segundo jurisprudência do Supremo Tribunal Federal, passam a valer a partir da publicação da decisão" (STF, Rcl 2.576/SC, Rel. Min. Ellen Gracie, *Informativo STF* n. 353).

[215] MIRANDA. *Manual de direito constitucional*, t. 2, p. 315-316.

(caso Linkletter *v.* Walker, de 1965), à consideração de que a Constituição nem proíbe nem reclama efeito retroativo da desconstituição do ato inconstitucional.

Como elucida Gilmar Ferreira Mendes, nos próprios Estados Unidos da América, onde a doutrina acentuara tão enfaticamente a ideia de que a expressão "lei inconstitucional" configurava uma *contradictio in terminis*, uma vez que "the inconstitutional statute is not law al all", passou-se a admitir, após a Grande Depressão, a necessidade de se estabelecerem limites à declaração de inconstitucionalidade. A Suprema Corte americana vem considerando o problema proposto pela eficácia retroativa de juízos de inconstitucionalidade a propósito de decisões em processos criminais. Se as leis ou atos inconstitucionais nunca existiram enquanto tais, eventuais condenações nelas baseadas quedam ilegítimas, e, portanto, o juízo de inconstitucionalidade implicaria a possibilidade de impugnação imediata de todas as condenações efetuadas sob a vigência da norma inconstitucional. Por outro lado, se a declaração de inconstitucionalidade afeta tãosomente a demanda em que foi levada a efeito, não se há que cogitar de alteração de julgados anteriores. A jurisprudência americana evoluiu para admitir, ao lado da decisão de inconstitucionalidade com efeitos retroativos amplos ou limitados (*limited retrospectivity*), a superação prospectiva (*prospective overruling*), que tanto pode ser limitada (*limited prospectivity*), aplicável aos processos iniciados após a decisão, inclusive ao processo originário, como ilimitada (*pure prospectivity*), que sequer se aplica ao processo que lhe deu origem. Vê-se, pois, que o sistema difuso ou incidental mais tradicional do mundo passou a admitir a mitigação dos efeitos da declaração de inconstitucionalidade e, em casos determinados, acolheu até mesmo a pura declaração de inconstitucionalidade com efeito exclusivamente *pro futuro*.[216]

A anulabilidade da norma inconstitucional (controle concentrado do sistema austríaco e das Cortes Constitucionais europeias) tem como fundamento principal o de que os efeitos da decisão judicial não retroagem, mas valem apenas para o futuro, são *ex nunc*, eis que uma lei, até o momento da pronúncia de sua inconstitucionalidade, é válida e eficaz, admitindo-se mesmo (art. 140 da Constituição da Áustria) que o Tribunal Constitucional estabeleça data posterior à pronúncia de inconstitucionalidade para a cessação da vigência da norma inconstitucional, limitada, contudo, a prazo não superior a um ano.

É preciso também não se esquecer de que, no tocante aos efeitos da declaração de inconstitucionalidade, devem ser levadas em consideração as relações jurídicas consolidadas na vigência da norma inconstitucional, cujo desfazimento, pelos efeitos *ex tunc* da decisão judicial, poderia repercutir negativamente sobre a certeza dessas relações jurídicas e a paz social, que repousam, fundamentalmente, na previsibilidade das consequências jurídicas das ações humanas, é dizer, na segurança de que o cumprimento das leis, que se presumem constitucionais, as tornam obrigatórias até que sobrevenha a sua desaplicação pela incidência do princípio da supremacia da Constituição.

Analisando o tema, Regina Maria Macedo Nery Ferrari há muito defendia que "os efeitos da declaração de inconstitucionalidade na via de defesa e estes limitados

---

[216] MENDES. *Direitos fundamentais e controle de constitucionalidade*: estudos de direito constitucional, p. 292-294.

ao caso concreto – já que a validade normativa foi incidentalmente analisada em um processo comum – devem os mesmos operar em relação ao caso concreto, e só em relação a ele retroativamente, destruindo, desta forma, os efeitos produzidos pela lei inconstitucional, nos limites da *litis* principal". Depois de sustentar a tese referente à anulabilidade da norma inconstitucional, a referida autora pondera que "a retroatividade da declaração de inconstitucionalidade na via de ação direta deve ser feita com reservas, considerando que a norma inconstitucional pode ter tido consequência que não seria prudente ignorar, e que isto, principalmente em nosso sistema jurídico, não determina prazo para sua arguição, podendo a mesma ocorrer 10, 20, 30 anos após sua entrada em vigor".[217]

O Supremo Tribunal Federal, por considerar nulos os atos inconstitucionais, vinha atribuindo efeitos *ex tunc* às declarações de inconstitucionalidade nas vias de exceção e de ação. É que a decisão judicial de inconstitucionalidade, em nosso Direito, ao contrário das Cortes Constitucionais europeias, não gera a revogação ou a derrogação da norma inconstitucional, nem fixa o termo inicial de sua eficácia, ressalva feita apenas para a medida cautelar (art. 102, I, *p*) nas ações diretas de inconstitucionalidade, cuja concessão teria efeitos *ex nunc*, a partir da decisão. Mas a decisão de mérito acarretaria, segundo jurisprudência do Supremo Tribunal, efeitos *ex tunc*.

Sensível, contudo, às colocações doutrinárias, o legislador ordinário brasileiro tornou explícito, no artigo 27 da Lei n. 9.868/99, que, ao declarar a inconstitucionalidade de lei ou ato normativo, o Supremo Tribunal Federal, tendo em vista razões de segurança jurídica ou de excepcional interesse social, por maioria de 2/3 de seus membros, poderá restringir os efeitos daquela declaração ou decidir que ela só tenha eficácia a partir de seu trânsito em julgado ou de outro momento que venha a ser fixado.[218] Verifica-se, com isso, que a regra geral continua sendo a da eficácia *ex tunc* da declaração de inconstitucionalidade, mas circunstâncias excepcionais e extraordinárias, de que trata a disposição normativa acima referida, poderão autorizar o Supremo Tribunal Federal a conferir efeitos *ex nunc* às suas decisões proferidas em ação direta de inconstitucionalidade.

Em crítica à jurisprudência de valores, Habermas considera que, se os conteúdos normativos da Constituição estiverem à disposição dos juízes para uma avaliação de preferência de valores, certamente estarão em perigo: "Quando uma corte constitucional adota doutrina de ordem de valores, pondo-a como fundamento de suas próprias práxis decisórias, o perigo de haver sentenças irracionais cresce, porque argumentos funcionalistas podem prevalecer sobre os normativos."[219]

Sustentando que a atribuição conferida ao Supremo Tribunal de competência para modular os efeitos de suas decisões se revela inconstitucional, Marcelo Cattoni ques-

---

[217] FERRARI. *Efeitos da declaração de inconstitucionalidade*, p. 144-145.
[218] No entendimento de Dirley da Cunha Júnior, o prazo para a modulação dos efeitos da eficácia constitutiva da decisão do Supremo Tribunal Federal deve se situar dentro do lapso compreendido entre a entrada em vigor da norma impugnada e o trânsito em julgado da decisão de inconstitucionalidade (*Controle de constitucionalidade*: teoria e prática, p. 190).
[219] HABERMAS. *Fatti e norme*. Contributi a una teoria discorsiva Del diritto e della democrazia A cura di Leonardo Ceppa, p. 203.

tiona os autores que se vinculam à denominada jurisprudência dos valores (reconhecimento de *status* constitucional às razões de segurança jurídica e de relevante interesse social). Entende que o art. 27 da Lei n. 9.868/99 fere uma interpretação constitucionalmente adequada de uma série de dispositivos constitucionais, entre eles: 1. o princípio do Estado de Direito, fixado no art. 1º; 2. a aplicação imediata dos direitos fundamentais (§ 1º do art. 5º); 3. a imutabilidade dos princípios constitucionais, no que concerne aos direitos fundamentais e ao processo especial de reforma da Constituição (art. 5º, §§ 1º e 2º; art. 60, § 4º); 4. o sistema ordinário de controle jurisdicional difuso da constitucionalidade (art. 97 e art. 102, III, *a*, *b*, e *c*, da Constituição da República) que atribui competência a todo juiz ou tribunal para deixar de aplicar a lei inconstitucional, assim como o direito que dele decorre ao cidadão de se recusar a cumprir a lei inconstitucional, assegurando-se-lhe, em última instância, a possibilidade de interpor recurso extraordinário ao Supremo Tribunal Federal contra decisão judicial que se apresenta contrária à Constituição, nos termos do art. 102, III, *a*.[220]

Em contraponto à tese da inconstitucionalidade da modulação dos efeitos temporais da declaração de inconstitucionalidade, prevista no art. 27 da Lei n. 9.868/99, há na doutrina, além das concepções de Gilmar Ferreira Mendes, que influenciou as inovações legislativas no âmbito do controle de constitucionalidade no Brasil,[221] as que admitem aquela modulação, citando-se nessa linha de pensamento Gustavo Binenbojm[222], Daniel Sarmento[223] e Christina Aires Correa Lima[224]. Gustavo Binenbojm bem elucida a questão: "Os conceitos e institutos jurídicos são criados para conformar a realidade; em inúmeras situações, todavia, os fatos derrotam as normas, obrigando o jurista a reavaliar suas noções teóricas, de modo a adequá-las às novas necessidades e aspirações sociais. A flexibilização dos efeitos temporais da declaração de inconstitucionalidade é uma dessas imposições da experiência à lógica jurídica. Inobstante, como mitigação do princípio da constitucionalidade em determinado lapso de tempo, deve ser encarada como medida excepcional – jamais como regra –, utilizável apenas para a preservação de outros valores e princípios constitucionais que seriam colocados em risco pela pronúncia da nulidade da lei inconstitucional. A aplicação do novo dispositivo está, assim, necessariamente condicionada pelo princípio da razoabilidade ou proporcionalidade. Adota-se, aqui, tese sustentada por Daniel Sarmento e Christina Aires Correa Lima, no sentido de que o princípio da nulidade das leis inconstitucionais pode ser ponderado com outros princípios

---

[220] CATTONI DE OLIVEIRA. *Direito constitucional*, p. 127-176.
[221] Cf. MENDES. *Jurisdição constitucional*: o controle abstrato de normas no Brasil e na Alemanha; A constitucionalidade do art. 27 da Lei n. 9.868/99, *in*: *Direito constitucional contemporâneo*: estudos em homenagem ao Professor Paulo Bonavides. ROCHA, Fernando Luiz Ximenes; MORAES, Filomeno (orgs.), p. 305-331.
[222] BINENBOJM. *A nova jurisdição constitucional brasileira*: legitimidade democrática e instrumentos de realização, p. 197-207.
[223] SARMENTO. Eficácia temporal do controle de constitucionalidade (O princípio da proporcionalidade e a ponderação de inteteresses) das leis, *in*: *Revista de Direito Administrativo*, n. 212, abr./jun. 1998, p. 27-40.
[224] LIMA. Os efeitos da declaração de inconstitucionalidade perante o Supremo Tribunal Federal, *in*: *Cadernos de Direito Constitucional e Ciência Política*, n. 27, 1997, p. 183-208.

de igual magnitude, incidentes em determinadas situações concretas. Confira-se, a propósito, lúcida passagem do jovem autor: 'Assim, entendemos que o princípio da proporcionalidade autoriza uma restrição à eficácia *ex tunc* da decisão proferida no controle de constitucionalidade, sempre que esta restrição: (a) mostrar-se apta a garantir a sobrevivência do interesse contraposto; (b) não houver solução menos gravosa para proteger o referido interesse, e (c) o benefício logrado com a restrição à eficácia retroativa da decisão compensar o grau de sacrifício imposto ao interesse que seria integralmente prestigiado, caso a decisão surtisse seis efeitos naturais (*omissis*). Assim, quando a atribuição de efeitos retroativos à decisão de inconstitucionalidade acarretar grave lesão a outros interesses tutelados pela Lei Fundamental, pode o Judiciário restringir tais efeitos, valendo-se do princípio da proporcionalidade.'"[225]

A ausência de previsão de efeitos prospectivos da declaração de inconstitucionalidade acaba por levar os tribunais, segundo García de Enterría, a se abster de emitir um juízo de censura, declarando constitucionais leis inconstitucionais, exatamente em razão das dificuldades de fazer frente ao dogma da nulidade da lei inconstitucional.[226]

No direito constitucional comparado, encontram-se institutos que se assemelham ao art. 27 da Lei n. 9.868/99. Assim, o art. 282º da Constituição de Portugal, e a Constituição da Áustria, depois de 1975, cujo art. 140 possibilita à Corte Constitucional modular os efeitos de suas decisões declaratórias de inconstitucionalidade. Já em outros países, a mitigação da declaração de inconstitucionalidade resultou de construção jurisprudencial, naqueles casos em que a nulidade da lei poderia se revelar inadequada, ou acarretar consequências intoleráveis para o sistema jurídico, como a Alemanha, na fase inicial, e a Espanha, ao que se vê da *sentencia* 45/1989, de 20 de fevereiro de 1989.

Ainda relativamente aos efeitos da declaração de inconstitucionalidade, dispõe o § 2º do art. 102 da Constituição, com a redação que lhe foi dada pela EC n. 45/2004, que as decisões definitivas de mérito, proferidas pelo Supremo Tribunal Federal, nas ações diretas de inconstitucionalidade e nas ações declaratórias de constitucionalidade produzirão eficácia contra todos e efeito vinculante, relativamente aos demais órgãos do Poder Judiciário e à administração pública direta e indireta, nas esferas federal,[227] estadual e municipal.

---

[225] BINENBOJM. *A nova jurisdição constitucional brasileira*: legitimidade democrática e instrumentos de realização, p. 200-201.
[226] GARCÍA DE ENTERRÍA. *Justicia constitucional*: la doctrina prospectiva enladeclaración de ineficácia de lasleyesinconstitucionales. *In*: *Revista de Direito Público*, n. 92, out./dez. 1989, p. 5/16.
[227] DECRETO N. 2.346, DE 10 DE OUTUBRO DE 1997, que consolida normas de procedimentos a serem observadas pela Administração Pública Federal em razão de decisões judiciais, regulamenta os dispositivos legais que menciona, e dá outras providências.
"Art. 1º As decisões do Supremo Tribunal Federal que fixem, de forma inequívoca e definitiva, interpretação do texto constitucional deverão ser uniformemente observadas pela Administração Pública Federal direta e indireta, obedecidos aos procedimentos estabelecidos neste Decreto. § 1º Transitada em julgado decisão do Supremo Tribunal Federal que declare a inconstitucionalidade de lei ou ato normativo, em ação direta, a decisão, dotada de eficácia *ex*

tunc, produzirá efeitos desde a entrada em vigor da norma declarada inconstitucional, salvo se o ato praticado com base na lei ou ato normativo inconstitucional não mais for suscetível de revisão administrativa ou judicial. § 2º O disposto no parágrafo anterior aplica-se, igualmente, à lei ou ao ato normativo que tenha sua inconstitucionalidade proferida, incidentalmente, pelo Supremo Tribunal Federal, após a suspensão de sua execução pelo Senado Federal. § 3º O Presidente da República, mediante proposta de Ministro de Estado, dirigente de órgão integrante da Presidência da República ou do Advogado-Geral da União, poderá autorizar a extensão dos efeitos jurídicos de decisão proferida em caso concreto. Art. 1º-A. Concedida cautelar em ação direta de inconstitucionalidade contra lei ou ato normativo federal, ficará também suspensa a aplicação dos atos normativos regulamentadores da disposição questionada. (Artigo incluído pelo Decreto n. 3.001, de 26 de março de 1999) Parágrafo único. Na hipótese do *caput*, relativamente a matéria tributária, aplica-se o disposto no art. 151, inciso IV, da Lei n. 5.172, de 25 de outubro de 1966, às normas regulamentares e complementares. (Parágrafo incluído pelo Decreto n. 3.001, de 26 de março de 1999) Art. 2º Firmada jurisprudência pelos Tribunais Superiores, a Advocacia-Geral da União expedirá súmula a respeito da matéria, cujo enunciado deve ser publicado no Diário Oficial da União, em conformidade com o disposto no art. 43 da Lei Complementar n. 73, de 10 de fevereiro de 1993. Art. 3º À vista das súmulas de que trata o artigo anterior, o Advogado-Geral da União poderá dispensar a propositura de ações ou a interposição de recursos judiciais. Art. 4º Ficam o Secretário da Receita Federal e o Procurador-Geral da Fazenda Nacional, relativamente aos créditos tributários, autorizados a determinar, no âmbito de suas competências e com base em decisão definitiva do Supremo Tribunal Federal que declare a inconstitucionalidade de lei, tratado ou ato normativo, que: I – não sejam constituídos ou que sejam retificados ou cancelados; II – não sejam efetivadas inscrições de débitos em dívida ativa da União; III – sejam revistos os valores já inscritos, para retificação ou cancelamento da respectiva inscrição; IV – sejam formuladas desistências de ações de execução fiscal. Parágrafo único. Na hipótese de crédito tributário, quando houver impugnação ou recurso ainda não definitivamente julgado contra a sua constituição, devem os órgãos julgadores, singulares ou coletivos, da Administração Fazendária, afastar a aplicação da lei, tratado ou ato normativo federal, declarado inconstitucional pelo Supremo Tribunal Federal. Art. 5º Nas causas em que a representação da União competir à Procuradoria-Geral da Fazenda Nacional, havendo manifestação jurisprudencial reiterada e uniforme e decisões definitivas do Supremo Tribunal Federal ou do Superior Tribunal de Justiça, em suas respectivas áreas de competência, fica o Procurador-Geral da Fazenda Nacional autorizado a declarar, mediante parecer fundamentado, aprovado pelo Ministro de Estado da Fazenda, as matérias em relação às quais é de ser dispensada a apresentação de recursos. Art. 6º O Instituto Nacional do Seguro Social – INSS poderá ser autorizado pelo Ministro de Estado da Previdência e Assistência Social, ouvida a Consultoria Jurídica, a desistir ou abster-se de propor ações e recursos em demandas judiciais sempre que a ação versar matéria sobre a qual haja declaração de inconstitucionalidade proferida pelo Supremo Tribunal Federal – STF, súmula ou jurisprudência consolidada do STF ou dos tribunais superiores. § 1º Na hipótese prevista no *caput*, o Ministro de Estado da Previdência e Assistência Social poderá determinar que os órgãos administrativos procedam à adequação de seus procedimentos à jurisprudência do Supremo Tribunal Federal ou dos tribunais superiores. § 2º O Ministro de Estado da Previdência e Assistência Social, relativamente aos créditos previdenciários, com base em lei ou ato normativo federal declarado inconstitucional por decisão definitiva do Supremo Tribunal Federal, em ação processada e julgada originariamente ou mediante recurso extraordinário, conforme o caso, e ouvida a Consultoria Jurídica, poderá autorizar o INSS a: a) não constituí-los ou, se constituídos, revê-los, para a sua retificação ou cancelamento; b) não inscrevê-los em dívida ativa ou, se inscritos, revê-los, para a sua retificação ou cancelamento; c) abster-se de interpor recurso judicial ou a desistir de ação de execução fiscal. Art. 7º O Advogado-Geral da União e os dirigentes máximos das autarquias, das fundações e das empresas públicas federais poderão

Ao seu turno, dispõe o parágrafo único do art. 28 da Lei n. 9.868/99 que a declaração de constitucionalidade ou de inconstitucionalidade, inclusive a interpretação conforme a Constituição e a declaração parcial de inconstitucionalidade sem redução de texto, têm eficácia contra todos e efeito vinculante em relação aos órgãos do Poder Judiciário e à Administração Pública federal, estadual e municipal.

As decisões proferidas na via abstrata, tanto as relativas à ação direta de inconstitucionalidade quanto à ação declaratória de constitucionalidade vinculam o juiz do caso concreto, cabendo-lhe, no controle difuso, apreciar o mérito de forma compatível com a decisão proferida em sede do controle abstrato.

O efeito vinculante alcança os demais órgãos do Poder Judiciário, entendendo Zeno Veloso que não se estende ao próprio Supremo Tribunal, que poderá rever a decisão, se os fundamentos e razões que a justificaram mudarem no futuro, acentuando ainda que "a eficácia contra todos significa que adecisão tem força obrigatória geral. Os demais órgãos do Poder Judiciário, por exemplo, têm de acatá-la. O pronunciamento do Supremo se estende a todos os feitos em andamento, em que se debate a mesma tese, cabendo recurso extraordinário ao STF se, num caso concreto, algum Tribunal julgar inconstitucional o que se proclamou ser constitucional. Aliás, dado o efeito vinculante da sentença, a não obediência de qualquer tribunal à decisão tomada pelo STF, tanto declarando a constitucionalidade da lei ou do ato normativo

---

autorizar a realização de acordos ou transações, em juízo, para terminar o litígio, nas causas de valor até R$50.000,00 (cinquenta mil reais), a não propositura de ações e a não interposição de recursos, assim como requerimento de extinção das ações em curso ou de desistência dos respectivos recursos judiciais, para a cobrança de créditos, atualizados, de valor igual ou inferior a R$1.000,00 (mil reais), em que interessadas essas entidades na qualidade de autoras, rés, assistentes ou oponentes, nas condições aqui estabelecidas. § 1º Quando a causa envolver valores superiores ao limite fixado no *caput*, o acordo ou a transação, sob pena de nulidade, dependerá de prévia e expressa autorização do Ministro de Estado ou do titular de Secretaria da Presidência da República a cuja área de competência estiver afeto o assunto no caso da União, ou da autoridade máxima da autarquia, da fundação ou da empresa pública. § 2º Não se aplica o disposto neste artigo às causas relativas ao patrimônio imobiliário da União e às de natureza fiscal. Art. 8º O Advogado-Geral da União e os dirigentes máximos das autarquias, fundações ou empresas públicas federais poderão autorizar a realização de acordos, homologáveis pelo Juízo, nos autos dos processos ajuizados por essas entidades, para o recebimento de débitos de valores não superiores a R$50.000,00 (cinquenta mil reais), em parcelas mensais e sucessivas até o máximo de trinta, observado o disposto no § 2º do artigo anterior. § 1º O saldo devedor será atualizado pelo índice de variação da Unidade Fiscal de Referência (UFIR), e sobre o valor da prestação mensal incidirão juros à taxa de doze por cento ao ano. § 2º Deixada de cumprir qualquer parcela, pelo prazo de trinta dias, instaurar-se-á o processo de execução ou nele se prosseguirá, pelo saldo. Art. 9º As autoridades indicadas no *caput* do artigo anterior poderão concordar com pedido de desistência da ação, nas causas de quaisquer valores, desde que o autor renuncie expressamente ao direito sobre que se funda a ação, ressalvadas as de natureza fiscal, em que a competência será da Procuradoria-Geral da Fazenda Nacional. Art. 10. Ao fim de cada trimestre, os órgãos e as entidades da Administração Pública Federal direta e indireta encaminharão ao Ministro de Estado da Justiça, com cópias para o Ministro de Estado Chefe da Casa Civil da Presidência da República e para o Advogado-Geral da União, relatório circunstanciado sobre a fiel execução deste Decreto."

quanto reconhecendo a inconstitucionalidade da lei ou do ato normativo, pode ser atacada por meio dos recursos previstos na lei processual, como por via de reclamação ao STF, para que este garanta a autoridade de sua decisão".[228]

Acentue-se que o superveniente descumprimento da decisão, por ato imputável a órgão ou entidade vinculado ao processo de controle concentrado, configura ofensa à Constituição, ensejando o manejo dos recursos previstos na lei processual, ou reclamação junto ao Supremo Tribunal Federal para a preservação da autoridade e efetividade de suas decisões.[229]

Tem-se entendido que o efeito vinculante da decisão não alcança o Poder Legislativo, que pode alterar ou revogar a lei.

Com efeito, caso fosse vedado ao Poder Legislativo legislar diferentemente da decisão do Supremo Tribunal Federal, haveria comprometimento da relação de equilíbrio entre o tribunal constitucional e o legislador, que teria papelsubalterno, com prejuízo do espaço democrático-representativo, e consequente petrificação da evolução social, pela fossilização da Constituição.[230]

Em sentido contrário, posiciona-se Alexandre de Moraes, ao sustentar sua aplicação ao Poder Legislativo, "que não poderá editar nova norma com preceitos idênticos aos declarados inconstitucionais, ou, ainda, norma derrogatória da decisão do Supremo Tribunal Federal; ou, mesmo, estará impedido de editar normas que convalidem os atos nulos praticados com base na lei declarada inconstitucional".[231]

A questão merece ponderações. Na linha de Jorge Miranda, estamos em que "ninguém advoga uma imutabilidade *ad aeternum*. Ela tem de ceder, sobrevindo qualquer evento que afecte a norma parâmetro – revisão constitucional, costume *contra legem* ou mutação tácita por interpretação evolutiva ou por alteração da realidade constitucional".[232]

De qualquer modo, se a Administração Pública tem o dever de acatar as decisões do STF, é porque, sendo os seus órgãos de execução, não lhe cabe aplicar lei inconstitucional, estando portanto vinculada às decisões do Supremo Tribunal. Aí não há falar em violação do princípio da separação de poderes. Já o Poder Legislativo tem por função criar a norma jurídica. Sendo assim, não estaria impedido, em razão da eficácia vinculante, de editar lei com conteúdo idêntico ao da lei declarada inconstitucional pelo STF, mesmo porque o Legislativo pode considerar que existem novas

---

[228] VELOSO. *Op. cit.*, p. 284-285.
[229] Mesmo antes da previsão dos efeitos vinculantes da decisão declaratória de inconstitucionalidade ou de constitucionalidade, na via abstrata, por força da EC n. 45/2004, a medida era apontada, por vários constitucionalistas, como inconstitucional, por inadequada e afrontosa ao paradigma do Estado Democrático de Direito. É que esses efeitos só poderiam decorrer da própria Constituição, já que sua adoção impede a participação de eventuais afetados pela decisão, no processo jurisdicional, mesmo porque são os cidadãos os coautores e os legítimos intérpretes da Constituição, cuja constitucionalidade deve ser controlada mediante o alargamento de foros de discussão e não de modo centralizador.
[230] STF – Recl. n. 2617, Rel. Min. Cezar Peluso.
[231] MORAES. *Direito constitucional*, 17. ed., p. 680.
[232] MIRANDA. *Manual de direito constitucional*, t. 6, p. 66.

circunstâncias, como valores sociais ou transformação da realidade, que dão ao texto um novo sentido, tornando-o constitucional. Agora, inocorrendo essas circunstâncias, não há como admitir possa o Legislativo editar lei que se sobreponha à decisão de inconstitucionalidade.

10.7.1 Efeitos transcendentes

Em regra geral, o efeito vinculante da decisão proferida em sede de controle abstrato de constitucionalidade não alcança, diferentemente do que sucede no sistema alemão, os fundamentos determinantes da decisão.

O Supremo Tribunal Federal, todavia, em alguns julgamentos, passou a conferir efeito vinculante, não apenas à parte dispositiva da decisão de inconstitucionalidade, mas aos próprios fundamentos determinantes, desde que de cunho transcendente, hipótese em que as razões de decidir vinculam juízes e tribunais em outros julgamentos. Ressalte-se que somente tem efeito vinculante a *ratio decidendi*, ou seja, a fundamentação que ensejou o resultado do julgamento, ficando excluídas de tal efeito as considerações tecidas *in obter dicta*, isto é, que não constituem fundamento determinante da decisão, por serem meros comentários laterais, que não influem na decisão.[233]

Destaca-se a decisão do Min. Celso de Mello, na Reclamação n. 2.986:

"Fiscalização abstrata de constitucionalidade. Reconhecimento, pelo Supremo Tribunal Federal, da validade constitucional da legislação do Estado do Piauí que definiu, para fins do art. 100, § 3º, da Constituição, o significado de obrigação de pequeno valor. Decisão judicial, de que ora se reclama, que entendeu inconstitucional legislação, de idêntico conteúdo, editada pelo Estado de Sergipe. Alegado desrespeito ao julgamento, pelo Supremo Tribunal Federal, da ADI 2.868 (Piauí). Exame da questão relativa ao efeito transcendente dos motivos determinantes que dão suporte ao julgamento, *in abstracto*, de constitucionalidade ou de inconstitucionalidade. Doutrina. Precedentes. Admissibilidade da reclamação. Medida cautelar deferida. Decisão: Sustenta-se, nesta sede processual – presentes os motivos determinantes que substanciaram a decisão que esta Corte proferiu na ADI 2.868/PI – que o ato, de que ora se reclama, teria desrespeitado a autoridade desse julgamento plenário, que restou consubstanciado em acórdão assim ementado: 'Ação direta de inconstitucionalidade. Lei n. 5.250/2002 do estado do Piauí. Precatórios. Obrigações de pequeno valor. Cf, art. 100, § 3º, ADCT, art. 87. Possibilidade de fixação, pelos Estados-Membros, de valor referencial inferior ao do art. 87 do ADCT, com a redação dada pela Emenda Constitucional n. 37/2002. Ação direta julgada improcedente.' (ADI 2.868/PI, Rel. p/ o acórdão Min. Joaquim Barbosa). O litígio jurídico-constitucional suscitado em sede de controle abstrato (ADI 2.868/PI), examinado na perspectiva do pleito ora formulado pelo Estado de Sergipe, parece introduzir a possibilidade de discussão, no âmbito deste processo reclamatório, do denominado efeito transcendente dos motivos determinantes da decisão declaratória de constitucionalidade proferida no julga-

---

[233] STF – ADI 3345/DF; Rcl 2.475 (*Informativo STF* n. 335).

mento plenário da já referida ADI 2.868/PI, Rel. p/ o acórdão Min. Joaquim Barbosa. Cabe registrar, neste ponto, por relevante, que o Plenário do Supremo Tribunal Federal, no exame final da Rcl 1.987/DF, Rel. Min. Maurício Corrêa, expressamente admitiu a possibilidade de reconhecer-se, em nosso sistema jurídico, a existência do fenômeno da 'transcendência dos motivos que embasaram a decisão' proferida por esta Corte, em processo de fiscalização normativa abstrata, em ordem a proclamar que o efeito vinculante refere-se, também, à própria *ratio decidendi*, projetando-se, em consequência, para além da parte dispositiva do julgamento, *in abstracto*, de constitucionalidade ou de inconstitucionalidade. Essa visão do fenômeno da transcendência parece refletir a preocupação que a doutrina vem externando a propósito dessa específica questão, consistente no reconhecimento de que a eficácia vinculante não só concerne à parte dispositiva, mas refere-se, também, aos próprios fundamentos determinantes do julgado que o Supremo Tribunal Federal venha a proferir em sede de controle abstrato, especialmente quando consubstanciar declaração de inconstitucionalidade, como resulta claro do magistério de Ives Gandra da Silva Martins/Gilmar Ferreira Mendes ("O Controle Concentrado de Constitucionalidade", p. 338/345, itens ns. 7.3.6.1 a 7.3.6.3, 2001, Saraiva) e de Alexandre de Moraes ("Constituição do Brasil Interpretada e Legislação Constitucional", p. 2.405/2.406, item n. 27.5, 2. ed., 2003, Atlas). Na realidade, essa preocupação, realçada pelo magistério doutrinário, tem em perspectiva um dado de insuperável relevo político-jurídico, consistente na necessidade de preservar-se, em sua integralidade, a força normativa da Constituição, que resulta da indiscutível supremacia, formal e material, de que se revestem as normas constitucionais, cuja integridade, eficácia e aplicabilidade, por isso mesmo, hão de ser valorizadas, em face de sua precedência, autoridade e grau hierárquico, como enfatiza o magistério doutrinário (Alexandre de Moraes, "Constituição do Brasil Interpretada e Legislação Constitucional", p. 109, item n. 2.8, 2. ed., 2003, Atlas; Oswaldo Luiz Palu, "Controle de Constitucionalidade", p. 50/57, 1999, RT; Ritinha Alzira Stevenson, Tércio Sampaio Ferraz Jr. E Maria Helena Diniz, "Constituição de 1988: Legitimidade, Vigência e Eficácia e Supremacia", p. 98/104, 1989, Atlas; André Ramos Tavares, "Tribunal e Jurisdição Constitucional", p. 8/11, item n. 2, 1998, Celso Bastos Editor; Clèmerson Merlin Clève, "A Fiscalização Abstrata de Constitucionalidade no Direito Brasileiro", p. 215/218, item n. 3, 1995, RT, *v.g*). Cabe destacar, neste ponto, tendo presente o contexto em questão, que assume papel de fundamental importância a interpretação constitucional derivada das decisões proferidas pelo Supremo Tribunal Federal, cuja função institucional, de 'guarda da Constituição' (CF, art. 102, *caput*), confere-lhe o monopólio da última palavra em tema de exegese das normas positivadas no texto da Lei Fundamental, como tem sido assinalado, com particular ênfase, pela jurisprudência desta Corte Suprema: '(...) A interpretação do texto constitucional pelo STF deve ser acompanhada pelos demais Tribunais. (...) A não observância da decisão desta Corte debilita a força normativa da Constituição. (...).' (RE 203.498-AgR/DF, Rel. Min. Gilmar Mendes). Impende examinar, no entanto, antes de quaisquer outras considerações, se se revela cabível, ou não, na espécie, o emprego da reclamação, quando ajuizada em face de situações de alegado desrespeito a decisões que a Suprema Corte tenha proferido em sede de fiscalização normativa abstrata. O Supremo Tribunal Federal, ao apreciar esse aspecto da questão, tem enfatizado, em sucessivas decisões, que a reclamação reveste-se de idoneidade jurídico-processual, se utilizada com o objetivo de fazer prevalecer a autoridade decisória dos julgamentos emanados desta Corte, notadamente quando impregnados de eficácia vinculante: 'O desrespeito à eficácia vinculante, derivada de decisão emanada do plenário da Suprema Corte, autoriza o uso da reclamação. – O descumprimento, por quaisquer juízes ou Tribunais, de decisões proferidas com efeito vinculante, pelo Plenário do Supremo Tribunal Federal, em sede de ação direta de inconstitucionalidade ou de ação declaratória de constitucionalidade, autoriza a utilização da via reclamatória, também vocacionada, em sua específica função processual, a resguardar e a fazer prevalecer, no que concerne à Suprema Corte, a integridade, a autoridade e a eficácia subordinante dos comandos que emergem de seus atos decisórios. Precedente: Rcl 1.722/RJ, Rel. Min. Celso de Mello (Pleno).' (RTJ 187/151, Rel. Min. Celso de Mello, Pleno). Cabe verificar, de outro lado, se terceiros – que não interviram no processo objetivo de controle normativo abstrato – dispõem, ou não, de legitimidade ativa para o ajuizamento de reclamação perante o Supremo Tribunal Federal, quando promovida com o objetivo de fazer restaurar o *imperium* inerente às decisões emanadas desta Corte, proferidas em sede de ação direta de inconstitucionalidade ou de ação declaratória de constitucionalidade. O Plenário do Supremo Tribunal Federal, a propósito de tal questão, ao analisar o alcance da norma inscrita no art. 28 da Lei n. 9.868/98 (Rcl 1.880-AgR/SP, Rel. Min. Maurício Corrêa), firmou orientação que reconhece, a terceiros, qualidade para agir, em sede reclamatória, quando necessário se torne assegurar o efetivo respeito aos julgamentos desta Suprema Corte, proferidos no âmbito de processos de controle normativo abstrato: '(...) Legitimidade ativa para a reclamação na hipótese de inobservância do efeito vinculante. – Assiste plena legitimidade ativa, em sede de reclamação, àquele – particular ou não – que venha a ser afetado, em sua esfera jurídica, por decisões de outros magistrados ou Tribunais que se revelem contrárias ao entendimento fixado, em caráter vinculante, pelo Supremo Tribunal Federal, no julgamento dos processos objetivos de controle normativo abstrato instaurados mediante ajuizamento, quer de ação direta de inconstitucionalidade, quer de ação declaratória de constitucionalidade. Precedente. (...).' (RTJ 187/151, Rel. Min. Celso de Mello, Pleno). Vê-se, portanto, que assiste, ao ora reclamante, plena legitimidade ativa 'ad causam' para fazer instaurar este processo reclamatório. Impende verificar, agora, se a situação exposta pelo Estado de Sergipe, na presente reclamação, pode traduzir, ou não, hipótese de ofensa à autoridade da decisão que o Supremo Tribunal Federal proferiu, com eficácia vinculante, em sede de fiscalização normativa abstrata, no julgamento de ação direta ajuizada em face de diploma legislativo editado por outra unidade da Federação. Ou, em outras palavras, cumpre analisar, presente o contexto ora em exame, se a *ratio decidendi*, que substancia o julgamento desta Corte proferido na ADI 2.868/PI, apresenta-se, ou não, revestida de efeito transcendente, em ordem a viabilizar, processualmente, a utilização do instrumento reclamatório. Parece-me que sim, ao menos em juízo de estrita delibação, especialmente se considerada a decisão que o Plenário do Supremo Tribunal Federal proferiu na Rcl 1.987/DF, Rel. Min. Maurício Corrêa: '(...) Ausente a existência de preterição, que autorize o sequestro, revela-se evidente a violação ao conteúdo essencial do acórdão proferido na mencionada ação direta, que possui eficácia *erga omnes* e efeito vinculante. A decisão do Tribunal, em substância, teve sua autoridade desrespeitada de forma a legitimar o uso do instituto da reclamação. Hipótese a justificar a transcendência sobre a parte dispositiva, dos motivos que embasaram a decisão e dos princípios por ela consagrados, uma vez que os fundamentos resultantes da interpretação da Constituição devem ser observados por todos os tribunais e autoridades, contexto que contribui para a preservação e desenvolvimento da ordem constitucional.' (Rcl 1.987/DF, Rel. Min. Maurício Corrêa). Essa mesma orientação, que reconhece o caráter transcendente e vinculante dos fundamentos determinantes de decisão do Supremo Tribunal Federal, proferida em sede de controle normativo abstrato, veio a ser reafirmada no julgamento plenário da Rcl 2.363/PA, Rel. Min. Gilmar Mendes, quando o eminente Relator da causa fez consignar, em expressiva passagem do seu douto voto, o que se segue: '(...) Assinale-se que a aplicação dos fundamentos determinantes de um *leading case* em hipóteses semelhantes tem-se verificado, entre nós, até mesmo no controle de constitucionalidade das leis municipais. Em um levantamento precário, pude constatar que muitos juízes desta Corte têm, constantemente, aplicado em caso de declaração de inconstitucionalidade o precedente fixado a situações idênticas reproduzidas em leis de outros municípios. Tendo em vista o disposto no *caput* e § 1º-A do artigo 557 do Código de Processo Civil, que reza sobre a possibilidade de o relator julgar monocraticamente recurso interposto contra decisão que esteja em confronto com súmula ou jurisprudência dominante do Supremo Tribunal Federal, os membros desta Corte vêm aplicando tese fixada em precedentes onde se discutiu a inconstitucionalidade de lei, em sede de controle difuso, emanada por ente federativo diverso daquele prolator da lei objeto do recurso extraordinário sob exame. (...) Não há razão, pois, para deixar de reconhecer o efeito vinculante da decisão proferida na ADI. Nesses termos, meu voto é no sentido da procedência da presente reclamação.' Assentadas tais premissas, passo a apreciar o pedido de medida cautelar ora formulado nesta sede processual. Trata-se de reclamação, na qual se sustenta que o ato judicial ora questionado – emanado do Juízo da 5ª Vara do Trabalho de Aracaju/SE – teria desrespeitado a autoridade da decisão do Supremo Tribunal Federal proferida no julgamento final da ADI 2.868/PI, Rel. p/ o acórdão Min. Joaquim Barbosa. É que o Juízo da 5ª Vara do Trabalho de Aracaju/SE, ao ordenar a efetivação do sequestro ora impugnado nesta via reclamatória, apoiou-se, para tanto, em razões, cujo teor antagoniza-se com os fundamentos subjacentes ao acórdão desta Corte, que, proferido na referida ADI 2.868/PI, é invocado como paradigma de confronto pela parte ora reclamante. Eis, no ponto, o conteúdo da decisão judicial ora reclamada (fls. 43): 'No que respeita ao procedimento da execução mediante dispensa do precatório, verifica-se que a matéria encontra-se definida nestes autos, nos termos da decisão de fls. 146/150, transitada em julgado conforme certidão de fl. 153, revelando-se, portanto, incabível o seu reexame. Por outro lado, considerando que o valor constante do ofício requisitório de fl. 162 excede ao limite estabelecido para créditos de pequeno valor, fixado nos termos do artigo 87 ao Ato das Disposições Constitucionais Transitórias, tendo em vista ainda a manifestação expressa do exequente pela renúncia da quantia executada excedente a tal limite, consoante petição de fl. 101, expeça-se novo ofício requisitando à executada o pagamento do valor equivalente a 40 salários mínimos – R$10.400,00 (dez mil e quatrocentos reais) em favor do exequente, no prazo de 60 (sessenta dias), sob pena de sequestro, tudo de acordo com o art. 17, *caput* e § 2º da Lei n. 10.259/2001. Intime-se.' Vê-se, portanto, que o ato judicial de que ora se reclama parece haver desrespeitado os fundamentos determinantes da decisão do Supremo Tribunal Federal proferida no julgamento final da ADI 2.868/PI, precisamente porque, naquela oportunidade, o Plenário desta Suprema Corte reconheceu como constitucionalmente válida, para efeito de definição de pequeno valor e de consequente dispensa de expedição de precatório, a possibilidade de fixação, pelos Estados-Membros, de valor referencial inferior ao do art. 87 do ADCT, na redação dada pela EC 37/2002, o que foi recusado, no entanto, no âmbito do Estado de Sergipe, pelo órgão judiciário ora reclamado. Na realidade, o caso versado nos presentes autos parece configurar hipótese de 'violação ao conteúdo essencial' do acórdão consubstanciador do julgamento da referida ADI 2.868/PI, o que caracterizaria possível transgressão ao efeito transcendente dos fundamentos determinantes daquela decisão plenária emanada do Supremo Tribunal Federal, ainda que proferida em face de legislação estranha ao Estado de Sergipe, parte ora reclamante. Sendo assim, e presentes as razões expostas, defiro a medida liminar ora postulada (fls. 07, item IV) e, em consequência, suspendo a eficácia da decisão reclamada (Processo n. 01.05-1212/00 – 5ª Vara do Trabalho de Aracaju/SE – fls. 43 e 52), sustando-se a prática de qualquer outro ato processual e/ou administrativo que se relacione com o questionado ato decisório. Comunique-se, com urgência, encaminhando-se cópia da presente decisão ao Juízo da 5ª Vara do Trabalho de Aracaju/SE. 2. Requisitem-se informações à ilustre autoridade judiciária que ora figura como reclamada nesta sede processual (Lei n. 8.038/90, art. 14, I)."[234]

Ao reconhecer efeitos transcendentes das decisões de inconstitucionalidade, pondo-as em controle abstrato, para alcançar os fundamentos da decisão, invocados pelo Tribunal, o Supremo Tribunal Federal reforça o exercício da função interpretativa e de enunciação da Constituição, é dizer, de construção e reconstrução do sentido e alcance do texto constitucional brasileiro.

10.7.2 A inconstitucionalidade da norma revogadora

No âmbito dos efeitos da declaração de inconstitucionalidade, põe-se a questão relacionada com a *inconstitucionalidade da norma revogadora*. Por outras palavras: com a declaração de inconstitucionalidade da norma revogadora, voltaria a viger a norma por ela revogada?

Considere-se que o tema se insere no âmbito dos efeitos da declaração de inconstitucionalidade, tendo somente uma aparente ligação com a repristinação.

De qualquer modo, há posicionamentos doutrinários que o situam no domínio da repristinação, destacando-se a doutrina de Canotilho e Vital Moreira, quando elucidam que, "se o juízo de inconstitucionalidade afecta a validade da norma desde a sua origem, de tal modo que a declaração de inconstitucionalidade possui efeitos *ex tunc*, (desde a origem da norma), então há de ficar sem efeito o próprio acto de revogação

---

[234] STF, Rcl n. 2.986 MC/SE, Rel. Min. Celso de Mello, *DJ*, 18.3.2005, *Informativo* STF n. 379.

efectuado pela norma afinal inconstitucional, pelo que o juízo de inconstitucionalidade implica a repristinação (ou reposição em vigor) das normas que tinham sido revogadas".[235]

Na mesma linha da repristinação, Oswaldo Luiz Palu, para quem "se o STF retira a validade da norma inconstitucional, mas não a revoga, declarando que tal norma nunca esteve em vigor, necessário para revogar norma precedente, consequentemente, repristina".[236]

Clèmerson Merlin Clève aduz que, sendo o ato inconstitucional, no Brasil, "nulo (e não, simplesmente, anulável), a decisão judicial que assim o declara produz efeitos repristinatórios",[237] mas estabelece distinção entre o puro efeito repristinatório e a repristinação, acentuando que "por efeito repristinatório identificar-se-á o fenômeno da reentrada em vigor da norma aparentemente revogada. Já a repristinação, instituto distinto, substanciaria a reentrada em vigor da norma efetivamente revogada em função da revogação (mas não anulação) da norma revogadora. A repristinação, salvo hipótese de expressa previsão legislativa, inocorre no direito brasileiro".[238]

Entende-se, no entanto, com Juliano Taveira Bernardes que, embora voltem a viger os dispositivos revogados pela norma inconstitucional, "a declaração da inconstitucionalidade (originária, ressalte-se) da norma revogadora opera o próprio reconhecimento da perda de seu fundamento de validade, desde seu nascedouro (nulidade congênita), fulminando, inclusive (e por consequência), sua pretensão revocatória, como se nunca houvera sido revogado o dispositivo que se pretendia desautorizar. Nesse campo, a declaração judicial da inconstitucionalidade da norma inconstitucional, com a cassação retroativa de sua eficácia, permite afastar todos os seus efeitos pretendidos. Daí o equívoco da comparação do fenômeno com o instituto da repristinação, que de sua vez pressupõe a válida revogação da norma revigorada. Se a validade da norma constitui o antecedente lógico-jurídico de sua própria vigência e eficácia, reconhecidamente inconstitucional (= inválida) uma lei, não se têm sequer por revogados os dispositivos anteriores que lhe eram contrários. Nada obstante, por não competir ao Judiciário o desfazimento da norma tida por inconstitucional, continuará ela a compor o ordenamento jurídico, mas como simples realidade de direito histórico, sem que se lhe possam reconhecer, via de regra, efeitos válidos".[239]

O Supremo Tribunal Federal decidiu, com o voto do Ministro Moreira Alves, que sendo nula a lei declarada inconstitucional, "permanece vigente a legislação anterior a ela e que teria sido revogada não houvesse a nulidade".[240]

Sendo julgado procedente o pedido de inconstitucionalidade parcial de determinada norma, sem que a cláusula de revogação tenha sido também objeto de impugnação, haverá o risco de ocorrer o revigoramento da norma anterior, desde que a declaração de inconstitucionalidade parcial possa conduzir à nulidade total do ato

---

[235] CANOTILHO; MOREIRA. *Fundamentos da constituição*, p. 275/276.
[236] PALU. *Controle de constitucionalidade*: conceitos, sistemas e efeitos, p. 168.
[237] CLÈVE. *A fiscalização abstrata da constitucionalidade no direito brasileiro*, p. 249.
[238] CLÈVE. *Op. cit.*, p. 250.
[239] BERNARDES. *Efeitos das normas constitucionais no sistema normativo brasileiro*, p. 41-42.
[240] *RTJ* 101/593.

normativo, em consequência de se reconhecer que as normas restantes não tenham significado autônomo (trata-se do critério da dependência), ou quando o dispositivo inconstitucional fazia parte de uma regulamentação global à qual emprestava sentido e justificação (critério da interdependência).[241]

Portanto, declarado inconstitucional algum dispositivo infraconstitucional, a regra é que voltam a vigorar as normas que antes deveriam ter sido consideradas revogadas. Considere-se, no entanto, que poderá haver exceção a essa regra. É que, como mencionado acima, o art. 27 da Lei n. 9.868/99 permite ao Supremo Tribunal Federal protrair os efeitos da declaração de inconstitucionalidade, o que significa acarretar consequências jurídicas válidas relativamente à norma impugnada, nelas incluída a efetiva revogação do ato normativo anterior.

Desse modo, o órgão judicial pode afastar o efeito repristinatório, excluindo a vigência da norma revogada, em virtude da declaração de inconstitucionalidade da norma revogadora. Essa técnica de decisão do tribunal, no âmbito do controle abstrato e de constitucionalidade, é reforçada pelo disposto no art. 11, § 2º, da Lei n. 9.868/99, quando preceitua que a concessão da medida cautelar torna aplicável a legislação anterior acaso existente, salvo expressa manifestação em sentido contrário.

Por outro lado, como esclarece Clèmerson Merlin Clève, "a reentrada em vigor da norma revogada nem sempre é vantajosa. De fato, a norma reentrante pode padecer de inconstitucionalidade ainda mais grave que a do ato nulificado. Detectada a manifestação de eventual eficácia repristinatória indesejada, cumpre requerer, igualmente, já na inicial da ação direta, a declaração da inconstitucionalidade, e, desde que possível, a do ato normativo ressuscitado".[242]

Observe-se ainda que, no caso de a norma repristinada (na terminologia dos que admitem o fenômeno no âmbito do controle de constitucionalidade) ser mesmo inconstitucional, haverá a repristinação da que ela tenha revogado e assim por diante.

O Supremo Tribunal Federal tem decidido ser necessária a impugnação de todo o complexo normativo, de toda a cadeia normativa, é dizer, tanto das normas revogadoras como das normas revogadas. O proponente da ADI deverá, expressamente, requerer que seja apreciada a inconstitucionalidade da lei que vai voltar a produzir efeitos em razão do efeito repristinatório da norma revogadora, sob pena de não ser conhecida a ação direta.[243]

Como o Supremo Tribunal Federal não admite, no controle abstrato, a aferição da constitucionalidade de normas pretéritas à Constituição (inconstitucionalidade superveniente), tem-se que a declaração de inconstitucionalidade não abrange nor-

---

[241] BERNARDES. *Op. cit.*, p. 43.
[242] CLÈVE. *Op. cit.*, p. 250.
[243] STF, ADI 2.574, Rel. Min. Carlos Velloso, j. 2.10.2002, DJ, 29.8.2003: "Ação Direta de Inconstitucionalidade: efeito repristinatório: norma anterior com o mesmo vício de inconstitucionalidade. No caso de ser declarada a inconstitucionalidade da norma objeto da causa, ter-se-ia a repristinação de preceito anterior com o mesmo vício de inconstitucionalidade. Neste caso, não impugnada a norma anterior, não é de se conhecer da ação direta de inconstitucionalidade." Cf, também ADI 3.148, Rel. Min. Celso de Mello, j. 13.12.2006, DJ, 28.9.2007.

mas editadas neste contexto, já que a superveniência da nova Constituição acarreta a imediata revogação das normas anteriores.

10.7.3 Declaração parcial de inconstitucionalidade sem redução de texto

Dispõe o artigo 28, parágrafo único, da Lei n. 9.868/99, que a declaração parcial de inconstitucionalidade sem redução de texto tem eficácia contra todos e efeito vinculante em relação aos órgãos do Poder Judiciário e à Administração Pública federal, estadual e municipal.

Trata-se de uma modalidade de decisão que pode proferir o Supremo Tribunal Federal, sem eliminação ou alteração da expressão literal da lei. A declaração de inconstitucionalidade sem redução de texto "significa reconhecer a inconstitucionalidade da lei ou ato normativo sob algum aspecto, em dada situação, debaixo de determinada variante. A norma impugnada continua vigendo, na forma originária. O texto continua o mesmo, mas o Tribunal limita ou restringe a sua aplicação, não permitindo que ela incida nas situações determinadas, porque, nestas, há a inconstitucionalidade. Nas outras, não".[244] Como exemplo, mencione-se uma lei prevendo a cobrança de imposto no mesmo exercício financeiro e nos seguintes. A inconstitucionalidade dessa norma estaria na violação ao princípio da anterioridade (CF, art. 150, III, *b*), apenas relativamente à cobrança do imposto no mesmo exercício financeiro em que haja sido publicada a lei que o instituiu, não quanto à sua cobrança nos exercícios posteriores. Nesse caso, não haveria por que declarar a inconstitucionalidade total da norma, bastando que o Tribunal fixasse o entendimento de que a cobrança do imposto deve observar o princípio da anterioridade. Esta questão, que tem sido recorrente na jurisprudência do Supremo Tribunal, levou a Corte a editar a Súmula 67 enunciando que "é inconstitucional a cobrança de tributo que houver sido criado ou aumentado no mesmo exercício financeiro".

Há outros julgados do Supremo Tribunal Federal em que se adotou a técnica em estudo: "Correção monetária. A fixação da sua incidência a partir do ajuizamento da ação viola o princípio da não retroatividade da Lei (art. 153, § 3º, da Constituição Federal 'de 67/69'), destoando, inclusive da jurisprudência do Supremo Tribunal Federal. Aplicação da Lei n. 6.899, de 8.4.81, aos processos pendentes, a partir de sua vigência (art. 3º do Decreto n. 86.649/81). Provimento do recurso extraordinário."[245]

"Exame das inconstitucionalidades alegadas com relação a cada um dos artigos da mencionada Lei (Lei n. 8.039/90). Ofensa ao princípio da irretroatividade com relação à expressão 'março' contida no § 5º do artigo 2º da referida Lei. Interpretação conforme a Constituição aplicada ao *caput* do artigo 2º, ao § 5º desse mesmo artigo e ao artigo 4º, todos da Lei em causa. Ação que se julga procedente em parte, para declarar a inconstitucionalidade da expressão 'março', contida no § 5º do artigo 2º da Lei n. 8.039/90, e, parcialmente, o *caput* e o § 2º do artigo 2º, bem como o artigo

---

[244] VELOSO. *Controle jurisdicional de constitucionalidade*, p. 165.
[245] STF, RE 97.816, Rel. Min. Djaci Falcão, *DJ*, 12.11.1982, p. 11489.

4º, os três em todos os sentidos que não aqueles segundo o qual de sua aplicação estão ressalvadas as hipóteses em que, no caso concreto, ocorra direito adquirido, ato jurídico perfeito e coisa julgada."[246]

10.7.4 Interpretação conforme a constituição

Consiste a interpretação conforme a Constituição em declarar o Tribunal qual das possíveis interpretações se revela compatível com a Constituição, sempre que determinada lei ou ato normativo ofereça diferentes possibilidades de interpretação, sendo algumas delas incompatíveis com a própria Constituição.

Na interpretação conforme a Constituição, por um princípio de economia jurídica, procura-se um sentido que "– na órbita da razoabilidade, com um mínimo de correspondência verbal na letra da lei – evite a inconstitucionalidade".[247]

Como salienta Luís Roberto Barroso, "é possível e conveniente decompor didaticamente o processo e interpretação conforme a Constituição nos elementos seguintes: 1) Trata-se da escolha de uma interpretação da norma legal que a mantenha em harmonia com a Constituição, em meio a outra ou outras possibilidades interpretativas que o preceito admite. 2) Tal interpretação busca encontrar um sentido possível para a norma, que não é o que mais evidentemente resulta da leitura de seu texto. 3) Além da eleição de uma linha de interpretação, procede-se à exclusão expressa de outra ou outras interpretações possíveis, que conduziriam a resultado contrastante com a Constituição; 4) Por via de consequência, a interpretação conforme a Constituição não é mero preceito hermenêutico, mas, também, um mecanismo de controle de constitucionalidade pelo qual se declara ilegítima uma determinada leitura da norma legal".[248]

Justifica-se a interpretação conforme a Constituição, seja pelo princípio da unidade da ordem jurídica, que considera a Constituição como contexto superior das demais normas, significando que as normas secundárias devem ser obrigatoriamente interpretadas conforme o texto constitucional, seja em decorrência da presunção de constitucionalidade da lei, fundada na ideia de que o legislador não poderia ter pretendido votar lei inconstitucional. Cooley já asseverava: "The court, if possible, must give the statute such a construction as will enable it to have effect."[249] Cumpre, pois, a interpretação conforme a Constituição o papel de conservar ou manter as normas no ordenamento jurídico, salvando-as, já que o texto normativo é preservado, com a fixação, dentre as interpretações possíveis, daquela que é compatível com a Constituição, eliminando-se as alternativas que com ela colidam.

De acordo com a jurisprudência do Supremo Tribunal Federal, "a interpretação conforme a Constituição conhece, todavia, limites. Eles resultam tanto da expressão literal da lei, quanto da chamada *vontade do legislador*. A interpretação conforme

---

[246] STF, ADI 319, Rel. Min. Moreira Alves, *DJ*, 30.4.1993, p. 7563.
[247] MIRANDA. *Manual de direito constitucional*, t. 6, p. 73.
[248] BARROSO. *Interpretação e aplicação da constituição*: fundamentos de uma dogmática constitucional transformadora, p. 181-182.
[249] COOLEY. A treatise on the constitutional limitations, *apud* BITTENCOURT. *O controle jurisdicional da constitucionalidade das leis*, p. 93.

a Constituição é, por isso, apenas admissível se não configurar violência contra a expressão literal do texto e não alterar o significado do texto normativo, com mudança radical da própria concepção original do legislador".[250] A propósito, o Ministro Moreira Alves, no julgamento da Representação 1.417-DF, deixou consignado: "O princípio da interpretação conforme a Constituição (*Verfassungskonforme Auslegung*) é princípio que se situa no âmbito do controle da constitucionalidade, e não apenas regra de interpretação.

A aplicação desse princípio sofre, porém, restrições, uma vez que, ao declarar a inconstitucionalidade de uma lei em tese, o STF – em sua função de Corte Constitucional – atua como legislador negativo, mas não tem o poder de agir como legislador positivo, para criar norma jurídica diversa da instituída pelo Poder Legislativo. Por isso, se a única interpretação possível para compatibilizar a norma com a Constituição contrariar o sentido inequívoco que o próprio Poder Legislativo lhe pretendeu dar, não se pode aplicar o princípio da interpretação conforme a Constituição, que implicaria, em verdade, criação de norma jurídica, o que é privativo do legislador positivo."

Por outras palavras: quando a lei é clara e colide com a Constituição, não se pode dar-lhe uma interpretação forçada ou arbitrária para torná-la válida.

Pela interpretação conforme a Constituição promove-se um juízo de inconstitucionalidade parcial, pois o Tribunal elimina, por incompatibilidade com a Constituição, algumas possibilidades interpretativas, até mesmo enunciando que a norma impugnada é inconstitucional em algum de seus entendimentos, delimitando ou encurtando o âmbito de sua aplicação. Em regra, resultado da interpretação é incorporado, de forma resumida, na parte dispositiva da decisão.

Daí a proximidade da interpretação conforme a Constituição com a declaração de inconstitucionalidade sem redução de texto. Vale, contudo, a advertência de que: "Ainda que não se possa negar a semelhança dessas e a proximidade do resultado prático de sua utilização, é certo que, enquanto, na interpretação conforme a Constituição, se tem, dogmaticamente, a declaração de que uma lei é constitucional com a interpretação que lhe é conferida pelo órgão judicial, constata-se, na *declaração de nulidade sem redução de texto*, a expressa exclusão, por inconstitucionalidade, de determinadas *hipóteses* de aplicação (*Anwendungsfälle*) do programa normativo sem que se produza alteração expressa do texto legal.

Assim, se se pretende realçar que determinada aplicação do texto normativo é inconstitucional, dispõe o Tribunal da *declaração de inconstitucionalidade sem redução de texto*, que, além de mostrar-se tecnicamente adequada para essas situações, tem a virtude de ser dotada de maior clareza e segurança jurídica expressa na parte dispositiva da decisão (*a lei X é inconstitucional se aplicável a tal hipótese; a lei Y é inconstitucional se autorizativa da cobrança do tributo em determinado exercício financeiro*)."[251]

Parte significativa da doutrina tem sustentado que a interpretação conforme a Constituição não compreende nem se aproxima da declaração parcial de inconstitu-

---

[250] MENDES. *Jurisdição constitucional, cit.*, p. 281-282.
[251] MENDES. *Op. cit.*, p. 286-287.

cionalidade sem redução de texto, pois a interpretação conforme a constituição deve ficar restrita ao exercício hermenêutico. Nesse sentido: "A interpretação conforme a Constituição não pode implicar a extirpação, do mundo jurídico, de interpretações outras que não a adotada num dado julgamento. Há mais: se acaso for imperativo o juízo de desvalor de alguma das normas subjacentes ao dispositivo textual posto em julgamento, a interpretação conforme a Constituição não mais terá lugar. Deve, então, o julgador, proceder a uma declaração parcial de inconstitucionalidade sem redução de texto."[252]

A jurisprudência do Supremo Tribunal Federal tem-se orientado no sentido de que a interpretação conforme a Constituição pode ser alcançada mediante a declaração parcial de inconstitucionalidade do texto impugnado (interpretação conforme com redução de texto), ou a concessão ou exclusão de determinada interpretação da norma impugnada, a fim de compatibilizá-la com o texto constitucional (interpretação conforme sem redução do texto).[253]

Na interpretação conforme com redução de texto, o intérprete, quando for possível, em decorrência da redação do texto impugnado, declara a inconstitucionalidade de determinada expressão, o que irá possibilitar, com essa exclusão, uma interpretação conforme.

Na interpretação conforme sem redução do texto, o intérprete poderá: 1) conferir à norma impugnada uma determinada interpretação que lhe preserve a constitucionalidade, o que se verifica quando, pela redação do texto no qual se inclui a parte da norma arguida de inconstitucional, não é possível suprimir qualquer expressão para alcançar essa parte; 2) excluir da norma impugnada determinada interpretação que lhe acarretaria a inconstitucionalidade, adequando-a à Constituição, mediante um juízo valorativo.

Observa, no entanto, Gilmar Ferreira Mendes, que a "decisão proferida na ADI 491 parece indicar que o STF está disposto a afastar-se da orientação anterior, que equiparava a interpretação conforme a Constituição à declaração de nulidade parcial sem redução de texto, passando a deixar explícito, no caso de declaração de nulidade sem redução de texto, que determinadas hipóteses de aplicação, constantes de programa normativo da lei são inconstitucionais e, por isso, nulas. Também na ADI 939, na qual se questionava a cobrança do IPMF, declarou o Tribunal a inconstitucionalidade sem redução do texto dos arts. 3º, 4º e 8º da LC n. 77/93, nos pontos em que determinou a incidência da exação sobre as pessoas jurídicas de direito público e as demais entidades ou empresas referidas nas alíneas *a, b, c* e *d* do inciso VI do art. 150 da Constituição. Esses precedentes estão a denotar que a declaração parcial de inconstitucionalidade sem redução de texto parece ter ganhado autonomia como técnica de decisão no âmbito da jurisprudência do STF. Tudo indica, pois, que, gradual

---

[252] Por todos: AMARAL JÚNIOR. *Incidente de arguição de inconstitucionalidade*: comentários ao art. 97 da Constituição e aos arts. 480 a 482 do Código de Processo Civil, p. 103.
[253] STF, ADI 1.344-1/ES, Medida liminar, Rel. Min. Moreira Alves, *DJ*, Seção I, 19.4.1996; ADI 1.150-2/RS, Rel. Min. Moreira Alves, *DJ*, 17.4.1998; ADI 1.719-9, Medida liminar, Rel. Min. Moreira Alves, *DJ*, Seção I, 27.2.1998; ADI 1.510-9/SC, Medida liminar, Rel. Min. Carlos Velloso, *DJ*, Seção I, 25.2.1997.

e positivamente, o Supremo Tribunal afastou-se da posição inicialmente fixada, que equiparava simplesmente a interpretação conforme a Constituição à declaração de inconstitucionalidade sem redução de texto".[254]

A Lei n. 9.868/99, em seu artigo 28, parágrafo único, prevê que, no exercício do controle abstrato de normas, a decisão do Supremo Tribunal Federal, de interpretação conforme a Constituição, tem eficácia contra todos e efeitos vinculantes.

Por fim, a interpretação conforme a Constituição e a declaração parcial de inconstitucionalidade sem redução de texto, embora sejam técnicas decisórias adotadas, em regra geral, no controle concentrado ou abstrato de normas, são cabíveis no controle difuso, em especial quando a questão constitucional passa a ser objeto de arguição incidental no Pleno ou no órgão especial dos Tribunais, quando então será necessário observar a regra da reserva de plenário (*fullbench*), já examinada neste trabalho, sempre necessária quando a decisão judicial envolver juízo de desvalor da norma ao contraste com a Constituição.

10.7.5 Declaração de inconstitucionalidade sem a pronúncia de nulidade e o apelo ao legislador

Essas são técnicas de decisão previstas na jurisprudência da Corte Constitucional alemã, apesar de nem sempre se afigurar possível diferenciá-las com precisão.

Na declaração de inconstitucionalidade sem a pronúncia de nulidade, o tribunal reconhece a inconstitucionalidade sem pronunciar a nulidade (*Unvereinbarkeitserklärung*), emitindo um juízo de desvalor em relação à norma questionada. A despeito de prevalecer, no direito alemão, o princípio dominante da nulidade da lei inconstitucional, a técnica da declaração de inconstitucionalidade sem a pronúncia de nulidade tem encontrado justificativa na alegação de que, se o juiz, no controle concreto de normas, deve submeter a questão da inconstitucionalidade à Corte Constitucional, é porque não poderia estar vinculado à lei ou obrigado a submetê-la ao Tribunal Constitucional, caso se admitisse a sua nulidade.

No "apelo ao legislador" (*Appellentscheidung*), o tribunal, rejeitando a arguição de inconstitucionalidade, reconhece que a situação é ainda constitucional ou não é ainda inconstitucional, e vincula essa declaração ao "apelo ao legislador" para que, num determinado prazo, proceda à correção dessa situação, segundo diretrizes fixadas pelo próprio tribunal. Gilmar Ferreira Mendes, ao examinar o tema, observa que a técnica do apelo ao legislador implica numa sentença de rejeição de inconstitucionalidade, e não pode ser proferida com a imposição de um dever de legislar, mas apenas uma conclamação para que o legislador providencie as mudanças corretivas ou a adequação necessária. No caso de inércia do legislador, a lei declarada "ainda constitucional" será considerada válida até que, devidamente provocado, venha o Tribunal a proferir nova decisão. Nada obstante, o peculiar significado do apelo ao legislador tem dado ensejo, não raras vezes, a profundas reformas legislativas.[255]

---

[254] MENDES. *Arguição de descumprimento de preceito fundamental*: comentários à Lei n. 9.882, de 3.12.1999, p. 156-157.
[255] O tema é estudado amplamente por Gilmar Ferreira Mendes. *Jurisdição constitucional*, p. 210-251; *Direitos fundamentais e controle de constitucionalidade*: estudos de direito constitucional, p. 396-427.

10.7.6 A inconstitucionalidade progressiva e a lei ainda constitucional

No elenco das técnicas de decisão no controle de inconstitucionalidade, identifica-se a denominada inconstitucionalidade progressiva, ou da lei ainda constitucional, mas em trânsito para a inconstitucionalidade, que resulta de mudanças substanciais nas relações fáticas subjacentes à norma.

Ocorrendo mudança no plano fático, verifica-se o fenômeno denominado de inconstitucionaliade progressiva, é dizer, a lei, que nasceu constitucional, vai transitando para a esfera da inconstitucionalidade, até tornar-se írrita.

Essa técnica de decidir foi afirmada pelo Supremo Tribunal Federal, em acórdão de que foi Relator o Ministro Sepúlveda Pertence, assim ementado:

"1 – A alternativa radical da jurisdição constitucional ortodoxa entre a constitucionalidade plena e a declaração de inconstitucionalidade ou revogação por inconstitucionalidade da lei com fulminante eficácia *ex tunc* faz abstração da evidência de que a implementação de uma nova ordem constitucional não é um fato instantâneo, mas um processo, no qual a possibilidade de realização da norma da Constituição – ainda quando teoricamente não se cuide de preceito de eficácia limitada – subordina-se muitas vezes a alterações da realidade fática que a viabilizem.

2 – No contexto da Constituição de 1988, a atribuição anteriormente dada ao Ministério Público pelo art. 68 do Código de Processo Penal – constituindo modalidade de assistência judiciária – deve reputar-se transferida para a Defensoria Pública: essa, porém, para este fim, só se pode considerar existente, onde e quando organizada, de direito e de fato, nos moldes do art. 134 da própria Constituição e da lei complementar por ela ordenada: até que – na União ou em cada Estado considerado – se implemente esta condição de viabilização da cogitada transferência constitucional de atribuições, o art. 68 do Código de Processo Penal será considerado ainda vigente: é o caso do Estado de São Paulo, como decidiu o plenário no RE 135.328."

O voto emblemático do Min. Sepúlveda Pertence é do seguinte teor:

"No RE 135.328 – depois dos votos do Relator originário, o em. Ministro Marco Aurélio, seguido pelos em. Ministros Rezek, Galvão e Velloso, segando a qualificação do Ministério Público para as ações cogitadas e daquele do em. Ministro Celso de Mello, em sentido contrário, proferi voto-vista nestes termos:

A questão deste RE está em saber, à luz do art. 129, IX, da Constituição, se foi recebido pela ordem constitucional vigente o art. 68 do C. Pr. Pen. e, em consequência, se o Ministério Público retém a atribuição nele prevista – e a consequente legitimação *ad causam* ou a capacidade postulatória, conforme seja ela execução civil da sentença penal condenatória (CPP, art. 63) ou ação civil de reparação de danos *ex delicto* (art. 64), quando for pobre o titular da pretensão. (*omissis*).

De logo, estou convencido de que a tese do Ministro Marco Aurélio – a de não caber a atribuição questionada na norma de encerramento do art. 129, IX, CF, por ser ela incompatível com as finalidades institucionais do Ministério Público – passa necessariamente – como ficou explícito no voto de S. Exa. – pelo art. 124 da Lei Fundamental, que erige também a Defensoria Pública em 'instituição essencial à função jurisdicional do Estado, incumbindo-lhe a orientação jurídica e a defesa, em todos os graus, dos necessitados, na forma do art. 5º, LXXIV'.

Do fato de ser a reparação do dano resultante do crime, quando sofrido por particular, um direito privado, patrimonial e disponível, não posso extrair a inexistência de um interesse social em que se propicie ao lesado, quando desprovido de recursos, o patrocínio em juízo de sua pretensão: prova-o o art. 245 da Constituição – que, segundo as considerações de Ada Grinover, lembradas pelo Ministro Celso de Mello – se alinha à preocupação internacional com a proteção da vítima de atos criminosos, 'que transcende à satisfação pessoal, para inserir-se no quadro dos interesses que afetam a comunidade como um todo e o próprio Estado'.

O aludido art. 245 da Constituição impôs ao Poder Público o dever de assumir a 'assistência aos herdeiros e dependentes carentes de pessoas vitimadas por crimes dolosos, sem prejuízo da responsabilidade civil do autor do ilícito': parece óbvio que se a efetivação desta reclama assistência judiciária – independentemente da previsão geral do art. 5º, LXXIV – o Estado há de propiciá-la, em nome de um interesse social específico, qualificado pelo preceito da Lei Fundamental.

Não obstante – como ponderou o em. Ministro Rezek – se há outra instituição do Estado votada a esse mister, não há como explicar se impunha ao fardo do Ministério Público 'algo que não é ínsito às suas tarefas'.

Redargui, é certo, o Ministro Celso de Mello que a Constituição não outorgou às atribuições da Defensoria Pública o predicado da exclusividade. O argumento, *data venia*, não se me afigura decisivo.

Quando a Constituição cria uma instituição e lhe atribui determinado poder ou função publica, a presunção é que o faça em caráter privativo, de modo a excluir a ingerência na matéria de outros órgãos do Estado. A adjudicação de prerrogativas diferentes a entidades distintas – ensinou Ruy (*Comentários à Constituição Federal*, Col. H. Pires, 1/408) –, 'imprime *ipso facto* o caracter de usurpação ao ingresso de uma no domínio de outra'.

Certo, no julgamento liminar da ADI 558, de 16.08.91 (*RTJ* 146/434/438), de que fui relator, entendeu o Plenário, na linha do meu voto, que não usurpava a função do MP de promover a ação civil pública para a proteção de interesses coletivos a atribuição à Defensoria Pública do seu patrocínio, quando propostas por entidades civis destinadas à sua defesa: é que, no ponto, ao passo que ao Ministério Público se outorgou legitimação ativa *ad causam*, para agir em nome próprio, à Defensoria Pública, ao contrário, o que se conferiu foi a atribuição, tipicamente sua de assistência judiciária a terceiros, concorrentemente legitimados com o Ministério Público para aquele tipo de demanda.

O mesmo, entretanto, não parece ocorrer na hipótese do art. 68, C. Pr. Penal: aqui, a subordinação da ação do Ministério Público ao requerimento do interessado indica cuidar-se de patrocínio em juízo de demanda alheia e não de legitimação extraordinária para a causa.

Impressionam-me, contudo, na discussão que antecedeu o pedido de vista, as ponderações acerca da precariedade de fato, na maioria dos Estados, do funcionamento da assistência judiciária.

Por isso, chegou-se a aventar – salvo engano em intervenção do em. Min. Moreira Alves – a possibilidade de condicionar-se o termo da vigência do art. 68, C. Pr. Penal a que já exista órgão de assistência judiciária, no *forum* competente para cada causa.

A sugestão se inspira na construção germânica do processo de inconstitucionalização da lei (Cf. Gilmar F. Mendes, *Controle de Constitucionalidade*, 1990, p. 88 ss.; J.C. Béguin, *Le Controle de Constitutionalitédes Lois em R.F.F. d'Allemagne*, 1982, p. 273 ss.; Wolfgang Zeidler, relatório VII Conf. dos Tribunais Constitucionais Europeus, em *Justiça Constitucional e Espécies, Conteúdo e Efeitos das Decisões sobre a Constitucionalidade de Normas*, Lisboa, 1987, 2ª parte, p. 47, 62 ss.).

Tenho o alvitre como fértil e oportuno.

O caso mostra, com efeito, a inflexível estreiteza da alternativa da jurisdição constitucional ortodoxa, com a qual ainda jogamos no Brasil: consideramo-nos presos ao dilema entre a constitucionalidade plena e definitiva da lei ou a declaração de sua inconstitucionalidade com fulminante eficácia *ex tunc*; ou ainda, na hipótese de lei ordinária pré-constitucional, entre o reconhecimento da recepção incondicional e a da perda da vigência desde a data da Constituição.

Essas alternativas radicais – além dos notórios inconvenientes que gera – faz abstração da evidência de que a implementação de uma nova ordem constitucional não é um fato instantâneo, mas um processo, no qual a possibilidade da realização da norma da Constituição – ainda quando teoricamente não se cuide de um preceito de eficácia limitada –, subordina-se muitas vezes a alterações da realidade fática que a viabilizem.

É tipicamente o que sucede com as normas constitucionais que transferem poderes e atribuições de uma instituição preexistente para outra criada pela Constituição, mas cuja implantação real pende não apenas de legislação infraconstitucional, que lhe dê organização normativa, mas também de fatos materiais que lhe possibilitem atuação efetiva.

Isso o que se passa com a Defensoria Pública, no âmbito da União e no da maioria das Unidades da Federação.

Certo, enquanto garantia individual do pobre e correspondente dever do Poder Público, a assistência judiciária alçou-se ao plano constitucional desde o art. 141, § 35, da Constituição de 1946 e subsistiu nas cartas subsequentes (1967, art. 150, § 32; 1969, art. 153, § 32) e na Constituição em vigor, sob a forma ampliada de 'assistência jurídica integral' (art. 5º, LXXIV).

Entretanto, é inovação substancial do texto de 1988 a imposição à União e aos Estados da instituição da Defensoria Pública, organizada em carreira própria, com membros dotados de garantia constitucional da inamovibilidade e impedidos do exercício privado da advocacia.

O esboço constitucional da Defensoria Pública vem de ser desenvolvido em cores fortes pela LC 80, de 12.1.94, que, em cumprimento do art. 134 da Constituição, 'organiza a Defensoria Pública da União, do Distrito Federal e dos Territórios e prescreve normas gerais para sua organização nos Estados'. Do diploma se infere a preocupação de assimilar, quanto possível, o estatuto da Defensoria e o dos seus agentes aos do Ministério Público: assim, a enumeração dos mesmos princípios institucionais de unidade, indivisibilidade e independência funcional (art. 3º); a nomeação a termo, por dois anos, permitida uma recondução, do Defensor Público Geral da União (art. 6º) e do Distrito Federal (art. 54); a amplitude das garantias e prerrogativas outorgadas aos Defensores Públicos, entre as quais, de particular importância, a de 'requisitar de autoridade pública e de seus agentes exames, certidões, perícias, vistorias, diligências, processos, documentos, informações, esclarecimentos e providências necessárias ao exercício de suas atribuições' (arts. 43, X; 89, X e 128, X).

A Defensoria Pública ganhou, assim, da Constituição e da lei complementar, um equipamento institucional incomparável – em termos de adequação às suas funções típicas –, ao dos agentes de outros organismos públicos – a exemplo da Procuradoria de diversos Estados –, aos quais se vinha entregando individualmente, sem que constituíssem um corpo com identidade própria, a atribuição atípica da prestação de assistência judiciária aos necessitados.

Ora, no direito pré-constitucional, o art. 68 C. Pr. Pen. – ao confiá-lo ao Ministério Público –, erigiu em modalidade específica e qualificada de assistência judiciária o patrocínio em juízo da pretensão reparatória do lesado pelo crime.

Estou em que, no contexto da Constituição de 1988, essa atribuição deva efetivamente reputar-se transferida do Ministério Público para a Defensoria Pública: essa, porém, para esse fim, só se pode considerar existente, onde e quando organizada, de direito e de fato, nos moldes do art. 134 da própria Constituição e da lei complementar por ela ordenada: até que – na União ou em cada Estado considerado –, se implemente essa condição de viabilização da cogitada transferência constitucional de atribuições, o art. 68 C. Pr. Pen. será considerado ainda vigente.

O caso concreto é de São Paulo, onde, notoriamente, não existe Defensoria Pública, persistindo a assistência jurídica como tarefa atípica de Procuradores do Estado.

O acórdão – ainda não publicado – acabou por ser tomado nesse sentido por unanimidade, na sessão plenária de 1.6.94, com a reconsideração dos votos antes proferidos em contrário.

Ora, é notório, no Estado de São Paulo a situação permanece a mesma considerada no precedente: à falta de Defensoria Pública instituída e implementada segundo os moldes da Constituição, a assistência judiciária continua a ser prestada pela Procuradoria-Geral do Estado ou, na sua falta, por advogado."[256]

10.7.7 Decisões aditivas, redutoras e substitutivas e outras decisões intermediárias

Aditivas, redutoras e substitutivas são decisões intermediárias transformadoras do significado da lei.[257]

---

[256] STF, RE 147.776-8, Rel. Min. Sepúlveda Pertence, *DJ*, 19.6.1998.
[257] A expressão *decisões intermediárias*, ao invés de sentenças intermediárias, parece-nos ser a mais adequada ao sistema constitucional e processual brasileiro, pois se refere tanto às decisões de

Essas decisões intermediárias ocorrem naqueles casos em que o Tribunal corrige a atuação legislativa, e relativiza a declaração de inconstitucionalidade ou constitucionalidade das leis, para atender a fins, valores ou normas que podem ou não já ter sido estabelecidos pelo Poder Constituinte ou pelo legislador. Sua tipologia compreende, dentre outras, a declaração de inconstitucionalidade sem redução de texto, e de interpretação conforme a Constituição.

Nas decisões aditivas, também conhecidas como modificativas, substitutivas ou manipulativas, a constatação da inconstitucionalidade não reside tanto naquilo que a norma preceitua, mas naquilo que ela não preceitua, ou seja, a inconstitucionalidade acha-se na norma, na medida em que não contém tudo aquilo que deveria conter para responder aos imperativos da Constituição. Por isso, o Tribunal acrescenta, e, ao acrescentar modifica o elemento faltante, formulando, implícita ou explicitamente, uma regra.[258] Há um juízo de avaliação parcial que, depois de declarar inconstitucional uma norma construída por meio de interpretação, chega a criar uma norma, por via de substituição ou adição, com significado oposto ao da norma declarada inconstitucional. As decisões aditivas incorporam algo novo ao enunciado normativo, elastecendo a norma, para atribuir-lhe uma hipótese de fato não prevista em seus princípios. Essas decisões são utilizadas somente quando a solução alcançada deriva necessariamente do juízo de constitucionalidade, não sendo admissível quando existem diversas alternativas de solução possível. Esse tipo de decisão constitui a revelação mais clara do ativismo judicial dos Tribunais Constitucionais, o que supera sua concepção tradicional de órgãos que cumprem uma função de eliminação de normas do ordenamento jurídico, e não de criador delas. Trata-se de sentenças constitutivas, na medida em que inovam o ordenamento jurídico.[259]

Emílio Peluso Neder Meyer refere-se a decisões aditivas e decisões substitutivas como tipos de decisões modificativas: "nas primeiras, o que ocorre é a ampliação do âmbito de incidência da disposição a fim de alcançar situações possivelmente postas de lado pelo legislador ordinário; nas segundas, o juiz constitucional anula, num primeiro passo, a disposição inquinada de inconstitucionalidade para, num segundo passo, acrescentar um sentido normativo diferente. Ou seja, em ambas é necessário que o julgador estabeleça o que o legislador ordinário não estabeleceu."[260]

Após advertir que tanto a divisão dos grupos quanto dos desdobramentos dos vários tipos dentro de cada grupo nem sempre se revelam muito nítidas, José Adércio Leite Sampaio observa que as sentenças intermediárias subdividem-se em sentenças

---

juízos de primeiro grau de jurisdição, quanto aos acórdãos dos tribunais. Nesse mesmo sentido, MEYER. *A decisão no controle de constitucionalidade*, p. 38.

[258] MIRANDA. *Manual de direito constitucional*, t. 6, p. 79-81; CANOTILHO. *Direito constitucional e teoria da constituição*, p. 905; TAVARES. *Teoria da justiça constitucional*, p. 335.

[259] ALCALÁ. Consideraciones sobre las sentencias de lostribunalesconstitucionales y susefectosen América delSur. In: *Revista Iuset Práxis,* ano 10, n. 1, 2004, p. 143.

[260] MEYER. *A decisão no controle de constitucionalidade*, p. 70. O autor busca demonstrar que as decisões intermediárias "não se coadunam com uma compreensão procedimental do Estado Democrático de Direito, com base na teoria discursiva de Habermas, uma vez que não levam em conta a distinção entre os usos moral, ético e pragmático da razão e nem o código binário das normas de direito" (*Op. cit.*, p. 32).

normativas e sentenças transitivas ou transacionais. As sentenças normativas, que levam à criação de uma norma geral e vinculante, podem compreender: sentenças aditivas; sentenças aditivas de princípio; e sentenças substitutivas. Ao seu turno, as sentenças transitivas ou transacionais, que implicam a possibilidade de relativa transação com a supremacia constitucional (nelas se incluem as sentenças de modulação temporal, e as sentenças de inconstitucionalidade de caráter restritivo ou limitativo), podem ser subdividas em: sentenças de inconstitucionalidade sem efeito ablativo, em que o reconhecimento da inconstitucionalidade pode não ser seguido da expulsão da norma do ordenamento jurídico, se a declaração de nulidade produzir uma situação jurídica insuportável ou um grave perigo ao orçamento do Estado, sendo, no Brasil e em Portugal, consideradas como sentenças meramente declaratórias, verificativas ou de mero reconhecimento as sentenças de inconstitucionalidade por omissão; sentenças de inconstitucionalidade com ablação diferida ou datada, em que há modulação temporal a permitir a combinação do vício de ilegitimidade com o seu efeito ablativo; sentenças apelativas, pelas quais, a despeito de se declarar a constitucionalidade de uma norma no momento da prolação da sentença, antevê-se sua inconstitucionalidade futura, o que motiva um apelo ao legislador para que adote as providências cabíveis destinadas a impedir que essa situação venha a se constituir; e sentenças de aviso, que prenunciam uma mudança de orientação jurisprudencial, deixando de ser aplicada ao caso ou ação no curso do qual é proferida.[261]

10.7.8 Reclamação e controle abstrato de constitucionalidade

A reclamação se insere na competência originária do Supremo Tribunal Federal (art. 102, I, l), e visa preservar sua competência e garantir a autoridade de suas decisões.

No âmbito do controle de constitucionalidade, num primeiro momento o Supremo Tribunal Federal não admitia a reclamação no controle concentrado (processo objetivo), pela inexistência de decisão que demandasse execução, já que as ações diretas de inconstitucionalidade não têm execução específica. Esse posicionamento foi, contudo, alterado, passando o Supremo Tribunal a aceitar a reclamação, desde que apresentada por algum dos legitimados para propositura da ação direta de inconstitucionalidade constante da lista do art. 103 da Constituição, e não por qualquer das partes envolvidas nos processos em curso, onde se tenha verificado o descumprimento do julgado do Supremo Tribunal (Reclamação n. 397-RJ, Questão de Ordem, Rel. Min. Celso de Mello, *DJU*, 21.5.1993, p. 9765).

Em novo posicionamento, o Supremo Tribunal Federal passou a admitir, como parte legítima para a propositura de reclamação, todos aqueles que forem atingidos por decisões contrárias ao entendimento firmado pela Suprema Corte no julgamento de mérito proferido em ação direta de inconstitucionalidade, em decisão assim ementada: "Questão de ordem – Ação direta de inconstitucionalidade – Julgamento

---

[261] SAMPAIO. As sentenças intermediárias e o mito do legislador negativo. *In*: CRUZ; SAMPAIO (Orgs). *Hermenêutica e jurisdição constitucional*, p. 172. SAMPAIO. *A constituição reinventada pela jurisdição constitucional*, p. 206-244.

de mérito – Parágrafo único do artigo 28 da Lei n. 9.868/99: constitucionalidade – Eficácia vinculante da decisão – Reflexos – Reclamação – Legitimação ativa.

(O*missis*).

4. Reclamação. Reconhecimento de legitimidade ativa *ad causam* de todos que comprovem prejuízo oriundo de decisões dos órgãos do Poder Judiciário, bem como da Administração Pública de todos os níveis, contrárias ao julgado do Tribunal. Ampliação do conceito de parte interessada (Lei n. 8.038/90, artigo 13). Reflexos processuais da eficácia vinculante do acórdão a ser preservado."[262]

O tema ganha relevância com a nova redação dada ao § 2º do art. 102 da Constituição, pela EC n. 45/2004, que atribui efeitos vinculantes nas ações diretas de inconstitucionalidade. Desse modo, considera-se legitimado para o ajuizamento de reclamação aquele "que venha a ser afetado, em sua esfera jurídica, por decisões de outros magistrados ou Tribunais que se revelem contrárias ao entendimento fixado, em caráter vinculante, pelo Supremo Tribunal Federal, no julgamento dos processos objetivos de controle normativo abstrato instaurado mediante ajuizamento, quer de ação direta de inconstitucionalidade, quer de ação declaratória de constitucionalidade".[263]

Com esse posicionamento, o Supremo Tribunal Federal reconhece na reclamação instrumento que dota de maior efetividade seus julgados proferidos no controle concentrado de constitucionalidade, em termos de jurisdição constitucional.

10.7.9 Ação rescisória e controle abstrato de constitucionalidade

O artigo 26 da Lei n. 9.868/99 dispõe que a decisão que declara a constitucionalidade ou a inconstitucionalidade de lei ou ato normativo em ação direta ou em ação declaratória não pode ser objeto de ação rescisória.

O Supremo Tribunal Federal já vinha decidindo pelo não cabimento de ação rescisória com vistas a desconstituição de acórdão proferido em ação direta de inconstitucionalidade de lei em tese, falecendo legitimidade ao particular para ajuizá-la (*RTJ* 94/49). E isso porque, se o julgado tem força vinculante (*erga omnes*), exaure-se por completo a decisão do Supremo Tribunal, que não pode mais alterar a sua jurisprudência.

Desse modo, as decisões de mérito proferidas no âmbito do controle abstrato de constitucionalidade fazem coisa julgada material, e não se sujeitam a ação rescisória. Relativamente a elas, incabível a reiteração do pedido de declaração de constitucionalidade ou de inconstitucionalidade, ainda que sob novo fundamento.

Diferente, contudo, é a hipótese em que se pretende o ajuizamento de ação rescisória contra julgado de tribunal *a quo*, ou de juiz singular, revestido da garantia da coisa julgada, em virtude da superveniência de julgamento da questão constitucional pelo Supremo Tribunal Federal, em ação direta de inconstitucionalidade ou em ação declaratória de constitucionalidade, ambos com efeito vinculante e eficácia *erga omnes*.

---

[262] STF – Rcl. (AgR – QO) 1880-SP, Rel. Min. Maurício Corrêa, j. 6.11.2002 – Informativo STF 289, *DJ* 19.3.2004.
[263] STF, Medida Cautelar – Rcl. 2.523-3/SP, Rel. Min. Celso de Mello, *DJ*, Seção I, 2.2.2004, p. 97.

Nesse aspecto, deve-se considerar: *a)* o julgado inferior aplicou a lei ao caso concreto por considerá-la constitucional e, após, o Supremo Tribunal Federal decidiu ser ela inconstitucional; *b)* o julgado inferior deixou de aplicar a lei no caso concreto, por considerá-la inconstitucional e, após, o Supremo Tribunal Federal julgou-a constitucional.

Nesses casos, tem-se como perfeitamente cabível a ação rescisória, já que são vinculantes os efeitos do julgado do Supremo Tribunal, com eficácia contra todos, e, na primeira hipótese, em regra geral, a inconstitucionalidade da lei, uma vez declarada pelo Supremo Tribunal, implica o seu desfazimento, por nula e írrita desde o nascedouro (efeitos *ex tunc*), abrangendo todos os atos praticados sob o seu império, ressalvadas as hipóteses previstas no artigo 27 da Lei n. 9.868/99. Portanto, todas as situações jurídicas julgadas por tribunais ou juízes inferiores, mesmo aquelas decorrentes de sentença transitada em julgado, podem ser revistas, mediante ação rescisória, depois da declaração de inconstitucionalidade ou constitucionalidade da lei, pelo Supremo Tribunal Federal, em processo objetivo, no âmbito do controle concentrado ou abstrato.

Humberto Theodoro Júnior e Juliana Cordeiro de Faria entendem que "a admissão da ação rescisória não significa a sujeição da declaração de inconstitucionalidade da coisa julgada ao prazo decadencial de dois anos, a exemplo do que se dá com a coisa julgada que contempla alguma nulidade absoluta". Assim, por se considerar nula, é que decisão judicial com trânsito em julgado desconforme a Constituição não se sujeita a prazos prescricionais ou de decadência, podendo a qualquer tempo ser declarada a sua nulidade, até mesmo de ofício, e em qualquer processo com esse objetivo, em ação rescisória (sem prazo), em ação declaratória de nulidade ou em embargos à execução.[264]

Observe-se, no entanto, que se a decisão do Supremo Tribunal produzir efeitos *ex nunc*, em virtude da aplicação do art. 27 da Lei n. 9.868/99, transcorrido o prazo decadencial de dois anos para o ajuizamento da ação rescisória, a situação jurídica, mesmo inconstitucional, ficará consolidada, e insuscetível de ajustamento à decisão do Supremo Tribunal.

Tratando o julgado rescindendo de relação jurídica de prestação continuada ou sucessiva, o superveniente efeito vinculante em sentido contrário, decorrente do provimento judicial em controle abstrato, inibirá os efeitos futuros daquela relação jurídica, independentemente da propositura da ação rescisória.

Finalmente, de se considerar que, se a coisa julgada não é um valor absoluto, mas relativo, cabível seria a ação rescisória, com base no art. 485, V, do CPC, ou seja, quando a sentença transitada em julgado tenha violado literal disposição de lei[265], com o sentido de norma constitucional, em virtude de precedente do Supremo Tribunal, e que tenha origem no controle difuso de constitucionalidade.

---

[264] THEODORO JÚNIOR; FARIA. *Revista da Faculdade de Direito Milton Campos*, vol. 8, p. 62-63.
[265] Novo CPC (versão do Projeto aprovado pelo CN): " Art. 963: A decisão de mérito, transitada em julgado, pode ser rescindida quando: V – violar manifestamente norma jurídica."

Nessa hipótese, não haveria o óbice da interpretação controvertida, a impedir o cabimento da rescisória,[266] pois, tendo as normas constitucionais supremacia no ordenamento jurídico, e sendo o Supremo Tribunal o guardião da Constituição, o conceito de interpretação razoável como obstáculo à ação rescisória daria lugar ao de melhor interpretação para efeitos institucionais.[267]

11. AÇÃO DE INCONSTITUCIONALIDADE POR OMISSÃO – AS OMISSÕES INCONSTITUCIONAIS – LEI N. 9.868/99 (CAPÍTULO II-A ACRESCENTADO PELA LEI N. 12.063/09)

Modalidade nova de controle instituída pela Constituição de 1988, a ação de inconstitucionalidade por omissão, inspirada no artigo 283º da Constituição de Portugal, decorre da inércia do legislador ou de órgão administrativo que não edita norma ou programa estabelecido na Constituição.

Assim, a ausência de lei ou ato normativo acarreta a inconstitucionalidade por omissão. A Constituição exige uma conduta positiva do Poder Público, que se omite, visando garantir a aplicabilidade e a eficácia da norma constitucional. Desse modo, a inconstitucionalidade por omissão pressupõe a incompatibilidade entre a conduta positiva exigida pela Constituição e a conduta negativa do Poder Público omisso. Descumpre-se, pois, a Constituição, não somente por ação, violando-a diretamente,

---

[266] Súmula n. 343 do STF.
[267] STF, RE 328.812, Rel. Min. Gilmar Mendes, j. 6.3.2008; *DJ*, 2.5.2008: "Ação Rescisória. Matéria constitucional. Inaplicabilidade da Súmula 343/STF. A manutenção de decisões das instâncias ordinárias divergentes da interpretação adotada pelo STF revela-se afrontosa à força normativa da Constituição e ao princípio da máxima efetividade da norma constitucional. Cabe ação rescisória por ofensa à literal disposição constitucional, ainda que a decisão rescindenda tenha se baseado em interpretação controvertida ou seja anterior à orientação fixada pelo Supremo Tribunal Federal".

"*Processual Civil. Ação Rescisória. Interpretação de texto constitucional. Cabimento. Súmula 343/STF. Inaplicabilidade. Violação a literal disposição de Lei (CPC, art. 485, v). FNT – sobretarifa. Lei n. 6.093/74. Inconstitucionalidade (RE 117315/RS). Divergência jurisprudencial superada. Súmula 83/STJ. Precedentes.*

– O entendimento desta Corte, quanto ao cabimento da ação rescisória nas hipóteses de declaração de constitucionalidade ou inconstitucionalidade de lei é no sentido de que 'a conformidade, ou não, da lei com a Constituição é um juízo sobre a validade da lei; uma decisão contra a lei ou que lhe negue a vigência supõe lei válida. A lei pode ter uma ou mais interpretações, mas ela não pode ser válida ou inválida, dependendo de quem seja o encarregado de aplicá-la. Por isso, se a lei é conforme à Constituição e o acórdão deixa de aplicá-la à guisa de inconstitucionalidade, o julgado se sujeita à ação rescisória ainda que na época os tribunais divergissem a respeito. Do mesmo modo, se o acórdão aplica lei que o Supremo Tribunal Federal, mais tarde, declare inconstitucional' (REsp. 128.239/RS).

– A eg. Corte Especial deste Tribunal pacificou o entendimento, sem discrepância, no sentido de que é admissível a ação rescisória, mesmo que à época da decisão rescindenda, fosse controvertida a interpretação de texto constitucional, afastada a aplicação da Súmula 343/STF (REsp. 155.654/RS, *DJ* de 23.8.1999)" (REsp. 36.017/PE, 2ª T., Rel. Min. Francisco Peçanha Martins, *DJ* 11.12.2000, p. 185).

mas também por uma atitude negativa por parte daqueles incumbidos de atuar e agir para tornar efetivos os preceitos não autoaplicáveis do texto constitucional.

Objetiva a ação de inconstitucionalidade por omissão dar eficácia às normas constitucionais dependentes de complementação, diante da inércia do Poder Público, que se abstém da prática de um dever a ele imposto pela Constituição. A inércia do Poder Público, que enseja a ação de inconstitucionalidade por omissão, refere-se apenas às normas constitucionais não autoaplicáveis, ou, na classificação de José Afonso da Silva, as de eficácia limitada de princípio institutivo e de princípio programático.

Observa-se, no ponto, que a omissão constitucional não se afere em face do sistema constitucional em bloco, como um todo, mas em face de uma certa e determinada norma constitucional, cuja não exequibilidade esteja a inviabilizar o cumprimento da Constituição. Nesse sentido, é o que se extrai da doutrina de Jorge Miranda, ao afirmar: "Antes de mais, somente é de ter por relevante o não cumprimento da Constituição que se manifesta através do não cumprimento de uma das suas normas, devidamente individualizada. Não é escopo do art. 283º (da Constituição Portuguesa) a apreciação dos resultados globais de aplicação da Constituição, mas a apreciação de uma situação de violação necessariamente demarcada a partir de uma norma a que o legislador ordinário não confere a exequibilidade. A inconstitucionalidade por omissão – tal como a inconstitucionalidade por acção – não se afere em face do sistema constitucional em bloco. É aferida em face de uma norma cuja não exequibilidade frustra o cumprimento da Constituição. A violação especifica-se olhando a uma norma violada, e não ao conjunto de disposições e princípios. Se assim não fosse, o juízo de inconstitucionalidade seria indefinido, fluido e dominado por considerações extrajurídicas e o órgão de garantia poderia ficar remetido ao arbítrio e à paralisia."[268]

Canotilho, ao seu turno, após distinguir ordens de legislar de imposições constitucionais, cujo descumprimento caracteriza omissão inconstitucional, não aceita como omissão inconstitucional o não cumprimento dos deveres e imposições abstratas de legislação, mas a violação, por ato omisso, do dever de atuar concretamente imposto pelas normas constitucionais (omitir não é um simples não fazer, mas o não fazer algo). Segundo ele, "a omissão legislativa inconstitucional significa que o legislador não 'faz' algo que positivamente lhe era imposto pela constituição. Não se trata, pois, apenas de um simples negativo 'não fazer'; trata-se, sim, de não fazer aquilo a que, de forma concreta e explícita, estava constitucionalmente obrigado. Já por esta definição restritiva de omissão se pode verificar que a inconstitucionalidade por omissão, no seu estrito e rigoroso sentido, deve conexionar-se com uma exigência concreta constitucional de acção. O simples dever geral de emanação das leis não fundamenta uma omissão inconstitucional. De igual modo, as 'ordens constitucionais de legislar', isto é, as imposições constitucionais que contêm deveres de legislação abstractos (exemplo: as normas programáticas, os preceitos enunciadores dos fins do Estado), embora configurem deveres de acção legislativa, não estabelecem concretamente aquilo que o legislador deve fazer para, no caso de omissão, se poder falar de silêncio legislativo inconstitucional. Aqui reside, quanto a nós, a diferença fundamental entre as *imposições abstractas* e as *imposições*

---

[268] MIRANDA. *Manual de direito constitucional*, t. 6, p. 284-285.

constitucionais concretas: a não realização normativa das primeiras situa-nos no âmbito do 'não cumprimento' das exigências constitucionais, e eventualmente, no terreno dos 'comportamentos ainda constitucionais' mas que tenderão (no caso de sistemático não actuar legislativo) a tornar-se 'situações inconstitucionais'."[269]

A omissão inconstitucional pode ocorrer em face de quaisquer das funções do Estado: 1. inconstitucionalidade por omissão de atos legislativos, em que o legislador, perante normas constitucionais não exequíveis por si próprias – preceptivas ou programáticas – não edita as leis necessárias a conferir-lhes exequibilidade; 2. inconstitucionalidade por omissão de atos políticos ou de governo, quando, por exemplo, não se nomeiam titulares de cargos constitucionais ou não se promulgam leis do Parlamento; 3. inconstitucionalidade por omissão da revisão constitucional, quando a Constituição, explícita ou implicitamente, requeira a modificação de alguns dos seus preceitos ou dos seus institutos; 4. inconstitucionalidade por omissão de atos administrativos, na hipótese de omissão de atos administrativos de execução de leis ou de regulamentos; 5. inconstitucionalidade por omissão de decisão judicial, o que significa denegação da justiça.[270]

A omissão será inconstitucional, desde que o destinatário do ato não o faça nos termos exigidos, ou no tempo útil. Há casos em que a Constituição fixa prazo para a prática do ato, mas para a maioria deles inexiste prazo constitucional, o que leva à necessidade de se avaliar o tempo decorrido, segundo o princípio da razoabilidade, a fim de evitar que se tornem ineficazes as imposições constitucionais.

A omissão inconstitucional, caracterizada pela inércia absoluta ou pela atuação insuficiente ou deficiente, pode ser classificada em modalidades ou espécies diversas, e que são *total* e *parcial*.[271]

---

[269] CANOTILHO. *Constituição dirigente e vinculação do legislador*: contributo para a compreensão das normas constitucionais programáticas, p. 331-332.

[270] MIRANDA. *Manual de direito constitucional*, t. 6, p. 272-275.

[271] O Supremo Tribunal Federal deixou consignado: "Desrespeito à Constituição – modalidades de comportamentos inconstitucionais do poder público. O desrespeito à Constituição tanto pode ocorrer mediante ação estatal quanto mediante inércia governamental. A situação de inconstitucionalidade pode derivar de um comportamento ativo do Poder Público, que age ou edita normas em desacordo com o que dispõe a Constituição, ofendendo-lhe, assim, os preceitos e os princípios que nela se acham consignados. Essa conduta estatal, que importa em um *facere* (atuação positiva), gera a inconstitucionalidade por ação. Se o Estado deixa de adotar as medidas necessárias à realização concreta dos preceitos da Constituição, em ordem a torná-los efetivos, operantes e exequíveis, abstendo-se, em consequência, de cumprir o dever de prestação que a Constituição lhe impôs, incidirá em violação negativa do texto constitucional. Desse *non facere* ou *non praestare*, resultará a inconstitucionalidade por omissão, que pode ser total, quando é nenhuma a providência adotada, ou parcial, quando é insuficiente a medida efetivada pelo Poder Público (*omissis*). A omissão do Estado – que deixa de cumprir, em maior ou em menor extensão, a imposição ditada pela texto constitucional – qualifica-se como comportamento revestido da maior gravidade, político-jurídica, eis que, mediante inércia, o Poder Público também desrespeita a Constituição, também ofende direitos que nela se fundam e também impede, por ausência de medidas concretizadoras, a própria aplicabilidade dos postulados e princípios da Lei Fundamental. As situações configuradoras de omissão inconstitucional – ainda que se cuide de omissão parcial, derivada da insuficiente concretização, pelo Poder Público, do conteúdo material da norma impositiva fundada na Carta Política, de que é destinatário – refletem comportamento

A omissão inconstitucional diz-se total quando a atuação devida do poder público deixa de existir. Nesse caso, no âmbito da omissão legislativa, o legislador não age; em face da convocação do constituinte para agir: manifesta-se o absoluto silêncio, a postura passiva.

A omissão constitucional parcial é aquela em que o silêncio do responsável pela prática do ato ocorre apenas em parte, é dizer, o poder público atua, mas de forma incompleta ou deficiente, deixando de atender com fidelidade aos termos exigidos pela Constituição.

Em suma: na inconstitucionalidade por omissão total, há a inércia completa do legislador, enquanto que na parcial há apenas deficiência ou insuficiência da atividade legislativa.

A omissão parcial pode ser ainda *relativa* ou *parcial propriamente dita*. Na omissão parcial propriamente dita, a norma existe, mas não satisfaz plenamente o mandamento constitucional, por insuficiência ou deficiência de seu texto. Exemplo dessa espécie de omissão é a lei que institui salário mínimo em patamar incapaz de atender aos parâmetros constitucionais enunciados no art. 7º, IV, da Constituição Federal. Na omissão relativa, o ato normativo outorga a alguma categoria de pessoas determinado benefício, com exclusão de outras, que deveriam ter sido contempladas, com violação ao princípio da isonomia.[272]

O fenômeno da inconstitucionalidade por omissão parcial suscita, por isso mesmo, algumas questões, dada a sua complexidade, que, segundo Flávia Piovesan, "pode implicar em inconstitucionalidade por ação. Tal fenômeno pode ocorrer em virtude de violação ao princípio da igualdade, sempre que acarrete um tratamento mais favorável ou desfavorável prestado a certas pessoas ou a certas categorias de pessoas, e não a todas as que, estando em situações idênticas ou semelhantes, deveriam também ser contempladas do mesmo modo pela lei. Existe uma omissão legislativa parcial quando o legislador não efetiva completamente uma imposição constitucional concreta. Como assinalado, a omissão legislativa parcial ocorre especialmente quando leis de cumprimento da Constituição favorecem certos grupos, esquecendo outros, o que importa na exclusão constitucional de vantagens. Caracteriza-se, assim, a omissão legislativa parcial, dado que o legislador tem o dever de tornar exequível o direito constitucional, em prol do princípio da igualdade, o que justifica o alargamento da solução legal a outras categorias de cidadãos. Nesta perspectiva, a omissão deve ser concebida no ângulo material e não meramente formal, ou seja, a violação ao princípio da igualdade implica na inconstitucionalidade por omissão".[273]

O problema causado pela omissão parcial, nesses casos, está na solução dada pela justiça constitucional: ou bem declaram a inconstitucionalidade das normas que tra-

---

estatal que deve ser repelido, pois a inércia do Estado qualifica-se perigosamente, como um dos processos informais de mudança da Constituição, expondo-se, por isso mesmo, à censura do Poder Judiciário." (ADI 1.439-MC, Rel. Min. Celso de Mello, *DJU*, 30.5.2003).

[272] BARROSO. *O controle de constitucionalidade no direito brasileiro*, p. 224-225.
[273] PIOVESAN. *Proteção judicial contra as omissões legislativas*, p. 97.

zem as omissões, à consideração de que houve violação ao princípio da igualdade, ou bem estendem o âmbito normativo, para que seja observado esse princípio.

No Supremo Tribunal Federal, a situação em análise foi examinada no julgamento da ADI 526, proposta contra a Medida Provisória n. 296/91, que majorou a remuneração de expressiva categoria de servidores estatais, e que foi arguida de inconstitucional, por haver excluído do benefício outros servidores, em ofensa, portanto, ao art. 37, inciso X, da Constituição Federal, que, anteriormente à EC n. 19/1998 (que suprimiu a regra), vedava a distinção de índices na revisão geral de remuneração de servidores públicos, civis e militares. Em seu voto, o Relator, Ministro Sepúlveda Pertence, deixou expresso que órgão de controle da constitucionalidade, nesses casos, se depara com um dilema cruciante: a declaração da inconstitucionalidade por ação, em virtude de violação ao princípio da isonomia e consequente nulidade de vantagem que não traduz privilégio, o que conduziria a iniquidades; ou a declaração da inconstitucionalidade por omissão, com a simples comunicação da decisão ao órgão legislativo competente, para que supra a omissão.[274]

Na doutrina, Gilmar Ferreira Mendes salienta: "Dado que no caso de uma omissão parcial há uma conduta positiva, não há como deixar de reconhecer a admissibilidade, em princípio, da aferição da legitimidade do ato defeituoso ou incompleto no processo de controle de normas, ainda que abstrato. Tem-se, pois, aqui uma *relativa*, mas inequívoca *fungibilidade* entre a ação direta de inconstitucionalidade e o processo de controle abstrato da omissão, uma vez que os dois processos – o de controle de normas e o de controle da omissão – acabam por ter – formal e substancialmente – o mesmo objeto, isto é, a inconstitucionalidade da norma em razão de sua incompletude. Evidentemente, a cassação da norma inconstitucional (*declaração de nulidade*) não se mostra apta, as mais das vezes, para solver os problemas decorrentes da omissão parcial, mormente da chamada *exclusão de benefício incompatível com o princípio da igualdade*. É que ela haveria de suprimir o benefício concedido, em princípio licitamente, a certos setores, sem permitir a extensão da vantagem aos segmentos discriminados."[275]

Não se deve esquecer, todavia, se a inconstitucionalidade por ação atua no domínio da validade das leis e se acha ligada à ação excessiva dos Poderes Públicos, que acarreta a invalidade normativa, a inconstitucionalidade por omissão, seja total, seja parcial, situa-se no âmbito da eficácia e aplicabilidade das normas constitucionais, achando-se ainda vinculada ao Estado de Justiça Social, e ao fenômeno da inefetividade da Constituição.

O perfil da ação direta de inconstitucionalidade por omissão se acha traçado pela Lei n. 9.868, de 10 de novembro de 1999, no Capítulo II-A, que lhe foi acrescentado pela Lei n. 12.063, de 27 de outubro de 2009.[276]

---

[274] STF – ADI 526, Rel. Min. Sepúlveda Pertence, j. 12.12.91, *DJU* 5.3.93.
[275] MENDES. *Jurisdição constitucional*, p. 315 e 318.
[276] LEI N. 12.063, DE 27 DE OUTUBRO DE 2009, que acrescenta à LEI N. 9.868, DE 10 DE NOVEMBRO DE 1999, o Capítulo II-A, que estabelece a disciplina processual da ação direta de inconstitucionalidade por omissão. "Capítulo II-A – Art. 12-A. Podem propor a ação direta de inconstitucionalidade por omissão os legitimados à propositura da ação direta de inconstitucionalidade e da ação declaratória de constitucionalidade. Art. 12-B. A petição indicará:

11.1 Legitimação

Os legitimados ativos para a ação de inconstitucionalidade por omissão são os mesmos para a ação direta de inconstitucionalidade. Podem propô-la: o Presidente da República; a Mesa do Senado Federal; a Mesa da Câmara dos Deputados; a Mesa de Assembleia Legislativa ou da Câmara Legislativa do Distrito Federal; o Governador de Estado ou do Distrito Federal; o Procurador-Geral da República; o Conselho Federal da Ordem dos Advogados do Brasil; partido político com representação no Congresso Nacional; confederação sindical ou entidade de classe de âmbito nacional.

Ronaldo Poletti aduz que "a inconstitucionalidade por omissão se insere na ação direta de inconstitucionalidade. As autoridades que podem propor essa última são, em princípio, as que podem representar perante o Supremo, a quem compete proces-

---

I – a omissão inconstitucional total ou parcial quanto ao cumprimento de dever constitucional de legislar ou quanto à adoção de providência de índole administrativa; II – o pedido, com suas especificações. Parágrafo único. A petição inicial, acompanhada de instrumento de procuração, se for o caso, será apresentada em 2 (duas) vias, devendo conter cópias dos documentos necessários para comprovar a alegação de omissão. Art. 12-C. – A petição inicial inepta, não fundamentada, e a manifestamente improcedente serão liminarmente indeferidas pelo relator. Parágrafo único. Cabe agravo da decisão que indeferir a petição inicial. Art. 12-D. Proposta a ação direta de inconstitucionalidade por omissão, não se admitirá desistência. Art. 12-E. Aplicam-se ao procedimento da ação direta de inconstitucionalidade por omissão, no que couber, as disposições constantes da Seção I do Capítulo II desta Lei. § 1º Os demais titulares referidos no art. 2º desta Lei poderão manifestar-se, por escrito, sobre o objeto da ação e pedir a juntada de documentos reputados úteis para o exame da matéria, no prazo das informações, bem como apresentar memoriais. § 2º O relator poderá solicitar a manifestação do Advogado-Geral da União, que deverá ser encaminhada no prazo de 15 (quinze) dias. § 3º O Procurador-Geral da República, nas ações em que não for autor, terá vista do processo, por 15 (quinze) dias, após o decurso do prazo para informações. Art. 12-F. Em caso de excepcional urgência e relevância da matéria, o Tribunal, por decisão da maioria absoluta de seus membros, observado o disposto no art. 22, poderá conceder medida cautelar, após a audiência dos órgãos ou autoridades responsáveis pela omissão inconstitucional, que deverão pronunciar-se no prazo de 5 (cinco) dias. § 1º A medida cautelar poderá consistir na suspensão da aplicação da lei ou do ato normativo questionado, no caso de omissão parcial, bem como na suspensão de processos judiciais ou de procedimentos administrativos, ou ainda em outra providência a ser fixada pelo Tribunal. § 2º O relator, julgando indispensável, ouvirá o Procurador-Geral da República, no prazo de 3 (três) dias. § 3º No julgamento do pedido de medida cautelar, será facultada sustentação oral aos representantes judiciais do requerente e das autoridades ou órgãos responsáveis pela omissão inconstitucional, na forma estabelecida no Regimento do Tribunal. Art.12-G. Concedida a medida cautelar, o Supremo Tribunal Federal fará publicar, em seção especial do Diário Oficial da União e do Diário da Justiça da União, a parte dispositiva da decisão no prazo de 10 (dez) dias, devendo solicitar as informações à autoridade ou ao órgão responsável pela omissão inconstitucional, observando-se, no que couber, o procedimento estabelecido na Seção I do Capítulo II desta Lei. Art. 12-H. Declarada a inconstitucionalidade por omissão, com observância do disposto no art. 22, será dada ciência ao Poder competente para a adoção das providências necessárias. § 1º Em caso de omissão imputável a órgão administrativo, as providências deverão ser adotadas no prazo de 30 (trinta) dias, ou em prazo razoável a ser estipulado excepcionalmente pelo Tribunal, tendo em vista as circunstâncias específicas do caso e o interesse público envolvido. § 2º Aplica-se à decisão da ação direta de inconstitucionalidade por omissão, no que couber, o disposto no Capítulo IV desta Lei."

sar e julgar originariamente 'a ação direta de inconstitucionalidade de lei ou ato normativo federal ou estadual (art. 102, I, *a*), embora seja bizarro que algumas daquelas autoridades, sobretudo na omissão legislativa, detenham o poder de iniciativa da lei e, portanto, em vez de arguirem a omissão, deveriam diligenciar para supri-la".[277]

A demonstração da pertinência temática, como condição objetiva de requisito qualificador da própria legitimidade ativa *ad causam* do autor, é exigida daqueles proponentes que não dispõem de interesse genérico para a guarda da Constituição, e que são a Mesa de Assembleia Legislativa ou da Câmara Legislativa do Distrito Federal, o Governador de Estado ou do Distrito Federal, e as confederações sindicais ou entidades de classe de âmbito nacional.[278]

A legitimidade passiva recai sobre os órgãos ou autoridades responsáveis pela edição do ato exigido pela Constituição. Note-se que tanto os legitimados ativos quanto os passivos não são partes, pois a ação de inconstitucionalidade por omissão configura um processo objetivo.

Os titulares que não figuraram como proponentes da ação poderão manifestar-se, por escrito, sobre o objeto da ação e pedir a juntada de documentos reputados úteis para o exame da matéria, no prazo das informações, bem como apresentar memoriais (§ 1º do art. 12-E).

11.2 Competência

Compete ao Supremo Tribunal Federal, originariamente, processar e julgar a ação direta de inconstitucionalidade por omissão, nos termos da Lei n. 9.868/99.

Podem os Estados-Membros, segundo sustenta a doutrina em geral, instituir o controle da constitucionalidade por omissão, em face de suas Constituições. É que, como há previsão na Constituição Federal da representação de inconstitucionalidade, no âmbito estadual (art. 125, § 2º), em virtude do princípio da unicidade, nela deve ser compreendida a da omissão violadora da Constituição. Dê-se como exemplo as Constituições dos Estados do Rio de Janeiro e de São Paulo, que preveem a representação de inconstitucionalidade por omissão.

11.3 Procedimento

Na ação de inconstitucionalidade por omissão, aplicam-se as regras da ação direta de inconstitucionalidade, e mesmo será o procedimento, já que se trata de processo objetivo, sem partes, sendo *erga omnes* a eficácia da decisão. Dispõe o art. 12-E da Lei n. 9.868/99 que se aplicam ao procedimento da ação direta de inconstitucionalidade por omissão, no que couber, as disposições constantes da Seção I do Capítulo II daquela Lei, como acima examinado.

Ainda no que se refere ao procedimento, a petição inicial indicará: 1. a omissão constitucional total ou parcial quanto ao cumprimento de dever constitucional de

---

[277] POLETTI. *Op. cit.*, p. 215.
[278] STF – ADI 1.096-RS, Rel. Min. Celso de Mello, *DJU*, 22.9.1995.

legislar ou quanto à adoção de providência de índole administrativa; 2. o pedido, com suas especificações. A inicial, acompanhada de instrumento de procuração, se for o caso, será apresentada em duas vias, devendo conter cópias dos documentos necessários para comprovar a alegada omissão (art. 12-B).

A petição inicial inepta, não fundamentada, e a manifestamente improcedente serão liminarmente indeferidas pelo relator, cabendo agravo da decisão. Proposta a ação, não se admitirá desistência (arts. 12-C e 12-D).

Há atuação do Procurador-Geral da República, nas ações em que não for autor, tendo vista do processo por 15 (quinze) dias, após o decurso do prazo para informações (art. 12-E, § 3º).

O Supremo Tribunal Federal havia decidido ser desnecessária a audiência do Advogado-Geral da União, porque inexiste norma legal ou ato normativo a defender (ADI 23-2-SP, Questão de Ordem, Rel. Min. Sydney Sanches). Nos termos do art. 12-E, § 2º, da Lei n. 9.868/99, o relator poderá, no entanto, solicitar a manifestação do Advogado-Geral da União, que deverá ser encaminhada no prazo de 15 (quinze) dias.

A ação de inconstitucionalidade por omissão fica prejudicada, por perda de objeto, quando revogada a norma que necessitava de regulamentação para se tornar efetiva (ADI 1.836-SP, Rel. Min. Moreira Alves).

11.4 Medida cautelar

A medida cautelar, anteriormente à Lei n. 12.063/2009, era tida como incabível na ação de inconstitucionalidade por omissão, pois, como o Supremo Tribunal Federal vinha entendendo, a ação de inconstitucionalidade por omissão destina-se apenas a dar ciência da mora ao poder omisso, para a adoção das medidas cabíveis, dentre as quais não se inclui a edição de provimento normativo para suprir a inércia do órgão faltoso. Injustificável seria, portanto, a antecipação dos efeitos positivos que não se alcançam pela decisão de mérito. Nesse sentido, o Supremo Tribunal decidiu que é incabível o pedido de liminar, porquanto se nem mesmo o provimento judicial último pode implicar o afastamento da omissão, quanto mais o exame preliminar.[279]

Com o advento da Lei n. 12.063/2009, a medida cautelar passou a ser cabível.

Dispõe, com efeito, o art. 12-F da Lei n. 9.868/99, acrescentado pela Lei n. 12.063/2009, que em caso de excepcional urgência e relevância da matéria, o Tribunal, por decisão da maioria absoluta de seus membros, observado o disposto no art. 22, poderá conceder medida cautelar, após a audiência dos órgãos ou autoridades responsáveis pela omissão inconstitucional, que deverão pronunciar-se no prazo de 5 (cinco) dias. A medida cautelar poderá consistir na suspensão da lei ou do ato normativo questionado, no caso de omissão parcial, bem como na suspensão de processos judiciais ou de procedimentos administrativos, ou ainda em outra providência a ser fixada pelo Tribunal (art. 12-F). Assim, poderá o Supremo Tribunal Federal decidir que a ação de inconstitucionalidade por omissão visa obter um pronunciamento ju-

---

[279] STF, ADI 361, Rel. Min. Marco Aurélio, j. 5.10.1990, *DJU* 26.10.1990.

dicial que supra a lacuna inconstitucional, para além do reconhecimento da mora normativa. Anote-se que, para a concessão da medida cautelar o relator, julgando indispensável, ouvirá o Procurador-Geral da República, no prazo de 3 (três) dias. No julgamento do pedido de medida cautelar, será facultada sustentação oral aos representantes judiciais do proponente da ação e das autoridades ou órgãos responsáveis pela omissão inconstitucional, na forma estabelecida no Regimento do Tribunal.

11.5 A decisão e seus efeitos

Dispõe a Constituição, no § 2º do artigo 103, que declarada a inconstitucionalidade por omissão de medida para tornar efetiva norma constitucional, será dada ciência ao Poder competente para a adoção das providências necessárias e, em se tratando de órgão administrativo, para fazê-lo em 30 (trinta) dias.

Em caso de omissão imputável a órgão administrativo, prevê o § 1º do art. 12-H da Lei n. 9.868/99, que as providências deverão ser adotadas no prazo de 30 (trinta) dias, ou em prazo razoável a ser estipulado excepcionalmente pelo Tribunal, tendo em vista as circunstâncias específicas do caso e o interesse público envolvido.

A decisão de procedência da ação de inconstitucionalidade por omissão tem o seu conteúdo e alcance previstos no art. 103, § 2º, da Constituição Federal, ou seja, determina-se que seja cientificado o Poder competente para a adoção das providências necessárias, e, em se tratando de atribuições de natureza administrativa, para fazê-lo no prazo de trinta dias, ou, segundo a Lei n. 9.868/99, em prazo razoável, como acima se verificou. Trata-se de uma declaração de inconstitucionalidade sem a pronúncia de nulidade.

A decisão sobre a inconstitucionalidade por omissão somente será tomada se presente na sessão de julgamento o número mínimo de oito Ministros (art. 22 da Lei n. 9.868/99), sendo necessária a manifestação de pelo menos seis deles para que o pedido seja julgado procedente. Suspende-se o julgamento se estiverem ausentes Ministros em número que possa influir no resultado (art. 23, parágrafo único). A decisão é irrecorrível, salvo a oposição de embargos declaratórios, e não pode ser objeto de ação rescisória (art. 26). O julgado terá eficácia contra todos e efeito vinculante. Relativamente aos efeitos temporais, embora caiba ao Supremo Tribunal modular tais efeitos, a teor do que dispõe o § 2º do art. 12-H da Lei n. 9.868/99, esclarece Luís Roberto Barroso, "que a decisão jamais poderá retroagir ao momento inicial da ausência da norma, que seria o dia seguinte à promulgação da Constituição, haja vista o reconhecimento unânime de que se deve conceder um prazo razoável para a edição da medida integradora das normas constitucionais".[280]

Questão complexa, quando se trata da ação de inconstitucionalidade por omissão, reside em fixar os contornos da decisão judicial que a acolhe, no que respeita ao Poder Público, a fim de que tenha eficácia. A propósito, escreve Ronaldo Poletti que "no Brasil, a Constituição, como em outros passos, ficou no meio do caminho. Deixou de levar até as últimas consequências o que instituiu e tão preocupada em ser

---

[280] BARROSO. *O controle de constitucionalidade no direito brasileiro*, p. 235.

para valer, acabou por frustrar-se mais uma vez, provavelmente por uma falsa avaliação da realidade e desconhecimento, por parte do constituinte, dos mecanismos jurídicos. Anna Cândida da Cunha Ferraz avalia a dificuldade em sua 'Proposta'. Como constranger o legislador a legislar? Inexistem nos sistemas constitucionais contemporâneos fórmulas adequadas para tanto. Nada adianta a fixação de prazos, pois, a par disso, as Constituições, em regra, não legitimam ninguém para o exercício de uma prestação jurídica, objetivando o adimplemento dessa prestação positivapelos órgãos legislativos".[281] A omissão, portanto, nesse caso, se revelaria uma questão política, mesmo porque não há como admitir que o Judiciário exerça atribuições tipicamente legislativas, sem que ocorra afronta ao princípio da separação de poderes.

O Supremo Tribunal Federal vem decidindo as ações de inconstitucionalidade por omissão de modo a não se reconhecer como legislador positivo, como se extrai deste julgado: "A procedência da ação direta de inconstitucionalidade por omissão, importando em reconhecimento judicial do estado de inércia do Poder Público, confere ao STF, unicamente, o poder de cientificar o legislador inadimplente, para que este adote as medidas necessárias à concretização do texto constitucional. Não assiste ao STF, contudo, em face dos próprios limites fixados pela Carta Política em tema de inconstitucionalidade por omissão (CF, art. 103, § 2º), a prerrogativa de expedir provimentos normativos com o objetivo de suprir a inatividade do próprio órgão legislativo inadimplente."[282]

Observe-se que há casos em que, realmente, a atuação do legislador se revela absolutamente insubstituível, em que não cabe ao Supremo Tribunal dispor, normativamente, como determinadas normas constitucionais de eficácia limitada do tipo institutivo (arts. 134, parágrafo único, referente à Defensoria Pública; art. 131, referente à Advocacia-Geral da União), as normas relativas à elaboração de Códigos (art. 48 do ADCT, referentes à elaboração do Código de Defesa do Consumidor), dentre outras, Flávia Piovesan pondera que, a se ter a ação de inconstitucionalidade por omissão como instrumento pelo qual se obtém, apenas, a declaração de inconstitucionalidade por omissão e a ciência do legislador para adotar as providências necessárias à realização do preceito constitucional, o instrumento se tornaria insuficiente e insatisfatório para os fins que busca alcançar, ou seja, a efetivação das normas constitucionais. Sugere então como mais eficiente e eficaz que o Supremo Tribunal Federal declare inconstitucional a omissão, e fixe prazo provisório (que seria equivalente ao prazo de urgência constitucional, a que se refere o art. 64, § 2º, da Constituição), para o legislador omisso suprir a omissão, conferindo efetividade à norma constitucional.[283]

José Afonso da Silva, que apresentou sugestões durante os trabalhos da Assembleia Constituinte, relata, nessa mesma linha de pensamento, que "no caso de inconstitucionalidade por omissão propugnáramos por uma decisão judicial normativa, para valer como lei se após certo prazo o legislador não suprisse a omissão. A

---

[281] POLETTI. *Op. cit.*, p. 216.
[282] STF – ADI MC 1.458-DF, Rel. Min. Celso de Mello, *DJU*, 20.9.1996.
[283] PIOVESAN. *Proteção judicial contra as omissões legislativas*, p. 126-127.

sentença normativa teria esse efeito. Mas o legislador constituinte não quis dar esse passo à frente".[284]

Em se tratando de omissão parcial inconstitucional, mesmo naqueles casos que envolvem a aplicação do princípio da isonomia, como a de uma lei ordinária que deixa de estender determinado benefício a certa categoria de pessoas, o Supremo Tribunal Federal não tem considerado admissível a formulação de decisões *aditivas* ou *manipulativas* (= decisões proferidas para colmatar a falta de previsão legislativa, como ocorre na Corte Constitucional da Itália), o que acaba por impossibilitar a extensão dos benefícios e vantagens às categorias ou grupos inconstitucionalmente deles excluídos. O tema foi por nós tratado acima.

A declaração de inconstitucionalidade por omissão, por pressupor a mora legislativa do Poder Público, viabiliza, segundo entendimento doutrinário, a responsabilização civil, pela inércia ilegítima do órgão competente.[285]

11.6 Diferenças entre a ação de inconstitucionalidade por omissão e o mandado de injunção

A despeito de a ação de inconstitucionalidade por omissão e o mandado de injunção terem sido instituídos para o controle da omissão inconstitucional, solucionando a questão da inefetividade da Constituição, ou da omissão do Poder Público em adotar as medidas necessárias para tornar efetiva a norma constitucional não regulamentada, há diferenças entre os dois institutos, que vale ressaltar:

I – O mandado de injunção é instrumento de tutela de direito subjetivo e a inconstitucionalidade por omissão tutela direito objetivo. Assim, o mandado de injunção é garantia constitucional individual, e ação de inconstitucionalidade por omissão é ação constitucional de garantia da Constituição. O primeiro destina-se a tornar imediatamente viável o exercício de direitos fundamentais, enquanto que a inconstitucionalidade por omissão objetiva tornar efetiva uma norma constitucional, ainda que a mesma defina ou não um direito. Essa diferença é percebida na própria dicção do texto constitucional, que concebe o perfil jurídico das duas ações: o art. 5º, LXXI, estabelece que o mandado de injunção será concedido para tornar viável o exercício dos direitos e liberdades constitucionais e das prerrogativas inerentes à nacionalidade, à soberania e à cidadania, sendo que o art. 103, § 2º, menciona a ação de inconstitucionalidade por omissão como medida para tornar efetiva norma constitucional. Apesar de "mais reduzido o objeto do mandado de injunção, expressa ele maior potencialidade de eficácia que ação direta de inconstitucionalidade por omissão", é o que adverte Flávia Piovesan.[286]

---

[284] SILVA. *Curso de direito constitucional positivo*, p. 54.
[285] Cf. BARROSO. *O controle de constitucionalidade no direito brasileiro*, p. 236, em que anota, acerca do assunto, posicionamento de diversos doutrinadores.
[286] PIOVESAN. *Proteção judicial contra omissões legislativas*, p. 182.

II – O mandado de injunção não é instrumento de provocação da jurisdição constitucional concentrada, como o são a ação direta de inconstitucionalidade, a ação declaratória de constitucionalidade, a ação direta de inconstitucionalidade interventiva e a arguição de descumprimento de preceito fundamental. O mandado de injunção é remédio individual, tal como o *habeas corpus*, o mandado de segurança, o *habeas data*, a ação popular e a ação civil pública.

III – O mandado de injunção é processado e julgado por juízo ou tribunal integrante de qualquer justiça, sendo a competência fixada em razão do órgão legislativo competente para a edição da norma regulamentadora reclamada. A ação de inconstitucionalidade por omissão é processada e julgada exclusivamente pelo Supremo Tribunal Federal, ou pelos Tribunais de Justiça dos Estados relativamente às omissões contestadas em face das Constituições estaduais.

IV – O mandado de injunção tem como legitimados ativos quaisquer dos titulares de direitos subjetivos constitucionais que se pretende exercer. Na ação de inconstitucionalidade por omissão, a legitimidade ativa está reservada aos proponentes taxativamente enumerados no art. 103 da Constituição Federal.

V – O mandado de injunção, quanto ao provimento jurisdicional proferido, no caso de procedência do pedido, dá ensejo a que se viabilize o exercício de direitos e liberdades constitucionais, quando da falta de norma regulamentadora. Na ação de inconstitucionalidade por omissão, no figurino em que é prevista a ação, o Supremo Tribunal Federal não viabiliza diretamente direito algum, mas apenas declara inconstitucional a omissão constitucional, dando ciência ao órgão competente para a adoção das providências necessárias.

VI – No mandado de injunção, os efeitos da decisão limitam-se às partes da relação processual. Na inconstitucionalidade por omissão, em decorrência de se tratar de um processo objetivo, em que não há partes no sentido material, nem qualquer controvérsia a ser dirimida, os efeitos da decisão são *erga omnes*.

12. AÇÃO DIRETA DE INCONSTITUCIONALIDADE INTERVENTIVA – ORIGEM, CONCEITO E NATUREZA JURÍDICA

A ação direta de inconstitucionalidade interventiva, ou representação interventiva, foi instituída em nosso Direito pela Constituição de 1934 (art. 12, § 2º), quando se provocava o Supremo Tribunal Federal, então denominado de Corte Suprema, com o propósito de se obter a declaração de constitucionalidade da lei federal que havia decretado a intervenção em negócios peculiares dos Estados. Suprimida pela Carta de 1937, a ação constitucional foi restabelecida pela Constituição de 1946. Por esta Constituição, a decretação da intervenção nos Estados passou a depender da declaração não mais da constitucionalidade da lei interventiva, mas da inconstitucionalidade da lei ou do ato estadual infringente dos denominados princípios constitucionais sensíveis, orientação que se mantém na Constituição de 1988, que também prevê a representação no caso de recusa à execução de lei federal.

A Constituição enumera os princípios constitucionais sensíveis no artigo 34, inciso VII, e suas alíneas, como de observância obrigatória pelos Estados-Membros, sob pena de intervenção.[287]

Para que se verifique a intervenção federal, é necessário que o Supremo Tribunal Federal dê provimento à ação direta de inconstitucionalidade interventiva, proposta pelo Procurador-Geral da República, que detém legitimação exclusiva.

Gilmar Ferreira Mendes acentua que na representação interventiva "não há um processo objetivo, mas a judicialização de conflito federativo atinente à observância de deveres jurídicos especiais, impostos pelo ordenamento federal ao Estado-Membro".[288] Trata-se, portanto, de um processo contencioso, figurando no polo ativo o Procurador-Geral da República, como representante judicial da União, e no polo passivo os órgãos estaduais que editaram o ato questionado, diversamente do que ocorre com o controle abstrato, que é um processo objetivo. A relação processual interventiva é, pois, contraditória entre União e Estado-Membro. E o Supremo Tribunal Federal, ao declarar a inconstitucionalidade do ato normativo estadual, não o anula nem lhe retira a eficácia, sendo apenas condição indispensável para a medida interventiva.

Há, contudo, divergência quanto à natureza jurídica da ação direta interventiva. Entendem ser ela processo objetivo e não subjetivo, José Horácio Meirelles Teixeira, Themístocles Cavalcanti e Alfredo Buzaid e Célio Borja, por não haver litígio entre a União, Estado ou Distrito Federal. O objetivo da ação direta interventiva, proposta pelo Procurador-Geral da República como substituto processual, contra ato do poder estadual ou distrital, é o de tutelar a ordem jurídica, com a aferição, em tese, da sua constitucionalidade. Meirelles Teixeira escreve: "pese-se, na ação interventiva, não a reparação de uma lesão, mas a própria declaração da inconstitucionalidade, como objeto principal da ação. A declaração de inconstitucionalidade não é, portanto, aqui, *incidenter tantum*, mas *principaliter*."[289]

Já o Supremo Tribunal Federal, considerando o voto do Min. Celso de Mello, acentuou a natureza subjetiva do processo relativo à ação direta interventiva: "a existência de litígio constitucional entre a União e o Estado-Membro acha-se subjacente ao instituto da ação direta interventiva, cuja configuração jurídico-processual qua-

---

[287] Constituição Federal: "Art. 34. A União não intervirá nos Estados nem no Distrito Federal, exceto para: VII – assegurar a observância dos seguintes princípios constitucionais: a) forma republicana, sistema representativo e regime democrático; b) direitos da pessoa humana; c) autonomia municipal; d) prestação de contas da administração pública, direta e indireta; e) aplicação do mínimo exigido da receita resultante de impostos estaduais, compreendida a proveniente de transferência, na manutenção e desenvolvimento do ensino e nas ações e serviços públicos de saúde."

[288] MENDES. *Controle de constitucionalidade*: aspectos jurídicos e políticos, p. 222.

[289] TEIXEIRA. *Curso de direito constitucional*, p. 436.

lifica-o como notável instrumento de composição de conflitos federativos, destinado a restaurar a ordem constitucional vulnerada e a fazer cessar situações de lesão ou de ofensa a um dos princípios constitucionais sensíveis. O ajuizamento da ação interventiva supõe formal provocação do Procurador-Geral da República, a quem se deferiu a titularidade exclusiva do seu exercício, para efeito de instauração deste processo subjetivo."[290]

Nessa linha de entendimento, não se busca com a ação direta interventiva a nulidade do ato estadual que violou princípio constitucional sensível, mas a decretação da intervenção federal no Estado. O reconhecimento da inconstitucionalidade surge, no litígio constitucional entre União e Estado-Membro, como uma condição jurídica, um requisito para a prática do ato posterior, que é a intervenção. Declara-se a inconstitucionalidade, mas tendo consequência diferente da declaração de inconstitucionalidade nas ações subjetivas em geral. Acentua Clèmerson Merlin Clève: "Inocorre, na ação direta interventiva, declaração incidental de inconstitucionalidade ou declaração de inconstitucionalidade como objeto principal (declaração em tese). A declaração de inconstitucionalidade (ou constitucionalidade) constitui apenas mecanismo de solução de uma controvérsia envolvendo a União e o Estado-Membro. A decisão final não nulifica a lei, como na fiscalização abstrata, nem autoriza o arguente a subtrair-se da esfera de incidência do ato normativo viciado (nulidade aplicada ao caso), como na fiscalização incidental."[291]

12.1 Legitimação

A legitimidade ativa para a propositura da ação direta interventiva é exclusiva do Procurador-Geral da República. A despeito de se ter acima mencionado, com base na doutrina de Gilmar Ferreira Mendes, que a atuação daquele proponente não se dá como substituto processual, mas como representante judicial da União, deve-se lembrar que há divergência quanto ao papel desempenhado pelo Procurador-Geral, na ação. Segundo observa Luís Roberto Barroso, "o Procurador-Geral da República deverá agir, na hipótese, não como advogado da parte, mas como defensor da ordem jurídica (CF, art. 127), no caso, do equilíbrio federativo. Se fosse mero representante da União, não poderia recusar o patrocínio. Mas não é assim. Se, por exemplo, o Presidente da República entender que é caso de instauração da ação e o Procurador-Geral entender diversamente, não deverá propô-la. Se fosse um *representante*, um advogado, deveria promover o interesse de seu cliente, nos limites da lei e da ética, desde que a tese fosse plausível. O Procurador-Geral, no entanto, somente deverá propor a ação direta interventiva se estiver pessoalmente convencido do acerto dessa opção".[292] O Procurador-Geral atua, portanto, nesse caso, discricionariamente, e com independência funcional, podendo até mesmo determinar o arquivamento de representação que lhe tenha sido encaminhada.

---

[290] *Revista Trimestral de Jurisprudência*, n. 157, p. 33.
[291] CLÈVE. *A fiscalização abstrata da constitucionalidade no direito brasileiro*, p. 130.
[292] BARROSO. *O controle de constitucionalidade no direito brasileiro*, p. 285.

Legitimado passivo é o ente federativo a quem se imputa a violação de princípio constitucional sensível. A sua representação no processo se dá pelo chefe da Procuradoria-Geral, ou Advocacia-Geral, competente para o exercício da representação judicial e a consultoria jurídica das unidades federadas (art. 132 da Constituição Federal). Observe-se que, mesmo que a intervenção incida sobre um ou alguns dos poderes do Estado, há comprometimento da autonomia do ente estatal, em virtude da medida excepcional.

12.2 Competência

Compete ao Supremo Tribunal Federal julgar a ação direta interventiva, a teor do disposto no art. 36, III, da Constituição Federal.

No caso de intervenção estadual em Município, a competência para julgar a ação proposta pelo Procurador-Geral de Justiça é do Tribunal de Justiça (art. 35, IV, da Constituição Federal).

12.3 Procedimento

O procedimento da ação direta interventiva, anteriormente regulado pela Lei n. 4.337/64, vem agora disciplinado pela Lei n. 12.562, de 23 de dezembro de 2011.[293]

A representação será proposta pelo Procurador-Geral da República, em caso de violação aos princípios referidos no inciso VII do art. 34 da Constituição Federal, ou de recusa, por parte do Estado-Membro, à execução de lei federal.

A petição inicial, que será apresentada em duas vias, deverá conter: a indicação do princípio constitucional que se considera violado ou, se for o caso de recusa à aplicação de lei federal, das disposições questionadas; a indicação do ato normativo, do ato administrativo, do ato concreto ou da omissão questionados; a prova da violação do princípio constitucional ou da recusa de execução de lei federal; o pedido, com suas especificações. A inicial deverá conter, se for o caso, cópia do ato questionado e dos documentos necessários para comprovar a impugnação.

A petição inicial será indeferida liminarmente pelo Relator, quando não for o caso de representação interventiva, faltar algum dos requisitos estabelecidos na Lei n. 12.562/2011 ou for inepta.

Recebida a inicial, o Relator deverá tentar dirimir o conflito que dá causa ao pedido, utilizando-se dos meios que julgar necessários, na forma do Regimento Interno do Supremo Tribunal Federal.

Apreciado o pedido de liminar ou, logo após recebida a petição inicial, se não houver pedido de liminar, o relator solicitará as informações às autoridades responsáveis pela prática do ato questionado, que as prestarão em até 10 (dez) dias.

---

[293] A Lei n. 12.562/2011 não utiliza o vocábulo "ação", mas menciona a expressão "representação interventiva".

Decorrido o prazo para prestação das informações, serão ouvidos, sucessivamente, o Advogado-Geral da União e o Procurador-Geral da República, que deverão manifestar-se, cada qual, no prazo de 10 (dez) dias.

O Relator, se entender necessário, poderá requisitar informações adicionais, designar perito ou comissão de peritos para que elabore laudo sobre a questão ou, ainda, fixar data para declarações, em audiência pública, de pessoas com experiência e autoridade na matéria.

Poderão ainda ser autorizadas, a critério do relator, a manifestação e a juntada de documentos por parte de interessados no processo. Vencidos os prazos de prestação das informações, de manifestação do Advogado-Geral da União e do Procurador-Geral da República, ou, se for o caso, realizadas as diligências de que trata o art. 7º da Lei n. 12.562/2011, o Relator lançará o relatório, com cópia para todos os Ministros, e pedirá dia para julgamento.

A decisão sobre a representação interventiva somente será tomada se presentes na sessão pelo menos oito Ministros.

Realizado o julgamento, proclamar-se-á a procedência ou improcedência do pedido formulado na representação interventiva se num ou noutro sentido se tiverem manifestado pelo menos seis Ministros. Estando ausentes Ministros em número que possa influir na decisão sobre a representação interventiva, o julgamento será suspenso, a fim de se aguardar o comparecimento dos Ministros ausentes, até que se atinja o número necessário para a prolação da decisão.

12.4 Medida cautelar

A medida cautelar, dada a natureza e a finalidade da ação direta interventiva, com ela não se compatibiliza: é o que vem sustentando a doutrina.

Com efeito, cabe ao Presidente da República, de acordo com artigo 36, § 3º, da Constituição, suspender a execução do ato impugnado e declarado incompatível com a ordem federativa, após a pronúncia do Supremo Tribunal quanto à sua ilegitimidade, isso se o próprio Estado-Membro não promover a sua revogação. Portanto, inadmissível na ação direta interventiva a concessão de liminar, diante da sua finalidade.

A medida liminar, desse modo, se revelaria imprópria na ação direta interventiva, pois não se compreende como poderia o Supremo Tribunal suspender a execução de um ato do Estado-Membro arguido de inconstitucional, para fins de intervenção, se essa providência não é de sua alçada, já que apenas o Presidente da República é quem pode suspendê-lo, se a medida tiver eficácia, de acordo com o artigo 36, § 3º, da Constituição. O pronunciamento de urgência não poderia implicar na antecipação dos efeitos práticos inalcançáveis pelo provimento final, que se restringe à declaração de inconstitucionalidade do ato do Estado-Membro, e da requisição da intervenção federal ao Presidente da República.

Apesar do posicionamento doutrinário, a Lei n. 12.562/2011 (art. 5º, § 2º) prevê expressamente o cabimento da liminar na ação representação interventiva, que poderá consistir na determinação de que se suspenda o andamento de processo ou os efeitos de decisões judiciais ou administrativas ou de qualquer outra medida que apresente relação com a matéria objeto da representação interventiva.

12.5 A decisão e seus efeitos

Julgada a ação, far-se-á a comunicação às autoridades ou aos órgãos responsáveis pela prática dos atos questionados, e, se a decisão final for pela procedência do pedido formulado na representação interventiva, o Presidente do Supremo Tribunal Federal, publicado o acórdão, levá-lo-á ao conhecimento do Presidente da República para, no prazo improrrogável de até quinze dias, dar cumprimento aos §§ 1º e 3º do art. 36 da Constituição Federal.[294] Dentro do prazo de 10 (dez) dias, contado a partir do trânsito em julgado da decisão, a parte dispositiva será publicada em seção especial do Diário da Justiça e do Diário Oficial da União. A decisão que julgar procedente ou improcedente o pedido da representação interventiva é irrecorrível, sendo insuscetível de impugnação por ação rescisória. No caso de improcedência do pedido, fica vedado à União intervir no Estado. O ato do Presidente da República, em se tratando de intervenção federal por violação de princípio constitucional sensível, não é discricionário, mas vinculado ao pronunciamento judicial.

O desatendimento, pelo Presidente da República, da requisição pode caracterizar crime de responsabilidade previsto no art. 85 da Constituição Federal, e no art. 12, n. 3, da Lei n. 1.079/50.[295]

O decreto presidencial se limitará, no entanto, a suspender a execução do ato impugnado, se a medida tiver eficácia, ou seja, bastar ao restabelecimento da normalidade, é o que dispõe o art. 36, § 3º, da Constituição Federal, não havendo, portanto, razão para a intervenção. Nesse caso, o decreto não será submetido à apreciação do Congresso Nacional, pois não houve intervenção federal. No entanto, caso seja necessária a edição de decreto interventivo, pela recalcitrância do ente federativo em não acatar a medida presidencial, deixando de suspender ou revogar o ato que atenta contra princípio constitucional sensível, ou porque a medida é ineficaz, não se dispensa a participação do Congresso Nacional.[296]

---

[294] A execução da medida interventiva, na hipótese de ação direta, nos moldes da Constituição de 1934, até a Constituição de 1967/1969, era do Congresso Nacional.

[295] Lei n. 1.079/50: "Art. 12. São crimes contra o cumprimento das decisões judiciárias (*omissis*) 3 – deixar de atender a requisição de intervenção federal do Supremo Tribunal Federal ou do Tribunal Superior Eleitoral".

[296] No sentido do texto: SILVA. *Curso de direito constitucional positivo*, p. 420; FERREIRA FILHO. *Comentários à constituição brasileira de 1988*, v. 1, p. 241-242; MORAES. *Direito constitucional*: teoria da constituição, p. 279. Contra, entendendo que em ambos os casos é dispensável a participação do Congresso Nacional: MORAES. *Direito constitucional*, p. 301; BARROSO. *O controle de constitucionalidade no direito brasileiro*, p. 292-293; LEWANDOWSKI. *Pressupostos materiais e formais da intervenção federal no Brasil*, p. 126, ao acentuar que como o decreto que desencadeia a intervenção, "segundo o art. 36, § 3º, da Lei Maior, pode limitar-se a suspender o ato impugnado, se a medida bastar ao restabelecimento da normalidade, dispensando-se a oitiva do Legislativo, não há lugar para a aprovação parlamentar. De outro lado, tratando-se de requisição judicial, não poderia o Legislativo obstá-la, sob pena de vulnerar o princípio da separação dos

Observe-se, enfim, que a ação direta interventiva, por violação de princípio constitucional sensível, vem sendo de pouca utilidade, desde que a Constituição valorizou a ação direta genérica. Clèmerson Merlin Clève, após ressalvar que a ação direta interventiva pode impugnar atos concretos e até mesmo omissões, pelo Estado-Membro, desde que violadores dos princípios constitucionais sensíveis, pondera: "Afinal, tratando-se de ato normativo, por que o Procurador-Geral da República iria propor ação direta interventiva, cuja decisão judicial não faz mais do que autorizar a decretação de intervenção, se pode, desde logo, ajuizar a ação direta genérica cuja decisão, após passada em julgado, nulifica, com eficácia *erga omnes*, o ato impugnado, prescindindo de qualquer atividade do Presidente da República ou do Senado?"[297]

13. AÇÃO DECLARATÓRIA DE CONSTITUCIONALIDADE – ORIGEM, CONCEITO E FINALIDADE

A ação declaratória de constitucionalidade foi introduzida em nosso Direito pela Emenda Constitucional n. 3, de 17.3.1993, e se acha regulamentada pela Lei n. 9.868, de 10 de novembro de 1999.[298]

---

poderes. Entretanto, existindo qualquer vício de forma ou eventual desvio de finalidade na decretação da intervenção, o Congresso Nacional poderá suspendê-la, a qualquer tempo, com fundamento no art. 49, IV, da Constituição em vigor."

[297] CLÈVE. *A fiscalização abstrata da constitucionalidade no direito brasileiro*, p. 138.

[298] LEI N. 9.868, DE 10 DE NOVEMBRO DE 1999: Dispõe sobre o processo e julgamento da ação direta de inconstitucionalidade e da ação declaratória de constitucionalidade perante o Supremo Tribunal Federal.

"Art. 13. Podem propor a ação declaratória de constitucionalidade de lei ou ato normativo federal: I – o Presidente da República; II – a Mesa da Câmara dos Deputados; III – a Mesa do Senado Federal; IV – o Procurador-Geral da República. Art. 14. A petição inicial indicará: I – o dispositivo da lei ou do ato normativo questionado e os fundamentos jurídicos do pedido; II – o pedido, com suas especificações; III – a existência de controvérsia judicial relevante sobre a aplicação da disposição objeto da ação declaratória. Parágrafo único. A petição inicial, acompanhada de instrumento de procuração, quando subscrita por advogado, será apresentada em duas vias, devendo conter cópias do ato normativo questionado e dos documentos necessários para comprovar a procedência do pedido de declaração de constitucionalidade. Art. 15. A petição inicial inepta, não fundamentada e a manifestamente improcedente serão liminarmente indeferidas pelo relator. Parágrafo único. Cabe agravo da decisão que indeferir a petição inicial. Art. 16. Proposta a ação declaratória, não se admitirá desistência. Art. 17. (VETADO) Art. 18. Não se admitirá intervenção deterceiros no processo de ação declaratória de constitucionalidade. § 1o(VETADO) § 2o (VETADO) Art. 19. Decorrido o prazo do artigo anterior, será aberta vista ao Procurador-Geral da República, que deverá pronunciar-se no prazo de quinze dias. Art. 20. Vencido o prazo do artigo anterior, o relator lançará o relatório, com cópia a todos os Ministros, e pedirá dia para julgamento. § 1o Em caso de necessidade de esclarecimento de matéria ou circunstância de fato ou de notória insuficiência das informações existentes nos autos, poderá o relator requisitar informações adicionais, designar perito ou comissão de peritos para que emita parecer sobre a questão ou fixar data para, em audiência pública, ouvir depoimentos de pessoas com experiência e autoridade na matéria. § 2o O relator poderá solicitar, ainda, informações aos Tribunais Superiores, aos Tribunais federais e aos Tribunais estaduais acerca da aplicação da norma questionada no âmbito de sua jurisdição. § 3o As informações, perícias e audiências a que se referem os parágrafos anteriores serão realizadas no prazo de trinta dias, contado da

Trata-se de uma nova ação objetiva de controle concentrado por meio da qual se provoca a jurisdição constitucional do Supremo Tribunal Federal, para que reconheça a compatibilidade entre determinada norma infraconstitucional e a Constituição, questionada na instância ordinária.

A finalidade, portanto, da ação declaratória de constitucionalidade, nada obstante a presunção de constitucionalidade de que se revestem as leis e os atos normativos do Poder Público, é a de afastar dúvida ou incerteza em decorrência de uma variedade de situações, a partir de relevante controvérsia judicial acerca da aplicação da disposição que constitui o seu objeto.

A ação em estudo foi inicialmente criticada, aos argumentos principais de que com ela ficariam comprometidos o devido processo legal, os princípios da ampla defesa, do contraditório e da dupla jurisdição, e ainda converteria o Judiciário em legislador. Seria uma autêntica avocatória, tão combatida pelo seu caráter autoritário.

É quase nenhum o similar dessa ação no direito comparado. Jorge Miranda, a respeito, ressalta: "A decisão de não inconstitucionalidade não tem, na generalidade dos países, qualquer eficácia. Quando muito, produz caso julgado formal relativamente ao respectivo processo de fiscalização. Ao Tribunal Constitucional ou a órgão homólogo compete declarar – e somente lhe pode ser pedido que declare – a inconstitucionalidade, não a constitucionalidade ou a não inconstitucionalidade. Contudo, na Alemanha admite-se declaração de constitucionalidade e no Brasil foi-se ao ponto de criar uma *acção declaratória de constitucionalidade* de lei ou acto normativo federal (*omissis*). Voltado para a certeza do Direito e a economia processual, o instituto brasileiro apresenta-se bastante vulnerável: desde logo, porque, para tanto, bastaria atribuir força obrigatória geral à não declaração de inconstitucionalidade; depois, porque diminui o campo de fiscalização difusa; e, sobretudo, porque o seu sentido útil acaba por se traduzir num acréscimo de legitimidade, numa espécie de sanção judiciária, a medidas legislativas provenientes dos órgãos (salvo o Procurador-Geral da República) a quem se reserva a iniciativa. Não admira que seja controvertido."[299]

A ação declaratória de constitucionalidade tem sido vista, portanto, como violadora do paradigma do Estado Democrático de Direito, como referido ao longo deste estudo, sobretudo porque enfraquece a centenária experiência do controle difuso, no Brasil, e porque inviabiliza uma jurisdição constitucional mais aberta, participativa e democrática, em que a questão da não inconstitucionalidade deve ser sempre deixada aos cidadãos.

---

solicitação do relator. Art. 21. O Supremo Tribunal Federal, por decisão da maioria absoluta de seus membros, poderá deferir pedido de medida cautelar na ação declaratória de constitucionalidade, consistente na determinação de que os juízes e os Tribunais suspendam o julgamento dos processos que envolvam a aplicação da lei ou do ato normativo objeto da ação até seu julgamento definitivo. Parágrafo único. Concedida a medida cautelar, o Supremo Tribunal Federal fará publicar em seção especial do Diário Oficial da União a parte dispositiva da decisão, no prazo de dez dias, devendo o Tribunal proceder ao julgamento da ação no prazo de cento e oitenta dias, sob pena de perda de sua eficácia."

[299] MIRANDA. *Manual de direito constitucional*, t. 6, p. 71-72.

Já os seus defensores ponderam que ela configura um típico processo objetivo contra a insegurança jurídica ou a incerteza sobre a legitimidade de lei ou ato normativo federal. Nada mais é do que uma ação direta de inconstitucionalidade de sinal trocado.

No julgamento da Ação Declaratória de Constitucionalidade n. 1-1-DF, de que foi Relator o Ministro Moreira Alves, em que se deu pela constitucionalidade da própria Emenda n. 3/93, consignou-se, aludindo a parecer da Procuradoria-Geral da República, que: "A ação declaratória de constitucionalidade, como a ação direta de inconstitucionalidade, insere-se no sistema de controle concentrado de constitucionalidade das normas, em que o Supremo Tribunal Federal aprecia a controvérsia em tese, declarando a constitucionalidade ou a inconstitucionalidade da lei ou ato normativo, com eficácia *erga omnes*.

Objeto da tutela constitucional é a certeza e a segurança jurídica. Em relação a outros instrumentos destinados ao mesmo fim, a primeira peculiaridade do novo instituto – como, aliás, ocorria com representação interpretativa da EC n. 7/77 – está em que o estado de incerteza é combatido direta e preventivamente, em processo autônomo, tomando-se a questão constitucional em si mesma, e não para a tutela de direitos subjetivos."

Gilmar Ferreira Mendes, em estudo dedicado ao tema, acentua que a ação declaratória de constitucionalidade, embora figura nova em nosso Direito, encontra sua origem na denominada representação de inconstitucionalidade instituída pela Emenda Constitucional n. 16/65, como desenvolvimento da anterior representação interventiva prevista na Constituição de 1934. É que o Supremo Tribunal Federal passara a admitir que o Procurador-Geral da República, ao encaminhar a representação, de que era o único titular, limitava-se a ressaltar a relevância da questão constitucional, pronunciando-se, a final, pela sua improcedência. Então, "se o Procurador-Geral da República estivesse convencido da inconstitucionalidade, poderia provocar o Supremo Tribunal Federal para a declaração de inconstitucionalidade. Se, ao revés, estivesse convicto da legitimidade da norma, então poderia instaurar o controle abstrato com a finalidade de ver confirmada a orientação questionada".[300] Daí ser a representação de inconstitucionalidade, atualmente ação direta de inconstitucionalidade, processo de natureza dúplice ou ambivalente, mesmo porque, à luz do que dispõe o artigo 24 da Lei n. 9.868/99, julgada pelo Supremo Tribunal Federal improcedente a ação declaratória de constitucionalidade, a decisão implica a declaração de inconstitucionalidade da norma objeto do controle abstrato.

13.1 Legitimação

Constava do texto originário que a instituiu (EC n. 3/1993), que a ação declaratória de constitucionalidade competia a um elenco restritivo de proponentes, quais sejam, o Presidente da República, a Mesa da Câmara dos Deputados, a Mesa do Senado Federal e o Procurador-Geral da República.

---

[300] MENDES. *Ação declaratória de constitucionalidade*, p. 78.

A EC n. 45/2004 alterou o perfil da ação, no que concerne à legitimação ativa para sua propositura, ao dar nova redação ao art. 103 da Constituição:

"Art. 103. Podem propor a ação direta de inconstitucionalidade e ação declaratória de constitucionalidade:

I – o Presidente da República;

II – a Mesa do Senado Federal;

III – a Mesa da Câmara dos Deputados;

IV – a Mesa de Assembleia Legislativa ou da Câmara Legislativa do Distrito Federal;

V – o Governador de Estado ou do Distrito Federal;

VI – o Procurador-Geral da República;

VII – o Conselho Federal da Ordem dos Advogados do Brasil;

VIII – partido político com representação no Congresso Nacional;

IX – confederação sindical ou entidade de classe de âmbito nacional."

Verifica-se, portanto, que a EC n. 45/2004 considera como legitimados ativos para a propositura da ação declaratória de constitucionalidade os mesmos proponentes que o são para o ajuizamento da ação direta de inconstitucionalidade, neles incluindo a Mesa da Câmara Legislativa e o Governador do Distrito Federal.

Quanto à legitimidade passiva, não há como identificá-la na ação declaratória de constitucionalidade, pelo que inexistem legitimados passivos nessa ação constitucional. É que, diversamente da ação direta de inconstitucionalidade, em que a legitimidade passiva recai sobre os órgãos ou entidades dos quais emanou a lei ou o ato normativo impugnado, na ação declaratória de constitucionalidade, visa-se a defesa e a confirmação da constitucionalidade. Assim, não há legitimado passivo, nem o Advogado-Geral da União é citado para a defesa da norma.

13.2 Competência

A ação declaratória de constitucionalidade é uma ação direta de controle concentrado, cabendo, portanto, ao Supremo Tribunal Federal processá-la e julgá-la originariamente. Essa competência vem explicitada no art. 102, I, *a*, da Constituição Federal, com a redação que lhe foi dada pela EC n. 3/1993.

13.3 Objeto

A ação declaratória de constitucionalidade tem por objeto as leis ou os atos normativos federais, sendo, portanto, mais restrito do que o objeto da ação direta de inconstitucionalidade, que nele inclui as normas estaduais, ao confronto com a Constituição Federal. As leis e os atos normativos estaduais ou municipais poderiam ser objeto da ação declaratória de constitucionalidade, desde que previstos em Constituição Estadual e limitados ao seu texto.

As leis e os atos normativos federais que podem ser impugnados na ação direta de inconstitucionalidade constituem, portanto, objeto da ação declaratória de constitucionalidade, e são, *v.g.*, os seguintes: emenda à Constituição, lei complementar, lei ordinária, medida provisória, lei delegada, decreto legislativo, resolução e decretos autônomos. Dela são excluídos, no entanto, os atos que não podem ser objeto da ação direta de inconstitucionalidade, como lei de efeitos concretos, lei anterior à Constituição, lei revogada, proposta de emenda à Constituição e projeto de lei, ato normativo secundário.

13.4 Procedimento

O procedimento e os requisitos de admissibilidade da ação declaratória de constitucionalidade se acham previstos nos artigos 13 a 21 da Lei n. 9.868/99, e se assemelham aos da ação direta de inconstitucionalidade.

Em decorrência do princípio da presunção de constitucionalidade das leis, constitui pressuposto de admissibilidade da ação declaratória de constitucionalidade o estabelecimento de uma controvérsia comprometedora dessa presunção, o que ocorre quando a legitimidade da lei vem sendo apreciada em juízos de primeiro e segundo graus de jurisdição, acarretando apreensões e incertezas no meio social. Assim, a ação declaratória não constitui o meio adequado para resolver qualquer dúvida (*v.g.*, doutrinária) em torno da constitucionalidade da lei ou ato normativo federal, mas para corrigir situação particularmente grave de incerteza suscetível de desencadear conflitos e de afetar a tranquilidade geral.

Por isso mesmo é que a Lei n. 9.868/99, tratando da matéria, exige, em seu art. 14, inciso III, que a petição inicial da ação declaratória de constitucionalidade indicará "a existência de controvérsia judicial relevante sobre a aplicação da disposição objeto da ação declaratória".

Além da indicação da controvérsia, a petição inicial deverá indicar o dispositivo questionado, os fundamentos jurídicos do pedido e do próprio pedido, com suas especificações. Deverá ser apresentada em duas vias, contendo cópia do ato normativo questionado e dos documentos necessários à comprovação da procedência do pedido. Se subscrita por advogado, a inicial deverá ser acompanhada do instrumento do mandato. A petição inepta, não fundamentada ou manifestamente improcedente, será liminarmente indeferida pelo Relator, cabendo agravo dessa decisão.

Proposta a ação, não se admitirá desistência, não sendo cabível intervenção de terceiros. Quanto à figura do *amicus curiae*, ressalte-se que foi vetado o § 2º do art. 18, da lei projetada, que a previa. Há, no entanto, entendimento doutrinário que admite essa intervenção especial.[301] O Procurador-Geral da República oficiará no prazo de quinze dias, após, o Relator lançará o relatório, com cópia para todos os Ministros, e pedirá dia para julgamento.

Como na ação declaratória de constitucionalidade, inexiste parte passiva, incabível a audiência do Advogado-Geral da União, sobretudo em face da presunção da constitucionalidade da norma cuja legitimidade se pretende ratificar, e que seria por ele defendida.

---

[301] CUNHA JÚNIOR. *Controle de constitucionalidade*: teoria e prática, p. 238.

Em decorrência de inexistir parte passiva, não há pedido de informações. No entanto, a doutrina tem sustentado que as informações poderão ser prestadas pelo *amicus curiae*.[302]

O Relator, em caso de necessidade de esclarecimentos de matéria ou circunstância de fato ou de notória insuficiência das informações existentes nos autos, poderá requisitar informações adicionais, designar perito ou comissão para que emita parecer sobre a questão ou fixar data para, em audiência pública, ouvir depoimentos de pessoas com experiência e autoridade na matéria. O Relator poderá solicitar, ainda, informações aos Tribunais federais e aos Tribunais estaduais acerca da aplicação da norma questionada no âmbito de sua jurisdição. Essas informações, perícias e audiências serão realizadas no prazo de trinta dias, contado da solicitação do Relator.

13.5 Medida cautelar

Para evitar o estado de incerteza, caracterizado pela controvérsia comprometedora da presunção de constitucionalidade, o artigo 21 da Lei n. 9.868/99 admite a concessão de cautelar, nada obstante a medida não constar da Constituição da República (o art. 102, I, *p*, menciona, na competência do Supremo Tribunal Federal, processar e julgar originariamente pedido de medida cautelar das ações diretas de inconstitucionalidade). A cautelar consiste na determinação de que os juízes e os Tribunais suspendam o julgamento dos processos que envolvam a aplicação da lei ou do ato normativo objeto da ação até seu julgamento definitivo. Uma vez concedida a medida cautelar, o Supremo Tribunal Federal fará publicar em seção especial do Diário Oficial da União a parte dispositiva da decisão, no prazo de dez dias.

A cautelar perderá a eficácia, se o Supremo Tribunal não proceder ao julgamento da ação no prazo de cento e oitenta dias.

13.6 A decisão e seus efeitos

A ação declaratória de constitucionalidade será julgada pelo Supremo Tribunal Federal, presentes na sessão pelo menos oito Ministros.

Para que se declare a constitucionalidade ou a inconstitucionalidade, o Supremo Tribunal deve manifestar-se pelo *quorum* da maioria absoluta de seus membros, ou seja, de seis Ministros. Se não for alcançada essa maioria, estando ausentes Ministros em número que possa influir no julgamento, este será suspenso a fim de aguardar-se o comparecimento dos Ministros ausentes, até que se atinja o número necessário para a prolação da decisão num ou noutro sentido.

Julgada procedente a ação declaratória, será proclamada a constitucionalidade, e julgada improcedente a ação, será declarada a inconstitucionalidade da lei ou do ato normativo federal. A decisão é irrecorrível em qualquer caso, ressalvada a oposição de embargos declaratórios, e não pode ser objeto de ação rescisória.

---

[302] Por todos, MORAES. *Direito constitucional*: teoria da constituição, p. 257.

Como a decisão que declara a constitucionalidade da norma apenas reitera a presunção de constitucionalidade, que já acompanhava a lei desde o nascimento, são *ex tunc* os seus efeitos temporais. O Supremo Tribunal Federal pode, no entanto, modular os efeitos temporais da decisão, se declarar a inconstitucionalidade da lei ou do ato normativo federal, ou seja, tendo em vista razões de segurança jurídica ou de excepcional interesse público, por maioria de dois terços de seus membros, restringir os efeitos da declaração, ou decidir que ela só tenha eficácia a partir de seu trânsito em julgado ou de outro momento que venha a ser fixado (art. 27 da Lei n. 9.868/99).

Quanto aos efeitos subjetivos, as decisões de mérito na ação declaratória de constitucionalidade, de acordo com o disposto no § 2º do art. 102 da Constituição, produzirão eficácia contra todos (*erga omnes*) e terão efeito vinculante relativamente aos demais órgãos do Poder Judiciário e ao Poder Executivo.

14. ARGUIÇÃO DE DESCUMPRIMENTO DE PRECEITO FUNDAMENTAL – CONSIDERAÇÕES GERAIS E PARAMETRICIDADE

A Constituição prevê, em seu artigo 102, § 1º, que a arguição de descumprimento de preceito fundamental dela decorrente será apreciada pelo Supremo Tribunal Federal, na forma da lei. Trata-se da única hipótese "de competência originária do Supremo Tribunal Federal preceituada em norma constitucional de eficácia limitada".[303]

O instituto foi regulamentado pela Lei n. 9.882, de 3 de dezembro de 1999.[304]

---

[303] MORAES. *Direito constitucional* – teoria da constituição, p. 281.
[304] LEI N. 9.882, DE 3 DE DEZEMBRO DE 1999: Dispõe sobre o processo e julgamento da arguição de descumprimento de preceito fundamental, nos termos do § 1º do art. 102 da Constituição Federal. "Art. 1º A arguição prevista no § 1º do art. 102 da Constituição Federal será proposta perante o Supremo Tribunal Federal, e terá por objeto evitar ou reparar lesão a preceito fundamental, resultante de ato do Poder Público. Parágrafo único. Caberá também arguição de descumprimento de preceito fundamental: I – quando for relevante o fundamento da controvérsia constitucional sobre lei ou ato normativo federal, estadual ou municipal, incluídos os anteriores à Constituição; II – (VETADO) Art. 2º Podem propor arguição de descumprimento de preceito fundamental: I – os legitimados para a ação direta de inconstitucionalidade; II – (VETADO) § 1º Na hipótese do inciso II, faculta-se ao interessado, mediante representação, solicitar a propositura de arguição de descumprimento de preceito fundamental ao Procurador-Geral da República, que, examinando os fundamentos jurídicos do pedido, decidirá do cabimento do seu ingresso em juízo. § 2º(VETADO) Art. 3º A petição inicial deverá conter: I – a indicação do preceito fundamental que se considera violado; II – a indicação do ato questionado; III – a prova da violação do preceito fundamental; IV – o pedido, com suas especificações; V – se for o caso, a comprovação da existência de controvérsia judicial relevante sobre a aplicação do preceito fundamental que se considera violado. Parágrafo único. A petição inicial, acompanhada de instrumento de mandato, se for o caso, será apresentada em duas vias, devendo conter cópias do ato questionado e dos documentos necessários para comprovar a impugnação. Art. 4º A petição inicial será indeferida liminarmente, pelo relator, quando não for o caso de arguição de descumprimento de preceito fundamental, faltar algum dos requisitos prescritos nesta Lei ou for inepta. § 1º Não será admitida arguição de descumprimento de preceito fundamental quando houver qualquer outro meio eficaz de sanar a lesividade. § 2º Da decisão de indeferimento da petição inicial caberá agravo, no prazo de cinco

A indicação dos preceitos que se entende por fundamentais, cujo descumprimento autoriza a arguição, não consta do texto normativo, mas serão extraídos da própria Constituição por interpretação do Supremo Tribunal, que é o seu guardião (art. 102). Apesar de a Constituição estabelecer, em seus artigos 1º a 4º, os princípios fundamentais, segundo José Afonso da Silva, eles não se confundem com os preceitos fundamentais, que são mais amplos, abrangendo aqueles e "todas as prescrições que dão o sentido básico do regime constitucional, como são, por exemplo, as que apontam para a autonomia dos Estados, do Distrito Federal e especialmente as designativas de direitos e garantias fundamentais. E é aí que aquele dispositivo poderá ser fértil como fonte de alargamento da jurisdição constitucional da liberdade a ser exercida pelo nosso Pretório Excelso. A lei prevista bem poderia vir a ter a importância da Lei de 17 de abril de 1951 da República Federal da Alemanha que instituiu o *Verfassungs-*

---

dias. Art. 5º O Supremo Tribunal Federal, por decisão da maioria absoluta de seus membros, poderá deferir pedido de medida liminar na arguição de descumprimento de preceito fundamental. § 1º Em caso de extrema urgência ou perigo de lesão grave, ou ainda, em período de recesso, poderá o relator conceder a liminar, *ad referendum* do Tribunal Pleno. § 2º O relator poderá ouvir os órgãos ou autoridades responsáveis pelo ato questionado, bem como o Advogado-Geral da União ou o Procurador-Geral da República, no prazo comum de cinco dias. § 3º A liminar poderá consistir na determinação de que juízes e tribunais suspendam o andamento de processo ou os efeitos de decisões judiciais, ou de qualquer outra medida que apresente relação com a matéria objeto da arguição de descumprimento de preceito fundamental, salvo se decorrentes da coisa julgada. § 4º (VETADO) Art. 6º Apreciado o pedido de liminar, o relator solicitará as informações às autoridades responsáveis pela prática do ato questionado, no prazo de dez dias. § 1º Se entender necessário, poderá o relator ouvir as partes nos processos que ensejaram a arguição, requisitar informações adicionais, designar perito ou comissão de peritos para que emita parecer sobre a questão, ou ainda, fixar data para declarações, em audiência pública, de pessoas com experiência e autoridade na matéria. § 2º Poderão ser autorizadas, a critério do relator, sustentação oral e juntada de memoriais, por requerimento dos interessados no processo. Art. 7º Decorrido o prazo das informações, o relator lançará o relatório, com cópia a todos os ministros, e pedirá dia para julgamento. Parágrafo único. O Ministério Público, nas arguições que não houver formulado, terá vista do processo, por cinco dias, após o decurso do prazo para informações. Art. 8º A decisão sobre a arguição de descumprimento de preceito fundamental somente será tomada se presentes na sessão pelo menos dois terços dos Ministros. § 1º (VETADO) § 2º (VETADO) Art. 9º (VETADO) Art. 10. Julgada a ação, far-se-á comunicação às autoridades ou órgãos responsáveis pela prática dos atos questionados, fixando-se as condições e o modo de interpretação e aplicação do preceito fundamental. § 1º O presidente do Tribunal determinará o imediato cumprimento da decisão, lavrando-se o acórdão posteriormente. § 2º Dentro do prazo de dez dias contado a partir do trânsito em julgado da decisão, sua parte dispositiva será publicada em seção especial do Diário da Justiça e do Diário Oficial da União. § 3º A decisão terá eficácia contra todos e efeito vinculante relativamente aos demais órgãos do Poder Público. Art. 11. Ao declarar a inconstitucionalidade de lei ou ato normativo, no processo de arguição de descumprimento de preceito fundamental, e tendo em vista razões de segurança jurídica ou de excepcional interesse social, poderá o Supremo Tribunal Federal, por maioria de dois terços de seus membros, restringir os efeitos daquela declaração ou decidir que ela só tenha eficácia a partir de seu trânsito em julgado ou de outro momento que venha a ser fixado. Art. 12. A decisão que julgar procedente ou improcedente o pedido em arguição de descumprimento de preceito fundamental é irrecorrível, não podendo ser objeto de ação rescisória. Art. 13. Caberá reclamação contra o descumprimento da decisão proferida pelo Supremo Tribunal Federal, na forma do seu Regimento Interno."

beschwerde, que se tem traduzido ao pé da letra por agravo constitucional ou recurso constitucional, mas que, em verdade, é mais do que isso, conforme se vê da definição que lhe dá Cappelletti: o 'recurso constitucional consiste num meio de queixa jurisdicional perante o Tribunal Constitucional federal, a ser exercitado por particulares objetivando a tutela de seus direitos fundamentais, assim como de outras situações subjetivas constitucionais lesadas por um ato de qualquer autoridade pública'".[305]

A noção de preceito fundamental envolve a compreensão da Constituição como ordem de valores, que caracteriza o seu núcleo central. Abrange, portanto, as normas que traduzem os valores supremos da sociedade, sem os quais haverá inevitavelmente a sua desagregação.

Dirley da Cunha Júnior identifica como preceitos fundamentais:

"a) os princípios fundamentais do título I da Constituição Federal, que fixam as estruturas básicas de configuração política do Estado (arts. 1º ao 4º);

b) os direitos e garantias fundamentais, que limitam a atuação dos poderes em favor da dignidade da pessoa humana (sejam os declarados no catálogo expressado no título II ou não, ante a abertura material proporcionada pelo § 2º do art. 5º e, agora, pelo § 3º do mesmo artigo);

c) os princípios constitucionais sensíveis, cuja inobservância pelos Estados autoriza até a intervenção federal (art. 34, VII); e

d) as cláusulas pétreas, que funcionam como limitações materiais ou substanciais ao poder de reforma constitucional, compreendendo as *explícitas* (art. 60, § 4º, incisos I a IV) e as *implícitas* (ou inerentes, que são aquelas limitações não previstas expressamente no texto constitucional, mas que, sem embargo, são *inerentes* ao sistema consagrado na Constituição, como, por exemplo, a vedação de modificar o próprio titular do Poder Constituinte Originário e do Poder Reformador, bem assim a impossibilidade de alterar o processo constitucional de emenda) – *omissis* – as normas de organização política do Estado (título III) e de organização dos próprios Poderes (título IV), porquanto constituem o ponto nuclear do sistema federativo brasileiro e do equilíbrio entre os Poderes do Estado."[306]

Ressalte-se, ademais, que "é o exame sistemático das disposições constitucionais integrantes do modelo constitucional que permitirá explicitar o conteúdo de determinado princípio. É o estudo da ordem constitucional no seu contexto normativo e nas suas relações de interdependência que permite identificar as disposições essenciais para a preservação dos princípios basilares dos preceitos fundamentais em um determinado sistema. Destarte, um juízo mais ou menos seguro sobre a lesão de preceito fundamental consistente nos princípios da divisão de poderes, da forma federativa do Estado ou dos direitos e garantias individuais exige, preliminarmente,

---

[305] SILVA. *Curso de direito constitucional positivo*, p. 482.
[306] CUNHA JÚNIOR. *Controle de constitucionalidade*: teoria e prática, p. 255.

a identificação do conteúdo dessas categorias na ordem constitucional e, especialmente, das suas relações de interdependência. Nessa linha de entendimento, a lesão a preceito fundamental não se configurará apenas quando se verificar possível afronta a um princípio fundamental, tal como assente na ordem constitucional, mas também a disposições que confiram densidade normativa ou significado específico a esse princípio".[307]

14.1 Competência

A Lei n. 9.882/99 prevê que a arguição de descumprimento de preceito fundamental será proposta perante o Supremo Tribunal Federal, portanto, em sua competência originária, tendo por objeto evitar ou reparar lesão a preceito fundamental resultante de ato do Poder Público.

A despeito de a Constituição Federal não haver previsto a arguição de descumprimento fundamental de Constituição estadual, não haveria impedimento a que o instituto fosse consagrado nas Constituições dos Estados-Membros para a defesa de seus preceitos fundamentais, em decorrência do princípio da simetria com o modelo federal. Nessa hipótese, cabe ao Tribunal de Justiça a competência para processar e julgar a ação especial.

É o que se deu, por exemplo, em alguns Estados, como o de Alagoas, Rio Grande do Norte e Mato Grosso do Sul, cujas Constituições dispõem sobre a arguição de preceito fundamental decorrente daqueles textos constitucionais estaduais.

O que se questiona relativamente à adoção da arguição pelos Estados-Membros é o seu paradigma, e objeto próprio. Sustenta Walter Claudius Rothenburg: "Nada impediria o constituinte decorrente de estabelecer mecanismo similar, tal como poderia fazê-lo em relação à ação declaratória de constitucionalidade. Todavia, se a vinculação à Constituição da República já não deixava muito espaço a uma tal previsão – pois os preceitos fundamentais da Constituição da República, a serem reconhecidos, muito provavelmente haverá de ser aceitos como fundamentais por toda a federação, e a decisão do Supremo Tribunal Federal será impositiva para todas as unidades federadas –, a Lei n. 9.882 esvaziou ainda mais as possibilidades de uma arguição em âmbito estadual, pois os atos municipais já estão compreendidos no objeto da arguição 'federal'."[308] Já André Ramos Tavares observa: "Decorrência imediata da desatenção para com o instituto revela-se na sua escassa previsão pelos entes estaduais, em suas respectivas constituições, o que se impõe em atenção ao princípio da simetria. Teria sido necessário que o poder constituinte decorrente, quer dizer, aquele pertencente aos Estados-Membros de uma federação, tivesse atentado para a magnitude do instituto e, assim, previsse na totalidade das cartas estaduais um instrumento similar, que se prestaria à semelhança do instituto

---

[307] MENDES. *Arguição de descumprimento de preceito fundamental*: comentários à Lei n. 9.882, de 3.12.1999, p. 82-84.
[308] ROTHENBURG. Arguição de descumprimento de preceito fundamental. *In: Arguição de descumprimento de preceito fundamental*: análises à luz da Lei n. 9.882/99. TAVARES; ROTHENBURG (Orgs.), p. 214.

federal, para preservar os preceitos fundamentais de cada Carta estadual, com rito próprio e preferência, inclusive, sobre o julgamento da própria ação direta de inconstitucionalidade."[309]

14.2 Espécies

São duas as espécies de arguição: 1. a denominada *arguição autônoma*, prevista no art. 1º da Lei n. 9.882/99, que constitui processo objetivo, devendo ser utilizada quando as ações constitucionais não forem cabíveis ou se revelarem inidôneas para afastar ou impedir a lesão a preceito fundamental, sem qualquer outro processo judicial anterior; 2. *arguição incidental*, de que trata o inciso I do parágrafo único do art. 4º da Lei n. 9.882/99, paralela a um processo judicial já instaurado, e que surge em sua função.[310] Representa ela um mecanismo destinado a provocar a apreciação do Supremo Tribunal sobre controvérsia constitucional relevante que esteja sendo discutida no âmbito de qualquer juízo ou tribunal, quando inexistir outro meio idôneo para sanar a lesividade ao preceito fundamental. No julgamento da arguição, o Supremo Tribunal, ao contrário do que ocorria com a chamada "avocatória", não irá julgar a causa, mas somente manifestar-se sobre a questão constitucional, sem decidir o caso concreto. Nesse caso, a decisão da controvérsia constitucional, pelo Supremo Tribunal, vinculará não apenas o julgamento do caso concreto que a ensejou, como também todos os outros em que a mesma questão estiver sendo discutida. Diferentemente da arguição autônoma, a arguição incidental somente poderá ter como objeto atos de cunho normativo, dela afastando os atos não normativos do Poder Público. Há, no entanto, posicionamento doutrinário que sustenta serem iguais os objetos das duas modalidades de arguição, como o de Dirley da Cunha Júnior, para quem "o legislador ordinário não optou deliberadamente por conferir alcance mais restrito à arguição incidental. Apenas optou por adotar, no inciso I, parágrafo único, do art. 1º, uma fórmula explicativa do que seja ato do poder público, referido genericamente no *caput* do art. 1º da Lei n. 9.882/99. Ademais, não se pode olvidar que a intenção do legislador ordinário sempre foi a de ampliar o sistema de controle abstrato de constitucionalidade, de modo a abranger, com a arguição, todas as impugnações excluídas da esfera do controle abstrato pela via de ação direta de inconstitucionalidade".[311]

A arguição pode ser ainda *preventiva*, quando objetiva evitar lesões a princípios, direitos e garantias fundamentais previstos na Constituição Federal, ou *repressiva*, quando visa reparar aquelas lesões causadas pela conduta comissiva ou omissiva de qualquer dos poderes públicos.

---

[309] TAVARES. *Tratado da arguição de preceito fundamental*, p. 249-250.
[310] A arguição incidental está diretamente ligada ao controle difuso de constitucionalidade, pois sem a presença de uma ação em que a constitucionalidade constitua questão incidental não poderá a ADPF ser manuseada. Cf. PIMENTA. *O controle difuso de constitucionalidade das leis no ordenamento brasileiro:* aspectos constitucionais e processuais, p. 113-116.
[311] CUNHA JÚNIOR. *Controle de constitucionalidade*: teoria e prática, p. 293.

14.3 Objeto

A arguição incidental, segundo a Lei n. 9.882/99, como vimos, tem por objeto evitar ou reparar lesão a preceito fundamental, resultante de ato do Poder Público, cabendo também quando for relevante o fundamento da controvérsia constitucional sobre lei ou ato normativo federal, estadual ou municipal, incluídos os anteriores à Constituição (art. 1º, parágrafo único, inciso I, do art. 1º).

Examina-se, nesse ponto, os atos que podem ser objeto da arguição delineada pela Lei n. 9.882/99.

14.3.1 Atos do Poder Público

São atos do Poder Público aqueles emitidos pelo Estado ou executados por entidades privadas que atuam por delegação do Poder Público, como as controladas pelo Estado ou titularizadas exclusivamente por particulares, dando-se como exemplo as concessionárias e permissionárias de serviço público, ou os dirigentes de entidades privadas de ensino. É necessário, no entanto, que os atos que pratiquem não sejam apenas de gestão, mas que envolvam parcela de competência pública.

Observa-se que a Lei n. 9.882/99 excluiu do âmbito de sua abrangência os atos de particular, o que acabou por comprometer a proteção dos direitos fundamentais, na sua eficácia horizontal, tema por nós estudado neste trabalho.

14.3.2 Atos normativos

Os atos normativos emanados do Poder Público podem ser objeto da arguição. Assim, as emendas à Constituição, as leis complementares, as leis ordinárias e delegadas, as medidas provisórias, as resoluções e os decretos legislativos.

Compreendem também no âmbito dos atos normativos os atos infralegais ou secundários, como os decretos, os regulamentos de execução, as portarias, as instruções, as resoluções, os despachos e pareceres normativos, os avisos, entre outros. A ADPF viabiliza, nesta seara, o controle da constitucionalidade de atos infralegais, retirando-os do parâmetro da ilegalidade, para considerá-los como violadores da própria Constituição, desde que relativos aos seus preceitos fundamentais, como os princípios constitucionais da legalidade, a separação de poderes e os direitos fundamentais. Do contrário, "restaria esvaziado o significado do princípio da legalidade, enquanto princípio constitucional em relação à atividade regulamentar do Executivo. De fato, a Corte Constitucional (refere-se ao direito alemão) estaria impedida de conhecer de eventual alegação de afronta, sob o argumento da falta de uma ofensa direta à Constituição. Especialmente no que diz respeito aos direitos individuais, não há como deixar de reconhecer que a legalidade da restrição aos direitos de liberdade é uma condição de sua constitucionalidade. Não há dúvida, igualmente, de que esse entendimento aplica-se ao nosso modelo constitucional, que consagra não apenas a legalidade como princípio fundamental (art. 5º, II), mas exige também que os regulamentos observem os limites estabelecidos pela lei (CF, art. 84, IV)".[312]

---

[312] MENDES. *Arguição de descumprimento de preceito fundamental*: comentários à Lei n. 9.882, de 3.12.1999, p. 87.

Note-se, todavia, que não cabe a arguição, em se tratando de *ato legislativo projetado*, como as propostas de emenda à Constituição, ou os projetos de lei, uma vez que, pela dicção do art. 1º da Lei n. 9.882/99, malgrado sua redação aberta, a arguição incide sobre atos do Poder Público, considerando ainda que foram vetados pelo Presidente da República o § 4º do art. 5º, e o art. 9º, da Lei da Arguição, sob o fundamento de que se permitiria à jurisdição constitucional interferir em questões *interna corporis* do Legislativo.[313]

Quanto aos regimentos internos das Casas Legislativas, o projeto de lei da arguição admitia o seu cabimento "em face de interpretação ou aplicação dos regimentos internos das respectivas Casas, ou regimento comum do Congresso Nacional, no processo legislativo de elaboração das normas previstas no art. 59 da Constituição Federal" (art. 1º, parágrafo único, II). Ao dispositivo foi oposto veto, fundado em que havia jurisprudência do Supremo Tribunal Federal que considerava insuscetível de controle jurisdicional de constitucionalidade as questões relativas à alegação de violação das normas regimentais referentes ao processo legislativo.

Acerca da matéria, já observamos neste trabalho o cabimento do controle jurisdicional de constitucionalidade sobre atos regimentais viciados, para a garantia do devido processo legislativo, hipótese em que não há falar em insindicabilidade desses atos. Ademais, como salienta Walter Claudius Rothenburg, as interpretações ou aplicações de regimento parlamentar são atos do Poder Público, na dicção do *caput* do art. 1º da Lei n. 9.882/99, sujeitas, portanto, à arguição.[314]

14.3.3 Atos administrativos

A arguição constitui mecanismo para o controle de atos não normativos do Poder Público, concretos ou individuais. Apesar de os atos administrativos de individualização do direito lograremproteção por meio de ações subjetivas, como o mandado de segurança, a ação popular, a ação civil pública e o mandado de segurança coletivo, aqueles de repercussão geral como editais de licitação, contratos administrativos, concursos públicos, decisões de tribunais de contas, desde que haja o descumprimento de preceito fundamental e seja relevante o fundamento da controvérsia constitucional, podem ser objeto da ADPF.[315]

---

[313] Dispositivos vetados: Art. 5º § 4º Se necessário para evitar lesão à ordem constitucional ou dano irreparável ao processo de produção da norma jurídica, o Supremo Tribunal Federal poderá, na forma do *caput*, ordenar a suspensão do ato impugnado ou do processo legislativo a que se refira, ou ainda da promulgação ou publicação do ato legislativo dele decorrente. Art. 9º Julgando procedente a arguição, o Tribunal cassará o ato ou decisão exorbitante e, conforme o caso, anulará os atos processuais legislativos subsequentes, suspenderá os efeitos do ato ou da norma jurídica decorrente do processo legislativo impugnado, ou determinará medida adequada à preservação do preceito fundamental decorrente da Constituição.

[314] ROTHENBURG. Arguição de descumprimento de preceito fundamental. *In: Arguição de descumprimento de preceito fundamental*: análises à luz da Lei n. 9.882/99. TAVARES; ROTHENBURG (orgs.), p. 215-216.

[315] BARROSO. *O controle de constitucionalidade no direito brasileiro*, p. 269.

14.3.4 Atos judiciais

Os atos judiciais consubstanciados em decisões proferidas em situações concretas ou individuais não se sujeitam, por ausência de conteúdo normativo, ao controle concentrado de constitucionalidade.[316] A impugnação desses atos se dá por meio de recurso próprio, o que afastaria o cabimento da arguição. Ultrapassado, no entanto, o óbice do art. 4º, § 1º, da Lei n. 9.882/99, possível será a utilização da ação especial. Gilmar Ferreira Mendes, reportando à jurisprudência da Corte Constitucional alemã, refere-se à possibilidade do cabimento da arguição quando haja contrariedade à Constituição decorrente de decisão judicial sem base legal, ou fundada em uma falsa base legal, averbando: "Sua admissibilidade dependeria, fundamentalmente, da demonstração de que, na interpretação e aplicação do direito, o Juiz desconsiderou por completo ou essencialmente a influência dos direitos fundamentais, que a decisão revela-se grosseira e manifestamente arbitrária na interpretação e aplicação do direito ordinário ou, ainda, que se ultrapassaram os limites da construção jurisprudencial."[317]

Cabível ainda a arguição quando há lesão a preceito fundamental decorrente de mera interpretação judicial do texto constitucional. É de Gilmar Ferreira Mendes a assertiva: "Nesses casos, a controvérsia não tem por base legal a legitimidade ou não de uma lei ou de um ato normativo, mas se assenta simplesmente na legitimidade ou não de uma dada interpretação constitucional. No âmbito do recurso extraordinário essa situação apresenta-se como um caso de decisão judicial que contraria diretamente a Constituição (art. 102, III, *a*). Não parece haver dúvida de que, diante dos termos amplos do art. 1º da Lei n. 9.882/99, essa hipótese poderá ser objeto de arguição de descumprimento – lesão a preceito fundamental resultante de ato do Poder Público – até porque se cuida de uma situação trivial no âmbito de controle de constitucionalidade difuso. Nesse passo, vislumbra-se, de *lege ferenda*, a possibilidade de conjugação dos institutos da arguição de descumprimento e do recurso extraordinário."[318]

As *súmulas* dos Tribunais não vêm sendo aceitas como ato judicial passível de controle concentrado.[319] Com a introdução, no entanto, da súmula de efeito vinculante, pela EC n. 45/2004, no art. 103-A, da Constituição Federal, o tema poderá adquirir novos contornos, em sede não só do controle abstrato, como da arguição de descumprimento de preceito fundamental, com o cabimento da ação especial, para evitar lesão a preceito fundamental decorrente da súmula vinculante, nos termos do art. 1º da Lei n. 9.882/99.

---

[316] STF – AgRg em ADI 779, Rel. Min. Celso de Mello, j. 8.10.92.
[317] MENDES. Arguição de descumprimento de preceito fundamental: parâmetro de controle e objeto. In: *Arguição de descumprimento de preceito fundamental*: análises à luz da Lei n. 9.882/99. TAVARES; ROTHENBURG (Orgs.), p. 144-145.
[318] MENDES. *Arguição de descumprimento de preceito fundamental*: comentários à Lei n. 9.882, de 3.12.1999, p. 72.
[319] STF – ADI 594-DF (MC), Rel. Min. Carlos Velloso, j. 19.2.92, *DJU* de 15.4.94, p. 8046.

14.3.5 Atos municipais

Os atos municipais contestados em face da Constituição Federal não se sujeitam ao controle concentrado de constitucionalidade, que alcança apenas as leis e atos normativos federais e estaduais (art. 102, I, *a*, da Constituição Federal), sendo cabível quanto aqueles o controle difuso-incidental, que propicia o exame da matéria, no âmbito do Supremo Tribunal Federal, por meio do recurso extraordinário.

O controle concentrado de constitucionalidade dos atos municipais é possível, desde que o contraste se faça em relação à Constituição do Estado-Membro, cabendo ao Tribunal de Justiça processar e julgar a ação direta de inconstitucionalidade.

A Lei n. 9.882/99 incluiu, no entanto, a lei ou o ato normativo municipal no âmbito da arguição de descumprimento de preceito fundamental, possibilitando que o Supremo Tribunal Federal, em jurisdição concentrada, examine controvérsia constitucional, decidindo pela validade ou não de lei municipal, em face da Constituição Federal, quando for relevante o fundamento.

A previsão da arguição, relativamente aos atos municipais, reforça a jurisdição constitucional a cargo do Supremo Tribunal, possibilitando-lhe o exercício da fiscalização abstrata de constitucionalidade, nesse domínio.

Cabível também a arguição tendo por objeto normas emanadas do Distrito Federal, quando no exercício de competência legislativa municipal (art. 32, § 1º, da Constituição Federal).

14.3.6 Direito anterior à Constituição

Na arguição de descumprimento de preceito fundamental, acham-se incluídos lei ou ato normativo anteriores à Constituição.

Em se tratando de controle abstrato de constitucionalidade, por meio de ação direta, o Supremo Tribunal Federal vem entendendo que a questão se resolve no âmbito do direito intertemporal, sendo, pois, incabível o controle concentrado de constitucionalidade do direito pré-constitucional. Para o Supremo Tribunal, o contraste entre a nova Constituição e o direito anterior se resolve no plano da vigência e não no da validade.

A inovação trazida pela Lei n. 9.882/99 irá possibilitar, portanto, que muitas questões relativas à recepção da legislação ordinária em face da nova Constituição sejam resolvidas.

No Plenário do Supremo Tribunal, segundo informa Gilmar Ferreira Mendes, que defende a tese da extensão do controle abstrato de constitucionalidade ao direito pré-constitucional, "três importantes discussões sobre a ADPF versavam sobre direito pré-constitucional. Na ADPF 33 (Relator Ministro Gilmar Mendes), discutiu-se a subsistência ou não de norma estadual que fixava piso salarial de servidores de autarquia estadual em face da nova ordem constitucional. No julgamento de mérito da referida ADPF (*omissis*), o Tribunal afirmou a ilegitimidade da norma questionada, norma esta que já havia sido formalmente revogada em relação à Constituição de 1988. Na ADPF 46 (Relator Ministro Marco Aurélio), controverte-se sobre a legitimidade das normas legais que fixam o monopólio postal no novo contexto constitucional. Na ADPF 54 (Relator Ministro Marco Aurélio), suscitou-se a recepção das normas constantes dos arts. 124, 126, *caput*, e 128, I e II, do CPC (aborto de feto anencefálico) em face da Constituição de 1988. A discussão sobre a legitimidade de lei pré-constitucional em face de ordem constitucional superveniente pode ser precedida de indagação sobre a constitucionalidade da lei em face da ordem constitucional anterior. Essa questão foi suscitada pelo Ministro Sepúlveda Pertence na ADPF 33, tendo o Tribunal entendido que a eventual (e não declarada) inconstitucionalidade da lei em face da ordem constitucional anterior não impede o conhecimento da ADPF, na qual se busca exclusivamente a verificação de compatibilidade da lei em face da nova ordem constitucional".[320]

14.3.7 Norma revogada

A arguição de descumprimento poderá ser proposta contra ato normativo revogado, tendo em vista o interesse jurídico da solução quanto à legitimidade de sua aplicação no passado, o que não se admite no âmbito do controle abstrato de constitucionalidade, por via de ação direta de inconstitucionalidade ou de ação declaratória de constitucionalidade: esta foi a orientação do Supremo Tribunal Federal, no julgamento da ADPF 33, segundo relata Gilmar Ferreira Mendes.[321]

14.3.8 Medida provisória rejeitada e relações jurídicas constituídas durante sua vigência

O Supremo Tribunal Federal decidiu que deve ser admitida Arguição contra medida provisória rejeitada, a fim de que no julgamento da ação seja discutida a adequada interpretação do § 11 do art. 62 da Constituição Federal.

Trata-se da ADPF 84, ajuizada pelo Partido da Frente Liberal, contra a Medida Provisória n. 242/2005, que alterou dispositivos da Lei n. 8.213/91, sobre os Planos de Benefícios da Previdência Social, cujo Relator, Ministro Sepúlveda Pertence, ao negar seguimento à Arguição, assim se expressou: "(*omissis*). Como afirma a própria inicial, a norma impugnada foi objeto de ação direta. A alegação de que não há outro meio para uma 'solução ampla e eficaz para a controvérsia', mesmo que já revogada a medida provisória, não se sustenta, uma vez que a ADPF é ação de controle concentrado de normas (*v.g.*, ADPF 1-QO, Néri, *DJ* 07.11.03) e neste plano de controle de constitucionalidade a norma poderia – como foi – ser atacada via ação direta. Resta saber se a revogação da norma possibilita o exame dos efeitos das relações jurídicas concretas ocorridas durante a vigência da medida provisória. Entretanto, é pretensão

---

[320] MENDES. *Arguição de descumprimento de preceito fundamental*: comentários à Lei n. 9.882, de 3.12.1999, p. 67-68.
[321] STF, ADPF 33, Rel. Min. Gilmar Mendes, j. 7. 12.2005.

de caráter eminentemente subjetivo, que se encontra fora do universo de controle objetivo de normas – no qual se encontra a ADPF, a ADI e a ADC – e seria reservada às ações de natureza subjetiva, de iniciativa de cada jurisdicionado que provocasse – pelas vias próprias – o Poder Judiciário, a fim de sanar a alegada lesividade. De tudo, nego seguimento à arguição (art. 21, § 1º, RISTF; art. 14, § 1º, L. 9.882/99."[322]

A arguente sustentava que, embora a Medida Provisória tivesse sido rejeitada, "as relações jurídicas constituídas e decorrentes de atos praticados durante sua vigência (28.3.2005 a 30.6.2005), teriam continuado a ser por elas regidas, uma vez que não fora editado, no prazo de sessenta dias, o decreto legislativo a que se refere o art. 62, §§ 3º e 11, da CF)".[323]

14.3.9 As omissões do Poder Público

Os atos omissivos do Poder Público sujeitam-se ao controle de constitucionalidade, por meio da arguição de descumprimento de preceito fundamental a despeito de já existirem, em nosso direito, dois instrumentos para a efetivação desse controle, quais sejam, a inconstitucionalidade por omissão e o mandado de injunção.

Como afirma Luís Roberto Barroso, são sistêmicas as dificuldades "no enfrentamento da omissão constitucional, seja a total, seja a parcial ou relativa. A deficiência funcional dos dois mecanismos existentes, tal como desenvolvidos pela jurisprudência do Supremo Tribunal, permite afirmar não serem eles meios eficazes de sanar a lesividade a preceito fundamental decorrente da inércia do legislador. Como consequência natural da aplicação do § 1º do art. 4º da Lei n. 9.882/99, é possível afirmar, então, o cabimento da ADPF. A matéria foi amplamente debatida pelo Supremo Tribunal Federal por ocasião do julgamento da ADPF n. 4, na qual se discutiu o cabimento da arguição contra a Medida Provisória n. 2.019, de 20 de abril de 2000, que fixava o valor do salário mínimo em desarmonia com o preceito fundamental do art. 7º, IV, da Constituição, configurando hipótese de omissão parcial. Em votação dividida (6 a 5), o Tribunal conheceu do pedido, sob o fundamento de que a ação direta de inconstitucionalidade por omissão não era eficaz para sanar a lesividade".[324]

14.4 O princípio da subsidiariedade da arguição de descumprimento de preceito fundamental

Segundo o § 1º do artigo 4º da Lei n. 9.882/99, a arguição não será admitida quando houver qualquer outro meio eficaz de sanar a lesividade. Verifica-se, portanto, que a arguição constitui um instrumento excepcional e extremo, supletivo e subsidiário, só podendo ser utilizado quando inexistir outro meio eficaz para sanar a lesividade, como a arguição de inconstitucionalidade, os recursos previstos na legislação processual, inclusive o extraordinário. Trata-se do princípio da subsidiariedade, que con-

---

[322] STF, ADPF 84 – AgRg, *DJ*, 7.3.2006.
[323] MENDES. *Arguição de descumprimento de preceito fundamental*: comentários à Lei n. 9.882, de 3.12.1999, p. 79.
[324] BARROSO. *O controle de constitucionalidade no direito brasileiro*, p. 271.

diciona o ajuizamento dessa ação constitucional à ausência de qualquer outro meio processual apto a sanar, de modo eficaz, a situação de lesividade indicada pelo autor.

O princípio da subsidiariedade tem merecido da doutrina interpretação diversa: é que alguns doutrinadores o rejeitam, enquanto outros o acolhem.

Os que rejeitam o caráter subsidiário da arguição consideram que o seu acolhimento retiraria a densidade e a relevância da ação. Nesse sentido, Flávia Piovesan e Renato Stanziola, após defenderem a máxima efetividade das normas constitucionais relativas aos direitos fundamentais, e negar a possibilidade de lei ordinária restringir o uso da arguição de descumprimento de preceito fundamental, indagam: "como é que um instituto especificamente previsto para a tutela de preceitos 'fundamentais' poderia ser tido como supletivo, no sistema do controle concentrado de constitucionalidade que, como se sabe, não exige tradicionalmente uma fundamentalidade da norma constitucional atacada?".[325] Ainda consideram que "como mecanismo específico de defesa dos direitos fundamentais do cidadão, com âmbito de aplicação todo próprio e, por isso, inconfundível com os demais mecanismos de fiscalização concentrada ou difusa de constitucionalidade, não pode a arguição de descumprimento de preceito fundamental se ver, em relação a esses mecanismos, diminuída à condição de subsidiária, de supletiva".[326]

André Ramos Tavares também sustenta que "seria inadmissível que se considerasse o cabimento da arguição apenas naquelas hipóteses nas quais o sistema, no momento em que foi editada a Lei da Arguição, não previsse outra medida para combater determinada lesão. As hipóteses de cabimento da arguição, no que se refere à exigência de violação da Carta Constitucional, não pode depender da lei. Já vem traçada pela própria Constituição. A arguição é medida tão primordial (ou principal) quanto a ação direta de inconstitucionalidade, apresentando mesmo relevância superior, se se quiser. A arguição, portanto, não é instituto com caráter 'residual' em relação à ação direta de inconstitucionalidade (genérica ou omissiva). Trata-se, na realidade, de instrumento próprio para resguardo de determinada categoria de preceitos (os fundamentais), e é essa a razão de sua existência".[327]

Na mesma linha de pensamento, Walter Claudius Rothenburg, para quem a "arguição em sua modalidade direta praticamente afasta o problema da subsidiariedade. Pode nem ser cabível ação direta de inconstitucionalidade (quando o objeto for ato normativo municipal ou anterior à Constituição ou infralegal, ou ato concreto do Poder Público), em razão da jurisprudência restritiva do Supremo Tribunal Federal. Quando o objeto também for passível de ação direta de inconstitucionalidade, em vez de subsidiariedade, haverá *preferência* para a arguição, em função da maior importância da norma constitucional violada (preceito fundamental) e da relevância que venha a ser reconhecida no caso à questão constitucional. No cotejo entre a

---

[325] PIOVESAN; VIEIRA. *Aspectos atuais do controle de constitucionalidade no Brasil*: recurso extraordinário e arguição de descumprimento de preceito fundamental, p. 118.
[326] PIOVESAN; VIEIRA. *Op. cit.*, p. 118.
[327] TAVARES. Arguição de descumprimento de preceito fundamental: aspectos essenciais do instituto na constituição e na lei. In: *Arguição de descumprimento de preceito fundamental*: análises à luz da Lei n. 9.882/99. TAVARES; ROTHENBURG (Orgs.), p. 45.

fundamentalidade do parâmetro e a relevância do fundamento da controvérsia constitucional, por um lado, e a subsidiariedade, por outro, aquelas hão de prevalecer".[328]

Admitido, porém, o caráter subsidiário da arguição, ressalta Rothenburg que o mesmo "haverá de ser avaliado em função não apenas da inexistência, mas também da ineficácia de outros meios de controle judicial: o fator 'tempo' podendo recomendar a 'antecipação de decisões sobre controvérsias constitucionais relevantes' (Gilmar Ferreira Mendes), num cenário de decisões pontuais divergentes e de insuportável demora do trâmite processual até decisões definitivas (não necessariamente homogêneas)".[329]

Pelo acolhimento da subsidiariedade, posiciona-se Alexandre de Moraes, ao afirmar que a "lei expressamente veda a possibilidade de arguição de descumprimento de preceito fundamental quando houver qualquer outro meio eficaz de sanar a lesividade. Obviamente, este mecanismo de efetividade dos preceitos fundamentais não substitui as demais previsões constitucionais que tenham semelhante finalidade, tais como o *habeas corpus*, *habeas data*; mandado de segurança individual e coletivo; mandado de injunção; ação popular; ações diretas de inconstitucionalidade genérica, interventiva e por omissão e ação declaratória de constitucionalidade, desde que haja efetividade em sua utilização, isto é, sejam suficientes para evitar ou reparar a lesão a preceito fundamental causada pelo Poder Público. Portanto, o caráter subsidiário da arguição de descumprimento de preceito fundamental consiste na necessidade de prévio esgotamento de todos os instrumentos possíveis e eficazes para fazer cessar ameaça ou lesão a preceito fundamental. Se, porém, uma vez utilizados esses instrumentos, houver patente inefetividade na proteção dos preceitos fundamentais, sempre haverá possibilidade de acesso ao Supremo Tribunal Federal, por via da arguição".[330]

Admite o constitucionalista, no entanto, que, "de forma excepcional, poderá o Supremo Tribunal Federal afastar a exigência do prévio esgotamento judicial, quando a demora para o esgotamento das vias judiciais puder gerar prejuízo grave e irreparável para a efetividade dos direitos fundamentais".[331]

Posição intermediária quanto ao tema é defendida por Luís Roberto Barroso que, ao analisar a jurisprudência do Supremo Tribunal Federal, considera que "a interpretação estrita do art. 4º, § 1º, conduzirá, na grande maioria dos casos, à inadmissibilidade da arguição. A ADPF teria, assim, um papel marginal e inglório, na mesma linha do mal-aventurado mandado de injunção. A questão central aqui parece estar

---

[328] ROTHENBURG. Arguição de descumprimento de preceito fundamental. *In: Arguição de descumprimento de preceito fundamental*: análises à luz da Lei n. 9.882/99. TAVARES; ROTHENBURG (Orgs.), p, 225.
[329] ROTHENBURG. *Op. cit.*, p. 225.
[330] MORAES. Comentários à Lei n. 9.882/99 – Arguição de descumprimento de preceito fundamental. *In: Arguição de descumprimento de preceito fundamental*: análises à luz da Lei n. 9.882/99. TAVARES; ROTHENBURG (Orgs.), p. 27.
[331] MORAES. Comentários à Lei n. 9.882/99 – Arguição de descumprimento de preceito fundamental. *In: Arguição de descumprimento de preceito fundamental*: análises à luz da Lei n. 9.882/99. TAVARES; ROTHENBURG (Orgs.), p. 28.

na *eficácia* do 'outro meio' referido na lei, isto é, no tipo de solução que ele é capaz de produzir. Considerando que a decisão da ADPF é dotada de caráter vinculante e contra todos, quando esses efeitos forem decisivos para o resultado que se deseja alcançar, dificilmente uma ação individual ou coletiva de natureza subjetiva poderá atingi-los. É por esse fundamento que merece adesão a posição intermediária e melhor, que vem conquistando doutrina e jurisprudência, no sentido de que, tendo em vista a natureza objetiva da ADPF, o exame de sua subsidiariedade deve levar em consideração os demais processos objetivos já consolidados no sistema constitucional".[332]

Na jurisprudência do Supremo Tribunal Federal, não se tem, na maioria dos casos julgados, admitido a arguição, se existente outro meio capaz de sanar a lesividade do ato impugnado, é dizer, o Supremo Tribunal tem adotado o princípio da subsidiariedade, ao constatar a existência de outros remédios jurídicos, como o recurso extraordinário, a reclamação, a ação popular ou o mandado de segurança, sem deixar de avaliá-los quanto à efetividade.[333]

Anote-se, todavia, que no julgamento da ADPF33-5/PA, cuja liminar foi deferida pelo Relator e referendada pelo Plenário do Supremo Tribunal Federal, e, no mérito, julgada procedente a arguição, o voto do Relator, Min. Gilmar Mendes, sobre a cláusula de subsidiariedade, nos seguintes termos: "Cláusula de subsidiariedade – o desenvolvimento do instituto da inexistência de outro meio eficaz, ou o princípio da subsidiariedade, dependerá da interpretação que o STF venha a dar à lei. A esse respeito, destaque-se que a Lei n. 9.882, de 1999, impõe que a arguição de descumprimento de preceito fundamental somente será admitida se não houver outro meio eficaz de sanar a lesividade (art. 4º, § 1º). À primeira vista, poderia parecer que somente na hipótese de absoluta inexistência de qualquer outro meio eficaz para afastar a eventual lesão poder-se-ia manejar, de forma útil, a arguição de descumprimento de preceito fundamental. É fácil ver que uma leitura excessivamente literal dessa disposição, que tenta introduzir entre nós o princípio da subsidiariedade vigente no direito alemão (recurso constitucional) e no direito espanhol (recurso de amparo), acabaria por retirar desse instituto qualquer significado prático. De uma perspectiva

---

[332] BARROSO. *O controle de constitucionalidade no direito brasileiro*, p. 253-254.
[333] STF, *ADPF* 3-QO, Rel. Min. Sydney Sanches, Inf. STF, 189, maio 2000. No julgamento desta ADPF, o Min. Celso de Mello ressaltou a importância de se verificar a eficácia proporcionada pelo meio adotado em detrimento da ADPF, deixando consignado em seu voto que: "O princípio da subsidiariedade – que rege a instauração do processo de arguição de descumprimento de preceito fundamental – acha-se consagrado no art. 4º, § 1º, da Lei n. 9.882/99, que condiciona, o ajuizamento dessa especial ação de índole constitucional, à ausência de qualquer outro meio processual apto a sanar, de modo eficaz, a situação de lesividade indicada pelo autor. Cabe advertir, no entanto, que o princípio da subsidiariedade não pode – e não deve ser invocado para impedir o exercício da ação constitucional de descumprimento de preceito fundamental, pois esse instrumento está vocacionado a viabilizar a realização jurisdicional de direitos básicos contemplados no texto da Constituição da República. O comprometimento da arguição de preceito fundamental, que resulte da indevida aplicação do princípio da subsidiariedade, representará, em última análise, a inaceitável frustração do sistema de proteção dos direitos fundamentais instituído pela Carta Política, neutralizando, de maneira ilegítima, a efetividade da própria Constituição." ADPF 12, Rel. Min. Ilmar Galvão, *DJU*, 26.3.2001. ADPF 13, Rel. Min. Ilmar Galvão, *DJU* 5.4.2001. ADPF 17, Rel. Min. Celso de Mello, *DJU* 28.9.2001.

estritamente subjetiva, a ação somente poderia ser proposta se já se tivesse verificado a exaustão de todos os meios eficazes de afastar a lesão no âmbito judicial. Uma leitura mais cuidadosa há de revelar, porém, que na análise sobre a eficácia da proteção de preceito fundamental nesse processo deve predominar um enfoque objetivo ou de proteção da ordem constitucional objetiva. Em outros termos, o princípio da subsidiariedade – inexistência de outro meio eficaz de sanar a lesão –, contido no § 1º do art. 4º da Lei n. 9882, de 1999, há de ser compreendido no contexto da ordem constitucional global. Nesse sentido, se se considera o caráter enfaticamente objetivo do instituto (o que resulta, inclusive, da legitimação ativa) meio eficaz de sanar a lesão parecer ser aquele apto a solver a controvérsia constitucional relevante de forma ampla, geral e imediata."

Nessa linha de pensamento, a ADPF, nada obstante o seu caráter de subsidiariedade, pode ser considerada medida a ser utilizada com primazia, como se verifica com a ação direta de inconstitucionalidade e a ação declaratória de constitucionalidade. É que o princípio da subsidiariedade não caracteriza a ADPF como ação menor ou secundária. O que deve ser apurado é a relação do caráter objetivo dessa ação especial com a eficácia dos meios alternativos em solver a controvérsia.

Ainda em virtude do caráter subsidiário da ADPF, o Supremo Tribunal Federal admitiu a possibilidade de recebimento da arguição como ação direta de inconstitucionalidade, desde que "demonstrada a impossibilidade de se conhecer da ação como ADPF, em razão da existência de outro meio eficaz para impugnação da norma, qual seja, a ADI, porquanto o objeto do pedido principal é a declaração de inconstitucionalidade de preceito autônomo por ofensa a dispositivos constitucionais, restando observados os demais requisitos necessários à propositura da ação direta".[334]

Remarque-se que o debate sobre o caráter subsidiário da arguição de descumprimento de preceito fundamental, bem como questões envolvendo a legitimidade ativa, como observa Dirley da Cunha Júnior, "têm causado intenso debate entre os Ministros da Suprema Corte. Para uma ideia geral, das arguições de descumprimento propostas até 1º de março de 2006, num total de 88 (oitenta e oito) ações, só uma desafiou um julgamento de mérito (a ADPF n. 33, que foi julgada procedente). Mais da metade não foi admitida e as que passaram pelo juízo de admissibilidade estão aguardando julgamento. Dessas 88 (oitenta e oito) arguições, 48 (quarenta e oito) foram extintas, sem qualquer exame de mérito. E 39 (trinta e nove) arguições encontram-se aguardando prosseguimento, sendo que 5 (cinco) das quais em decorrência da tramitação da ADI 2.231-DF, proposta no Supremo Tribunal Federal contra a própria Lei n. 9.882/99, que regulou o rito da arguição de descumprimento".[335]

Merece ainda referência, pelo tema nela versado, a ADPF 54-DF, envolvendo o direito constitucional de uma gestante vir a submeter-se a cirurgia terapêutica de parto de feto anencefálico. A arguição, que teve deferido o pedido liminar, mas cujo referendo foi negado pelo Supremo Tribunal (Pleno), fundou-se em que houve configuração, no caso concreto, da violação de preceitos fundamentais (dignidade, liber-

---

[334] STF, Pleno, ADPF 72 QO/PA, Rel. Min. Ellen Gracie, *Informativo STF*, n. 390, p. 1.
[335] CUNHA JÚNIOR. *Controle de constitucionalidade*: teoria e prática, p. 246.

dade e saúde da gestante), e a lesão fora resultado da emissão de ato do Poder Público (normas do Código Penal), bem assim a inexistência de outro meio eficaz para sanar a ofensa.

14.5 Legitimidade

Detêm legitimidade ativa para a propositura da arguição (art. 2°, I) os legitimados para a ação direta de inconstitucionalidade mencionados no artigo 103 da Constituição Federal e no artigo 2° da Lei n. 9.868/99: o Presidente da República; a Mesa do Senado Federal; a Mesa da Câmara dos Deputados; a Mesa de Assembleia Legislativa ou a Mesa da Câmara Legislativa do Distrito Federal; o Governador de Estado ou o Governador do Distrito Federal; o Procurador-Geral da República; o Conselho Federal da Ordem dos Advogados do Brasil; partido político com representação no Congresso Nacional; confederação sindical ou entidade de classe de âmbito nacional.

As observações já feitas acerca desses entes legitimados, inclusive quanto à pertinência temática, no estudo sobre a Lei n. 9.868/99, são aqui aplicáveis.

Observe-se que foi vetado, pelo Presidente da República, o inciso II do artigo 2°, que reconhecia a legitimidade para a propositura da arguição a qualquer pessoa lesada ou ameaçada por ato do Poder Público, bem como o § 2° do art. 2°, prevendo que, contra o indeferimento do pedido ao Procurador-Geral da República para a propositura da arguição, caberia representação ao Supremo Tribunal Federal, no prazo de cinco dias, que seria processada e julgada na forma estabelecida no seu Regimento Interno. A despeito disso, manteve-se o § 1° do artigo 2°, que, na "hipótese do inciso II (vetado), faculta-se ao interessado, mediante representação, solicitar a propositura da arguição ao Procurador-Geral da República, que, examinando os fundamentos jurídicos do pedido, decidirá do cabimento do seu ingresso em juízo".

Legitimados passivos são as autoridades, órgãos ou entidades responsáveis pela prática do ato impugnado ou pela omissão censurada, aos quais cabe a prestação de informações, por se tratar de processo objetivo.

14.6 Procedimento

A petição inicial deve conter a indicação do preceito que se considera violado, a indicação do ato questionado, a prova da violação do preceito fundamental e o pedido, com suas especificações (art. 3°, incisos I a IV). A petição inicial, acompanhada do instrumento de mandato, se for o caso, será apresentada em duas vias, devendo conter cópias do ato questionado e dos documentos necessários para comprovar a impugnação (art. 3°, parágrafo único).

A petição inicial será indeferida liminarmente, pelo Relator, quando não for o caso de ADPF, faltar alguns dos requisitos legais ou for inepta, cabendo dessa decisão agravo, no prazo de cinco dias, para o Plenário do Supremo Tribunal Federal.

Apreciado o pedido de liminar, se houver, o relator solicitará as informações às autoridades responsáveis pela prática do ato questionado, no prazo de dez dias, podendo, se entender necessário, requisitar informações adicionais, designar peritos para que emitam parecer sobre a questão, ou, ainda, fixar data para declarações em audiência pública, de pessoas com experiência e autoridade na matéria (art. 6º, § 1º).

O Ministério Público, nas arguições que não tiver formulado, decorrido o prazo de informações, terá vista do processo por cinco dias, após o que o relator lançará o relatório e pedirá dia para julgamento (art. 7º, parágrafo único).

14.7 Medida liminar

A concessão de liminar é autorizada pelo artigo 5º, por decisão da maioria dos membros do Supremo Tribunal, em caso de extrema urgência ou perigo de lesão grave, ou ainda em período de recesso, podendo o relator deferi-la *ad referendum* do Tribunal Pleno (art. 5º, § 1º).

O relator poderá ouvir, antes de decidir sobre a medida liminar, os órgãos ou as autoridades responsáveis pelo ato questionado, bem como o Advogado-Geral da União ou o Procurador-Geral da República, no prazo comum de cinco dias.

A liminar poderá consistir na determinação de que juízes e tribunais suspendam o andamento do processo ou os efeitos de decisões judiciais, ou de qualquer outra medida que apresente relação com a matéria objeto da arguição, salvo se decorrente de coisa julgada (art. 5º, § 3º).

Ao se aplicar na arguição de descumprimento de preceito fundamental o que estatuem os §§ 1º e 2º do art. 11 da Lei n. 9.868/99, para a ação direta de inconstitucionalidade, a eficácia da liminar, em regra, é *ex nunc*, salvo, excepcionalmente, quando o Tribunal entender que deva conceder-lhe eficácia retroativa. A liminar também produz efeitos repristinatórios, tornando aplicável a legislação anterior acaso existente, salvo expressa manifestação do Tribunal em sentido contrário.

14.8 A decisão e seus efeitos

A decisão sobre a arguição será tomada se presentes na sessão pelo menos oito Ministros, silenciando a Lei acerca do *quorum* de deliberação, que nos parece deva ser o da maioria absoluta, nos moldes do artigo 23 da Lei n. 9.868/99.

Julgada procedente a ação, prevê o artigo 10 que se fará comunicação às autoridades ou aos órgãos responsáveis pela prática dos atos questionados, fixando-se as condições e o modo de interpretação e aplicação do preceito fundamental.

Relativamente aos efeitos *subjetivos*, a decisão terá eficácia *erga omnes* e efeito vinculante relativamente aos demais órgãos do Poder Público (art. 10, § 3º).

Observa Walter ClaudiusRothenburg: "Quando a inconstitucionalidade é declarada, a invalidade do ato impõe-se, obviamente, tanto ao próprio Supremo Tribunal Federal (que não mais poderá rever sua decisão) quanto ao Legislativo (que não poderá, pro exemplo, revogar o ato normativo já invalidado). Quando, porém, for declarada a constitucionalidade, então o próprio Supremo Tribunal Federal e o Legislativo são poupados da força vinculante, aquele porque poderá modificar sua decisão diante de uma futura reapreciação sob circunstâncias diferentes, e este porque não fica limitado em sua atividade legiferante (podendo, por exemplo, revogar o ato normativo declarado constitucional, por outro em sentido oposto, correndo o provável risco de ver este declarado inconstitucional em seguida); é o que também se dá em sede de ação declaratória de constitucionalidade."[336]

A questão da constitucionalidade, com fundamento relevante, ficará solucionada no âmbito da arguição.

Quanto aos efeitos *objetivos*, como assinala Luís Roberto Barroso, "se a arguição tiver resultado de um ato normativo, serão eles análogos aos da declaração de inconstitucionalidade. Se se tratar de ato administrativo – disposição de edital de licitação ou de concurso público, por exemplo –, se acolhido o pedido deverá ela ser retirada do regime jurídico do certame, ou, este já tiver ocorrido, poderá ser declarado nulo. No tocante à decisão judicial, se a simples afirmação da tese jurídica não produzir consequência apta a evitar ou reparar a lesão a preceito fundamental, uma decisão específica deverá ser proferida pelo juiz natural (isto é, o órgão judicial competente para apreciar a questão concreta), levando em conta a premissa lógica estabelecida pelo Supremo Tribunal Federal".[337]

No que concerne aos efeitos temporais, a regra geral é a de que a decisão produz efeitos *ex tunc*. A Lei n. 9.882/99 prevê, no entanto, em seu art. 11, que, ao declarar a inconstitucionalidade de lei ou ato normativo, no processo de arguição de descumprimento de preceito fundamental, e tendo em vista razões de segurança jurídica ou de excepcional interesse social, poderá o Supremo Tribunal Federal, por maioria de 2/3 de seus membros, restringir os efeitos daquela declaração ou decidir que ela só tenha eficácia a partir de seu trânsito em julgado ou de outro momento que venha a ser fixado.

É irrecorrível a decisão que julga procedente ou improcedente a arguição, não podendo ser objeto de ação rescisória, cabendo reclamação contra o seu descumprimento, na forma do Regimento Interno do Supremo Tribunal Federal.

15. CONTROLE ESTADUAL DE CONSTITUCIONALIDADE – CONSIDERAÇÕES GERAIS

O sistema federativo brasileiro propicia a configuração de um modelo de controle estadual de constitucionalidade, pelo Poder Judiciário, a ser exercido de forma difusa e concentrada. No plano estadual, o controle pode ainda ser político, bem como preventivo e repressivo.

O controle preventivo ocorre antes da lei promulgada. Nos Estados-Membros cabe às Assembleias Legislativas, em especial por meio de suas Comissões de Constituição e Justiça, bem assim ao Governador do Estado, pelo veto, o pronunciamento preventivo sobre as propostas legislativas tidas como inconstitucionais.

---

[336] ROTHENBURG. Arguição de descumprimento de preceito fundamental. *In*: *Arguição de descumprimento de preceito fundamental*: análises à luz da Lei n. 9.882/99. TAVARES; ROTHENBURG (Orgs.), p. 229.

[337] BARROSO. *O controle de constitucionalidade no direito brasileiro*, p. 276.

Já o controle repressivo ou sucessivo é predominantemente exercido pelo Poder Judiciário estadual, caracterizando-se, portanto, como jurisdicional.

A Constituição Federal deixa expresso que cabe aos Estados a instituição de representação de inconstitucionalidade de leis ou atos normativos estaduais ou municipais em face da Constituição Estadual, vedada a legitimação para agir a um único órgão (art. 125, § 2º).

As *leis estaduais* e *municipais* estão, portanto, sujeitas aos controles difuso e concentrado de constitucionalidade, e aos outros tipos de controle acima referenciados.

O controle difuso se acha a cargo dos órgãos judiciários estaduais (juiz ou tribunal estadual), que exercem a jurisdição constitucional federal e estadual, pois, como se verá adiante, poderão, incidentalmente, controlar a constitucionalidade de lei estadual para preservar a supremacia da Constituição Federal ou da Constituição do Estado-Membro.

O controle concentrado ou abstrato é de competência privativa do Tribunal de Justiça, a quem cabe, como acima explicitado, processar e julgar a ação direta de inconstitucionalidade, tendo, no entanto, como parâmetro, somente a Constituição Estadual. O Tribunal de Justiça exerce a jurisdição constitucional estadual, cabendo-lhe garantir a supremacia da Constituição do Estado-Membro. E isso porque as normas inferiores devem ser com ela compatíveis: ocorrerá inconstitucionalidade quando houver discordância entre as normas infraconstitucionais estaduais e o texto da Constituição do Estado-Membro.

A supremacia da Constituição Estadual é, portanto, princípio constitucional estabelecido inerente ao Estado Federal brasileiro, e o Tribunal de Justiça, na fiscalização abstrata de constitucionalidade das leis locais, o guardião da Constituição do Estado-Membro, com exclusão de qualquer outro órgão. Ao tratar da preservação e garantia do direito constitucional estadual, leciona Anna Cândida da Cunha Ferraz: "Em primeira linha, aparece a modalidade de controle por via de ação, porquanto, esta sim, caracteriza, indubitavelmente, a preocupação do Constituinte Decorrente de defender e guardar sua obra, a Constituição, contra violação de qualquer ordem; nessa *(omissis)* modalidade exsurge, pois, claramente, o intuito de manutenção eficaz do princípio da supremacia da Constituição Estadual, no seu âmbito de alcance territorial."[338]

Se a custódia da Constituição Estadual é do Tribunal de Justiça, que detém o monopólio da jurisdição constitucional para o controle abstrato de constitucionalidade das leis locais, ao confronto com o texto constitucional do Estado-Membro, intuitivo que aquele Tribunal não pode estender a sua competência relativa ao controle abstrato a outro parâmetro de normas, que não seja o estadual.

15.1 Controle estadual de constitucionalidade da lei municipal

Com relação à *lei municipal*, o controle jurisdicional de constitucionalidade dá-se no caso concreto (via de exceção), ou em tese (via de ação). No primeiro caso, a lei municipal poderá ser contrastada com as Constituições Federal e Estadual; no controle

---

[338] FERRAZ. *Poder constituinte do estado-membro*, p. 198.

em tese, abstrato ou por via de ação, a inconstitucionalidade da lei municipal deverá estar limitada ao texto da Constituição Estadual. Note-se que, anteriormente à Constituição atual, o Supremo Tribunal Federal já se vinha posicionando contrariamente à instituição, no âmbito dos Estados-Membros, do controle da constitucionalidade de leis municipais por via de ação, chegando até mesmo a declarar a inconstitucionalidade, no artigo 54, I, *e*, da precedente Constituição paulista, da expressão "inconstitucionalidade", considerando incompetente o Tribunal de Justiça local para conhecer e julgar representações de inconstitucionalidade de lei municipal, exceto na hipótese das ações interventivas (RE n. 93.088-SP). O mesmo ocorreu em relação ao texto constitucional do Rio Grande do Sul (*RTJ* 93/455), em que o Supremo Tribunal Federal julgou o Chefe do Ministério Público local carecedor da representação de inconstitucionalidade em tese, de lei ou ato normativo municipal, por contrariedade à Constituição Federal.

O entendimento doutrinário, manifestado em pareceres de não menos do que seis notáveis juristas (Ada Pellegrini Grinover, José Afonso da Silva, Dalmo de Abreu Dallari, Celso Ribeiro Bastos, Manoel Gonçalves Ferreira Filho e Galeno Lacerda), era pela possibilidade da instituição, no âmbito estadual, do controle da constitucionalidade em tese de lei municipal, seja em face da Constituição Estadual, seja em relação à Constituição Federal. Com o óbice criado pelo Supremo Tribunal Federal, que não acolheu o entendimento doutrinário, a matéria veio a ser considerada de forma expressa pela Constituição de 1988, que, em seu artigo 125, § 2º, admite a ação direta de inconstitucionalidade (controle abstrato, concentrado ou em tese), mas limitada ao texto da Constituição Estadual. Já o controle no caso concreto estende-se à infringência da lei municipal à Constituição Federal, pois, nessa hipótese, o Poder Judiciário, não podendo recusar-se a julgar o caso, é levado a julgar a lei.

A limitação da infringência, pela lei municipal, ao texto da Constituição estadual, no que se refere ao controle abstrato, tem sua razão de ser. De fato, considerando que a decisão que declara a inconstitucionalidade de lei em tese, mediante ação direta de inconstitucionalidade, tem eficácia contra todos (*erga omnes*), e efeito vinculante em relação aos órgãos da Administração Pública federal, estadual e municipal, e aos órgãos do Poder Judiciário (art. 102, § 2º, da Constituição, com a redação da EC n. 45/2004, e art. 28 da Lei n. 9.868, de 11 de novembro de 1999), o próprio Supremo Tribunal ficaria, por isso, vinculado a acatar o julgamento do Tribunal de Justiça que pronunciou a inconstitucionalidade de lei municipal, por violação a texto da Constituição Federal, mesmo nos casos concretos que lhe chegassem mediante recurso extraordinário, pelo que deixaria de exercer o papel de guardião da Constituição Federal.

15.2 A ação direta de inconstitucionalidade no plano estadual

A origem do controle abstrato de constitucionalidade, no plano estadual, deve-se à Emenda Constitucional n. 16, de 26 de novembro de 1965, cujo art. 19 acrescentou o inciso XIII ao art. 124 da Constituição de 1946, dispondo que a lei poderia estabelecer processo, de competência do Tribunal de Justiça, para declaração de inconstitucionalidade de lei ou ato do Município, em conflito com a Constituição do Estado. A previsão constitucional do controle concentrado de constitucionalidade, pelo que se extrai da dicção da Emenda n. 16/1965, restringia-se à lei municipal, ficando de fora da atuação dos Tribunais de Justiça a legislação estadual, que somente poderia ser objeto de controle, na modalidade concentrada, perante o Supremo Tribunal Federal, de acordo com o disposto no art. 101, I, *k*, da Constituição de 1946, com a redação da EC n. 16/1965. Como o exercício do controle abstrato, pelos Tribunais de Justiça, se daria na forma da lei, não se cuidou de adotá-la, o que esvaziou o importante mecanismo de defesa da Constituição estadual.

A Constituição de 1967 omitiu o controle abstrato de constitucionalidade, no plano estadual, deixando, pois, de prever dispositivo equivalente àquele mencionado no inciso XIII do art. 124 da Constituição de 1946.

A Emenda Constitucional n. 1, de 1969, cuidou apenas de prever que a intervenção nos Municípios seria regulada na Constituição do Estado, somente podendo ocorrer quando o Tribunal de Justiça do Estado desse provimento a representação formulada pelo Chefe do Ministério Público local, para assegurar a observância dos princípios indicados na Constituição estadual, limitando-se o decreto do Governador a suspender o ato impugnado, se essa medida bastasse ao restabelecimento da normalidade. Assim, ficou a cargo do constituinte decorrente a tarefa de disciplinar a intervenção dos Estados nos Municípios, e não a de instituir o controle abstrato de constitucionalidade, no plano estadual, por via de ação direta não interventiva. Alguns Estados passaram a admitir, em suas Constituições, a ação direta não interventiva, mas tendo como objeto a inconstitucionalidade de lei ou ato normativo municipal em face da Constituição Federal, o que foi rechaçado pelo Supremo Tribunal.[339]

A Constituição de 1988 prevê, em seu art. 125, § 2º, o controle abstrato de constitucionalidade de normas locais em face da Constituição Estadual, ao estabelecer que "cabe aos Estados a instituição de representação de inconstitucionalidade de leis ou atos normativos estaduais ou municipais em face da Constituição Estadual, vedada a atribuição da legitimação para agir a um único órgão."

O perfil da ação direta de inconstitucionalidade estadual passa a ser delineado.

15.2.1 Parâmetro

Os Estados-Membros detêm competência, como acima referido, para o controle abstrato de constitucionalidade das leis ou atos normativos (estaduais ou municipais) em face da Constituição do Estado. Assim, poderá haver impugnação dessas normas por meio de ação direta de inconstitucionalidade a ser proposta perante o Tribunal de Justiça, tendo como parâmetro apenas a Constituição Estadual, que compreende as regras constitucionais materiais e formais, bem como os princípios constitucionais estaduais, mesmo que os dispositivos normativos da Carta Estadual sejam mera reprodução da Constituição Federal (ver adiante).

---

[339] STF, RE 91.740, e RE 92.287, Rel. Min. Rafael Mayer.

O Supremo Tribunal Federal decidiu que a competência do Tribunal de Justiça, no controle abstrato de constitucionalidade, limita-se à apreciação da ação direta cuja causa de pedir esteja relacionada com a violação do parâmetro constitucional estadual: "Reclamação. Ação direta de inconstitucionalidade proposta, perante Tribunal estadual, com base em afronta a dispositivo constitucional federal.

Reclamação julgada procedente, em parte, para trancar a ação direta de inconstitucionalidade quanto à *causa petendi* relativa à afronta à Constituição Federal, devendo, pois, o Tribunal reclamado julgá-la apenas no tocante à *causa petendi* referente à alegada violação à Constituição Estadual, *causa petendi* esta para a qual é ele competente (artigo 125, § 2º, da Constituição Federal)."[340]

Afirme-se ainda que o parâmetro de controle abstrato de constitucionalidade das leis e atos normativos locais (estaduais ou municipais), instituído com base no art. 125, § 2º, da Constituição Federal, não se compadece com ação direta de inconstitucionalidade que tenha como causa de pedir a violação de parâmetro de controle constante de lei federal, que configuraria ilegalidade, e não inconstitucionalidade, a ser resolvida, por isso mesmo, em ação própria.

E, em se tratando de lei municipal contrastada em face de lei orgânica de Município, também não se admite o controle concentrado, posto inexistir previsão constitucional expressa quanto a considerar a lei orgânica como parâmetro do controle abstrato de constitucionalidade, resolvendo-se a questão no âmbito da ilegalidade.[341]

Enfim, nos casos em que não é possível o controle abstrato de constitucionalidade de normas locais, há *bloqueio de competência* do Tribunal de Justiça para a apreciação da ação direta de inconstitucionalidade.

15.2.1.1 Normas constitucionais federais repetidas

Questão sobre a qual se controverte é saber se pode o Tribunal de Justiça processar e julgar ação direta de inconstitucionalidade contra lei ou ato normativo estadual ou municipal em face da Constituição estadual, quando esta reproduza dispositivo da Constituição Federal.

A respeito do tema, é preciso considerar a existência, na Constituição do Estado-Membro, de normas constitucionais compulsoriamente reproduzidas ao lado de normas repetidas. Na terminologia adotada por Raul Machado Horta,[342] são normas de reprodução aquelas situadas no campo das normas centrais, das normas de preordenação, como as de definição de competência, que se referem ao transporte compulsório, pelo constituinte estadual, das normas centrais da Constituição Federal para o ordenamento constitucional do Estado-Membro. Já as normas denominadas

---

[340] STF – RCL 374, Rel. Min. Moreira Alves. O Supremo Tribunal Federal julgou inconstitucional a expressão "em face da Constituição da República", constante do § 1º do art. 118 da Constituição do Estado de Minas Gerais, pelo qual a ação direta de inconstitucionalidade de lei municipal tinha também como parâmetro a Constituição da República (ADI 508, j. 12.2.2003).

[341] STF – RE 175.087, Rel. Min. Néri da Silveira.

[342] HORTA. *A autonomia do Estado-Membro no direito constitucional brasileiro*, p. 192-193.

"de imitação", ao contrário das "de reprodução", traduzem a adesão voluntária do constituinte a uma determinada disposição constitucional, expressando, pois, a autonomia do Estado-Membro.

15.2.1.1.a Normas de observância obrigatória

As normas de observância obrigatória, segundo o conteúdo, podem ser classificadas em:

I – *Princípios constitucionais sensíveis*, ou *princípios constitucionais enumerados*, os constantes do artigo 34, VII, *a* até *d*;

II – *Princípios constitucionais estabelecidos*, cuja identificação reclama pesquisa e interpretação do texto constitucional federal, no seu conjunto.

Há ainda, para além dos princípios constitucionais sensíveis e estabelecidos, as denominadas *normas de preordenação* que incidem sobre o poder de auto-organização dos Estados-Membros.[343]

15.2.1.1.b Normas federais não obrigatórias

Quanto às normas federais não obrigatórias, em que o Estado-Membro exerce sua autonomia de forma plena, podendo afastar-se do modelo federal, encontramos as normas originais de auto-organização, que, segundo Raul Machado Horta, "exprimem esforço de criação constitucional e representam a fuga a uma tarefa de simples reprodução ou imitação das normas federais".[344] Há casos, no entanto, em que o Estado-Membro, no exercício de sua autonomia constitucional e de forma deliberada, acaba por adotar norma de caráter material ou formal idêntica àquela presente na Constituição Federal, sem que haja imposição do constituinte federal. As normas que se encontram nesse contexto são as normas denominadas de imitação, por exprimirem "cópia de técnicas ou de institutos, por influência da sugestão exercida pelo modelo superior".[345]

Num primeiro momento, o Supremo Tribunal Federal entendeu que somente as normas de imitação, fruto da autonomia do Estado-Membro, e, para todos os efeitos, normas estaduais, é que viabilizariam o exercício da jurisdição estadual voltada para o controle abstrato de constitucionalidade das normas locais. As normas de reprodução, por se caracterizarem como ociosas, não seriam, sob o prisma jurídico, preceitos estaduais, e, consequentemente, a sua violação pelo constituinte estadual ou por todas as instâncias locais de criação ou execução normativas, traduziria ofensa à Constituição Federal, de que é guardião o Supremo Tribunal Federal. O voto do Min. Sepúlveda Pertence, que enfrentou a matéria, dava conta de que "a reprodução não traduz um ato de livre criação de norma local – exercício de autonomia estadual –, mas,

---

[343] As normas de observância obrigatória, pelos Estados-Membros, são estudadas no Capítulo 7, item 6.3, vol. 2, deste trabalho.
[344] HORTA. *A autonomia do estado-membro no direito constitucional brasileiro*, p. 231.
[345] HORTA. *A autonomia do estado-membro no direito constitucional brasileiro*, p. 193.

pelo contrário, apenas retrata e explicita a recepção ou absorção compulsória pela ordem estadual de um preceito heterônomo, o qual – porque tem eficácia própria das normas da 'constituição total' do Estado Federal –, se imporia ao ordenamento da unidade federada, independentemente da sua reprodução, literal ou substancial, no texto constitucional desta".[346] Assim, por se tratar de verdadeira questão constitucional federal, caberia ao Supremo Tribunal, e não ao Tribunal de Justiça, processar e julgar a ação direta de inconstitucionalidade contra lei ou ato normativo estadual em face de normas constitucionais federais de observância obrigatória pelos Estados-Membros, ainda que repetidas na Constituição Estadual. Com essa decisão, o Supremo Tribunal acabava por contrair o controle abstrato de constitucionalidade perante os Tribunais de Justiça.

Esse entendimento coincidia com alguns setores da doutrina, como manifesta José Tarcízio de Almeida Melo, para quem "a inconstitucionalidade que diga respeito a normas centrais da Constituição Federal, que são de repetição necessária no ordenamento estadual, como as normas de definição de competência, é inconstitucionalidade federal, ou seja, em face da Constituição da República, ultrapassando a autonomia constitucional do Estado federado".[347]

Em julgamento posterior, o Supremo Tribunal Federal alterou o posicionamento acerca da matéria, e passou a admitir o cabimento de ação direta de inconstitucionalidade, no âmbito estadual, contra lei ou ato normativo estadual ou municipal, em face da Constituição do Estado-Membro, quer se trate de norma "de imitação", quer se trate de norma "de reprodução" de dispositivo da Constituição Federal cabendo em ambos os casos ao Tribunal de Justiça processar e julgar a ação direta.

O Min. Moreira Alves, Relator do julgado em que o Supremo Tribunal alterou o entendimento anterior, acentuou: "É petição de princípio dizer-se que as normas das Constituições estaduais que reproduzem, formal ou materialmente, princípios constitucionais federais obrigatórios para todos os níveis de governo na federação são inócuas, e, por isso mesmo, não são normas jurídicas estaduais, até por não serem jurídicas, já que jurídicas, e por isso eficazes, são as normas da Constituição Federal reproduzidas, razão por que não se pode julgar, com base nelas, no âmbito estadual, ação direta de inconstitucionalidade, inclusive, por identidade de razão, que tenha finalidade interventiva. Essas observações todas servem para mostrar, pela inadmissibilidade das consequências da tese que se examina, que não é exato pretender-se que as normas constitucionais estaduais que reproduzem as normas centrais da Constituição Federal (e o mesmo ocorre com as leis federais ou até estaduais que fazem a mesma reprodução) sejam inócuas e, por isso, não possam ser consideradas normas jurídicas. Essas normas são normas jurídicas, e têm eficácia no seu âmbito de atuação, até para permitir a utilização dos meios processuais de tutela desse âmbito (como o recurso especial, no tocante ao artigo 6º da Lei de Introdução ao Código Civil, e as ações diretas de inconstitucionalidade em face da Constituição Estadual). Elas não são normas secundárias que correm necessariamente a sorte das normas

---

[346] STF – RCL 370, Rel. Min. Octavio Gallotti.
[347] MELO. *Reformas – Administrativa – Previdenciária – do Judiciário*, p. 445.

primárias, como sucede com o regulamento." (Recl. 383 – SP – Rel. Min. Moreira Alves). Portanto, a competência para conhecer de tais conflitos, que são estaduais, é do Tribunal de Justiça local.

Ainda na jurisprudência do Supremo Tribunal Federal merece destaque decisões que identificam na Constituição de 1988 normas centrais não obrigatórias para os Estados-Membros, como o disposto no § 4º do art. 57 da Constituição Federal, segundo o qual, com a redação dada pela Emenda Constitucional n. 50, de 14 de fevereiro de 2006, cada uma das Casas Legislativas "reunir-se-á em sessões preparatórias, a partir de 1º de fevereiro, no primeiro ano da legislatura, para a posse de seus membros e eleição das respectivas Mesas, para mandato de 2 (dois) anos, vedada e recondução para o mesmo cargo na eleição imediatamente subsequente". A parte final do dispositivo, ainda na sua redação originária, foi discutida, havendo tese que considerava a norma como de observância obrigatória pelos Estados, tese que foi repelida pelo Supremo Tribunal Federal, em julgamento de ação direta, de que foi Relator o Ministro Carlos Velloso: "A norma do § 4º do art. 57 não constitui um princípio constitucional. Ela é, na verdade, simples regra aplicável à composição das Mesas do Congresso Nacional, norma própria, aliás, do regimento interno das Câmaras (*omissis*). É que as regras que dizem respeito à composição das Mesas das Assembleias Legislativas não são essenciais à federação (*omissis*). A regra, portanto, do § 4º do art. 57 da Constituição Federal não se constitui, por isso mesmo, numa norma constitucional de reprodução obrigatória nas Constituições estaduais. Dir-se-á que a regra inscrita no § 4º do art. 57 da Constituição Federal é conveniente e oportuna. Penso que sim. As Assembleias Legislativas dos Estados-Membros e as Câmaras Municipais deviam inscrevê-la nos seus regimentos, ou as Constituições estaduais deviam copiá-la. A conveniência, no caso, entretanto, não gera inconstitucionalidade."[348]

O tema das normas de reprodução obrigatória foi ainda tratado em julgamento do Supremo Tribunal Federal envolvendo normas constitucionais federais atinentes ao processo legislativo, que decidiu no sentido da necessidade da observância, pelos Estados-Membros, de padrões jurídicos inscritos na Constituição Federal, relativos à iniciativa das leis, acentuando que "não obstante a ausência de regra explícita na Constituição de 1988, impõe-se aos Estados-Membros a observância das linhas básicas do correspondente modelo federal, particularmente as de reserva de iniciativa, na medida em que configuram elas prisma relevante do perfil do regime positivo de separação e independência dos poderes, que é princípio fundamental ao qual se vinculam compulsoriamente os ordenamentos das unidades federadas". (ADI 872-RS).

O reconhecimento da eficácia jurídica das normas constitucionais federais repetidas na Constituição Estadual, associado com a autonomia dos parâmetros de controle, leva ao surgimento de uma outra questão que envolve a competência para o julgamento da ação direta da norma local violadora da norma repetida. Por outras palavras, cabe ao Supremo Tribunal Federal, ou ao Tribunal de Justiça apreciar, no âmbito do controle abstrato, a questão da inconstitucionalidade da norma local?

---

[348] STF, ADI 793, Rel. Min. Carlos Velloso.

O critério, ao que parece, para a definição da competência está no parâmetro de controle adotado, ou seja, a causa de pedir formulada na petição inicial da ação direta. Destarte, se a norma impugnada tiver como parâmetro a Constituição do Estado-Membro, o Tribunal de Justiça será o competente para apreciar a ação direta, pouco importando que se trata de norma repetida; se a impugnação da norma local se der frente à Constituição Federal, a competência para resolver a questão, em sede de controle abstrato, é do Supremo Tribunal Federal.

Finalmente, no que toca às normas constitucionais reproduzidas e aquelas da própria Constituição Estadual, tidas como parâmetro para o controle concentrado das leis municipais, pertinente é a observação de Clèmerson Merlin Clève: "A fiscalização da constitucionalidade da lei ou ato normativo municipal diante da Constituição Estadual exige certa dose de atenção. O Município, no Brasil, alcançou foros de ente constitucional, possuindo autonomia política e uma esfera própria de competência material e legislativa. Diante disso, se as leis e os atos normativos municipais não podem afrontar o texto constitucional estadual, sob pena de inconstitucionalidade, também é verdadeiro que os Estados-Membros devem respeitar a autonomia municipal sob pena, igualmente, de prática de inconstitucionalidade. Um exemplo: quanto à competência tributária municipal não há quase nada que os Estados-Membros possam dizer em suas Leis Fundamentais que o Constituinte Federal já não tenha, antes, dito. Outro: quanto à organização do Município, há na Constituição Federal uma série de dispositivos de preordenação ('pré-organização') que vinculam tanto o Constituinte Estadual quanto o Legislador municipal. É de cautela, por isso, verificar, sempre que se arguir a inconstitucionalidade de uma lei municipal diante da Constituição Estadual, se na situação discutida o Estado-Membro poderia estabelecer a referida norma constitucional invocada como parâmetro da invalidade ou se, ao contrário, invadiu esfera privativa do Município. Decidida a questão, e sendo a norma paramétrica daquelas de reprodução compulsória, é imperioso conferir, ademais, se a interpretação oferecida pelo Tribunal de Justiça local não ofende a Constituição Federal."[349]

15.2.1.1.c Normas constitucionais federais repetidas e recurso extraordinário

Nada obstante a autonomia dos parâmetros de controle, é possível que seja objeto de apreciação, pelo Supremo Tribunal Federal, por meio de recurso extraordinário, norma constitucional repetida na Constituição Estadual, mas interpretada, pelo Tribunal de Justiça local, de forma diferente daquela que o Supremo Tribunal deu a norma equivalente da Constituição Federal, ou no caso de se adotar, como parâmetro, norma constitucional de extensão proibida aos Estados.[350] As normas cons-

---

[349] CLÈVE. *A fiscalização abstrata da constitucionalidade no direito brasileiro*, p. 405-406.
[350] "Improcede a alegação de que a lei estadual ora atacada, por dizer respeito a matéria tributária, seria da iniciativa exclusiva do Chefe do Poder Executivo Estadual, pela aplicação aos Estados do disposto, no tocante ao Presidente da República, no artigo 61, § 1º, II, *b*, da Constituição, o qual seria aplicável aos Estados-Membros. E improcede porque esse dispositivo diz respeito

titucionais federais, com efeito, porque repercutem no controle estadual de normas no âmbito estadual, constituem pauta obrigatória para a interpretação pelo órgão competente para apreciar a ação direta estadual. O Tribunal de Justiça deverá ainda, quando deparar com norma da Constituição do Estado-Membro que seja parâmetro de controle estadual, mas inconstitucional, declarar incidentalmente a sua inconstitucionalidade (verificar adiante). Se não o fizer, o julgamento é passível de recurso extraordinário, por ter o órgão judiciário local considerado válido parâmetro de controle, quando não o era.

A decisão do Supremo Tribunal Federal, proferida no recurso extraordinário interposto contra decisões de mérito em controle abstrato de norma estadual, substitui a decisão recorrida, no que tiver sido objeto do recurso (CPC, art. 512).

Segundo tem entendido o Supremo Tribunal Federal, a decisão que se profere nesse peculiar recurso extraordinário será dotada de efeitos *erga omnes*, porque se trata de processo objetivo, sendo desnecessária a comunicação ao Senado Federal, para os fins do art. 52, X, da Constituição Federal, quando a Corte declara a inconstitucionalidade da norma impugnada em ação direta de inconstitucionalidade estadual.[351]

15.2.1.2 Normas constitucionais remissivas

Há casos em que a norma constitucional estadual, ao invés de dispor imediatamente acerca de determinado assunto, consiste numa remissão para outra norma material que, por esta via, se considera aplicável: trata-se da denominada norma de remissão.

É frequente deparar-se com normas remissivas à Constituição Federal, presentes nas Constituições Estaduais. Daí indagar: as normas remissivas configuram parâmetro normativo idôneo para o controle de constitucionalidade das leis e atos normativos estaduais ou municipais, pelo Tribunal de Justiça dos Estados? O Supremo Tribunal Federal, no julgamento do RE 213.120, de que foi Relator o Min. Maurício Corrêa, decidiu pela inadmissibilidade das normas estaduais remissivas como parâmetro idôneo para o controle estadual abstrato de constitucionalidade, constando do voto do Relator: "Tenho que não se pode admitir que o Tribunal de Justiça julgue a inconstitucionalidade de norma de direito municipal, se para isso tiver de valer-se dos preceitos contidos na Constituição Federal, porquanto tal hipótese não se enquadra dentre os casos de controle abstrato das normas nela previstos. Na espécie, a apreciação de afronta à Constituição do Estado da Bahia dar-se-ia de modo indireto, ante a análise prévia de possível contrariedade aos princípios estabelecidos na Carta Federal. A hipótese não cuida de reprodução ou de imitação de dispositivos da Constituição Federal, usando aqui a terminologia adotada por Raul Machado Horta (*omissis*), mas de normas que fazem mera remissão formal a todos os princípios tributários nela previstos. Tenho, assim, que a simples referência aos princípios estabelecidos na Constituição Federal não autoriza o exercício do controle da constitu-

---

apenas à iniciativa exclusiva do Presidente da República no tocante às leis que versem matéria tributária e orçamentária dos Territórios" (STF – ADIMC 2599, Rel. Min. Moreira Alves).
[351] STF – RE 187.142, Rel. Min. Ilmar Galvão; RE 199.281, Rel. Min. Moreira Alves.

cionalidade de lei municipal por esta Corte, nem a hipótese se identifica com a jurisprudência, que o admite quando a Carta Estadual reproduz literalmente os preceitos da Carta Federal (*omissis*). Em suma, quando a Carta Estadual faz remissão genérica e superficial a preceitos da Constituição Federal, não é possível o controle abstrato da constitucionalidade de lei municipal por este Tribunal (de Justiça), por traduzir hipótese não contemplada pela Carta de 1988, que só permite o ajuizamento de ação direta de inconstitucionalidade se a causa de pedir consubstanciar norma da Constituição Estadual que reproduza princípios ou dispositivos da Carta Política da República."

O próprio Supremo Tribunal Federal alterou, no entanto, seu entendimento, no julgamento da RCL 733, de que foi Relator o Min. Ilmar Galvão, para admitir as normas remissivas como parâmetro de controle estadual de constitucionalidade. Restou consignado no voto do Min. Relator: "Como se verifica, a ação direta de inconstitucionalidade em causa foi proposta com base no *caput* do art. 5º da Constituição estadual, que assegura 'a inviolabilidade dos direitos e garantias fundamentais que a Constituição Federal confere aos brasileiros e estrangeiros residentes no país', e, apenas, indiretamente, em dispositivos constitucionais federais (art. 5º, *caput*, e 19, III, da Carta Federal). Fácil perceber que a invocação das disposições da Carta Federal constitui mera decorrência da aplicação do art. 5º, *caput*, da Carta estadual. Assim, tenho, pois, como aplicável a orientação da Corte firmada nos precedentes transcritos no parecer da Procuradoria-Geral da República (Rcl 383 e Rcl 386)." Esse mesmo posicionamento do Supremo Tribunal já havia sido adotado em voto do Min. Moreira Alves, no julgamento do AGRAG 94.310, no sentido de que "a remissão expressa e inequívoca dispensa o formalismo da mera reprodução literal".

As normas de remissão, embora caracterizadas como normas dependentes, posto que somente valem se integradas ou conjugadas com as outras, as normas remetidas, estas sim autônomas, porque valem por si mesmas, não deixam de ter força normativa, pelo que seriam aptas, uma vez combinadas com estas últimas, a servir de parâmetro normativo para se proceder ao controle abstrato de normas perante o Tribunal de Justiça.

Mas para que o fenômeno ocorra, necessário que se examine alguns pontos, que levariam à identificação das normas de remissão como normas de "recepção" e normas de "devolução", o que é salientado por Léo Ferreira Leoncy: "Nas remissões entre ordens jurídicas diferenciadas, como é o caso das que ocorrem entre as diversas ordens jurídicas descentralizadas vigentes em um Estado federal, as normas de remissão podem assumir a natureza ora de normas de recepção (quando 'assumem o conteúdo de normas de proveniência estranha que passam a ser aplicadas não já em virtude da sua própria força e autoridade, mas precisamente porque (*omissis*) sejam incorporadas no próprio sistema jurídico por virtude do funcionamento das respectivas normas de recepção'), ora a de normas de devolução (quando 'uma norma procede à devolução da regulamentação de certa matéria para um sistema jurídico estranho', pressupondo-se 'que tal matéria se não encontra abrangida pelo sistema jurídico a que pertence a norma de devolução'). Apenas quando assumem a natureza das primeiras é que as normas de remissão constituem parâmetro normativo idôneo para o controle abstrato de normas. É que as normas de devolução 'não regulam, nem mandam regular: apenas reconhecem que uma dada regulamentação não compete ao seu próprio sistema e aceitam que seja realizada por um outro que para tanto se julga, ele próprio, competente'. Sendo assim, não revelando qualquer disciplina normativa, as normas de devolução não constituem parâmetro adequado para, em face delas, se proceder ao controle abstrato das normas estaduais ou municipais. Por outro lado, situação bem diversa ocorre com as normas de recepção. Na medida em que tais normas assumem 'como formalmente próprios certos comandos originariamente nascidos em um sistema distinto', pode-se reconhecê-las como portadoras de caráter normativo, mesmo que dependente, o que as torna aptas para servir de parâmetro no controle abstrato de norma estadual."[352]

15.2.1.3 A inconstitucionalidade do parâmetro de controle

Se o Tribunal local, competente para conhecer da ação direta de inconstitucionalidade em face da Constituição estadual, considerar inconstitucional o próprio parâmetro de controle estadual, por ser ofensivo à Constituição Federal, nada obsta a que suscite, de ofício, a questão constitucional. Procederá, desse modo, a declaração incidental da inconstitucionalidade da norma da Constituição do Estado em face da Constituição Federal, com a extinção do processo, ante a impossibilidade jurídica do pedido, é dizer, da declaração de inconstitucionalidade em face de parâmetro constitucional estadual violador da Constituição Federal, cabendo da decisão recurso extraordinário para o Supremo Tribunal Federal, que tanto poderá "reconhecer a legitimidade da decisão, confirmando a declaração de inconstitucionalidade, como revê-la, para admitir a constitucionalidade de norma estadual, o que implicaria a necessidade de o Tribunal de Justiça prosseguir no julgamento da ação direta proposta".[353]

Com efeito, estando a Constituição Estadual subordinada às normas centrais de observância obrigatória da Constituição Federal, o não cumprimento dessas pelo constituinte decorrente acaba por acarretar a nulidade da norma inscrita na Constituição do Estado-Membro, sendo, pois, incompreensível que a Corte estadual declare a inconstitucionalidade de lei ou ato dos Poderes Públicos locais, à luz de parâmetro de controle inválido. Como elucida Léo Ferreira Leoncy, "o papel do Tribunal de Justiça assume, nesse caso, caráter dúplice. É defensor da Constituição Estadual quando elimina do ordenamento jurídico do Estado-Membro as normas a ela subordinadas e com ela incompatíveis; mas é também defensor da Constituição Federal quando verifica a compatibilidade ou não da Constituição Estadual com os termos daquela. No primeiro caso, promove controle interno da Constituição Estadual; no segundo, exerce papel de controlador externo da Constituição Federal, ao defendê-la de eventuais desbordamentos que o poder constituinte decorrente tiver cometido. É notório,

---

[352] LEONCY. *Controle de constitucionalidade estadual*: as normas de observância obrigatória e a defesa abstrata da constituição do estado-membro, p. 95-96.
[353] MENDES. *Direitos fundamentais e controle de constitucionalidade*: estudos de direito constitucional, p. 362.

pois, que nesta segunda hipótese, o Tribunal de Justiça se defronte com o problema da inconstitucionalidade do próprio parâmetro tido como violado".[354]

15.2.1.4 Concorrência de parâmetros de controle

Em linha de princípio, a decisão proferida por um tribunal, que desacolhe a inconstitucionalidade, não repercute no outro processo pendente de julgamento, pois as razões de decidir se fundamentam em parâmetro de controle autônomo.

Observe-se, no entanto, que, se a lei ou o ato normativo estadual, de reprodução obrigatória,[355] for impugnado ao mesmo tempo ante o Supremo Tribunal Federal e o Tribunal de Justiça, suspende-se a ação direta proposta na Justiça estadual até final decisão do Supremo Tribunal, que terá efeitos *erga omnes* e vinculará o Tribunal de Justiça, bem como fará coisa julgada, extinguindo-se a ação na jurisdição estadual. Do mesmo modo, a declaração de inconstitucionalidade, com efeitos *erga omnes*, pelo Tribunal de Justiça, de norma local contestada em face da Constituição do Estado-Membro, inviabiliza que o mesmo tema seja apreciado pelo Supremo Tribunal Federal. O fenômeno da tramitação paralela de ações diretas de inconstitucionalidade foi abordado em voto do Min. Moreira Alves: "(*Omissis*) Também não apresenta maior dificuldade a solução do problema da tramitação paralela de ações diretas de inconstitucionalidade, nesta Corte e na Estadual, da mesma norma estadual impugnada. Para tanto, basta fazer-se uma construção com base em dois princípios jurídicos aplicáveis à hipótese: o da primazia da Constituição Federal (e consequentemente o da primazia de sua guarda) e o da prejudicialidade total ou parcial do julgamento desta Corte com relação aos Tribunais de Justiça. Com efeito, se não houver tramitação paralela, sendo a ação direta proposta apenas perante o Tribunal estadual, a aplicação de preceito de reprodução obrigatória contido na Constituição do Estado-Membro, para declarar constitucional ou não a norma estadual impugnada, dará margem a recurso extraordinário para que, nesta Corte, se examine se a interpretação ao preceito de reprodução obrigatória condiz com a exegese que ela dá ao preceito constitucional federal reproduzido – trata-se, nesse caso, de controle *a posteriori*, por meio de recurso extraordinário. Se, porém, houver a tramitação paralela, esse controle se fará *a priori*, acarretando a propositura da ação direta perante esta Corte o impedimento ou a suspensão do processamento da ação direta perante o Tribunal local – e suspensão que se justifica porque a decisão do Supremo Tribunal Federal, qualquer que seja, prejudicará a do Tribunal local no âmbito das normas constitucionais estaduais que reproduzem as federais. De feito, se a lei estadual for declarada inconstitucional pelo Supremo Tribunal Federal, a eficácia *erga omnes* dessa declaração se imporá ao Tribunal local, ficando a ação direta proposta perante ele sem objeto, já que inconstitucional em face da Constituição Federal que tem primazia quanto às Constituições estaduais;

---

[354] LEONCY. *Controle de constitucionalidade estadual*: as normas de observância obrigatória e a defesa abstrata da constituição do estado-membro, p. 99.

[355] Exclui-se do objeto de concorrência de parâmetros a norma municipal, uma vez que não há como ser ela impugnada em ação direta de inconstitucionalidade, no Supremo Tribunal Federal, por ser juridicamente impossível.

se a norma estadual for declarada, por esta Corte, constitucional, essa mesma eficácia *erga omnes* de sua decisão se imporá ao Tribunal local quanto às normas constitucionais estaduais reproduzidas obrigatoriamente da Constituição Federal, porquanto o Supremo para declarar constitucional a norma estadual a teve como compatível com os preceitos constitucionais federais reproduzidos obrigatoriamente pela Constituição do Estado-Membro, os quais não podem ser interpretados diferentemente, por ser inconstitucional essa interpretação diversa. Note-se que, nessa segunda hipótese – a de o Supremo Tribunal Federal ter a norma estadual como constitucional em face da Constituição Federal –, a ação direta proposta perante o Tribunal de Justiça local não perde o seu objeto, mas o exame de constitucionalidade por parte deste fica restrito, apenas, aos preceitos constitucionais estaduais que não são reproduzidos obrigatoriamente da Constituição Federal."[356]

Quanto às normas constitucionais estaduais não obrigatórias, impugnadas simultaneamente perante o Supremo Tribunal Federal e o Tribunal de Justiça local, por serem tidas como normas de imitação e se inserirem no âmbito da autonomia dos Estados-Membros, a ação direta formulada deve ser julgada improcedente pelo Supremo Tribunal, pois, como se colhe do voto do Min. Sepúlveda Pertence, "a lei estadual que desrespeita norma autonomamente ditada pela Constituição local, por isso mesmo só a essa ofende e não à Constituição Federal: não obstante, só o Supremo Tribunal pode declarar essa improcedência".[357] Mas ao Tribunal de Justiça é que cabe declarar a constitucionalidade ou a inconstitucionalidade da norma estadual questionada, desde que o parâmetro seja preceito da Constituição do Estado-Membro de mera imitação e não de reprodução obrigatória do texto constitucional federal, não cabendo dessa decisão recurso extraordinário para o Supremo Tribunal Federal, que não pode cassá-la em reclamação.

Ressalte-se, por fim, que "a suspensão cautelar da eficácia de uma norma no juízo abstrato, perante o Tribunal de Justiça ou perante o Supremo Tribunal Federal, não torna inadmissível a instauração de processo de controle abstrato em relação ao mesmo objeto, nem afeta o desenvolvimento válido de processo já instaurado perante outra Corte".[358] O que se revela inadmissível é, deferida a cautelar perante uma Corte, ser ela concedida por outra Corte, por ausência dos pressupostos processuais.

15.2.2 Objeto

Estão sujeitos ao controle abstrato de constitucionalidade, no plano estadual, todos os atos normativos dotados de abstração e generalidade, podendo-se citar, no domínio do direito estadual, os seguintes: emendas à Constituição, leis complementares, leis ordinárias, leis delegadas, medidas provisórias,[359] decretos legislativos,

---

[356] STF, AgRRcl 425/RJ, *DJU* 22.10.1993.
[357] STF, ADI 2.170, Rel. Min. Sepúlveda Pertence.
[358] MENDES. *Direitos fundamentais e controle de constitucionalidade*: estudos de direito constitucional, p. 358.
[359] A adoção de medidas provisórias pelos Estados-Membros e Municípios não é vedada pela Constituição Federal, embora a rigor não haja motivos de ordem local que as justifiquem. O

resoluções, regimentos internos dos Tribunais e das Assembleias Legislativas, e decretos autônomos.

São excluídos da ação direta de inconstitucionalidade, no plano estadual, as leis e os atos normativos federais, posto que o controle estadual abstrato somente pode ser instaurado contra leis e atos normativos estaduais e municipais subordinados à Constituição estadual, e que dela retiram seu fundamento de validade. O Tribunal de Justiça, como guardião da Constituição do Estado-Membro, não tem competência para processar e julgar as ações diretas de inconstitucionalidade que envolvam direito federal, o que não exclui, todavia, sua competência para apreciar a legitimidade das leis federais em face da Constituição Federal, em sede de controle difuso-incidental.

Também se excluem do controle estadual abstrato de constitucionalidade as leis de efeitos concretos, leis anteriores à Constituição, leis revogadas, propostas de emenda à Constituição e projetos de lei, e atos normativos secundários.[360]

15.2.3 Legitimação

O rol dos legitimados ativos para a propositura da ação direta de inconstitucionalidade é de indicação do constituinte estadual. A Constituição Federal, no art. 125, § 2º, apenas veda que essa legitimação seja atribuída a um único órgão. É preciso levar em conta que, para cumprir a determinação constitucional basta que o Estado-Membro indique pelo menos dois entes como legitimados ativos para a propositura da ação. Não há, no entanto, obrigatoriedade de simetria com o modelo federal, no que pertine ao elenco dos proponentes.[361]

Supremo Tribunal Federal tem decidido caber ao Chefe do Poder Executivo estadual a edição de medida provisória: "Quis o constituinte que as unidades federadas pudessem adotar o modelo do processo legislativo admitido para a União, uma vez que nada está disposto, no ponto, que lhes seja vedado. Ora, se a Constituição Federal foi silente em relação às espécies normativas, que poderiam ser editadas pelos Estados, não cabe colocar a questão em termos de interpretação restritiva ou ampliativa de preceito inexistente" (STF – ADI 425/TO, Rel. Min. Maurício Corrêa, *DJ* 19.12.2003). A orientação fixada pelo STF no sentido da constitucionalidade da adoção de medida provisória pelos Estados-Membros, desde que prevista expressamente na Constituição Estadual e observados os princípios e as limitações estabelecidos pela Constituição Federal, foi adotada no julgamento da ADI 2.391/SC, Rel. Ministra Ellen Gracie; j. 16.8.2006. As medidas provisórias estão previstas nas Constituições dos Estados do Acre, Piauí, Tocantins e Santa Catarina.

[360] Cf. o item 10.3 deste capítulo, em que abordamos as normas que não podem ser objeto de ação direta de inconstitucionalidade perante o Supremo Tribunal Federal.

[361] No sentido do texto, Léo Ferreira Leoncy, ao salientar que "pode-se muito bem conferir legitimação aos chefes locais do Poder Executivo (Governador do Estado e Prefeitos Municipais), como se lhes negar esta prerrogativa. Igualmente não é obrigatório atribuir o mesmo poder à Mesa das Casas do Poder Legislativo local (Assembleia Legislativa do Estado e Câmara Municipais). Enfim, desde que não se confira a legitimação a um único órgão, é ampla a possibilidade de escolha dos sujeitos legitimados, encontrando-se esta matéria na senda do juízo de conveniência do poder constituinte estadual" (*Controle de constitucionalidade estadual*: as normas de observância obrigatória e a defesa abstrata da constituição do estado-membro, p. 58). Também José Afonso da Silva defende: "Não é obrigatório seguir o paralelismo do art. 103, mas certamente ali se oferece uma pauta que pode orientar o constituinte estadual" (*Curso de direito constitucional positivo*, p. 531). Na jurisprudência

Ainda com relação ao rol de legitimados para a propositura da ação direta no plano estadual, controverte-se sobre a possibilidade ou não de o constituinte decorrente nele inserir qualquer cidadão, o que viabilizaria a introdução, em sede de controle abstrato estadual, de uma autêntica ação popular de inconstitucionalidade. Em favor da tese da legitimidade universal, José Afonso da Silva, para quem "é lícito à Constituição estadual estender essa legitimação aos cidadãos estaduais e, no referente a leis e atos municipais, só os do Município interessado".[362] Contrariamente, posiciona-se Clèmerson Merlin Clève, sustentando que a liberdade de conformação dos Estados-Membros nesse campo não os autoriza a "transformar a ação direta em ação popular, estendendo a legitimidade ativa a todos os jurisdicionados ou a um número exagerado de órgãos, entidades e autoridades".[363] Nesse mesmo sentido, Léo Ferreira Leoncy, quando, discutindo a questão, lembra que a Constituição Federal, ao instituir a ação popular, referiu-se expressamente a *qualquer cidadão* (art. 5º, LXXIII) como parte legítima para propor o remédio constitucional, o que não ocorreu com a disciplina da atribuição da legitimação para agir na representação de inconstitucionalidade estadual, em que adotou a palavra *órgão*. Aduz ainda que "a difusão da legitimidade a qualquer do povo banalizaria um processo cujo caráter eminentemente político sugere a criação de um elenco restrito de órgãos legitimados (legitimidade restrita). Além disso, a opção pela fórmula da restrição da legitimidade possui o efeito de inibir a inflação dos processos de controle que uma ação popular poderia ocasionar".[364] De qualquer modo, a abertura da legitimação ativa para a ação direta quer dizer que o modelo adotado pela Constituição Federal foi o da extroversão, a ser seguido pelos Estados-Membros, pelo que podem fazer parte da lista de legitimados para a ação, além de órgãos estatais, entidades representativas de caráter privado, como sindicatos, partidos políticos e associações de classe.

É preciso considerar, todavia, que a extensão aos cidadãos da legitimação para a propositura da ação direta, seja em nível federal, seja em nível estadual, iria permitir o acesso democrático de participação popular e plural no controle concentrado, já reconhecido nos sistemas constitucionais alemão, italiano, austríaco e espanhol.

No Estado de Minas Gerais, que tomamos como exemplo para o exame do perfil do controle abstrato de constitucionalidade, a Constituição, em seu art. 118, enuncia as partes legítimas para a propositura da ação direta de inconstitucionalidade de lei ou ato normativo estadual ou municipal, em face da Constituição do Estado: I – o Governador do Estado; II – a Mesa da Assembleia; III – o Procurador-Geral de Justiça; IV – o Prefeito ou a Mesa da Câmara Municipal; V – o Conselho da Ordem dos Advogados do Brasil, Seção do Estado de Minas Gerais; VI – partido político

---

do Supremo Tribunal Federal, há julgado afastando a obrigatoriedade da simetria, cf. ADIMC 558, Rel. Min. Sepúlveda Pertence, *RTJ* 146/438. Contra: Pinto Ferreira, acentuando que "a legitimação ativa não pode ser conferida a um único órgão, devendo a ação direta de inconstitucionalidade corresponder com simetria ao disposto no art. 103 da Constituição Federal" (*Comentários à constituição brasileira*, v. 4, p. 544).

[362] SILVA. *Curso de direito constitucional positivo*, p. 531.
[363] CLÈVE. *A fiscalização abstrata da constitucionalidade no direito brasileiro*, p. 397.
[364] LEONCY. *Controle de constitucionalidade estadual*: as normas de observância obrigatória e a defesa abstrata da constituição do estado-membro, p. 64-65.

com representação na Assembleia Legislativa do Estado; VII – entidade sindical ou de classe com base territorial no Estado; VIII – a Defensoria Pública.

O que dissemos neste capítulo acerca dos legitimados ativos, incluindo a pertinência temática, no que respeita à ação direta de inconstitucionalidade, no âmbito do Supremo Tribunal Federal, aplica-se, em regra geral, aos legitimados ativos estaduais.

Nessa linha de entendimento, são considerados legitimados universais o Governador do Estado; a Mesa da Assembleia Legislativa; o Procurador-Geral de Justiça; o Conselho Seccional da Ordem dos Advogados do Brasil, os partidos políticos com representação na Assembleia Legislativa e a Defensoria Pública. Legitimados especiais são o Prefeito ou a Mesa da Câmara Municipal, e entidade sindical ou de classe com base territorial no Estado, os quais deverão atender, dentre outros requisitos, o da pertinência temática, ou seja, demonstrar o interesse de agir diante da necessidade da ocorrência de uma relação lógica entre a questão versada na lei ou no ato normativo impugnado e os interesses defendidos por esses legitimados.

A legitimação passiva recai sobre os órgãos ou autoridades responsáveis pela norma impugnada, os quais deverão prestar informações ao Relator do processo.

15.2.4 Procedimento

A ação direta de inconstitucionalidade, no âmbito federal, acha-se regulada pela Lei n. 9.869/1999 e pelo Regimento Interno do Supremo Tribunal Federal. Esses atos normativos não se aplicam aos Estados-Membros, que deverão, por serem autônomos, disciplinar a matéria em legislação própria (a Constituição Federal, no art. 24, inciso XI, confere aos Estados competência legislativa concorrente sobre procedimentos em matéria processual). Ressalva-se, contudo, a aplicação, pelo Estado-Membro, em caráter supletivo, dos atos normativos federais.

Em Minas Gerais, o procedimento da ação direta de inconstitucionalidade acha-se estabelecido no Regimento Interno do Tribunal de Justiça (Resolução do Tribunal Pleno n. 03/2012), Livro V, Título I, Capítulo I – dos procedimentos de competência originária –Seção VI, Subseção I – da ação direta de inconstitucionalidade, arts. 327 a 338 – e subseção II – da medida cautelar, arts. 339 a 341.

Compete ao Órgão Especial processar e julgar originariamente a ação (arts. 106, I, *b*, 98, XI, da Constituição mineira, e art. 33, I, *c*, do Regimento Interno do Tribunal de Justiça.

A ação será apresentada em duas vias, a segunda instruída com cópia de todos os documentos e acompanhada de instrumento de procuração quando subscrita por advogado, para ser encaminhada ao órgão legislativo ou às autoridades de que emanou a lei ou o ato normativo impugnado (arts. 327 e 330).

A petição inicial indicará: I – o dispositivo de lei ou do ato normativo impugnado e os fundamentos jurídicos do pedido em relação a cada uma das impugnações; II – o pedido, com suas especificações (art. 328, I e II). A petição inicial inepta, não fundamentada, a manifestamente improcedente e a insuficientemente instruída serão liminarmente indeferidas pelo Relator (art. 329).

O Relator, se julgar a inicial insuficientemente instruída, poderá determinar que o autor a emende, no prazo de dez dias, e não cumprida a diligência será indeferida a inicial, cabendo, dessa decisão, agravo, no prazo de cinco dias (art. 329, § 2º).

O Relator pedirá informações ao órgão legislativo ou à autoridade da qual tiver emanado a lei ou o ato normativo impugnado, que serão prestadas no prazo de trinta dias, contados do recebimento do pedido, podendo, em caso de urgência, ser dispensadas pelo Relator, *ad referendum* do Órgão Especial (art. 330, parágrafo único). Em crítica ao Regimento Interno do Tribunal de Justiça do Estado de São Paulo, que contém dispositivo igual ao do Tribunal de Justiça de Minas Gerais, salienta Carlos Roberto de Alckmin Dutra que as "informações, como visto, são uma verdadeira defesa do ato impugnado. Contribuem sensivelmente para a formação de um símile de contraditório (embora este não se aplique no controle abstrato), em sede de controle de constitucionalidade, e tendem a dar mais legitimidade à decisão. A lei federal não prevê a hipótese de ausência de informações; apenas para a concessão de medida cautelar, 'em caso de excepcional urgência, o Tribunal (Supremo Tribunal Federal) poderá deferir a medida cautelar sem a audiência dos órgãos ou das autoridades das quais emanou a lei ou o ato normativo impugnado' (Lei n. 9.868/99, art. 10, § 3º). Vislumbra-se, assim, a importância atribuída pela lei federal às informações, garantia do contraditório no controle de constitucionalidade".[365]

O Procurador-Geral de Justiça será ouvido, previamente, nas ações diretas de inconstitucionalidade (art. 118, § 2º, da Constituição do Estado de Minas Gerais), que terá vista do processo, recebidas as informações, pelo prazo de quinze dias, para parecer (art. 331).

Para a defesa da norma legal ou do ato normativo estadual impugnado, serão citados, previamente, o Advogado-Geral do Estado e o Procurador-Geral da Assembleia Legislativa, ou, no caso de norma legal ou ato normativo municipal, o Prefeito e o Presidente da Câmara Municipal, para a mesma finalidade (art. 118, § 5º, da Constituição do Estado de Minas Gerais).

A atribuição da função de curador da constitucionalidade do ato impugnado ao Advogado-Geral do Estado e ao Procurador-Geral da Assembleia Legislativa é salutar, sobretudo na hipótese de figurar o Governador do Estado como autor da ação, o que poderia criar constrangimento para o chefe da advocacia geral do Estado, por figurar no processo como requerente e defensor do texto impugnado.

Proposta a ação, não se admitirá desistência, ainda que o Procurador-Geral de Justiça se manifeste pela sua improcedência. Também não se admite intervenção de terceiros (art. 327, §§ 1º e 2º). Nada obstante, o Relator, considerando a relevância da matéria e a representatividade dos postulantes, poderá, por despacho irrecorrível, admitir, observado o prazo de quinze dias, a manifestação de outros órgãos ou entidades (art.327, § 3º). Trata-se da figura do *amicus curiae*, é dizer, aquele que traz elementos ou subsídios para elucidar a questão em julgamento, demonstrando interesse objetivo relativamente à matéria constitucional controvertida, o que dá maior legitimidade ao processo constitucional objetivo.

---

[365] DUTRA. *O controle estadual de constitucionalidade de leis e atos normativos*, p. 96.

Vencido o prazo de manifestação da Procuradoria Geral de Justiça, o Relator lançará o relatório e determinará o encaminhamento dos autos à revisão, com indicação das peças ou documentos que deverá ser remetidos aos vogais (art. 332).

Havendo, no entanto, necessidade de esclarecimento de matéria ou circunstância de fato ou de notória insuficiência das informações existentes nos autos, poderá o Relator requisitar informações adicionais, designar perito ou comissão de peritos para emissão de parecer sobre a questão, ou fixação de data para, em audiência pública, ouvir depoimentos de pessoas com experiência e autoridade na matéria. Esses atos serão realizados no prazo de trinta dias contado da solicitação do Relator (art. 333, parágrafo único).

15.2.5 Medida cautelar

A medida cautelar, salvo no período de recesso, será concedida por decisão da maioria absoluta dos membros do Órgão Especial, após audiência do órgão ou autoridade da qual emanou a lei ou ato normativo impugnado, que deverá pronunciar-se no prazo de cinco dias (art. 339). O Relator, sejulgar indispensável, ouvirá o Procurador-Geral de Justiça (art. 339, § 1º).

O Regimento Interno do Tribunal de Justiça de Minas Gerais atribui ao Relator competência singular para concedê-la em período de recesso. A decisão será submetida ao Órgão Especial na primeira sessão subsequente (art. 339, § 4º). No caso de excepcional urgência, a medida cautelar poderá ser deferida pela maioria absoluta do Órgão Especial sem a audiência do órgão ou da autoridade da qual emanou a lei ou o ato normativo impugnado.

A medida cautelar terá eficácia contra todos e será concedida com efeitos *ex nunc*, salvo se o Órgão Especial entender, por decisão da maioria absoluta, que deva conceder-lhe eficácia retroativa. A concessão da medida cautelar torna aplicável a legislação anterior, se existente, salvo expressa manifestação em contrário (art. 340, parágrafo único).

Existindo pedido de medida cautelar, o relator, em face da relevância da matéria e de seu especial significado para a ordem social e a segurança jurídica, poderá, após prestação das informações, no prazo de dez dias, e a manifestaçãodo Procurador-Geral de Justiça no prazo de cinco dias, submeter o processo diretamenteao Órgão Especial, que terá a faculdade de julgar definitivamente a ação (art. 341).

15.2.6 A decisão e seus efeitos

Para que seja declarada a inconstitucionalidade ou a constitucionalidade da lei ou do ato normativo impugnado, é necessário que num ou noutro sentido haja a manifestação da maioria absoluta dos membros do Órgão Especial (reserva de plenário). Se não for alcançada a maioria necessária à declaração de inconstitucionalidade ou de constitucionalidade, estando ausentes desembargadores em número que possa influir no julgamento, este será suspenso, a fim de serem colhidos oportunamente os votos faltantes (art. 334, parágrafo único). Proclamada a constitucionalidade, julgar-se-á improcedente a ação, a qual será julgada procedente, proclamada a inconstitucionalidade (art. 335). Julgada a ação, far-se-á comunicação à autoridade ou ao órgão responsável pela expedição do ato, com remessa de cópia do acórdão (art. 336). Trata-se apenas de ato de cooperação entre os Poderes, pois a própria decisão de inconstitucionalidade em sede de controle concentrado produz efeitos *erga omnes*.

Dentro do prazo de dez dias após o trânsito em julgado da decisão, o Presidente do Tribunal de Justiça fará publicar em seção especial do Diário do Judiciário eletrônico a parte dispositiva do acórdão (art. 338).

Observe-se que a maioria absoluta dos membros do Órgão Especial, composto de 25 Desembargadores, é de 13 Desembargadores. O Regimento Interno do Tribunal de Justiça de Minas Gerais (art. 11, II) prevê que o Órgão Especial funciona com o *quorum* mínimo de vinte membros.

Prevê também o Regimento Interno efeitos para a decisão declaratória de inconstitucionalidade, quer temporais, quer vinculantes.

Quanto aos efeitos temporais, a matéria já foi por nós tratada neste capítulo, valendo ressaltar que, à inexistência de previsão constitucional ou legal, a decisão proferida em sede de controle concentrado gera efeitos *ex tunc*.

O Regimento Interno do Tribunal de Justiça de Minas Gerais, em seu art. 337, segue o modelo da Lei n. 9.868/99, e permite que o Órgão Especial module os efeitos temporais da decisão declaratória de inconstitucionalidade de lei ou ato normativo, tendo em vista razões de segurança jurídica ou de excepcional interesse social, por maioria de 2/3 de seus membros, podendo restringir os efeitos da declaração ou decidir que ela só tenha eficácia a partir de seu trânsito em julgado ou de outro momento que venha a ser fixado.

Quanto aos efeitos vinculantes, o Regimento Interno, em seu art. 338, parágrafo único, observa o modelo da EC n. 45/2004, que deu nova redação ao § 2º do art. 102 da Constituição Federal, para estabelecer que a declaração de constitucionalidade ou de inconstitucionalidade produzirá eficácia contra todos e efeito vinculante, relativamente aos órgãos do Poder Judiciário e à administração pública estadual e municipal.

As técnicas de decisão em sede de controle abstrato, quais sejam, a interpretação conforme a Constituição e a declaração parcial de inconstitucionalidade sem redução de texto se acham previstas no Regimento Interno, com eficácia contra todos e efeito vinculante acima referido.

15.3 Ação declaratória de constitucionalidade

A ação declaratória de constitucionalidade, tal como prevista na EC n. 3/1993, limita-se à lei ou ato normativo federal. Questiona-se, por isso mesmo, se é possível aos Estados-Membros instituírem-na no âmbito estadual. Alexandre de Moraes demonstra que a doutrina se acha dividida quanto a essa questão (como José Afonso da Silva,[366] que não a admite, por ausência de previsão constitucional), salientando, contudo, que "nada estaria a impedir que o legislador constituinte-reformador estadual criasse por emenda constitucional uma ação declaratória de constitucionalidade de lei ou ato normativo estadual, em face da Constituição Estadual, a ser ajuizada no Tribunal de Justiça e tendo como colegitimados, em virtude da EC n. 45/04, os respectivos estaduais, para os colegitimados do art. 103 da CF, para a ação direta de inconstitucionalidade".[367] Anote-se ainda que, tendo a ação declaratória de constitucionalidade, no plano federal, caráter dúplice (é uma ADI de sinal trocado), como analisado no item 13 deste Capítulo, seria possível aos Estados-Membros instituí-rem-na, já que se acham autorizados a criar a representação de inconstitucionalidade de lei ou ato normativo estadual em face da Constituição do Estado (CF, art. 125, § 2º). Segundo pensa Gilmar Mendes, "na autorização para que os Estados instituam a representação de inconstitucionalidade, resta implícita a possibilidade de criação da própria ação declaratória de constitucionalidade".[368] De outra parte, se na ação direta de inconstitucionalidade, o Tribunal pode declarar a inconstitucionalidade ou a constitucionalidade da lei, admite-se que o Judiciário pode prestar tutelas jurisdicionais de declaração de inconstitucionalidade e de declaração de constitucionalidade, o que basta para se entender que os Estados podem instituir ação de constitucionalidade.[369]

Em Minas Gerais foi criada, pela Emenda à Constituição n. 88, de 2 de dezembro de 2012, a ação declaratória de constitucionalidade, tendo como legitimados os mesmos proponentes para a ADI estadual (art. 118 da Constituição do Estado). O Regimento Interno do Tribunal de Justiça mineiro também trata da ação de constitucionalidade, em seus arts. 342 a 347.

15.4 Ação direta de inconstitucionalidade por omissão

Entende-se cabível a instituição de ação direta de inconstitucionalidade no âmbito estadual. Várias Constituições estaduais já criaram essa ação, como é caso de Minas Gerais (art. 118, § 4º). Na doutrina, Gilmar Mendes acentua que, em se tratando de omissão parcial, há uma relativa mas inequívoca fungibilidade entre a ação direta de inconstitucionalidade e o processo abstrato da omissão, "uma vez que os dois processos – o de controle de normas e o de controle da fata de normas – acabem por ter – formal e substancialmente – o mesmo objeto, isto é, a inconstitucionalidade da norma em razão de sua incompletude".[370] Desse modo, "quando há omissão parcial, ao mesmo tempo em que se vê inadequada proteção ou ausência de tutela, enxerga-se deficiência na própria norma. É possível ver, conforme o ângulo de que se olha, inconstitucionalidade por omissão e inconstitucionalidade por ação. Trata-se, por assim dizer, de duas faces de uma mesma moeda. Decorrência disso é que se pode

---

[366] SILVA. *Curso de direito constitucional positivo*, p. 63.
[367] MORAES. *Direito constitucional*, p. 770.
[368] MENDES; COELHO; BRANCO. *Curso de direito constitucional*, p. 1254. Cf. também NOVELINO. *Direito constitucional*, p. 309.
[369] SARLET; MARINONI; MITIDIERO. *Curso de direito constitucional*, p. 1178.
[370] MENDES; COELHO; BRANCO. *Curso de direito constitucional*, p. 1256.

pensar em afirmar a inconstitucionalidade da norma ou da inconstitucionalidade da deficiência da norma".[371] No plano jurisprudencial, o Supremo Tribunal Federal vem admitindo a possibilidade da criação, pelas Constituições estaduais, da ação direta de inconstitucionalidade por omissão.[372]

15.5 Ação direta interventiva dos Estados-Membros nos Municípios

A Emenda Constitucional n. 16/65, à Constituição de 1946, em seu art. 19, acresceu ao art. 124 da Constituição, o inciso XIII, pelo qual a lei poderia estabelecer processo, de competência originária do Tribunal de Justiça, para declaração de inconstitucionalidade de lei ou ato de Município, em conflito com a Constituição do Estado. Tem-se, portanto, na Emenda, a origem da ação direta de inconstitucionalidade, no âmbito estadual.

A Constituição de 1967 não reproduziu o dispositivo. A Emenda Constitucional n. 1/69 foi o primeiro texto constitucional a prever a representação por inconstitucionalidade para fins de intervenção dos Estados nos Municípios, ao dispor, em seu art. 15, § 3º, alínea *d*, que a intervenção poderia ocorrer se o Tribunal de Justiça desse provimento a representação formulada pelo Chefe do Ministério Público local para assegurar a observância dos princípios indicados na Constituição Estadual. Sobreveio a Lei n. 5.778/72, que disciplinou o processo e julgamento das representações interventivas, determinando a aplicação da Lei n. 4.337/64 (que regula a representação interventiva de competência do STF), bem como permitindo ao Relator, a requerimento do Chefe do Ministério Público Estadual, suspender liminarmente o ato impugnado.

A Constituição de 1988 prevê a ação direta interventiva no plano estadual, ao mencionar, em seu art. 35, IV, que a intervenção do Estado nos Municípios, para assegurar a observância de princípios indicados na Constituição Estadual, dependerá do provimento de representação pelo Tribunal de Justiça. A Constituição Federal não indica a autoridade estadual competente para propor a representação interventiva, mas o art. 129, IV, inclui nas funções institucionais do Ministério Público a de promover a ação de inconstitucionalidade ou representação para fins de intervenção da União e dos Estados. Por outro lado, como o art. 36, inciso III, da Constituição Federal atribui expressamente ao Procurador-Geral da República competência para propor a representação para fins de intervenção, perante o Supremo Tribunal Federal, nada mais lógico que, pelo princípio da simetria, essa competência, no plano estadual, seja do Procurador-Geral de Justiça.

Ao processo estadual interventivo, que envolve conflito de natureza federativa, aplicam-se as observações que fizemos quando abordamos a ação direta interventiva.

Cabe às Constituições Estaduais indicar os princípios constitucionais cujo descumprimento acarreta a intervenção estadual.

---

[371] SARLET; MARINONI; MITIDIERO. *Curso de direito constitucional,* p. 1177.
[372] STF, RE 148.283/MA, Rel. Min. Ilmar Galvão, *DJ,* 7.12.2000.

Observe-se, contudo, que a maioria das Constituições dos Estados-Membros não enumera expressamente esses princípios, como ocorre,*v.g.*, nas Constituições de São Paulo, Rio de Janeiro, Paraná e Minas Gerais. O texto constitucional mineiro, em seu art. 184, IV, menciona apenas a expressão "princípio indicado nesta Constituição". Cabe, portanto, aos Tribunais de Justiça, por sua jurisprudência, estabelecer os contornos dos princípios constitucionais estaduais, cujo descumprimento, pelos Municípios, acarretará a intervenção estadual. Em crítica aos constituintes estaduais, Clèmerson Merlin Clève observa: "Melhor seria, porém, que os constituintes estaduais fizessem como o Federal que, no art. 34, VII, elencou, concretamente e em *numerus clausus*, os princípios constitucionais sensíveis desafiadores, na hipótese de incumprimento de intervenção federal nos Estados-Membros e no Distrito Federal. Uma coisa é certa, porém. Os princípios constitucionais sensíveis que vinculam os Estados-Membros igualmente vinculam os Municípios, que devem observá-los sob pena de intervenção estadual."[373]

16. JURISDIÇÃO E TRIBUNAL CONSTITUCIONAL

O controle de constitucionalidade é mecanismo que visa afastar atos e leis inconstitucionais do ordenamento jurídico e sua prática; a jurisdição constitucional consiste na interpretação constitucionalmente adequada, o que representa a efetividade da Constituição e não apenas a proibição de sua violação.[374] A jurisdição constitucional é, assim, atividade jurisdicional de defesa da Constituição, por meio do desempenho do controle de constitucionalidade, compreendendo ainda a proteção processual dos direitos fundamentais.

Para Luís Roberto Barroso, a "jurisdição constitucional designa a aplicação da Constituição por juízes e tribunais. Essa aplicação poderá ser direta, quando a norma constitucional discipline, ela própria, determinada situação da vida. Ou indireta, quando a Constituição sirva de referência para atribuição de sentido a uma norma infraconstitucional ou de parâmetro para sua validade. Neste último caso estar-se-á diante do controle de constitucionalidade, que é, portanto, uma das formas de exercício da jurisdição constitucional".[375]

Os Tribunais Constitucionais, nessa perspectiva, e como se verá adiante, não exercem, a despeito de controvérsia doutrinária, apenas atividades derivadas de uma função-tronco, ou inaugural, que seria a de controle da constitucionalidade, mas detêm atividades autônomas relativamente àquela de controle da constitucionalidade.

Relativamente aos tipos de modelos, a justiça constitucional pode ser um modelo unitário ou um modelo de separação. A justiça constitucional de modelo unitário é aquela em que todos os tribunais têm competência para decidir sobre a conformidade constitucional, a despeito de não possuir esta justiça constitucional autonomia institucional. Associada ao modelo difuso, este modelo é adotado pelo Canadá,

---

[373] CLÈVE. *A fiscalização abstrata da constitucionalidade no direito brasileiro*, p. 390-391.
[374] MAGALHÃES. *Direito constitucional*, t. III, p. 187-188.
[375] BARROSO. *O controle de constitucionalidade no direito brasileiro*, p. 3.

EUA, Brasil, Índia, Áustria, Japão e Suíça. No modelo de separação, confia-se a um tribunal competente para questões constitucionais, mas separado dos demais, a decisão que traduz função jurisdicional no sentido material. Exemplos deste modelo: Alemanha, Áustria, Portugal, Espanha, Itália e Bélgica.[376]

16.1 Legitimidade do Tribunal Constitucional

Nos limites deste trabalho, abordamos temas que se relacionam com o Tribunal e a jurisdição constitucional, em que se destaca a importância do Tribunal Constitucional, a natureza de sua função, a sua legitimidade dentro da democracia, e o conteúdo da jurisdição constitucional.

O Tribunal Constitucional é aquele encarregado da defesa da Constituição. Cabe-lhe interpretar e aplicar, em caráter definitivo, as normas constitucionais. No sistema difuso de controle, que nasceu nos Estados Unidos, o controle é atribuído aos diversos órgãos do Poder Judiciário, enquanto que, pelo modelo de controle concentrado, concebido por Kelsen, na Áustria, em 1920, só pode analisar a inconstitucionalidade de leis ou atos normativos de determinado órgão, designado de Tribunal ou Corte Constitucional. Esclarece José Afonso da Silva, reportando-se a Pedro Vega, que a diversidade do ambiente socioideológico é que determinou a diversidade de orientação das duas formas de defesa da Constituição, pois, enquanto o constitucionalismo na Europa se desenvolveu em sociedades divididas, com ideologias variadas, a Constituição norte-americana surgiu num ambiente social e ideológico homogêneo.[377] Natural, portanto, que houvesse a concentração das decisões em matéria constitucional, em virtude de sua relevância, em um único órgão constituído por membros nomeados pelas autoridades políticas eleitas pelo voto popular.

A valorização e o respeito à Constituição verificados nos Estados Unidos não ocorria na Europa, às vésperas da Segunda Guerra Mundial, nada obstante a tentativa austríaca inspirada em Kelsen. Neste continente, o ceticismo levava à depreciação das Constituições, documentos normativos sem valor jurídico e desobedecidos pelos Poderes constituídos.

Anota Cezar Saldanha Souza Júnior que, sob inspiração de Kelsen, a jurisdição constitucional na Europa Ocidental, passado o inverno totalitário, e no contexto de uma nova fundamentação do Direito, vai deixando de ser vista como uma excentricidade estado-unidense, tornando-se o centro vivo de uma nova concepção do sistema constitucional. E o constitucionalismo do segundo pós-guerra retoma a linha da evolução do constitucionalismo racionalizado, democrático e ideologicamente pluralista, da República de Weimar, enfrentando cinco desafios: a) o imperativo de colocar, antes e acima de qualquer exigência de ordem jurídica, a proteção da dignidade da pessoa humana, em razão, sobretudo, das violações horrendas infligidas a milhões pelos regimes totalitários; b) a promoção da compatibilização dos valores ligados à dignidade da pessoa humana com o princípio fundamental do respeito ao

---

[376] SILVA. *Teoria da constituição e controle da constitucionalidade*, p. 218.
[377] SILVA. *Revista Brasileira de Estudos Políticos*, 60/61, p. 497 e 499.

pluralismo ideológico e político, que se viabiliza com a abertura dos valores ligados ao pluralismo democrático e universal da pessoa humana, e o reconhecimento de limites legítimos e razoáveis; c) a adequada, razoável e equilibrada composição das duas perenes funções do direito constitucional: instrumentar o eficaz funcionamento dos poderes públicos na realização de seus fins (*governabilidade*), e limitar os poderes públicos frente à sociedade e aos indivíduos, para que não abusem do poder de mando e violem os direitos fundamentais (*limitação do poder*); d) as inúmeras questões que pedem resposta no domínio dos direitos fundamentais, como a tensão entre direitos-liberdade e direitos sociais, traduzida, geralmente, no conflito entre o princípio da livre iniciativa e o princípio da subsidiariedade da ação do Estado em sua projeção econômica e social, bem como a limitação do âmbito de alguma liberdade em nome de alguma necessidade ditada pelo bem comum; e) a possibilidade de o direito constitucional conciliar a preservação dos valores fundamentais da democracia com o evolver histórico, que traz junto a evolução dos próprios valores ou, pelo menos, de sua compreensão, o que significa a supremacia da Constituição para a prevalência dos valores supremos da razoabilidade jurídica radicados na dignidade da pessoa.

Para responder a esses desafios é que se concebeu o Tribunal Constitucional, que triunfa definitivamente no segundo pós-guerra.

O Tribunal Constitucional assume, desse modo, explicitamente, a sua natureza política, o que leva à supremacia do próprio direito e viabiliza o controle de constitucionalidade, mesmo porque não haveria como implantá-lo num sistema difuso de controle, pois que destruiria, por sobredose política, a juridicidade do Poder Judiciário e com ela a ideia de supremacia do Direito. Portanto, o Tribunal Constitucional, como instituição especializada e concentrada do controle de constitucionalidade, é que permite a proteção jurídica da dignidade da pessoa humana, sem os riscos da politização da instância judicial ordinária. É ainda o Tribunal Constitucional que tem condições de jurisdicionalmente garantir o pluralismo político e delinear os seus limites legítimos diante dos valores do regime democrático.[378]

O retorno a regimes democráticos pluralistas ou a sua conquista, como acentua Jorge Miranda, seriam acompanhados, no final do século XX, por toda a parte, pelo aparecimento de Tribunais Constitucionais ou de órgãos homólogos:

- Em Portugal (1976 e 1982) e na Espanha (1978);
- No Equador (1979), no Peru (1979 e 1983), na Guatemala (1986), na Colômbia (1991), mesmo no Chile (com a Constituição de 1981 e a redemocratização iniciada em 1989) e na Bolívia (revisão constitucional de 1994);
- Na Hungria (revisão constitucional de 1989), na Croácia (Constituição de 1990), na Bulgária, na Eslovênia, na Romênia, na Lituânia, na Alânia e na Macedônia (Constituições de 1991), na República Checa e na Eslováquia (Constituições de 1992), na Rússia (Constituição de 1993), na

---

[378] SOUZA JÚNIOR. *O Tribunal constitucional como poder* – uma nova teoria da divisão dos poderes, p. 103-112.

Moldova (Constituição de 1994), na Ucrânia (Constituição de 1996) e na Polônia (Constituição de 1997);

– E, entre países de outros continentes, na Coreia do Sul (desde 1987), em Cabo Verde e em Angola (Constituições de 1992), e na África do Sul (Constituição de 1996).

Com semelhança com os Tribunais Constitucionais são também:

– O Conselho Constitucional francês, vindo da Constituição de 1958 e que, a partir de 1971, se assumiu como órgão para ou quase jurisdicional de fiscalização, embora apenas preventiva;

– O Tribunal Supremo Especial da Grécia (Constituição de 1975), encarregado de dirimir conflitos de jurisprudência constitucional;

– O Tribunal de Arbitragem da Bélgica (criado em 1984), destinado a garantir a repartição de poderes legislativos entre o Estado, as comunidades e as regiões;

– O Conselho Constitucional de Moçambique (Constituição de 1990).[379]

Destaque-se a ideia de que o Tribunal Constitucional é instrumento de contenção do poder político, o que o torna elemento necessário à própria definição de Estado Democrático de Direito ou, por outras palavras, não há Estado Democrático de Direito sem Tribunal Constitucional, à consideração de que ele é o guardião da democracia.

Essa colocação não impede, todavia, que se perquira da legitimidade do Tribunal Constitucional, a qual deve ser examinada:

a) sob o ângulo da forma de designação de seus membros, pois, vinculando-se ao princípio da democracia eletiva, como todo poder emana do povo, qualquer órgão que exerça parcela de poder teria que recebê-la direta ou indiretamente do povo, por meio de eleições periódicas; e

b) sob o ângulo de sua própria atividade, que, se acaso for política, o torna ilegítimo, por não se conceber que, mediante a jurisdição possa haver atuação política, notando-se ainda que as decisões do Tribunal Constitucional, ao declararem inválida uma lei, estariam infensas a qualquer controle democrático, constituindo restrições ao princípio da maioria: esse ponto leva ao que se tem chamado de *risco democrático*, expressão cunhada por Dieter Grimm, como bem elucida Gilmar Ferreira Mendes, ao escrever que "as decisões da Corte Constitucional estão inevitavelmente imunes a qualquer controle democrático. Essas decisões podem anular, sob a invocação de um direito superior que, em parte, apenas é explicitado no processo decisório, a produção de um órgão direta e democraticamente legitimado. Embora não se negue que também

---

[379] MIRANDA. *Teoria do estado e da constituição*, p. 528-529.

as Cortes ordinárias são dotadas de um poder de conformação bastante amplo, é certo que elas podem ter a sua atuação reprogramada a partir de uma simples decisão do legislador ordinário. Ao revés, eventual correção da jurisprudência de uma Corte Constitucional somente há de se fazer, quando possível, mediante emenda. Essas singularidades demonstram que a Corte Constitucional não está livre do perigo de converter uma vantagem democrática num eventual risco para a democracia".[380]

Refletir, portanto, sobre a legitimação do Tribunal Constitucional implica em indagar acerca do âmbito e dos limites de sua atuação.

Quanto à legitimidade de origem do Tribunal Constitucional, estaria ela relacionada com o procedimento de eleição de seus membros, o que garantiria a participação popular. Pondere-se, no entanto, que a escolha dos magistrados do Tribunal Constitucional não deixa de ser democrática por não resultar de eleições periódicas. É que o caráter democrático ou não do Poder Judiciário, na expressão de Otto Bachof, nem sempre está ligado a formas de eleição de seus membros, do mesmo modo que não se põe em dúvida o caráter de um poder democrático exercido por funcionários, ministros e secretários de Estado, que não foram eleitos diretamente pelo povo. Anote-se ainda que a legitimidade do Poder Judiciário se encontra na sujeição dos juízes às leis emanadas da vontade popular. Ademais, a legitimação dos atos do Poder Judiciário decorre diretamente da Constituição, expressão de um poder superior, o poder constituinte. Desse modo, todos os poderes do Estado são democráticos, já que procedem de um ato da soberania popular ao aprovar uma nova ordem constitucional, independentemente de sua estrutura (Raúl Canosa Usera). Acentue-se também que a falta de representatividade, mediante eleição, do Poder Judiciário não compromete a sua legitimação democrática, já que numa democracia que pretenda assegurar não só a vontade das maiorias, mas também o respeito às minorias e liberdades em geral, são indispensáveis mecanismos de controle não necessariamente exercitados por órgãos eleitorais representativos. Nessa ordem de ideias, é que a jurisdição constitucional protege as minorias, bem como corrige os abusos da maioria parlamentar. A esse propósito, não se deve esquecer de que a crise do sistema representativo, consubstanciada, sobretudo, no desvirtuamento da proporcionalidade parlamentar, na insuficiência de os partidos políticos filtrarem e canalizarem o diálogo entre Governo e Parlamento, e no deslocamento do debate envolvendo graves questões nacionais, do Parlamento para outras instâncias, órgãos ou instituições, impossibilitando-se, com isso, aferir a compatibilidade entre a vontade popular e a vontade expressa pela maioria parlamentar, tem levado à necessidade da efetivação da jurisdição constitucional.

A jurisdição constitucional, nesse horizonte, "é uma instância de poder contramajoritário, no sentido de que sua função é mesmo a de anular determinados atos votados e aprovados, majoritariamente, por representantes eleitos. Nada obstante, entende-se, hodiernamente, que os princípios e direitos fundamentais, constitucionalmente assegurados, são, em verdade, condições estruturantes e essenciais ao bom

---

[380] MENDES. *Direitos fundamentais e controle de constitucionalidade*: estudos de direito constitucional, p. 470.

funcionamento do próprio regime democrático; assim, quando a justiça constitucional anula leis ofensivas a tais princípios ou direitos, sua intervenção se dá a favor e não contra a democracia. Esta a fonte maior da jurisdição constitucional".[381] O papel central que a justiça constitucional deve desempenhar, no sistema democrático, em especial na defesa das minorias, já fora intuído por Kelsen na década de vinte, ao consignar: "Contra os diversos ataques, em parte justificados, atualmente dirigidos contra ela (a República democrática), essa forma de Estado não pode se defender melhor do que organizando todas as garantias possíveis da regularidade das funções estatais. Quanto mais elas se democratizam, mais o controle deve ser reforçado. A jurisdição constitucional também deve ser apreciada desse ponto de vista. Garantindo a elaboração constitucional das leis, e em particular sua constitucionalidade material, ela é um meio de proteção eficaz da minoria contra os atropelos da maioria. A dominação desta só é suportável se for exercida de modo regular. A forma constitucional especial, que consiste de ordinário em que a reforma da Constituição depende de uma maioria qualificada, significa que certas questões fundamentais só podem ser solucionadas em acordo com a minoria: a maioria simples não tem, pelo menos em certas matérias, o direito de impor sua vontade à minoria. Somente uma lei inconstitucional, aprovada por maioria simples, poderia então invadir, contra a vontade da minoria, a esfera de seus interesses constitucionais garantidos. Toda minoria – de classe, nacional ou religiosa – cujos interesses são protegidos de uma maneira qualquer pela Constituição, tem pois um interesse eminente na constitucionalidade das leis. Isso é verdade especialmente se supusermos uma mudança de maioria que deixe à antiga maioria, agora minoria, força ainda suficiente para impedir a reunião das condições necessárias à reforma da Constituição. Se virmos a essência da democracia não na onipotência da maioria, mas no compromisso constante entre os grupos representados no Parlamento pela maioria e pela minoria, e por conseguinte na paz social, a justiça constitucional aparecerá como um meio particularmente adequado à realização dessa ideia. A simples ameaça do pedido ao tribunal constitucional pode ser, nas mãos da minoria, um instrumento capaz de impedir que a maioria viole seus interesses constitucionalmente protegidos, e de se opor à ditadura da maioria, não menos perigosa para a paz social que a da minoria."[382]

Ademais, as Constituições do século XX, como observa Maurizio Fioravanti, são democráticas precisamente porque são constituições sem autor e estão protegidas do perigo de que alguém possa considerá-las algo próprio, de que pode dispor livremente. Reportando-se a Kelsen, acentua que, embora na constituição democrática exista uma indiscutível primazia do Parlamento, essa primazia não se traduz em soberania, já que a lei que emana do Parlamento somente mantém sua posição de supremacia e de validez enquanto corresponde nas formas e nas regras de procedimento que conduzem à adoção de seu conteúdo, ao ideal de pluralismo. É necessário, portanto, que se ponha um limite à lei, e esse limite se obtém mediante a instituição do controle de constitucionalidade confiado ao Tribunal Constitucional: "se a essência da demo-

---

[381] BINENBOJM. *A nova jurisdição constitucional brasileira*: legitimidade democrática e instrumentos de realização, p. 246.
[382] KELSEN. *Jurisdição constitucional*, p. 181-182.

cracia reside não na onipotência da maioria, mas no constante compromisso entre os grupos que a maioria e a minoria representam no Parlamento, e desse modo, na paz social, a justiça constitucional parece o instrumento idôneo para realizar esta ideia."

Na fórmula contemporânea da democracia constitucional, parece estar contida a aspiração a um justo equilíbrio entre o princípio democrático, dotado de valor constitucional através das instituições da democracia política e o mesmo papel do legislador e do governo, e a ideia – ínsita em toda a tradição constitucionalista – dos limites da política a fixar, mediante a força normativa da constituição, e em particular, através do controle de constitucionalidade.[383] Portanto, apesar do significado da maioria no sistema democrático, a democracia contemporânea que se concebe como deliberativa, não se esgota na manifestação do poder majoritário, mas é aquela que otimiza os preceitos democráticos, e "valoriza o momento comunicativo e dialógico que se instaura entre governantes e cidadãos que procuram justificar seus pontos de vista sobre as questões de interesse público",[384] com ênfase no debate público em que diversas posições fundadas em diferentes concepções morais, filosóficas e religiosas se confrontam, isso sem deixar de envolver ainda outras atividades, como educação, política, organização social e mobilização.

A função da jurisdição constitucional e do controle de constitucionalidade é promover e garantir as condições democráticas.

Essa atividade é desempenhada, seja por meio de um construtivismo interpretativo, para a afirmação dos direitos individuais e proteção das minorias, baseada em argumentos de princípio (John Rawls e Ronald Dworkin),[385] seja por meio de uma autocontenção judicial (*judicial self-restraint*), cingindo-se, no ponto, a jurisdição constitucional à defesa da lisura do procedimento democrático (John Hart Ely),[386] destacando-se ainda o procedimentalismo de Habermas, para quem a legitimidade da jurisdição constitucional está na proteção do sistema de direitos que possibilita a autonomia dos cidadãos, condição da gênese democrática das leis, rejeitando, assim, a Constituição como ordem concreta de valores. Portanto, o modelo procedimental de interpretação constitucional impõe ao juiz uma atitude voltada para a garantia das condições democráticas do processo legislativo, e não para a avaliação dos seus resultados.[387]

Observe-se ainda que a vitaliciedade dos membros do Tribunal Constitucional é fator que afasta a sua partidarização, sendo, por isso mesmo, fonte de legitimação do órgão que permanece íntegro, enquanto mudam os governos e as maiorias no Parlamento. No Brasil, os Ministros do Supremo Tribunal Federal gozam de vitaliciedade nos seus cargos. O que se deve evitar, no entanto, é que a designação dos Ministros do Supremo Tribunal seja exclusivamente pessoal, isto é, do Presidente da República. É que tal forma de escolha pode gerar vínculos afetivos, de modo

---

[383] FIORAVANTI. *Constitución*. De la antiguedad a nuestros dias, p. 156, 157, 158, 163, 164.
[384] SOUZA NETO. *Teoria constitucional e democracia deliberativa*: um estudo sobre o papel do direito na garantia das condições para a cooperação na deliberação democrática, p. 85.
[385] RAWLS. *Uma teoria da justiça*. Dworkin. *Uma questão de princípio*.
[386] ELY. *Democracy and distrust*. A theory of judicial review.
[387] HABERMAS. *Direito e democracia*: entre facticidade e validade, vol. I.

a comprometer a independência do designado à pessoa que o designou. Daí a necessidade de aprovação do nome por um órgão do Congresso Nacional, mediante determinada maioria, a fim de se afastar aquela dependência. Segundo o art. 101, parágrafo único, da Constituição de 1988, os Ministros do Supremo Tribunal serão nomeados pelo Presidente da República depois de aprovada a escolha pela maioria absoluta do Senado Federal.

Analisando os Tribunais constitucionais e a jurisdição constitucional, Alexandre de Moraes, que propõe a transformação do Supremo Tribunal Federal em Tribunal Constitucional, com alteração de sua competência, forma de recrutamento dos seus membros e extinção da vitaliciedade, adota posicionamento singular, no sentido de que essa jurisdição, que não pode ter a mesma composição das jurisdições ordinárias, deve apresentar três requisitos de observância obrigatória, sob pena de perder sua legitimidade: pluralismo, representatividade e complementaridade. Sustenta aquele constitucionalista que, em relação ao pluralismo, o órgão encarregado da justiça constitucional deve ter uma representação de modo a proteger grupos minoritários que não tenham acesso aos ramos políticos. A representatividade consiste na participação da maioria qualificada do Parlamento para a aprovação do juiz constitucional. E para garantia do pluralismo e da representatividade, deverá ocorrer renovação regular do mandato, de maneira que não haja coincidência da designação da maioria, com o início do mandato do Chefe de Governo. Já a complementaridade consiste na necessidade de se recrutarem juízes constitucionais com múltiplas e variadas experiências, o que legitima a justiça constitucional, posto que a experiência de um juiz de carreira não é a mesma do magistrado proveniente da Advocacia, do Ministério Público ou de Universidade Pública.[388]

Como corte constitucional, o Supremo Tribunal Federal teria assim uma composição híbrida, cujos juízes seriam designados pelos Poderes Legislativo, Executivo e Judiciário, e exerceriam o cargo por um determinado mandato.

Quanto à natureza da função exercida pelo Tribunal Constitucional, não há como se afastar da análise dos aspectos do contexto, do conteúdo e da atuação do Tribunal, no âmbito político.

A questão política, no Tribunal Constitucional, há de ser, no entanto, entendida como uma opção política fundamental, pois se a Constituição revela opções políticas tomadas pelos constituintes num determinado momento histórico, o Tribunal Constitucional, ao aplicar e interpretar o texto constitucional, não tem como se afastar de uma orientação política, que é a base de sustentação da sua atividade.

Para Rui Barbosa, não haveria dificuldade em distinguir as questões judiciárias das questões políticas. O diálogo entre os poderes do Estado, e os direitos individuais, evitando-se possíveis colisões, seria mediado pela interpretação judicial. Se os direitos individuais são feridos, a intervenção judicial é legítima. No entanto, se a demanda se restringe ao exame do modo de exercício do poder, sua conveniência e oportunidade, a questão será considerada política, "porque seus elementos de apreciação pertencem intrinsecamente à função conferida e a ingerência de outro poder

---

[388] MORAES. *Jurisdição constitucional e tribunais constitucionais*, p. 77-78.

a anularia intrinsecamente".[389] Conforme as circunstâncias do caso concreto, podem ser classificadas, ainda segundo Rui, como exclusivamente políticas, entre outras questões, a declaração de guerra e a celebração da paz, a manutenção das relações diplomáticas, a celebração e a denúncia de tratados, a fixação das fronteiras nacionais, a convocação das forças militares, a sanção ou o veto dos projetos enviados pelo Congresso e a convocação extraordinária do Parlamento.[390]

Desse modo, as questões políticas são equivalentes aos atos discricionários, sendo sindicáveis pelo Judiciário sempre que forem desrespeitados os limites de competência do poder que praticou o ato ou violadas as garantias individuais. Advirta-se, todavia, que o "expediente de catalogação de assuntos abrangidos pela doutrina das questões políticas, gradativamente, tem perdido prestígio, na medida em que, como observa Bonavides, não é possível demarcar, 'numa esfera autônoma', as questões políticas, para efeito de evitar o controle de constitucionalidade. Com efeito, no Estado social contemporâneo, os direitos individuais se politizaram e as regras que antes serviam para estabelecer a fronteira entre o indivíduo e o Estado 'se afrouxaram.' Assim, a natureza da questão, por si só, não é mais suficiente para servir de referência na determinação dos limites ao poder dos juízes e tribunais. Isso parece ter sido captado tanto nos EUA como na Argentina, onde se verifica uma sensível redução do rol de matérias antes classificadas como políticas, para fins de afastar o controle judicial".[391]

O pano de fundo de natureza política não leva, por outro lado, a que a decisão judicial deva ser considerada política. De fato, o pronunciamento do Tribunal Constitucional, racional e motivado, envolve todo um método jurisdicional distinto da decisão política. Há um *iter* processual a ser obedecido, com oportunidade para defesa da constitucionalidade ou inconstitucionalidade da lei. Anota, a propósito, André Ramos Tavares: "A distinção que deve ser feita é a seguinte: não se devem confundir eventuais efeitos políticos com o processo de tomada da decisão, que é jurisdicional por excelência. Por outro lado, todo processo de tomada de decisão judicial, seja do Tribunal Constitucional ou de qualquer outra instância jurisdicional, envolve um determinado *quantum* de opção política, entendida esta em seu sentido mais lato."[392]

Há necessidade de que a decisão seja fundamentada, inteligível, conhecida pelos seus destinatários, a cujo serviço o Tribunal Constitucional se encontra, o que, de certo modo, garante os juízes contra o arbítrio e a influência das visões pessoais.

O compromisso dos juízes é com a fundamentação racional, criando-se, por isso mesmo, uma instância de representação argumentativa, distinta da representação política. Elucidativo é o texto de Alexy: "A chave para a resolução é a distinção entre a representação política e a argumentativa. O princípio fundamental 'todo poder estatal origina-se do povo' exige compreender não só o Parlamento mas também o Tribunal constitucional como representação do povo. A representação ocorre, decerto, de modo diferente. O Parlamento representa o cidadão politicamente, o Tribunal constitucional argumentativamente (*omissis*). A vida cotidiana do funcionamento

---

[389] BARBOSA. *Comentários à constituição federal brasileira*, p. 181.
[390] BARBOSA. *Comentários à constituição federal brasileira*, p. 221-222.
[391] TEIXEIRA. *A doutrina das questões políticas no Supremo Tribunal Federal*, p. 50.
[392] TAVARES. *Tribunal e jurisdição constitucional*, p. 47.

parlamentar oculta o perigo que maiorias se imponham desconsideradamente, emoções determinem o acontecimento, dinheiro e relações de poder dominem e sejam cometidas faltas graves. Um Tribunal que se dirige contra tal não se dirige contra o povo senão, em nome do povo, contra seus representantes políticos. Ele não só faz valer negativamente que o processo político, segundo critérios jurídico-humanos e jurídico-fundamentais, fracassou mas também exige positivamente que os cidadãos aprovem os argumentos do Tribunal se eles aceitarem um discurso jurídico-constitucional racional."[393]

É por meio "da racionalização e da argumentação contida na motivação da decisão judicial que os Tribunais assumem o papel de discutir, publicamente, o alcance dos princípios e direitos que constituem a reserva de justiça do sistema constitucional. Caso consigam levar a cabo essa tarefa, poderão transformar-se em fórum de extraordinária relevância dentro de um sistema democrático, onde muitas vezes os valores fundamentais ficam submetidos ao decisionismo majoritário".[394]

Nesse horizonte, a legitimidade da jurisdição constitucional decorreria de que as decisões do Tribunal Constitucional se acham ligadas ao processo argumentativo, que compreende dupla exigência de argumentação: a) internamente, o dever de coerência discursiva, guardando pertinência com o direito vigente; b) externamente, o dever de se apresentar racionalmente apta à aceitabilidade dos coassociados.[395]

Considerando o pluralismo político como cenário da jurisdição constitucional, não basta que as decisões do Tribunal Constitucional sejam informadas pela teoria da argumentação, mas que levem em consideração todos os pontos de vista: a Constituição não é o que a Corte Constitucional diz que é, mas sim o que o povo permite à Corte dizer o que ela é.[396]

De fato, "toda atividade judicial, sobretudo em matéria constitucional, tem uma dimensão essencialmente criativa, de forma a adaptar o frio relato normativo às circunstâncias específicas de cada caso. A jurisdição constitucional, assim, embora desempenhando uma tarefa jurídica, e não política, exerce sempre um papel construtivo e concretizador da vontade constitucional. Por mais fiel que seja aos cânones de racionalidade, objetividade e motivação, exigíveis de qualquer decisão judicial, a justiça constitucional jamais neutraliza inteiramente a influência dos fatores políticos no desempenho do seu mister".[397]

Considere-se, por outro lado, que as decisões tomadas pelos órgãos que compõem a jurisdição constitucional devem obter aceitação, como já enfatizado, pela opinião pública, que consagrará ou rejeitará o Tribunal Constitucional em virtude de sua jurisprudência e de sua atuação perante o Estado.

---

[393] ALEXY. Direitos fundamentais no estado constitucional democrático: relação entre direitos do homem, direitos fundamentais, democracia e jurisdição constitucional. Trad. Luís Afonso Heck. In: *Revista de Direito Administrativo*, n. 217, p. 55-66.
[394] VIEIRA. *A constituição e sua reserva de justiça*, p. 238.
[395] SAMPAIO. *A constituição reinventada pela jurisdição constitucional*, p. 92.
[396] RAWLS. *O liberalismo político*, p. 284.
[397] BINENBOJM. *A nova jurisdição constitucional brasileira*: legitimidade democrática e instrumentos de realização, p. 61-62.

No que concerne ao conteúdo da jurisdição constitucional, note-se que, além de se revestir de um sentido restritivo voltado para a atividade do controle da constitucionalidade das leis e atos normativos do poder público, tem ela um sentido amplo, a abranger o controle da legitimidade dos partidos políticos, a tutela dos direitos fundamentais, o juízo sobre conflitos entre os órgãos do poder, consubstanciado no exame da regularidade no exercício de suas competências constitucionais, e o equilíbrio da federação.

O processo constitucional não regula um direito, mas atua com o escopo de demonstrar a legitimidade e a exequibilidade do direito, é dizer, o respeito à supremacia da Constituição como fonte do direito. O processo constitucional está intimamente relacionado com a proteção dos princípios constitucionais e dos direitos fundamentais, bases legitimadoras da Constituição.

A jurisdição constitucional atua, segundo José Alfredo de Oliveira Baracho, por meio do processo constitucional, pelo qual se aplicam "todas as normas de encaminhamento de matéria fundamental à estrutura do Estado, vinculando-a às limitações provenientes da defesa jurídica da liberdade".[398] A respeito desse tema, fala-se em Direito Processual Constitucional e Direito Constitucional Processual como parcelas da jurisdição constitucional. O Direito Processual Constitucional, segundo Baracho, "empreende o estudo dos instrumentos processuais que garantem o cumprimento das normas constitucionais. O Direito Constitucional Processual detém-se no estudo sistemático dos conceitos, categorias e instituições processuais, consagradas nos dispositivos da Constituição".[399] Nessa linha de entendimento, o Direito Processual Constitucional tem por objeto o estudo dos instrumentos processuais específicos que garantem o cumprimento da Constituição, enquanto que o Direito Constitucional Processual o estudo das disposições constitucionais que tratam do processo. Ambos integram a jurisdição constitucional.

No Brasil, tanto o Direito Constitucional Processual quanto o Direito Processual Constitucional integram a jurisdição constitucional, sobretudo se considerarmos que o controle de constitucionalidade é concentrado e difuso, neste sendo apreciada a questão constitucional como preliminar de mérito em qualquer processo, civil ou penal. Como bem esclarece Marcelo Cattoni, "no caso brasileiro não há processo que não deva ser constitucional, e não somente porque todo processo é estruturado por princípios constitucionais, mas também em razão de que em nosso ordenamento todo órgão judicial é competente para apreciar questões em matéria constitucional. Todo processo, e não somente os que estruturam as chamadas garantias constitucionais-processuais, ao criar as condições institucionais para um discurso lógico-argumentativo de aplicação reconstrutiva do Direito Constitucional, é processo que instrumentaliza o exercício da jurisdição em matéria constitucional, ou seja, é processo constitucional".[400]

Jorge Miranda salienta que as decisões dos Tribunais Constitucionais ou órgãos homólogos, conexas com o juízo de inconstitucionalidade, reconduzem-se, no essencial, a três situações: 1. podem ser decisões *interpretativas* – ou de fixação de uma in-

---

[398] BARACHO. *Processo constitucional*, p. 110-111.
[399] BARACHO. *Op. cit.*, p. 126.
[400] CATTONI DE OLIVEIRA. *Direito processual constitucional*, p. 207.

terpretação (vinculativa ou não para os restantes tribunais, máxime de uma interpretação conforme a Constituição que evite o juízo de inconstitucionalidade; 2. podem ser decisões *limitativas* – limitativas de efeitos da decisão de inconstitucionalidade ou até da própria inconstitucionalidade; 3. podem ser decisões *aditivas* ou *modificativas*, quando, considerando inconstitucional o entendimento da norma seu objeto só com certo conteúdo ou alcance, lhe acrescentam (e, por conseguinte, modificam-na) um segmento que permite a sua subsistência à luz da Constituição.[401]

16.2 Funções do Tribunal Constitucional

Novas funções vêm sendo atribuídas ao Tribunal Constitucional, dada a insuficiência dos "poderes" ou funções tradicionais do Estado, em especial aquela relacionada com o controle da constitucionalidade das leis. O princípio da separação de poderes, relativamente à jurisdição e ao Tribunal Constitucional, mostra-se, destarte, insuficiente para que haja imparcial e efetivo controle das funções exercidas pelos órgãos do Estado. Nessa perspectiva, o Tribunal Constitucional passou a desenhar um espaço próprio de atuação, em que sua atividade vai além da simples interpretação da lei, superando a doutrina tradicional da separação de poderes.

São examinadas, a seguir, as funções do Tribunal Constitucional, como categorias fundamentais da Justiça Constitucional,[402] algumas delas relacionadas ou originárias do controle de constitucionalidade, e outras que vão além do controle. São elas: *a) função interpretativa e de enunciação constitucional; b) função estruturante; c) função arbitral; d) função legislativa; e) função governativa.*

A *função interpretativa e de enunciação constitucional* é a de construção da norma a ser aplicada a partir de seu enunciado. A interpretação que se tem em vista é aquela referente à Constituição. Desse modo, a interpretação de qualquer texto normativo que o Tribunal Constitucional opera se dá para fins de controle de constitucionalidade ou de corte de cassação. A interpretação não é mera atividade mecânica de aplicação do Direito positivo, mas também não se confunde com a atividade legislativa em sentido estrito. Nessa hipótese, o exercício da atividade interpretativa compreende a denominada interpretação conforme a Constituição e a declaração de nulidade sem redução de texto, em que a interpretação da Constituição adquire o mesmo nível da matéria constitucional. Afirma-se, nesse sentido, que a norma é fruto da interpretação, porque não há necessária correspondência entre texto e norma. A interpretação, como salienta Eros Grau, "é atividade que se presta a transformar disposições (textos, enunciados) em normas; é meio de expressão dos conteúdos normativos das disposições, meio através do qual o juiz desvenda as normas contidas nas disposições. Por isso as normas resultam da interpretação e podemos dizer que elas, enquanto disposições, não dizem nada – elas dizem o que os intérpretes dizem que elas dizem. Da interpretação do texto surge a norma, manifestando-se, nisso, uma expressão de poder".[403]

---

[401] MIRANDA. *Manual de direito constitucional*, t. 6, p. 60.
[402] Este estudo terá como marco teórico a obra de André Ramos Tavares. *Teoria da justiça constitucional*, p. 185-358.
[403] GRAU. *O direito posto e o direito pressuposto*, p. 39, 95, 207.

A força da interpretação resulta na enunciação de súmula vinculante, que sintetiza o entendimento anterior do Tribunal Constitucional, ou de se considerar como vinculantes não só o dispositivo das decisões em controle abstrato, como também os fundamentos do julgado (efeitos transcendentes da decisão de inconstitucionalidade).

A *função estruturante* é "aquela por meio da qual se promove a adequação e a harmonização formais do ordenamento jurídico, consoante sua lógica interna e seus próprios comandos relacionados à estrutura normativa adotada".[404] Com a função estruturante, procura-se manter o edifício jurídico-normativo, conforme as diretrizes de seu funcionamento, eliminando os elementos normativos indesejáveis, as práticas e omissões inconciliáveis com os comandos constitucionais. A função estruturante incorpora, necessariamente, o controle da constitucionalidade das leis, mediante a expulsão das normas contrárias à Constituição, é dizer, o controle do respeito à hierarquia e da distribuição de competências. Envolve ainda o controle das violações aos direitos fundamentais, sendo a função estruturante uma garantia suplementar das liberdades individuais.

A *função arbitral* relaciona-se com a atuação do Tribunal Constitucional como mediador entre os Poderes, buscando resolver os conflitos que surjam entre as entidades constitucionais. Essa função envolve os conflitos federativos, os conflitos entre as autoridades ou os órgãos de poder, conflitos decorrentes da infringência da iniciativa reservada de lei do chefe do executivo, no domínio do processo legislativo. A função arbitral não afasta a possibilidade de o próprio Tribunal Constitucional, apesar de sua posição no quadro dos Poderes, desencadear um conflito com os demais Poderes (Legislativo, Executivo e Judiciário), cuja solução, no entanto, é de sua competência.

A *função legislativa* deve ser entendida como o desenvolvimento de atividade da qual resulta a composição inaugural de comandos com efeito geral. Manifesta-se quando a Constituição contempla o Tribunal Constitucional entre aqueles órgãos com competências legislativas. Incluem-se na função legislativa as seguintes atuações do Tribunal: 1. competência para elaborar leis; 2. controle preventivo das leis; 3. controle das omissões legislativas inconstitucionais. 4. decisões aditivas, redutoras e substitutivas; 5. elaboração de seu regimento interno.

A *função governativa* decorre da constitucionalização das orientações governativas, em especial daquelas encartadas em normas constitucionais programáticas (normas-fim ou normas-tarefa), como o controle judicial de políticas públicas, com objetivos constitucionalmente vinculantes da atividade de governo, em que a liberdade administrativa conferida pelo direito jamais pode ser traduzida em espaço público para escolhas desarrazoadas. No exercício da função estruturante e no controle de constitucionalidade das leis (função inaugural), manifesta-se, concomitantemente, a função de governo. Salienta André Ramos Tavares: "No momento em que se estabelece um Tribunal com poderes de 'nulificar' essa lei (que é expressão de uma atividade própria de governo), é automático reconhecer-lhe, igualmente, a função de governo (ou *indirizzo politico*) ou, em um primeiro momento, uma função de 'contragoverno',

---

[404] TAVARES. *Teoria da justiça constitucional*, p. 253.

que se deve assumir, enfim, como função de governo propriamente dita (*omissis*). A lei é, inegavelmente, um instrumento de governo (o ato de governo por excelência). Não se pode ignorar que são as leis do Legislativo aquelas que imprimem o sentido e alcance das diretrizes do Estado. Sua extinção, por qualquer órgão, implica um ato que será inevitavelmente considerado, da mesma maneira, exercício de uma função de governo."[405]

A função de governo refere-se também ao exercício da função arbitral, em que o Tribunal acaba por impor certa abertura da política, porque admite diversos atores e seus argumentos. Há, finalmente, a participação governativa do Tribunal Constitucional, quando define os direitos fundamentais e os protege, pois acaba por definir também quais as práticas permitidas e quais as exigidas do Estado.[406]

Ainda relativamente às funções do Tribunal Constitucional, Oscar Vilhena Vieira vislumbra quatro delas, à luz do constitucionalismo democrático: I – assegurar a continuidade do regime democrático, corrigindo-lhe eventuais distorções; II – garantir a supremacia das decisões constitucionais frente a decisões políticas ordinárias, o que inclui a garantia da separação de poderes e da federação, onde houver; III – resguardar direitos e valores fundamentais, frente a qualquer tipo de decisão política; IV – assegurar a realização dos parâmetros de justiça substantiva incorporados pelo texto constitucional.[407]

Pode-se sintetizar, dizendo que ao Tribunal Constitucional, como guardião da Constituição, cabe a defesa das minorias perante a maioria parlamentar e do Governo, a defesa da primazia hierárquico-normativa da Constituição, e a garantia do Direito Constitucional, mediante a interpretação que dá às normas constitucionais. Quanto a esta última atividade, verifica-se que o Tribunal Constitucional se acha voltado para o exame não só dos aspectos formais ou da estrita legalidade dos atos de governo, mas sobretudo da legitimidade e licitude de tais atos. Promove, nesse sentido, uma interpretação valorativa da Constituição, com vistas a uma maior proteção dos direitos fundamentais.

17. JURISDIÇÃO CONSTITUCIONAL E PROCESSO CONSTITUCIONAL OBJETIVO – FUNDAMENTOS

Um dos instrumentos de garantia da Constituição é o processo constitucional entendido como o conjunto de regras procedimentais através das quais se controla jurisdicionalmente a conformidade constitucional dos atos normativos. O processo constitucional assegura a observância e realização de um direito material, que é o Direito Constitucional, tendo ainda por escopo solucionar os problemas de natureza constitucional.

O processo constitucional viabiliza o exercício da jurisdição constitucional, concebida como a parte da administração da justiça que tem como objeto a defesa da Constituição sob todos os seus aspectos.

---

[405] TAVARES. *Teoria da justiça constitucional*, p. 353 e 355.
[406] TAVARES. *Op. cit.*, p. 352 e 355.
[407] VIEIRA. *Supremo Tribunal Federal*: jurisprudência política, p. 41.

Considerando a realidade constitucional brasileira reafirme-se com Marcelo Cattoni que "a Jurisdição Constitucional, apesar das especificidades de cada ordenamento, significa, aqui, o exercício do poder jurisdicional em matéria constitucional, ou seja, a apreciação, em sede difusa ou concentrada, de alegações que explicitamente se fundam em razões de constitucionalidade ou de inconstitucionalidade, no contexto lógico-argumentativo de aplicação reconstrutiva do Direito Constitucional. No Brasil, se todo órgão do Poder Judiciário não só pode mas deve, como atividade típica e função intrínseca à jurisdição brasileira, apreciar alegações que explicitamente se referem à Constituição, podemos dizer que todo o Judiciário brasileiro é competente para exercer a jurisdição em matéria constitucional, toda a jurisdição é jurisdição constitucional, conforme os processos constitucional e legalmente previstos".[408]

O conceito de jurisdição constitucional deve ser reforçado enquanto função estatal destinada à fiscalização da constitucionalidade das leis, à garantia da Constituição, à viabilização dos direitos fundamentais do homem. A propósito, escreve André Ramos Tavares: "É comum o emprego da expressão 'jurisdição constitucional' para designar a sindicabilidade desenvolvida judicialmente tendo por parâmetro a Constituição, e por hipótese de cabimento o comportamento em geral e, principalmente, do Poder Público, contrário àquela norma paramétrica. A fiscalização do cumprimento da Constituição tem como pressuposto básico a ideia desta como conjunto normativo fundamental, que deve ser resguardado em sua primazia jurídica."[409]

A legitimidade da jurisdição constitucional,[410] dada a insuficiência da teoria da separação de poderes, e a busca da superação do modelo de democracia representativa, no cenário atual, funda-se nos seguintes argumentos, sintetizados por Luís Roberto Barroso:

"– o acolhimento generalizado da jurisdição constitucional representa uma ampliação da atuação do Judiciário, correspondente à busca de um novo equilíbrio por força da expansão das funções dos outros dois Poderes no âmbito do Estado moderno;

– a jurisdição constitucional é um instrumento valioso na superação do déficit de legitimidade dos órgãos políticos eletivos, cuja composição e atuação são muitas vezes desvirtuadas por fatores como o abuso do poder econômico, o uso da máquina administrativa, a manipulação dos meios de comunicação, os grupos de interesse e de pressão, além do sombrio culto pós-moderno à imagem sem conteúdo;

– juízes e tribunais constitucionais são insubstituíveis na tutela e efetivação dos direitos fundamentais, núcleo sobre o qual se assenta o ideal substantivo de democracia;

---

[408] CATTONI DE OLIVEIRA. *Direito processual constitucional*, p. 206-207.
[409] TAVARES, André Ramos. *Curso de direito constitucional*, p. 208.
[410] Para uma compreensão do tema, no Brasil, cf. SAMPAIO. A constituição reinventada pela jurisdição constitucional; Discurso de legitimidade da jurisdição constitucional e as mudanças legais do regime de constitucionalidade no Brasil, *in: O controle de constitucionalidade e a lei n. 9.868/99*. SARMENTO, Daniel (Org.). SOUZA NETO. *Jurisdição constitucional, democracia, e racionalidade prática*. BINENBOJM. *A nova jurisdição constitucional brasileira*.

– a jurisdição constitucional deve assegurar o exercício e desenvolvimento dos procedimentos democráticos, mantendo desobstruídos os canais de comunicação, as possibilidades de alternância no poder e a participação adequada das minorias no processo decisório."[411]

A jurisdição constitucional, segundo Oswaldo Luiz Palu, "é a atividade que visa garantir a aplicação dos princípios e normas da Constituição às controvérsias e dúvidas surgidas, concreta e abstratamente, atividade advinda de órgão que atua com a independência em relação aos órgãos ou poderes elaboradores do texto normativo objeto da fiscalização, ou do Executivo, de modo definitivo e imparcial. A jurisdição constitucional exerce, primordial e institucionalizadamente, a fiscalização da constitucionalidade. Assim, a principal função da jurisdição constitucional é o controle da constitucionalidade das leis".[412]

Para o constitucionalismo comunitário, como acentua Gisele Citadino, "a atividade jurisdicional não pode ficar adstrita a uma legalidade positivista e abstrata, destituída, assim, de qualquer dimensão política. A função de declarar o sentido e o alcance das regras jurídicas, especialmente das normas constitucionais, possui uma clara conotação política. É precisamente no âmbito desta função jurisdicional de tutela da constituição que o direito e a política se encontram. E não poderia ser diferente. Como a constituição é, para o constitucionalismo 'comunitário', um sistema de valores, a sua tutela, por via interpretativa, não pode senão se transformar em instrumento de realização política. O critério de controle difuso, adotado nos EUA, não é considerado pelos constitucionalistas 'comunitários' brasileiros como uma verdadeira forma de jurisdição constitucional, não tanto por também ter entregue o controle da constitucionalidade à jurisdição ordinária, mas pelo fato de que o objetivo desta jurisdição é a decisão do caso concreto, e não a função de guardiã dos valores que integram o sentimento constitucional da comunidade. Preferem o sistema concentrado, adotado nos países europeus, que, através dos Tribunais Constitucionais, evidencia a natureza política do sistema de defesa da Constituição. Após a promulgação da Constituição Federal, que incorporou, de uma parte, o modelo constitucional europeu do exaustivo sistema de direitos fundamentais, mas, de outra parte, adotou a forma mista de jurisdição constitucional, os constitucionalistas 'comunitários', nem por isso, deixam de admitir a possibilidade e a necessidade de uma ação política por parte do Supremo Tribunal Federal, ainda que sem os contornos de uma Corte Constitucional".[413]

O paradigma pós-positivista, ao buscar novos fundamentos para a jurisdição constitucional, questiona o conteúdo discricionário da decisão judicial, que não se limita a fazer atuar a decisão do constituinte ou do legislador, em decorrência, sobretudo, da textura aberta dos textos constitucionais democráticos. Nessa perspectiva, a decisão judicial deverá revestir-se de uma fundamentação racional compartilhada com a comunidade.

---

[411] BARROSO. *O controle de constitucionalidade no direito brasileiro*, p. 57.
[412] PALU. *Controle de constitucionalidade*: conceitos, sistemas e efeitos, p. 83.
[413] CITTADINO. *Pluralismo, direito e justiça distributiva*: elementos da filosofia constitucional contemporânea, p. 65-67.

A jurisdição constitucional, portanto, harmoniza-se com a ideia de democracia, seja a partir de uma noção procedimental de Constituição, que enfatiza as regras do jogo político, seja a partir de um modelo substancialista, no qual se acham predefinidas certas opções materiais que delimitam o conteúdo da própria Constituição.

No Brasil, a proteção da Constituição, especialmente contra o próprio legislador, é atribuída ao Poder Judiciário e pressupõe a ideia de uma Constituição limitada, sendo exercida pela jurisdição constitucional, que vai além do simples dizer o Direito para o caso concreto, mas se desenvolve em abstrato quando do exame da norma cuja constitucionalidade se questiona.

Gilmar Ferreira Mendes observa: "Convém ressaltar que a distinção consagrada na doutrina entre os controles *abstrato* e *concreto*, ou entre controle por via de ação e controle por via de exceção, não tem a relevância teórica que, normalmente, se lhe atribui.

Nos modelos concentrados, a diferenciação entre controle concentrado e abstrato assenta-se, basicamente, nos pressupostos de admissibilidade (*Zulässigkeitsvoraussetzungen*). O controle concreto de normas tem origem em uma relação processual concreta, constituindo a relevância da decisão (*Entscheidungserheblichkeit*) pressuposto de admissibilidade. O chamado controle abstrato, por seu turno, não está vinculado a uma situação subjetiva ou a qualquer outro evento do cotidiano (*Lebensvorgang*). Schlaich ressalta a equivocidade desses conceitos, porquanto o controle realizado, a decisão proferida e as consequências jurídicas são verdadeiramente abstratas, na medida em que se processam independentemente do feito originário. Em outros termos, o controle e o julgamento, levados a efeito pelo tribunal, estão plenamente desvinculados do processo originário, tendo, por isso, consequências jurídicas idênticas."[414]

Canotilho, a seu turno, acentua: "É tradicional a distinção entre *processo constitucional objectivo* e o *processo constitucional subjectivo*, consoante os tipos de pretensões deduzidas em juízo: (1) interesses juridicamente protegidos do cidadão (sobretudo direitos fundamentais), caso em que se fala de *processo subjectivo* (ex.: controlo concreto da inconstitucionalidade); (2) protecção da ordem jurídico-constitucional, objectivamente considerada, caso em que se alude a *processo objectivo* (ex.: controlo principal, abstracto, da constitucionalidade de actos normativos). Refira-se, porém, que esta distinção é meramente tendencial, pois, por um lado, no processo subjectivo, cuja finalidade principal é defender direitos, não está ausente o propósito de uma defesa objectiva do direito constitucional e, por outro lado, no processo objectivo, dirigido fundamentalmente à defesa da ordem constitucional, não está ausente a ideia de protecção de direitos e interesses juridicamente protegidos."[415]

Nada obstante esses posicionamentos, em que se busca aproximar os dois tipos de processo, não se pode deixar de assinalar, como se registrou, que, no ordenamento constitucional brasileiro, a adoção dos métodos difuso e concentrado de constitucionalidade acaba por contribuir para uma maior irracionalidade do sistema, pois,

---

[414] MENDES. *Direitos fundamentais e controle de constitucionalidade*: estudos de direito constitucional, p. 245-246.
[415] CANOTILHO. *Direito constitucional e teoria da constituição*, p. 861.

embora caiba ao mesmo Tribunal (Supremo Tribunal Federal) julgar, no caso concreto, através do recurso extraordinário, matéria constitucional, bem como processar e julgar originariamente, no controle concentrado, as ações diretas, os pressupostos, as técnicas, os efeitos, as consequências, e a própria concepção de constitucionalidade que se acha implícita em cada modelo são diferentes, e até, em certo sentido, contraditórios. Como sustenta Cezar Saldanha Souza Junior, "o resultado é uma confusão generalizada. Pior para não dizer trágico: as instâncias inferiores têm sido levadas, por efeito demonstração, a imitar a desenvoltura com a qual o Tribunal de cúpula do Poder Judiciário, fascinado pelo Tribunal Constitucional europeu, movimenta-se por sobre a legislação e, mesmo, contra ela, concretizando diretamente – e cada juízo a seu modo – os valores supremos do ordenamento. Está armado o palco para o 'uso ideológico' dos instrumentos jurídicos, às custas da legalidade, da razoabilidade e da segurança jurídica, na falta de uma instância que garanta a objetividade mínima dos valores superiores do ordenamento".[416]

Princípios regentes do direito processual constitucional são tidos, entre nós, como comuns ao processo subjetivo e ao processo objetivo, já que toda jurisdição é jurisdição constitucional. Deve-se, contudo, ter o cuidado para que não se transponha para o processo constitucional todos os princípios infraconstitucionais que norteiam o processo civil, já que apenas poderão ser considerados aqueles que se revelem compatíveis e necessários para a jurisdição constitucional.[417]

Por outro lado, o caráter abstrato do processo objetivo leva à identificação de alguns princípios que não são próprios do processo subjetivo, por envolver a discussão de conflitos intersubjetivos de interesses, como o de que em todo processo há uma triangularização entre autor-réu-juiz. De qualquer modo, cabe identificar, no processo constitucional objetivo, as seguintes características: *a)* pretensão, que consiste na declaração da parte com legitimação ativa, e nela se formula o pedido e os respectivos motivos; *b)* fundamento da pretensão em normas constitucionais; *c)* competência do Tribunal Constitucional para o conhecimento do pedido; *d)* postulação de um juízo de legitimidade constitucional, pois o que se pede ao Tribunal Constitucional, qualquer que seja a pretensão concreta, é um pronunciamento acerca da conformidade ou desconformidade constitucional de um ato normativo.[418]

Ademais, não se pode deixar de notar que os conceitos de ação, legitimação e interesse de agir se acham historicamente vinculados a uma concepção individualista do processo, influenciada por princípios liberais, que caracterizaram as grandes codificações do século XIX, inaplicáveis à problemática atual dos direitos difusos e coletivos, cujo titular do direito material é indeterminável, bem assim a toda a gene-

---

[416] SOUZA JUNIOR. *O Tribunal constitucional como poder* – uma nova teoria da divisão dos poderes, p. 139-140. Cf. ainda, no tópico seguinte, algumas observações sobre a convergência dos sistemas de controle de constitucionalidade.

[417] O processo constitucional objetivo acha-se regrado pelo Regimento Interno do Supremo Tribunal Federal, pela Lei n. 9.868, de 10 de novembro de 1999, e pela Lei n. 9.882, de 3 de dezembro de 1999.

[418] CANOTILHO. *Direito constitucional e teoria da constituição*, p. 861.

ralidade do Direito,[419] o que reforça a ideia de que o processo constitucional objetivo não é explicado por esquemas ortodoxos do processo.

O Supremo Tribunal Federal, a propósito do tema, decidiu que o "controle normativo abstrato constitui processo de natureza objetiva. A importância de qualificar o controle normativo abstrato de constitucionalidade como processo objetivo – vocacionado, exclusivamente, à defesa, em tese, da harmonia do sistema constitucional – encontra apoio na própria jurisprudência do Supremo Tribunal Federal, que, por mais de uma vez, enfatizou a objetividade desse instrumento de proteção *in abstracto* da própria ordem constitucional. Admitido o perfil objetivo que tipifica a fiscalização abstrata de constitucionalidade, torna-se essencial concluir que, em regra, não se deve reconhecer, como pauta usual de comportamento hermenêutico, a possibilidade de aplicação sistemática, em caráter supletivo, das normas concernentes aos processos de índole subjetiva, especialmente daquelas regras meramente legais que disciplinam a intervenção de terceiros na relação processual".[420] Nada obstante, a Lei n. 9.868/99 possibilita a intervenção, no âmbito da ação direta de inconstitucionalidade, de órgãos e entidades (*amicus curiae*) que demonstrem interesse objetivo e, eventualmente, pertinência temática relativamente à questão constitucional controvertida (art. 7°, § 2°), o que nesse ponto traduz abertura democrática do processo constitucional objetivo.

Nessa ordem de ideias, no processo constitucional objetivo não há lide enquanto litígio referente a situações concretas ou individuais, pois o que se visa é a proteção e a garantia da Constituição.

17.1 Princípios do processo constitucional objetivo

O processo constitucional objetivo é modelado consoante os seguintes princípios, adotando terminologia de Canotilho:

1. Princípio do pedido. O processo inicia-se mediante a impulsão de órgãos e entidades com legitimação para agir, e que são os mencionados no art. 103 da Constituição de 1988. O princípio, que anda associado ao da indisponibilidade, tem como consequência a impossibilidade de desistência da ação direta de inconstitucionalidade (art. 5° da Lei n. 9.868/99). Observe-se que a jurisprudência do Supremo Tribunal Federal desenvolveu o requisito da pertinência temática, com o propósito de limitar ainda mais a legitimação de alguns dos órgãos e entidades indicados no art. 103 da Constituição, assunto por nós examinado ao tratarmos da ação direta de inconstitucionalidade.

2. Princípio da instrução. No processo comum, cabe às partes a produção das provas e elementos que irão possibilitar ao juiz a decisão final. No processo constitucional, o juiz pode, de ofício, proceder a averiguações em busca da indagação material da verdade, independentemente de requerimento das entidades que arguiram a inconstitucionalidade. A Lei n. 9.868, de 10 de novembro de 1999, admitiu, nos seus arts. 9° e

---

[419] NERY JUNIOR. *Princípios do processo civil a constituição federal*, p. 116.
[420] STF – Medida Cautelar na Ação Direta de Inconstitucionalidade n. 1254, Rel. Min. Celso de Mello, *DJ* 19.9.1997, p. 45530.

20, a instrução do processo no âmbito da ação direta de inconstitucionalidade e da ação declaratória de constitucionalidade. A inovação é salutar, pois não há como controlar a constitucionalidade sem uma prévia interpretação da Constituição, que considera a realidade que envolve o próprio intérprete, sendo a norma jurídica ato derivado do mundo concreto e nele presente necessariamente. Sobre o assunto, aduz Walter Claudius Rothenburg: "Com efeito, havia o preconceito de que, tratando-se de um processo objetivo, a questão resumia-se a uma discussão teórica, exclusivamente de teses jurídicas, para saber-se da compatibilidade de determinado ato normativo aos parâmetros constitucionais – mera questão de direito, enfim, sem espaço para a produção de provas. Em boa hora, a Lei n. 9.868 abre ensejo a que o Supremo Tribunal Federal se instrua 'em caso de necessidade de esclarecimento de matéria ou circunstância de fato ou de notória insuficiência das informações existentes nos autos', para o que é deferido à discricionariedade do relator 'requisitar informações adicionais, designar perito ou comissão de peritos para que emita parecer sobre a questão, ou fixar data para, em audiência pública, ouvir depoimentos de pessoas com experiência e autoridade na matéria' (artigo 9º, § 1º; artigo 20, § 1º). O perfeito cabimento dessa abertura é evidente ante o conteúdo técnico que muitas leis assumem atualmente."[421]

De notar, ainda, que a maior abertura do processo constitucional vem repercutir na chamada *prognose legislativa*, é dizer, cabe ao Tribunal Constitucional a apreciação de fatos futuros, no âmbito do controle abstrato de constitucionalidade, os quais não seriam de avaliação exclusiva do legislador. Acerca da prognose legislativa, assinala Gilmar Ferreira Mendes, que "há muito vem parte da dogmática apontando para a inevitabilidade da apreciação de dados da realidade no processo de interpretação e de aplicação da lei como elemento trivial da própria metodologia jurídica. É bem verdade que, se analisarmos criteriosamente a nossa jurisprudência constitucional, verificaremos que, também entre nós, se procede ao exame ou à revisão dos fatos legislativos pressupostos ou adotados pelo legislador. É o que se verifica na jurisprudência do Supremo Tribunal Federal sobre a aplicação do princípio da igualdade e do princípio da proporcionalidade (...) até mesmo no chamado controle abstrato de normas não se procede a um simples contraste entre as disposições do direito ordinário e os princípios constitucionais. Ao revés, também aqui fica evidente que se aprecia a relação entre a lei e o problema que se lhe apresenta em face do parâmetro constitucional. Em outros termos, a aferição dos chamados fatos legislativos constitui parte essencial do chamado controle de constitucionalidade, de modo que a verificação desses fatos relaciona-se íntima e indissociavelmente com a própria competência do Tribunal. No que respeita aos 'eventos futuros' entende-se que a decisão sobre a legitimidade ou ilegitimidade de dada lei depende da confirmação de um prognóstico fixado pelo legislador ou da provável verificação de dado evento".[422]

3. *Princípio da congruência ou da adequação.* O princípio significa que existe uma relação de adequação entre a sentença proferida pelo tribunal e a pretensão deduzida pela parte: o tribunal aprecia apenas o pedido. Desse modo, se o requerente argui a

---

[421] ROTHENBURG. *O Controle de Constitucionalidade e a Lei n. 9.868/99*, p. 277-278.
[422] MENDES. *Jurisdição constitucional*, p. 347-350.

inconstitucionalidade de certas normas, sem deixar de questionar outras, ainda que tratadas no mesmo diploma normativo, o tribunal não poderá verificar a inconstitucionalidade das regras não impugnadas, pois sobre elas não houve pedido. Há casos em que é possível o pronunciamento do Tribunal sobre normas não impugnadas na inicial, desde que a inconstitucionalidade de uma norma alcance outras, numa relação de dependência entre elas. Nesse caso, o dispositivo deixar de ter significado autônomo, o que faz presumir que "o legislador não adotaria um desacompanhado do outro"*(the legislature would not have passed one without the other)*.

Há, ainda, que se examinar, como abrandamento do princípio, a chamada *inconstitucionalidade consequencial ou por arrastamento*. Provocado, com efeito, o controle de constitucionalidade de normas veiculadas por lei, o pedido não alcança regras correspondentes estabelecidas por decreto que as regulamentou. Nessa hipótese, a aplicação do princípio da adequação permitiria a continuidade de vigência do decreto, apesar da exclusão do ordenamento da lei inconstitucional. Observa Canotilho que o princípio da congruência que "está intimamente ligado ao princípio dispositivo, sofre algumas e importantes correções em direito processual constitucional. Em todo o seu rigor, ele postularia a inadmissibilidade de apreciação jurisdicional relativamente a questões não debatidas e consequente exclusão de declaração de inconstitucionalidade de normas que não tivessem sido impugnadas no processo. Se isso é assim em processo de fiscalização concreta (e mesmo aqui há problemas), já o mesmo não acontece nos processos de fiscalização abstrata onde podem existir inconstitucionalidades consequenciais ou por arrastamento, justificadas pela conexão ou interdependência de certos preceitos com os preceitos especificamente impugnados".[423]

Portanto, cabível se mostra, no âmbito do controle concentrado de inconstitucionalidade, que o tribunal controle, além da norma impugnada, aquelas que dela decorram, ainda que não contestada na inicial da ação direta.

4. Princípio da individualização. Trata-se de um princípio relacionado com o da congruência. O juiz decide de conformidade com o tema delimitado pelas partes, não lhe cabendo averiguar se a pretensão poderia obter-se mediante outra providência ou com outros fundamentos jurídicos. No processo objetivo, o princípio é aplicado com maior elasticidade, permitindo-se ao tribunal conhecer de outros eventuais vícios de inconstitucionalidade inerente à norma cuja apreciação lhe é requerida. Quer-se com isso dizer que a decisão pode basear-se em outros fundamentos jurídicos que não os declinados pelo autor da ação direta de inconstitucionalidade, uma vez que os poderes de cognição do juiz estão limitados pelo pedido, não pela causa de pedir, ou seja, o tribunal, embora rejeitando os fundamentos expostos pelo autor, pode declarar, por razões jurídicas diversas, a inconstitucionalidade do ato normativo impugnado. O tribunal, contudo, não pode declarar a inconstitucionalidade de regras jurídicas não combatidas, já que sobre elas inexistirá pedido, ressalvados a hipótese de inconstitucionalidade por arrastamento acima referida, ou os casos em que a inconstitucionalidade parcial de uma norma alcance outras,

---

[423] CANOTILHO. *Direito constitucional e teoria da constituição*, p. 863.

desde que haja relação de dependência entre elas, já que o dispositivo deixa de ter significado autônomo.

É que, se pudesse complementar o pedido, o tribunal estaria agindo como autor, cumulando as funções de impulsionar e decidir o procedimento em ação direta de inconstitucionalidade.

18. JURISDIÇÃO CONSTITUCIONAL E CONVERGÊNCIA DOS SISTEMAS DE CONTROLE DE CONSTITUCIONALIDADE AMERICANO E EUROPEU-KELSENIANO

A justiça constitucional do século XXI tem sido marcada por uma progressiva aproximação dos modelos americano e europeu-kelseniano no âmbito do controle de constitucionalidade, a tal ponto que se fala em superação da dicotomia clássica ou binária dos modelos difuso-incidental e concentrado-principal.

Em abrangente análise, Fernandez Segado acentua que a enorme expansão da justiça constitucional propiciou uma mistura e hibridação de modelos, que se uniu ao processo preexistente de progressiva convergência entre os elementos, supostamente contrapostos, outrora, dos tradicionais sistemas de controle de constitucionalidade dos atos do poder. Resultante de tudo isso é a perda de grande parte de sua utilidade prática analítica da tão geralmente assumida bipolaridade: modelo americano *versus* modelo europeu-kelseniano. Consequentemente, faz-se necessária a busca de uma nova tipologia que nos ofereça uma maior capacidade analítica dos sistemas de justiça constitucional.[424]

Os fundamentos que indicam a convergência dos sistemas de controle de constitucionalidade podem ser reduzidos a seis, conforme estudo desenvolvido por Roger Stiefelmann Leal, que os considera, basicamente, como de ordem técnico-processual: "*a)* a introdução do procedimento de reenvio ou incidente de inconstitucionalidade como mecanismo processual assemelhado ao controle incidental, pois admite, em países de sistema europeu-kelseniano, a participação dos órgãos judiciais no controle de constitucionalidade das leis a partir das controvérsias instauradas em processos ordinários; *b)* a similitude entre o *stare decisis* e a eficácia *erga omnes*, conferindo às decisões proferidas no sistema estado-unidense efeito impositivo contra todos, a exemplo do que ocorre no modelo europeu; *c)* a flexibilidade no arbitramento das eficácias *ex tunc* e *ex nunc*, preponderando, nos países de sistema europeu-kelseniano, a eficácia retroativa dos julgados da justiça constitucional, vinculada à concepção declaratória adotada entre os norte-americanos e contrária à prevalência da eficácia *ex nunc* sustentada por Kelsen; *d)* a configuração da Suprema Corte, mediante o uso do *writ of certiorari*, como órgão de justiça constitucional, assemelhado, portanto, às Cortes Constitucionais, pois limita-se a examinar apenas os casos de maior relevância, geralmente questões de índole constitucional; *e)* a superação, nos países de sistema

---

[424] SEGADO. La justicia constitucional ante el siglo XXI: la progressiva convergencia de los sistemas americano y europeu-kelseniano. *In*: *Revista Latino-Americana de Estudos Constitucionais*, n. 2, jul./dez. 2003, p. 214-215.

europeu-kelseniano, do perfil de legislador negativo, uma vez que as Cortes Constitucionais passaram a emitir provimentos de natureza positiva, mediante a adoção, dentre outras soluções, de sentenças aditivas ou substitutivas, de instrumentos de modulação da eficácia temporal de suas decisões e de variadas técnicas interpretativas; f) a instituição, em vários países, de modelos híbridos, que combinam características e instrumentos de ambos os modelos clássicos."[425]

Esses pontos de aproximação,[426] na linha do que sustenta Roger Stiefelmann Leal, no estudo citado, centram-se em questões apenas de cunho processual, e não sugerem uma aproximação dos modelos criados por Marshall e por Kelsen, pois o âmago da dicotomia entre os sistemas de justiça constitucional não tem como sede a mera processualística implantada, mas aspectos institucionais relacionados com a estrutura política do Estado, é dizer, no modelo de Marshall o juiz ordinário julga casos concretos, mas no modelo de Kelsen os Tribunais Constitucionais são apartados da jurisdição ordinária, tendo uma função constitucional, que consiste no controle da validade da legislação em face da Constituição. Não há, portanto, apesar das evidências de ordem processual, aproximação ou convergência dos sistemas de controle de constitucionalidade, mas apenas acumulação de modelos, porquanto o núcleo essencial da diferença, de natureza institucional, permanece íntegro. Por isso mesmo é que não há a criação de um *tertium genus* de controle. As aproximações entre os dois modelos não implicam em hibridação, mas em reunião dos sistemas clássicos, que mantêm suas identidades, apesar de possibilitarem variáveis processuais.

19. CONTROLE DE CONVENCIONALIDADE

É significativo destacar que os tratados internacionais de direitos humanos sejam observados pelos Estados, investigando-se a possibilidade de controle jurisdicional das leis domésticas, tendo como parâmetro esses tratados internacionais. O tema ganhou relevância em nosso Direito a partir da Emenda Constitucional n. 45/2004, que, ao acrescentar o § 3º ao art. 5º da Constituição da República, possibilitou que se passasse a examinar a compatibilidade vertical da legislação, não somente tendo como parâmetro de controle a Constituição, mas também o Direito Internacional de Direitos Humanos.

19.1. CONCEITO

O controle de convencionalidade consiste na verificação da conformidade vertical das leis e atos normativos internos com os tratados internacionais de direitos humanos ratificados pelos Estados e em vigor no país.

---

[425] LEAL. A convergência dos sistemas de controle de constitucionalidade: aspectos processuais e institucionais. *In: Revista de Direito Constitucional e Internacional*, v. 14, n. 57, out./dez. 2006.
[426] Veja-se o caso do Brasil, Portugal, Grécia e Chile, países que associaram o modelo concentrado ao modelo difuso-incidental.

Trata-se de um controle de validade da legislação nacional, que tem como parâmetro os compromissos internacionais no âmbito dos direitos humanos fundamentais, e não o texto constitucional. A despeito de a Constituição proteger os direitos fundamentais, o controle de convencionalidade vai para além do controle de constitucionalidade, já que não pressupõe a compatibilidade da lei ou do ato normativo interno, com a própria Constituição, mas com os tratados internacionais de direitos humanos, levando em conta que o direito internacional tem caráter subsidiário e se constrói em torno do princípio *pro homine*, é dizer, as convenções sobre o tema somente têm aplicação quando a proteção do Estado nacional se revelar insuficiente e aquela consignada nos tratados for mais benéfica à proteção individual, bem como do diálogo das fontes (as fontes internas e internacionais devem dialogar).

A inconvencionalidade, portanto, diz respeito à desconformidade da norma de direito interno com os tratados internacionais de direitos humanos. Desse modo, embora vigente perante o ordenamento jurídico nacional, a norma incide em vício de invalidade, por ser o controle de convencionalidade um *plus* em relação ao seu controle de constitucionalidade incompatível com os compromissos internacionais do país relativamente à proteção de direitos humanos.

19.2 Diferença entre controle de constitucionalidade e controle de convencionalidade

O controle de constitucionalidade, como estudado neste Capítulo, tem como parâmetro a Constituição, e como fundamento a ideia de que a produção normativa do Estado, por estar subordinada à norma constitucional, não poderá contrariá-la ou negar vigência ao seu texto, sob pena de invalidade. O controle de constitucionalidade tem por escopo garantir a unidade do ordenamento jurídico, retirando a validade das leis que contrariam a Constituição.

Já o fundamento de validade do controle de convencionalidade está na proteção dos direitos humanos, podendo-se falar, ademais, em supremacia dos direitos humanos sobre a própria normatividade interna. Chega-se até mesmo a dizer que, ainda que a norma interna subsista após um controle de constitucionalidade, cabível será o controle de convencionalidade, desde que haja afronta a obrigações internacionais de caráter humanista.

Sendo mais amplo, o controle de convencionalidade é um *plus* em relação ao controle de constitucionalidade, e tem caráter complementar e coadjuvante e não subsidiário do controle de constitucionalidade.[427]

Relativamente ao seu âmbito, o controle de constitucionalidade é sempre nacional, e o de convencionalidade pode ser tanto nacional quanto internacional, atribuído a cortes internacionais ou supranacionais, como a Corte Internacional de Justiça, a Corte Interamericana de Direitos Humanos, e a Corte Europeia de Direitos Humanos.

---

[427] MAZZUOLI. *Teoria geral do controle de convencionalidade no direito brasileiro*. *In*: Revista dos Tribunais, 889/129.

19.3 Parâmetro de controle

O controle de convencionalidade tem como parâmetro os tratados internacionais de direitos humanos, sendo, no entanto, necessário investigar a hierarquia normativa desses tratados em face da ordem jurídica brasileira, para que se trace o perfil jurídico-constitucional do controle de convencionalidade, mesmo porque se houver equiparação do direito internacional dos direitos humanos à lei ordinária, inviável considerá-lo como parâmetro de controle.

O Supremo Tribunal Federal vinha entendendo que os tratados internacionais, incluídos os de direitos humanos, tinham simples valor de lei ordinária.[428] Com o julgamento do RE 466.343,[429] em que se discutiu a legitimidade da prisão civil do depositário infiel em face do Pacto Internacional dos Direitos Humanos (Pacto de San José da Costa Rica) duas principais posições foram tomadas acerca do patamar do direito internacional de direitos humanos, de modo a permitir o controle de legitimidade da lei ordinária: a posição majoritária, adotada pelo Min. Gilmar Mendes, que atribuiu aos tratados internacionais de direitos humanos *status* normativo supralegal, e a do Min. Celso de Mello, que lhes conferiu estatura constitucional. Além dessas posições, mencione-se uma terceira, que postula a supraconstitucionalidade desses tratados internacionais.[430]

Registre-se ainda que, segundo se extrai do julgamento referenciado: 1. os tratados internacionais que forem aprovados segundo o figurino do art. 5º, § 3º, da Constituição, que atribui hierarquia normativa de emenda constitucional aos tratados que foram aprovados, em cada Casa do Congresso Nacional, em dois turnos, por três quintos dos votos dos respectivos membros, são equivalentes a essas emendas; 2. os demais tratados internacionais de direitos humanos subscritos pelo Brasil constituem direito supralegal, ou seja, hierarquicamente superiores, do ponto de vista normativo, à legislação infraconstitucional, ainda que inferiores à Constituição; 3. os tratados internacionais comuns, ou seja, que não tratam de direitos humanos, têm valor apenas legal. Na doutrina, há posicionamento no sentido de que os tratados internacionais comuns são alçados ao nível de direito supralegal no direito brasileiro. Estão abaixo da Constituição, mas acima das leis internas, sujeitos, portanto, ao controle de supralegalidade, e não de convencionalidade (compatibilidade vertical das normas infraconstitucionais com os tratados de direitos humanos, de nível constitucional), nem de legalidade compatibilidade de norma infralegal com lei ordinária).[431]

---

[428] STF, RE 80.004, Pleno, Rel. p/acórdão Min. Cunha Peixoto, *DJ*, 19.5.1978. STF, HC 72.131-RJ, Pleno, Re. Min. Moreira Alves, *DJ*, 1.8.2003.

[429] STF, Prisão Civil. Depósito. Depositário infiel. Alienação fiduciária. Decretação de medida coercitiva. Inadmissibilidade absoluta. Insubsistência da previsão constitucional e das normas subalternas. Interpretação do art. 5º, LXVII e §§ 1º, 2º e 3º da CF, à luz do era. 7º, § 7º, da Convenção Americana de Direitos Humanos (Pacto de San José da Costa Rica). Recurso improvido. Julgamento conjunto do RE 349.703 e dos HC 87.585 e HC 92.566. É ilícita a prisão civil do depositário infiel, qualquer que seja a modalidade do depósito. (RE 466.343, Pleno, Rel. Min. Cezar Peluso, *DJe*, 5.6.2009).

[430] Cf. Cap. 15, n. 11, deste vol., e Cap. 3 . n. 5.8.3, do vol, 2, em que o tema é amplamente discutido.

[431] MAZZUOLI. *Teoria geral do controle de convencionalidade no direito brasileiro. In*: Revista dos Tribunais, 889/141-142.

No domínio normativo, pode-se identificar na Constituição de 1988 dispositivos que indicam a superioridade dos tratados internacionais sobre a legislação infraconstitucional, mencionando-se o art. 4°, parágrafo único: "A República Federativa do Brasil buscará a integração econômica, política, social e cultural dos povos da América, visando à formação de uma comunidade latino-americana de nações"; o art. 5°, § 2°: " Os direitos e garantias expressos nesta Constituição não excluem outros decorrentes do regime e dos princípios por ela adotados, ou dos tratados internacionais em que a República Federativa do Brasil seja parte"; o art. 5°, § 3°: " Os tratados e convenções internacionais sobre direitos humanos que forem aprovados, em cada Casa do Congresso Nacional, em dois turnos, por três quintos dos votos dos respectivos membros, serão equivalentes às emendas constitucionais"; o art. 5°, § 4°: "O Brasil se submete à jurisdição de Tribunal Penal Internacional a cuja criação tenha manifestado adesão."

Como salienta Luiz Guilherme Marinoni, "a legislação infraconstitucional, para produzir efeitos, não deve apenas estar em consonância com a Constituição Federal, mas também com os tratados internacionais dos direitos humanos. Nesta perspectiva, existem dois parâmetros de controle e dois programas de validação do direito ordinário. Além da Constituição, o direito supralegal está a condicionar e a controlar a validade da lei. Isto significa que a lei, nesta dimensão, está submetida a novos limites materiais, postos nos direitos humanos albergados nos tratados internacionais, o que revela que o Estado contemporâneo – que se relaciona, em recíproca colaboração, com outros Estados constitucionais inseridos numa comunidade -, tem capacidade de controlar a legitimidade da lei em face dos direitos humanos tutelados no país e na comunidade latino-americana."[432]

A tese da supraconstitucionalidade dos tratados internacionais de direitos humanos postula sua posição hierárquica acima da Constituição, a significar que norma constitucional violadora do tratado não pode ser aplicada, não cabendo ao Estado, que deve cumprir o tratado, valer-se do texto constitucional para descumprir os tratados internacionais de direitos humanos, por estarem acima da própria Constituição. A questão da supraconstitucionalidade foi examinada e debatida no caso "A última tentação de Cristo", em que a Corte Interamericana de Direitos Humanos ordenou ao Chile a alteração de sua Constituição, em virtude da censura prévia à exibição cinematográfica do filme, decorrente da violação dos direitos de liberdade de pensamento e expressão, de consciência e religião, garantidos nos arts. 12 e 13 da Convenção Americana. Entendeu-se que a censura prévia, prevista no art. 19 da Constituição Chilena, revelava-se incompatível com as dimensões individual e social da liberdade de expressão, condição essencial para toda a sociedade democrática.[433] Também no caso "Hilaire, Constantine e Benjamin", a Corte Interamericana determinou a Trinidad e Tobago a modificação da legislação interna que impunha obrigatoriamente a pena de morte a qualquer pessoa condenada por homicídio.[434]

---

[432] SARLET; MARINONI; MITIDIERO. *Curso de direito constitucional*, p. 1187.
[433] CIDH, sentença de 5.2.2001.
[434] Caso Hilaire, Constantine e Benjamin, Series C., n. 33, 21/jun/2002.

Para a Corte Interamericana, o controle de convencionalidade alcança não só as normas infraconstitucionais de direito interno, como leis, decretos, regulamentos, resoluções, entre outras, mas também as normas constitucionais, sendo o bloco de convencionalidade composto pela Convenção Americana, demais tratados de direitos humanos submetidos à tutela da Corte, e pelos seus precedentes. [435]

19.4 Controle de convencionalidade difuso e concentrado

A verificação da compatibilidade do direito interno com os tratados internacionais de direitos humanos pode ser exercida pelos órgãos da justiça nacional e pelos tribunais internacionais instituídos por convenções entre Estados, nas quais haja cláusula que preveja o cumprimento de suas obrigações assumidas nesses tratados.[436]

O controle de convencionalidade pode ser difuso, é dizer, cabe a qualquer juiz ou tribunal manifestar-se a respeito, sem necessidade de qualquer autorização internacional. Pode ainda ser concentrado no Supremo Tribunal Federal, pela via da ação direta, quando versar tratados de direitos humanos aprovados segundo o rito do art. 5º, § 3º, da Constituição Federal, ou seja, após aprovação qualificada. O controle de convencionalidade será, no entanto, apenas difuso, se tiver por objeto tratados internacionais que possuam *status* normativo supralegal. O Supremo Tribunal Federal entendeu ser cabível recurso extraordinário contra decisão violadora de direito reconhecido como supralegal (RE 466.343). .[437]

19.5 Controle de convencionalidade no âmbito da Corte Interamericana de Direitos Humanos

Além dos tribunais nacionais, cabe às cortes internacionais realizarem o controle de convencionalidade. Examina-se, neste tópico, o controle de convencionalidade

---

[435] SARLET; MARINONI; MITIDIERO. *Curso de direito constitucional*, p. 1196.
[436] A obrigação de controlar a convencionalidade, no âmbito do sistema interamericano de proteção dos direitos humanos, foi declarada pela Corte Interamericana em 26 de setembro de 2006, quando do julgamento do caso "Almonacid Arellano e Outros contra o Governo do Chile", com a afirmação de que "o Poder Judiciário deve exercer uma espécie de 'controle de convencionalidade' entre as normas jurídicas internas que aplicam nos casos concretos e a Convenção Americana sobre Direitos Humanos".Tratava-se de discutir a validade do Decreto-Lei n. 2.191/78, que perdoava os crimes cometidos entre 1973 e 1978, durante o regime Pinochet, à luz das obrigações decorrentes da Convenção Americana. Decidiu a Corte Interamericana pela invalidade do Decreto-Lei de autoanistia, ao fundamento de que implicava em denegação da justiça às vítimas, e afrontava os deveres do Estado de investigar, processar, punir e reparar graves violações de direitos humanos que constituem crimes de lesa-humanidade, como a tortura, as execuções sumárias, extrajudiciais ou arbitrárias, e o desaparecimento forçado (PIOVESAN, *Direitos humanos e o direito constitucional internacional*, p. 279).
[437] A teorização do controle de convencionalidade e as expressões "controle difuso de convencionalidade" e "controle concentrado de convencionalidade" foram introduzidas, pioneiramente, na doutrina brasileira, por Valerio de Oliveira Mazzuoli (cf. MAZZUOLI, *op. cit.*, p. 133).

pela Corte Interamericana de Direitos Humanos, à qual se submetem os Estados que reconhecem expressamente sua jurisdição.[438]

Nos termos da Convenção Americana de Direitos Humanos,[439] são competentes para conhecer de assuntos relacionados com o cumprimento dos compromissos assumidos pelos Estados-partes a Comissão Interamericana de Direitos Humanos e a Corte Interamericana de Direitos Humanos (art. 33).[440] A Comissão detém competência para atuar diante de petições e comunicações que lhe forem apresentadas, segundo os arts. 44 a 51 da Convenção, por qualquer grupo de pessoas, ou entidade não governamental legalmente reconhecida em um ou mais Estados-membros da Organização, que contenham denúncias ou queixas de violação da Convenção por um Estado-parte. Em casos graves e urgentes, pode ser realizada uma investigação, mediante prévio consentimento do Estado em cujo território se alegue houver sido cometida a violação, tão somente com a apresentação de uma petição ou comunicação que reúna todos os requisitos formais de admissibilidade. A Comissão, ao reconhecer a admissibilidade da petição ou comunicação, solicitará informações ao Governo do Estado ao qual pertença a autoridade apontada como responsável pela violação alegada. Uma vez recebidas as informações, ou transcorrido o prazo fixado sem que sejam elas recebidas, a Comissão verificará se existem ou subsistem os motivos da petição ou comunicação, podendo também declarar a inadmissibilidade ou a improcedência da petição ou comunicação, com base em informação ou prova supervenientes. Não ocorrendo essas hipóteses, a Comissão procederá, cientes as partes, a um exame do assunto exposto. Poderá pedir aos Estados interessados qualquer informação pertinente, colocando-se à disposição das partes, a fim de chegar a uma solução amistosa. Não havendo solução consensual, a Comissão redigirá um relatório no qual exporá os fatos e suas conclusões. Não representando o relatório, no todo ou em parte, o acordo unânime dos membros da Comissão, qualquer deles poderá agregar a ele seu voto em separado, agregando-se ainda as exposições verbais

---

[438] Observa Antônio Augusto Cançado Trindade: "Os tribunais internacionais de direitos humanos existentes – as Cortes Europeia e Interamericana de Direitos Humanos – não 'substituem' os Tribunais internos, e tampouco operam como tribunais de recursos ou de cassação de decisões dos Tribunais internos. Não obstante, os atos internos dos Estados podem vir a ser objeto de exame por parte dos órgãos de supervisão internacionais, quando se trata de verificar a sua conformidade com as obrigações internacionais dos Estados em matéria de direitos humanos" (TRINDADE. *A interação entre o direito internacional e o direito interno na proteção dos direitos humanos*. In: Arquivos do Ministério da Justiça, v. 46, n. 182, p. 33).

[439] Aprovada no Brasil pelo Decreto Legislativo n. 27, de 25.9.1992, e promulgada pelo Decreto n. 678, de 6.11.1992.

[440] A Comissão é composta de sete membros, que devem ser pessoas de alta autoridade e de reconhecido saber em matéria de direitos humanos, eleitos a título pessoal, pela Assembleia Geral da Organização, a partir de uma lista de candidatos propostos pelos governos dos Estados-membros (art. 33 da Convenção). A Corte compõe-se de sete juízes, nacionais dos Estados-membros da Organização, eleitos a título pessoal, em votação secreta e pelo voto da maioria absoluta dos Estados-partes na Convenção, na Assembleia Geral da Organização, dentre juristas da mais alta autoridade moral, de reconhecida competência em matéria de direitos humanos, para um período de seis anos, permitida a reeleição uma vez (arts. 52.1, 53.1, e 54.1, da Convenção).

ou escritas que houverem sido feitas pelos interessados. A Comissão, no relatório, pode formular as proposições e recomendações que julgar adequadas. Caso no prazo de três meses, a partir da remessa aos Estados interessados do relatório da Comissão, o assunto não houver sido solucionado ou submetido à decisão da Corte Interamericana pela Comissão ou pelo Estado, a Comissão poderá emitir, pelo voto da maioria absoluta dos seus membros, sua opinião e conclusões sobre a questão submetida à sua consideração. A Comissão fará as recomendações pertinentes e fixará um prazo dentro do qual deve tomar as medidas que lhe competir para remediar a situação examinada. Transcorrido o prazo, a Comissão decidirá, pelo voto da maioria absoluta dos seus membros, se o Estado tomou ou não as medidas adequadas e se publica ou não o relatório.

No transcurso dessas providências, somente os Estados-partes e a própria Comissão é que podem submeter um caso à Corte Interamericana, não estando prevista a legitimação do indivíduo[441], sendo que a Corte apenas poderá conhecer de qualquer caso após esgotadas a fase preliminar de admissibilidade, a instrução e a tentativa de solução amistosa perante a Comissão, com a expedição do relatório, nos termos do art. 50 da Convenção.

Relativamente aos efeitos das decisões da Corte Interamericana, no âmbito do controle de convencionalidade, tem-se determinado ao Estado-parte a modificação de sua ordem jurídica (legislação ou Constituição, como se mencionou, nos casos "A última tentação de Cristo", e "Hilaire, Constantine e Benjamin"), para compatibilizá-la com a Convenção Americana. É obrigatória para os Estados-partes a decisão de inconvencionalidade (arts. 62.3 e 68 da Convenção). Não há derrogação ou nulificação das normas internas pelas decisões da Corte Interamericana. O descumprimento da decisão acarreta responsabilidade internacional, conforme arts. 1.1 e 2 da Convenção.

A Corte Interamericana tem decidido, todavia, em casos que envolvem discussão sobre crimes contra a humanidade, pela não aplicação da legislação doméstica, com efeitos *erga omnes* para todos os poderes públicos, como se verificou no caso Barrios Altos, em que o Peru foi obrigado a abrir investigações judiciais sobre o massacre de Barrios Altos, que envolveu a execução de quinze pessoas por agentes policiais, de modo a derrogar ou tornar sem efeito as leis de anistia, uma que concedeu anistia geral aos militares, policiais e civis, e outra que dispôs sobre a interpretação e o alcance da anistia.[442] O mesmo ocorreu nos casos "Tribunal Constitucional de Peru"[443] e "La Cantuta".[444]

---

[441] Apesar de não se permitir a representação de indivíduos perante a Corte Interamericana, após a Revisão das Regras de Procedimento, ocorrida em 2001, passou-se a assegurar, nos termos do art. 23 do Novo Regulamento da Corte, a representação das vítimas, seus parentes, ou representantes, que poderão submeter de forma autônoma seus argumentos, arrazoados e provas perante a Corte.

[442] Caso "Barrios Altos", Sentença de 14 de março de 2001, Série C, n. 75.

[443] CIDH. "Tribunal Constitucional de Peru" v. Peru, sentença de 31.1.2001.
CIDH. Caso "La Cantuta" v. Peru, sentença de 26.11.2006.

19.6 O controle de convencionalidade da legislação brasileira pela corte interamericana de direitos humanos - a Guerrilha do Araguaia e a lei de anistia

Questão levada à apreciação da Corte Interamericana, em que o Brasil foi condenado por não realizar adequadamente, na última instância nacional, o controle de convencionalidade de sua legislação, diz respeito aos crimes cometidos na Guerrilha do Araguaia e a lei de anistia brasileira (Lei n. 6.683/78).[445] Alegou-se omissão da lei de anistia do Brasil, já que os crimes cometidos durante o regime da ditadura militar não foram investigados e julgados, havendo uma restrição ao acesso à justiça e verdade.

A constitucionalidade da lei de anistia havia sido julgada, em 2010, anteriormente à decisão da Corte Interamericana, pelo Supremo Tribunal Federal, que decidiu pela improcedência da Arguição de Descumprimento de Preceito Fundamental (ADPF 153) . A Corte Interamericana teria decidido, no entanto, somente pela incompatibilidade da lei brasileira de anistia com a Convenção assinada pelo Estado Brasileiro , decisão fundada em precedentes da Corte na busca da verdade e da justiça nos casos de infração aos direitos humanos. Afirmou-se ainda ser nula a lei de anistia brasileira, que não pode impedir as investigações acerca dos fatos noticiados, constando do parágrafo 174 da sentença que: " Dada sua manifesta incompatibilidade com a Convenção Americana, as disposições da Lei de Anistia brasileira que impedem a investigação e sanção de graves violações de direitos humanos carecem de efeitos jurídicos. Em consequência, não podem continuar a representar um obstáculo para a investigação dos fatos do presente caso, nem para a identificação e punição dos responsáveis, nem podem ter igual ou similar impacto sobre outros casos de graves violações de direitos humanos consagrados na Convenção Americana ocorridos no Brasil."[446]

Segundo mencionado no parágrafo 177 da sentença, a Corte Interamericana realizou o controle de convencionalidade , aduzindo-se que o STF realizara apenas o controle de constitucionalidade sem atentar para aquele controle: " No presente caso, o Tribunal observa que não foi exercido o controle de convencionalidade pelas autoridades jurisdicionais do Estado e que, pelo contrário, a decisão do Supremo Tribunal Federal confirmou a validade da interpretação da Lei de Anistia, sem considerar as obrigações internacionais do Brasil derivadas do Direito Internacional, particularmente aquelas estabelecidas nos artigos 8 e 25 da Convenção Americana, em relação com os artigos 1.1 e 2 do mesmo instrumento. O Tribunal estima oportuno recordar que a obrigação de cumprir as obrigações internacionais voluntariamente contraídas corresponde a um princípio básico do direito sobre a responsabilidade internacional dos Estados, respaldado pela jurisprudência internacional e nacional, segundo o qual aqueles devem acatar suas obrigações convencionais internacionais de boa-fé *(pacta sunt servanda)*. Como já salientou esta Corte e conforme dispõe o artigo 27 da Con-

---

[445] CIDH. Caso "Gomes Lund e outros" v. Brasil, sentença de 24.11.2010. Série C, n.219.
[446] CIDH. Caso "Gomes Lund e outros" v. Brasil, sentença de 24.11.2010. Série C, n.219.

venção de Viena sobre o Direito dos Tratados de 1969, os Estados não podem, por razões de ordem interna, descumprir obrigações internacionais. As obrigações convencionais dos Estados Parte vinculam todos seus poderes e órgãos, os quais devem garantir o cumprimento das disposições convencionais e seus efeitos próprios (*effet utile*) no plano de seu direito interno."[447]

---

[447] CIDH. Caso "Gomes Lund e outros" v. Brasil, sentença de 24.11.2010. Série C, n.219.

CAPÍTULO 14

CONSTITUIÇÕES BRASILEIRAS

SUMÁRIO

1. Antecedentes – 2. A independência e a Constituição de 1824 – 3. A Constituição de 1891: república e federação – 4. A revolução de 1930 e a Constituição de 1934: uma constituição de transição – 5. A Constituição de 1937: eclipse do constitucionalismo – 6. A redemocratização na Constituição de 1946 – 7. O golpe militar, os atos institucionais e a Constituição de 1967/1969 – 8. A Constituição de 1988: uma constituição de princípios, de direitos fundamentais e de justiça social – 9. Revisão e emendas à Constituição de 1988.

1. ANTECEDENTES

Após seu descobrimento, o Brasil, como colônia de Portugal, passou por várias estruturas de administração e de governo.

No século XVI, em que o país se confinava na faixa litorânea, surgiram as feitorias, onde não havia nenhum regime jurídico de organização: dominava a vontade do feitor. Segundo Afonso Arinos, a despeito de ser o estudo das feitorias ponto obscuro da nossa historiografia, o pouco que se sabe a respeito delas permite-nos assentar algumas noções gerais, como a de que as feitorias, no Brasil, eram muito diferentes daquelas sediadas em cidades civilizadas. As daqui constituíam apenas abrigos para reuniões e proteção das diferentes mercadorias à espera de transporte. Seriam instalações muito primitivas, espécies de galpões, cercados por muralhas defensivas de pau a pique, ao jeito dos índios, e destinadas a defender os brancos que aqui viviam.[1]

Para preservar a posse da conquista americana, envia o Rei a armada de Martim Afonso de Sousa (1530-1533), que tinha como objetivo patrulhar a costa, estabelecer uma colônia através da concessão não hereditária de terra aos povoadores que trazia (São Vicente, 1532), e explorar a terra para sua efetiva ocupação.

---

[1] FRANCO. *Desenvolvimento da civilização material no Brasil*, p. 40.

O período das capitanias donatárias ou hereditárias (1534-1549) sucedeu à expedição de Martim Afonso e durou até a instalação do Governo-Geral. Os donatários recebiam uma doação da Coroa (denominavam-se "Cartas de Doação" os títulos de concessão), pela qual se tornavam possuidores, mas não proprietários da terra. A posse dava aos donatários extensos poderes na esfera econômica e na administrativa. Os donatários, além de deter competência, dentre outras, para arrecadar tributos, tinham o monopólio da justiça, autorização para fundar vilas, doar sesmarias, alistar colonos para fins militares e formar milícias sob seu comando.[2]

À exceção das Capitanias de São Vicente e Pernambuco, as demais fracassaram, seja por falta de recursos, seja por inexperiência, seja pelos ataques dos índios, passando a Coroa portuguesa a estabelecer os governos-gerais (1549-1572). Foi enviado ao Brasil Tomé de Sousa, primeiro governador-geral, vindo com ele os primeiros jesuítas. Suas atribuições, independentemente dos privilégios concedidos aos donatários nos limites de suas capitanias, foram fixadas no "Regimento do Governo-Geral", de 1548, que fazia referência à criação de uma nova cidade (foi construída São Salvador, capital do Brasil até 1763).

O "Regimento do Governo-Geral" é documento tido por certos autores como a primeira "Constituição" do Brasil.

Os esforços dispersos no âmbito das Capitanias donatárias eram agora superados pela centralização dos recursos mais amplos da Coroa. Foram criados os cargos de ouvidor, a quem cabia administrar a justiça, o de capitão-mor, responsável pela vigilância da costa, e o de provedor-mor, encarregado do controle e crescimento da arrecadação. O Senado da Câmara exercia, nas cidades e vilas, a administração local, com influência, portanto, na vida política da Capitania.

Em 1640 é provido o primeiro vice-reinado do Brasil, cuja estrutura político-administrativa era regida pelas Ordenações Filipinas. Nesse período, não ocorreram substanciais modificações na estrutura político-administrativa do Brasil. Mudou-se apenas o nome de governador-geral para vice-rei, de capitão-mor para governador e capitão-general de capitania. A despeito da existência de um vice-rei, os governadores e os capitães-generais das capitanias entendiam-se diretamente com o governo da Metrópole, sendo as relações com o vice-rei apenas cerimoniosas.

No Brasil-colônia, as leis *profusas e confusas*, na expressão do historiador João Francisco Lisboa, facilitavam a corrupção e o patronato. Não havia um sistema jurídico organizado. A legislação colonial "era um emaranhado de normas. As mais importantes estavam contidas nas consolidações, como foram as Ordenações Afonsinas, vigentes no início do século XVI, as Ordenações Manuelinas, que vigoraram até 1603, e as Ordenações Filipinas, dessa data em diante. Além das Ordenações, vigiam no Brasil colonial as normas do direito canônico, do direito

---

[2] Assinala Boris Fausto que as "capitanias foram sendo retomadas pela Coroa, ao longo dos anos, através de compra e subsistiram como unidade administrativa, mas mudaram de caráter, por passarem a pertencer ao Estado. Entre 1752 e 1754, o Marquês de Pombal completou praticamente o processo de passagem das capitanias do domínio privado para o público" (*História do Brasil*, p. 45-46).

romano (subsidiariamente nas decisões judiciais), a jurisprudência metropolitana e colonial, e os costumes. Administrativamente, as autoridades coloniais orientavam-se por vários documentos, entre os quais os 'regimentos', instruções dadas a pessoas e instituições para o desempenho de suas funções. Outros atos legais e administrativos moviam a emperrada máquina estatal, como as leis ordinárias editadas pelo rei, os alvarás (que fixavam determinações em geral válidas por um ano), as cartas régias (forma de comunicação com as autoridades subalternas para a execução de ordens específicas), os decretos (quase sempre determinações a juízes e tribunais), provisões e consultas (decisões de órgãos colegiados), portarias (determinações reais a outras autoridades, referentes a despachos em processos e passaportes)".[3]

A administração colonial funcionou em quatro planos distintos, embora interdependentes: o governo metropolitano, a administração central colonial, as administrações regionais e a administração local.[4]

De qualquer modo, no período colonial, não houve uma cultura brasileira construída no dia a dia das relações sociais, "no embate sadio e construtivo das posições e pensamentos divergentes, do jogo de forças entre os diversos segmentos formadores do conjunto social. Com a devida precaução, salvo exceções que confirmam a regra, foi a vontade monolítica imposta que formou as bases culturais e jurídicas do Brasil colonial. A colonização foi um projeto totalizante, cujo objetivo era ocupar o novo chão, explorar os seus bens e submeter os nativos ao seu império pela força, sempre que necessário. O mesmo se deu com os negros, trazidos aqui na condição de escravos. A construção de uma cultura e identidade nacionais, por conseguinte, nunca foi uma empreitada levada a sério no Brasil".[5] É a experiência portuguesa do Estado patrimonial, entendido como aquele que, sob o governo monárquico, tem o rei como senhor de toda a riqueza territorial, do comércio e empreendimentos, cercado por servidores que a ele se prendem por uma relação de significativa dependência. Além do rei como único proprietário, há a presença de um estamento (quadro administrativo), que se apropria dos poderes de mando e das oportunidades econômicas.[6] Por isso mesmo é que "como resultado de nossa estruturação sob a influência do patrimonialismo português, falta-nos, ainda hoje, um Estado racional e despersonalizado, decorrendo daí, de um lado, a distinção precária entre o público e o privado, com a apropriação dos cargos e funções públicas (tomadas como coisa particular) pelos seus respectivos detentores, e, de outro, a precariedade da segurança do indivíduo perante as possibilidades da atuação estatal".[7]

A crise da colonização portuguesa no Brasil verificou-se no final do século XVIII e início do século XIX. Na Europa ocidental, "traço político importante da nova época foi o constitucionalismo. Em lugar do que lhes parecia (aos liberais e democratas) a anarquia político-administrativa e legal do Antigo Regime, propunham uma

---

[3] WEHLING *et al. Formação do Brasil colonial*, p. 313.
[4] WEHLING *et al. Formação do Brasil colonial*, p. 313-314.
[5] CRISTIANI. O direito no Brasil colonial. *In: Fundamentos de história do direito*, p. 296-297.
[6] Cf. FAORO. *Os donos do poder*: formação do patronato brasileiro, 2 vols.
[7] KOZIMA. Instituições, retórica e o bacharelismo no Brasil. *In: Fundamentos de história do direito*, p. 315-316.

vida social e política planejada e organizada através da constituição. Os políticos e intelectuais iluministas aspiravam trazer para as relações sociais a ordem e o equilíbrio que viam na natureza. Criaram, durante e Revolução, constituições excessivamente idealistas, num exercício de engenharia social que acabou por se distanciar da realidade, ainda mais quando foi exportado para outros contextos históricos, como aconteceu com a Constituição de Cádiz (1812) e com os projetos das constituições latino-americanas, inclusive no Brasil. A crise da colonização e a própria independência do Brasil se explicam por este choque entre, de um lado, um mundo que se transformava e invadia a Colônia, com seus produtos, suas ideias e seus interesses e, de outro, a velha ordem de um império decadente".[8] O esgotamento da sociedade tradicional e pré-industrial se deu num quadro histórico, econômico e social, em que surge a Revolução Industrial (na Inglaterra), as revoluções agrária e demográfica, e a substituição de uma sociedade de ordens por uma sociedade de classes.

No período do Reino Unido (1808-1822), ocorreram transformações radicais na estrutura administrativa do Brasil que, de administração secundária, passou a ser a sede do Governo; de Colônia se transforma em Metrópole. Chegando ao Brasil com uma Corte, em 28 de janeiro de 1808, o príncipe-regente D. João promulgou, a 10 de março, um ato criando três Secretarias de Estado. Logo depois, criou o Conselho de Estado. Quando da passagem pela Bahia, assinou a Carta Régia, de 28 de janeiro de 1808, que extinguiu o monopólio português sobre o nosso comércio e abriu os portos ao tráfico internacional. Posteriormente, por Carta de Lei, de 16 de dezembro de 1815, foi o Brasil elevado à categoria de Reino Unido aos de Portugal e Algarves, quando passou a se reger por atos próprios, nada obstante vigorarem as Ordenações do Reino, no que fosse aplicável. A partir daí, caducaram, pois, os regimentos, cartas régias, ordenações e provisões, expedidas para os vice-reis, governadores e capitães-generais.

Depois de subir ao trono, com a morte da rainha-mãe, D. Maria I, o príncipe-regente, agora com o nome de Dom João VI, prosseguiu nas medidas de organização do novo Reino. A revolução portuguesa, de 1820 impediu-lhe a continuação da tarefa, pois foi obrigado a retornar a Portugal, o que ocorreu em 24 de abril de 1821, para jurar a Constituição votada pelas Cortes. No Brasil, deixou o príncipe-regente D. Pedro.

No período do Reino Unido, esclarece Oswaldo Trigueiro, os diplomas legais em uso (cartas de lei, decretos, alvarás, etc.) passaram a empregar, indiferentemente, as designações de Capitanias e Províncias. O desaparecimento da palavra Capitania, da linguagem legislativa, somente ocorreu por Decreto de 1º de outubro de 1821, editado por Dom João VI, em Lisboa. Este Decreto foi revogado pelo de 16 de fevereiro de 1822, pelo qual o Príncipe Regente instituiu o Conselho de Procuradores das Províncias do Brasil. A lei votada pela Assembleia Constituinte de 1823 revogou, no entanto, o Decreto do Príncipe, e manteve o designativo de Províncias, afinal definitivamente consagrado no texto da Constituição de 1824.[9]

---

[8] WEHLING *et al. Formação do Brasil colonial*, p. 327.
[9] TRIGUEIRO. *Direito constitucional estadual*, p. 15.

2. A INDEPENDÊNCIA E A CONSTITUIÇÃO DE 1824

Dois movimentos pré-constitucionalistas ocorreram no Brasil: a Inconfidência Mineira[10] e a Revolução Pernambucana de 1817.

A Inconfidência Mineira, que não chegou a se concretizar, havia sido marcada para eclodir no dia em que a Junta da Fazenda começasse a cobrança generalizada de tributos (Derrama), o que se acreditava ocorrer em fevereiro de 1789. A conjuração foi denunciada ao Governador, Marquês de Barbacena, por três de seus integrantes, entre eles, Joaquim Silvério dos Reis. Muitos dos inconfidentes foram degredados, e o líder, Tiradentes, o mais modesto e entusiasta dos revoltosos, enforcado. A Inconfidência Mineira foi não só um movimento de intelectuais, poetas, escritores, eclesiásticos e juristas, como também de grandes devedores do erário real. Pelo programa da inconfidência, segundo decorre de informações fragmentárias que restaram, a capital da república deveria ser São João Del Rey, manufaturas seriam implantadas, estimulada a exploração de depósitos de minério de ferro, criada uma fábrica de pólvora, libertados os escravos e mulatos nascidos no país, fundada uma universidade em Vila Rica. Os padres poderiam recolher dízimos com a condição de manterem professores, hospitais e casas de caridade. As mulheres com determinado número de filhos receberiam um prêmio pago pelo Estado. Não haveria exército permanente; em seu lugar os cidadãos deveriam usar armas e servir, quando necessário, na milícia nacional. Um parlamento seria instalado em cada cidade, subordinado a um parlamento principal da capital.[11]

A Revolução Pernambucana de 1817 malogrou. No dia 1º de março de 1815, o ouvidor de Pernambuco, tendo recebido a denúncia de que se preparava uma sedição que arrebentaria na Páscoa, comunicou o fato ao governador. Dias mais tarde, um emissário do governador foi morto por oficiais amotinados, o que fez com que a Revolução de 1815 acabasse por eclodir antes da hora marcada. Deportou-se o governador para o Rio de Janeiro. A "república" então implantada durou pouco mais de dois meses. Muitos revolucionários foram executados.[12]

A Revolução Pernambucana teve como pano de fundo razões econômicas, pois, embora os pernambucanos, após a expulsão dos holandeses, mantivessem ativo comércio de algodão diretamente com os ingleses, o mesmo não ocorria com a cana-de-açúcar, que tinha que passar necessariamente pelos entrepostos portugueses. Além de razões econômicas, houve também influência maçônica.

---

[10] Além da Inconfidência Mineira, ocorreram dois movimentos antiportugueses, no final do século XVIII: a Conjuração Carioca (1789) e a Conjuração Baiana (1798), esta, reprimida com rigor, ficou conhecida como a Conjuração dos Alfaiates, que, pela condição social humilde da maioria dos acusados – alfaiates, sapateiros, soldados, escravos – foi interpretada como a "primeira revolução social brasileira", a partir do título de um livro de Affonso Ruy, publicado em 1942. Nada obstante estes movimentos terem-se caracterizado pela oposição ao sistema colonial, pouco representaram no plano dos fatos materiais.

[11] MAXWELL. *A devassa da devassa*, p. 151-152.

[12] MACIEL. Observações sobre o constitucionalismo brasileiro antes do advento da república. *In*: *Revista de Informação Legislativa*, n. 156, out./dez. 2002, p. 14-16.

Houve ainda, com a instalação do Governo Provisório, a primeira tentativa de confecção de um documento constitucional no Brasil. Antônio Carlos Ribeiro de Andrada foi incumbido da elaboração de uma lei fundamental da "república", e apresentou um projeto de lei orgânica, aprovado por decreto do governo revolucionário. Este projeto tinha como fontes os textos constitucionais franceses e a Constituição espanhola de Cádiz.

O constitucionalismo marcou o nascimento do Estado brasileiro.

Quando estourou no Porto a Revolução de 1820, reunindo-se a 26 de janeiro de 1821, em Lisboa, as Cortes Constituintes[13] para a elaboração da Constituição liberal de Portugal de 1822, das quais participaram, além de portugueses, Deputados brasileiros eleitos pelas províncias, irradiou-se no Brasil o movimento liberal que levaria o Príncipe Regente, D. Pedro, a convocar, em 3 de junho de 1822, a Constituinte brasileira para a elaboração da Constituição.

Elucidativo é o texto de José Murilo de Carvalho: "iniciado o movimento constitucionalista na metrópole pela revolta do Porto, em 1820, recolocou-se com urgência o problema do futuro do reino. Várias alternativas apresentam-se como possíveis, desde a volta ao *status quo ante* colonial, até o desmembramento da colônia. A posição predominante talvez tenha sido a de manutenção da união numa espécie de federação monárquica à maneira inglesa ou austríaca. Os argumentos em favor da solução unionista eram simples e diretos: nem Portugal nem Brasil, dizia-se, tinham condições de sobreviver soberanamente sozinhos. Do ponto de vista dos grupos que formavam a elite brasileira, havia três alternativas aceitáveis. Por ordem de preferência, eram a união ou federação monárquica, o desmembramento com monarquia e o desmembramento republicano, com ou sem federação. A preferência pela união foi demonstrada de várias maneiras. Depois da chegada da Corte, em 1808, apenas um movimento pregara a separação, a revolta pernambucana de 1817. Mesmo depois do regresso de D. João VI a Portugal, em 1821, acreditava-se na possibilidade de uma solução que não implicasse o desmembramento. Todas as províncias elegeram seus deputados às Cortes de Lisboa, aceitando implicitamente a solução unitária. Foi a atitude das Cortes, buscando restabelecer a situação colonial, que fez pender a balança para a separação. A maioria liberal das Cortes se contradizia: ao mesmo tempo em que combatia o absolutismo monárquico, insistia na política colonial. Tal posição impedia uma aliança entre os liberais dos dois lados do Atlântico e favorecia a solução monárquica na colônia."[14]

Em fins de setembro e outubro de 1821, são tomadas novas medidas pelas Cortes que fortaleceram no Brasil a opção pela independência: além da transferência, para Lisboa, das principais repartições instaladas no Brasil por Dom João VI, e do destacamento de novos contingentes de tropas para o Rio de Janeiro e Pernambuco,

---

[13] As Cortes de Lisboa, cuja origem se vincula ao domínio godo na Espanha, reuniam o clero, a nobreza e o povo. As Cortes foram convocadas, em Portugal, por Decreto de D. João VI. Estabeleceu-se que o Brasil teria 72 Deputados às Cortes. Desses, foram eleitos 68, tomaram posse 50, sendo que somente 16 Deputados brasileiros assinaram, em 23 de setembro de 1823, o texto final da Constituição. Portugal contou com 130 representantes na Assembleia.

[14] CARVALHO. *Pontos e bordados*: estudos de história e política, p. 159, 160, 1163.

determinou-se a volta para Portugal do príncipe regente. Dom Pedro decidiu ficar no Brasil, o que foi solenizado no "dia do fico" (9.1.1822), seguindo-se vários atos de ruptura com Portugal, e a formação de um novo ministério composto de portugueses, mas chefiado por um brasileiro, José Bonifácio de Andrada e Silva, que, juntamente com seu irmão, Antônio Carlos, e Martim Francisco, passaram a ser as figuras centrais da política brasileira. A despeito das divergências entre conservadores e radicais que compunham o denominado "partido brasileiro" (José Bonifácio e seu grupo eram contrários à convocação de uma Assembleia Constituinte, enquanto que Gonçalves Ledo, Muniz Barreto, José Clemente Pereira e Martim Francisco manifestavam-se a favor), a proposta foi aprovada por Dom Pedro, tendo sido a Constituinte eleita pelo voto indireto.

Boris Fausto esclarece que "após a decisão de se convocar uma Constituinte, aceleram-se as decisões de rompimento, mesmo quando se invocava ainda o propósito de 'união com Portugal'. Passou-se a exigir como requisito para aproveitamento no serviço público a adesão à causa da união e independência do Brasil; recomendou-se aos governos provinciais não dar posse a empregados vindos de Portugal. Em agosto, o príncipe regente decretou que as tropas vindas da Metrópole seriam consideradas inimigas".[15]

Instalada no dia 3 de maio de 1823, a primeira Constituinte, segundo informa Barão Homem de Melo, composta de 26 bacharéis em Direito e cânones, 22 desembargadores, 19 clérigos, dentre os quais um bispo, e 7 militares, dentre os quais 3 marechais de campo e 2 brigadeiros, deu início aos trabalhos, destacando-se como seu relator Antônio Carlos Ribeiro de Andrada, que aproveitou o texto por ele mesmo elaborado para o Governo Provisório da Revolução de Pernambuco de 1817.

Na sessão de instalação da Constituinte, D. Pedro I pronunciou um discurso, que terminava com uma declaração a não deixar dúvidas sobre o papel que se reservava na constitucionalização do País, ao declarar: "Espero que façais uma Constituição que mereça a minha imperial aceitação." Aliás, esta recomendação seguia a frase que D. Pedro pronunciara a 1º de dezembro de 1822, quando de sua coroação: "Juro defender a Constituição que está para ser feita, se for digna do Brasil e de mim."

Em razão de desentendimento com o já Imperador do Brasil, D. Pedro I, a Constituinte foi dissolvida no dia 12 de novembro de 1823 (a noite de 11 de novembro ficou conhecida como a "noite de agonia"), por tropa militar.[16] Considere-se que o projeto de Constituição proibia o Imperador de dissolver o Parlamento e de coman-

---

[15] FAUSTO. *História do Brasil*, p. 134.
[16] Termos do Decreto de dissolução: "Havendo eu convocado, como tinha direito de convocar, a Assembleia Constituinte e Legislativa, por decreto de 3 de junho do ano próximo passado, a fim de salvar o Brasil dos perigos que lhe estavam iminentes, e havendo esta Assembleia perjurando ao tão solene juramento que prestou à nação, de defender a integridade do Império, sua independência e a minha dinastia; hei por bem, como Imperador e Defensor Perpétuo do Brasil, dissolver a mesma Assembleia e convocar já uma outra na forma das instruções feitas para convocação desta que acaba, a qual terá de trabalhar sobre o projeto de Constituição que eu lhe hei de em breve apresentar, e que será duplicadamente mais liberal do que a extinta Assembleia acabou de fazer."

dar as Forças Armadas. Dizem Paulo Bonavides e Paes de Andrade que a dissolução da Constituinte "é dos episódios políticos mais controvertidos de toda a história do País. A nosso ver, sua raiz assenta na contradição com que se fez a Independência: sem a ruptura revolucionária que em outras colônias da América assinalou tal processo, separando nitidamente o elemento colonizador das correntes nativistas".[17]

Com a dissolução da Constituinte, D. Pedro I instituiu o Conselho de Estado, em Decreto de 12 de novembro de 1823, que elaborou o texto que se converteria na Carta outorgada de 1824. Compunham o Conselho de Estado: João Severiano Maciel da Costa, Luiz José de Carvalho e Melo, Clemente Ferreira França, Mariano José Pereira da Fonseca, Francisco Villela Barbosa, Barão de Santo Amaro, Antônio Luiz Pereira da Cunha, Manuel Jacinto Nogueira da Gama e José Joaquim Carneiro de Campos, principal redator do projeto da futura Constituição.

Assinale-se, todavia, que a Constituição de 1824 foi elaborada a partir do projeto de Antônio Carlos, de tendência nitidamente liberal, que não previa o Poder Moderador, afinal nela introduzido, e dos membros que compunham o Conselho de Estado, sete foram membros da Constituinte dissolvida.

Concluída a redação, o projeto de constituição foi expedido a todas as Câmaras Municipais do Império, sendo que considerável maioria delas sugeriu a sua adoção como Constituição.

A 25 de março de 1824 era outorgada por D. Pedro I a Constituição, que foi posteriormente submetida a plebiscito das Câmaras Municipais, destacando-se a do Rio de Janeiro no seu elogio e aprovação.

Como principais pontos da Constituição Imperial, que se caracterizou pelo absolutismo na organização dos Poderes e acentuado liberalismo no tocante aos direitos individuais, destacam-se:

a) o Poder Moderador, que ela mesma conceituava como "chave de toda a organização política", "delegado privativamente ao Imperador como Chefe Supremo da Nação e seu primeiro representante" (art. 98), inspirado nos estudos de Benjamim Constant, publicados em 1815, em seus *Principes de politique constitutionnelle*;[18]

---

[17] BONAVIDES et al. *História constitucional do Brasil*, p. 46.
[18] Benjamin Constant refere-se ao poder moderador como poder real neutro: "Os poderes constitucionais são: o poder real, o poder executivo e o poder judiciário. Muitos se espantarão com que eu distinga o poder real do poder executivo. Essa distinção, sempre ignorada, é muito importante. Ela talvez seja a chave de toda organização política. Os três poderes políticos, tais como os conhecemos até aqui – o poder executivo, o legislativo e o judiciário –, são três instâncias que devem cooperar, cada qual em sua parte, com o movimento geral. Mas quando essas engrenagens avariadas se cruzam, se entrechocam e se bloqueiam, é necessária uma força para repô-las em seu lugar. Essa força não pode estar numa dessas engrenagens mesmas, pois senão ela lhe serviria para destruir as outras. Tem de estar fora, tem de ser de certo modo neutra, para que sua ação se aplique onde quer que seja necessário aplicá-la e para que ela seja preservadora sem ser hostil. O vício de quase todas as Constituições foi não ter criado um poder neutro, e sim ter posto a soma de autoridade de que este deve ser investido num dos poderes ativos" (*Escritos de política*, p. 203-205). Há, contudo, uma diferença fundamental entre o poder moderador de Ben-

b) a semirrigidez, pois, de acordo com o artigo 178, "é só constitucional o que diz respeito aos limites e atribuições respectivas dos poderes políticos, e aos direitos políticos e individuais dos cidadãos". Assim, tudo o que não fosse constitucional poderia ser alterado pelas legislaturas ordinárias, sem as formalidades que caracterizam a rigidez constitucional;

c) liberal declaração de direitos individuais, constante dos 35 incisos do artigo 179, incluindo direitos sociais, como a garantia dos socorros públicos, instrução primária gratuita a todos os cidadãos, e colégios e universidades, onde serão ensinados os elementos das ciências, belas-artes e artes (incisos 31 a 33), alguns não incluídos na Constituição de 1891.

A Constituição de 1824 não se iniciava pela declaração de direitos, como ficara estabelecido pelas Revoluções do século XVIII, definia o Império, com seu território, governo, dinastia e cidadãos. O governo era monárquico hereditário, constitucional e representativo. A despeito de não fazer referência expressa à questão da soberania, deixava claro no art. 11 que esta era compartilhada entre o soberano e a Assembleia Geral, o que revelava seu caráter moderado. A despeito, como se viu acima, da liberal declaração de direitos, a Constituição distinguia os cidadãos, do ponto de vista dos direitos políticos, por meio de um critério censitário para os eleitores, o que a diferenciava tanto da Constituição espanhola de Cádiz (Espanha, 1812), quanto da primeira Constituição portuguesa (Portugal, 1822). De outra parte, se abolia os privilégios, mantinha intocada a questão da escravidão, embora fizesse referências indiretas ao incluir os ingênuos ou libertos nascidos no Brasil como cidadãos, excluindo-os, no entanto, da definição de eleitores. A religião católica continuava como sendo a religião do Império, embora se permitisse o exercício privado de outras religiões.[19]

Após a dissolução da constituinte e a outorga da Constituição, ocorreu a revolta da província de Pernambuco, apoiada pelas do Ceará, Rio Grande do Norte, Paraíba e Alagoas, que proclamaram a Confederação do Equador, em 2 de julho de 1824: uma República separada do resto do Brasil. Chegou-se a adotar, enquanto não se votasse uma Constituição para a nova república, a Constituição da Colômbia. O levante tinha nítido conteúdo urbano, popular e localista. Já nas Cortes, muitos deputados brasileiros, em especial aqueles que não pertenciam à elite treinada em Portugal, eram localistas, como o Padre Feijó, que afirmara que as províncias estavam independentes e os deputados americanos não representavam o Brasil, mas suas províncias de origem. Os rebeldes declaravam que o Imperador havia violado o pacto constitucional que fundava a união das províncias, pelo que ele estaria desfeito e desfeita a União. A Confederação foi derrotada por tropas militares e fuzilados alguns de seus membros. Frei Caneca, um dos líderes do movimento, também foi fuzilado, diante da recusa do carrasco em realizar o enforcamento.

---

jamin Constant e o da Constituição de 1824: enquanto para o pensador francês era ele separado do poder executivo, o poder moderador brasileiro era executivo.

[19] NEVES *et al.* Constituição. In: *Léxico da história dos conceitos políticos do Brasil*. FEREZ JÚNIOR (Org.), p. 77-78.

A Constituição do Império sofreu duas principais reformas: a primeira, por meio do Ato Adicional de 12 de agosto de 1834, que suprimiu o Conselho de Estado, depois restaurado pela Lei n. 234, de 23 de novembro de 1841, substituiu a Regência Trina permanente por uma Regência Una provisória e, sobretudo, transformou os Conselhos Gerais em Assembleias Legislativas, dando relativa autonomia às Províncias; e a segunda, decorrente da Lei n. 105, de 12 de maio de 1840, de Interpretação do Ato Adicional, em que se reduziram os poderes das Assembleias Legislativas das Províncias.

As Províncias detinham governos autônomos em relação a matérias de grande importância, sobre as quais poderiam atuar unilateralmente, com poderes irrevogáveis pelo governo central. A autonomia das Províncias incidia sobre tributação, decisões referentes a empregos provinciais e municipais, obras públicas, força policial, de sorte que os governos provinciais dispunham de capacidade financeira para autonomamente decidir sobre investimentos em áreas vitais para a expansão econômica, o exercício da força coercitiva e o controle de parte da máquina pública. A autonomia das Províncias convivia com um governo central, competente para preservar a unidade do território nacional.

A Lei de Interpretação continha 8 artigos. O art. 1º retirava das Assembleias a competência para legislar sobre política judiciária. Pelo art. 2º, as Assembleias ficavam proibidas de alterar a natureza e atribuições de empregos estabelecidos por leis gerais cujas funções eram relativas a objetos de competência do governo geral. O art. 3º dizia respeito ao mesmo princípio do art. 2º no que se referisse à nomeação, suspensão e demissão de empregados. Os art. 4º a 6º referiam-se especificamente à magistratura. O art. 7º incluía mais um item aos casos previstos no art. 16 do Ato Adicional, em que o presidente da província estava autorizado a negar sanção a um projeto de lei aprovada na Assembleia Provincial e remetê-lo para a Câmara dos Deputados. Finalmente, o art. 8º dispunha sobre critério de revogação das leis provinciais que fossem opostas à Lei de Interpretação.

Pode-se dizer que o Ato Adicional, "mesmo sendo versão moderada das reformas, deu origem ao que muitos chamaram de experiência republicana do Império. A afirmação é pertinente, pois na menoridade do Imperador o regente seria eleito pelo voto popular. No que se refere à federação, faltava apenas a eleição dos presidentes de província para que o sistema se aproximasse do modelo americano. Consequência ou não da descentralização (o tema foi matéria de discussão entre liberais e conservadores), manifestaram-se por todo o País as tendências centrífugas sob lideranças regionais que não tinham compromisso forte com a unidade nacional. Explodiram revoltas de norte a sul (além de São Paulo e Minas Gerais, no Pará, a Cabanagem, na Bahia, a Sabinada, no Maranhão, a Balaiada, no Rio Grande, a Guerra dos Farrapos, ou Farroupilhas), algumas delas verdadeiras guerras civis. Em diferentes momentos, três províncias proclamaram sua independência, uma no norte, o Pará, outra no centro, a Bahia, outra no sul, o Rio Grande. Pará tinha sido durante a Colônia Estado separado do Brasil; Bahia tinha sido a primeira sede do governo geral; e Rio Grande, fronteiriça ao Uruguai e Argentina, era muito influenciada pela tradição caudilhesca dos vizinhos. Esta última província proclamou-se república independente e por 10 anos (1835-1845) manteve-se em guerra contra o poder central".[20]

---

20 CARVALHO. *Pontos e bordados*: escritos de história e política, p. 165-166.

A Lei de Interpretação do Ato Adicional simbolizou o *regresso*, ou seja, a atuação da corrente conservadora que pretendia regressar ao centralismo político e ao reforço da autoridade.

De observar que não foram os conservadores, mas os liberais que apressaram a maioridade do rei, o que possibilitou, por interpretação inusitada do Ato Adicional, a assunção de Dom Pedro ao trono, com apenas 14 anos de idade, numa tentativa de parar o *regresso*. Os principais defensores da política centralizadora estavam entre os produtores de café, que se tornara, na década de 1830, o principal produto de exportação; a favor da descentralização encontravam-se os profissionais liberais e aqueles ligados à agricultura de produção para o mercado interno. Nessa perspectiva, o projeto de descentralização seria a expressão de forças localistas arcaicas, apegadas aos privilégios coloniais, enquanto que a centralização seria o projeto que trazia no seu âmago a possibilidade de modernização, pois seria a condição para construir o Estado e a unidade nacional.

Assinale-se que, em contraponto à maioria dos historiadores que entendem ter sido a vitória da monarquia a vitória do Estado unitário centralizado, o que teria significado a marginalização das elites provinciais ao processo decisório, Miriam Dolhnikoff sustenta, em estudo dedicado às origens do federalismo brasileiro que, "ao contrário, o projeto federalista, tal qual concebido por parte da elite brasileira, na primeira metade do século XIX, não morreu em 1824, tampouco em 1840. O projeto federalista saiu vencedor, embora tenha que ter feito, no bojo da negociação política, algumas concessões. Se a opção pela monarquia tornava o Brasil uma exceção no continente, a escolha de um modelo de tipo federativo denunciava sua inapelável vocação americana. A unidade de todo o território da América lusitana sob a hegemonia do governo do Rio de Janeiro foi possível não pela neutralização das elites provinciais e pela centralização, mas graças à implementação de um arranjo institucional por meio do qual essas elites se acomodaram, ao contar com autonomia significativa para administrar suas províncias e, ao mesmo tempo, obter garantias de participação no governo central através de suas representações na Câmara dos Deputados. Tal arranjo foi implementado a partir das reformas liberais da década de 1830, especialmente o Ato Adicional de 1834, e permaneceu em vigor mesmo depois da revisão conservadora de 1840, que não eliminou os fundamentos do perfil institucional estabelecido a partir da abdicação de D. Pedro I em 1831. O arranjo institucional consagrado pelas reformas da década de 1830 e pela revisão dos anos 1840 foi resultado de um processo no interior do qual as elites provinciais se constituíram como elites políticas comprometidas com o novo Estado, evitando assim a fragmentação. Como requisito da vitória da unidade nacional, o modelo implementado na década de 1830 significou a derrota de um projeto de inclusão social. Este foi o preço pago pela unidade".[21]

A Constituição do Império, a despeito de sua longa duração, teve pouca efetividade, pois o período constitucional do Império, como acentuam Paulo Bonavides e Paes de Andrade, é "aquela quadra de nossa história em que o poder mais se apartou

---

[21] DOLHNIKOFF. *O pacto imperial*: origens do federalismo no Brasil, p. 14, 19.

talvez da Constituição formal, e em que essa logrou o mais baixo grau de eficácia e presença na consciência de quantos, dirigindo a vida pública, guiavam o País para a solução das questões nacionais da época. Haja vista a esse respeito que nunca ecoou na palavra dos grandes tribunos da causa abolicionista a invocação da Constituição como instrumento eficaz para solver o dissídio fundamental entre a ordem de liberdade garantida por um texto constitucional e a maldição do regime servil, que maculava todas as instituições do País e feria de morte a legitimidade do pacto social; pacto aliás inexistente, diga-se de passagem. A verdadeira Constituição imperial não estava no texto outorgado, mas no pacto selado entre a monarquia e a escravidão. O Brasil era uma sociedade dividida entre senhores e escravos, sendo o monarca o primeiro desses senhores e o trono, em aliança com a propriedade territorial, a base das instituições. Materialmente, a história constitucional do Império seria portanto a história da sociedade brasileira, vista pelo ângulo da porfia contra a escravidão ou contra o tráfico, que alargou o espaço humano de incidência na coisificação do regime, onde o privilégio mantinha inarredável a guarda feroz dos interesses servis".[22]

3. A CONSTITUIÇÃO DE 1891: REPÚBLICA E FEDERAÇÃO

Os fatores condicionantes da queda da Monarquia são assim enumerados por Wilson Accioli:

1. Transformação da economia agrária, com a abolição, importação do colono estrangeiro; 2. surgimento do Exército como força política; 3. aspiração federalista. Em 1870 surge o livro de Tavares Bastos, *A província*, que constitui a essência do ideal federalista do Império; 4. influência do positivismo; 5. adequação ao sistema americano – República presidencialista.[23]

Afonso Arinos de Melo Franco enumera como fatores predominantes na implantação da República os seguintes:

1º) A transformação da economia agrária determinando ou concorrendo para acontecimentos importantes como a libertação dos escravos, a importação do colono estrangeiro, a migração geográfica das áreas de proprietários de terra e consequente abalo nos partidos (principalmente o Conservador) que serviam de alicerce político à Coroa.

2º) O aparecimento do exército como força política influente, em substituição aos partidos em declínio, passando, aos poucos, a ser força decisiva e quase dominadora. Deve-se reconhecer que o problema militar se colocava desde a Guerra do Paraguai, em cujo longo transcurso o sofrimento das nossas tropas de terra e o seu convívio com os meios militares platinos determinaram profunda mutação de mentalidade, com o enquadramento do Exército brasileiro no ambiente sociopolítico continental, do qual se conservara mais ou menos afastado durante a maior parte do Império.

---

[22] BONAVIDES *et al. História constitucional do Brasil*, p. 7.
[23] ACCIOLI. *Instituições de direito constitucional*, p. 78.

3º) A aspiração federalista, que, perceptível desde a Constituinte de 1823, foi-se desenvolvendo gradativamente durante o Império. Os liberais foram os analistas políticos e os sistematizadores jurídicos do federalismo nessa fase da vida brasileira. Depois de 1868, com a queda do Gabinete Zacarias e a dissolução da Câmara, que levou a uma nova maioria conservadora, os liberais, até então cindidos em duas alas, voltaram a se reunir, ampliando e aprofundando os seus temas prediletos, inclusive o federalismo. Em 1870 aparece o livro de Tavares Bastos, *A Província*, que é a suma do pensamento federalista sob o Império. Do federalismo de Tavares Bastos à Federação republicana a marcha foi contínua e tomou o caráter revolucionário quando defrontou a obstinada resistência do Gabinete Ouro Preto em ceder ao movimento incoercível para a Federação.

4º) Certas influências culturais, principalmente o positivismo. A participação do movimento positivista na implantação da República tem sido exagerada por alguns escritores e negligenciada por outros. Na verdade ela existiu e foi sensível. Deve-se, contudo, observar que ela se impôs muito mais na formação do ambiente histórico do que no encontro das soluções políticas e constitucionais.

5º) O isolamento em que se achava o Brasil como única Monarquia continental e, graças ao mais estreito intercâmbio internacional, uma natural tendência ao enquadramento no sistema americano predominante, que era o da República presidencialista.

6º) O envelhecimento do imperador e seu relativo afastamento de um cenário político novo, cujos lideres ele não conhecia bem; a ausência de herdeiro masculino da Coroa e a falta de popularidade do príncipe-consorte estrangeiro.[24]

Com a proclamação da República, a 15 de novembro de 1889, por meio do Decreto n. 1, que também estabeleceu a federação, o Governo Provisório baixou posteriormente o Decreto n. 29, de 3 de dezembro de 1889, nomeando uma Comissão para elaborar o anteprojeto de Constituição, que seria enviado à futura constituinte que se instalaria dois meses após a eleição geral de 15 de setembro de 1890. A referida Comissão, denominada de *Comissão dos Cinco*, compunha-se dos seguintes membros: Joaquim Saldanha Marinho, Presidente; Américo Brasiliense de Almeida Mello, Vice-Presidente; Antônio Luiz dos Santos Werneck, Francisco Rangel Pestana e José Antônio Pereira de Magalhães Castro. Elaborado o anteprojeto, foi ele, depois de revisto por Rui Barbosa, publicado pelo Governo Provisório, que, por meio do Decreto n. 510, de 22 de junho de 1890, convocou o Congresso Nacional, a ser eleito em 15 de setembro, para deliberar sobre o texto constitucional.

---

[24] FRANCO. *Curso de direito constitucional brasileiro*, vol. II, p. 115-116.

A primeira Constituinte republicana, presidida por Prudente de Moraes[25], era composta de 205 deputados e 63 senadores, instalando-se a 15 de novembro de 1890, concluindo seus trabalhos depois de 58 dias de sessões.[26] Segundo Afonso Arinos, "assim como reinara, na Constituinte imperial, o pensamento francês, prevaleceu, na Constituinte republicana, o pensamento norte-americano. O federalismo era velha reivindicação nacional. O presidencialismo não o era. Mas, dentro da Assembleia, o sistema parlamentar teve poucos e fracos defensores. O presidencialismo e o federalismo prevaleceram no texto da Constituição, que foi o do projeto do Governo Provisório, modificado em apenas 14 artigos".[27] Os Estados Unidos, alternativa à influência europeia, eram vistos como exemplo de liberdade, de iniciativa, de riqueza e de progresso técnico. O novo mundo era a imagem oposta ao velho mundo decadente europeu.

A Constituinte e a Constituição de 1891 nasceram de um movimento de ideias que acompanhou toda a crise política do 2º Reinado.

As reformas frustradas e que desencadearam o golpe de 15 de novembro, com a deposição do gabinete liberal do Visconde de Ouro Preto, e que poderiam ter sido alcançadas durante a Regência, se o movimento revisionista não tivesse sido tolhido pela reação conservadora, foram, segundo resenha de Paulo Bonavides e Paes de Andrade, "o princípio federativo da descentralização, a supressão ou reorganização do Conselho de Estado, a queda da vitaliciedade do Senado, onde os mandatos seriam eletivos e de exercício temporário, o ensino livre, a abolição da Guarda Nacional, a eleição dos Presidentes das Províncias e a mais importante de todas para estabelecer a normalidade e democratização das funções representativas de governo: a extinção do Poder Moderador".[28]

A República foi proclamada sem participação popular (na expressão de Aristides Lobo, o povo assistiu a tudo *bestializado*, sem compreender o que se passava, e aceitava o *fato consumado*). Nada obstante, os conflitos que seguiram à proclamação da República vieram contribuir para a renovação do debate em torno do problema nacional.

Após considerar que a história de todas as repúblicas brasileiras não é a história das crises constitucionais, mas das crises constituintes, Paulo Bonavides aduz que a Constituinte de 1890 "nasceu enfraquecida, porquanto a maior parte de sua tarefa já fora preenchida e executada no arcabouço fundamental pelo Decreto n. 1 do Governo Provisório".[29]

Como esclarecem Paulo Bonavides e Paes de Andrade, com a proclamação da República, uma singularidade ocorre na História Constitucional do Brasil: é "a existência de dois poderes constituintes de primeiro grau; o primeiro, o poder constituinte do governo provisório, revolucionário e fático, na plenitude do exercício de todas as

---

[25] Prudente de Moraes conduziu os trabalhos constituintes com autoridade moral e objetividade, e transformou-se na figura central do regime republicano: não impunha sua vontade aos parlamentares, mas sabia construir maiorias no Congresso com grande habilidade política.
[26] BONAVIDES *et al*. *História constitucional do Brasil*, p. 225.
[27] FRANCO. *Direito constitucional*: teoria da constituição; as constituições do Brasil, p. 123.
[28] BONAVIDES *et al*. *História constitucional do Brasil*, p. 207.
[29] BONAVIDES. *Curso de direito constitucional*, p. 349.

competências; o segundo, o poder constituinte soberano do Congresso Nacional, poder de direito, emanado do anterior com a tarefa precípua de fazer soberanamente a Constituição dentro das linhas mestras da revolução republicana e federativa, de que o governo provisório fora a personificação extrema."[30] Nesse contexto, a Assembleia Constituinte estava adstrita a institucionalizar a república federativa preordenada nos Decretos ns. 1 e 10, não lhe cabendo deliberar acerca da legitimidade das novas instituições (república e federação).

Vários decretos materialmente constitucionais foram, nesse horizonte, expedidos pelo Governo Provisório.

Pelo Decreto n. 1, em seu art. 1º, ficava "proclamada provisoriamente e decretada como forma de governo da Nação brasileira – a República Federativa".

O art. 2º declarava que as ex-províncias do Império reunidas agora pelo laço de federação entravam a constituir os Estados Unidos do Brasil.

O art. 3º dispunha que cada um desses Estados, "no exercício de sua legítima soberania", decretaria em tempo oportuno a sua Constituição definitiva, elegendo os seus corpos deliberantes e os seus governos locais.

Esclarecia o art. 4º que, enquanto não se procedesse, pelos meios regulares, à eleição das legislaturas de cada um dos Estados, seria regida a Nação brasileira pelo Governo Provisório, e os novos Estados pelos Governos que houvessem proclamado ou, na falta destes, por governadores delegados do Governo Provisório.

Prescrevia o art. 5º a adoção, pelos Governos Estaduais, de urgentes medidas que se fizessem necessárias para a manutenção da ordem e da segurança pública, bem como à defesa e garantia de liberdade e dos direitos dos cidadãos, quer nacionais, quer estrangeiros.

O art. 6º previa a possibilidade de intervenção do Governo Provisório nos Estados, em caso de perturbação da ordem pública e carência de meios eficazes por parte do poder local para reprimir desordens e assegurar a paz e tranquilidade pública, assegurando assim a um tempo o livre exercício dos direitos dos cidadãos e a livre ação das autoridades constituídas.

O art. 7º declarava que, sendo a República Federativa a forma de governo proclamada, o Governo Provisório não reconhecia nem reconheceria nenhum governo local contrário a ela, mas aguardando, como lhe cumpre, o pronunciamento definitivo do voto da nação, livremente expresso pelo sufrágio popular.

Mencionava o art. 8º que toda força pública popular, representada pelas três armas do exército e pela armada nacional, continuaria subordinada ao Governo Provisório e dele exclusivamente dependente. Os governos locais, ao seu turno, poderiam organizar guardas civis de policiamento dos territórios dos novos Estados.

Pelo art. 10 ficava o Rio de Janeiro constituído a sede do poder federal, e colocado o território do denominado Município Neutro provisoriamente sob a administração imediata do Governo Central da República.

---

[30] BONAVIDES *et al. História constitucional do Brasil*, p. 210.

Manifesta-se, novamente, a ação constituinte do Governo Provisório com a edição do Decreto n. 7, de 20 de novembro de 1889, que dissolveu e extinguiu as Assembleias Provinciais ao mesmo tempo em que fixava os poderes dos governadores competentes para exercerem, também em caráter provisório, funções executivas e legislativas. O Poder Central reservava, no entanto, a faculdade de sujeitar tais atribuições e franquias ao seu controle, tanto para alargá-las como para diminuí-las e até mesmo para extingui-las.

O Decreto de 19 de novembro de 1889 instituiu o sufrágio universal; os Decretos de 23 e 24 de novembro complementaram as medidas já editadas sobre a competência dos Governos Estaduais, limitando-lhes a esfera de atribuições e deferindo ao Poder Central o preenchimento de lugares-chaves da administração estadual, desde a nomeação de Governadores provisórios até a dos comandantes de armas. Uma observação se faz necessária: de acordo com o Decreto n. 802, de 4 de outubro de 1890, os Governadores provisórios passaram a promulgar as Constituições estaduais, que deveriam ser submetidas à aprovação das futuras Assembleias Constituintes. Na maioria dos Estados, as Constituições foram promulgadas enquanto se elaborava a Constituição Federal, mas em nenhum deles foi o texto aprovado antes da Constituição Federal. Vê-se, pois, que o constitucionalismo estadual iniciou-se de forma imperfeita, pela circunstância de que as Cartas estaduais foram elaboradas apressadamente, antes mesmo da promulgação da Constituição Federal, o que acarretou discrepâncias perturbadoras da harmonia indispensável ao sistema federativo.

O Decreto de 7 de janeiro de 1890, leva a efeito a separação entre a Igreja e o Estado; o de 24 de janeiro instituiu o casamento civil; o de 22 de março dispõe sobre a "grande naturalização"; o de 20 de novembro providencia sobre as eleições nos Estados.

A influência estado-unidense no modelo judicial brasileiro era tão nítida que o art. 386 do Decreto n. 848, de organização da justiça federal, determinava a extensão da legislação dos Estados Unidos ao Brasil: "Os estatutos dos povos cultos e especialmente os que regem as relações jurídicas na República dos Estados Unidos da América do Norte, os casos de *common law* e *equity*, serão também subsidiários da jurisprudência e processo federal."

Eleito Deodoro da Fonseca, a 25 de fevereiro de 1891, pelo Congresso Nacional, primeiro Presidente da República, num quadro de disputa entre o poder militar e o poder civil, a situação acabou por evoluir para uma luta entre o Presidente e o Congresso, que se agravou até que Deodoro, a 3 de novembro de 1891, dissolveu o Congresso, assumindo poderes ditatoriais, embora prometesse governar com a Constituição. Tratava-se de um Presidente que, em razão de sua origem militar, não estava acostumado às manobras do jogo político, pois se habituara a comandar soldados obedientes e tropas disciplinadas. Era a primeira violação à Constituição. Houve revolta da Marinha. A 23 de novembro, Deodoro renunciou, passando o governo para Floriano Peixoto. A segunda violação ao texto constitucional se fez pelo próprio Congresso Nacional, quando, ao terminar o primeiro período presidencial, deliberou que o Vice-Presidente Floriano Peixoto permanecesse no exercício da presidência até o fim do quadriênio, em violação, portanto, ao art. 42 da Constituição, que determinava a realização de nova eleição quando a vaga se desse antes do terceiro ano do mandato.[31]

A Constituição de 1891 continha 91 artigos na parte permanente e 8 artigos nas disposições transitórias, sendo o texto mais breve de todas as nossas Constituições.[32] Adotou a forma federal de Estado, com a distribuição dos Poderes entre União e Estados, consagrando-se a autonomia dos Municípios em tudo quanto respeite ao seu peculiar interesse (art. 68). A intervenção federal foi prevista, inspirando-se a Constituição no modelo argentino de 1853. Cada Estado-Membro dispunha de autonomia, mediante Constituição própria. A autonomia do Estado-Membro foi preservada pela limitação originária da atividade federal, exemplificada, segundo Machado Horta, em duas manifestações expressivas de resistência aos poderes federais: o denominado "federalismo armado", expressão utilizada por Afonso Arinos, pelo qual se afastava a União da área de atuação das forças policiais dos Estados, e pelas tentativas, sem êxito, de regulamentação legislativa da intervenção federal. A excepcionalidade da intervenção, prevista em redação lacônica constante do art. 6º da Constituição, e a recusa de elaboração da lei orgânica da intervenção, para abranger o procedimento interventivo, abriram, no entanto, caminho para os abusos da intervenção, atropelando a autonomia dos Estados.[33] Pela divisão horizontal dos Poderes, o Poder Executivo era exercido pelo Presidente da República, eleito para mandato de quatro anos, sem reeleição. Os ministros de Estado não respondiam perante o Congresso, mas subscreviam os atos presidenciais. O Supremo Tribunal Federal, órgão de cúpula do Poder Judiciário, impedia violações à Constituição. O Poder Legislativo era exercido pelo Congresso Nacional, que se compunha da Câmara dos Deputados, órgão de representação popular, e do Senado Federal, câmara representativa dos Estados (bicameralismo), sendo os deputados eleitos para mandato de três anos e os senadores para mandato de nove anos, renovável por 1/3 trienalmente. Na parte da Declaração de Direitos, merece destaque a instituição do *habeas corpus* contra violência ou coação, por ilegalidade ou abuso de poder.

A Constituição de 1891 sofreu revisão em 1926 (final do governo de Artur Bernardes).

O processo de revisão iniciou-se em 1924, quando da abertura da primeira sessão legislativa da 12ª Legislatura. A autoria da reforma foi atribuída ao Presidente Artur Bernardes, com a colaboração de Herculano de Freitas, líder da bancada de São Paulo na Câmara dos Deputados e professor catedrático de Direito Constitucional. As linhas predominantes da reforma, segundo narra Afonso Arinos, "eram o nacionalismo econômico e o fortalecimento do Executivo. Só a 3 de julho de 1925 foi apresen-

---

[31] A República brasileira, "apesar de contar com o respaldo das instituições, fracassara em seu propósito de formar uma democracia constitucional no Brasil. De 1889 a1894, a triste história do regime republicano pode ser resumida em dois ingredientes: presidentes autoritários e regime de exceção. O governo só conseguia reafirmar sua autoridade apelando para o uso de medidas inconstitucionais" (D'AVILA. *Os virtuosos*: os estadistas que fundaram a república brasileira, p. 71).

[32] Dos 91 artigos da Constituição, 74 são atribuíveis a Rui Barbosa (cf. JACOMBE. *À sombra de Rui Barbosa*, p. 105-106).

[33] HORTA. *Direito constitucional*, p. 393-406.

tado, na Câmara, o projeto de revisão, o qual não pôde ser aprovado com a amplitude de que se revestira, pela ação de pequeno mas aguerrido grupo oposicionista. O Governo resolveu retirar a maioria das emendas propostas, mas decidiu empenhar-se na aprovação das que reputava essenciais. Para isto fez reformar, em fins de 1925, o regimento do Congresso e, a 4 de maio do ano seguinte, reabertos os trabalhos parlamentares, começou a tramitação do segundo turno da revisão. Tramitou ela até 3 de setembro, quando foi finalmente aprovada, pelo Senado, na etapa final".[34]

A reforma introduziu preceitos novos e alterou dispositivos da Constituição. Os pontos reformados foram os seguintes: *a)* intervenção federal nos Estados; *b)* atribuições do Poder Legislativo; *c)* feitura das leis, com a introdução do veto parcial; *d)* competência da Justiça Federal; *e)* direitos e garantias individuais, destacando-se a restrição da aplicação do *habeas corpus*, que ficou destinado a proteger a liberdade de locomoção, tema de cuidaremos no Capítulo dos Direitos e Garantias Fundamentais.

A reforma da Constituição de 1891 se fez com atraso: as realidades do País não mais a sustentavam. O conflito "entre o poder presidencial, que buscara novo vigor na reforma constitucional, e as resistências populares, já transpassadas para os quartéis e para certos setores dos próprios círculos governamentais, já evoluídas, portanto, para além do primitivo estágio da sentimentalidade multitudinária, já chegara a um extremo de deflagração".[35]

4. A REVOLUÇÃO DE 1930 E A CONSTITUIÇÃO DE 1934: UMA CONSTITUIÇÃO DE TRANSIÇÃO

A Revolução de 1930 promoveu a queda da Constituição republicana de 1891, que teve muitos de seus preceitos violados, mencionando-se as fraudes eleitorais, com o predomínio do coronelismo e das oligarquias locais, a primazia dos Estados economicamente mais fortes na condução do poder público (a política do "café-com-leite", de Minas Gerais e São Paulo, ou "política dos governadores", iniciada no Governo Campos Sales, que a preferia designar como "política dos estados")[36], as frequentes intervenções federais nos Estados, muitas vezes abusivas, a suspensão das liberdades

---

[34] FRANCO. *Direito constitucional*: teoria da constituição; as constituições do Brasil, p. 124.
[35] PACHECO. *Novo tratado das constituições brasileiras*, vol. 1, p. 76.
[36] Wanderley Guilherme dos Santos questiona a influência do coronelismo na República, ao salientar que foi a Comissão de Verificação de Poderes o método "que facilitou a Campos Sales a institucionalização da política de governadores. Diante da lista dos candidatos estaduais e de suas respectivas votações, a Comissão de Verificação de Poderes deliberava sobre quais deles seriam considerados efetivamente eleitos. Qualquer manifestação de independência dos poderosos municípios, manipulando em favor de candidatos oposicionistas os demais mecanismos de fraude, seria inevitavelmente reparada pela comissão de verificação, atendendo aos interesses do poder central e dos executivos estaduais. A novidade da Primeira República foi a substituição da coalizão estabelecida entre o poder central e os coronéis municipais pelo acordo, ou pacto, entre o Executivo nacional e os estaduais, compulsória mediação, agora, dos pleitos municipais. Ironia histórica: o Império unitário se apoiou, durante sua vigência, no fragmentado poder coronelístico local, sem concertação, antes em concorrência, com os chefes políticos de outros municípios. Na República federativa, destinada, em princípio, a pulverizar o poder, o Executivo central negocia com os executivos estaduais, concentrando o poder do Estado nos governadores. A União passa a fazer coalizão com os

públicas em decorrência de qualquer ameaça de desordem, mediante a decretação do estado de sítio.

Quando da sucessão do Presidente Afonso Pena, surgiu um movimento político de oposição à candidatura do Marechal Hermes da Fonseca, patrocinado pelos denominados civilistas, os quais lançaram a candidatura de Rui Barbosa. A campanha civilista se espalhou pelo Brasil, de dezembro de 1909 a fevereiro de 1910, e denunciou o militarismo, os conchavos oligárquicos e os perigos que eles representavam para a democracia, a liberdade e as instituições. A campanha civilista "foi a última oportunidade de se reformar a Primeira República pelos métodos democráticos. Ela despertou a consciência política do eleitor urbano, e esse despertar não tem volta. O eleitor passou a reivindicar cada vez mais seu direito de participar do processo político, de eleger seus representantes livremente, de rechaçar a fraude, os pactos oligárquicos e a política de gabinete. A partir de 1910, os movimentos populares foram ganhando força e adeptos. Eclodiram dezenas de levantes populares, revoltas civis e rebeliões militares, culminando na Revolução de 1930, que sepultou a Velha República e inaugurou a era Vargas".[37]

A Aliança Liberal abriu caminho para o constitucionalismo do Estado social. A "década de 30 pertenceu, por inteiro, à polêmica do capital com o trabalho. Refletia não só a crise do capitalismo, senão também a poderosa arregimentação das forças trabalhistas com seu decisionismo histórico de ascensão ao poder".[38]

Para Afonso Arinos, no âmbito do constitucionalismo brasileiro, "a reforma de 1926 não alterou o sistema eleitoral e este foi o calcanhar de Aquiles. Somente uma revolução vitoriosa, que destruísse os quadros tradicionais do poder político, estaria em condições de levar adiante o empreendimento. O crescimento do País em todos os sentidos, o progresso, a diversificação da sua economia, exigiam a substituição dos quadros políticos tradicionais. Mas esta substituição nunca poderia ser conseguida dentro do sistema eleitoral vigente, o qual, por sua vez, não seria transformado enquanto empunhassem as rédeas do poder os grupos dominantes que, precisamente, manobravam as eleições. Deste círculo vicioso o País só poderia sair pela revolução. Foi o que se deu em 1930, propiciando-se uma reforma completa do Direito Eleitoral e, através dele, uma modificação, pelo menos parcial, dos grupos dominantes, com a inclusão de numerosos elementos que, sem tal modificação, não teriam oportunidades eleitorais".[39]

Com a Revolução de 1930, o Governo Provisório nomeou uma comissão para elaborar a nova Constituição, destacando-se o papel da Revolução Paulista de 1932, que exigia a restauração plena do regime democrático, pois era grande a resistência às aspirações ditatoriais de Getúlio Vargas, ao poder pessoal ilimitado e indefinido.

---

governos estaduais e não mais com o coronelismo paroquial dos poderes locais" (*Horizonte do desejo*: instabilidade, fracasso coletivo e inércia social, p. 98-99).

[37] D'ÁVILA. *Os virtuosos*: os estadistas que fundaram a república brasileira, p. 221 e 223.
[38] BONAVIDES *et al*. *História constitucional do Brasil*, p. 265.
[39] FRANCO. *Curso de direito constitucional brasileiro*, vol. II, p. 70.

Pelo Decreto n. 21.402, de 14 de maio de 1932, foi fixado o dia 3 de maio de 1933 para a realização das eleições à Assembleia Constituinte, e criada uma Comissão para elaborar o anteprojeto da nova Constituição. Depois de seis meses, um novo Decreto, expedido a 1º de novembro de 1932, regulamentou o funcionamento da Comissão, denominada de Comissão do Itamaraty, presidida por Afrânio de Melo Franco, e integrada por Antunes Maciel, Ministro da Justiça, Assis Brasil, Antônio Carlos, Prudente de Morais Filho, João Mangabeira, Carlos Maximiliano, Artur Ribeiro, Agenor de Roure, José Américo, Osvaldo Aranha, Oliveira Viana, Góis Monteiro e Themístocles Cavalcanti.

A Assembleia Constituinte reuniu-se afinal no dia 15 de novembro de 1933, esclarecendo Afonso Arinos que, "além dos 214 representantes eleitos pelo povo, integravam-na 40 Deputados eleitos pelas classes profissionais, de acordo com o Decreto n. 22.653, de 20 de abril daquele ano. Estes chamados representantes classistas formavam a bancada com que Vargas esperava anular o peso das representações dos grandes Estados. Aproveitara o modelo do fascismo italiano".[40]

Tomando por base a Constituição de Weimar, de 1919, mas, de qualquer modo, sem unidade ideológica, porque não expressava "a autenticidade de movimento nascido das lutas populares por cidadania ou mesmo de avanços alcançados por uma burguesia nacional constituída no interregno de espaços democráticos",[41] a Constituição de 1934 manteve a divisão de Poderes do federalismo, mas promoveu uma centralização legislativa em favor da União, mediante o deslocamento de matérias antes reservadas aos Estados, destacando-se a legislação eleitoral, que passou para o domínio da competência nacional da federação. Inaugurou-se o federalismo cooperativo, afastando-se, assim, a Constituição do federalismo dual ou isolacionista anterior. O Senado Federal foi reduzido a órgão de colaboração de Poderes, com o abrandamento do sistema bicameral. Foi eliminada, no Poder Executivo, a figura do Vice-Presidente da República. No Poder Judiciário, foram introduzidas a Justiça Eleitoral, com o voto feminino, e a Justiça Militar. Deve-se destacar, ainda, a criação do mandado de segurança, ampliando-se a proteção dos direitos individuais. Mas foi no campo social onde se verificaram as maiores inovações do texto constitucional de 1934: surgiu o Título da "Ordem Econômica e Social", prevendo direitos econômicos e sociais e ampliação do intervencionismo estatal.

A nova contextura da Constituição de 1934 já se achava desenhada nos três anos antecedentes, pelo poder revolucionário, que traçara as linhas mestras da renovação republicana, restando contraído o espaço deixado ao constituinte de 1º grau.

A Constituição de 1934, anota Raul Machado Horta, "pertence ao grupo das Constituições expansivas. Compreendia 187 artigos na parte permanente e 26 artigos nas Disposições Transitórias. Recebeu três emendas, promulgadas em 18 de dezembro de 1935, a primeira delas criando a figura da comoção intestina grave equiparada ao estado de guerra, para coibir atividades subversivas das instituições políticas, e as outras duas dispondo sobre medidas decorrentes da equiparação ao estado de

---

[40] FRANCO. *Direito constitucional*: teoria da constituição; as constituições do Brasil, p. 125.
[41] WOLKMER. *História do direito no Brasil*, p. 112.

guerra. Foi a nossa mais breve Constituição – três anos, três meses e vinte e seis dias de vigência. Conflitos ideológicos, rivalidades regionais, as resistências à sucessão presidencial, o temor do assalto ao poder e outros fatores estranhos aos mecanismos constitucionais acabaram conduzindo, por maquiavélica manipulação, à destruição da Constituição de 1934, que sucumbiu diante do Golpe de Estado desfechado nas instituições democráticas, em 10 de novembro de 1937".[42]

Foi o agravamento, portanto, das condições políticas do País que precipitou o fim da Constituição de 1934.

No domínio do constitucionalismo estadual, o art. 3º das Disposições Transitórias da Constituição de 1934 determinou que os Estados-Membros, cujas Constituições não tinham sido revogadas pelo Governo Provisório da Revolução de 1930, realizassem, em noventa dias contados da promulgação daquela Constituição, as eleições para as Assembleias Constituintes dos Estados, às quais se fixou o prazo de quatro meses para elaborarem as novas Constituições.

5. A CONSTITUIÇÃO DE 1937: ECLIPSE DO CONSTITUCIONALISMO

A 10 de novembro de 1937, o Presidente Getúlio Vargas outorgou a nova Constituição brasileira. Pinto Ferreira resume os principais pontos da Constituição: 1. suprimiu o nome de Deus, o que também ocorre na Constituição do Estado do Vaticano; 2. outorgou poderes amplos ao presidente como a suprema autoridade do Estado, alterando a sistemática do equilíbrio dos poderes; 3. restringiu as prerrogativas do Congresso e autonomia do Poder Judiciário, eis que em determinadas hipóteses o Presidente podia ir de encontro ao Judiciário fazendo valer as leis que este reputasse inconstitucionais; 4. ampliou o prazo do mandato do Presidente da República; 5. mudou o nome de Senado para Conselho Federal; 6. instituiu o Conselho de Economia Nacional como órgão consultivo; 7. limitou a autonomia dos Estados-Membros; 8. criou a técnica do estado de emergência, que foi declarado pelo seu art. 186; 9. dissolveu a Câmara e o Senado bem como as Assembleias Estaduais; 10. restaurou a pena de morte.[43]

Na realidade, a Constituição de 1937 permaneceu na sua maior parte inaplicada, pois foram dissolvidos os órgãos do Poder Legislativo de todos os níveis de governo, e não se realizou o plebiscito determinado pelo texto constitucional.

Getúlio Vargas governou o País com base apenas nas disposições transitórias e finais da Constituição de 1937, as quais conferiam ao Presidente da República a plenitude dos poderes executivo e legislativo, enquanto não se reunisse o Parlamento previsto no artigo 180 do texto constitucional. O Parlamento, no entanto, somente seria eleito após a realização de um plebiscito nacional para ratificar a Constituição (artigo 178), e seria convocado quando e como o Presidente o desejasse (artigo 187),

---

[42] HORTA. *Direito constitucional*, p. 56.
[43] PINTO FERREIRA. *Curso de direito constitucional*, p. 55.

o que jamais se efetivou. O País ficou assim entregue a um regime constitucional indefinido, sem estrutura legal fixa.

A Constituição de 1937, conhecida como *polaca* (o seu modelo foi a Constituição polonesa de 1935, do regime do general Pilsudski), por traduzir elementos do autoritarismo que assolava a Europa naquela época, fora redigida por Francisco Campos, Ministro da Justiça de Getúlio Vargas.

A autonomia dos Estados-Membros foi cerceada, com a revogação de todas as Constituições estaduais do segundo período republicano. Apesar da previsão, pelo regime do Estado Novo, de que novas Constituições fossem outorgadas pelos Governos estaduais, exercidos por prepostos do Governo central, a outorga ficara condicionada à realização do plebiscito previsto para a aprovação da Constituição de 1937, o que jamais ocorreu, ficando assim os Estados privados de se auto-organizarem e ter governo próprio. Neste quadro, constitui singularidade anômala a Carta estadual mineira, de 29 de outubro de 1945, data da queda de Vargas. A Carta mineira da fase agônica do Estado Novo decorreu de outorga do Governador do Estado, referendada pelos Secretários que a subscreveram.[44]

Cláudio Pacheco escreve que a "Constituição de 1937 veio pelo velho processo de outorga monárquica. O poder de outorga presidencial estadeia no preâmbulo, em que se invocam fantasmas de desordens, irrompendo da 'crescente agravação de dissídios partidários', com alusões a uma 'notória propaganda demagógica' que estaria degenerando em luta de classes, bem como a uma 'infiltração comunista', que estaria cada dia mais extensa e mais profunda e exigiria remédios de caráter radical e permanente. Alega-se também que as instituições anteriores não armavam o Estado de meios normais de preservação e de defesa da paz, da segurança e do bem-estar do povo, o que importava em condenação sumária de todo o processo de institucionalização do poder".[45]

O que ressai, portanto, da Constituição de 1937 é a exacerbação dos poderes do Presidente da República, que passou a deter todo o Poder Legislativo: na elaboração das leis, ao Presidente cabia promover ou orientar a política legislativa, e expedir decretos-leis, para complementar as leis que o Parlamento era obrigado a elaborar apenas em traços gerais; o Presidente detinha o poder de publicar o orçamento, pelo próprio texto de sua proposta, se o projeto não fosse votado pelas duas Câmaras no prazo corrido de oitenta e cinco dias. O Presidente da República podia desfazer as decisões judiciárias de inconstitucionalidade de lei quando invocasse, para manter a lei, o "bem-estar do povo, a promoção ou defesa do interesse nacional de alta monta", caso em que o texto legal seria submetido novamente ao exame do Parlamento e, se este o confirmasse por dois terços de votos em cada uma das Câmaras, ficaria sem efeito a decisão do Tribunal. Detinha ainda o Presidente da República o poder de emendar e suspender o texto constitucional a seu arbítrio.

Na Constituição de 1937 não havia, portanto, divisão de poderes, embora previstos o Legislativo, o Executivo e o Judiciário.

---

[44] HORTA. *Direito constitucional*, p. 719-720.
[45] PACHECO. *Novo tratado das constituições brasileiras*, vol. 1, p. 82.

A federação foi esmagada pela legislação que dispôs sobre a Administração dos Estados e Municípios, submetendo-se os entes sem autonomia ao controle unitário do Presidente da República.

Os direitos e garantias individuais, embora nominalmente declarados, sofreram pesadas restrições. É o caso do direito de manifestação do pensamento que, de modo geral, estaria sujeito a condições e limites previstos em lei, que podia prescrever a censura prévia à imprensa, teatro, cinema, radiodifusão, podendo ainda facultar à autoridade competente proibir a circulação, a difusão ou a representação. Os jornais, que exerciam uma função de caráter público, não podiam recusar a inserção de comunicados do governo, nas dimensões taxadas em lei, nem de respostas, defesas ou retificações de cidadãos infamados ou difamados. A pena de morte era expressamente admitida em todos os casos de crimes políticos e ainda de homicídio cometido por motivo fútil e com extremos de perversidade. E os crimes que atentassem contra a existência, a segurança e a integridade do Estado, a guarda e o emprego da economia popular seriam submetidos a processo e julgamento perante tribunal especial, na forma que a lei instituísse.

A Constituição, que representou apenas a formalização de interesses opostos a qualquer constitucionalização, pode ser enquadrada, na classificação ontológica de Loewenstein, como *semântica*, por que sempre esteve a serviço do detentor do poder, para seu uso pessoal, perdendo em normatividade, salvo naqueles setores em que conferia atribuição ao titular do poder.

A vitória dos aliados sobre o nazifascismo e a pressão popular pela redemocratização do País acabaram levando os ideólogos da Constituição a retificar a Carta outorgada. Para atingir este objetivo, foi editada a Lei Constitucional n. 9, de 28 de fevereiro de 1945, que, entre outras alterações no texto constitucional de 1937, estabelecia eleições diretas, aumentava o número de membros da Câmara dos Deputados e do Conselho Federal, e estabelecia prazo para a realização das eleições do Presidente da República e do Parlamento.

A realidade, no entanto, inviabilizou a permanência da Constituição e do Estado Novo: apesar de convocadas eleições, Getúlio Vargas foi deposto em 29 de outubro de 1945, assumindo o poder, em seu lugar, o Ministro José Linhares, Presidente do Supremo Tribunal Federal, a ele entregue pelas Forças Armadas, até que um Presidente eleito pelo povo assumisse a Presidência.

O Presidente em exercício editou várias leis constitucionais. A Lei Constitucional n. 13, de 12 de novembro de 1945, determinava que os representantes eleitos a 2 de dezembro daquele ano para a Câmara dos Deputados e o Senado Federal receberiam "poderes ilimitados" a fim de, sessenta dias após as eleições, votar a "Constituição do Brasil". Anote-se que o Conselho Federal da Carta de 1937 passava, por força da Lei Constitucional n. 12, a denominar-se Senado Federal, e as duas Casas – Câmara dos Deputados e Senado Federal – promulgada a Constituição, passariam a funcionar como Poder Legislativo ordinário. A Lei Constitucional n. 14, de 17 de novembro, extinguiu o Tribunal de Segurança. A Lei Constitucional n. 15, de 26 de novembro de 1945, reiterou os poderes ilimitados do Congresso Nacional para elaborar a Constituição do País, "ressalvada a legitimidade da eleição do Presidente da República".

Previa ainda a Lei Constitucional n. 15, que enquanto não se promulgasse a nova Constituição, caberia ao Presidente da República, eleito a 2 de dezembro, simultaneamente com os Deputados e Senadores, o exercício de todos os poderes de legislatura ordinária e de administração que coubesse à União, expedindo os atos legislativos que julgasse necessários: mantinha-se, portanto, o regime dos decretos-leis, até a promulgação do novo texto constitucional.

De se destacar também que a Constituinte ficava liberada para o exercício exclusivo da função constituinte, e, promulgada a Constituição a Câmara dos Deputados e o Senado Federal funcionariam em separado para o exercício das funções legislativas ordinárias.

A Assembleia Constituinte seria instalada pelo Presidente do Tribunal Superior Eleitoral, a quem caberia ainda presidir a sessão seguinte para a eleição do seu Presidente.

6. A REDEMOCRATIZAÇÃO NA CONSTITUIÇÃO DE 1946

Com a reconstitucionalização do país, precedida, como se viu, da queda de Vargas, ocorrida em ambiente internacional favorável, após o fim da Segunda Guerra Mundial, instalou-se, a 2 de fevereiro de 1946, a Assembleia Constituinte sob o governo do General Eurico Gaspar Dutra, eleito no final do ano de 1945.

A sessão preparatória de instalação da constituinte foi dirigida pelo Ministro Valdemar Falcão, Presidente do Tribunal Superior Eleitoral. Alguns constituintes, no entanto, protestaram contra o fato de ser a Assembleia Constituinte presidida por um estranho, já que cabia a ela própria escolher, entre os seus membros, o seu presidente. Foi então eleito como Presidente da Constituinte o Senador Fernando de Melo Viana.

A quarta Constituinte brasileira não trabalhou sobre nenhum anteprojeto preparado pelo Governo, mas certamente se inspirou no texto de 1934. Destacam-se os seguintes pontos: o bicameralismo foi restabelecido; a figura do Vice-Presidente da República foi restaurada, cabendo-lhe ainda a função de presidir o Senado Federal; houve expansão dos Poderes da União, em detrimento dos Poderes dos Estados; na ordem econômica e social, a propriedade foi condicionada ao bem-estar social; introduziu-se título novo referente à família, educação e cultura; no âmbito do Poder Judiciário, foram previstas a Justiça do Trabalho e o Tribunal Federal de Recursos.

A Constituição de 1946, que repunha instituições e preceitos que vinham das antigas formulações constitucionais, acentuou tendências já inauguradas na Constituição de 1934, e introduziu algumas inovações. Cláudio Pacheco enuncia como os mais importantes lineamentos da Constituição de 1946: "proclamação do povo como fonte tutelar de todos os poderes; mitigamento do sistema federativo, continuando com a ampliação das competências conservadas à União Federal, especialmente na área da função do Poder Legislativo; intervenção federal nos Estados; fortalecimento da autonomia dos Municípios; bicameralismo do órgão do Poder Legislativo; continuação do presidencialismo no órgão do Poder Executivo; Poder Judiciário fundado na autonomia dos tribunais e em garantias individuais para os magistrados, com o Supremo Tribunal Federal como órgão de cúpula, com a dualidade de justiças paralelas, uma federal e outra estadual; declaração de direitos, incluindo preceitos sobre a nacionalidade e a cidadania, sobre o corpo eleitoral, sobre as inelegibilidades e a declaração dos direitos e garantias individuais, extensa e minuciosa; regulação da ordem econômica e social, sobre a base dos princípios da justiça social, da conciliação entre a liberdade de iniciativa e a valorização do trabalho humano, da segurança do trabalho para todos, do trabalho como obrigação social, e abrangendo a intervenção no domínio econômico; condicionamento da propriedade ao bem-estar social; repressão de abusos do poder econômico; distinção entre a propriedade das minas e riquezas do subsolo e a propriedade do solo; aproveitamento dos recursos minerais e de energia hidráulica; disciplina das concessões de serviço público; punição da usura; nacionalização da navegação de cabotagem; fixação do homem ao campo; preceitos sobre a legislação do trabalho, a previdência social e direitos do trabalhador; regras sobre a educação e a cultura, as Forças Armadas, funcionários públicos, os tributos, o estado de sítio, a emenda constitucional; instituição do Conselho Nacional de Economia.'[46]

O art. 11 do Ato das Disposições Transitórias fixou prazo para a convocação das Assembleias Estaduais, que teriam inicialmente função constituinte. Ainda determinou: o Estado que, quatro meses após a instalação de sua Assembleia, não houvesse decretado a sua Constituição, seria submetido, por deliberação do Congresso Nacional, à Constituição de outro Estado, conforme parecesse mais conveniente, o que impediria que os Estados optassem pela restauração das Constituições anteriores, mesmo adaptadas ao novo regime.

Se a Constituição de 1946 pode ser tida como uma das melhores que tivemos, seja do ponto de vista técnico, seja do ponto de vista ideológico, pois ao mesmo tempo em que adota o pensamento liberal no campo político, promove uma abertura para o campo social, não se pode esquecer de que a Assembleia Constituinte que a escreveu foi eleita por apenas 15% da população. Como dizem Paulo Bonavides e Paes de Andrade, "a Constituição de 46 não logrou fazer-se presente no dia a dia do povo, nem mesmo demonstrar que era instrumento de participação e mudança. A ditadura do Estado Novo criou o mito de que as conquistas, como a legislação, por exemplo, não significavam conquistas, mas dádivas do poder e do seu chefe. O fato então é que a *consciência* autoritária não se viu atacada em sua raiz, e o populismo se fez uma alternativa trilhada de maneira irresponsável. Ninguém percebeu que a Constituição, por si só, não poderia garantir os princípios expressos em seu texto: 'Não se percebeu, sobretudo, que essa ambiguidade se tornaria insustentável por muito tempo'."[47]

Na expressão de Otávio Mangabeira, líder da minoria na Constituinte, a Constituição de 1946, mesmo democrática, nasceu do "ventre da ditadura", esvaindo-se em trágico destino, como ocorreu com a Constituição de 1934, bastando dizer que o General Dutra, mato-grossense de Cuiabá, e eleito Presidente da República, era íntimo do poder, pois tinha sido Ministro da Guerra de Getúlio, cargo que deixou para assumir a candidatura presidencial.[48]

---

[46] PACHECO. *Novo tratado das constituições brasileiras*, vol. 1, p. 90.
[47] BONAVIDES et al. *História constitucional do Brasil*, p. 410.
[48] Dutra foi "o primeiro, entre os militares que ocuparam a presidência, a tomar posse em seu uniforme de gala, adornado com as insígnias de seu posto e as condecorações ganhas ao longo

De qualquer modo, de 1946 a1961 a Constituição gozou de relativa estabilidade, sofrendo apenas três Emendas, a despeito de ter sido este período marcado por diversas turbulências, na sua vida política, como o suicídio de Vargas, a resistência de grupos políticos à posse de Getúlio Vargas, eleito para a sucessão de Dutra, bem como à eleição e posse de Juscelino Kubitschek.

Com a renúncia do Presidente Jânio Quadros, que sucedeu ao Presidente Juscelino Kubitschek, o País mergulhou em profunda crise institucional, eis que setores conservadores e o Exército não aceitavam a posse do Vice-Presidente João Goulart. Prevaleceu, no entanto, o bom senso quando se aprovou a Emenda Constitucional n. 4, de 2 de setembro de 1961 (Ato Adicional), instituindo o parlamentarismo. O artigo 25 do Ato Adicional estabelecia que a lei complementar de organização do sistema parlamentar de governo poderia dispor sobre a realização de plebiscito que decidisse da manutenção do parlamentarismo ou da volta ao sistema presidencial, devendo, em tal hipótese, fazer-se a consulta plebiscitária nove meses antes do termo do atual período presidencial. Em flagrante desrespeito a esse dispositivo, fixou-se para o dia 6 de janeiro de 1963 a data para a realização do que a Lei Complementar n. 2, de 12 de setembro de 1962, chamou de *referendum* popular, restaurando-se, após acirrada campanha, o presidencialismo, por antecipação inconstitucional do plebiscito, que, nos termos do Ato Adicional, deveria realizar-se em 1965.[49]

Consumou-se, pois, o presidencialismo, pela Emenda Constitucional n. 6, de 23 de janeiro de 1963, caminhando o País, a partir daí, para a crise de 1964.

As causas e os fatores que levaram ao golpe de 64 são de variada ordem, devendo-se destacar que, no momento da queda, o governo João Goulart (herdeiro político de Getúlio Vargas) era o mais instável de todo o período pós-45. As chamadas reformas de base associadas ao movimento operário, o fortalecimento dos sindicatos, o movimento das ligas camponesas, a implementação da reforma agrária, a aproximação entre inferiores das Forças Armadas, e uma política desenvolvimentista autônoma, associados ao populismo, cujas possibilidades de existência se esgotaram, foram fatores que tornaram inevitável o golpe de 64.

---

de sua carreira. Provavelmente para lembrar a seus adversários que ali estava não só na qualidade de ungido pelas urnas, mas também na condição de delegado das armas. Representava a maioria dos eleitores e o poder militar, do qual foi o mais qualificado representante e fiador nos oito anos do Estado Novo, que ele garantiu, aplaudiu e sustentou" (NOGUEIRA, Octaciano. *A Constituinte de 1946*: Getúlio, o sujeito oculto, p. 3).

[49] Referendo de 6 de janeiro de 1963

Sim	2.073.582
Não	9.457.448
Votos em branco	284.444
Votos nulos	480.701
Total de Votantes	12.286.175
Total do Eleitorado	18.565.277

Fonte: *Dicionário do voto*. Walter Costa Porto: Editora UnB, p. 340.

Para Wanderley Guilherme dos Santos, a crise dos anos 60 veio "revelar a centralidade do Congresso no encaminhamento legal do conflito político. Instaurada a crise com a renúncia de Jânio Quadros, o Congresso como que a solucionou a meias pelo estabelecimento do parlamentarismo. Restaurado o presidencialismo, em janeiro de 1963, intensificada a crise de radicalização e debilitado o Congresso, este não teve condições de, mais uma vez, dar solução institucional ao impasse político então criado. Na ausência de outra instância solucionadora, findou-se o experimento democrático brasileiro pós-45 e instalou-se o autoritarismo que viria a durar sombrios 21 anos".[50]

Na concepção de Afonso Arinos de Melo Franco, o erro de Goulart "foi o de levar a extremos intoleráveis os métodos paternalistas de Vargas, em uma época em que tais métodos não mais correspondiam à realidade política nacional, e, ao mesmo tempo, introduzir, talvez por culpa de uma assessoria intelectual aventurosa e inexperiente, um conteúdo internacional nos seus planos de reforma social, que poderia tornar-se, como de fato se tornou, muito arriscado. Assim, o que havia de brasileiro no esquerdismo de Vargas deixou de existir no esquerdismo de Goulart, que, do seu modelo, abandonou a substância para só conservar os processos caudilhistas".[51]

7. O GOLPE MILITAR, OS ATOS INSTITUCIONAIS E A CONSTITUIÇÃO DE 1967/1969

Vitorioso o movimento militar de 1964, o Congresso Nacional elegeu Presidente da República o Marechal Castelo Branco.

Várias alterações são apresentadas à Constituição de 1946, por meio de emendas, atos institucionais e atos complementares. Foram 21 as emendas constitucionais, 4 atos institucionais e 33 atos complementares que acabaram por fazer com que a Constituição de 1946 submergisse.

A despeito de alguma discussão sobre o exato momento em que a Constituição de 1946 deixou de vigorar, Gisela Maria Bester observa, com apoio em vários constitucionalistas brasileiros, que "embora inicialmente respeitada pelo regime militar, já que este afirmava manter 'em vigor a Constituição de 1946', com as modificações por ele introduzidas, sob o ângulo jurídico, a partir do AI n. 1, de 9 de abril de 1964, diz Manoel Gonçalves Ferreira Filho, 'não é propriamente a Constituição de 1946, estabelecida pela Constituinte de 46, que está em vigor. Está em vigor uma Constituição outorgada pelo movimento revolucionário cujo conteúdo corresponde ao da Constituição de 1946, com as alterações que ele próprio introduz'. Assim, ainda que tecnicamente tenha vigorado por quase 21 anos (de 1946 a 1967), na prática, é possível dizer-se que tenha sido superada já com a edição do primeiro Ato Institucional, por conta das modificações então introduzidas, ou ainda, mais apropriadamente, com o impacto que sofreu pelo AI n. 2, que, dentre outras medidas, extinguiu os partidos

---

[50] SANTOS. *O cálculo do conflito*: estabilidade e crise na política brasileira, p. 60.
[51] FRANCO. *Evolução da crise brasileira*, p. 267.

políticos. De todos os modos, certo é que o movimento militar de 1964 rompeu com a ordem constitucional de 1946".[52]

Desfigurado o texto de 1946, cuidou-se então de consolidar, em nova Constituição, a obra do movimento militar, já que inclusive a Constituição de 1946 se achava em vigor por força do Ato Institucional n. 1, de 1964, que a manteve. O projeto de Constituição foi elaborado por uma Comissão, nomeada pelo Decreto n. 58.198, constituída pelo Ministro Mem de Sá e pelos juristas Themístocles Cavalcanti, Seabra Fagundes, Orosimbo Nonato e Levi Carneiro. Seabra Fagundes se afastou da Comissão após divergências. Concluídos os trabalhos, a Comissão entregou o texto ao Ministro da Justiça Carlos Medeiros Silva, que procedeu à sua revisão, entregando-o ao Presidente Castelo Branco.

Assim, o Presidente da República, em 7 de dezembro de 1966, editou o Ato Institucional n. 4, convocando o Congresso Nacional para "reunir-se extraordinariamente, de 12 de dezembro de 1966 a 24 de janeiro de 1967", a fim de elaborar a lei constitucional do movimento de 31 de março de 1964. A Constituição tinha de estar promulgada no dia 24 de janeiro. Caso a votação não tivesse sido encerrada até o dia 21 de janeiro, prevaleceria o projeto originário, com a redação final da comissão mista. Pela Constituição de 1967, a federação foi mantida, mas com dilatação dos Poderes da União, configurando-se um federalismo mais nominal do que real, pelo esmagamento das autonomias locais; houve exacerbação do presidencialismo, com a utilização dos Decretos-leis e previsão das leis delegadas e da legislação de urgência; foi adotada a eleição indireta do Presidente da República por um colégio eleitoral formado por membros do Congresso Nacional e delegados indicados pelas Assembleias Legislativas dos Estados; suspenderam-se as garantias da magistratura, mediante os Atos Institucionais; a Justiça Militar passou a deter competência para processar e julgar civis pela prática de crimes contra a segurança nacional ou as instituições militares, com recurso ordinário para o Supremo Tribunal Federal.

A Constituição de 1967 era do tipo instrumental, pois visava apenas dar fisionomia jurídica a um regime de fato e de direito.

O conluio entre as normas constitucionais e os atos institucionais conduziu, como observa Raul Machado Horta, "à transformação do autoritarismo presidencial, que a Constituição de 1967 consagrou, em ditadura presidencial. Além dos extraordinários poderes presidenciais da Constituição, o Presidente da República passou a dispor da competência incontrastável de suspender direitos políticos, cassar mandatos eletivos federais, estaduais e municipais, remover, aposentar ou pôr em disponibilidade os titulares de garantias constitucionais de vitaliciedade, inamovibilidade e estabilidade, os empregados de autarquias, empresas públicas ou sociedades de economia mista, transferir para a reserva ou reformar militares ou membros das polícias militares, decretar o recesso do Congresso Nacional, das Assembleias Legislativas e Câmaras Municipais, decretar a intervenção nos Estados e nos Municípios, sem as limitações constitucionais, e decretar o confisco de bens. Os atos institucionais, especialmente o Ato Institucional n. 5, de 13 de dezembro de 1968, paralisaram o funcionamento da

---

[52] BESTER. *Direito constitucional*: fundamentos teóricos, vol. 1, p. 104.

Constituição, aniquilaram o princípio da independência e da harmonia dos Poderes, tudo submetendo ao arbítrio e à vontade incontrolável do Presidente da República, convertendo o regime presidencial em ditadura constitucional".[53]

No domínio dos Estados-Membros, as Constituições estaduais foram mantidas, com as modificações constantes do Ato Institucional n. 1, de 1964. O Ato Institucional n. 2, de 1965, no entanto, tornou extensivas aos Estados as novas normas referentes ao processo legislativo federal, e determinou que as Assembleias Legislativas estaduais emendassem as Constituições dentro de sessenta dias, findos os quais as normas federais passavam a ter vigência automática. A Constituição de 1967, a seu turno, não determinou que os Estados adotassem novas Constituições: determinou apenas que, dentro de sessenta dias, eles reformassem as suas Constituições, e, se não o fizessem, as normas do novo direito federal ficariam incorporadas automaticamente às Cartas estaduais.

Descaracterizado pelos sucessivos Atos Institucionais, o texto constitucional de 1967 foi unificado pela Emenda n. 1, de 17 de outubro de 1969, outorgada por uma Junta Militar, que assumiu o poder durante o período de doença do Presidente Costa e Silva. Destacam-se como modificações introduzidas na Constituição de 1967: aumento para cinco anos do período presidencial; eleições indiretas para governadores de Estado; eliminação, praticamente, das imunidades parlamentares materiais e processuais.

Há pontos de vista no sentido de que a Emenda n. 1/69 equivale a nova Constituição. Nesse sentido pensa José Cretella Jr., ao dizer que "preferimos denominar de Constituição a Carta Constitucional de 1969, tantas foram as alterações feitas no texto emendado de 24 de janeiro de 1969, pela Junta Militar integrada por Augusto Hamann Rademaker Grünewald, Aurélio de Lyra Tavares e Márcio de Souza Mello".[54]

A maioria dos constitucionalistas não equipara a Emenda n. 1/69 a nova Constituição, que apenas consolidou o texto de 1967 (Pontes de Miranda, Pinto Ferreira, Raul Machado Horta, dentre outros).

A EC n. 1/1969 não determinou que os Estados editassem novas Constituições, mas estabeleceu o autoritário processo de incorporação de normas do texto federal, ao prever, em seu art. 200, que as disposições constantes da Constituição ficariam incorporadas, no que coubesse, ao direito constitucional legislado dos Estados.

8. A CONSTITUIÇÃO DE 1988: UMA CONSTITUIÇÃO DE PRINCÍPIOS, DE DIREITOS FUNDAMENTAIS E DE JUSTIÇA SOCIAL

Eleito Presidente da República o general Ernesto Geisel, em janeiro de 1974, tem início o processo de abertura política, qualificada de "lenta, gradual e segura". A liberalização do regime sofreu avanços e recuos, estes decorrentes de pressões da chamada linha-dura militar. No curso do ano de 1975, Geisel promoveu medidas li-

---

[53] HORTA. *Direito constitucional*, p. 63. Para um amplo conhecimento do teor e significado dos Atos Institucionais, cf. JACQUES, *Curso de direito constitucional*, p. 81-110.
[54] CRETELLA JÚNIOR. *Comentários à constituição brasileira de 1988*, vol. 1, p. 45.

beralizantes, como a suspensão, em surdina, da censura aos jornais *O Estado de S.Paulo* e *Folha de S.Paulo*. Em abril de 1977, no entanto, Geisel introduziu na Constituição várias alterações (*o pacote de abril*), depois de uma crise entre o Executivo e o Congresso Nacional, em que o Governo não conseguiu os dois terços de votos necessários para a aprovação de várias mudanças na Constituição. Entre as medidas do *pacote de abril*, estavam a criação da figura do Senador eleito indiretamente (*senador biônico*), a alteração do critério de representação proporcional na composição da Câmara dos Deputados, de arte a favorecer os Estados do Nordeste, e a dilatação do mandato do Presidente da República, de 5 para 6 anos.

Como medida liberalizante, foi aprovada, após articulações do Governo com líderes do MDB e da ABI, a Emenda Constitucional n. 11, que entrou em vigor a 1º de janeiro de 1979, que, como principal providência, revogava os Atos Institucionais no que contrariassem a Constituição, neles incluído o de n. 5, de 1968, e abria, desse modo, o caminho para a reconstrução democrática.

O general Figueiredo ampliou a abertura democrática, sobretudo com a Lei da Anistia, culminando com a eleição de um civil, Tancredo Neves, para a Presidência da República, por um colégio eleitoral, e não pelo voto direto, pois a proposta de emenda constitucional, que restabelecia a eleição direta não alcançou aprovação no Congresso Nacional.

Com a morte de Tancredo Neves, antes da posse, o Vice-Presidente eleito, José Sarney, assumiu a Presidência, e completou a transição, com a convocação da Assembleia Nacional Constituinte, o que se deu pela Emenda Constitucional n. 26, de 27 de novembro de 1985. Lembre-se de que, anteriormente à convocação da constituinte, três correntes "divergiam quanto à forma de escrever o *pacto* que superasse o ciclo militar. A primeira, representando a corrente mais avançada, preconizava a convocação de uma Assembleia livre, soberana e exclusiva. Promulgada a Constituição, a Assembleia era dissolvida e convocadas seriam as eleições gerais. A segunda, representando as forças mais conservadoras, temendo que uma Constituinte, qualquer que fosse ela, implicaria ruptura, ainda que apenas política, não social, inclinava-se por outorgar ao Congresso de então poderes para redigir uma nova Constituição. Mais ou menos como foi operada a Carta semioutorgada de 1967. A terceira, afinal vitoriosa, obteve a convocação de um Congresso Constituinte: o anômalo exercício do desempenho da função legislativa ordinária pelo órgão do poder constituinte".[55]

A Assembleia Nacional Constituinte foi instalada solenemente no dia 1º de fevereiro de 1987, em memorável sessão presidida pelo Ministro Moreira Alves, Presidente do Supremo Tribunal Federal, que pronunciou erudito discurso que se prolongou por meia hora.

A 2 de fevereiro de 1987, é eleito Presidente da Constituinte o Deputado Ulysses Guimarães. Em 3 de fevereiro é apresentado, e em 10 de março aprovado, o Regimento Interno da Assembleia Constituinte. Em 26 de março foram eleitos os membros de sua Mesa Diretora.

---

[55] CERQUEIRA. *A constituição na história*: origem e reforma, p. 418.

Para a elaboração da nova Constituição, foram constituídas vinte e quatro comissões temáticas, cujos trabalhos se encerraram a 25 de maio de 1987, passando-se para a fase seguinte, que se realizou no âmbito de oito comissões temáticas que, por sua arte, elaboraram anteprojetos à Comissão de Sistematização. Em 25 de junho, o Relator da Comissão de Sistematização apresentou um projeto acabado de 551 artigos ao Presidente da Assembleia para ser apreciado conclusivamente pelo Plenário.

O projeto recebeu, no entanto, 5.615 emendas, ante o que o Relator apresenta um substitutivo aprovado pela Comissão. No dia 15 de julho, iniciaram-se as discussões, por quarenta dias, passando-se à fase de apresentação de emendas, inclusive as populares.

No dia 26 de agosto, com base nas 20.790 emendas de plenário e mais as populares, o Relator apresenta um outro substitutivo com 374 artigos. No dia 15 de setembro, após examinar as 14.320 emendas a este substitutivo, é apresentado, pelo Relator outro substitutivo com 336 artigos, que começa a ser votado no dia 24 de setembro, juntamente com os outros substitutivos e as milhares de emendas das fases anteriores.

Com a perspectiva de que o Projeto de Constituição aprovado pela Comissão de Sistematização, uma vez encaminhado ao Plenário seria presumivelmente aprovado, e considerando que de sua elaboração havia sido excluída a maioria dos parlamentares que não compunham a Comissão (para que fosse rejeitado qualquer dispositivo do Projeto necessário se fazia a aprovação de uma emenda por maioria absoluta do Congresso Constituinte), desencadeou-se uma reação, com o propósito de evitar que a vontade da minoria prevalecesse sobre a da maioria.

Com esses pressupostos, narra Cláudio Pacheco, "mobilizou-se uma reação, a que convergiram avultadas parcelas de constituintes, principalmente filiados aos maiores partidos, e a que logo se alcunhou de *Centrão*, o qual se pronunciou e se justificou em um Manifesto à Nação".[56]

O *Centrão* apresenta, em plenário, no dia 10 de setembro, um projeto de alteração do Regimento Interno, permitindo a apresentação de novas emendas ao Projeto da Comissão de Sistematização.

No dia 27 de janeiro de 1998, tem início a nova fase na condução dos trabalhos constituintes. Como a primeira matéria não consegue aprovação, a votação é adiada por vinte e quatro horas. No dia 28 de janeiro, são aprovadas as primeiras matérias.

No dia 30 de junho de 1988, encerra-se o primeiro turno, quando então ocorre uma das mais graves crises da Assembleia Constituinte: o Presidente da República, José Sarney, no dia 26 de julho, em cadeia de rádio e televisão, discursa durante cerca de meia hora, criticando o Projeto de Constituição que, se aprovado, tornaria o País ingovernável, porque acarretaria ao Estado ônus insuportável, sujeito que estaria o Tesouro a uma sobrecarga de 2 trilhões e 200 bilhões de cruzados, o que equivaleria a 132 bilhões e 600 milhões de dólares, acarretando os males do desemprego e a hiperinflação.[57]

---

[56] PACHECO. *Novo tratado das constituições brasileiras*, p. 117.
[57] Às vésperas da promulgação, o Presidente da República recuou de seus ataques à Constituição, dizendo: "A Constituição deve ser cumprida. Eu a critiquei, sempre com o espírito público, na fase de elaboração. Amanhã ela será lei. Ela é história. Serei o seu maior servidor."

A reação à fala presidencial foi imediata. No dia 28 de julho, o Deputado Ulysses Guimarães, Presidente da Constituinte, veio em defesa do Projeto de Constituição. E naquela mesma noite, a Constituinte aprovou, por 408 votos contra 18 e 55 abstenções, o Projeto de Constituição.

A partir daí aceleram-se os trabalhos de votação dos 1.744 destaques.

Na tarde do dia 22 de setembro de 1988, após vinte meses de trabalho, foi finalmente aprovado, em 2º turno, o texto definitivo da nova Constituição, com 245 artigos no corpo permanente e 70 no Ato das Disposições Transitórias.

De 22 de setembro até 5 de outubro, data da promulgação da Constituição, o texto foi submetido à Comissão de Redação, que corrigiu omissões e obscuridades. Para a realização deste trabalho, a Comissão contou com a participação do filólogo Celso Cunha, que teve 205 sugestões aprovadas pela Comissão, além de 212 dos próprios constituintes.[58] A Constituição promulgada continha 41.554 palavras em seu texto original, incluídas as assinaturas dos constituintes.

Dados estatísticos divulgados pela imprensa revelaram que a Constituinte de 1987 foi a maior de todas as Constituintes anteriores: foram necessárias 339 sessões e 2.400 horas de trabalho, com a apreciação de 66 mil emendas, mais de 15 mil pronunciamentos e cerca de 2,5 milhões de fotocópias. Todo esse trabalho contou com a participação de assessores diretos do plenário – um contingente de 500 servidores.

A Constituinte de 1987 não se baseou em anteprojeto do Governo, circunstância que tem sido apontada como um dos fatores que acarretaram demora e lentidão dos seus trabalhos. Embora convocada pelo Decreto n. 91.450, de 18 de julho de 1985, do Presidente José Sarney, sucessor do Presidente Tancredo Neves, falecido antes da posse, a Comissão Provisória de Estudos Constitucionais (Comissão de Notáveis) elaborou um texto que não foi encaminhado à Assembleia Constituinte pelo Presidente da República, o qual preferiu remetê-lo ao Ministério da Justiça. Tal fato tem sido explicado por haver o texto da Comissão adotado o sistema parlamentar de governo, contrariando, assim, o Presidente da República, que teria seus poderes reduzidos.

De qualquer modo, nos trabalhos da Constituinte de que resultou o texto da Constituição de 1988 houve a influência do direito estrangeiro, com destaque para as fontes portuguesas, espanholas, italianas, francesas, latino-americanas, e de direito anglo-americano.[59]

A legitimidade da Constituinte foi discutida, alguns pretendendo-a livre a soberana, outros querendo-a limitada. A propósito, escrevem Paulo Bonavides e Paes de Andrade, que "a Constituinte congressual não era indubitavelmente a forma mais legítima de assembleia para conduzir o processo ou exprimir sem pressupostos res-

---

[58] O texto oficial da Constituição é publicado pelo Senado, logo após a promulgação, com um prefácio do Deputado Ulysses Guimarães, intitulado de "A Constituição Coragem". Como se tratava de publicação oficial, foi o prefácio, pela sua impropriedade, retirado do texto oficial, tendo hoje apenas valor histórico.

[59] Cf. LYRA TAVARES. A Constituição brasileira de 1988: subsídios para os comparatistas. *In*: *Revista de Informação Legislativa*, n. 109, jan./mar. 1991, p. 71-108.

tritivos o exercício da soberania nacional em toda sua plenitude. A sub-representação política dos grandes Estados na composição do colégio constituinte se tornava assim patente, sendo, por conseguinte, óbvio que essa carência de plenitude e igualdade na representação conjunta do eleitorado fazia baixar o teor de representatividade e democracia do poder soberano no exercício da função constituinte, caindo consideravelmente o grau de sua legitimidade. Como a história tem suas desforras, a Carta de 1824 não pôde evitar a crise do Primeiro Reinado, a Confederação do Equador, a perda da Província Cisplatina e, finalmente, a abdicação. Será que a de 1987 não nos reservará igual feixe de surpresas, em face da crise econômica, financeira, política e social que a Nação atravessa? Terá ela legitimidade bastante para criar e fazer estável uma nova ordem institucional?".[60]

Enfatize-se, no entanto, que, convocada por meio de emenda à Constituição de 1967, o ato convocatório, no seu artigo 1º, declarava livre e soberana a Assembleia. E, uma vez instalada, passou a exercitar amplos poderes, inclusive para mudar as formas de Estado ou de governo, pois não estava vinculada à manutenção da federação ou da república. Além disso, como se constatou, foi ampla a participação popular nos trabalhos constituintes, ressaltando o Deputado Ulysses Guimarães, Presidente da Constituinte, que, durante os trabalhos, cerca de 5,4 milhões de pessoas transitaram pelo Edifício do Congresso Nacional, sendo ainda apresentadas 122 emendas populares, algumas com mais de um milhão de assinaturas, fato que revela o nível daquela participação, que hoje caracteriza as democracias.

A Constituição de 1988[61] contém na parte permanente nove títulos, assim denominados: Título I (Dos Princípios Fundamentais); Título II (Dos Direitos e Garantias Fundamentais); Título III (Da Organização do Estado); Título IV (Da Organização dos Poderes); Título V (Da Defesa do Estado e das Instituições Democráticas); Título VI (Da Tributação e do Orçamento); Título VII (Da Ordem Econômica e Financeira); Título VIII (Da Ordem Social); Título IX, que compreende as Disposições Constitucionais Gerais e o Ato das Disposições Constitucionais Transitórias.

Além de um preâmbulo, a Constituição declara, no Título I, denominado de "Princípios Fundamentais", ser a República Federativa do Brasil formada pela união indissolúvel dos Estados e Municípios e do Distrito Federal (os Municípios passam a ser considerados como entes federativos), constituindo-se em Estado Democrático de Direito, que se funda na soberania, na cidadania, na dignidade da pessoa humana, nos valores sociais do trabalho e da livre iniciativa, e no pluralismo político.

---

[60] BONAVIDES *et al. História constitucional do Brasil*, p. 102-489.
[61] Como lembra José Luiz Quadros de Magalhães, não é incorreto falar em Constituição Federal. É que, ao contrário do que sustentam alguns autores, quando afirmam ser a Constituição brasileira de 1988, da República e não Federal, tem-se que a Constituição não é apenas da União, mas da Federação, que compreende todos os entes federativos, e não apenas a União. Nessa ordem de ideias, nada há de incorreto denominar a Constituição de 1988 de Constituição Federal ou de Constituição da República: o que não pode é denominá-la de Constituição da União, que é um dos entes federativos, pessoa jurídica de direito público interno (*Direito constitucional*, t. III, p. 91).

Novas matérias foram introduzidas na Constituição, como os princípios fundamentais constantes do Título I; preceitos sobre seguridade social, compreendendo saúde, previdência social, assistência social, ciência e tecnologia, comunicação, meio ambiente, criança, adolescente, idoso, índio, alargando-se assim o campo constitucional.

Os direitos fundamentais foram deslocados para o início da Constituição, deixando de figurar no seu final, como ocorria nos textos anteriores.

Os direitos fundamentais foram ampliados no texto constitucional, que introduziu novos direitos, novas formas de liberdade e novas garantias no nosso ordenamento (art. 5º).

De se destacar, no âmbito dos direitos fundamentais, como novas garantias fundamentais, o mandado de segurança coletivo, cuja impetração é assegurada a partidos políticos, organizações sindicais ou de classe ou associações legalmente constituídas e em funcionamento há pelo menos um ano; o mandado de injunção, para possibilitar o exercício de direitos e liberdades constitucionais e das prerrogativas inerentes à nacionalidade, à soberania e à cidadania, sempre que a falta de norma regulamentadora inviabilize o exercício desses direitos e prerrogativas; o *habeas data*, para conhecimento de informações constantes de registros ou de bancos de dados de entidades governamentais ou de caráter público, e para retificação desses dados.

Os direitos sociais são declarados nos arts. 6º a 11, e abrangem o direito à educação, a saúde, o trabalho, a moradia, o lazer, a segurança, a previdência social, a proteção à maternidade e à infância, a assistência aos desamparados, os direitos dos trabalhadores atinentes à segurança no emprego, ao salário, associação sindical, greve, e participação.

Além dos direitos fundamentais declarados ao longo do Título II, a Constituição de 1988 traz, no setor destinado à ordem social (arts. 193 a 232), inúmeras normas que dizem respeito aos direitos fundamentais, destacando-se o direito ao transporte, a proibição de comercialização de órgãos, tecidos e substâncias humanas, sangue e seus derivados; a gratuidade e a gestão democrática do ensino público; o acesso ao ensino obrigatório como direito público subjetivo; a obrigação de reparação do ambiente degradado após exploração mineral; a formulação do planejamento familiar à livre decisão do casal; o apoio à adoção; o reconhecimento da organização social e cultural e a proteção das terras dos índios; o pluralismo de ideias e de concepções pedagógicas e a coexistência de instituições públicas e privadas do ensino; a possibilidade de os recursos públicos serem dirigidos a escolas comunitárias, confessionais e filantrópicas, sem fins lucrativos; consideração do ensino religioso facultativo como disciplina dos horários normais das escolas públicas do ensino fundamental.

No Capítulo dedicado aos direitos políticos, prevê-se o plebiscito, o referendo e a iniciativa popular; a capacidade eleitoral ativa passa para 16 anos, neste caso, o alistamento e o voto são facultativos, pois somente obrigatórios a partir dos 18 anos. No setor dedicado aos partidos políticos, que passam a ser pessoas jurídicas de direito privado, a Constituição traz normas relativas à livre criação, fusão, incorporação e extinção, o caráter nacional, a proibição de recebimento de recursos financeiros de entidade ou governo estrangeiros ou de subordinação a estes, a prestação de contas à Justiça Eleitoral, o funcionamento parlamentar de acordo com a lei, a autonomia para definir sua estrutura interna, organização e funcionamento, a exigência de normas de fidelidade e disciplinas partidárias, o direito a recursos do fundo partidário e acesso gratuito ao rádio e à televisão, na forma da lei. Menciona ainda a Constituição, que a lei que alterar o processo eleitoral entrará em vigor na data de sua publicação, não se aplicando à eleição que ocorra até um ano da data de sua vigência (redação da EC n. 4/1993).

A "ordem econômica" mereceu Título próprio, destacando-se da "ordem social", de forma a atender as funções do Estado contemporâneo.

No domínio da ordem econômica convivem princípios do Estado liberal e do Estado social de direito. A constituição econômica, ao mesmo tempo em que declara como um dos princípios da ordem econômica a livre concorrência, institui a busca do pleno emprego como um outro princípio.

Relativamente à organização do Estado e dos Poderes, a Constituição mantém o Estado Federal e a divisão dos Poderes, consagra a República e o presidencialismo.

O Estado Federal é integrado pela União, Estados-Membros, Municípios e Distrito Federal. A Constituição prevê Territórios, que integram a União, Regiões Administrativas e Regiões de Desenvolvimento.

O art. 11 do Ato das Disposições Transitórias confere a cada Assembleia Legislativa dos Estados poderes constituintes para elaborar a Constituição Estadual, no prazo de um ano, contado da promulgação da Constituição Federal, obedecidos os princípios nela estabelecidos.

O Poder Legislativo é bicameral, exercido pelo Congresso Nacional, que se compõe da Câmara dos Deputados e do Senado Federal. Os Deputados são eleitos para mandato de 4 anos, pelo sistema proporcional, e os Senadores (em número de 3 por Estado e Distrito Federal), para mandato de 8 anos, pelo sistema majoritário.

O Presidente da República é eleito pelo sistema de dois turnos, por 4 anos, havendo, no entanto, um só turno se nele o candidato obtiver a maioria absoluta de votos. A eleição do Presidente implica a do Vice-Presidente com ele registrado. O Presidente da República é auxiliado pelos Ministros de Estado, que referendam os atos e decretos por ele assinados.

A reeleição do Presidente da República para um único período subsequente foi introduzida pela EC n. 16/1997.

O Poder Judiciário é integrado pelo Supremo Tribunal Federal, composto de 11 Ministros nomeados pelo Presidente da República, depois de aprovada a escolha pelo Senado, pelo Superior Tribunal de Justiça, pelos Tribunais Regionais Federais e Juízes Federais, pelos Tribunais e Juízes do Trabalho, pelos Tribunais e Juízes Eleitorais, pelos Tribunais e Juízes Militares e pelos Tribunais e Juízes dos Estados e do Distrito Federal e Territórios.

A Constituição de 1988, no entender de Paulo Bonavides, "é basicamente em muitas de suas dimensões essenciais uma Constituição do Estado Social. Portanto, os problemas constitucionais referentes a relações de poderes e exercício de direitos subjetivos têm que ser examinados e resolvidos à luz dos conceitos derivados daquela modalidade de ordenamento. Com efeito, não é possível compreender o constitucionalismo do Estado social brasileiro contido na Carta de 1988 se fecharmos os olhos à teoria dos direitos sociais fundamentais, ao princípio da igualdade, aos institutos processuais que garantem aqueles direitos e aquela liberdade e ao papel que doravante assume na guarda da Constituição o Supremo Tribunal Federal".[62]

9.   REVISÃO E EMENDAS À CONSTITUIÇÃO DE 1988

Prevista no artigo 3º do Ato das Disposições Constitucionais Transitórias, para se realizar após cinco anos contados da promulgação da Constituição de 1988, a revisão constitucional, de que foi relator-geral o Deputado Nelson Jobim, iniciou-se no dia 13 de outubro de 1993, em sessão unicameral do Congresso Nacional, instalada sob a presidência do Senador Humberto Lucena.

Antes mesmo de se iniciarem os trabalhos da revisão, três correntes disputavam a prevalência de suas ideias.

Para a primeira corrente, a revisão estava limitada ao resultado do plebiscito de 7 de setembro de 1993, antecipado para 21 de abril, pela relação existente entre os artigos 2º e 3º do Ato das Disposições Constitucionais Transitórias. Mantidos o presidencialismo e a república, não haveria que falar em revisão do texto constitucional, possível apenas no caso de vitória plebiscitária do parlamentarismo ou da monarquia constitucional, o que não ocorreu, já que 55,45% dos votantes optou pelo presidencialismo contra 24,65% dos votos para o parlamentarismo. A república recebeu 66,06% dos votos, enquanto a monarquia constitucional obteve apenas 10,21% deles.

A segunda corrente aceitava a revisão independentemente do resultado do plebiscito, mas limitada pelo cerne imutável da Constituição, as chamadas cláusulas pétreas do artigo 60, § 4º, quais sejam: forma federativa de Estado, voto direto, secreto, universal e periódico, separação de Poderes, direitos e garantias individuais.

A terceira corrente entendia ser possível que a revisão alterasse toda a Constituição, ultrapassando o seu cerne imutável, eis que, prevista no Ato das Disposições Constitucionais Transitórias, e não na parte permanente da Constituição, dela se achava desvinculada.

O Regimento Interno da Assembleia Revisora vedou emendas revisionais que incidissem na proibição do § 4º do artigo 60 da Constituição, adotando então o entendimento da segunda corrente acima referida.

É de se destacar que o Regimento Interno admitiu a possibilidade de promulgação imediata de emenda revisional, o que ensejou a promulgação, em 1 de março de 1994, da Emenda Constitucional de Revisão n. 1, que incluiu os artigos 71 a 73 no Ato das Disposições Constitucionais Transitórias, instituindo o Fundo Social de Emergência.

No dia 31 de maio de 1994, foram encerrados os trabalhos da Assembleia Revisora e, em 7 de junho de 1994, promulgadas as Emendas Constitucionais de Revisão n. 2 a 6.

Dentre as alterações do texto constitucional promovidas pela revisão, destaca-se apenas a redução do mandato do Presidente da República de cinco para quatro anos.

---

[62] BONAVIDES. *Curso de direito constitucional*, p. 336 e 338.

As demais modificações, incidindo sobre as regras de nacionalidade, inelegibilidade, perda do mandato de congressista e extensão da relação das autoridades que deverão prestar informações à Câmara dos Deputados e ao Senado Federal, ou a qualquer de suas comissões, não foram substanciais, o que revela a ineficácia da revisão constitucional.

O malogro da revisão resulta, de certo modo, do contexto político-institucional em que foi instalado o Congresso revisor, balizado por quatro fatores: "a) as especificidades do governo de transição e de 'salvação nacional', que caracterizaram o período pós-*impeachment*, e, de forma geral, a gestão Itamar Franco em seu primeiro ano (outubro 1992 a outubro de 1993); b) a comoção institucional causada pela CPI do orçamento; c) a crise fiscal e o *timing* das discussões constitucionais, que se desenrolavam simultaneamente com a elaboração do orçamento para 1994; d) e o calendário eleitoral de 1994."[63]

Inúmeras passaram a ser as emendas promulgadas à Constituição de 1988,[64] que se aceleraram, a partir do governo Fernando Henrique Cardoso, com vistas a adaptar o texto constitucional ao chamado neoliberalismo que, como sistema político, filosófico e econômico, propõe-se a inserir o Brasil no quadro da economia mundial de mercado, a chamada globalização, e esvaziar o Estado dos pesados ônus que, segundo os defensores daquele sistema, vem suportando por força de alguns institutos da Constituição de 1988.

Nessa perspectiva, entre as emendas aprovadas pelo Congresso Nacional, destacam-se as que tratam da ruptura do monopólio estatal relativo aos serviços de telecomunicações, à pesquisa e lavra das jazidas de petróleo e gás natural e outros carbonetos fluidos, a refinação de petróleo nacional ou estrangeiro, importação e exportação dos produtos e derivados básicos resultantes dessas atividades, bem como a eliminação da figura da empresa brasileira.

Promulgou-se ainda a Emenda Constitucional n. 16, de 4 de junho de 1997, pela qual se introduziu em nosso país a reeleição do Presidente da República, Governadores de Estado e do Distrito Federal, e de Prefeitos Municipais, para um único período subsequente ao do término de seus mandatos.

A ela se seguiram as Emendas Constitucionais: de n. 17/1997, que altera dispositivos dos arts. 71 e 72 do Ato das Disposições Constitucionais Transitórias, introduzidos pela Emenda Constitucional de Revisão n. 1, de 1994; de n. 18/1998, que dispõe sobre o regime constitucional dos militares; de n. 19/1998 (emenda da reforma administrativa), que modifica o regime e dispõe sobre princípios e normas da Administração Pública, servidores e agentes políticos, controle de despesas e finanças públicas e custeio de atividades a cargo do Distrito Federal; de n. 20/1998,

---

[63] MELO. *Reformas constitucionais no Brasil* – instituições políticas e processo decisório, p. 61.
[64] Para um detalhado estudo sobre as mudanças na Constituição de 1988, por via de emendas constitucionais, cf. MELO. *Reformas constitucionais no Brasil:* instituições políticas e processo decisório; Hiperconstitucionalização e qualidade da democracia. In: *A democracia brasileira:* balanço e perspectivas para o século 21. MELO; SÁEZ (Orgs.), p. 237-265. SOUZA. Regras e contexto: as reformas da Constituição de 1988. In: *DADOS – Revista de Ciências Sociais*, v. 51, n. 4, p. 791-822.

que modifica o regime de previdência social; de n. 21/1999, que prorroga, alterando a alíquota, a contribuição provisória sobre movimentação ou transmissão de valores e de créditos e de direitos de natureza financeira, a que se refere o art. 74 do Ato das Disposições Constitucionais Transitórias; de n. 22/1999, que possibilita a criação dos juizados especiais no âmbito da Justiça Federal; de n. 23/1999, que institui o cargo de Ministro de Estado da Defesa e os de Comandantes da Marinha, do Exército e da Aeronáutica; de n. 24/99, que extingue a representação classista na Justiça do Trabalho; de n. 25/2000, com entrada em vigor no dia 1º de janeiro de 2001, que dá nova redação ao inciso VI do artigo 29 da Constituição Federal, acrescenta-lhe o artigo 29-A, criando ainda a figura do crime de responsabilidade para o Prefeito Municipal e para o Presidente da Câmara Municipal, nas condições nela previstas; de n. 26/2000, que acrescenta a moradia no elenco dos direitos sociais previstos no artigo 6º da Constituição Federal. Foram ainda promulgadas as Emendas Constitucionais de n. 27/2000, que dá nova redação ao inciso XXIX do artigo 7º e revoga o artigo 233 da Constituição Federal, alterando o prazo prescricional para as ações quanto aos créditos resultantes das relações de trabalho; de n. 28/2000, que dá nova redação ao inciso XXIX do art. 7º e revoga o art. 233 da Constituição Federal; de n. 29/2000, que altera os artigos 34, 35, 156, 160, 167 e 198 da Constituição Federal, e acrescenta o artigo 77 ao Ato das Disposições Constitucionais Transitórias, para assegurar os recursos mínimos para o financiamento das ações e serviços públicos de saúde; de n. 30/2000, que altera o artigo 100 da Constituição Federal e acrescenta o artigo 78 ao Ato das Disposições Constitucionais Transitórias referentes ao pagamento de precatórios judiciários; de n. 31/2000, que altera o Ato das Disposições Constitucionais Transitórias, introduzindo artigos que criam o Fundo de Combate e Erradicação da Pobreza, para vigorar até o ano de 2010, a ser regulado mediante lei complementar, com o objetivo de viabilizar a todos os brasileiros acesso a níveis dignos de subsistência; de n. 32/2001, que altera o regime constitucional das medidas provisórias; de n. 33/2001, que altera os arts. 149, 155 e 177 da Constituição Federal; de n. 34/2001, que dá nova redação à alínea *c* do inciso XVI do art. 37 da Constituição Federal, permitindo a cumulação de dois cargos ou empregos privativos de profissionais de saúde, com profissões regulamentadas; de n. 35/2001, que dá nova redação ao art. 53 da Constituição Federal, fixando novas regras acerca das imunidades parlamentares; de n. 36/2002, que dá nova redação ao art. 222 da Constituição Federal, para permitir a participação de pessoas jurídicas no capital social de empresas jornalísticas e de radiodifusão sonora e de sons e imagens, nas condições que especifica; de n. 37/2002, que altera os arts. 100 (precatórios judiciários) e 156, no que se refere ao imposto sobre serviços de qualquer natureza, de competência dos Municípios, da Constituição Federal, e acrescenta os arts. 84 a 88 ao Ato das Disposições Constitucionais Transitórias; de n. 38/2002, que acrescenta o art. 89 ao Ato das Disposições Constitucionais Transitórias, incorporando os Policiais Militares do extinto Território Federal de Rondônia aos Quadros da União; de n. 39/2002, que acrescenta o art. 149-A à Constituição Federal, instituindo contribuição para custeio do serviço de iluminação pública nos Municípios e no Distrito Federal.

No governo Lula, foram promulgadas as Emendas Constitucionais: de n. 40/2003, que altera o inciso V do art. 163 e o art. 192 da Constituição Federal, e o *caput* do art. 52 do Ato das Disposições Constitucionais Transitórias; de n. 41/2003 (emenda da reforma previdenciária), que modifica os arts. 37, 40, 42, 48, 96, 149 e 201 da Constituição Federal, revoga o inciso IX do § 3º do art. 142 da Constituição Federal e dispositivos da Emenda Constitucional n. 20, de 15 de dezembro de 1998; de n. 42/2003, que altera o Sistema Tributário Nacional; de n. 43/2004, que altera o art. 42 do Ato das Disposições Constitucionais Transitórias, prorrogando, por 10 (dez) anos, a aplicação, por parte da União, de percentuais mínimos do total dos recursos destinados à irrigação nas Regiões Centro-Oeste e Nordeste; de n. 44/2004, que altera o Sistema Tributário Nacional, para modificar a redação do inciso III do art. 159 da Constituição Federal; de n. 45/2004, que altera dispositivos dos arts. 5º, 36, 52, 92, 93, 95, 98, 99, 102, 103, 104, 105, 107, 109, 111, 112, 114, 115, 125, 126, 127, 128, 129, 134 e 168 da Constituição Federal, e acrescenta-lhe os arts. 103-A, 103-B, 111-A e 130-A (emenda da reforma do Poder Judiciário); de n. 46/2005, que altera o inciso IV do art. 20 da Constituição Federal; de n. 47/2005, que altera os arts. 37, 40, 195 e 201 da Constituição Federal, para dispor sobre a previdência social; de n. 48/2005, que acrescenta o § 3º ao art. 215 da Constituição Federal, instituindo o Plano Nacional de Cultura; de n. 49/2006, que altera a redação da alínea *b* e acrescenta alínea *c* ao inciso XXIII do art. 21 e altera a redação do inciso V do *caput* do art. 177 da Constituição Federal, para excluir do monopólio da União a produção, a comercialização e a utilização de radioisótopos de meia-vida curta, para usos médicos, agrícolas e industriais; de n. 50/2006, que modifica o art. 57 da Constituição Federal, para reduzir o recesso parlamentar; de n. 51/2006, que acrescenta os §§ 4º, 5º e 6º ao art. 198 da Constituição Federal; de n. 52/2006, que dá nova redação ao § 1º do art. 17 da Constituição Federal, para disciplinar as coligações eleitorais; de n. 53/2006, que dá nova redação aos arts. 7º, 23, 30, 206, 208, 211 e 212 da Constituição Federal e ao art. 60 do Ato das Disposições Constitucionais Transitórias, dispondo sobre o Fundo de Manutenção e Desenvolvimento da Educação Básica e de Valorização dos Profissionais da Educação – FUNDEB; de n. 54/2007, que dá nova redação à alínea *c* do inciso I do art. 12 da Constituição Federal e acrescenta o art. 95 ao Ato das Disposições Constitucionais Transitórias, assegurando o registro nos consulados de brasileiros nascidos no estrangeiro; de n. 55/2007, que altera o art. 159 da Constituição Federal, aumentando a entrega de recursos pela União ao Fundo de Participação dos Municípios; de n. 56/2007, que prorroga o prazo previsto no *caput* do art. 76 do Ato das Disposições Constitucionais Transitórias e dá outras providências; de n. 57/2008, que acrescenta artigo ao Ato das Disposições Constitucionais Transitórias para convalidar os atos de criação, fusão, incorporação e desmembramento de Municípios; de n. 58/2009, que altera a redação do inciso IV do *caput* do art. 29-A da Constituição Federal, tratando das disposições relativas à recomposição das Câmaras Municipais; de n. 59/2009, que acrescenta § 3º ao art. 76 do Ato das Disposições Constitucionais Transitórias para reduzir, anualmente, a partir do exercício de 2009, o percentual da Desvinculação das Receitas da União incidente sobre os recursos destinados à manutenção e desenvolvimento do ensino de que trata o art. 212 da Constituição Federal, dá nova redação aos incisos I e VII do art. 208, de forma a prever a obrigatoriedade do ensino de quatro a dezessete anos e ampliar a abrangência dos programas suplementares para todas as etapas da educação básica, e dá nova redação ao § 4º do art. 211 e ao §

3º do art. 212 e ao *caput* do art. 214, com a inserção neste dispositivo de inciso VI; de n. 60/2009, que altera o art. 89 do Ato das Disposições Constitucionais Transitórias para dispor sobre o quadro de servidores civis e militares do ex-Território Federal de Rondônia; de n. 61/2009, que altera o art. 103-B da Constituição Federal, para modificar a composição do Conselho Nacional de Justiça; de n. 62/2009, que altera o art. 100 da Constituição Federal e acrescenta o art. 97 ao Ato das Disposições Constitucionais Transitórias, instituindo regime especial de pagamento de precatórios pelos Estados, Distrito Federal e Municípios..

No governo Dilma, promulgaram-se as Emendas Constitucionais: de n. 63/2010, que altera o § 5º do art. 198 da Constituição Federal para dispor sobre piso salarial profissional nacional e diretrizes para os Planos de Carreira de agentes comunitários de saúde e de agentes de combate às endemias; de n. 64/2010, que altera o art. 6º da Constituição Federal, para introduzir a alimentação como direito social; de n. 65/2010, que altera a denominação do Capítulo VII do Título VIII da Constituição Federal e modifica o seu art. 227, para cuidar dos interesses da juventude; de n. 66/2010, que dá nova redação ao § 6º do art. 226 da Constituição Federal, que dispõe sobre a dissolubilidade do casamento civil pelo divórcio, suprimindo o requisito de prévia separação judicial por mais de 1 (um) ano ou de comprovada separação de fato por mais de 2 (dois) anos; de n. 67/2010, que prorroga, por tempo indeterminado, o prazo de vigência do Fundo de Combate e Erradicação da Pobreza; de n. 68/2011, que altera o art. 76 do Ato das Disposições Constitucionais Transitórias, para desvincular de órgão, fundo ou despesa, até 31 de dezembro de 2015, 20% (vinte por cento) da arrecadação da União de impostos, contribuições sociais e de intervenção no domínio econômico, já instituídos ou que vierem a ser criados até a referida data, seus adicionais e respectivos acréscimos legais; de n. 69/2012, que altera os arts. 21, 22 e 48 da Constituição Federal, para transferir da União para o Distrito Federal as atribuições de organizar e manter a Defensoria Pública do Distrito Federal; de n. 70/2012, que acrescenta art. 6º-A à Emenda Constitucional n. 41, de 2003, para estabelecer critérios para o cálculo e a correção dos proventos da aposentadoria por invalidez dos servidores públicos que ingressaram no serviço público até a data da publicação daquela Emenda Constitucional; de n. 71/2012, que acrescenta o art. 216-A à Constituição Federal, para instituir o Sistema Nacional de Cultura ;de n. 72/2013, que altera a redação do parágrafo único do art. 7º da Constituição Federal para estabelecer a igualdade de direitos trabalhistas entre os trabalhadores domésticos e os demais trabalhadores urbanos e rurais; de n. 73/2013, que cria os Tribunais Regionais Federais da 6ª, 7ª, 8ª e 9ª Regiões; de n.74/2013, que determina seja aplicado às Defensorias Públicas da União e do Distrito Federal, o disposto no § 2º do art. 134 da Constituição Federal, assegurando-lhes autonomia funcional e administrativa e a iniciativa de sua proposta orçamentária; de n.75/2013, que acrescenta a alínea e ao inciso VI do art. 150 da Constituição Federal, instituindo imunidade tributária sobre os fonogramas e videofonogramas musicais produzidos no Brasil contendo obras musicais ou literomusicais de autores brasileiros e/ou obras em geral interpretadas por artistas brasileiros bem como os suportes materiais ou arquivos digitais que os contenham; de n. 76/2013, que altera o § 2º do art. 55 e o § 4º do art. 66 da Constituição Federal, para abolir a votação secreta nos casos de perda de mandato de Deputado ou Senador e de apreciação de veto; de n. 77/2014, que altera os incisos II, III e VIII do § 3º do art. 142 da Constituição Federal, para estender aos profissionais de saúde das Forças Armadas a possibilidade de cumulação de cargo a que se refere o art. 37, inciso XVI, alínea "c"; de n. 78/2014, que acrescenta art. 54-A ao Ato das Disposições Constitucionais Transitórias, para dispor sobre indenização devida aos seringueiros de que trata o art. 54 desse Ato; de n. 79/2014, que altera o art. 31 da Emenda Constitucional n, 19, de 4 de junho de 1998, para prever a inclusão, em quadro em extinção da Administração Federal, de servidores e policiais militares admitidos pelos Estados do Amapá e de Roraima, na fase de instalação dessas unidades federadas; de n. 80/2014, que altera o Capítulo IV - Das Funções Essenciais à Justiça, do Título IV - Da Organização dos Poderes, e acrescenta artigo ao Ato das Disposições Constitucionais Transitórias da Constituição Federal; de n. 81/2014, que dá nova redação ao art. 243 da Constituição Federal; de n. 82/2014, que inclui o § 10 ao art. 144 da Constituição Federal, para disciplinar a segurança viária no âmbito dos Estados, do Distrito Federal e dos Municípios; de n. 83/2014, que acrescenta o art. 92-A ao Ato das Disposições Constitucionais Transitórias – ADCT, para acrescer 50 (cinquenta) anos ao prazo fixado pelo art. 92 deste ADCT; de n. 84/2014, que altera o art. 159 da Constituição Federal para aumentar a entrega de recursos pela União para o Fundo de Participação dos Municípios.

CAPÍTULO 15

TEORIA DOS DIREITOS FUNDAMENTAIS

SUMÁRIO

1. Histórico e concepções teórico-jurídicas – as gerações de direitos fundamentais – 2. Valor jurídico das declarações de direitos – 3. Classificação – 4. Limites e funções dos direitos fundamentais – 5. Direitos fundamentais e relações jurídicas entre particulares – 6. Direitos republicanos – 7. As necessidades humanas e os novos direitos fundamentais – 8. Direito de resistência – a desobediência civil – 9. Direitos e garantias individuais e os direitos sociais e econômicos: intensidade normativa – 10. Direitos fundamentais atípicos e análogos – 11. Tratados internacionais de direitos humanos e sua eficácia no direito interno – 12. Três declarações: 1776, 1789, 1948.

1. HISTÓRICO E CONCEPÇÕES TEÓRICO-JURÍDICAS – AS GERAÇÕES DE DIREITOS FUNDAMENTAIS

Os direitos fundamentais constituem tema estudado pela Filosofia do Direito, pela Teoria do Estado, pelo Direito Constitucional e pelo Direito Internacional.

Iniciamos o estudo de uma teoria dos direitos fundamentais com uma abordagem histórica, que consideramos de singular importância para a exposição do seu processo evolutivo, por informar o sistema de valores e a concepção de mundo em torno da qual ocorre a sua mutação. Não se pode, contudo, deixar de assinalar a natureza jurídico-política desses direitos. No terreno da elaboração dogmática inerente à Ciência do Direito, Jorge Miranda nos oferece o que denomina de "algumas sínteses, sistemas de cristalização dos direitos fundamentais, teorias jurídicas ou pré-compreensões dos direitos fundamentais", advertindo que nenhuma delas vale autonomamente ou se impõe à margem do Direito Positivo, nem se substitui ao esforço do jurista ou fornece soluções práticas, mas é apenas auxílio de interpretação, construção e sistematização jurídica. São em número de sete as principais teorias: a liberal, a institucionalista, a conservadora, a dos valores, a democrática, a social e a socialista marxista. Diz-se então que: "a) a teoria liberal tende a reconduzir os direitos fundamentais a direitos de autonomia e de defesa, individuais e fortemente subjectivados; b) a teoria institucionalista tende a reconduzi-las ou a inseri-las em instituições, em enquadramentos objectivos e funcionais; c) a teoria conservadora tende a subordinar a liberdade individual à autoridade e à tradição, bem como a realçar a integração do indivíduo em corpos intermediários, com funções específicas; d) a teoria dos valores tende a identificá-los com valores, com princípios éticos difundidos na comunidade política e a que fica subordinada a acção individual; e) a teoria democrática tende a identificá-los com direitos de participação, ligados à realização da democracia e à conformação por ela da vida colectiva; f) a teoria social tende a afirmar a dimensão social e positiva de todos os direitos, inclusive as liberdades, e a salientar a natureza de direitos subjectivos dos direitos sociais; g) a teoria socialista marxista tende a realçar a dimensão econômica e concreta de todos os direitos, a dependência das condições materiais do seu exercício e a sua necessária adstrição à estrutura da sociedade."[1]

Entre as teorias de justificação dos direitos humanos, destaca-se o procedimentalismo discursivo de Habermas, para quem os direitos não têm um fundamento subjetivo nem objetivo, mas intersubjetivo resultante das interações que se dão com o uso das liberdades comunicativas pelos cidadãos, e decorrem da força do melhor argumento. O parâmetro de legitimidade do Direito e do Estado como Democrático de Direito leva à concepção dos direitos fundamentais universais, que se dividem em cinco categorias: *a)* os direitos derivados da configuração politicamente autônoma à maior medida possível de iguais liberdades subjetivas de ação; *b)* os direitos ligados ao *status* de um membro numa associação voluntária de parceiros do direito; *c)* os direitos que resultam imediatamente da possibilidade de postulação judicial de direitos e da configuração politicamente autônoma da proteção jurídica individual; são direitos que se sustentam na pretensão de uma justiça independente e imparcial nos seus julgamentos, de forma a protegê-los por meio do poder de sanção do Estado; *d)* os direitos de participação nos processos de formação da opinião e da vontade, nos quais os civis exercitam sua autonomia política e através dos quais eles criam direto legítimo; *e)* os direitos que se ligam às condições de vida garantidas social, técnica e ecologicamente, na medida em que isso for necessário para um aproveitamento, em igualdade de chances, dos direitos acima elencados.[2]

Os direitos individuais, entendidos como inerentes ao homem e oponíveis ao Estado, surgiram em fins do século XVIII, com as declarações de direitos na França e nos Estados Unidos.[3] A origem dos direitos individuais do homem, para Alexandre

---

[1] MIRANDA. *Manual de direito constitucional*, t. 4, p. 46-48.
[2] HABERMAS. *Direito e democracia*. Entre facticidade e validade, v. I, p. 159-160. Cf. ainda SAMPAIO. *Direitos fundamentais*, p. 59-133, em que aborda, de forma ampla e exaustiva, as teorias de justificação dos direitos humanos.
[3] Os direitos individuais, acima mencionados, como se examinará neste Capítulo, não esgotam os direitos do homem na sua historicidade. Com efeito, "os direitos não nascem todos de uma vez. Nascem quando devem ou podem nascer. Nascem quando o aumento do poder do homem sobre o homem – que acompanha inevitavelmente o progresso técnico, isto é, o progresso da capacidade do homem de dominar a natureza e os outros homens – ou cria novas ameaças à

de Moraes, "pode ser apontada no antigo Egito e Mesopotâmia, no terceiro milênio a.C., onde já eram previstos alguns mecanismos para proteção individual em relação ao Estado. O Código de Hammurabi (1690 a.C.) talvez seja a primeira codificação a consagrar um rol de direitos comuns a todos os homens, tais como a vida, a propriedade, a honra, a dignidade, a família, prevendo, igualmente, a supremacia das leis em relação aos governantes".[4]

Não existiram na Antiguidade grega e romana, não obstante a referência estoicista às ideias de dignidade e igualdade. A *polis* grega e a *civitas romana* absorviam o homem na sua dimensão individual, não se manifestando a liberdade como direito autônomo: livre era o cidadão que gozava de capacidade para se integrar no Estado, participando das decisões políticas. Mesmo nas Artes e na Religião, não se concebia o homem na sua individualidade, já que era absorvido pelo todo, como dimensão da comunidade política. Nada obstante, destaque-se a importância da Lei das XII Tábuas, redigida no período republicano de Roma, como norma escrita consagradora das liberdades individuais, da propriedade e da proteção dos cidadãos contra o Estado, e que resultou da luta por igualdade encabeçada pela classe mais oprimida, a dos plebeus.

O cristianismo é apontado como marco inicial dos direitos fundamentais, manifestados nas parábolas de Jesus sobre o reino dos céus: a César o que é de César e a Deus o que é de Deus. "Os direitos fundamentais do homem foram pregados por Jesus", é o que, em livro dedicado ao tema, fala João de Oliveira Filho.[5] Nesse sentido, observa ainda José Carlos Vieira de Andrade que, "no seguimento da tradição cristã, o poder temporal deixa de submeter o poder espiritual (pelo contrário, haveria de defender-se a sua ordinação a este último), tornando-se um poderio limitado, em contraposição ao totalitarismo da *polis*".[6]

Na Inglaterra medieval, os direitos fundamentais foram marcados pelo pragmatismo e significaram concessões ou privilégios para a Igreja, nobreza, corporações, não se reconhecendo direitos universais, mas concretos, em relação aos que os subscreviam: a *Magna Carta Libertatum*, de João Sem-Terra, se obrigava a respeitar alguns direitos, como o direito à vida, a administração da justiça, garantias do processo criminal,[7] a *Petition of Rights*,

---

liberdade do indivíduo, ou permite novos remédios para as suas indigências" (BOBBIO. *A era dos direitos*, p. 6). De qualquer perspectiva que se lhes considere, os direitos do homem são universais, mantendo, contudo, seu caráter de temporalidade, pelo que se revelam na história em gerações ou dimensões, relacionadas com o seu alargamento objetivo e subjetivo. Afasta-se, nessa concepção, a inerência dos direitos fundamentais, como se fossem um DNA da pessoa.

[4] MORAES. *Direitos humanos fundamentais*, p. 6.
[5] OLIVEIRA FILHO. *Origem cristã dos direitos fundamentais*, p. 12.
[6] ANDRADE. *Os direitos fundamentais na constituição portuguesa de 1976*, p. 13.
[7] *Magna Carta Libertatum*: "1. A Igreja da Inglaterra será livre e manterá os seus direitos íntegros e as suas liberdades intocadas; e é nossa vontade que assim seja observada; o que é evidente pelo fato de que, antes de principiar a atual querela entre nós e nossos barões, nós, voluntária e espontaneamente, garantimos e pela nossa carta confirmamos a liberdade de escolha (dos superiores eclesiásticos), a qual é reconhecida como da maior importância e verdadeiramente essencial para a Igreja inglesa *(omissis)*. 12. Nenhuma taxa de isenção do serviço militar *(scutagium)* nem contribuição alguma será criada em nosso reino, salvo mediante o consentimento do conselho comum do reino, a não ser para resposta da nossa pessoa, para armar cavaleiro o nosso filho mais velho e para celebrar,

de 1628,[8] assinada por Carlos I, o *Habeas Corpus Amendment Act* (1679),[9] assinado por Carlos II, e o *Bill of Rights*, de 1689,[10] subscrito por Guilherme de Orange.

Foi, no entanto, com a Revolução Francesa de 1789 que os direitos fundamentais ganharam universalidade, pois as declarações de direitos (que constavam de documento à parte do texto da Constituição) eram fundadas em bases filosóficas e teóricas, destacando-se o *Contrato social* de Rousseau e as concepções jusnaturalistas.

---

uma única vez, o casamento de nossa filha mais velha; e para isto, tão somente, uma contribuição razoável será lançada. 39. Nenhum homem livre será detido ou preso, nem privado de seus bens (*disseisiatur*), nem banido (*utlagetur*) ou, de algum modo, prejudicado (*destruatur*), nem agiremos ou mandaremos agir contra ele, senão mediante um juízo legal de seus pares ou segundo a lei da terra (*nisi per legale iudicium parium suorum vel per legem terre*)." – Texto traduzido por Fábio Konder Comparato, que, sobre a grafia da *Magna Carta* observa: o vocábulo, oriundo da língua grega, era grafado no latim clássico com *ch*, mas foi usado, durante toda a Idade Média, sem *h* (COMPARATO. *A afirmação histórica dos direitos humanos*, p. 67, 79-81).

A *Magna Carta Libertatum* foi confirmada seis vezes por Henrique III; três vezes por Eduardo I; catorze vezes por Eduardo III; seis vezes por Ricardo II; seis vezes por Henrique IV; uma vez por Henrique V, e uma vez por Henrique VI (MIRANDA. *Textos históricos do direito constitucional*, p. 13).

[8] A *Petition of Rigths*, na linha da *Magna Carta*, exige o respeito ao princípio do consentimento na tributação, no do julgamento pelos pares para a privação da liberdade, ou da propriedade, na proibição de detenções arbitrárias, entre outros direitos e garantias.

[9] O *Habeas Corpus Amendment Act* previa que "por meio de reclamação ou requerimento escrito de algum indivíduo ou a favor de algum indivíduo detido ou acusado da prática de um crime (exceto se se tratar de traição ou felonia, assim declarada no mandado respectivo, ou de cumplicidade ou de suspeita de cumplicidade, no passado, em qualquer traição ou felonia, também declarada no mandado, e salvo o caso de formação de culpa ou incriminação em processo legal), o lorde-chanceler ou, em tempo de férias, algum juiz dos tribunais superiores, depois de terem visto cópia do mandado ou o certificado de que a cópia foi recusada, poderiam conceder providência de *habeas corpus* (exceto se o próprio indivíduo tivesse negligenciado, por dois períodos, em pedir a sua libertação) em benefício do preso, a qual será imediatamente executada perante o mesmo lorde-chanceler ou o juiz; e, se afiançável, o indivíduo seria solto, durante a execução da providência, comprometendo-se a comparecer e a responder à acusação no tribunal competente. Além de outras previsões complementares, o *Habeas Corpus Act* previa multa de 500 libras àquele que voltasse a prender, pelo mesmo fato, o indivíduo que tivesse obtido a ordem de soltura" (MORAES. *Direitos humanos fundamentais*, p. 7-8).

[10] Apesar do avanço em termos de declaração de direitos do homem, como o fortalecimento do princípio da legalidade, a criação do direito de petição, a liberdade de eleição dos membros do Parlamento, as imunidades parlamentares, a vedação à aplicação de penas cruéis, e a convocação frequente do Parlamento, o *Bill of Rights*, em seu item IX, negava expressamente a liberdade e a igualdade religiosa, ao prever: "considerando que a experiência tem demonstrado que é incompatível com segurança e bem-estar deste reino protestante ser governado por um príncipe papista ou por um rei ou rainha casada com um papista, os lordes espirituais e temporais e os comuns pedem, além disso, que fique estabelecido que quaisquer pessoas que participem ou comunguem da Sé e Igreja de Roma ou professem a religião papista ou venha a casar com um papista sejam excluídos e se tornem para sempre incapazes de herdar, possuir ou ocupar o trono deste reino, da Irlanda e seus domínios ou de qualquer parte do mesmo ou exercer qualquer poder, autoridade ou jurisdição régia; e, se tal se verificar, mais reclamam que o povo destes reinos fique desligado do dever de obediência e que o trono passe para a pessoa ou as pessoas de religião protestante que o herdariam e ocupariam em caso de morte da pessoa ou das pessoas dadas por incapazes" (MORAES. *Direitos humanos fundamentais*, p. 8).

Surge então, na França, a Declaração dos Direitos do Homem e do Cidadão, de 1789, onde se afirma, no seu artigo 16, que "toda sociedade em que não esteja assegurada a garantia dos direitos fundamentais nem estabelecida a separação de Poderes não tem Constituição", verificando-se aí uma íntima conexão entre os direitos fundamentais e o princípio da separação de Poderes, e o caráter de universalidade e permanência dos direitos naturais: "Todos os homens nascem livres e iguais em direitos."

Também as declarações de direitos surgem nos Estados Unidos, iniciando-se com as de Virgínia, Pensilvânia e Maryland, todas de 1776, e, depois, as dez primeiras emendas à Constituição de 1787, aprovadas em 1791, e outras que vieram completá-las.[11]

Nesta perspectiva histórica, consideram-se como direitos de *primeira geração* aqueles que englobam, atualmente, os direitos individuais e os direitos políticos.

A expressão *gerações de direitos* deve-se a Karel Vasak, que apresentou, em 1979, no Instituto Internacional de Direitos do Homem, em Estrasburgo, uma classificação baseada nas fases de reconhecimento dos direitos humanos, dividida em três gerações.[12]

O surgimento dos direitos fundamentais pressupõe, portanto, a presença de três elementos: *a)* o Estado moderno, que lhes dá relevância prática, garantindo o seu cumprimento, considerando ainda que uma das funções dos direitos fundamentais é justamente a de limitar o poder em face do indivíduo; *b)* o indivíduo, como ser independente e autônomo, capaz de fazer valer seus direitos perante o Estado e a sociedade; *c)* texto normativo regulador das relações entre Estado e indivíduos, dotado de supremacia e de validade em todo o território nacional, que declara e garante determinados direitos fundamentais.[13]

Com o advento do Estado Social do pós-guerra (1914-1918), os direitos fundamentais sofreram profundas alterações com as restrições ao direito de propriedade, para atender à sua função social e, em termos genéricos, à intervenção do Estado no domínio econômico e social.

---

[11] A 1ª Emenda proíbe o estabelecimento de uma religião de Estado e garante as liberdades de culto, de palavra e de imprensa, bem como os direitos de reunião e de petição; a 2ª Emenda garante o direito ao uso e porte de armas; a 3ª Emenda proíbe o aboletamento de soldados em tempo de paz sem o consentimento do proprietário; a 4ª Emenda assegura a inviolabilidade do domicílio; a 5ª, 6ª e 7ª Emendas respeitam as garantias de processo penal; a 8ª Emenda impõe limites às penas criminais; a 9ª Emenda declara que a especificação de certos direitos pela Constituição não significa que fiquem excluídos ou desprezados outros direitos (cláusula aberta); a 10ª Emenda declara que os cidadãos gozam de todos os direitos que não lhes sejam expressamente vedados; a 13ª Emenda (de 1865) proíbe a escravatura; a 14ª Emenda (de 1868) impede os Estados de fazer ou executar leis que restrinjam as prerrogativas e garantias dos cidadãos, privar alguma pessoa da vida, da liberdade ou da propriedade sem observância dos trâmites legais ou recusar a qualquer pessoa a igualdade perante a lei; a 15ª Emenda (de 1870) garante o direito de voto, independentemente de raça, cor ou da anterior condição de escravo; a 19ª Emenda (1920), independentemente de sexo; a 24ª Emenda (de 1964), independentemente do pagamento de qualquer taxa ou imposto; a 26ª Emenda (de 1971), independentemente de idade superior a 18 anos.

[12] SAMPAIO. *Direitos fundamentais*: retórica e historicidade, p. 259.

[13] DIMOULIS; MARTINS. *Teoria geral dos direitos fundamentais*, p. 24-26.

A concepção liberal-burguesa do homem abstrato e artificial foi substituída pelo conceito do homem em sua concretitude histórica, socializando-se então os direitos humanos. O Estado deixa de ser absenteísta para assumir uma postura ativa, de quem são exigidas prestações para que sejam assegurados os direitos sociais (habitação, moradia, alimentação, segurança social, dentre outros).

Nos países totalitários, estabelece-se o primado do econômico e do social sobre o individual, com a coletivização dos meios de produção, buscando-se a igualdade material como condição da liberdade. Enfim, predomina uma concepção transpersonalista dos direitos fundamentais.

Aparecem então os direitos sociais, econômicos e culturais como direitos de *segunda geração*, baseados na igualdade impulsionada pela Revolução Industrial e pelos problemas que causou. Inicialmente relacionados com os direitos do trabalhador, a segunda geração de direitos passou a envolver os direitos econômicos, sociais e culturais ligados às necessidades básicas dos indivíduos independentemente de sua condição de trabalhador, como saúde, educação, moradia, alimentação, assistência social, acima referidos.

Deve-se destacar que, com o fim da Segunda Guerra Mundial ocorreu a constitucionalização de valores ligados ao princípio da dignidade da pessoa humana, o que acarretou um movimento mundial em favor da internacionalização desses valores, na crença de que eles são universais. A derrota do nazismo contribuiu para a valorização dos direitos fundamentais fundados no princípio da dignidade da pessoa humana, introduzindo-se um conteúdo ético nos direitos fundamentais. A dignidade da pessoa humana passa, portanto, a ser concebida como a base axiológica dos direitos fundamentais.

Tem-se falado contemporaneamente em uma *terceira geração* de direitos, como o direito à paz, ao desenvolvimento, ao meio ambiente, à coparticipação do patrimônio comum do gênero humano, chamados de direitos de solidariedade. Tais direitos decorreriam do Direito Internacional (tratados e declarações internacionais), estando também presentes em algumas Constituições (a Constituição brasileira de 1988 prevê, em seu art. 3º, II, como objetivo fundamental da República Federativa do Brasil, a garantia do desenvolvimento nacional e, em seu art. 225, o direito ao meio ambiente).

A terceira geração de direitos fundamentais surgiu num período histórico que se poderia denominar de período cultural, caracterizado pela multidirecionalidade, "tal a diferença e sobretudo a pouca proximidade que se registra entre os novos tipos de direitos fundamentais consagrados. O contexto em que estes direitos fundamentais se formam é mesmo tributário de várias dimensões caracterizadoras da sociedade atual: uma sociedade de risco; uma sociedade global; uma sociedade de informação; uma sociedade multicultural".[14]

Peter Häberle fala em Estado Constitucional Cooperativo, um Estado aberto para as relações internacionais, e com abertura global para os direitos humanos. Com efeito, a "força motriz do Estado constitucional não se mostra tão grande em outro âmbito quanto na realização cooperativa dos direitos fundamentais. Seus catálogos

---

[14] GOUVEIA. *Manual de direito constitucional*, v. 2, p. 1023-1024.

dos direitos fundamentais tornam-se exemplo no âmbito público mundial de duas maneiras: como esperança de 'cidadãos estatais' de terceiros Estados por direitos fundamentais para si mesmos e como esperança por melhoria, em nível de direitos fundamentais, das pessoas como 'estrangeiros' nesses Estados. O prestígio do Estado constitucional cresce com sua força para a realização cooperativa dos direitos fundamentais".[15]

Os direitos de solidariedade são direitos de titularidade coletiva, direitos difusos, e se baseiam numa identidade de circunstâncias de fato. São direitos transindividuais, que compreendem os direitos coletivos e difusos. Coletivos são os direitos que não possuem uma titularidade individual, mas têm como referencial uma relação jurídica base que une diversos titulares; são os direitos de grupos sociais determinados que só podem ser exercidos coletivamente, sendo possível estabelecer uma relação entre o grupo a que pertence. Os direitos difusos têm como característica uma indeterminação absoluta dos titulares, é dizer, não é possível identificar uma titularidade individual para eles, e pressupõem um agir solidário, já que não podem ser exercidos individualmente. Ainda sobre o tema, cf. o Cap. 2, n. 14, vol. 1, deste trabalho.

Assinale-se que o direito à paz pode ser extraído do art. 20 do Pacto Internacional de Direitos Civis e Políticos, adotado pela Assembleia Geral das Nações Unidas em 16 de dezembro de 1966. Vem consagrado ainda na Carta Africana dos Direitos do Homem e dos Povos, de 1981, cujo art. 23, alínea 1ª dispõe: "Os povos têm direito à paz e à segurança tanto no plano nacional como no plano internacional", prevendo a alínea 2ª a garantia deste direito: "Na finalidade de reforçar a paz, a solidariedade e as relações amistosas, os Estados (...) comprometem-se a proibir: a) que uma pessoa goze de direito de asilo (...) empreenda uma atividade subversiva contra seu país de origem ou contra qualquer outro (...); b) que os seus territórios sejam utilizados como ponto de partida de atividades subversivas ou terroristas contra o povo de qualquer outro Estado-parte da presente Carta". A Constituição de 1988 inclui entre os princípios que regem as relações internacionais a defesa da paz e a solução pacífica dos conflitos (art. 4º, VI e VII).

Atenção especial aos direitos de terceira geração é dada no Pacto sobre o Patrimônio Universal, de 1972, no Pacto sobre a Diversidade Biológica, de 1992, e em tentativas como o Protocolo de Kyoto.

O direito ao patrimônio comum da humanidade pode ser extraído da Carta dos Direitos e Deveres Econômicos dos Estados, adotada pela ONU, em 1974, em relação ao fundo do mar e seu subsolo. Busca-se com isso impedir a livre exploração desses recursos.

O direito ao meio ambiente vem por nós tratado no Capítulo 18, n. 7, vol. 2.

No que se refere ao direito ao desenvolvimento, sua titularidade seria individual e coletiva. Uma Declaração sobre o assunto, aprovada pela Assembleia Geral das Nações Unidas em 1986, estabeleceu que: "O direito ao desenvolvimento é um direito humano inalienável, em virtude do qual toda pessoa humana e todos os povos têm o direito de (*are entitled to*) participar, contribuir e usufruir do desenvolvimento

---

[15] HÄBERLE. *Estado constitucional cooperativo*, p. 69-70.

econômico, social, cultural e político, no qual todos os direitos humanos e liberdades fundamentais podem ser realizados."

Seria, então, o direito de ter direitos, para pessoas e povos, com reflexo na própria ideia de cidadania.

Os direitos de terceira geração têm sido designados de *direitos humanos globais*, "uma vez que dizem respeito às condições de sobrevivência de toda a humanidade e do planeta em si considerado, englobando a manutenção da biodiversidade, o desenvolvimento sustentado, o controle da temperatura global e da integridade da atmosfera, além dos consagrados direitos à paz, à autodeterminação dos povos etc.".[16]

Mencione-se que se tem identificado direitos humanos de *quarta geração* que compreenderiam os direitos das minorias, de que são expressões o direito à democracia, o direito ao pluralismo e o direito à informação. A informação é a principal fonte de riqueza ou recurso estratégico na sociedade pós-industrial, ou sociedade de informação; é fonte de valor e poder. O exercício pleno dos direitos fundamentais envolve, nessa perspectiva, a necessidade de expansão da *cidadania digital*, garantindo o acesso à internet e proporcionando o fornecimento de produtos e serviços relativos a novas tecnologias em regiões menos desenvolvidas. Com isso, obtém-se a redução da desigualdade social no acesso à informação, com diminuição da distância entre *info-ricos* e *info-pobres*, e, no domínio da liberdade de expressão, busca-se garantir o direito à privacidade e a segurança nas negociações.

Uma *quinta geração* de direitos se apresenta. Ressalvando sua posição de crítica relativamente à classificação geracional, José Adércio Leite Sampaio nos traz uma resenha do pensamento dos autores que apontam para uma quinta geração de direitos: seriam direitos ainda a serem desenvolvidos e articulados, mas que tratam do cuidado, compaixão e amor por todas as formas de vida, reconhecendo-se que a segurança humana não pode ser plenamente realizada se não começarmos a ver o indivíduo como parte carente do cosmos e carente de sentimentos de amor e cuidado; seriam direitos oriundos de respostas à dominação biofísica que impõe uma visão única do predicado "animal" do homem, conduzindo os clássicos direitos econômicos, culturais e sociais a todas as formas físicas e plásticas, de modo a impedir a tirania do estereótipo de beleza e medidas que acaba por conduzir a formas de preconceitos com raças ou padrões considerados inferiores ou fisicamente imperfeitos.[17]

Delineia-se, diante de tudo isso, um novo humanismo, que tende a recuperar o valor do homem, e que não tem como traço peculiar a reiteração do humanismo clássico, mas uma visão do mundo voltada para o social, a solidariedade e a ecologia, sem desprezar a ciência e a tecnologia. Há, nessa linha, desafios pertinentes aos direitos fundamentais e que se vão colocando ao Estado: o desafio da degradação ambiental, com a criação de direitos fundamentais de proteção ao ambiente; o desafio do progresso ecológico, com o surgimento de direitos de proteção da pessoa na bioética;

---

[16] WEIS. *Direitos humanos contemporâneos*, p. 42.
[17] SAMPAIO. *Direitos fundamentais*, p. 302.

o desafio do multiculturalismo das sociedades, com o aparecimento de direitos de defesa das minorias.[18]

O reconhecimento de gerações de direitos não deve, contudo, levar ao entendimento de que as categorias de direitos humanos sejam antinômicas. De fato, os direitos individuais, políticos, sociais, coletivos e os de solidariedade, historicamente mais recentes, interagem e se complementam sem concorrerem ou se excluírem mutuamente. Quer-se com isto dizer que os direitos humanos são indivisíveis, porque todos eles são inerentes e convergentes para a pessoa humana, e a realização plena, por exemplo, dos direitos civis e políticos é impossível sem o gozo dos direitos econômicos, sociais e culturais.

Foi o que, a propósito, constou da Declaração de Viena, aprovada na II Conferência Mundial de Direitos Humanos (Viena, 1993): "Todos os direitos humanos são universais, interdependentes e inter-relacionados. A comunidade internacional deve tratar os direitos humanos globalmente de maneira justa e equitativa, em pé de igualdade e com a mesma ênfase."

Não se poderia deixar de mencionar que as gerações de direitos humanos fundamentais, cujo único critério para a sua classificação é o momento histórico no qual foram reconhecidos, se acham erguidas sobre a tríade de ideais da Revolução Francesa: liberdade, igualdade e fraternidade. Para esta formulação, Karel Vasak se inspirou na bandeira francesa, em que a liberdade é representada pela cor azul, a igualdade, pela branca, e a fraternidade, pela vermelha.

Surge, no entanto, na Alemanha, um novo paradigma constitucional desses direitos, que se atribui a Erhard Denninger, baseado em segurança material, diversidade e solidariedade, ou seja, ao invés de liberdade, igualdade e fraternidade, segurança diversidade e solidariedade.[19]

Os direitos fundamentais têm como características:

a) *inerência*: são inerentes a cada pessoa, pelo simples fato de existir, o que não exclui a sua constante mutação, acompanhando e interferindo na evolução social e no processo histórico;

b) *historicidade*: derivam de longa duração e participam de contextos históricos;

c) *universalidade*: ultrapassam dos limites territoriais de lugar específico, para beneficiar a todos os indivíduos, independentemente de raça, credo, sexo, cor, filiação, dentre outros fatores;

d) *irrenunciabilidade*: podem deixar de ser exercidos, mas não renunciados;

e) *inalienabilidade*: não podem ser objeto de alienação ou de comercialização, pois são indisponíveis;

f) *imprescritibilidade*: não prescrevem, porquanto não têm cunho patrimonial;

---

[18] GOUVEIA. *Manual de direito constitucional*, v. 1, p. 225.
[19] DENNINGER. Segurança, diversidade e solidariedade, ao invés de liberdade, igualdade e fraternidade. In: *Revista Brasileira de Estudos Políticos*, n. 88, dez. 2003, p. 21-45.

g) *relatividade*: inexiste direito absoluto, havendo, no entanto, quem entenda que a dignidade da pessoa humana tem caráter absoluto, como examinaremos adiante;

h) *indivisibilidade e interdependência*: pela indivisibilidade, entende-se que a realização dos direitos civis e políticos, sem o gozo dos direitos econômicos, sociais e de solidariedade, torna-se impossível; portanto, só há falar em direitos fundamentais se todos eles estiverem sendo respeitados, pelo caráter conjunto deles. A interdependência significa que, considerados em espécie, determinado direito fundamental não alcança a eficácia plena sem a realização simultânea de alguns ou de todos os outros direitos humanos.

Ao conceituar os direitos fundamentais, numa perspectiva constitucionalista e liberal, como posições jurídicas ativas das pessoas integradas no Estado-Sociedade, exercidas por contraposição ao Estado-Poder, positivadas no texto constitucional, Jorge Bacelar Gouveia neles descortina três elementos constitutivos:

a) *elemento subjetivo*: as pessoas integradas no Estado-Sociedade, os titulares dos direitos, que podem ser exercidos em contraponto ao Estado-Poder, pois o sentido dos direitos fundamentais reside no benefício de quem pretende enfrentar o poder estatal, ou qualquer outro poder público;

b) *elemento objetivo*: a cobertura de um conjunto de vantagens, patrimoniais e não patrimoniais, em favor do titular dos direitos fundamentais, inerentes aos objetos e aos conteúdos protegidos por determinado direito fundamental;

c) *elemento formal*: a consagração das posições de vantagens ao nível da Constituição, o estalão supremo do ordenamento jurídico. O elemento formal faz com que os direitos fundamentais sejam consagrados no nível máximo da ordem jurídica-estatal positiva, que é o nível jurídico-constitucional.[20]

2. VALOR JURÍDICO DAS DECLARAÇÕES DE DIREITOS

A indagação sobre o valor jurídico das declarações de direitos tem especial significado no sistema constitucional francês, em que as "declarações" não integravam, como ainda não integram, o texto normativo da Constituição, constando apenas do seu preâmbulo (a Constituição da França de 1958 remete à declaração de 1789 e ao preâmbulo da Constituição de 1946).

A Declaração, como acentua Canotilho, "era, simultaneamente, uma 'supraconstituição' e uma 'pré-constituição': supraconstituição porque estabelecia uma disciplina vinculativa para a própria constituição (1791); pré-constituição porque, cronologicamente, precedeu mesmo a primeira lei superior. A constituição situa-se num plano

---
[20] GOUVEIA. *Manual de direito constitucional*, v. 2, p. 1013-1014.

imediatamente inferior à Declaração. A lei ocupa o terceiro lugar na pirâmide hierárquica e, na base, situam-se os actos do executivo de aplicação das leis". Embora ocorrente esta pirâmide hierárquica, na França, como ainda observa Canotilho, a supremacia da constituição foi neutralizada pela primazia da lei, revelando-se o Estado de legalidade incapaz de compreender o sentido daquela supremacia, pelo que a "bondade do constitucionalismo francês quanto à ideia de sujeição do poder ao direito radica mais na substância das suas ideias (constituição, direito) do que na capacidade de engendrar procedimentos e processos para lhes dar operatividade prática".[21]

Incorporados, todavia, ao texto da Constituição, as declarações de direitos têm aplicabilidade imediata.

O sentido desta aplicabilidade direta está em que os direitos fundamentais são regras e princípios imediatamente eficazes e atuam, por via da própria Constituição, e não através da interposição de lei pelo legislador infraconstitucional. Esta normatividade qualificada não quer dizer, no entanto, que a aplicabilidade das normas consagradoras dos direitos e garantias fundamentais implique sempre dispensa de concretização através do legislador.[22]

O § 1º do artigo 5º da Constituição de 1988 perfilha a tese do valor jurídico pleno da declaração de direitos, ao enunciar que "as normas definidoras dos direitos e garantias fundamentais têm aplicação imediata".

A dicção constitucional, constante do § 1º do art. 5º, está na linha do que expressa Otto Bachof, lembrado por Flávia Piovesan: "Se antes os direitos fundamentais só valiam no âmbito da lei, hoje as leis só valem no âmbito dos direitos fundamentais."[23] A regra, portanto, da aplicabilidade direta dos direitos fundamentais constitui, no plano da hermenêutica da Constituição, paradigma interpretativo autônomo, a que se submete, no plano da normação infraconstitucional, uma interpretação conforme a Constituição.

A ideia de aplicabilidade imediata e direta dos direitos fundamentais quer ainda dizer que a sua realização não depende da verificação de condições de fato, como condições econômicas e sociais, podendo os direitos impor-se em todo o escalonamento hierárquico normativo em que se articula o ordenamento jurídico, pois a sua efetividade só é verdadeiramente lógica se os direitos fundamentais forem acompanhados de uma prévia aplicabilidade imediata.[24]

3. CLASSIFICAÇÃO

A expressão "direitos fundamentais"[25] tem sido utilizada, nas últimas décadas, pela doutrina e pelos textos constitucionais, para designar o direito das pessoas, em face do Estado, que constituem objeto da Constituição.

---

[21] CANOTILHO. *Direito constitucional e teoria da constituição*, p. 89-90.
[22] CANOTILHO. *Direito constitucional e teoria da constituição*, p. 400.
[23] BACHOF *apud* PIOVESAN. *Proteção judicial contra omissões legislativas*, p. 109.
[24] GOUVEIA. *Manual de direito constitucional*, v. 2, p. 1099-1100.
[25] A expressão "direitos fundamentais", segundo registra Cristina Queiroz, tem origem na Constituição alemã aprovada na Igreja de S. Paulo em Frankfurt, em 1848 (*Direito Constitucional:* as instituições do estado democrático e constitucional, p. 364).

É apreciável a terminologia para designar os direitos básicos do homem. São mencionados, entre outros termos: direitos naturais; direitos inatos ou originários; direitos humanos; direitos do homem; liberdades públicas; direitos individuais; liberdades individuais; liberdades fundamentais; direitos naturais; direitos inalienáveis; direitos e liberdades pessoais; direitos dos indivíduos; direitos dos cidadãos; direitos e privilégios particulares; direitos constitucionais; direitos morais individuais; direitos básicos; direitos de liberdade; direitos fundamentais do homem e do cidadão; direitos humanos e democráticos; direitos civis e políticos; direitos da pessoa humana; direitos gerais; direitos do povo; direitos humanos fundamentais; direitos humanos básicos; direitos básicos dos cidadãos; direitos públicos; direitos legais.[26]

Na Constituição brasileira de 1988, segundo registro feito por DimitriDimoulis e Leonardo Martins, podem ser encontrados "os seguintes termos: direitos sociais e individuais (Preâmbulo); direitos e deveres individuais e coletivos (Capítulo I do Título II); direitos humanos (art. 4º, II; art. 5º, § 3º; art. 7º do ADCT); direitos e liberdades fundamentais (art. 5º, XLI); direitos e liberdades constitucionais (art. 5º, LXXI); direitos civis (art. 12, § 4º, II, b); direitos fundamentais da pessoa humana (art. 17, caput); direitos da pessoa humana (art. 34, VII, b); direitos e garantias individuais (art. 60, § 4º, IV); direitos (art. 136, § 1º, I); direito público subjetivo (art. 208, § 1º)".[27]

Há uma tendência normativa e doutrinária em reservar o termo *direitos fundamentais* para designar os direitos positivados a nível interno, e *direitos humanos* para os direitos naturais positivados nas declarações e convenções internacionais, assim como as exigências básicas relacionadas com a dignidade, a liberdade, a igualdade da pessoa, que não tenham alcançado um estatuto jurídico-positivo.

A expressão direitos fundamentais justifica-se por revelar uma direta e imediata relação entre a Constituição e os direitos que o nome sugere, a insuficiência da concepção oitocentista ao reduzi-los somente a liberdades individuais diante do Estado, bem como pelo auxílio que presta na distinção de institutos afins, como direitos de personalidade, direito dos povos, interesses difusos, garantias e deveres fundamentais.[28]

---

[26] Abrangente análise terminológica é feita por SAMPAIO. *Direitos fundamentais*, p. 7-22. Para uma incursão histórica acerca das expressões *direitos humanos* e *direitos do homem*, como direitos autoevidentes, cf. HUNT. *A invenção dos direitos humanos:* uma história, p. 13-33.

[27] DIMOULIS; MARTINS. *Teoria geral dos direitos fundamentais*, p. 52-53.

[28] Manoel Gonçalves Ferreira Filho critica o que denomina de "inflação de direitos fundamentais". Após acentuar que fora do jusnaturalismo não parece haver fundamento sólido para a doutrina dos direitos fundamentais, e que, portanto, nem todos os direitos declarados nos tratados ou nas Constituições podem ser considerados verdadeiros direitos naturais, reporta-se a Philip Alston, que registra, no rol desta inflação, o direito ao turismo, o direito ao sono, o direito de não ser morto em guerra, o direito de não ser sujeito a trabalho aborrecido, o direito à coexistência com a natureza, o direito de livremente experimentar modos de vida alternativos, etc. Ainda sobre o assunto, Alston menciona os seguintes critérios para que um direito possa ser admitido entre os *human rights*, tendo em vista, sobretudo, sua inserção no plano internacional em geral e no da ONU em particular: a) refletir um valor social fundamentalmente importante; b) ser relevante, inevitavelmente em grau variável num mundo de diferentes sistemas de valor; c) ser elegível para reconhecimento com base numa interpretação das obrigações estipuladas na Carta das Nações Unidas, numa reflexão a propósito de normas

Desse modo, os direitos fundamentais podem ser entendidos, segundo Canotilho, num dúplice aspecto: direitos fundamentais formalmente constitucionais, ou seja, aqueles enunciados e protegidos por normas com valor constitucional formal, e outros que a Constituição admite como tais, constantes das leis e das regras aplicáveis do direito internacional, denominados de direitos materialmente fundamentais. Neste sentido, há direitos fundamentais consagrados na Constituição que só pelo fato de beneficiarem da positivação constitucional merecem a classificação de constitucionais (e fundamentais), mas o seu conteúdo não se pode considerar materialmente fundamental, e outros que, pelo contrário, além de revestirem a forma constitucional, devem considerar-se materiais quanto à sua natureza intrínseca (direitos formal e materialmente fundamentais). Portanto, a base de distinção entreos direitos fundamentais, como acima enunciados, é a subjetividade pessoal, o radical subjetivo caracterizador dos direitos fundamentais materiais. Nessa perspectiva, arremata Canotilho: direitos fundamentais seriam os direitos subjetivamente conformadores de um espaço de liberdade de decisão e de autorrealização, servindo simultaneamente para assegurar ou garantir a defesa desta subjetividade pessoal.[29]

Os direitos fundamentais em sentido formal, para Jorge Miranda, são aqueles constantes da Constituição formal e os direitos fundamentais em sentido material aqueles assentes na Constituição material. Todos os direitos fundamentais em sentido formal são também direitos fundamentais em sentido material para além deles,[30] posição de que dissente José Carlos Vieira de Andrade: "haverá direitos fundamentais em sentido material que não o são formalmente, porque não estão incluídos no catálogo constitucional. Tal como, logicamente, a inversa se torna viável: poderá haver preceitos incluídos no catálogo que não incluam matéria de direitos fundamentais, ou seja, numa linguagem simplificada, 'direitos' só formalmente fundamentais. Decisivo, é, pois, o critério material a utilizar."[31] De qualquer modo, o conceito material de direitos fundamentais não envolve tão somente direitos declarados, estabelecidos, atribuídos pelo constituinte; trata-se também de direitos resultantes da concepção de Constituição dominante, da ideia de Direito, do sentimento jurídico coletivo.[32]

---

jurídicas costumeiras, ou nos princípios gerais de direito; *d)* ser consistente com o sistema existente de direito internacional relativo aos direitos humanos, e não meramente repetitivo; *e)* ser capaz de alcançar um muito alto nível de consenso internacional; *f)* ser compatível, ou ao menos não claramente incompatível, com a prática comum dos Estados; *g)* ser suficientemente preciso para dar lugar a direitos e obrigações identificáveis (FERREIRA FILHO. *Aspectos do direito constitucional contemporâneo*, p. 283, 285, 286).

A banalização dos direitos fundamentais acaba por debilitar a sua fundamentalidade, pois restringe a operatividade daqueles que são verdadeiramente fundamentais e ao mesmo tempo amplia a esfera daqueles que carecem desta fundamentalidade, adulterando-se a hierarquia de valores que deve necessariamente subjazer aos direitos fundamentais (GOUVEIA. *Manual de direito constitucional*, v. 2, p. 1027).

[29] CANOTILHO. *Direito constitucional e teoria da constituição*, p. 359-373.
[30] MIRANDA. *Manual de direito constitucional*, t. 4, p. 7-9.
[31] ANDRADE. *Os direitos fundamentais na constituição portuguesa de 1976*, p. 78.
[32] MIRANDA. *Manual de direito constitucional*, t. 4, p. 10.

As classificações dos direitos fundamentais decorrem de vários critérios.

José Carlos Vieira de Andrade afirma que eles são "suscetíveis de inúmeras classificações, quanto à titularidade, e aos sujeitos, quanto ao conteúdo ou ao objeto, quanto à estrutura, quanto ao modo de proteção, quanto à força jurídica e, em geral, quanto ao regime", propondo, então, inicialmente, uma classificação quanto à evolução histórica, distinguindo-os conforme sua matriz: liberal (direitos de liberdade), democrática (direitos políticos) ou social (direitos sociais). Depois passa a classificá-los, segundo o conteúdo ou o modo de proteção, em *direitos de defesa, direitos de participação* e *direitos a prestações*.

Os direitos de defesa caracterizam-se por implicar, por parte do Estado, um dever de abstenção: abstenção de agir e, por isso, dever de não interferência ou de não intromissão no que respeita às liberdades constitucionais.

Os direitos a prestações, ao contrário, impõem ao Estado um dever de agir, quer para a proteção dos bens jurídicos resguardados pelos direitos fundamentais contra a atividade, ou, excepcionalmente, omissão de terceiros, quer para o exercício efetivo desses bens jurídicos fundamentais (por exemplo, intervenção policial ou prestação de ensino).

Os direitos de participação são mistos de direitos de defesa e de direitos a prestações. Afirma o citado constitucionalista que essa classificação não é muito precisa, pois mistura dois critérios, o do tipo do dever estatal e o do fim, para depois adotar a classificação dos direitos fundamentais em direitos, liberdades e garantias e restantes direitos que chama de econômicos, sociais e culturais, ou sociais.[33]

O também constitucionalista português Marcelo Rebelo de Sousa oferece classificação com base na titularidade, objeto e estrutura dos direitos fundamentais:

I – quanto à titularidade:
   a) direitos individuais e direitos institucionais e coletivos, cabendo a titularidade dos primeiros a pessoas físicas e a dos segundos a instituições sociais, personalizadas ou não, ou a categorias sociais (por exemplo, os direitos ao trabalho e à educação são direitos individuais, enquanto que os direitos da Igreja e da família são direitos institucionais e coletivos);
   b) direitos comuns e direitos especiais, conforme se trate de direitos de todos os homens (direito à vida e à integridade da pessoa, por exemplo) ou de direitos de certas categorias de pessoas físicas (como os direitos dos deficientes);
   c) direitos do homem, direitos do cidadão e direitos do trabalhador, distinguindo os direitos do indivíduo enquanto ser humano (por exemplo, direito de sufrágio) dos direitos do trabalhador diante dos proprietários dos meios de produção (por exemplo, o direito de não ser despedido sem justa causa); tal como a classificação anterior, esta só se aplica aos direitos individuais, e já não aos institucionais e coletivos;

---

[33] ANDRADE. *Os direitos fundamentais na constituição portuguesa de 1976*, p. 191-194.

d) direitos exclusivos dos cidadãos, direitos exclusivos dos estrangeiros, direitos comumente atribuídos a cidadãos, estrangeiros e apátridas (exemplo da primeira categoria são os direitos políticos; da segunda, o direito de asilo; a generalidade dos direitos fundamentais se integra na terceira).

II – quanto ao objeto:

a) direitos gerais e direitos consoante digam respeito à tutela de facetas essenciais da personalidade e da cidadania, ou se limitem à tutela de bens especiais, tutela essa dependente, na sua configuração particular, de uma organização social específica (nos domínios econômicos, sociais e culturais – são exemplos o direito à educação, o direito à saúde, o direito à habitação, dentre outros);

b) direitos civis, direitos políticos e direitos sociais, consoante se trate de faculdade de livre atuação da pessoa isolada ou coletivamente (por exemplo, o direito à vida ou à liberdade de expressão de pensamento), de faculdades relativas à participação na designação dos titulares, no exercício e no controle do poder político (por exemplo, o direito de constituir partidos políticos ou o direito de petição), ou de faculdades que se traduzem na exigência ao Estado da prestação de bens e serviços indispensáveis para a consecução de condições mínimas de vida em sociedade (por exemplo, o direito à segurança social).

III – quanto à estrutura:

a) direitos e garantias, conforme valem autonomamente, ou são instrumentais ou acessórios visando proteger os primeiros.[34]

Jorge Bacelar Gouveia, ao seu turno, dissocia os seguintes grupos classificatórios:

a) *as classificações subjetivas*, que dizem respeito ao modo como os direitos fundamentais se relacionam com os respectivos titulares, variando em razão de sua contextura, para compreender *os direitos fundamentais individuais* e *os direitos fundamentais institucionais*, consoante sejam titulados por pessoas físicas ou por pessoas coletivas, *os direitos fundamentais comuns* e *os direitos fundamentais particulares*, consoante sejam pertinentes a todas as pessoas ou respeitem a certas categorias de sujeitos, em função de várias situações, como a cidadania;

b) *as classificações materiais*, que implicam a consideração dos seus objeto e conteúdo, dividindo-se entre as seguintes modalidades: *os direitos fundamentais gerais* e *os direitos fundamentais especiais*, consoante a possibilidade de se mostrarem pertinentes em qualquer circunstância da vida, sendo de certo modo direitos permanentes ou constantes de cada pessoa, ou no caso de serem pertinentes em situações limitadas ou pontuais, direitos que nem sempre são automaticamente inerentes à pessoa humana,

---

[34] SOUSA. *Direito constitucional*, p. 170-173.

variando conforme múltiplos critérios de idade, condição corporal ou inserção social; *os direitos fundamentais pessoais, os direitos fundamentais políticos, os direitos fundamentais laborais e os direitos fundamentais sociais*, consoante o âmbito de vida relevante, em função de valores pessoais, de trabalho, de participação política ou de inserção na sociedade;

c) *as classificações formais*, que se relacionam com traços que peculiarmente definem os direitos fundamentais, no tocante à sua estrutura formal, distinguindo-se *os direitos, as liberdades e as garantias*, conforme as posições subjetivas tenham estrutura de direito subjetivo, correspondam ao aproveitamento de um espaço de autonomia, ou surjam equacionados num contexto de proteção de outro direito fundamental principal, ligados acessoriamente a eles; o *status negativus* (liberdades negativas), o *status activus* (liberdades positivas), o *status positivus* (direitos a prestações) e o *status activae processualis* (direitos procedimentais), que se referem à relação da pessoa com o Estado e com o tipo de exigência que ao mesmo se impõe;

d) *as classificações regimentais*, que procedem à separação das categorias de direitos fundamentais pela aplicação de regras do respectivo regime, podendo-se distinguir *os direitos, liberdades e garantias*, como um regime reforçado, e *os direitos econômicos, sociais e culturais*, como um regime enfraquecido.[35]

Do ponto de vista jurídico-constitucional, umas das significativas classificações referidas é a de *direitos, liberdades e garantias*. Acentua Canotilho, reportando-se ao sistema do direito constitucional positivo português, que "essa classificação é relevante sob vários pontos de vista: (1) porque ela não constitui um simples esquema classificatório, antes pressupõe um regime jurídico-constitucional especial, materialmente caracterizador, desta espécie de direitos fundamentais; (2) porque esta classificação e este regime vão servir de parâmetro material a outros *direitos análogos* dispersos ao longo da Constituição; (3) porque aos preceitos constitucionais consagradores de direitos, liberdades e garantias se atribui uma *força vinculante* e uma *densidade aplicativa* (aplicabilidade direta) que apontam para um reforço da 'mais valia' normativa destes preceitos relativamente a outras normas da Constituição, incluindo-se aqui as normas referentes a outros direitos fundamentais".[36]

Tomando como critério preponderante o conteúdo do direito considerado e não o critério geracional, Vergotini considera a existência, no âmbito das liberdades negativas (obrigação de abstenção da interferência na esfera pessoal por parte do Estado), de dois fenômenos distintos, mas complementares: a liberdade *do* Estado e liberdade *no* Estado. O primeiro, liberdade *do* Estado, materializa-se nos direitos que se exercitam contra o poder político, e que têm por escopo impedir interferências indevidas nas esferas privadas dos cidadãos. Ao seu turno, a liberdade *no* Estado, refere-se à participação ativa da pessoa na atividade política, expressando os primados

---

[35] GOUVEIA. *Manual de direito constitucional*, v. 2, p. 1015-1017.
[36] CANOTILHO. *Direito constitucional e teoria da constituição*, p. 364.

de uma sociedade democrática e participativa. No domínio das liberdades positivas (obrigação de intervenção ativa por parte do Estado), trata-se da liberdade *mediante* o Estado.[37] Na mesma perspectiva do conteúdo preponderante, Robert Alexy classifica os direitos fundamentais em: 1. direitos de defesa (direitos a ações negativas), que se dividem em três grupos: a) direitos ao não impedimento de ações; b) direitos à não afetação de propriedades e situações; c) direitos à não eliminação de posições jurídicas; 2. direitos prestacionais (direitos a ações positivas), que compreendem: a) direitos à proteção; b) direitos à organização e procedimento; c) direitos a prestações em sentido estrito (direitos sociais fundamentais).[38]

Nas relações com o Direito Internacional, os direitos humanos, considerando a fase legislativa das declarações e tratados, em especial após os pactos internacionais de 1966, vale dizer, os pactos adotados simultaneamente pelas Nações Unidas, em 16 de dezembro de 1966 (o Pacto Internacional dos Direitos Civis e Políticos, e o Pacto Internacional dos Direitos Econômicos, Sociais e Culturais, que complementaram e aprofundaram a Declaração Universal de 1948), são divididos em civis e políticos, de um lado, e econômicos, sociais e culturais, de outro.

No Brasil, Manoel Gonçalves Ferreira Filho agrupa os direitos fundamentais em três categorias, segundo o seu objeto imediato, já que o mediato é sempre a liberdade:

I – liberdade;

II – segurança; e

III – propriedade:

"I – Direitos cujo objeto imediato é a liberdade:

1) de locomoção – art. 5°, XV e LXVIII;

2) de pensamento – at. 5°, IV, VI, VII, VIII, IX;

3) de reunião – art. 5°, XVI;

4) de associação – art. 5°, XVII a XXI;

5) de profissão – art. 5°, XIII;

6) de ação – art. 5°, II;

7) liberdade sindical – art. 8°;

8) direito de greve – art. 9°.

II – Direitos cujo objeto imediato é a segurança:

1) dos direitos subjetivos em geral – art. 5°, XXXVI;

2) em matéria penal – art. 5°, XXXVII a LXVII;

3) do domicílio – art. 5°, XI.

III – Direitos cujo objeto imediato é a propriedade:

---

[37] VERGOTINI. *Diritto costituzionale*, p. 294, apud Schäfer. *Classificação dos direitos fundamentais*: do sistema geracional ao sistema unitário: uma proposta de compreensão, p. 42-43.
[38] ALEXY. *Teoría de los derechos fundamentales*, p. 192, 431, 435, 482, 429, 447.

1) em geral – art. 5º, XXII;

2) artística, literária e científica – art. 5º, XXVII a XXIX;

3) hereditária – art. 5º, XXX e XXXI."[39]

José Afonso da Silva salienta que "a classificação que decorre do nosso Direito Constitucional é aquela que os agrupa com base no critério de seu conteúdo, que, ao mesmo tempo, se refere à natureza do bem protegido e do objeto de tutela. De acordo com esse critério, teremos: a) direitos fundamentais do *homem-indivíduo*, que são aqueles que reconhecem autonomia aos particulares, garantindo iniciativa e independência aos indivíduos diante dos demais membros da sociedade política e do próprio Estado; por isso são reconhecidos como *direitos individuais*, como é de tradição do Direito Constitucional brasileiro (art. 5º), e ainda por *liberdades civis* e *liberdades-autonomia* (França); b) direitos fundamentais do *homem-membro de uma coletividade*, que a Constituição adotou como *direitos coletivos* (art. 5º), que, nas edições anteriores desta obra, denominamos *liberdades de expressão coletiva*, entre os individuais; c) direitos fundamentais do *homem-social*, que constituem os direitos assegurados ao homem em suas relações sociais e culturais (art. 6º); d) direitos fundamentais do *homem-nacional*, que são os que têm por conteúdo e objeto a definição da *nacionalidade* e suas faculdades; e) direitos fundamentais do *homem-cidadão*, que são os *direitos políticos* (art. 14), chamados também *direitos democráticos* ou *direitos de participação política* e, ainda, inadequadamente, liberdades políticas (ou *liberdades-participação*), pois estas constituem apenas aspectos dos direitos políticos. Em síntese, com base na Constituição, podemos classificar os direitos fundamentais em cinco grupos:

I – *direitos individuais* (art. 5º);

II – *direitos coletivos* (art. 5º);

III – *direitos sociais* (art. 6º e 193 *et seq.*);

IV – *direitos à nacionalidade* (art. 12);

V – *direitos políticos* (arts. 14 a 17)."[40]

José Luiz Quadros de Magalhães formula a seguinte classificação dos direitos individuais na Constituição:

"1. igualdade jurídica (fundamentos de todos os outros direitos individuais);

2. liberdades físicas;

2.1. liberdade de locomoção;

2.2. segurança individual;

2.3. inviolabilidade de domicílio;

2.4. liberdade de reunião;

2.5. liberdade de associação;

---

[39] FERREIRA FILHO. *Curso de direito constitucional*, p. 254-255.
[40] SILVA. *Curso de direito constitucional positivo*, p. 163-164.

3. liberdade de expressão;

3.1. liberdade de palavra e de prestar informações;

3.2. liberdade de imprensa;

3.3. liberdade de arte;

3.4. liberdade de ciências;

3.5. liberdade de culto;

3.6. sigilo de correspondência, de comunicações telefônica e telegráficas;

4. liberdade de consciência;

4.1. religiosa;

4.2. filosófica;

4.3. política;

4.4. liberdade de não emitir o pensamento;

5. propriedade privada (direito);

6. direitos de petição e de representação;

7. garantias processuais (garantias de eficácia propriamente ditas);

7.1. *habeas corpus*;

7.2. *habeas data*;

7.3. mandado de segurança;

7.4. mandado de injunção;

7.5. ação popular;

7.6. ação direta de inconstitucionalidade por ação e omissão;

7.7. princípios fundamentais de direito processual;

7.7.1. garantia da tutela jurisdicional;

7.7.2. o devido processo legal;

7.7.3. o juiz natural;

7.7.4. a instrução contraditória;

7.7.5. ampla defesa;

7.7.6. acesso à justiça;

7.7.7. publicidade."[41]

Paulo Bonavides, que prefere utilizar a expressão dimensão ao invés de geração, posto que esta pode induzir a ideia de sucessão cronológica e, portanto, suposta caducidade dos direitos antecedentes, classifica os direitos fundamentais em quatro

---

[41] MAGALHÃES. *Direitos humanos na ordem jurídica interna*, p. 49-50.

dimensões: na primeira, os direitos civis e políticos; na segunda, os direitos econômicos, culturais e sociais; na terceira, p. ex., o direito ao desenvolvimento, o direito à paz, o direito ao meio ambiente, o direito de propriedade sobre o patrimônio comum da humanidade e o direito de comunicação; na quarta, p. ex., o direito à democracia, o direito à informação e o direito ao pluralismo.[42]

Após salientar que cidadão pleno é aquele titular dos três direitos, quais sejam, civis, políticos e sociais (liberdade, participação e igualdade para todos), José Murilo de Carvalho esclarece-nos que, no contexto histórico é possível haver cidadãos incompletos, isto é, aqueles que possuem apenas alguns dos direitos. E afirma: pode haver direitos civis sem direitos políticos, mas o contrário não é viável, e podem existir os direitos sociais sem os direitos civis e certamente sem os direitos políticos. Ao contrário da Inglaterra em que primeiro vieram os direitos civis, depois os direitos políticos, e em sequência os direitos sociais, no Brasil houve maior ênfase nos direitos sociais em relação aos outros, e entre nós o social precedeu aos outros.[43]

Ingo Wolfgang Sarlet formula uma classificação de direitos fundamentais, que tem como ponto de partida as funções por eles exercidas, na esteira dos conceitos de Alexy, e em harmonia com o nosso Direito Constitucional: 1.1. direitos fundamentais como direitos de defesa, em que se inserem direitos individuais e coletivos, direitos sociais e direitos da nacionalidade e da cidadania; 2. direitos fundamentais como direitos a prestações, subdivididos em: 2.1. direitos a prestações em sentido amplo, que compreendem: 2.1.*a*. direitos à proteção; e, 2.1.*b*. direitos à participação na organização e no procedimento; 2.2. direitos a prestações em sentido estrito.[44]

Luiz Fernando Calill de Freitas, reportando-se à classificação oferecida por Ingo Wolfgang Sarlet, mas se afastando da literalidade do texto constitucional brasileiro, que agrupa os direitos fundamentais em direitos individuais e coletivos, direitos sociais, direitos da nacionalidade e direitos políticos, adota uma classificação em que insere as modalidades deônticas de Alexy, relativas ao modo como os direitos fundamentais (de defesa) produzem efeitos em termos de direitos subjetivos: 1. direitos fundamentais como direitos de defesa, subdivididos em três subcategorias: 1.1. direitos a não impedimentos de ações; 1.2. direitos à não afetação; 1.3. direitos à não eliminação de posições jurídicas; 2. direitos fundamentais como direitos a prestações, subdivididos nos exatos termos da classificação de Sarlet, acima referida.

Os direitos de defesa, como acima examinado, remontam, ontologicamente, à ideia de que o indivíduo é detentor de direitos inerentes à sua condição de ser humano, e que o Estado ou os indivíduos não podem impedir que o titular do direito pratique aquela ação para a qual detém uma liberdade jusfundamental, de modo que a liberdade protegida do titular se vincula a um dever de não criar embaraços ou obstáculos que se dirige aos demais. Para tanto, necessário que se examine o âmbito de proteção do direito nas normas permissivas que estabelecem liberdades protegidas, direitos subjetivos a algo (ex.: art. 5º, VI, da Constituição da República, cuja hipótese

---

[42] BONAVIDES. *Curso de direito constitucional*, p. 514-531.
[43] CARVALHO. *Cidadania no Brasil*: o longo caminho, em que o historiador faz completo mapeamento da construção da cidadania no Brasil.
[44] SARLET. *A eficácia dos direitos fundamentais*, p. 176-226.

fática se constitui na catequização de uma fé religiosa e coincide plenamente com o âmbito de proteção).

Numa perspectiva subjetiva, os direitos de defesa produzem efeitos que genericamente são identificados como direitos a não impedimentos de ações, em que, tendo o indivíduo liberdade para realizar uma ação constitucionalmente protegida, não pode o Estado impedir tal comportamento, a não ser nos termos estritamente autorizados pelas normas infraconstitucionais.

Outro grupo de direitos de defesa são aqueles cujas normas estabelecem para o Estado obrigações de não afetar propriedades ou situações do titular do direito, como o direito à vida, direito à saúde, direito à inviolabilidade do domicílio, da intimidade, da vida privada, honra e imagem das pessoas, do sigilo de correspondência e das comunicações telegráficas, de dados e comunicações telefônicas, o direito ao respeito à integridade física e moral dos presos. Para Alexy, a expressão direitos à não afetação de propriedades e situações baseia-se em que a palavra *propriedade* tem o sentido de qualidade, atributo ou característica imputável ao titular do direito fundamental. Considere-se, no entanto, que, em determinados casos envolvendo esses direitos, a norma constitucional reserva ao legislador infraconstitucional a tarefa de conformar o conteúdo ou a extensão do direito, dando-se como exemplo, o direito à vida, em que há, no Código Penal, situações de exclusão de ilicitude que retiram do âmbito de proteção da norma fundamental hipóteses fáticas em que terceiros se acham em estado de necessidade, legítima defesa ou estrito cumprimento de dever legal, podendo causar a morte do titular do direito à vida sem que isso configure um comportamento antijurídico.

Os direitos à não eliminação de posições jurídicas são aqueles que, além de estabelecerem para o seu titular uma específica forma de proteção, estatuem, para o Estado, um dever de não eliminar aquelas determinadas posições, condições ou situações de vantagem jurídica, ou de prover a imediata cessação de uma lesão ao direito especificamente incluído no seu âmbito de proteção. Nessa categoria, incluem-se as garantias institucionais, processuais e procedimentais. Exemplo do direito em análise é o instituto da propriedade e o direito de herança, os quais, embora pertençam ao Direito Civil, uma vez contemplados pela Constituição, seu titular tem o direito à não eliminação legislativa dessa posição, situação ou vantagem jurídica.

Os direitos a prestações são os direitos fundamentais que correspondem, do ponto de vista subjetivo, a prestações diretas e indiretas pelo Poder Público. São direitos fundamentais a um ato positivo, a uma ação do Estado, e se identificam como a contraprestação exata ao conceito de direitos de defesa, segundo Alexy. Vinculam-se à ideia de que é incumbência do Estado disponibilizar meios materiais e implementar condições fáticas aptas a possibilitarem o exercício das liberdades. São exemplos desses direitos: o direito à saúde, à educação (art. 6º), à aposentadoria (art. 7º, XXIV), à participação dos partidos políticos nos recursos do fundo partidário (art. 17, § 3º), ao acesso à justiça (art. 5º, XXXV) e à assistência judiciária gratuita (art. 5º, LXXIV). De notar que, se dentre os direitos individuais e coletivos previstos no art. 5º da Constituição da República se encontram não apenas direitos a prestações negativas, mas também direitos a prestações positivas, dentre os direitos sociais há não só direitos a prestações positivas, como ainda direitos tipicamente de defesa, ou direitos a prestações negativas, cujos efeitos subjetivos se traduzem em deveres de não afetações, não impedimentos ou não eliminações, sendo deles exemplos os constantes do art. 7º, VI, VII, XXX, XXXII, e XXXIV, isto é, o direito à irredutibilidade do salário, à garantia de salário não inferior ao mínimo, à proibição de diferenciações de salários, de funções e de critérios de admissão em razão de sexo, idade, cor ou estado civil, à proibição de distinção entre trabalho manual, técnico e intelectual e à igualdade de direitos entre os trabalhadores com vínculo permanente e vínculo avulso. Daí ser incorreto entender a expressão direitos sociais como sinônima, em caráter absoluto, da dimensão prestacional positiva.

Os direitos a prestações normativas são aqueles que, além de se caracterizarem como direitos de defesa, geram para o Estado o dever de produzir atos normativos. Nesse elenco, incluem-se tanto os direitos à proteção de normas penais quanto os direitos à produção de normas de organização e procedimento.

Os direitos a prestações materiais, que visam a assegurar, mediante a compensação das desigualdades sociais, o exercício de uma liberdade e igualdade real e efetiva, correspondem, em regra geral, aos direitos sociais. São direitos que implicam a obtenção de algo a cujo acesso o indivíduo não dispõe de condições, salvo mediante prestação estatal concreta (ex.: direito à saúde, ao trabalho, à habitação, à educação). Não se confundem com os direitos a prestações em sentido amplo (direitos à proteção e direitos à participação na organização e procedimento), mas são direitos a prestações em sentido estrito.[45]

Deve-se mencionar, ainda, em nosso constitucionalismo, direitos expressos e direitos implícitos, estes últimos decorrentes do regime e dos princípios adotados pela Constituição, ou dos tratados internacionais em que a República Federativa do Brasil seja parte (art. 5º, §§ 2º e 3º). O tema é examinado no Vol. 2, Capítulo 3, item 3.

3.1 As dimensões subjetiva e objetiva dos direitos fundamentais

Em sua dimensão subjetiva, os direitos fundamentais se acham relacionados à noção de direitos subjetivos atribuídos ao indivíduo como pessoa e, nessa condição, como sujeito de direitos. Nessa perspectiva, ao titular de um direito fundamental é reconhecida possibilidade de impor judicialmente seus interesses juridicamente tutelados perante o destinatário, como obrigado ao seu cumprimento.

O reconhecimento de um direito subjetivo está ligado "à proteção de uma determinada esfera de autorregulamentação ou de um espaço de decisão individual; tal como é associado a um certo poder de exigir ou pretender comportamentos ou de produzir autonomamente efeitos jurídicos. Só que não se pode esquecer que o conceito tem de ser entendido num sentido amplo quando é aplicado nesta matéria de direitos fundamentais. Por um lado, porque há diferenças acentuadas entre as

---

[45] FREITAS. *Direitos fundamentais:* limites e restrições, p. 62-75. Cf. ainda: ALEXY. *Teoría de los derechos fundamentales*, p. 186-192.

posições subjetivas reconhecidas no que diz respeito aos poderes de que dispõem os sujeitos ativos. Não é igual o espaço de manobra que é deixado ao titular do direito. Não é também a mesma a exigibilidade, por parte do titular dos direitos, dos comportamentos devidos: maior, naturalmente, quando se exigem do Estado comportamentos negativos; menor, necessariamente, e por vezes extremamente reduzidos, quando se pretendem prestações que implicam opções políticas, designadamente prestações que dependem da afetação de recursos financeiros. Por outro lado, porque os direitos fundamentais são posições subjetivas complexas, encerrando em si muitas vezes uma multiplicidade de direitos e pretensões, poderes e faculdades com objeto e conteúdo diversos e até nalguns casos referidos a sujeitos (ativos e passivos) diferentes".[46]

A dimensão subjetiva corresponde aos direitos de *status negativus*, pois o seu conteúdo refere-se ao direito de seu titular de resistir à intervenção estatal em sua esfera de liberdade individual. Na relação de direito público entre o indivíduo e o Estado, o indivíduo exerce uma liberdade negativa, isto é, liberdade de alguma coisa, e o Estado possui a obrigação negativa de não fazer, deixando de intervir na esfera individual. Manifesta-se ainda a dimensão subjetiva nos direitos fundamentais que fundamentam pretensões jurídicas próprias do *status positivus*, quando o indivíduo, ao adquirir *status* de liberdade positiva, qual seja, liberdade para alguma coisa, pressupõe a ação estatal, tendo como efeito a obrigação de omissão por parte do Estado.

Transcendendo a perspectiva subjetiva, os direitos fundamentais dispõem de uma dimensão objetiva, isto é, às normas que preveem direitos subjetivos outorga-se função autônoma. A percepção dos direitos fundamentais independe de seus titulares. Há também o reconhecimento de conteúdos normativos, e, portanto, de funções distintas aos direitos fundamentais. Por isso mesmo é que a posição subjetiva não explica todas as consequências jurídicas que resultam dos direitos fundamentais. A essa mais-valia, a esses efeitos restantes pode-se chamar de dimensão objetiva estrutural.[47] Como salienta Ingo Wolfgang Sarlet, um dos significativos desdobramentos da força jurídica objetiva dos direitos fundamentais, consiste na eficácia irradiante desses direitos, que fornecem impulsos e diretrizes para a aplicação e interpretação do direito infraconstitucional e, associado a este efeito, ainda que não seja dele exclusivo, está o fenômeno da constitucionalização do direito, nele incluída a questão da eficácia dos direitos fundamentais nas relações entre particulares. Outra função da dimensão objetiva dos direitos fundamentais é que eles implicam deveres de proteção do Estado, impondo aos órgãos estatais a obrigação de zelar por esses direitos, não somente contra os poderes públicos, mas contra agressões de particulares e de outros Estados.

Uma outra função é denominada de organizatória e procedimental, qual seja, a partir do conteúdo das normas de direitos fundamentais, pode extrair consequências para a aplicação e interpretação das normas procedimentais e para uma formatação do direito organizacional que auxilie na efetivação da proteção aos direitos funda-

---

[46] ANDRADE. *Os direitos fundamentais na Constituição portuguesa de 1976,* p. 163, 164.
[47] ANDRADE. *Op. cit.*, p. 165.

mentais. Há, nesse contexto, estreita vinculação entre direitos fundamentais, organização e procedimento.[48]

Em suma, a dimensão objetiva, de reconhecimento mais recente, envolve os seguintes aspectos: a) os direitos fundamentais apresentam, objetivamente, o caráter de normas de competência negativa, ou seja, aquilo que está sendo outorgado ao indivíduo em termos de liberdade está sendo objetivamente retirado do Estado; independe, portanto, de o particular exigir em juízo o respeito de seu direito. Mencione-se, no ponto, o controle abstrato de constitucionalidade, em que os proponentes de uma ação direta devem dar andamento ao processo, fazendo o Estado respeitar os limites de sua competência; b) os direitos fundamentais funcionam como critério de interpretação e configuração do direito infraconstitucional. Desse modo, ao interpretar uma norma constitucional, diante de várias interpretações possíveis, deve-se escolher aquela que melhor se compatibilize com os direitos fundamentais, e de forma objetiva, sem necessidade de provocação do titular do direito; c) cabe ao Estado o dever estatal de tutela, protegendo ativamente os direitos fundamentais em face de eventuais inobservâncias pelos particulares. Este tema se acha relacionado com a eficácia horizontal dos direitos fundamentais.[49]

De acentuar, por outro lado, a vinculação entre as dimensões subjetiva e objetiva dos direitos fundamentais, seja porque a noção de direitos fundamentais como direitos subjetivos contribui para a sua ampliação, seja porque os efeitos da dimensão objetiva desses direitos repercute na perspectiva subjetiva, por implicar, em maior ou menor medida, na possibilidade de sua defesa perante o Poder Judiciário, pela utilização de diversos mecanismos que visam assegurar a eficácia das normas de direitos fundamentais.[50]

3.2 Direitos e garantias fundamentais

Fala-se também em direitos fundamentais e garantias constitucionais. Não há unanimidade na sua distinção, achando alguns, inclusive, que ambos se confundem. Enquanto que para Manoel Gonçalves Ferreira Filho "as garantias consistem nas prescrições que vedam determinadas ações do Poder Público que violariam direito reconhecido: são barreiras erigidas para proteção dos direitos consagrados" (a proibição da censura garante a liberdade de manifestação do pensamento),[51] chamando

---

[48] SARLET; MARINONI; MITIDIERO. *Curso de direito constitucional*, p. 296-298.
[49] DIMOULIS; MARTINS. *Teoria geral dos direitos fundamentais*, p.116-121.
[50] SARLET; MARINONI; MITIDIERO. *Op. cit.*, p .299.
[51] FERREIRA FILHO. *Op. cit.*, p. 251.

Ainda é Manoel Gonçalves Ferreira Filho quem registra que, no direito contemporâneo, podem se distinguir várias espécies de garantias a envolver os direitos fundamentais: "a) num sentido *amplíssimo*, as garantias são, reportando-se a lição de Rui Barbosa, as 'providências que, na Constituição, se destinam a manter os poderes no jogo harmônico das suas funções, no exercício contrabalançado das suas prerrogativas. Dizemos então, garantias constitucionais, no sentido em que os ingleses falam em freios e contrapesos da Constituição': são as garantias-sistema; b) num sentido *amplo*, as garantias são o sistema organizado pela Constituição, pelo qual se opera a proteção de tais direitos, seja num sistema judiciário, seja num sistema

então de remédios constitucionais os processos especiais previstos na Constituição, para a defesa de direitos violados, tais como o *habeas corpus* e o mandado de segurança, José Afonso da Silva enfatiza que "não são nítidas as linhas divisórias entre direitos e garantias, como observa Sampaio Dória, para quem 'os direitos são garantias, e as garantias são direitos', ainda que procure distingui-los. Nem é decisivo, em face da Constituição, afirmar que os direitos são declaratórios e as garantias assecuratórias, porque as garantias em certa medida são declaradas e, às vezes, se declaram os direitos usando forma assecuratória. A Constituição, de fato, não consigna regra que aparte as duas categorias, nem sequer adota terminologia precisa a respeito das garantias. Assim é que a rubrica do Título II enuncia: 'Dos direitos e garantias fundamentais', mas deixa à doutrina pesquisar onde estão os direitos e onde se acham as garantias".[52] Nesse horizonte, entende por garantias constitucionais "os meios destinados a fazer valer esses direitos (os fundamentais), instrumentos pelos quais se asseguram o exercício e gozo daqueles bens e vantagens".[53] Para Canotilho, "rigorosamente, as clássicas garantias são também direitos, embora muitas vezes se salientasse nelas o caráter instrumental de proteção dos direitos. As garantias traduziam-se quer no direito dos cidadãos a exigir dos poderes públicos a proteção dos seus direitos, quer no reconhecimento de meios processuais adequados a essa finalidade".[54]

A distinção entre direitos e garantias, em nosso Direito, foi registrada por Rui Barbosa, ao escrever que "os direitos são disposições meramente declaratórias, imprimindo existência legal aos bens e valores por elas reconhecidos, enquanto as garantias são disposições assecuratórias que têm por finalidade proteger direitos".[55] Por isso mesmo é que Alexandre de Moraes acentua: "A distinção entre direitos e garantias fundamentais, no Direito brasileiro, remonta a Rui Barbosa, ao separar as disposições meramente declaratórias, que são as que imprimem existência legal aos direitos reconhecidos, e as disposições assecuratórias, que são as que, em defesa dos direitos, limitam o poder. Aquelas instituem os direitos; estas, as garantias; ocorrendo não raro juntar-se, na mesma disposição constitucional, ou legal, a fixação da garantia, com a declaração do direito."[56] Também Pinto Ferreira indica que "os direitos do homem nenhuma validade prática têm caso não se efetivem determinadas garantias para sua proteção. As declarações enunciam os principais direitos do homem, enquanto as garantias constitucionais são os instrumentos práticos ou os expedientes que asseguram os direitos enunciados. Trata-se de uma maneira prática de proteger o indivíduo contra o poder, a pessoa humana contra o abuso de autoridade pública, nesta luta histórica e secular que se trava na sociedade. Na trilogia constitucional da

---

de contencioso administrativo: são as garantias institucionais; c) num sentido restrito, as garantias são a defesa atribuída a determinados direitos, como a proibição da censura, já acima considerado: são as garantias instrumentais" (*Princípios fundamentais do direito constitucional*, p. 93-94).

[52] SILVA. *Curso de direito constitucional positivo*, p. 166.
[53] SILVA. *Op. cit.*, p. 354.
[54] CANOTILHO. *Direito constitucional e teoria da constituição*, p. 362.
[55] BARBOSA. *Comentários à constituição brasileira*, p. 11.
[56] MORAES. *Direitos humanos fundamentais*, p. 70.

ordem, poder e liberdade, a liberdade enunciada nos direitos é um anteparo do indivíduo contra o poder, em defesa da ordem constitucional".[57]

Rosah Russomano, adotando o sentido restrito para conceituar as garantias, diz que elas consistem nas determinações e nos procedimentos mediante os quais os direitos inerentes à pessoa obtêm uma tutela concreta.[58]

Os direitos, segundo Jorge Miranda, "representam só por si certos bens, as garantias destinam-se a assegurar a fruição desses bens; os direitos são principais, as garantias são acessórias e, muitas delas, adjectivas (ainda que possam ser objecto de um regime constitucional substantivo); os direitos permitem a realização das pessoas e inserem-se directa e imediatamente, por isso, nas respectivas esferas jurídicas, as garantias só nelas se projectam pelo nexo que possuem com os direitos; na acepção jusracionalista inicial, os direitos declaram-se, as garantias estabelecem-se".[59]

Os direitos envolvem a noção de bilateralidade, no sentido de que a atribuição de um direito corresponde à imposição de um dever, que se torna exigível; nas garantias esta categoria não é aplicável, já que não apresentam por si próprias a atribuição de um dever, mas se referem sempre a um direito ou direitos autônomos, que constituem objeto de sua proteção. A garantia, portanto, reforça a norma garantida, imprimindo-lhe um poder ou um alcance maior.

Mencione-se ainda as denominadas garantias institucionais, na sua ligação com as garantias constitucionais. Sem desconhecer o risco, as insuficiências e as vacilações que subsistem na esfera teórica, Paulo Bonavides considera a garantia institucional como "a proteção que a Constituição confere a algumas instituições, cuja importância reconhece fundamental para a sociedade, bem como a certos direitos fundamentais providos de um componente institucional que os caracteriza. A garantia institucional visa, em primeiro lugar, assegurar a permanência da instituição, embargando-lhe eventual supressão ou mutilação e preservando invariavelmente o mínimo de substantividade ou essencialidade, a saber, aquele cerne que não deve ser atingido nem violado, porquanto se tal acontecesse, implicaria já o perecimento do ente protegido".[60] A maternidade, o funcionalismo público, o princípio da separação de poderes, são exemplos de garantia institucional. No domínio dos direitos fundamentais, assinale-se que, em virtude do duplo caráter de alguns dos direitos fundamentais, as normas referentes aos direitos fundamentais e às garantias institucionais se acham estreitamente ligadas (a Constituição, ao mesmo tempo que declara o direito de constituir família assegura a proteção da família como instituição). Por isso mesmo é que as garantias institucionais formam um conceito único e conjugado com as garantias institucionais: "a garantia constitucional é uma garantia que disciplina e tutela o exercício dos direitos fundamentais, ao mesmo passo que rege, com prote-

---

[57] PINTO FERREIRA. *Curso de direito constitucional*, p. 148.
[58] RUSSOMANO. *Curso de direito constitucional*, p. 399.
[59] MIRANDA. *Manual de direito constitucional*, t. 4, p. 89.
[60] BONAVIDES. *Curso de direito constitucional*, p. 492 e 497.

ção adequada, nos limites da Constituição, o funcionamento de todas as instituições existentes no Estado."[61]

3.2.1 Entidades da sociedade civil de defesa dos direitos humanos fundamentais

As garantias fundamentais se completam com a existência de entidades da sociedade civil de defesa e busca de efetivação dos direitos humanos fundamentais. No Brasil, a partir da fase da denominada "abertura política" (1975-1979), surgiram campanhas em prol da anistia geral, contra a então Lei de Segurança Nacional. Entre as entidades de defesa dos direitos humanos ligadas às Igrejas Cristãs e a setores políticos, destacou-se a Coordenadoria Ecumênica de Serviço – CESE, que, além de lançar, em 1973, uma publicação contendo a Declaração Universal dos Direitos Humanos, passou a lutar pela conquista de direitos no plano socioeconômico, político e cultural, relativos à saúde, trabalho, moradia, educação e outros, tendo em vista a melhoria de condições de segmentos marginalizados da população. Já os Centros de Defesa dos Direitos Humanos – CDDHs – eram centros de denúncia onde a maioria da população, diante de violações de direitos humanos, poderia divulgar os excessos da política da época. Alguns desses Centros foram organizados no âmbito de paróquias e dioceses, por iniciativas pastorais, enquanto outros por simples união solidária dos oprimidos pelo regime. Surgiu também, nesse quadro de abertura política, o Movimento Nacional de Direitos Humanos, como "movimento civil, ecumênico e suprapartidário, que congrega centenas de entidades que lutam na defesa e promoção dos direitos humanos, ao lado dos despossuídos e marginalizados, contribuindo para o avanço da luta social na perspectiva de uma sociedade democrática pluralista e libertadora, com base na história e cultura de cada povo". No governo do Presidente Fernando Henrique Cardoso, no dia 13 de maio de 1996, em que se comemorou a edição da Lei Áurea, foi lançado o Programa Nacional de Direitos Humanos, destacando-se, no plano das ações internacionais com vistas à proteção dos direitos humanos, o fortalecimento da cooperação com organismos internacionais de proteção desses direitos, em especial com a Corte Interamericana de Direitos Humanos, com sede em San José da Costa Rica. No final do ano de 2000, foi assinado em Brasília o Pacto da Sociedade Brasileira contra a Tortura, sendo seus signatários o Superior Tribunal de Justiça, a Comissão de Direitos Humanos da Câmara dos Deputados, a Secretaria de Direitos Humanos do Ministério da Justiça, o Conselho Federal da Ordem dos Advogados do Brasil, o Fórum Nacional dos Ouvidores de Polícia, o Conselho Nacional dos Procuradores de Justiça, a Procuradoria Federal dos Direitos dos Cidadãos, a Procuradoria Geral de Justiça de São Paulo, a Associação dos Juízes Federais do Brasil (Ajufe), a Associação Nacional dos Membros do Ministério Público, o Centro Internacional de Proteção aos Direitos Humanos, a Rede Brasileira de Combate à Tortura, o Movimento Nacional dos Direitos Humanos, e a Ação dos Cristãos para a Abolição da Tortura. Consta do documento o propósito de "consolidar as condições para o exercício pleno das liberdades e direitos fundamentais de

---

[61] BONAVIDES. *Curso de direito constitucional*, p. 493.

todos os brasileiros; aprofundar estudos e pesquisas em relação à obtenção de dados e informações sobre a prática do crime de tortura; subsidiar os debates sobre o aperfeiçoamento da legislação brasileira para prevenção e punição da tortura; implementar ações e programas conjuntos com a mesma finalidade; fixar cartaz da campanha de combate à tortura nas dependências de acesso público; difundir documentos, decisões e jurisprudência sobre o crime; elaborar publicações e manuais informativos dos direitos da pessoa humana e vítimas de tortura; receber denúncias de crime de tortura e solicitar providências imediatas das autoridades competentes". Vera da Silva Telles acentua que no correr da década de 1980 foi construída, no Brasil, "uma trama social formada por movimentos sociais, organismos de representação de interesses e entidades civis (movimento dos trabalhadores sem-terra, movimento negro, reivindicações das populações indígenas, e dos trabalhadores, entre outros). É uma rede associativa tão ampla quanto plural, multifacetada e descentrada, que vem se armando de um modo muito desigual, que segue os rumos mutáveis dos acontecimentos e das oscilações da conjuntura. Fazendo circular a linguagem dos direitos, desprivatiza carências e necessidades, demandas e aspirações, ao projetá-los no cenário público como questões pertinentes à vida em sociedade e que, por isso mesmo, interpelam (e questionam) a opinião pública em seu senso de justiça e equidade".[62]

3.2.2 Política nacional de proteção dos direitos humanos

No âmbito da responsabilidade do Estado brasileiro, relativamente ao processo de consolidação da cidadania, a envolver a proteção e a promoção da indivisibilidade, universalidade dos direitos humanos, merece destaque o Programa Nacional de Direitos Humanos, inaugurado pelo Governo Federal em 13 de maio de 1996. Segundo observa Flávia Piovesan, a grande contribuição do Programa "é atribuir aos direitos humanos o *status* de política pública. Vale dizer, a proteção aos direitos humanos não mais é concebida como fruto de um mero acaso, como um incidente de percurso, mas passa a ser objeto de planejamento governamental."[63]

Foram ainda editados o Programa Nacional de Direitos Humanos 2 e 3.

O PNDH-3, aprovado pelo Decreto n. 7.037, de 21 de dezembro de 2009, contempla 521 ações programáticas, distribuídas em seis eixos orientadores: interação democrática entre Estado e sociedade civil; desenvolvimento e direitos humanos; universalização dos direitos humanos em um contexto de desigualdades; segurança pública, acesso à justiça e combate à violência; educação e cultura em direitos humanos; e direito à memória e à verdade. O Programa reflete as complexidades da realidade brasileira no âmbito dos direitos humanos, de modo a conjugar uma pauta pré-republicana (p. ex., o combate e a prevenção do trabalho escravo) com desafios da pós-modernidade (p. ex., o fomento à implementação de tecnologias socialmente inclusiva e ambientalmente sustentáveis). A abrangência dos temas tratados no Programa é reflexo da própria abrangência que os direitos humanos assumem desde a Declaração Universal de 1948. A agenda dos direitos humanos, de agenda contra o

---

[62] TELLES. *Direitos sociais*: afinal do que se trata?, p. 140-141.
[63] PIOVESAN. *Temas de direitos humanos*, p.466.

Estado, nos períodos ditatoriais, passa a ser agenda do Estado, com a democratização dos direitos humanos.[64]

3.2.3 Direitos fundamentais e os animais

O antropocentrismo que tem acarretado a expansividade dos direitos fundamentais, é dizer, sua referência aos interesses e expectativas do ser humano, tem sido questionado nos últimos tempos, para que se considere como titulares desses direitos a natureza e os animais. Como salienta José Adércio Leite Sampaio, essa subjetividade teria como pressuposto o fato de que não só os seres humanos são agentes morais, ou, pelo menos, dignos de consideração e respeito, mas também os animais, em razão da importância de seus interesses vitais e da possibilidade de sentimento, ou até mesmo a compaixão humana contra a tendência de discriminar outras espécies do direito e da moral. Leis de diversos países vêm aperfeiçoando o sistema normativo de proteção ao bem-estar do animal, destacando-se, no plano internacional, a Declaração Universal dos Animais, adotada pela Liga Internacional dos Direitos do Animal, aprovada em Paris em 15 de outubro de 1978, cujo art. 1º declara que "todos os animais nascem iguais perante a vida e têm os mesmos direitos à existência", estabelecendo o seu art. 3º que nenhum animal será submetido a maus tratos nem a atos cruéis. Se for necessário matar um animal, ele deve de ser morto instantaneamente, sem dor e de modo a não lhe provocar angústia".

As leis de proteção aos animais compõem três ciclos: o primeiro visa evitar o tratamento cruel dos "bichos" que integram o patrimônio de alguém; o segundo tem o propósito de protegê-los sem referência direta a interesses patrimoniais, e o terceiro reconhece aos animais o *status* de ser mais que coisa ou objeto de direito.

Contemporaneamente, o tema vem ganhando eminência constitucional, como a Constituição brasileira de 1988, cujo art, 225, VII, veda as práticas que submetam os animais à crueldade, compondo o segundo ciclo de proteção acima referido.

O argumento principal para negar a titularidade de direitos fundamentais aos animais está em que eles não podem fazer escolhas morais ou responder por seus atos: somente os detentores de deveres podem postular direitos. Já os que admitem serem, os animais, sujeitos de direitos, argumentam que é justamente o fato de os animais serem objeto de nossos deveres que os fazem sujeitos de direito, os quais devem ser tutelados. E mais, embora não tenham capacidade para comparecerem em juízo, seus direitos são pleiteados por representatividade, da mesma forma que ocorre com os seres relativamente incapazes ou os incapazes, que são reconhecidos como pessoas.

De qualquer modo, vale a advertência de José Adércio Leite Sampaio, para quem "ainda é cedo para anunciarmos uma titularidade jusfundamental pelos animais. A jurisprudência tem cada vez mais reforçado um sistema de proteção, mas sem enquadrá-lo como direito fundamental. Os valores continuam a evoluir. Pode não tardar

---

[64] PIOVESAN. *Temas de direitos humanos*, p.469.

a consideração geral da titularidade pelos animais de, pelo menos, alguns direitos fundamentais."[65]

4. LIMITES E FUNÇÕES DOS DIREITOS FUNDAMENTAIS

Não existe direito absoluto, entendido como o direito sempre obrigatório, sejam quais forem as consequências. Assim, os direitos fundamentais não são absolutos nem ilimitados. Encontram limitações na necessidade de se assegurar aos outros o exercício desses direitos, como têm ainda limites externos, decorrentes da necessidade de sua conciliação com as exigências da vida em sociedade, traduzidas na ordem pública, ética social, autoridade do Estado, dentre outras delimitações, resultando, daí, restrições dos direitos fundamentais em função dos valores aceitos pela sociedade. Assim, as restrições aos direitos fundamentais inserem-se numa tríplice função: *a) função adequadora,* emque a restrição de um deles serve para possibilitar que outros direitos se exerçam sem sobreposições, tendo a maior eficácia possível; *b) função dirimente,* que tem lugar no contexto específico da colisão de direitos fundamentais, caracterizada pelo exercício conflitante por parte de dois ou mais titulares de direitos contrapostos, servindo a restrição de alguns deles para evitar a repetição desses conflitos no futuro, sem a necessidade de recorrer a ulteriores intervenções administrativas ou jurisdicionais; *c) função comunitária,* que se liga à conjugação entre os direitos fundamentais e os bens ou interesses coletivos merecedores de tutela, sendo a restrição instrumento de garantia desses bens, interesses e valores comunitários que importa preservar.[66]

A ideia de restrição, assinala Gilmar Ferreira Mendes, "é quase trivial no âmbito dos direitos individuais. Além do princípio geral de reserva legal, enunciado no art. 5º, II, a Constituição refere-se expressamente à possibilidade de se estabelecerem restrições legais a direitos nos incisos XII (inviolabilidade do sigilo postal, telegráfico, telefônico e de dados), XIII (liberdade de exercício profissional) e XV (liberdade de locomoção).

Para indicar as restrições, o constituinte utiliza-se de expressões diversas, como, *v.g.,* 'nos termos da lei' (art. 5º, VI e XV), 'nas hipóteses e na forma que a lei estabelecer' (art. 5º, XII), 'salvo nas hipóteses previstas em lei' (art. 5º, LVIII). Outras vezes, a norma fundamental faz referência a um conceito jurídico indeterminado, que deve balizar a conformação de um dado direito. É o que se verifica,*v.g.,* com a cláusula da 'função social' (art. 5º, XXIII).

Tais normas permitem limitar ou restringir posições abrangidas pelo âmbito de proteção de determinado direito fundamental.

Assinale-se, pois, que a norma constitucional que submete determinados direitos à reserva de lei restrita contém, a um só tempo, (a) uma norma de garantia, que reconhece e garante determinado âmbito de proteção e (b) uma norma de autorização

---

[65] SAMPAIO. *Teoria da constituição e dos direitos fundamentais,* p. 642-646.
[66] GOUVEIA. *Manual de direito constitucional,* v. 2, p. 1108-1109.

de restrições, que permite ao legislador estabelecer limites ao âmbito de proteção constitucionalmente assegurado.

Observe-se, porém, que nem todas as normas referentes a direitos individuais têm o propósito de restringir ou limitar poderes ou faculdades.

Não raras vezes, destinam-se as normas legais a completar, densificar e concretizar direito fundamental. É o que se verifica, *v.g.*, em regra, na disciplina ordinária do direito de propriedade material e intelectual, do direito de sucessões (CF, art. 5º, XXII – XXXI), no âmbito da proteção ao consumidor (CF, art. 5º, XXXII), e do direito à proteção judiciária (CF, art. 5º, XXXV, LXVII – LXXII).

Os direitos individuais enquanto direitos de hierarquia constitucional somente podem ser limitados por expressa disposição constitucional (restrição imediata) ou mediante lei ordinária promulgada com fundamento na própria Constituição (restrição mediata)".[67]

Assim, é o próprio texto constitucional que consagra o direito de "reunir-se pacificamente, sem armas" (art. 5º, XVI), a liberdade de "locomoção no território nacional em tempo de paz" (art. 5º, XV).

A reserva legal pode ser simples e qualificada.

A *reserva legal simples* configura-se quando a Constituição dispõe que eventual restrição esteja prevista em lei, tomando-se como exemplos os explicitados nos seguintes incisos do art. 5º:

VI – é inviolável a liberdade de consciência e de crença, sendo assegurado o livre exercício dos cultos religiosos e garantida, *na forma da lei*, a proteção dos locais de culto e a suas liturgias;

VII – é assegurada, *nos termos da lei*, a prestação de assistência religiosa nas entidades civis e militares de internação coletiva;

XV – é livre a locomoção no território nacional em tempo de paz, podendo qualquer pessoa, nos termos da lei, nele entrar, permanecer ou dele sair com seus bens;

XLV – nenhuma pena passará da pessoa do condenado, podendo a obrigação de reparar o dano e a decretação do perdimento dos bens ser, *nos termos da lei*, estendidas aos sucessores e contra eles executadas, até o limite do valor do patrimônio transferido;

XLVI – *a lei regulará a individualização da pena e adotará*, entre outras, as seguintes:

a) privação ou restrição da liberdade;

b) perda de bens;

c) multa;

d) prestação social alternativa;

e) suspensão ou interdição de direitos.

LVIII – o civilmente identificado não será submetido a identificação criminal, *salvo nas hipóteses previstas em lei*.

---

[67] MENDES. *Direitos fundamentais e controle de constitucionalidade*, p. 15, 16, 28.

A *reserva legal simples* ocorre ainda quando o constituinte se utiliza de formas menos precisas, submetendo o direito fundamental à aplicação de conceito ou instituto jurídico que demanda densificação, sendo exemplos as seguintes hipóteses do art. 5º:

XLVIII – a lei considerará crimes inafiançáveis e insuscetíveis de graça ou anistia a prática da tortura, o tráfico ilícito de entorpecentes e drogas afins, o terrorismo e os definidos em lei como *crimes hediondos*, por eles respondendo os mandantes, os executores e os que, podendo evitá-los, se omitirem;

LXVI – ninguém será levado à prisão ou nela mantido, *quando a lei admitir a liberdade provisória*, com ou sem fiança;

LXVII – não haverá prisão civil por dívida, salvo a do responsável pelo inadimplemento voluntário e inescusável de obrigação alimentícia e a do *depositário infiel*.

Há *reserva legal qualificada* quando o texto constitucional não se limita a exigir que eventual restrição ao âmbito de proteção de determinado direito seja prevista em lei, estabelecendo, também, as condições especiais, os fins a serem perseguidos ou os meios a serem utilizados, dando-se como exemplos, no art. 5º da Constituição, o inciso XIII, que dispõe ser livre o exercício de qualquer trabalho, ofício ou profissão, atendidas as qualificações profissionais que a lei estabelecer; o inciso XII, que permite a interceptação telefônica, por ordem judicial, nas hipóteses e na forma que a lei estabelecer para fins de investigação criminal ou instrução processual penal; o inciso LX, segundo o qual a lei só poderá restringir a publicidade dos atos processuais, quando a defesa da intimidade ou o interesse social o exigirem.[68]

A Constituição prevê ainda limitações de direitos fundamentais em situações de regime ou legalidade excepcional, e que são: *a)* estado de defesa (art. 136, §§ 1º e 3º), em que as restrições podem atingir os direitos de reunião, locomoção, sigilo de correspondência e de comunicação telegráfica e telefônica, propriedade de bens públicos e atividade econômica relativa a serviços públicos; *b)* estado de sítio preventivo (art. 137, I), em que se permite restringir e suspender direitos fundamentais, mencionando-se os direitos de locomoção, reunião, sigilo de correspondência e de comunicações, informação e liberdade de imprensa escrita e rádio-televisiva, inviolabilidade do domicílio e propriedade; *c)* estado de sítio defensivo (art. 137, II), em que pode sofrer restrição ou suspensão qualquer direito fundamental.

A aposição de limites e restrições aos direitos fundamentais não deve, no entanto, esvaziar o direito fundamental na sua totalidade, isto é, na globalidade do seu sentido ou significado real: há um núcleo duro ou essencial, que deve ser protegido, e que se traduz em fundamento, nos elementos que constituem a própria substância do direito fundamental, e que são dele inseparáveis, e não meramente acidentais.[69]

---

[68] MENDES. *Direitos fundamentais e controle de constitucionalidade*, p. 33-39.
[69] FREITAS. *Direitos fundamentais*: limites e restrições, p. 195, em que se reporta à doutrina de Klaus Stern. No livro, Luiz Fernando Calil de Freitas examina com abrangência as diferentes teorias explicativas da proteção ao núcleo essencial dos direitos fundamentais, quais sejam, teorias absoluta e relativas, teorias objetiva e subjetiva. Cf. também: MARTINEZ-PUJALTE. *La garantía del contenido esencial de los derechos fundamentales*.

De notar, ademais, que qualquer limitação dos direitos fundamentais (concretização da reserva legal e outras intervenções erosivas na área de proteção) deve se pautar pelo critério da proporcionalidade, cujo conteúdo material foi examinado no Capítulo dedicado à interpretação da constituição. Vale lembrar que, para a efetivação do princípio da proporcionalidade, necessário que se promova um juízo de ponderação como forma de verificar se a medida restritiva é adequada à proteção do bem constitucionalmente garantido, se a intensidade da intervenção desvantajosa no direito fundamental é inevitável, em razão de inexistir alternativa menos gravosa, e se a lesão produzida com a afetação desvantajosa ao direito fundamental é proporcional à proteção conferida ao bem constitucionalmente protegido e que se apresenta contraposto.[70]

Quanto às funções, os direitos fundamentais cumprem as seguintes: 1 – função de defesa ou de liberdade, pois configuram normas de competência negativa para os poderes públicos, vedando-lhes interferir na esfera jurídica individual, e implicam, no plano jurídico-subjetivo, o poder do indivíduo de exigir positivamente direitos fundamentais, e de exigir omissões do poder público no sentido de evitar agressões a estes direitos; 2 – função de prestação social, traduzida no direito do particular de obter do Estado (saúde, educação, segurança social, entre outros); 3 – função de proteção perante terceiros, ao impor ao Estado o dever de proteger perante terceiros os titulares dos direitos fundamentais; como o de proteção do direito à vida perante eventuais agressões de outros indivíduos; 4 – função de não discriminação, ou seja, assegurar que o Estado trate os seus cidadãos como fundamentalmente iguais, sendo exemplo desta função a não discriminação em virtude de religião, os direitos de participação política (acesso aos cargos públicos). Discute-se com base nesta função o problema das *quotas de deficientes* para compensar a desigualdade de oportunidades, e a plena igualdade de direitos de alguns grupos minoritários, numa sociedade pluralista, como os direitos dos homossexuais, os direitos das mães solteiras e os direitos das pessoas portadoras de HIV.[71]

5. DIREITOS FUNDAMENTAIS E RELAÇÕES JURÍDICAS ENTRE PARTICULARES

5.1 Considerações iniciais

Os direitos fundamentais têm eficácia vertical perante o Estado, como direitos de defesa individual perante os arbítrios do poder. A eficácia horizontal dos direitos fundamentais, ou eficácia externa, é a que diz respeito às relações entre particulares. Estariam os particulares ou as entidades privadas vinculados aos direitos fundamentais que, por isso, lhes seriam aplicáveis? A questão é delicada, e, na tentativa de propor soluções, alguns constitucionalistas têm formulado hipóteses que envolvem o tema, como José Carlos Vieira de Andrade, ao indagar: "até que ponto as liberdades

---
[70] FREITAS. *Direitos fundamentais*: limites e restrições, p. 197.
[71] Cf. CANOTILHO. *Direito constitucional e teoria da constituição*, p. 373-376.

religiosa ou de residência podem ser limitadas por contrato; se é lícito o apelo ao boicote de um filme ou de um livro; se é válido um contrato em que os empregadores se obrigam a não admitir trabalhadores não inscritos num certo sindicato; até que ponto é admissível a restrição da liberdade dos jogadores de um clube desportivo ou dos membros de um partido político ou de uma ordem religiosa; quais os poderes de sancionamento que os pais ou tutores podem exercer sobre os menores; se é admissível juridicamente que alguém contrate uma agência privada de detetives para vigiar determinada pessoa; ou que alguém publique um livro com um personagem nitidamente baseado na vida íntima de uma outra pessoa. Ou se é lícito a um empregador contratar ou deixar de contratar um trabalhador por causa da confissão religiosa, sexo ou opção política dele; se o senhorio pode despejar um inquilino por não pagamento da renda quando tolera a permanência de outro que também não a paga; se uma pessoa pode legitimamente deixar os seus bens por testamento apenas a familiares de um dos sexos, excluindo o outro; se os donos de hotéis, táxis ou restaurantes podem recusar a permanência, o transporte ou o serviço a certas categorias de pessoas (estrangeiros, pessoas de raça diferente ou de determinado sexo)."[72]

À falta de previsão expressa no texto constitucional brasileiro acerca do tema, postula-se a necessidade de se apresentar os principais fundamentos constitucionais construídos tanto pela jurisprudência quanto pela dogmática jurídica a respeito da eficácia horizontal dos direitos fundamentais, e que seriam: o princípio da supremacia da Constituição, o postulado da unidade material do ordenamento jurídico, os direitos fundamentais como princípios objetivos, o princípio da dignidade da pessoa, o princípioconstitucional da solidariedade e, por fim, o princípio da aplicação imediata dos direitos fundamentais.

Em tese acerca do assunto, Virgílio Afonso da Silva analisa o fenômeno conhecido como constitucionalização do direito e os efeitos e a aplicabilidade dos direitos fundamentais nas relações entre particulares. Defende-se na tese: a) a constitucionalização do direito e a consequente consideração dos efeitos dos direitos fundamentais nas relações privadas não ameaçam a autonomia do direito privado, já que a produção desses efeitos se dá por intermédio do material normativo e do próprio direito privado, o que garante sua autonomia. A realidade é que as normas do direito privado devem ser interpretadas de acordo com os direitos fundamentais; b) um modelo mais flexível, para regular a produção dos efeitos dos direitos fundamentais nas relações privadas, e que pretende romper com a dicotomia entre efeito diretos e indiretos, conciliando-os na mesma construção teórica.[73]

A mudança de paradigma da eficácia apenas vertical dos direitos fundamentais decorreu, sobretudo, do reconhecimento de que não é somente o Estado que pode ameaçar esses direitos, mas também outros cidadãos nas relações horizontais entre si. O Estado, portanto, se obriga não apenas a observar os direitos fundamentais, em face das investidas do Poder Público, como também a garanti-los contra agressões propiciadas por terceiros. O conceito de direitos fundamentais opostos unilateral-

---

[72] ANDRADE. *Os direitos fundamentais na constituição portuguesa de 1976*, p. 274-275.
[73] SILVA. *A constitucionalização do direito*: os direitos fundamentais nas relações entre particulares, p.27-28.

mente ao poder do Estado proporcionaria, segundo Zippelius, uma garantia incompleta da liberdade individual contra forças sociais e forças econômicas próprias de indivíduos e de associações, evidenciando uma assimetria na relação jurídica privada.[74] Quanto "maior for a desigualdade (fática entre os envolvidos), mais intensa será a proteção do direito fundamental em jogo, e menor a tutela da autonomia privada. Ao inverso, numa situação de tendencial igualdade entre as partes, a autonomia privada vai receber uma proteção mais intensa, abrindo espaço para restrições mais profundas ao direito fundamental com ela em conflito".[75]

No entendimento tradicional, nega-se a relevância dos direitos fundamentais nas relações entre particulares, pois aqueles direitos são vistos como um instituto específico das relações entre o indivíduo e o Estado, como a salvaguarda da liberdade individual ou social. É a concepção própria do liberalismo. Esta concepção não exclui, no entanto, a proteção dos direitos individuais, que se daria no âmbito do direito privado ou do direito penal. Nos Estados Unidos prevalece a doutrina do *state action*, ou seja, da ação estatal, segundo a qual os direitos fundamentais são primariamente direitos de defesa contra o Estado, não vinculando entidades privadas. Portanto, somente pode haver violação a direitos fundamentais por meio de uma ação estatal. O rigor desta doutrina vem sendo, todavia, abrandado pela *public function doctrine*.

5.2 Teorias explicativas da eficácia das normas constitucionais relativas às relações entre particulares

As teorias que consagram a eficácia das normas constitucionais relativas aos direitos fundamentais na ordem jurídica privada compreendem: *a)* a teoria da eficácia indireta ou mediata; *b)* teoria da eficácia direta ou imediata.

5.2.1 Teoria da eficácia indireta ou mediata

A teoria da eficácia indireta ou mediata significa que os direitos fundamentais são, primariamente, direitos de defesa da liberdade contra o Estado e não se justifica que elas vinculem também os particulares, de modo imediato e absoluto, mas, como proposto por Dürig, numa concepção mitigada, os direitos fundamentais têm uma força conformadora das relações entre particulares, quer através da legislação civil ou criminal, quer através da interpretação das cláusulas gerais do direito civil suscetíveis de preenchimento valorativo.Esta teoria é majoritariamente adotada na Alemanha pelo Tribunal Constitucional Federal.

Como elucida Virgílio Afonso da Silva, para "conciliar direitos fundamentais e direito privado sem que haja um domínio de um pelo outro, a solução proposta é a *influência* dos direitos fundamentais nas relações privadas *por intermédio* do material normativo do próprio direito privado. Essa é a base dos *efeitos indiretos*. Essa conciliação entre direitos fundamentais e direito privado, por meio da produção indireta de efeitos dos primeiros no segundo, pressupõe a ligação de uma concepção

---
[74] ZIPPELIUS. *Teoria geral do estado*, p. 171-175.
[75] SARMENTO. *Direitos fundamentais e relações privadas*, p. 303.

de direitos fundamentais como um *sistema de valores* com a existência de portas de entrada desses valores no próprio direito privado, que seriam as *cláusulas gerais*".[76] São exemplos de cláusulas gerais, em nosso Direito, entre outras, o art. 187 do Código Civil, ao prever que "comete ato ilícito o titular de um direito que, ao exercê-lo excede manifestamente contra os limites impostos pelo seu fim econômico e social, pela boa-fé ou pelos bons costumes"; o art. 122, que dispõe como lícitas as condições que não sejam "contrárias à lei, à ordem pública ou aos bons costumes"; o art. 113, ao dispor que "os negócios jurídicos devem ser interpretados conforme a boa-fé (...)"; o art. 1.638, III, ao prever que "perderá por ato judicial o poder familiar o pai ou a mãe que praticar atos contrários à moral e aos bons costumes". Anote-se que a doutrina dos efeitos indiretos vem sendo adotada na maioria dos países em que a matéria é estudada sistematicamente, como é o caso da Alemanha. Como salienta Gilmar Ferreira Mendes, o "reconhecimento de que os direitos fundamentais têm um significado especial para a ordem jurídica objetiva – direito fundamental enquanto elemento da ordem jurídica objetiva – obriga o legislador a atuar no sentido de concretizá-los também nas relações privadas, evitando que os valores básicos protegidos por esses direitos possam de alguma forma ser afetados por entidades ou pessoas que não estejam submetidas diretamente ao regime dos direitos fundamentais. Daí falar-se em um dever de proteção (*Schutzpflicht*) que decorreria exatamente do especial significado objetivo dos direitos fundamentais para a ordem jurídica objetiva".[77] De qualquer modo, acentue-se, a eficácia mediata dos direitos acha-se frequentemente relacionada com hipóteses de colisão de direitos, em que o reconhecimento do direito a alguém implica o sacrifício de faculdades reconhecidas a outrem: a "posição jurídica de um indivíduo em face de outro somente pode prevalecer na medida em que se reconhece a prevalência de determinados interesses sobre outros".[78]

5.2.2 Teoria da eficácia direta ou imediata

Para a teoria da eficácia direta ou imediata (Nipperdey foi quem propôs e defendeu a teoria), os direitos fundamentais aplicam-se obrigatória e diretamente (têm validade absoluta) nas relações entre particulares, pelo que podem os indivíduos, sem qualquer necessidade de mediação legislativa do Estado, fazê-los valer contra atos de outros indivíduos ou de pessoas jurídicas. A aplicabilidade direta dos direitos fundamentais não necessita de pontos de infiltração, como as cláusulas gerais de que acima tratamos.

A teoria não nega, todavia, a necessidade de ponderar o direito fundamental em jogo com a autonomia privada dos particulares envolvidos, ou seja, essa teoria está longe de postular a desconsideração da liberdade individual nas relações jurídicas privadas, como asseveram alguns.

---

[76] SILVA. *A constitucionalização do direito*: os direitos fundamentais nas relações entre particulares, p. 86.
[77] MENDES. *Direitos fundamentais e controle de constitucionalidade*: estudos de direito constitucional, p. 117.
[78] MENDES. *Op. cit.*, p. 127.

Para esta corrente justifica-se a eficácia direta dos direitos fundamentais na esfera privada, sobretudo nos casos em que a dignidade da pessoa humana estiver sob ameaça ou diante de uma ingerência indevida na esfera da intimidade pessoal.

Desse modo, considera-se a eficácia horizontal direta como um mecanismo essencial de correção de desigualdades sociais.

5.3 Modelos teóricos

Os modelos teóricos que envolvem a eficácia dos direitos fundamentais na ordem jurídica privada não se esgotam em si mesmos, mas tendem para uma superação em favor de soluções diferenciadas, em razão, principalmente, de novas concepções de constituição, da ideia da constitucionalização do direito, e de uma teoria dos direitos fundamentais.[79]

Como elucida Canotilho, "reconhece-se, desde logo, que a problemática da chamada 'eficácia horizontal' se insere no âmbito da *função de protecção dos direitos fundamentais*, ou seja, as normas consagradoras dos direitos, liberdades e garantias e direitos análogos constituem ou transportam *princípios de ordenação objectiva* – em especial, deveres de garantia e de protecção do Estado – que são também eficazes na ordem jurídica privada (K. Hesse). Esta eficácia, para ser compreendida com rigor, deve ter em consideração a *multifuncionalidade* ou *pluralidade de funções dos direitos fundamentais*, de forma a possibilitar soluções diferenciadas e adequadas, consoante o 'referente' de direito fundamental que estiver em *causa* no *caso* concreto".[80]

No equacionamento do problema, deve-se levar também em consideração que a solução normativa da colisão de direitos fundamentais, que passa pela limitação recíproca e proporcional dos direitos em presença, concorre para diminuir o espaço de ofensa e implica em proteção, ainda que relativa, dos direitos nas suas relações interindividuais.

Para Wilson Steinmetz, a conciliação entre a autonomia privada e os direitos fundamentais deve ser dada mediante a aplicação do princípio da proporcionalidade. Para tanto, elenca quatro precedências *prima facie*.

As precedências *prima facie* não contêm determinações definitivas em favor de um princípio, "contudo estabelecem um ônus de argumentação para a precedência de outro princípio no caso concreto. Assim, uma precedência *prima facie* constitui uma carga de argumentação a favor de um princípio – e, por consequência, uma carga de argumentação contra o outro princípio".[81]

---

[79] Cf. SILVA. *A constitucionalização do direito*: os direitos fundamentais nas relações entre particulares, p. 107-177. Cf. ainda: SARMENTO. *Direitos fundamentais e relações privadas*; SARLET. Direitos fundamentais e direito privado: algumas considerações em torno da vinculação dos particulares aos direitos fundamentais. In: *A constituição concretizada: construindo pontes com o público e o privado* (SARLET, Ingo Wolfgang (Org.).

[80] CANOTILHO. *Direito constitucional e teoria da constituição*, p. 1154. A partir da p. 1155, Canotilho agrupa as várias constelações de eficácia horizontal dos direitos fundamentais.

[81] STEINMETZ. Princípio da proporcionalidade e atos de autonomia privada restritivos de direitos fundamentais. In: SILVA (Org.). *Interpretação constitucional*, p. 43.

As precedências *prima facie* arroladas por Steinmetz são as seguintes: 1. Em uma relação contratual de particulares em situação (ou sob condições) de igualdade fática há uma precedência *prima facie* do direito fundamental individual de conteúdo pessoal ante o princípio da autonomia privada. 2 Em uma relação contratual de particulares em situação (ou sob condições) de desigualdade fática há uma precedência *prima facie* do direito fundamental individual de conteúdo pessoal ante o princípio da autonomia privada. 3. Em uma relação contratual de particulares em situação (ou sob condições) de igualdade fática há uma precedência *prima facie* do princípio da autonomia privada ante o direito fundamental individual e conteúdo patrimonial. 4. Em uma relação contratual de particulares em situação (ou sob condições) de desigualdade fática há uma precedência *prima facie* do direito fundamental individual de conteúdo patrimonial ante o princípio da autonomia privada.[82]

Virgílio Afonso da Silva levanta algumas críticas em relação à solução proposta por Steinmetz, e, dentre as principais destaca a aplicação do princípio da proporcionalidade para solucionar problemas nos quais o Estado não participa. Para Virgílio, a proporcionalidade aplicada aos atos estatais que restringem direitos fundamentais exige a indagação se existem outras medidas que alcancem o mesmo objetivo, mas que restrinjam menos o direito em questão. Tal proposição não poderia ser transplantada para as relações particulares. Suas razões: "Exigir que os particulares adotem, nos casos de restrição a direitos fundamentais, apenas as medidas estritamente necessárias – ou seja, as menos gravosas – para o atingimento dos fins perseguidos nada mais é do que retirar-lhes a autonomia de livremente dispor sobre os termos dos seus contratos. Se aos particulares não resta outra solução que não a adoção das medidas estritamente necessárias, não se pode mais falar em autonomia."[83]

Anote-se ainda que, no âmbito da eficácia dos direitos fundamentais nas relações entre particulares, tem havido concordância em dois pontos: "que os sujeitos privados poderosos não podem ser tratados como quaisquer indivíduos e que devem ser consideradas ilícitas nas relações privadas, as diferenças de tratamento ou as restrições que atinjam a dignidade das pessoas, por um lado; mas que, não pode destruir-se a autonomia pessoal e que a liberdade negocial e geral não pode ser negada, por outro lado."[84] Nessa linha, Jorge Miranda observa que "não se compreenderiam uma sociedade e uma ordem jurídica em que o respeito da dignidade e da autonomia da pessoa fosse procurado apenas nas relações com o Estado e deixasse de o ser nas relações das pessoas entre si. Todavia, não parece que o Estado possa impor esse respeito da mesma maneira a si próprio e aos seus cidadãos: o respeito da liberdade das pessoas pelo Estado implica limitações do poder, o respeito da liberdade da pessoa pelas outras pessoas implica a colaboração da sua liberdade e das demais pessoas (antes ou a par da limitação de eventuais poderes privados que se manifestem)".[85]

---

[82] STEINMETZ. *Op. cit.*, p. 52.
[83] SILVA. Direitos fundamentais e relações entre particulares. *Revista Direito GV*, n. 01, janeiro-junho 2005, p. 178-179.
[84] ANDRADE. *Os direitos fundamentais na constituição portuguesa de 1976*, p. 284.
[85] MIRANDA. *Manual de direito constitucional*, t. 4, p. 294.

Apesar de a Constituição portuguesa, em seu art. 18, I, referir expressamente aos particulares como destinatários das normas de direitos fundamentais, ao dispor que os "preceitos constitucionais respeitantes aos direitos, liberdades e garantias são directamente aplicáveis e vinculam as entidades públicas e privadas", não há menção aos termos em que se concebe esta eficácia, seja quanto ao seu processamento, seja quanto aos níveis da vinculação, vale dizer, se é idêntica ou não àquela que obriga os poderes públicos. A seu turno, a Constituição Brasileira de 1988, se em seu art. 5º, § 1º, declara que as "normas definidoras dos direitos e garantias fundamentais têm aplicação imediata", não se deduz do texto quais são as relações jurídicas que sofrerão os seus efeitos, nem como seria a sua eficácia.

De qualquer modo, Virgílio Afonso da Silva, como referido, propõe um modelo diferenciado que seja capaz de enquadrar os diversos tipos de situações em que os direitos fundamentais produzam efeitos nas relações entre particulares. Aduz que o modelo proposto é apenas uma ferramenta de trabalho e uma forma, que ganha corpos com a prática doutrinária e, especialmente, jurisprudencial. E este modelo considera que os direitos fundamentais não extrapolariam as relações entre o Estado e o indivíduo, para irradiar efeitos, direta ou indiretamente, por todo o ordenamento jurídico, desde que se considere o conceito de direitos fundamentais como princípios, isto é, normas que exigem que algo seja realizado na maior medida possível diante das possibilidades fáticas e jurídicas existentes. E dentre essas possibilidades estão as normas de direito privado ou de direito infraconstitucional.

A aplicação dos direitos fundamentais às relações entre particulares, apesar dos esforços doutrinários e do tratamento que vem obtendo no âmbito de algumas Constituições, ainda não assumiu contornos claros e definitivos. Não se deve desconsiderar, no entanto, que os direitos fundamentais irradiam seus efeitos na esfera privada. As questões ainda sem uma única resposta correta dizem respeito tão somente à forma e extensão da eficácia dessa horizontalização.

6. DIREITOS REPUBLICANOS

Parte da doutrina tem identificado uma categoria nova de direitos fundamentais surgidos no último quartel do século XX, os direitos republicanos, entendidos como os direitos que todo cidadão tem que o patrimônio público, histórico-cultural, ambiental, ou econômico, seja efetivamente público, isto é, de todos e para todos. Portanto, o cidadão passa a ter, referentemente à república, direitos relativos ao meio ambiente, à cultura e ao patrimônio econômico. Se na concepção clássica ou liberal de cidadania, no âmbito dos direitos civis, na esfera privada, de mercado, o elemento dominante é a liberdade, mas também a do egoísmo e do particularismo, na esfera dos direitos cívicos ocorre a prevalência do interesse público sobre o privado. O cidadão passa a pensar no interesse público explícita e diretamente. Evita-se, com isso, a apropriação privada do Estado ou sua captura por particulares. Embora sejam direitos coletivos ou pluri-individuais, os direitos republicanos são também individuais, pois fazem parte de cada pessoa. Surgem diante da ofensa à coisa pública, como a corrupção, o nepotismo, bem como de políticas de Estado que, a pretexto de se caracterizarem como públicas, na verdade atendem a interesses particulares e indefensáveis. Materializam-se, por exemplo, em: a) políticas econômicas ou industriais, que, sem justificativa baseada no interesse geral, protegem indevida e excessivamente, determinadas empresas ou indivíduos, beneficiando-os com subsídios, renúncias fiscais e proteção contra a concorrência; b) políticas pretensamente sociais, que protegem indivíduos ou grupos, principalmente da classe média, que detêm maior poder eleitoral. Destaque-se, nesse contexto, a Constituição de 1988 que nos arts. 216 e 225 afirma o direito ao patrimônio histórico-cultural e o direito ao meio ambiente, prevendo ainda, entre outras, a ação popular (art. 5º, LXXIII) para a sua defesa.

Deve-se ponderar, contudo, que os direitos republicanos, como inerentes aos cidadãos, que podem apropriar-se e usufruir amplamente da coisa pública, seriam apenas manifestações dos direitos políticos, que traduzem a ideia de participação e integração dos cidadãos na república de que fazem parte.

7. AS NECESSIDADES HUMANAS E OS NOVOS DIREITOS FUNDAMENTAIS

As necessidades humanas, segundo observa Antonio Carlos Wolkmer, em seu livro, *Pluralismo – Fundamentos para uma nova cultura no direito*, vêm sendo consideradas como fonte de direitos fundamentais, tendo em vista, principalmente, os direitos daquelas parcelas excluídas em decorrência da prática de um modelo socioeconômico particular, e que, portanto, são atingidas em sua dignidade por um efeito perverso e injusto de condições de vida impostas pelo alijamento do processo de participação social e pela repressão da satisfação das mínimas necessidades.

Essas carências, privações e exclusões acabam por impulsionar o surgimento de novas necessidades marcadas pela conscientização de seus agentes, após um processo preliminar de vivência objetiva na negação de seu estado de marginalidade concreta, e que assumem uma base comunitária. Surgem, desse modo, os "novos" direitos que, embora nem sempre sejam inteiramente "novos", são assim denominados porque não passam mais pelas vias tradicionais – legislativa e judicial – mas provêm de um processo de lutas e conquistas das identidades coletivas visando o reconhecimento pelo Estado. Referem-se ainda à afirmação e materialização de necessidades individuais ou coletivas que emergem informalmente de qualquer organização social; não se acham estabelecidos por procedimentos técnico-formais, pois são direitos concebidos pelas condições de vida e exigências de um devir, que só se efetivam se conquistados; processam-se com a subversão contínua do estabelecido e com a reivindicação permanente do social e do político.

São tidos como alguns dos novos direitos: 1) direito a satisfazer às necessidades existenciais: alimentação, saúde, água, ar, segurança, etc.; 2) direito a satisfazer às necessidades materiais: direito a terra (direito de posse, direito dos sem-terra); direito à habitação (direito ao solo urbano, direito dos sem-teto); direito ao trabalho, ao salário ao transporte, à creche, etc.; 3) direito a satisfazer às necessidades sociopolíticas: direito à cidadania em geral, direito de participar, de reunir-se, de associar-se, de sindicalizar-se, de locomover-se, etc.; 4) direito a satisfazer às necessidades culturais: direito à educação, direito à liberdade de crença e religião, direito à diferença cultural, direito ao lazer, etc.; 5) direito a satisfazer às necessidades difusas e virtuais: direito à preservação ecológica, direito de proteção ao consumo, etc.; 6) direito das minorias e das diferenças étnicas: direito da mulher, direito do negro, do índio, da criança e do idoso.

Numa sociedade individualista e fragmentada, nota-se a existência de membros informais e emergentes, o que caracteriza um novo tipo de cidadania, a cidadania insurgente, a qual abarca os movimentos rebeldes e contestatórios e as organizações de solidariedade e formuladoras de projetos.[86]

Considere-se que hoje são também examinados direitos como o da proteção contra manipulação genética, o da inseminação artificial ou da fertilização *in vitro*, o da informática, sendo ainda discutidas questões como clonagem, mudança de sexo, "mãe de substituição", alimentos transgênicos, dentre outros. De qualquer modo, vale lembrar que a identificação de novos direitos fundamentais deverá ser feita à luz do § 2º do art. 5º da Constituição.

8. DIREITO DE RESISTÊNCIA – A DESOBEDIÊNCIA CIVIL

A despeito de ser difícil mencionar exemplos de direitos fundamentais implícitos, em razão, principalmente, da extensão do catálogo de direitos expressamente previstos no texto constitucional, pode-se apontar, como um deles, o denominado direito de resistência. Enquanto a resistência, como direito fundamental explícito, se demonstra pela greve política (art. 9º), pela objeção de consciência (art. 5º, VIII, e art. 143, § 1º), e pelo princípio da autodeterminação dos povos (art. 4º, III), a resistência implícita combina com os princípios da dignidade da pessoa humana e do pluralismo político, como fundamentos do Estado Democrático de Direito, manifestando-se na desobediência civil e no direito à revolução.

A desobediência civil é garantia implícita que exime o indivíduo de submeter-se aos abusos e injustiças que decorram da atividade do Poder Público. Configura-se como o desacato intencional e não violento à lei, ao governo ou a seus representantes, considerado injusto ou ilegítimo. Em geral, comete-se a desobediência civil em obediência ao que é tido como lei moral mais elevada. A desobediência civil distingue-se da desobediência comum ou criminal, em que o desrespeito à autoridade não encontra motivo justo, e do terrorismo, em que os atores agem com violência. A expressão desobediência civil foi criada por Henry David Thoreau, em seu ensaio *Desobediência Civil*, de 1849.[87]

A desobediência civil, como expressão do direito de resistência, e que estimula a consciência pública, "deve ser entendida como um mecanismo indireto de partici-

---

[86] Cf. HOLSTON. *Insurgent citizenship:* disjunctions of democracy and modernity in Brazil; SANDERCOCK. *Towards cosmopolis:* planning for multicultural cities.

[87] Thoreau passou uma noite na prisão quando se recusou a pagar o imposto *per capita*, porque o governo dos Estados Unidos permitia escravidão, e estava tentando ampliá-la na Guerra do México de 1846-1848.

pação da sociedade, já que não conta com suficientes canais participativos junto às esferas do Estado, que precisaria deles para poder representar-se como ente político legítimo. Ou, de outra forma, o fenômeno da desobediência civil aparece quando os canais normais para mudanças do ato impugnado já não funcionam ou as queixas não serão ouvidas, ou nem terão qualquer efeito. O problema da desobediência civil tem um conteúdo simbólico que, geralmente, se orienta para a deslegitimização da autoridade pública ou de uma lei, como a perturbação do funcionamento de uma instituição, a fim de atingir as pessoas situadas em seus centros de decisão. A desobediência civil apresenta-se com as seguintes características marcantes: a) é uma forma particularizada de resistência e qualifica-se na ação pública, simbólica e ético-normativa; b) manifesta-se de forma coletiva e pela ação 'não violenta'; c) quer demonstrar a injustiça da lei ou do ato governamental mediante ações de grupos de pressão junto aos órgãos de decisão do Estado; d) visa à reforma jurídica e política do Estado, não sendo mais do que uma contribuição ao sistema político ou uma proposta para o aperfeiçoamento jurídico".[88]

O direito à revolução, a seu turno, permite ao povo esmagar a tirania, ainda que ele seja exercido com violência.

O direito de resistência se acha vinculado à garantia da autodefesa da sociedade, à garantia dos direitos fundamentais, ao controle dos atos públicos, bem como à manutenção do pacto constitucional pelos detentores do poder. O direito de resistência envolve temas como o funcionamento do poder, as estruturas de governo, os agentes políticos, as práticas sociais e as instituições jurídicas. Como fato empírico, a resistência protege os fatos sociais, como os movimentos sociais organizados que praticam a desobediência civil. Expressa-se ainda a resistência, como se verificou acima, no direito de revolução, como condição de sobrevivência política contra tentativas ou usurpação da soberania popular, através, sobretudo, dos golpes de Estado.

Anote-se que o direito de resistência vem expressamente mencionado na Alemanha, na Lei Fundamental de Bonn, ao dispor seu art. 20, 4, que: "Contra qualquer um que intente derrubar a presente ordem, todos os alemães têm direito de resistência quando não for possível outro recurso." Também a Constituição portuguesa, em seu art. 21 dispõe: "Todos têm o direito de resistir a qualquer ordem que ofenda os seus direitos, liberdades e garantias e de repelir pela força qualquer agressão, quando não seja possível recorrer à autoridade pública."

---

[88] BUZANELLO. *Direito de resistência constitucional*, p. 160 e 163. Ainda sobre o direito de resistência, cf. PAUPÉRIO. *O direito político de resistência*; GARCIA. *Desobediência civil*; RIBEIRO. *Conflitos no estado constitucional democrático*; LEITÃO. *Constituição e direito de oposição*; VIANA. *Direito de resistência*; GARCÍA-COTARELO. *Resistencia y desobediência civil*; HABERMAS. *La desobediencia civil. Piedra de toque del estado democrático de derecho*; BEDAU. *Civil disobedience*; ESTEVES. *A constitucionalização do direito de resistência*; FRANKLIN. *Constitution and resistence in the sixteenth century*; FREEMAN.*Civil disobedience*; MALEN SEÑA.*Concepto y justificación de la desobediência civil*; UGARTEMENDIA. *La desodediencia civil en el estado constitucional democrático*; COSI. *Saggio sulla disobbedienza civile*; FALCÓN Y TELLA. *Desobediencia civil*; SORIANO. *La desobediencia civil*.

9. DIREITOS E GARANTIAS INDIVIDUAIS E OS DIREITOS SOCIAIS E ECONÔMICOS: INTENSIDADE NORMATIVA

Tema relevante refere-se à intensidade normativa com que os direitos fundamentais são tratados no texto constitucional.

Haveria um regime específico atribuído aos direitos e garantias individuais, que não seria aplicável aos direitos sociais, econômicos e culturais? O debate doutrinário sobre a matéria sinaliza que inexiste unanimidade conclusiva em torno da questão.

Jorge Bacelar Gouveia bem elucida o tópico, no sistema constitucional português, salientando que se Jorge Miranda e Canotilho entendem ser aplicável o mesmo regime a tais direitos, qualquer que seja a sua espécie, "a concepção que mais adesão tem tido é de índole formal e realça a circunstância de os direitos, liberdades e garantias, por contraposição aos direitos econômicos, sociais e culturais na CRP (Constituição da República Portuguesa), se erguerem segundo um conjunto de opções regulativas que pertencem ao domínio do texto constitucional. É para aí que aponta o critério, majoritariamente seguido pela doutrina, da *determinação, determinabilidade* ou *determinidade constitucional* dos objeto e conteúdo dos direitos, liberdades e garantias".[89] Nessa linha de pensamento, de lembrar José Carlos Vieira de Andrade, para quem "a Constituição pressupõe dois tipos de direitos: aqueles cujo conteúdo principal é essencialmente determinado ou determinável ao nível das opções constitucionais e aqueles outros cujo conteúdo principal terá de ser, em maior ou menor medida, determinado por opções do legislador ordinário, ao qual a Constituição confere poderes de determinação ou concretização. Isto é, que o regime dos direitos, liberdades e garantias se aplica aos direitos suscetíveis de concretização ao nível constitucional, mas já não àqueles que só se tornam 'líquidos e certos' no plano da legislação ordinária".[90]

É preciso ressaltar, todavia, que a intensidade ou densificação do regime constitucional pertinente aos direitos sociais, econômicos e culturais, depende da consideração, além de seu conteúdo, de temas por nós analisados ao longo deste trabalho, e que envolvem: a) a eficácia ou força jurídica das normas constitucionais; b) as concepções pertinentes a uma interpretação constitucionalmente adequada; c) um garantismo jurídico-constitucional aplicável aos direitos sociais.

9.1. Objeções e defesa dos direitos sociais

A juridicidade e a fundamentalidade dos direitos sociais, vêm sendo debatidas fartamente.

Estudo detalhado acerca da polêmica é desenvolvido por José Adércio Leite Sampaio, que destaca oito objeções lançadas contra esses direitos, sendo os três primeiros grupos intitulados, em reverência a Michelman, de *institucional*, *majoritária* e *contratualista*, às quais acrescenta uma *particularista*, outra *funcional*, além da *pragmática*, de um

---
[89] GOUVEIA. *Manual de direito constitucional*, v.2, p. 1051.
[90] ANDRADE. *Os direitos fundamentais na constituição portuguesa de 1976*, p. 198.

desdobramento que chama de *deontológico*, e outra derivada do sistema constitucional brasileiro, que é a objeção *formal-positivista*.

Essas objeções podem ser assim sintetizadas: "direitos submetidos a condicionamentos fáticos e de natureza econômico-financeira, não podem ser chamados de *direitos* ('objeção deontológica'), já que não são passíveis de questionamentos judiciais ou, pelo menos, não podem ser postulados perante o Judiciário ('objeção institucional'). Ou que, mesmo admitindo-se sua natureza jurídica, não podem ser ditos fundamentais, constitucionais ou humanos, de um lado, por se referirem mais a aspectos negociais ou de transações dependentes de contextos específicos ('objeção particularista'), estando, por via de consequência, submetidos às decisões da maioria política, apta democraticamente a aferir o equilíbrio de forças e de disponibilidade de recursos em cada momento ('objeção majoritária ou democrática'); e, demais íntima a esta, induzindo complexidades analíticas – de fianças, de controle e de decisões fiscais ótimas – acabariam embaciando processo deliberativo e fiscalizatório, reduzindo a um só tempo a normatividade dos direitos e a legitimidade política ('objeção contratual e de controle'). Finda-se com o teste de complementaridade que tanto põe de relevo a incompatibilidade entre os direitos sociais e os civis ou faz daqueles um mero suplemento *alimentar* destes ('objeção funcional'), seu efeito de reboque ou de tiro saído pela culatra, por tornar desamparado quem visava proteger ('objeção pragmática') e com argumentos retirados do sistema constitucional brasileiro que denota um *status* inferior aos direitos da segunda geração ('objeção formal-positivista')"[91]. Nesta última, a Constituição de 1988 dissocia o regime de proteção dos direitos sociais daquele conferido aos direitos liberais, é dizer, enquanto o Capítulo I do Título II utiliza a expressão dos direitos e deveres individuais e coletivos, que recolhe os enunciados do art. 5º, os direitos sociais são referidos nos arts. 6º a 11, o que levaria à consideração de que esses direitos não estariam resguardados pela cláusula de irreformabilidade do art. 60, § 4º, inciso IV.

O contraponto a essas objeções:

1. Objeção formal-positivista: a esta objeção, acima destacada, argumenta-se que os direitos fundamentais são incindíveis, e a separação topográfica dos direitos, no texto constitucional se deveu à necessidade de melhor listarem cada um dos direitos. Ademais, quanto à estrutura e à sua função precípua, os direitos sociais se equiparam aos direitos de defesa. Enfim, há três notas hermenêuticas em defesa dos direitos sociais: a metonímia constitucional, o princípio da interpretação mais favorável aos direitos, e a preocupação sinépica (efeito prático da intepretação) do intérprete. Pela primeira, usa-se a parte pelo todo, ou a espécie pelo gênero; pela segunda, fala-se de uma pré-compreensão, favorável aos direitos que tem forte tradição liberal (*in dubio pro libertatis*). E pela terceira, a interpretação só ganha força ao se atentar para a sinépica, ou seja, os efeitos práticos de maior integração social motivada pelas consequências de proteção maior da maioria da população brasileira, refém de condições subumanas de existência.

2. Objeção funcional: por ela, recusa-se fundamentalidade aos direitos sociais, por serem incompatíveis com o Estado de Direito e com o sistema de liberdades,

---

[91] SAMPAIO. *Direitos fundamentais*: retórica e historicidade, p. 264.

bem como porque são eles que suplementam os direitos liberais, posto que destes oriundos. Os direitos fundamentais, no entanto, são interdependentes, e a sociedade contemporânea é mais complexa do que a dos séculos XVIII e XIX. Ao invés de ter os direitos sociais como complemento, poder-se-ia pensá-los como pressupostos dos direitos liberais, ou seja, o homem só é livre se tiver assegurado o mínimo de bem-estar.

3. Objeção particularista: dizer que os direitos sociais não são aplicáveis a cada um e a todos os membros da sociedade, porque decorrem da posição concreta do indivíduo (*v.g.*, classe ou necessidade), e não de sua condição de humanidade, é esconder um dos problemas que mais atormentaram os seres humanos durante o século XIX, qual seja, a exploração do homem pelo homem no cenário de um capitalismo desregulado que pôs em risco a sua dignidade pessoal.

4. Objeção pragmática: os direitos sociais, para os cultores dessa objeção, como direitos fundamentais, tornariam mais aguda as crises econômicas que ciclicamente surgem no cenário econômico, transformando-as em crises políticas e sociais, em decorrência da necessidade de quórum qualificado para as mudanças constitucionais. Não dizem, no entanto, porque a superação de conjunturas econômicas desfavoráveis têm que passar pela redução dos direitos sociais. Admitir a sucumbência pragmática dos direitos sociais, seria o mesmo que admitir a possibilidade de negativa dos direitos políticos, porque eles dificultam a dominação política e permitem que grupos minoritários cheguem ao poder, colocando em risco a governabilidade.

5. Objeção deontológica: há, nesta objeção, aqueles que recusam juridicidade aos direitos sociais (corrente radical ou exortativa), e outra corrente, gradativamente mais atenuada, que os reduzem a direitos reflexos, direitos puramente negativos e a direitos condicionados, chegando alguns a postular a existência de direitos sob condições, e que transportam uma cláusula restritiva de reserva do possível (aquilo que o indivíduo pode razoavelmente exigir da sociedade). De considerar que, relativamente aos exortativos, os direitos para serem direitos no mundo jurídico, podem envolver estruturas e formas diversificadas, como garantias objetivas, ou tarefas ligadas a direitos subjetiváveis, sem necessidade de precisar detalhadamente sujeitos e objetos como no mundo dos direitos subjetivos clássicos da teoria da vontade ou de escolha, que os definem como poder ou controle de um dever correlato. Quanto à corrente que vislumbra os direitos sociais como reflexos, lembre-se de que cada uma das suas constitucionalizações atrai uma leitura própria e uma diferença de força de comando e de eficácia, mesmo porque há direitos sociais originários e incondicionados, que dispensam qualquer reserva. Sua condicionalidade, portanto, se limita ao modo de exercício, e não à sua existência. Acentue-se, por outro lado, que a fruição de muitos dos direitos de liberdade depende da existência de um aparato burocrático, de estruturas policiais, Ministério Público, estrutura Judiciária, e outras garantias para que sejam respeitados.

6. Objeção contratualista: refere-se à perda de transparência e de controlabilidade das ações de governo quando se sobrecarrega o Estado com tarefas de igualdade social, ou seja, parte-se da ideia liberal de quanto mais governo, menos liberdade e eficiência. A contrariedade a esta objeção está em que não é a falta de nitidez do balanço

de efetividade de um direito social que o desqualifica como direito fundamental, bastando verificar que as estatísticas revelam para os direitos civis e políticos, como grau de violência, indicadores de responsáveis e de vítimas, o que, tanto por tanto, ocorre em matéria de moradia, saúde, educação, lazer e de outros direitos sociais.

7. Objeção institucional: por ela, somente se reconhecem direitos se forem passíveis de prestação jurisdicional substitutiva da vontade do credor ou que imponha o cumprimento do dever gerado pelo direito. Portanto, os direitos sociais, que se submetem a condicionamentos fáticos, como os de natureza econômico-financeira, não poderiam ser postulados perante o Judiciário. Considere-se, em contraponto, que o direito de ação passou a ser tido como instituto autônomo do direito material, e que os defensores da objeção institucional estão sendo cada mais provocados pela judicialização dos direitos, para que ultrapassem a barreira da divisão de poderes e da impossibilidade de manipulação do orçamento público. Se ao Judiciário não é dado discutir quais demandas devem ser atendidas prioritariamente (ao juiz do orçamento não caberia examinar a oportunidade e conveniência das prioridades de aplicação dos recursos orçamentários), há, contudo, a possibilidade de atuar sempre que um mínimo existencial estiver em jogo.

8. Objeção democrática: esta objeção sustenta que matérias relativas a interesses de grupos sociais específicos, que exigem "lei" ou "contratos" e não "Constituição", se subtraem ao jogo democrático. Considera-se, neste cenário, que norma materialmente constitucional é apenas aquela que se resume a linhas gerais de organização dos poderes estatais e dos direitos reputados básicos. É preciso considerar, contrariamente a esta tese, que não é apenas o Estado que presta serviços de conteúdo social, mas também a sociedade, seja como potencializadora das ações estatais, seja fiscalizando, pautando e operando serviços. Portanto, é na esfera pública não-estatal que se firmam as bases soberanas das decisões políticas que priorizam a afetação dos recursos financeiros para atendimento das necessidades humanas. Não há, desse modo, modelo dialógico sem que a sociedade ocupe o centro dos processos deliberativos.[92]

10. DIREITOS FUNDAMENTAIS ATÍPICOS E ANÁLOGOS

Em razão de não serem fechadas as tipologias jurídicas, em muitos dos textos das Constituições em vigor que declaram os direitos fundamentais, mas ao invés, abertas ou exemplificativas, é que se tem admitido a figura dos direitos fundamentais atípicos. Esses direitos são aqueles que aparecem através de um processo hermenêutico, como os direitos fundamentais implícitos, os positivados em fontes externas (regras aplicáveis de direito internacional) ou internas (leis), dando-se como exemplos de direitos fundamentais atípicos o direito a alimentos do Código Civil, os direitos dos consumidores e os direitos dos trabalhadores do Direito do Trabalho, para além daqueles constitucionalmente tipificados.

Uma das questões presentes no âmbito dos direitos fundamentais atípicos é saber se estes direitos, sendo atípicos, gozariam de um estatuto constitucional, no plano

---

[92] Cf. SAMPAIO. *Direitos fundamentais*: retórica e historicidade, p. 263-292.

do regime jurídico. Ressalvando que a doutrina portuguesa apenas obstaculiza a extensão do regime dos direitos fundamentais típicos aos atípicos por motivos atinentes à sua posição hierárquico-normativa, mas não por causa da sua natureza conceitual, Jorge Bacelar Gouveia defende não justificar negações do regime constitucional destes direitos, pois tal categoria pode ser aplicada a quaisquer direitos fundamentais, independentemente do modo da sua positivação ou do lugar da sua tipificação constitucional. Além disso, como o regime desses direitos se dissocia da categoria conceitual, não faz sentido falar que não sejam direitos fundamentais por lhes faltar um elemento conceitual, a fundamentalidade hierárquico-normativa.[93]

Os direitos fundamentais análogos, figura mencionada no art. 17ª da Constituição da República Portuguesa, são todos aqueles que, não integrando o quadro de direitos fundamentais tipificados no Título II da Parte I, daquele texto constitucional, se localizam em outros setores da Constituição, e que se beneficiam do regime específico dos direitos, liberdades e garantias.

Em nosso constitucionalismo, a despeito de a Constituição não se referir expressamente a eles, poderiam ser considerados direitos fundamentais análogos os direitos e garantias dispersos no texto constitucional (fora, portanto, do Título II da Constituição), que se beneficiam do regime material desses direitos, como, *v.g.*, os direitos econômicos, sociais e culturais constantes dos Títulos VII e VIII, o direito à objeção de consciência relativamente à obrigatoriedade do serviço militar (art. 143, § 1º), e os direitos e garantias dos contribuintes versados no Título VI.

11. TRATADOS INTERNACIONAIS DE DIREITOS HUMANOS E SUA EFICÁCIA NO DIREITO INTERNO

Paralelamente à evolução histórica dos direitos humanos, e como decorrência das violações desses direitos, inicia-se no segundo pós-guerra (1939-1945) a internacionalização dos direitos fundamentais. É assinada em Paris, no dia 10 de dezembro de 1948, a Declaração Universal dos Direitos do Homem; em 1966, são votados os Pactos Internacionais de Direitos Econômicos, Sociais e Culturais e de Direitos Cívicos e Políticos, em vigor desde 1976; e, em 1969, os Estados americanos assinam, em São José da Costa Rica, a Convenção Americana dos Direitos do Homem, para citarmos alguns exemplos.

Discute-se, contudo, em Direito Internacional, a eficácia dessas declarações, alguns entendendo que elas mesmas teriam apenas valor de direito costumeiro. No Brasil, tais declarações passam a obrigar no território nacional (§§ 2º e 3º do art. 5º da Constituição).

Antes do advento da Emenda Constitucional n. 45/2004, escrevíamos sobre o tema que, admitindo-se que a incorporação ocorra em nível de legislação ordinária, os tratados de direitos humanos não podem contrapor-se à Constituição, nem derrogam, por serem normas gerais, a legislação interna infraconstitucional.

---

[93] GOUVEIA. *Manual de direito constitucional,* v. 2, p. 1038-1047.

Sem embargo dos que adotam a teoria dualista para explicar as relações do direito externo com o direito interno, não se pode desconhecer que os tratados de direitos humanos não apenas se incorporam automaticamente na ordem jurídica interna brasileira, por força do disposto no artigo 5º, § 2º, da Constituição, como também aqui passam a valer com o *status* hierárquico de norma constitucional, e não de norma ordinária.

É que a teoria da paridade entre o tratado internacional e a legislação federal infraconstitucional não se aplica aos tratados internacionais de direitos humanos, que se revestem de caráter especial, distinguindo-se dos tratados comuns.

Com efeito, o tratamento jurídico diferenciado dos tratados internacionais de direitos humanos deve ser reconhecido com base no artigo 5º, § 2º, da Constituição de 1988, pelo fato de que, enquanto os tratados internacionais, que envolvem matéria comum, visam a reciprocidade e o equilíbrio das relações entre os Estados-Partes, os tratados internacionais de direitos humanos transcendem os meros compromissos recíprocos dos Estados pactuantes, já que objetivam a salvaguarda dos direitos do ser humano e não as prerrogativas dos Estados.

A propósito, observa Juan Antonio Travieso: "Os tratados modernos sobre direitos humanos em geral e, em particular, a Convenção Americana não são tratados multilaterais do tipo tradicional, concluídos em função de um intercâmbio recíproco de direitos, para o benefício mútuo dos Estados contratantes. Os seus objetivos e fins são a proteção dos direitos fundamentais dos seres humanos, independentemente de sua nacionalidade, tanto em face do seu próprio Estado, como em face de outros Estados contratantes. Ao aprovar estes tratados sobre direitos humanos, os Estados se submetem a uma ordem legal dentro da qual eles, em prol do bem comum, assumem várias obrigações, não em relação a outros Estados, mas em relação aos indivíduos que estão sob a sua jurisdição. Logo, a Convenção não vincula apenas os Estados-partes, mas outorga garantias às pessoas. Por este motivo, justificadamente, não pode ser interpretada como qualquer outro tratado."[94] Ademais, o sistema de proteção internacional dos direitos humanos traduziria num direito objetivo, é dizer, formalizado em tratados-leis e não em tratados-contratos, sem aplicação do princípio da reciprocidade.

Ainda nesse sentido, manifestou-se a Corte Interamericana de Direitos Humanos, na Opinião Consultiva n. 2, de setembro de 1982: "Ao aprovar estes tratados sobre direitos humanos, os Estados se submetem a uma ordem legal dentro da qual eles, em prol do bem comum, assumem várias obrigações, não em relação a outros Estados, mas em relação aos indivíduos que estão sob a sua jurisdição."

Este caráter especial, portanto, é que vem justificar o *status* constitucional atribuído aos tratados internacionais de proteção dos direitos humanos.

Canotilho afirma: "O programa normativo-constitucional não pode se reduzir, de forma positivística, ao 'texto' da Constituição. Há que densificar, em profundidade, as normas e princípios da Constituição, alargando o 'bloco da constitucionalidade' a princípios não escritos, mais ainda reconduzíveis ao programa normativo-constitu-

---

[94] TRAVIESO. *Derechos humanos y derecho internacional*, p. 90.

cional, como formas de densificação ou revelação específicas de princípios ou regra constitucionais plasmadas.

A paridade hirerárquico-normativa, ou seja, o valor legislativo ordinário das convenções internacionais deve rejeitar-se pelo menos nos casos de convenções de conteúdo materialmente constitucional (exs.: convenção Europeia de Direitos do Homem, Pacto Internacional sobre Direitos Civis e Políticos e Pacto Internacional sobre Direitos Econômicos, Sociais e Culturais)."[95]

Havendo conflito entre o Direito Internacional dos Direitos Humanos e o Direito Interno, ainda que este último envolva preceito da própria Constituição, como proceder?

O conflito poderia, à primeira vista, ser resolvido pela aplicação do princípio de que a lei posterior revoga a anterior com ela incompatível.

Entretanto, em se tratando de direitos individuais, há um outro fundamento peculiar para a resolução do conflito, que se situa no plano dos direitos humanos, que é o de considerar que deve ele ser dirimido pela escolha da norma mais favorável à vítima, privilegiando-se aquela que melhor proteja, no caso concreto, os direitos da pessoa humana, à consideração de que os tratados internacionais de direitos humanos são de natureza materialmente constitucional, equiparando-se, portanto, à própria Constituição.

Então, se o tratado internacional, por ampliar o elenco dos direitos fundamentais, colidir com o texto constitucional, prevalecerá a norma mais benéfica à vítima, com a suspensão, se for o caso, do preceito de direito interno, aí considerada a própria norma constitucional, que lhe seja menos favorável.

Canotilho, ao se referir à interpretação constitucional, esclarece que "no caso de dúvidas deve preferir-se a interpretação que reconheça maior eficácia aos direitos fundamentais".[96]

Já o internacionalista Antônio Augusto Cançado Trindade acentua que: "(...) desvencilhamo-nos das amarras da velha e ociosa polêmica entre monistas e dualistas; neste campo de proteção (dos direitos humanos), não se trata da primazia do direito internacional ou do direito interno, aqui em constante interação: a primazia é, no presente domínio, da norma que melhor proteja, em cada caso, os direitos consagrados da pessoa humana, seja ela uma norma de direito internacional ou de direito interno."[97]

Ainda segundo o mesmo autor: "(...) cabe aos tribunais internos, e outros órgãos dos Estados, assegurar a implementação em nível nacional das normas internacionais de proteção, o que realça a importância de seu papel em um sistema integrado como o da proteção dos direitos humanos, no qual as obrigações convencionais abrigam um interesse comum superior de todos os Estados Partes, o da proteção do ser humano."[98]

---

[95] CANOTILHO. *Direito constitucional*, p. 982, 227.
[96] CANOTILHO. *Op. cit.*, p. 227.
[97] TRINDADE. *A proteção dos direitos humanos nos planos nacional e internacional*: perspectivas brasileiras, p. 317-318.
[98] TRINDADE. *Arquivos do Ministério da Justiça*. Brasília, n. 182, v. 46.

Adotando a teoria dualista, segundo a qual, para que o tratado internacional se incorpore à ordem jurídica interna necessário um ato de recepção que transforme o seu enunciado em norma interna, a Emenda Constitucional n. 45/2004 acrescentou o § 3º ao art. 5º da Constituição da República. Dispõe a nova cláusula constitucional que os tratados e convenções internacionais sobre direitos humanos que forem aprovados, em cada Casa do Congresso Nacional, em dois turnos, por três quintos dos votos dos respectivos membros, serão equivalentes às emendas constitucionais.[99]

Desse modo, a Constituição passa a admitir a equiparação dos tratados internacionais de direitos humanos a emenda constitucional, desde que aprovados pelas duas Casas do Congresso Nacional. Uma vez aprovado, o tratado ou convenção sobre direitos humanos deverá ser promulgado por decreto legislativo, já que se trata de matéria de competência exclusiva do Congresso Nacional.

Se não aprovados segundo o procedimento acima referido, os tratados internacionais de direitos humanos ficariam sujeitos à supremacia das normas constitucionais, o que enfraqueceria, de qualquer maneira, a busca da efetividade dos direitos humanos. Daí o entendimento de que, por força do art. 5º, § 2º, da Constituição, todos os tratados de direitos humanos, independentemente do *quorum* de sua aprovação, são materialmente constitucionais. É que, como ensina Flávia Piovesan, o "*quorum* qualificado está tão somente a reforçar tal natureza constitucional, ao adicionar um lastro formalmente constitucional. Na hermenêutica dos direitos há que imperar uma lógica material e não formal, orientada por valores, a celebrar o valor fundante da prevalência da dignidade humana. Acredita-se que, por um lado, o novo dispositivo vem a reconhecer de modo expresso a natureza materialmente constitucional dos tratados de direitos humanos. Contudo, para que os tratados de direitos humanos obtenham assento formal na Constituição, requer-se a observância de *quorum* qualificado de três quintos dos votos dos membros de cada Casa do Congresso Nacional, em dois turnos – que é justamente o *quorum* exigido para a aprovação de emendas à Constituição, nos termos do art. 60, § 2º, da Carta de 1988. Nesta hipótese, os tratados de direitos humanos formalmente constitucionais são equiparados à Constituição, isto é, passam a integrar formalmente o texto constitucional. Vale dizer, com o advento do § 3º do art. 5º, surgem duas categorias de tratados de direitos humanos: a) os materialmente constitucionais; e b) os material e formalmente constitucionais. Frise-se: todos os tratados internacionais de direitos humanos são materialmente constitucionais, por força do § 2º do art. 5º. Para além de serem materialmente constitucionais, poderão, a partir do § 3º do mesmo dispositivo, acrescer a qualidade de formalmente constitucionais, equiparando-se às emendas à Constituição, no âmbito formal".[100]

A EC n. 45/2004, ao acrescentar o § 3º ao art. 5º da Constituição, deixou de contemplar a imensa gama de tratados de direitos humanos anteriores à data da pro-

---

[99] O primeiro decreto legislativo que observou o novo procedimento previsto na EC n. 45/2004, foi o de n. 186, de 9 de julho de 2008, que aprovou o texto da Convenção sobre os Direitos das Pessoas com Deficiência e de seu Protocolo Facultativo, assinados em Nova York, em 30 de março de 2007, o qual, portanto, passou a equivaler a emenda constitucional.

[100] PIOVESAN. Reforma do judiciário e direitos humanos. In: *Reforma do judiciário analisada e comentada* TAVARES, André Ramos *et al.* (Coord.), p. 72.

mulgação da Emenda, por não lhes dar expressamente hierarquia constitucional. O tema, portanto, deverá ensejar debate doutrinário e decisões judiciais, na concretização da Constituição, levando-se em conta, sobretudo, os princípios da recepção e da máxima efetividade das normas constitucionais. Adequada teria sido a adoção, por nós, da fórmula argentina, segundo a qual, consoante emenda à Constituição daquele país, introduzida em 1994 (item 22 do art. 75), estabelece-se que uma série de tratados de direitos humanos, que vêm expressamente listados, tem hierarquia constitucional, e que os demais tratados dessa natureza, que vierem a ser aprovados segundo o *quorum* adotado para as emendas constitucionais, gozarão da mesma hierarquia constitucional. Na Alemanha, embora o art. 79 da Lei Fundamental exija o *quorum* de reforma constitucional para que o tratado adquira *status* constitucional, tem-se entendido que as normas consideradas como fundamentais e que estão nos arts. 1º a 20 da Constituição são suscetíveis de uma interpretação extensiva. O Tribunal Constitucional da Alemanha considera os direitos fundamentais consagrados no texto constitucional como uma "ordem de valores" que "serve para interpretar todo o ordenamento jurídico". Desse modo, na Alemanha, atualmente, "as leis só valem no âmbito dos direitos fundamentais" (Hebert Kruger).

Importante destacar o entendimento do Min. Celso de Mello manifestado em julgamento ocorrido na sessão do dia 12.3.2008. Contrapondo-se ao Min. Gilmar Mendes, no que respeita à atribuição de *status* supralegal aos tratados internacionais de direitos humanos subscritos pelo Brasil, o Min. Celso de Mello afirmou terem eles hierarquia constitucional. No ponto, destacou a existência de três distintas situações relativas a esses tratados: 1) os tratados celebrados pelo Brasil (ou aos quais ele aderiu), e regularmente incorporados à ordem interna, em momento anterior ao da promulgação da Constituição Federal de 1988, revestir-se-iam de índole constitucional, haja vista que formalmente recebidos nessa condição pelo § 2º do art. 5º da Constituição Federal; 2) os que vierem a ser celebrados por nosso País (ou aos quais ele venha a aderir) em data posterior à EC 45/2004, para terem natureza constitucional, deverão observar o *iter* procedimental do § 3º do art. 5º da CF; 3) aqueles celebrados pelo Brasil (ou aos quais nosso País aderiu) entre a promulgação da CF/88 e a superveniência da EC 45/2004, assumiriam caráter materialmente constitucional, porque essa hierarquia jurídica teria sido transmitida por efeito de sua inclusão no bloco de constitucionalidade. Portanto, o entendimento do Min. Celso de Mello é no sentido de que, mesmo os tratados de direitos humanos celebrados pelo Brasil anteriormente à EC 45/2004, têm caráter materialmente constitucional.[101]

12. TRÊS DECLARAÇÕES: 1776, 1789, 1948

12.1 Declaração da Independência, 1776

"No Congresso, 4 de julho de 1776

---

[101] STF, RE 466343/SP, Rel. Min. Cezar Peluzo; RE 349703/RS, Rel.Min. Ilmar Galvão; HC 87585/TO, Rel. Min. Marco Aurélio; *Informativo* 498/STF.

Declaração Unânime dos Treze Estados Unidos da América.

Quando, no Curso dos acontecimentos humanos, torna-se necessário a um povo dissolver os laços políticos que o ligam a outro e assumir, entre os poderes da Terra, situação independente e igual a que lhe dão direito as Leis da Natureza e de Deus, o correto respeito às opiniões dos homens exige que se declarem as causas que o levam a essa separação.

Consideramos estas verdades evidentes por si mesmas, que todos os homens são criados iguais, que são dotados pelo Criador de certos Direitos inalienáveis, que entre esses estão a Vida, a Liberdade e a busca da Felicidade.

Que para garantir esses direitos são instituídos entre os Homens Governos que derivam os seus justos poderes dos governados. Que toda vez que uma Forma qualquer de Governo ameace destruir esses fins, cabe ao Povo o direito de alterá-la ou aboli-la e instituir um novo Governo, assentando sua fundação sobre tais princípios e organizando-lhe os poderes da forma que pareça mais provável de proporcionar Segurança e Felicidade. A Prudência, na verdade, aconselha que não se mudem, por motivos superficiais e passageiros, os Governos há muito constituídos; e, da mesma forma, a experiência mostra que os seres humanos estão mais dispostos a sofrer enquanto os males são suportáveis do que a buscar justiça abolindo as formas a que se acostumaram. Mas quando uma longa série de abusos e usurpações perseguindo invariavelmente o mesmo Objeto revela um propósito de submetê-los ao Despotismo absoluto, cabe-lhes o direito e o dever de destituir tais Governos e instituir novos Guardiões para sua futura segurança.

Essa tem sido a paciente resignação destas Colônias e esta é agora a necessidade que as força a alterar os Sistemas de Governo anteriores. A história do atual Rei da Grã-Bretanha é uma história de repetidas injúrias e usurpações, tendo todas o objetivo direto de estabelecer uma Tirania absoluta sobre estes Estados. Para provar isso, permitam-nos submeter os Fatos a um mundo franco.

Ele recusou Assentimento para leis as mais benéficas e necessárias ao bem público.

Proibiu aos Governadores sancionar leis de importância imediata e urgente ou impediu que elas fossem aplicadas até que obtivessem sua Aprovação; mas quando essas Leis eram assim sustadas, deixava-as inteiramente de lado sem lhes dar qualquer atenção.

Recusou-se a aprovar outras leis para atender às necessidades de distritos populosos, a menos que as pessoas desistissem do direito à Representação no Legislativo, direito esse inestimável para elas e temível apenas para os tiranos.

Convocou os corpos legislativos a lugares pouco comuns, desconfortáveis e distantes dos locais em que se encontram os arquivos públicos, com o único propósito de conseguir, pelo cansaço, a aceitação das medidas que lhe conviessem.

Dissolveu sucessivamente as Câmaras de Representantes por se oporem com firmeza inquebrantável à violação dos direitos do povo.

Recusou-se, por longo tempo, depois de tais dissoluções, a permitir que outros fossem eleitos; em virtude do que os poderes Legislativos, não podendo sofrer anulação, passaram a ser exercidos pelo Povo em geral, ficando o Estado durante esse tempo exposto a todos os perigos de invasão externa ou de agitações internas.

Tentou impedir a expansão populacional destes Estados, obstruindo, para esse fim, as Leis de Naturalização de Estrangeiros, reusando-se a aprovar outras que estimulassem as imigrações para cá e tornando complexas as condições para novas Aquisições de Terra.

Levou a Administração da Justiça à obstrução total, recusando sua Aprovação a Leis que estabeleciam poderes Judiciários.

Subjugou os juízes inteiramente à sua Vontade, tanto em relação ao exercício de suas funções como em relação ao estabelecimento do valor e do pagamento de seus salários.

Criou uma infinidade de novos Cargos para os quais enviou um número excessivo de Funcionários, a fim de atormentar o nosso povo e devorar-lhe a sustância.

Manteve entre nós, em tempo de paz, Exércitos Permanentes sem o Consentimento dos nossos corpos legislativos.

Tornou a Força Militar independente do poder Civil e a ele superior.

Juntou-se a outros para nos sujeitar a uma jurisdição em desacordo com nossa Constituição e não reconhecida pelas nossas leis; dando sua Aprovação a Leis de falsa Legislação:

Para acantonar entre nós numerosas tropas armadas;

Para protegê-las, por meio de Julgamentos simulados, da punição por qualquer Assassinato que viessem a cometer nestes Estados;

Para impedir nosso Comércio com todas as partes do mundo;

Para cobrar impostos sem o nosso Consentimento;

Para privar-nos, em muitos casos, dos benefícios do Julgamento de um Júri;

Para transportar-nos para Além-Mar para julgamento por pretensas ofensas;

Para abolir o Sistema de Leis inglesas livres, em Província vizinha, estabelecendo nela um governo Arbitrário e ampliando-lhe os Limites, de modo a torná-lo, de imediato, um exemplo e instrumento adequado para a introdução do mesmo domínio absoluto sobre estas Colônias;

Para privar-nos das nossas Constituições, abolindo nossas Leis inestimáveis e alterando fundamentalmente nossas Formas de Governo;

Para suspender os nossos Corpos Legislativos, declarando-se investido do poder de legislar por nós em toda e qualquer circunstância;

Ele abdicou do Governo aqui, decretando-nos fora de sua Proteção e declarando guerra contra nós.

Saqueou nossos mares, devastou nossas Costas, incendiou nossas cidades, e destruiu a vida de nosso povo.

Está, agora mesmo, transportando grandes Exércitos de Mercenários estrangeiros, para completar a obra de morte, desolação e tirania já iniciada em circunstâncias de Crueldade e perfídia raramente igualadas nas eras mais bárbaras e totalmente indignas do Chefe de uma nação civilizada.

Obrigou os nossos Concidadãos Aprisionados em Alto-Mar a empunhar Armas contra a própria pátria, para que se tornassem algozes de amigos e Irmãos ou para que caíssem pelas Mãos daqueles.

Provocou insurreições domésticas entre nós e procurou instigar os índios Selvagens e impiedosos, cuja regra de guerra é a destruição sem distinção de idade, sexo e condição de existência, contra os habitantes de nossas fronteiras.

Em cada uma dessas situações de Opressão, fizemos Apelos formais de Reparação nos termos mais humildes; nossas repetidas Petições foram respondidas apenas por repetidos danos. Um Príncipe, cujo caráter é assim marcado por cada uma das ações que definem um Tirano não está em condições de governar um povo livre.

E não deixamos de chamar a atenção de nossos irmãos britânicos. De tempos em tempos, nós os advertimos sobre as tentativas de seu Legislativo de estender sobre nós uma jurisdição insustentável. Lembramos-lhes as circunstâncias de nossa emigração e de nosso estabelecimento aqui. Apelamos para sua justiça e magnanimidade inatas e os conclamamos, pelos laços de nosso parentesco, a repudiar essas usurpações, que inevitavelmente romperiam nossos vínculos e nossas relações. Permaneceram também surdos à voz da justiça e da consaguinidade. Temos, portanto, de aceder à necessidade de anunciar a nossa Separação e considerá-los, como consideramos todos os outros seres humanos, Inimigos na Guerra e Amigos na Paz.

Nós, por conseguinte, representantes dos Estados Unidos da América, reunidos em Congresso-Geral, apelando para o Juiz Supremo do mundo pela retidão de nossas intenções, em Nome e por Autoridade do bom Povo destas Colônias, publicamos e declaramos solenemente: Que estas Colônias Unidas são, e por Direito devem ser, Estados Livres e Independentes; que estão Desobrigadas de qualquer lealdade à Coroa Britânica, e que todo vínculo político entre elas e a Grã-Bretanha seja, e deva ser, totalmente dissolvido; e que, como Estados Livres e Independentes, têm total Poder de declarar Guerra, concluir a Paz, fazer Alianças, estabelecer o Comércio e tornar as outras Medidas a que têm direito Estados Independentes. E em apoio a esta Declaração, com a firme confiança na proteção da Providência divina, empenhamos mutuamente nossa Vida, nossa Fortuna e nossa Honra Sagrada."[102]

---

[102] DRIVER. *A declaração de independência dos Estados Unidos*. Trad. Mariluce Pessoa, p. 53-57. Cf. ainda: ARMITAGE. *Declaração de independência: uma história global* (p.89-117), em que o autor aborda os impactos imediatos da declaração no mundo, no contexto de fins do século XVIII e início do século XIX, bem como a miríade de declarações de independência a partir de 1776. Após a declaração norte-americana de 1776, pode-se assinalar a existência de quatro momentos historicamente distintos de independência, que coincidem com a desintegração de impérios; na primeira metade do século XIX, nos períodos imediatamente posteriores à Primeira e à Segunda Guerras Mundiais, e entre os anos de 1990 e 1993. Esta perspectiva histórica é referida por David Armitage, ao anotar que a primeira onda de declarações de independência fora dos Estados Unidos – no Haiti, na América espanhola e Grécia, Hungria e Libéria, preservou um componente americano identificável, continuação de uma lembrança vívida no período compreendido entre o final do século XVIII e o início do século XIX. O segundo momento ocorreu após a Primeira Guerra Mundial, com o colapso dos grandes impérios territoriais dos otomanos, dos Romanov e dos Habsburgo e ainda a proliferação desde os Bálcãs até a Coreia, de demandas por autodeterminação; o

12.2 Declaração dos Direitos do Homem e do Cidadão, 1789

"Os representantes do povo francês, reunidos em Assembleia Nacional, considerando que a ignorância, o descuido ou o desprezo dos direitos humanos são as únicas causas das desgraças públicas e da corrupção dos governos, resolveram expor, numa declaração solene, os direitos naturais, inalienáveis e sagrados do homem, a fim de que essa declaração, constantemente presente a todos os membros do corpo social, possa lembrar-lhes sem cessar seus direitos e seus deveres; a fim de que os atos do Poder Legislativo e os do Poder Executivo, podendo ser a todo instante comparados com a finalidade de toda instituição política, sejam por isso mais respeitados; a fim de que as reclamações dos cidadãos, fundadas doravante em princípios simples e incontestáveis, redundem sempre na manutenção da Constituição e na felicidade de todos.

Em consequência, a Assembleia Nacional reconhece e declara, na presença e sob os auspícios do Ser Supremo, os seguintes direitos do Homem e do Cidadão:

1. Os homens nascem e permanecem livres e iguais em direitos. As distinções sociais só podem fundar-se na utilidade comum.
2. A finalidade de toda associação política é a conservação dos direitos naturais e imprescritíveis do homem. Tais direitos são a liberdade, a propriedade, a segurança e a resistência à opressão.
3. O princípio de toda soberania reside essencialmente na Nação. Nenhuma corporação, nenhum indivíduo pode exercer autoridade que dela não emane expressamente.
4. A liberdade consiste em poder fazer tudo o que não prejudique a outrem: em consequência, o exercício dos direitos naturais de cada homem só tem por limites os que assegurem aos demais membros da sociedade a fruição desses mesmos direitos. Tais limites só podem ser determinados pela lei.
5. A lei não pode proibir senão as ações prejudiciais à sociedade. Tudo o que não é defeso em lei não pode ser impedido, e ninguém pode ser constrangido a fazer o que ela não ordena.

---

auge do nacionalismo europeu coincidiu com a expansão dos impérios europeus na Eurásia e em todo o mundo, manifestando-se um racismo hierárquico que se opôs às reivindicações pela igualdade e pelos direitos à vida, à liberdade e à busca da felicidade. O terceiro momento para as declarações de independência vai de fins da Segunda Guerra Mundial até o apogeu da descolonização em 1975; nesse momento, a maioria das declarações sinalizou o fim das lutas por libertação, e raras vezes os líderes dos movimentos de independência referiram-se diretamente à declaração americana, mas se inspiravam em lutas anticoloniais da época. O quarto momento foi o mais condensado da História: entre 1990 e 1993 mais de trinta Estados tornaram-se independentes ou recuperaram sua independência. Todos eles, com exceção da Eritreia, surgiram do colapso da União Soviética, da extinção da Federação Iugoslava ou da dissolução consensual da Thecoslováquia para formar a República Theca e a República Eslovaca. A média foi de dez declarações de independência por ano.

6. A lei é a expressão da vontade geral. Todos os cidadãos têm o direito de concorrer pessoalmente, ou por meio de representantes, à sua formação. Ela deve ser a mesma para todos, quer proteja, quer puna. Todos os cidadãos, sendo iguais aos seus olhos, são igualmente admissíveis a todas as dignidades, cargos e empregos públicos, segundo sua capacidade e sem outra distinção a não ser a de suas virtudes e seus talentos.

7. Ninguém pode ser acusado, detido ou preso, senão nos casos determinados pela lei e de acordo com as formas por ela prescritas. Os que solicitam, expedem, executam ou fazem executar ordens arbitrárias devem ser punidos; mas todo cidadão convocado ou detido em virtude da lei deve obedecer incontinenti: ele se torna culpado em caso de resistência.

8. A lei só pode estabelecer penas estrita e evidentemente necessárias, e ninguém pode ser punido senão em virtude de uma lei estabelecida e promulgada anteriormente ao delito, e legalmente aplicada.

9. Como todo homem deve ser presumido inocente até que tenha sido declarado culpado, se se julgar indispensável detê-lo, todo rigor desnecessário para que seja efetuada a sua detenção deve ser severamente reprimido pela lei.

10. Ninguém deve ser inquietado por suas opiniões, mesmo religiosas, desde que sua manifestação não perturbe a ordem pública estabelecida pela lei.

11. A livre comunicação dos pensamentos e opiniões é um dos direitos mais preciosos do homem; todo cidadão pode pois falar, escrever, imprimir livremente, respondendo, todavia, pelo abuso dessa liberdade nos casos determinados pela lei.

12. A garantia dos direitos do homem e do cidadão carece de uma força pública; esta força é, portanto, instituída em proveito de todos, e não para a utilidade particular daqueles a quem é confiada.

13. Para a manutenção da força pública e para as despesas da administração, é indispensável uma contribuição comum; ela deve ser igualmente repartida entre todos os cidadãos, na medida de seus recursos.

14. Todos os cidadãos têm o direito de verificar, pessoalmente, ou por meio de representantes, a necessidade da contribuição pública, bem como de consenti-la livremente, de fiscalizar o seu emprego e de determinar-lhe a alíquota, a base de cálculo, a cobrança e a duração.

15. A sociedade tem o direito de pedir, a todo agente público, que preste contas de sua administração.

16. Toda sociedade, na qual a garantia dos direitos não é assegurada nem a separação dos poderes determinada, não tem constituição.

17. Sendo a propriedade um direito inviolável e sagrado, ninguém pode ser dela privado, a não ser quando a necessidade pública, legalmente verificada, o exigir de modo evidente, e sob a condição de uma justa e prévia Indenização."

12.3 Declaração Universal dos Direitos Humanos, 1948

"PREÂMBULO

CONSIDERANDO que o reconhecimento da dignidade inerente a todos os membros da família humana e seus direitos iguais e inalienáveis é o fundamento da liberdade, da justiça e da paz no mundo; CONSIDERANDO que o desprezo e o desrespeito pelos direitos da pessoa resultaram em atos bárbaros que ultrajaram a consciência da Humanidade, e que o advento de um mundo em que as pessoas gozem de liberdade de palavra, de crença e da liberdade de viverem a salvo do temor e da necessidade; CONSIDERANDO ser essencial que os direitos da pessoa sejam protegidos pelo império da lei, para que a pessoa não seja compelida, como último recurso, à rebelião contra a tirania e a opressão; CONSIDERANDO ser essencial promover o desenvolvimento de relações amistosas entre as nações; CONSIDERANDO que os povos das Nações Unidas reafirmaram, na Carta, sua fé nos direitos humanos fundamentais, na dignidade e no valor da pessoa humana e na igualdade de direitos do homem e da mulher, e que decidiram promover o progresso social e melhores condições de vida em uma liberdade mais ampla; CONSIDERANDO que os Estados-Membros se comprometeram a promover, em cooperação com as Nações Unidas, o respeito universal aos direitos e liberdades fundamentais da pessoa e a observância desses direitos e liberdades; CONSIDERANDO que uma compreensão comum desses direitos e liberdades é da mais alta importância para o pleno cumprimento desse compromisso.

A Assembleia Geral proclama a presente Declaração Universal dos Direitos Humanos como o ideal comum a ser atingido por todos os povos e todas as nações, com o objetivo de que cada indivíduo e cada órgão da sociedade, tendo sempre em mente esta Declaração, se esforce, através do ensino e da educação, por promover o respeito a esses direitos e liberdades, e, pela adoção de medidas progressivas de caráter nacional e internacional, por assegurar o seu reconhecimento e a sua observância universais e efetivos, tanto entre os povos dos próprios Estados-Membros quanto entre os povos dos territórios sob sua jurisdição.

Artigo I

Todas as pessoas nascem livres e iguais em dignidade e direitos. São dotadas de razão e consciência e devem agir em relação umas às outras com espírito de fraternidade.

Artigo II

1. Toda pessoa tem capacidade para gozar os direitos e as liberdades estabelecidos nesta Declaração sem distinção de qualquer espécie, seja de raça, cor, sexo, língua, religião, opinião política ou de outra natureza, origem nacional ou social, riqueza, nascimento, ou qualquer outra condição.

2. Não será também feita nenhuma distinção fundada na condição política, jurídica ou internacional do país ou território a que pertença uma pessoa, quer se trate de um território independente, sob tutela, sem governo próprio, quer sujeito a qualquer outra limitação de soberania.

Artigo III

Toda pessoa tem direito à vida, à liberdade e à segurança pessoal.

Artigo IV

Ninguém será mantido em escravidão ou servidão; a escravidão e o tráfico de escravos estão proibidos em todas as suas formas.

Artigo V

Ninguém será submetido a tortura, nem a tratamento ou castigo cruel, desumano ou degradante.

Artigo VI

Toda pessoa tem o direito de ser, em todos os lugares, reconhecida como pessoa perante a lei.

Artigo VII

Todos são iguais perante a lei e têm direito, sem qualquer distinção, a igual proteção da lei. Todos têm direito a igual proteção contra qualquer discriminação que viole a presente Declaração e contra qualquer incitamento a tal discriminação.

Artigo VIII

Toda pessoa tem direito a receber dos tribunais nacionais competentes remédio efetivo para os atos que violem os direitos fundamentais que lhe sejam reconhecidos pela constituição ou pela lei.

Artigo IX

Ninguém será arbitrariamente preso, detido ou exilado.

Artigo X

Toda pessoa tem direito, em plena igualdade, a uma justa e pública audiência por parte de um tribunal independente e imparcial, para decidir de seus direitos e deveres ou do fundamento de qualquer acusação criminal contra ela.

Artigo XI

1. Toda pessoa acusada de um ato delituoso tem o direito de ser presumida inocente até que a sua culpabilidade tenha sido provada de acordo com a lei, em julgamento público no qual lhe tenham sido asseguradas todas as garantias necessárias à sua defesa.

2. Ninguém poderá ser culpado por qualquer ação ou omissão que, no momento, não constituam delito perante o direito nacional ou internacional. Também não será imposta pena mais forte do que aquela que, no momento da prática, era aplicável ao ato delituoso.

Artigo XII

Ninguém será sujeito a interferências na sua vida privada, na sua família, no seu lar ou na sua correspondência, nem a ataques a sua honra e reputação. Toda pessoa tem direito à proteção da lei contra tais interferências ou ataques.

Artigo XIII

1. Toda pessoa tem direito à liberdade de locomoção e residência dentro das fronteiras de cada Estado.

2. Toda pessoa tem o direito de deixar qualquer país, inclusive o próprio, e a este regressar.

Artigo XIV

1. Toda pessoa, vítima de perseguição, tem o direito de procurar e de gozar asilo em outros países.

2. Este direito não pode ser invocado em casos de perseguição legitimamente motivada por crimes de direito comum ou por atos contrários aos objetivos e princípios das Nações Unidas.

Artigo XV

1. Toda pessoa tem direito a uma nacionalidade.

2. Ninguém será arbitrariamente privado de sua nacionalidade, nem do direito de mudar de nacionalidade.

Artigo XVI

1. Os homens e mulheres de maior idade, sem qualquer restrição de raça, nacionalidade ou religião, têm o direito de contrair matrimônio e fundar uma família. Gozam de iguais direitos em relação ao casamento, sua duração e sua dissolução.

2. O casamento não será válido senão com o livre e pleno consentimento dos nubentes.

3. A família é o núcleo natural e fundamental da sociedade e tem direito à proteção da sociedade e do Estado.

Artigo XVII

1. Toda pessoa tem direito à propriedade, só ou em sociedade com outros.

2. Ninguém será arbitrariamente privado de sua propriedade.

Artigo XVIII

Toda pessoa tem direito à liberdade de pensamento, consciência e religião; este direito inclui a liberdade de mudar de religião ou crença e a liberdade de manifestar essa religião ou crença, pelo ensino, pela prática, pelo culto e pela observância, isolada ou coletivamente, em público ou em particular.

Artigo XIX

Toda pessoa tem direito à liberdade de opinião e expressão; este direito inclui a liberdade de, sem interferências, ter opiniões e de procurar, receber e transmitir informações e ideias por quaisquer meios e independentemente de fronteiras.

Artigo XX

1. Toda pessoa tem direito à liberdade de reunião e associação pacíficas.

2. Ninguém pode ser obrigado a fazer parte de uma associação.

Artigo XXI

1. Toda pessoa tem o direito de tomar parte no governo de seu país diretamente ou por intermédio de representantes livremente escolhidos.

2. Toda pessoa tem igual direito de acesso ao serviço público do seu país.

3. A vontade do povo será a base da autoridade do governo; esta vontade será expressa em eleições periódicas e legítimas, por sufrágio universal, por voto secreto ou processo equivalente que assegure a liberdade de voto.

Artigo XXII

Toda pessoa, como membro da sociedade, tem direito à segurança social e à realização, pelo esforço nacional, pela cooperação internacional e de acordo com a organização e recursos de cada Estado, dos direitos econômicos, sociais e culturais indispensáveis à sua dignidade e ao livre desenvolvimento de sua personalidade.

Artigo XXIII

1. Toda pessoa tem direito ao trabalho, à livre escolha de emprego, a condições justas e favoráveis de trabalho e à proteção contra o desemprego.

2. Toda pessoa, sem qualquer distinção, tem direito a igual remuneração por igual trabalho.

3. Toda pessoa que trabalha tem direito a uma remuneração justa e satisfatória, que lhe assegure, assim como à sua família, uma existência compatível com a dignidade humana, e a que se acrescentarão, se necessário, outros meios de proteção social.

4. Toda pessoa tem direito a organizar sindicatos e a neles ingressar para a proteção de seus interesses.

Artigo XXIV

Toda pessoa tem direito a repouso e lazer, inclusive a limitação razoável das horas de trabalho e a férias remuneradas periódicas.

Artigo XXV

1. Toda pessoa tem direito a um padrão de vida capaz de assegurar a si e a sua família saúde e bem-estar, inclusive alimentação, vestuário, habitação, cuidados médicos e os serviços sociais indispensáveis, o direito à segurança em caso de desemprego, doença, invalidez, viuvez, velhice ou outros casos de perda de meios de subsistência em circunstâncias fora de seu controle.

2. A maternidade e a infância têm direito a cuidados e assistência especiais. Todas as crianças, nascidas dentro ou fora do matrimônio, gozarão da mesma proteção social.

Artigo XXVI

1. Toda pessoa tem direito à instrução. A instrução será gratuita, pelo menos nos graus elementares e fundamentais. A instrução elementar será obrigatória. A instrução técnico-profissional será acessível a todos, bem como a instrução superior, esta baseada no mérito.

2. A instrução será orientada no sentido do pleno desenvolvimento da personalidade humana e do fortalecimento do respeito pelos direitos do homem e pelas liberdades fundamentais. A instrução promoverá a compreensão, a tolerância e amizade entre todas as nações e grupos raciais ou religiosos, e coadjuvará as atividades das Nações Unidas em prol da manutenção da paz.

3. Os pais têm prioridade de direito na escolha do gênero de instrução que será ministrada a seus filhos.

Artigo XXVII

1. Toda pessoa tem o direito de participar livremente da vida cultural da comunidade, de fruir as artes e de participar do progresso científico e de fruir de seus benefícios.

2. Toda pessoa tem direito à proteção dos interesses morais e materiais decorrentes de qualquer produção científica, literária ou artística da qual seja autor.

Artigo XXVIII

Toda pessoa tem direito a uma ordem social e internacional em que os direitos e liberdades estabelecidos na presente Declaração possam ser plenamente realizados.

Artigo XXIX

1. Toda pessoa tem deveres para com a comunidade, na qual o livre e pleno desenvolvimento de sua personalidade é possível.

2. No exercício de seus direitos e liberdades, toda pessoa estará sujeita apenas às limitações determinadas pela lei, exclusivamente com o fim de assegurar o devido reconhecimento e respeito dos direitos e liberdades de outrem, e de satisfazer as justas exigências da moral, da ordem pública e do bem-estar de uma sociedade democrática.

3. Esses direitos e liberdades não podem, em hipótese alguma, ser exercidos contrariamente aos objetivos e princípios das Nações Unidas.

Artigo XXX

Nenhuma disposição da presente Declaração pode ser interpretada como o reconhecimento a qualquer Estado, grupo ou pessoa, do direito de exercer qualquer atividade ou praticar qualquer ato destinado à destruição de quaisquer direitos e liberdades aqui estabelecidos."[103]

---

[103] Adotada e proclamada pela Assembleia Geral da ONU na Resolução 217-A (III) de 10 de dezembro de 1948. Para uma compreensão dos antecedentes, do processo político-diplomático que levouà elaboração da Declaração Universal, da sua estrutura e dos seus desdobramentos, cf. o estudo de Celso Lafer: Declaração Universal dos Direitos Humanos (1948), *in: História da Paz:* os tratados que desenharam o planeta. MAGNOLI (org.), p. 297-329. Considera o autor que "a Declaração Universal dos Direitos Humanos é um desdobramento da Carta da ONU. A Declaração é o primeiro texto de alcance internacional que trata de maneira abrangente da importância dos direitos humanos. É um marco na afirmação histórica da plataforma emancipatória do ser humano representada pela promoção destes direitos como critério organizador e humanizador da vida coletiva na relação governantes-governados. No plano internacional, representa um evento inaugural, à semelhança do que foi, a seu tempo, no plano interno, a passagem do dever dos súditos para os direitos dos cidadãos. A Declaração de 1948 não é uma soma de Declarações nacionais nem uma ampliação em escala mundial destas Declarações, por mais completas e aperfeiçoadas que possam ser." E para enfrentar a resistência que a realidade internacional coloca para a afirmação planetária dos direitos humanos, a Declaração Universal se estruturou em torno de três modalidades de ação internacional: promoção, controle e garantia (*Op. cit.*, p. 298, 299, 314 e 325).

BIBLIOGRAFIA

ABRANCHES, Sérgio Henrique. Presidencialismo de coalizão: o dilema institucional brasileiro. *In:Dados, Revista de Ciências Sociais,* v. 31, n. 1.

ACCIOLI, Wilson. *Instituiçõesde direito constitucional.* Rio de Janeiro: Forense, 1984.

ACKEL FILHO, Diomar. *Writs constitucionais:* habeas corpus, mandado de segurança, mandado de injunção, *habeas data.* São Paulo: Saraiva, 1988.

ACKERMAN, Bruce. *Nós, o povo soberano:* fundamentos do direito constitucional. Trad. Mauro Raposo de Mello. Belo Horizonte: Del Rey, 2006.

ACKERMAN, Bruce. *Transformação do direito constitucional:* nós, o povo soberano. Trad. Julia Sichieri Moura e Mauro Raposo de Mello. Belo Horizonte: Del Rey, 2009.

ACKERMAN, Bruce. *A nova separação dos poderes.* Trad. Isabelle Maria Campos Vasconcelos; Eliana Valadares Santos. Rio de Janeiro: Lumen Juris, 2009.

ADVERSE, Helton. *Maquiavel:* política e retórica. Belo Horizonte: Editora UFMG, 2009.

ADVERSE, Helton (Org.). *Maquiavel:* Diálogo sobre nossa língua e discurso sobre as formas de governo de Florença. Belo Horizonte: Editora UFMG, 2010.

AGAMBEN, Giorgio. *Estado de exceção.* Trad. Iraci D. Poleti, São Paulo: Boitempo, 2004.

AGRA, Walber de Moura. *Manual de direito constitucional.* São Paulo: Revista dos Tribunais, 2003.

AGRA, Walber de Moura. *Republicanismo.* Porto Alegre: Livraria do Advogado Editora, 2005.

ALCALÁ, Humberto Nogueira. Consideraciones sobre las sentencias de los tribunales constitucionales y sus efectos en América del Sur. *In: Revista Ius et Praxis.* Talca: Universidad de Talca, ano 10, n. 1, 2004.

ALDÉ, Alexandra. *A construção da política:* democracia, cidadania e meios de comunicação de massa. Rio de Janeiro: Editora FGV, 2004.

ALEIXO, Pedro. *Imunidades parlamentares.* Belo Horizonte: RBEP, 1961.

ALEXY, Robert. *Teoria de los derechos fundamentales.* Madrid: Centro de Estudios Constitucionales, 1993.

ALEXY, Robert. *Teoria da argumentação jurídica:* a teoria do discurso racional como teoria da fundamentação jurídica. Trad. Zilda Hutchinson Schild Silva. São Paulo: Landy, 2005.

ALEXY, Robert. Direitos fundamentais no estado constitucional democrático: relação entre direitos do homem, direitos fundamentais, democracia e jurisdição constitucional. Trad. Luís Afonso Heck. *In: Revista de Direito Administrativo,* n. 217/55-66.

ALEXY, Robert. *Conceito e validade do direito.* Trad. Gercélia Batista de Oliveira Mendes. São Paulo: WMF Martins Fontes, 2009.

ALEXY, Robert. *Teoria discursiva do direito;* organização, tradução e estudo introdutório Alexandre Travessoni Gomes Trivisonno. Rio de Janeiro: Forense Universitária, 2014.

ALMEIDA, Alberto Carlos. *A cabeça do brasileiro*. Rio de Janeiro: Record, 2007.

ALMEIDA, Fernanda Dias Menezes. *Competências na constituição de 1988*. São Paulo: Atlas, 1991.

ALMEIDA, Fernanda Dias Menezes. Súmula do Supremo Tribunal Federal: natureza e interpretação. In: *Revista de Direito Constitucional e Internacional*, vol. 14, n. 57, out./dez. 2006.

ALMEIDA, Gregório Assagra de. *Manual das ações constitucionais*. Belo Horizonte: Del Rey, 2007.

ALMEIDA MELO, José Tarcízio de. *A restauração e o controle político do poder legislativo*. Belo Horizonte: Assembleia Legislativa, 1987 (tese).

ALMEIDA MELO, José Tarcízio de. *Reformas – administrativa – previdenciária – do judiciário*. Belo Horizonte: Del Rey, 2000.

ALMEIDA MELO, José Tarcízio de. *Direito constitucional do Brasil*. Belo Horizonte: Del Rey, 2008.

ALVES, J. A. Lindgren. *Os direitos humanos como tema global*. São Paulo: Perspectiva, 1994.

ALVES, Moreira. Poder Judiciário. In: *A constituição brasileira – 1988*: interpretações. Rio de Janeiro: Forense, 1988.

ALVES FILHO, Ivan. *Brasil, 500 anos em documentos*. Rio de Janeiro: Mauad, 1999.

ALVES JÚNIOR, Luis Carlos Martins. *O Supremo Tribunal Federal nas constituições brasileiras*. Belo Horizonte: Mandamentos, 2004.

AMARAL, Gustavo. *Direito, escassez & escolha:* critérios jurídicos para lidar com a escassez de recursos e as decisões trágicas. Rio de Janeiro: Lumen Juris, 2010.

AMARAL, Gustavo. *Interpretação dos direitos fundamentais e o conflito entre os poderes. Teoria dos direitos fundamentais*. Rio de Janeiro: Renovar, 2001.

AMARAL JÚNIOR, José Levi Mello do. *Incidente de argüição de inconstitucionalidade*: comentários ao art. 97 da Constituição e aos arts. 480 a 482 do código de processo civil. São Paulo: Revista dos Tribunais, 2002.

AMES, Barry. Os entraves da democracia no Brasil. Trad. Vera Pereira. Rio de Janeiro: FGV, 2003.

AMORIM NETO, Octavio. *Presidencialismo e governabilidade nas Américas*. Rio de Janeiro: Editora FGV; Konrad Adenauer Stiftung, 2006.

ANASTASIA, Antonio Augusto Junho. *Regime jurídico único do servidor público*. Belo Horizonte: Del Rey, 1990.

ANDERSON, Benedict. *Comunidades imaginadas:* reflexões sobre a origem e a difusão do nacionalismo. Trad. Denise Bottman. São Paulo: Companhia das Letras, 2008.

ANDRADE, André (Org.). *A Constitucionalização do direito*: a constituição como *locus* da hermenêutica jurídica. Rio de Janeiro: Lumen Juris, 2003.

ANDRADE, José Carlos Vieira de. *Os direitos fundamentais na constituição portuguesa de 1976*. Coimbra: Almedina, 1987.

ANTUNES, Marcus Vinicius Martins. *Mudança constitucional* – o Brasil pós-88. Porto Alegre: Livraria do Advogado, 2003.

APEL, Karl-Otto. *Transformações da filosofia*. 1: Filosofia analítica, semiótica, hermenêutica. Trad. Paulo Asfor Sorthe. São Paulo: Edições Loyola, 2000.

ARATO, Andrew. Construção Constitucional e Teorias da Democracia. *In: Lua Nova*, n. 42.

ARAÚJO, Luiz Alberto David; NUNES JÚNIOR, Vidal Serrano. *Curso de direito constitucional*. São Paulo: Saraiva, 1998.

ARAÚJO, Sérgio Luiz Souza. *Dos preâmbulos nas constituições* (dissertação de mestrado). Belo Horizonte: mimeo, 1989.

ARBOUR, Louise. O dia dos direitos humanos e a pobreza. *In: Folha de S. Paulo*, 2. 12. 2007, Caderno A, p. 3.

ARENDT, Hannah. *A condição humana*. Trad. Roberto Raposo. Rio de Janeiro: Forense Universitária, 1997.

ARENDT, Hannah. *Eichmann em Jerusalém:* um relato sobre a banalidade do mal. Trad. José Rubens Siqueira. São Paulo: Companhia das Letras, 1999.

ARNAUD, Jean *et al. Dicionário enciclopédico de teoria e de sociologia do direito*. Verbete: terrorismo. Rio de Janeiro: Renovar, 1999.

ARISTÓTELES. *A política*. Trad. Roberto Leal Ferreira. São Paulo: Martins Fontes, 1991.

ARISTÓTELES. *Ética a Nicômaco*. São Paulo: Nova Cultural, 1996.

ARMITAGE, David. *Declaração de independência:* uma história global. Trad. Angela Pessoa. São Paulo: Companhia das Letras, 2011.

ARON, Raymond. *Paz e guerra entre as nações*. Trad. Sérgio Bath. Brasília: Editora Universidade de Brasília, 1979.

ARON, Raymond. *Estudos políticos*. Trad. Sérgio Bath. Brasília: Editora Universidade de Brasília, 1980.

ARON, Raymond. *As etapas do pensamento sociológico*. Trad. Sérgio Bath. São Paulo: Martins Fontes, 1993.

ASSMANN, Hugo (editor). *A trilateral:* nova fase do capitalismo mundial. Trad. Hugo Pedro Boff. Petrópolis: Vozes, 1986.

ATALIBA, Geraldo. *Regime jurídico do crédito público*. São Paulo: RT, 1973.

ATIENZA, Manuel. *As razões do direito:* teorias da argumentação jurídica. Trad. Maria Cristina Guimarães Cupertino. São Paulo: Landy, 2006.

AUSTIN, John. *The province of jurisprudence determined*. Cambridge: Cambridge University Press, 1995.

ÁVILA, Humberto. *Teoria dos princípios* – da definição à aplicação dos princípios jurídicos. São Paulo: Malheiros, 2003.

AVRITZER, Leonardo *et al* (Org.). *Corrupção*: ensaios e críticas. Belo Horizonte: Editora UFMG, 2008.

AZAMBUJA, Darcy. *Teoria geral do estado*. Porto Alegre: Globo, 1980.

AZEVEDO, Caio Nelson Vono de. *Democracia, totalitarismo e autoritarismo*. Poços de Caldas, Mimeo, 2003.

AZEVEDO, Luiz H. Cascelli de. *O controle legislativo de constitucionalidade*. Porto Alegre: Fabris, 2001.

AZEVEDO, Márcia Maria Corrêa de. *Prática do processo legislativo*. São Paulo: Atlas, 2001.

BACHOF, Otto. *Jueces y constitución*. Trad. Rodrigo Bercovitz Rodríguez-Cano. Madrid: Civitas, 1987.

BACHOF, Otto. *Normas constitucionais inconstitucionais?* Trad. José Manuel M. Cardoso da Costa. Coimbra: Almedina, 1994.

BALERA, Wagner. *A seguridade social na constituição de 1988.* São Paulo: RT, 1989.

BALEEIRO, Aliomar. *O Supremo Tribunal Federal, esse outro desconhecido.* Rio de Janeiro: Forense, 1968.

BANDEIRA DE MELLO, Celso Antônio. *Apontamentos sobre os agentes e órgãos públicos.* São Paulo: RT, 1975.

BANDEIRA DE MELLO, Celso Antônio. *Prestação de serviços públicos e administração direta e indireta.* São Paulo: RT, 1979.

BANDEIRA DE MELLO, Celso Antônio. Competências dos municípios para fixar horários de bancos. Parecer. *RDP* n. 69.

BANDEIRA DE MELLO, Celso Antônio. *Curso de direito administrativo.* São Paulo: Malheiros, 1994.

BANDEIRA DE MELLO, Celso Antônio. *Regime constitucional dos servidores da administração direta e indireta.* São Paulo: RT, 1990.

BANDEIRA DE MELLO, Celso Antônio. Eficácia das normas constitucionais sobre justiça social. In: *Revista de Direito Público,* n. 57-58.

BANDEIRA DE MELLO, Lydio Machado. *O criminoso, o crime e a pena.* Belo Horizonte: Prisma, 1970.

BANDEIRA DE MELLO, Oswaldo Aranha. *A teoria das constituições rígidas.* São Paulo: Bushatsky, 1980.

BANDEIRA DE MELLO, Oswaldo Aranha. *Princípios gerais do direito administrativo.* Rio de Janeiro: Forense, 1979.

BARACHO, José Alfredo de Oliveira. Teoria geral do veto. In: *Revista de Informação Legislativa,* n. 83, jul./set. 1984.

BARACHO, José Alfredo de Oliveira. *Direito processual constitucional*: aspectos contemporâneos. Belo Horizonte: Fórum, 2006.

BARACHO, José Alfredo de Oliveira. *Processo constitucional.* Rio de Janeiro: Forense, 1984.

BARACHO, José Alfredo de Oliveira. *Teoria geral da cidadania.* São Paulo: Saraiva, 1995.

BARACHO, José Alfredo de Oliveira. *Teoria geral do federalismo.* Belo Horizonte: Funarc/ UFMG, 1982.

BARACHO, José Alfredo de Oliveira. *O princípio da subsidiariedade* – conceito e evolução, Rio de Janeiro: Forense, 1996.

BARACHO, José Alfredo de Oliveira. *Teoria geral das comissões parlamentares.* Rio de Janeiro: Forense, 1988.

BARACHO, José Alfredo de Oliveira. *Direito do mar.* Belo Horizonte: Imprensa da UFMG, 1979.

BARACHO, José Alfredo de Oliveira. *Teoria da constituição.* São Paulo: Resenha Universitária, 1979.

BARACHO, José Alfredo de Oliveira. *Regimes políticos.* São Paulo: Resenha Universitária, 1977.

BARACHO JÚNIOR, José Alfredo de Oliveira. Efeitos do pronunciamento judicial de inconstitucionalidade no tempo. *Cadernos da Pós-Graduação.* Belo Horizonte: Faculdade de Direito da UFMG, mar. 1995.

BARACHO JÚNIOR. A interpretação dos direitos fundamentais na Suprema Corte dos EUA e no Supremo Tribunal Federal. *In: Jurisdição constitucional e direitos fundamentais.* SAMPAIO, José Adércio Leite (Coord.). Belo Horizonte: Del Rey, 2003.

BARBALHO, João. *Constituição federal brasileira*: comentários. Rio de Janeiro: F. Briguiet, 1924.

BARBI, Celso Agrícola. *Ação declaratória*: principal e incidente. Rio de Janeiro: Forense, 1977.

BARBI, Celso Agrícola. Mandado de segurança na Constituição de 1988. *In: Mandados de segurança e de injunção.* São Paulo: Saraiva, 1990.

BARBOSA, Leonardo Augusto de Andrade. *Processo legislativo e democracia.* Belo Horizonte: Del Rey, 2010.

BARBOSA, Rui. Os atos inconstitucionais do congresso e do executivo. *In: Trabalhos Jurídicos*, vol. 11. Rio de Janeiro: Casa de Rui Barbosa, 1962.

BARBOSA, Rui. *Comentários à constituição federal brasileira* (coligidos e ordenados por Homero Pires). São Paulo: Livraria Acadêmica, 1933.

BARBOSA, Rui. *Escritos e discursos seletos.* Rio de Janeiro: Aguilar, 1960.

BARCELLOS, Ana Paula de. *A eficácia jurídica dos princípios constitucionais:* o princípio da dignidade da pessoa humana. Rio de Janeiro: Renovar, 2002.

BARCELLOS, Ana Paula de. *Ponderação, racionalidade e atividade jurisdicional.* Rio de Janeiro: Renovar, 2005.

BARRETO, Aires. Os municípios na nova Constituição brasileira. *In: A Constituição brasileira – 1988:* interpretações. Rio de Janeiro: Forense Universitária, 1988.

BARROS, Sérgio Resende de. Leis autorizativas. *In: Revista do Instituto de Pesquisas e Estudos*, n. 29. São Paulo: Instituto Toledo de Ensino, 2000.

BARROSO, Luís Roberto. *Curso de direito constitucional contemporâneo*: os conceitos fundamentais e a construção do novo modelo. São Paulo: Saraiva, 2009.

BARROSO, Luís Roberto. *O controle de constitucionalidade no direito brasileiro.* São Paulo: Saraiva, 2006.

BARROSO, Luís Roberto. *Interpretação e aplicação da constituição.* São Paulo: Saraiva, 1999.

BARROSO, Luís Roberto. *O direito constitucional e a efetividade de suas normas.* Rio de Janeiro: Renovar, 1990.

BARROSO, Luís Roberto. Princípios constitucionais brasileiros ou de como o papel aceita tudo. *Revista Jurídica* n. 7, out. 1991.

BARROSO, Luís Roberto. Neoconstitucionalismo e constitucionalização do direito (o triunfo tardio do direito constitucional do Brasil). *In: A constitucionalização do direito: fundamentos teóricos e aplicações específicas.* SOUZA NETO, Cláudio Pereira; SARMENTO, Daniel (Coords.). Rio de Janeiro: Lumen Juris, 2007.

BARZOTTO, Luis Fernando. *A democracia na constituição.* São Leopoldo: Unisinos, 2003.

BASTOS, Celso Ribeiro. *Curso de direito constitucional.* São Paulo: Saraiva, 1989.

BASTOS, Celso Ribeiro. *Curso de direito financeiro e de direito tributário.* São Paulo: Saraiva, 1991.

BASTOS, Celso Ribeiro. Perfil constitucional na ação direta de declaração de inconstitucionalidade. *Revista de Direito Público* n. 22.

BASTOS, Celso Ribeiro; BRITTO, Carlos Ayres. *Interpretação e aplicabilidade das normas constitucionais*. São Paulo: Saraiva, 1982.

BASTOS, Celso Ribeiro; MARTINS, Yves Gandra. *Comentários à Constituição do Brasil*. São Paulo: Saraiva, 1988, v. 1; 1989, v. 2; 1990, v. 6, t. 1; 1991, v. 6, t. 2; 1990, v. 7.

BAUDOUIN, Jean. *Introdução à sociologia política*. Trad. Ana Moura. Lisboa: Editorial Estampa, 2000.

BAUMAM, Zygmunt. *Legisladores e intérpretes:* sobre modernidade, pós-modernidade e intelectuais. Trad. Renato Aguiar. Rio de Janeiro: Zahar, 2010.

BECCARIA, Cesare. *Dei delitti e delle pene*. Turim: Einandi, 1965.

BEDAU, H. A. *Civil desobedience*. New York: Macmillan, 1969.

BELLO, José Maria. *História da república*. São Paulo: Companhia Editora Nacional, 1976.

BENEVIDES, Maria Victoria; COMPARATO, Fábio Konder; VANNUCHI, Paulo (Org.). *Reforma Política e Cidadania*. São Paulo: Editora Fundação Perseu Abramo, 2003.

BERCOVICI, Gilberto. *Desigualdades regionais, estado e constituição*. São Paulo: Max Limonad, 2003.

BERCOVICI, Gilberto. *Constituição e estado de exceção permanente*: atualidade de Weimar. Rio de Janeiro: Azougue, 2004.

BERLIN, Isaiah. *Quatro ensaios sobre a liberdade*. Trad. Wumberto Hudson Ferreira. Brasília: Editora UNB, 1981.

BERNARDES, Juliano Taveira. *Efeitos das normas constitucionais no sistema normativo brasileiro*. Porto Alegre: Fabris, 2002.

BERNARDES, Wilba Lúcia Maia. *Da nacionalidade*: brasileiros natos e naturalizados. Belo Horizonte: Del Rey, 1996.

BERNARDES, Wilba Lúcia Maia. *Federação e federalismo:* uma análise com base na superação do Estado Nacional e no contexto do Estado Democrático de Direito. Belo Horizonte: Del Rey, 2010.

BERTEN, André. *Filosofia política*. Trad. Márcio Anatole de Souza Romeiro. São Paulo: Paulus, 2004.

BERTI, Silma Mendes. *Direito à própria imagem*. Belo Horizonte: Del Rey, 1993.

BESTER, Gisela Maria. *Direito constitucional* – fundamentos teóricos. São Paulo: Manole, 2005, vol. 1.

BEVILÁQUA, Clóvis. *Teoria geral do direito civil*. 3. ed. Brasília: Ministério da Justiça e Negócios Interiores – Serviço de Documentação, 1966.

BHABHA, Homi K. *The location of culture*. Londres. Routledge, 1994.

BIGNOTTO, Newton. *Republicanismo e realismo:* um perfil de Francesco Guicciardini. Belo Horizonte: Editora UFMG, 2006.

BINENBOJM, Gustavo. *A nova jurisdição constitucional brasileira*: legitimidade democrática e instrumentos de realização. Rio de Janeiro: Renovar, 2004.

BILHALVA, Jacqueline Michels. *A aplicabilidade e a concretização das normas constitucionais*. Porto Alegre: Ed. Livraria do Advogado, 2005.

BITTAR, Carlos Alberto. *Os direitos da personalidade*. Rio de Janeiro: Forense Universitária, 1989.

BITTENCOURT, C. A. Lúcio. *O controle jurisdicional da constitucionalidade das leis*. Rio de Janeiro: Forense, 1968.

BITENCOURT NETO, Eurico. *O direito ao mínimo para uma existência digna*. Porto Alegre: Livraria do Advogado Editora, 2010.

BOBBIO, Norberto. *O conceito de sociedade civil*. Trad. Carlos Nelson Coutinho. Rio de Janeiro: Graal, 1982.

BOBBIO, Norberto. *Estado, governo, sociedade*: para uma teoria geral da política. Trad. Marco Aurélio Nogueira. São Paulo: Paz e Terra, 1987.

BOBBIO, Norberto. *Teoria do ordenamento jurídico*. Trad. Cláudio de Cicco e Maria Celeste C. J. Santos. São Paulo: Polis; Brasília: Editora Universidade de Brasília, 1989.

BOBBIO, Norberto. *O positivismo jurídico*: estudos de filosofia do direito. Trad. Márcio Pugliesi, Edson Bini, Carlos E. Rodrigues. São Paulo: Ícone, 1999.

BOBBIO, Norberto. *A era dos direitos*. Trad. Carlos Nelson Coutinho. Rio de Janeiro: Campus, 1992.

BOBBIO, Norberto. *As ideologias e o poder em crise:* pluralismo, democracia, socialismo, comunismo, terceira via e terceira força. Trad. João Ferreira. Brasília: Editora Universidade de Brasília; São Paulo: Polis, 1988.

BOBBIO, Norberto. *A teoria das formas de governo*. Trad. Sérgio Bath. Brasília: UnB, 1976.

BOBBIO, Norberto; MATTEUCCI, Nicola; PASQUINO, Gianfranco. *Dicionário de política*. Brasília: Editora Universidade de Brasília, 1986.

BOBBIO, Norberto. *Liberalismo e democracia*. São Paulo: Brasiliense, 1988.

BOBBIO, Norberto. *Igualdade e liberdade*. Trad. Carlos Nelson Coutinho. Rio de Janeiro: Ediouro, 1996.

BOBBIO, Norberto. *Locke e o direito natural*. Trad. Sérgio Bath. Brasília: Editora Universidade de Brasília, 1997.

BOBBIO, Norberto. *Teoria geral da política:* a filosofia política e as lições dos clássicos (BOVERO, Michelangelo, Org.). Trad. Daniela Beccaccia Versiani. Rio de Janeiro: Campus, 2000.

BOBBIO, Norberto. *Da estrutura à função*. Trad. Daniela Beccaccia Versiani. Barueri, SP: Manole, 2007.

BOBBIO, Norberto. *Direito e poder*. Trad. Nilson Moulin. São Paulo: Editora UNESP, 2008.

BODIN, Jean. *Os seis livros da república:* livro primeiro. Trad. Morel, José Carlos Orsi. São Paulo: Ícone, 2011.

BODIN, Jean. *Os seis livros da república*: livro segundo. Trad. Mendes Neto, José Ignacio Coelho. São Paulo: Ícone, 2011.

BODIN, Jean. *Os seis livros da república:* livro terceiro. Trad. Mendes Neto, José Ignacio Coelho. São Paulo: Ícone, 2011.

BODIN, Jean. *Os seis livros da república:* livro quarto. Trad. Mendes Neto, José Ignacio Coelho. São Paulo: Ícone, 2012.

BODIN, Jean. *Os seis livros da república:* livro quinto. Mendes Neto, José Ignacio Coelho. São Paulo: Ícone, 2012.

BODIN, Jean. *Os seis livros da república*: livro sexto. Trad. Mendes Neto, José Ignacio Coelho. São Paulo: Ícone, 2012.

BONAVIDES, Paulo. *Ciência política*. Rio de Janeiro: Forense, 1988.

BONAVIDES, Paulo. *Constituinte e constituição*. Fortaleza: EUFC, 1985.

BONAVIDES, Paulo. *Curso de direito constitucional*. São Paulo: Malheiros, 1994.

BONAVIDES, Paulo. *Do Estado liberal ao Estado social*. Belo Horizonte: Del Rey, 1993.

BONAVIDES, Paulo; ANDRADE, Paes de. *História constitucional do Brasil*. Brasília: Paz e Terra, 1989.

BONAVIDES, Paulo; AMARAL, Roberto. *Textos políticos da história do Brasil*. Brasília: Senado Federal, Conselho Editorial, 2002, 10v.

BONAVIDES, Paulo. *Teoria constitucional da democracia participativa* – por um direito constitucional de luta e resistência – por uma nova hermenêutica – por uma repolitização da legitimidade. São Paulo: Malheiros, 2003.

BONAVIDES, Paulo. *Teoria do estado*. São Paulo: Malheiros, 2003.

BONFIM, Edson Rocha. *Supremo Tribunal Federal:* perfil histórico. Rio de Janeiro: Forense, 1979.

BONFIM, João Bosco Bezerra. *Palavra de presidente* – discursos de posse de Deodoro a Lula. Brasília: LGE Editora, 2004.

BORGES, José Ribeiro. *Tortura: aspectos históricos e jurídicos*: o crime de tortura na legislação brasileira – análise da Lei 9. 455/97. Campinas: Romana, 2004.

BORGES, José Souto Maior. Eficácia e hierarquia da lei complementar. *Revista de Direito Público*, 25/93.

BORSANI, Hugo. *Eleições e economia*: instituições políticas e resultados macroeconômicos na América Latina (1979-1998). Belo Horizonte: Editora UFMG; Rio de Janeiro: IUPERJ, 2003.

BOURDIEU, Pierre. *Sobre o estado:* Cursos no Collège de France (1989-92). Trad. Rosa Freire d'Aguiar. São Paulo: Companhia das Letras, 2014.

BOVERO, Michelangelo. *Contra o governo dos piores*. Trad. Daniela Beccaria Versiani. Rio de Janeiro: Campus, 2002.

BRANCO, Paulo Gustavo Gonet. *Juízo de ponderação na jurisdição constitucional*. São Paulo: Saraiva, 2009.

BRANDÃO, Rodrigo. *Supremacia judicial versus diálogos constitucionais*: a quem cabe a última palavra sobre o sentido da constituição? Rio de Janeiro: Lumen Juris, 2012.

BRITTO, Carlos Ayres. *Teoria da constituição*. Rio de Janeiro: Forense, 2003.

BROSSARD, Paulo. *O impeachment:* aspectos da responsabilidade política do presidente da república. São Paulo: Saraiva, 1992.

BROSSARD, Paulo. O Senado e as leis inconstitucionais. *Revista de Informação Legislativa* 50/545-64. Brasília, 1976.

BRUNO, Aníbal. *Direito penal*. Rio de Janeiro: Forense Universitária, 1988, t. 2.

BRYCE, James. *Constituciones flexibles y constituciones rígidas.* Madrid: Instituto de Estudios Políticos, 1962.

BUENO, Cássio Scarpinella. *Mandado de segurança.* São Paulo: Saraiva, 2009.

BUENO, José Antônio Pimenta. *Direito público brasileiro e análise da constituição do império.* Rio de Janeiro: Imprensa Nacional, 1958.

BULOS, Uadi Lammêgo. *Curso de direito constitucional.* São Paulo: Saraiva, 2007.

BULOS, Uadi Lammêgo. *Constituição federal anotada.* São Paulo: Saraiva, 2005.

BULOS, Uadi Lammêgo. CPI: requerimento nulo e arquivamento. *In*: *Revista Latino-Americana de Estudos Constitucionais.* n. 4, jul./dez. 2004.

BULOS, Uadi Lammêgo. *Mutação constitucional.* São Paulo: Saraiva, 1997.

BURDEAU, Georges. *Traité de science politique.* Paris: LGDJ, 1980, t. 1, v. 1 e 2; 1980, t. 2; 1968, t. 3; 1969, t. 4; 1970, t. 5; 1971, t. 6, v. 1 e 2; 1972, t. 7; 1974, t. 8; 1976, t. 9; 1977, t. 10.

BURDEAU, Georges. *Droit constitutionnel et institutions politiques.* Paris: LGDJ, 1980.

BURDEAU, Georges. Remarques sur la classification des fonctions étatiques. *In*: *Revue du droit public*, 1945.

BUSTAMANTE, Thomas da Rosa de. *Teoria do direito e decisão racional*: temas de teoria da argumentação jurídica. Rio de Janeiro: Renovar, 2008.

BUZAID, Alfredo. *Da ação direta de declaração de inconstitucionalidade no direito brasileiro.* São Paulo: Saraiva, 1958.

BUZANELLO, José Carlos. *Direito de resistência constitucional.* Rio de Janeiro: Lumen Juris, 2006.

CADART, Jacques. *Institutions politiques et droit constitutionnel.* Paris: Económica, 1990.

CAETANO, Marcelo. *Direito constitucional.* Rio de Janeiro: Forense, 1977, v. 1; 1978, v. 2.

CAGGIANO, Monica Herman Salem. *Direito parlamentar e direito eleitoral.* Barueri, São Paulo: Manole, 2004.

CAHALI, Yussef Said. *Estatuto do estrangeiro.* São Paulo: Saraiva, 1983.

CAHALI, Yussef Said. *Responsabilidade civil do estado.* São Paulo: Malheiros, 1995.

CALIMAN, Auro Augusto. *Mandato parlamentar*: aquisição e perda. São Paulo: Atlas, 2005.

CAMBI, Eduardo. *Neoconstitucionalismo e neoprocessualismo*: direitos fundamentais, políticas públicas e protagonismo judiciário. São Paulo: Revista dos Tribunais, 2009.

CAMPOS, Francisco. *O Estado nacional*: sua estrutura, seu conteúdo ideológico. Brasília: Conselho Editorial do Senado Federal, Conselho Editorial, 2001.

CAMPOS, German Jose Bidart. *Derecho político.* Buenos Aires: Aguilar, 1972.

CAMPOS, German Jose Bidart. *Doctrina del estado democrático.* Buenos Aires: EJEA, 1961.

CAMPUZANO, Alfonso de Julios. Notas para um debate contemporáneo sobre la justicia. *In*: *O novo em direito e política.* OLIVEIRA JUNIOR, José Alcebíades de (Org.). Porto Alegre: Livraria do Advogado Editora, 1997.

CANFORA, Luciano. *Crítica da retórica democrática.* Trad. Valéria Silva. São Paulo: Estação Liberdade, 2007.

CANOTILHO, José Joaquim Gomes. *Constituição dirigente e vinculação do legislador*: contributo para a compreensão das normas constitucionais programáticas. Coimbra: Coimbra Editora, 1994.

CANOTILHO, José Joaquim Gomes. *"Brancosos" e interconstitucionalidade. Itinerários dos discursos sobre a historicidade constitucional*. Coimbra: Almedina, 2006.

CANOTILHO, José Joaquim Gomes. *Estado de direito*. Lisboa: Gradiva, 1999.

CANOTILHO, José Joaquim Gomes. *Direito constitucional e teoria da Constituição*. Coimbra: Almedina, 1998.

CANOTILHO, José Joaquim Gomes. *Direito constitucional*. Coimbra: Almedina, 1980.

CANOTILHO, José Joaquim Gomes; MOREIRA, Vital. *Fundamentos da constituição*. Coimbra: Coimbra Editora, 1991.

CANOTILHO, José Joaquim Gomes. *Direito constitucional*. 6. ed. Coimbra: Livraria Almedina, 1993.

CANOTILHO, José Joaquim Gomes. *Estudos sobre direitos fundamentais*. São Paulo: Revista dos Tribunais; Portugal: Coimbra Editora, 2008.

CAPELLARI, Eduardo. *A crise da modernidade e a constituição*: elementos para a compreensão do constitucionalismo contemporâneo. Rio de Janeiro: América Jurídica, 2004.

CAPPELLETTI, Mauro. *O controle judicial de constitucionalidade das leis no direito comparado*. Trad. Aroldo Plínio Gonçalves. Porto Alegre: Fabris, 1984.

CAPEZ, Fernando. *Curso de direito penal*, vol. 1: parte geral (arts.1º a 120). São Paulo: Saraiva, 2005.

CARDUCCI, Michele. *Por um direito constitucional altruísta*. Trad. Sandra Regina Martini Vial, Patrick Lucca da Ros, Cristina Lazzarotto Fortes. Porto Alegre: Livraria do Advogado Editora, 2003.

CARVALHO, Cristiano Viveiros de. *Controle judicial e processo legislativo*: a observância dos regimentos internos das casas legislativas como garantia do estado democrático de direito. Porto Alegre: Fabris, 2002.

CARVALHO, José Murilo de. *Os bestializados*: o Rio de Janeiro e a república que não foi. São Paulo: Companhia das Letras, 1987.

CARVALHO, José Murilo de. *A formação das almas*: o imaginário da república no Brasil. São Paulo: Companhia das Letras, 1990.

CARVALHO, José Murilo de. *Cidadania no Brasil*:o longo caminho. Rio de Janeiro: Civilização Brasileira, 2001.

CARVALHO, José Murilo de. *Forças armadas e política no Brasil*. Rio de Janeiro: Jorge Zahar Editora 2005.

CARVALHO, José Murilo de. *Pontos e bordados*: estudos de história e política. Belo Horizonte: Ed. UFMG, 2ª reimpressão, 2005.

CARVALHO, Kildare Gonçalves. *As medidas de emergência, o estado de sítio e o estado de emergência no direito constitucional comparado*. Belo Horizonte, 1979 (mimeo).

CARVALHO, Kildare Gonçalves. *Técnica legislativa* (Legística Formal). Belo Horizonte: Del Rey, 2014

CARVALHO, Manuel Emílio Gomes de. *Os deputados brasileiros nas cortes gerais de 1821*. Brasília: Senado Federal, 2003.

CARVALHO, Orlando Magalhães. *O mecanismo do governo britânico*. Belo Horizonte: Os Amigos do Livro, 1943.

CARVALHO, Orlando Magalhães. *Resumos de teoria geral do estado*. Belo Horizonte: Os Amigos do Livro, 1942, v. 2.

CARVALHO, Orlando Magalhães. *Caracterização da teoria geral do estado*. Belo Horizonte: Kriterion, 1951.

CARVALHO NETTO, Menelick de. *A sanção no procedimento legislativo*. Belo Horizonte: Del Rey, 1992.

CARVALHO NETTO, Menelick. A Constituição da Europa. *In:* SAMPAIO, José Adércio Leite (Coord.). *Crise e desafios da constituição*. Belo Horizonte: Del Rey, 2004.

CASASSANTA, Mário. *O poder de veto*. Belo Horizonte: Os amigos do livro, s/d.

CASTORIADIS, Cornelius. A democracia como procedimento e como regime. *In: Encruzilhadas do labirinto IV: a ascensão da insignificância*. Trad. Regina Vasconcelos. São Paulo: Paz e Terra, 2002.

CASTRO, Carlos Roberto Siqueira. *A constituição aberta e os direitos fundamentais* – Ensaios sobre o constitucionalismo pós-moderno e comunitário. Rio de Janeiro: Forense, 2003.

CASTRO, Celso. *A resistência à implantação do serviço militar obrigatório no Brasil. In: Direitos e cidadania: justiça, poder e mídia*. GOMES, Angela de Castro (Coord.). Rio de Janeiro: Editora FGV, 2007.

CASSEB, Paulo Adib. *Processo legislativo:* atuação das comissões permanentes e temporárias. São Paulo: Revista dos Tribunais, 2008.

CASTRO, Iná Elias de. *Geografia e política*: território, escalas de ação e instituições. Rio de Janeiro: Bertrand Brasil, 2005.

CASTRO, José Nilo de. *Direito municipal positivo*. Belo Horizonte: Del Rey, 1991.

CASTRO, Celso Antonio Pinheiro de; FALCÃO, Leonor Peçanha. *Ciência política* – uma introdução. São Paulo: Atlas, 2004.

CATTONI DE OLIVEIRA, Marcelo Andrade. *Direito processual constitucional*. Belo Horizonte: Mandamentos, 2001.

CATTONI DE OLIVEIRA, Marcelo Andrade. *Devido processo legislativo*. Belo Horizonte: Mandamentos, 2002.

CATTONI DE OLIVEIRA, Marcelo Andrade. *Direito constitucional*. Belo Horizonte: Mandamentos, 2002.

CATTONI DE OLIVEIRA, Marcelo Andrade. *Poder constituinte e patriotismo constitucional*. Belo Horizonte: Mandamentos, 2006.

CATTONI DE OLIVEIRA, Marcelo Andrade. *Teoria da constituição*. Belo Horizonte: Initia Via, 2012.

CAVALCANTE, Berenice. *Passaporte para o futuro: Afonso Arinos de Melo Franco, um ensaísta da república*. Rio de Janeiro: Vieira & Lent: 2006.

CAVALCANTI, Amaro. *Regime federativo e a república brasileira*. Brasília: Editora Universidade de Brasília, 1983.

CELSO, Afonso. *Oito anos de parlamento*. Brasília: Senado Federal, 1998.

CENEVIVA, Walter. *Direito constitucional brasileiro*. São Paulo: Saraiva, 2003.

CERQUEIRA, Marcello. *Cartas constitucionais* – Império, república e autoritarismo (ensaio, crítica e documentação). Rio de Janeiro: Renovar, 1997.

CERQUEIRA, Marcello. *A Constituição na história*: origem e reforma. Rio de Janeiro: Revan, 1993.

CHACON, Vamireh. *História dos partidos brasileiros*. Brasília: Editora Universidade de Brasília, 1998.

CHAGAS, Magno Guedes. *Federalismo no Brasil*:o poder constituinte decorrente na jurisprudência do Supremo Tribunal Federal. Porto Alegre: Fabris, 2006.

CHARAUDEAU, Patrick. *Discurso político*. Trad. Fabiana Komesu e Dilson Ferreira da Cruz. São Paulo: Contexto, 2006.

CHEVALLIER, Jacques. *O estado pós-moderno*. Trad. Marçal Justen Filho. Belo Horizonte: Fórum, 2009.

CHIMENTI, Ricardo Cunha et al. *Curso de direito constitucional*. São Paulo: Saraiva, 2005.

CITTADINO, Gisele. *Pluralismo, direito e justiça distributiva*: elementos da filosofia constitucional contemporânea. Rio de Janeiro: Lumen Juris, 1999.

CLÈVE, Clèmerson Merlin. *Atividade legislativa do poder executivo*. São Paulo: Revista dos Tribunais, 2000.

CLÈVE, Clèmerson Merlin. *A fiscalização abstrata da constitucionalidade no direito brasileiro*. São Paulo: Revista dos Tribunais, 2000.

CLÈVE, Clèmerson Merlin. *Medidas provisórias*. São Paulo: Revista dos Tribunais, 2011.

COELHO, Inocêncio Mártires. *Interpretação constitucional*. Porto Alegre: Fabris, 1997.

COELHO, Sacha Calmon Navarro. *Comentários à constituição de 1988* (sistema tributário). Rio de Janeiro: Forense, 1990.

COHEN, Jean; ARATO, ANDREW. *Civil. society and political theory*. Cambridge: MIT Press, 1992.

COMPARATO, Fábio Konder. *A afirmação histórica dos direitos humanos*. São Paulo: Saraiva, 2001.

COMPARATO, Fábio Konder. A garantia institucional contra o abuso de poder. *In*: CORVAL, Paulo Roberto dos Santos. *Teoria constitucional e exceção permanente:* uma categoria para a teoria constitucional do século XXI. Curitiba: Juruá, 2009.

COMPARATO, Fábio Konder. *Ética*: direito, moral e religião no mundo moderno. São Paulo: Companhia das Letras, 2006.

CONSTANT, Benjamin. *Escritos de política*. Trad. Eduardo Brandão. São Paulo: Martins Fontes, 2005.

COOLEY, Thomas M. *The general principles of constitutional law*. 4th ed. Boston: Little, Bronw and Company, 1931.

CORRÊA, Oscar Dias. *A defesa do estado de direito e a emergência constitucional*. Rio de Janeiro: Presença, 1980.

CORRÊA, Oscar Dias. *O Supremo Tribunal Federal, corte constitucional do Brasil*. Rio de Janeiro: Forense, 1987.

CORRÊA, Oscar Dias. *Estudos de direito político-constitucional*. Rio de Janeiro: Renovar, 2010.

CORWIN, Edward S. *El poder executivo* (función y poderes). Trad. Laura E. Pelegrino. Buenos Aires: Ed. Bibliográfica Argentina, 1959.

COSER, Ivo. *Visconde do Uruguai*: centralização e federalismo no Brasil/1823-1866. Belo Horizonte: Editora UFMG; Rio de Janeiro: IUPERJ, 2008.

COSER, Ivo. Federal/Federalismo. *In: Léxico da história dos conceitos políticos do Brasil*. FEREZ JÚNIOR, João. (Org.). Belo Horizonte: Editora UFMG, 2009.

COSI, G. *Saggio sulla disobbedienza civile*. Milano: Giuffrè, 1984.

COSTA, Adriano Soares da. *Instituições de direito eleitoral*. 4. ed. Belo Horizonte: Del Rey, 2000.

COSTA, Elcias Ferreira da. *Comentários breves à constituição federal*. Porto Alegre: Fabris, 1989.

COSTA, Emília Viotti da. *O Supremo Tribunal Federal e a construção da cidadania*. São Paulo: UNESP, 2006.

COSTA, Marta Nunes da. *Modelos democráticos*. Belo Horizonte: Arraes Editores, 2013.

COSTA, Pietro; ZOLO, Danilo (Orgs.). *O Estado de direito*: história, teoria, crítica. Trad. Carlos Alberto Dastoli. São Paulo: Martins Fontes, 2006.

COSTA JÚNIOR, Paulo José da. *O direito de estar só*. São Paulo: Revista dos Tribunais, 1995.

COULANGES, Fustel de. *A cidade antiga*. Trad. Fernando de Aguiar. Lisboa: Clássica, 1971.

COUTINHO, Jacinto Nelson de Miranda (Org.). *Canotilho e a Constituição dirigente*. Rio de Janeiro: Renovar, 2003.

CRETELLA JÚNIOR, José. A administração pública. *In*: *A constituição brasileira – 1988*: interpretações. Rio de Janeiro: Forense Universitária, 1988.

CRETELLA JÚNIOR, José. *Comentários à constituição brasileira de 1988*. Rio de Janeiro: Forense, 1989, v. 1; 1989; v. 2; 1990, v. 3; 1991, v. 4 e v. 5; 1992, v. 6 e 7; 1993, v. 8.

CRETELLA JÚNIOR, José. *Curso de direito administrativo*. Rio de Janeiro: Forense, 1977.

CRETELLA JÚNIOR, José. *Liberdades públicas*. São Paulo: Bushatsky, 1974.

CRETELLA JÚNIOR, José. Natureza jurídica do impeachment. *Revista de informação Legislativa*, 215.

CRISAFULLI, Vezio. *La costituzione e le sue disposizioni di principio*. Milão: Giuffrè, 1952.

CRISTIANI, Claudio Valentim. O direito no Brasil colonial. *In*: *Fundamentos de história do direito*. WOLKMER, Antonio Carlos (Org.). Belo Horizonte: Del Rey, 2006.

CRUZ, Álvaro Ricardo de Souza. *Jurisdição constitucional democrática*. Belo Horizonte: Del Rey, 2004.

CRUZ, Álvaro Ricardo de Souza. *Hermenêutica jurídica e(m) debate:* o constitucionalismo brasileiro entre a teoria do discurso e a ontologia existencial. Belo Horizonte: Fórum, 2007.

CRUZ, Álvaro Ricardo de Souza. *A resposta correta* – Incursões jurídicas e filosóficas sobre as teorias da justiça. Belo Horizonte: Arraes Editores, 2011.

CRUZ, Álvaro Ricardo de Souza; MEYER, Emílio Peluso Neder; RODRIGUES, Eder Bomfim (Coords.). *Desafios contemporâneos do controle de constitucionalidade no Brasil*. (Coleção Professor Álvaro Ricardo de Souza Cruz, v. 2). Belo Horizonte: Arraes Editores, 2012.

CRUZ, Álvaro Ricardo de Souza; DUARTE, Bernardo Augusto Ferreira. *Além do positivismo jurídico*. Belo Horizonte: Arraes Editores, 2013.

CUNNINGHAM, Frank. *Teorias da democracia*: uma introdução crítica. Trad. Delmar José Volpato Dutra. Porto Alegre: Artmed, 2009.

CUNHA, Fernando Whitaker da. *Representação política e poder*. Rio de Janeiro: Freitas Bastos, 1981.

CUNHA, Fernando Whitaker da. *Teoria geral do estado*. Rio de Janeiro: Freitas Bastos, 1990.

CUNHA, Sérgio Sérvulo da. *Princípios constitucionais*. São Paulo: Saraiva, 2006.

CUNHA, Sérgio Sérvulo da. *Fundamentos de direito constitucional*. São Paulo: Saraiva, 2004, v. 1; 2008; v. 2.

CUNHA, Paulo Ferreira da. *Direito constitucional geral*: uma perspectiva luso-brasileira. São Paulo: Método, 2007.

CUNHA JÚNIOR, Dirley da. *Controle de constitucionalidade*: teoria e prática. Salvador: JusPODIVM, 2006.

CUPIS, Adriano de. *Os direitos da personalidade*. Lisboa: Morais, 1961.

DALLARI, Dalmo de Abreu. *Elementos de teoria geral do estado*. São Paulo: Saraiva, 1989.

DAL RI JÚNIOR, Arno. *O estado e seus inimigos*: a repressão política na história do direito penal. Rio de Janeiro: Revan, 2006.

DAHL, Robert A. *Poliarquia:* participação e oposição. Trad. Celso Mauro Paciornick. São Paulo: Edusp, 2012.

DAHL, Robert A. *Sobre a democracia*. Trad. Beatriz Sidou. Brasília: Editora Universidade de Brasília, 20012.

DAHL, Robert A. *A democracia e seus críticos*. Trad. Patrícia de Freitas Ribeiro. São Paulo: Martins Fontes, 2012.

DAMOUS, Wadih; DINO, Flávio. *Medidas provisórias no Brasil*: origem, evolução e novo regime constitucional. Rio de Janeiro: Lumen Juris, 2005.

DANTAS, Francisco Ivo Cavalcanti. *Aspectos jurídicos das medidas provisórias*. Salvador: A Nossa Livraria/Ciência Jurídica, 1991.

DANTAS, Francisco Ivo Cavalcanti. *Teoria do estado*. Belo Horizonte: Del Rey, 1989.

DANTAS, Francisco Ivo Cavalcanti. *Da defesa do estado e das instituições democráticas na nova Constituição*. Rio de Janeiro: Aide, 1989.

DANTAS, Francisco Ivo Cavalcanti. *O valor da constituição* – do controle de constitucionalidade como garantia da supralegalidade constitucional. Rio de Janeiro: Renovar, 2001.

DAU-LIN, Hsü. *Mutación de constitución*. Bilbao: Instituto Vasco de Administración Pública, 1998.

DAVID, Held. *Modelos de democracia*. Trad. Alexandre Sobreira Martins. Belo Horizonte: Paideia, 1987.

DAVID, René. *Os grandes sistemas do direito contemporâneo*. Trad. Hermínio A. Carvalho. Lisboa: Meridiano, 1978.

D'ÁVILA, Luiz Felipe. *Os virtuosos*: os estadistas que fundaram a república brasileira. São Paulo: A Girafa Editora, 2006.

DEODATO, Alberto. *Manual de ciência das finanças*. 2. ed. São Paulo: Saraiva, 1984.

DELLA GIUSTINA, Vasco. *Controle de constitucionalidade das leis*: ação direta de inconstitucionalidade: tribunal de justiça e município: doutrina e jurisprudência. Porto Alegre: Livraria do Advogado Ed., 2006.

DELACAMPAGNE, Christian. *A filosofia política hoje*. Trad. Lucy Magalhães. Rio de Janeiro: Jorge Zahar, 2001.

DELPÉRÉE, Francis. *O Direito à dignidade humana*. In: Direito Constitucional – Estudos em homenagem a Manoel Gonçalves Ferreira Filho. Organizadores: Sérgio Resende de Barros e Fernando Aurélio Zilvete. São Paulo: Dialética, 1999.

DEMANT, Peter. *O mundo muçulmano*. São Paulo: Contexto, 2004.

DENNINGER, Erhard. Segurança, diversidade e solidariedade, ao invés de liberdade, igualdade e fraternidade. In: *Revista Brasileira de Estudos Políticos*, n. 88, dez. de 2003.

DEL NEGRI, André. *Controle de constitucionalidade no processo legislativo: teoria da legitimidade democrática*. Belo Horizonte: Fórum, 2003.

DENNIS, Lloyd. *A ideia da lei*. Trad. Álvaro Cabral. São Paulo: Martins Fontes, 2000.

DI CELSO, Manlio Mazziotti. *Lezioni di diritto costituzionale*. Milão: Dott. A. Giuffrè, 1985.

DI PIETRO, Maria Sylvia Zanella. *Direito administrativo*. 10. ed. São Paulo: Atlas, 1998.

DI PIETRO, Maria Sylvia Zanella. *Direito administrativo*. São Paulo: Atlas, 2000.

DI PIETRO, Maria Sylvia Zanella. *Discricionariedade administrativa na constituição de 1988*. São Paulo: Atlas, 1991.

DIAS, Cibele Fernandes. *A justiça constitucional em mutação*. Belo Horizonte: Arraes Editores, 2012.

DIAS, João Luís Fischer. *O efeito vinculante: dos precedentes jurisprudenciais: das súmulas dos tribunais*. São Paulo: IOB Thomson, 2004.

DIAS, Maria Berenice. *Divórcio já!* São Paulo: Revista dos Tribunais, 2010.

DIAS, Maria Tereza Fonseca. *Direito administrativo pós-moderno*: novos paradigmas do direito administrativo a partir do estudo da relação entre o Estado e a sociedade. Belo Horizonte: Mandamentos, 2003.

DICEY, A. V. *Introduction to the law of Constitution*. 9. ed. London: MacMillan and Co. Limited, 1952.

DIDIER JR., Fredie (org.) *Ações constitucionais*. Salvador: JusPODIVM, 2008.

DIMOULIS, Dimitri; MARTINS, Leonardo. *Teoria geral dos direitos fundamentais*. São Paulo: Revista dos Tribunais, 2007.

DIMOULIS, Dimitri. *Manual de introdução ao estudo do direito*: definição e conceitos básicos; norma jurídica; fontes, interpretação e ramos do direito; sujeito de direito e fatos jurídicos; relações entre direito, justiça, moral e política; direito e linguagem. São Paulo: Revista dos Tribunais, 2003.

DIMOULIS, Dimitri. *Positivismo jurídico*: introdução a uma teoria do direito e defesa do pragmatismo jurídico-político. São Paulo: Método, 2006.

DINIZ, Maria Helena. *Compêndio de introdução à ciência do direito*. São Paulo: Saraiva, 1988.

DINIZ, Maria Helena. *Constituição de 1988*: legitimidade, vigência e eficácia, supremacia. São Paulo: Atlas, 1989.

DINIZ, Maria Helena. *Norma constitucional e seus efeitos*. São Paulo: Saraiva, 1989.

DINIZ, Maria Helena. *O estado atual do biodireito*. São Paulo: Saraiva, 2010.

DOLHNIKOFF, Miriam. *O pacto imperial*: origens do federalismo no Brasil. São Paulo: Globo, 2005.

DÓRIA, Sampaio. *Comentários à constituição de 1946*. São Paulo: Max Limonad, 1960, v. 3.

DÓRIA, Sampaio. Parlamentarismo v. federação. *O Estado de S. Paulo*, 13. 10. 1961.

DOEHRING, Karl. *Teoria do estado*. Trad. Gustavo Castro Alves Araujo. Belo Horizonte: Del Rey, 2008.

DRIVER, Stephanie Schwartz. *A declaração de independência dos Estados Unidos*. Trad. Mariluce Pessoa. Rio de Janeiro: Jorge Zahar Editor, 2006.

DROMI, José Roberto. *La* reforma constitucional: el constitucionalismo del 'por-venir'. In: *El derecho público de finales de siglo*: una perspectiva iberoamericana. Madrid: Fundación BBV, 1997.

DUARTE, Écio Oto Ramos; POZZOLO, Susanna. Neoconstitucionalismo e positivismo jurídico: as faces da teoria do direito em tempos de interpretação moral da constituição. São Paulo: Landy, 2006.

DUGUIT, Léon. *Traité de droit constitutionnel*. Paris: Ancienne Librairie Fontemoing, 1924, 5 v.

DUMAZEDIER, Joffre. *Sociologia empírica do lazer*. Trad. Silvia Mazza e J. Guinsburg. São Paulo: Perspectiva, 1979.

DUSO, Giuseppe (Org.). *O poder*. História da filosofia política moderna. Trad. Andrea Ciacchi, Líssia da Cruz e Silva e Giuseppe Tosi. Petrópolis: Vozes, 2005.

DUTRA. Carlos Roberto de Alckmin. *O controle estadual de constitucionalidade de leis e atos normativos*. São Paulo: Saraiva, 2005.

DUTRA, Yuri Frederico. *Democracia e controle de constitucionalidade*: a partir da teoria discursiva do direito de Jürgen Habermas: Belo Horizonte: Del Rey: 2012.

DUVERGER, Maurice. *Ciência política*. Trad. Heloísa de Castro Lima. Rio de Janeiro: Jorge Zahar, 1976.

DUVERGER, Maurice. *O regime semipresidencialista*. Trad. Noemia de Arantes Ramos e Elzira Rezende Arantes. São Paulo: Sumaré, 1993.

DUVERGER, Maurice. *Instituciones políticas y derecho constitucional*. Trad. Pablo Lucas Verdú. Barcelona: Ariel, 1984.

DUVERGER, Maurice. *Os partidos políticos*. Trad. Cristiano Monteiro Oiticica. Brasília. UnB, 1980.

DWORKIN, Ronald. *Levando os direitos a sério*. Trad. Nelson Boeira. São Paulo: Martins Fontes, 2002.

DWORKIN, Ronald. *O império do direito*. Trad. Jefferson Luiz Camargo. São Paulo: Martins Fontes, 1999.

DWORKIN, Ronald. *Uma questão de princípio*. Trad. Luís Carlos Borges. São Paulo: Martins Fontes, 2000.

DWORKIN, Ronald. *O direito da liberdade:* a leitura moral da constituição norte-americana. Trad. Marcelo Brandão Cipolla. São Paulo: Martins Fontes, 2006.

DWORKIN, Ronald. *A justiça de toga*. Trad. Jefferson Luiz Camargo. São Paulo: Martins Fontes, 2010.

DWORKIN, Ronald. *Justice for hedgehogs*. Cambridge: The Belknap Press of Harvard University Press, 2011.

EASTON, David. *The political system*. Nova York: Knopf, 1953.

EAGLETON, Terry. *Ideologia:* uma introdução. Trad. Luís Carlos Borges, Silvana Vieira. São Paulo: Editora da Universidade Estadual Paulista; Boitempo, 2997.

ELSTER, Jon; RUNE, Slagstal. *Constitutionalism and democracy.* Cambridge: Cambridge University, 1993.

ELSTER, Jon. *Ulisses liberto:* estudos sobre racionalidade, pré-compromisso e restrições. Trad. Cláudia Sant'Ana Martins. São Paulo: Editora UNESP, 2009.

ELSTER, Jon. *The Optimal Design of a Constituent Assembly.* Trabalho apresentado na conferência sobre *Comparative Constitutional Design*, University of Chicago, 16-17 de outubro/2009.

ELY, John Hart. *Democracia e desconfiança*: uma teoria do controle judicial de constitucionalidade. Trad. Juliana Lemos. São Paulo: Martins Fontes, 2010.

EISENMANN, Charles. *La justice constitutionnelle et la haute cour constitutionnelle d'Autriche.* Paris: Económica, 1986.

ESMEIN, A. *Éléments de droit constitutionnel, français et comparé.* Paris: Sirey, 1928, 2 v.

ESPINDOLA, Angela Araujo da Silveira *et al.* (Org. José Luis Bolzan de Morais). *O estado e suas crises.* Porto Alegre: Livraria do Advogado, 2005.

ESTEVES, M. A. *A constitucionalização do direito de resistência.* Lisboa: AAFDL, 1989.

FALCON Y TELLA, M. J. *Desobediencia civil.* Madrid: Marcial Pons, 2000.

FAORO, Raymundo. *Os donos do poder*: formação do patronato brasileiro. Porto Alegre: Globo; São Paulo: Ed. Universidade de São Paulo, 1975, 2 vols.

FARIAS, Edilsom Pereira de. *Colisão de direitos*: a honra, a intimidade, a vida privada e a imagem *versus* a liberdade de expressão e informação. Porto Alegre: Fabris, 1996.

FARIAS, Edilsom Pereira de. *Liberdade de expressão e comunicação.* Teoria e proteção constitucional. São Paulo: Revista dos Tribunais, 2004.

FAZZALARI, Elio. *Instituições de direito processual.* Trad. Elaine Nassif. Campinas: Bookseller, 2006.

FAUSTO, Boris. *História do Brasil.* São Paulo: Edusp, 1995.

FAVOREU, Louis. La constitutionnalization du droit. *In:* AUBY, Jean-Bernard *et al. L'unité du droit: mélange en hommage à Roland Drago.* Paris: Economica, 1996.

FAVOREU, Louis. *As cortes constitucionais.* Trad. Dunia Marinho Silva. São Paulo: Landy, 2004.

FAYT, Carlos S. *Derecho político.* Buenos Aires. Depalma, 1988, 2 v.

FERGUSON, John H., McHENRY, E. *The american government.* 2. ed. New York/London: McGraw-Hill Book Company, 1950.

FERNANDES, Bernardo Gonçalves. *Curso de direito constitucional.* Rio de Janeiro: Lumen Juris, 2010.

FERRAJOLI, Luigi. *A soberania no mundo moderno*: nascimento e crise do estado nacional. Trad. Carlo Coccioli, Márcio Lauria Filho. São Paulo: Martins Fontes, 2002.

FERRAJOLI, Luigi. *Direito e razão*: teoria do garantismo penal. São Paulo: Revista dos Tribunais, 2002.

FERRARI, Regina Maria Macedo Nery. *Controle da constitucionalidade das leis municipais.* São Paulo: Revista dos Tribunais, 2003.

FERRARI, Regina Maria Macedo Nery. *Efeitos da declaração de inconstitucionalidade.* São Paulo: Revista dos Tribunais, 1987.

FERRARI, Regina Maria Macedo Nery. *Normas constitucionais programáticas.* São Paulo: Revista dos Tribunais, 2001.

FERRAZ, Anna Cândida da Cunha. União, Estados e Municípios na nova Constituição: enfoque jurídico-formal. In: *A nova Constituição paulista.* São Paulo: Fundação Faria Lima/ Fundação de Desenvolvimento Administrativo, 1989.

FERRAZ, Anna Cândida da Cunha. *Processos informais de mudança da Constituição, mutações constitucionais e mutações inconstitucionais.* São Paulo: Max Limonad, 1986.

FERRAZ, Anna Cândida da Cunha. *Poder constituinte do Estado-Membro.* São Paulo: Revista dos Tribunais, 1979.

FERRAZ, Anna Cândida da Cunha. A transição constitucional e o ato das disposições constitucionais transitórias da Constituição de 5. 10. 1988. *Cadernos de Direito Constitucional e Ciência Política.* São Paulo: Revista dos Tribunais, jan./mar. 1999.

FERRAZ, Leonardo de Araújo. *Da teoria à crítica. Princípio da proporcionalidade*: uma visão com base nas doutrinas de Robert Alexy e Jürgen Habermas. Belo Horizonte: Dictum, 2009.

FERRAZ JUNIOR. Tercio Sampaio. *Teoria da norma jurídica:* ensaio de pragmática da comunicação normativa. Rio de Janeiro: Forense, 1978.

FERRAZ JUNIOR, Tercio Sampaio. *Interpretação e estudos da constituição de 1988.* São Paulo: Atlas, 1990.

FERRAZ JUNIOR, Tercio Sampaio. *Introdução ao estudo do direito:* técnica, decisão, dominação. São Paulo: Atlas, 2003.

FERREIRA, Manoel Rodrigues. *A evolução do sistema eleitoral brasileiro.* Brasília: Senado Federal, 2001.

FERREIRA FILHO, Manoel Gonçalves. *Aspectos do direito constitucional contemporâneo.* São Paulo: Saraiva, 2003.

FERREIRA FILHO, Manoel Gonçalves. *Comentários à constituição brasileira de 1988.* São Paulo: Saraiva, 1990, v. 1; 1992, v. 2.

FERREIRA FILHO, Manoel Gonçalves. *Curso de direito constitucional.* São Paulo: Saraiva, 1989.

FERREIRA FILHO, Manoel Gonçalves. *Curso de direito constitucional.* 31. ed. São Paulo: Saraiva, 2005.

FERREIRA FILHO, Manoel Gonçalves. *A democracia no limiar do século XXI.* São Paulo: Saraiva, 2001.

FERREIRA FILHO, Manoel Gonçalves. *Direito constitucional comparado.* São Paulo: Bushatsky, 1974, v. 1.

FERREIRA FILHO, Manoel Gonçalves. *Direito constitucional econômico.* São Paulo: Saraiva, 1990.

FERREIRA FILHO, Manoel Gonçalves. *Direitos humanos fundamentais.* São Paulo: Saraiva, 1998.

FERREIRA FILHO, Manoel Gonçalves. *Enciclopédia Saraiva de Direito.* São Paulo: Saraiva, v. 64, verbete Reforma Constitucional.

FERREIRA FILHO, Manoel Gonçalves. *Estado de direito e constituição*. São Paulo: Saraiva, 1988.

FERREIRA FILHO, Manoel Gonçalves. *O estado de sítio*. São Paulo: RT, 1964.

FERREIRA FILHO, Manoel Gonçalves. *Organização dos Poderes*: Poder Legislativo. In: *A Constituição brasileira – 1988*: interpretações. Rio de Janeiro: Forense Universitária, 1988.

FERREIRA FILHO, Manoel Gonçalves. *Princípios fundamentais do direito constitucional*: o estado da questão no início do século XXI, em face do direito comparado e, particularmente, do direito positivo brasileiro. São Paulo: Saraiva, 2009.

FERREIRA FILHO, Manoel Gonçalves. *Do processo legislativo*. São Paulo: Saraiva, 1984.

FERREIRA FILHO, Manoel Gonçalves. *A reconstrução da democracia*. São Paulo: Saraiva, 1979.

FERREIRA, Sergio de Andréa. *Direito administrativo didático*. Rio de Janeiro: Forense, 1981.

FIGUEIREDO, Argelina Cheibub; LIMONGI, Fernando. *Executivo e Legislativo na nova ordem constitucional*. Rio de Janeiro: Editora FGV, 1999.

FIGUEIREDO, Argelina Cheibub; LIMONGI, Fernando. Instituições políticas e governabilidade: desempenho do governo e apoio legislativo na democracia brasileira. In: *A democracia brasileira: balanço e perspectivas para o século XXI* (Orgs. MELO, Carlos Ranulfo; SÁEZ, Manuel Alcântara). Belo Horizonte: Editora UFMG, 2007.

FIGUEIREDO, Lucas. *Ministério do silêncio*. Rio de Janeiro: Record, 2005.

FIGUEIREDO, Marcelo. *Teoria geral do estado*. São Paulo: Atlas, 1993.

FIGUEIREDO, Marcus. *A decisão do voto:* democracia e racionalidade. Belo Horizonte: Editora UFMG; Rio de Janeiro: IUPERJ, 2008.

FILGUEIRAS, Fernando. República, confiança e sociedade. In: *Dados – Revista de Ciências Socais*, v. 50, n. 4, 2007.

FIORAVANTI, Maurizio. *Constitución*. De la antigüedad a nuestros días. Trad. Manuel Martínez Neira. Madrid: Editorial Trotta, 2001.

FISCHBACH, Oskar Georg. *Teoría general del estado*. Trad. Rafael Luengo Tapia. Buenos Aires: Labor, 1934.

FIUZA, Ricardo Arnaldo Malheiros; FERREIRA E COSTA, Mônica Aragão. *Aulas de teoria do estado*. Belo Horizonte: Del Rey, 2006.

FIUZA, Ricardo Arnaldo Malheiros. *Lições de direito constitucional e teoria geral do Estado*. Belo Horizonte: Lê, 1991.

FIUZA, Ricardo Arnaldo Malheiros. *Direito constitucional comparado*. Belo Horizonte: Del Rey, 2004.

FLEINER-GERSTER, Thomas. *Teoria geral do estado*. Trad. Marlene Holzhausen. São Paulo: Martins Fontes, 2006.

FLEISCHER, David V. (Org.). *Os partidos políticos no Brasil*. Brasília: Editora Universidade de Brasília, 1981, v. 1.

FORST, Rainer. *Contextos da justiça*: filosofia política para além de liberalismo e comunitarismo. Trad. Denilson Luís Werle. São Paulo: Boitempo Editorial, 2010.

FOUCAULT, Michel. *Microfísica do poder*. Rio de Janeiro: Graal, 1979.

FOUCAULT, Michel. *Vigiar e punir*. Petrópolis: Vozes, 2001.

FOUCAULT, Michel. *História da sexualidade*: a vontade de saber: Rio de Janeiro, Graal, 2001, v. 1.

FRANCO, Afonso Arinos de Melo. *Um estadista da república*: Afrânio de Melo Franco e seu tempo. Rio de Janeiro: José Olympio, 1955, 3v.

FRANCO, Afonso Arinos de Melo. *Algumas instituições políticas no Brasil e nos Estados Unidos*. Rio de Janeiro: Forense, 1975.

FRANCO, Afonso Arinos de Melo. *Curso de direito constitucional brasileiro*. Rio de Janeiro: Forense, 1968, 2v.

FRANCO, Afonso Arinos de Melo. *Desenvolvimento da civilização material no Brasil*. Rio de Janeiro: Topbooks, 2005.

FRANCO, Afonso Arinos de Melo. *Direito constitucional*: teoria da constituição; as constituições do Brasil. Rio de Janeiro: Forense, 1981.

FRANCO, Afonso Arinos de Melo. *Evolução da crise brasileira*. Rio de Janeiro: Topbooks, 2005.

FRANCO, Afonso Arinos de Melo. *História e teoria dos partidos políticos no Brasil*. São Paulo: Alfa-Ômega, 1980.

FRANCO, Afonso Arinos de Melo. *Rodrigues Alves*: apogeu e declínio do presidencialismo. Brasília: Senado Federal, 2001, 2v.

FRANCO, Afonso Arinos de Melo; PILLA, Raul. *Presidencialismo ou parlamentarismo?* Brasília: Senado Federal, 1999.

FRANCO, Afonso Arinos de Melo. *Rosa de ouro* (Organização, transcrição e apresentação de Afonso Arinos, filho). Belo Horizonte: Ed. UFMG, 2007.

FRANCO SOBRINHO, Manoel de Oliveira. *Parlamentarismo/presidencialismo*. Curitiba: Juruá, 1991.

FRANKENBERG, Günter. *A gramática da constituição e do direito*. Trad. Elisete Antoniuk. Belo Horizonte: Del Rey, 2007.

FRANKLIN, J. *Constitution and resistance in the sixteenth century*. New York: Pegasus, 1969.

FREEMAN, H. A. *Civil disobedience*. Santa Bárbara: Center of the Study of Democratic Institutions, 1966.

FREIRE, Natália de Miranda. *Técnica e processo legislativo*. Belo Horizonte: Del Rey, 2002.

FREITAS, Luiz Fernando Calil de. *Direitos fundamentais*: limites e restrições. Porto Alegre: Livraria do Advogado Ed., 2007.

FREUND, Julien. *L'essence du politique*. Paris: Éditions Sirey, 1965.

FUKUYAMA, FRANCIS. *As origens da ordem política*: dos tempos pré-humanos até a Revolução Francesa. Trad. Nivaldo Montingelli Jr. Rio de Janeiro: Rocco, 2013.

FURLAN, Fabiano Ferreira. *O debate entre John Rawls e Jürgen Habermas sobre a concepção de justiça*. (Coleção Professor Álvaro Ricardo de Souza Cruz, v. 5). Belo Horizonte: Arraes Editores, 2013.

GADAMER, Hans-Georg. *Verdade e método*. Trad. Flávio Paulo Meurer. Petrópolis: Vozes; Bragança Paulista: Editora Universitária São Francisco, 2007, v. 1.

GADAMER, Hans-Georg. *Verdade e método*. Trad. Enio Paulo Giachini Petrópolis: Vozes; Bragança Paulista: Editora Universitária São Francisco, 2007, v. 2.

GALEOTTI, Serio. *Contributo alla teoria del procedimento legislativo*. Milano: Giuffrè, 1957.

GARCÍA DE ENTERRÍA, Eduardo. Justicia constitucional: la doctrina prospectiva en la declaración de ineficácia de las leyes inconstitucionales. In: *Revista de Direito Público*, n. 92, out./dez. 1989.

GARCÍA DE ENTERRÍA, Eduardo García de. *La constitución como norma y el tribunal constitucional*. Madrid: Civitas, 2001.

FRY, Peter. *A persistência da raça*. Rio de Janeiro: Civilização Brasileira, 2005.

GARCÍA-COTARELO, Ramón. *Resistencia y desobediencia civil*. Madrid: EUDEMA, 1987.

GARCIA, Maria. *Desobediência civil*: direito fundamental. São Paulo: Revista dos Tribunais, 1994.

GARCÍA-PELAYO, Manuel. *Derecho constitucional comparado*. Madrid: Manuales de la Revista de Occidente, 1950.

GARCÍA-PELAYO, Manuel. *As transformações do estado contemporâneo*. Trad. Agassiz Almeida Filho. Rio de Janeiro: Forense, 2009.

GASPARI, Elio. *A ditadura envergonhada*. São Paulo: Companhia das Letras, 2002.

GASPARI, Elio. *A ditadura escancarada*. São Paulo: Companhia das Letras, 2002.

GASPARI, Elio. *A ditadura derrotada*. São Paulo: Companhia das Letras, 2003.

GASPARI, Elio. *A ditadura encurralada*. São Paulo: Companhia das Letras, 2004.

GASPARINI, Diógenes. *Poder regulamentar*. São Paulo: Bushatsky, 1978.

GOMES, Joaquim B. Barbosa. *A ação afirmativa & princípio constitucional da igualdade*: o direito como instrumento de transformação social. A experiência dos E. U. A. Rio de Janeiro: Renovar, 2001.

GOMES, José Jairo. *Direito eleitoral*. Belo Horizonte: Del Rey, 5ª ed., 2010.

GOMES, Randolfo. *O advogado e a constituição federal*. Rio de Janeiro: Edições Trabalhistas, 1990.

GONÇALVES, Aroldo Plínio. *Técnica processuale teoria do processo*. Rio de Janeiro: Aide, 1999.

GONÇALVES, Maria Eduarda. *Direito da informação*: novos direitos e formas de regulação na sociedade da informação. Coimbra: Almedina, 2003.

GOUVEIA, Jorge Bacelar. *Manual de direito constitucional*. Coimbra: Almedina, 2005, 2v.

GOUVEIA, Jorge Bacelar. *As constituições dos estados de língua portuguesa*. Coimbra: Almedina, 2006.

GRAU. Eros Roberto. *O direito posto e o direito pressuposto*. São Paulo: Malheiros, 2003.

GRAU, Eros Roberto. *A ordem econômica na constituição de 1988*. São Paulo: Malheiros, 2000.

GRECO, Marco Aurélio. *Medidas provisórias*. São Paulo: Revista dos Tribunais, 1991.

GRIMM, Dieter. *Constituição e política*. Trad. Geraldo de Carvalho. Belo Horizonte: Del Rey, 2006.

GRINBERG, Lucia. *Partido político ou bode expiatório:* um estudo sobre a Aliança Renovadora Nacional (Arena), 1965-1979. Rio de Janeiro: Mauad X, 2009.

GRINOVER, Ada Pellegrini. *As garantias constitucionais do direito de ação*. São Paulo: RT, 1973.

GROPPALI, Alexandre. *Doutrina do estado*. Trad. Paulo Edmar de Souza Queiroz. São Paulo: Saraiva, 1968.

GROTTI, Dinorá Adelaide Musetti. *Inviolabilidade do domicílio na constituição*. São Paulo: Malheiros, 1993.

GUANABARA, Alcindo. *A presidência Campos Sales*. Brasília: Senado Federal, 2002.

GUASTINI, Riccardo. *Teoría e ideología de la interpretación constitucional*. Trad. Miguel Carbonell e Pedro Salazar. Madrid. Editorial Trotta, 2008.

GUERRA FILHO, Willis Santiago. *Autopoiese do direito na sociedade pós-moderna*: introdução a uma teoria social sistêmica. Porto Alegre: Livraria do Advogado, 1997.

GUERRA FILHO, Willis Santiago. *Teoria política do direito:* uma introdução política ao direito. Brasília: Brasília Jurídica, 2000.

GUERRA FILHO, Willis Santiago. Jurisdição constitucional no Brasil e tutela da ordem jurídica subjetiva. *In*: *Direito constitucional brasileiro*: perspectivas e controvérsias contemporâneas (Coordenadoras: Regina Quaresma e Maria Lúcia de Paula Oliveira). Rio de Janeiro: Forense, 2006.

GUIMARÃES, Francisco de Silva Xavier. *Nacionalidade*: aquisição, perda e reaquisição. Rio de Janeiro: Forense, 1995.

GUIMARÃES, Ylves José de Miranda. *Comentários à constituição*: direitos e garantias individuais e coletivas. Rio de Janeiro: Forense, 1989.

GUIZOT, François. *A história das origens do governo representativo na Europa*. Trad. Vera Lucia Joscelyne. Rio de Janeiro: Topbooks, 2008.

GÜNTHER, Klaus. *Teoria da argumentação no direito e na moral*: justificação e aplicação. Trad. Claudio Molz. São Paulo: Landy, 2004.

GUSMÃO, Paulo Dourado de. *Introdução ao estudo do direito*. Rio de Janeiro: Forense, 2001.

HART, H. L. A. *El concepto de derecho*. Trad. Genaro R. Carrio. Mexico, D. F., Editora Nacional, 1978.

HÄBERLE, Peter. *Hermenêutica constitucional* – A sociedade aberta dos intérpretes da constituição: contribuição para a interpretação pluralista e "procedimental" da constituição. Trad. Gilmar Ferreira Mendes. Porto Alegre: Sergio Antonio Fabris Editor, 1997.

HÄBERLE, Peter. *Estado constitucional cooperativo*. Trad. Marcos Augusto Maliska e Elisete Antoniuk. São Paulo: Renovar, 2007.

HÄBERLE, Peter. *Constituição e cultura*: o direito ao feriado como elemento de identidade cultural do estado constitucional. Trad. Marcos Augusto Maliska e Elisete Antoniuk. Rio de Janeiro: Lumen Júris, 2008.

HABERMAS, Jürgen. *Communication and the evolution of society*. Boston: Beacon Press, 1979.

HABERMAS, Jürgen. *Mudança estrutural da esfera pública*. Trad. Flávio R. Kothe. Rio de Janeiro: Tempo Brasileiro, 1984.

HABERMAS, Jürgen. *Teoría de la acción comunicativa*. Trad. Manuel Jiménez Redondo. Madrid: Tarus, 1987.

HABERMAS, Jürgen. *Más allá del estado nacional*. Madrid: Trota, 1997.

HABERMAS, Jürgen. *Direito e democracia:* entre facticidade e validade. Trad. Flávio Beno Siebeneichler. Rio de Janeiro: Tempo Brasileiro, 1997, 2v.

HABERMAS, Jürgen. *Fatti e norme*. Contributi a una teoria discorsiva del diritto e della democrazia. A cura di Leonardo Cippa. Milão: Guerini e Associati, 1996.

HABERMAS, Jürgen. *Between facts and norms*. Londres: Polity Press, 1996.

HABERMAS, Jürgen. *Ensayos políticos*. Trad. Ramón García Cotarelo. l Barcelona: Península, 1988.

HABERMAS, Jürgen. *A constelação pós-nacional*: ensaios políticos. Trad. Márcio Seligmann Silva. São Paulo: Littera Mundi, 2001.

HABERMAS, Jürgen. *A inclusão do outro: estudos de teoria política*. Trad. George Sperber e Paulo Astor Soethe. São Paulo: Edições Loyola, 2002.

HABERMAS, Jürgen. *La desobediencia civil*. Piedra de toque del estado democrático de derecho. Trad. R. Garcia-Cotarelo. Barcelona: Pensínsula, 1988.

HABERMAS, Jürgen. *O ocidente dividido*. Trad. Luciana Villas Bôas. Rio de Janeiro: Tempo Brasileiro, 2006.

HAGE, Jorge. *Omissão inconstitucional e direito subjetivo*. Brasília: Brasília Jurídica, 1999.

HAMILTON, Alexander; MADISON, James; JAY, John. *O federalista*. Trad. Heitor Almeida. Brasília: UnB, 1984.

HARDT, Michael; NEGRI, Antonio. *Multidão*. Trad. Clóvis Marques. Rio de Janeiro: Record, 2005.

HAURIOU, Maurice. *Précis de droit constitutionnel*. Paris: Recueil Sirey, 1923.

HAYEK, Friedrich August. *Direito, legislação e liberdade*: uma nova formulação dos princípios liberais de justiça e economia política (a miragem da justiça social). São Paulo: Visão, 1985, vol. II.

HEGEL, Georg. *Princípios da filosofia do direito*. Trad. Orlando Vitorino. Lisboa: Guimarães Editores, 1959.

HEIDEGGER, Martin. *Ser e tempo*. Petrópolis: Vozes, 2004 (vs. I e II).

HELD, David. *Modelos de democracia*. Trad. Alexandre Sobreira Martins: Belo Horizonte: Editora Paideia, 1987.

HELD, David; MCGREW, Anthony. *Prós e contras da globalização*. Rio de Janeiro: Jorge Zahar, 2000.

HELLER, Hermann. *Teoria do estado*. Trad. Lycurgo Gomes da Motta. São Paulo: Mestre Jou, 1968.

HERAS, Jorge Xifra. *Formas e fuerzas políticas*. Barcelona: Bosch, 1958.

HERAS, Jorge Xifra. *Introducción al estudio de las modernas tendencias políticas*. Barcelona: Bosch, 1959.

HERRERA, Carlos Miguel. *A política dos juristas*: direito, liberalismo e socialismo em Weimar. Trad. Luciana Caplan. São Paulo: Alameda, 2012.

HESSE, Konrad. *A força normativa da constituição*. Trad. Gilmar Ferreira Mendes. Porto Alegre: Sergio Fabris Editor, 1991.

HESSE, Konrad. *Elementos de direito constitucional da República Federal da Alemanha*. Trad. Luís Afonso Heck. Porto Alegre: Fabris, 1998.

HESSE, Konrad. *Escritos de derecho constitucional*. Trad. Pedro Cruz Villalón. Madrid: Centro de Estudios Constitucionales, 1983.

HIRST, Paul. *A democracia representativa e seus limites.* São Paulo: Jorge Zahar Editor, 1993.

HOBBES, Thomas. *Leviatán.* Trad. Antonio Escohotado. Madrid: Nacional, 1979.

HOBSBAWM, Eric. *Era dos extremos:* o breve século XX: 1914-1991. Trad. Marcos Santarrita. São Paulo: Companhia das Letras, 1995.

HOBSBAWM, Eric. *Nações e nacionalismos desde 1780.* Rio de Janeiro: Paz e Terra, 2002.

HOBSBAWM, Eric. *Globalização, democracia e terrorismo.* Trad. José Viegas. São Paulo: Companhia das Letras, 2007.

HÖFFE, Otfried. *Justiça política*: fundamentação de uma filosofia crítica do direito e do estado. Trad. Ernildo Stein. Petrópolis: Vozes, 1991.

HOFMEISTER, Wilhelm. Problemas da democracia partidária. América Latina à luz das experiências internacionais. *In: Cadernos Adenauer,* ano VIII (2007), n. 3.

HOLANDA, Sérgio Buarque de. *Raízes do Brasil.* Rio de Janeiro: José Olympio, 1986.

HOLLANDA, Cristina Buarque de. *Modos da representação política:* o experimento da primeira república brasileira. Belo Horizonte: Editora UFMG; Rio de Janeiro: IUPERJ, 2009.

HOLLANDA, Cristina Buarque de. *Teoria das elites.* Rio de Janeiro: Zahar, 2011.

HOLSTON, James. *Insurgent citizenship*: disjunctions of demoracy and modernity in Brazil. New Jersey: University of Princeton, 2007.

HONNETH, Axel. *Luta por reconhecimento*: a gramática moral dos conflitos sociais. Trad. Luiz Repa. São Paulo: Editora 34, 2003.

HORTA, Raul Machado. Limitações constitucionais dos poderes de investigação. *In: Revista de Direito Público,* n. 5/1968.

HORTA, Raul Machado. A constituição da república portuguesa de 1976 e o regime semipresidencial. *In: Revista do Instituto dos Advogados de Minas Gerais,* n. 10, 2004.

HORTA, Raul Machado. *Direito constitucional.* Belo Horizonte: Del Rey, 2002.

HORTA, Raul Machado. *A autonomia do estado-membro no direito constitucional brasileiro.* Belo Horizonte, 1964.

HORTA, Raul Machado. A ordem econômica na nova Constituição: problemas e contradições. *In: A constituição brasileira – 1988*: interpretações. Rio de Janeiro: Forense.

HORTA, Raul Machado. Estado federal e regime parlamentar: a introdução do regime parlamentar nos estados federados. *In: Conferência proferida no Ciclo de Estudos do Centenário da Faculdade de Direito da UFMG, sobre revisão constitucional e parlamentarismo, promovido pelo Instituto dos Advogados de Minas Gerais,* em 10. 9. 1992.

HORTA, Raul Machado. Natureza do poder constituinte do estado-membro. *RDP* 85/63.

HORTA, Raul Machado. O parlamentarismo no mundo de hoje. *In: O plebiscito.* Ivan Nunes Pereira (Org.). Rio de Janeiro: Nova Fronteira, 1993.

HORTA, Raul Machado. O processo legislativo nas constituições federais brasileiras. *Revista de Informação Legislativa* 101/05.

HORTA, Raul Machado. Regime político e a doutrina das formas de governo. *Revista Brasileira de Estudos Políticos* 3/49.

HORTA, Raul Machado. O estado-membro na constituição federal brasileira. *Revista Brasileira de Estudos Políticos* 69/70, jul. 89/jan. 1990.

HORTA, Raul Machado. Unidade e dualidade da magistratura. In: *Exposição em Painel da Subcomissão do Poder Judiciário, da Assembleia Nacional Constituinte.*

HORTA, Raul Machado. Tendências atuais dos regimes de governo. *Revista de Informação Legislativa*, 95/139.

HUNT, Lynn. *A invenção dos direitos humanos*: uma história. Trad. Rosaura Eichenberg. São Paulo: Companhia das Letras, 2009.

HUNTINGTON, Samuel P. *O choque de civilizações e a recomposição da ordem mundial*. Trad. M. H. C. Côrtes. Rio de Janeiro: Objetiva, 1997.

ILBERT, Courtenay P. *El parlamento*: sua historia, constitución y práctica. Trad. Julio Calvo Alfaro. Barcelona: Editorial Labor, 1926.

INÁCIO, Magna; RENNÓ, Lucio (Orgs.). *Legislativo brasileiro em perspectiva comparada*. Belo Horizonte: Editora UFMG, 2009.

IVO, Gabriel. *Constituição estadual*: competência para a elaboração da constituição do estado-membro. Rio de Janeiro: Max Limonad, 1997.

JACQUES, Paulino. *Curso de direito constitucional*. Rio de Janeiro: Forense, 1983.

JACQUES, Paulino. *Da igualdade perante a lei*. Rio de Janeiro: A Noite, 1947.

JAMPAULO JÚNIOR, João. *O processo legislativo*: sanção e vício de iniciativa. São Paulo: Malheiros, 2008.

JAQUARIBE, Helio. *O posto do homem no cosmos*. São Paulo: Paz e Terra, 2006.

JAQUARIBE, Helio. *Breve ensaio sobre o homem e outros estudos*. São Paulo: Paz e Terra, 2007.

JAQUARIBE, Helio. *Brasil, mundo e homem na atualidade:* estudos diversos. Brasília: Fundação Alexandre de Gusmão, 2008.

JAPIASSU, Hilton; Filho, Danilo Marcondes de Souza. *Dicionário básico de filosofia*. Rio de Janeiro: Jorge Zahar, 1990.

JASMIN, Marcelo Gantus. *Alexis de Tocqueville*: a historiografia como ciência da política. Belo Horizonte:Editora UFMG: IUPERJ, 2005.

JAYME, Fernando Gonzaga. *Mandado de segurança*. Belo Horizonte: Del Rey, 2011.

JELLINEK, Georg. *Teoría general del estado*. Trad. Fernando de los Rios. Buenos Aires: Albatros, 1978.

JENNINGS, Ivor. *A constituição britânica*. Trad. Carlos Alberto Lamback. Brasília: Editora Universidade de Brasília, 1981.

JENNINGS, Ivor. *Governo de gabinete*. Trad. Lêda Boechat R. Rodrigues. Brasília: Senado Federal, 1979.

JEVEAUX, Geovany Cardoso. *Direito constitucional*: teoria da constituição. Rio de Janeiro: Forense, 2008.

JOUVENEL, Bertrand de. *As origens do estado moderno*. Trad. Mamede de Souza Freitas. Rio de Janeiro: Jorge Zahar, 1978.

JUSTEN FILHO, Marçal. *Curso de direito administrativo*. São Paulo: Saraiva, 2005.

KALDOR, Mary. *New and old wars – organized violence in a global era*. Stanford: Stanford University Press, 2001.

KELSEN, Hans. *Jurisdição constitucional*. Trad. Alexandre Krug; Eduardo Brandão; Maria Ermantina Galvão. São Paulo: Martins Fontes, 2003.

KELSEN, Hans. *Teoría general del estado*. Trad. Luiz Legaz Lacambra. México, DF: Nacional, 1979.

KELSEN, Hans *Teoria pura do direito*. Trad. João Baptista Machado. Coimbra: Armedio Amado, 1962, 2 v.

KELSEN, Hans. Essência e valor da democracia. *In*: *Arquivos do Ministério da Justiça*, n. 170, Brasília, 1987.

KELSEN, Hans. *Teoria geral do direito e do estado*. Trad. Luís Carlos Borges. São Paulo: Martins Fontes. Brasília: Editora Universidade de Brasília, 1990.

KLEIN, Odacir. *Comissões parlamentares de inquérito*: a sociedade e o cidadão. Porto Alegre: Fabris, 1999.

KYMLICKA, Will. *Liberalism, community and culture*. Oxford: Oxford University Press, 1989.

KYMLICKA, Will. *Multicultural citizenship:* a liberal theory of minority rights. Oxford: Oxford University Press, 1995.

KONDER, Leandro. *A questão da ideologia*. São Paulo: Companhia das Letras, 2002.

KORZENIAK, Jose. *Derecho constitucional*. Montevidéu: Acal, 1978.

KOZICKI, Katya. *Levando a justiça a sério*: interpretação do direito e responsabilidade judicial. Belo Horizonte: Arraes Editores, 2012.

KOZIMA, José Wanderley. Instituições, retórica e o bacharelismo no Brasil. *In*: *Fundamentos de história do direito*. WOLKMER, Antonio Carlos (Org.). Belo Horizonte: Del Rey, 2006.

KRADER, Laurance. *A formação do estado*. Trad. Regina Lúcia M. Moral. Rio de Janeiro: Zahar, 1970.

KRAUSE, Silvana; SCHMITT, Rogério (Orgs.). *Partidos e coligações eleitorais no Brasil*. Rio de Janeiro: Fundação Konrad Adenauer; São Paulo: Editora UNESP, 2005.

KRIELE, Martin. *Introducción a la teoría del estado*. Trad. Eugenio Bulygin. Buenos Aires: Depalma, 1980.

KRITSCH, Raquel. *Soberania: a construção de um conceito*. São Paulo: Humanitas FFLCH/USP: Imprensa Oficial do Estado, 2002.

LAFARGUE, Paul. *O direito à preguiça*. Trad. Otto Lamy de Correa. São Paulo: Claridade, 2003.

LAFER, Celso. *A reconstrução dos direitos humanos*. São Paulo: Cia. das Letras, 1991.

LAFER, Celso. Declaração universal dos direitos humanos (1948). *In: História da paz:* os tratados que desenharam o planeta (MAGNOLI, Demétrio, org.). São Paulo: Contexto, 2008.

LAFERRIÈRE, Julien. *Manuel de droit constitutionnel*. Paris: Domat Montcherestien, 1947.

LARENZ, Karl. *Metodologia da ciência do direito*. Trad. José de Sousa e Brito e José António Veloso. Lisboa: Calouste Gulbenkian, 1969.

LASKI, Harold J. *La libertad en el estado moderno*. Trad. Eduardo Watshaver. Buenos Aires: Editorial Abril, 1945.

LASSALE, Ferdinand. *Que é uma constituição?* Trad. Walter Stonner. Porto Alegre: Villa Martha, 1980.

LAVIÉ, Humberto Quiroga. *Derecho constitucional*. Buenos Aires: Depalma, 1993.

LAVIÉ, Humberto Quiroga. *Las constituciones latinoamericanas:* estudio introductorio. México: Fondo de Cultura Economica, 1994.

LEAL, Aurelino. *Teoria e prática da constituição federal brasileira.* Rio de Janeiro: F. Briguiet e Cia., Editores, 1925.

LEAL, Roger Stiefelmann. A convergência dos sistemas de controle de constitucionalidade: aspectos processuais e institucionais. In: *Revista de Direito Constitucional e Internacional,* v. 14, n. 57, out./dez. 2006.

LEAL, Rogério Gesta. *O estado-juiz na democracia contemporânea: uma perspectiva procedimentalista.* Porto Alegre: Livraria do Advogado Ed., 2007.

LEAL, Rogério Gesta. *Teoria do estado.* Cidadania e poder político na modernidade. Porto Alegre: Livraria do Advogado, 1997.

LEAL, Victor Nunes: *Coronelismo, enxada e voto.* São Paulo: Alfa-Ômega, 1978.

LEITÃO, J. M. Silva. *Constituição e direito de oposição.* Coimbra: Almedina, 1987.

LEITE, José Rubens Morato. *Dano ambiental:* do individual ao extrapatrimonial. São Paulo: Revista dos Tribunais, 2000.

LEITE, George Salomão (Coord.). *Dos princípios constitucionais:* considerações em torno das normas principiológicas da constituição. São Paulo: Método, 2008.

LEME, Ernesto. *A intervenção federal.* São Paulo: RT, 1930.

LEMOS, Leany Barreiro. O controle legislativo no Brasil pós-1988. In: *Instituições representativas no Brasil: balanço e reforma* (Orgs). NICOLAU, Jairo; POWER, Timothy J. Belo Horizonte, Editora UFMG, 2007.

LEONCY, Léo Ferreira. *Controle de constitucionalidade estadual:* as normas de observância obrigatória e a defesa abstrata da constituição do estado-membro. São Paulo: Saraiva, 2007.

LEROY, Paul. *L'organization constitutionnelle et les crises.* Paris: LGDJ, 1966.

LESSA, Pedro. *Do Poder Judiciário.* Rio de Janeiro: Francisco Alves, 1915.

LEYDET, Dominique. Crise da representação. Trad. Cleonice Paes Barreto Mourão. In: CARDOSO, Sérgio (Org.). *Retorno ao Republicanismo.* Belo Horizonte: Editora UFMG, 2004.

LEWANDOWSKI, Enrique Ricardo. *Pressupostos materiais e formais da intervenção federal no Brasil.* São Paulo: Revista dos Tribunais, 1994.

LEWIS, Anthony. *Liberdade para as ideias que odiamos:* uma biografia da primeira emenda à constituição americana. Trad. Rosana Nucci. São Paulo: Aracati, 2011.

LIMA, Christina Aires Correa. Os efeitos da declaração de inconstitucionalidade perante o Supremo Tribunal Federal. In: *Cadernos de Direito Constitucional e Ciência Política,* n. 27, 1997.

LIMA, Eusébio Queiroz. *Teoria do Estado.* Rio de Janeiro: A Casa do Livro, 1951.

LIMA, Oliveira. *Formação histórica da nacionalidade brasileira.* Rio de Janeiro: Topbooks; São Paulo: Publifolha, 2000.

LIMA, Paulo Roberto de Oliveira. *Isonomia entre os sexos no sistema jurídico nacional.* São Paulo: Revista dos Tribunais, 1993.

LIMONGI, Fernando; FIGUEIREDO, Argelina. Medidas provisórias. *In*: BENEVIDES, Maria Victoria; VANNUCHI, Paulo; KERCHE, Fábio (Org.). *Reforma política e cidadania.* São Paulo: Editora Fundação Perseu Abramo, 2003.

LIJPHART, Arend. *Modelos de democracia:* desempenho e padrões de governo em 36 países. Trad. Roberto Franco. Rio de Janeiro: Civilização Brasileira, 2003.

LOCKE, John. *Segundo tratado sobre o governo civil.* Trad. Anoar Aiex e Jaci Monteiro. São Paulo: Abril Cultural, 1979.

LLOYD OF HAMPSTEAD, Dennis Lloyd, Baron. *A ideia de lei.* Trad. Álvaro Cabral. São Paulo: Martins Fontes, 1998.

LOEWENSTEIN, Karl. *Teoría de la constitución.* Trad. Alfredo Galego Anabitarte. Barcelona: Ariel, 1979.

LOURENÇO, Rodrigo Lopes. *Controle da constitucionalidade à luz da jurisprudência do STF.* Rio de Janeiro: Forense, 1999.

LUDWIG, Marcos. Direito público e direito privado: a superação da dicotomia. *In:* COSTA (Org.). *Areconstrução do direito privado.* São Paulo: Revista dos Tribunais, 2002.

LUHMANN, Niklas. *A nova teoria dos sistemas.* Trad. Eva Machado Barbosa Samios. Porto Alegre: UFRGS, Goethe Institut/ICBA, 1997.

LUHMANN, Niklas. *Poder.* Trad. Martine Creusot de Rezende Martins. Brasília: Ed. Universidade de Brasília, 1992.

LUHMANN, Niklas. *Social systems.* Trad. John Bednarz e Dirk Baeker. California: Stanford, 1999.

LUHMANN, Niklas. *Sociologia do direito I.* Trad. Gustavo Bayer. Rio de Janeiro: Tempo Brasileiro, 1983.

LUHMANN, Niklas. *Sociologia do direito II.* Trad. Gustavo Bayer. Rio de Janeiro: Tempo Brasileiro, 1985.

LUKES, Steven. *Power:* a radical view. Nova York: Palgrave Macmillan, 2004.

LUSTOSA, Isabel. *As trapaças da sorte: ensaios de história política e de história cultural.* Belo Horizonte: Editora FMG, 2004.

LUZ, Milton. *A história dos símbolos nacionais.* Brasília: Senado Federal, 1999.

LYRA TAVARES, Ana Lucia de. A Constituição brasileira de 1988: subsídios para os comparatistas. *In: Revista de Informação Legislativa,* n. 109, jan./mar. 1991.

MACEDO, Paulo Sérgio Novais de. Democracia participativa na constituição brasileira. *In: Revista de Informação Legislativa,* n. 178, abr./jun. 2008.

MACEDO, Silvio de. *Enciclopédia Saraiva do Direito.* Verbete: princípio, v. 60.

MACEDO, Ubiratan Borges de. Mudança de paradigma da teoria da justiça. *In: Direito e poder nas instituições e nos valores do público e do privado contemporâneos* (Heleno Taveira Tôrres – coordenador): Manole, Barueri, SP, 2005.

MACHADO, Hugo de Brito. *Curso de direito tributário.* São Paulo: Malheiros, 2001.

MACHADO, Jônatas E. M. *Liberdade de expressão.* Dimensões constitucionais da esfera pública no sistema social. Coimbra: Coimbra Editora, 2002.

MACHADO, Mario Brockmann. Separação de poderes e controle externo do judiciário. *In: Cadernos de Direito Constitucional e Ciência Política.* São Paulo: Revista dos Tribunais, n. 9.

MACHIAVELLI, Nicolò. *O príncipe.* Trad. Torrieri Guimarães. São Paulo: Hemus, 1977.

MACHIAVELLI, Nicolò. *Comentários sobre a primeira década de Tito Lívio.* Trad. Sérgio Bath. Brasília: Editora Universidade de Brasília, 1979.

MACIEL, Adhemar Ferreira. O acaso, John Marshall e o controle de constitucionalidade. *In: Revista de Informação Legislativa*, a. 43, n. 172, out/dez. 2006.

MACPHERSON, C. B. *A democracia liberal.* Origens e evolução. Trad. Nathanael C. Caixeiro. Rio de Janeiro: Zahar, 1978.

MAGALHÃES FILHO, Glauco Barreira. *Hermenêutica e unidade axiológica da constituição.* Belo Horizonte: Mandamentos, 2004.

MAGALHÃES, Roberto Barcelos de. *A constituição de 1967 comentada.* Rio de Janeiro: José Konfino, 1967, t. 2.

MAGALHÃES, José Luiz Quadros de. *Direitos humanos na ordem jurídica interna.* Belo Horizonte: Interlivros de Minas Gerais, 1992.

MAGALHÃES, José Luiz Quadros de. As garantias dos direitos fundamentais. *In: Revista de Informação Legislativa*, a. 31, n. 122, maio/jul. 1994.

MAGALHÃES, José Luiz Quadros de. *Direito constitucional.* Belo Horizonte: Mandamentos, 2000, t. 1.

MAGALHÃES, José Luiz Quadros de. *Direito constitucional.* Belo Horizonte: Mandamentos, 2002, t. 2.

MAGALHÃES, José Luiz Quadros de. *Direito constitucional.* Belo Horizonte: Mandamentos, 2006, t. 3.

MAGALHÃES, José Luiz Quadros de. *Estado plurinacional e direito internacional.* Curitiba: Juruá, 2012.

MALBERG, Carré de. *Teoría general del Estado.* Trad. José Lión Depetre. México, DF: Fondo de Cultura Económica, 1948.

MALEN SEÑA, J. F. *Concepto y justificación de la desobediencia civil.* Barcelona: Ariel, 1988.

MALHEIROS FILHO, Arnaldo. Se um é, outro não é. *Revista Veja* n. 1. 087.

MALUF, Sahid. *Teoria geral do estado.* São Paulo: Sugestões literárias, 1988.

MANGABEIRA, João. *Em torno da constituição.* São Paulo: Cia. Editora Nacional, 1934.

MANGABEIRA, João. *Rui:* o estadista da república. Brasília: Senado Federal, 1999.

MARCHIONNI, Antonio. *Ética:* a arte do bom. Petrópolis: Vozes, 2008.

MARCONDES, Danilo. *Iniciação à história da filosofia*: dos pré-socráticos a Wittgenstein. Rio de Janeiro: Jorge Zahar Ed. 2008.

MARIANO, Cynara Monteiro. *Legitimidade do direito e do poder judiciário:* neoconstitucionalismo ou poder constituinte permanente? Belo Horizonte: Del Rey, 2011.

MARINHO, Josaphat. Poder executivo. *In: Constituição e constituinte*. Vários autores. São Paulo: RT, 1987.

MARINHO, Josaphat. Intervenção em município. *Revista de Direito Público* n. 64, out./dez. 1982.

MARINHO, Josaphat. *À margem da constituinte.* Brasília: Livraria e Editora Brasília, 1992.

MARMELSTEIN, George. *Curso de direitos fundamentais.* São Paulo: Atlas, 2009.

MARQUES, Ângela Cristina Salgueiro (Org.). *A deliberação pública e suas dimensões sociais, políticas e comunicativas:* textos fundamentais. Trad. Ângela Cristina Salgueiro Marques. Belo Horizonte: Autêntica, 2009.

MARSHALL, John. *Decisões constitucionais.* Rio de Janeiro: Imprensa Oficial, 1908.

MARTINEZ, Esteban Mestre. *Dicionário de ciências sociais*. Rio de Janeiro: Fundação Getúlio Vargas, 1987.

MARTINES-PUJALTE, Antonio-Luis. *La garantía del contenido esencial de los derechos fundamentales*. Madrid: Centro de Estudios Constitucionales, 1997.

MATHIAS, Carlos Fernando. *Notas para uma história do judiciário no Brasil*. Brasília: Fundação Alexandre de Gusmão, 2009.

MATTIETTO, Leonardo. O direito civil constitucional e a nova teoria dos contratos. *In:* TEPEDINO (Coord.). *Problemas de direito civil constitucional*. Rio de Janeiro: Renovar, 2000.

MAUÉS, Antonio G. Moreira. *Poder e democracia*: o pluralismo político na constituição federal de 1988. Porto Alegre: Síntese, 1999.

MAUÉS, Antonio G. Moreira. O federalismo brasileiro na jurisprudência do Supremo Tribunal Federal. *In: Direito constitucional contemporâneo: estudos em homenagem ao Professor Paulo Bonavides* (ROCHA; MORAES, Coords.). Belo Horizonte: Del Rey, 2005.

MAUS, Ingeborg. *O direito e a política:* teoria da democracia. Trad. Elisete Antoniuk. Belo Horizonte: Del Rey, 2009.

MAXIMILIANO, Carlos. *Hermenêutica e aplicação do direito*. Rio de Janeiro: Forense, 1979.

MAXIMILIANO, Carlos. *Comentários à constituição brasileira*. Rio de Janeiro: Freitas Bastos, 1954, v. 3.

MAZZILLI, Hugo Nigro. *O Ministério Público na constituição de 1988*. São Paulo: Saraiva, 1989.

MAZZILLI, Hugo Nigro. *Regime jurídico do ministério público*. São Paulo: Saraiva, 1995.

MAZZUOLI, Valerio de Oliveira. *Teoria geral do controle de convencionalidade no direito brasileiro*. *In*: Revista dos Tribunais, v.889, nov/2009.

MAXWEL, Kenneth. *A devassa da devassa*: a inconfidência mineira, Brasil-Portugal, *1750-1808*. Trad. João Maia. Rio de Janeiro: Paz e Terra, 1978.

MEDEIROS, Borges de. *O poder moderador na república presidencial*. Ed. fac-similar. Brasília: Senado Federal, 2004.

MEDINA, Paulo Roberto de Gouvêa. *Direito processual constitucional*. Rio de Janeiro: Forense, 2006.

MEDINA, José Miguel Garcia; ARAÚJO, Fábio Caldas de. *Mandado de segurança individual e coletivo*: comentários à Lei 12. 016, de 7 de agosto de 2009. São Paulo: Revista dos Tribunais, 2009.

MEEHAN, José Héctor. *Teoría y técnica legislativas*. Buenos Aires: Depalma, 1976.

MEIRELLES, Hely Lopes. *Direito administrativo brasileiro*. São Paulo: RT, 1975.

MEIRELLES, Hely Lopes. *Mandado de segurança, ação popular, ação civil pública, mandado de injunção, habeas data, ação direta de inconstitucionalidade e ação declaratória de constitucionalidade*. 22. ed. atualizada por Arnoldo Wald e Gilmar Ferreira Mendes. São Paulo: Malheiros, 2000.

MEIRELLES, Hely Lopes. *Direito municipal brasileiro*. São Paulo: RT, 1981.

MEIRELLES, Hely Lopes; WALD, Arnoldo; MENDES, Gilmar Ferreira. *Mandado de segurança e ações constitucionais*, 32ª ed. São Paulo: Malheiros, 2009.

MEIRELLES, Hely Lopes. *Mandado de segurança e ação popular*. São Paulo: RT, 1969.

MÉLAGA, Roberta. Uma crônica da relação índios e militares na cabeça do cachorro (AM). Disponível em: <w. w. w. socioambiental. org>. Acesso em: 27 maio 2008.

MELATTI, Julio Cezar. *Índios do Brasil*. São Paulo: EDUSP, 2007.

MELO, Carlos Ranulfo. *Retirando as cadeiras do lugar*: migração partidária na Câmara dos Deputados (1985-2002). Belo Horizonte: Editora UFMG, 2004.

MELO, Marcus André. *Reformas constitucionais no Brasil* – instituições políticas e processo decisório. Rio de Janeiro: Revan, 2002.

MELO, Marcus André. Hiperconstitucionalização e qualidade da democracia. *In: A democracia brasileira:* balanço e perspectivas para o século 21. MELO, Carlos Ranulfo; SÁEZ, Manuel Alcântara (Orgs.). Belo Horizonte: Editora UFMG, 2007.

MELLO, Celso D. de Albuquerque. *Curso de direito internacional público*. Rio de Janeiro: Renovar, 2004, vols. I e II.

MELLO, José Luiz de Anhaia. *Da separação de poderes à guarda da constituição*. São Paulo: RT, 1968.

MELLO FILHO, José Celso de. *Constituição federal anotada*. São Paulo: Saraiva, 1984.

MELLO FILHO, José Celso de. *Algumas notas informativas (e curiosas) sobre o Supremo Tribunal Federal – Império e República*. Disponível em: <www. stf. gov. br>. Acesso em: 19. 5. 2008.

MENDES, Antônio Carlos. *Introdução à teoria das inelegibilidades*. São Paulo: Malheiros, 1994.

MENDES, Conrado Hübner. *Controle de constitucionalidade e democracia*. Rio de Janeiro: Elsevier, 2008.

MENDES, Gilmar Ferreira. O controle incidental de normas no direito brasileiro. *In: Cadernos de Direito Constitucional e Ciência Política*, n. 23, abr./jun. 1998.

MENDES, Gilmar Ferreira. *Argüição de descumprimento de preceito fundamental*: comentários à Lei n. 9. 882, de 3. 12. 1999. São Paulo: Saraiva, 2007.

MENDES, Gilmar Ferreira; COELHO, Inocêncio Mártires; BRANCO, Paulo Gustavo Gonet. *Curso de direito constitucional*. São Paulo: Saraiva, 2007.

MENDES, Gilmar Ferreira. *Controle de constitucionalidade*: aspectos jurídicos e políticos. São Paulo: Saraiva, 1990.

MENDES, Gilmar Ferreira. *Jurisdição constitucional*. 3. ed. São Paulo: Saraiva, 1999.

MENDES, Gilmar Ferreira. *Moreira Alves e o controle de constitucionalidade no Brasil*. São Paulo: Celso Bastos Editor, 2004.

MENDES, Gilmar Ferreira. As decisões no controle de constitucionalidade de normas e seus efeitos. *In: Revista da Escola Nacional da Magistratura,* ano II, n. 3.

MENDES, Gilmar Ferreira. *Direitos fundamentais e controle de constitucionalidade*: estudos de direito constitucional. São Paulo: Saraiva, 2004.

MENEGUELLO, Rachel. *Partidos e g'overnos no Brasil contemporâneo*. São Paulo: Paz e Terra, 1998.

MENEZES, Aderson de. *Teoria geral do estado*. Rio de Janeiro: Forense, 1984.

MENEZES, Paulo Lucena de. *A ação afirmativa (affirmative action) no direito norte-americano*. São Paulo: Revista dos Tribunais, 2001.

MERLE, Marcel. *Sociologia das relações internacionais*. Trad. Ivonne Jean. Brasília: Editora Universidade de Brasília, 1981.

MEYER, Emílio Peluso Neder. *A decisão no controle de constitucionalidade*. São Paulo: Método, 2008.

MEYER-PFLUG, Samantha Ribeiro. *Liberdade de expressão e discurso do ódio*. São Paulo: Revista dos Tribunais, 2009.

MEZZAROBA, Orides. *Introdução ao direito partidário brasileiro*. Rio de Janeiro: Lumen Juris, 2003.

MEZAROBBA, Glenda. *Um acerto de contas com o futuro*: a anistia e suas consequências – um estudo do caso brasileiro. São Paulo: Humanitas/FFLCH/USP, 2007.

MEZAROBBA. A lei da anistia e a justiça de transição. *In:Juízes para a democracia*, ano 12, n. 47 – dez. 2008/fev. 2009.

MIGUEL, Luis Felipe. *Democracia e representação*: territórios em disputa. São Paulo: Editora UNESP, 2014.

MILL, Jonh Stuart. *Considerações sobre o governo representativo*. Trad. Manoel Innocêncio de Lacerda Santos Jr. Brasília: UnB, 1981.

MIRANDA, Jorge. *Manual de direito constitucional*. Coimbra: Coimbra Editora, 1982, t. 1; 1983, t. 2; 1983, t. 3; 1988, t. 4; 1997, t. 5; 2001, t. 6; 2007, t. 7.

MIRANDA, Jorge. *Textos históricos do direito constitucional*. Lisboa: Imprensa Nacional-Casa da Moeda, 1980.

MIRANDA, Jorge. *Teoria do estado e da constituição*. Rio de Janeiro: Forense, 2002.

MIRANDA, Jorge. *Contributo para uma teoria da inconstitucionalidade*. Coimbra: Coimbra Editora, 1996.

MIRANDA, Jorge. *Constituição e cidadania*. Coimbra: Coimbra Editora, 2003.

MIRANDA, Jorge. Sobre o direito constitucional comparado. *In*: *Revista de Direito Constitucional e Internacional*, vol. 14, n. 55, abr./jun. 2006.

MIRANDA, Jorge. *Formas e sistemas de governo*. Rio de Janeiro: Forense, 2007.

MIRANDA, Marcos Paulo de Souza. *Tutela do patrimônio cultural brasileiro*: doutrina, jurisprudência, legislação. Belo Horizonte: Del Rey, 2006.

MIZUKAMI, Pedro Nicoletti. *O conceito de constituição no pensamento de John Rawls*. São Paulo: IOB Thomson, 2005.

MODENA, Cesar Augusto. *Medida provisória e lei de conversão:* horizonte estreito para aplicação em matéria tributária e ambiental. Caxias do Sul, RS: Educs, 2011.

MOHNHAUPT, Heinz; GRIM, DIETER. *Constituição:* história do conceito desde a antiguidade até nossos dias. Trad. Peter Naumann. Belo Horizonte: Tempus, 2012.

MONCADA, Luís S. Cabral de. *Ensaio sobre a lei*. Coimbra: Coimbra Editora, 2002.

MONTEIRO, Ruy Barros. O argumento de inconstitucionalidade e o repúdio da lei pelo poder executivo. *In: Revista Forense*, n. 284, 1983.

MONTESQUIEU. *Do espírito das leis*. Trad. Fernando Henrique Cardoso e Leôncio Martins Rodrigues. São Paulo: Abril Cultural, 1979.

MORAES, Alexandre de. *Presidencialismo*. São Paulo: Atlas, 2004.

MORAES, Alexandre de. *Jurisdição constitucional e tribunais constitucionais*. São Paulo: Atlas, 2000.

MORAES, Alexandre de. *Direito constitucional*. 6. ed. São Paulo: Atlas, 1999.

MORAES, Alexandre de. *Direito constitucional*. São Paulo: Atlas, 17. ed., 2005.

MORAES FILHO, José Filomeno de. Separação de poderes no Brasil pós-88: princípio constitucional e práxis política. *In*: *Teoria da constituição*. Rio de Janeiro: Lumen Juris, 2003.

MORAES, Germana de Oliveira. *O controle jurisdicional da constitucionalidade do processo legislativo*. São Paulo: Dialética, 1998.

MORAES, Guilherme Peña de. *Dos direitos fundamentais*: contribuição para uma teoria. São Paulo: LTr, 1997.

MORAES, Guilherme Peña de. *Direito constitucional* – teoria da constituição. Rio de Janeiro: Lumen Juris, 2003.

MORAES, Guilherme Peña de. *Direito constitucional* – teoria do estado. Rio de Janeiro: Lumen Juris, 2006.

MORAIS, Carlos Blanco de. *Curso de direito constitucional*: as funções do estado e o poder legislativo no ordenamento português. Coimbra: Coimbra Editora, 2012, t. I.

MORAIS, José Luis Bolzan de. *As crises do estado e da constituição e a transformação espacial dos direitos humanos*. Porto Alegre: Livraria do Advogado, 2002.

MORAIS, José Luis Bolzan de. Direitos humanos, direitos sociais e justiça: uma visão contemporânea. *In*: LEAL, Rogério Gesta; ARAUJO, Luiz Ernani Bonesso (Org.). *Direitos sociais e políticas públicas*: desafios contemporâneos. Santa Cruz do Sul: EDUNISC, 2001.

MORANGE, Jean. *Direitos humanos e liberdades públicas*. Trad. Eveline Bouteiller. Barueri, São Paulo: Manole, 2004.

MOREIRA, José Carlos Barbosa. *Comentários ao código de processo civil*. Rio de Janeiro: Forense, 1974, v. 5.

MOREIRA, Adriano. *Ciência política*. Coimbra: Almedina, 1984.

MOREIRA, José Carlos Barbosa. A ação civil pública e a língua portuguesa. *In*: *Ação Civil Pública*. MIRALÉ, Edis (Coord.). São Paulo: Revista dos Tribunais, 2001.

MOREIRA, Luiz. *A constituição como simulacro*. Rio de Janeiro: Lumen Juris, 2007.

MOREIRA NETO, Diogo de Figueiredo. Competência concorrente limitada. O problema de conceituação de normas gerais. *Revista de Informação Legislativa*, n. 100, ano 25, out./dez. 1988.

MOREIRA NETO, Diogo de Figueiredo. *Constituição e revisão*: temas de direito político e constitucional. Rio de Janeiro: Forense, 1991.

MOREIRA NETO, Diogo de Figueiredo. *Curso de direito administrativo*. Rio de Janeiro: Forense, 1976.

MOREIRA NETO, Diogo de Figueiredo. Direito administrativo da segurança pública. *In*: *Direito administrativo da ordem pública*. Rio de Janeiro: Forense, 1986.

MOREIRA NETO, Diogo de Figueiredo. *Direito da participação política*. Rio de Janeiro: Renovar, 1992.

MOREIRA, Vital. *Economia e constituição*. 2. ed. Coimbra: Coimbra Editora.

MORRIS, Christopher W. *Um ensaio sobre o estado moderno*. Trad. Sylmara Beletti. São Paulo: Landy Editora, 2005.

MORRISON, Wayne. *Filosofia do direito*: dos gregos ao pós-modernismo. Trad. Jefferson Luiz Camargo. São Paulo: Martins Fontes, 2006.

MORTATI, Costantino. *Istituzioni di diritto pubblico*. Padua: Cedam, 1976, 2 v.

MORTATI, Costantino. *La constitución em sentido material*. Madrid: Centro de Estúdios Políticos y Constitucionales, 2000.

MOSCA, Gaetano; BOUTHOUL, Gaston. *História das doutrinas políticas*. Rio de Janeiro: Zahar, 1980.

MOSSÉ, Claude. *Atenas: a história de uma democracia*. Trad. João Batista da Costa. Brasília: Editora Universidade de Brasília, 1979.

MOSSÉ, Claude. *Péricles: o inventor da democracia*. Trad. Luciano Vieira Machado. São Paulo: Estação Liberdade, 2008.

MOTTA, Moacyr Parra. *Interpretação constitucional sob princípios*. Belo Horizonte: Mandamentos, 2003.

MOTTA, Luiz Eduardo; MOTA, Mauricio (Orgs.). *O Estado democrático em questão*: teorias críticas da judicialização da política. Rio de Janeiro: Elsevier, 2011.

MOUSKHELY, M. *La théorie juridique de l'état fédéral*. Paris: A. Pedone, 1931.

MÜLLER, Friedrich. *Quem é o povo?* A questão fundamental da democracia. Trad. Peter Naumann. São Paulo: Max Limonad, 1998.

MÜLLER, Friedrich. *Discours de la méthode juridique*. Trad. Olivier Jouanjan. Paris: Presses Universitaires de France, 1996.

MÜLLER, Friedrich. Trad. Peter Naumann. *Métodos de trabalho do direito constitucional*. São Paulo: Max Limonad, 2000.

MÜLLER, Friedrich. *Fragmento (sobre) o poder constituinte do povo*. Trad. Peter Naumann. São Paulo: Revista dos Tribunais, 2004.

MÜLLER, Friedrich. *Teoria estruturante do direito*. Trad. Peter Naumann, Eurides Avance de Souza. São Paulo: Revista dos Tribunais, 2008.

MÜLLER, Friedrich. *O novo paradigma do direito*: introdução à teoria e metódica estruturantes. Trad. vários tradutores. São Paulo: Revista dos Tribunais, 2007.

MUNRO, William Bennett. *The government of the United States*. New York: The MacMillan Company, 1947.

NABUCO, Joaquim. *Minha formação*. Brasília: Senado Federal, 1998.

NABUCO, Joaquim. *O abolicionismo*. Brasília: Senado Federal, 2003.

NABUCO, Joaquim. *Balmaceda*. Brasília: Senado Federal, 2003.

NABUCO, Joaquim. *A intervenção estrangeira durante a revolta de 1893*. Brasília: Senado Federal, 2003.

NALINI, José Renato. *A rebelião da toga*. São Paulo: Millennium, 2006.

NALINI, José Renato. Proposta concreta para um novo judiciário. *In: Lex*, vol. 208 (separata).

NEGRI, Antonio. *O poder constituinte*: ensaio sobre as alternativas da modernidade. Trad. Adriano Pilatti, Rio de Janeiro: DP&A, 2002.

NERY JUNIOR, Nelson *Princípios do processo civil na constituição federal*. São Paulo: Revista dos Tribunais, 2000.

NEVES, Lúcia M. Bastos Pereira das; NEVES, Guilherme Pereira das. Constituição. *In: Léxico da história dos conceitos políticos do Brasil* (FEREZ JÚNIOR, Org.). Belo Horizonte: Editora UFMG, 2009.

NEVES, Marcelo. *Teoria da inconstitucionalidade das leis*. São Paulo: Saraiva, 1988.

NEVES, Marcelo. *A constitucionalização simbólica*. São Paulo: Acadêmica, 1994.

NEVES, Marcelo. *Transconstitucionalismo*. São Paulo: WMF Martins Fontes, 2009.

NICOLAU, Jairo Marconi. *Sistemas eleitorais*: uma introdução. Rio de Janeiro: Editora FGV, 1999.

NICOLAU, Jairo Marconi. *História do voto no Brasil*. Rio de Janeiro: Jorge Zahar Editor, 2002.

NIEBUHR, Joel de Menezes. *O novo regime constitucional da medida provisória*. São Paulo: Dialética, 2001.

NINO, Carlos Santiago. *Fundamentos del derecho constitucional*. Buenos Aires: Astrea, 2005.

NOGUEIRA, Ataliba. *O Estado é meio e não fim*. São Paulo: Saraiva, 1945.

NOGUEIRA, Marco Aurélio. Potência, limites e seduções do poder. São Paulo: Ed. Unesp, 2008.

NOGUEIRA FILHO, Octaciano da Costa. *A constituinte de 1946*: Getúlio, o sujeito oculto. São Paulo: Martins Fontes, 2005.

NOGUEIRA FILHO, Octaciano da Costa. *Sistemas políticos e o modelo brasileiro*. Brasília: Senado Federal, Unilegis, 2007.

NOVAIS, Fernando Antônio. *Aproximações*: estudos de história e historiografia. São Paulo: Cosac Nayf, 2005.

NOVELINO, Marcelo. *Direito constitucional*. Rio de Janeiro: Forense; São Paulo: Método, 2009.

NORTON, Luís. *A corte de Portugal no Brasil:* (notas, alguns documentos diplomáticos e cartas da imperatriz Leopoldina). São Paulo: Companhia Editora Nacional, 2008 (Coleção Brasiliana).

NOZICK, Robert. *Anarquia, estado e utopia*. Trad. Ruy Jungmann. Rio de Janeiro: Jorge Zahar Editor, 1991.

NUNES, Anelise Coelho. *A titularidade dos direitos fundamentais na constituição federal de 1988*. Porto Alegre: Livraria do Advogado, 2007.

OLIVEIRA, Arthur Vasco Itabaiana. *Tratado de direito das sucessões*. Rio de Janeiro: Freitas Bastos, 1987.

OLIVEIRA, Daniel Almeida de. Stephen Griffin e a teoria constitucional americana: quem detém legitimidade para dizer o que a constituição significa e qual é a constituição dos Estados Unidos hoje? *In:* VIEIRA, José Ribas (Org.). *Teoria constitucional norte-americana contemporânea*. . Rio de Janeiro: Lumen Juris, 2011.

OLIVEIRA FILHO, João de. *Origem cristã dos direitos fundamentais*. Rio de Janeiro: Forense, 1968.

OLIVEIRA VIANNA, Francisco José de. *O idealismo da constituição*. Rio de Janeiro: Terra do Sol, 1927.

OLIVEIRA, Fábio Corrêa de Souza. *Por uma teoria dos princípios* – o princípio constitucional da razoabilidade. Rio de Janeiro: Lumen Juris, 2003.

OLIVEIRA, Manfredo Araújo de. *Reviravolta linguístico-pragmática na filosofia contemporânea*. São Paulo: Loyola, 2001.

OMMATI, José Emílio Medauar. *Teoria da constituição*. Rio de Janeiro: Lumen Juris, 2012.

O'NEIL, Thomas. *A vinda da família real portuguesa para o Brasil*. Trad. Ruth Sylvia de Miranda Salles. Rio de Janeiro: José Olympio, 2008.

ORRUTEA, Rogério Moreira. *Da propriedade e a sua função social no direito constitucional moderno*. Londrina: UEL, 1998.

OST, François. *O tempo do direito*. Trad. Élcio Fernandes. Bauru, SP: Edusc, 2005.

OTHON SIDOU, J. M. Habeas corpus, *mandado de segurança, ação popular*. Rio de Janeiro: Forense, 1989.

PACHECO, Celso Antonio; ABELHA, Marcelo; ANDRADE, Rosa Maria. *Direito processual ambiental brasileiro*. Belo Horizonte: Del Rey, 1996.

PAIM, Antonio. *O liberalismo contemporâneo*. Rio de Janeiro: Tempo Brasileiro, 2000.

PAINE, Thomas. *Os direitos do homem*. Uma resposta ao ataque do Sr. Burke à revolução francesa. Trad. Jaime A. Clasen. Petrópolis: Vozes, 1989.

PAIXÃO, Cristiano; BIGLIAZZI, Renato. *História constitucional inglesa e norte-americana*: do surgimento à estabilização da forma constitucional. Brasília: Ed. Universidade de Brasília, 2011.

PAMPLONA, Marco Antônio Villela; DOYLE, Don Harrison (Orgs.). *Nacionalismo no novo mundo*. Trad. Waldéa Barcellos. Rio de Janeiro: Record, 2008.

PALU, Oswaldo Luiz. *Controle de constitucionalidade*: conceitos, sistemas e efeitos. São Paulo: Revista dos Tribunais, 1999.

PANCERA, Carlo Gabriel Kszan. *Maquiavel entre repúblicas*. Belo Horizonte: Editora UFMG, 2010.

PANEBIANCO, Angelo. *Modelos de partido: organização e poder nos partidos políticos*. Trad. Denise Agostinetti. São Paulo: Martins Fontes, 2005.

PARGA, Manuel Jimenez de. *Los regímenes políticos contemporaneos*. Madrid: Tecnos, 1974.

PASSOS, J. J. Calmon de. *Mandado de segurança coletivo, mandado de injunção, habeas data*: constituição e processo. Rio de Janeiro: Forense, 1989.

PAULA, Jônatas Luiz Moreira de. *Comentários ao código de processo civil*. Leme: LED Editora de Direito, 2001, v. III.

PAUPÉRIO, A. Machado. *Anatomia do estado*. Rio de Janeiro: Forense, 1987.

PAUPÉRIO, A. Machado. *O conceito polêmico de soberania*. Rio de Janeiro: Forense, 1958.

PAUPÉRIO, A. Machado. *Teoria geral do estado*. Rio de Janeiro: Forense, 1958.

PELBART, Peter Pál. *A vertigem por um fio*. São Paulo: Iluminuras, 2000.

PELLOUX, Robert. Le preambule de la constitucion du 27 octobre 1946. *Revue de Droit Public et Science Politique*. Paris, 1947.

PENNA, José Osvaldo de Meira. *Quando mudam as capitais*. Brasília: Senado Federal, 2002.

PERELMAN, Chaïm. *Lógica jurídica*. Trad. Vergínia K. Pupi. São Paulo: Martins Fontes, 2004.

PEREIRA-DINIZ, Hindemburgo Chateaubriand. *Federação hemiplégica e semidemocracia*: a realidade do Brasil. Belo Horizonte: BDMG, 2009, 2 vols.

PEREIRA, Rodolfo Viana. *Hermenêutica filosófica e constitucional*. Belo Horizonte: Del Rey, 2007.

PEREIRA, Rodolfo Viana. *Direito constitucional democrático*: controle e participação como elementos fundantes e garantidores da constitucionalidade. Rio de Janeiro: Lumen Juris, 2008.

PESSANHA, Charles. O poder executivo e o processo legislativo nas constituições brasileiras – teoria e prática. *In*: PINHEIRO, Douglas Antônio Rocha. *Direito, estado e religião:* a constituinte de 1987-1988 e a (re)construção da identidade religiosa do sujeito constitucional brasileiro. Belo Horizonte: Argvmentvm, 2008.

POUND, Roscoe. *Desenvolvimento das garantias constitucionais da liberdade*. Trad. E. Jacy Monteiro. São Paulo: Ibrasa, 1965.

POWER, Timothy J.; ZUCCO Jr. César (Orgs.). *O congresso por ele mesmo*: autopercepções da classe política brasileira. Belo Horizonte: Ed. UFMG, 2011.

VIANNA, Luiz Werneck (Org.). *A democracia e os três poderes no Brasil*. Belo Horizonte: Ed. UFMG; Rio de Janeiro: IUPERJ/FAPERJ, 2002.

PETTI, Philip. *Teoria da liberdade*. Trad. Renato Sérgio Pubo Maciel. Belo Horizonte: Del Rey, 2007.

PIÇARRA, Nuno. *A separação dos poderes como doutrina e princípio constitucional* – um contributo para o estudo das suas origens e evolução. Coimbra: Coimbra Editora, 1989.

PILATTI, Adriano. *A constituinte de 1987-1988:* progressistas, conservadores, ordem econômica e regras do jogo. Rio de Janeiro: Editora PUC-Rio; Lumen Juris, 2008.

PIMENTA, Paulo Roberto Lyrio. *O controle difuso de constitucionalidade das leis no ordenamento brasileiro:* aspectos constitucionais e processuais. São Paulo: Malheiros, 2010.

PINTO, Céli Regina Jardim. *A banalidade da corrupção:* uma forma de governar o Brasil. Belo Horizonte: Ed. UFMG, 2011.

PINTO FERREIRA, Luiz. *Capitais estrangeiros e dívida externa do Brasil*. Rio de Janeiro: Forense, 1991.

PINTO FERREIRA, Luiz. *Comentários à constituição brasileira*. São Paulo: Saraiva, 1989, v. 4.

PINTO FERREIRA, Luiz. *Curso de direito constitucional*. São Paulo: Saraiva, 1991.

PINTO FERREIRA, Luiz. *Manual de direito constitucional*. Rio de Janeiro: Forense, 1989.

PINTO FERREIRA, Luiz. *Princípios gerais do direito constitucional moderno*. São Paulo: Saraiva, 1971, 2 vols.

PINTO FERREIRA, Luiz. *Teoria geral do estado*. Rio de Janeiro: José Konfino, 1957, 2 vols.

PINTO FERREIRA, Luiz. *Enciclopédia Saraiva do Direito*. Verbete: Eficácia. São Paulo: Saraiva, v. 30.

PINTO, Júlio Roberto de Souza. *Poder legislativo brasileiro:* institutos e processos. Rio de Janeiro: Forense, 2009.

PINTO, Marcos Barbosa. *Constituição e democracia*. Rio de Janeiro: Renovar, 2009.

PINTO, Simone Rodrigues. Justiça transicional: perspectivas para a reconciliação social. *In: Timor-Leste por trás do palco:* cooperação internacional e a dialética da formação do Estado (SILVA; SIMIÃO, Orgs.). Belo Horizonte: Editora UFMG, 2007.

PIOVESAN, Flávia. *Direitos humanos e o direito constitucional internacional*. São Paulo: Max Limonad, 1996.

PIOVESAN, Flávia. *Proteção judicial contra omissões legislativas*: ação direta de inconstitucionalidade por omissão e mandado de injunção. São Paulo: Revista dos Tribunais, 2003.

PIOVESAN, Flávia; VIEIRA, Renato Stanziola. *Aspectos atuais do controle de constitucionalidade no Brasil*: recurso extraordinário e argüição de descumprimento de preceito fundamental (Orgs. : André Ramos Tavares e Walter Claudius Rothenburg). Rio de Janeiro: Forense: 2003.

PIOVESAN, Flávia. Reforma do judiciário e direitos humanos. *In*: *Reforma do Judiciário analisada e comentada* (Coord. André Ramos Tavares *et al.*). São Paulo: Método, 2005.

PIOVESAN, Flávia. *Temas de direitos humanos*. São Paulo: Saraiva, 2013.

PIPES, Richard. *Propriedade e liberdade*. Trad. Luiz Guilherme B. Chaves e Carlos Humberto Pimentel Duarte da Fonseca. Rio de Janeiro: Record, 2001.

PISIER, Evelyne (com colaboração de François Chatelet *et al.*). *História das ideias políticas*. Trad. Maria Alice Farah Calil Antonio. Barueri, São Paulo: Manole, 2004.

PITKIN, H. F. *The concept of representation*. Berkeley: University of California Press, 1967.

POLETTI, Ronaldo. *Controle da constitucionalidade das leis*. Rio de Janeiro: Forense, 1985.

POLETTI, Ronaldo. *Introdução ao direito*. São Paulo: Saraiva, 1996.

POLETTI, Ronaldo. *Constituição anotada*. Rio de Janeiro: Forense, 2009.

PONTES DE MIRANDA, Francisco Cavalcanti. *Comentários à constituição de 1967 com a emenda n. 1, de 1969*. São Paulo: RT, 1970, 6 vols.

PONTES DE MIRANDA, Francisco Cavalcanti. *História e prática do habeas corpus*. São Paulo: Bookseller, 2 vols., 2003.

PONTES DE MIRANDA, Francisco Cavalcanti. *Democracia, liberdade, igualdade*: os três caminhos. Rio de Janeiro: José Olímpio, 1945.

PORTO, Walter Costa. *O voto no Brasil*. Rio de Janeiro: Topbooks, 2002.

PRADO, Ney. A defesa do estado e das instituições democráticas. *In*: *A Constituição brasileira – 1988*: interpretações. Rio de Janeiro: Forense Universitária, 1988.

PROUDHON, Pierre-Joseph. *Do princípio federativo*. Trad. Francisco Trindade. São Paulo: Imaginário, 2001.

QUEIROZ, Cristina. *Direito constitucional:* as instituições do Estado democrático e constitucional. São Paulo: Revista dos Tribunais; Coimbra: Coimbra Editora, 2009.

QUINTÃO, Aylê-Salassié Filgueiras. *Americanidade-Mercosul:* passaporte para a integração. Brasília: Senado Federal, 2010.

RABELLO FILHO, Benjamin Alves. *Partidos políticos no Brasil* – doutrina e legislação. Belo Horizonte: Del Rey, 2001.

RAMÍREZ, Felipe Tena. *Derecho constitucional mexicano*. México, DF, 2003.

RAMOS, Carlos Roberto. Origem, conceito, tipos de constituição, poder constituinte e história das constituições brasileiras. *Revista de Informação Legislativa* (Separata), ano 24, n. 93, jan./mar. 1987.

RAMOS, Carlos Roberto. *Da medida provisória*. Belo Horizonte: Del Rey, 1994.

RAMOS, Elival da Silva. *A inconstitucionalidade das leis*: vício e sanção. São Paulo: Saraiva, 1994.

RAMOS, Dircêo Torrecillas. *O federalismo assimétrico*. 2. ed. Rio de Janeiro: Forense, 2000.

RÁO, Vicente. *As delegações legislativas no parlamentarismo e no presidencialismo*. São Paulo: Max Limonad, 1966.

RÁO, Vicente. *O direito e a vida dos direitos*. São Paulo: Revista dos Tribunais, 1999.

RAWLS, John. *O liberalismo político*. Trad. Dinah de Abreu Azevedo. São Paulo: Ática; Brasília: Instituto Teotônio Vilela, 2000.

RAWLS, John. *Uma teoria da justiça*. Trad. Almiro Pisetta e Lenita Maria Rímoli Esteves. São Paulo: Martins Fontes, 2002.

RAWLS, John. Justice et démocratie: La structure de base comme objet. Paris: Editions du Seuil, 1993.

REALE, Miguel. *Teoria do direito e do estado*. São Paulo: Saraiva, 1984.

REALE, Miguel. *Filosofia do direito*. 11 ed. São Paulo: Saraiva, 1986.

REALE, Miguel. *Liberdade e democracia*. São Paulo: Saraiva, 1987.

REALE, Miguel. *O estado de direito e o conflito das ideologias*. São Paulo: Saraiva, 1998.

REIS, Fábio Wanderley. *Política e racionalidade:* problemas de teoria e método de uma sociologia crítica da política. Belo Horizonte: Ed. UFMG, 2000.

REIS, Fábio Wanderley. *Tempo presente:* do MDB a FHC. Belo Horizonte: Ed. UFMG, 2002.

REZEK, José Francisco. *Direito internacional público* (curso elementar). São Paulo: Saraiva, 1989.

REZEK, José Francisco. Princípios fundamentais. In: *A Constituição brasileira – 1988*: interpretações. Rio de Janeiro: Forense Universitária, 1988.

RIBEIRO, Antônio de Pádua. O Superior Tribunal de Justiça e a Justiça Especial. In: *A Constituição brasileira – 1988*: interpretações. Rio de Janeiro: Forense, 1988.

RIBEIRO, Fávila. *A constituição e a realidade brasileira*. Rio de Janeiro: Freitas Bastos, 1990.

RIBEIRO, Fávila. *Direito eleitoral*. Rio de Janeiro: Forense, 2000.

RIBEIRO, Fernando José Armando. *Constitucionalismo e teoria do direito*. Belo Horizonte: Del Rey, 2013.

RIBEIRO, Renato Janine. *Ao leitor sem medo:* Hobbes escrevendo contra o seu tempo. Belo Horizonte: Editora UFMG, 1999.

RIBEIRO, Renato Janine. Democracia *versus* república. A questão do desejo nas lutas sociais. In: *Pensar a república* (Org. : Newton Bignotto). Belo Horizonte: Editora UFMG, 2000.

RIBEIRO, Renato Janine. *A ética na política*. São Paulo: Lazuli Editora, 2006.

RICCI, Paolo. A produção legislativa de iniciativa parlamentar no Congresso: diferenças e similaridades entre a Câmara dos Deputados e o Senado Federal. In: O Senado Federal no pós-constituinte (Leany Barreiro, Org.) Brasília: Senado Federal, Unilegis, 2008.

RICOEUR, Paul. *O justo 1:* a justiça como regra moral e como instituição. Trad. Ivone C. Benedetti. São Paulo: WMF Martins Fontes, 2008.

RICOEUR, Paul. *O justo 2:* justiça e verdade e outros estudos. Trad. Ivone C. Benedetti. São Paulo: WMF Martins Fontes, 2008.

RICOEUR, Paul. *Hermenêutica e ideologias*. Trad. Hilton Japiassu. Petrópolis: Vozes, 2011.

RIGOLIN, Ivan Barbosa. *O servidor público na constituição de 1988*. São Paulo: Saraiva, 1989.

ROCHA, Cármen Lúcia Antunes. *Constituição e constitucionalidade*. Belo Horizonte: Lê, 1991.

ROCHA, Cármen Lúcia Antunes. *O princípio constitucional da igualdade*. Belo Horizonte: Lê, 1991.

ROCHA, Cármen Lúcia Antunes. Conceito de urgência no direito público brasileiro. *In*: Revista Trimestral de Direito Público, n. 1/1993.

ROCHA, Fernando Luiz Ximenes; MORAES, Filomeno (Org.). *Direito constitucional contemporâneo*: estudos em homenagem ao professor Paulo Bonavides. Belo Horizonte: Del Rey, 2005.

ROCHA, José de Albuquerque. *Estudos sobre o poder judiciário*. São Paulo: Malheiros. 1995.

ROCHA, Maria Elizabeth Guimarães Teixeira. *Limitações dos mandatos legislativos*: uma nova visão do contrato social. Porto Alegre: Sergio Fabris, 2003.

RODRIGUES, Lêda Boechat. *A corte suprema e o direito constitucional americano*. Rio de Janeiro: Forense, 1958.

RODRIGUES, Ernesto. *O veto no direito comparado*. São Paulo: Revista dos Tribunais, 1993.

RODRIGUES, Lêda Boechat. *Direito e política*. Porto Alegre: Ajuris, 1977.

RODRIGUES, Leôncio Martins. *Mudanças na classe política brasileira*. São Paulo: Publifolha, 2006.

RODRIGUES, Leda Boechat. *História do Supremo Tribunal Federal*.

RODRIGUES, Leôncio Martins. *Partidos, ideologia e composição social*. São Paulo: Edusp, 2002.

RODRIGUES, Maurício Andreiuolo. *Poder constituinte supranacional*: esse novo personagem. Porto Alegre: Sérgio Antonio Fabris, 2000.

RODRIGUES, Silvio. *Direito civil*. São Pau1lo: Saraiva, 1976, v. 1.

RODRIGUES, Simone Martins. *Segurança internacional e direitos humanos:* a prática da intervenção humanitária no pós-guerra fria. Rio de Janeiro: Renovar, 2000.

ROMANO, Santi. *Princípios de direito constitucional geral*. Trad. Maria Helena Diniz. São Paulo: RT, 1977.

ROMERO, Sílvio. *O Brasil social e outros estudos sociológicos*. Brasília: Senado Federal, Conselho Editorial, 2001.

RORTY, Richard. *Pragmatismo e política*. Trad. Paulo Ghiraldelli Jr. São Paulo: Martins, 2005.

ROSENFELD, Michel. *A identidade do sujeito constitucional*. Trad. Menelick de Carvalho Netto. Belo Horizonte: Mandamentos, 2003.

ROSENFELD, Michel. A identidade do sujeito constitucional e o estado democrático de direito. *In:* Cadernos da Escola do Legislativo, v. 7. n. 12, jan./jun. 2004. Belo Horizonte: Assembléia Legislativa do Estado de Minas Gerais, Escola do Legislativo, 2004.

ROSS, Alf. *Direito e justiça*. Trad. Edson Bini. Bauru, SP: Edipro, 2007.

ROTHENBURG, Walter Claudius. *Princípios constitucionais*. Porto Alegre: Fabris, 1999.

ROTHENBURG, Walter Claudius. Do processo interventivo, no contorno do estado federal. *In*: *Reforma do Judiciário analisada e comentada* (Coord.) TAVARES, André Ramos *et al.*). São Paulo: Método, 2005.

ROTHENBURG, Walter Claudius. Argüição de descumprimento de preceito fundamental. *In*: *Argüição de descumprimento de preceito fundamental*: análises à luz da Lei n. 9. 882/99 (Orgs. : TAVARES, André Ramos; ROTHENBURG, Walter Claudius). São Paulo: Atlas, 2001.

ROTHENBURG, Walter Claudius. Velhos e novos rumos das ações de controle abstrato de constitucionalidade à luz da Lei n. 9. 868/99. *In*: *O Controle de Constitucionalidade e a Lei n. 9. 868/99*. Rio de Janeiro: Lumen Juris, 2002.

ROUSSEAU, Jean-Jacques. *Do contrato social*. Trad. Márcio Pughesi e Norberto de Paula Lima. São Paulo: Hemus, 1981.

RUFFIA, Paolo Biscaretti di. *Derecho constitucional*. Trad. Pablo Lucas Verdú. Madrid: Tecnos, 1973.

RUSSEL, Bertrand. *O poder* (uma nova análise social). Trad. Brenno Silveira. São Paulo: Companhia Editora Nacional, 1957.

RUSSOMANO, Rosah. *Curso de direito constitucional*. Rio de Janeiro: Freitas Bastos, 1978.

RUSSOMANO, Rosah. *O princípio do federalismo na constituição brasileira*. Rio de Janeiro: Freitas Bastos, 1965.

RUSSOMANO, Rosah. *O poder legislativo na república*. Rio de Janeiro: Freitas Bastos, 1960.

SÁCHICA, Luis Carlos. *Esquema para una teoría del poder constituyente*. Bogotá: Temis, 1978.

SÁ FILHO, Francisco. *Relações entre os poderes do estado*. Rio de Janeiro: Borsoi, 1959.

SÁ, Maria de Fátima Freire de; NAVES, Bruno Torquato de Oliveira. *Manual de biodireito*. Belo Horizonte: Del Rey, 2009.

SALDANHA, Nelson. *Formação da teoria constitucional*. Rio de Janeiro: Forense, 1983.

SALDANHA, Nelson. *Pequeno dicionário da teoria do direito e filosofia política*. Porto Alegre: Fabris, 1987.

SALDANHA, Nelson. *O estado moderno e a separação de poderes*. São Paulo: Saraiva, 1987.

SALGADO, Joaquim Carlos. *A ideia de justiça no mundo contemporâneo*: fundamentação e aplicação do direito como *maximum* ético. Belo Horizonte: Del Rey, 2006.

SALGADO, Plínio. *Comissões parlamentares de inquérito*: doutrina, jurisprudência e legislação. Belo Horizonte: Del Rey, 2001.

SALVETTI NETTO, Pedro. *Curso de teoria do estado*. São Paulo: Saraiva, 1981.

SAMPAIO, José Adércio Leite. As sentenças intermediárias e o mito do legislador negativo. *In*: CRUZ; SAMPAIO (Orgs.). *Hermenêutica e jurisdição constitucional*. Belo Horizonte: Del Rey, 1999.

SAMPAIO, José Adércio Leite. *Direito à intimidade e à vida privada*: uma visão jurídica da sexualidade, da família, da comunicação e informações pessoais, da vida e da morte. Belo Horizonte: Del Rey, 1998.

SAMPAIO, José Adércio Leite. *O Conselho Nacional de Justiça e a independência do judiciário*. Belo Horizonte. Del Rey, 2007.

SAMPAIO, José Adércio Leite. *Direito adquirido e expectativa de direito*. Belo Horizonte: Del Rey, 2005.

SAMPAIO, José Adércio Leite. *Teorias constitucionais em perspectiva*. *In*: Crise e desafios da constituição. Belo Horizonte: Del Rey, 2004.

SAMPAIO, José Adércio Leite. *Direitos fundamentais: retórica e historicidade*. Belo Horizonte: Del Rey, 2004.

SAMPAIO, José Adércio Leite. *A constituição reinventada pela jurisdição constitucional*. Belo Horizonte: Del Rey, 2002.

SAMPAIO, José Adércio Leite. *Teoria da constituição e dos direitos fundamentais*. Belo Horizonte: Del Rey, 2013.

SAMPAIO, Marco Aurélio. *A medida provisória no presidencialismo brasileiro*. São Paulo: Malheiros, 2007.

SAMPAIO, Nelson de Sousa. *O poder de reforma constitucional*. Salvador: Progresso, 1954.

SAMPAIO, Nelson de Sousa. *O processo legislativo*. São Paulo: Saraiva, 1968.

SANCHES, Mário Antonio. *Bioética* – Ciência e transcendência. São Paulo: Edições Loyola, 2004.

SANDEL, Michael J. *Justiça* – O que é fazer a coisa certa. Trad. Heloisa Matias e Maria Alice Máximo. Rio de Janeiro: Civilização Brasileira, 2011.

SANDERCOCK, Leonie. *Towards cosmopolis*: planning for multicultural cities. London: John Wiley, 1998.

SANTANA, Jair Eduardo. *Revisão constitucional*: reforma e emendas. Belo Horizonte: Del Rey, 1993.

SANTORO, Emílio. *Estado de direito e interpretação*: por uma concepção jusrealista e antiformalista do estado de direito. Trad. Maria Carmela Juan Buonfiglio, Giuseppe Tosi. Porto Alegre: Livraria do Advogado Editora, 2005.

SANTOS, Aricê Moacir Amaral. *O estado de emergência*. São Paulo: Sugestões Literárias, 1981.

SANTOS, Boaventura de Sousa. *La reinvención del estado y el estado plurinacional*. Santa Cruz de la Sierra, Bolívia: Alianza Interinstitucional CENDA-CEJIS- CEDIB, 2007.

SANTOS, Fabiano. *O poder legislativo no presidencialismo de coalizão*. Belo Horizonte: Ed. UFMG; Rio de Janeiro: IUPERJ, 2003.

SANTOS, Fabiano (Org.). *O poder legislativo nos estados*: diversidade e convergência. Rio de Janeiro: FGV Editora, 2001.

SANTOS, Wanderley Guilherme dos. *O cálculo do conflito – estabilidade e crise na política brasileira*. Belo Horizonte: Editora UFMG, Rio de Janeiro: IUPERJ, 2003.

SANTOS, Wanderley Guilherme dos. *Décadas de espanto e uma apologia democrática*. Rio de Janeiro: Rocco, 1998.

SANTOS, Wanderley Guilherme dos. *Governabilidade e democracia natural*. Rio de Janeiro: Editora FGV, 2007.

SANTOS, Wanderley Guilherme dos. *O paradoxo de Rousseau*: uma interpretação democrática da vontade geral. Rio de Janeiro: Rocco, 2007.

SANTOS, Wanderley Guilherme dos. *Horizonte do desejo*: instabilidade, fracasso coletivo e inércia social. Rio de Janeiro: FGV Editora, 2006.

SARAIVA, Paulo Lopo. *Garantia constitucional dos direitos sociais no Brasil*. Rio de Janeiro: Forense, 1983.

SARAIVA, Paulo Lopo. O vice-presidencialismo brasileiro. *In*: *Revista Latino-Americana de Estudos Constitucionais*, n. 4 – jul/dez. 2004.

SARLET, Ingo Wolfgang. Os direitos fundamentais sociais na constituição de 1988. *In*: Sarlet, Ingo Wolfgang (Org.). *Direito público em tempos de crise*: estudos em homenagem a Ruy Ruben Ruschel. Porto Alegre: Livraria do Advogado Ed., 1999.

SARLET, Ingo Wolfgang. Direitos fundamentais e direito privado: algumas considerações em torno da vinculação dos particulares aos direitos fundamentais. *In*: *A constituição concretizada*: construindo pontes com o público e o privado (Org. : Ingo Wolfgang Sarlet). Porto Alegre: Livraria do Advogado, 2000.

SARLET, Ingo Wolfgang. *Dignidade da pessoa humana e direitos fundamentais na constituição federal de 1988*. Porto Alegre: Livraria do Advogado Editora, 2004.

SARLET, Ingo Wolfgang. *A eficácia dos direitos fundamentais*. Porto Alegre: Livraria do Advogado Ed., 2008.

SARLET, Ingo Wolfgang; MARINONI, Luiz Guilherme; MITIDIERO, Daniel. *Curso de direito constitucional*. São Paulo: Revista dos Tribunais, 2012.

SARMENTO, Daniel. Eficácia temporal do controle de constitucionalidade (O princípio da proporcionalidade e a ponderação de interesses) das leis. *In: Revista de Direito Administrativo*, n. 212, abr./jun. 1998.

SARMENTO, Daniel. *A ponderação de interesses na constituição federal*. São Paulo: Lumen Juris, 2002.

SARMENTO, Daniel. *Direitos fundamentais e relações privadas*. Rio de Janeiro: Lumen Juris, 2004.

SARMENTO, Daniel. O neoconstitucionalismo no Brasil: riscos e possibilidades. *In: Direitos fundamentais e estado constitucional*: estudos em homenagem a J. J. Gomes Canotilho. LEITE; George Salomão; SARLET, Ingo Wolfgang (Coord.). São Paulo: Revista dos Tribunais; Coimbra: Coimbra Editora, 2009.

SARTORI, Giovanni. *Engenharia constitucional*. Trad. Sérgio Bath. Brasília: Editora Universidade de Brasília, 1996.

SCHÄFER, Jairo. *Classificação dos direito fundamentais*: do sistema geracional ao sistema unitário: uma proposta de compreensão. Porto Alegre: Livraria do Advogado Ed., 2005.

SCHMITT, Carl. *O conceito do político/Teoria do Partisan*. Trad. Geraldo de Carvalho. Belo Horizonte: Del Rey, 2009.

SCHMITT, Carl. *La defensa de la constitución*. Trad. Manuel Sanches. Madrid: Tecnos, 1983.

SCHMITT, Carl. *O guardião da constituição*. Trad. Geraldo de Carvalho. Belo Horizonte: Del Rey, 2007.

SCHMITT, Carl. *Teologia política*. Trad. Elisete Antoniuk. Belo Horizonte: Del Rey, 2006.

SCHMITT, Carl. *Teoría de la constitución (Verfassungslehre)*. Trad. Francisco Ayala. Madrid: Revista de Derecho Privado, 1934.

SCHMITT, Carl. *Legalidad y legitimidad*. Trad. José Diaz Garcia. Madrid: Aguilar, 1971.

SCHUMPETER, Joseph. *Capitalism, socialism and democracy*. Nova York: Harper & Brothers, 1975.

SCHWARTZ, Bernard. *Direito constitucional americano*. Trad. Carlos Nayfeld. Rio de Janeiro: Forense, 1966.

SCHWARTZ, Bernard. *O federalismo norte-americano*. Trad. Hélcio Cerqueira. Rio de Janeiro: Forense, 1984.

SCHWARTZ, Germano. *A constituição, a literatura e o direito*. Porto Alegre: Livraria do Advogado Ed., 2006.

SEABRA FAGUNDES, Miguel. *O controle dos atos administrativos pelo poder judiciário*. Rio de Janeiro: Forense, 1979.

SECCO, Lincoln. *História do PT 1978-2011*. Cotia, SP: Ateliê Editorial, 2011.

SEGADO, Francisco Fernández. La justicia constitucional ante el siglo XXI: la progresiva convergencia de los sistemas americano y europeo-kelseniano. *In: Revista Latino-americana de estudos constitucionais*. Belo Horizonte: Del Rey, n. 2, jul./dez. 2003.

SEGADO, Francisco Fernandez. *El estado de excepción en el derecho constitucional espanhol*. Madrid: Revista de Derecho Privado, 1977.

SEILER, Daniel-Louis. *Os partidos políticos*. Trad. Renata Maria Parreira Cordeiro. Brasília: Ed. Universidade de Brasília. São Paulo: Imprensa Oficial do Estado, 2000.

SEN, Amartya. *A ideia de justiça*. Trad. Nuno Castello-Branco Bastos. Coimbra: Almedina, 2010.

SEN, Amartya; BERNARDO Kliksberg. *As pessoas em primeiro lugar:* a ética do desenvolvimento e os problemas do mundo globalizado. Trad. Bernardo Ajzemberg, Carlos Eduardo Lins da Silva. São Paulo: Companhia das Letras, 2010.

SÉROUSSI, Roland. *Introdução ao direito inglês e norte-americano*. Trad. Renata Maria Parreira Cordeiro. São Paulo: Landy, 2006.

SHATTUCK, Roger. *Conhecimento proibido*. Trad. S. Duarte. São Paulo: Companhia das Letras, 1998.

SIEYÈS, Emmanuel. *Qu'est-ce que le tiers État?* Paris: Presses Universitaires de France, 1982.

SILVA, Antônio Álvares da. *Reforma do judiciário*: uma justiça para o século XXI. Belo Horizonte: Del Rey, 2004.

SILVA, Antonio Marcelo Jackson F. da. Por que se deve ter e por que não se deve ter a pena de morte. Aspectos jurídicos e políticos. *In: Revista de Informação Legislativa*. Brasília, vol. 41, n. 164, out./dez. 2004.

SILVA, De Plácido e. *Vocabulário jurídico*. Rio de Janeiro: Forense, 1991.

SILVA, Floriano Vaz Corrêa da. Direito constitucional do trabalho. São Paulo: LTr, 1977.

SILVA, José Afonso da. *Princípios do processo de formação das leis no direito constitucional*. São Paulo: RT, 1964.

SILVA, José Afonso da. *Curso de direito constitucional positivo*. São Paulo: RT, 1989.

SILVA, José Afonso da. *O município na constituição de 1988*. São Paulo: RT, 1989.

SILVA, José Afonso da. Tribunais constitucionais e jurisdição constitucional. *Revista Brasileira de Estudos Políticos*, 60/61.

SILVA, José Afonso da. *Aplicabilidade das normas constitucionais*. São Paulo: Revista dos Tribunais, 1982.

SILVA, José Afonso da. A dignidade da pessoa humana como valor supremo da democracia. *In: Revista de Direito Administrativo, v. 212, 1998*.

SILVA, José Afonso da. *Poder constituinte e poder popular (Estudos sobre a constituição)*. São Paulo: Malheiros, 2000.

SILVA, José Afonso da. *Ordenação constitucional da cultura*. São Paulo: Malheiros, 2001.

SILVA, José Afonso da. *Comentário contextual à constituição*. São Paulo: Malheiros, 2005.

SILVA, José Afonso da. *Processo constitucional de formação das leis*. São Paulo: Malheiros, 2006.

SILVA, José Afonso da. *Um pouco de direito constitucional comparado*. São Paulo: Malheiros, 2009.

SILVA, José Afonso da. *O constitucionalismo brasileiro:* evolução institucional. São Paulo: Malheiros, 2011.

SILVA, José Anchieta da. *A súmula de efeito vinculante amplo no direito brasileiro*. Belo Horizonte: Del Rey, 1998.

SILVA, Leila Maria Bittencourt da. *Teoria da constituição e controle da constitucionalidade*. Belo Horizonte: Del Rey, 2011.

SILVA, Paulo Napoleão Nogueira da. *Direito constitucional*. São Paulo: RT, 1996.

SILVA, Paulo Napoleão Nogueira da. *Direito constitucional do Mercosul*. Rio de Janeiro: Forense, 2000.

SILVA, Paulo Napoleão Nogueira da. *A evolução do controle da constitucionalidade e a competência do Senado Federal*. São Paulo: RT, 1992.

SILVA, Virgílio Afonso da. *Sistemas eleitorais*. São Paulo: Malheiros, 1999.

SILVA, Virgílio Afonso da. *A constitucionalização do direito*: os direitos fundamentais nas relações entre particulares. São Paulo: Malheiros, 2005.

SILVA, Virgílio Afonso da. *Direitos fundamentais e relações entre particulares*. Revista Direito GV, n. 01. São Paulo. Fundação Getúlio Vargas – Escola de Direito de São Paulo, janeiro-junho 2005.

SILVA, Virgílio Afonso da. *Direitos fundamentais:* conteúdo essencial, restrições e eficácia. São Paulo: Malheiros, 2009.

SILVEIRA NETO. *Teoria do estado*. Rio de Janeiro: Forense, 1985.

SKIDMORE, Thomas. *Brasil*: de Getúlio a Castelo: 1930-1964. Rio de Janeiro: Paz e Terra, 1979.

SKIDMORE, Thomas. *Brasil*: de Castelo a Tancredo:1964-1985. Rio de Janeiro: Paz e Terra, 1988.

SKINNER, Quentin. *As fundações do pensamento político moderno*. Trad. Renato Janine Ribeiro e Laura Teixeira Motta. São Paulo: Companhia das Letras, 1996.

SLAIBI FILHO, Nagib. *Ação declaratória de constitucionalidade*. 2. ed. Rio de Janeiro: Forense, 1995.

SLAIBI FILHO, Nagib. *Direito constitucional*. Rio de Janeiro: Forense, 2006.

SIMON, Henrique Smidt. *Direito, hermenêutica e filosofia da linguagem: o problema do decisionismo em Kelsen e Hart*. Belo Horizonte: Argvmentvm: 2006.

SINGER, Paul. A cidadania para todos. *In*: PINSKY, Jaime; PINSKY, Carla Bassanezi (Org.). *História da cidadania*. São Paulo: Contexto. 2003.

SINTOMER, Yves. *O poder ao povo:* júris de cidadãos, sorteio e democracia participativa. Trad. André Rubião. Belo Horizonte: Editora UFMG, 2010.

SIQUEIRA CASTRO. *O devido processo legal e a razoabilidade das leis na nova constituição do Brasil*. Rio de Janeiro: Forense, 1989.

SIQUEIRA JR., Paulo Hamilton; OLIVEIRA, Miguel Augusto Machado de. *Direitos humanos e cidadania*. São Paulo: Revista dos Tribunais, 2007.

SOARES, Guido Fernando Silva. *Common law*: introdução ao direito dos EUA. São Paulo: Revista dos Tribunais, 2000.

SOARES, Fabiana de Menezes. *Teoria da legislação*: formação e conhecimento da lei na idade tecnológica. Porto Alegre: Sergio Antonio Fabris Editor, 2004.

SOARES, Fabiana Menezes. *Legística e desenvolvimento:* a qualidade da lei no quadro da otimização de uma melhor legislação. *In: Revista da Faculdade de Direito da UFMG – Nova Fase*, n. 50, jan./jun. 2007.

SOARES, Mário Lúcio Quintão. *Teoria do estado*. Belo Horizonte: Del Rey, 2001.

SOARES, Orlando. *Comentários à constituição da república federativa do Brasil*. Rio de Janeiro: Forense, 1991.

SOARES, Rosinethe Monteiro. Fiscalização e controle do executivo pelo legislativo. *Revista de Informação Legislativa*, 101/147.

SORG, Bernardo. *A democracia inesperada*. Rio de Janeiro: Jorge Zahar, 2004.

SORIANO, Ramón. *La desobediencia civil*. Barcelona: PPU, 1991.

SOUTO, João Carlos. *Suprema Corte dos Estados Unidos – principais decisões*. Rio de Janeiro: Lumen Juris, 2008.

SOUZA CRUZ, Álvaro Ricardo de. *Jurisdição constitucional democrática*. Belo Horizonte: Del Rey, 2004.

SOUZA CRUZ, Álvaro Ricardo de. Breve histórico do Supremo Tribunal Federal e do controle de constitucionalidade brasileiro. *In:* SAMPAIO, José Adércio Leite (Coord.). *Crise e desafios da Constituição*. Belo Horizonte: Del Rey, 2004.

SOUZA CRUZ, Álvaro Ricardo. Poder constituinte epatriotismo constitucional. *In*: GALUPPO, Marcelo Campos (Org.). *O Brasil que queremos*: reflexões sobre o estado democrático de direito. Belo Horizonte: Ed. PUC-Minas, 2006.

SOUSA, Marcelo Rebelo de. Legitimação da justiça constitucional e composição dos tribunais constitucionais. *In: Legitimação da Justiça Constitucional. Colóquio no 10º Aniversário do Tribunal Constitucional*. Coimbra: Coimbra Editora, 1995.

SOUSA, António Francisco de. *"Conceitos indeterminados" no direito administrativo*. Coimbra: Almedina, 1994.

SOUZA, Celina. Regras e contexto: as reformas da Constituição de 1988. *In: DADOS – Revista de Ciências Sociais*, v. 51, n. 4.

SOUSA, Marcelo Rebelo de. *Direito constitucional*. Braga: Livraria Cruz, 1979.

SOUSA, José Pedro Galvão de; GARCIA, Clovis Lema; CARVALHO, José Fraga Teixeira de. *Dicionário de política*. São Paulo: T. A. Queiroz, 1998.

SOUZA, Hilda de. *Processo legislativo*: linhas jurídicas essenciais. Porto Alegre: Sulina, 1998.

SOUZA, Sérgio Iglesias Nunes de. *Direito à moradia e de habitação:* análise comparativa e suas implicações teóricas e práticas com os direitos da personalidade. São Paulo: Revista dos Tribunais, 2008.

SOUZA JÚNIOR, Antônio Umberto de. *O Supremo Tribunal Federal e as questões políticas*: o dilema brasileiro entre o ativismo e a autocontenção no exame judicial das questões políticas. Porto Alegre: Síntese, 2004.

SOUZA JUNIOR, Cezar Saldanha. *O tribunal constitucional como poder* – uma nova teoria da divisão dos poderes. São Paulo: Memória Jurídica Editora, 2002.

SOUZA JUNIOR, Cezar Saldanha. *Constituições do Brasil*. Porto Alegre: Sagra Luzzatto, 2002.

SOUZA JUNIOR, Cezar Saldanha. *Consenso e democracia constitucional*. Porto Alegre: Sagra Luzzatto, 2002.

SOUZA JUNIOR, Cezar Saldanha. *Consenso e tipos de estado no ocidente*. Porto Alegre: Sagra Luzzatto, 2002.

SOUZA JUNIOR, Cezar Saldanha. *Consenso e constitucionalismo no Brasil*. Porto Alegre: Sagra Luzzatto, 2002.

SOUZA NETO, Cláudio Pereira de. *Teoria constitucional e democracia deliberativa*: um estudo sobre o papel do direito na garantia das condições para a cooperação na deliberação democrática. Rio de Janeiro: Renovar: 2006.

SOUZA NETO, Cláudio Pereira; SARMENTO, Daniel. *Direito constitucional:* teoria, história e métodos de trabalho. Belo Horizonte: Fórum, 2012.

SPENGLER, Fabiana Marion. *Tempo, direito e constituição:* reflexos na prestação jurisdicional do estado. Porto Alegre: Livraria do Advogado Editora, 2008.

STEINMETZ, Wilson Antônio. *Princípio da proporcionalidade e atos de autonomia privada restritivos de direitos fundamentais. In:* SILVA, Virgílio Afonso da. (Org.). Interpretação Constitucional. São Paulo: Malheiros, 2007.

STERN, Ana Luiza Saramago. História e teoria constitucional norte-americana: as interpretações de Edward White e Bruce Ackerman. *In:* VIEIRA, José Ribas (Org.). *Teoria constitucional norte-americana contemporânea*. Rio de Janeiro: Lumen Juris, 2011.

STRASSER, Carlos. *Teoría del estado*. Buenos Aires: Abeledo-Perrot, 1986.

STRECK, Lenio Luiz; MORAIS, José Luis Bolzan de. *Ciência política e teoria geral do estado*. Porto Alegre, 2001.

STRECK, Lenio Luiz. *Jurisdição constitucional e hermenêutica*. Rio de Janeiro: Forense, 2004.

STRECK, Lenio Luiz. *Da interpretação de textos à concretização de direitos*: o desafio da hermenêutica comprometida com o estado democrático de direito. In: Revista Latino-Americana de Estudos Constitucionais, n. 6 – jul./dez. 2005.

STRECK, Lenio Luiz. *Verdade e consenso*. Rio de Janeiro: Lumen Juris, 2009.

STUMM, Raquel Denize. *Princípio da proporcionalidade no direito constitucional brasileiro*. Porto Alegre: Livraria do Advogado, 1995.

SUNDFELD, Carlos Ari. *Fundamentos de direito público*. São Paulo: Malheiros, 1992.

SUNSTEIN, Cass R. *A constituição parcial*. Trad. Manasses Teixeira Martins e Rafael Triginelli. Belo Horizonte: Del Rey, 2009.

TATE, C. Neal; VALLINDER, Tobjörn (Orgs.). *The global expansion of judicial power*. New York: New York University, 1995.

TAVARES, André Ramos. *Tribunal e jurisdição constitucional*. São Paulo: IBDC, 1998.

TAVARES, André Ramos. *Tratado da argüição de preceito fundamental*. São Paulo: Saraiva, 2001.

TAVARES, André Ramos. Argüição de descumprimento de preceito fundamental: aspectos essenciais do instituto na constituição e na lei. *In: Argüição de descumprimento de preceito fundamental*: análises à luz da Lei n. 9. 882/99 (Orgs.) TAVARES, André Ramos; ROTHENBURG, Walter Claudius. São Paulo: Atlas, 2001.

TAVARES, André Ramos. *Curso de direito constitucional*. São Paulo: Saraiva, 2002.

TAVARES, André Ramos. *Teoria da justiça constitucional*. São Paulo: Saraiva, 2005.

TAVARES, André Ramos. Ciência e tecnologia na constituição. *In: Revista de Informação Legislativa,* ano 44, n. 175, jul./set. - 2007.

TAVARES, André Ramos. Teoria processual e processo constitucional "objetivo". *In: Cadernos de Soluções Constitucionais*. São Paulo: Malheiros, 2008, n. 3.

TAVARES, André Ramos. *Manual do novo mandado de segurança:* Lei 12. 016/2009. Rio de Janeiro: Forense, 2009.

TAVARES, José Antônio Giusti. *Sistemas eleitorais nas democracias contemporâneas*: teoria, instituições, estratégia. Rio de Janeiro: Relume-Dumará, 1994.

TAYLOR, Charles. The politics of recognition. In: TAYLOR, C; GUTMANN, A. *Multiculturalism: examining the politics of recognition*. Princeton: Princeton University Press, 1992.

TEIXEIRA, José Elaeres Marques. *A doutrina das questões políticas no Supremo Tribunal Federal*. Porto Alegre: Sergio Fabris Ed., 2005.

TEIXEIRA, José Horácio Meirelles. *Curso de direito constitucional*. Rio de Janeiro: Forense Universitária, 1991.

TELES, Edson; Safatle, Vladimir (Orgs.). *O que resta da ditadura:* a exceção brasileira. São Paulo: Boitempo, 2010.

TELLES, Vera da Silva. *Direitos sociais:* afinal do que se trata? Belo Horizonte: Editora UFMG, 1999.

TEMER, Michel. *Elementos do direito constitucional*. São Paulo: RT, 1989.

THEODORO JÚNIOR, Humberto. *A execução de sentença e a garantia do devido processo legal*. Rio de Janeiro: Aide, 1987.

THEODORO JÚNIOR, Humberto. *Curso de direito processual civil* – Teoria geral do direito processual civil e processo de conhecimento. Rio de Janeiro: Forense, 2006, vol. I.

THEODORO JÚNIOR, Humberto. *O mandado de segurança segundo a Lei n. 12. 016, de 7 de agosto de 2009*. Rio de Janeiro: Forense, 2009.

THEODORO JÚNIOR, Humberto; FARIA, Juliana Cordeiro de. A coisa julgada inconstitucional e os instrumentos processuais para seu controle. *Revista da Faculdade de Direito Milton Campos*, v. 8, 2001.

THEODORO JÚNIOR, Humberto; CALMON, Petrônio; NUNES, Dierle (Coords.) *Processo e constituição:* os dilemas do processo constitucional e dos princípios processuais constitucionais. Rio de Janeiro: GZ Editora, 2012.

TOCQUEVILLE, Alexis de. *A democracia na América*. Trad. Neil Ribeiro da Silva. Belo Horizonte: Itatiaia. EDUSP (São Paulo), 1977.

TODOROV, Tzvetan. *O espírito das luzes*. Trad. Mônica Cristina Corrêa. São Paulo: Barcarolla, 2008.

TOLEDO, Cláudia Lima. *Direito adquirido e estado democrático de direito*. São Paulo: Landy, 2003.

TOMAZ, Carlos Alberto Simões de. Direito à felicidade. Belo Horizonte: Folium, 2010.

TOMAZ, Carlos Alberto Simões de. *Constituição, política e a ordem internacional heterárquica:* uma reflexão a partir da visão pragmático-sistêmica de Luhmann. Curitiba: CRV, 2011.

TORRES, Alberto. *A organização nacional*. Rio de Janeiro: Imprensa Nacional, 1914.

TORRES, João Camilo de Oliveira. *Harmonia política*. Belo Horizonte: Itatiaia, 1961.

TORRES, João Camilo de Oliveira. *A democracia coroada:* teoria política do império do Brasil. Rio de Janeiro: José Olympio, 1957.

TORRES, Ricardo Lobo. Fundamentação, conteúdo e contexto dos direitos sociais: a metamorfose dos direitos sociais em mínimo existencial. *In:* SARLET, Ingo Wolfgang (Orgs.). *Direitos fundamentais sociais:* estudos de direito constitucional, internacional e comparado. Rio de Janeiro: Renovar, 2003.

TRANSMONTE, Baldomero Cores. *Dicionário de ciências sociais*. Rio de Janeiro: Fundação Getúlio Vargas, 1987.

TRAVESSO, Juan Antonio. *Historia de los derechos humanos y garantias*. Buenos Aires: Heliasta, 1993.

TRAVESSO, Juan Antonio. *Derechos humanos y derecho internacional*. Buenos Aires: Heliasta, 1990.

TRIBE, Laurence H. *American constitutional law*. New York: New York Foundation Press, 2000.

TRIBE, Laurence; DORF, Michael. *Hermenêutica constitucional*. Trad. Amarílis de Souza Birchal. Belo Horizonte: Del Rey, 2007.

TRIGUEIRO, Oswaldo. A federação na nova constituição do Brasil. *Revista Brasileira de Estudos Políticos* 60/61.

TRINDADE, Antônio Augusto Cançado. *A humanização do direito internacional*. Belo Horizonte: Del Rey, 2006.

TRINDADE, Antônio Augusto Cançado. *A proteção internacional dos direitos humanos*. São Paulo: Saraiva, 1991.

TRINDADE, Antônio Augusto Cançado. *A proteção dos direitos humanos nos planos nacional e internacional*: perspectivas brasileiras. San José da Costa Rica/Brasília: Instituto Interamericano de Derechos Humanos, 1992.

TRINDADE, Antônio Augusto Cançado. A interação entre o direito internacional e o direito interno na proteção dos direitos humanos. *Arquivos do Ministério da Justiça*,v. 46, n. 182.

TSEBELIS, George. *Atores com poder de veto:* como funcionam as instituições políticas. Trad. Micheline Christophe. Rio de Janeiro: Editora FGV, 2009.

TUSHNET, Mark. *Taking the constitution away from the courts*. New Jersey: Princeton University Press, 1999.

UGARTEMENDIA, J. I. *La desodediencia civil en el estado constitucional democrático*. Madrid: Marcial Pons, 1999.

ULHÔA CANTO, Gilberto de. O sistema tributário nacional. *In*: *A Constituição brasileira – 1988*: interpretações. Rio de Janeiro: Forense Universitária, 1988.

VALDÉS, Roberto L. Blanco. *O valor da constituição:* separação dos poderes, supremacia da lei e controle de constitucionalidade nas origens do estado liberal. Trad. Margarita María Furlong. Rio de Janeiro: Lumen Juris, 2011.

VALE, Osvaldo Trigueiro do. *O Supremo Tribunal Federal e a instabilidade político-institucional*. Rio de Janeiro: Civilização Brasileira, 1976.

VAN CREVELD, Martin. *Ascensão e declínio do estado*. Trad. Jussara Simões. São Paulo: Martins Fontes, 2004.

VANOSSI, Jorge Reinaldo A. *Teoria constitucional*. Buenos Aires: Depalma, 1975, v. 1; 1976, v. 2.

VASCONCELLOS, Raymundo da Silva. *O tempo na constituição da república federativa do Brasil de 5 de outubro de 1988*. Porto Alegre: Fabris, 1989.

VAZ, Isabel. *Direito econômico das propriedades*. Rio de Janeiro: Forense, 1992.

VELLOSO, Carlos Mário da Silva. *Temas de direito público*. Belo Horizonte: Del Rey, 1993.

VELOSO, Zeno. *Controle jurisdicional de constitucionalidade*. 2. ed. Belo Horizonte: Del Rey, 2000.

VERDÚ, Pablo Lucas. *Curso de derecho político*. Madrid: Tecnos, 1972, v. 1, 1986, v. 2.

VERDÚ, Pablo Lucas. *O sentimento constitucional*: aproximação ao estudo do sentir constitucional como modo de integração política. Trad. Agassiz Almeida Filho. Rio de Janeiro: Forense, 2004.

VERGOTTINI, Giuseppe de. *Derecho constitucional comparado*. Madrid: Espasa-Calpe, 1985.

VIANNA, Hermano. Mestiçagem fora de lugar. Caderno 'Mais', *Folha de S.Paulo*, 27 de junho de 2004.

VIANNA, Luiz Werneck et al. *A judicialização da política e das relações sociais no Brasil*. Rio de Janeiro: Revan, 1999.

VIANNA, Luiz Werneck. *Liberalismo e sindicato no Brasil*. Belo Horizonte: Ed. UFMG, 1999.

VIANNA, Luiz Werneck (Org.). *A democracia e os três poderes no Brasil*. Belo Horizonte: Editora UFMG, 2002.

VIANA, Márcio Túlio. *Direito de resistência*. São Paulo: LTr, 1996.

VIEHWEG, Theodor. *Tópica e jurisprudência*. Trad. Tércio Sampaio Ferraz Jr. Brasília: Departamento de Imprensa Nacional, 1979.

VIEIRA, Oscar Vilhena. *A constituição e sua reserva de justiça*. São Paulo: Malheiros, 1999.

VIEIRA, Oscar Vilhena. *Supremo Tribunal Federal*: jurisprudência política. São Paulo: Malheiros, 2002.

VIEIRA, Oscar Vilhena. *Direitos fundamentais* – uma leitura da jurisprudência do STF. São Paulo: Malheiros, 2006.

VIEIRA, Simone Bastos (Org.). *A constituição que não foi: história da emenda constitucional n. 1, de 1969*. Brasília: Senado Federal, 2002.

VIEITO, Aurélio Agostinho Verdade. *Da hermenêutica constitucional*. Belo Horizonte: Del Rey, 2013.

VIGEVANI, Tullo; OLIVEIRA, Marcelo Fernandes de; LIMA, Thiago. *Diversidade étnica, conflitos regionais e direitos humanos*. São Paulo: Editora UNESP, 2008.

VILA, Marco Antonio. *A história das constituições brasileiras*. São Paulo: Leya, 2011.

VILANOVA, Lourival. A dimensão política nas funções do Supremo Tribunal Federal. *In: Revista de Direito Público*, ano XIV, n. 57-58, jan./jun. 1981.

VILAS-BÔAS, Renata Malta. *Ações afirmativas e o princípio da igualdade*. Rio de Janeiro: América Jurídica, 2003.

VIVEIROS DE CASTRO, Eduardo. *A inconstância da alma selvagem*. São Paulo: Cosac & Nayf, 2002.

WALDRON, Jeremy. *Law and disagreement*. Oxford: Oxford University Press, 2001.

WALDRON, Jeremy. *A dignidade da legislação*. Trad. Luís Carlos Borges. São Paulo: Martins Fontes, 2003.

WALZER, Michael. *Esferas da justiça*: uma defesa do pluralismo e da igualdade. Trad. Jussara Simões. São Paulo: Martins Fontes, 2003.

WEBER, Max. *Ensaios de sociologia*. Trad. Waltensir Dutra. Rio de Janeiro: Jorge Zahar, 1979.

WEHLING, Arno; WEHLING, Maria José C. M. *Formação do Brasil colonial*. Rio de Janeiro: Nova Fronteira, 2005.

WEIS, Carlos. *Direitos humanos fundamentais*. São Paulo: Malheiros, 2006.

WILLOUCBY, Westel W. *Principles of the constitutional law of the United States*. 2^{nd}ed. New York: Baker, Voorhis & Co., 1938.

WITTGENSTEIN, Ludwig. *Investigações filosóficas*. Trad. José Carlos Bruni. São Paulo: Nova Cultural, 1996.

WOLKMER, Antonio Carlos. *História do direito no Brasil*. Rio de Janeiro: Forense, 2006.

WOLKMER, Antonio Carlos. *Pluralismo* – Fundamentos para uma nova cultura no direito. São Paulo: Alfa-Omega, 2001.

ZAGREBELSKY, Gustavo. *El derecho dúctil*: ley, derechos, justicia. Madrid: Madrid Trotta, 1999.

ZAVASCKI, Teori Albino. *Eficácia das sentenças na jurisdição constitucional*. São Paulo: Revista dos Tribunais, 2001.

ZILVETI, Fernando Aurelio; LOPES, Silvia. Coordenadores. *O regime democrático e a questão da corrupção política*. São Paulo: Atlas, 2004.

ZIPPELIUS, Reinhold. *Teoria geral do estado*. Trad. Cabral de Moncada. Lisboa: Fundação Calouste Gulbenkian, 1974.

ZIZEK, Slavog. *Bem-vindo ao deserto do real!*:cinco estudos sobre o 11 de setembro e datas relacionadas. Trad. Paulo Cezar Castanheira. São Paulo: Boitempo Editorial, 2003.

ZOLLER, E. *Droit constitutionnel*. Paris: PUF, 2000.

Impresso em janeiro de 2015